DICIONÁRIO DE LINGÜÍSTICA

DICIONÁRIO DE LINGÜÍSTICA

por
JEAN DUBOIS
Universidade de Paris-X (Nanterre)
MATHÉE GIACOMO
Universidade de Paris-III
LOUIS GUESPIN
Universidade de Ruão
CHRISTIANE MARCELLESI
Universidade de Ruão
JEAN-BAPTISTE MARCELLESI
Universidade de Ruão
JEAN-PIERRE MEVEL

EDITORA CULTRIX
SÃO PAULO

Título original: *Dictionnaire de Linguistique*.

Copyright © 1973 Librairie Larousse.

Todos os direitos reservados. Nenhuma parte deste livro pode ser reproduzida ou usada de qualquer forma ou por qualquer meio, eletrônico ou mecânico, inclusive fotocópias, gravações ou sistema de armazenamento em banco de dados, sem permissão por escrito, exceto nos casos de trechos curtos citados em resenhas críticas ou artigos de revistas.

A Editora Pensamento-Cultrix Ltda. Não se responsabiliza por eventuais mudanças ocorridas nos endereços convencionais ou eletrônicos citados neste livro.

Direção e coordenação geral da tradução: Prof. Dr. Izidoro Blikstein (da Universidade de São Paulo).

Tradutores: Frederico Pessoa de Barros; Gesuína Domenica Ferretti; Dr. John Robert Schmitz (Pontifícia Universidade Católica de S. Paulo); Dra. Leonor Scliar Cabral (Pontifícia Universidade Católica de Campinas, SP); Maria Elizabeth Leuba Salum; Valter Khedi (Universidade de S. Paulo).

O grupo de tradutores agradece ao Prof. Dr. Isaac Nicolau Salum (da Universidade de S. Paulo) a inestimável ajuda na refundição de numerosos verbetes.

Dados Internacionais de Catalogação na Publicação (CIP)
(Câmara Brasileira do Livro, SP, Brasil)

Dicionário de lingüística / [direção e coordenação geral da tradução Izidoro Blikstein]. -- São Paulo : Cultrix, 2006.

Título original : Dictionnaire de linguistique.
Vários autores.
Vários tradutores.
10ª reimpr. da 1ª ed. de 1978.
Bibliografia
ISBN 978-85-316-0123-1

1. Lingüística - Dicionários.

06-7448

CDD-410.3

Índices para catálogo sistemático:
1. Dicionários : Lingüística   410.3

O primeiro número à esquerda indica a edição, ou reedição, desta obra. A primeira dezena à direita indica o ano em que esta edição, ou reedição foi publicada.

Edição

Ano

12-13-14-15-16-17-18-19-20

11-13-14-15-16-17-18-19

Direitos de tradução para a língua portuguesa
adquiridos com exclusividade pela
EDITORA PENSAMENTO-CULTRIX LTDA.
Rua Dr. Mário Vicente, 368 – 04270-000 – São Paulo, SP
Fone: 2066-9000 – Fax: 2066-9008
E-mail: pensamento@cultrix.com.br
http://www.pensamento-cultrix.com.br
que se reserva a propriedade literária desta tradução.
Foi feito o depósito legal.

Prefácio

Para os lexicógrafos, um dicionário de lingüística apresenta três grandes problemas: o primeiro, ligado à natureza do dicionário de uma ciência e de uma técnica, à extensão da nomenclatura levantada, ao tipo de definição, à forma dos exemplos e das ilustrações; o segundo relaciona-se com o campo a explorar, definido por seus limites com as outras ciências, no caso, especialmente, a psicologia, a sociologia, a história, a fisiologia, a lógica e as matemáticas; o último problema liga--se à oportunidade da realização, isto é, do juízo que se irá fazer sobre a oportunidade em que a difusão de uma ciência torna seu conhecimento e sua prática necessários a um grande número de pessoas e em que, por um movimento estreitamente ligado com essa difusão, opera-se na terminologia certa forma de estabilização e certos conceitos de base se tornam comuns ao conjunto das escolas e das tendências lingüísticas, que confirmam com sua existência a evolução da lingüística como ciência.

O que seria um dicionário científico e técnico? No que nos concerne, ele deve poder responder às perguntas dos leitores que, nos textos lingüísticos, encontram termos tomados numa acepção particular ou que não pertencem ao léxico da língua comum; o que os leitores pedem é uma expécie de tradução dos termos que ignoram, com a ajuda das palavras e dos conceitos mais correntes das gramáticas de ensino. Mas essa tradução, essa forma de glossário que somos levados a dar a um dicionário científico e técnico traz à baila, por sua vez, diversos problemas: a definição do termo ignorado utiliza palavras que devem ser conhecidas do leitor; mas a que nível se situaria esse leitor ideal? Tomemos alguns exemplos: se o leitor procura nesse dicionário de lingüística os termos correntes da gramática tradicional: antecedente, relativo, advérbio, adjetivo, demonstrativo, empréstimo, etc., *ele espera encontrar uma explicação que o remeta a essa gramática, mas solicita igualmente conhecimentos a respeito dos limites dessa definição e das críticas que os lingüistas possam ter-lhe feito; se o*

5

leitor procura termos como bemolizado, pseudo-relativização, tmese, *etc., as explicações do lexicógrafo devem levar em conta um suposto grau de tecnicidade diferente nos leitores; certas palavras pertencem a escolas lingüísticas bem precisas (estruturalismo, distribucionalismo, gramática gerativa, glossemática, etc.) ou a um domínio preciso (fonética, pseudolingüística, neurolingüística, gramática comparada, etc.), que deverão ser definidos com os termos e as noções que pertencem a essa escola e a esse domínio. Nos dicionários técnicos e científicos,* existem *diferentes níveis de tecnicidade, ao mesmo tempo pelas palavras de entrada, pelas definições e pelos comentários que se seguem a tais definições.*

Um dicionário que tal exige, com efeito, que se acrescentem a uma definição muitas vezes abstrata exemplos que a expliquem. Tais definições e exemplos formam um desenvolvimento enciclopédico, *um comentário do conceito a que a palavra de entrada remete. Ao contrário de um dicionário de língua, que faz uma descrição dos empregos de uma palavra no quadro da frase e dá uma definição de suas diversas significações, o dicionário científico e técnico descreve a "coisa", o conceito que está por trás da palavra. O exemplo fornece, de algum modo, uma segunda definição, que passa pelo conhecimento gramatical tradicional. Esse o motivo pelo qual tal dicionário toma a forma de uma enciclopédia: depois da palavra de entrada, definição e comentários se misturam para fornecer um enunciado completo sobre a noção coberta pela palavra.*

O dicionário enciclopédico está sujeito à regra da ordem alfabética, a mais cômoda para a pesquisa; ele recorta, segmenta, parcela os enunciados; mas é preciso, ao mesmo tempo, que o leitor possa recolocar os desenvolvimentos que lê num campo mais vasto, senão numa teoria. É preciso também que uma noção como qualificativo *possa remeter ao conceito que ela implica,* adjetivo *e que, por sua vez,* adjetivo *remeta a* parte do discurso *ou* classe gramatical, *tanto quanto a* determinativo, *pois os adjetivos não-qualificativos são* determinativos. *Além do mais, a definição do adjetivo é diferente segundo nos colocamos numa perspectiva estruturalista, gerativista ou tradicional. Existe, portanto, um enunciado total, que o leitor deve poder reconstruir com o jogo das remissões. Isso poderá ser conseguido de duas maneiras: de um lado, há artigos longos, como* signo, gramática gerativa, redundância, transformação, sintagma, relações paradigmáticas, *etc. Estes formam, de algum modo, as noções de base, os conceitos--chave, que permitem o acesso aos termos mais específicos (os asteriscos assinalam os desenvolvimentos longos feitos às palavras assim notadas) e, inversamente, remontaremos a esses artigos de síntese a partir das palavras particulares por um jogo igual de asteriscos e de remissões: podemos remontar de* adjetivo *a* determinativo *ou a* classe gramatical. *Nossa pretensão foi a de fazer do* Dicionário de Lingüística *não apenas uma obra de consulta, com o objetivo de preencher lacunas pontuais, mas também uma obra de formação lingüística, que ajude a constituir um conjunto de enunciados explicativos. Desse modo, esperamos fazer do dicionário científico e técnico uma espécie de "manual livre": "manual", porque poderá ser reconstituído num discurso ordenado, e "livre" porque será formado pelo próprio leitor, a seu nível e de acordo com o tipo de perguntas que ele faz a si próprio.*

É preciso ainda lembrar que o número de perguntas que os leitores podem fazer a si mesmos a propósito de textos lingüísticos é considerável; ora, todo dicionário tem seus limites. Estes se encontram em duas direções: na extensão do domínio da lingüística e na sutileza das análises. A lingüística está em contado com as outras ciências humanas, que são a psicologia e a sociologia. As zonas fronteiriças são determinadas pelas disciplinas dos confins, das margens, fronteiras que definiriam as relações entre a linguagem e os outros comportamentos, individuais e sociais: a psicolingüística e a sociolingüística. A linguagem é também uma atividade suportada por um organismo humano; essa atividade fisiológica se expressa em dois níveis: o periférico, o dos órgãos da fala (fonética), e o central, dos comandos motores e sensoriais, o nível do córtex (a neurolingüística). A lingüística toca ainda a comunicação animal, porque existe ao mesmo tempo continuidade e descontinuidade na escala filogenética. Os confins são definidos por um conjunto de ciências que tomam de empréstimo suas hipóteses e métodos da fisiologia ou da biologia (fonética acústica e fisiologia da audição). Os lingüistas, sob a influência dos técnicos da comunicação, também analisaram a língua como um código; inspirando-se na matemática e na lógica, eles trataram os textos como objetos suscetíveis de serem formalizados. A terminologia e os conceitos das matemáticas, da teoria da informação e da lógica permearam amplamente a lingüística, mas só depois de se terem adaptado aos problemas específicos das línguas naturais. Ciência histórica, ainda, a lingüística vê a língua como uma imagem da história da comunidade sociocultural, mas a língua participa também da história do povo, porque modela uma imagem do mundo e ê uma instituição social. A lingüística está próxima da história, porque trata dos mesmos textos com a mesma intenção de desvendar-lhes a estrutura profunda.

Em troca, a lingüística contribuiu grandemente para as ciências humanas; seus processos de análise foram usados na antropologia, na história e na literatura; apelou-se para suas hipóteses na psicolingüística e na neurolingüística. Neste dicionário também serão encontradas palavras que pertencem à psicologia, à sociologia, à fisiologia, etc. Elas são tratadas com menos amplitude que as que pertencem propriamente à lingüística, pois espera-se que os leitores façam uso de outros dicionários de psicologia, de sociologia, de matemática, etc. Este dicionário de lingüística não visa a ser um dicionário de todas as ciências do homem.

O refinamento da análise também limita a extensão do léxico estudado. Cada escola lingüística desenvolveu, com suas teorias e métodos próprios, um vocabulário específico, adaptado às necessidades da teoria, ou até mesmo construído por inteiro: no desenvolvimento de uma ciência ou de uma técnica há momentos neológicos. Ora, este dicionário não visa a ser a expressão exclusiva de uma escola, de uma tendência, de uma pessoa e, ainda menos, de uma simples opinião; ele teria de acolher todas as grandes correntes atuais, na medida em que qualquer leitor pode ser levado a se interrogar sobre o estruturalismo distribucional ou funcionalista, sobre a gramática gerativa ou a glossemática, as gramáticas formais, etc. Mas, ao mesmo tempo, seria impossível seguir cada escola em suas sutilezas de análise e em seus pormenores terminológicos. Existe um limiar, que pode ser determinado empiricamente, a partir do qual o leitor informado só poderá resolver suas questões pelo próprio texto que ele está prestes a ler. Optamos, portanto, por uma escolha arbitrária, detendo-nos num grau de tecnicidade considerado apropriado ao Ensino Superior, mas aquém da pesquisa especializada.

Mas por que fazer agora um dicionário de lingüística? Se o momento pareceu oportuno, isso se deve à convergência de diversos fatores relacionados com o desenvolvimento da própria lingüística. Quando uma ciência pertence ao domínio exclusivo de um pequeno número de especialistas, ela tende a desenvolver terminologias abundantes e disparatadas; a necessidade, para cada escola, senão para cada lingüista, de afirmar uma originalidade muitas vezes menor leva a propor novos termos que só se distinguem dos antigos ou dos das outras escolas por sua forma e não por seu conteúdo. Essa proliferação terminológica é inerente aos primeiros desenvolvimentos de uma ciência ou de uma técnica. Mas quando essa ciência começa a escapar aos únicos especialistas que pretendiam assegurar para si a sua posse exclusiva, produz-se uma decantação terminológica que não poupa nem mesmo as nomenclaturas mais corretas. A vulgarização é o grande revelador de uma deflação terminológica. Um segundo fator, não menos importante, intervém quando, na história de uma ciência, desenvolvem-se novas teorias que põem radicalmente em causa as que as haviam precedido: o estruturalismo identificara-se muito facilmente com a verdade e a ciência ideal, mas foi contestado pela gramática gerativa que, por sua vez, foi acolhida depressa demais como algo que transcende o homem e sua história; objeto de críticas internas, a teoria gerativa também se dissociou em várias novas hipóteses. Os lingüistas tomaram então consciência das implicações filosóficas de suas teorias e da relação que elas mantêm com o desenvolvimento das sociedades em que vivem; eles reconheceram a dimensão histórica e social de sua atividade científica. É por isso que a lingüística não pode ser dissociada do lugar reservado aos problemas da linguagem e da comunicação nas sociedades desenvolvidas. O materialismo mecanicista dos neogramáticos, o positivismo dos distribucionalistas e dos funcionalistas, o ineísmo dos gerativistas participam de ideologias que se explicam a si próprias na história das sociedades que as produzem. No instante em que os lingüistas tomam consciência dos pressupostos filosóficos que subtendem o desenvolvimento das ciências humanas, eles fixam o momento em que a metalíngua de uma ciência é suscetível de análise: o dicionário científico e técnico torna-se então possível, e até mesmo indispensável, para se compreender o lugar da lingüística no mundo atual.

Algumas palavras, enfim, sobre a informação lingüística que está na base deste dicionário: a documentação, começada há dez anos, mediante um despojamento sistemático das obras escritas e traduzidas em francês, e um recenseamento dos termos mais importantes usados nos textos estrangeiros, foi completado pelo uso sistemático dos índices dos principais manuais usados na França; essa documentação foi comparada com a dos léxicos ou dos dicionários anteriores a este. A bibliografia que acompanha o dicionário repertoria o conjunto das obras de lingüística que pareceram úteis aos leitores informados, com exclusão de artigos publicados em revistas.

Desejamos que este Dicionário de Lingüística seja útil a todos aqueles para os quais foi feito: estudantes de universidade, professores e a todos aqueles para quem as ciências humanas representam uma das características fundamentais do progresso científico.

Os autores.

Agradecemos a B. GARDIN, da Universidade de Ruão, pela colaboração que nos prestou redigindo os artigos sobre *análise distribucional, lingüística, estilo* e *estilística*.

A

abdução

Em fonética, dá-se o nome de *abdução* ao movimento pelo qual as cordas vocais se afastam uma da outra, causando a abertura da glote e a interrupção da atitude vocal.

Com efeito, para a fonação, as cordas vocais se unem ligeiramente em toda a sua extensão num movimento de adução*. O ar pulmonar proveniente da expiração só pode escoar-se através da laringe por pequenos sopros sucessivos, graças à vibração das cordas vocais, provocando assim a onda sonora laríngea, chamada voz*, indispensável à produção de sons da linguagem. Produz-se a abdução no momento do abandono da atitude vocal por ocasião de uma pausa na cadeia falada, ou pela produção de consoantes surdas chamadas *aspiradas*, como o [p], o [t], e o [k] do inglês, durante cuja realização fica aberta a glote. A abdução é produzida pelo afastamento das cartilagens aritenóides, às quais estão fixadas as extremidades posteriores das cordas vocais, por trás da laringe.

aberto

1. *Classe aberta.* V. FECHADO.

2. *Vogal aberta* é aquela que, em oposição às vogais fechadas, é pronunciada com uma posição baixa da língua, de forma que o canal bucal fica aberto. Há duas posições de abertura vocálica: uma em que a língua fica muito baixa, como para [a]; outra em que fica um pouco menos (como para as vogais semi-abertas [ɛ] e [ɔ]). Do ponto de vista acústico, as vogais abertas são compactas.

abessivo

Chama-se *abessivo*, em línguas da família fino-úgrica, o caso da palavra que exprime uma situação externa. Pôr-se-ia no *abessivo* a palavra *rua,* numa frase como *A casa está* FORA DA RUA.

ablativo

1. Designa-se pelo nome de *ablativo* o caso* que exprime a separação, e, por extensão, a função local de afastamento de um lugar; p. ex.: *O barco se afasta da margem.* Em várias línguas, dá-se o nome de ablativo a um caso da declinação que assume a função de vários outros casos; assim, o ablativo latino é a um só tempo um ablativo, um instrumental, um comitativo, um agentivo e, muitas vezes, um locativo (v. essas palavras).

2. *Ablativo absoluto.* Em latim, o *ablativo absoluto* é uma oração que desempenha o papel de um circunstante independente, cujo sujeito está no ablativo e o predicado, sendo verbal, é um particípio no ablativo (*me nolente,* "contra a minha vontade", lit. "não desejando eu"), e, sendo nominal, um substantivo no ablativo (*Caesare duce,* "sob o comando de César", lit. "sendo César o comandante"). (V. CASO)

abrandamento
(fr. adoucissement)

Chama-se *abrandamento, enfraquecimento* ou *lenição* o fenômeno de evolução histórica ou de alternância sincrônica pelo qual, em certas línguas e numa dada posição — geralmente na intervocálica — as consoantes são realizadas com um grau menor de fechamento sob a influência das vogais: as fricativas surdas são realizadas como sonoras, as oclusivas surdas como oclusivas ou fricativas sonoras. As oclusivas sonoras como [b], [d], [g] podem passar a [β], [δ], [γ] e, continuando o abrandamento, chegar ao desaparecimento ou síncope.

A vocalização de uma consoante é também uma espécie de abrandamento.

No céltico, o abrandamento afeta o conjunto do sistema consonântico. Nas línguas românicas ocidentais, também se observa esse fenômeno em grande extensão: lat. *ripa-* > fr. *rive*, port. *riba*; lat. *rota-* > fr. *roue*, port. *roda*; lat. *amica-* > fr. *amie*, port. *amiga*; lat. *faba-* > fr. *fêve*, port. *fava*; lat. vulg. *vedere* > fr. *voir*, port. arc. *veer*, port. mod. *ver*; lat. *legale-* > fr. *loyal*, port. *leal*; lat. *rege-* > fr. *roi*, port. *rei*; lat. *rosa-* (fricativa dental surda) > fr. *rose*, port. *rosa* (fricativa dental sonora). Ant.: RESTABELECIMENTO.

abreviação

Ação ou resultado da representação de uma série de unidades ou de uma só unidade por parte delas. Podem distinguir-se vários casos. (1) *Abreviação de sintagma*. Nesse caso, certas determinações são omitidas nalguns contextos: as designações *Faculdade* ou *Filosofia* ou *Faculdade de Filosofia* para *Faculdade de Filosofia, Ciências e Letras* são abreviaturas devidas ao contexto social ou à economia da fala. Encurtam-se, desse modo, as designações daquilo a que se refere freqüentemente. À medida que o discurso avança e os fatos se precisam, há elementos de designações que podem ser omitidos. P. ex., se eu já disse que *o jardineiro do clube veio fazer o meu jardim* e já contei o que ele fez em minha casa, ao voltar a referir-me a ele, direi simplesmente: *o jardineiro*. (2) *Truncamento de sintagma*. De um sintagma de duas ou mais palavras, tomam-se elementos de cada uma e forma-se uma palavra ou sintagma menor. P. ex., de *automobile omnibus* formou-se o fr. *autobus*,

o port. *auto-ônibus* (e depois ônibus) e o ingl. *bus*. (3) *Abreviação de sintagmas por siglas**. Nomes de organizações, instituições, movimentos etc., quando longos, abreviam-se por siglas formadas das iniciais dos termos componentes: *F.F.L.C.H. por Faculdade de Filosofia, Letras e Ciências Humanas, U.S.P. por Universidade de São Paulo, F.A.P.E.S.P. por Fundação de Amparo à Pesquisa do Estado de São Paulo*. Há siglas já de fama mundial como *ONU, UNESCO*, etc. A abreviatura por siglas faz-se por maiúsculas, separadas ou não por ponto. A tendência geral é suprimirem-se os pontos, mesmo porque muitas delas se transformam em lexemas, comportando derivações: udenismo, petebista, arenista, emedebista, etc. A tendência ao uso das siglas no mundo contemporâneo é tal que já existem até dicionários de siglas. Por outro lado, organizações que teriam nomes fraseológicos já surgem designadas por um termo único, que é uma espécie de truncamento de sintagma que não chegou a existir, como Petrobrás e Eletrobrás. Outras siglas formam-se com sílabas e não com iniciais, como *Embratel* por *Empresa Brasileira de Telecomunicações*, *Embratur* por *Empresa Brasileira de Turismo*. (4) *Abreviação de palavra*. Pode ser também uma forma de truncamento, o que é freqüente na língua popular. Por ex., as formas *foto, metrô, auto* por *fotografia, metropolitano, automóvel*. O caso de *cine* é uma dupla abreviação: o fr. *cinématographe* reduziu-se a *cinema* e este a *cine*. A abreviação normal de palavra na tradição portuguesa faz-se tomando a primeira ou as duas primeiras sílabas e o início da seguinte: *mat., filol.* e *lit.* por *matemática, filologia* e *literatura*. Freqüente também é início e fim da palavra: *am.º, at.º* e *obr.º* por *amigo, atento, obrigado, Ex.ª* por *Excelência*, etc. Outra variante é o truncamento pelo uso do final da palavra, como é o caso dos hipocorísticos: *Zé* por *José, Tônio* por *Antônio, Tião* por *Sebastião*. Casos há em que a abreviatura se reduz a uma letra minúscula mas com o perigo de ambigüidade, em geral desfeito pelo contexto: *f.* por *feminino* e *forma*, *m.* por *masculino*, *metro* e *mês* e *n.* por *nome* e *neutro*.

Em português, distingue-se *abreviação* de *abreviatura*; aquela é o processo, esta, o resultado. Assim, não se pode dizer que *p.* é *abreviação* mas *abreviatura* de *página*.

abreviatura. V. ABREVIAÇÃO.

abrimento

Dá-se o nome de *abrimento* à abertura do canal bucal durante a emissão de um fonema. Para certos lingüistas, as particularidades especificamente vocálicas estão em relação única com os diferentes graus de abrimento e "o *grau de abrimento* é uma marca especificamente vocálica" (N. TRUBETSKOY, *Princípes de phonologie*, p. 231). Para outros lingüistas, como F. DE SAUSSURE, todos os sons podem ser classificados segundo seu grau de abrimento, entre o abrimento mínimo, que corresponde às consoantes oclusivas, e o abrimento máximo, que corresponde às consoantes mais abertas. [O uso de *abrimento* para traduzir o fr. *aperture* ficou consagrado em port. graças a MATTOSO CÂMARA].

absentia. V. IN ABSENTIA.

absolutamente

Diz-se que um verbo é empregado *absolutamente*, quando, sendo transitivo, ele vem sem objeto. P. ex.: *Pedro* ES-CREVE *no quadro e depois* LÊ *em voz alta, mas seus discípulos não* ENTENDEM.

absoluto

1. *Ablativo absoluto.* Ablativo "solto", isto é, sem relação com termo algum da oração subordinada (V. ABLATIVO).

2. Diz-se que um adjetivo é *absoluto* ou que tem sentido absoluto, quando, no sentido próprio, ele não é, em princípio, suscetível de graus de compa-

ração. Assim, *geográfico* não comporta comparativo nem superlativo. Chama-se também *absoluto* o superlativo não limitado por um complemento de natureza comparativa. P. ex., *trabalho muito grande* ou *grandíssimo* (superlativo absoluto); *o trabalho maior de sua vida* (= de todos os de sua vida) (superlativo relativo). (V. RELATIVO, SUPERLATIVO).

3. Chamam-se *tempos absolutos* as formas verbais que exprimem o tempo em relação ao momento do enunciado (presente, imperfeito, futuro etc.), por oposição a *tempos relativos*, que exprimem o aspecto perfectivo em relação aos tempos absolutos. Assim, o futuro do pret. no português e no francês e o "passado anterior" no francês exprimem a ação realizada em relação a um futuro ou passado expresso no enunciado.

abstrato

1. *Substantivo abstrato*, sin., na gramática tradicional, de SUBSTANTIVO NÃO-CONCRETO. (V. CONCRETO).

2. Em gramática gerativa, diz-se que um *verbo* é *abstrato* quando ele é teoricamente implicado pelas transformações de nominalização ou adjetivação, mas não recebe uma realização morfofonológica. Assim, o fr. *ingénieur* [engenheiro], implica uma nominalização a partir de um suposto verbo **ingéni-*, como *ajusteur* [ajustador] é derivado de *ajuster*. Diz-se também que um substantivo é *abstrato* quando for necessário supor-se um radical não-realizado para explicar uma palavra derivada; assim, o fr. *marmaille*, coletivo que indica "um grupo de crianças", modelado em *valetaille*, [grupo de criados], implica um substantivo abstrato de um radical *marm-*.

3. Em gramática gerativa, por oposição às frases efetivamente pronunciadas pelos falantes de uma língua (ou frases concretas), chama-se *frase abstrata* aquela cuja estrutura profunda é formada pelos símbolos mais gerais (SN [sintagma nominal], SV [sintag-

13

ma verbal] etc.). O grau de abstração da estrutura profunda é tanto maior quanto maior for a distância entre a forma da frase realizada e a forma profunda subjacente. P. ex., uma gramática que analisa o verbo transitivo como proveniente de duas orações das quais a primeira é factitiva (*João lê um livro* provém de [João + faz] + [que + um livro + é lido por João]) tem *caráter mais profundo* que a gramática que faz corresponderem nesse caso a estrutura superficial e a estrutura profunda (*João lê um livro* provém de João + lê um livro). [Substituímos aqui os símbolos por palavras da língua.]

abuso

Em lexicografia, as notações *por abuso* ou *abusivamente* são marcas de rejeição que assinalam os sentidos ou as expressões rejeitados pelos puristas: extensões do emprego de uma palavra fora de seu campo de aplicação original, empréstimos tomados a outras línguas, ou transformações diversas que alteram o sentido "primeiro". Assim, em francês, o emprego de *bien achalandée* (em *boutique bien achalandée*), com o sentido de "loja de grande freguesia", é *aceito*, mas o de "bem provida de mercadorias" é considerado *abusivo*. Em português, o emprego de *sofisticado* com o sentido de "requintado ao extremo, aprimorado" também pode ser considerado *abusivo*.

ação

1. *Verbo de ação.* V. ATIVO 1.
2. *Ação-resposta.* V. RESPOSTA.

acento

acavalamento

Por *acavalamento* traduzimos o fr. *chevauchement* e o ing. *overlapping*, que indicam a intersecção de dois conjuntos: *azul* é substantivo e adjetivo; nesse termo as duas classes, substantivo e adjetivo, acavalam-se. M. CÂMARA propõe *debordamento* para traduzir *overlapping* e por *cavalgamento* traduz o fr. *enjambement*, termo de métrica que indica ·o acavalamento de um verso sobre o outro por uma seqüência rítmica. Para *overlapping* se tem também proposto *superposição*.

aceitabilidade

É *aceitável* o enunciado que é a um só tempo gramatical, isto é, gerado pelas regras da gramática e facilmente compreendido ou naturalmente emitido pelos falantes (V. GRAMATICALIDADE). A aceitabilidade é um conceito ligado ao modelo de *performance**; depende, portanto, não apenas da conformidade às regras de gramática (toda frase agramatical é inaceitável), mas também das regras definidas pela situação (contexto) ou pelas propriedades psicológicas assim, há uma extensão além da qual do sujeito. Há *graus de aceitabilidade*; uma frase ou período gramatical é inaceitável, mas essa inaceitabilidade depende de se tratar de língua escrita ou falada, e do ponto de vista do emissor (ou destinador) ou do receptor (ou destinatário).

aceito (fr. reçu)

Aceita é a palavra considerada pertencente à norma-padrão do português chamado "culto".

1. *Acento fonético.* Em lingüística, o *acento* é um processo que permite valorizar uma unidade lingüística superior ao fonema (sílaba, morfema, palavra, sintagma, frase), para distingui-la das outras unidades lingüísticas de mesmo nível. O acento caracteriza sempre uma combinação de fonemas, diferenciando-a de uma ou de várias seqüências de fonemas geralmente idênticas; classifica-se, portanto, o acento

entre os prosodemas*, ou elementos supra-segmentais, do mesmo modo que a quantidade e a pausa.

A característica acentual pode efetuar-se por meio de uma força expiratória maior: trata-se então do *acento de energia* (ou acento de intensidade, acento dinâmico, acento expiratório, etc.). Pode efetuar--se também por uma variação da altura melódica devida a um aumento ou diminuição da freqüência de vibração das cordas vocais: tal tipo denomina-se *acento de entonação* ou *tom* (ou acento musical, acento melódico, etc.). Na verdade, tanto elementos musicais quanto quantitativos intervêm na manifestação do acento de energia.

O acento de energia tem *função distintiva* nas línguas em que ele é móvel, como em inglês, em russo, e, exceto o francês, em todas as línguas românicas. O inglês opõe *import*, "importação", a *impórt*, "importar", pelo simples fato de que a sílaba inicial é pronunciada com mais força do que a segunda na primeira palavra, e com menos força na segunda.

O italiano, igualmente, apresenta numerosos pares mínimos que repousam unicamente na diferença de lugar do acento: *áncora*, "âncora", *ancóra*, "ainda"; *débito*, "dívida", *debíto*, "devido"; *príncipi*, "príncipes", *princípi*, "inícios". É o caso do português, também, com *dúvida/duvida*, *débito/debito*, etc.

Nas línguas em que não é livre seu lugar, o acento de energia tem *função demarcativa*: ou indica o fim da palavra, afetando, como em francês, sempre a última sílaba, ou o começo da palavra, como em tcheco, em que afeta sempre a primeira sílaba.

O acento de energia exerce também uma *função culminativa*, como pico de uma unidade fonética que pode ser a palavra ou o grupo de palavras: em francês, a seqüência *un enfant malade*, "um menino doente", constitui um único grupo fonético cujo acento cai na última sílaba -*lade*, enquanto a seqüência *un enfant jouait*, "um menino brincava", apresenta dois acentos, um em -*fant*, outro em -*ait*, correspondentes a duas unidades fonéticas.

A importância do acento de energia nas línguas varia segundo a força com que se pronuncia a sílaba acentuada com relação às sílabas não acentuadas: em francês, a diferença é muito fraca, pois as sílabas não acentuadas conservam toda a sua precisão articulatória, mas nas línguas germânicas, as sílabas acentuadas são muito fortes e as não acentuadas, fracas. Tanto o tom quanto o acento de energia podem ter função distintiva, demarcativa ou culminativa· Em grande número de línguas, sobretudo na África e no Extremo-Oriente, mas também na Europa setentrional, as variações de tom permitem distinguir uma palavra da outra.

Em escandinavo, há dois tipos de acentos agudo-grave que só funcionam para as palavras que contêm, pelo menos, duas sílabas. Na verdade, o acento grave corresponde, nesse caso, à ausência de acento agudo. Uma das sílabas é pronunciada num tom mais agudo que as outras. É o lugar do acento que tem um valor distintivo; este é chamado *acento de sílaba*. Ex.: *kómma*[1] = "vírgula"; *kommá*[2] = "vir".

Em chinês (dialeto de Pequim), existem quatro tons, isto é, quatro níveis de altura em que as palavras são pronunciadas (ascendente, descendente, interrompido e unido), e cuja utilização permite distinguir signos que têm geralmente um significante idêntico. Ex.: *chu*[1] = "porco", *chu*[2] = "bambu", *chu*[3] = "senhor", *chu*[4] = "habitação". Este é o *acento de palavra*.

Na maioria das línguas européias, a variação de tom é sobretudo importante para a fonética da frase. O acento de entonação torna-se então um *acento de frase*, que possibilita a expressão de diferentes estados psíquicos e o reforço da mensagem transmitida pelas unidades segmentais. Daí falar-se em frase dita com um *tom queixoso, tom de surpresa, tom irônico*, etc.

Em algumas línguas, a entonação é o único meio de veicular certas informações, como a natureza interrogativa do enunciado: em italiano, a interrogação *è venuto?*, "veio?", diferencia-se da afirmação *è venuto*, "veio", unicamente pela elevação da entonação na última sílaba. O francês, que utiliza unicamente a entonação na língua falada, dispõe, entretanto, de outros meios, como a locução *est-ce que?*, "será que...?" ou a inversão, como, p. ex., *pleut-il?*, "chove?".

2. *Acento gráfico.* O acento gráfico pode ser utilizado como sinal diacrítico ou como marca de posição da sílaba tônica. Há sistemas ortográficos que o dispensam totalmente, p. ex., o latim, o inglês, o alemão etc. O grego usa o acento (agudo, grave e cincunflexo) praticamente em todas as palavras, com exceção, não total, de enclíticas e proclíticas. Como sinal diacrítico, o acento gráfico é empregado junto às letras para indicar certos fonemas; assim, em francês, *é* assinala [e] em *été*, "verão" ou "sido" (part. pas.), *è* assinala [ɛ] em *relève*, "depende", *â assinala* [ɑ] em *mâle*, "macho". O acento é também empregado para distinguir homônimos (em francês, *où*, "onde", e *ou*, "ou") ou para indicar a presença de um fonema desaparecido (*âne*, "asno", do fr. arc. *asne*). Em português, o acento gráfico é usado menos como sinal diacrítico do que como marca de posição da tônica;

mas, cabe notar que, mesmo aí, o agudo é usado em vogais abertas e sobre *i* e *u*, e o circunflexo, sobre *e* e *o* fechados e, na ortografia brasileira, sobre *a, e, o* nasais. (V. também AGUDO, CIRCUNFLEXO, GRAVE.)

acentuação

Em fonética, a *acentuação* consiste em pôr em relevo uma ou várias sílabas numa palavra ou grupo de palavras, pronunciando-as com uma característica fônica que as distingue das outras palavras: maior força expiratória (acento* de energia) ou timbre mais agudo (tom*).

Em ortografia, a *acentuação gráfica* consiste no uso de sinais diacríticos para indicar timbre e posição da sílaba tônica.

acentuado

Diz-se que é *acentuada* a sílaba sobre a qual incide a tônica, seja ela marcada ou não com acento gráfico.

acentual

O termo *acentual* qualifica tudo o que, unidade ou relação lingüística, se define pelo papel do acento.

Unidade acentual é um morfema ou uma série de morfemas constituinte de frase, com um único acento principal: a unidade acentual corresponde à "palavra" (palavra-raiz, palavra composta, palavra derivada) ou ao sintagma de base (determinante + nome).

Oposição acentual é a que se estabelece entre signos lingüísticos (morfema, palavra ou sintagma) que só se diferenciam: 1) pela posição do acento, como *prática/pratica, contem/contém* e *contaram/contarão*, em que a diferença ortográfica não é pertinente; 2) pelo grau de altura do acento tonal, como, em chinês, nas palavras *chu*[1], "porco"; *chu*[2], "bambu"; *chu*[3], "senhor"; *chu*[4], "habitação".

Contraste acentual é o que se estabelece entre duas seqüências sucessivas da cadeia falada, que se diferenciam pela presença do acento sobre uma e não sobre a outra, como, p. ex., no sintagma francês *un enfant pauvre*, "uma criança pobre", entre as sílabas *un en-fant* e a sílaba *pauvre* ([povr] é um monossílabo), ou pela variação de altura de uma sílaba para outra nas línguas que apresentam um tom de sílaba.

acepção

Em lexicografia, diz-se que uma palavra tem várias *acepções*, quando apresenta vários sentidos diferentes segundo os contextos. Assim, a palavra *carta* tem acepções diversas em *carta de baralho* e *carta geográfica*, etc. Chama-se polissêmica* a palavra que tem várias acepções.

acessório

Acessórias são as palavras não-acentuadas desprovidas de autonomia sintática (artigos, preposições). São também denominadas *palavras vazias* ou *instrumentos gramaticais*.

acidental

Propriedades acidentais são as propriedades de qualidade, quantidade, lugar, estado, etc., que podem ser atribuídas às pessoas ou às coisas que são as "substâncias". As propriedades acidentais ou acidentes são os predicados das substâncias em orações bem formadas do ponto de vista lógico. Em *O livro é vermelho, livro* é a substância e *vermelho*, a propriedade acidental; em *Jorge está aqui, aqui* é a propriedade acidental atribuída a *Jorge*.

acidente

Denomina-se *acidente* cada um dos modos de uma coisa, por oposição à substância e aos atributos que constituem sua essência. A oposição *acidente/substância* fundamenta a distinção *adjetivo* ou *verbo/substantivo* na gramática tradicional. Em *A criança corre, corre* é um acidente e *criança* uma substância; em *O tempo está chuvoso, chuvoso é um modo de tempo.*

acomodação. V. `ASSIMILAÇÃO.`

acrofonia

Dá-se o nome de *acrofonia* ao princípio de transcrição segundo o qual a constituição de uma escrita silábica (que nota uma sílaba por um único sinal gráfico) foi feita a partir da escrita ideográfica (na qual o sinal gráfico representa uma palavra), atribuindo-se ao ideograma o valor fônico da primeira sílaba da palavra por ele representada.

aculturação

Designam-se pelo nome de *aculturação* todos os fenômenos sócio-culturais ligados à aquisição, manutenção ou modificação de cultura*, principalmente a adaptação de um indivíduo ou grupo social a um novo contexto sócio-cultural ou sociolingüístico (falar-se-á assim da aculturação dos emigrados recentes).

acusativo

Dá-se o nome de *acusativo*, em línguas indo-européias que conservam a flexão casual, ao caso* que exprime a função gramatical de complemento no sintagma verbal do tipo: verbo ativo + sintagma nominal (obj. dir.). P. ex.: lat. *Claudius* CLAUDIAM *amat.* Em grego, latim etc., o acusativo pode assumir funções gramaticais ou locais traduzidas em outras línguas pelo alativo*, ilativo* etc. Do mesmo modo, denominou-se *acusativo de objeto interno* ou *acusativo cognato* o acusativo de frases como: gr. *polemein* POLEMON, "combater um combate", lat. *mirum* SOMNIUM *somniare*, "sonhar um sonho lindo" (as traduções dos exemplos ilustram o fato em português, sem declinação); esse objeto, de um verbo normalmente intransitivo, tem a mesma raiz do verbo. (V. CASO).

acústica

1. A *acústica* é a parte da física que estuda a estrutura dos sons e o modo pelo qual o ouvido a eles reage.

2. A *fonética acústica* estuda a natureza física da mensagem vocal, independentemente de suas condições de produção e de recepção. Os progressos da fonética articulatória* e da experimentação fonética mostraram que as articulações são muito menos estáveis do que se pensava outrora. Assim, um mesmo efeito acústico pode ser obtido de diferentes maneiras por processos de compensação: o [φ] do fr. *peu*, [pφ], "pouco", pode ser obtido a partir de [e], seja por uma contração da língua, seja por um arredondamento dos lábios.

Os parâmetros acústicos que definem um som podem ser: a *altura*, que se deve à freqüência da vibração que o produz, a *intensidade*, devida à amplitude e à freqüência, e o *timbre*, devido à audibilidade dos tons parciais ou harmônicos. O som laríngeo, quando provocado por uma vibração composta, é complexo, com um tom fundamental correspondente à vibração do conjunto e harmônicos correspondentes às vibrações parciais.

Desempenhando o papel de um filtro acústico, cada uma das cavidades de ressonância reforça os tons parciais cuja freqüência coincide com a sua. Se se reforçam os harmônicos altos, obtém-se um som de timbre claro; se se reforçam o fundamental ou os harmônicos baixos, o tom torna-se grave. As frequências reforçadas constituem os formantes que caracterizam o timbre de cada som. Os métodos da moderna eletroacústica permitem analisar qualquer som lingüístico e apresentar o resultado da análise sob a forma de um espectro que mostra a estrutura acústica do som (parciais, freqüência, intensidade). Enriquecem os resultados que poderiam ser obtidos precedentemente por um ouvido muito sensível ou pela análise matemática da curva de vibração. As consoantes oclusivas caracterizam-se pela ausência de uma estrutura de formantes nitidamente definida. As vogais são caracterizadas por dois formantes que, juntos, são responsáveis pelo timbre particular de cada tipo vocálico. Esses dois formantes correspondem aos principais ressoadores do aparelho fonador: a faringe e a boca.

Outros formantes podem intervir na determinação das qualidades secundárias das vogais, como a nasalidade. Se os dois formantes principais se encontram no meio do espectro, como no caso de [a], [k], [g], ou, ao contrário, nas duas extremidades, nitidamente separados um do outro, como em [i] e [u], pode-se falar de um tipo de som compacto e difuso. Se os formantes estão situados na zona de alta freqüência do espectro, tem-se um som agudo como [i], [y] (opondo-se a [u]) e [t] e [d] (opondo-se a [p] e [b]).

É possível então, conforme a estrutura do espectro acústico, realizar-se uma classificação dos sons da linguagem que corresponda à classificação articulatória. Uma primeira tentativa foi feita por R. JAKOBSON, G. FANT e M. HALLE desde 1952 (*Preliminaries to Speech Analysis*), em função do princípio do binarismo*. Para esses lingüistas e foneticistas, os sons da linguagem opõem-se entre si pela presença ou ausência de um traço fonético, que pode ser formulado em termos articulatórios, genéticos* ou acústicos. Haveria assim doze oposições acústicas nas quais cada língua opera uma escolha fonológica: *vocálico / não vocálico, consonântico / não consonântico, compacto/difuso, contínuo/descontínuo, estridente/mate* (ingl. *mellow*, fr. *mat*; também port. *doce*, segundo MATTOSO CÂMARA, *in* R. JAKOBSON — *Fonema e Fonologia*, Rio, Liv. Acadêmica, 1967, p. 125), *brusco/fluente, sonoro/surdo, nasal/oral, tenso/frouxo, grave/agudo, incisivo/raso, rebaixado/sustentado* (MATTOSO CÂMARA, ibid., p. 126, prefere estes termos a *bemolizado/não bemolizado*, para traduzir o ingl. *sharp/plain*).

A análise acústica das consoantes e das vogais pode contribuir para o esclarecimento da influência que umas exercem sobre outras, o que abre caminho a novas teorias sobre a sílaba*, a novas interpretações dos fenômenos de interação, tais como a metafonia, bem como fenômenos de evolução diacrônica.

A fonética acústica propõe-se também à síntese da linguagem, que permite verificar, pela audição, os resultados obtidos pela análise e assegurar-se de que nenhum aspecto fundamental da composição acústica do som foi deixado de lado. A síntese da linguagem pode também permitir aos cegos o acesso aos textos escritos, graças a certas máquinas que transformam o texto escrito em fala sintética, podendo então servir de máquinas de leitura.

Adequação

Quando se distinguem as duas formas sob as quais os enunciados de uma língua se nos oferecem — a forma escrita e a forma falada — propõe-se o problema da *adequação da primeira à segunda*: esse termo designa as relações que a língua escrita mantém com a falada, que ela representa. Essas rela ções são caracterizadas pelo fato de que o escrito é a representação mais ou menos exata dos enunciados falados da língua. Dir-se-á, no mesmo sentido, que a adequação do alfabeto latino com relação ao italiano e ao português é maior do que com relação ao francês. (V. ADEQUADO.)

adequado

Diz-se que uma gramática é *fracamente adequada* (ou que tem uma capacidade* gerativa fraca) quando ela gera o conjunto das frases gramaticais de uma língua; uma gramática é *fortemente adequada* (ou tem uma capacidade gerativa forte) quando não somente gera o conjunto desejado de frases, como também assina a cada frase a descrição estrutural correta. Uma gramática descritiva é também fracamente adequada, porque, para uma mesma língua, pode-se ter um grande número de gramáticas possíveis, e essas gramáticas descrevem vários enunciados pouco aceitáveis. Por outro lado, porém, uma gramática gerativa tem uma forte adequação, porque representa o conhecimento intuitivo das regras que o lo-

cutor possui, e porque explica ambigüidades e enunciados sintaticamente aproximados.

adessivo

Dá-se o nome de adessivo ao caso* que exprime a posição, nas proximidades imediatas de um lugar. Ex.: *A casa fica* PERTO DA IGREJA.

ad hoc

Em gramática gerativa, diz-se que uma regra de gramática é *ad hoc* quando foi feita unicamente com o fim de relacionar o fenômeno que descreve, e não permite generalização alguma.

adição

Em gramática gerativa, a *adição* é uma operação que consiste em acrescentar um elemento no decurso de uma transformação. Esse elemento deve ser vazio de sentido, visto que, teoricamente, as transformações não trazem qualquer modificação ao sentido das frases de base. Assim, se analisamos a frase *Penso que Paulo virá amanhã* como proveniente de duas orações:

Penso isto,
Paulo virá amanhã,

por transformação completiva, que funde essas duas orações numa única frase, o elemento *que*, acrescentado durante essa transformação, é uma conjunção vazia de sentido. (V. OPERADOR.)

adjacente

Dois elementos são chamados *adjacentes* quando são contíguos numa dada estrutura. Assim, o sintagma nominal objeto é *adjacente ao verbo* na estru- tura de base SN + Aux. + V + SN (sintagma nominal + auxiliar + verbo + sintagma nominal).

adjetivaçã. V. ADJETIVIZAÇÃO

adjetivador. V. ADJETIVIZADOR

adjetival

1. *Sintagma adjetival* (SA) é a expressão formada de um adjetivo, eventualmente modificado por um advérbio e, ainda eventualmente, completado por um complemento nominal sob a forma de sintagma preposicional (SP). Esta definição inclui os seguintes tipos: a) *tão belo, mais belo, menos belo, muito belo*, e *extremamente belo* (SA → (Adv.) + Adj.); b) *agradável à vista, agradável ao paladar, semelhante ao pai* (SA → (Adv.) + Adj. + (SP)). (SP)); c) *tão grato a mim, mais agradável ao paladar, muito semelhante ao pai* (SA → (Adv.) + Adj. + (SP)). Algumas gramáticas consideram o complemento de comparação como um constituinte do sintagma adjetival, sendo a seguinte a sua regra de reescrita: SA → (Adv.) + Adj. + (SP) + (Comp.). [*Paulo está mais contente da vida do que Fábio*], O adjetivo é o centro do sintagma adjetival. (*Transformação adjetival*. V. ADJETIVIZAÇÃO.)

2. Em gramática distribucional, chamam-se adjetivais os membros de uma classe sintática definida por características contextuais próprias do adjetivo, mas que comporta duas subclasses: a primeira é definida pelos adjetivos que entram em frases predicativas, do tipo *João é feliz*, e em comparativos e superlativos, do tipo *João é mais feliz, João é o mais feliz*, a segunda subclasse é definida pelo mesmo critério da frase predicativa, mas os "adjetivos" que a constituem não têm comparativo nem superlativo [*caçula, primogênito, circular, duplo, último*, etc.] (V. Também ADJETIVO 2.)

adjetivização

Denomina-se *adjetivização*, ou *adjetivação*, a transformação que converte um sintagma preposicional (preposição seguida de um sintagma nominal) num sintagma adjetival ou um adjetivo.

Assim: *A literatura do Brasil começa a ser conhecida.* Se o sintagma preposicional *do Brasil* for convertido num sintagma adjetival *brasileira* pela *transformação adjetival*, ou *adjetivização*, obtém-se a frase transformada: *A literatura brasileira começa a ser conhecida.*

adjetivizador

Adjetivizador, ou *adjetivador*, é um morfema, particularmente um sufixo, que passa um termo da categoria dos substantivos para a categoria dos adjetivos (é um translativo). Assim, em português, o sufixo -*al* é um *adjetivizador em formal*, de *forma, estrutural*, de *estrutura*.

I. adjetivo

1. A gramática tradicional define o *adjetivo* como a palavra que se une ao substantivo para exprimir a qualidade do objeto ou do ser, ou da noção designada por esse substantivo (*adjetivo qualificativo*), ou então para fazer com que esse substantivo seja atualizado numa frase (*adjetivo determinativo*). Adjetivos tão diversos como *baixo, negro, frágil, pequeno, feio, gracial, machadiano, soberbo, municipal, espiritual*, são qualificativos. Por outro lado, a lista dos determinativos é relativamente restrita, mas eles se diferenciam em adjetivos numerais,

possessivos, demonstrativos, relativos, interrogativos (e exclamativos) e indefinidos. Se levarmos em consideração o critério do sentido, deveremos constatar todavia que, em muitos de seus empregos, o adjetivo qualificativo não apenas caracteriza (ou qualifica), mas também determina. Assim, em *Ela vestia uma blusa vermelha, vermelha* faz-nos distinguir, entre as demais blusas, uma, que é assim individualizada. Por isso, alguns dos gramáticos franceses preferem denominá-los *não--qualificativos*. A nossa gramática os chamava adjetivos determinativos, às vezes incluindo o artigo como adjetivo articular· A NGB chama-os pronomes substantivos e pronomes adjetivos, mas exclui da classe o artigo e o numeral, designado por esses nomes.

Os adjetivos qualificativos puderam ser subdivididos em *qualificativos propriamente ditos* (exprimindo uma qualidade) e *relacionais*: estes últimos são derivados de substantivos, por exemplo, *universitário* de *universidade, bovino* de *boi, econômico* de *economia*, e indicam que há uma relação entre o substantivo qualificado e o substantivo do qual deriva o adjetivo, definindo o uso ou as relações expressas: assim, a *agitação revolucionária* pode ser "a agitação para fazer a revolução", "a agitação daqueles que querem fazer a revolução", "a agitação que é a revolução". O adjetivo relacional pode ter empregos sinônimos ou complementares aos do "complemento nominal" introduzido por *de*: *a influência da França* e *a influência francesa* são sinônimos. Mas *da França* é complemento nominal, equivalente ao sujeito na frase *A França influencia...*, e *francesa* é adjunto adnominal (de posse). Há uma convergência de duas idéias: a de subjetividade e a de posse. Entretanto, em a *situação francesa*, a ambigüidade é outra: pode ser "a situação da França" (sujeito e posse) ou "a situação na França" (reinante na França). Neste último caso, há uma extensão do emprego do adjetivo relacional.

O adjetivo qualificativo (adjetivo qualificativo propriamente dito ou adjetivo relacional) pode ser *adjunto adnominal* ou *complemento predicativo*. É adjunto adnominal quando entra no grupo nominal cujo termo principal é o substantivo ao qual se une o adjetivo (dizemos que ele o qualifica ou a ele se refere); não há nesse caso nenhum verbo que o relacione com o substantivo. Assim, em *a porta estreita, uma aventura extraordinária, um grande homem, estreita, extraordinária* e *grande* são adjuntos adnominais. Quando o adjetivo exige ou implica a presença de um verbo (podendo este ser "elíptico", ou "subentendido"), dizemos que ele é um complemento predicativo do substantivo; isso se dá, por exemplo, no caso de *Ele é notável, Consideramo-lo sincero, Ele se mostra sério,* e com um verbo não expresso. (V. ADVERBIAL).

Os adjetivos qualificativos (excluídos os de sentido absoluto, como *metálico geografico* etc.) têm graus de comparação* expressos por processos morfológicos (sufixos) ou sintáticos (instrumentos gramaticais: *mais, muito, o mais*). Distinguimos assim três graus de comparação: um comparativo de superioridade (*Paulo é mais estudioso do que Fábio*), um comparativo de igualdade (*Paulo é tão estudioso quanto Fábio*), um comparativo de inferioridade (*Fábio é menos estudioso do que Paulo*), um superlativo absoluto (*Paulo é estudiosíssimo* ou *muito estudioso*) e um superlativo relativo (*Paulo é o mais estudioso da classe*).

O português, assim como as demais línguas românicas, com exceção do rumeno, conserva restos do comparativo latino em *-ior* nas quatro formas *maior, menor, melhor, pior* (com *o* aberto). Outras formas (*superior/inferior, anterior/posterior, interior/exterior, ulterior/citerior*) também conservam resíduo de sentido comparativo, mas não se integram totalmente dentro da comparação. Vê-se isso pelo fato de não admitir complemento com *que* ou *do que* e até por não terem aberto o *o* da sílaba final. O superlativo sintético em português só ocorre a partir do séc. XVI (influência italiana: até o séc. XV só se exprimia com *muito* ou *mui*).

O adjetivo empregado em sua forma comum e sem instrumentos gramaticais de comparação ou de encarecimento está no grau normal.

O adjetivo pode ser substantivado, e, nesse caso, articulado: assim, *os negros, os terríveis, o alto* (do monte); alguns podem ser empregados como advérbios : *falar* ALTO, BAIXO, BONITO; *cantar* AFINADO, DESAFINADO; *vender* CARO, BARATO, etc.

2. Em lingüística estrutural, o *adjetivo* é um morfema definido ao mesmo tempo por certos tipos de circunstâncias, como a frase predicativa (*Pedro está feliz*) e o sintagma nominal (*A criança feliz*), e por seu caráter não necessário à constituição do sintagma nominal (dizemos que o adjetivo no sintagma nominal é uma expansão*, ou que é introduzido por uma *epitetização*. A lingüística estrutural distingue classes de adjetivos em vários casos: a) pela possibilidade ou não de receber graus de comparação (*caçula*, já igual a "mais moço" não admite indicação de grau de superioridade); b) por serem formas radicais ou derivadas (*forte/metálico*), c) por sua ocorrência mais freqüente ou espontânea junto a substantivos que designem os seres animados ou inanimados (*pensativo/árido*); d) por serem adjetivos de valor absoluto ou de valor relativo, exigindo complemento nominal (*tranqüilo/desejoso* [de algo]); e) pela natureza semântica da pro-

23

priedade que denotam, agrupando-se em subsistemas (ordem, cor, dimensão etc.). (V. ADNOMINAL)

II. adjetivo

Denomina-se *locução adjetiva* a seqüência de palavras que desempenha o papel de um adjetivo: *café do Brasil* (brasileiro), *anel de ouro* (aúreo). É comum em expressões formadas de *de* + *substantivo*. São também importantes as expressões formadas de *sem* + *substantivo* equivalentes a um adjetivo: *sem temor* (destemido), *sem vergonha* (desavergonhado), etc.

Adjetivo verbal

A forma terminada por *-ndus, -nda, -ndum*, de sentido passivo, é chamada, na tradição latina e francesa, *adjetivo verbal*, por oposição ao gerundivo, de sentido ativo, em *-ndum*, gen. *-ndi*, dat. e abl. *-ndu*. Na tradição portuguesa e brasileira, o adjetivo verbal é que é o gerundivo, e a forma ativa em *-ndum, -ndi* e *-ndo*, o gerúndio.

Empregado como adjunto adnominal*, o adjetivo verbal expressa pura e simplesmente a ação recebida pelo termo a que se refere; empregada como complemento predicativo* (com ou sem *esse*, "ser"), exprime a ação que deve deve ser sofrida pelo sujeito. Em português, o predicativo sem o verbo ocorre pelo menos em três casos especiais: (1) na frase nominal, por exemplo: BELO *livro*, LINDA *moça*; (2) situações de discurso em que há zeugma, p. ex.: *Ele ficou muito pesaroso, mas seu colega*, CONTENTE; (3) em aposição, p. ex.: *Paulo*, TRANQÜILO, *pôs-se a falar* (=*Paulo estava tranqüilo, quando se pôs a falar*). Este último caso pode ser considerado como simples aposto.

O adjetivo verbal designa, em geral, um particípio passado com função adjetiva.

adjuntivização
(fr. épithétisation)

Adjuntivização é uma transformação que encaixa uma frase formada pela cópula *ser* e por um adjetivo no sintagma nominal de outra frase, mediante uma relativização, seguida de um apagamento do relativo e da cópula. Por exemplo, as duas frases:

(1) *Conheci uma garota*,

(2) D + *garota é encantadora*, onde D é um determinante relativo; pela relativização e o apagamento dos elementos idênticos (*garota*) obtém-se:

Conheci uma garota que é encantadora.

O apagamento da cópula (*é*) e do relativo (*que*) dará:

Conheci uma garota encantadora.

O adjetivo *encantadora*, oriundo dessa transformação, é *adjunto adnominal*, ou *epíteto* do substantivo *garota*.

adjuntivo

L. TESNIÈRE chama *adjuntivos* os coordenantes ou juntivos*, cujo tipo é *e*, por oposição aos disjuntivos cujo tipo é *ou*.

adjunto

Em gramática estrutural, chama-se *adjunto* qualquer constituinte de uma frase que não seja estruturalmente indispensável, ou que possa ser suprimido sem que, por isto, o resto da frase, composto de um sujeito e predicado, deixe de ser gramatical. Assim, na frase *Paulo lê um livro no jardim, no jardim* é um *adjunto* (de lugar); porque, mesmo suprimido, a frase *Paulo lê um livro* permanece gramatical. Como sinônimo de adjunto, usa-se, às vezes, o termo de *expansão*. Distinguem-se os *adjuntos de frase* que são modificadores da frase, reduzida a seus constituintes indispensáveis, e os *adjuntos de nomes* ou *de sintagmas*, como os adjetivos, que são os modificadores de um nome com a função de adjunto adnominal. Os adjuntos são agrupados em classes segundo sua função semântica: assim, os *adjuntos de frase* podem ser adjuntos de lugar, de tempo, de conseqüência, de fim, de meio, etc. (V. CIRCUNSTANTE.)

Entre nós, a NGB chama *adjunto adnominal** o modificador do substantivo, e *adjunto adverbial**, o modificador do verbo, de um adjetivo ou, eventualmente, de um advérbio, bem como de expressões equivalentes.

adjunto adnominal

(fr. épithète, "epíteto")

De um modo geral, *adjunto adnominal* é qualquer unidade que determina, sem palavra de ligação, um substantivo ou um equivalente do substantivo. Desse ponto de vista, também os apostos são adjuntos adnominais, mas a NGB reservou a expressão adjunto adnominal a uma das funções do adjetivo ou dos equivalentes do adjetivo. São adjuntos adnominais *grande, extraordinário*, e o advérbio *bém* em *É um grande homem, É um livro extraordinário, Aqui só há gente bem.*

O adjunto adnominal concorda em gênero e número com o substantivo, enquanto o advérbio usado como adjunto adnominal fica invariável. Assim, de acordo com a nomenclatura oficial, o adjetivo tem duas funções, a de adjunto adnominal e de complemento predicativo, mas essa visão dos fatos mascara a importância dos empregos do adjetivo em posição destacada (V. DESTAQUE).· O adjunto adnominal pode ser preposto ao nome a que se refere e, nesse caso, intercala-se entre o substantivo e o determinante: *grande* em *meu grande amigo.* Teoricamente, todo adjunto adnominal, pode colocar-se antes ou depois do substantivo; praticamente, a ordem neutra é a ordem substantivo-adjetivo e é, por conseqüência, a ordem adjetivo-substantivo que deve ser explicada. Alguns adjetivos como *belo, grande, longo, pequeno, velho* geralmente se antepõem; a ordem adjunto adnominal + substantivo chega a ser obrigatória nas seqüências lexicalizadas como *Ele é um bom garfo.* Certos adjetivos em função de adjunto mudam de sentido, de acordo com sua posição em relação ao substantivo: é o caso de *mesmo, próprio, só, simples.* Às vezes, é simplesmente o valor (adjetival ou adverbial) que difere, como em *um homem verdadeiro* e *um verdadeiro homem, um personagem triste* e *um triste personagem.* A anteposição do adjunto reforça às vezes o valor do adjetivo, como em *uma extraordinária aventura, um surpreendente personagem.* Enfim, motivos diversos (conveniência e eufonia) regulam a localização dos adjetivos monossilábicos. Fora de todos esses casos, o adjunto adnominal geralmente é posposto.

adjuvante

Dá-se o nome de *adjuvante* à função desempenhada num relato por uma personagem (ou por qualquer força) que atue para facilitar a satisfação do desejo do herói. (V. ATANTE).

adnominal

1. Em gramática tradicional, o termo *adnominal* designa a função exercida por um adjetivo, um substantivo em caso oblíquo ou um substantivo ou pronome regido de preposição, que modifica o substantivo ou o sintagma nominal numa construção endocêntrica*. Assim, *vermelho*, em *o livro vermelho*, e *de Paulo*, em *o livro de Paulo*, ou *Petri*, "de Pedro", no latim *liber Petri* têm função adnominal. A NGB usa a expressão *adjunto adnominal.*

2. Na terminologia de O. JESPERSEN, os verbos constituem uma *categoria adnominal*, porque, sendo os nomes analisados como uma categoria do primeiro grau* (o tema ou sujeito), os verbos modificam o nome na frase de base: constituem o predicado ou o comentário. (V. CATEGORIA.)

adstrato

Denomina-se *adstrato* a língua ou o dialeto falado numa região vizinha daquela em que se fala a língua tomada como referência; o *adstrato* pode influenciar esta última de várias maneiras, sobretudo no léxico, raríssimamente na morfologia, algumas vezes na fonologia e, com certa freqüência, na sintaxe. Como exemplos de influência de *adstratos*, podem-se citar a do castelhano no galego, do francês nos falares meridionais da França, do castelhano da Argentina sobre o português do Rio Grande do Sul, na região fronteiriça. Um traço importante do adstrato é a contigüidade geográfica. Entretanto, hoje, com o desenvolvimento dos meios de comunicação (imprensa, rádio, televisão, etc.) ação semelhante à dos adstratos se dá sem a contiguidade geográfica; a noção de adstrato, destarte, implica mais a contigüidade política e econômica de países bastante afastados.

adução

Em fonética, dá-se o nome de *adução* ao movimento pelo qual, no momento da fonação, as cordas vocais se aproximam, mas sem se tocarem completamente, e pelo qual a glote se estreita. A adução caracteriza a localização dos órgãos fonatórios do nível da laringe para a adoção da atitude vocal: com efeito, o estreitamento da glote acarreta uma acumulação do ar subglótico, devido à expiração, ar esse que só pode escapar por pequenas ondas, graças à vibração das cordas vocais. Esse escoamento cíclico do ar dá origem à onda sonora laríngea denominada voz*, a qual é indispensável à produção dos sons da linguagem.

A adução é o movimento contrário à abdução*; ela é provocada pela aproximação das aritenóides, às quais se fixam as extremidades posteriores das cordas vocais, atrás da laringe.

adverbial

1. Em gramática tradicional, o adjetivo *adverbial*, modificando *adjunto*, indica a função de um advérbio ou locução adverbial e de um substantivo, em geral, regido de preposição indicando uma circunstância, e, modificando frase ou oração, designa as orações circunstanciais. O adjunto adverbial modifica o verbo numa construção endocêntrica*: assim *cautelosamente* em *Pedro dirige cautelosamente* ou *esta manhã* em *Pedro chegou esta manhã* têm uma função *adverbial*.

Fala-se do emprego adverbial de um adjetivo quando este tem o valor de um advérbio e caracteriza não apenas o substantivo a que ele se refere, gramaticalmente, mas também o processo expresso pelo verbo, como em *O homem avançava corajoso*, alguns gramáticos veem aí um uso adnominal, mas trata-se antes de um emprego predicativo. De um modo mais geral, fala-se também de empregos adverbiais quando os adjetivos são empregados com um verbo, a fim de caracterizarem o processo expresso por este (nesse caso, são invariáveis): *Ele fala baixo*, *Ele canta alto*.

3. Chamam-se *locuções adverbiais* as seqüências estereotipadas de palavras que, pelo sentido e pela função que têm na frase, equivalem a advérbios. Muitas vezes, as locuções adverbiais são antigos adjuntos adverbiais, cujos elementos não podem ser separados: *pouco a pouco, a pé, de repente, sem dúvida*. As locuções adverbiais são advérbios formados por um conjunto estereotipado de morfemas.

adverbializador

Dá-se o nome de *adverbializador* a um morfema, particularmente a um sufixo, que faz um termo passar da categoria dos adjetivos para a dos advérbios; na terminologia funcional, é um translativo*. Assim, o sufixo português *-mente*, e suas variantes românicas (só o romeno não o possui), é um adverbializador: *correto/corretamente, perdido/perdidamente* (fr. *poli/poliment, correct/correctement*, etc.).

advérbio

A gramática tradicional define o *advérbio* como uma palavra que acompanha um verbo, um adjetivo ou um outro advérbio, a fim de modificar ou dar mais precisão ao seu sentido. Na verdade, sendo o advérbio invariável, classificam-se entre os advérbios outras palavras como *sim, eis* (fr. *voici, voilà,* "eis", "eis aqui, eis ali", it. *ecco,* "eis") que não correspondem a essa definição.

Os advérbios distribuem-se, segundo o seu sentido, em várias classes: DE MODO, como *mal, grátis,* e também *francês, inglês, português,* na expressão *falar francês, inglês, português* [= "falar em francês", cf. *latine loqui*]; DE QUANTIDADE E DE INTENSIDADE, como *bastante, mais, muito, demais, menos*; DE TEMPO, como *depois, agora, logo*; DE LUGAR, como *alhures, aquém, além, atrás, adiante, abaixo, longe, aqui, ali, lá, acolá,* etc.; DE AFIRMAÇÃO, como *certamente, deveras,* e, principalmente, *sim*; DE NEGAÇÃO, sobretudo *não* e *nem*; os outros advérbios de negação têm implícito "não" + "elemento adverbial ou pronominal": *nunca* (= "não" + "em tempo algum"), *jamais* (idem), *de maneira nenhuma* (= "não" + "de qualquer maneira"), *absolutamente* (= "não" + "em qualquer hipótese"), *ninguém* (= "não" + "qualquer pessoa"). *Nem* pode ter valores diversos: a) em emprego absoluto ou modificado por outros advérbios, como *sequer, ao menos, mesmo, então, sempre,* etc., é uma forma enfática de "não"; b) repetido, *nem...nem,* ou alternando com *não* ou *sem — não...nem, sem... nem: sem tugir nem mugir — nem*

acumula os valores de *conectivo* e *negação* = "e...não". Os chamados *advérbios de dúvida* pela gramática tradicional, como *talvez, quiçá, sem dúvida, decerto, por certo, certo, certamente,* etc., são antes *advérbios de atenuação* e representam novas utilizações semânticas dos de *afirmação.* Alguns advérbios têm, como os adjetivos, graus de comparação*: são, principalmente; *longe, sempre, perto, cedo, tarde,* os adjetivos neutros empregados adverbialmente e modificando um verbo (como *alto, baixo, caro, barato, afinado, desafinado, forte, fraco, grosso, fino,* etc.), algumas locuções adverbiais, a maioria dos advérbios de modo em -*mente,* e enfim, *bem, mal* e *pouco.* Bastante móvel na frase, o advérbio pode muitas vezes ser deslocado, por motivos estilísticos (equilíbrio, ritmo, harmonia, ênfase); contudo, de um modo geral, o advérbio é colocado antes do adjetivo ou do advérbio por ele modificado. A categoria tradicional do advérbio agrupa na verdade espécies de palavras que nada têm em comum além da invariabilidade (há, entretanto, em francês, um advérbio variável: *tout,* "todo"): (1) advérbios propriamente ditos, equivalentes a sintagmas preposicionais adjuntos adverbiais, (2) palavras-frases* e (3) modalizadores*.

adversativo

Denominam-se *adversativos* a conjunção ou advérbio que marcam oposição, como *mas, porém, todavia, contudo, entretanto,* etc.

afasia

As *afasias* são perturbações da comunicação verbal sem déficit intelectual; podem atingir a emissão e/ou a recepção dos signos verbais, orais ou escritos. Essas perturbações são determinadas por lesões focais (focos lecionais) do hemisfério esquerdo nos destros, e também na maioria das vezes nos canhotos (que apresentam, todavia, características específicas). Nesse hemisfério esquerdo, os trabalhos de neuropsicologia e de neurolingüística definiram uma zona da linguagem e, no interior desta zona, áreas anatômicas, cuja avaria acarreta distúrbios diferentes do comportamento verbal.

No caso de lesões da área anterior dessa zona (ao redor da base da frontal 3, área de Broca), ocorrem *afasias de expressão* ou *afasias motoras*. A emissão verbal é principalmente, se não unicamente, afetada: é às vezes reduzida a uma palavra ou a algumas expressões estereotipadas. Nos casos menos severos, a linguagem espontânea é pobre e tende, em certos doentes, a assumir o aspecto de um estilo telegráfico: os doentes exprimem-se essencialmente por nomes ou formas nominais do verbo (agramatismo*). A perturbação atinge a realização das sílabas fônicas, sem que seja afetado o sistema fonológico. A recepçãc dos signos verbais e a compreensão não são perturbadas; a leitura nada sofre, mas a escrita é perturbada (agrafia*), sem que o caráter e a intensidade das perturbações gráficas sejam da mesma ordem que na expressão oral.

A *afasia de condução*, colocada pela escola francesa entre as afasias de expressão, caracteriza-se por uma perturbação da repetição das palavras e frases e por uma linguagem espontânea, perturbada por engavetamentos [*telescopages*] de palavras e por autocorreções, aí também sem afetar a compreensão. A lesão responsável por essa forma localiza-se na junção paríeto-temporal posterior.

Em casos de lesões da área posterior da zona de Wernicke (região temporal), temos *afasias sensoriais* ou *afasias de Wernicke*. A emissão verbal é fluente, mas torna-se mais ou menos incompreensível em virtude das deformação das palavras (neoformas e parafasias* literárias: o fr. *liver* por *niveler*, "nivelar"), de substituição dos termos esperados por outros (parafasias verbais, *cadeira* por *mesa,* p. ex.), e de iterações (perseverações). A escrita manifesta as mesmas características, constituindo os erros as paragrafias*; dá-se o mesmo na leitura em voz alta, constituindo os erros as paralexias*. A compreensão ou a recepção verbal é sempre perturbada, como a compreensão da linguagem escrita. Distinguem-se três grandes tipos de afasias sensoriais: a primeira, em que domina a surdez verbal, atinge principalmente a recepção dos signos verbais; a segunda, em que domina a incompreensão verbal, atinge a compreensão dos signos verbais, aliás, bem "ouvidos"; a terceira, em que domina a desorganização da atenção, manifesta-se por uma emissão particular difluente e parafásia, mas é de regressão rápida. Esses três tipos de afasia sensorial parecem corresponder a três áreas distintas da zona de Wernicke.

O cúmulo da afasia de expressão e da afasia sensorial dá uma síndrome complexa, chamada *afasia de Broca* (designando este último termo a afasia motora em outras classificações).

Ao lado dessas grandes formas, distingue-se também uma *afasia amnésica*: faltam ao paciente termos na linguagem espontânea e a denominação de objetos ou de imagens apresenta déficits; na sua forma pura, o paciente não apresenta outras perturbações, mas a maioria das vezes a afasia amnésica superpõe-se à sensorial.

Enfim, há casos em que a linguagem só é perturbada numa de suas modalidades (expressão oral ou escrita, recepção oral ou escrita). A alexia* pura, ou perturbação da leitura, independente de toda perturbação da linguagem e da escrita, é indiscutível; em contraposição, a agrafia* pura, ou perturbação da escrita independente de perturbações da linguagem oral, é contestada (coexiste em geral com um estado confusional ou um déficit intelectual). A surdez verbal pura (perda isolada da recepção dos sons da linguagem) é excepcional, mas é geralmente admitida.

A análise lingüística das afasias (ou neurolongüística) confirmou as diversas variedades de perturbações da linguagem, e sobretudo a manutenção das características de cada uma no decurso da evolução da doença. Ela põe em evidência o fato de que a única unidade das afasias é negativa: a competência lingüística do falante (seu conhecimento intuitivo das regras) mantém-se preservada, ao passo que os desempenhos (as realizações que dependem de diferentes fatores psicofisiológicos) podem ser perturbadas isoladamente.

afastado

Na categoria da pessoa, faz-se distinção entre a pessoa *próxima** (a que está mais próxima, o objeto principal da comunicação, o objeto ou a pessoa mencionados em primeiro lugar) e a pessoa *afastada* (a que está mais longe, o objeto secundário da comunicação); essa distinção está, portanto, estreitamente ligada à oposição entre *eu, tu* e *ele*. A oposição "próximo" *vs.* "afastado" é traduzida em certas línguas (como o cree) pela flexão dos verbos e dos substantivos; em português, a oposição *este* vs. *aquele mascara*, em alguns de seus empregos, esta distinção.

afemia

Termo usado no século XIX para designar as perturbações da linguagem falada resultantes de lesões corticais; hoje, prefere-se *afasia** *motora*.

aférese

A *aférese* é uma mudança fonética que consiste na queda de um fonema inicial ou na supressão da parte inicial (uma ou mais sílabas) de uma palavra. Essa queda é, às vezes, devida a uma confusão com o artigo [V. DEGLUTINAÇÃO]: assim se explica a formação das palavras portuguesas *botica* e *bodega* (gr. *apothéke*, "lugar de depósito, armazém"). O fenômeno da aférese é freqüente em italiano, em que explica a formação de palavras como: *rena* (do lat. *arenam*), *rondini* (lat. *hirundinem*), etc., e a presença de formas divergentes: *scuro/oscuro, cagione/occasione*, etc. Também na Córsega, quando a palavra precedida do artigo *a, i*, começa por *in-*, o *i* inicial desaparece por aférese e há crase do artigo com o início da palavra: [intsalata], "salada", [antsalata], "a salada". O demons-

29

trativo lat. *illum, illam* originou por
aférese o artigo fr. *le, la* e o port. *o,
a*. Há aférese de uma ou duas sílabas
em certas palavras populares ou de gíria: *você* e *senhor* dão por aférese *cê*
e *nhô*, no português popular.

afetivo

1. *Linguagem afetiva* ou *expressiva* é
a que traduz o interesse pessoal que
comunicamos a nossas palavras e construções, nos níveis fonológico, morfo-
-sintático e léxico, a fim de dar manifestação natural e espontânea a aspectos subjetivos do pensamento.
2. O *sentido afetivo* de uma palavra
é constituído pelo conjunto das associações afetivas que se ligam ao seu
emprego (sin.: CONOTAÇÃO), por oposição ao *sentido cognitivo* (sin.: DENO-
TAÇÃO), que representa sua relação com
o objeto significado. Assim, o fr. *colla-
boration* tem um sentido cognitivo
(ação de "colaborar", sem nenhum julgamento) e um sentido pejorativo, adquirido durante a ocupação alemã na
França, na Segunda Guerra Mundial.
Em português, *tratante* é, em sentido
cognitivo, "o que faz trato", mas, na
linguagem coloquial e familiar, designa
"o que trata e não cumpre", portanto
"o patife".

afinidade

Fala-se de *afinidade* entre duas ou várias
línguas, que não têm entre si qualquer
parentesco genético, quando elas apresentam certas semelhanças tipológicas
(organização da frase, vocabulário geral, declinação, etc.). P. ex.: as semelhanças que existem entre a declinação
latina e a declinação russa são devidas
a um parentesco genético, visto que a
gramática comparada* atribui às duas
línguas uma origem comum: o indo-
-europeu; por outro lado, as semelhanças entre o takelma e o indo-europeu
se devem, por sua vez, a certa afinidade (V. FAMÍLIA, TIPOLOGIA).

afirmação

A *afirmação* é o modo* da frase de base (assertiva ou declarativa, interrogativa ou volitiva), e consiste em apresentar o predicado desta como verdadeiro, possível, provável, contingente
ou necessário (por oposição à negação*).

afirmativo

A *frase afirmativa*, oposta à negativa,
caracteriza-se pela afirmação: *Paulo virá*, frase afirmativa, opõe-se à frase negativa *Paulo não virá*.

afixal

Transformação afixal, em gramática gerativa, é a transformação que faz permutar os símbolos Af (afixo) e v
(verbal) na seqüência Af $+$ v $\rightarrow$ v
$+$ Af. Os constituintes do auxiliar
T_{po} (tempo), Inf (infinitivo), PP (particípio passado) são afixos; os verbos
e a cópula *ser* são verbais. Assim, na
frase de estrutura profunda:

A criança $+$ Pas $+$ dormir,

na qual Pas (passado) é um afixo representado por *ia*, a transformação afixal faz permutar Pas e *dorm(ir)*, o
que dá a frase de estrutura superficial:

A criança $+$ dorm(ir) $+$ Pas.

A combinação *dorm(ir)* e *ia* dá
dormia. (Diz-se também *transformação
de afixo*.)

afixo

1. O *afixo* é um morfema não-autônomo que é acrescentado ao radical de
uma palavra para indicar-lhe a função
sintática (morfema casual), para mudar a sua categoria (morfema empregado nas nominalizações, adjetivizações,
etc.), ou modificar o seu sentido (morfema que exprime, nos verbos, o factitivo, o incoativo, etc.). Os afixos constituem uma classe em que se distinguem, segundo o lugar que ocupam em
relação ao radical, os *sufixos*, colocados depois do radical (-*mente* em *praticamente*), os *prefixos*, colocados antes
do radical (*re-* em *refazer*) e os *infixos*, inseridos no radical (em latim, *n*
em *jungo*, cujo radical é *jug*). A no-

ção de *infixo*, entretanto, é discutível, depois de importantes estudos de lingüística indo-européia (*Origines de la formation de noms en indo-européen*, de E. BENVENISTE).

2. Em gramática gerativa, os *afixos* são morfemas gramaticais que têm a propriedade de combinar-se com os morfemas lexicais; entram, assim, na reescrita de *Tempo, Infinitivo, Particípio Passado*, etc., e correspondem então ao conjunto das desinências de tempo, de particípio e de infinitivo; desencadeiam, com a sua presença, a transformação afixal (V. AFIXAL).

3. *Transformação de afixo*, sin. de TRANSFORMAÇÃO AFIXAL.

4. *Afixo derivacional* é o que serve para formar, com um radical, um tema capaz de funcionar como verbo, nome, adjetivo ou advérbio. P. ex.: *-ação*, em português, *-ation*, em francês e inglês. (V. SUFIXO). *Afixo flexional* é o empregado na flexão casual dos substantivos, adjetivos ou na flexão verbal (V. DESINÊNCIA). *Afixos verbais* compreendem os afixos (ou desinências) de tempo (presente, passado, número e pessoa), de infinitivo e de particípio passado.

africada

Consoante *africada* é a que combina muito estreitamente oclusão e fricção. Assim, a consoante inicial inglesa em *child*, "criança", praticamente [tʃ] mas notada [Č]), ou a consoante inicial do italiano *giorno*, "dia" [dʒorno], ou ainda as consoantes [t] e [d], em português, seguidas de [i], em pronúncia variante, como *tio* [tʃyu], *dia* [dʒya]. Embora a oclusão seja mais importante no início da africada, e a fricção, no fim, tais articulações são simultâneas e não sucessivas, como se pensou durante muito tempo. Desde o início da pronúncia da africada, os órgãos fonadores mantêm-se em posição para uma semi-oclusão, que tende cada vez mais a reforçar seu caráter fricativo, donde o nome de *semi-oclusiva* ou *semifricativa* que tem sido dado a esse tipo de articulação. Na história das línguas, parece que as africadas têm tendência a perder seu caráter oclusivo para tornar-se fricativas. Essa evolução que se produziu na passagem do francês arcaico para o francês moderno ([tsir] → *cire*, [tʃɛr] → *cher*), ocorre no italiano contemporâneo ([ditʃi] pronunciado [diʃi] "dizes"), em particular sob a influência de dialetos da Itália central, sem que se possa dizer se ela prosseguirá até o fim, pois evoluções inversas podem igualmente constatar-se.

No plano acústico, as africadas diferenciam-se das oclusivas pelo caráter estridente*, que corresponde a um ruído de intensidade particularmente elevada, e das fricativas pelo caráter descontínuo*, correspondente a um silêncio (pelo menos nas faixas de freqüência situadas acima das vibrações das cordas vocais) seguido e/ou precedido de difusão de energia na larga faixa de freqüência (seja sob a forma de uma explosão, seja de uma transição abrupta dos formantes vocálicos) opondo-se à ausência de transição abrupta entre som e silêncio.

agente

1. *Agente da passiva* é o complemento do verbo passivo sujeito da frase ativa correspondente. Assim, em português, na frase *Paulo é ferido por Pedro*, o agente da passiva (precedido da preposição *por*), *por Pedro*, é o sujeito da frase ativa correspondente *Pedro fere a Paulo*.

2. Em gramática estrutural, a diferença entre os verbos intransitivos e os verbos pronominais de sentido passivo, por um lado (*O ramo quebra, As frutas se vendem caro*), e os passivos, por outro lado (*O ramo é quebrado, As frutas são vendidas caro*) é a de tipos de frases *orientadas para o processo* ou a *ação* (intransitivo, pronominal de *sentido passivo*) e de tipos de *frases orientadas para o agente* (passivo).

31

agentivo

1. Dá-se o nome de *agentivo* ao caso* que exprime o agente do processo, quando este não é o sujeito gramatical da frase. O agente da passiva pode ser expresso pelo agentivo (ex.: *Paulo é ferido* POR PEDRO).

2. *Sintagma agentivo*, nome dado ao agente da passiva.

aglomerado

1. *Aglomerado* é o grupo de duas vogais ou de duas consoantes sucessivas. P. ex.: há um aglomerado consonântico [ks] no latim [duks], *dux* "chefe".

2. Chama-se *aglomerado semântico* o conteúdo de uma unidade significativa na qual os semas, traços pertinentes distintivos, não têm entre si qualquer relação particular, e são simplesmente acrescentados uns aos outros (associação aditiva); assim, *moça* é um aglomerado semântico formado de [+ humano], [— macho], etc. O aglomerado semântico opõe-se à configuração*, na qual os semas não têm relações particulares entre si; assim, para *gigante*, [+ humano] implica [grande], e pode-se representar a configuração por ["homem" → "grande"].

aglutinação

1. A *aglutinação* é a reunião, numa única unidade, de dois ou vários termos originariamente distintos, mas que se encontram freqüentemente juntos num sintagma. Encontramos assim, por exemplo, em francês popular, *le levier* (*l'évier*); esse processo tem uma grande importância diacrônica, porque entra na formação de várias palavras: assim, em francês, *lierre* (*l'hierre*), *aujourd' hui* (*au jour d'hui*) resultam da aglutinação.

2. No plano da tipologia das línguas, o processo de *aglutinação* caracteriza as línguas que acumulam após a raiz, e, mais raramente, antes dela, afixos nitidamente distintos, utilizados para exprimir as diversas relações gramaticais.

O basco é uma língua aglutinante. (Ant.: DEGLUTINAÇÃO).

aglutinante

Línguas aglutinantes são as que apresentam a característica estrutural da aglutinação, isto é, a acumulação, após o radical, de afixos distintos, a fim de exprimir as relações gramaticais. (V. AGLUTINAÇÃO.) Assim, em turco, a partir de -*ler* (marca do plural) e de -*i*, marca do possessivo), formar-se-á, com o radical *ev*, "casa", as palavras *evler* "casas" (nominativo plural), *evi* "casa" (possessivo singular), *evleri* "casas" (possessivo plural). As palavras de uma língua aglutinante são assim analisáveis numa série de morfemas claramente distintos. As línguas aglutinantes se distinguem das línguas flexionais*.

agrafia

A *agrafia* é uma perturbação da escrita, devida a uma lesão cortical, independentemente de qualquer perturbação motora; está em geral ligada à afasia*, e apresenta características diferentes, segundo se trate de afasia motora ou de afasia sensorial.

agramaticalidade.

V. GRAMATICALIDADE.

agramatismo

Dá-se o nome de *agramatismo* a um aspecto lingüístico particular da afasia* de expressão; caracteriza-se pela supressão quase constante dos morfemas gramaticais (preposições, artigos, pronomes sujeitos, desinências verbais) e a redução das frases apenas à seqüência dos morfemas léxicos. P. ex.: *Hospital depressa três horas injeção*, isto é, (Levaram-me bem) *depressa* (para o) *hospital* (lá pelas) *três horas*, (aplicaram-me uma) *injeção*.

agudo

1. Qualifica-se de *agudo* um tom ou ruído caracterizado pela predominância

das freqüências elevadas no espectro acústico. Os fonemas mediais, p. ex., as vogais palatais [i] e [y], as consoantes dentais [t] e [d], etc., são caracterizadas por um timbre agudo (sin.: CLARO, ant.: GRAVE*). Esse traço acústico deve-se essencialmente à forma do ressoador bucal, reduzido e compartimentado.

2. O *acento gráfico agudo* é um sinal diacrítico que indica, em francês, a vogal fechada [e] (*é*). Foi utilizado pela primeira vez por R. ESTIENNE, em 1520. A grafia *é* pode notar mais raramente um *e* aberto [ɛ], como o segundo *é* de *événement*, "acontecimento". Nem todos os [e] são notados por esse acento: *clef*, "chave", *pied*, "pé." Em português, o *acento gráfico agudo* serve para marcar a tonicidade e o timbre aberto da vogal da tônica: *café, avó*.

alalia

Empregada no séc. XIX para designar as perturbações da linguagem conhecidas sob o nome de afasia* motora, o termo *alalia* desapareceu, substituído por AFASIA.

alargamento

Alargamento é a adição de um morfema ou de um elemento novo a uma palavra. A raiz latina *frag*, "quebrar", apresenta um alargamento pelo infixo *-n-* acrescentado ao presente em *frango*, "quebro".

alativo

Dá-se o nome de *alativo* ao caso* que exprime a direção para a qual tende o processo expresso pelo verbo (ex.: *Ele caminhou* PARA PERTO DE MIM).

alexandrinos

Os gramáticos da cidade de *Alexandria* desenvolveram, no séc. III a.C., uma série de pesquisas que, sem serem propriamente lingüísticas, contribuíram para estabelecer, por milênios, uma certa concepção da língua. Seu trabalho foi principalmente de edição e consistia em procurar, colecionar e publicar com comentários os textos mais célebres da Grécia da época clássica. Com efeito, os textos antigos, em muitos pontos, diferiam da língua grega do século III a.C., principalmente da que era falada em Alexandria. Os editores alexandrinos dos textos antigos costumavam acompanhá-los de comentários e de tratados de gramática destinados a facilitar a leitura de obras-primas do passado. Assim surgiu a opinião de que essa língua era mais "pura" e mais "correta" que o falar cotidiano de Alexandria. Daí a tradição que consiste em valorizar mais a língua escrita do que a falada, e a idéia de que, evoluindo, a língua se corrompe e perde a pureza.

alexia

Alexia, ou *cegueira verbal*, é uma perturbação da leitura devida a uma lesão cortical da área posterior da zona da linguagem, sem que ocorram perturbações do aparelho visual. Distinguem-se em geral: a) a *alexia literal*, em que o paciente, capaz de ler relativamente bem as palavras, não pode ler as letras; b) a *alexia verbal*, em que o paciente, capaz de ler as letras, não pode ler as palavras; c) a *alexia frástica*, em que o paciente, capaz de ler as letras e as palavras, não consegue ler nem compreender as frases.

alfabética (escrita)

Os sistemas de escrita de referência fonética ou fonológica são a *escrita alfabética* e a escrita silábica*; eles se opõem à escrita ideográfica*. Na escrita alfabética, os grafemas* têm como referência fonológica, em princípio, fonemas únicos; assim, por ex., os alfabetos latino e cirílico. (V. REFERÊNCIA.) Praticamente nenhuma língua respeita, como seria o ideal nesse terreno, a correspondência termo a termo (adequação perfeita) entre os fonemas e os grafemas. É também provável que os sistemas nunca tenham sido inteiramente fonológicos, e que tenham tendência a sê-lo cada vez menos: assim, o alfa-

33

beto fenício só representava as consoantes (por vinte e dois grafemas), mas dava ao destinatário a aptidão de preencher as vogais que se deveriam introduzir entre as consoantes. Não se deve confundir tal sistema, pelo qual se escreve *katib* KTB, como *kitab*, com o sistema silábico*. O alfabeto grego, ao contrário, representava as vogais e as consoantes, mas parcialmente apenas o comprimento das vogais, e não indicava os acentos tônicos, tão importantes no grego.

Alfabeto

1. Dá-se o nome de *alfabeto* ao conjunto de signos utilizados para a expressão escrita de uma língua a fim de representa: principalmente fonemas, e, por vezes, seqüências de fonemas. O número de alfabetos conhecidos é muito grande, mas aqui só trataremos dos alfabetos que serviram às civilizações mediterrâneas e ao mundo ocidental.

O alfabeto ocidental foi criado no Egito. Do alfabeto egípcio provêm as variedades semíticas (árabe, hebraico, ciríaco, samaritano, fenício, etc.) que eram silábicos. Do fenício, provém o alfabeto grego, transformado em fonético. Do grego, provém o latino, que passou ao uso das línguas neolatinas e anglo-saxônicas, com adaptações, sinais diacríticos e dígrafos, para a representação de novos fonemas surgidos. O alfabeto latino serve ainda a algumas línguas eslavas (tcheco, polonês, iugoslavo) e, mais recentemente, ao turco. Do grego, em adaptação de Cirilo, provém o cirílico, que serve ao russo, ao búlgaro, e no qual também se escrevia o romeno até o início da segunda metade do século passado.

2. Em gramática gerativa, *alfabeto* é um conjunto finito de símbolos que designam os elementos de uma língua.

alfabeto fonético

A transcrição de um discurso, isto é, seu registro linguístico por meio da grafia, implica a existência de um sistema de signos que simbolizam os sons da linguagem. Se se pretender representar a maior parte dos matizes fônicos, mesmo os que não têm função lingüística, a transcrição será apresentada entre colchetes, assim [...]; se se quiser representar apenas os traços fônicos dotados de uma função lingüística, a transcrição se fará entre barras oblíquas, assim /.../. Não existe, na verdade, transcrição fonética perfeita, a não ser a que é realizada com o registro do fato acústico bruto por meio de aparelhos de análise do som, tais como os oscilógrafos, porque não é possível representar todos os matizes fônicos de cada realização de um fonema. Cabe observar que a notação fonológica é mais simples que a notação fonética, visto que ela não se preocupa com as diversas variantes de um mesmo fonema, utilizando um só sinal nos casos em que a transcrição fonética deve recorrer a vários signos diferentes para assinalar as principais variações (combinatórias, sociais ou individuais) de uma mesma unidade distintiva. A consoante inicial da palavra *rato* será representada /r/ numa transcrição fonológica, mas, de acordo com o sotaque regional do falante, ela será representada foneticamente [r], [R], [ʁ]. A finalidade de um *alfabeto fonético internacional* é, portanto, a de fornecer um repertório de signos correspondentes às principais realizações fonéticas das diferentes línguas do mundo, e nas quais a notação fonológica opera uma seleção.

O princípio do alfabeto fonético é: "apenas um só signo para cada som, apenas um som para cada signo". Alguns alfabetos afastam-se de nossos hábitos tradicionais de escrita, como o *Visible Speech* (= "fala visível") de BELL, no qual os símbolos são os diagramas simplificados dos órgãos vocais em posição de emissão dos diversos sons, e como o *Alphabetic Notation* (= Notação Alfabética") de o. JESPERSEN, que combina letras gregas correspondentes aos diversos órgãos vocais e algarismos arábicos indicando a posição desses órgãos durante a articulação· Em sua maioria, os alfabetos são modificações de nosso alfabeto tradicional. O mais conhecido é o "alfabeto fonético internacional" (A.F.I.), criado em 1888 pela *Associação Fonética Internacional* (particularmente por D. JONES, H. SWEET, P. PASSY, etc.), em seguida apresentado e aperfeiçoado por essa associação durante vários anos. Esse alfabeto utiliza letras tomadas aos alfabetos grego e latino, com o valor que tais letras têm nessas línguas, ou símbolos desenhados pelo foneticistas, como o /ʃ/ ou o /ʒ/. Inicialmente eles se esforçaram por evitar a utilização dos signos diacríticos, ou signos (como os acentos) acrescentados às letras a fim de modificarem seu valor; entretanto, foram enfim levados a recorrer também a esses. Esse alfabeto tende a se tornar cada vez mais usado entre os lingüistas, mas alguns preferem ainda, por razões de comodidade prática, limitar-se à utilização dos signos existentes nos teclados das máquinas de escrever, ainda que isso aumente consideravelmente o número dos signos diacríticos necessários.

Principais signos do alfabeto fonético internacional

v. pp. 36/37

OUTROS SIGNOS UTILIZADOS

As *africadas* são normalmente representadas por grupos de duas consoantes (ts, tʃ, dz, dʒ, etc.) ou então pelos signos ô̑ ou o̱ (t̑s ou t̑ʃ, etc.).

Duração, acento, tom
: duração
. duração média
ó acento colocado no início da sílaba acentuada
o̧ acento secundário

35

Principais sinais do alfab[eto]

		LABIAIS		DENTAIS	
		bilabiais	labio-dentais	dentais e alveolares	retroflex[os]
	SONORIZAÇÃO	− +	− +	− + − +	− +
CONSOANTES	oclusivas	p b		t d	ʈ ɖ
	fricativas	Φ β	f v	θ ð s z	ʂ ʐ
	nasais	m	ɱ	n	ɳ
	laterais			l	ɭ
	laterais fricativas			ɬ ɮ	
	vibrantes				
	vibrantes roladas			r	
	vibrantes batidas			ɾ	ɽ
	vibrantes fricativas			ɹ	
	contínuas sem fricção e semivogais	w ɥ	ʋ		
VOGAIS	fechadas	(y ʉ u)			
	semifechadas	(ø o)			
	semi-abertas	(œ ɔ)			
	abertas	(ɒ)			

As articulações secundár[ias]

ⱺnético internacional

PALATAIS			VELARES			
palato-lveolares	alvéolo-palatais	palatais	velares	uvulares	faringais	glotais
− +	− +	− +	− +	− +	− +	− +
ʃ ʒ	ɕ ʑ	c ɟ ç j ɲ ʎ	k g x ɣ ŋ ɬ	q ɢ χ ʁ ɴ -	ħ ʕ	ʔ h ɦ
				R R		
		j (ɥ)	(w)			

palatais   velares
centrais

i y ɨ ʉ ɯ u
e ø   ɣ o
ə
ɛ œ   ʌ ɔ
æ   ɐ
a   ɑ ɒ

ⱺ indicadas entre parênteses.

ǒ tom alto
ǫ tom baixo
ɓ tom alto ascendente
ɠ tom baixo ascendente
ò tom alto descendente
ǫ tom baixo descendente
ɵ tom ascendente descendente
ŏ tom descendente-ascendente

Sinais diacríticos: ą nasalidade

ILUSTRAÇÃO DOS SIGNOS DA A.F.I.

Consoantes

p, b, t, d, k, m, n, l, f e *h* têm o valor que apresentam normalmente nas línguas européias.

g port. *gato, gu* de *guerra, guiso.*

ʈ hindi ट (*ṭ*); sueco *rt* em *kort*

ɖ hindi ड (*ḍ*); sueco *rd* em *bord*

c fr. dialetal *quai*; húngaro *ty* em *kutya*; persa *k* em *yak*

ɟ fr. dialetal *guêpe*; húngaro *gy* em *nagy*

ʔ árabe *hamza*; al. do Norte *Verein* (fɛr ʔain)

q árabe ق ; esquimó k

ɢ persa ق

ɸ al. *w* em Schwester; japonês *h* diante de *u* como em *Huzi* (*Fuji*)

β esp. *b* intervocálico como em *saber*

θ ing. *th* em *thing*; esp. *c, z* em *placer, plaza*; grego θ

ð ingl. *th* em *this*; esp. *d* em *cada*; dinamarquês *d* em *gade*; grego δ

s ing. *see*; fr. *son*; port. *selo*

z ing. *zeal*; port. *zelo.*

v como em port. *vale*

ɹ ing. do Sul em *dry*; ing.-americano *ir* em *bird*; port. caipira *tarde*

ʂ marathi ɥ(*ṣ*); sueco *rs* em *tvärs*; pequinês variedade de ʃ

ʐ pequinês variedade de ʒ

ʃ port. *chá*; fr. *ch*; ingl. *sh*; al. *sch*; *russo* ш ; it. *sc* em *pesce, sci* em *uscio*

ʒ port. *já*; ing. *s* em *measure*; fr. *j* em *jour*, g em *géant;* *ll* em espanhol da América do Sul; russo ж

ç al. *ch* em *ich*; jap. *h* diante de *i* como em *hito*

ɕ polonês *ś* em *geś*, si em *gesia*

ʑ polonês *ź* em *źle*, zi em *ziarno*

x escossês *ch* em *loch*; al. *ch* em *ach*; esp. *j* em *hijo*, *g* em *gente*; russo x

ɣ esp. *g* de *luego*; dinamarquês *g* de *koge*; grego ɣ; árabe ﻍ

χ árabe ﺡ

ħ variedade de árabe ﺡ

ʁ̆ variedade *r* de fr. chamado parisiense (*r* uvular fricativo)

ʕ árabe ﻉ

ɦ *h* vocalizado, ing. entre sons avizinhados, em *behave, manhood*

ɱ it. *n* em *invidia*; esp. *n* em *anfora*

ɳ marathi ण (*ṇ*)

ɲ fr. e it. *gn*; esp. *ñ*; port. *lenha.*

ŋ ing. *ng* em *sing*; esp. *n* em *cinco, tengo*; al. *ng* em *ding*; port. *ângulo*

ɴ esquimó *eNima* "melodia"

ɬ ing. *l* em *table*; russo л ; uma variedade do polonês ł

ɫ gálico *ll* em *Llangollen*; kaffir *hl* em *hlamba* (lavar)

ɮ zulu *dhl* em *dhla* (comer)

ɭ marathi ळ (*ḷ*)

ʎ it. *gl* em *egli; gli* em *voglio*; esp. *ll* em *calle*; grego λι em ἥλιος

r *r* rolado como em inglês, italiano, espanhol, russo, escossês. Esse signo é também utilizado quando é possível lingüisticamente, para transcrever o *r* batido [ɾ], o *r* fricativo *dental* [ɹ], o *r* uvular rolado [R], o *r* uvular fricativo [ʁ].

R *r* uvular rolado ("grasseyé")

ɼ checo ř

ɾ esp. *r* em *pero*

ɽ *r* retroflexo como em hindi ड़ (*ṛ*)

Soantes (glides)

w ingl. *will, walk*; fr. *ou* em *ouate*

ɥ fr. *um* em *nuit, nuage* (*u* não silábico)

ʋ holandês *w*; hindi व

j fr. *i* em *mien* (*i* não silábico); ing. *y* em *yet, you; j* no al. *Jahr*; port. *hiato*

Vogais

i port. *vi*

e port. *vê*

ɛ port. *pé*

a port. *pato*

ɑ parisiense *pâte, pâle*; russo primeiro *a* de палка

ɔ port. *avó, dó*

o port· *avô*
u port. *nu, tu*
y fr. *lune*; al. *über*; norueg. *tjue*
φ fr. *peu*; al. *schön*
œ fr. *œuf, veuve*; al. *zwölf*
ɒ ing. do Sul *hot*
ʌ americano *cup*
ɣ shan 'kɣ "sal"
ɯ shan -mɯ "mão"; rumeno *î* de *mîna* "mão"
ɨ russo ы em сын
ʉ norueg. *hus*
ɩ ing. *bit*; al. *bitte* (pode ser transcrito com *i*)
ɷ ing. do Sul *book* (pode ser transcrito com *u*)
ʏ al. *fünf, Glück* (pode ser transcrito com *y*)
æ ing. do Sul *cat*; russo пять (pode ser transcrito com *a* ou ɛ)
θ sueco *dum*
ə ing. *about* (vogal "neutra" ou "schwa"); fr. *e* mudo de *petit*; al.
   e em *bitte*
ɐ ing. *sofa*; português de Lisboa *para*

algoritmo

Designa-se pelo nome de *algoritmo* uma sucessão de operações elementares rigorosamente descritas que resultam na resolução de uma classe particular de problemas. A gramática pode ser considerada como um algoritmo: conjunto de instruções explícitas que possibilita a produção das frases.

aliança de palavras

Aliança de palavras é a aproximação de dois termos contraditórios, cujo agrupamento é, entretanto, interpretável metaforicamente. Ex.: lat. *festina lente*, port. *apressa-te lentamente*, fr. *hâtez-vous lentement.*

aliciante

Por uma unidade ou uma seqüência de unidades chamada *aliciante*, o falante tenta aparar previamente uma reação hostil, ou granjear a simpatia dos destinatários. É o que ocorre com *caro amigo, meu caro*, colocados como vocativos, ou com *excelente, bom*, quando se referem a algo que vá atingir o destinatário. O emprego do *aliciante*, que é de certa forma uma *captatio benevolentiae*, pode servir para a prevenção de reações a um discurso que possa desagradar ao destinatário.

alienável

Há *posse alienável* quando o item possuído está ligado de modo contingente ao possuidor (*O chapéu de Pedro*), e *posse inalienável* quando está ligado de maneira necessária ao possuidor (*O braço de Pedro, O filho de João*).

alínea. V. PONTUAÇÃO.

aliteração

A *aliteraçã* é a repetição de um som ou de um grupo de sons no início de várias sílabas ou de várias palavras de um mesmo enunciado (Ex.: farfalhar, sussurrar, ronronar, etc.). A aliteração é utilizada como recurso de estilo na prosa poética ou em poesia; possibilita algumas vezes, em certas poesias antigas, reconstituir-se uma pronúncia que havia desaparecido no momento em que o texto foi transcrito, e que não pudera portanto ser registrada.

alocução

Costuma-se designar pelo nome de *alocução* o ato pelo qual um falante se dirige a outrem.

alocutário

Chama-se, por vezes, *alocutário* o falante considerado ao mesmo tempo o que recebe enunciados produzidos por um outro locutor e que a eles responde (V. INTERLOCUTOR); no sentido mais preciso é "aquele que se vê como receptor da mensagem", também chamado *destinatário**.

alocutivo

Em J. DAMOURETTE e E. PICHON, *alocutivo* é a pessoa a quem se dirigem as palavras daquele que fala. (V. PESSOA.)

alofone

O termo *alofone* é empregado mais freqüentemente com o sentido de "variante combinatória de um fonema". Nessa acepção, os alofones de um fonema são as realizações deste repartidas na cadeia falada, de tal modo que nenhuma delas jamais aparece no mesmo contexto que outra: o fonema é então definido como uma classe de sons. A escolha de cada alofone num determinado ponto da cadeia falada é determinada mecanicamente pelo contexto, e perfeitamente previsível. Essa interpretação postula para cada fonema um número determinado de alofones, pois o número de distribuições fonêmicas possíveis num ponto da cadeia falada é limitado, assim como o número de fonemas de uma língua. Assim, o fonema espanhol [d] tem dois alofones, um [ ] fricativo em posição intervocálica ([na a], "nada"), um [d] oclusivo em contato com uma consoante ou em inicial absoluta ([fonda] "albergue", etc.). A noção de alofone, que se desenvolveu nos Estados Unidos, é muitas vezes contraditória, para os lingüistas que dele se utilizam, ante as no-

ções de neutralização e de arquifonema, desenvolvidas na Europa essencialmente pela escola de Praga; segundo o princípio "uma vez fonema, sempre fonema", não seria possível um alofone ser atribuído a dois fonemas diferentes.

Encontramos em alguns lingüistas o uso do termo *alofone* com uma acepção muito mais ampla. Qualquer variante de um fonema, seja ela combinatória ou livre (estilística, social, individual), é um alofone desse fonema. Cada fonema possui, portanto, um número infinito de alofones, que têm em comum os traços pertinentes desse fonema, mas que se diversificam, por outro lado, por variações não-pertinentes, mais ou menos importantes.

alografe

Na escrita, o alografe é a representação concreta ou uma das representações concretas do grafema*, elemento abstrato. O alografe está para o grafema assim como o alofone está para o fonema. As características formais do alografe dependem principalmente do ambiente; assim é que em grego o "sigma", correspondente ao S, tem dois alografes que estão em distribuição complementar: um dos dois está sempre na inicial ou no interior das palavras (σ), o outro sempre na final (ς). São portanto variantes: o aparecimento exclusivo de um ou de outro é determinado pelo ambiente. Assim também, L maiúsculo e *l* minúsculo são dois alografes do mesmo grafema. Cada grafema pode ter um ou vários alografes; um grafema é, portanto, constituído por uma classe de alografes. (V. IDIOGRAFEMA.)

alomorfe

Quando se dá o nome de morfema à unidade significativa mínima, chamam-se *alomorfes* as variantes desse morfema em função do contexto. Os alomorfes podem ser condicionados fonologicamente (quando a escolha do alomorfe é função da forma fonológica da unidade com a qual ele se combina); por exemplo, [le]/[lez], em francês, nos

41

sintagmas [le parã]/[lezãfã] (*les parents/les enfants*). O condicionamento pode ser morfológico (quando a escolha do alomorfe é função de um outro morfema com o qual ele é combinado); por exemplo, no verbo *ir*, *i-(rá)/v-(ai)*, sendo o alomorfe *i-* condicionado pela desinência *-rá* do futuro, 3.ª pessoa do singular.

O conceito de alomorfe faz com que se possa, entre outras vantagens, evidenciar a oposição morfema x morfe. O morfe é uma das formas realizadas do morfema: no verbo *ir*, as formas *i-/v-/f-* são três morfes pertencentes ao mesmo morfema da língua; o morfema é então definido como uma classe de morfes. (V. ARQUILEXEMA, ARQUIFONEMA.) A existência de morfes distintos, que realizam o mesmo morfema em função de contextos fonológicos ou morfológicos, torna possível o tratamento comum das formas normais e das formas irregulares dentro de uma descrição gramatical: diremos assim que há um morfema de plural que, em francês, se realiza por vários morfes (s, x, etc.). Apenas no nível de aplicação das regras morfológicas é que o morfema será traduzido em morfes, com uma escolha eventual entre diversos alomorfes.

alongamento compensatório

É o alongamento da duração de um fonema devido ao desaparecimento de um fonema contíguo, como o das vogais em palavras como *maître*, "mestre", *fenêtre*, "janela", depois da queda do *s* que existia em formas mais antigas (*maistre*, *fenestre* etc.).

alossema

Na terminologia de E. A. NIDA, na qual *sema* designa o traço mínimo de significação, *alossema* é um sema suscetível de realizações diferentes segundo o contexto semântico em que se encontre. No interior do semema, conjunto dos traços semânticos que constituem a significação da unidade considerada, certos semas são considerados como alossemas. Por exemplo, em *pé chato* vs. *pé de mesa*, pode-se perceber um sema [extremidade inferior], mas este só se realiza sob a forma dos alossemas [extremidade inferior de um ser animado] no primeiro caso, e [extremidade inferior de um ser não-animado] no segundo.

Essa distinção apresenta a vantagem de poupar à análise componencial a necessidade de submeter-se à distinção tradicional entre sentido central e sentido secundário (no exemplo citado, *pé* terá como sentido central "extremidade de uma perna", e, como sentido secundário, "emprego metafórico para um móvel"). Convém todavia assinalar outro tratamento possível, que atribuiu à unidade significativa traços de transferência: o semantismo da unidade é considerado como imutável (rejeição dos alossemas), e é a combinação de várias unidades que desenvolve um traço de transferência. No exemplo proposto, o sema [+ animado] de *pé* será um traço de transferência.

alotone

Alotone é uma variante não-pertinente, condicionada pelo contexto fônico, de um tom ou tonema, do mesmo modo pelo qual alofone é uma variante de um fonema. Assim, em grego, a palavra com um acento agudo sobre a última sílaba recebe um acento grave quando é seguida de outra palavra. (V. BARÍTONO e OXÍTONO).

alternância

1. *Alternância combinatória*. V. VARIAÇÃO COMBINATÓRIA E SÂNDI.

2. *Alternância independente*, variação sofrida por um fonema ou um grupo de fonemas num dado sistema morfológico. Essa variação pode afetar o vocalismo dos elementos constitutivos no decorrer da flexão (latim: *facio/feci*) ou entre palavras simples e palavras compostas ou derivadas (latim: *facio/efficio*); a alternância pode ter a forma vogal/zero (grego: *leipô/elipon*). A

alternância vocálica é também chamada *apofonia*. As diversas formas de uma alternância denominam-se graus: assim, para o verbo grego que significa "deixar", há um grau pleno *leipein* (infinitivo presente), um grau longo, *lepoipa* (perfeito) e um grau reduzido, *elipon* (aoristo). Quando há apenas uma alternância de timbre, fala-se de grau flexionado (em grego *tithêmi/thes*, indicativo presente/imperativo); se o elemento vocálico desaparece, fala-se de grau zero (em latim *esse/sum*, infinitivo/indicativo presente, raiz *es-/s-*). A *alternância* consonântica é representada pela mutação consonântica do germânico primitivo: as oclusivas sonoras do indo-europeu tornam-se surdas, as oclusivas surdas transformam-se em aspiradas sonoras e as oclusivas sonoras aspiradas em aspiradas sonoras.

alternante

Em gramática gerativa, certas regras de reescrita devem ser desdobradas, para permitirem a geração de dois tipos de seqüências de símbolos (ou de símbolos únicos) à direita da flexa. Tais regras são chamadas *alternantes*. Pode-se tomar como exemplo a reescrita de SV:

$$\text{RS x (a): SV} \rightarrow V_i$$

(deve-se ler: regra sintagmática x (a): Sv deve ser reescrito em V_i [verbo intransitivo]);

$$\text{RS x (b): SV} \rightarrow V_t + \text{SN}$$

(deve-se ler: regra sintagmática x (b): SV deve ser reescrito em V_t [verbo transitivo] seguido de um sintagma nominal).

Os verbos do léxico incorporado à gramática gerativa considerada deverão conseqüentemente comportar a especificação V_i/V_t.

A noção de regra alternante deve ser distinguida da oposição entre regra obrigatória e regra facultativa. O caráter facultativo de uma regra marca-se graficamente pelo emprego de parênteses. Pode-se, por exemplo, escrever RS x (a) do seguinte modo:

$$\text{RS x (a): SV} \rightarrow V_i \text{ (Adv)}.$$

No caso da regra alternante, há uma liberdade, mas também a necessidade de uma escolha. Para indicar essa necessidade evitando a multiplicação de sub-regras, costuma-se fazer a apresentação entre chaves:

$$\text{RS x: SV} \left\{ \begin{array}{l} V_i \\ V_t + \text{SN} \end{array} \right\}$$

Uma outra possibilidade consiste em se apresentar as combinações possíveis em seqüências separadas por vírgulas no interior de uma chave. Por exemplo:

$$\text{RS x: SV} \rightarrow \{ V_i, V_t + \text{SN} \}$$

alto

1. Às vezes dá-se o nome de *formante alto* ao formante bucal, ou segundo formante, que se situa na parte superior do espectro, em oposição ao formante baixo da faringe, ou primeiro formante, que se situa na parte inferior. Os formantes que se encontram em freqüências superiores à do formante bucal são também chamados formantes altos, como o formante nasal ou o formante característico das vogais agudas.

2. *Vogal alta* é a realizada com uma posição alta da língua, isto é, com a língua tão próxima quanto possível do palato, sem perturbar o escoamento do ar. Há dois graus de altura vocálica, correspondendo o segundo a uma posição um pouco mais baixa da língua, para as vogais semifechadas. As vogais altas são difusas* do ponto de vista acústico.

altura

1. A *altura de um som*, em acústica, é a qualidade subjetiva do som que se aparenta à freqüência, da mesma forma que a força está associada à intensidade. Um som é tanto mais alto quanto maior for a sua freqüência: mas essa relação não é diretamente proporcional. O ouvido percebe as vibrações sonoras segundo uma escala logarítmi-

ca, de modo que uma freqüência de vibração duas vezes mais rápida é sempre percebida como o mesmo intervalo: a oitava da música. A unidade de altura é o mel; fixou-se em 1 000 mel a altura de um som de 1 000 hertz de freqüência, zero mel igualando freqüência zero. Um som de 2 000 mel é percebido como duas vezes mais alto que um som de 1 000 mel, ao passo que sua freqüência é quatro vezes maior. As variações de altura são utilizadas diferentemente em cada uma das línguas, para fins distintivos, demarcativos ou culminativos, para a fonologia da palavra (acento de altura) ou para a fonologia da frase (entonação*).
2. Chamam-se *acento de altura, acento musical* ou *tom* as variações de altura utilizadas em certas línguas para opor palavras de sentidos difererentes que apresentam os mesmos fonemas. O acento de altura tem uma função distintiva em certas línguas da Europa, — como o servo-croata, o lituano, o sueco — e, principalmente, em línguas da África e do Extremo Oriente: assim, o chinês distingue quatro tons (unido, ascendente, interrompido, descendente) que permitem distinguir em "chu" quatro signos diferentes: "porco", "bambu", "senhor", "habitar", viver". O acento de altura existe, também, em línguas que não são línguas tonais, como o francês, em que a acentuação em fim de palavra ou de grupo de palavras é marcada, principalmente, por uma elevação da voz. O acento de altura tem, então, uma função demarcativa.

alveolar

Alveolar é o fonema consonântico articulado no nível dos alvéolos dos dentes superiores, na maioria das vezes por aplicação da ponta da língua (V. ápico-alveolar); esse tipo de consoantes entra na classe das dentais*. Em português e em francês, as consoantes [s] e [z] são fricativas alveolares.

alvéolos

Os *alvéolos* posteriores dos incisivos superiores constituem o articulador superior para a pronúncia de certas consoantes denominadas "alveolares", como as consoantes francesas, portuguesas e inglesas [t, d, s, z, l, n] classificadas fonologicamente entre as dentais, mas realizadas foneticamente como alveolares.

alveopalatais

As *consoantes alveopalatais*, também chamadas *palato-alveolares ou pós-alveolares*, são consoantes pré-palatais articuladas no limite dos alvéolos e do palato duro, tendo como articulador inferior a ponta ou a região pré-dorsal da língua; as fricativas [ʃ], [ʒ], as africadas [tʃ], [dʒ] são alveopalatais. Fonologicamente, as alveopalatais devem ser classificadas entre as palatais, cujas características acústicas (agudo, difuso) elas apresentam.

alvo (fr. cible.)

Em tradução, *língua alvo* é aquela em que se traduz um texto de uma *língua fonte*.

amálgama

1. Diz-se que há *amálgama* quando dois ou vários monemas* são fundidos de modo tão indissolúvel que, se encontrarmos os diversos significados de cada um no plano do conteúdo, só observaremos um único segmento no plano da forma. No português *do* há amálgama de *de o,* o que significa que essa forma única corresponde a várias escolhas: à preposição *de*, ao artigo definido e às marcas do masculino singular. Assim também em *partimos*, a terminação *-mos* amalgama o monema de presente indicativo e o da primeira pessoa do plural. O amálgama é muito freqüente em latim, como em todas as línguas flexionais, mas praticamente não existe em línguas aglutinantes.
2. Nos contatos de línguas, quando não há substituição (abandono da língua natural em proveito de uma outra) ou comutação (uso alternado de duas ou várias línguas), há *amálgama* das duas línguas, isto é, utilização prefe-

rencial de uma das duas, com numerosas interferências* da outra.

ambigüidade

Ambigüidade é a propriedade de certas frases realizadas que apresentam vários sentidos. A ambigüidade pode ser do léxico, quando certos morfemas léxicos têm vários sentidos. Assim, na frase:

Ele estava em minha companhia há pelo menos dois sentidos, porque companhia, no caso, pode ter dois sentidos, o de empresa, ou de uma pessoa (ele estava comigo); (fala-se então de *ambigüidade léxica*).

A ambigüidade pode advir do fato de que a frase tenha uma estrutura sintática suscetível de várias interpretações. Assim, na frase *O magistrado julga as crianças culpadas*, há duas interpretações: *O magistrado julga que as crianças são culpadas*, ou *O magistrado julga as crianças que são culpadas* (fala-se então de *ambigüidade sintática* ou de *homonímia de construção*). As ambigüidades sintáticas devem-se ao fato de que a mesma estrutura de superfície sai de duas (ou mais de duas) estruturas profundas diferentes. Assim, *Jorge ama Rosa tanto quanto João* corresponde seja a *Jorge ama Rosa tanto quanto João ama Rosa*, seja a *Jorge ama Rosa tanto quanto ele ama João*. Do mesmo modo, *Eles se olham* é sintaticamente ambíguo, podendo ser a frase de estrutura profunda tanto *Eles se olham* (um ao outro) ou *Eles se olham* (cada um a si mesmo, num espelho).

amnésico

Afasia amnésica é uma forma de afasia* caracterizada por uma falta de palavras no discurso espontâneo, e por deficiências na denominação dos objetos, das imagens de objetos, das cores, etc.

amplificação

A retórica tradicional chama *amplificação* o processo lingüístico por meio do qual se prolonga um membro de frase sobre o qual se deseja insistir; a amplificação consiste muitas vezes em se acrescentar ao último elemento um outro, de mesma natureza, coordenado por e: assim, *movimento operário* e *movimento sindical* são muitas vezes sinônimos; há amplificação em *movimento sindical e operário*, significando simplesmente o movimento sindical.

amplitude

Em fonética acústica, denomina-se *amplitude* da onda vocal o afastamento entre o ponto de repouso das partículas de ar em vibração e o ponto extremo que elas atingem em seu movimento.

A amplitude da vibração é responsável pela intensidade do som (quando a freqüência* é constante). Pode-se tornar a intensidade de um som quatro vezes maior dobrando-se a sua amplitude. A amplitude pode ser aumentada pela combinação de duas ou várias vibrações de freqüência idêntica: assim, a onda sonora produzida pela vibração das cordas vocais torna-se audível graças ao reforço de sua amplitude através de diversos ressoadores do aparelho fonador.

amusia

Amusia é a perda da linguagem musical em conseqüência de lesões corticais. Assim, uma pessoa que normalmente reconhece e reproduz sons musicais, ao ser atacada de *amusia*, perde essa capacidade.

anacoluto

O *anacoluto*, ruptura na construção de uma frase, é formado de duas partes de frase que são sintaticamente corretas, mas cuja seqüência forma uma frase complexa do ponto de vista sintático, anormal ou divergente. Assim, as seqüências *aquele que ainda não se convenceu* e *é a ele que eu me dirijo* são sintaticamente corretas, mas a seqüência *aquele que ainda não se convenceu, é a ele que eu me dirijo* constitui um anacoluto.

anáfora

Em retórica, a *anáfora* é a repetição de uma palavra (ou grupo de palavras) no início de enunciados sucessivos, sendo que esse processo visa a enfatizar o termo assim repetido. P. ex.: *"Mas o Recife sem história nem literatura/ Recife sem mais nada/Recife da minha infância..."* (MANUEL BANDEIRA, *Evocação do Recife*) (V. ANFÓRICO).

anafórico

Diz-se que um pronome pessoal ou demonstrativo é anafórico quando ele se refere a um sintagma nominal anterior ou a um sintagma nominal que se segue, como, p. ex., *o* e *aquele* em *Esse artigo, eu o escrevi em dois dias* e *Aprecio* AQUELE *que fala francamente.* Esse emprego anafórico se opõe ao emprego dêitico* do demonstrativo, como nas frases: *Prefiro esta gravata àquela, Ela está surpresa* (*ela* referindo-se a uma pessoa presente, mas não denominada anteriormente).

analisabilidade

Em gramática gerativa, a *analisabilidade* é a propriedade de uma série terminal gerada pela base*, que faz com que essa série possua a estrutura exigida para que uma dada transformação possa aplicar-se. Assim, se a transformação passiva é definida como uma transformação que se aplica às séries da forma

Pass. $+ SN_1 + Aux. + V + SN_2$
(Pass. = passivo, SN_1 e SN_2 = sintagmas nominais, Aux. = auxiliar, V = verbo), então a série gerada pela base Pass. $+$ o pai $+$ Perto $+$ o jornal é analisável na estrutura precedente, e pode ser a ela aplicada a transformação passiva. Ao contrário a série:

Pass. $+$ a criança $+$ corre
não é suscetível de uma tal análise estrutural; a transformação passiva não pode aplicar-se: é bloqueada (V. TRANSFORMAÇÃO).

I. análise

1. *Análise gramatical,* exercício escolar pelo qual se descobre ou se mostra, numa frase, a natureza e a função das palavras que a constituem. Assim, na frase *Eles o elegeram deputado,* dar-se-á, na análise gramatical, a natureza (substntivo) e a função (predicativo do objeto *o*) da palavra *deputado.*

2. *Análise lógica,* a) em CH. BALLY, é um processo de análise da frase com fundamento no postulado de que cada um dos enunciados realizados compreende duas partes, uma que é o correlativo do processo, o dictum*, e a outra pela qual o falante intervém (pensamento, sentimento, vontade) no dictum; é a modalidade*; b) exercício escolar em que, seguindo uma nomenclatura institucionalizada, se identificam membros do enunciado ou, numa frase complexa, se isolam e se classificam orações, indicando-se a sua natureza e função.

3. *Análise estrutural,* em gramática gerativa e transformacional, um dos aspectos da transformação que consiste em testar uma frase, gerada pela base, para ver se ela tem uma estrutura que torne possível a aplicação dessa transformação (V. ANALISABILIDADE, TRANSFORMAÇÃO).

4. *Análise distribucional* é o método de análise característico da lingüística estrutural. Aparece nos Estados Unidos por volta de 1930 (L.

BLOOMFIELD, Language, 1933), em reação às gramáticas mentalistas. Tem sua origem na constatação empírica de que as partes de uma língua não ocorrem arbitrariamente umas em relação às outras; cada elemento se acha em certas posições particulares com relação aos outros. Trata-se, aliás, de uma constatação muito antiga, mas que nunca fora ensaiada como método.

Vários fatores explicam o aparecimento desse método nos Estados Unidos. Antes de mais nada, o fato de que as tendências filológica, histórica ou comparativa, em gramática, se achavam pouco representadas. Em segundo lugar, a situação lingüística particular, nos Estados Unidos: a existência, no continente americano, de 150 famílias de línguas ameríndias (mais de 1 000 línguas) propõe aos administradores e aos etnólogos problemas importantes. Essas línguas se apresentam sob a forma de um material lingüístico não-codificado e oral, e não se pode ter confiança absoluta nos bilíngües. A lingüística desenvolve-se, pois, logo de início, no quadro da antropologia. Essa prática particular encontra sua justificação teórica no behaviorismo (psicologia do comportamento), que cria uma psicologia comportamental objetiva, sem recorrer à introspecção. A psicologia torna-se uma ciência natural, que estuda o comportamento humano compreendido com o conjunto de uma excitação ou um estímulo e de uma resposta ou ação. A linguagem também é um estímulo e uma resposta. O sentido de uma mensagem é definido como sendo o conjunto da situação de comunicação. Para conhecê-lo, teríamos que ser oniscientes; é, pois, inconhecível e não pode ser usado pela lingüística.

Trata-se então de descrever os elementos de uma língua pela sua aptidão (possibilidade ou impossibilidade) para se associar entre si a fim de chegar à descrição total de um estado de língua em sincronia.

Parte-se da observação de um *corpus* finito, considerado como uma amostra representativa da língua e que, uma vez constituído, o próprio analista se proíbe de modificar. Infere-se a língua do *corpus* por generalização. A determinação do *corpus* é feita segundo determinado número de critérios que devem garantir o seu caráter representativo e a homogeneidade dos enunciados, afastando *a priori* as variações de situação. Empregam-se também, se necessário, certas técnicas de solicitação de enunciados.

Em virtude do princípio de imanência*, definem-se as regras de composição da língua sem apelar para fatores como o falante ou a situação. O analista se põe a levantar a interdependência dos elementos internos da língua, cuja característica fundamental é o fato de serem discretos.

O *corpus* apresenta-se em forma de enunciado lineares, conjuntos complexos que se reduzirão a diferentes elementos que se organizam em diferentes níveis. A língua apresenta uma série de ordens hierárquizadas (fonológica, morfológica, frástica), em que cada unidade é definida pelas suas combinações no nível superior. Para identificar os elementos em cada nível, importa segmentar a cadeia falada num procedimento que elimine o recurso ao sentido. Recorre-se a muitas comparações de enunciados que permitam segmentar agrupamentos e configurações características. Na prática, quando possível, usa-se o sentido como técnica para verificar a identidade ou a não-identidade dos enunciados e "nada mais... Ele nunca será interpretado, analisado; muito menos tomado como medida" (J. Dubois).

Uma vez separados os elementos, estabelecem-se os seus ambientes. Sendo o ambiente de um elemento A a disposição efetiva de seus concorrentes (o que resta quando tiro o A do enunciado), fala-se de ambiente de direita, de esquerda.

Os coocorrentes de A numa determinada posição são chamados de seleção de A para essa posição. A soma dos ambientes de um elemento nos enunciados do *corpus* constitui a distribuição desse elemento.

Por outro lado, como não são possíveis todas as combinações de elementos numa dada língua (ex.: *ele andava*, e não *an ele dava*), podem-se definir os elementos pelas restrições impostas aos que os compõem. Essas restrições de combinação participam da redundância *da língua).

O reagrupamento das distribuições dos elementos leva ao estabelecimento de *classes distribucionais*: os fonemas não são definidos segundo critérios fonéticos, mas segundo as suas combinações e as restrições destas; definir-se-á a classe dos substantivos como constituída pelos elementos que admitem artigos, determinantes à esquerda, verbos à direita, etc. Cabe observar, no nível da terminologia, o uso particular de morfe* e morfema* pela lingüística americana.

O estudo das distribuições faz com que surjam elementos que apresentam uma distribuição complementar (que não se podem superpor e formam subconjuntos disjuntos) e a mesma relação no mesmo ponto da estrutura do conteúdo (ex.: *eu, me, mim*): são dois alomorfes* de um mesmo morfema.

Se a análise distribucional repele o sentido como critério, ela o reencontra no fim do estudo. Assim é que, se considerarmos (intuitivamente) que há maior diferença de sentido entre os morfemas A e B do que entre A e C, constataremos muitas vezes que as distribuições respectivas de A e B apresentam mais diferenças, umas em relação às outras, do que as distribuições respectivas de A e C. As diferenças de sentido e as distribuição estão ligadas: o sentido é função da distribuição (sem que se possa falar de paralelismo perfeito na estrutura). A lexicologia e a lexicografia encontram aí um método.

Aplicada aos enunciados longos, a análise distribucional opera segundo os mesmos princípios, mas por um processo particular: a análise de discurso*.

Visando essencialmente à descrição dos elementos de uma língua pela aptidão destes a associar-se entre si de maneira linear, a análise distribucional não pode explicar frases ambíguas, do tipo "Comprei o livro de meu irmão".

Ela apresenta da língua um modelo de estados finitos, i.e., a partir das fórmulas combinatórias que extrai da observação do *corpus,* pode-se construir um conjunto indefinido de frases, inventariável. Sob esse ponto de vista, não existem, sincronicamente frases novas. A descrição não leva, pois, em conta a criatividade do falante.

Enfim, seu método pretende ser puramente descritivo e indutivo, sem que o seja totalmente. Ele representa, ainda, uma etapa taxionômica* da lingüística. É da análise dessas insuficiências que nasce a gramática gerativa.

II. análise de conteúdo

O conteúdo de um texto pode ser descrito em termos qualitativos ou em termos estatísticos; é o objeto da *análise de conteúdo.* Podemos indagar: "Como é organizado esse texto, e que podemos deduzir dessa organização para caracterizar seu autor?" ou "Quais são os principais elementos de conteúdo desse texto?". Trata-se, de certo modo, de sistematizar e de tentar fundar sobre bases rigorosas o que se denomina geralmente "ler nas entrelinhas", definindo-se regras que determinam a organização dos textos. É necessário, portanto, reconhecer a mesma idéia sob formas diferentes, e definir os parágrafos.

Há duas maneiras principais de descobrir o sentido implícito sob o sentido aparente. Uma delas consiste na utilização da mais ampla ambientação do texto (circunstâncias de sua produção, sua finalidade sobre os aspectos do texto que sejam presumivelmente independentes do controle consciente do emissor.

Diante do primeiro método, que atualmente ainda não se pode definir de modo rigoroso, o segundo, denominado "análise de co-ocorrência", apresenta-se como um aperfeiçoamento das contagens de freqüência. Em vez de calcular a ocorrência dos conceitos A, B e C, conta-se o número de vezes em que A aparece ao mesmo tempo (na mesma frase, no mesmo parágrafo ou na mesma unidade em sentido lato) que B, e compara-se com o número total de aparecimentos de ambos (de A e B reunidos). O índice daí resultante pode ser utilizado para evidenciar a força da associação entre as duas idéias no espírito do emissor. A natureza precisa da associação no texto não é tomada em consideração — a frase *Os conservadores detestam os progressistas* associa assim *conservadores* e *progressistas.* Entretanto tais co-ocorrências são amplamente independentes do controle consciente.

Um outro método utilizado é a análise de avaliação assertiva. Orações do tipo "A lhe parece antes . . . X", na qual A é uma palavra ou uma oração, e X um adjetivo como *verdadeiro, grande, falso, pequeno,* etc., são submetidas a sujeitos escolhidos em função da pesquisa. A convergência entre os sujeitos faz com que se possa definir sua cultura, sua opinião, etc.

Um outro método é o que se fundamenta sobre a utilização de um texto do qual se suprimem todas as 3.as (ou as 4.as, ou 5.as, etc.) palavras. Com um único texto, pode-se testar vários sujeitos ou vários grupos convidados ao teste. As distâncias no número de boas respostas possibilitarão uma classificação dos sujeitos ou dos grupos segundo seu grau de compreensão. Bastará evidentemente colocar-se a classificação em paralelo com os pontos das descrição sócio-cultural dos sujeitos ou dos grupos de sujeitos para que se possam estabelecer relações de tipo sociolingüístico* entre um determinado texto e as condições sócio-culturais.

Tal procedimento faz com que se possa também comparar textos (ou conjuntos de textos) do ponto de vista da legibilidade. O sujeito é então invariante e os textos variáveis. As características sócio-culturais dos textos são relacionadas com o número de erros encontrados para cada um deles.

III. análise de discurso

Chama-se *análise de discurso* a parte da lingüística que determina as regras que comandam a produção de seqüências de frases estruturadas.

A análise de discurso, ou análise de anunciado, tem sua origem na distinção feita por F. DE SAUSSURE entre a língua* e a fala*, ainda que o lingüista genebrino tenha pensado que essa última, sujeita ao acaso e à decisão individual, não possibilitasse um estudo rigoroso. A influência dos formalistas russos, que haviam elaborado um tipo radicalmente novo de análise literária, e o trabalho da escola de Genebra mantiveram, desde F. DE SAUSSURE até os anos 50, a corrente de uma lingüística da fala que opõe à função da comunicação, essencial para o estudo da língua, uma função de expressão (fenômenos emocionais, subjetivos, individuais) que apresenta os problemas do estudo dos enunciados superiores à frase, especialmente de tudo o que se refere à enunciação.

A lingüística tenta explicar não apenas a frase, mas também as seqüências de frases a partir de três séries de trabalhos; alguns tentam definir as regras que comandam a sucessão dos significados de um texto: é a análise de conteúdo. Os lexicólogos, por seu lado, depois de por muito tempo terem tomado como base operacional a palavra, ou unidade gráfica isolada, reconheceram a necessidade de levarem em consideração ambientações mais amplas (co-ocorrências, incompatibilidades, oposições); a unidade léxica é assim novamente inserida no tecido das frases que a contêm, e seu estudo implica a referência ao discurso em que ela aparece (donde a necessidade de uma tipologia de discursos). Assim também, os lingüistas da Escola de Praga insistem na idéia de subcódigos próprios a cada uma das funções da linguagem. Enfim, o distribucionalismo americano, que não se preocupa com as funções da linguagem e nem com a distinção teórica entre língua e fala, admite que a lingüística deve aplicar-se também aos enunciados superiores à frase, e elabora (com Z. S. HARRIS, por meio de classes de equivalência*, um verdadeiro processo de redução e de formalização do discurso.

A análise de discurso na escola francesa tem como objetos essenciais a relação do falante com o processo de produção das frases (enunciação) ou a relação do discurso com o grupo social a que ele se destina (sociolingüística). A análise de discurso propriamente lingüística fundamenta-se em operações de redução de frases e em certos conceitos da gramática transformacional. Segundo Z. S. HARRIS, estabelece-se certo número de classes de equivalência (recorte do texto em elementos que aparecem em contextos idênticos); mas forçoso é admitir que apenas o conhecimento das regras da língua permite "normalizar os enunciados" e reduzir, por exemplo, *Milhões de garrafas foram vendidas* a *Venderam-se milhões de garrafas*, possibilitando tais operações um estabelecimento mais rápido das classes de equivalências. O discurso resulta da aplicação de regras a um certo número de frases de base: a estrutura do discurso é sua história transformacional.

Nesse caso, a produção de enunciados é estudada a partir de orações de base que culminam em frases de superfície (frases realizadas); o modo de passagem da frase profunda para a frase de superfície é considerado como o índice de um comportamento lingüístico que em seguida é posto em paralelo com um comportamento não-lingüístico. Assim, a análise dos enunciados da guerra da Argélia pode ser feita a partir das orações de base:

A Argélia {*é/não é, está incluída em, é dependente/independente d...*} *a França*

sobre as quais podem intervir as modalidades (*dever* e *poder*, entre outras); obtêm-se então as frases de superfície. A Argélia é a França, A Argélia não é a França, A Argélia é dependente da França, A Argélia é independente da França, A autodeterminação da Argélia, etc., cujas diversas realizações podem ser relacionadas com os comportamentos políticos.

analítico

1. O juízo é denominado *analítico* quando é necessariamente verdadeiro, sendo a sua veracidade assegurada pelo semantismo das palavras que o constituem e pelas regras sintáticas da língua que colocam tais palavras num certo tipo de relação: assim, *Pedro é um Homem* é um julgamento analítico, porque *Pedro* tem em seus traços "humano", e a relação sintática da frase lhe atribui esse traço. O juízo é *sintético* quando só é verdadeiro numa determinada situação, e a sua veracidade depende de circunstâncias, como *Pedro está embriagado*.

2. *Língua analítica* é uma língua isolante*; o francês, particularmente, é assim qualificado.

3. Diz-se que uma frase é *analítica* quando a interpretação semântica (o sentido) do sintagma predicativo está inteiramente contida no sujeito; p. ex., *Meu pai é um homem* é uma frase analítica. Dir-se-á também que uma frase relativa é analítica quando o sentido da principal está inteiramente contido no da relativa; é, p. ex., analítica a frase: *Os que falam francês falam uma língua.*

4. *Processo analítico* é um tipo de análise lingüística que consiste em segmentar o enunciado em frases, sintagmas, morfemas, para chegar às unidades últimas, os fonemas. Esse processo de "cima para baixo" opõe-se ao processo sintético, que consiste em partir de baixo para cima na análise, pelas unidades menores, a fim de agrupá-las num conjunto segundo regras combinatórias, chegando-se enfim

à frase. O processo analítico, p. ex., é o de L. HJELMSLEV, e o sintético, o de Z. S. HARRIS.

analogia

O termo *analogia* designou, entre os gramáticos gregos, o caráter de regularidade atribuído à língua. Nessa perspectiva destacou-se, por exemplo, um certo número de modelos de declinação, tendo sido também classificadas as palavras segundo estivessem ou não conforme um desses modelos. A analogia fundou assim a regularidade da língua. Serviu, por conseguinte, para a explicação da mutação lingüística, sendo, por tal fato, oposta à norma*. A analogia funciona assim, segundo a expressão de F. DE SAUSSURE, como a "quarta proporcional". Esse tipo de encadeamento lógico desempenha o seu papel, por exemplo, quando se pronuncia, em francês, o plural de *cheval* como o singular. Em tal caso o locutor procede da seguinte maneira: no singular [l(ə) toro], *le taureau*, corresponde um plural [letoro], *les taureaux*, portanto, ao singular, [l(ə)ʃ(ə)val], *le cheval*, corresponderá um plural [le ʃ(ə)val], *les chevals. Dir-se-á "x será para *je dis* o que *vous lisez* é para *je lis*"; assim é que se obtém a forma *vous disez. Desse ponto de vista, a analogia desempenha portanto um papel importante na evolução das línguas, e os neogramáticos a utilizaram para relacionar exceções às suas leis fonéticas.

analógico

Denomina-se *mutação analógica* qualquer evolução da língua que possa ser explicada por um fenômeno de analogia*. O "erro" consiste em dar como plural a *le cheval* [ləʃəval], *les chevals* [leʃəval] conforme o tipo *le mouton* [lə mutɔ̃], *les moutons* [lemutɔ̃] ou, ao contrário, em dar como plural a *le chacal* [ləʃakal] *les chacaux* [leʃako] conforme *le cheval* [ləʃəval], *les chevaux* [leʃəvo].

analogistas

A partir do século II a.C. desenvolveu-se, entre os gramáticos gregos, uma discussão sobre a importância que se deveria dar à regularidade no estudo dos fenômenos lingüísticos. Os *analogistas* afirmavam que a língua é fundamentalmente regular e excepcionalmente irregular, enquanto a tese inversa tinha a aprovação dos anomalistas*. Os analogistas se empenharam em estabelecer modelos* ("paradigmas") segundo os quais as palavras (chamadas então "regulares") podiam, em sua maioria, ser classificadas. Com isso eram levados a corrigir tudo o que podia aparecer como uma irregularidade, sem sequer perceberem que o que é irregular por um lado pode ser perfeitamente regular por outro lado. Assim, a declinação de *boûs, boos,* parece irregular em relação a *korax, korakos,* mas é regular se a encaramos sob o ponto de vista histórico, admitidos os diversos tratamentos de sua transcrição pelo digamma, letra antiga desaparecida do alfabeto grego: boFs/boFos. As pesquisas dos analogistas muito contribuíram para o estabelecimento da gramática.

análogo

Classificavam-se outrora como *análogas* as línguas nas quais a ordem das palavras é relativamente fixa, como o francês. Tratava-se, no caso, de uma analogia com o que se julgava ser de ordem lógica. Na classificação tipológica do Pe. Girard, *análogo* opunha-se a *inversivo*.

anartria

Anartria é o nome dado à afasia* de expressão, caracterizada por perturbações na programação dos fonemas e das seqüências de fonemas.

anástrofe

Anástrofe é a inversão na ordem habitual das palavras. Se consideramos que a ordem habitual do latim é *Claudius Claudiam amat,* dir-se-á que há anástrofe do acusativo em Claudiam Claudius amat; há anástrofe de *cum* em *nobiscum, vobiscum* (em vez de *cum nobis, cum vobis*), anástrofe do pronome em *me voici,* "eis-me aqui", (em lugar de *voici + moi*). Em gramática gerativa, tais deslocamentos devem-se a transformações estilísticas facultativas, ou a transformação de pronominalização (por exemplo, no contexto de imperativo, para *me voici*), ou ainda a transformações enfáticas.

animado

Os *substantivos animados* constituem uma subcategoria dos substantivos que, semanticamente, denotam seres vivos, homens ou animais (*Paulo, pai, gato*), ou considerados como tais (*anjo, demônio, deus*), e que se caracterizam por uma sintaxe diferente dos substantivos não-animados (ou *inanimados*); as duas classes de substantivos animados e inanimados distinguem-se, p. ex.: pela oposição entre *quem* (animado) e *que* (inanimado): *Quem você viu?/ O que você viu?*; pela oposição de gênero entre masculino (macho) e feminino (fêmea): *gato/gata, trabalhador/trabalhadora,* etc. Diz-se também que morfemas como *Daniel, homem, cão, menino* têm o traço distintivo [+ animado] e que morfemas como *pedra, mesa, árvore, Recife* têm o traço distintivo [— animado]. Os verbos e os adjetivos têm um traço contextual [+ animado] ou [— animado] (ou ambos) conforme sejam compatíveis com substantivos, sujeito ou objeto, marcados pelo traço [+ animado] ou [— animado]. Assim, o verbo *falar* tem o traço contextual [+ animado sujeito] pois implica num sujeito que seja um substantivo [+ animado] humano ou, por metáfora, animal; um verbo como *germinar*, entretanto, implica um sujeito inanimado. No caso dos adjetivos e dos verbos, anota-se também, em gramática gerativa, do seguinte modo: *falar* tem o traço contextual [+ [+ animado] —] ou [+ [+ animado] Aux. —], sendo que o travessão indica o lugar do verbo.

animais

Os *nomes de animais* constituem uma subcategoria de substantivos que designam seres vivos não-humanos e que se caracteriza por uma sintaxe diferente daquela dos substantivos que designam seres humanos. Assim, o verbo *pensar*, p ex., implica um sujeito humano; se damos a tal verbo um sujeito não-humano*, atribuímos ao animal as propriedades do homem. (V. HUMANO, RECATEGORIZAÇÃO).

anomalia

1. Para os gramáticos do séc. II a.C., *anomalia* (em oposição a analogia) designava o caráter de irregularidade da língua e, por extensão, qualquer emprego que não se podia explicar fazendo intervir uma regularidade de um certo tipo. Fundamentava-se na anomalia a tese dos anomalistas*, segundo a qual, numa língua, as exceções eram mais importantes do que as regularidades. (V. ANALOGIA.)

2. Em lingüística moderna, chama-se *anômala* a frase que apresenta divergências em relação às regras da língua. Para as anomalias gramaticais, usam-se antes os termos *agramaticalidade* e *graus de gramaticalidade,* reservando-se *anomalia* para designar o desvio semântico. Assim, a frase *Ele ouve a música que reluz em seus sapatos* é semanticamente anômala, pois o sujeito de *reluzir* deve ter os traços [+ objeto concreto] e [suscetível de receber e reenviar luz]; ela só é interpretável então por metáfora, isto é, modificando-se os traços do verbo. A diferença entre anomalia e agramatica-

lidade depende do conteúdo dos componentes sintático e semântico e, como esse conteúdo varia com as teorias lingüísticas, tal distinção é, não raro, flutuante.

anomalistas

Entre os gramáticos gregos, os *anomalistas,* por oposição aos analogistas*, insistiam na importância das irregularidades na língua grega. Assim concebida, a gramática tornava-se antes de tudo uma coleção de exceções. Sem negar a importância da analogia*, punham em evidência o grande número de irregularidades que o raciocínio não podia explicar (o artigo grego possuía o masculino *hó,* o feminino *hê,* mas o neutro *to*). Insistiam também nas distorsões que existiam na língua entre o número, ou o gênero gramatical, e a realidade: *Athenai,* "Atenas", plural, designa simplesmente uma cidade, *paidion,* "criança", é neutro. Para eles, a língua não era produto de uma convenção humana, fonte de regularidade, mas antes de natureza. Muito mais do que os esquemas lógicos, o uso, destarte, deveria ser levado em conta no estabelecimento das gramáticas. Guardadas as devidas proporções, pode-se dizer que certas discussões atuais sobre o lugar da teoria e do uso na lingüística continuam a polêmica entre anomalistas e analogistas.

anontivo

O termo *anontivo* designa em L. TESNIÈRE a terceira pessoa do verbo, e corresponde aos pronomes pessoais propriamente ditos da gramática gerativa (opostos aos nomes pessoais): *ele, ela, eles,* etc.

antanáclase

Antanáclase é a figura de retórica que consiste na repetição de uma palavra com sentidos diferentes, como em *Le coeur a ses raisons que la raison ne connaît point* (PASCAL) ["O coração tem as suas razões que a razão desconhece"].

antecedente

1. Em gramática geral, diz-se que uma oração, um membro de frase são *antecedentes*, quando colocados diante do termo ou da seqüência de termos tomados como base de referência. São sobretudo as subordinadas colocadas antes das principais que são chamadas antecedentes. Assim, nas frases do tipo — *Se ele vier, você o prevenirá* — a oração condicional — *Se ele vier* — chama-se antecedente (opõe-se a *conseqüente*).

2. Em gramática tradicional, chama-se *antecedente* ao substantivo ou pronome que precede um relativo e ao qual este último se refere; em *Ele não gostou do filme que eu lhe aconselhara, filme* é antecedente de *que.*

3. Chama-se também *antecedente* ao segmento, ao qual se refere um pronome anafórico; na frase — *Pedro está doente, irei visitá-lo* —, *Pedro* é antecedente do pronome *lo.* (V. ANÁFORA.)

4. Em gramática gerativa, chama-se *antecedente* ao sintagma nominal da frase matriz em que vem encaixar-se uma relativa. Chama-se também *antecedente* ao substantivo constituinte desse sintagma nominal e que é subjacente ao relativo. Na frase — *Li o livro que você me deu* —, o sintagma nominal — *o livro* —, em que se encaixa a oração relativa — *que você me deu* (você me deu o qual livro) —, é o antecedente dessa relativa. *Livro* é o substantivo antecedente do relativo *que* (extraído de "o qual livro"). [V. RELATIVIZAÇÃO.]

antecipação

Antecipação é a ação regressiva exercida por um fonema sobre um fonema anterior. É o mesmo que ASSIMILAÇÃO REGRESSIVA. Assim, o *p* do lat. *ipse* foi assimilado a *s* por antecipação, dando o port. *esse.* Na passagem para o italiano, as seqüências latinas de duas consoantes diferentes reduziram-se a geminadas por antecipação: *actum* $>$ *atto,* "ato", *axem* $>$ *asse,* "eixo", etc.

antecipante

Diz-se que um pronome faz o papel de *antecipante* quando substituído por um sintagma nominal que será realizado em seguida, no contexto ou na frase. Assim, o pronome interrogativo faz o papel de antecipante na frase — *Quem chegou? um amigo.* Com efeito, ele é substituído por um sintagma nominal pressupondo uma resposta por um nome de pessoa (*quem?*); o sintagma nominal de resposta está assim antecipado.

antepenúltima

Dá-se o nome de *antepenúltima* à sílaba que precede a penúltima sílaba de uma palavra. Em *anticorpo, ti* é a antepenúltima e *cor,* a penúltima.

anterior

1. Em fonética, há realização de uma *vogal anterior* quando a massa da língua se avança na parte anterior da boca. Como ela se levanta ao mesmo tempo em direção do palato duro, as vogais anteriores são também chamadas vogais palatais* (em fr., [i], [e], [ɛ], [y], [ɸ], [œ], [a], em port., as três primeiras). As vogais anteriores são agudas* no plano acústico, por concentração da energia nas altas freqüências do espectro, com elevação do formante alto até 2 500 p/s para [i]. (Ant.: POSTERIOR.)

2. *Passado anterior, futuro anterior.* V. PASSADO, FUTURO.

anticadência

Dá-se o nome de *anticadência* à diferenciação dos membros da frase encadeados por elementos de entonação tensa, incitante, que permanece suspensa, ao invés de recair, como na cadência. Ex.: *Tudo acordava na aldeia:/ as mulheres iam buscar água,/ os camponeses levavam a ração aos animais,/ algumas crianças gritavam,/ outras choravam.* Os traços oblíquos indicam as fronteiras estabelecidas pela voz por meio de anticadências.

55

antífrase

Dá-se o nome de *antífrase* ao emprego de uma palavra ou de um grupo de palavras com sentido contrário à sua verdadeira significação, por preocupação estilística, ironia ou respeito a um tabu. Assim, a frase exclamativa *C'est gai!* pode exprimir mágoa ou despeito. [Acontece o mesmo com a expressão portuguesa equivalente — *É engraçado!* Na frase — *Esqueci esse bendito livro* —, *bendito* significa "maldito". Exemplo clássico de antífrase é a designação grega *Ponto Euxino*, "Mar Negro" (= mar hospitaleiro) significando um mar inóspito.]

antimentalismo

O *antimentalismo* é uma das características da escola de Yale, cujo representante mais conhecido é L. BLOOMFIELD, e que, em lingüística, representa o aspecto extremo do positivismo.

L. BLOOMFIELD formula duas hipóteses sobre o sentido: (1) uma descrição "científica" completa dos referidos seria necessária para definir o emprego que os locutores fazem das palavras correspondentes; (2) poder-se-ia, em última análise, descrever então nos mesmos termos o sentido de todas as palavras. Mas isso constituiria um objetivo longínquo e fora do domínio da lingüística.

Daí, a *significação* de uma forma é a situação na qual o locutor a emprega e a resposta que ela provoca no ouvinte. Ela não depende da subjetividade do falante (de sua maneira de pensar): para ele, a palavra não é um efeito do pensamento. Esta análise é, pois, antimentalista e se inspira no behaviorismo. L. BLOOMFIELD apresentou a significação em termos de estímulo e resposta, segundo o esquema célebre: *E . r . e . R*. Um estímulo externo (E) leva alguém a falar (r); esta resposta lingüística do locutor constitui para o ouvinte um estímulo lingüístico (e) que dá origem a uma resposta prática (R). E e R são dados extralingüísticos, ao passo que r e e são elementos do ato lingüístico. Assim, a vontade de comer uma fatia de pão com geléia "se faz sentir" em Paulo; essa vontade é E. Não podendo ele preparar com suas próprias mãos a fatia, pede à sua mãe que o faça: é o ato lingüístico r, que "responde" a esse estímulo E; r age como estímulo lingüístico e sobre sua mãe, que prepara ou não a fatia: a atitude tomada pela mãe é R. Nessa perspectiva, há correlação entre a divisão do trabalho e o desenvolvimento da linguagem. Assim, os lingüistas behavioristas e antimentalistas se preocupam só com acontecimentos acessíveis a todos os observadores (os dados observáveis), quaisquer que sejam (concepção positivista), só com fatos definidos pelas coordenadas do tempo e do espaço e só com mecanismos que implicam operações reais e precisas. O objetivo fixado é uma descrição formalizável, não-psicológica, rigorosa e coerente, dos fatos gramaticais.

antiontivo

O termo *antiontivo* designa em L. TESNIÈRE a segunda pessoa do verbo, oposto ao *auto-ontivo**. (V. PESSOA.)

antítese

Antítese é um modo de expressão, que consiste em opor no mesmo enunciado duas palavras, ou grupos de palavras, de sentido oposto. P. ex.: *Et monté sur le faîte, il aspire à descendre* (CORNEILLE, *Cinna*) ["E, atingido o apogeu, seu desejo é descer"]. Há antítese entre *monté* e *descendre* e *atingido o apogeu* e *descer*. A antítese é freqüente na forma adversativa: uma negação à qual se opõe uma afirmação, ou vice-versa.

antonímia

Os *antônimos* são unidades de sentidos contrários; essa noção de "contrário" define-se em geral em relação a termos vizinhos, os complementares (*macho* vs. *fêmea*) e os recíprocos (*vender* vs. *comprar*) [V. COMPLEMENTARIDADE, RECIPROCIDADE]. Pode-se tomar como exemplo de antonímia a oposição *bonito* vs. *feio*. Para defini-los, usa-se habitualmente a operação ou teste de comparação, que põe em evidência uma das suas características, a gradação. Compara-se a qualidade representada pelo adjetivo e um grau mais alto dessa qualidade (comparativo), como em *Maria é mais feia que Cecília*, ou então, comparam-se dois estados da mesma coisa ou do mesmo ser no tempo ou no espaço, como em *Nossa casa é agora mais bonita que antes*. Dir-se-á então que há antonímia quando *Nossa casa é mais bonita que a sua* (*é bonita*) implica *Sua casa é mais feia que a nossa* (*é feia*). Isto é, sendo SN_1 *nossa casa*, SN_2, *sua casa*, sendo x o adjetivo *bonito*, y, o adjetivo *feio*, sendo x e y as unidades suscetíveis de gradação geralmente por *mais*, representando T o tempo, M o modo, A o aspecto, ter-se-á a seguinte fórmula:

$$\text{Comp} \{ ([SN_1,x]\ T_i + M_k + A_m)\ ([SN_2,x]\ T_j + M_l + A_n) \}$$
$$\supset$$
$$\text{Comp} \{ ([SN_2,y]\ T_j + M_l + A_n)\ ([SN_1,y]\ T_i + M_k + A_m) \}$$

Quando $SN_1 = SN_2$, temos frases como:

Nossa casa é agora mais feia que (*ela era*) *antes* $\supset$ *Nossa casa era antes mais feia que* (*ela é*) *agora.*

Faz-se a gradação de certos termos de maneira implícita, como *feio, bonito, pouco, muito*, que implicam um ponto de comparação que não é explicitado (um tipo de norma da experiência da comunidade sócio-cultural). Por causa da polarização das oposições, inerente à expressão do juízo, pode-se ter a impressão de que são absolutas as qualidades opostas, traduzidas pelos antônimos, mas não é assim; as propriedades dos antônimos *bonito* vs. *feio, bom* vs. *mau* são independentes uma da outra; enquanto que para os complementares a negação de uma das orações (onde se encontra, p. ex., o substantivo *macho*) implica a negação da outra oração (onde se encontra o substantivo *fêmea*). Seja a frase que contém o adjetivo *curvo* (cujo antônimo é *reto*):

X é mais curvo que Y e Y é mais curvo que Z.

Se admitíssemos que *curvo* e seu antônimo *reto* representassem qualidades independentes, Y seria então provido de duas qualidades independentes, pois seria *mais reto que X e mais curvo que Z*. Quando se trata de antônimos em gradação implícita, pressupõe-se uma norma; assim, quando se diz *Este homem é sábio*, significa que "este homem é mais sábio que o normal". É essa gradação implícita que

57

explica por que, nas interrogações, tem-se a tendência de empregar somente uma das unidades do par de antônimos. Em inglês, a pergunta é *How old are you?*, e nunca, *How young are you?*; *old* pode sugerir então uma resposta, em que o número de anos é grande ou pequeno. A oposição dos antônimos é assim neutralizada em proveito de um dos dois termos, considerado como não-marcado; é esse, na maioria das vezes, o termo julgado superior. Encontra-se essa neutralização nas nominalizações como *comprimento* vs. *largura*. Pergunta-se qual o *comprimento* de um rio (pequeno ou grande), nunca a sua *"curteza"*; qual é a *largura* e nunca a *estreiteza*; pergunta-se sobre a *saúde* de um amigo (em boa saúde ou doente), nunca sobre sua *doença*. Nesse caso, o antônimo não-marcado é aplicado ao que se julga superior dentro da norma considerada.

Há, entretanto, pontos comuns com os recíprocos e os complementares: assim, no par de recíprocos *comprar* vs. *vender*, a oração *João vendeu a casa a Pedro*, implica a oração *Pedro comprou a casa de João*, como nos antônimos (mas essa implicação recíproca não ocorre para o par de recíprocos *perguntar* vs. *responder*: a pergunta não implica a resposta). Inversamente, a afirmação de uma propriedade representada por um termo de um par de antônimos implica muitas vezes, na lógica comum, a negação da propriedade contrária: assim, dizer que *a casa é feia* implica muitas vezes que *a casa não é bonita*, da mesma maneira que em um par de complementares, um dos termos implica a negação do outro (*João não é casado* implica que *João é solteiro*). Compreende-se daí a dificuldade que se tem em distinguir os antônimos dos complementares e dos recíprocos, e que, na terminologia lingüística, se tenham às vezes reunido essas três categorias de termos sob o nome genérico de antônimos, que abrange então os antônimos, os recíprocos e os complementares.

antonomásia

Antonomásia é uma figura de estilo pela qual, para designar uma pessoa, utiliza-se um nome comum no lugar do nome próprio ou nome próprio em lugar de um nome comum; p. ex., a um "idealista amalucado", chama-se *Don Quixote* e a um "bonachão conformado", *Sancho Pança* (nomes próprios empregados no lugar de nomes comuns). A antonomásia é igualmente um fenômeno de evolução lingüística: o fr. *renard*, nos *Romans de Renart*, é o antigo nome próprio da "raposa" Renard.

antroponímia

Antropononímia é a parte da onomástica* que estuda a etimologia e a história dos nomes de pessoa: ela exige necessariamente pesquisas extralingüísticas (históricas, p. ex.). Assim, constataremos, graças à lingüística, que nomes como o fr. *Febvre, Fèvre, Faivre, Fabre, Faure* (precedidos ou não de *le*) remontam ao lat. *faber* e representam formas que essa palavra assumiu em diversas regiões. Por outro lado, a estabilidade do estado civil fez com que esta palavra, deixando de designar o "ferreiro", se tornasse o patronímico ou sobrenome de pessoas que exerçam outros ofícios, e são esses movimentos de população que levam a forma meridional oriunda de *faber* a servir de nome a um parisiense ou a um picardo.

anulação

Na notação quase aritmética de Y. BAR-HILLEL, a classificação categorial de um elemento como *morrer* exprime-se sob a forma de uma fração cujo denominador denota com qual outra categoria esse elemento pode combinar-se e cujo numerador denota a categoria da construção obtida. Assim, *morrer* é expresso pela forma $\dfrac{\sum}{n}$ que significa que, se *Pedro* é um substantivo, a frase $\sum$ *Pedro morreu* é gramatical, pois *morrer* combinado com um substantivo dá uma frase. Pode-se estabelecer a gramaticalidade por meio de uma *regra de anulação*, como em aritmética:

$$n \cdot \frac{\sum}{n} = \sum$$

em outras palavras, n e n anulam-se e fica $\sum$, o que significa que a expressão é uma frase; o ponto após o n representa aqui o signo de concatenação*.

aoristo

Aoristo (do gr. *a-*, "não", + *oristos*, "determinado") é uma forma do verbo indo-europeu bem ilustrada pelo grego e pelo sânscrito. Marcado por desinências específicas de pessoas e de número, apresenta-se em grego seja com um infixo *s* associado à raiz (aoristo sigmático* ou aoristo primeiro), ou com uma raiz sem infixo e muitas vezes de grau reduzido (aoristo forte* ou aoristo segundo). O aoristo opõe-se ao imperfeito e ao presente (*infectum*) e ao perfeito (*perfectum*), que apresentam a ação em desenvolvimento ou como acabada; o valor aspectual do aoristo é o de uma ação independente de uma relação com o sujeito da enunciação (o aoristo é indeterminado em relação ao tempo da ação); é a forma não-marcada do aspecto em grego. Exprime a ação chegada a seu termo (aoristo propriamente dito ou resultativo), ou a ação em seu início (aoristo ingressivo ou incoativo), ou ainda uma ação de caráter geral, universal e atemporal, visto que não implica a localização dentro do tempo (aoristo *gnômico*).

apagamento

Em gramática gerativa, *apagamento* é uma operação que consiste na supressão do constituinte de uma frase em condições definidas por uma transformação. Assim, na frase resultante de uma transformação completiva:

Pedro deseja que Pedro veja Paulo

o sintagma nominal sujeito da proposição completiva é idêntico ao sujeito da proposição matriz; essa identidade dos dois sintagmas nominais sujeitos desencadeia uma transformação de apagamento de elementos idênticos. A operação de apagamento consiste na supressão do sintagma nominal sujeito da completiva (o que provoca uma transformação infinitiva):

Pedro deseja ver Paulo.

Em condições diferentes, pode-se ter um *apagamento do agente* do verbo passivo; assim, quando o SN sujeito da frase ativa é vazio:

Melhorou-se o trânsito,

pode-se ter uma frase passiva com o apagamento do agente:

O trânsito foi melhorado.

Do mesmo modo, há uma regra de apagamento do objeto do verbo transitivo; ao lado de empregos como:

João bebe vinho, água, etc.,

existem frases como

João bebe

com apagamento do objeto.

Formalmente, o *apagamento* é definido pela seguinte regra de reescrita:

X → ∅ no contexto E... + F, o que significa que o símbolo X se reescreve por ∅ (é apagado) no contexto definido E... + F. Assim, uma regra de pagamento apaga um dos dois elementos idênticos durante o encaixe de uma proposição constituinte numa proposição matriz.

Apliquemos essa regra à frase de estrutura profunda:

Eu penso que eu virei amanhã (o *eu* da matriz e o *eu* da completiva são idênticos); definidas as condições de apagamento, (o elemento que apaga é o da matriz, o elemento apagado é o da completiva), teremos então: *Eu penso vir amanhã.*

aparato crítico

Aparato crítico é o conjunto das notas, variantes, conjeturas, etc., reproduzidas no rodapé das páginas de uma edição e que permite ao leitor opinar sobre o teor e as variantes possíveis do texto.

aparelho (fonador)

Chama-se *aparelho fonador* ao conjunto dos órgãos da fala e dos músculos que os acionam. (Diz-se também APARELHO VOCAL.)

aparentado

Diz-se que duas línguas são *aparentadas*, quando se sabe (ou quando se pode supor graças às descobertas da gramática comparada) que evoluíram de uma única língua.

aparente (sujeito)

Chama-se *sujeito aparente* ao pronome neutro *il*, em francês, sujeito gramatical dos verbos impessoais, cujo sujeito real é uma oração completiva (= substantiva) ou um sintagma nominal. Em *Il convient de sortir, Il est évident que Pierre s'est trompé, Il est arrivé um malheur* ["Convém sair", "É evidente que Pedro se enganou", "Aconteceu uma desgraça"], o prono-me *il* é sujeito aparente de *convient, est évident* e *est arrivé*. Antecipa o sujeito real da frase, que vem posposto ao sintagma verbal. Pelas traduções acima, pode-se notar que em português, como sujeito aparente, não se usa o pronome *ele*. O uso de *ele* como sujeito de verbos impessoais é sobretudo de gramáticos antigos: *ele chove, ele faz frio.*

apelativo

1. Os *apelativos* são termos da língua utilizados na comunicação direta para interpelar o interlocutor ao qual nos dirigimos, nomeando-o ou indicando as relações sociais que o falante com ele estabelece. MINHA SENHORA, *está pronta?* COMPANHEIROS, *todos à manifestação!* PAULO, *venha cá.* Os apelativos são nomes próprios, termos de parentesco ou nomes específicos (*papai, mamãe, Excelência, Senhor,* etc.). Encontram-se estes termos no enunciado indireto com uma sintaxe particular, situando o interlocutor como uma 3.ª pessoa. P. ex.: numa livraria, o livreiro dirigindo-se à freguesa: *A Dona Cecília encontrou o livro que desejava?*

2. Chama-se *função apelativa* a função gramatical exercida pelos apelativos da comunicação direta. Essa interpelação do interlocutor traduz-se pelo vocativo nas línguas que têm casos, e é, aliás, chamada *vocativo* em português.

apelo

Dá-se o nome de *expressões de apelo* às expressões e construções sintáticas orientadas para o interlocutor diretamente interessado no conteúdo. Tais expressões mais freqüentemente se chamam APELATIVOS. [Em português, os apelativos são designados como *vocativos*].

apical

Apical é um fonema realizado com a ponta da língua aproximada da parte anterior do palato duro, dos alvéolos ou dos dentes (apicais dentais como o /s/ espanhol, apicais alveolares como o /r/ italiano, apicais retroflexas como o /t/ índico e como o nosso /r/ caipira).

apicalizado

Apicalizada é a consoante que tende a ser realizada como uma apical, i.é., com aproximação ou contacto da ponta da língua no nível dos dentes, dos alvéolos ou do palato duro. P. ex.: o [s] francês, normalmente realizado como uma pré-dorsal, i.é, com a parte anterior do dorso da língua, pode, em certas pronúncias individuais, ser realizado com a ponta da língua como o [s] espanhol.

ápice

Num núcleo* silábico de vários fonemas, o mais aberto dentre eles é denominado *ápice silábico*. Assim, na sílaba inicial do esp. *puerta*, "porta", o ápice silábico do núcleo [we] é [e]; no fr. *nuit*, "noite", o ápice silábico é [i].

ápico-alveolar

Chama-se *ápico-alveolar* o fonema realizado com a ponta da língua contra os alvéolos inferiores, como o [θ] inglês.

apicodental

Chama-se *apicodental* o fonema realiza-

do com a ponta da língua contra os dentes, como o [s] espanhol de *casa*.

ápico-pré-palatal

Consoante *ápico-pré-palatal* é aquela cuja realização comporta o contacto ou a aproximação da ponta da língua contra a região anterior do palato duro. As consoantes cacuminais ou retroflexas, como as que existem nas línguas da Índia (/ʈ/, /ɖ/, /ʂ/, etc.), são ápico-pré-palatais. Os fonemas /ʃ/ e /ʒ/, geralmente realizados em francês como pré-dorso-pré-palatais, podem sê-lo, às vezes, como ápico-pré-palatais, sem que esta diferença acarrete oposições fonológicas.

aplicação

1. Diz-se que duas unidades lexicais ou duas expressões têm a mesma *aplicação*, quando estão ligadas, cada uma respectivamente, à mesma situação: assim, a expressão inglesa (*I am*) *sorry* e a francesa *excusez-moi* [*desculpe-me, perdão*, em português] têm a mesma aplicação na cultura européia.

2. Chama-se *campo de aplicação* o domínio de atividade social em que uma palavra é usada numa acepção particular. Assim, quando o campo de aplicação é a instituição política, a palavra *câmara* toma uma acepção particular.

aplicada (lingüística)

Por *lingüística aplicada* designa-se o conjunto de pesquisas que utilizam os processos da lingüística propriamente dita para resolver certos problemas da vida corrente e profissional, e certas questões, suscitadas por outras disciplinas. Sendo parte utilitária e prática da lingüística, é necessária mas não pode evidentemente constituir o fim único das pesquisas em matéria de linguagem. As aplicações da lingüística às pesquisas pedagógicas constituem um domínio essencial da lingüística aplicada. Seja qual for a disciplina ensinada, toda pedagogia requer a elaboração de um discurso e, por isso mesmo, a lingüística é parte indispensável. Em certas matérias, a língua é ao mesmo tempo o meio (discurso pedagógico) e o objeto, como em tudo o que entre nós se refere ao ensino do português e das "línguas vivas", mas tam-

61

bém à análise de textos (literatura especialmente); a lingüística é, então, o elemento de todo progresso sério. Daí, em nossos dias, as pesquisas que, sem denominação própria, visam à "lingüística e pedagogia", "lingüística e ensino do português", "análise lingüística dos textos literários". Dá-se o mesmo quando a lingüística é utilizada para fins documentais para permitir as classificações mais racionais (análise documentária).

Em certos casos, chegou-se à constituição de disciplinas intermediárias: é assim que a psicolingüística* estuda o funcionamento e a gênese da linguagem e as relações existentes entre os fatos psíquicos e os de língua; a neurolingüística* e a patologia da linguagem ocupam-se das relações que as perturbações da linguagem podem manter com esta ou aquela lesão cortical, ou esta ou aquela doença mental (V. AFASIA). A sociolingüística* tem como objetivo estudar as relações entre o comportamento lingüístico e o comportamento social: na qualidade de membro de grupos (classe, família, clube esportivo, profissão, etc.) um ser humano pode ter uma maneira particular de usar a língua. Assim também, a geografia* lingüística pode ter como objeto estabelecer relações entre variações geográficas e variações lingüísticas. Enfim, a etnolingüística* põe a lingüística em relação com a etnografia e a etnologia. Em todos esses domínios, a lingüística fornece seus modelos e suas hipóteses sobre a linguagem, e oferece técnicas apropriadas ao estudo dos comportamentos verbais, às manifestações do indivíduo, do grupo social ou da etnia: é então que se pode falar propriamente de lingüística aplicada. Mas é evidente também que a psicologia, a sociologia ou a etnografia, por seu lado, podem oferecer hipóteses, técnicas de inquéritos e questionários e de processos experimentais que permitem o estudo de certos problemas lingüísticos: nesse caso, estamos no domínio da psicologia, da sociologia ou da etnografia aplicada. A lingüística aplicada é, assim, um domínio de pesquisas interdisciplinares por excelência.

apócope

Apócope é uma mudança fonética que consiste na queda de um ou mais fonemas ou sílabas no fim de uma palavra: o lat. *illinc* vem de *illince*, por apócope do fonema final; o fr. e o port. *metrô, cinema, foto*, vêm, por apócope, de *metropolitano, cinematógrafo* e *fotografia* (ant.: AFÉRESE). O infinitivo sofre muito cedo a apócope da última sílaba [em vários dialetos românicos: a) em dialetos itálicos: *can-*

ta, dormi por *cantare, dormire*; b) em fr. (1.ª conj.) e provençal moderno: *chanter* (pron. sem o *-r*) e *canta*; c) no port. popular do Brasil: *cantá, vê, parti, vim* (= *vir*), *pô*; d) no romeno, o infinitivo em *-re* fica como substantivo: *cintare, vedere, vindere, dormire*, "o canto", "a visão", etc.; o infinitivo apocopado precedido de *a* é o infinitivo verbal: *a cinta, a vedea, a vinde, a dormi*, "cantar", "ver", "vender", dormir"]. A queda das vogais finais, na passagem do inglês arcaico para o inglês moderno é um fenômeno de *apócope*: (*ic*) *singe* > (*I*) *sing* "eu canto"; em geral, o contraste entre as formas do germânico primitivo, as formas mais curtas do inglês arcaico e as palavras muito reduzidas do inglês moderno deve-se a uma sucessão de apócopes:* [*beranam*] > *beran* > *bere* > (*to*) *bear*, "levar".

Uma apócope se produz também na passagem para o italiano literário, desde a Idade Média, das palavras em -*ade*, -*ede*, -*ude*, como *bontade, mercede, virtude* para as formas breves *bontà, mercè, virtù*.

Na maioria das vezes, a apócope corresponde a um fenômeno de sandhi e provém do hábito de tratar certas palavras da frase como se fizessem parte da palavra que precede ou que segue. [Assim, as elisões francesas *l'ami, l'amie, l'homme, l'heure, s'il, c'est, s'est, il m'a dit*, e as portuguesas *dele, deste, daqui*, etc. são fenômenos de apócope para evitar o hiato.]

apódose

Designa-se pelo nome de *apódose* a oração principal que, colocada depois duma subordinada condicional (chamada *prótase*), indica a conseqüência ou a conclusão desta. Assim, na frase — *Se Pedro se esquecer novamente da hora do encontro, ficarei zangado —*, a principal — *ficarei zangado* — é a apódose, e *Se Pedro se esquecer novamente da hora do encontro* é a prótase.

apofonia

Sin. de ALTERNÂNCIA VOCÁLICA.

apoio

Dá-se o nome de *vogal* ou *consoante de apoio* a um elemento fônico parasita que se insere entre dois fonemas para facilitar a pronúncia da palavra. As vogais de apoio se inserem geralmente entre duas consoantes como a vogal (ə) na pronúncia meridional de *bifteck* ou *beefsteak* [bifətɛk] ou na pronúncia popular de *arc-bouter* [arkəbu-

te] ou o [e] ou [i] na pronúncia popular biasileira de *pneu, advogado, psicologia*.

aposição. V. APOSTO.

aposiopese

Aposiopese é a interrupção de uma frase por um silêncio brusco, seguido de um anacoluto. Ex.: *Dix mille écus en or chez soi est une somme assez... Ô ciel! je me serai trabi moi-mê.* (Molière, *L'Avare*) ["*Dez mil escudos de ouro em sua casa é uma soma bastante... Oh céus! creio que eu me traí*"].

Exemplos famosos de aposiopese encontram-se em CAMÕES, p. ex. *Lus.,* VII, 78: "Um ramo na mão tinha... Mas, ó cego,/ Eu, que cometo, insano e temerário,/ Sem vós, ninfas do Tejo e do Mondego,/ Por caminho tão árduo, longo e vário!" Sinônimos de *aposiopese* em português são *suspensão* e *reticência;* (*reticence*, em *francês*). Este último termo origina-se, aliás, de um decalque latino de *aposiopese*.

apositivo

Relativa apositiva. V. RELATIVA.

aposto

O termo *aposto* é usado de maneira diferente segundo os gramáticos. Aplica-se sempre à palavra ou à expressão que, colocada depois de um substantivo, designa a mesma realidade que este, mas de outra maneira (identidade de referência) e dele é separada por uma pausa (na língua falada) e uma vírgula (na língua escrita): assim, *capital do Brasil* é um aposto em *Brasília, capital do Brasil, situada no planalto central brasileiro.* No sentido estrito, o aposto é, pois, um emprego solto do substantivo e opõe-se ao adjetivo aposto que se vê em *corrigida* na frase — *A criança, corrigida, resolveu não mais recomeçar.* O critério da pausa (e da vírgula) não é admitido por todos os gramáticos; de fato, em sintagmas como *o professor Ribeiro, o monte Pélion* e *a cidade de Paris*, analisam-se também

63

Ribeiro, Pélion e *Paris* como aposições a *professor, monte* e *cidade*. Enfim, por uma última extensão da palavra, o adjetivo solto acabou sendo chamado também *aposto*.

O substantivo em aposição não tem por si mesmo função sintática, visto que a aposição não é propriamente uma função gramatical. Assim, um substantivo pode ser aposto a um sujeito como *o professor* em *José Ribeiro, o professor, tem cabelos ondulados*; a um objeto direto do objeto direto, como *espécie de grande aldeia de ruas tortuosas* em *Eu vejo a "cidade", espécie de grande aldeia de ruas tortuosas*, de um adjunto adnominal como *velha enrugada* em *Eu revejo a touca de minha avó, velha enrugada*; a de um vocativo, como o *gênio da classe* em *Você, Durval, o gênio da classe, responda*. Um substantivo em aposição pode simplesmente lembrar um traço da pessoa ou coisa designada, ou então dar-lhe um equivalente, por meio de uma perífrase; às vezes, o aposto serve também para eliminar uma dúvida sobre a identidade da pessoa ou coisa de que se trata, como em *Pierre Corneille, escritor francês, viveu no século XVII*, onde *escritor francês* junta simplesmente um traço à caracterização de *Pierre Corneille*, ao passo que *o mais velho dos dois Corneille* em *Pierre, o mais velho dos dois Corneille* elimina qualquer risco de qüiproquó. Todavia, os dois empregos (como todos os empregos da aposição) são predicativos e tendem a descrever a pessoa ou a coisa designada.

apóstrofe

Diz-se que uma palavra está em *apóstrofe* quando serve para designar por seu nome ou seu título uma pessoa (ou algo personificado), a quem nos dirigimos durante a conversa. *Tiago* é apóstrofe (está em apóstrofe) em *Cale-se, Tiago!* Deve-se distinguir a apóstrofe da ênfase em certas frases nominais de dois elementos. *Tiago, mãos à obra!* oferece um exemplo de apóstrofe se se dirige a Tiago, mas de ênfase se se

dirige a qualquer outra pessoa (exclamação). Em contraposição, se se admitir que, vendo Tiago, se possa falar dele na terceira pessoa para exprimir o espanto, a forma e o contexto não permitirão a distinção. (V. APELATIVO.)

apresentativo

Chamam-se *apresentativas*, em gramática tradicional, as palavras ou expressões que servem para designar alguém ou algo para colocá-los em relação com a situação. A locução *isso é* é um apresentativo em *Isso é abacate, isso é bom* etc. A palavra *eis* é um apresentativo em *eis o orador*.

arbitrariedade,

Na teoria saussuriana, e mais geralmente em lingüística, a *arbitrariedade* caracteriza a relação existente entre o significado e o significante. A língua é *arbitrária* na medida em que é uma convenção implícita entre os membros da sociedade que a usam; é nesse sentido que ela não é "natural". O conceito que exprime uma palavra como *corda* não tem nenhuma relação de necessidade com a seqüência de sons [kɔrda] ou a grafia *corda*, i.é., com um signo lingüístico específico. A prova disso é que mesmo línguas irmãs, como o português, o francês e o italiano têm, para designar o mesmo objeto, palavras inteiramente diferentes: o mesmo carro será o port. *carro*, o it. *macchina* e o fr. *voiture*. A *arbitrariedade* exclui, nessa acepção, a possibilidade de o falante fazer depender de sua vontade pessoal a escolha da forma para um significado e a do significado para uma forma. Há, pois, oposição entre a acepção lingüística de *arbitrariedade* e suas outras acepções na língua corrente. A arbitrariedade do signo deve ser posta em relação com o seu caráter imotivado: excetuadas algumas onomatopéias e algumas formações, embora mais numerosas do que o julgava F. DE SAUSSURE, não há, de início, nenhuma razão para que a um significante corresponda um determinado significado. É apenas na derivação que os signos se tornam motivados; assim, o uso do numeral *dez* para exprimir o número de que ele é significante, é imotivado, mas *décimo*, p. ex., é motivado pela sua relação com *dez*. Fala-se então de *arbitrariedade relativa*. Enfim, a *arbitrariedade* distingue-se do caráter necessário*, que define uma relação interior no signo entre o significante e o significado: uma vez estabelecida a relação na língua, não depende dos indivíduos mudar as correspondências entre os significados e os significantes; a regra impõe-se a todos e, se ela muda de uma época para a outra, isso nunca se dá pela vontade de indivíduos isolados.

arbitrário. V. **ARBITRARIEDADE.**

arcaico

A marca estilística *arcaico* (abreviatura: *arc*) indica, num dicionário, uma expressão ou um emprego que, dado estado de língua, é considerado pela maioria dos falantes como excluído de seu uso atual.

arcaísmo

1. *Arcaísmo* é uma forma léxica ou uma construção sintática pertencente, numa dada sincronia, a um sistema desaparecido ou em via de desaparecimento. Num dado momento, numa comunidade lingüística, existem simultaneamente, segundo os grupos sociais e segundo as gerações, diversos sistemas lingüísticos. Em particular, existem formas que só pertencem aos locutores mais velhos; estas serão consideradas pelos locutores mais moços como arcaísmos em relação à norma comum. Assim, CH. DELESCLUZE usou em 1871, durante a Comuna, o termo *réacteur*, "reator", que pareceu obsoleto aos jovens revolucionários, que o puseram entre aspas e só usaram, por sua conta, a palavra *reactionnaire*, "reacionário".

2. Numa perspectiva sincrônica, há em sintaxe formas canônicas correspondentes a esquemas habituais de frases; assim, o esquema do verbo seguido de um sintagma nominal, formado de um determinante e de um substantivo, como por exemplo: *sans dire un mot* [= "sem dizer palavra"]. Mas, há também formas não-canônicas, em que a ordem verbo + sintagma nominal é invertida, por exemplo: *sans coup férir* [= "sem travar combate"]. A segunda construção, correspondendo diacronicamente a uma forma de frase que existiu em francês antigo, é denominada *arcaísmo*. Da mesma forma, o fr. *férir*, "ferir", que só se emprega nesse idiotismo, é um arcaísmo em relação a *frapper*.

3. Em estilística, o *arcaísmo* é o emprego de um termo pertencente a um estado de língua antigo e não mais usado na língua contemporânea: o arcaísmo faz parte do conjunto dos desvios entre a língua padrão e a comunicação literária. O fr. *cuider*, port. "cuidar", era um arcaísmo no momento em que LA FONTAINE usou-o em suas *Fábulas*.

área

Área lingüística é a região geográfica na qual se manifesta um fato ou um grupo de fatos lingüísticos dados.

aritenóides

Aritenóides são as duas cartilagens da laringe; cada uma delas está fixada a extremidade posterior das cordas vocais. O movimento das aritenóides, que podem aproximar-se mais ou menos estreitamente ou distanciar-se uma da outra, determina a reunião e, por conseqüência, a abertura e o fechamento da glote*.

arquifonema

Arquifonema é o conjunto das particularidades distintivas comuns a dois fonemas, cuja oposição é neutralizável*. Assim, no francês-padrão, a oposição de abertura intermediária semifechada [e] e semi-aberta [ɛ] que funciona em sílaba final aberta (ex. *lait — lé*) é neutralizada em certas posições: em sílaba fechada, em que só é possível a vogal [ɛ] (ex.: *vert, pertinent*); em sílaba aberta interior, em que a vogal é

65

geralmente realizada com um grau de abrimento intermediário entre o semifechamento a semi-abertura (Ex.: *maison, pédant*); a oposição do tipo normativo [e] vs. [ɛ] (ex.: *pécheur*, "pecador" — *pêcheur*, "pescador") tende nessa posição a desaparecer. Igualmente, a oposição [o] x [ɔ] é neutralizada em sílaba aberta final, em que sempre temos [o]: *mot, sot*.

Nas posições de neutralização de uma oposição, os traços distintivos são os traços comuns aos dois termos dessa oposição (p. ex.: vocálico, palatal, não-labializado, abrimento intermediário para [e] vs. [ɛ]). São esses traços que definem fonologicamente o arquifonema, representado graficamente pela letra maiúscula [E] ou [O]. O arquifonema é pois a intersecção dos conjuntos formados pelos traços pertinentes de dois fonemas, cuja oposição é neutralizável.

arquilexema

Tendo a lexicologia estrutural decalcado sua terminologia sobre a da análise fonológica, a noção de *arquilexema* é paralela à de *arquifonema*. O arquifonema representa a neutralização de uma oposição (p. ex., a oposição *t/d* neutralizada em posição final, como no al. *Tod*, "morte"), i.é., o conjunto de traços fonológicos comuns aos fonemas considerados.

O arquilexema representará, igualmente, a neutralização de uma oposição de traços semânticos, i.é., deverá apresentar o conjunto dos traços semânticos (semas) comuns às diversas unidades da série.

Assim, *assento* é o arquilexema da série *pufe, tamborete, cadeira, poltrona*, etc., pelo fato de (1) neutralizar a oposição material multilateral existente entre esses termos, e (2) apresentar o conjunto de traços pertinentes comuns a todas essas unidades (i.é., *grosso modo* [inanimado] + [objeto manufaturado] + [para sentar-se]).

Certos arquilexemas são expressamente criados, em particular nos voca-

bulários científicos, como *gás* (= conjunto dos traços semânticos pertinentes comuns a oxigênio, azoto, hidrogênio, etc.), *ases* (= conjunto dos traços semânticos pertinentes comuns ao conjunto das formações químicas terminadas em *-ase*: diástase, etc.). Notar-se-á igualmente o caso do fr. *agrume*, que designa o conjunto de frutas críticas (limão, laranja, bergamota, etc.) arquilexema que vem preencher uma casa vazia do vocábulário comercial e agrícola.

arquissemema

A noção de *arquissemema* é usada em semântica estrutural para definir o significado de famílias semânticas. Sendo o significado de cada palavra considerado como um *semema** ou feixe de semas* (conjunto de semas), os semas comuns aos sememas das palavras dessa família constituem um subconjunto incluído em cada um dos sememas (V. INCLUSÃO), i.é., a intersecção de todos os sememas (S). Seja a série de termos para "cadeiras". O conjunto das descrições das cadeiras faz aparecer certos caracteres (encosto de madeira, quatro pés, para sentar-se), dos quais alguns serão próprios a certas cadeiras somente e outros comuns a todas as cadeiras. Teremos assim: S_1 = com encosto, S_2 = com pés, S_3 = para uma só pessoa, S_4 = para sentar-se; o conjunto dos S de *cadeira* constitui o semema de *cadeira* (S_1). Aplicando o mesmo processo à poltrona (S_2), poderemos atribuir a esta última s_1, s_2, s_3, s_4, e também s_5 (= com braço). Procedendo da mesma forma com todos os nomes de assentos (S_3 = pufe, S_4 = tamborete, S_5 = sofá) o arquissemema A de *assento* será o subconjunto dos S incluídos em todos os S, e far-se-á a inclusão:

$$A \subset \{ S_1, S_2, S_3, S_4, S_5 \}$$

I.é., a intersecção:

$$A = S_1 \cap S_2 \cap S_3 \cap S_4 \cap S_5$$

Teremos:

$$A = \{ S_2, S_4 \}$$

Decalcado sobre o arquifonema (não suscetível de realização fonológica), o arquissemema também é suscetível de realização lexical (é o caso de *assento*): aqui seria sem dúvida melhor falar de configuração sêmica mínima.

arredondado

O traço *arredondado* caracteriza as articulações vocálicas realizadas com o arredondamento dos lábios. As vogais velares são muitas vezes arredondadas (o russo, o romeno apresentam uma vogal velar não-arredondada: [î]). O francês opõe uma série de vogais palatais arredondadas [y], [ɸ], [œ] a uma série de vogais palatais não-arredondadas. Essa articulação determina a adjunção de um ressoador secundário, o ressoador labial (sin. LABIALIZADO), o que explica que, no plano acústico, os fonemas arredondados sejam bemolizados*.

arredondamento

Arredondamento é o movimento articulatório que acompanha geralmente o avanço dos lábios (labialização* das vogais chamadas *labializadas* ou *arredondadas*, como as velares na maior parte das línguas [u], [o], [ɔ] e as labiopalatais: em francês por exemplo [y], [ɸ], [œ]).

artefato

Diz-se que há um *artefato* numa pes-quisa quando, tendo-se considerado como resolvido o problema proposto, encontram-se em sua conclusão as premissas de sua pesquisa. Assim, suponhamos que um sociólogo queira ver se as diversificações sócio-políticas correspondem a diversificações lingüísticas e estabeleça primeiramente uma classificação sócio-política dos locutores, e examine em seguida, referindo-se a esta classificação, o comportamento lingüístico dos indivíduos; haverá artefato, visto que o isomorfismo das estruturas está implicado pelo método seguido e não pode, por conseguinte, ser demonstrado graças a ele.

I. articulação

Articulação é o conjunto dos movimentos dos órgãos vocais, que determinam a forma dos diferentes ressoadores na passagem do ar laríngeo e, portanto, a natureza das ondas sonoras utilizadas para a produção dos sons da linguagem. A articulação é determinada por duas ordens de coordenadas, as primeiras das quais definem o modo de articulação, i.é., a maneira pela qual o ar escoa (vibração das cordas vocais, maior ou menor abertura do canal expiratório), e as segundas definem o ponto de articulação (lugar de articulação em fonologia), i.é., o lugar onde se dá o estreitamento mais acentuado do canal expiratório.

II. articulação (dupla)

Dupla articulação, na hipótese funcionalista de A. MARTINET é a organização específica da linguagem humana, segundo a qual todo enunciado se articula em dois planos. No primeiro plano, ou primeira articulação, o enunciado articula-se linearmente em unidades dotadas de sentido (unidades significativas: frases, sintagmas); as menores destas são chamadas monemas (ou morfemas). Assim, a frase *a criança dormirá* articula-se em seis monemas [a-kryɑ̃s-a dorm-ir-ɑ].

Cada um destes pode, no mesmo ambiente, ser substituído por outros monemas no eixo paradigmático, ou pode, num ambiente diferente, achar-se combinado com outros monemas no eixo sintagmático.

No segundo plano, ou segunda articulação, cada monema, por sua vez, se articula no seu significante em unidades desprovidas de sentido (unidades distintivas); as menores destas são os fonemas, de número limitado em cada língua. O monema *dorm-* é formado de quatro fonemas, cada um dos quais pode ser substituído por outros no mesmo ambiente ou combinar-se com outros para formar um monema diferente. Da mesma forma, o significado pode decompor-se, mas não linearmente, em unidades de sentido ou semas: *criança* = [humano] + [muito jovem].

A dupla articulação evita uma sobrecarga da memória e permite uma economia de esforços na emissão e na percepção da mensagem; sem ela seria preciso recorrer a um som diferente para designar cada elemento da realidade, cada nova experiência. Assim, a partir de algumas dezenas de fonemas, cujas possibilidades de combinação estão longe de ser todas exploradas, é possível formar milhares de monemas que, diversamente arranjados, veiculam a infinidade das mensagens lingüísticas de uma dada língua.

A dupla articulação parece, para A. MARTINET, uma característica da linguagem humana, que se diferencia fundamentalmente das outras produções vocais não-lingüísticas e dos outros sistemas de comunicação, como os códigos e quase-linguagens(linguagem gestual, linguagem musical, linguagem dos animais, etc.). É possível decompor uma mensagem musical em unidades mínimas desprovidas de sentido que são as notas, mas não existe plano intermediário correspondente à primeira articulação em que as notas se disponham em seqüências dotadas de sentido, suscetíveis de aparecer em outra passagem musical com o mesmo sentido. Inversamente, em certos códigos (código telegráfico, código dos sinais de trânsito), existe um sistema de signos totalmente ou parcialmente arbitrários, correspondendo cada um deles a um tipo particular de experiência, mas estes correspondem a necessidades particulares muito limitadas e a situações definidas, previamente conhecidas tanto do receptor como do emissor da mensagem.

Assim, além da variedade de articulação das línguas, na maneira como os monemas se combinam para formar os enunciados e na gama das escolhas de que dispõem os indivíduos das diferentes comunidades lingüísticas, a dupla articulação aparece como um universal da linguagem.

III. articulação (do discurso)

Articulações do discurso são os morfemas ou as seqüências de morfemas que servem para indicar as relações lógicas entre as frases, ou no interior das frases, entre constituintes: assim, as conjunções *e, ou, mas,* etc., os advérbios *entretanto, também, tampouco,* etc., são articulações lógicas.

articulador

Articuladores são os órgãos fonadores que intervêm na passagem do ar laríngeo e cujos movimentos, modificando a forma das cavidades de ressonância, dão aos sons da linguagem seu timbre característico. O articulador superior (lábio superior, incisivos superiores, alvéolos superiores, as diferentes zonas do palato duro, as diferentes zonas do palato mole, a úvula, a parede faringal) é em geral imóvel, salvo se se trata do lábio ou da úvula. O articulador inferior é sempre móvel (lábio inferior, ponta da língua, diferentes zonas do dorso da língua, etc.).

I. articulatória (base)

Fala-se de *base articulatória* para designar o conjunto dos hábitos articulatórios que caracterizam uma língua. Certas línguas têm uma predileção pelas articulações anteriores (labiais, dentais, apicais, palatais), como o francês, cujo sistema fonético é dominado pela articulação labial; outras, como o português, preferem as articulações posteriores velares; outras, ainda, as articulações faringais, laringais, etc. Certas línguas têm uma articulação tensa e enérgica, como o francês, que dá um timbre preciso às vogais, ao passo que outras, como o inglês, são caracterizadas por um relachamento articulatório que cria uma tendência a ditongar as vogais. Em certas línguas, as consoantes sofrem forte influência da parte das vogais que as seguem; em outras, essa influência é muito restrita. A independência fonética da palavra na frase varia igualmente com a língua (é menor em francês que em inglês, p. ex.).

Uma das principais dificuldades no aprendizado fonético de uma língua estrangeira consiste justamente no abandono ou na possibilidade do abandono provisório da base articulatória da língua com a qual se está familiarizado, para adquirir todo um conjunto de novos hábitos articulatórios que caracterizam a nova língua. (V. SOTAQUE)

II. articulatória (fonética)

A *fonética articulatória* é um dos ramos mais antigos da fonética*. Com efeito, a antiga fonética da Índia dela já oferece exemplos muito precisos. Estuda os sons usados na linguagem humana, segundo os mecanismos de sua produção pelo aparelho vocal. A descrição exata e detalhada de todos os sons, que a fonética estabelecia como seu objetivo, de pronto mostrou-se impossível, apesar da descoberta, ou antes, pela descoberta de técnicas de observação e de aparelhos de medida cada vez mais aperfeiçoados. Constatou-se logo que as produções sonoras do aparelho vocal humano são infinitas. Só é possível descrever classes de sons e os mecanismos gerais da produção da linguagem.

Essa descrição efetua-se em função de três variáveis: a atividade da laringe (sonorização), o local onde se dá o estreitamento máximo da boca (ponto de articulação), a maneira como se efetua o escoamento do ar através do canal fonatório (modo de articulação). Às vezes, é necessário acrescentar uma quarta variável, correspondente à intervenção de um articulador secundário que modifica a modulação do som elementar.

A laringe é o órgão fundamental da emissão do som. Sua função é antes de tudo respiratória. Para esse órgão, como para os outros órgãos fonadores, a função vocal é uma função secundária, social e não-biológica.

A importância da laringe reside no fato de que é nela que estão as cordas vocais, pregas de tecidos horizontais situadas em pontos opostos do tubo de passagem habitual da coluna de ar que sobe dos pulmões. As cordas vocais, nos mamíferos superiores representam o estágio mais evoluído do diafragma muscular, que termina o aparelho respiratório em todos os animais dotados de um sistema respiratório que comunica com o mundo exterior, e que, já nos desdentados mais primitivos, entra em vibração sob a ação do ar pulmonar para produzir sons. A atividade do tórax desempenha, igualmente, um grande papel, visto que é a contração dos músculos intercostais, dos músculos abdominais, do diafragma, em seguida seu relaxamento, que determina o ciclo da respiração: inspiração (fase ativa) e expiração (fase passiva). O ato de fonação se dá durante o tempo que corresponde à fase passiva de respiração. Na fonação, o ritmo respiratório é modificado para atender às necessidades de emissão sonora. O tempo inspiratório é curtíssimo, para não entrecortar a corrente fonatória; o tempo expiratório, ao contrário, é alongado para permitir uma duração da emissão tão longa quanto possível (sopro).

As cordas vocais entreabrem-se ao máximo durante a respiração, formando um triângulo, cujo ângulo se chama glote, e se aproximam no fim da expiração. Quando a pressão do ar excede a dos músculos, ela força as cordas vocais a se abrirem e deixarem passar um jato de ar. Sendo o ar expelido de forma contínua pelos pulmões, produz-se um ciclo de aberturas e fechamentos sucessivos, que dá nascimento a uma vibração sonora de origem laríngea, a voz. Muitos sons da fala são constituídos pela voz glotal, modificada de diversas maneiras pelas formas da passagem respiratória acima da laringe. Se, durante a expiração, o fechamento das cordas vocais for incompleto, produz-se um atrito glotal que constitui um segundo tipo fundamental do som: o cochicho*. Tanto a voz como o cochicho são modificados pela posição dos órgãos vocais na boca e na laringe.

Certos sons não são modificados pela articulação supralaringal. Chamam-se *sons glotais*; são conhecidos também pelo nome de cliques* (oclusiva glotal, fricativa glotal, soante glotal).

A hipofaringe é o primeiro ressoador que modifica a onda sonora e a impele em direção da boca e dos lábios por um lado, em direção da rinofaringe e das fossas nasais, por outro, pelo jogo da extremidade do véu do palato ou úvula. O espaço bucal é delimitado por paredes fixas (abóbada do palato e maxilar superior), paredes móveis e rígidas (maxilar inferior), paredes moles e móveis (véu do palato, laringe, lábios). A deslocação das paredes móveis modifica a forma da cavidade bucal ou acrescenta outras cavidades (nasal, labial), o que acarreta uma modificação da onda sonora. O movimento dos diferentes órgãos que entram em jogo na emissão do som constitui a articulação. Esses órgãos são chamados articuladores. São em geral em número de dois: o inferior, geralmente móvel, aproximando-se do superior, que em geral é fixo. Mas ambos os articuladores podem ser móveis.

Se a circulação do ar pulmonar é livre, através do canal bucal, e não é perturbada por nenhuma oclusão ou nenhum estreitamento, o som obtido é uma vogal. O timbre desta é modificado pelo maior ou menor abaixamento da língua (vogal aberta, semi-aberta, semifechada, fechada) e pelo deslocamento da massa da língua (vogal anterior ou palatal, central ou mediana, posterior ou velar). As consoantes são obtidas pela oclusão ou estreitamento do canal bucal e, segundo a natureza da oclusão ou do estreitamento, podem ser oclusivas, fricativas, africadas (semi-oclusivas ou semifricativas), líquidas (laterais ou vibrantes). As consoantes não oclusivas são também chamadas contínuas. Existe uma classe de sons intermediários entre as vogais e as consoantes: as soantes (semiconsoantes ou semivogais).

Segundo a natureza dos articuladores (ponto de articulação), distinguem-se as articulações bilabiais, labiodentais, apicais, pré-dorsais, dorsais, pós-dorsais, interdentais, dentais alveolares, pós-alveolares, retroflexas, pré-palatais, mediopalatais, palatais, pós-palatais, velares, uvulares ou faringalizadas. O articulador bilabial também pode intervir como articulador secundário para determinar um som labializado ou arredondado.

artificial

Dá-se o nome de *artificiais* (por oposição a *naturais*) às línguas criadas intencionalmente por indivíduos ou grupos de indivíduos a fim de servir de meio de comunicação entre locutores que faʼam línguas diferentes. O *esperanto* de que o *ido* é uma forma simplifica a nascida ulteriormente) foi criado em 1887 por um médico polonês, LAZARE ZAMENHOFF, é empregada em todo o mundo por algumas centenas de milhares de pessoas. As raízes foram escolhidas segundo o critério da maior internacionalidade, e os caracteres gramaticais tendem a simplificar a aprendizagem: invariabilidade das unidades lexicais, acento sempre sobre a penúltima sílaba, categorias reconhecíveis pela terminação -*o* para os substantivos, -*a* para os adjetivos, -*e* para os advérbios; uma só conjugação e um só auxiliar, *esti*, "ser", possibilidade de composição lexical por justaposição. O *volapuque* foi criado em 1880 a partir do inglês pelo Pe. MARTIN SCHLE-

YER, pároco nos arredores de Constância. Seu fracasso deve-se às suas imperfeições (simplificações caprichosas, declinações arbitrárias, conjugação arcaica). Outras línguas artificiais, criações "naturalistas" de lingüistas, são a *mundolíngua*, de JULIUS LOTE, a *ocidental*, de EDGAR DE WAHI, depois denominada *interlíngua*, e o *novial* (de *Nov International Auxiliari Lingue*), de OTTO JESPERSEN. (V. CÓDIGO E NATURAL [LÍNGUA]).

artigo

Dá-se o nome de *artigos* a uma subcategoria de determinantes (em fr.: *le, un, ∅, les, des*; port.: *o, um, ∅, os, uns, ∅*) constituintes obrigatórios do sintagma nominal; em *O menino brinca, eu leio um livro, o e um* são os artigos, constituintes necessários dos sintagmas nominais, cuja presença eles assinalam e cujo limite eles marcam. Podem ser precedidos de um pré-artigo (TODO *um livro*) ou seguidos de um pós-artigo (*a* MESMA *criança*) e distinguem-se dos demonstrativos [*este, esse, aquele*], que ocupam o mesmo lugar mas não têm a mesma sintaxe (em particular no caso da pronominalização). Podem ter o traço [+ definido], como *o, os*, ou o traço [— definido], como *um, uns* (a gramática tradicional chama-os *artigos definidos* e *artigos indefinidos*). Constituinte obrigatório, o artigo (definido) é em geral omitido (apagado) antes de nomes próprios como *João, Júpiter, Paris*, etc. (artigo definido + João); o artigo (indefinido) também pode ser omitido, especialmente no plural antes de substantivos comuns e assumir a forma zero após o pré-artigo *todo* em *toda pessoa* (toda + ∅ + pessoa).

Artigo partitivo. V. PARTITIVO.

árvore

Árvore é uma representação da estrutura em constituintes duma frase (esta pode ser também representada por uma parentetização*).

Consideremos, em gramática gerativa, uma base que contenha as seis regras abaixo:

F → SN + SV (a frase é formada de um sintagma nominal, seguido de um sintagma verbal);
SN → D + S (o sintagma nominal é formado de um determinante, seguido de um substantivo);
SV → V + SN (o sintagma verbal é formado de um verbo, seguido de um sintagma nominal);
D → o (o determinante é *o*);
S → pai, jornal (o substantivo pode ser *pai* ou *jornal*)
V → lê (o verbo é *lê*)

A frase F é formada da seqüência dos símbolos:

D + S + V + D + S

Se substituirmos os símbolos categoriais por seus valores possíveis (estando *jornal* excluído da posição sujeito pelo verbo *lê*), temos:

o + pai + lê + o + jornal

A estrutura dessa frase pode ser representada (descrita) pela seguinte árvore:

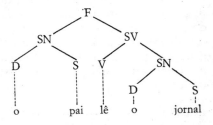

Os traços cheios representam os galhos da árvore, e os pontilhados, a substituição dos símbolos categoriais por palavras da língua. Distinguem-se assim as regras de formação da árvore, em que um símbolo é reescrito por outros símbolos constituintes, e as regras de reescrita lexical, que substituem um símbolo por uma palavra da língua.

Nessa árvore, SN e SV são nódulos: cada nódulo é rotulado, i.é., recebe um rótulo, que é símbolo categorial*; as linhas cheias que juntam os nódulos são galhos. Diz-se que o nódulo F domina os nódulos SN e SV, e que o nódulo SN domina D e S. O símbolo à esquerda da flecha nas regras é o nódulo dominante; os símbolos à direita da flecha são os nódulos dominados.

Essa árvore constitui a representação ou descrição estrutural de F: diz-se também que ela é o indicador sintagmático ou marcador sintagmático.

aspas

V. PONTUAÇÃO.

aspecto

Aspecto é uma categoria gramatical que exprime a representação que o falante faz do processo expresso pelo verbo (ou pelo nome de ação), i.é., a representação de sua duração, do seu desenvolvimento ou do seu acabamento (aspecto incoativo, progressivo, resultativo, etc.) enquanto os tempos*, os modais* e os auxiliares* de tempo exprimem os caracteres próprios do processo indicado pelo verbo, independentemente dessa representação do processo pelo falante. O aspecto se define, p. ex., pela oposição em francês e português entre o *perfectum* (perfectivo ou perfeito) *Pedro leu agora* ou *já leu*, e o *infectum* (ou imperfectivo) *Pedro lê* (ou *está lendo*). Em relação à frase subjacente "Eu digo que", em que "Eu" é o sujeito da enunciação, o enunciado *Pedro leu agora* é analisado pelo sujeito como o resultado presente de uma ação passada, e *Pedro lê* (ou *está lendo*) como uma ação presente em desenvolvimento: o aspecto *perfectum* e o *infectum* são ambos presentes. Assim, relativamente à frase enunciativa "Eu digo que", *Pedro lia* e *Pedro lera* (ou *tinha lido*) são passados, mas o primeiro encara a ação no seu desenvolvimento e o segundo como uma ação acabada. O aspecto é,

portanto, distinto do tempo (presente, passado, futuro), que situa o processo em relação ao enunciado e não em relação à enunciação "Eu digo que".

O aspecto distingue-se (1) dos modais como *dever* e *poder*, seguidos do infinitivo, que exprimem as modalidades lógicas, necessário/contingente, provável/possível (*Pode chover amanhã*), e (2) dos auxiliares de modo (semi-auxiliares) ou aspectuais, que exprimem o processo no seu desenvolvimento, mas em relação a um momento do enunciado, como *ir, acabar de, estar em vias de, estar a ponto de, começar a*, seguidos do infinitivo (*Pedro acaba de partir, Pedro começa a trabalhar*, etc.). Em português, insiste-se também no *infectum* com auxiliar mais gerúndio: *estar, ir, vir, andar* + gerúndio. Ex.: *Pedro está estudando, vem chegando*, etc. Certos lingüistas reúnem sob a denominação de aspecto: (1) a oposição do aspecto chamada então "oposição de fase", e (2) os aspectuais*.

Em gramática gerativa, o aspecto (o perfeito), os tempos e os modais são constituintes do auxiliar*.

aspectual

A denominação de *aspectuais* é dada às vezes aos auxiliares de tempo ou semi-auxiliares* para diferenciá-los do aspecto e do tempo.

aspiração

Aspiração é um ruído devido à abertura da glote durante a oclusão bucal e que acompanha a pronúncia das oclusivas surdas em certas línguas: estando a glote aberta, mas tendendo a tomar a posição da voz e portanto a se estreitar para a pronúncia da vogal seguinte, o ar escapa durante esse tempo atritando contra as paredes, o que produz um ruído de sopro, a aspiração. Nas línguas modernas a aspiração é representada por [h]; assim, o grego antigo *tithêmi* comporta uma oclusiva dental aspirada representada por *th*. A *aspiração vocálica* pode preceder à emissão de uma vogal, sem som consonântico; assim, o ing. *hill*, "colina", começa por uma aspiração.

As oclusivas surdas são realizadas como não-aspiradas em francês e na maioria das línguas européias, com exceção do grupo germânico, em que a aspiração se produz regularmente diante duma vogal acentuada. O sânscrito e outras línguas da Índia apresentam também oclusivas sonoras aspiradas [bh, gh, dh]. Se a aspiração é muito forte, as aspiradas tendem a tornar-se africadas (em alto-alemão, as aspiradas germânicas tornaram-se africadas). A aspiração pode ter um simples valor fonético e constituir somente um hábito articulatório, como em inglês, mas pode também ter um valor fonológico, como nos dialetos gregos que opõem uma série de oclusivas surdas aspiradas (provenientes historicamente de antigas geminadas) a uma série de oclusivas surdas não-aspiradas p/ph, t/th, k/kh; há *correlação de aspiração* quando a oposição entre consoantes aspiradas e não-aspiradas é fonologicamente pertinente.

aspirado

Oclusiva aspirada é a que é caracterizada por um ruído surdo, ou sopro, que se ouve entre a explosão da consoante e da vogal seguinte, sobretudo se esta é acentuada. Com efeito, na articulação das oclusivas não-aspiradas, a glote fica fechada e as cordas vocais estão prontas a entrar em vibração para a realização da vogal seguinte; na articulação das consoantes aspiradas, a glote fica aberta, e antes da reunião das cordas vocais para a entrada em vibração vocálica, passa-se um certo tempo, durante o qual o ar se escoa, produzindo o ruído do sopro. As consoantes oclusivas aspiradas existem em inglês, em sânscrito e em outras línguas da Índia.

assemântico

Uma frase é *assemântica* quando, violando as regras semânticas da língua,

não é interpretável semanticamente. Assim, *O corredor elucida a calçada* é uma frase assemântica, pois o verbo *elucidar* implica que o sujeito não seja afetado pelo traço [+ objeto concreto] e que o complemento seja, por seu lado, afetado pelos traços [+ abstrato] e [+ complexo]. Em certos casos, a agramaticalidade e o assemantismo confundem-se; com efeito, na frase precedente pode-se considerar que as incompatibilidades constatadas prendem-se a regras de sintaxe (V. GRAMATICALIDADE). Existem *graus de assemantismo* que correspondem a possibilidades diferentes de interpretação (em particular, possibilidade de interpretar metaforicamente).

asserção

Asserção é o modo ou tipo de comunicação instituído pelo falante entre si e o seu interlocutor e que consiste em fazer suas orações dependerem de uma frase implícita *Digo-lhe que* ("Trago ao seu conhecimento o fato de que"). A interrogação depende da frase implícita *Pergunto-lhe se* e o imperativo da frase *Ordeno-lhe que*.

assertivo

A *frase assertiva*, oposta à frase interrogativa e à frase imperativa, é definida por seu status*, a asserção (sin.: FRASE DECLARATIVA). *Paulo vem* é uma frase assertiva ou declarativa, oposta à frase interrogativa *Paulo vem?* e à frase imperativa *Venha, Paulo!*

assibilação

Assibilação é a transformação de uma oclusiva numa sibilante: assim, na evolução das línguas românicas, houve assibilação no caso de *k* latino seguido de *e* ou de *i* (lat. *centum* [kɛntum] deu o port. *cem* [seỹ]) e o fr. *cent* [sã], e *ti* mais vogal: *inertia* > *inércia* [inɛrsia], *patientia* > *paciência* [pasjẽsia] etc. Em romeno, *di* passa a *zi*: *dia* > *zi, audire* > *auzire, a auzi.*

assilabema

Certos lingüistas classificam sob a denominação de *assilabemas* as unidades fônicas que não podem funcionar como centro de sílaba. Essa noção coincide em parte com a noção tradicional de consoantes ("que soa com"), mas há línguas, como o tcheco, em que a lateral e a vibrante [l] e [r] funcionam como centros de sílabas e entram, portanto, na classe de silabemas. Inversamente, certas vogais podem entrar na categoria de assilabemas quando se realizam como soantes. P. ex.: em italiano, a vogal [i] tem um alofone assilábico [j] em fim de sílaba (*mai* pronunciada [mai] ou [maj]).

assimilação

Assimilação é um tipo muito freqüente de modificação sofrida por um fonema em contacto com um fonema vizinho, que se deve ao fato de as duas unidades em contacto terem traços articulatórios comuns. Essa modificação pode corresponder a uma adaptação antecipada dos órgãos fonadores para a pronúncia de um fonema que segue: é a assimilação regressiva: assim, o lat. *capsa* deu o fr. *chasse* e o port. *caça*, e *ipse* deu o port. *esse* por assimilação regressiva do *p* ao *s*. Pode corresponder, ao contrário, a um atraso no abandono da posição dos órgãos fonadores correspondente à pronúncia do fonema precedente: é a assimilação progressiva; assim, o turco *gitti* vem de *git + di*, "foi", por assimilação de *d* a *t* que precede. A assimilação é dupla quando o fonema é modificado ao mesmo tempo pelo que o precede e pelo que o segue. A assimilação desempenha um papel muito importante na evolução das línguas. P. ex.: para processos de mutação, como a palatalização: assimilação à distância (V. META-FONIA).

Quando o fenômeno se dá em dois fonemas contíguos, há assimilação no modo de articulação (no fr., *absurde*, a oclusiva sonora [b] torna-se [p] surdo diante de [s]: [apsyrd]), ou no

ponto de articulação (em certas pronúncias de *cinquième*, a velar [k] avança seu ponto de articulação para tornar-se dental [sɛ̃tjɛ̃m]. (sin.: ACOMODAÇÃO; ant.: DISSIMILAÇÃO.)

assíndeto

Assíndeto é, de uma maneira geral, a ausência de ligação formal entre duas unidades lingüísticas organizadas juntas.

Em lingüística, o *assíndeto* é a ausência do conectivo onde ele seria normalmente esperado. Na expressão francesa *Sur le plan forme*, há assíndeto de *de* por omissão do subordinante, pois o uso exige que se diga *Sur le plan de la forme*. Tal omissão, freqüente na linguagem telegráfica, é menos comum na língua usual. O assíndeto pela ausência da conjunção coordenativa é freqüente como traço estilístico nas enumerações. Assim, na frase (*o sertanejo*) *é desgracioso, desengonçado, torto*, há assíndeto pela supressão do *e* antes do último termo da frase. É normal a supressão da preposição *com* em expressões como *os olhos voltados para o céu, o cotovelo sobre a mesa*. Pode também haver assíndetos da conjunção *e* entre orações como em, *Ele corre, salta todo o tempo*. O assíndeto devido à supressão da conjunção subordinativa *que*, em frases como *importa atentemos bem a este ponto*, é raro e a supressão da conjunção em frases como o ing. *I think you are ill*, são anormais em português. É pois agramatical a frase *Penso você está doente**.

associação

1. *Associação de palavras* é o conjunto das relações que podem existir entre uma unidade dada e uma ou mais unidades latentes não-manifestas; os laços associativos aproximam itens numa série virtual. Assim, se se der a alguém uma palavra pedindo-se-lhe que diga todas as palavras que lhe vêm à mente, todos os itens dados como respostas formam as associações da pala-

75

vra; a relação associativa, de virtual que era, torna-se tangível, observável. Ás relações associativas são atribuídas aos traços semânticos e formais das palavras associadas (semelhantes e opostas)⋅ ou à experiência adquirida de sua co-ocorrência.

2. Há dois tipos de associação: *associação sintagmática e associação paradigmática.* Chama-se *associação sintagmática* a associação entre duas palavras que estão próximas na cadeia falada; se à palavra *mesa* alguém responde *sentar-se*, há associação sintagmática. A *associação paradigmática* é uma associação entre duas palavras substituíveis no mesmo lugar da cadeia falada; se à palavra *mesa* alguém responde *cadeira*, dir-se-á que a associação é paradigmática.

associativo

1. *Sentido associativo de uma palavra* é o conjunto das palavras que um indivíduo (ou um grupo de indivíduos) associa a um termo que se lhe apresenta numa prova de associação de palavras (trata-se de dizer quais são as palavras que o termo apresentado evoca). Essas palavras assim associadas constituem a *estrutura associativa* da palavra estímulo. Assim, se se apresentar a alguém a palavra *diabo*, dir-se-á que o sentido associativo dessa palavra é definido pela hierarquia das respostas de associações a ela (*inferno, sombrio, sinistro, mau, pecado,* etc.). Chama-se *laço associativo* a relação que une a palavra-estímulo à palavra-resposta que lhe é associada na prova de associação de palavras.

2. F. DE SAUSSURE chama *relações associativas* ao conjunto de relações mui diversas, formais ou semânticas, pelas quais uma palavra é associada a outras. A relação associativa une termos *in absentia* numa série, justificada por uma associação mental que os conserva assim na memória; os membros de uma série associativa estão numa ordem indeterminada e muitas vezes

em número infinito. (V. PARADIGMÁTICO)

assonância

Assonância é a repetição, no final de uma palavra ou de um grupo rítmico, da vogal acentuada que já tinha ocorrido no final de uma palavra ou de um grupo rítmico precedente: p. ex., no seguinte verso de P. ELUARD, as assonâncias em [ɛ]: *Sous le ciel grand ouvert la mer ferme ses ailes,* "Sob o amplo céu aberto o mar fecha suas asas". Note-se assonância em [a] nessa frase de RUI BARBOSA, no início do "Estouro da Boiada": *Batem pausadamente as patas compassadas.*

assumir

Diz-se que um enunciado é *assumido* quando o falante encampa a asserção (positiva ou negativa), a interrogação ou a ordem que ele atribui a um interlocutor; diz-se que um enunciado não é assumido quando o falante estabelece uma distância entre ele próprio e seu enunciado por meio de uma modalização (emprego de advérbios ou do futuro do pretérito, de orações intercaladas que implicam dúvida, rejeição implícita, etc.). Assim, a *Paulo virá amanhã* (assumido) opõe-se *Paulo talvez venha amanhã,* ou *Paulo viria amanhã,* ou ainda *Paulo, segundo dizem, virá amanhã,* etc. (não-assumido).

asterisco

1. Colocado antes de uma palavra, o *asterisco* indica uma forma hipotética considerada como o étimo de uma palavra da língua. P. ex.: o adjetivo francês *léger,* "leve", do qual vem o port. *ligeiro,* está ligado ao lat. *leuis.* mas parte de uma forma **leuiarius,* hipotética, ou antes, não atestada em documentação escrita latina.

2. Colocado diante de uma frase, o *asterisco* indica um enunciado agramatical. Assim, a frase **Pedro tinha visto-o* é uma frase agramatical. (V. também PONTUAÇÃO).

3. Em lexicografia, o *asterisco*, como nesse dicionário, pode ser posto logo depois de uma palavra para indicar que ela deve ser consultada.

atancial (fr. *actanciel*)

1. *Modelo atancial* de uma narrativa é o modelo pelo qual se pode perceber uma estrutura narrativa graças às relações instituídas entre os *atantes* ou protagonistas na narrativa, no mito, etc., representados por *seres* animados ou inanimados.
2. L. TESNIÈRE chama *atanciais* as orações transferidas em *atante* (V. TRANSLAÇÃO). Em *Alfredo espera que eu venha, que eu venha* é uma oração transferida em substantivo e em *atante* (*que eu venha* equivale a *minha vinda*, que é um *atante* possível do verbo *esperar*.

Obs.: o fr. *actanciel* (bem como *actant*) foram incorporados à metalinguagem da semântica estrutural em português: *atancial* e *atante*. Já *atuancial* e *atuante*, que estão mais em conformidade com o sistema do português, apesar de usados em algumas traduções, não foram totalmente aceitos.

atante (fr. *actant*)

1. Dá-se o nome de *atante* ao que pratica a ação indicada pelo verbo (intransitivo) ou pelo grupo verbal formado pelo verbo e por seu objeto (transitivo): ele responde à questão implícita *que faz X? X* é o atante ou agente da ação.
2. Na análise estrutural da narrativa, o *atante* é o protagonista da ação, distinto do beneficiário, em favor do qual se faz a ação; atante e beneficiário podem confundir-se na mesma pessoa.
3. L. TESNIÈRE chama *atantes* às unidades que designam os seres ou as coisas que, de um ou de outro modo, mesmo enquanto simples figurantes, participam do processo expresso pelo verbo. Assim, para TESNIÈRE, na frase *João dá um doce a seu filho, doce* e *filho* não deixam de ser atantes, embora não representem os que praticam a ação. Os atantes são sempre substantivos ou equivalentes. E os verbos são caracterizados pelo número de atantes que podem ter. Em relação aos atantes distinguem-se: a) verbos sem atante (sem suj. e sem compl.), como *chover*; verbos de um só atante (com suj. e sem compl.), como *cair*; verbos de dois atantes (com suj. e um compl.), como *bater*; verbos de três atantes (com suj. e dois compl.), como *dar*. O *primeiro atante* é o sujeito da frase ativa, o *segundo atante*, o objeto na ativa e o contra-sujeito na passiva. O *terceiro atante* designa aquele em benefício ou em detrimento do qual se faz a ação (objeto indireto, segundo objeto ou complemento de atribuição). [V. também LUGAR e CIRCUNSTANTE.]

ataque

Ataque é o movimento de tomada de posição das cordas vocais para as articulações vocálicas: pode ser suave (como na sílaba inicial em francês, em que as cordas vocais se põem imediatamente na posição de vibração), ou duro (como na sílaba inicial em alemão, em que as cordas vocais começam por fechar toda a passagem de ar, para depois entreabrir-se bruscamente.)

atemático

Em lingüística indo-européia, e em particular em grego, dá-se o nome de *atemáticos* os radicais nominais ou verbais que terminam por uma consoante ou soante e não por uma vogal temática acrescentada à raiz (vogal *e* alternando com *o*) e formando com esta o tema. Assim, em grego, os verbos do tipo *luô, luomai* são verbos temáticos (lu + o + mai), mas o aoristo atemático *elusa* é formado não sobre o tema, mas sobre a raiz (e + lu + sa).

atemporal

Atemporal é o tempo do verbo que indica o não-passado (em relação ao passado [imperfeito, perfeito]) e o não-futuro (em relação ao futuro do

77

presente, ao futuro do pretérito); é denominado *presente* na nomenclatura tradicional, mas só corresponde a uma parte dos empregos deste último: trata-se do presente "de valor geral" que se tem por exemplo em *A lua gira em torno da terra*. (V. também GNÔMICO [aoristo].)

atitude

Verbos de atitude (por oposição a *verbos performativos**) são os verbos que descrevem a ação completa simultaneamente à enunciação da oração que segue o verbo de atitude: *jurar, prometer, desejar* são verbos de atitude.

ativo

1. Natureza do verbo. O verbo *ativo* é o que exprime ação, podendo ser intransitivo (*subir, descer, partir, voar*, etc.) ou transitivo (*amar, ver, louvar*, etc.) ou bitransitivo (*dar, contar, comunicar, atribuir* alguma coisa a alguém); neste sentido, verbo *ativo* ou de ação opõe-se a verbo existencial (ou de existência, como *existir, haver, nascer, viver*), estativo (ou de estado, como *estar, ficar*) e copulativo (ou de ligação, como *ser, estar, andar, ficar*, etc.). Este últimos, os de ligação, são verbos existenciais, estativos e intransitivos (e até, raramente, transitivos) que, esvaziados em parte de seu sentido básico, passam a afirmar qualidade do sujeito.

2. Voz do verbo. *Voz ativa* é aquela em que o sujeito é o agente. Opõe-se às vozes* média e passiva. As línguas clássicas tinham uma conjugação de forma ativa e outra de forma médio-passiva. As modernas só possuem a ativa, exprimindo a voz passiva por uma perífrase com *ser* (ou *estar, ir, vir*, etc.) conjugado na forma ativa + o part. pas.; a passiva também se exprime pela forma ativa + a partícula *se*. Só comportam voz passiva os verbos transitivos ativos: o sujeito da passiva é objeto direto da ativa, cujo sujeito é, na passiva, o complemento de agente. P. ex.: *Os pais amam os filhos* = *Os filhos são amados pelos pais*. Os verbos intransitivos comportam uma "passiva" com a partícula *se* (passiva impessoal): *Assim se vai aos astros* (cf. lat. *Sic itur ad astra*). Línguas que desenvolveram um sujeito indeterminado, como o fr. *on* (do lat. *homo*) não usam, ou quase não usam, a passiva impessoal. A voz reflexiva pronominal é expressa, nas línguas românicas, com o auxílio dos pronomes reflexivos *me, te, nos, vos* e *se*.

atlas lingüístico

Obra, cujo modelo foi por muito tempo o *Atlas linguistique de la France* publicado por JULES GILLIÉRON, graças aos inquéritos realizados pelo seu companheiro EDMOND EDMONT. Um *atlas lingüístico* compõe-se de: (1) um questionário indicando as noções cujas denominações se devem extrair dos informantes, os tipos de frases que devem deles obter, as conservações a travar; (2) uma determinação dos pontos de inquérito e das pessoas interrogadas; (3) e, como parte essencial, os *mapas* lingüísticos* nos quais se registram ponto por ponto as formas, as palavras e os tipos de construção registradas. Os atlas lingüísticos representam um papel muito importante em dialetologia*. (V. GEOGRAFIA LINGÜÍSTICA.)

ato de fala

Ato de fala é o enunciado efetivamente realizado por um determinado falante numa dada situação (V. COMPETÊNCIA, DESEMPENHO); fala-se também, nesse caso, de *ocorrência de fala*.

átono

1. *Átona* é toda sílaba que não leva acento. Em *cabeça*, a primeira e a terceira sílabas são átonas. (ant.: TÔNICO).

2. Chamam-se *átonos* os pronomes pessoais (oblíquos) que se colocam antes, depois ou no meio do verbo (*tmese*) ou do auxiliar, com a função de complemento; assim, as formas o, me,

se são formas átonas em *Eu o vejo, Vê-lo-ei, Ele me fala, Falou-me, Ele se felicita* (ant.: TÔNICO, DISJUNTO.)

atores

Atores da comunicação. V. COMUNICAÇÃO.

atração

1. Dá-se o nome de *atração* à modificação morfológica que sofre uma palavra sob a influência de outra palavra com a qual está sintaticamente em relação. Assim, em latim, se o sujeito é um demonstrativo neutro e o predicativo, um substantivo masculino ou feminino, o demonstrativo *hoc* passa a *hic* ou *haec*, por atração do predicativo. Ex.: *Hic est error* por *Hoc est error, Haec est infamia* por *Hoc est infamia.* Em português, há atração de número, quando o sujeito é um demonstrativo ou um indefinido neutro e o predicativo é um substantivo no plural. Ex.: *Tudo são flores* por *Tudo é flores, Isto são ossos do ofício* por *Isto é ossos do ofício.*

As denominações *atração temporal, atração modal* são substituídas por *concordância de tempo, de modo* ou *correlação de tempo, de modo.*

2. Chama-se *atração paronímica* o fenômeno de etimologia popular pelo qual se dão os mesmos empregos ou empregos equivalentes a palavras que na origem só se aproximavam pela forma: o sentido de "notável" que se dá muitas vezes a *emérito* é devido à atração paronímica de *mérito.*

atuação

V. PERFORMANCE.

atual. V. VIRTUAL.

atualização

Atualização é a operação pela qual uma unidade da língua passa à fala. Atualizar um conceito é identificá-lo com uma representação real do falante. Pela atualização, todo conceito é localizado, isto é, situado no tempo ou no espaço, e quantificado, isto é, recebe um quantificador.

A situação de comunicação pode, por si só, realizar a atualização: *Vai! Fogo! Alto!* Contudo, muitas vezes é a situação lingüística que, no caso dos enunciados de um só termo, realiza a atualização; *sim* responde a um fato lingüístico precedente (pergunta do interlocutor). Algumas vezes também a atualização é subjacente ao enunciado; o leitor de um cartaz com a inscrição "proibido" restabelecerá, conforme a situação de comunicação, o enunciado lingüístico subjacente, por exemplo, "passagem proibida".

Devemos distinguir desses casos particulares de enunciação a consideração do caráter implícito ou explícito da atualização. Assim, por exemplo, em português, a quantificação é explícita no substantivo, tanto quanto no verbo (um cão/cães; eu corro/nós corremos). A oposição entre atualização explícita e implícita só vale, para essa língua, no caso da localização. *Homens* é explicitamente atualizado do ponto de vista quantitativo (o plural marca uma certa quantidade de homens, mais de um homem), mas implicitamente do ponto de vista qualitativo (certos homens, que eram vários).

Os imperativos da atualização diferirão segundo as línguas. Assim, considerando apenas o aspecto, o verbo indo-europeu não localizava a ação verbal no tempo. A atualização temporal, então, só era implícita (em dependência do contexto).

Na maioria das línguas, certo tipo de atualização é geralmente necessário para dar à mensagem um caráter acabado: um enunciado mínimo compreenderá em princípio dois termos: o atualizador e o atualizado. Sob esse aspecto, o primeiro morfema acima citado (*Vai!*) pode ser considerado como atualizado pela categoria do número (*Vai*/ide).

Todavia, alguns lìngüistas consideram que há línguas nas quais a atualização não é necessária, nas quais o simples fato de ser utilizada como mensagem basta para atualizar a unidade léxica.

atualizador

Denomina-se *atualizador* qualquer processo que possibilite a atualização, isto é, a passagem da língua à fala. Os atualizadores são os diversos processos usados pela língua para ligar as noções virtuais (conceitos) aos objetos e processos da realidade exterior (referentes).

Podem-se opor as unidades lexicais, signos completos (ligação de um significante e de um significado), e os atualizadores que são os liames gramaticais. Em *este livro, livro* corresponde à descrição saussuriana do signo (ligação de um conceito e de uma imagem acústica), enquanto *este* realiza o elo entre o conceito de *livro* e a realidade material presente na situação (= o livro determinado que tenho sob os olhos). Do mesmo modo, no verbo, o morfema temporal serve como atualizador para o conceito; *-ou* em *andou* localiza o processo conceitual "andar" sobre o eixo do tempo. (V. EMBREANTE)

audibilidade

Audibilidade é a capacidade de reconhecer a forma temporal dos sinais sonoros: reconhecimento da forma das transições de ataque e de extensão (consoantes, ditongos, etc.) em sua reunião a sons vocalizados. Pode-se reservar a essa faculdade de reconhecimento em condições diversas (influência da reverberação, do ruído, etc.) o nome de *nitidez*.

audimudez

Designa-se pelo nome de *audimudez,* numa criança, um déficit importante da expressão lingüística sem perturbação da audição, e do reconhecimento auditivo dos signos verbais sem déficit intelectual maior: a criança "ouvinte muda" comporta-se diante de sua língua

materna como diante de uma língua estrangeira; a realização da linguagem pode ser quase nula.

audiograma

Audiograma é a representação gráfica da sensibilidade do ouvido aos diferentes sons.

audiometria

Audiometria é a medida da aptidão para apreender os diferentes sons da fala.

aumentativo

Diz-se que um prefixo (*arqui-, extra-, sobre-, super-*) ou que um sufixo (*-íssimo*) é *aumentativo* quando tem o sentido de "em um grau muito alto, a um ponto elevado". Assim, *extraduro* é formado do adjetivo *duro* e do aumentativo *extra*, significando a palavra "que é muito duro"; o adjetivo *riquíssimo* é formado pelo adjetivo *rico* e pelo aumentativo *-íssimo*.

aumento

Aumento é um afixo anteposto à raiz verbal na flexão de certas formas do passado, freqüente em grego. O aumento consiste num elemento *e* ou *ē* que constitui uma sílaba suplementar, quando a raiz verbal começa por uma consoante (aumento silábico: ex.: gr. *ephere*, "levava" ou "trazia", de *pherein*, "levar" ou "trazer") ou alonga a vogal inicial da raiz (aumento temporal; ex.: gr. *ēge*, "conduzia", de *agein*, "conduzir", de *e + age*).

autocorreção

Autocorreções são as correções que um falante aplica aos erros do seu próprio enunciado, no momento em que percebe que este não corresponde ao que ele queria dizer; em certos indivíduos afásicos, as autocorreções se repetem muitas vezes em seguida depois que um item errôneo foi emitido.

autodominado

Em gramática gerativa, diz-se que um elemento A é *autodominado* quando é dominado por si mesmo, i.é., por um elemento A de mesma categoria. Seja a regra de reescrita da coordenação: S → S e S, dir-se-á que os S à direita da flecha são autodominados e que o S à esquerda da flecha é autodominante. A autodominância permite a recursividade*.

auto-encaixamento.

V. ENCAIXAMENTO.

autonímia

Fala-se de *autonímia* quando um signo se refere a si mesmo como signo. Essa palavra é oriunda da lógica, onde um termo autônimo é aquele que é o único a ser mencionado.

O uso autonímico de uma palavra num enunciado deve ser aproximado do emprego da palavra-entrada no dicionário. O dicionário propõe ao usuário uma forma fora do discurso (entrada), e lhe oferece dessa forma (1) definições; (2) fragmentos de discurso em que se ilustra o funcionamento da palavra. Assim, a entrada, num dicionário, fica fora do discurso e representa o nível metalingüístico, i.é., aquele onde o uso do código é aplicado reflexivamente a um elemento deste.

Essa função da linguagem pode-se exprimir em situações diferentes da reflexão lexicográfica. Toda palavra de um enunciado pode ser, — pelo locutor ou interlocutor — destacada de seu contexto e considerada em situação autônima. Caso da reflexão do locutor sobre seu discurso: *Eu disse "talvez", não disse "sim"*. Caso da reflexão do interlocutor: *Você me diz "imediatamente": agora ou em uma hora?*

A autonímia, como todo fenômeno metalingüístico (pedido de repetição, de definição, consulta no dicionário), é um fenômeno de tomada de consciência lingüística. Distingue-se das outras situações metalingüísticas pelo fato de que se refere sempre ao enunciado relatado pelo locutor (autocitação) ou por outrem (citação).

autônomo

A. MARTINET, diz que uma unidade é *autônoma* quando pode aparecer em diferentes pontos do enunciado, sem que a diferença de lugar modifique algo em sua função ou sua acepção próprias. Essa distinção lhe permite opor monemas não-autônomos como *vizinho*, monemas autônomos como *ontem* e monemas funcionais* cuja adjunção torna autônomo um monema que não o era (assim, a preposição *em* no sintagma *em casa*).

auto-ontivo

O termo *auto-ontivo* designa em L. TESNIÈRE a primeira pessoa do verbo.

auto-regulação

V. FEED-BACK.

autoridade

Diz-se que alguém é uma *autoridade* ou tem autoridade em matéria de língua quando uma comunidade sócio-cultural lhe reconhece o direito de definir o que se deve dizer e o que não se deve dizer. Assim, na França, a Academia e cada um dos acadêmicos são autoridades. A autoridade reconhecida também pode muito bem não ter tido a intenção de oferecer o exemplo daquilo que importava dizer ou não dizer: os escritores tornam-se assim os fiadores do bom uso, e autoridades lingüísticas. Com efeito, as autoridades tomam, geralmente como fundamentos de seus juízos, ou seu próprio uso ou o uso dos bons autores (V. BOM USO), ou certos estados passados da língua (V. LÍNGUA CLÁSSICA), ou certos fatos históricos e etimológicos, ou enfim, certos modelos lógicos. É raro que, nesse domínio, seja solicitada a opinião dos lingüistas.

auxiliar

1. Em gramática tradicional e estrutural, o termo *auxiliar* designa uma categoria gramatical que compreende verbos como *ter, haver, ser* seguidos de particípio passado (*ter visto, ser*

81

visto). Tais verbos entram na constituição das formas compostas (*ele tem comido, ela foi derrubada*). Os verbos auxiliares têm diferentes distribuições: *ter* é auxiliar dos verbos transitivos ativos (*ele tinha comprado*), e de alguns intransitivos (*tem chovido*), e *ser* o dos transitivos passivos (*foi derrubado*), ou acumulado com *ter* nas formas supercompostas passivas (*tinha sido derrubado*).

Chamam-se *auxiliares de tempo* (ou auxiliares verbais) os verbos e locuções verbais que, seguidos de infinitivo, exprimem o desenrolar ou a conclusão de uma ação, como no caso do factitivo, do incoativo, etc. (V. SEMI-AUXILIARES): *ir, vir de, acabar de*, etc.

Auxiliares de modo são os modais, como *poder* e *dever*, seguidos de infinitivo (V. MODAL).

2. Em gramática gerativa, o termo *auxiliar* (abreviatura: Aux) designa uma categoria gramatical, que é um constituinte obrigatório do sintagma verbal e que compreende ela própria um constituinte obrigatório de tempo (Presente [Pres], Passado [Pas], Futuro [Fut], e os constituintes facultativos Aspecto e Modal (modais como *poder*, aspectuais como *ir*). Dentre as diferentes formulações propostas, temos:

$$SV \rightarrow Aux + V + SN$$

O sintagma verbal compõe-se de um auxiliar, de um verbo (raiz verbal) e de um sintagma nominal.

$$Aux \rightarrow Tpo (Perf) (M) (Perf) V$$

O auxiliar é formado de Tempo (Tpo), de Modal (M), de Perfeito (Perf), repetido duas vezes, e de uma raiz verbal (V).

O tempo é constituído de Presente e de Passado, em combinação facultativa com o Futuro (de que resulta seja o futuro presente, seja o futuro pretérito). O Modal é constituído de modais propriamente ditos (*poder, dever* e o infinitivo) ou de aspectuais

(*ir, vir de, começar a*, etc.) seguidos do afixo de infinitivo.

$$Tpo \rightarrow (Futuro) \left\{ \begin{array}{l} Pres \\ Pass \end{array} \right\}$$

$$M \rightarrow \left\{ \begin{array}{l} Modal \\ Aspectual \end{array} \right\} + Inf$$

Podemos obter, assim, com as diversas reescritas do auxiliar: *ele compra, ele deve comprar, ele acaba de comprar*, etc.

Chama-se *auxiliar ser* (Aux$_{ser}$) a forma *ser* seguida de um afixo de particípio passado acrescentado no desenrolar da transformação passiva nas estruturas de frases que admitem o passivo (verbo seguido de um sintagma nominal).

avalente

Em L. TESNIÈRE, o verbo que normalmente não pode ter atuante* é chamado de *avalente*. A gramática tradicional chama esses verbos de impessoais: *chove, neva, importa*, etc.

avaliativo

Chama-se *método avaliativo de asserção* o processo pelo qual, em análise de conteúdo, submetem-se aos sujeitos testados proposições cujos termos eles têm de estabelecer ou apreciar. Geralmente, os julgamentos a serem efetuados reduzem-se a respostas por mais ou por menos. Assim, sujeitos e grupos são classificados de acordo com o grau escolhido mais freqüentemente.

axioma

Axioma é o conjunto das fórmulas corretas, mas não demonstradas, de um sistema ou de uma teoria lingüística. Em gramática gerativa, o símbolo de partida das regras sintagmáticas constitui o axioma: é o símbolo $\sum$ (frase).

axiomático

Uma *teoria axiomática* comporta quatro elementos: (1) um vocabulário ou lista dos símbolos a empregar; (2) regras de formação, que definam que séries de símbolos são sintáticas e aceitáveis como fórmulas do sistema; (3) axiomas, conjunto de fórmulas corretas, mas não demonstradas, do sistema; (4) regras de inferência que determinam o conjunto de teoremas, partindo do conjunto dos axiomas.

B

baixo

1. *Formante baixo*, ou primeiro formante, é o formante da faringe (situado nas zonas de freqüências inferiores do espectro acústico), por oposição ao outro formante principal, o formante bucal, chamado *formante alto* ou segundo formante, e situado nas freqüências superiores.

2. As *vogais baixas* são as que se realizam quando a língua está numa posição baixa e determina uma grande abertura bucal. Na pronúncia de [a] — a vogal mais baixa e também a mais aberta — a língua fica quase achatada, em posição muito próxima da posição de repouso, com apenas um arqueamento suficiente para se criar um ponto de articulação. As *vogais semi-abertas* ([ɛ] e [ɔ]) são pronunciadas com uma segunda posição da língua, mais próxima da posição intermediária, chamada *baixa superior*.

Nestas duas posições baixas da língua, os ressoadores da faringe e da boca têm um volume relativamente igual, de sorte que os dois formantes principais são aproximados e se encontram na zona central do espectro. As vogais baixas são, portanto, acusticamente compactas.

balbucio

Balbucio é a seqüência de sons emitidas por uma criança entre um e cinco meses, não acompanhados de gritos, que apresentam uma extrema variedade sem ter ainda valor fonológico.

barbarismo

1. Dá-se o nome de *barbarismo* à forma de uma palavra que não é gerada pelas regras da língua e, em particular, pelas regras morfofonológicas, numa determinada época (numa dada sincronia); os barbarismos são formas agramaticais. Assim, *cueillira* (pelo fr. *cueillera*, "colherá") é um barbarismo; também o port. *fazerei, dizerei* (por *farei, direi*). Consideram-se também barbarismos as formas que não são recebidas* numa norma ou uso julgado correto; assim, um verbo como *solutioner* poderá ser considerado pelos gramáticos puristas como um barbarismo (V. SOLECISMO).

2. Entre os gramáticos latinos, *barbarismus* era simplesmente "vulgarismo" (= solecismo).

3. Na tradição gramatical portuguesa, *barbarismo* é qualquer estrangeirismo.

barítono

Barítonas, em gramática grega, são as palavras cuja sílaba final traz acento grave; este último equivale a uma ausência de tom (por oposição ao acento agudo). As sílabas finais que trazem acento agudo mudam de tom, recebendo acento grave quando seguidas de outras palavras, sem sinal de pontuação entre elas; assim, *basileús* torna-se *basileùs*. Chama-se a este fato *baritonação*.

I. base

1. Em gramática gerativa, a *base* define as estruturas profundas da língua. Ela é constituída de duas partes: (1) a componente categorial ou sintagmática, sistema de regras que define as seqüências permitidas de símbolos categoriais e, no interior destas seqüências, as relações gramaticais entre os símbolos categoriais (i.é., os símbolos

que representam categorias). Assim, se a frase $\sum$ é formada de SN + SV (seqüência permitida dos símbolos SN, sintagma nominal e SV, sintagma verbal), a relação gramatical entre SN e SV é a de sujeito e de predicado; (2) o léxico, lista de morfemas, cada um dos quais portador de traços que definem suas propriedades fonológicas, sintáticas e semânticas. Assim, *mãe* é definido pelos traços: substantivo, substantivo comum, feminino, animado, humano, etc.

2. Dá-se o nome de *base* ao radical puro, sem desinência, de uma palavra: assim *fal-* é uma *base verbal* (*falar, falava, falamos,* etc.)

II. base (frase de)

1. Em gramática tradicional e estrutural, *frase de base* é a frase declarativa, afirmativa e ativa. A frase *Jorge escreve a Pedro* é uma frase de base, mas não *Jorge não escreve a Pedro*, que é uma frase derivada da base pela adição da partícula negativa.

2. Em gramática gerativa, *frase de base* é a frase simples gerada pela base sintagmática da gramática. Assim, as frases — *Pedro escreve a Jorge, Pedro escreve a Jorge?, Pedro, escreva a Jorge!* — são frases de base.

III. base

Base articulatória. V. ARTICULATÓRIA.

bech-la-mar, bichlamar, bêche-de-mer

O *bech-la-mar* é uma língua compósita constituída por um *pidgin** melanésio (de base gramatical melanésia e vocabulário inglês) empregado correntemente nas ilhas do Pacífico Sul.

behaviorismo

Behaviorismo é uma teoria psicológica que explica os fenômenos mentais, analisando só os comportamentos observáveis e reduzindo-os a respostas a situações, sendo estas últimas definidas como estímulos que provocam as respostas. Aplicado à lingüística, o behaviorismo reduz a comunicação ao conhecido esquema E-R (estímulo-resposta). Essa teoria, subjacente ao estruturalismo americano de L. BLOOMFIELD, permite transferir os problemas do sentido para a experiência da comunidade sócio-cultural. O behaviorismo é criticado por CHOMSKY e pelos gerativistas como incapaz de explicar a criatividade do falante e a aprendizagem da linguagem na criança. (V. ANTIMENTALISMO)

bemolização

A *bemolização* é o abaixamento da intensidade de um som pela diminuição de sua freqüência. Este efeito pode ser obtido por três processos diferentes: (1) a labialização*, que tem por efeito unir o ressoador labial ao ressoador bucal e diminuir a abertura do orifício labial; (2) a faringalização*, que tem por efeito reduzir o orifício posterior da cavidade bucal ou passagem faringal; (3) a retroflexão, que, pela elevação da ponta da língua, provoca um aumento do volume da cavidade bucal antes do estrangulamento mais estreito.

O traço de bemolização é designado na transcrição fonológica pelo sinal musical correspondente, colocado acima ou abaixo do sinal da consoante bemolizada.

bemolizado

Som bemolizado é o que é caracterizado por um abaixamento da intensidade devido a diferentes processos. Os sons bemolizados por labialização são os mais freqüentes em quase todas as línguas, como o francês que opõe as vogais arredondadas [y], [o], [œ] bemolizadas, às correspondentes não-bemolizadas [i], [e], [ɛ]. Os fonemas bemolizados por faringalização são freqüentes nas línguas semíticas, como o árabe, que opõe /ˢsi:n/ "China" — /si:n/ "nome da letra s". Os fonemas bemolizados por retroflexão existem nas línguas da Índia (o bengali opõe dois nomes de letras [sa] — [sa]) e em todas as línguas que apresentam consoantes cacuminais.

Do ponto de vista acústico, os fonemas bemolizados são caracterizados por uma concentração da energia nas freqüências do espectro mais baixo do que para o fonema correspondente não-bemolizado, assim como pelo abaixamento do segundo, eventualmente do terceiro formante da vogal seguinte.

beneficiário

Beneficiário é aquele em cujo benefício se faz a ação indicada pelo verbo. Pode ser o complemento preposicional *a Paulo* em *Pedro dá uma maçã a Paulo*; pode ser o sujeito *Pedro* em *Pedro lava-se*. (V. DESTINATÁRIO).

biauricular

O termo *biauricular* caracteriza todo o fenômeno que interessa aos dois ouvidos.

A audição normal é chamada *audição biauricular*, pois a recepção das ondas sonoras se faz pelos dois ouvidos. Mas as ondas sonoras não são as mesmas num ouvido e no outro em virtude de variações de intensidade sônica e de um desvio de tempo na recepção das frações correspondentes da onda sonora. Esses desvios permitem a localização das fontes sônicas, que é o efeito biauricular mais importante: para localizar um som, interpretam-se as diferenças de um ouvido para o outro entre os tempos de chegada e as intensidades da onda sonora. É igualmente graças ao caráter biauricular da audição normal que se podem isolar dos ruídos de fundo os ruídos pertinentes, num recinto em que muitas conversas se sucedem: p. ex., captar uma delas e ignorar as outras.

A reprodução estereofônica procura restaurar as condições da audição biauricular para dar ao ouvinte a impressão de que participa da audição direta.

biformântico

Os espectros acústicos dos sons da linguagem caracterizam-se por uma estrutura *biformântica* mais ou menos clara, quando só apresentam dois formantes principais, correspondentes aos dois principais ressoadores: a faringe (F1) e a boca (F2). As vogais graves orais como [a], [ɔ], p. ex., são *biformânticas*.

bilabial

Consoante bilabial é a labial realizada por uma oclusão ou uma constrição devidas à aproximação dos dois lábios. O francês e o português só comportam oclusivas bilabiais, orais [p] e [b], ou nasal [m]. O espanhol apresenta uma bilabial constritiva [β], como em [saβer]. "saber", devida a uma espirantização da oclusiva sonora [b] em posição intervocálica.

Acusticamente, as consoantes bilabiais distinguem-se das outras consoantes labiais (labiodentais) por uma turbulência menor, devida ao fato de que se trata de consoantes lisas, que comportam obstrução simples, e não de consoantes estridentes, que comportam obstrução complexa, labial e dental ao mesmo tempo.

bilabiodental

Consoante bilabiodental é a realizada pela aproximação do lábio inferior em direção de um ponto intermediário entre o lábio superior e os incisivos superiores. Assim, na palavra alemã *fünf*, "cinco", a consoante escrita *n* é realizada num ponto de articulação intermediária entre a posição bilabial da vogal que a precede e a posição labiodental da consoante que a segue. Essa especificidade articulatória notada [ɱ] não tem importância fonológica, devendo as articulações bilabiodentais classificar-se entre as labiodentais, cujas características (grave, difuso, estridente) elas partilham.

bilabiopalatal

Som bilabiopalatal é um som complexo, que comporta duplo ponto de articulação, um palatal e o outro bilabial. Em francês, as consoantes chiantes [ʃ] e [ʒ] das palavras *chat*, "gato" e *jaune*, "amarelo", a soante [ɥ] de *nuit*, "noite", as vogais [y], [ɸ], [œ], de *vu*, "visto", *heure*, "hora", chamadas também vogais palatais arredondadas ou labializadas, são sons bilabiopalatais.

bilabiovelar

Som bilabiovelar é o realizado com duplo ponto de articulação, um velar e o outro bilabial, como em francês a soante [w] de *oui*, "sim". As vogais posteriores são freqüentemente realizadas como bilabiovelares, assim as vogais [u], [o], [ɔ), chamadas também arredondadas ou labializadas.

bilateral

1. *Consoante bilateral* é a lateral cuja articulação comporta um escoamento de ar de ambos os lados do ponto de articulação. É de fato o tipo mais corrente de consoante lateral, como a lateral dental (ou alveolar) do francês e português — o [l] de *loup*, "lobo", de *lit*, "leito" — ou a lateral palatal do esp. *llorar*, "chorar", *calle*, "rua", do it. *figlio*, "filho", ou a lateral velarizada do port. *animal*.

Acontece que a lateral é realizada como unilateral, sem que resulte diferença acústica perceptível. Não há, portanto, utilização fonológica dessa diferença articulatória.

2. *Oposição bilateral* é a oposição fonológica entre dois fonemas, que possuem um conjunto de traços distintivos em comum que não se encontram em nenhum outro fonema da língua considerada. Assim, em português, como em numerosas outras línguas, os fonemas /p/ e /b/ estão numa relação de oposição bilateral, pois são as únicas oclusivas bilabiais. Toda oposição que faz parte de uma correlação é necessariamente bilateral. As oposições que não são bilaterais são chamadas *multilaterais*.

bilingüismo

1. De uma maneira geral, o *bilingüismo* é a situação lingüística na qual os falantes são levados a utilizar alternativamente, segundo os meios ou as situações, duas línguas diferentes. É o caso mais corrente de plurilingüismo.

2. Nos países em que vivem juntas comunidades de línguas diferentes o *bilingüismo* é o conjunto dos problemas lingüísticos, psicológicos e sociais com que se defrontam os locutores levados a utilizar, numa parte de suas comunicações, uma língua ou um falar que não é aceito no exterior, e, numa outra parte, a língua oficial ou a língua comumente aceita. É particularmente o caso das famílias ou dos grupos de imigrantes insuficientemente integrados na sua pátria de adoção e que continuam a utilizar, nas relações interiores do grupo que eles constituem, a língua de seu país de origem. É o caso de certas comunidades judaicas em quase todo o mundo, dos trabalhadores africanos na França, dos porto-riquenhos nos Estados Unidos, etc.

3. Nos países em que um dialeto* foi institucionalizado como língua em detrimento de outros falares (francês na parte norte da Fran-

ça, p. ex.) ou à custa de línguas de mesma origem (francês em país occitânico), ou recobrindo línguas de outras famílias lingüísticas, o *bilingüismo* é a situação da maior parte dos habitantes que praticam mais ou menos, na vida cotidiana, a fala indígena, mas em muitos outros casos a língua oficial. Esse tipo de bilingüismo é o mais comum, e a grande maioria dos seres humanos é, neste sentido, mais ou menos bilíngüe.

4. No caso de deslocamento maciço de populações ou de "contactos de língua" em fronteiras políticas ou lingüísticas, o *bilingüismo* é a situação na qual cada uma das comunidades (às vezes somente uma), dando embora à sua própria língua um caráter oficial, é levada a praticar muito correntemente a língua da outra comunidade: na Gália, depois das grandes invasões, houve durante um tempo bastante longo um estado de bilingüismo (gaulês/latim).

5. Em certos países como a Bélgica, o *bilingüismo* é o conjunto das disposições oficiais que asseguram ou tendem a assegurar a cada uma das línguas faladas no país um *status* oficial. Fala-se da mesma forma de bilingüismo para caracterizar a situação existente em cada uma das regiões dos países multinacionais plurilíngües, em que a língua da união e a língua local têm um *status* oficial. Assim, a União Soviética é um Estado plurilíngüe; a língua da União é o russo, as línguas das nacionalidades são o russo, o ucraniano, o bielo-russo, o estoniano, o lituano, o leto e numerosas línguas menos importantes: assim, a situação da Ucrânia é caracterizada pelo *bilingüismo de Estado* russo--ucraniano.

6. O *bilingüismo* é um movimento pelo qual se tenta generalizar, por medidas oficiais e pelo ensino, o uso corrente duma língua estrangeira além da língua materna. O bilingüismo é, nesse caso, um movimento político fundado numa ideologia, segundo a qual o aprendizado de uma língua estrangeira em condições definidas deve permitir que se dêem aos indivíduos comportamentos e maneiras de pensar novos, e fazer desaparecer assim as oposições nacionais e as guerras.

7. No plano individual, o *bilingüismo* é a aptidão de exprimir-se fácil e corretamente numa língua estrangeira aprendida especialmente. (V. COMPOSTO, COORDENADO)

8. Propôs-se chamar *bilingüismo* a situação em que as línguas em tela são do mesmo *status*, e *diglossia*, a situação em que uma das duas línguas tem um *status* sócio-político inferior. Esta distinção não é imposta, e *bilingüismo* permanece como termo geral. Inversamente, visto que *poliglota* qualifica um indivíduo que pratica muitas línguas

por tê-las aprendido individualmente, ao passo que *plurilíngüe* é um termo mais geral, pode-se tentar reservar *diglossia* para o caso em que o poliglota somente pratica, além da sua língua materna, uma única língua estrangeira. Essa especialização do termo *diglossia* não é tampouco admitida de uma maneira geral·

binário

1. *Oposição binária* é um tipo particular e privilegiado de relação entre os traços distintivos de um sistema fonológico. A escolha de cada traço distintivo equivale a uma escolha entre dois termos de uma alternativa: ou a presença ou a ausência duma certa qualidade [nasal x não-nasal (ou nasalizado x não-nasalizado), sonoro x não-sonoro]; ou duas qualidades polares da mesma categoria (p. ex., grave x agudo). Se se considera que um dos dois termos da alternativa é positivo e o outro negativo, cada traço exige de fato do ouvinte uma decisão por sim ou não.

2. Em gramática gerativa, chamou-se *transformação binária*, numa primeira etapa da teoria, uma transformação generalizada que incide sobre duas frases da estrutura profunda, sendo uma a matriz e a outra a constituinte (V. TRANSFORMAÇÃO). Assim, *Eu disse isto* e *Paulo virá* são as duas frases da estrutura profunda que, submetidas a transformações, tornam-se *Eu disse que Paulo virá*; essa frase, pois, origina-se de uma transformação binária.

binarismo

Dá-se o nome de *binarismo* a uma teoria fonológica que recebeu aplicações em outros domínios da lingüística e em outras ciências humanas, em particular a antropologia. Essa teoria foi desenvolvida pelo lingüista ROMAN JAKOBSON, (se bem que ele próprio nunca tenha empregado esse termo) e seus colaboradores (M. HALLE). Essa teoria parte da hipótese de que a maioria, se não a totalidade, das relações entre as unidades fônicas distintivas das diferentes línguas se estabelecem em fun-

ção do princípio binário (presença ou ausência de um traço distintivo). Todas as oposições que se podem encontrar nas diferentes línguas do mundo são assim reduzidas a uma escala dicotômica de 12 oposições binárias suscetíveis de serem definidas nos diferentes níveis que correspondem às etapas sucessivas do processo de comunicação, em particular o nível articulatório e o nível acústico, mais bem conhecidos no momento. São as oposições: consonântico x não-consonântico, vocálico x não-vocálico, compacto x difuso, sonoro x não-sonoro, nasal x não-nasal, contínuo x descontínuo, estridente x mate (ou não-estridente), tenso x distenso, bloqueado x não-bloqueado, grave x agudo, bemolizado x não-bemolizado, sustenido x não-sustenido, a hipótese binarista satisfaz, melhor do que as classificações fonológicas mais tradicionais, às exigências científicas de simplicidade e de universalidade.

bissêmico

Diz-se que uma palavra é *bissêmica* quando tem dois sentidos diferentes, segundo os contextos; assim, o fr. *chasser*, "caçar", "expulsar" é bissêmico: p. ex., *chasser un animal* (procurar prendê-lo ou matá-lo) e *chasser une personne* (expulsá-la). Em português, o verbo *alugar* também é bissêmico, pois tem dois sentidos praticamente opostos: "dar ou tomar de aluguel". (V. POLISSEMIA.)

bit

Na teoria da comunicação, o *bit* é a unidade de medida da quantidade de informação. O termo *bit* (diz-se também *binit*) é uma abreviação da expressão inglesa *binary digit*. Os dados, nos sistemas de informação mecânica e eletrônica, como o computador, são representados somente por dois estados possíveis; é portanto uma notação binária que se emprega para ilustrar essas indicações. O sistema binário só utiliza dois símbolos: 0 ou 1. As duas notações são chamadas *bits*. O bit é pois a menor parcela de informação que se pode encontrar na máquina. Se se considera um código, ou sistema de signos, suscetível de servir de base à transmissão de uma mensagem, esse código, comportando dois sinais possíveis, ambos igualmente prováveis (0 e 1, p. ex.), tem uma capacidade de 1 bit cada vez que é utilizado; um código que tem 4 escolhas possíveis equiprováveis tem uma capacidade de 2 bits; um código que tem 8 escolhas possíveis equiprováveis tem uma capacidade de 3 bits. Em outras palavras, a capacidade em bits de um código desse tipo é o logaritmo de base 2 do número de sinais alternativos que ele comporta.

blesidade

Blesidade é uma perturbação da fala caracterizada pela substituição ou deformação sistemática de uma ou várias consoantes. Assim, o *zetacismo*, que é uma forma de blesidade, consiste em substituir a fricatica sonora [ʒ] pela sibilante sonoroa [z]. (V. ZETACISMO.)

bloqueado

1. *Fonema bloqueado* é aquele cujo espectro acústico é caracterizado por uma taxa elevada da descarga de energia num intervalo de tempo reduzido, ao passo que o espectro dos fonemas não-bloqueados apresenta uma taxa mais baixa da descarga em tempo mais longo. Os fonemas bloqueados são articulatoriamente glotalizados, com compressão ou oclusão da glote. O alfabeto fonético internacional nota esse traço pelo sinal: [ʔ]. As oposições entre oclusivas bloqueadas e não-bloqueadas aparecem em certas línguas indígenas da América — em navaho, com *h* aspirado (*navajo*, à espanhola) p. ex., —, da África, do Extremo-Oriente e do Cáucaso: nesta última região, o tcherkesse oferece pares mínimos, como /tʔa/, "vazio" vs. /ta/, "nós"; /cʔa/, "nome" vs. /ca/, "dente"; /pʔa/, "lugar" vs. /pa/, "ofega".

2. Diz-se em gramática gerativa que uma transformação é *bloqueada* quando ela não pode aplicar-se, i.é., quando a frase sobre a qual deve operar não tem a análise estrutural pretendida (V. ANALISABILIDADE); p. ex., em inglês, a transformação afixal é bloqueada quando o afixo de tempo não precede imediatamente a raiz verbal; nesse caso, aplica-se outra transformação (transformação *do*) I + passado + *not* + *know* → *I did not know*.

bom uso

A norma, conjunto de regras que se devem respeitar para bem falar a língua ("bem" aqui se refere a modelos ainda não definidos), tem como fundamentos, na maioria das vezes, ou a autoridade de certas pessoas (escritores) ou de certas instituições, ou o *bom uso*. Este coincide com a maneira pela qual certos usuários da língua a empregam em condições dadas. Segundo a cultura do grupo que estabelece o bom uso, a lista desses usuários é mais ou menos fechada: o bom uso do latim tomado como modelo para as "versões" (traduções do português para o latim) é a língua de Cícero e de César; daí, um torneio não atestado em Cícero ou em César é suspeito. Em contraposição, a lista dos escritores franceses estabelecida por M. GREVISSE no seu livro *Le Bon Usage* ocupa muitas páginas. As condições de utilização que definem o bom uso podem excluir esta ou aquela circunstância: um torneio ciceroniano atestado unicamente na correspondência familiar não é de boa linguagem; uma frase que Victor Hugo atribui a Gravroche não é necessariamente para imitar. Enfim, quando é longa a lista dos escritores que definem o bom uso, podemos ser levados a referir-nos a escritores de diversas épocas. A noção de bom uso é então limitada pela de arcaísmo. Um traço da língua clássica deve, para ser tido como bom uso, ser ainda atestado na língua contemporânea. A noção de bom uso é diferente da de autoridade, se bem que o bom uso possa fundamentar a autoridade e que a autoridade possa referir-se ao bom uso: assim, um gramático de orientação normativa poderá ser reconhecido como autoridade sem que seja um escritor. Em sentido inverso, escritores, que nunca tiveram a intenção de legislar em matéria de língua, que nunca imaginaram que sua obra seria um modelo de escrita, podem ser incluídos na lista dos autores de bom uso. Às vezes, é à sua própria prática corrente da língua que um determinado grupo social se refere para definir o bom uso: assim, a burguesia parisiense nos séculos XVII e XVIII definiu seu uso como o bom uso da língua francesa.

braquilogia

Braquilogia é uma eclipse que consiste em suprimir constituintes idênticos de seqüências paralelas, ou de elementos do termo da comparação que já aparecem no primeiro. Ex.: *"Les mains cessent de prendre, les bras d'agir, les jambes de marcher.* (La Fontaine), "As mãos cessam de pegar, os braços de agir, as pernas de andar." Neste caso, confunde-se com zeugma*. Os antigos chamavam *braquilogia* ao *assíndeto* (cf. Quint. *I.O.*, IX, III, 50).

O sentido mais corrente de braquilogia entre nós é o de extrema concisão da frase, construção densa, que, levada ao excesso, pode constituir vício de linguagem, criando obscuridade.

Um belo exemplo de braquilogia, construção densa sem aspecto vicioso, é o famoso fecho da glosa ao mote *a mais formosa que Deus*: "Disse a feia que o pecado, a mais formosa que Deus" (i.é., disse a feia que fora o pecado que a pusera em tal estado; a mais formosa disse que fora Deus que a pusera em tal estado).

breve

Diz-se que um som da língua é *breve*, quando a sua extensão no tempo (ou duração*) é mais reduzida que a dos outros sons aos quais ele é comparado. Em geral, as consoantes são mais breves que as vogais. Entre as consoantes, as oclusivas são mais breves que as fricativas, as sonoras são mais breves que as surdas. Entre as vogais, as fechadas são mais breves que as abertas: [i] é uma vogal mais breve que [e], [e] é mais breve que [ɛ], por sua vez mais breve que [a], etc.; as posteriores são mais breves que as anteriores. Em português, as átonas finais são breves.

Um fonema é *breve*, quando se opõe lingüisticamente a um outro fonema da mesma língua, de maior duração, mas que apresenta, no resto, os mesmos traços distintivos. A duração dos fonemas breves é em geral 50% inferior à dos longos.

Todas as línguas conhecem sons breves, mas fonemas breves só existem nas que apresentam oposição fonológica de duração, como o inglês, que opõe [i] (breve) a [i:] (longo): *sit — seat*, ou o italiano, que opõe consoantes breves às suas correspondentes longas e que se exprimem no código escrito por meio de geminadas: /vano/, "vão" vs. /vanno/, "eles vão"; /pala/, "pá" vs. /palla/, "bala".

brevidade

Brevidade designa o valor temporal dos sons ou dos fonemas breves.

bucal

A *cavidade bucal* é a mais importante das cavidades supraglóticas. A sua forma e, portanto, a sua influência acústica sobre as ondas que a atravessam variam mais que as de qualquer outra parte do conduto vocal pelos deslocamentos de suas paredes móveis, da língua, da extremidade do palato mole ou úvula, do maxiliar inferior. Durante a

91

fonação, a cavidade bucal é limitada na parte anterior pelos incisivos e na posterior pelo ponto de articulação, i.é., o ponto de maior estreitamento. A posição da língua em relação à parede superior da cavidade bucal determina as articulações dentais, alveolares, pré-palatais, palatais, pós-palatais, velares, uvulares.

No nível acústico, as variações da localização da articulação traduzem-se por uma oposição compacto vs. difuso e grave vs. agudo.

bustrofedon
(fr. *boustrophédon*)

Dá-se o nome de *bustrofedon*, "segundo a ida e a volta dos bois", a um tipo de escrita no qual as linhas se sucedem à semelhança dos sulcos do arado, isto é, alternadamente da esquerda para a direita e da direita para a esquerda. Conforme a direção da linha, é a de certas letras que não têm simetria bilateral, como B, C, D, E, F, etc., que na direção da direita para a esquerda são invertidas.

C

cabeça

Na análise em constituintes imediatos, a *cabeça* de um constituinte ou sintagma é o dos constituintes de um sintagma ou da construção cuja distribuição (ou função) é idêntica à do sintagma ou da construção em mira. Assim, na frase *O amigo que me acompanhava ontem foi atropelado por um carro*, a cabeça da construção *O amigo que me acompanhava ontem* é o sintagma nominal *o amigo*, que tem a mesma distribuição nesta estrutura. A construção *que me acompanhava ontem* é o modificador* desta cabeça.

cacofonia

Dá-se o nome de *cacofonia* a uma repetição de sons (fonemas ou sílabas) desagradável ao ouvido. Pode-se citar como exemplo esse verso de VOLTAIRE: *Non, il n'est rien que Nanine n'honore*, "Não, nada há que Nanine não honre".

Cacofonia, literalmente "mal soído", é termo genérico. São cacofonias a aliteração*, o cacófato*, a colisão*, o eco* e o hiato*.

cacografia

Cacografia é qualquer erro ortográfico.

cacuminal

Consoante cacuminal (e também muitas vezes *retroflexa* e, mais raramente, *cerebral*) é uma consoante cuja articulação comporta contacto da parte inferior da ponta da língua contra o ápice da abóbada palatina (lat. *cacumen*). É um tipo de articulação ápico-pré-palatal, de ressonância oca, em geral oclusiva. Encontram-se exemplos na Índia, onde o hindi apresenta uma série de consoantes cacuminais (as ca-cuminais são indicadas por um ponto sob a consoante): [ṭ], [ḍ], [ṛ], [ṇ]. Na Europa, esse tipo de articulação é sobretudo representado no sul da península itálica (Calábria e península de Salento), na Sicília, na Sardenha, no sul da Córsega (Sotta) e em alguns pontos isolados das montanhas das Astúrias. Nesses últimos exemplos, só há um de consoante cacuminal, a oclusiva sonora [ḍ], pronunciada com mais ou menos energia, simples ou geminada, segundo as variantes locais e correspondendo em geral, historicamente, à evolução de uma lateral dental geminada ou de uma lateral palatal ([bɛḍu], "belo", [aḍa], "alho").

No sueco há também um exemplo de articulação cacuminal devido ao fato de que um [r] apical se apoia num [t] ou num [d] seguinte para formar uma única consoante ápico-pré-palatal em *kort*, "breve" e *bord*, "mesa". Existem também vogais cacuminais, realizadas com uma elevação do reverso da ponta da língua voltada para a abóbada do palato: encontram-se em certas regiões da Inglaterra e no inglês americano, em que resultam em geral da absorção de um [r] apical (*girl*, *more*, *far*, etc.). O [r] reflexo é típico da nossa fala caipira.

I. cadeia

1. Uma língua aparece primeiro como uma sucessão no tempo de acontecimentos vocais, uma seqüência de sons que formam enunciados, à qual se dá o nome de *cadeia falada*. É como uma sucessão de unidades discretas* e associadas a um sentido que se deve definir a língua: tem valor significativo a ordem dos sons, particularmente, mas também a das palavras; a inversão leva

às vezes a resultados burlescos, que os franceses chamam *contrepétérie**, e muitas vezes a uma anomalia semântica (p. ex.: *O soldado teme o perigo, O perigo teme o soldado*). É de notar que o caráter sucessivo da língua aparece menos na representação gráfica e na escrita: estas não são, como a cadeia falada, unidimensionais e lineares, mas são ou podem ser pluridimensionais; essa é a razão pela qual se fala de cadeia falada, e não, p. ex., de cadeia da língua. A análise da cadeia falada faz aparecer a existência de um eixo de substituições ou simultaneidades (eixo paradigmático*), ao lado de um eixo de sucessão das unidades ou eixo das sucessividades (eixo sintagmático*).
2. A expressão *cadeia de comunicação verbal* é às vezes igualmente empregada para designar a cadeia das ações que ligam o cérebro do locutor ao do ouvinte na transmissão da mensagem vocal.

II. cadeia (análise em)

A *análise em cadeia de* Z. S. Harris consiste em descrever os enunciados como concatenações de morfemas ou de seqüências de morfemas. Dados um enunciado e o conhecimento das classes de morfemas, pergunta-se a um informante se esta ou aquela seqüência é uma frase; obtém-se então um conjunto de estruturas definíveis como seqüências de morfemas e que aparecem como frases. A frase é então a seqüência mínima aceita pelo informante: é a *cadeia central*. A essa cadeia é possível ajuntarem-se outras seqüências de morfemas que não são aceitas como frases; essas cadeias são adjunções, podendo cada uma delas inserir-se num lugar determinado de uma cadeia central ou de uma parte de cadeia. Cada cadeia central que compreende um número zero ou mais de adjunções é uma frase; se *Pedro é feliz* é uma frase, *Pedro é muito feliz*, que compreende uma adjunção, é também uma frase.

IIII. cadeia (fr. *suite*.)

Em lingüística, chama-se *cadeia* uma reunião de elementos que pertencem a um conjunto não-vazio: *seqüência* e *cadeia*, amiúde são dados como sinônimos e designam uma sucessão qualquer de elementos reunidos pela operação de concatenação.

Assim, SN + SV (sintagma nominal seguido de sintagma verbal, onde o signo + indica a concatenação) formam uma cadeia, assim como *O +. pai + lê + o + jornal*.

(Para *cadeia terminal, pré-terminal*, vide essas palavras.)

cadência

Cadência é o relaxamento, a descida da intonação que marca o fim de uma unidade lingüística (palavra, sintagma, frase) a um ritmo regular.

caduco

O termo *caduco* aplica-se a certos fonemas, em particular a certas vogais, suscetíveis de desaparecerem no fluxo da cadeia falada. O [ə] francês átono de *petit*, "pequeno" que, p. ex., se pronuncia no grupo de palavras *une petite fille*, [ynpətitfij], "uma menininha ou uma neta", mas que desaparece nos grupos de palavras tais como *la petite fille* [laptitfij], "a menininha ou a neta", *les petits enfants* [lɛptizɑ̃fɑ̃], "as criancinhas ou os netos" é uma vogal *caduca* ou *instável*.

camada

Em gramática dos constituintes, uma frase é formada de constituintes, que se definem em cada *camada* ou série (nível*) pelas unidades superiores que eles constituem com as suas combinações, e pelas unidades inferiores de que são constituídos. Uma frase é, pois, composta de diversas camadas de constituintes: a camada dos morfemas, constituída de fonemas, que pertencem à camada inferior, serve, por sua vez, para constituir a camada superior, que é a dos sintagmas e da frase.

caixa de Hockett

A *caixa de Hockett* é uma representação gráfica da estrutura de uma frase em constituintes imediatos; foi apresentada por C. F. HOCKETT em *A Course in Modern Linguistics* (1958, cap. 17 e 18).

O	gat-	-inho	preto	com-	-ia	um	peixe
artigo	substantivo	sufixo diminutivo	adjetivo	raiz verbal	desinência	artigo	substantivo
grupo nominal				verbo		sintagma nominal	
sintagma nominal				sintagma verbal			
frase							

campo

Determinar um *campo*, em lingüística, é, segundo os pressupostos epistemológicos, procurar descobrir a estrutura de um domínio dado, ou propor para ele uma estruturação.

A lexicologia procura definir *campos lingüísticos*. O termo é sempre ambíguo, visto que se poderá encarar o campo semântico de uma palavra, o campo lexical de uma família de palavras ou o campo lexical de uma realidade exterior à língua. Poder-se-á, p. ex., tentar estabelecer o campo semântico da palavra *pai*, o campo lexical das palavras *pai, mãe, irmão, irmã*, o campo lexial do "parentesco".

As primeiras tentativas (depois de TRIER, IPSEN, PORZIG) de delimitação de campos incidem de fato sobre *campos conceituais* (p. ex., o campo das palavras que designam o "conhecimento". Foram muitas delas tentativas de etnógrafos e antropólogos. A preocupação lingüística é aqui apenas secundária: trata-se, por processos algumas vezes muito requintados, de explorar os dados lingüísticos para construir os esquemas conceituais de uma sociedade. Estudaram-se nesse sentido os vocabulários do parentesco (como, entre os iroqueses, Seneca), as classificações botânicas populares (das estruturas particularmente interessantes num país de cultura antiga, como a França), o vocabulário dos animais domésticos, etc.

Assim concebidas, essas pesquisas não se referem diretamente à lingüística: a estruturação em língua não recorta a estruturação conceitual (não-isomorfismo do pensamento e da expressão). Em particular, essas pesquisas só se referem à designação das unidades num certo sistema conceitual (*mãe* em relação a *pai, filho, filha*, p. ex.) e não à polissemia essencial ao léxico (*mãe de família* vs. *mãe-d'água, língua-mãe, mãe-pátria, nossa mãe Eva*).

Uma solução proposta consistiu em partir, em qualquer caso, dos dados de um campo conceitual (o vocabulário político e social), e em elaborar em seguida processos propriamente lingüísticos para o estudo das relações estabelecidas entre os termos. No interior do campo conceitual não lingüisticamente dividido, trata-se de pôr em evidência redes lingüísticas de sinonímia ou de antonímia e de correlações diversas. Partido de um campo conceitual, esse processo distingue em particular as unidades pelo seu campo derivacional. A noção de *campo derivacional* repousa sobre a constatação de que a mesma seqüência fônica se distingue, em suas diversas significações, por uma série diferente de derivados. P. ex., *abster-se*[1] determinará uma série *abstenção, abstencionista,* enquanto *abster-se*[2] determinará uma série *abstinência, abstinente.*

Levou-se mais longe ainda essa tentativa, fundamentando-se no princípio de que dois morfemas, que têm significações diferentes, diferem também em algum ponto na sua distribuição. Procurar-se-á, pois, o *campo sintático* das unidades; pelo estudo das semelhanças e diferenças no comportamento sintático, poder-se-á chegar a conclusões sobre semelhanças e diferenças semânticas. Com efeito, a estrutura sintática é tão impregnada do ponto de vista do sentido que, em certas construções sintaticamente definidas, mesmo um verbo imaginário receberia um semantismo pela construção que lhe é atribuída (ver a esse respeito as criações de LEWIS CARROL ou de HENRI MICHAUX). Os campos seriam, pois, sintáticos antes de serem semânticos. Observar-se-á, todavia, que se podem fazer certas reservas: o estudo estrutural da etimologia estabelece uma relação de dependência entre estrutura fonológica e semantismo (protossemantismo de uma matriz TK, que admite etimologias diversas); se a estrutura sintática desempenha um papel no semantismo, ela não poderia ser examinada isoladamente. Deve-se perguntar ainda se esse reagrupamento semântico em função da sintaxe não ignoraria outras relações semânticas essenciais: uma aproximação legítima, sobre critérios distribucionais, entre *A é a mulher de B* e *A é a vizinha de B*, não deve levar a esquecer a relação semântica mulher[1]/mulher[2] manifestada em *A é uma mulher/A é a mulher de B.*

Outro exame da problemática do campo lexical resulta de uma tentativa de aplicação da análise componencial ao vocabulário geral. A análise componencial, procurando estabelecer a configuração das unidades mínimas de significação no interior do morfema, é particularmente proveitosa para quem, tratando de campo lexical, estuda um campo conceitual. Mas se se deixarem domínios conceituais precisos (político, técnico, etc.) e os domínios estruturados pela experiência

96

concreta (plantas medicinais, animais domésticos, etc.) entra-se no vocabulário geral num ponto arbitrário, e percebe-se que uma estruturação do campo pode ser estabelecida de maneira diversa. O autor dessa tentativa, E. H. BENDIX, estrutura um grupo de verbos ingleses (depois, hindis e japoneses) pela consideração da presença ou da ausência duma relação *A has B*, "A possui B", entre os seus componentes semânticos.

Sejam quais forem as reservas que se podem fazer sobre os processos empregados e, por vezes, sobre as conclusões excessivas que puderam ser tiradas, parece que se deve concluir pela possibilidade de uma estruturação propriamente lingüística dos campos lexicais, independente da estrutura conceitual. (V. também SEMÂNTICO [CAMPO])

campo de aplicação
V. APLICAÇÃO.

campo de dispersão
Campo de dispersão é o conjunto das variações que afetam a realização de um mesmo fonema, ou em contextos diferentes (por variação combinatória), ou num mesmo contexto, na fala de uma mesma pessoa ou dos membros de uma mesma comunidade. O leque das realizações possíveis de um mesmo fonema não deve ultrapassar certos limites articulatórios ou acústicos, que nem sempre coincidem exatamente com os limites do campo de dispersão dos fonemas vizinhos. Existe entre dois campos de dispersão uma região chamada *margem de segurança*, que pode invadir em circunstâncias excepcionais (tendo o ouvinte consciência do caráter anormal no qual se efetua a emissão da mensagem, apelará mais para o contexto), mas que não se pode invadir muito regularmente sem riscos para a compreensão e, a mais longo prazo, para o equilíbrio do sistema fonológico.

canal
Canal (termo técnico da teoria da comunicação) é o meio pelo qual são transmitidos os sinais do código, no curso do processo da comunicação; é o suporte físico necessário à mani-festação do código sob a forma de mensagem. Estão neste caso os cabos elétricos para a telegrafia ou para a comunicação telefônica, a página para a comunicação escrita, as faixas de freqüência de rádio, os sistemas mecânicos de natureza diversa. No caso da comunicação verbal, o ar é o canal pelo qual são transmitidos os sinais do código lingüístico.

canal vocal
Termo de fonética. É expressão muitas vezes empregada como também *conduto vocal*, para designar a parte supragótica do aparelho fonatório, cuja forma e cujas reações acústicas na passagem do ar evocam vagamente as de um tubo. O francês usa tanto a expressão *chenal vocal*, como *canal vocal* ou *conduit vocal*.

canônico
Diz-se que uma frase ou uma forma da língua é *canônica* quando ela corresponde às normas mais habituais da gramática. Assim, em português, a frase tem a forma canônica SN + SV (sintagma nominal seguido de sintagma verbal) e o sintagma verbal tem a forma V + SN (verbo seguido de sintagma nominal); mas existem também formas não-canônicas do sintagma verbal, como em fr. *sans coup férir*, "sem dar um tiro", em que SN, complemento, precede V.

97

capacidade gerativa

Uma gramática gerativa capaz de gerar, a partir de um mecanismo finito, todas as frases gramaticais de uma língua e apenas estas, possui uma *capacidade gerativa fraca*. Se, além disso, ela dá de cada frase assim formada uma descrição estrutural (representada por um indicador sintagmático), que compreende toda a informação necessária para associar uma interpretação semântica e uma interpretação fonética à frase assim gerada, possui uma *capacidade gerativa forte* (V. ADEQUADO).

característico

Qualifica-se como *característico* o que constitui um traço distintivo. (Sin.: PERTINENTE).

caracterização

1. Na terminologia da gramática gerativa, a palavra *caracterização* pode equivaler a *geração* (para "geração", o francês usa indiferentemente *génération* ou *engendrement*). Nesse sentido, diz-se que uma gramática caracteriza a língua de um corpus na medida em que ela: (1) dá de cada frase do corpus uma descrição estrutural; (2) permite a derivação das frases gramaticais que não figuram no corpus.

Tomemos, p. ex., uma gramática de um corpus que contenha:

> *o cachorro ladra;*
> *o viajante parte;*
> *o menino desce;*

ela caracterizará de maneira satisfatória a língua do corpus se permitir: (a) indicar a estrutura subjacente comum aos três enunciados; (b) produzir os enunciados *o cachorro parte, o viajante desce*, etc., e não **o viajante ladra*.

2. A *caracterização* de uma unidade lexical polissêmica poderá ser formada de definição de suas propriedades sintáticas, diferentes segundo o subsentido empregado. Os lexicólogos soviéticos estabeleceram que, p. ex., o emprego na sua língua de nomes de animais para designar um traço moral é

restrito à função de predicado. Assim, em português, pode-se dizer facilmente *Aquele sujeito é um burro*, menos espontaneamente poder-se-á dizer na seqüência do enunciado *O burro me disse bom dia*. Igualmente, o verbo para *jogar, tocar* em russo rege preposições e casos diferentes em frases equivalentes a *jogar xadrez* ou *tocar piano*. Dir-se-á com U. WEINREICH que esse verbo nos valores 1 e 2 tem caracterização sintática diferente.

3. A lingüística soviética estudou igualmente o problema oposto, que é a *caracterização* semântica dos fatos sintáticos: certos esquemas sintáticos parecem especializar-se em função do material semântico ao qual se aplicam, até à tentativa de J. APRESJAN, que tende a estabelecer que a consideração detalhada das propriedades sintáticas de uma palavra constitui seu sentido.

I. cardinal (numeral)

Numerais cardinais são os quantificadores não-coletivos que exprimem o número preciso e respondem à pergunta *quantos?, quantas?* (*um, vinte, cem, mil*, etc.), por oposição aos que exprimem a ordem e respondem à pergunta *de que ordem ou série?* (ordinais), aos que exprimem a distribuição em diversas categorias e respondem à pergunta *de quantos em quantos?* (distributivos). Os numerais cardinais são postos pela gramática distribucional e pela gramática gerativa na classe dos determinantes (como os artigos, os demonstrativos, os possessivos, os indefinidos), porque podem não ser precedidos de artigo (*ele tem dois filhos*); os numerais ordinais (*primeiro, segundo, terceiro*, etc.) e os numerais multiplicativos (*triplo, quádruplo*, etc.) são adjetivos qualificativos, em geral antepostos aos substantivos.

II. cardinal (som)

Som cardinal é um som cuja posição articulatória foi adotada como norma. Os fundadores do alfabeto fonético internacional, em particular DANIEL JONES, diante da impossibilidade de en-

encontrar um sinal gráfico correspondente a cada som, estabeleceram um sistema de articulação-padrão que pudesse servir de referência, de ponto de comparação para as articulações vizinhas, em particular para as articulações vocálicas. Foi assim estabelecido um sistema de 8 vogais cardinais ou vogais cardinais primárias, de formação e de qualidade acústicas bem conhecidas: i, e, ɛ, ə, α, o, u. A observação radios-

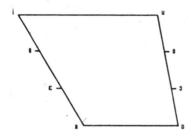

cópica mostrou que as diferentes posições da língua correspondentes a essas 8 vogais formam na cavidade bucal um trapézio ideal, cuja representação permite descrever as vogais que diferem das vogais cardinais. As vogais cardinais constituem pólos articulatórios de duas dimensões: a posição da parte mais elevada da língua e o grau de abertura da boca (a vogal anterior mais aberta, a vogal posterior mais fechada, etc.). Entre esses pólos situam-se as posições intermediárias separadas por graus de diferenciação acústica aproximadamente iguais: i (u) — e (o), e (o) — ɛ (ɔ), ɛ (ɔ) — a (α).

A intervenção de uma terceira variável, a posição dos lábios, permite estabelecer um sistema de vogais cardinais secundárias: y, ∅, œ, α, ʌ, ɣ, ɯ. No sistema primário, os lábios são protríados para as vogais posteriores e tomam posição neutra para as vogais anteriores; no sistema secundário, ao contrário, os lábios são protraídos para as vogais anteriores e tomam posição neutra para as vogais posteriores. Tem-se assim um segundo trapézio vocálico cujas vogais posteriores são, entretanto, muito mais raras que as outras nas línguas do mundo.

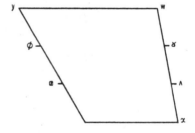

I. caso

Caso é uma categoria gramatical associada ao sintagma nominal, cuja função sintática na frase ele traduz. Consideremos, por exemplo, a função de sujeito se o verbo for transitivo, apesar de não ser seguido de um complemento de objeto no acusativo (PEDRO olha), o caso utilizado para a função sujeito será então o *ergativo*; se o verbo for intransitivo, passivo ou transitivo com um complemento no acusativo (PEDRO *olha Paulo*), o caso utilizado para a função sujeito será o *nominativo*; contudo, em muitas línguas, o nominativo recobre todas s funções do sujeito. Se o sintagma nominal for o objeto de um verbo transitivo, como em *A criança lê* UM LIVRO, o caso será o *acusativo*; se o complemento for um sintagma preposicional atributivo de um verbo que também tem um sintagma nominal complemento, o caso será o *dativo* (*A criança lê um livro* PARA O PAI); se a função for a do apelativo (PEDRO, *venha*), o caso será o *vocativo*; se o sintagma preposicional for complemento atributivo de um verbo intransitivo, como em *Pedro vai a* SÃO PAULO, ou um complemento circunstancial numa frase como *A criança lê um livro* NO SALÃO, ele será categorizado pelos traços semânticos que definem sua relação no processo do verbo. Assim, o *comitativo* é o caso do acompanhamento (Pedro vem COM SEUS PAIS); o *instrumental* é o caso do complemento de meio ou de instrumento (*Pedro fere-o* COM UMA FACA); o *agentivo* é o caso do complemento agente, em particular nas frases passivas (*Pedro foi ferido* POR PAULO).

As funções sintáticas "locais" repousam sobre a oposição entre o movimento (a direção) e o "não-movimento": o caso *direcional* se opõe ao caso *locativo*. Cada um desses dois casos locais se subdivide de acordo com a oposição entre o interior e o exterior do lugar: assim, o movimento "vindo do exterior de um lugar" é traduzido pelo caso *ablativo*; o de vindo do interior do lugar" é traduzido pelo caso *elativo*; o movimento "para o exterior do lugar" (para, junto a) é traduzido pelo *alativo*, e o movimento "para o interior do lugar" pelo *ilativo*; o *locativo* subdivide-se em *inessivo* ("no interior de um lugar"), *abessivo* ("perto de um lugar, fora") e *adessivo* ("perto de um lugar, no lugar"). Outros casos correspondem a transformações: assim, o *genitivo* é o caso do complemento do nome que indica a posse (*O chapéu* DE PEDRO) é originário da frase *Pedro tem um chapéu*. (V. também PARTITIVO, TRANSLATIVO.) Enquanto o ergativo, o nominativo, o acusativo e o vocativo são casos *gramaticais*, os complementos circunstanciais (e atributivos de verbos intransitivos) são *casos concretos*.

O nominativo e o acusativo são também chamados de *casos diretos* e os demais de *casos oblíquos* (terminologia que traduz as funções primárias e as funções secundárias relativamente ao verbo).

Os casos são expressos nas línguas (1) pela posição dos sintagmas relativamente ao verbo; (2) por preposições (*de/a: Pedro vai à praia / Pedro vem da fazenda*) e (3) por afixos nominais que variam com os nomes. É a esses afixos, cujo conjunto forma a *flexão nominal* ou a *declinação dos nomes*, que geralmente se reserva a denominação de *caso*. Assim, no francês antigo, há dois casos: o *caso sujeito* (muitas vezes marcado, no singular, por um afixo *s*), que traduz a função do sujeito, e o *caso regime* (marcado no singular pela ausência de *s*), que exprime todas as outras funções. O francês moderno só conhece a função casual para os pronomes, nos quais há uma oposição entre *je* (sujeito) e *me* complemento. Os pronomes oblíquos, em português, também representam um estágio da flexão casual (*mim, ti*, etc.).

As *línguas de casos*, ou *línguas casuais*, têm em geral um número limitado de desinências (ou de afixos) para traduzir as diferentes funções: por isso, o caso formal de uma língua reúne funções gramaticais ou concretas asseguradas, em outra língua, por dois ou mais casos. O oblativo latino reúne os empregos do instrumental, do agentivo e às vezes do locativo; o genitivo grego reúne os empregos do genitivo e do ablativo, etc. (V. SINCRETISMO.)

A classificação nominal é feita de acordo com critérios diferentes, conforme as línguas; a flexão casual é tão variada quanto as classes existentes de nomes, e interfere nas classificações por gênero e nos afixos de nome.

II. caso

Gramática de casos é uma gramática gerativa estabelecida por CH. FILLMORE, em que o símbolo inicial frase ($\sum$) se desenvolve numa seqüência constituída por Modalidade e Oração. O primeiro constituinte representa a negação, o tempo, o modo, o aspecto; o segundo constituinte comporta um verbo e uma coleção de nomes vários, i.é., uma estrutura lógica que comporta um predicado (verbo, V) e um conjunto de argumentos (os substantivos, C).

$$\text{Oração} - V + C_1 \ldots + C_n$$

O verbo é constituinte fundamental e o centro da frase. É a partir do verbo que se definem, no nível da estrutura profunda, os diferentes papéis, i.é., as relações casuais. Tem-se assim como caso:

AGENTE: o ser animado instigador do processo;

INSTRUMENTO: a causa imediata do processo;

OBJETO: a entidade que muda ou sobre cuja existência se discute;

LOCATIVO: o lugar do processo;

DATIVO: entidade que sofre o efeito da ação;

CONTRA-AGENTE: a entidade contra a qual a ação é dirigida.

Deste modo, as duas frases — *Pedro abre a porta, A chave abre a porta* — serão derivadas: a primeira de [V, *abrir*], [agente, *Pedro*], [objeto, *porta*]; a segunda de [V, *abrir*], [instrumento, *chave*], [objeto, *porta*].

casual

Língua casual é a que tem desinências nominais que traduzem funções gramaticais ou concretas.

A *flexão casual* de um substantivo é o conjunto das formas nominais que constituem a declinação desse substantivo. (V. CASO)

catacrese

Processo que consiste em ampliar o sentido de uma palavra para além do seu domínio estrito. A *catacrese* é uma metáfora* cujo uso é tão corrente que não é mais sentida como tal; ex.: *os "pés" de uma mesa, as "asas" de um moinho.*

101

catálise

Em glossemática, *catálise* é uma operação pela qual a cadeia sintagmática (p. ex., o sintagma latino *ludunt*) é completada de modo a satisfazer a todas as funções que condicionam a forma dessa cadeia (i.é., capaz de satisfazer, aqui, o plural e a 3.ª pessoa de *ludunt*). Nesse caso, pode-se catalisar *ludunt* por *pueri*, "os meninos" ou *liberi mei*, "meus filhos", visto que é a função "sujeito-verbo" que determina a pessoa e o número de *ludunt*. A cadeia estabelecida por catálise deve ser gramaticalmente aceitável na língua considerada, e não deve ter sofrido alteração no seu sentido.

catástase

Catástase é a primeira fase da articulação das consoantes, correspondente à tomada de posição dos órgãos fonadores.

categorema

Na terminologia de B. POTTIER, o *categorema* é o conjunto dos traços semânticos que definem as relações sintáticas de uma forma com as outras. Correspondente à categoria gramatical: p. ex., *triste* tem o categorema "adjetivo"

categoremático

Na terminologia de E. BENVENISTE, o *nível categoremático* é o da oração. Essa última não constitui uma classe de unidades distintivas: não pode, portanto, entrar como parte numa totalidade de ordem mais elevada, que seria, p. ex., o discurso.

categoria

1. O termo *categoria* designa uma classe, cujos membros figuram nos mesmos ambientes sintáticos e mantêm entre si relações particulares. Assim, dir-se-á que as palavras *cadeira, mesa, biblioteca*, etc., que podem figurar no mesmo ambiente sintático (p. ex., *Pedro limpa com um pano a . . .*), pertencem à mesma categoria. Nesse emprego, o termo *categoria* confunde-se com *classe**.

2. Distinguem-se também dois tipos de categoria: as *categorias sintáticas* e as *categorias gramaticais*. As sintáticas definem os constituintes segundo seu papel na frase; assim, o sintagma nominal e o verbal, constituintes imediatos da frase, são categorias sintáticas de primeira ordem ou categorias principais; as partes do discurso (ou espécies de palavras), constituintes dos sintagmas, são categorias de segunda ordem. As gramaticais definem as modificações que podem sofrer os membros dessas categorias de segunda ordem em função do gênero, número, pessoa, etc. É muitas vezes a esse último emprego que se restringe o uso da palavra *categoria*. As categorias sintáticas — substantivo, adjetivo, verbo, etc. — são categorias léxicas, porque os membros dessas classes são morfemas lexicais. O tempo, a pessoa, o número, o gênero são categorias gramaticais, porque os membros dessas classes são morfemas gramaticais (desinências verbais, flexão nominal.) As categorias léxicas são *primárias*; as gramaticais são *secundárias*.

categorial

1. Em gramática gerativa, chama-se *componente categorial* a parte da base que define, por um lado, o sistema de regras que regem as seqüências permitidas e, por outro lado, as relações gramaticais entre os símbolos categoriais que formam as estruturas profundas da língua. Assim, suponhamos que a componente categorial defina as duas regras seguintes:

$$(1) \ F \to SN + SV$$
$$(2) \ SV \to Aux. + V + SN$$

Essas duas regras significam que o núcleo F (da frase $\sum$) é formado de um sintagma nominal (SN) seguido de um sintagma verbal (SV) e que este é formado do auxiliar (Aux.), do verbo (V) seguido de um sintagma nominal. A relação gramatical estabelecida na regra (2) é a do verbo (transitivo) e do seu objeto.

2. Chama-se *símbolo categorial* o que representa uma categoria: SN é o símbolo da categoria do sintagma nominal, S é o símbolo da categoria do substantivo. O símbolo pode tomar valores diversos; assim, para S podem-se ter os valores *mesa, cadeira, criança, fealdade,* etc.

3. *Sistema categorial,* nome dado à notação quase aritmética de Y. BAR-HILLEL. Num sistema categorial, há somente duas categorias gramaticais fundamentais, a frase $\sum$ e o substantivo (S). Os itens lexicais, exceto o substantivo, são definidos no léxico pelas suas combinações com uma ou outra das categorias fundamentais. Essas categorias derivadas definem com que outra categoria o elemento em questão pode combinar-se para formar um constituinte de frase e qual é a classe categorial que resulta dessa combinação.

4. K. GOLDSTEIN chama *atitude categorial* à atitude do falante que apreende um objeto não na sua existência atual, mas como representante das propriedades gerais do objeto: é a passagem do concreto ao abstrato. Essa atitude categorial não seria conservada em certos doentes mentais; assim, diante da imagem de um cogumelo, em lugar de dar o termo genérico solicitado, o doente daria um termo específico, sendo incapaz de encarar a classe inteira dos cogumelos, definida pelas suas propriedades.

categorização

Categorização é uma operação que, ao mesmo tempo que segmenta a cadeia em elementos descontínuos, consiste em classificar esses segmentos em categorias gramaticais ou léxicas, segundo as propriedades distribucionais que eles possuem.

causal

Diz-se que uma conjunção é *causal* quando ela coordena ou subordina uma oração a outra cuja causa ela exprime. Assim, nas frases — *O incêndio progrediu rapidamente porque os materiais eram muito inflamáveis* (ou *pois os materiais eram muito inflamáveis*) — as conjunções *porque* (de subordinação) e *pois* (de coordenação) são conjunções causais e a oração *porque* (ou *pois*) *os materiais eram muito inflamáveis* é uma oração causal.

causativo

1. *Causativo* ou *factitivo* é uma forma verbal que exprime o fato de que o sujeito do verbo causa a realização da ação, sem realizá-la com suas próprias mãos. Na frase — *Pedro fez construir por um empreiteiro uma casa no subúrbio de São Paulo* —, o sujeito gramatical da frase é *Pedro,* mas o agente ou atante de *construir* é especificado (é um *empreiteiro*). O agente pode não ser especificado, como em *Pedro mandou* (ou *fez*) *construir uma casa.* Em português, o causativo exprime-se: (1) pelo verbo transitivo usado causativamente (*Pedro construiu uma casa no subúrbio de São Paulo*); (2) por um verbo intransitivo ativo usado transitivamente (...*o qual do céu à terra enfim desceu/ por subir* (= "para fazer subir") *os mortais da terra ao céu* (*Lus.,* I, 65); *subir* ou *descer um móvel pela escada*); (3) por verbos denominativos derivados com sufixo *-izar* e *-ficar,* em geral derivados de adjetivos: *eletrizar, eletrificar;* (4) por verbos denominativos transitivos de formação parassintética*: *enriquecer alguém,* "tornar alguém rico", *enfurecer alguém,* "tornar alguém furioso"; (5) em construções "perifrásticas" com os verbos *fazer, mandar* + infinitivo com sujeito diverso, expresso ou não: *Pedro mandou construir a casa, Pedro mandou João construir a casa* (*mandou-o construir a casa*), *Pedro fez João construir a casa* (*fê-lo construir*). Distingue-se, às vezes, o factitivo do causativo: tem-se o factitivo quando se leva alguém, especificado ou não, a realizar uma ação; o causativo exprimiria um estado resultante da ação rea-

103

lizada. Assim, em *Pedro eletrizou o auditório* ou *eletrificou a fazenda*, temos o causativo: "o auditório tornou--se eletrizado, a fazenda ficou eletrificada".

2. Dá-se o nome de *causativo existencial* a uma classe de verbos transitivos (o mais comum em português é *fazer*), cujo objeto é o resultado da ação do verbo: assim, quando digo *Pedro escreve um livro, livro* é o objeto resultativo de *escrever*, que é então um *causativo existencial*, por oposição ao objeto simples em *Pedro lê um livro* (o livro "existe" antes da ação de ler).

cavalgamento
V. ACAVALÁMENTO.

cavidade
O aparelho vocal comporta diferentes *cavidades* que o ar, saído da laringe, atravessa no ato da fonação. Chamam--se *cavidades suprafaringais* ou *supraglóticas*.

As principais são a faringe e a boca, às quais podem ajuntar-se eventualmente, como secundárias, as fossas nasais e a cavidade labial.

A *cavidade faringal* é limitada por baixo pela laringe e por cima pela raiz da língua e pelo véu do palato. A *cavidade bucal*, também chamada *anterior*, é limitada na frente pelos incisivos e, atrás, pelo ponto de articulação*, i.e, o lugar de maior estreitamento do canal bucal durante a articulação. A cavidade nasal intervém na fonação quando o abaixamento da extremidade do véu do palato, ou úvula, permite que se escoe livremente, pelas fossas nasais, uma parte do ar saído da laringe. A cavidade labial é compreendida entre os incisivos e os lábios mais ou menos protraídos. Ela intervém na fonação quando a projeção dos lábios, que é em geral acompanhada de um arredondamento, permite um alongamento da cavidade labial para a frente; assim, para a pronúncia das consoantes labiais ([p], [m], [v], em *pão, mar, vidro*) ou das vogais labializadas ou arredondadas ([u] em *pulo* e [œ] no fr. *heure*, "hora".

Cada uma dessas cavidades exerce a influência de um ressoador sobre o som complexo produzido pelo ar vibrante saído da glote. Ela reforça certas freqüências, i.é., as que correspondem à sua freqüência de ressonância própria, e enfraquece outras: funciona assim como um filtro acústico.

A forma e o volume de cada cavidade podem ser modificados pelo movimento de suas paredes móveis (língua, úvula, maxilar inferior, lábios), o que acarreta uma variação da sua freqüência de ressonância e, portanto, da sua influência acústica no som laríngeo.

cegueira
Cegueira verbal é a incapacidade de ler, verificada nos indivíduos atingidos por lesões corticais e que não apresentam, por outro lado, nenhum distúrbio visual e nem perturbação da linguagem.

cenema
O termo *cenema*, que quer dizer "unidade vazia", i.é., vazia de sentido, é empregado de preferência a *fonema* por L. HJELMSLEV e pelos lingüistas do Círculo Lingüístico de Copenhague para designar, no plano da expressão, as unidades distintivas mínimas, fazendo abstração da natureza fônica da linguagem, considerada como acessória, acidental. O cenema é uma figura de expressão que se opõe ao *plerema*, figura de conteúdo.

cenemática
O termo *cenemática* é usado pelo lingüista dinamarquês L. HJELMSLEV e pelos membros do Círculo Lingüístico de Copenhague para designar a ciência cujo objeto é o estudo das unidades mínimas distintivas, chamadas *cenemas*. Esse termo é escolhido como suscetível de aplicar-se às línguas hipotéticas, cuja substância de expressão não seria fônica.

central

1. Nas funções da linguagem, certos lingüistas da escola de Praga opõem as *funções centrais* (geralmente reduzidas a uma só, a da comunicação) às *funções secundárias* ou *derivadas* (p. ex., as funções conativa, emotiva, etc.). Essa concepção teve por conseqüências, entre outras, a de reduzir a definição da frase à frase assertiva e a de excluir da descrição da língua os fatos de fala.

2. As *vogais centrais* (também chamadas *médias* ou *mistas*) são as realizadas com a parte central do dorso da língua, aproximada do meio da abóbada palatina, por oposição às *vogais anteriores* e *posteriores*. O [ə], chamado "caduco", do fr. *petit* "pequeno" é uma vogal central intermediária; o [î] do rom. *mîna*, "mão", é uma vogal central fechada. O sueco, o norueguês também apresentam vogais centrais; é também o caso do ing. *hurt* e *sir*.

centralizado

Vogal centralizada é aquela cuja articulação tende a se aproximar da vogal central [ə]; p. ex., a que é notada [ɐ] pelo alfabeto fonético internacional e que se ouve no ing. *sofa* ou no port. de Lisboa *para*.

centrífugo

Os *fonemas centrífugos* são caracterizados articulatoriamente por uma cavidade de ressonância em forma de trompa e cujo volume é maior na frente do que atrás do estrangulamento mais estreito. São acusticamente compactos*. São fonemas centrífugos as vogais abertas [a, ɑ], as consoantes velares e palatais [k, g, p, ʎ, ʃ, ʒ].

centrípeto

Os *fonemas centrípetos* são caracterizados articulatoriamente por uma cavidade de ressonância que assume a forma de um ressoador de Helmutz, i.é., um ressoador cujo volume é maior atrás do que na frente do estrangulamento mais estreito. São acusticamente difusos*. São fonemas centrípetos as vogais fechadas [i, u], as consoantes labiais e dentais [p, b, m, t, d, etc.].

cerebral

Consoante cerebral é a também chamada cacuminal* ou retroflexa*.

certeza

Dá-se às vezes o nome de *certeza* à modalidade* lógica do necessário (ex.: *Amanhã* DEVE CHOVER).

chaves

As *chaves* constituem uma forma de notação que, em gramática gerativa, indica que se pode escolher entre duas séries para se converter um elemento em outro. Se a regra de reescrita do sintagma verbal (SV) é a seguinte:

$$SV \rightarrow \left\{ \begin{array}{c} V + SN \\ V \end{array} \right\}$$

isso significa que o sintagma verbal pode ser reescrito ou por um verbo seguido por um sintagma nominal (*Pedro toma sua sopa*), ou apenas por um verbo (*Pedro corre*). [V. REESCRITA.]

chevá

1. Este termo, transcrição de uma palavra hebraica que significa "nada", é às vezes empregado para designar a vogal neutra, central [ə], chamada *e mudo* ou *e caduco* em francês, e que se encontra freqüentemente em posição átona em outras línguas românicas, como o português de Lisboa, o rumeno (ex.: *mînă* [muːsna] "mão"), e certos dialetos itálicos centro-meridionais (Campanha, Abbruzos, etc. Ex.: [ʎu lattə], "o leite").

2. Em lingüística indo-européia, o *chevá* designa uma série de fonemas laringais por meio dos quais explicam-se certas correspondências. Chevá₁, chevá₂ e chevá₃ são realizados como vogais (*e* e *o*, em grego, por exemplo) ou então provocam alongamentos ao contrair-se com as vogais precedentes.

105

chiante

V. PALATAL.

cíclico

Princípio cíclico (V. CICLO).

I. ciclo

Ciclo é a unidade de medida da freqüência de um som. O ciclo representa o movimento realizado por um corpo que vibra (pêndulo, diapasão, corda, etc.), a partir de um certo ponto fixo, correspondente à posição de repouso, até uma extremidade do movimento com retorno à outra extremidade, passando pelo ponto de partida. O número de ciclos por segundo, ou hertz, chama-se *freqüência de vibração*.

Como se dá na produção dos sons vocais, quando as vibrações dão origem a um som, a altura deste depende da freqüência. Quanto mais elevada for esta, tanto mais agudo será o som.

II. ciclo

Em gramática gerativa, as transformações* T₁, T₂, T₃,... Tₙ, que se aplicam à estrutura profunda, para convertê-la numa estrutura de superfície, devem ser linearmente ordenadas. Quando se trata de uma única seqüência gerada pela base, esse princípio se aplica facilmente; mas quando as transformações se operam em duas ou mais seqüências, das quais a segunda é encaixada na primeira, surge a questão da ordem de aplicação das transformações, isto é, do *ciclo transformacional*. Assim, a frase *Não está provado que Paulo não tenha sido morto acidentalmente por esse carro que não tinha parado no sinal vermelho* comporta três orações, uma transformação passiva e uma transformação negativa. A ordem das transformações é sempre a partir da frase mais profundamente encaixada (*o sinal vermelho não tinha feito parar o carro*) até a frase matriz (*provou-se alguma coisa*); no *princípio cíclico*, aplicam-se todas as transformações, primeiro à frase mais profundamente encaixada, depois a todas as

outras frases até a matriz (assim, aplicar-se-á a transformação passiva e a transformação negativa a *o sinal vermelho tinha feito parar esse carro*, antes de passar à frase *o carro acidentalmente tinha matado Paulo*; no *princípio não-cíclico*, aplicar-se-á primeiro a transformação passiva a todas as frases, sempre a partir da mais profunda até a matriz e depois a transformação negativa, e assim por diante.

circular

Em lexicografia, chamam-se *definições circulares* aquelas em que a primeira remete à segunda e a segunda remete à primeira. Um exemplo caricatural seria definir *galo* como *"macho da galinha"*, e *galinha* como *"fêmea do galo"*. É o que também se chama círculo vicioso.

Notar-se-á naturalmente que a circularidade nunca é levada a esse ponto. Em particular, ela comporta geralmente transições: A é definido por B, que é definido por C e é, p. ex., C que será definido por A. São os circuitos curtos demais, como o que se assinalou acima, que devem ser evitados.

Aliás, a circularidade das definições de dicionários é inerente ao gênero lexicográfico: os termos metalingüísticos (i.e., os que permitem fornecer indicações sobre uma unidade do código) são igualmente unidades da língua; assim, *palavra* é unidade da língua em enunciados como: *Pedro tomou a palavra; Pedro é de palavra fácil;* mas é termo metalingüístico na definição: *Futebol*, "PALAVRA de origem inglesa que designa etc..."

Notar-se-á com G. GOUGENHEIM que os definidores (termos de valor essencialmente metalingüísticos) não são nem freqüentes nem mesmo às vezes usuais nas situações habituais de comunicação. Um termo como *veículo* é raro na língua cotidiana, mas quase indispensável à metalinguagem lexicográfica. Para fugir à circularidade, num dicionário de base para uso de estrangeiros, poder-se-á sair do domínio lingüístico estrito, fornecendo um dese-

106

nho que ilustre o definidor; no entanto, definidores abstratos como *ação*, *estado* só poderão ser definidos praticamente de forma circular em referência aos verbos *agir, estar*.

circunflexo

Acento circunflexo é um sinal diacrítico, que indica em francês, p. ex., em combinação com *e* (*ê*) a vogal aberta [ɛ], com *a* (*â*) *a* vogal posterior [ɑ], com *o* (*ô*) a vogal fechada [o]: *forêt*, "floresta", *mât*, "mastro", *rôle*, "papel". Serve também para distinguir homônimos: *sûr*, "seguro" x *sur*, "sobre", *jeûne*, "jejum" x *jeune*, "jovem", etc. É na maioria das vezes a marca de uma vogal ou de uma consoante emudecida: *asne* > *âne*, de *as(i)num; crûment*, "cruamente" de *cruement*. Enquanto em francês o acento circunflexo se põe sobre *a* e *e* abertos, mas sobre *o* fechado e sobre *i*, sem implicar indicação de timbre (p. ex.: *connaître, naître*), em português, ele se põe sobre *e* e *o* fechados e, sobre *a*, e *o* nasais. Era utilizado nos textos latinos de impressão antiga para indicar o *ô* exclamativo e as formas reduzidas dos genitivos (*dominûm* por *dominorum*).

circunstancial

V. ADVERBIAL, termo recomendado pela NGB.

circunstante

1. Em gramática estrutural e gerativa, dá-se o nome de *circunstantes* aos sintagmas preposicionais complementos de grupo verbal ou de frase. Observem-se os sintagmas preposicionais *a Paris, no subúrbio, do poço* nos seguintes exemplos: *João vai a Paris, José mora no subúrbio, Pedro tira do poço a água que lhe é necessária*. Todos eles são circunstantes, mas o sintagma preposicional da estrutura profunda pode não apresentar nenhuma preposição realizada em superfície. Assim, em *Ele vem* AMANHÃ, *amanhã* é um sintagma preposicional circunstante. Faz-se seguir o termo *circunstante* do traço semântico que especifica a natureza da relação semântica (tempo, lugar, modo, etc.): *a Paris* é um circunstante de lugar; *amanhã*, um circunstante de tempo.

2. L. TESNIÈRE define o *circunstante* como a unidade ou a seqüência de unidades que exprimem as circunstâncias de tempo, de lugar, de modo, nas quais se desenrola o processo expresso pelo verbo. O circunstante será, pois, um advérbio ou um equivalente de advérbio. Circunstante opõe-se a actante*: os actantes designam aqueles que, de uma maneira ou de outra, participam do processo. O número de circunstantes não é fixo (em princípio) como o dos actantes: numa frase, pode não haver nenhum, pode haver um número indefinido. A translação* de um verbo em substantivo, quando esse substantivo é circunstante, tem como resultado uma subordinada circunstancial ou adverbial.

civilização

1. Em sociolingüística, definem-se como *civilização* todos os elementos da vida humana que são transmitidos pela sociedade, quer sejam materiais ou ideológicos.

2. Chama-se *palavra de civilização* a que exprime uma noção representativa de uma civilização, da comunidade sociocultural de uma dada época.

3. Chama-se *língua de civilização* a que serve de suporte a uma literatura escrita e que exerce um papel importante na difusão e manutenção de um certo tipo de cultura.

claro

Vogal clara é a vogal acusticamente aguda*, i.e., geneticamente palatal, como [i], [e], [ɛ], [a], [y], [o], [œ]. As vogais claras opõem-se às vogais obscuras* ou graves. O termo *claro*, muitas vezes empregado tradicionalmente, inclusive pela primeira geração de fonólogos e de foneticistas estruturalistas, traduz a associação natural en-

107

tre a impressão auditiva de acuidade sonora e a impressão visual de acuidade luminosa, em nome da qual MALLARMÉ denunciava o paradoxo dos significavos *jour* e *nuit*, que associam a luz do dia a uma vogal obscura [u] e a obscuridade da noite às sonoridades claras de [ɥ] e [i].

classe

Conjunto de objetos ou acontecimentos lingüísticos que têm uma ou mais propriedades comuns.

1. Em gramática distribucional, uma *classe gramatical* será definida como o conjunto das unidades que têm as mesmas possibilidades de aparecer num dado ponto do enunciado.

A noção de *classe gramatical* opõe-se assim à de parte do discurso, tal como a define a gramática tradicional, em referência a uma teoria da adequação entre o substantivo e a substância, o verbo e o processo, etc.

O estudo das potencialidades de ocorrência permitirá constituir classes a partir da consideração de um *corpus*. Sejam as frases:

> *O cachorro morde.*
> *O viajante desapareceu.*
> *O sol brilha.*
> *A criança chega.*

O estudo do *corpus* permitirá isolar as classes 1, 2, 3, correspondentes às "partes do discurso": artigo, substantivo, verbo. A constituição de classes e sua subdivisão em subclasses (do tipo S_{an} / S_{inan}, V_i / V_t, i.e., substantivo animado/substantivo inanimado, verbo intransitivo/verbo transitivo) devem permitir ao gramático formular as regras que produzirão todas as frases aceitáveis da língua e somente estas. No *corpus* acima, a subclassificação deverá autorizar distribuições como *O cachorro chega, O sol desaparece*, e desautorizar outras como *O cachorro brilha, O sol morde* (se bem que, fisicamente, o pêlo do cachorro possa apresentar-se brilhante ou venha ele realmente a "brilhar" em concurso canino ou espetáculo circense e, por seu lado, o sol em dia de canícula, chegue a "morder").

A noção de *classe distribucional* esclarece certas ambigüidades dos enunciados realizados. *Eu vou ver* pode indicar movimento ("Vou lá para ver") ou um futuro ("Eu verei dentro de pouco tempo"), segundo a pertença de classe do segmento *vou*: V ou Aux (verbo ou auxiliar). Pode-se, assim, no seio de uma gramática estrutural, opor a ambigüidade devida à classe (*Eu vou ver* no sentido 1 e no sentido 2) e a ambigüidade devida à estrutura de constituintes: *Meias para senhoras pretas* poderá analisar-se em *Meias* PARA SENHORAS PRETAS ou MEIAS *para senhoras* PRETAS.

Essa noção de classe distribucional revelou-se frutífera em lingüística estrutural em diversos níveis (análise fonológica, análise morfemática e até a análise de discurso de Z. S. HARRIS). Mas não pode explicar todas as ambigüidades da língua; essa constatação é um dos pontos de partida da crítica de N. CHOMSKY. A ambigüidade de *O medo do guarda* não se desfaz pela consideração das classes distribucionais, nem pela análise, em constituintes imediatos. Só a história derivacional da frase (passagem da estrutura profunda à realização morfofonológica) pode esclarecer a dupla interpretação semântica da estrutura superficial.

2. A noção de *classe* é utilizada em semântica estrutural sobre o modelo da lógica das classes. P. ex., estabelece-se a taxionomia dos termos de parentesco, estudando as diferentes unidades; a classe dos *denotata* da palavra *parente* é maior que a dos *denotata* da palavra *pai*; dir-se-á que *pai*, em referência à classe dos parentes, está em relação de *hiponímia*, termo que substitui vantajosamente o ambíguo *inclusão*. Com efeito, se *parente* é mais inclusivo pelo fato de reunir mais *denotata* (definição em extensão da clásse /parente/), *pai* é mais inclusivo pelo fato de agrupar mais traços semânticos (definição em compreensão da classe /pai/). A oposição hiperônimo (parente)/ hipônimo (*pai*) é mais satisfatória; é freqüentemente utilizada em semântica estrutural.

3. Chama-se *classe de morfemas* o conjunto de morfemas que têm o mesmo ambiente. No ambiente do sufixo adverbial *-mente* figuram (*claro*) *clara*, (*rigoroso*) *rigorosa*, (*assustador*) *assustadora*, etc., que constituem uma classe de morfemas definidos pelo ambiente *-mente*; opõem-se a uma outra classe de morfemas como *vermelho, primogênito, bom*, etc., que têm em comum com a classe precedente certos ambientes, mas que não têm aquele.

4. Chama-se *classe de palavras*, em lingüística estrutural e distribucional, uma categoria* de palavras definidas por distribuições análogas em quadros de frase previamente determinados. Assim, definir-se-á uma classe de determinantes pela posição exclusiva que eles têm em francês de preceder uma outra categoria, os substantivos. As classes de palavras substituem as partes do discurso da gramática tradicional.

5. Chamam-se *classes nominais* as categorias caracterizadas pelo emprego de certos sufixos, chamados *índices de classe* ou *classifica-*

dores, entre os quais certas línguas negro-africanas distribuem os substantivos segundo a natureza dos seres ou das coisas que designam (humano, actante, número, etc.).

6. Chama-se *classe paradigmática* ou *distribucional* a que reagrupa numa mesma classe os morfemas léxicos ou gramaticais que podem ser substituídos uns pelos outros em numerosas frases; i.e., que possuem as mesmas propriedades distribucionais. P. ex.: os morfemas carne, pão, queijo, etc., podem comutar no lugar indicado pelo travessão na frase incompleta *Eu como um pedaço de* —. Pertencem, por isso, à mesma classe distribucional.

7. Chama-se *classe de seqüências* (*de morfemas*) o conjunto de seqüências de morfemas que têm os mesmos ambientes. Assim, as seqüências de morfemas *saca-rolhas, tira-manchas, guarda-roupa* pertencem à mesma classe porque têm o mesmo ambiente no sintagma nominal como *este-o*, etc.

8. Chamam-se *classes de equivalência* as que se fundam sobre a equivalência* ou identidade de distribuição; seu estabelecimento é objeto da lingüística distribucional em análise de discurso* (Z. S. HARRIS).

A primeira operação consiste em procurar entre os enunciados termos idênticos (pivôs). Tudo o que precede e tudo que segue o pivô, num dado enunciado, é chamado equivalente a tudo o que, num outro enunciado, precede ou segue o mesmo pivô. Determina-se, assim, uma primeira série de classes. Num segundo tempo, tudo o que precede (ou segue) dois elementos de uma mesma classe de equivalência aparecendo em enunciados diferentes é disposto em novas classes. Pode-se, assim, estabelecer um quadro de dupla entrada, em que a ordem horizontal representa as relações entre classes de equivalência e a ordem vertical os diferentes segmentos de enunciados.

Retomemos uma parte do texto citado por Z. S. HARRIS: *Milhões de pessoas não podem enganar-se; quatro pessoas sobre cinco no conjunto dizem que preferem a loção capilar X; quatro pessoas sobre cinco no conjunto não podem enganar-se: você também e toda a sua família preferem a loção capilar X. Você estará satisfeito.* Ter-se-á um primeiro pivô: *não podem enganar-se.* Donde uma classe A que compreende *Milhões de pessoas, quatro pessoas sobre cinco.* Ter-se-á um segundo pivô: *quatro pessoas sobre cinco.* Donde uma classe B que compreende *dizem que preferem a loção capilar X, não podem enganar-se.*

O quadro tomará a forma:

	A		B
A₁	*Milhões de pessoas*	B₁	*não podem enganar-se*
A₂	*Quatro pessoas em cinco*	B₂	*dizem que preferem a loção capilar X*

Para prosseguir na redução, é preciso supor conhecidas certas regras da língua (relação entre o "pronome" e o referido, p. ex., transformações gramaticais que permitam propor *a priori*, em língua, a equivalência do ativo e do passivo correspondente ou da relativa e da frase de base de que ele deriva).

classema

Na terminologia de B. POTTIER, o *classema* é constituído pelo conjunto dos semas* genéricos.

Toda unidade lexical se define do ponto de vista semântico como um conjunto de semas (traços semânticos mínimos), ou semema. Esse semema compõe-se de semas de natureza diversa:

a) um conjunto de semas puramente virtuais, de natureza conotativa (*vermelho* = "perigo"); o conjunto desses semas constitui o virtuema (esses semas virtuais só se atualizam em certas combinações dadas do discurso);

b) um conjunto de semas constantes, mas específicos: é por semas específicos que *vermelho* se distinguirá de (1) *verde* (outra cor) e de (2) *púrpura* (matiz de vermelho). Esse conjunto constitui o semantema;

c) enfim, um segundo conjunto de semas constantes, mas genéricos. Um sema genérico indica a pertença a uma classe (para *vermelho*: cor). Esse conjunto sêmico é o classema.

Assim, o classema constitui com o semantema e o virtuema o conjunto sêmico total da unidade lexical, seu semema, segundo a fórmula:

$$semema = \underset{virtuema}{\overset{semantema \,—\, classema}{\diagdown \diagup}}$$

Em A. J. GREIMAS, a consideração do contexto (simplesmente evoca-da precedentemente pela oposição *conotação/denotação*) leva a uma certa distorção da terminologia acima. A manifestação em discurso de dois ou mais núcleos sêmicos (configuração sêmica em língua) acarreta a manifestação de semas contextuais, que aqui receberão o nome de *classemas*. Os semas contextuais oriundos da aproximação *cachorro/comissário* com *late* (*o cachorro late/o comissário late*) dependem, com efeito, da classe "sujeito": classe dos animais no primeiro caso, classe dos humanos no segundo. O sema contextual [grito animal] e/ou [grito humano] receberá, portanto, o nome de classema.

clássico

1. Chama-se *clássico* um estado* de língua que corresponde a um momento da cultura, tomado como referência e norma (em particular numa instituição escolar); os estados de língua precedentes são chamados *pré-clássicos* ou *arcaicos*, e os que seguem *pós-clássicos* ou *modernos*. O conceito de "clássico" está ligado à idéia finalista de que a língua atingiu num dado momento um estado de equilíbrio e de perfeição, em relação ao qual os estados anteriores aparecem como imperfeitos e os posteriores como manifestando decadência.

2. Dá-se o nome de *francês clássico* a um "estado de língua" que se estende de início do século XVII ao fim do século XVIII, considerado relativamente estável e oposto por um conjunto de traços ao francês da Renascença

111

(século XVII) e ao francês contemporâneo (fim dos séculos XVIII-XIX). O *português clássico* é o dos séculos XVI e XVII, mas há autores que estendem a época clássica até o romantismo.

3. Para a gramática tradicional, *escritores* ou *autores clássicos* são os que, independentemente da época em que viverem ou da escola a que pertençam, podem ser apresentados como modelos de "boa linguagem". Esse conceito está hoje um tanto abalado.

4. *Línguas clássicas*, filologia *clássica* são expressões que definem ou que se referem às línguas e às culturas grega e latina, que também tiveram sua época clássica.

classificação

1. *Classificação* é uma operação lingüística que consiste em distribuir as unidades lingüísticas em classes ou categorias que têm as mesmas propriedades distribucionais, semânticas, etc. (V. CATEGORIZAÇÃO.)

2. Classificam-se as línguas atribuindo-lhes um parentesco maior ou menor, fundamentado numa comunidade de origem mais ou menos antiga e em pontos de semelhança mais ou menos numerosos: trata-se de uma *classificação genética* ou *histórica*, pela qual se estabelecem famílias* de línguas. Classificam-se, também, segundo listas de critérios lingüísticos preestabelecidos (sintáticos, morfológicos), sem se preocupar com outras semelhanças e ainda menos com uma possível comunidade de origem: tem-se então uma *classificação tipológica* ou *tipologia**.

3. *Classificação cruzada*. (V. CRUZADO.)

classificador

Chama-se *classificador* um afixo utilizado, em particular nas línguas negro-africanas, para indicar a que classe nominal pertence uma palavra. (Sin.: ÍNDICE DE CLASSE.)

cláusula

No fim de um membro de frase ou de uma frase, as palavras podem ser dispostas de maneira a realizar um certo ritmo quantitativo, tônico ou acentual. A prosa latina fundamentava as *cláusulas métricas* em certas combinações de breves e longas: a cláusula heróica reproduzia, assim, o fim do hexâmetro (— U U — U), verso dos poemas épicos. As cláusulas rítmicas são função dos acentos tônicos da palavra ou de seqüência de palavras. A gramática tradicional por vezes chama *cláusulas* as orações subordinadas: *cláusulas substantivas, adjetivas* e *adverbiais*.

clichê

Em estilística, chama-se *clichê* toda expressão rebuscada que constitui um desvio de estilo em relação à norma e que se acha vulgarizado pelo emprego bastante freqüente que já lhe foi feito. (Ex.: *a aurora dos dedos de rosa, o astro-rei, o precioso líquido*).

Distingue-se o clichê de diversos outros fenômenos lingüísticos: antes de ser um clichê, a expressão *de dedos de rosa* é em Homero um epíteto ligado a *aurora* por considerações prosódicas e estilísticas particulares. O sintagma estereotipado (*gente grande, tomar o trem*) não é mais assimilado ao clichê, visto que não constitui um desvio estilístico.

Sin.: CHAVÃO, LUGAR-COMUM. (V. ESTEREOTIPAÇÃO.)

clique

Clique é um estalido*. Certas línguas africanas chamadas *línguas de clique* o ilustram: são algumas línguas do grupo banto, das quais o zulu é a mais importante, e duas línguas geneticamente isoladas, faladas também na África do Sul — o hotentote e o boximane. (V. ESTALIDO.)

clítico

Dão alguns o nome de *clíticos* aos pronomes átonos, como *me, te, se, o, a, lhe, nos, vos*, etc. P. ex.: *Ele* ME *disse isto*. Um uso mais lato do termo, e mais justo, é o que se aplica a todos os monossílabos átonos que dependem, quanto à acentuação, das palavras que os seguem ou os precedem, ou dentro das quais eles se põem. (V. ENCLÍTICO, MESOCLÍTICO e PROCLÍTICO.)

clivado

Em gramática gerativa, uma frase é *clivada* quando o encaixamento de uma relativa na matriz é acompanhado da extração de um sintagma nominal constituinte da frase relativizada. Assim, há transformação de clivagem e frase clivada quando, partindo de *Gosto de chocolate*, obtém-se *É de chocolate que gosto*, por extração de *chocolate* e relativização pelo *que*. Não há dúvida de que se trata de uma transformação de relativa, mas a visão sincrônica do fato hoje não vê mais no *que* de *é que* um relativo. (V. PSEUDOCLIVAGEM.)

clivagem

Em gramática gerativa, a *clivagem* é uma operação de encaixamento de relativa acompanhado da extração de um dos seus sintagmas nominais. (V. CLIVADO.)

coalescência

Coalescência, ou redução, é a passagem de um ditongo a vogal, como a passagem do ditongo latino [aw] à vogal [ɔ] ou [o], no francês, italiano, espanhol e português popular do Brasil. Ex.: *aurum* > it. *ouro*, fr. *or*, esp. *oro*, port. pop. bras. *oro*. Assim, também, há o aparecimento da vogal [ɛ], no francês moderno, em substituição à seqüência formada pela vogal palatal [a] ou [ɛ] e a soante [j], em palavras como *lait, reine*, etc., pronunciadas numa época anterior [lajt], [rɛjn].

coarticulação

Chama-se *coarticulação* a coordenação de diversos movimentos articulatórios para a realização de uma mesma unidade fônica. Assim, a fusão íntima entre os diferentes elementos de uma mesma sílaba traduz-se por fenômenos de coarticulação, como a nasalização das vogais, em todas as línguas, sob a influência assimiladora das consoantes nasais seguintes por um movimento antecipado de abertura das fossas nasais. Assim também, numa palavra como *abuso*, a articulação do [b] apresenta um arredondamento dos lábios que antecipa progressivamente a realização do [u]. A realização de um mesmo fonema implica a combinação de várias articulações, algumas das quais correspondem a escolhas fonéticas (hábitos articulatórios) ou fonológicas, enquanto outras são necessariamente provocadas pela presença de certos traços: assim, a abertura vocálica é acompanhada de uma duração mais longa, pois o movimento dos maxilares superpõe-se ao movimento dos lábios.

cochicho

O *cochicho* é o zumbido chiante laríngeo produzido pela vibração das cordas vocais, quando estas ocupam uma posição intermediária entre a correspondente à respiração normal (cordas vocais afastadas e glote aberta) e a que corresponde à fonação (cordas vocais reunidas e glote fechada). Para a produção do cochicho, as cordas vocais são parcialmente reunidas, mas a parte da glote que se acha entre as aritenóides permanece aberta, deixando passar o ar. O som constitui-se então de um ruído de escoamento semelhante ao de um jato de ar que atravessa todas as cavidades supraglóticas e serve de suporte à mensagem fônica. O cochicho dá em princípio uma imagem completa da articulação e imprime normalmente a expressão fonética tanto à audição como à análise harmônica. Entretanto, a intensidade é menos importante e o alcance mais reduzido do que para a voz normal.

codificação

A palavra *codificação* designa um dos elementos do processo da comunicação*. Sendo o código o sistema de

113

transmutação de uma mensagem em outra forma que permite sua transmissão entre um emissor e um receptor por intermédio de um canal, a codificação é o processo pelo qual certos sinais do código são selecionados (escolhidos) e introduzidos no canal; é a operação de transmutação da mensagem numa forma codificada que permite sua transmissão.

codificador

Codificador é o aparelho emissor (pessoa ou máquina) que efetua as operações de codificação.

codificar

Uma vez estabelecida a série dos conceitos a comunicar, *codificar* é estabelecer os elementos físicos correspondentes a esses conceitos e capazes de tomar o canal. (V. CÓDIGO.)

código

Código é um sistema de sinais — ou de signos, ou de símbolos — que, por convenção prévia, se destina a representar e a transmitir a informação entre a fonte dos sinais — ou emissor — e o ponto de destino — ou receptor.

O código pode ser formado de sinais de natureza diferente: sons (código lingüístico), signos escritos (código gráfico), sinais gestuais (como o movimento de braços de um homem que segura uma bandeira num barco ou numa pista do aeroporto), símbolos como os painéis de sinalização de trânsito, ou ainda, sinais mecânicos como as mensagens datilografadas em morse, etc.

Os sinais que formam um código são em número restrito; o próprio número desses sinais é, na maioria das vezes, convencional e só varia com o acordo dos usuários do código.

Integrado no processo da comunicação, um código é um sistema de transmutação da forma de uma mensagem* em outra forma que permita a transmissão da mensagem. P. ex., a escrita é um código que permite transformar em mensagem gráfica uma mensagem acústica; assim também, sinais morses são um código que permite transformar uma mensagem gráfica noutra de forma mecânica. A operação pela qual se transmuda a substância mensagem em sua nova forma codificada chama-se *codificação*. Esta se faz no nível do emissor-codificador. Uma vez codificada, a mensagem pode ser transmitida por intermédio do canal*, que é o meio pelo qual o código ou os sinais são transmitidos. A forma codificada não sofreu nenhuma modificação de sentido. Essa forma chega, em seguida, ao ponto de destino — destinatário ou receptor-descodificador — em cujo nível se efetua a operação de *descodificação*, no decurso da qual a forma codificada assume um sentido. O conjunto dos processos que constituem a transmissão do código, da codificação à descodificação, constitui o processo da comunicação*. Sendo o código uma forma que permite a transmissão da mensagem, da informação, os sinais emitidos, nova forma de substância mensagem, devem poder ser compreendidos pelo receptor a fim de que a comunicação se possa estabelecer. O código é, pois, um sistema convencional explícito. A convenção é dada, explicitamente formulada. A forma codificada pode ser, por isso, identificada pelo receptor.

As línguas naturais, que são os sistemas de combinação por excelência, têm a forma de um sistema de signos, ou código lingüístico, formados de signos* vocais — ou fonemas — em número restrito, combináveis e cujas regras de combinação, convencionais e comuns ao conjunto dos usuários do código, permitem a formação de signos lingüísticos de um nível superior, os morfemas.

coerção

A gramática distribucional, trabalhando a partir de um *corpus*, procurou formular as *coerções seqüenciais*, i.e., as necessidade ou interdições suscitadas em determinados pontos da mensagem pela parte desta já realizada.

De maneira geral, a linearidade da cadeia falada impede-a de ter duas unidades de mesmo nível num único ponto do enunciado: a emissão de um fonema exclui nesse ponto todos os outros fonemas, mas, além disso, a existência de uma unidade condiciona a possibilidade de ocorrência de unidades subseqüentes.

A questão da ordem das palavras pode esclarecer o problema. Em latim, depois de um início *pater*, espera-se tanto um verbo quanto um substantivo (*pater amat filium / pater filium amat*); em português, o início *o pai* faz pesar sobre o ordenamento do enunciado uma coerção mais forte. Assim, uma gramática que tenha por regras de base X = (a, b) e Y = = (c, d), sendo X e Y ou fonemas, ou morfemas, ou lexemas, deve estabelecer com precisão as coerções seqüenciais da língua considerada: XY (X) é possível sozinho, ou XYX e XXY são igualmente possíveis, ou XY é diferente de YX etc.

As coerções seqüenciais podem dizer respeito ao primeiro elemento do enunciado: a necessidade de um "sujeito aparente" no francês *il pleut, il neige* pode ser considerada sob esse ângulo.

Compreende-se que a lingüística distribucional tenha logo confrontado essa noção de coerção com os dados da teoria da informação. Depois de *Eu vi um...* a língua portuguesa é forçada a uma escolha paradigmática, muito vasta ainda; depois de "*Eu vi um diplo...*", uma escolha é ainda possível (*diploma, diplomata, diplomado*, etc.); depois de "*Eu vi um diplod...*", a seqüência -*oco* torna-se obrigatória: isto é, sua probabilidade de ocorrência torna-se obrigatória. Podemo-nos servir dessa consideração para uma tentativa de delimitação da palavra: na base da probabilidade de ocorrência dos fonemas, determinar-se-iam os limites entre os segmentos do enunciado.

A noção de coerção (ou de seu oposto, a liberdade de ocorrência) é particularmente útil à constituição de uma gramática de constituintes imediatos. Uma das regras da análise de constituintes imediatos estabelece como melhor divisão a que leva a constituintes que tenham a maior liberdade de ocorrência — e, portanto, sujeitos a menos coerções seqüenciais. No grugo *uma grande boa vontade*, uma partição /*grande*/ *boa vontade*/ é mais provável do que uma partição /*grande boa*/ *vontade*/, visto que /*grande* + + SN/ e /*boa vontade*/ se encontrarão em maior número de contextos (= sofrerão menos coerções) do que /*grande boa*/.

cognitivo

Chama-se *função cognitiva* (ou *referencial*) da linguagem a função de comunicação, considerada por certos lingüistas como a única importante: essa função traduz-se na língua pela frase assertiva, que serve para informar, para fazer conhecer um pensamento do interlocutor. (V. DENOTAÇÃO.)

co-hipônimo

Co-hipônimos de um termo A são as unidades léxicas cujo significado está incluso no de A, que é chamado superordenado*. Na série *cadeira, pufe, tamborete, poltrona, banqueta*, dir-se-á que essas palavras (e outras) são co-hipônimos entre si e hipônimos de *assento*. Para serem co-hipônimos, as unidades, na hierarquia das inclusões sucessivas, devem ser do mesmo nível (não devem manter relações de inclusão). *Tulipa, rosa, cravo*, etc. são co-hipônimos entre si e hipônimos do hiperônimo *flor*. Em contraposição, *tulipa negra* ou *cravo de Nice* são hipônimos, respectivamente, *tulida negra* de *tulipa, cravo de Nice* de *cravo*, mas não co-hipônimos.

colchetes

V. PONTUAÇÃO.

coletivo

1. Chama-se *coletivo* um traço distintivo da categoria do número* que indica a representação de um grupo de entidades, isoláveis, consideradas como um todo: assim, *carvalhal* designa "um bosque de carvalhos". O termo *carvalhal* tem o traço distintivo "coletivo" notado [+ coletivo].

2. Chama-se *substantivo coletivo* o substantivo que designa uma reunião de entidades, isoláveis, consideradas como um todo, concebida como uma entidade específica. Os substantivos coletivos podem ser derivados de substantivos contáveis por meio de afixos específicos, como *carvalhal* em relação a *carvalho*, por meio do afixo *-al*. Esses afixos podem ter um valor pejorativo como *-aille* no fr. *valetaille, canaille*. Os substantivos coletivos podem ser também substantivos primitivos, como *a turba, a gente*, ou numerais derivados, como *dezena, milheiro*, etc.

colocação

Chama-se *colocação* a distribuição estabelecida entre os morfemas léxicos de um enunciado, abstraídas as relações gramaticais existentes entre esses morfemas: assim, as palavras *construção* e *construir*, embora pertençam a duas espécies diferentes de palavras, têm as mesmas colocações, i.e., encontram-se com as mesmas palavras.

coloração

Chama-se *coloração* o fenômeno de assimilação progressiva (antecipação) ou regressiva pela qual uma vogal comunica sua cor* às consoantes contíguas: assim, a consoante velar [k] recebe uma coloração palatal nas palavras *quilo, aqui, pesquisa*, etc. A coloração das consoantes pelas vogais vizinhas é uma tendência característica do francês e do português, especialmente em formas dialetais, em relação a outras línguas como o inglês e o alemão. A coloração pode culminar numa mudança fonológica, de que um dos exemplos mais eloqüentes é o fenômeno de pala-

talização que marcou fortemente a passagem do sistema fonológico latino ao das línguas românicas, pelo aparecimento de novos fonemas. A seqüência da sílaba inicial de *cena*, p. ex., deve ter sido: [ke] $>$ [kye] $>$ [tʃye] $>$ [tʃe] $>$ [tse] $>$ [se]. O it. *cena* e o rom. *cina* atestam ainda a pronúncia africada palatal e o port. arc. *cea*, a pronúncia africada sibilante. A evolução de certas línguas, como a do irlandês arcaico, oferece um sistema completo de coloração de consoantes, ao qual se dá o nome de infecção*.

combinação

1. A *combinação* é o processo pelo qual uma unidade da língua entra, no plano da fala, em relação com outras unidades realizadas também no enunciado. (V. NÍVEL e RELAÇÃO.)

Sem definir *combinação*, F. DE SAUSSURE opõe esse termo a *substituição*. Pode-se, pois, indo além, dizer que o eixo sintagmático é o das combinações, enquanto o eixo paradigmático é o das substituições. Chama-se *sintagma* a combinação de diversos elementos num enunciado.

Para F. DE SAUSSURE, estas combinações encontradas no enunciado realizado são do domínio da fala, contanto que não respondam a mecanismos lingüísticos imperativos: "É próprio da fala a liberdade das combinações." Se nos referirmos à definição da fala como "1) as combinações pelas quais o falante usa o código da língua, para exprimir seu pensamento individual e, 2) o mecanismo psicofísico que o habilita a exteriorizar essas combinações" —, somos levados a procurar exemplos de *combinações livres* que provêm da fala. Essas combinações quase não se encontram, salvo no nível da frase. Os exemplos de F. DE SAUSSURE são sempre, aliás, exemplos de combinação determinada pela língua. (V. RELAÇÕES SINTAGMÁTICAS.)

Com efeito, as combinações não livres são do domínio da língua. F. DE SAUSSURE dá dois tipos de exemplo:

(1) as expressões *à quoi bon?*, "para quê?"; *allons donc!*, "vamos então!", *à force de*, "a força de", etc. Observa, então: "Essas expressões não podem ser improvisadas, são fornecidas pela tradição." Note-se que se dá o mesmo para toda construção e que a distribuição* de *comer* (*X come Y*), ou de *Paulo* (*Paulo + faz, come, vê X; X vê, ouve, fala a Paulo*), não será menos imperativa por ser mais delicada de estabelecer.

(2) o derivado *indecorável*. Essa palavra é fabricada, segundo o princípio da quarta proporcional, a partir de *decorar*, sobre o modelo da relação *perdoar/imperdoável*. F. DE SAUSSURE vê aí uma combinação da língua, não da fala. Isso quer dizer que toda neologia é gerada pelo mecanismo da língua.

2. Em fonética, chama-se *combinação* a disposição por simultaneidade ou por contigüidade de duas ou mais articulações. Os fonemas complexos resultam da combinação de duas articulações simultâneas (uma oclusiva e a outra fricativa para as africadas como [dʒ] do ing. *Jane*, uma velar e a outra labial para as labiovelares como o [w] do fr. *oui* [wi] e do port. *quatro*, etc.). A combinação de dois fonemas contíguos obedece a regras combinatórias* que variam segundo as diferentes línguas, e é acompanhada de modificações que resultam da influência recíproca que esses fonemas exercem um sobre o outro (mudanças combinatórias*).

3. Em psicolingüística, chama-se *combinação* a associação na seqüência "ítem-estímulo e resposta", de palavras já encontradas numa seqüência real da língua numa frase.

combinatório

1. A *análise combinatória* repousa sobre o postulado de que a gramática é um mecanismo finito, i.e., de que suas unidades e as regras são em número finito. O método combinatório da gramática estrutural consiste: (1)

em levar-se em consideração apenas os contextos das unidades (análise do *corpus*); (2) na pesquisa das coerções que se exercem sobre as unidades na cadeia falada.

A teoria de F. DE SAUSSURE fundamenta-se na necessidade de definir toda unidade da língua, segundo dois eixos: o das oposições (eixo paradigmático, que SAUSSURE chamava *associativo*) e o das combinações (eixo sintagmático).

No eixo das combinações, as unidades mantêm entre si relações de contraste e não de oposição. Definir-se-á a *função combinatória* das unidades como a possibilidade de se associarem entre si para formar grupos que permitem a realização de unidades de nível superior: combinatória de fonemas que resulta no morfema, combinatória de morfemas que resulta no lexema ou no sintagma, e assim por diante, até o discurso.

A análise combinatória parte de um *corpus* de materiais lingüísticos e tenta explicar enunciados por fórmulas estruturais que especifiquem as classes aceitáveis de seqüências. Trata-se, em todos os níveis, de chegar a uma taxinomia, a uma classificação ordenada. A distribuição dos segmentos é marcada, em todos os níveis, por processos da mesma natureza. A lexicologia estrutural por exemplo, tira o essencial de sua metodologia da análise fonológica; para a análise combinatória, as coerções que se exercem nos morfemas, por natureza, não são diferentes das que pesam sobre os fonemas. A *combinatória semântica* é definida, na mesma perspectiva, como um cálculo do sentido dos enunciados a partir de sua sintaxe, i.e., das combinações de morfemas.

A crítica feita por N. CHOMSKY à lingüística estrutural visa, toca, entre outras, à noção de combinatória; não é sem razão que a lingüística estrutural se interessou pela teoria da informação: nela busca seus modelos de explicação dos fatos da linguagem. Ora,

117

nem o modelo distribucional, nem o modelo de gramática de constituintes imediatos explicam a totalidade de fenômenos de produção de enunciados. A noção de criatividade da linguagem (aptidão de todo falante para compreender ou produzir um número indefinido de enunciados nunca antes formulados) aumenta a dificuldade de explicar o conjunto dos fatos pela análise combinatória. A reflexão sobre as gramáticas formais levou à conscientização das possibilidades e dos limites desse procedimento lingüístico.

2. Em fonética, *mudança combinatória* é a modificação fonética que sofre um fonema em contato com um fonema vizinho e que resulta, em geral, da tendência à assimilação*. Assim, a maior parte das consoantes modifica seu ponto de articulação e seu timbre, segundo a natureza das vogais que as circundam: consoante [k] é mais ou menos velar e mais ou menos aguda, conforme se encontre diante de uma vogal palatal (aguda) como [i] ou diante de uma vogal velar (grave) como [u]. O fonema /k/ apresenta, assim, duas variantes* combinatórias, das quais uma, palatalizada, aparece, p. ex., na palavra *quieto* e o outro aparece na palavra *quando*.

As mudanças combinatórias que as consoantes sofrem em contacto com as vogais provém principalmente de quatro fenômenos: a palatalização, a velarização, a labialização, a labiovelarização.

comentário

Comentário é a parte do enunciado que acrescenta algo de novo ao tema, que dele "diz algo", que informa sobre ele, por oposição ao tópico*, que é o sujeito do discurso, o elemento dado pela situação, pela pergunta do interlocutor, que é o objeto do discurso, etc. Assim, em *Pedro veio ontem, Pedro* é o tópico e *veio ontem* é o comentário, que nas línguas indo-européias se identifica com predicado*.

comitativo
(V. CASO.)

comitativo

Comitativo é o caso* que exprime companhia (ex.: *Ele veio* COM SEUS PAIS), muitas vezes realizado por um sintagma preposicional. O comitativo confunde-se às vezes com o instrumental, com o qual tem em comum certos recursos morfológicos (p. ex., a preposição *com*).

compacto

Fonemas compactos são aqueles cujo espectro acústico apresenta uma concentração de energia mais elevada numa região relativamente estreita e central, por aproximação dos dois formantes principais (da faringe e da boca). Os fonemas compactos são articulatoriamente centrífugos: trata-se das vogais abertas [a], [ɛ], [ɔ], [u], etc., e das consoantes velares e palatais [k], [g], [ʎ], [ʃ], [ʒ], etc., cuja cavidade bucal apresenta, na parte anterior do estreitamento mais forte, um ressoador mais amplo do que na parte posterior.

comparação

1. *Comparação* é uma operação que, em gramática comparada, consiste em estudar paralelamente duas línguas, ressaltando as diferenças ou, sobretudo, as correspondências que muitas vezes revelam o seu parentesco.

2. Em retórica, a *comparação* é uma figura que se distingue da metáfora por um traço formal: a comparação, ou colocação de dois sentidos em paralelo, é introduzida sempre por *como* ou um sinônimo *assim como, da mesma maneira que*, etc.; além disso, o termo que se compara e aquele com o qual se compara estão igualmente presentes, p. ex., *Um* SUJEITO *redondo como uma* PIPA. Na metáfora, ausência de unidades introdutórias da comparação determina a substituição do termo original pelo termo com o qual é comparado: *Aquela fera quase me devorou* (substituição de "mulher brava" por *fera* e de "ficou furiosa" por

devorou); *Esse homem, verdadeira pipa, pesa 102 quilos* (identificação por aposição).

3. Os *graus de comparação* são índices referentes a um adjetivo (ou um advérbio) que representam uma quantidade suscetível de ser mais ou menos elevada, mais ou menos intensa, ou da mesma elevação ou intensidade. O grau pode ser encarado em si mesmo independentemente de toda comparação com outros seres ou objetos (grau absoluto), ou por comparação com outros seres ou objetos (grau relativo). Exprime-se o grau de uma qualidade (adjetivo) ou de uma modalidade (advérbio) pelo positivo (qualidade enunciada tal qual), pelo comparativo (qualidade dada como notável em si, ou mais ou menos elevada, ou igual em relação a outras), pelo superlativo (qualidade dada como absolutamente superior ou inferior em relação a outras).

comparada (gramática)

A *gramática comparada* (ou *comparativa*), ou *lingüística comparada* (ou *comparativa*), é um dos dois ramos da lingüística, sendo o outro a *lingüística descritiva*. Os sucessos que ela encontrou no século XIX, particularmente no estudo das línguas indo-européias, foram tais que por muito tempo se reduziu a lingüística científica ao estudo histórico comparativo. A sua elaboração foi iniciada por J. G. Herder, J. Grimm, A. W. e F. von Schlegel e W. Humboldt, que lançaram as suas bases teóricas, mas sobretudo por F. Bopp, A. Schleicher e pela descoberta do parentesco das línguas indo-européias. A gramática comparada confronta as palavras (sobretudo o vocabulário usual) de duas ou mais línguas dadas. Pode haver semelhança quanto à forma e ao sentido entre certas palavras, como no ingl. *son, mother, broter, six, seven* e *have* e no al. *Sohn, Mutter, Bruder, sechs, sieben* e *haben*; propõe-se então para cada uma dessas palavras a hipótese de que remontam a uma forma única que evoluiu de duas

maneiras diferentes. É aí que se fez intervirem as leis fonéticas (v. NEOGRAMÁTICOS), permitindo reconstruir as etapas sucessivas pelas quais passou a forma única (ou étimo) para chegar às formas modernas (ou atestadas). Estabeleceu-se assim o parentesco* que permite dizer que duas línguas desenvolveram-se a partir de uma mesma língua (parentesco genético). O termo *comparado*, ou *comparativo*, poderia, na realidade, ter-se aplicado também a uma disciplina que se ocupe das afinidades fortuitas. A gramática comparada confundiu-se com a gramática histórica, porque nasceu e se desenvolveu na época romântica muito imbuída de história nacional e cultura popular; donde a tendência a admitir-se que cada língua reflete os modos de pensamento do povo que a usa e que a unidade de língua corresponde à unidade de raça. A família indo-européia, representada pela maior parte das línguas da Europa (família* de línguas), forneceu à gramática comparada a melhor matéria de pesquisa. Com efeito, essas línguas que, contrariamente ao que se pôde pensar, não tinham superioridade intrínseca sobre as outras, tinham conservado textos antigos, que remontam a centenas e mesmo a milhares de anos. Quando as línguas são parentes e representam formas progressivamente divergentes, as diferenças são cada vez menores à medida que se recua no tempo. Sem dúvida, é possível provar a existência de uma família indo-européia pelo simples exame do estado contemporâneo de cada uma das línguas, mas a existência de textos ajudou muito. Aplicando ao estudo das línguas indo-européias os métodos que se revelaram eficazes, os comparatistas puderam dispensar qualquer texto antigo para estabelecer outros parentescos: a comparação das línguas fox, cree, menominee e ojibwa permitiu descrever o proto-algonkino central; foi, também, possível estabelecer os parentescos entre línguas africanas, por exemplo. Certas disciplinas ligadas à lingüística histórica, como a glotocronologia, permitiram até datar certos fatos e medir o grau de parentesco.

comparatismo

Dá-se o nome de *comparatismo* às pesquisas de gramática comparada*.

comparatista

Chamam-se *comparatistas* os lingüistas especializados em estudos de gramática (ou lingüística) comparada (ou comparativa), que fazem prevalecer na sua marcha científica as conclusões, as hipóteses ou os pontos de vista da gramática comparada (ou comparatista).

comparativo

1. *Comparativo* é o grau de comparação do adjetivo ou do advérbio que exprime a qualidade ou a modalidade de um grau igual, superior ou inferior, a essa mesma qualidade ou modalidade num outro ser ou objeto, ou a uma outra qualidade. Distingue-se, pois: (1) um *comparativo* de igualdade (*Pedro é tão grande quanto Paulo, Pedro é tão grande quanto tolo*); (2) um *comparativo de superioridade* (*Pedro é maior que* (ou *do que*) *Paulo, Pedro é mais trabalhador que* (ou *do que*) *inteligente*); (3) um *comparativo de inferioridade* (*Pedro é menor que* (ou *do que*) *Paulo, Pedro é menos ignorante que* (ou *do que*) *simplesmente distraído*). Em português, só *grande, pequeno, bom* e *mau* e os advérbios *bem* e *mal* têm forma comparativa: *maior, menor, melhor, pior* (esses dois últimos do adjetivo ou do advérbio). Os outros adjetivos põem-se no comparativo com o auxílio de advérbios: *tão* e tanto para igualdade; *mais* e *menos* para superioridade e inferioridade.

2. Em gramática tradicional, chama-se *subordinada comparativa* a oração subordinada introduzida por *como, assim como* e *quanto, que* e *do que*, precedidos de elemento comparativo na subordinante. Ex.: *Ele procedeu como um sábio* (sc. *procede ou procederia*); *Este moço trabalha com cuidado, assim como o seu pai trabalhava; Ele ganha tanto quanto você; Ele estudou mais que* (ou *do que*) *você* (sc. *estudou*).

compensatório

Em fonética, os *processos de compensação,* ou *compensatórios,* são tipos diversos de articulação que permitem obter o mesmo efeito acústico. Assim, na pronúncia da vogal [œ] do fr. *œuf* [œf], realizada em geral como vogal anterior semi-aberta e arredondada, o fator articulatório de arredondamento pode desaparecer, sem que isso se traduza por qualquer modificação do espectro acústico, se é substituído por uma leve contração da língua. Esses dois processos têm por efeito abaixar a freqüência própria da cavidade bucal aumentando seu volume, o que acarreta uma bemolização do timbre vocálico. O primeiro processo é o mais normal em francês, o segundo é o processo normal em inglês, p. ex., para a vogal de *girl*, mas a vogal francesa e a vogal inglesa pertencem ao mesmo tipo acústico.

Em fonologia diacrônica, chama-se *fenômeno compensatório* a mudança que tem por efeito atenuar os riscos de confusão determinados por outra mudança anterior ou simultânea. Assim, no dialeto piemontês, o desaparecimento das vogais finais, exceto *a*, tem por conseqüência um aumento do número dos homônimos na língua; mas, por outro lado, o aparecimento de uma série vocálica labiopalatal [y], [ɸ], [œ] suplementar reduz a proporção de homônimos e permite a manutenção de um equilíbrio.

competência

Na terminologia da gramática gerativa, a *competência* é o sistema de regras interiorizado pelos falantes e que constitui o seu saber lingüístico, graças ao qual são capazes de pronunciar ou de compreender um número infinito de frases inéditas. A competência do falante explica a possibilidade que tem de construir, de reconhecer e de compreender as frases gramaticais, de interpretar as frases ambíguas, de produzir frases novas. Essa interiorização da gramática explica também a intuição* do falante, i.e., a possibilidade que ele tem de fazer um juízo de gramaticalidade sobre os enunciados apresentados. A tarefa da lingüística é definir essa competência, comum aos membros de uma mesma comunidade lingüística. A competência, conceito da gramática gerativa, corresponde em parte à "língua", conceito da lingüística estrutural. A competência opõe-se a *performance**, definida pelo conjunto das imposições que se exercem sobre a competência para limitar seu uso: a *performance* explica os usos diversos da língua nos atos de fala.

Distingue-se uma *competência universal*, formada de regras inatas que fundamentam as gramáticas de todas as línguas, e uma *competência particular*, formada das regras específicas de uma língua, apreendidas graças ao ambiente lingüístico. Por exemplo, se numa estrutura do tipo $SN_1 + V \; SN_2$ os dois sintagmas nominais SN_1 e SN_2 são idênticos, se são co-referentes (como em *Pedro veste Pedro*) há então uma transformação reflexiva (*Pedro se veste*). A transformação reflexiva é uma regra universal, mas o fato de que a transformação se faça por uma pronome reflexivo (como em português) ou pela forma média do verbo (como parcialmente em grego) pertence à gramática de cada língua e está ligada à competência particular.

Os atos de fala, i.e., as frases efetivamente realizadas, estão ligados à *performance*.

complementar (distribuição)

Diz-se que dois elementos de uma língua estão em *distribuição complementar* se não existir nenhum ambiente em que um possa substituir o outro. A noção de distribuição complementar pode aplicar-se aos diversos níveis da análise lingüística. Segundo o nível de análise, as unidades em distribuição complementar serão designadas diferentemente.

Por exemplo, em fonologia, quando dois sons estão em distribuição complementar, constituindo um mesmo fonema, chamar-se-ão alofones*. É o caso de sons notados graficamente em alemão pelo dígrafo *ch*; sua realização fonética em *Bach, Buch*, etc., é bastante diversa da que ocorre em *ich, Bücher*, etc. Dir-se-á que *ch* duro e *ch* mole estão em distribuição complementar em alemão.

No plano morfológico, dá-se o mesmo. Em francês, o plural do artigo *le*, representado graficamente por *les*, recobre de fato dois alomorfes, em distribuição complementar, [le] e [lez], não suscetíveis de comutação e especializados, o primeiro quando seguido de palavra iniciada por consoante, o segundo quando seguido de palavra iniciada por vogal: *les parents* [le paRã], *les enfants* [le zãfã].

complementaridade

Diz-se que unidades léxicas são *complementares* quando a negação de uma num enunciado implica a afirmação da outra, na base das orações seguintes:

$$x \text{ é não-A} \supset x \text{ é B}$$
$$x \text{ é não-B} \supset x \text{ é A}$$

Isto se lê:

x é não-A implica x é B
x é não-B implica x é A

É a relação que existe entre *casado* e *solteiro*, por exemplo. Por oposição à complementaridade, a antonímia não se acompanha de uma dupla implicação. A complementaridade deve ser considerada como um caso particular da incompatibilidade* para conjuntos de dois termos. Assim, no caso de incompatibilidade propriamente dita, ter-se-á:

$$x \text{ é vermelho} \supset x \text{ é não} \left\{ \begin{array}{l} \text{violeta} \\ \text{anil} \\ \text{azul} \\ \text{verde} \\ \text{amarelo} \\ \text{alaranjado} \\ \ldots \end{array} \right.$$

assim como:

x é $\left\{\begin{array}{l}\text{violeta} \\ \text{anil} \\ \text{azul} \\ \text{verde} \\ \text{amarelo} \\ \text{alaranjado} \\ \dots\end{array}\right\}$ ⊃ x é não vermelho

Cumpre notar, entretanto, que contrariamente à incompatibilidade, a complementaridade se fundamenta no princípio dicotômico, que desempenha grande função em lingüística. O uso de um dos termos da dicotomia pressupõe a aplicabilidade dos termos. Assim, *casado* e *solteiro* podem ser também efetivamente pouco aplicados a *padre* ou a *gato* ou a *bengala* (anomalia semântica).

Todavia, observa-se muitas vezes que nessas dicotomias pode haver fenômenos de neutralização. Assim, *mâle* e *femelle*, "macho" e "fêmea" são normalmente complementares, mas o fr. *chien* se pode aplicar tanto a *mâle* quanto a *femelle*, ao passo que a *chienne* só se pode ajuntar *femelle*.

complemento

Sob o nome de *complemento* designa-se um conjunto de funções desempenhadas na frase por sintagmas nominais (ou orações que podem substituí-los), sejam eles objetos, diretos ou indiretos, constituintes de sintagmas verbais ou de frases, ou circunstantes, constituintes de sintagmas verbais ou de frases, os quais completem o sentido dos sintagmas constituintes da frase elementar (SN + SV). Conforme a natureza da relação semântica entre o complemento e o verbo e conforme seja esse último introduzido ou não por uma preposição, falar-se-á de *complemento de relação* (a palavra completada encerra a idéia de uma relação e o complemento é o objeto dessa relação: *O construtor* DO IMÓVEL) e de *complemento de determinação* (o complemento precisa o completado: *O chapéu* DE PEDRO); de *objeto direto* (*Pedro lê* UM LIVRO), de *objeto indireto* (*Pedro obedece* AOS SEUS PAIS), de *adjunto adverbial* (*Pedro está* EM CA-

SA). Numa frase como *Pedro afirma que virá amanhã* a função da oração *que virá amanhã* é a de um sintagma nominal complemento de *afirma*.

Chama-se *predicativo* o constituinte obrigatório de um sintagma verbal em que o verbo é a cópula: esse predicativo pode ser um adjetivo (*Pedro está* FELIZ) ou um substantivo (*Pedro é* UM ENGENHEIRO).

A gramática francesa chama também *complemento do sujeito* a seqüência que se encontra depois dos verbos ou das locuções unipessoais, como *arriver*, "acontecer", e que representa o que a gramática tradicional francesa chama o *sujeito real* da frase; esse complemento dá o conteúdo semântico do pronome sujeito; assim, em *Il est arrivé un malheur*, "Aconteceu uma desgraça", *malheur* é o complemento do sujeito (ou sujeito real de *est arrivé*) [v. também EXPANSÃO]. Em português, a única análise possível é como *sujeito*, sem o qualificativo de real, pois não usamos o pronome *ele* nesse caso.

completivização

Em gramática gerativa, a *completivização* é uma transformação que consiste em encaixar num sintagma nominal ou verbal uma frase que desempenha o papel de completiva. Assim, as frases *Eu disse que Paulo virá, Eu temo sair, O fato de que Pedro está doente*, etc. procedem por completivização de seqüências subjacentes que comportam um constituinte $\sum$ (frase); p. ex., *Eu digo que Paulo virá* (*Eu digo isto + que Paulo virá*) vem de:

$$\sum\nolimits_1 \rightarrow \text{Mod} + \text{F}$$
(modalidade + núcleo)
$$\text{F} \rightarrow \text{SN} + \text{SV}$$
(sintagma nominal + sintagma verbal)
$$\text{SV} \rightarrow \text{Aux} + \text{V} + \text{SN}$$
(auxiliar + verbo + sintagma nominal)
$$\text{SN} \rightarrow \text{Det} + \text{S} + \sum\nolimits_2$$
(determinante + substantivo + frase)
e em que $\sum_2$ será representado por (*que*) *Paulo virá*: *Eu digo isto que Paulo virá*.

completivizador

Em gramática gerativa, o *completivizador* é um elemento introduzido no curso da transformação completiva (completivização) para realizar o encaixamento de uma frase no grupo verbal ou nominal. Assim, o morfema *que* ou *de que* é um completivizador em: *Eu disse que Paulo está doente. O fato de que Paulo está doente me entristece.* A preposição *de* e o afixo infinitivo são completivizadores na frase: *Eu gostaria de encontrá-lo.*

completivo

Chamam-se *completivas* frases encaixadas em outras frases, em cujo interior elas desempenham o papel de um sintagma nominal sujeito ou complemento. Assim, em *João anuncia que virá amanhã*, a completiva *que virá amanhã* (subordinada a *João anuncia*) desempenha o papel de um sintagma nominal complemento de anuncia (*João anuncia a sua chegada*).

Na frase *É claro que ele ficou surpreso*, a completiva *que ele ficou surpreso* desempenha o papel de sujeito de *é claro* (*que ele ficou surpreso é claro*). As completivas podem ser introduzidas pela conjunção (ou operador) *que* (*Eu sei que Pedro voltou para casa*) ou estar no infinitivo, precedido ou não da preposição (ou operador) *de* (*Gostaria de voltar para casa. Temo encontrá-lo*); podem também ocorrer no gerúndio (*Vejo-a correndo em direção à saída*).

complexo

Chama-se *frase complexa* toda frase gerada por um conjunto de regras das quais pelo menos uma contém o símbolo da frase à direita da flecha, i.e., a frase em que um símbolo é reescrito por uma seqüência de constituintes, dos quais um pelo menos é uma frase. Assim, o sintagma nominal complemento de *Sei* na frase *Sei o que Paulo dirá* é reescrito:

$$SN \rightarrow D + S + \sum$$

Nas frases simples, não complexas, como p. ex. *Leio um livro*, a reescrita é:

$$SN \rightarrow D + S$$

A frase complexa é, pois, necessariamente formada de frases simples; em *Sei o que Paulo dirá*, as duas são *Sei isto* e *Paulo dirá isto*. Essas frases simples são coordenadas, ou uma é subordinada à outra: a frase principal, coordenante ou subordinante (ou matriz), é modificada pela segunda frase (ou constituinte), que é introduzida por um relativo, uma conjunção subordinativa, etc. As frases simples que são os constituintes de uma frase complexa são chamadas *orações*.

componencial (análise)

A *análise componencial* é um processo que visa a estabelecer a configuração das unidades mínimas de significação (componentes semânticos, traços semânticos ou semas) no interior da unidade léxica (morfema léxico ou palavra).

Os antropólogos americanos constataram que os conceitos formados nas civilizações indo-européias eram inadequados para a descrição das culturas ameríndias: daí nasceu a análise componencial. Elaboraram-se pouco a pouco processos, preocupados muito mais com campos* conceituais do que com campos lingüísticos, i.e., os investigadores procuram em seus inquéritos, pelos enunciados da língua, informações de natureza não lingüística, mas sociocultural (p. ex., quais são os conceitos que explicam os laços familiares em tal civilização).

As preocupações de ordem lingüística, entretanto, aparecem com as necessidades da tradução (em particular, tradução da Bíblia em diversas regiões de substrato econômico cultural tão distanciado do do antigo Oriente Próximo quanto do das civilizações greco-latinas, nas quais se operou a primeira difusão dos textos bíblicos). Desde logo, sobre a constatação lingüística da impossibilidade de uma correspondência termo a termo entre línguas, o recurso à análise componencial efetuou-se numa óptica lingüística: qual seria a estrutura sêmica capaz de explicar as unidades A, B, C desta língua? A estrutura sêmica das unidades X, Y, Z daquela outra língua permitiria estabelecer uma rede de correspondências?

1. Apresentam-se aqui os processos de E. A. NIDA. O método proposto é comparativo. As distinções semânticas obtidas são apresentadas em diagrama. Em seguida, uma vez delimitados os componentes pertinentes (semas) numa dada cultura, pode-se proceder à análise componencial de termos individuais. Será necessário descrever a unidade no que toca ao contexto lingüístico e ao contexto cultural. O princípio de base é que uma descrição léxica por sim ou por não é falaciosa; quem descreve enfrenta não um problema de "verdadeiro ou falso", mas "o grau de verdade e de falsidade".. Os processos deverão atender a essa exigência.

a) Procede-se primeiro ao estabelecimento do campo semântico. Assim, trabalhando com a palavra *feiticeiro* em diferentes línguas primitivas, o analista classifica em lista vertical todos os nomes do feiticeiro nas línguas em questão; em lista horizontal, todas as funções do feiticeiro, seja qual for a palavra empregada. Os informantes deverão indicar que palavra da lista vertical corresponde às diversas funções da lista horizontal (p. ex.: o X cuida do gado, o Y tira a sorte, etc.). Esse processo permite uma listagem mais coerente e mais completa dos dados.

b) Em seguida, um estabelecimento do diagrama do campo. Um termo único pode revestir sentidos muito diferentes, mas há relações claramente reconhecidas que refletem geralmente fatos culturais. Aqui ainda o contacto das línguas pode ser aproveitado: a raiz *kbd* do hebraico traduz-se por "pesado", "muito", "lento", "abundante", "penoso", "difícil", "opressivo", "indolente", "passivo", "rico", "respeitoso", 'honroso", "grande". Chega-se a cinco tipos de glosas:

— quantidade (sem valor de juízo): "pesado", "muito";

— inércia (sem valor de juízo): "lento";

— inércia (com juízo pejorativo): "indolente", "passivo";

— valores culturalmente reconhecidos: "rico", "respeitoso", "honroso", "grande";
— abundância (como valor negativo): "penoso", "difícil", etc.

Partindo-se dessas glosas, pode-se construir o diagrama:

[favorável culturalmente]   [neutro culturalmente]   [desfavorável culturalmente]

c) O último estágio do processo é a análise componencial de termos individuais. Por exemplo, o termo *jwok* em *anuak* (Sudão). A partir do *corpus* de emprego do termo *jwok* tal como foi recolhido junto de informantes, chegou-se a um quadro da forma seguinte:

	Contextos (frases dos informantes)									
Componentes	1	2	3	4	5	6	7	8	9	10
Poder estraordinário	+	+			+	+	+	+	+	+
Personalidade humana					+	+			±	±
Personalidade não-humana	+	+								
Temor	±	+	+	+	±	±	±	+	+	±
Respeito	+	±	+	+	+	+			±	+
Seqüências inabituais de causalidade								+	+	+	+
Objetos			+	+			+			
Processo								+	+	+

Os contextos são:

1. *Quem fez o mundo é jwok;*
2. *É preciso aplacar os jū piny (plural de jwok) com oferendas e sacrifícios;*
3. *Os santuários familiares são jwok;*
4. *Esse bosquezinho é jwok;*
5. *O feiticeiro é jwok;*
6. *Os brancos são jwok;*
7. *Os rádios, os carros, os aviões, a eletricidade são jwok;*
8. *Tudo aquilo que é esquisito é jwok;*

9. *O doente foi apanhado pelo jwok;*
10. *Que fazer? Tudo depende do jwok.*

Relacionando as frases ao quadro, nota-se que, segundo métodos tradicionais de definição, surgiram discussões intermináveis para saber se *jwok* denota um deus pessoal ou um poder impessoal. A análise componencial permite rejeitar um sistema do "ou ...ou" em favor de um sistema do "e...e", mais pertinente do ponto de vista léxico e cultural.

2. Em face dessa aplicação e domínios conceitualmente definidos, existe uma tentativa de extensão da análise componencial ao vocabulário geral (E. H. BENDIX). Os componentes semânticos investigados são aqui retirados da oposição mútua de um grupo de verbos selecionados (verbos ingleses, hindis e japoneses que correspondem grosseiramente aos verbos *obter, encontrar, dar, emprestar, pedir emprestado, tomar, livrar-se de, perder, guardar*). Trata-se de estabelecer a presença ou a ausência de um componente [A possui B] nos verbos escolhidos. Sendo o objetivo a longo prazo uma descrição semântica de toda unidade léxica pelos componentes semânticos (de tipo [A possui B]), seria preciso introduzir os verbos estudados em novos agrupamentos, em que novas oposições determinariam novos componentes semânticos: p. ex., uma vez reconhecida a presença do sema relacional [A possui B] em *A empresta B*, a inserção de *emprestar*, sob a forma *A empresta B a C*, num grupo *mostrar, contar, desenhar, fazer*, poderia trazer a consideração de um outro sema relacional [A está em relação com C por B). As vantagens desse processo são essencialmente as seguintes: (1) não se submeter à partição conceitual, visto que o ponto de entrada no estudo do vocabulário pode ser arbitrário; (2) permitir evitar os semas *ad hoc*, visto que cada teste visará a estabelecer a presença ou ausência de um sema, e não a esgotar a constituição semântica de uma unidade; (3) visar à economia, visto que os semas serão tão gerais quanto possível.

O método a serviço desse projeto consiste essencialmente numa bateria de testes em que o informante é encarregado não de dar um juízo de aceitabilidade sobre as frases, mas de escolher entre elas ou de classificá-las em função da sua interpretabilidade. Eis um exemplo de teste de classificação destinado a avaliar a presença ou ausência do componente [B é de A] no verbo *emprestar*.

Classificar:

1. *Uma vez que ele somente me emprestou, isto não é verdadeiramente meu.*
2. *Visto que ele somente me emprestou, é verdadeiramente meu.*

A análise componencial, nas duas formas apresentadas aqui entre outras, oferece um conjunto de processos bastante eficazes. Ela, porém, é muitas vezes contestada: (1) em nome das objeções tradicionais feitas à etnolingüística: sistematismo de toda rede de decifração, perigo de criação de artefatos*; (2) em nome do funcionamento real do discurso: se é importante entender como o sentido de uma palavra é determinado pelo sentido das outras palavras do vocabulário, resta explicar a relação entre palavras isoladas e palavras em discursos (como o sentido de uma frase se compõe do sentido das palavras individuais).

componente (masc. e fem.)

1. (masc.) Na terminologia da análise componencial*, o *componente semântico* é a unidade mínima de significação, não suscetível de realização individual. É sempre no interior de uma configuração semântica, ou lexema, que se realiza o componente semântico. Assim, um componente semântico [temor] intervém ou não nesta ou naquela ocorrência de uma palavra *jwok* (poder divino, divindade, etc.) em anuak do Sudão. A análise componencial toma como tarefa isolar os componentes semânticos próprios de um termo da língua ou próprios da descrição de uma ocorrência dada de um termo da língua.

Para a aplicação da análise componencial ao vocabulário geral, propôs-se modificar a concepção do componente semântico, ressaltando-se que longe de ser uma unidade positiva, mecanicamente adicionável a uma outra, o componente semântico podia ser descrito quanto à relação: obter-se-ia, assim, um conjunto de relações as mais simples e econômicas possíveis, capazes de garantir a descrição de vários conjuntos do vocabulário geral. Por exemplo, a consideração da presença ou da ausência de um componente semântico relacional [A possui B] permite uma primeira escolha no conjunto dos verbos *emprestar, tomar, obter, pedir emprestado, alugar*, etc.

2. (fem.) Em gramática gerativa, dá-se o nome de *componente* (no fem., raramente no masc.): (1) a cada uma das partes constitutivas de uma gramática: componente semântica, sintática, transformacional e fonológica; (2) a cada uma das partes da base de uma gramática: componente categorial, componente léxica.

comportamento verbal

Designa-se sob o nome de *comportamento verbal* a atividade do falante, que consiste em emitir e em entender enunciados lingüísticos. (V. BEHAVIORISMO.)

composição

Composição designa a formação de uma unidade semântica a partir de elementos léxicos suscetíveis de ter por si mesmos uma autonomia na língua. A esse respeito, a composição opõe-se geralmente a *derivação** que constitui as unidades léxicas novas, extraindo eventualmente de um estoque elementos não suscetíveis de emprego independente. Opõem-se, assim, palavras compostas como *guarda-chuva, porta-retrato*, e derivados como *refazer, desgraçado*, etc.

Não são rigorosos os critérios da composição. Em francês, por exemplo, a nomenclatura tradicional não reconhece como compostos termos cujos componentes se apresentam graficamente ligados (*portefeuille*, "carteira") ou separados por um traço de união (*chou-fleur*, "couve-flor"). Foi por uma evolução recente que os lexicólogos tentam definir os processos de composição (V. LEXIA, SINAPSIA, SINTEMA). Nessa óptica, *estrada de ferro* resultaria, com efeito, do processo lingüístico da composição.

127

composto

1. Chama-se *palavra composta* uma palavra que contém dois ou mais morfemas léxicos e que corresponde a uma unidade significativa: *couve-flor, maltrapilho, pé-de-moleque* são palavras compostas. (V. COMPOSIÇÃO.)

2. Chamam-se *tempos compostos* as perífrases constituídas de formas finitas do auxiliar *ter* (ou *haver* e *ser*) e o particípio passado ativo ou passivo do verbo fundamental (o passivo formado de *sido* + o particípio passado variável do verbo fundamental). Os tempos compostos em português são (aqui só se dão as formas ativas):

1.°) no indicativo pret. perf. comp., mais que perf. comp., fut. do pres. comp. e fut. do pret. comp.: *tenho lido, tinha lido, terei lido, teria lido*;

2.°) no subjuntivo pret. pref. comp., mais que perf. comp. e fut. comp.: *tenha lido, tivesse lido, tiver lido*;

3.°) nas formas nominais pret. perf. inf. comp., ger. comp. (ou part. pass. at. comp.): *ter lido* (flexionado ou não) e *tendo lido*.

Os tempos compostos portugueses têm o mesmo valor que os seus correspondentes românicos, com exceção apenas do pretérito perfeito composto do indicativo, que exprime um processo contínuo ou repetido do passado até o ato da fala. Por exemplo, *Tenho lido muito; Tenho consultado freqüentemente este dicionário.* Esses valores desenvolveram-se porque o português mantém muito vivo, mesmo na fala popular, o pretérito perfeito simples do indicativo, ao contrário das outras línguas românicas, em que o perfeito composto ou substituiu, ou tende a substituir, o simples.

Nas outras línguas românicas o auxiliar dos tempos compostos continua o verbo *habeo* latino. No português, o auxiliar foi a continuação de *habeo* (aver) até o fim do século XV. Na época moderna, desde o século XVI, *ter* aparece em concorrência vitoriosa com *haver*, que ainda se usa, mas menos freqüentemente, e sobretudo quando a forma verbal conserva a sílaba *-v-*. Em português, o uso do auxiliar *ser* restringe-se a poucos verbos intransitivos· e apenas em construções residuais. Em francês, é mais freqüente um alguns verbos intransitivos e em toda conjugação pronominal. (V. AUXILIAR, PASSADO, TEMPO.)

3. Diz-se que um *bilingüismo é composto* (por oposição a *coordenado**) quando num falante bilíngüe um mesmo objeto corresponde a uma palavra diferente em cada língua. É a situação dos falantes que aprenderam uma língua estrangeira na escola e para quem a segunda língua traduz uma mesma situação cultural. (V. BILINGÜISMO.)

I. compreensão

Diz-se que um enunciado é *compreendido* quando a resposta do interlocutor na comunicação instaurada pelo locutor está de acordo com o que esse último dela espera, quer a resposta feita seja um enunciado ou um ato. (V. INTERCOMPREENSÃO.)

Em análise* de conteúdo, como a comparação do assunto (ou dos assuntos) se faz tomando como invariante um texto ou um conjunto de textos, avalia-se a compreensão dos assuntos pela restituição do texto ou pelos processos de condensação utilizados.

II. compreensão

Define-se um conjunto *por compreensão* quando se indicam os caracteres (as propriedades) que os elementos do conjunto apresentam necessariamente. Opõe-se a definição *por compreensão* à definição *por extensão* (enumeração dos atributos). Um conceito estende-se a tanto maior número de elementos quanto menos caracteres ele reúne; assim, a compreensão e a extensão estão em razão inversa uma da outra. Por exemplo, pode-se definir um caso *em compreensão*: o acusativo latino indica o objeto de um verbo transitivo,

128

a expansão no tempo, no espaço, etc.; pode-se definir também o acusativo latino em extensão: é definido pelo conjunto das formas que apresentam certas características (assim *rosam, Romam, annos* em *rosam carpsit, Romam iit, tres annos vixit*).

comum

1. O adjetivo *comum* assume sentidos diferentes conforme usado em gramática histórica ou em gramática descritiva.

(a) Em gramática histórica, *comum* qualifica um estado, geralmente não-atestado, que seria o de uma língua dada (às vezes também ela não-atestada), antes de sua diferenciação em línguas ou dialetos diversos. Assim, postula-se para as diferentes línguas eslavas ou germânicas um eslavo comum, um germânico comum.

(b) Em gramática descritiva, *comum* caracteriza o conjunto das formas admitidas pelos povos de línguas ou dialetos aparentados para se comunicarem entre si: assim, o grego comum ou *koinê* dos séculos IV-III a.C.

(c) Enfim, os planejadores lingüísticos estabeleceram línguas de união, como o ibo comum, em que são eliminadas as diferenças dialetais, a fim de constituir uma língua de larga intercomunicação.

2. Em gramática tradicional, chamam-se *substantivos comuns* (por oposição a *substantivos próprios*) os que se aplicam a um ser ou a um objeto que pertence a toda uma categoria, a toda uma espécie: *homem, livro, criança* são substantivos comuns.

comum-de-dois

Comum-de-dois é o substantivo que tem a mesma forma para os dois gêneros: *estudante, cliente, intérprete*. Neste caso, a distinção lingüística far-se-á pelo artigo, pronome ou adjetivo: *aquela estudante*.

comunhão

Chama-se *comunhão fática* a função de um enunciado que tem por objeto principal não comunicar uma informação, exprimir uma ordem ou um sentimento, mas manter contacto entre o falante e o interlocutor (o termo *alô*, ao telefone; outras interjeições, etc.), ou manifestar convencionalmente um desejo de entrar em comunicação (assim, várias expressões ou orações que podem servir de fórmula introdutória numa conversa: *Que calor, não é? Lindo dia, não?*).

comunicação

1. A *comunicação* é a troca verbal entre um falante, que produz um enunciado destinado a outro falante, o interlocutor, de quem ele solicita a escuta e/ou uma resposta explícita ou implícita (segundo o tipo de enunciado). A comunicação é intersubjetiva. No plano psicolingüístico, é o processo em cujo decurso a significação que um locutor associa aos sons é a mesma que a que o ouvinte associa a esses mesmos sons.

Os *participantes da comunicação*, ou atores da comunicação, são as "pessoas": o *ego* (= *eu*), ou falante, que produz o enunciado, o interlocutor ou alocutório, enfim aquilo de que se fala, os seres ou objetos do mundo.

A *situação de comunicação* é definida: (1) pelos participantes da comunicação, cujo papel é determinado pelo *ego* (ou *eu*), centro da enunciação; (2) pelas dimensões espaço-temporais do enunciado ou contexto situacional: relações temporais entre o momento da enunciação e o momento do enunciado (os aspectos e os tempos); relações espaciais entre o sujeito e os objetos do enunciado, presentes ou ausentes, próximos ou remotos; relações sociais entre os participantes da comunicação, assim como entre eles próprios e o objeto do enunciado (os tipos de discursos, os fatores históricos, sociológicos, etc.). Esses *embreantes da comunicação* são simbolizados pela fórmula "eu, aqui, agora".

O *estatuto da comunicação* é definido pela distância social, ou intersubjetiva, instituída pelo *eu* com os seus interlocutores (assim, a diferença entre *você* e *o sr.* traduz uma intimidade ou relação social diferente), e pela maneira por que o *eu* encara o seu enunciado. Assim, o enunciado pode ser mais ou menos levado em consideração, assumido pelo locutor: isso se traduz pelos modos e aspectos do verbo, e por advérbios como *talvez, sem dúvida*, i.e., pelo que se chama as modalizações*.

2. No sentido que lhe dão os teóricos das telecomunicações e os lingüistas, a *comunicação* é o fato de uma informação ser transmitida de um ponto a outro (lugar ou pessoa). A transferência dessa informação é feita por meio de uma mensagem, que recebeu uma certa forma, que foi codificada. A primeira condição, com efeito, para que a comunicação possa estabelecer-se é a codificação da informação, i.e., a transformação da mensagem sensível e concreta em um sistema de signos, ou código, cuja característica essencial é ser uma convenção preestabelecida, sistemática e categórica.

Quando a comunicação se estabelece, dizemos que as partes componentes dessa transmissão formam um sistema de comunicação. O esquema da comunicação supõe a transmissão de uma mensagem* entre um emissor e um receptor, que possuem em comum, ao menos parcialmente, o código necessário para a transcrição da mensagem. Um sistema comporta os seguintes elementos:

1.º O código, que compreende sinais específicos, e um conjunto de regras de combinações próprias a esse sistema de sinais; nas línguas naturais, o código é constituído pelos fonemas, pelos morfemas e pelas regras de combinação desses elementos entre si (por oposição à fala, constituída pelos enunciados realizados, ou mensagens);

2.º O canal, suporte físico da transmissão da mensagem, meio pelo qual o código ou os sinais são transmitidos: é o ar para o caso da comunicação verbal; mas o canal pode ter formas muito diversas: faixas de freqüência de rádio, luzes, sistemas mecânicos ou eletrônicos diversos, etc.;

130

3.º O emissor, que é ao mesmo tempo a fonte da mensagem, o emissor propriamente dito, e também comporta os mecanismos de codificação e o próprio aparelho emissor. Diz-se que o emissor é um codificador, i.e., que seleciona no interior do código um número de sinais que permitem a transmissão da mensagem;

4.º O receptor-descodificador. É ao mesmo tempo o aparelho que recebe a mensagem (ouvido ou rádio-receptor) e o destinatário propriamente dito da mensagem (cérebro humano, no caso da língua falada; ouvinte, no caso do rádio, etc.). O processo da descodificação faz-se no nível do receptor-destinatário pela "busca em memória" dos elementos selecionados pelo emissor e que constituem a mensagem;

5.º A recodificação, operação pela qual a mensagem codificada, depois descodificada, recebe uma nova forma. Por exemplo, dita-se um telegrama (forma acústica), que é transcrito numa folha de papel (forma gráfica), depois datilografado em morse (forma mecânica) e, finalmente, transmitido sob a forma de impressões elétricas.

É possível figurar graficamente alguns esquemas de comunicação.

(a) *Esquema matemático* que pode traduzir o que se passa num material telefônico:

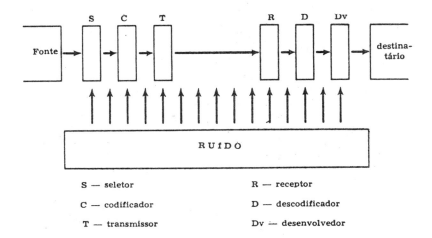

(b) *Esquema da tradução* que introduz a noção de recodificador da mensagem:

Nesse tipo de comunicação, o emissor e o destinatário não têm o mesmo código.

(c) *Esquema lingüístico de R. Jakobson*:

```
                     CONTEXTO
DESTINADOR─────────  MENSAGEM  ─────────DESTINATÁRIO
                     CONTACTO
                     CÓDIGO
```

Nesse esquema, R. JAKOBSON introduz a noção de contexto (ou referente) que é apanhado pelo destinatário e que é ou verbal, ou suscetível de ser verbalizado — e a noção de contato, canal físico e conexão psicológica entre o destinador e o destinatário, contacto que os habilita a estabelecer e manter a comunicação.

(d) *Esquema de F. de Saussure*. Esse esquema representa o circuito da fala humana entre dois interlocutores A e B. F. DE SAUSSURE põe o ponto de partida do circuito no cérebro de um dos interlocutores, A p. ex., onde os fatos de consciência, por ele chamados conceitos, são associados às representações dos signos lingüísticos ou imagens acústicas, que servem para sua expressão. Um dado conceito desencadeia no cérebro uma imagem acústica correspondente (fenômeno psíquico), depois o cérebro transmite aos órgãos de fonação um impulso e o processo seguirá pelas mesmas fases sucessivas que as daquele que acaba de ser descrito. O conjunto desse processo é reproduzido graficamente da seguinte maneira por F. DE SAUSSURE:

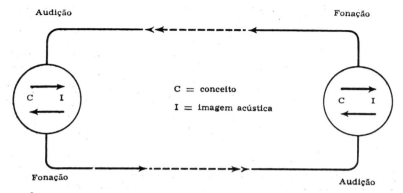

É, pois, no nível do cérebro que se desenrolam as operações de codificação e descodificação, desempenhando ele, ao ·mesmo tempo, o papel de emissor e de receptor da mensagem. É igualmente no cérebro que são depositados os elementos do código e que se encadeiam as operações de "busca em memória": ele, pois, desempenha, por assim dizer, o papel da unidade central de um computador.

comunidade

Chama-se *comunidade lingüística* um grupo de seres humanos que usam a mesma língua ou o mesmo dialeto, num dado momento, e que podem comunicar-se entre si. Quando uma nação é monolíngüe, constitui uma comunidade lingüística. Mas a comunidade lingüística não é homogênea: compõe-se sempre de um grande número de grupos que têm comportamentos lingüísticos diferentes. A forma de língua que os membros desses grupos usam tende a reproduzir, de uma maneira ou de outra, na fonética, na sintaxe ou no léxico, as diferenças de geração, de origem, de residência, de profissão ou de formação (diferenças socioculturais). A comunidade lingüística não é, pois, inteiramente homogênea: subdivide-se em numerosas outras comunidades lingüísticas inferiores. Todo indivíduo que pertence à comunidade pode, evidentemente, pertencer ao mesmo tempo a vários agrupamentos lingüísticos. É às vezes difícil distinguir das diferenças de comunidade lingüística as diferenças de estilo, ligadas às diversas funções da língua e às diversas situações sociais em que a língua é empregada (estilo tenso, familiar, etc.).

Pode-se dizer que os habitantes de um vale que usam um certo idioma pertencente a uma determinada língua formam uma comunidade lingüística; assim, também, uma nação inteira, assim ainda, de certa forma, quebequenses e franceses da França, ou simplesmente os membros de uma profissão que usam uma gíria* ou um vocabulário técnico; assim, finalmente, um dado grupo, p. ex., colegiais ou soldados num dado momento de sua existência. O conceito de comunidade lingüística implica simplesmente que sejam reunidas certas condições específicas de comunicação, preenchidas num dado momento por todos os membros de um grupo e unicamente por eles; o grupo pode ser estável ou instável, permanente ou efêmero, de base social ou geográfica.

2. A noção de *comunidade sociocultural* é diferente das noções de comunidade lingüística e de grupo de lín-

133

gua materna. A comunidade sociocultural é um agrupamento de indivíduos que, a partir de fatores sociais (históricos, profissionais, raciais, nacionais, geográficos) têm em comum certos comportamentos humanos que os opõem, a outros indivíduos, por isso considerados como pertencentes a outras comunidades socioculturais. A comunidade sociocultural é caracterizada, sobretudo, por um certo número de representações coletivas ligadas especialmente à ideologia e à cultura. Nas civilizações modernas, o indivíduo pode pertencer a um grande número de comunidades socioculturais (geográfica, política, filosófica, etc.). Na medida em que se pode supor a existência de uma relação entre os fatos da fala (modelo de uso) e a sociedade, a definição das comunidades socioculturais tem uma grande importância para o estudo da língua.

comutação

1. *Comutação* é uma prova (teste) que deve servir para mostrar se a substituição de um elemento por outro, no plano da expressão, num nível determinado (fonema, morfema, etc.), àcarreta uma diferença no plano do conteúdo ou, inversamente, se a substituição de um elemento por outro, no plano do conteúdo, se manifesta por uma diferença no plano da expressão. Por exemplo, no par mínimo *má/pá*, substituir-se-á o /m/ pelo fonema /k/ (escrito *c*) e surgirá um novo par mínimo, constituído de dois termos, que têm cada um o seu sentido: *cá/pá*. A prova de comutação liberou, assim, uma unidade da estrutura fonológica da língua: /m/. A comutação é um processo lingüístico que se substitui pela análise das distribuições sem que seja modificado o princípio da análise estrutural, mas com resultados mais rápidos.

A *comutação* é, pois, a operação pela qual o lingüista verifica a identidade paradigmática de duas formas da língua. Essa identidade paradigmática deve ser distinguida da identidade

formal ou da semântica: define-se simplesmente pela aptidão que têm os elementos em causa de entrar nas mesmas construções.

Assim, a não-identidade semântica de *mesa* e *cadeira* não impede a comutação: *A mesa é verde/ A cadeira é verde*. A não-identidade formal de *maçã* e *laranja* não impede a comutação: *A maçã é uma fruta/ A laranja é uma fruta*.

O teste de comutação requer que se definam critérios permanentes: *cadeira* e *mesa* comutam no paradigma do mobiliário, não no dos assentos. É necessário, ainda, que a descrição lingüística também observe a aceitabilidade do enunciado *sentar-se sobre a mesa*: a comutação *cadeira/mesa* neste caso é possível, apesar do semantismo próprio de *mesa*.

O exemplo proposto estabelece que o teste de comutação, inaugurado na perspectiva da análise em constituintes imediatos*, é explorado pela gramática gerativa: utilizando para a descrição lingüística a competência do locutor nativo (intuição lingüística) e recusando o recurso sistemático do *corpus*, a gramática gerativa usa o teste de comutação para verificar o conjunto das imposições seqüenciais e explicá-los por uma teoria.

2. Nas situações em que um indivíduo ou um grupo de indivíduos são levados a usar duas línguas, diz-se que há *comutação* se o emprego dessas línguas é alternado: certos imigrados, pela comutação, reservam sua língua materna a um uso familiar e usam a língua de adoção no exterior, particularmente na vida profissional.

comutatividade

Na teoria dos constituintes imediatos*, chama-se *comutatividade* a capacidade que têm diversos elementos ou grupo de elementos da língua para entrar nas mesmas construções. Por exemplo, a comutatividade de *cadeira* e *poltrona* é grande: grande parte dos contextos que aceitam *cadeira* admitem também *poltrona* (mediante as adaptações gramaticais necessárias); a comutatividade de *cadeira* e *mesa* é menor (as formas* *passar a cadeira, *cadeira de operação*, etc. são inaceitáveis). Isto significa que a relação paradigmática entre *cadeira* e *poltrona* é mais estreita que a que liga *cadeira* e *mesa.*

comutável

Diz-se que dois elementos de expressão (fonemas, morfemas, sintagmas) são *comutáveis*, quando entram em numerosas construções idênticas, i.e., quando têm meios ambientes idênticos: podem, então, substituir-se um pelo outro com a mesma validade gramatical. Assim, *lápis* e *caneta* são comutáveis em construções como: *Escrevo com um /uma —. Empreste-me o seu/a sua —.*, etc.

conativo

1. O *conativo* é uma modalidade verbal que indica tentativa de realização do processo; esse é um sentido que tinha o imperfeito do indicativo latino e que ainda é atestado em línguas românicas. Em certas línguas, o conativo pode ser expresso por afixos específicos.

2. R. JAKOBSON usa o termo *função conativa* para designar a função imperativa ou injuntiva da língua.

concatenação

Numa regra de reescrita, o sinal de *concatenação* (+) indica que elementos constituintes estão encadeados uns nos outros numa ordem fixada pela fórmula. Na regra de gramática

$$SN \rightarrow D + S$$

o sinal + indica que o sintagma nominal deve ser convertido por D (símbolo do determinante) concatenado a S (símbolo do substantivo), núcleo do sintagma nominal.

Quando numa regra de reescrita um constituinte facultativo está concatenado a um elemento constituinte obrigatório, a concatenação dos dois elementos é indicada pela simples justaposição. Assim

$$Aux \rightarrow Tpo \ (Perf) \ (M) \ (Perf)$$

indica que os constituintes Tempo, Perfeito, Modal e Perfeito estão concatenados, sendo o constituinte Tempo o único obrigatório.

conceito

Dá-se o nome de *conceito* a toda representação simbólica, de natureza verbal, que tem uma significação geral conveniente a toda uma série de objetos concretos que possuem propriedades comuns. (V. REFERENTE, SIGNIFICADO.)

concessivo

Uma oração subordinada é chamada *concessiva* quando indica a razão que poderia opor-se à ação expressa pela principal; é introduzida pelas conjunções ou locuções conjuntivas *se bem que, embora, apesar de que, ainda que, mesmo se, por mais que*, etc.; p. ex., *Embora a sessão tenha terminado, grupos pequenos ficaram na sala.*

concomitância

O termo *concomitância* designa um fato de redundância fonológica que se produz quando dois fonemas /p/ x /b/, p. ex., ou duas séries correlativas se opõem por mais de um traço pertinente. Assim, em português, a correlação /p t k f s ʃ/ x /b d g v z ʒ/ repousa sobre uma dupla oposição: uma oposição de sonoridade e uma oposição de tensão. Quando uma das oposições é neutralizada, é a outra que garante a função distintiva. Em caso de ensurdecimento do fonema sonoro /d/ do fr. *rude* em *um rude coup,* "um golpe rude", ou da sonorização do fonema surdo /t/ do fr. *patte* em *une patte de mouche,* "uma pata de mosca", o /d/ e o /t/ distinguem-se, respectivamente, pela distensão e pela tensão; ao contrário, em caso de tensão da consoante normalmente distensa (ex.: *Bis!* pronunciado com força),

135

o /b/ distingue-se da consoante homorgânica /p/ (ex.: *Pisse!*) pelo traço de sonoridade. Caso comum de ensurdecimento ou de sonorização, em português, é o da sibilante final z / s, quando em final de segmento ou seguida de consoante surda ou de vogal ou consoante sonora. P. ex. (ensurdecimento): *dez, dez sábios, dez patifes* (cf. *dez amigos, dez zebras*); (sonorização): *os, os amigos, as zebras* (cf. *os sábios, os patifes*). Nem sempre é fácil distinguir, em caso de concomitância, a oposição sobre a qual repousa principalmente a função distintiva. No exemplo de *Bis!/Pisse!* atrás citado, é a oposição de sonoridade que tem a principal função distintiva, pois a sua neutralização é de ordem combinatória e não acarreta confusão. A neutralização da oposição de tensão, pelo contrário, é de ordem fonoestilística e daria lugar a uma ambigüidade, se não houvesse a oposição de sonoridade.

I. concordância

Concordância é o fenômeno sintático pelo qual um substantivo ou um pronome pode exercer pressão de alteração formal sobre os pronomes que o representam, os verbos de que ele é sujeito, e os adjetivos ou particípios que a ele se referem. Como resultado dessa coerção formal, os referidos pronomes em causa recebem as marcas de pessoa, gênero e número, os verbos, as de pessoa e número, e os adjetivos e particípios, as de gênero e número, em relação ao substantivo ou pronome a que se referem. Assim, em *As batatas estão cozidas*, sendo *batatas* um substantivo feminino, usado no plural, o artigo toma a forma do feminino plural, porque se refere a *batatas*, o verbo estar se põe no plural e na terceira pessoa, o particípio passado *cozido* toma o gênero e o número de *batatas*. Aliás, nem todas as línguas realizam as concordâncias da mesma maneira. Algumas, como o banto, repetem em todas as palavras da frase certas marcas do sujeito, conferindo assim ao enunciado uma grande unidade formal. Outras, como o inglês, reduzem a um mínimo a concordância (o artigo e o adjetivo são invariáveis).

Em francês ou português, o adjetivo e o artigo recebem as marcas do substantivo ao qual se referem. O verbo vai para a pessoa e o número do seu sujeito. Essa variação lembra assim que a pessoa ou a coisa de que se fala é "singular" ou "plural", o que permite eliminar esta ou aquela ambigüidade. A variação em pessoa faz também com que se possa lembrar a relação existente entre o sujeito e o falante: em *nós falamos*, o falante é sujeito ("eu" está entre os sujeitos de *falamos*), o que não se dá em *vós falais*. O adjetivo, e, muitas vezes, o substantivo, predicativos do sujeito ou do objeto, seguem a variação destes, em gênero e número, como em *Elas são lindas*, ou em *Julgo-as lindas*.

Em francês, apresenta-se um caso particular de concordância quando se trata do particípio passado conjugado com o auxiliar *avoir* (ou na forma pronominal com o auxiliar *être* quando o pronome é dativo e significa "a mim", "a ti", etc.). Quando o objeto direto precede o verbo, o particípio concorda com o verbo em gênero e número, exatamente como o predicativo do objeto direto. Ex.: *La pomme que je lui ai* DONNÉE *est mûre*, "A maçã que lhe dei está madura". *La main que je me suis* FOULÉE *me fait mal*, "Dói-me a mão que machuquei". A construção com as formas compostas do *perfectum* — *haver* (ou *ter*) + part. pass. — provém de uma solução latina tardia para exprimir a idéia de processo acabado. O objeto direto era do verbo *habere* e o particípio passado era complemento predicativo objetivo, e, por isto, concordava com o objeto em gênero, número e caso. Petrificada a construção, o particípio foi sentido como ativo, o objeto, como objeto direto dele e não de *habere*, mas a concordância do particípio continuou. Em português, até o período clássico, independentemente da colocação, o particípio concordou com o objeto direto. Atualmente, em português, o particípio é invariável, salvo quando a sua função, como predicativo objetivo, é mantida. Ex.: *Tenho já escrito monografias históricas* (*tenho escrito,* tempo composto, e *monografias,* seu objeto direto); mas: *Tenho já escritas as monografias históricas* (*escritas,* predicativo objetivo, e *monografias,* objeto direto de *tenho*). (V. REGÊNCIA).

II. concordância (de tempo)

Chama-se *concordância de tempo* ou *correlação de tempos,* às vezes também *de modos* (em lat. *consecutio temporum*), o fenômeno pelo qual o verbo de uma oração subordinada põe-se no modo ou no tempo do verbo daquela da qual ele depende, contrariamente ao modo ou ao tempo que ele teria se não fosse subordinado. O latim conhecia fenômenos freqüentes de *concordância dos modos,* por vezes chamada de *atração modal:* particularmente, quando um verbo estava no subjuntivo, todos os verbos que dependiam da oração em que esse subjuntivo se encontrava tendiam a se pôr no subjuntivo, mesmo quando deveriam estar no indicativo. Por um construção incorreta, mas freqüente, o francês conhece a concordância na subordinada que exprime a condição (prótase) quando a principal está no condicional (= NGB. *futuro do pretérito*); ouve-se, p. ex., *Si j'aurais su, je ne serais pas venu* em vez de *Si j'avais su, je ne serais pas venu* [port. "Se eu tivesse sabido, não teria vindo"].

As línguas românicas conhecem mais freqüentemente a *concordância dos tempos,* mais freqüente também em latim; é assim que, quando o verbo da subordinante está no presente ou no futuro, o verbo da subordinada, no indicativo ou subjuntivo, põe-se no tempo que o sentido reclama; em contraposição, quando o verbo da subordinante está no passado, o tempo do verbo da subordinada se põe no passado; usa-se o imperfeito para exprimir a simultaneidade em relação au verbo da subordinante (*Eu dizia que ele vinha = Eu dizia: ele vem*), o futuro do pretérito para a posterioridade (*Eu dizia que ele viria = Eu dizia: ele virá*), o mais-que-perfeito para a anterioridade (*Eu dizia que ele tinha vindo = Eu dizia: e ele veio*), o futuro do pretérito composto para uma ação posterior à do verbo da subordinante, mas anterior a um momento tomado como referência (*Eu dizia que ele teria chegado antes da nossa partida = Eu dizia: ele terá chegado antes da nossa partida*).

Quando o verbo da subordinada está no subjuntivo, o sistema funciona da mesma maneira; em princípio, o presente do subjuntivo desempenha o papel do presente e do futuro para para todas as línguas românicas, inclusive o português (que, porém, usa o futuro do subjuntivo nas orações condicionais e concessivas, quando a conjunção é *se* ou termina em *se,* sendo locução conjuntiva), o imperfeito do subjuntivo, o do imperfeito do indicativo, o pretérito perfeito do subjuntivo as funções do pretérito perfeito e do futuro do presente composto, o mais-que-perfeito as do mais-que-perfeito do indicativo e do futuro do pretérito composto. Aqui ilustraremos o problema só em francês e no caso do presente e do imperfeito do subjuntivo, tendo como subordinantes *je veux, je doute, de voulais, je doutais,* e pondo em português, na tradução, as construções correspondentes. Assim:

Je veux qu'il vienne, "Quero que ele venha" (ação de "vir" posterior a *quero*);

Je doute qu'il vienne, "Duvido que ele venha" (ação de "vir" posterior ou simultânea a *duvido*);

Je voulais qu'il vînt, "Queria que ele viesse" (ação de "vir" posterior a *queria*);

Je doutais qu'il vînt, "Duvidava que ele viesse" (ação de "vir" posterior ou simultânea a *duvidava*).

Como se vê, a construção portuguesa corresponde exatamente à francesa, mas a construção francesa aí ilustrada é a da língua tensa. Na língua comum, a tendência francesa é estender o presente do subjuntivo a todos os casos acima. P. ex.:

Je veux, je dout
Je voulais, je doutais } qu'il vienne

O que se chama regras de concordância não tem aplicação universal. Eis o que escreveu FERDINAND BRUNOT: "Não é o tempo principal que determina o tempo da subordinada: é o sentido. O capítulo da concordância dos tempos resume-se numa linha: não existe." É assim que se dirá: *Algumas pessoas não acreditavam que a Terra seja redonda* (verdade geral independente). Sem ir tão longe como F. BRUNOT, pode-se considerar que a concordância é simplesmente um ajustamento sintático das estruturas de superfície, mas não corresponde a uma estrutura profunda definida.

III. concordância

Em técnica lexiocográfica, *concordância* é um índice de palavras apresentadas com o seu contexto imediato. Uma vez realizada, a indexação das palavras de um texto, de um autor, de uma época fornece informações sobre as referências das palavras e eventualmente sobre a sua freqüência; também é muitas vezes interessante oferecer ao usuário a possibilidade de estudar parcialmente os diversos empregos do mesmo vocábulo. O desenvolvimento das técnicas de levantamento léxico levou à publicação de numerosas concordâncias, em particular no Centro do Vocabulário Francês de Besançon, dirigido por B. QUEMADA.

concreto

1.   Chamam-se *substantivos concretos* uma subcategoria de substantivos que se referem a objetos do mundo físico (ou do que é considerado como tal), por oposição aos *substantivos abstratos*, que denotam entidades que pertencem ao conjunto ideológico: assim, os substantivos *rochedo, cadeira, João, cerveja, deus*, etc., são substantivos concretos, têm o traço [+ concreto], ao passo que *coragem, pensamento, ciúme*, etc., são substantivos não-concretos ou abstratos. Têm o traço [— concreto]. Essas duas classes de substantivos caracterizam-se por sintaxes diferentes; certos verbos implicam um sujeito concreto, mas excluem um sujeito abstrato. Assim, *correr, andar, latir, germinar* implicam substantivos concretos (animados e não-animados); o seu emprego com substantivos abstratos só é possível com o sentido chamado figurado.

2.   *Caso concreto, funções concretas.* V. CASO. *Frase concreta.* V. ABSTRATO.

condicionado

Diz-se que uma forma lingüística (fonema, morfema, sintagma) está *condicionada* quando figura numa frase todas as vezes que ocorram certas condições precisas. A forma condicionada é co-ocorrente das próprias condições. Assim, em inglês, o afixo do plural dos substantivos tem três formas /-z/, /-s/, /-iz/. Esses alomorfes do mesmo morfema /Z/ são *condicionados fonologicamente* no sentido de que depois dos radicais terminados em /b d g v ʒ m n ŋ r l ə j h/ tem-se /-z/, depois das raízes terminadas em /p t k f θ/ tem-se /-s/ e depois das raízes terminadas em /s z ʃ ʒ č ž/ tem-se /-iz/. O plural de *ox* é *oxen* [aksin] /-in/ é um alomorfe do plural que só é usado com *ox* /aks/: é *condicionado morfologicamente*.

condicional

1.   Chama-se *condicional* o modo da frase que o locutor não toma senão parcialmente por sua conta ou que ele não assume. *Condicional* é o nome dado nas várias línguas românicas, e mesmo no inglês, à forma verbal que a NGB manda denominar-se *futuro do pretérito*. Ex.: *Paulo* VIRIA?, *Se choves-*

138

se eu não me ESPANTARIA. *Nosso vizinho* FICARIA *uma semana entre nós.*

2. Dá-se o nome de *condicional* a um conjunto de formas verbais que, em francês, são formadas pela combinação do futuro e do passado (diz-se também "forma em -*ria*", por oposição à "forma em -*rá*" [futuro] e à "forma em -*ava*" [passado]), e que traduzem o futuro nas completivas de uma frase no passado: *Eu pensava que ele viria* corresponde à frase no "presente" *Eu penso que ele virá.*

condicionamento

Em psicolingüística, o *condicionamento* é um mecanismo fisiológico de associação entre um estímulo e um processo de excitação interna ou externa, que a segue imediatamente, ou pelo menos de muito perto e, assim, repetidamente. Nesse caso, a associação assim realizada transfere a eficácia ao estímulo inicial que desencadeia, então, as reações que dependiam inicialmente da excitação; assim, a percepção do alimento desencadeia o processo salivar no cachorro, se essa percepção do alimento é precedida de um som de campainha, e isto por diversas vezes, o processo salivar poderá ser desencadeado só pelo som da campainha; houve, portanto, transferência de eficácia. O *condicionamento operante* é uma técnica experimental proposta pelo psicólogo behaviorista B. F. SKINNER, por oposição ao *condicionamento pavloviano.* Nesse último caso, o sujeito passivo sofre a situação experimental estímulo-resposta; no caso de SKINNER, o sujeito é livre para agir, mas a sua resposta é seguida de um reforço que estabelece, assim, o circuito estímulo-resposta. (V. MEDIAÇÃO.)

conduto

1. *Conduto auditivo* é uma parte do ouvido externo que estabelece comunicação entre o pavilhão e o ouvido médio. É uma passagem longa de aproximadamente 25 mm, aberta na extremidade externa e fechada na outra pela membrana do tímpano. O conduto auditivo desempenha o papel de um ressonador acústico: amplifica as ondas sonoras que o atravessam a uma freqüência próxima da sua própria, que é de 3 000 a 4 000 ciclos por segundo. Permite, assim, perceber sons que seriam imperceptíveis se ferissem diretamente o tímpano.

2. O *conduto vocal* é a parte do aparelho fonador situado entre as cordas vocais e os lábios por onde circula o ar proveniente da glote. Emprega-se, também, o termo *canal vocal* (em fr. *canal vocal* ou *chenal vocal*).

conectivo

1. Em gramática tradicional, nome genérico do termo que estabelece conexão: pronomes e advérbios relativos, conjunções coordenativas e subordinativas, preposições.

2. Em lingüística distribucional, o *conectivo* é um operador suscetível de fazer de duas frases de base uma só frase transformada. Assim, o morfema *se* é um conectivo na transformação: *João vem, estou contente* → *Se João vier, ficarei contente.*

3. O verbo *ser*, verbo de ligação, é às vezes chamado *verbo conectivo* ou *copulativo.*

conexão

Em L. TESNIÈRE, a *conexão* é a relação que existe entre duas palavras de uma mesma frase. O conjunto das conexões constitui a estrutura da frase: por isso, uma frase como *Alfredo canta* não é constituída de dois elementos (*Alfredo* e *canta*), mas de três: *Alfredo, canta* e a conexão que liga *Alfredo* e *canta,* sem a qual não haveria frase. Cada conexão relaciona um termo superior (regente) e um termo inferior (regido ou subordinado). O verbo encontra-se, assim, no ápice da hierarquia das conexões.

configuração

A definição de um morfema léxico por uma série de traços distintivos é designada pelas expressões *configuração semântica* e *aglomerado* semântico*. A diferença entre um e outro está em que, enquanto o aglomerado não supõe que haja relação entre esses traços, a configuração implica que certos traços distintivos sejam ligados de maneira indissociável. Por exemplo, *menina* é representada pelo aglomerado [+ humano], [— masculino], etc., enquanto *gigante* é representado pela configuração dos dois traços [+ humano] e [+ grande]; representar-se-á a configuração sob a forma ["humano" → "grande"].

conglomerado

Na terminologia de E. BENVENISTE, o *conglomerado* é a unidade nova formada de um sintagma que comporta mais de dois elementos, como *joão-ninguém*, *morto-de-fome*. (V. SINÁPSIA, SINTEMA.)

conivência

Conivência é um conceito utilizado para analisar os fenômenos de enunciação: é oposto à simulação* e à mascaragem* (*masquage*). Há *conivência* quando um locutor usa intencionalmente uma forma de língua que levaria a classificá-lo como pertencente a um grupo diverso do seu, se ele próprio e sobretudo os destinatários ignorassem que ele não pertence a esse grupo; é assim que a palavra *separatista*, pela qual o general DE GAULLE designava os comunistas, pode ser empregada por eles ironicamente diante dos locutores que sabiam que essa palavra não pertencia ao seu vocabulário e que não aceitavam a proposição implicada pelo general DE GAULLE: "Os comunistas estão separados da nação".

conjuntivo

1. Chama-se *locução conjuntiva* um grupo de palavras que fazem o papel de conjunção. Assim, as formas *visto que*, *a fim de que*, *assim como*, *como se* são locuções conjuntivas de subordinação, *não só ... mas também* e *no entanto*, são locuções conjuntivas de coordenação.

2. Os pronomes e advérbios relativos são às vezes chamados, na gramática tradicional, *conjuntivos*.
3. Nome menos usual do *modo subjuntivo*.

conjugação

Designa-se sob o nome de *conjugação* o conjunto das formas providas de afixos ou acompanhadas de um auxiliar que apresenta um verbo para exprimir as categorias de tempo, modo, aspecto, número, pessoa e voz. A conjugação é um sistema, ou *paradigma*, de formas verbais, ao passo que a declinação* é um paradigma de formas nominais. O número de conjugações varia segundo as classes de verbos assim definidas pelas diferenças entre as desinências verbais; a gramática tradicional estabelece que o português tem três conjugações e que o latim tem quatro. É assim que se fala em português da 1.ª conjugação (de infinitivo em -ar), da 2.ª conjugação (de infinitivo em -er), da 3.ª conjugação (de infinitivo em -ir). O verbo *pôr* e seus compostos apresentam uma forma irregular da 2.ª conjugação.

Em francês, há também três conjugações: a primeira, de infinitivo em -er; a segunda, de infinitivo em -ir, imperfeito do indicativo em -issais e particípio presente em -issant; a terceira é antes um conglomerado de verbos de infinitivo em -oir, em -re e em -ir, mas com imperfeito em -ais e particípio presente em -ant. J. DUBOIS propõe para o francês sete conjugações, segundo o número de bases utilizadas nas variações de desinências.

Chamam-se conjugações vivas aquelas que continuam como modelos vivos de derivação verbal, p. ex.: -ar (de *disco*, *discar*; de *elétrico*, *eletrificar*, *eletrizar*); em -escer ou -ecer (de *flor*, *florescer*; de *rico*, *enriquecer*). São estas as duas conjugações vivas em português. As que não são vivas são residuais: só contêm verbos herdados. As conjugações vivas francesas são a primeira e a segunda atrás enumeradas.

I. conjunção

A gramática tradicional define *conjunção* como uma palavra invariável que serve para relacionar duas palavras ou grupos de palavras de função idêntica na mesma oração, ou ainda, duas orações da mesma natureza sintática ou de naturezas sintáticas diferentes. Reúne-se, assim, sob a mesma denominação dois tipos de palavras que exercem a função de conectivos ou de articulações lógicas do discurso.

As *conjunções de coordenação* (ou *coordenativas*) ligam palavras, grupos de palavras, orações ou frases (períodos gramaticais) ou parágrafos: as principais são *e, mas, ou, nem, pois* (antepositivo), *pois* (pospositivo), *ora*. Ajuntam-se a elas, às vezes, toda uma série de palavras ou de locuções classificadas antes como advérbios e exprimindo também a oposição, a alternativa, a explicação causal, a conclusão ou conseqüênca, a simples transição: *entretanto, não obstante, com efeito, por conseguinte*, etc.

As *conjunções de subordinação* (ou *subordinativas*) ligam a oração subordinada à subordinante e exprimem relações diversas:

— causa: *porque, como, visto que*, etc.;
— conseqüência: *que, de modo que, de tal modo que*, etc.;
— fim: *para que, a fim de que*, etc.;
— condição (ou suposição): *se, caso, dado que, mesmo se*, etc.;
— concessão (ou oposição): *embora, ainda que, posto que*, etc.;
— tempo: *quando, enquanto, antes que, depois que*, etc.;
— comparação: *como, assim como, da mesma maneira que*, etc.;
— modo (na NGB *conformativas*): *como, segundo, conforme, consoante.*

A NGB distingue ainda as proporcionais *à medida que, à proporção que*. Estas são variantes das temporais. Há conjunções de sentido misto: *como se* (comparação e hipótese); *ao passo que, enquanto que* (tempo e oposição); há outras não definidas por um termo: *sem que*, às vezes chamada de exclusão, mas que, na verdade, se opõe a uma gerundial afirmativa.

II. conjunção

Conjunção é uma operação sintática que consiste em reunir duas estruturas profundas a fim de produzir superficialmente um único enunciado. Por exemplo, sejam as duas estruturas profundas: *Pedro lê o jornal, Paulo lê o jornal*, a operação de conjunção por *e* consistirá em reunir as duas estruturas profundas: *Pedro lê o jornal e Paulo lê o jornal*, depois por uma transformação de apagamento dos elementos idênticos, por um deslocamento do segundo sintagma nominal sujeito e por um ajustamento das marcas do número: *Pedro e Paulo lêem o jornal.*

I. conjunto (subst.)

Conjunto, noção matemática usada comumente em lingüística, é definido quer por enumeração (em extensão*), quer pela definição de critérios (em compreensão*). Assim, propor-se-á um conjunto constituído pelos fonemas { a, b, d, k } e somente eles, e escrever-se-á { a, b, d, k } que será lido como "conjunto constituído pelos fonemas { a, b, d, k }". Os fonemas { a. b. d. k } são os elementos do conjunto e lhe "pertencem" (V. PERTENÇA). Pode-se igualmente defini-lo enunciando uma propriedade que só os elementos do conjunto possuem: definir-se-á assim o conjunto dos fonemas vocálicos do português pelas propriedades que os opõem às consoantes; tal conjunto é "definido em compreensão". A lingüística geral, notadamente em sintaxe, recorre freqüentemente para esse último tipo de conjunto, na medida, por exemplo, em que é impossível definir em extensão (dar a lista de seus elementos) o conjunto indefinido das frases gramaticais de uma língua.

Dois conjuntos podem ser iguais. A igualdade* é a propriedade dos conjuntos definidos diferentemente, mas constituídos pelos mesmos elementos; assim, notar-se-á:

A = B

A {conjunto das letras que notam os fonemas vocálicos português}

B {a, e, i, o, u}

as relações entre conjuntos são a inclusão ⊂, a interseção ∩, a reunião ∪. Os conjuntos vazios (intersecções de conjuntos disjuntos) têm uma intersecção nula.

II. conjunto (adj.)

Pronome conjunto. V. DISJUNTO.

conotação

A oposição entre *conotação* e *denotação* é tomada à lógica escolástica, em que ela servia para designar a definição em extensão (denotação) e a definição em compreensão (conotação). Assim, o conceito de *cadeira* tem por compreensão o conjunto dos seus caracteres constitutivos, o que constitui uma cadeira (uma cadeira é um assento, tem um encosto, pés, etc.). Toda menção do conceito de cadeira conota esses diversos elementos. Esse mesmo conceito tem por extensão o conjunto dos móveis que possuem essas características (isto é uma cadeira; eis uma cadeira; comprei duas cadeiras, etc.). Toda aplicação do conceito de cadeira denota um ou mais elementos desse conjunto.

A aplicação desse conceito bipolar de lógica à lingüística não se faz sem dificuldade. Poder-se-á, em primeira abordagem, definir a denotação como tudo o que, no sentido de um termo, é o objeto de um consenso na comunidade lingüística. Assim, *vermelho* denota uma cor precisa, definível em termos de comprimentos de onda, para a comunidade de fala portuguesa. A conotação é, assim, o que a significação tem de particular para um indivíduo ou para um dado grupo no interior da comunidade; por exemplo, a conotação política de *vermelho* não será idêntica para toda a comunidade lusofone. Tal definição da conotação não deixa de suscitar problemas: se a associação de *vermelho* e *perigo* é uma conotação (pelo fato de que não participa da denotação do termo), notar-se-á, entretanto, que esse valor é reconhecido por todo falante do português.

Muitas vezes é feita referência ao conteúdo emocional do vocabulário para definir a conotação. Enquanto o fato cultural simbolizado pela palavra fornece a denotação, o conteúdo emocional da palavra, experimentado numa dada cultura e forjado por essa cultura, está na base do sentido conotativo. A própria existência do falante implica que toda palavra possui um conteúdo conotativo.

Para L. BLOOMFIELD, há três tipos de conotação, manifestadas (1) nos níveis da língua, (2) nos tabus lingüísticos e (3) no grau de intensidade das formas lingüísticas. Quer isto dizer que o estudo da conotação tem seu lugar na sociolingüística. Para L. HJELMSLEV, o estudo da conotação escapa à língüística: as conotações aparecem como um conteúdo, que tem por plano da expressão o conjunto da linguagem de denotação. Assim, enquanto o funcionamento denotativo da língua é propriamente lingüístico (na teoria saussuriana do signo), o jogo das conotações é superior ao nível da língua: o seu estudo só pode ser empreendido sob uma base semiótica, estudo geral dos signos, e não mais dos signos lingüísticos somente.

E. H. BENDIX fornece um teste suscetível de distinguir conotação e denotação, lançando mão do operador *mas*. Operar-se-á sobre um grupo de duas frases, p. ex.:

a) *Ele me distrai, mas me aborrece.*

b) *Ele me distrai, mas não me aborrece.*

Num primeiro exame, notar-se-á que (a) é absurda (contraditória) e (b) desinteressante (tautológica). É que *mas* + oração contradiz a denotação de *distrair* ("tornar alegre", "fazer passar agradavelmente o tempo", etc.).

Num segundo exame, notar-se-á que certos contextos lingüísticos podem tornar (a) lógica e (b) apenas ligeiramente evasiva. É que *mas* + oração contradiz então uma conotação de *distrair* (quando *distrair* conota "fazer perder tempo").

Cabe, entretanto, notar o caráter vago do conceito de conotação. Em face da denotação, significação, referencial da unidade léxica, a conotação faz muitas vezes o papel de libertação: será caracterizado como conotação tudo o que não é do domínio da denotação.

A desordem terminológica pode ir muito longe. Citar-se-á esta frase de U. WEINREICH, que contradiz em boa parte o que foi exposto acima: "Um critério de hierarquização (dos componentes semânticos da unidade léxica) foi o isolamento da designação ou conotação ("sentido léxico" na terminologia de L. BLOOMFIELD) para o estudo lingüístico, enquanto se relegava a "pura" referência ou denotação ("sentido ocasional", segundo HERMANN PAUL) a algum outro campo de estudo".

Considerar-se-ão, entretanto, as indicações dadas precedentemente como correspondentes a um uso mais corrente dos dois termos.

consciência lingüística

A lingüística saussuriana dá o nome *de consciência lingüística* ao sentimento íntimo que o falante tem das regras e dos valores lingüísticos: é a faculdade de linguagem, próxima da intuição* do falante nativo da lingüística gerativa.

consecutivo

Uma oração é chamada *consecutiva* quando, subordinada a uma outra, exprime a sua conseqüência. Assim, em *Ele gritou tanto que ficou rouco,* a oração *que ficou rouco* é uma oração consecutiva.

conseqüente

1. Diz-se que uma oração subordinada é *conseqüente* quando segue a oração subordinante: em *Sairei se fizer tempo bom, se fizer tempo bom* é um termo conseqüente em relação a *Sairei.*
2. Chama-se *conseqüente* todo termo gramatical, pertencente à classe dos relativos ou das conjunções, que introduz uma oração relativa ou conjuntiva anunciada na subordinante por um termo gramatical (chamado *antecedente**), correlativo do termo *conseqüente.* Assim, na frase *Encontrei-o tal qual o conheci há dez anos,* a palavra *tal* é antecedente e a palavra *qual* é conseqüente.

consoante

A *consoante* é um som cuja articulação comporta obstrução, total ou parcial, em um ou em vários pontos do conduto vocal. A presença desse obstáculo na passagem do ar provoca um ruído que constitui a consoante ou um elemento da consoante. Se esse ruído corresponde ao fechamento ou estreitamento do conduto vocal depois da prolação de uma vogal, a consoante se diz explosiva, como o /p/ no port. *pau*; se corresponde à abertura do conduto vocal antes da prolação de uma vogal, a consoante se diz implosiva, como o /r/ no fr. *or* ou como o que fecha a sílaba na pronúncia carioca de *português.* As oclusivas geminadas no it. *gutta,* "gota"; *cappa,* "capa", etc., ilustram os dois tipos: a primeira é implosiva e a segunda é explosiva. Em geral, as consoantes se percebem mal quando articuladas sem o sustento de uma vogal vizinha. É por isso que se chamam *consoantes* ("que soam com").

Em fonética articulatória, distinguem-se diferentes tipos de consoantes conforme o modo de articulação (ou modo de superação do obstáculo*) e o ponto de articulação* (ou obstáculo).

Em função do modo de articulação distinguem-se: (1) as consoantes sonoras das surdas, conforme vibrem ou não as cordas vocais; (2) as consoantes nasais das orais, conforme a posição da úvula permita ou não o escoamento do ar pelas fossas nasais; (3) as consoantes tensas (ou fortes) das distensas (chamadas também fracas), conforme o grau de tensão dos músculos articulatórios. Conforme o grau de obstrução do conduto vocal, distinguem-se: (a) as oclusivas, caracterizadas por um fechamento total; (b) as fricativas (ou constritivas), em cuja prolação o conduto vocal apenas se estreita; (c) as africadas, cuja prolação começa por uma oclusão e termina por uma fricação; (d) as vibrantes, em cuja prolação o escoamento do ar é interrompido por breves oclusões sucessivas; (e) as laterais, que comportam uma oclusão central com um escoamento do ar de um e outro lado;

(f) as soantes (semiconsoantes ou semivogais), em cuja prolação o conduto vocal se estreita mais do que na prolação das vogais. As consoantes em cuja prolação o escoamento do ar é interrompido (oclusivas, africadas, vibrantes) são chamadas "momentâneas". As demais chamam-se contínuas (ou constritivas).

O ponto de articulação, ou obstáculo, pode situar-se na faringe ou na laringe para as consoantes chamadas "glotalizadas", que podem ser oclusivas ou fricativas. A oclusão é dupla para os cliques ou consoantes estalantes, que comportam duas oclusões, uma das quais obrigatoriamente velar. Os outros tipos de consoantes diferenciam-se sobretudo pela natureza dos dois articuladores principais que constituem o obstáculo: o articulador superior (lábios, incisivos, alvéolos superiores, palato duro anterior, central ou posterior, palato mole, também chamado véu do palato, úvula) e o articulador inferior (lábios ou incisivos inferiores, ponta da língua, reverso da língua anterior, central ou posterior).

Segundo a natureza do articulador superior, distinguem-se as consoantes labiais, dentais, alveolares, pré-palatais, centropalatais, pós--palatais, velares (ou guturais), que se diferenciam em subtipos, de acordo com a natureza do articulador inferior. As labiais podem ser bilabiais ou labiodentais; as dentais podem ser ápico-dentais ou ápico--interdentais; as alveolares e as palatais podem ser apicais ou ápico--retroflexas, ou dorsais (pré-dorso-alveolares, dorso-palatais); as velares podem ser apicais ou dorsais (ápico-velares, dorso-velares).

A intervenção de um articulador secundário pode criar um segundo obstáculo que opõe às consoantes simples as consoantes complexas, como as africadas, as chiantes ou as soantes bilabiovelares ou bilabiopalatais.

Do ponto de vista acústico, não é fácil definir os constituintes acústicos da consoante. Sua interpretação espectral é complexa, sobretudo para as oclusivas, que aparecem como partes brancas, que representam o silêncio provocado pela interrupção do escoamento do ar. Em todos os casos, só se pode verdadeiramente interpretar os espectros acústicos das consoantes pelo recurso aos efeitos produzidos sobre os formantes das vogais colocadas ao lado.

consonântico

Som consonântico ou *contóide* é um som que apresenta as características essenciais das consoantes, i.e., um obstáculo na passagem do ar determinando uma turbulência ou mesmo uma interrupção do fluxo de ar, que se traduzem no espectro acústico por uma redução da energia total. Todos os sons tradicionalmente considerados como consoantes são consonânticos. Os que se chamam tradicionalmente semi-

-consoantes, as soantes* como [j], [w], [ɥ], assim como as vogais são não--consonânticos.

constante

1. Chama-se *constante* uma grandeza cuja presença é condição necessária da grandeza, à qual está ligada por uma função e que é a variável. Assim, numa regra da forma

$$SN \rightarrow D + S$$

(sintagma nominal reescreve-se determinante seguido de substantivo), os símbolos D e S são tratados como constantes.

2. O termo *constante*, definido por oposição a *variável*, é muitas vezes substituído, em lingüística, por invariante*. Uma constante, por exemplo, em dois enunciados que só variam em certos pontos, é constituída pelas partes de enunciados que não mudam. Em *Tiago bebeu água* e *Tiago viu água*, diremos que as constantes são *Tiago* e *água* (se nos ativermos à análise em palavras) ou *Tiago* e *-u água* (se nos ativermos aos sinais de escrita).

constativo

Diz-se que uma frase é *constativa* quando descreve somente o acontecimento (por oposição a performativa*); p. ex.: *Eu passeio*.

constelação

Em glossemática, o termo *constelação* designa de maneira precisa a função que existe entre dois functivos*, ambos variáveis.

constituinte

1. Em lingüística estrutural, chama-se *constituinte* todo morfema (ou palavra) ou sintagma (i.e., toda expressão) que entra numa construção mais vasta. Em *Pedro vem para casa com seus amigos*, os sintagmas *Pedro* e *vem para casa com seus amigos* são os constituintes da frase. Distinguem-se aí dois tipos de constituintes: (1) *nuclea-*res, o sujeito *Pedro* e o predicado *vem para casa*, porque constituem o núcleo*; (2) *extranucleares*, o adjunto adverbial *com seus amigos*.

2. *Constituinte imediato*. A teoria da *estrutura em constituintes imediatos* de uma frase lança como princípio que toda frase da língua é formada não de uma simples seqüência de elementos discretos, mas de uma combinação de construções que formam os constituintes de uma frase, sendo esses constituintes, por sua vez, formados de constituintes de ordem inferior. Assim, uma frase é feita de diversas *camadas* de constituintes. Tomemos a frase:

A criança atira a bola.

A teoria dos constituintes descreve a sua estrutura como a combinação (concatenação*) de dois constituintes: um sintagma nominal (*A criança*) e uma sintagma verbal (*atira a bola*). Cada um desses dois *constituintes imediatos* da frase é, por sua vez, formado de outros constituintes: o sintagma nominal *a criança* é formado de um determinante (*a*) e de um substantivo (*criança*), o sintagma verbal *atira a bola* é formado de um verbo (*atira*) e de um sintagma nominal (*a bola*). As palavras *a, criança, atira, a,* determinante (*a*) e de um substantivo (*bola*). As palavras *a, criança, atira, a bola* são os *constituintes* finais da frase.

Essa estrutura em constituintes, representável por uma árvore* ou por um sistema de parênteses (V. PARENTETIZAÇÃO), é a descrição estrutural da frase, de acordo com o modelo transformacional.

A teoria geral dos constituintes imediatos foi estabelecida por L. BLOOMFIELD e a determinação dos constituintes foi realizada pelo método distribucional, cujos princípios, definindo as noções de constituinte descontínuo*, de expansão* e de transformação* foram elaborados por R. S. WELLS, CH. F. HOCKETT e Z. S. HARRIS, que lhe deram com isso toda a sua eficácia. A crítica da análise em constituintes foi o ponto de partida da gramática gerativa (V. também CAIXA DE HOCKETT).

3. *Gramática de constituintes.* Em gramática gerativa, chama-se *gramática de constituintes*, ou *gramática sintagmática*, uma gramática que consiste numa lista finita de elementos, em que o elemento que fica à esquerda no par, formando uma categoria única, corresponde a uma seqüência finita de elementos à direita, formando uma ou mais categorias. Assim, uma gramática de constituintes pode comportar os seguintes pares:

frase: sintagma nominal + sintagma verbal

sintagma nominal: determinante + substantivo

substantivo: criança, etc.

4. *Seqüência constituinte.* Em gramática gerativa, chama-se *seqüência constituinte* toda seqüência encaixada numa seqüência matriz. Na frase *Pegue o livro que está na escrivaninha*, a relativa *que está na escrivaninha* é a seqüência constituinte encaixada na matriz *Pegue o livro.*

constrição

Chama-se *constrição* o estreitamento do conduto vocal que provoca uma turbulência do ar laríngeo ouvida como um ruído de atrito, ou ruído fricativo, e que caracteriza a realização das consoantes chamadas constritivas ou fricativas, em português: [f], [v], [s], [z], [ʃ], [ʒ].

constritiva

Chama-se *constritiva* a consoante cuja articulação comporta um estreitamento ou constrição* num ponto ou outro do conduto vocal, de sorte que o ar, sem ser detido completamente, escoa com um ruído de atrito ou de fricação, donde o nome *fricativa** que também se dá a esse tipo de consoantes. As consoantes [f], [v], [s], [z], [ʃ], [ʒ] são fricativas.

Acusticamente, a turbulência do ar provocada pelo estreitamento do canal vocal traduz-se no espectrograma por uma zona confusa. O segmento fricativo distingue-se também dos outros segmentos consonânticos por uma maior duração. Enfim, certas diferenças espectrais permitem distinguir entre elas as consoantes fricativas: assim [s] e [ʃ] distinguem-se das outras fricativas por uma intensidade mais elevada, mas a energia se concentra, para [s] sobretudo, na região do espectro acima de 4 000 ciclos por segundo e, para [ʃ], entre 2 000 e 3 000 ciclos por segundo. Entretanto, como para as oclusivas, é sobretudo a natureza das transições do segundo formante* das vogais vizinhas que permite distinguir uma fricativa da outra.

construção

1. Em gramática tradicional, chama-se *construção* a maneira pela qual as palavras se agrupam na frase, segundo seu sentido e segundo sua função sintática, conforme as regras próprias a cada língua.

2. Em gramática estrutural, chama-se *construção* todo grupo pertinente de palavras (ou de morfemas) que entra numa construção mais vasta. Assim, a frase *O bom menino ajudou o ceguinho* é formada de *o bom menino* e *o ceguinho*, que delas são construções constituintes; *bom menino*, por sua vez, é uma construção constituinte do sintagma *O bom menino*.

contacto de línguas

Contacto de línguas é a situação humana na qual um indivíduo ou um grupo são levados a usar duas ou mais línguas. O contacto de línguas é, portanto, o acontecimento concreto que provoca o bilingüismo* ou determina os seus problemas. O contacto de línguas pode ter razões geográficas: nos limites de duas comunidades lingüísticas, os indivíduos podem ser levados a circular e a empregar, assim, ora a sua língua materna, ora a da comunidade vizinha. Esse é, particularmente, o contacto de línguas de países limítrofes. Pode haver também deslocamento maciço de uma comunidade que fala uma língua, e é levada a instalar-se por algum tempo, por muito tempo ou para sempre, na zona geográfica ocupada por outra comunidade lingüística. Esse tipo de contactos de línguas que a Gália antiga conheceu, particularmente no momento das invasões germânicas, é ainda freqüente nos casos de imigração coletiva (irlandeses ou porto-riquenhos nos Estados Unidos); de uma maneira mais geral, é o tipo de contactos característicos da extensão do dialeto frâncico da França medieval, que deu origem ao francês.

Mas há também contacto de línguas quando um indivíduo, deslocando-se, por exemplo, por motivos profissionais, é levado a usar em certos momentos uma língua diferente da sua. De um modo geral, as dificuldades nascidas da coexistência de duas ou mais línguas numa dada região (ou num indivíduo) resolvem-se pela comutação ou uso alternado, pela substituição ou uso exclusivo de uma das línguas, depois de eliminada a outra, ou pela amálgama, i.e., pela introdução numa língua de traços pertencentes à outra. O uso do francês nas províncias de línguas diferentes tem ilustrado e ainda ilustra esses três tipos de situação.

contaminação

Chama-se *contaminação* a ação analógica exercida por uma palavra, uma construção, um elementos fônico, sobre outra palavra, outra construção, outro elemento fônico: assim, *fruste*, tomado ao it. *frusto*, (termo de arte), "usado", recebeu por ação analógica de *rustre*, "rústico" o sentido de "tosco": é um caso de contaminação. Assim, é também por contaminação que dizemos em português *esqueci-me da hora*, ao invés de *esqueceu-me a hora* (construção primitiva) por influência de *lembrei-me da hora*. (V. ANALOGIA.)

contável

Chamam-se *substantivos contáveis* uma subcategoria de substantivos que designam entidades sentidas como suscetíveis de entrar na oposição *um/muitos* (singularidade/pluralidade); os *substantivos não-contáveis* ou *maciços* designam as entidades que são consideradas como não-suscetíveis de entrar na oposição *um/muitos*. Assim, as palavras *mesa, televisão, homem, cachorro*, etc. são substantivos contáveis, caracterizados em geral pelo fato de que podem ser acompanhados de adjetivos numerais: têm o traço [+ contável]. As palavras *coragem, beleza, vinho, trigo*, etc. são substantivos não-contáveis; não podem ser acompanhados de numerais: têm o traço [— contável]. Entretanto, há substantivos que podem ser contáveis num sentido e não-contáveis em outro; assim, o fr. *bois* é contável no sentido de "floresta" e não-contável no sentido de "madeira"; o fr. *veau*, "bezerro" é contável (*Un veau est né à la ferme*, "Nasceu um bezerro na fazenda"), mas se indica "carne de vitela" é não-contável (*J'ai mangé du veau*, "Comi vitela"). (V. RECATEGORIZAÇÃO.)

conteúdo

Na terminologia de L. HJELMSLEV, a palavra *conteúdo* opõe-se a *expressão*, como para F. DE SAUSSURE *significado* opõe-se a *significante*. Toda mensagem comporta uma face expressiva e significa alguma coisa. O conteúdo é a face abstrata da mensagem, o seu aspecto conceitual, o assunto da mensagem.

Ora, o assunto da mensagem, exatamente como sua expressão, pode ser considerado sob dois aspectos complementares: como forma (estrutura) e como substância. A substância do conteúdo é o estabelecimento da relação entre o mundo exterior e a faculdade de falar, a intenção de comunicar alguma coisa a respeito do real. A forma do conteúdo é o modo como uma dada língua estrutura a intenção de comunicação. A estrutura do conteúdo recorta a situação de forma específica. Constata-se que os traços de situação são recursivos no interior de uma dada língua. Para retomar um exemplo de L. HJELMSLEV, opor-se-á, na desinência latina de *-ibus*, um recorte em quatro elementos no plano da expressão (quatro fonemas) e um recorte em dois elementos no plano do conteúdo: dativo-ablativo e plural.

O estudo do conteúdo leva a dois tipos de análise: (1) a análise* do conteúdo, correntemente praticada pela sociologia e claramente distinta da anlise do discurso; esse estudo trata da relação entre o nível psicossocial e o mundo real, e as informações obtidas, de um domínio não-lingüístico; (2) a semântica estrutural, que já está em projeto em L. HJELMSLEV. Nesse tipo de estudo, poder-se-á encarar a palavra como uma entidade de duas faces: lexema e semema. Enquanto o lexema, que será estudado pelos métodos da lexicologia estrutural (definição do lexema por suas relações paradigmáticas e sintagmáticas), o semema será estudado como unidade de conteúdo, i.e., em função das "palavras-chaves" características de uma sociedade de uma dada época, e do sistema de palavras subordinadas dela dependentes. Uma vez estudado o lexema *cadeira* nas suas relações estruturais em lexicologia, resta estudar o semema *cadeira* no conjunto dos assentos, em função da tecnologia e da civilização que fornece o paradigma dos assentos no português contemporâneo.

context

Chamam-se *context sensitive* as regras dependentes do contexto, i.e., aquelas em que V e Z não são nulos na reescrita:

$$X \rightarrow VYZ$$

Chamam-se regras *context free* as regras independentes do contexto, i.e., aquelas em que X pode ser substituído, na reescrita acima, por Y, quaisquer que sejam os valores de V e Z.

contexto

1. Dada uma unidade, ou uma seqüência de unidades A, o *contexto* é constituído pelas unidades ou seqüência de unidades que precedem ou seguem A e que podem, de uma forma ou de outra, fazer pesar sobre A certas coerções.

2. O conjunto das condições sociais que podem ser levadas em consideração para estudar as relações que existem entre o comportamento social e o comportamento lingüístico é muista vezes designado como o *contexto social* de uso da língua. Diz-se também *contexto situacional, contexto de situação*: são os dados comuns ao emissor e ao receptor na situação cultural e psicológica, as experiências e conhecimentos de cada um dos dois.

3. As gramáticas sintagmáticas fazem grande uso da noção de *contexto*: podem-se dividir em gramáticas independentes do contexto e gramáticas dependentes do contexto. Tomemos uma regra de reescrita

$$N \rightarrow N + e + N$$

(N pode ser reescrito N + e + N); essa regra aplicar-se-á sem nenhuma limitação contextual (bastará simplesmente que N apareça para que a regra seja aplicável); é uma regra independente do contexto.

Em compensação, se N não pode ser reescrito N + e + N senão quando é precedido ou seguido de certas unidades, dir-se-á que a regra é dependente do contexto e ter-se-á: N → N + e + N no contexto X + ... + Y, i.e., N pode ser reescrito N + e + N quando N é precedido de X e seguido de Y. Será preciso, portanto, que tenhamos um enunciado de forma XNY para que a regra se aplique. Não se aplicará, evidentemente, se tivermos XNZ ou ZNY. (*Gramática [regras] dependente, independente do contexto*. V. SINTAGMÁTICO).

contextual

Traço contextual. V. TRAÇO.

149

contigüidade

Em lingüística distribucional, a única relação existente entre dois morfemas ou entre duas seqüências de morfemas é a *contigüidade*, i.e., a proximidade imediata de dois morfemas ou de seqüências de morfemas; assim, na seqüência SN + SV, SN é definido por sua contigüidade a SV.

contingente

A oposição *contingente* X *necessário* (ou o que é acidental X o que é permanente ou obrigatório) manifesta-se sobretudo no verbo (contingente: *Paulo pode chegar esta noite* X necessário: *Paulo deve chegar esta noite*), mas interessa também, em certas línguas, aos substantivos e aos adjetivos (contingente: *Je suis ivre*, "Estou bêbado" X permanente: *Je suis un homme*, "Sou um homem").

contínuo

Som contínuo é aquele cuja pronúncia comporta um escoamento contínuo do ar laríngeo (em parte ou na sua totalidade). As vogais são *contínuas*, assim como todas as consoantes, exceto as oclusivas, as africadas e as vibrantes. Com efeito, as vogais, as soantes, as consoantes fricativas não comportam oclusão do conduto vocal. As laterais e as nasais comportam oclusões bucais, mas estas são acompanhadas de um escoamento simultâneo do ar, ou através da cavidade bucal, de ambas as partes da oclusão, ou través das fossas nasais.

As consoantes contínuas são chamadas igualmente "constritivas" ou "durativas", por oposição às "oclusivas" ou "momentâneas".

contóide

Contóide é o termo empregado por certos lingüistas americanos (K. L. PIKE, CH. F. HOCKETT) para designar os sons consonânticos*. Nessa terminologia, os contóides opõem-se aos vocóides, que apresentam as características essenciais das vogais.

contorno

Contorno de entonação, ou contorno tonal, é o conjunto das características melódicas que constituem a unidade da frase. Cada frase é caracterizada por um contorno de entonação que consiste numa ou mais variações de altura e um contorno final. A diferença entre os contornos finais permite, parece, opor lingüisticamente três tipos principais de frases, pelo menos no conjunto das línguas européias: a elevação final da altura melódica, que termina num nível mais elevado que o nível melódico de sustentação, caracteriza a frase interrogativa. A frase imperativa é caracterizada por um abaixamento final da altura da voz abaixo do nível de sustentação. A frase assertiva é marcada pela ausência desses dois traços.

contrato

1. Quando duas vogais contíguas são reduzidas a uma só, segundo certas leis fonéticas, a vogal única, resultante dessa contração, é chamada *vogal contrata* ou *contraída*. Assim, no gr. *teikhous*, vindo de *teikheos*, *ou*, escrito como ditongo, é uma vogal contrata.
2. Chamam-se *substantivos* e *adjetivos contratos*, em grego, aqueles que são caracterizados pela contração da vogal da desinência com a vogal do tema, ou com a do radical (ex.: *teikhous*, vindo de *teikheos*). Os *verbos contratos* são aqueles cujo radical termina pelas vogais *alpha*, *épsilon* ou *ómicron*, que se combinam com a vogal temática *épsilon* ou *alpha* (*timômen* de *tima-o-men*).

Em português, a contração de duas vogais semelhantes numa só recebe o nome de crase* e a passagem de ditongo a vogal simples chama-se redução*.

contração

Sin.: COALESCÊNCIA. (V. CONTRAÍDO.)

contra-final

Na tradição francesa, dá-se por vezes o nome de *contra-final* à vogal postô-

150

nica, i.e., à vogal átona de sílaba interna, especialmente latina, imediatamente posterior à tônica, pois ela se comporta como as vogais finais na passagem do latim ao francês, sincopando-se, a menos que se trate de um [a]. As palavras latinas *víridem, sólidum, cámera* sofreram síncope vocálica na penúltima sílaba para dar o fr. *vert, sou chambre*, assim como o port. *verde, soldo* (o port. *câmera* é de origem erudita).

contraído

1. Em gramática tradicional francesa, chamam-se *artigos contraídos* as formas tomadas pelo artigo definido quando este se combina com as preposições *à* e *de* para formar palavras únicas: *à* + *le* torna-se *au; á* + *des* torna-se *aux; de* + *le* torna-se *du; de* + *les* torna-se *des*. No francês arcaico, *en* + *les* deu *ès*, que ainda se conserva em *licence ès lettres*, "licença em letras".

Em português não se usa a expressão *artigo contraído*, mas existe o fenômeno da *contração*, que se dá nas junturas da frase quando uma palavra termina por vogal e a seguinte começa por vogal do mesmo timbre, e com as preposições *a, de, em, por* em combinação com o artigo definido, o indefinido, o pronome pessoal *ele, ela*, os demonstrativos *este, esse, aquele*, os advérbios *aqui, ali, além, aquém, onde* e o indefinido *outro*, sendo nalguns casos a contração obrigatória e noutros optativa. (V. CRASE.)

2. *Contraída* é a posição dos lábios quando estes se encontram em contração, como, por exemplo, na realização do vogal [i] ou [e], ao contrário de *retraída*, posição em que os lábios estão tendidos para a frente, como na realização das vogais arredondadas do português [u, o, ɔ].

contrário

Chamam-se *contrárias* unidades de sentido oposto, uma das quais é a negação da outra e vice-versa.

A noção de *contrário* em lógica é mais ampla que a noção de antonímia de dois termos em lexicologia. Grande número de oposições paradigmáticas que comunicam significado aos termos da língua não são oposições contraditórias.

E. SAPIR faz notar que a antonímia repousa sobre a comparação: *pequeno* e *grande* não se referem a noções contrárias, mas precisam pontos sobre um eixo de grandezas sempre ordenado, pelo menos de maneira implícita. Na frase *Um elefante pequeno é grande, grande* refere-se implicitamente à ordem de grandeza dos animais, ao passo que *pequeno* se refere à ordem de grandeza dos elefantes.

Um tipo de oposição como a complementaridade está mais próximo da noção de contrário; com efeito, no caso, o teste da negação dá resultados probantes; p. ex., para a oposição *noite/dia*, nota-se que *não é dia* implica *é noite*, ao passo que na relação precedentemente definida como antonímia o teste dá resultados diferentes: *Ele não é grande* não implica *Ele é pequeno.* •

Resta notar a possibilidade de exprimir uma noção de reciprocidade, que também na origem se dá entre unidades de sentido contrário. A relação entre *ativo* e *passivo* é característica desse terceiro tipo de contrários em português.

Entretanto, é notável que essas distinções lógicas entre as diversas acepções de *contrário* sejam geralmente neutralizadas na língua: tudo se passa, em geral, como se os antônimos se opusessem em si mesmos, e não por referência à origem da comparação. O critério da interrogação opõe-se, nesse ponto, ao da negação. Se *esse livro não é mau* não implica *Esse livro é bom*, a resposta *não* à pergunta *é um bom livro?* é mui freqüentemente entendida como significando *é um mau livro*. Entre a relação de implicação lógica e os mecanismos da língua, pa-

151

rece que é preciso introduzir o filtro de um modelo psicolingüístico.

contraste

Em fonologia, *contraste* é a diferença fonológica entre duas unidades contíguas da cadeia falada. Trata-se de uma relação de ordem sintagmática, a distinguir da *oposição*, que é uma relação de ordem paradigmática entre unidades alternativas.

Pode haver contraste entre uma sílaba acentuada e uma sílaba átona que a precede ou que a segue, entre dois fonemas diferentes que se sucedem etc. O contraste máximo é o que permite a constituição das primeiras seqüências silábicas na linguagem da criança. Na sílaba /pa/, há o contraste entre o fechamento máximo da oclusiva e a abertura máxima da vogal, o contraste compacto/difuso, o contraste grave/agudo. O contraste, i.e., a diferença entre as unidades sucessivas, é indispensável à compreensão, o que limita os efeitos da tendência à assimilação.

Essa importância do contraste da mensagem explica também a lei do contraste fonológico mínimo, i.e., a incompatibilidade que fonemas diferenciados têm por uma marca de correlação* de se combinar no mesmo morfema: assim, não se pode encontrar combinações tais como /pb/, /td/, /kg/ nas línguas em que existe a correlação de sonoridade, como em português.

A observação da aquisição da linguagem infantil leva R. Jakobson a considerar a seguinte ordem: (a) primeiro, aquisição de um *contraste* entre uma vogal larga e uma oclusiva anterior (bilabial); habitualmente, esse contraste realiza-se por A e uma oclusiva bilabial (PA ou BA); (b) em seguida, aquisição de duas *oposições* consonânticas; geralmente, a ordem é oposição oral/nasal [p]/[m], depois oposição labial/dental [p]/[t].

Só depois disso é que a aquisição de uma oposição vocálica (vogal lar-

ga/vogal estreita, p. ex., [a] X [u] ou [i]) permite enriquecer a gama dos contrastes sintagmáticos.

contrastivo

1. *Função contrastiva* do acento é a que consiste em individualizar um segmento em relação aos outros segmentos do mesmo tipo presentes no enunciado, e que contribui para facilitar a segmentação.

2. *Gramática contrastiva* é a gramática de correspondência pela qual se reúnem sob forma única as gramáticas descritivas de duas línguas. Ela tem por fim dar os esquemas possíveis numa língua para todo conjunto dado de esquemas de construção na outra língua. Permite predizer, com certa exatidão, quais partes da estrutura da língua apresentarão dificuldades para os estudantes, e a natureza dessas dificuldades.

contra-sujeito

L.' Tesnière chama contra-sujeito o segundo atuante* de uma frase passiva (assim denominada porque essa palavra é sujeito quando a frase está na voz ativa). Em *Alfredo fere Bernardo*, *Alfredo* é o primeiro atuante (e o sujeito). Em *Bernardo é ferido por Alfredo*, *Alfredo* é o segundo atuante passivo (e o contra-sujeito).

contrepèterie, contrepetterie (fr.)

Em francês, chama-se *contrepèterie* um tipo de jogo ou um lapso que consiste em permutar certos elementos fônicos (sílabas ou fonemas) de tal maneira que se obtenha um novo enunciado, que aparece como uma deformação burlesca do primeiro enunciado. Ex.: *Mon oncle perd courage devant les amas de patents* ("Meu tio perde a coragem diante dos montões de patentes") torna-se, por *contrepèterie, Mon oncle perd courage devant les appas de ma tante* ("Meu tio perde a coragem diante dos atrativos de minha tia"). O termo *contrepèterie* designa também o próprio enunciado resultante dessa deformação.

controlabilidade

Controlabilidade é uma noção fundada no postulado de que os falantes (ou alguns dentre eles) podem romper a dependência dos fatos lingüísticos (ou alguns dentre eles), com respeito aos fatos sociais. Varia segundo os falantes: as pessoas que, graças ao seu meio social, adquiriram grande domínio do modelo de *performance* controlam facilmente a escolha das unidades léxicas (rejeição de unidades por fenômenos de mascaramento ou dissimulação, utilização de outras por conivência ou simulação), enquanto os meios incultos, salvo exceções, têm menos possibilidades nesse domínio. A controlabilidade varia também segundo a natureza dos fatos lingüísticos; assim, o sistema fonético ou fonológico é difícil de ser controlado: a partir de certa idade, conserva-se o "sotaque" e as articulações adquiridas anteriormente; a controlabilidade é um pouco maior para os fatos de sintaxe e muito grande para o léxico.

controle

O falante pode estar apto para evitar certas unidades lingüísticas que revelariam o que ele é, ou, ao contrário, para utilizar algumas outras que são particulares a indivíduos com os quais quer ser confundido; essa aptidão lingüística é o *controle*: permite, por exemplo, que os franceses meridionais pronunciem a terminação *-sme* [sm] e não [zm], como o fazem se não controlam a sua pronúncia. (V. CONTROLABILIDADE.)

convenção

Fala-se de *convenção* quando se estabelece que a comunicação lingüística é fundada numa espécie de acordo ou de contrato implícito, não-formulado, inconsciente mesmo, sobre o qual repousa o código*. A noção de convenção, desenvolvida por F. DE SAUSSURE com o conceito de arbitrariedade* do signo, sempre se opôs e, especialmente entre os gregos, às teorias da origem natural da linguagem, segundo as quais, em particular, a fonte da relação entre o significante e o significado estaria dentro das próprias coisas.

convencional

Dizemos que a língua é *convencional* se a consideramos como uma instituição social resultante do costume e da tradição, portanto de um contrato tácito entre os homens. Por oposição, diremos que a língua é *natural* se a consideramos como tendo a sua origem num princípio inato, inerente ao próprio homem. (V. ARBITRÁRIO.)

convergência

Línguas, inicialmente diferentes, podem tender a sofrer paralelamente as mesmas mudanças: assim, o perfeito simples desaparece simultaneamente em francês e no sul da Alemanha. Fala-se de *convergências em base geográfica* quando as línguas são faladas em regiões contíguas, e de *convergências fortuitas* quando se confrontam, p. ex., o tswana da África do Sul e o alemão.

conversão

Chama-se *conversão* a transformação de uma categoria em outra por meio de morfemas gramaticais; assim, dir-se-á que há conversão do substantivo em adjetivo no caso de adição do sufixo *-ivo* (*criação*/*criativo*). (V. TRANSFORMAÇÃO.)

co-ocorrência

Se ocorrência de um elemento lingüístico x é o fato de x figurar numa dada frase, os elementos que com ele figuram na frase são suas *co-ocorrências*. Assim, em *O menino brinca*, dir-se-á que *menino* tem por co-ocorrentes *o* e *brinca*. Chama-se distribuição de x o conjunto dos co-ocorrentes que com ele figuram ou podem figurar. Na frase acima, a distribuição de *menino* é a seguinte

153

o ———— *brinca,*

representando o travessão entre *o* e *brinca* a ocorrência do elemento *x*, a definir.

co-ocorrente

Diz-se que os elementos B, C e D são *co-ocorrentes* de outro elemento A quando figuram com A para produzir um enunciado, vindo cada um deles numa posição determinada. O ambiente de A é constituído pela posição relativa dos co-ocorrentes B, C e D. Assim, dir-se-á que D, S e Adj são co-ocorrentes de V na frase do tipo D + S + Adj + V (*A criança atenciosa escuta*), sendo a posição relativa dos co-ocorrentes D, S e Adj definida relativamente a V, cujo ambiente nessa frase é constituído por eles.

coordenação

1. A gramática tradicional caracteriza a *coordenação* pelo fato de uma palavra (chamada *conjunção coordenativa*) ligar duas palavras ou duas seqüências da mesma natureza (categoria) ou da mesma função. Assim, em *a blusa vermelha* e *azul*, são da mesma natureza e têm por função qualificar *blusa*. Essa definição levanta três tipos de problemas:

a) Há coordenação entre termos de natureza e função diferentes (pelo menos segundo as acepções que essas palavras têm na gramática tradicional): assim, em *um objeto verde e de aspecto estranho, verde* e *de aspecto estranho* não são da mesma natureza, nem da mesma função e, entretanto, são coordenados. Na realidade, essas duas unidades podem encontrar-se no mesmo lugar (na mesma distribuição): *um objeto verde, um objeto de aspecto estranho; um objeto de aspecto estranho e verde* será mais raro, mas por exigências do equilíbrio rítmico. É esse fato essencial que intuitivamente os gramáticos tinham reconhecido desde muito.

b) Por "seqüências de palavras" convém entender orações, membros de frase, unidades isoladas. Assim, em *um menino inteligente e que faz bem as suas lições*, a relativa *que faz bem as suas lições* está coordenada ao adjetivo *inteligente.*

c) A coordenação assindética caracteriza-se pela ausência do elemento coordenativo. Exs.: *O sertanejo é desgracioso, desengonçado, torto; Menino inteligente, que faz bem suas lições; Noite clara, estrelada, misteriosa.* As relações entre os termos sindética ou assindeticamente coordenados são as mesmas.

A coordenação pode ser: (a) aditiva: *Entremos nesse bar e tomemos um café;* (b) adversativa: *Um homem rico mas infeliz;* (c) alternativa: *Sair de férias ou ficar em casa;* (d) explicativa: *É preciso amá-lo, pois ele é justo;* (e) conclusiva: *Penso, logo existo.*

2. As construções endocêntricas* dividem-se em dois tipos: por *coordenação* e por *subordinação*. As construções endocêntricas por coordenação têm as mesmas propriedades sintáticas que cada um dos seus componentes tomados separadamente; assim, *o filho e a filha* têm as mesmas propriedades sintáticas que *o filho* (um dos componentes); dá-se o mesmo com *o filho ou a filha.* São sintagmas coordenados mas o primeiro tipo (*o filho* E *a filha*) distingue-se do segundo (*o filho* OU *a filha*), porque, no primeiro caso, o verbo irá para o plural e, no segundo, poderá, conforme o sentido inclusivo ou exclusivo, ir para o plural ou ficar no singular.

coordenado

1. Diz-se que um bilingüismo é *coordenado* por oposição a *composto** quando, num indivíduo bilíngüe, os universos culturais aos quais se refere cada uma das línguas são inteiramente distintos; é a situação dos verdadeiros bilíngües, para quem, por exemplo, o castelhano, o francês ou o italiano (língua A) são as línguas da escola, da administração, etc., e o catalão, o

154

alsaciano ou o piemontês são as línguas da família, das relações sociais, etc.; os dois grupos de línguas correspondem a situações culturais diferentes. (V. BILINGÜISMO.)

2. *Coordenadas dêiticas.* (V. DÊITICO.)

coordenativo

Ao termo *conjunções coordenativas* — caracterizadas durante muito tempo pela existência de uma lista fechada *e, nem, ou, mas, ora, pois* (= "porque", causal explicativa ou "portanto", conclusiva) —, prefere-se muitas vezes o termo mais geral *conectivos coordenativos,* no qual se englobam palavras como *seja...seja, quer...quer, entretanto, com efeito,* etc. (V. também CONECTIVO.)

Copenhague (Escola de)

A longa tradição dos lingüistas dinamarqueses que se consagraram na gramática geral explica a importância da *escola de Copenhague,* que se funda em F. DE SAUSSURE e que desenvolveu, com grande rigor e grande preocupação de coerência, certos aspectos importantes do *Curso de Lingüística Geral.* Entretanto, com V. BRØNDAL, o objeto da lingüística é descobrir na língua certas concepções da lógica, de investigar especialmente o número das características e a sua definição. Essa concepção anuncia a pesquisa de universais de linguagem, sobre cuja importância insistiu depois N. CHOMSKY. A crítica de V. BRØNDAL visa à gramática comparada e ao seu caráter histórico (que um gosto romântico pelos tempos antigos explica), ao seu positivismo fundado no exame dos pequenos fatos verdadeiros, graças a uma observação exata e minuciosa, à sua vontade de estabelecer leis — relações constantes entre os fatos constatados —, vontade que lembra os objetivos das ciências exatas. Os lingüistas de Copenhague propõem uma teoria das mutações bruscas, por saltos, que permitem passar de um estado a outro.

Essa concepção dá elementos para explicar a resolução das sincronias sucessivas na dinâmica da diacronia. Os conceitos opostos de língua e fala e de estrutura conservam evidentemente nessa perspectiva toda a sua importância. É L. HJELMSLEV (*Principes de grammaire générale,* 1928) que, com H. J. ULDALL (*Outline of Glossematics,* 1952-1957, *Prolegomena to a Theory of Language,* em dinamarquês em 1943, na versão inglesa em 1953), deu à escola de Copenhague a sua teoria: a glossemática (*Travaux du Cercle de linguistique de Copenhague, Acta linguistica, Bulletin du Cercle de linguistique de Copenhague*); K. TOGEBY deu uma descrição do francês segundo essa teoria (*Structure immanente de la langue française*).

cópula

Os verbos *ser, estar, andar,* etc. são chamados *cópulas* quando, numa frase de base, constituem com um predicativo (adjetivo, sintagma nominal ou sintagma preposicional) o predicado de um sintagma nominal sujeito. A cópula serve para enunciar as propriedades que definem o sujeito em *frases predicativas.* Assim em:

> *Pedro é feliz,*
> *António estava em casa,*
> *Maria andava triste,*

os verbos *é, estava, andava* são cópulas.

O verbo *ser é cópula, verbo copulativo,* ou *de ligação,* em exemplos como os precedentes, *verbo auxiliar* na conjugação passiva e verbo fundamental, existencial em construções como *Era uma vez...*

copulativo

1. Chama-se *função copulativa* dos verbos *ser, estar* a função predicativa (*Pedro é feliz*), a de identificação (*Esse menino é Pedro*) e a função locativa (*Pedro está em casa*).

2. Verbo copulativo é o que liga ao sujeito um adjetivo ou um sintagma nominal predicativo. Os verbos *ser,*

estar, andar, ficar, parecer, permanecer e outros são verbos copulativos (*ele é engenheiro, ele fica sozinho, ele parece cansado* etc.).
3. *Conjunção copulativa.* V. ADITIVO.

cor

O termo *cor* muitas vezes é utilizado em fonética por associação entre as sensações auditivas e as visuais, para designar uma característica acústica, principal ou secundária, correspondente em geral a um traço de altura ou de acuidade. Diz-se, assim, que vogais e consoantes palatais (acusticamente agudas) têm uma cor "clara" ou uma cor "palatal", que elas comunicam por assimilação às consoantes contíguas. As vogais velares acusticamente graves têm uma cor "grave" ou "velar", que comunicam às consoantes contíguas.

cordas vocais

As *cordas vocais* são um par de lábios simétricos formados de um músculo e de um ligamento elástico, situados de um e outro lado da laringe, tendo à frente o osso cricóide, ou "pomo-de-Adão", e, atrás, as cartilagens aritenóides. Em cada aritenóide se fixa uma extremidade de uma corda vocal. A separação das aritenóides determina a abertura em V das cordas vocais, que permanecem juntas na frente, no cricóide. A glote é o espaço compreendido entre as cordas vocais: tem cerca de 18mm de comprimento e se abre uns 12mm. Quando as aritenóides se unem, levando em seu movimento as cordas vocais, que se juntam, a glote se fecha e impede a passagem do ar. O comprimento e a espessura das cordas vocais são modificados pelo movimento das aritenóides.

Durante a fonação, as cordas vocais se fecham; o ar proveniente dos pulmões acumula-se atrás e a sua pressão acaba por separar as cordas vocais. O ar se escoa, a pressão diminui, as cordas se fecham novamente. A pressão se reestabelece então e o ciclo recomeça. A coluna de ar que vem dos pulmões é, pois, seccionada numa seqüência de baforadas ou impulsos, cuja freqüência depende da rapidez com que as cordas vocais se afastam ou se aproximam. Portanto, o ar que sai da laringe vibra segundo uma freqüência que depende de diversos fatores (comprimento e espessura das cordas vocais, pressão do ar saído dos pulmões, etc.). Quando falamos, esses fatores se modificam constantemente: assim obtém-se a freqüência desejada, que, num discurso normal, varia de 60 a 350 ciclos por segundo.

Essa probabilidade de regular a velocidade da vibração das cordas é em parte individual: depende, entre outros fatores, da idade e do sexo. Quanto mais compridas e espessas são as cordas, tanto mais longas são as vibrações; quanto mais curtas e delgadas, tanto mais aumenta a freqüência, e com ela a intensidade do som. Por isso a voz das mulheres e das crianças é mais aguda que a dos homens.

Em fonética experimental, o movimento das cordas vocais pode ser observado ou utilizando-se o efeito estroboscópico, ou com a ajuda de um espelho de dentista, a olho nu, ou num filme rodado rapidamente e em seguida projetado em câmara lenta. As vibrações das cordas vocais aparecem, então, como laterais e verticais, mas as vibrações verticais predominam.

Do ponto de vista acústico, a vibração das cordas vocais produz um zumbido audível, a voz*, que é em seguida modificada pelos ressonadores supralaringais. Trata-se do tom fundamental laríngeo, que se traduz no espectro acústico pela presença de uma excitação periódica de baixa freqüência.

A vibração das cordas vocais chama-se sonorização. Os fonemas que utilizam a vibração das cordas vocais são os mais numerosos nas línguas do mundo. Trata-se, em geral, de todas as vogais (se bem que algumas línguas ameríndias, como o comanche, parecem apresentar vogais surdas). Trata-se também da maioria das consoantes: assim, em português, as consoantes surdas [p], [t], [k], [f], [s], [ʃ] são 6 em 24 fonemas consonânticos e todas têm o seu par sonoro ([p] — [b], [t] — [d], [k] — [g], [f] — [v], [s] — [z], [ʃ] — [ʒ]).

Há duas teorias sobre a origem da vibração das cordas vocais.

Segundo a mais antiga, chamada "teoria mioelástica", a velocidade de vibração das cordas vocais depende de causas mecânicas, antes de tudo, sendo a abertura da glote forçada pela pressão do ar subglótico; o controle nervoso existe, mas somente num primeiro estágio, para chegar à posição de fonação, pelo fechamento ou estreitamento das cordas vocais. Segundo uma teoria mais recente, emitida, desde 1935, por R. Husson e chamada "teoria neurocronáxica", não é a pressão do ar que provoca o movimento das cordas, mas são as próprias cordas que dão passagem à pressão do ar em resposta a influxos nervosos: assim, as cordas vocais poderiam vibrar sem a ajuda de nenhum sopro de ar. Essa segunda teoria, que supõe uma gênese cerebral do fenômenos sonoro, está em contradição com numerosos fatos patológicos, em particular a impossibilidade de passarem freqüências do tipo das freqüências acústicas através do sistema nervoso. Parece que ela deve ser definitivamente abandonada.

Chamam-se *falsas cordas vocais* um par de lábios semelhantes aos precedentes (chamados por oposição "verdadeiras cordas vocais") e que se estendem acima deles, do pomo de Adão às aritenóides. Como a epiglote, elas permanecem provavelmente abertas durante o discurso. A sua função na fonação é controvertida e parece em todo o caso de mui pouca importância.

157

co-referência

Numa frase como *Pedro olha Pedro no espelho*, Pedro, *sujeito*, e Pedro, *objeto*, podem designar a mesma pessoa; eles têm nesse caso a mesma referência; são co-referentes do mesmo "objeto". Nesse caso preciso, a co-referência dá valor reflexivo ao segundo *Pedro*, e a frase derivada é, então, *Pedro olha-se no espelho*. O segundo *Pedro* pode ser diferente do primeiro e, nesse caso, não há co-referência e *Pedro* não tem valor reflexivo. Em gramática gerativa e transformacional é, pois, necessário prever-se, entre os traços que definem um ítem léxico, um índice particular capaz de definir dois termos como co-referentes numa dada frase.

corônis

Chama-se *corônis* o signo empregado pelos gramáticos gregos, análogo ao espírito brando e que serve para marcar a crase* /ɔ/.

corpus

Estabelece-se a gramática descritiva de uma língua a partir de um conjunto de enunciados: este é submetido à análise e constitui o *corpus* da pesquisa. É útil distinguir o *corpus* dos termos vizinhos que designam conjuntos de enunciados: o "universo" é o conjunto dos enunciados encerrados numa dada circunstância, até que o pesquisador tenha decidido se esses enunciados entrarão na totalidade ou em parte na matéria da sua pesquisa. Assim, um dialetólogo que se interessa pelas palavras de origem estrangeira num dado falar reunirá primeiro ou fará reunir um grande número de enunciados produzidos livremente ou provocados pelos entrevistadores. Grande parte desses enunciados poderão muito bem não ter nenhuma relação com a pesquisa e não conter nenhuma das palavras que interessam ao lingüista. A totalidade dos enunciados recolhidos é o universo. A partir do universo dos enunciados reunidos, por assim dizer, a granel, o lingüista seleciona aqueles que vai submeter à análise: no caso que nos interessa poderá ser o conjunto das frases, ou grupo de frases, compreendendo palavras que apresentem este ou aquele traço fonético, ou então uma terminação ou uma origem estrangeira. Só esses segmentos de enunciados é que serão submetidos à análise e que constituirão o *corpus*. Poder-se-ão, também, em bases estatísticas, delimitar ou no universo, ou no *corpus*, passagens que serão submetidas a uma análise quantitativa: por exemplo, de dez em dez páginas, escolhe-se uma; as páginas assim escolhidas constituem uma amostra do texto. Por extensão, considerar-se-á como amostra toda parte representativa do todo. O *corpus* pode evidentemente, se o pesquisador o julga útil ou necessário, ser constituído por todo o universo de enunciados. Da mesma forma, uma análise quantitativa poderá muito bem dispensar amostragem.

O próprio *corpus* não pode ser considerado como constituindo a língua (ele reflete o caráter da situação artificial na qual foi organizado e registrado), mas somente como uma amostra da língua. O *corpus* deve ser representativo, i.e., deve ilustrar toda a gama das características estruturais. Poder-se-ia pensar que as dificuldades serão levantadas se um *corpus* for exaustivo, i.e., se compreende todos os textos reunidos. Na realidade, sendo indefinido o número de enunciados possíveis, não há exaustividade verdadeira e, além disso, grandes quantidades de dados inúteis só podem complicar a pesquisa, tornando-a pesada. O lingüista deve, pois, procurar obter um *corpus* realmente significativo. Enfim, o lingüista deve desconfiar de tudo o que pode tornar o seu *corpus* não-representativo (método de pesquisa escolhido, anomalia que constitui a intrusão do lingüista, preconceito sobre a língua). O pesquisador deve constantemente procurar evitar tudo o que conduz a um artefato*.

Tendo por fim explicar não um número finito de enunciados produzidos, mas um número indefinido de frases possíveis, a gramática gerativa não parte de um *corpus* que nunca poderia ser constituído. Se se quisesse mesmo assim encarar sua existência, o *corpus* seria então simplesmente definido por todas as frases possíveis nesta ou naquela língua, nesta época e neste contexto, etc.; não há prova de gramaticalidade senão ao contrário, na medida em que não se deve encontrar nenhuma frase que a gramática construída não explique.

correção

Correção é uma noção diferente da de gramaticalidade*. Diz-se que um enunciado é *correto* quando está de acordo não só com a gramática da língua, mas com as regras do "bem dizer" fixadas por uma camada social geralmente reduzida, mas socialmente dominante.

correlação

1. Na terminologia do Círculo de Praga, *correlação* é um conjunto de pares de fonemas chamados "pares correlativos*", cujos termos se opõem pela ausência ou presença de uma mesma particularidade fônica, chamada *marca* de correlação, que pode ser: (a) a sonoridade em pares como /p/ e /b/, /t/ e /d/, /k/ e /g/, /f/ e /v/, etc., e (b) a nasalidade em pares como /ɛ/ e /ɛ̃/, /ɔ/ e /ɔ̃/, /ɑ/ e /ɑ̃/, /b/ e /m/, /d/ e /n/, etc. O

sistema consonântico de muitas línguas se ordena em função dessas duas correlações:

	surdas	p t k f s
orais	sonoras	b d g v z
nasais		m n

Quando um fonema participa de muitas correlações, todos os fonemas que fazem parte dos mesmos pares correlativos se reúnem em feixes* de correlação de diversos termos.

2. Há correlação entre duas características numa análise estatística de um *corpus* quando estas estão ligadas uma à outra, de tal maneira que as variações dos seus valores se fazem sempre no mesmo sentido (*correlação positiva*) ou no sentido oposto (*correlação negativa*).

159

correlativo

1. Diz-se que dois termos são *correlativos* quando indicam uma relação de dependência entre a oração principal (ou matriz) e a oração subordinada. Assim, *tão* é correlativo de *que* na frase *Pedro é tão hábil que saiu com vantagem dessa situação.*

2. Em fonologia, na terminologia do Círculo de Praga, chama-se *par correlativo* um par de fonemas que se encontram um diante do outro numa relação de oposição bilateral*, proporcional* e privativa*. Assim, os fonemas /p/ e /b/ formam um par correlativo. Sua relação é de oposição: (a) bilateral, por serem os únicos a terem em comum os traços distintivos oclusivo e bilabial; (b) proporcional, visto que a oposição sonoro e surdo se encontra em outros pares do mesmo sistema, como /t/ e /d/, /k/ e /g/, etc.; (c) privativa, porque o traço de sonoridade está ausente em /p/, fonema não-marcado, e presente em /b/, fonema marcado.

Os fonemas que entram num par correlativo são chamados *emparelhados;* os outros, *não-emparelhados* (fr. *appariés* e *non-appariés*) .

correspondência

1. Diz-se que dois termos idênticos, ou diversos na forma, pertencentes a duas línguas da mesma família estão em *correspondência* quando, por uma série de transformações, provêm de um mesmo étimo da língua mãe. Assim, estão em correspondência o lat. *quis* e o gr. *tis* e a conj. port. *que* e a fr. *que*, que provêm de um radical tirado da raiz indo-européia *kʷis* (os últimos do lat. *quid* por *quod*).

2. *Grámatica de correspondência.* V. CONTRASTIVA (GRAMÁTICA).

corte

Corte de sílaba ou *fronteira silábica* é o limite entre duas sílabas. Dá-se em geral no interior da palavra entre uma vogal ou uma consoante implosiva e uma consoante explosiva. Ex.: *latim* [la-tĩ] ou *verdor* [ver-dor].

A *correlação de corte de sílaba* corresponde à oposição do modo de ligação prosódica que se encontra nas línguas germânicas (norueguês, sueco, inglês, alemão, holandês) e em outras línguas, como o hopi (da família uto-asteca). Nessas línguas, as vogais normalmente são longas quando estão sem entraves na sua prolação completa, mas são breves quando a prolação da sílaba é interrompida pela inserção da vogal seguinte; a oposição entre vogal breve e vogal longa existe em sílaba aberta, mas é neutralizada em sílaba fechada. As línguas de correlação de corte de sílaba têm tendência a realizar por ditongos os fonemas vocálicos de prolação completa.

co-variância

O conceito de *co-variância*, usado em sociolinguística, opõe-se ao de *dependência*. Dada uma ordem de dados sociais (clivagens em grupos) e uma ordem de fatos lingüísticos, há co-variância quando alguns dos fatos retidos variam ao mesmo tempo; o estudo da co-variância pressupõe inicialmente que as duas ordens sejam independentes uma da outra, deixa que se constate pela seqüência a dependência de uma em relação à outra, pois pode haver isomorfismos*.

crase

Crase quer dizer "combinação" e depois "contração".

1. Em gramática grega, contração da vogal ou do ditongo final de uma palavra com a vogal ou ditongo inicial da palavra seguinte. A crase em grego é indicada por um sinal igual ao apóstrofo, chamado *corônis*, sobre a vogal resultante da contração. Ex.: *tálla*, "as outras coisas", por *taalla*.

2. Em gramática histórica românica, *crase* é a fusão de duas vogais idênticas numa só. Ex.: *paa* (< *pala-*) > *pá; pee* (< *pede-*) > *pé; vii*

($<$ *vidi-*) $>$ *vi; soo* ($<$*solo-*) $>$ *só; nuu* ($<$ *nudu-*) $>$ *nu.*

3. Em gramática descritiva portuguesa, crase é a contração da preposição *a* com outro *a*, nos casos seguintes:

a) com o artigo *a, as: vou à cidade; chegou às seis horas;*

b) com o pronome demonstrativo *a, as* ($=$ "aquela", "aquelas"); *Não me refiro a esta prova, mas à do seu colega;*

c) com o *a-* do demonstrativo *aqueles(s), aquelas(s), aquilo: Vou àquele porto; não me refiro àquilo que você observou;* etc.

A crase é um fenômeno próprio da língua portuguesa que perdeu o *-l* do artigo. Com o artigo *a, as* ela ocorre freqüentemente em locuções adverbiais. Com o *a-* do demonstrativo *aquele,* etc., é um fenômeno ortográfico arbitrário, visto que o mesmo não se dá quando à preposição *a* se segue o indefinido *algum, alguma, alguém.*

criatividade

Criatividade é a aptidão do falante para produzir espontaneamente e para compreender um número infinito de frase que nunca pronunciou ou ouviu antes. Assim, todo falante do português pode entender a frase *Você encontrará neste dicionário cerca de 1 800 termos, definidos por uma equipe de lingüistas,* mesmo que haja pouca probabilidade de que ele a tenha ouvido alguma vez. Podem-se distinguir dois tipos de criatividade: a primeira consiste em variações individuais, cujo acúmulo pode modificar o sistema de regras (*criatividade que muda as regras*); a segunda consiste em produzir frases novas por meio de regras recursivas da gramática (*criatividade provocada pelas regras*). A primeira depende da performância (ou fala), a segunda da competência (ou língua).

cricóide

Osso cricóide é uma cartilagem que está na base da laringe, correntemente chamada *pomo-de-Adão,* sobre a qual se fixam as extremidades anteriores, imóveis, das cordas vocais.

crioulo

Dá-se o nome de *crioulos* a sabires*, pseudo-sabires*, ou pidgins*, que, por motivos diversos de ordem histórica ou sociocultural, se tornaram línguas maternas de toda uma comunidade. Não se tem por língua materna um sabir, um pseudo-sabir ou um pidgin, mas, como milhões de haitianos, pode--se ter um *crioulo.* Os pseudo-sabires unilaterais, de base francesa, inglesa, portuguesa, holandesa ou espanhola foram empregados por negros de comunidades diversas, que faziam os ajuntamentos negreiros e aos quais se propunham os problemas de intercompreensão. Há *crioulos franceses* no Haiti, Martinica, Guadalupe, *crioulos ingleses* na Jamaica e nos Estados Unidos (gullah), *crioulos portugueses* na África, Índia, Indonésia e China e *crioulos holandeses* na Indonésia. Neles o número de palavras de origem local é muito reduzido, salvo exceções. As condições de formação desses crioulos a partir de pseudo-sabires (uso de imperativos, infinitivos, formas sintáticas simples) explicam seus caracteres comuns. Assim se explicam as semelhanças entre crioulos afastados geograficamente ou de famílias diferentes. De fato, é a origem mista que diferencia os crioulos dos dialetos de uma língua e é o seu *status* sociocultural que os opõem à própria língua.

criptanálise

Criptanálise é a decifração de mensagens cujo código não se conhece. R. JAKOBSON, refletindo sobre uma sugestão de B. BLOCH, opõe a atividade do descodificador (que conhece o código) e a do criptanalista, para mostrar a oposição entre a apreensão da mensagem pelo locutor nativo e o seu recebimento pelo estrangeiro ou pelo lingüista que começa o estudo de uma língua estrangeira. Ofereceriam as técnicas da criptanálise um quadro meto-

161

dológico para a elaboração do sistema fonológico das línguas? R. Jakobson apresenta as seguintes dificuldades: a) a da existência de traços expressivos (destaque, ênfase, etc.); b) a da determinação dos traços configurativos (demarcativos de palavras, por exemplo).

A técnica criptanalítica corre o risco de elevar o número dos fonemas e dos traços distintivos muito além do seu inventário efetivo: o criptanalista terá dificuldade para estabelecer uma teoria rigorosa da pertinência lingüística. De qualquer maneira, a situação habitual do que faz lingüística descritiva é a de conhecimento das regras principais da língua descrita. Ora, a fingida ignorância das estruturas estudadas corre o risco de falsear a atividade criptanalítica pelo recurso clandestino ou inconsciente às significações.

cromático

Acento cromático, também chamado *acento musical, acento de altura* (ou *tom*), consiste na elevação do timbre da voz devida a uma tensão mais forte das cordas vocais e incidindo sobre uma palavra ou sílaba. O termo *cromático* explica-se pela associação natural entre a sensação visual de cor e a sensação acústica de timbre.

cronogênese

La lingüística de G. Guillaume, a *cronogênese* é uma operação sistemática que consiste em espacializar o tempo, que corresponde à conjugação dos verbos.

cronótese

Na lingüística de G. Guillaume, designa-se com o nome de *cronótese* cada etapa do processo de representação do tempo, que corresponde aos diferentes modos do verbo (infinitivo, subjuntivo, indicativo, mas não o imperativo, que é um modo de expressão do acontecimento verbal).

cruzado

1. Diz-se que uma *classificação é cruzada* quando cada termo que nela entra é definido por uma série de traços, que correspondem a subcategorizações distintas de uma mesma categoria. Assim, a categoria do substantivo é subcategorizada em substantivo próprio e substantivo comum; cada uma delas é subdividida em animado e inanimado: há substantivos próprios animados (*Pedro, José*) e inanimados (*Brasília, Salvador*), substantivos comuns animados (*menino, urso*) e inanimados (*mesa, cadeira*). Cada uma dessas subcategorias pode, por sua vez, subdividir-se em masculino e feminino; essas subcategorizações se cruzam. Para resolver essa dificuldade, proceder-se-á a uma classificação cruzada:

PEDRO: substantivo, próprio, animado, masculino;

MESA: substantivo, comum, inanimado, feminino.

2. Dá-se às vezes o nome de *etimologia cruzada* aos fenômenos de atração paronímica consagrados pela língua, sendo nesse caso a expressão *etimologia popular* reservada aos erros individuais.

cruzamento

1. Chama-se *cruzamento léxico* a associação entre duas palavras que produz como resultado, por contaminação, uma terceira forma. Assim: *stella,* por influência de *astro,* deu *estrela;* **veruculum,* "ferrolho", dim. de *veru,* "espeto", por influência de *ferrum,* deu *ferrolho; foresta,* sob a ação de *flor,* deu *floresta;* o flam. *wimmelkijn,* dim. de *wimmel,* "eixo em linha quebrada de motores de explosão", por influência dos verbos *virer, vibrer* e do adj. *libre,* deu o fr. *vilebrequin, virebrequin,* e *librequin* e, por sua vez, o fr. *virebrequin* deu o port. *virabrequim* e até o pop. *girabrequim,* por influência de *virar* e *girar.*

2. Chama-se *cruzamento sintático* a ação de uma construção sobre a outra,

produzindo uma terceira. Assim, *não se trata disso* e *não é isso o de que se trata dão*, por cruzamento, *não é disso que se trata; parece estarem doentes* e *parecem estar doentes* dão *parecem estarem doentes; gosto mais de maçã que de pera* e *prefiro maçã a pera*, cruzados, dão *prefiro mais maçã do que pera*. Enquanto o primeiro exemplo é a forma mais correta e o segundo bastante usual, o terceiro ainda é considerado vicioso.

culminatitvo

Função culminativa do acento (V. ACENTO).

cultura

Cultura é o conjunto complexo das representações, dos juízos ideológicos e dos sentimentos que se transmitem no interior de uma comunidade. Nessa acepção, a palavra engloba os conceitos que dependem da literatura e das belas-artes, mas excedendo-os muito amplamente; assim também os conhecimentos científicos de um indivíduo, designados muitas vezes por "cultura científica", constituem apenas uma parte da sua cultura no sentido sociológico do termo. Portanto, a cultura compreende especialmente todas as formas de se representar o mundo exterior, as relações entre os seres humanos, os outros povos e os outros indivíduos. Aqui entra também tudo o que é juízo explícito ou implícito feito sobre a linguagem ou pelo exercício dessa faculdade. Assim, a crença de que o sol "se levantava" e "se punha" fez parte da cultura ocidental até os tempos modernos; as religiões, especialmente, com seus tabus, entram na cultura do povo; a maneira convencional pela qual um povo julga outros e, portanto, todos os preconceitos raciais (e racistas) a ela se ligam igualmente.

Aceitem-se ou não as relações estabelecidas pelos lingüistas entre a língua e a cultura (V. WHORF*-SAPIR [HIPÓTESE DE]), o estudo lingüístico implica, de uma maneira ou de outra, a descrição de uma cultura. Com efeito, a linguagem contém uma série de escolhas sobre a forma de se representar o mundo: por exemplo, o número gramatical com a existência de uma oposição singular/plural ou de um sistema de três, quatro ou cinco números, ou mais, é já uma certa organização do mundo. Isso, porém, não significa que a representação contida implícita ou explicitamente numa língua sature a cultura do povo que a fala e, com mais forte razão, constitua a única realidade que conhece.

cuneiforme

A *escrita cuneiforme* caracteriza-se por seus elementos em forma de cunhas, ou cravos, que representam a impressão que deixou o caniço talhado dos escribas da Mesopotâmia em tabuinhas de argila fresca. Herdada do sumério, foi sobretudo utilizada para transcrever o acádico e depois o hitita.

163

D

dados

Entre os atos de fala, toda teoria lingüística retém alguns para deles fazer os seus dados (ou *data*) empíricos, reunidos num *corpus*.

É assim que não se deve alimentar ilusão sobre as possibilidades de estudar um ato de fala: importa que ele esteja acabado para se iniciar-lhe o estudo; esse estudo só é possível em relação a um ato passado, o que comporta numerosas conseqüências.

Assim, também, o estudo dos sons da língua jamais poderia ser verdadeiramente exaustivo: mesmo o foneticista só retém para a sua pesquisa certos aspectos de uma emissão fônica; com maior razão, o fonologista só se interessa pelos traços pertinentes dos sons da língua.

Não se podem, pois, confundir fatos empíricos e fatos físicos. Deve-se ter sempre em mente que toda observação dos fatos de língua é subtendida por uma teoria subjacente: mesmo em fonologia, domínio que poderia parecer objetivo, a construção teórica (no nível da teoria lingüística geral e no das hipóteses sobre a estrutura fonológica da língua examinada) é responsável pela construção do objeto estudado. Em lingüística, como em qualquer outra ciência, deve-se observar com cuidado a distinção entre objeto real e objeto da ciência.

É viva a polêmica entre os lingüistas preocupados antes com recolher dados e os que cuidam primeiro da formulação das hipóteses teóricas. Para N. Chomsky, a adequação observação, isto é, do rigor na apresentação dos fatos observados, é o mais elementar objetivo que o lingüista deva ter em mente. Uma gramática que explique a competência lingüística do falante nativo e especifique os dados como generalizações que exprimem as regularidades subjacentes, atinge um segundo nível. Mas somente uma teoria lingüística geral pode atingir o terceiro nível, o da capacidade de julgar entre diversas gramáticas baseadas nos dados, de avaliá-los em função do critério de simplicidade.

Nessa nova perspectiva, os dados não mais se assimilam a um simples *corpus*. Devem englobar simultaneamente o conjunto infinito dos acontecimentos físicos chamados atos de fala e a intuição do falante nativo a respeito desses acontecimentos. São, ao mesmo tempo, os enunciados e os juízos sobre eles emitidos que constituirão os dados.

N. CHOMSKY, por exemplo, considera impossível a aquisição da língua pela criança a partir dos enunciados que ela ouve. É necessário que ela possua um mecanismo inato, o sistema da aquisição (*language aquisition device*) capaz de forjar diferentes gramáticas que expliquem enunciados ouvidos e, ao mesmo tempo, capaz de escolher entre elas a que melhor corresponda ao critério de simplicidade.

Na apreciação dessa concepção dos dados lingüísticos importará distinguir bem: (1) a importância polêmica epistemológica acerca da prioridade a ser conferida, num dado estado da ciência, à pesquisa dos fatos ou à teoria; (2) a tomada de consciência da necessidade de precisar o objeto do estudo lingüístico; e, enfim, (3) o desenvolvimento da teoria gerativa transformacional como reação contra o empirismo da lingüística americana que a precedera.

data
V. DADOS.

datação
Em lexicografia, a etimologia da palavra de entrada é muitas vezes acompanhada da data da primeira atestação escrita, seguida da referência à obra de onde este primeiro uso foi tomado; essa *datação* é dada como o primeiro aparecimento da palavra na língua. Ex.: ÉTABLIR 1080 (*Chanson de Roland*), do lat. *stabilire*, de *stabilis*, "estável".

dativo
Dativo é o caso que exprime a função gramatical de complemento de atribuição, de interesse e fim (sintagma preposicional introduzido pelas preposições *para, a*, e às vezes, *de*) num sintagma verbal que pode já conter um sintagma nominal de objeto direto. Vão para o dativo, em latim, por exemplo, os sintagmas em versalete nos exemplos seguintes: *Pedro obedece* À LEI; *Não vivemos* PARA A ESCOLA *mas* PARA A VIDA; *O pai deu a maçã* AO FILHO; PARA VOCÊ *isto serve* DE EXEMPLO.

decalque
Diz-se que há um *decalque lingüístico* quando, para denominar uma noção nova ou um objeto novo, uma língua A (o português, p. ex.) traduz uma palavra simples ou composta, pertencente a uma língua B (francês, alemão, inglês, p. ex.) pela palavra simples correspondente que já existe na língua com outro sentido, ou por um termo composto, neologismo, formado dos elementos correspondentes aos da língua A. O decalque distingue-se do empréstimo propriamente dito, em que o termo estrangeiro é integrado tal qual à língua que o toma emprestado. Quando se trata de uma palavra simples, o decalque se manifesta por adicionar-se ao sentido corrente do termo um "sentido" tomado à língua A pela língua B; assim, a palavra *realizar*, cujo sentido é "tornar real, efetivar", vem sendo usada também no de "compreender, perceber bem" (*Ele* "*realizou*" *a situação*) por decalque do inglês *to realize*. Quando se trata de uma palavra composta, a língua A conserva muitas vezes a ordem dos elementos da língua B, mesmo quando essa ordem é contrária à que se observa no uso da língua; assim, *quartier-maître*, "cabo" é formado pelas palavras francesas *quartier* e *maître*, mas é um decalque do al. *Quartier-meister*, cuja ordem conserva, ao passo que em francês o determinante *quartier* deveria seguir o determinado *maître*. Igualmente, os compostos franceses *Est-Allemand, Nord-Coréen, Sud-Africain*, assim como os portugueses *Norte-coreano* e *Sul-africano* são decalques do inglês. Esse tipo

de formação tornou-se produtiva em francês, português, etc.

decisão

Decisão é um processo psicológico que se dá quando um indivíduo deve escolher entre muitas condutas possíveis. O conceito é usado em lingüística sob os nomes de *escolha* e *seleção*. No funcionalismo, a unidade de escolha é o monema*.

declarativo

1. *Frase declarativa* é a frase assertiva*, também chamada enunciativa*. Usa-se às vezes nesse sentido *frase afirmativa*, mas esse adjetivo tem o inconveniente de se opor a *negativo*.
2. *Verbo declarativo* é o que exprime o enunciado puro e simples de uma asserção, como *dizer, contar, declarar, anunciar, afirmar,* etc., por oposição aos *verbos de opinião* que se empregam quando a asserção que se faz é assumida (*crer*), ou que a dão como simples opinião (*pensar*).

declinação

Chama-se *declinação* o conjunto de formas providas de afixo, chamados desinências, apresentadas por um substantivo, um pronome, ou, por concordância, por um adjetivo, para exprimir as funções gramaticais ou espaço-temporais de um sintagma nominal. A declinação é um sistema, ou paradigma, de formas nominais (adjetivos ou substantivos) ou pronominais, sendo a conjugação o paradigma de formas que o verbo apresenta em função da pessoa, do número, etc. As declinações comportam um número variável de formas afixadas, i.e., de casos*; o sânscrito tem oito, o grego arcaico cinco, o latim seis (sete com o locativo), o alemão quatro e, entre as línguas neolatinas, o francês e o provençal arcaicos dois e o romeno dois (três com o vocativo, de ocorrência mais rara). O número de declinações varia também segundo as classes de palavras, assim definidas pela diferença das desinências casuais: o latim, p. ex., tem cinco declinações nominais.

decodificação

V. DESCODIFICAÇÃO.

decodificador

V. DESCODIFICADOR.

decodificar

V. DESCODIFICAR.

decomposição

Decomposição é um fenômeno que, em grego antigo (grego homérico), consiste na resolução de uma vogal longa ou de um ditongo em duas vogais: assim, *horāsthai* é decomposto em *horaasthai*.

decrescente

Ditongo decrescente é aquele em que o segundo elemento é o mais fechado: iod [j] ou uau [w]. Ex.: *pai, pau, papéis, chapéu, sei, seu, dói, foi, vou, fui*.

defectividade

V. DEFECTIVO.

defectivo

É *defectiva* a palavra que, pertencendo a uma classe que possui flexões nominais (casos, gênero, número e grau) ou verbais (tempo, número, pessoa e voz), não tem o paradigma completo das formas. Na classe dos nomes e pronomes, o fenômeno é antes ilustrado pelas línguas clássicas como, p. ex., o lat. *fas, nefas, pondo, Iesus, nemo*, assim como o adj. *cuius, cuia, cuium*, que não apresentam declinação completa. Quanto ao verbo, tanto as línguas clássicas como as modernas apresentam mais ampla exemplificação. Em português, os casos gerais mais notáveis são dos verbos impessoais, de certos verbos em -*ir* que no presente do indicativo só têm as formas em que o *i* aparece (*remir, falir, colorir*), conseqüentemente sem presente do subjuntivo, o verbo *reaver* que só apre-

166

senta formas em que o *v* aparece, o verbo *soer* que só se usa na 3.ª pessoa do singular do presente e do imperfeito, etc.

Preenchem-se os casos de defectividade com perífrases ou elementos supletivos (V. SUPLETIVISMO).

definição

1. Há dois tipos de definição: (a) *definição referencial* (ou *ostensiva*), que é a que se faz por referência à coisa que o signo denota; (b) *definição semântica* (ou *lógica*), que é a que se faz por meio de signos que pertencem a um sistema construído, a uma língua artificial ou metalíngua.

2. Num dicionário, *definição* é a análise semântica da palavra de entrada. Consta de uma série de paráfrases sinonímicas da palavra de entrada, constituindo cada paráfrase, distinta das outras, um sentido ou, na terminologia lexicográfica, uma acepção. As definições (ou sentidos), distinguidas umas das outras por números, travessões, barras, etc., sucedem-se segundo uma relação histórica ou lógica (às vezes na ordem da freqüência na língua). Por um lado, se a análise semântica se confunde com a análise do objeto ao qual a palavra se refere, a definição é uma descrição desse objeto, tal como este é secionado no mundo pelo léxico de uma língua. Por outro lado, se a análise semântica se confunde com uma análise sintática, a paráfrase sinonímica que constitui a definição pode ser uma frase da mesma estrutura profunda; assim, quando se define *verificação* por *ação de verificar*, implica-se que "ação de verificar" é a estrutura profunda do derivado *verificação*, constituída de *verificar* + *ação*; se *matar* é "fazer morrer", a definição indica que *matar* sai de uma frase que comporta o verbo-raiz *morrer* e o factitivo *fazer*.

3. Em glossemática, definição de um signo é a divisão do conteúdo em pleremas* ou a divisão da expressão em cenemas*.

definido

1. Em gramática tradicional, o *artigo* definido* especifica que o substantivo que segue designa uma coisa ou uma pessoa precisa. O artigo indefinido indica a ausência de uma especificação precisa. Em português, o artigo definido é *o(s)*, *a(s)* e o indefinido *um (uns)*, *uma (s)*.

2. Em gramática gerativa, chama-se *definido* um traço inerente a certos artigos por oposição ao traço — definido inerente a outros artigos (V. INDEFINIDO); esse traço "definido" é interpretado semanticamente como criando uma referência precisa ou como tendo um valor genérico. Assim, *A pessoa (que você sabe) telefonou* opõe-se a *Uma pessoa telefonou* ou *O homem é um animal que fala* opõe-se a *Um homem não poderia agir assim*.

deglutinação

Deglutinação é uma mudança no aspecto fônico de uma palavra, resultante de um corte não-etimológico, devido, na maioria das vezes, à fusão ou confusão da vogal inicial com o artigo definido: o fr. ant. *l'amie* tornou-se *la mie*; o it. *l'arena, l'oscuro* tornou-se *la rena, lo scuro*; do port. arc. *obispo, (h)orologio, apot(h)eca* vêm *bispo, relógio, botica*.

dêitico

1. *Dêitico* é todo elemento lingüístico que, num enunciado, faz referência: (1) à situação em que esse enunciado é produzido; (2) ao momento do enunciado (tempo e aspecto do verbo); (3) ao falante (modalização). Assim, os demonstrativos, os advérbios de lugar e de tempo, em geral deles derivados, os pronomes pessoais, os artigos ("o que está próximo" oposto a "o que está distante") são dêiticos, constituem os aspectos indiciais da linguagem. (V. DÊIXIS.)

2. *Coordenadas* dêiticas é a situação na qual um enunciado é produzido, definido pela sua relação com o locutor

167

(*eu*), *com* o lugar (*aqui*) e com o tempo (*agora*) do enunciado.

dêixis

Todo enunciado se realiza numa situação definida pelas coordenadas espaço-temporais: o sujeito refere o seu enunciado ao momento da enunciação, aos participantes na comunicação e ao lugar em que o enunciado se produz. As referências a essa situação formam a *dêixis*, e os elementos lingüísticos que concorrem pa´ra "situar" o enunciado (para "embreá-lo" na situação) são dêiticos*. A dêixis é, pois, um modo particular de atualização que usa ou o gesto (dêixis mímica) ou termos da língua chamados *dêiticos* (dêixis verbal). O dêitico, ou apresentativo, é assim assimilado a um gesto verbal (equivalência entre *entregue a João*, estendendo a mão, e *entregue isto a José*).

U. WEINREICH assinala os seguintes fatores da situação de comunicação como possíveis de serem usados para a dêixis (de forma evidentemente muito diversa conforme as línguas): (1) a origem do discurso ("o eu") e o interlocutor ("o tu ou você"); (2) o tempo do discurso, modificando o verbo, às vezes a frase como um todo (em chinês); (3) o lugar do discurso, na maioria das vezes organizado segundo a categoria da "pessoa' (*este* e *aqui* situam em relação à primeira pessoa; o lat. *iste* e o port. *esse* situam em relação à segunda pessoa); (4) a identidade de dois atos de discurso: é um juízo sobre a identidade de dois referidos que justifica o funcionamento dos pronomes. Em *Eu vi Pedro, ele vai bem*, o pronome *ele* substituiu *Pedro*, cuja identidade de referência com o primeiro *Pedro* é constatada pelo falante. V. EMBREANTE.

deliberativo

Chama-se *deliberativa* a forma verbal ou a construção própria para exprimir a idéia de que o sujeito da enunciação se interroga sobre a decisão que deve

tomar. Em latim, o presente do subjuntivo serve como deliberativo na interrogação de 1.ª pessoa *quid faciam?*, que corresponde ao port. *que farei?* ou *que fazer?* e ao fr. *que ferai-je?* ou *que faire?*

delimitação

Delimitação é uma operação que consiste em identificar as unidades mínimas, segmentando a cadeia falada por meio do critério de substituição. (V. COMUTAÇÃO).

delocutivo

1. Chamam-se *delocutivos* os verbos derivados de uma locução e que denotam uma atividade do discurso. Assim, segundo E. BENVENISTE, o lat. *salutare*, "pronunciar como voto ao interlocutor a palavra *salus*", é um delocutivo.

2. Na terminologia de J. DAMOURETTE e E. PICHON, *delocutivo* é a pessoa que se refere aos seres ausentes do ato de comunicação, às coisas e às noções de que se fala (3.ª pessoa).

demarcativo

1. Em fonética, *sinal demarcativo* é um elemento fônico que marca os limites de uma unidade significativa, palavra ou morfema, em posição inicial ou final. Essa função pode ser desempenhada pelo acento, nas línguas em que o acento é fixo no início ou no fim da palavra e não tem valor distintivo. Assim, em tcheco, o acento da palavra, sempre colocado na sílaba inicial, assinala o seu início (V. ACENTO).

Certos traços distintivos podem ter igualmente um valor demarcativo, como em grego, em que a aspiração só aparece no início de palavra, e tem uma dupla função, distintiva e demarcativa: *hex* [heks], "seis" X *ex* [eks], "de, fora de".

Certos traços fônicos desprovidos de valor distintivo podem ter uma função demarcativa. Assim, em russo, nas seguintes palavras e expressões: /danos/ [danos], "denúncia" e /danos/ [dɔnos], "e o nariz também", /jixida/ [jix'idə], "pessoa rancorosa" e /jix ida/ [jix idə], "sua Ida": o fechamento da vogal no primeiro exemplo, a ausência de palatalização no segundo indicam o fim de uma palavra. O fechamento vocálico é aqui um sinal *demarcativo* positivo, a palatalização é um sinal *demarcartivo* negativo, porque é a sua ausência que assinala a fronteira da palavra.

O sinal demarcativo pode igualmente ser constituído por um grupo de fonemas que só aparecem na fronteira das unidades significativas (sinal positivo) ou dela são excluídos (sinal negativo). Assim, em francês, a geminação só aparece na fronteira de palavras (fora casos de pronúncia acadêmica ou de certos futuros), como *il l'a lu* [illaly], "ele o leu", diferente de *il a lu* [illaly], "ele leu". Da mesma forma, em inglês, o grupo [1] velarizado + vogal só aparece na fronteira de palavra em que ele diferencia por exemplo *we learn*, "nós aprendemos" e *will earn*, "ganhará". Ao contrário, em italiano-padrão, a geminação só aparece no interior da palavra e pode, portanto, ser considerada como sinal demarcativo negativo.

2. Em lingüística distribucional, dá-se o nome de *demarcativo* ao elemento lingüístico (preposição, conjunção subordinativa, em particular) que marca o começo de uma expansão (frase ou sintagma nominal). Assim, *que* é um demarcativo em *Sei que Paulo virá*, e *de* é um demarcativo em *Falo de sua partida*.

demonstrativo

1. A gramática tradicional define os *demonstrativos* como dêiticos, adjetivos ou pronomes que servem para "mostrar", como por um gesto de indicação, os seres ou os objetos implicados no discurso. Muitas vezes, trata-se de notar que o ser ou o objeto de que se fala é conhecido porque já foi mencionado ou, por diversas razões, está presente no espírito do destinatário. Em português, o adjetivo demonstrativo, que pertence à classe dos adjetivos determinativos, tem as formas *este(s)*, *esta(s)*, *esse(s)*, *essa(s)*, *aquele(s)*, *aquela(s)*.

Como se vê, o português, e também o espanhol, com as três formas do demonstrativo exprime o que está perto de quem fala ou daquele a quem se fala ou distante de ambos. Outras línguas românticas, com o demonstrativo, só exprimem o próximo e o remoto. O francês só tem uma forma demonstrativa e exprime o próximo e o remoto unindo por hífen as formas adverbiais *ci* e *là* ao substantivo modificado pelo demonstrativo: *cet hommeci*, "este homem" e *cette femme-là*, "aquela mulher". O português pode também usar *aqui, aí ali* e *lá* como formas enfáticas ou redundantes: *este menino aqui, esse menino aí*, etc.

Dá-se o mesmo com o uso pronominal do demonstrativo em português. No francês, o acréscimo de *-ci* e *-lá* dá outro valor às formas *celui*, "aquele", *celle*, "aquela", *ce*, "isso", *ceux*, "aqueles", *celles*, "aquelas". *Celui-ci* significa "este" (pronominal) e *celui-là*, "aquele" (pronominal), oposto a *este*, como demonstrativo próximo e remoto. Quanto ao neutro, *ci* e *là* se ligam sem hífen e sem acento: *ceci*, "isto", *cela*, "isso".

As formas *celui, celle*, etc. só se empregam em dois casos: (a) seguidas de oração relativa; (b) seguidas de um sintagma preposicional. Por exemplo, *ceux que j'ai lus*, "os que eu li"; *ceux du Brésil*, "os do Brasil". Usam-se também seguidas de oração participial, mas essa construção é condenada pelos puristas. *Quelles bouteilles as-tu prises? — celles mises de côté*, "Que garrafas você pegou? — as postas de lado."

2. A gramática estrutural e gerativa faz dos *adjetivos demonstrativos*, adjetivos determinantes; segundo as análises, o

169

demonstrativo é considerado um determinante da mesma natureza que o artigo, comutável com ele, ou é um pré-artigo que, em estrutura profunda, é seguido de um artigo definido; esse artigo definido é apagado em estrutura superficial e isso explica a função dêitica e a função anafórica devolvidas aos demonstrativos.

denominativo

Em gramática tradicional, chamam-se *denominativos* os adjetivos, os verbos e os substantivos que são formados a partir de radicais de substantivos. As sim, os termos *constitucional* ($<cons-tituição$), *numerar* ($<número$) são denominativos.

denotativo

Função denotativa da linguagem. V. FUNÇÃO.

denotação

1. *Denotação* de uma unidade léxica é constituída pela extensão do conceito que expressa o seu significado. Por exemplo, sendo o signo *cadeira* uma associação do conceito "móvel de quatro pés, com assento e encosto" e da imagem acústica [kadeyra], a denotação será: *a, b, c, ..., n são cadeiras.* Nessa qualidade, a denotação pode ser oposta à designação: enquanto pela denotação o conceito remete à classe dos objetos, na designação o conceito remete a um objeto isolado (ou a um grupo de objeto) que faz parte do conjunto. A classe das cadeiras existentes, que existiram ou poderão existir, constitui a denotação do signo *cadeira*, ao passo que "esta cadeira" ou "as três cadeiras" constituem a designação do signo *cadeira* no discurso.

2. Todavia, na terminologia de STUART MILL, retomada pela lingüística moderna, a *denotação* define-se por oposição à *conotação*. Nessa qualidade, a denotação é o elemento estável, não subjetivo e analisável fora do discurso, da significação de uma unidade léxica, ao passo que a conotação é constituída por seus elementos subjetivos ou variáveis segundo os contextos. Por exemplo: *noite*, definível de forma estável, como "oposto a dia", como "intervalo entre o pôr e o nascer do sol", etc. (denotação), comporta também para certos locutores, ou em certos contextos, a conotação "tristeza", "luto", etc. Denotando uma cor, e em particular certa gama de vibrações luminosas entre outras, vermelho, em certos contextos, conota "perigo".

Já se criticou, com razão, o conceito de conotação, chamando-o *gaveta de sapateiro* ou *quarto de despejo*, em que se deposita tudo o que provém da intuição e não é analisável na significação de uma unidade. Em vista disso, o conceito de denotação perde também o seu interesse como o segundo termo dessa oposição. Nota-se, por outro lado, que tal concepção da denotação vai de encontro à visão da lingüística saussuriana, apresentando a significação de uma unidade como positiva, enquanto o postulado essencial da lingüística moderna é o de que as unidades são definidas pelas relações nas quais elas entram. Não se pode falar da denotação da unidade *ferro*, por exemplo, fora do contexto. A denotação só pode nascer da sua rede de relações em enunciados como: *O ferro oxida-se ao ar livre, A passadeira usa o ferro, O navio lançou ferro, levantou ferro.* A vista disso, a que título exigir um tratamento especial (conotativo) para a unidade *ferro* num contexto do tipo *Um homem de ferro, Esse século de ferro?*

denso

O termo *denso*, desusado, designava na terminologia antiga uma consoante oclusiva (chamada *muda* nessa mesma terminologia) que comporta uma emissão de ar fortíssima, desproporcionada, em relação à fraca tensão dos músculos bucais, de sorte que a pressão do ar parece forte demais e provoca muitas vezes uma impressão de sopro ou de aspiração. Os gramáticos antigos opunham as densas, como em grego λ [1], às médias, β [b], ou tênues, π [p]. A oposição de densidade é muitas vezes confundida com a de aspiração* e a de pressão* ou de intensidade*.

dental

Consoante dental é a que é realizada pela aproximação do lábio inferior, da ponta ou do dorso da língua aos incisivos superiores. Segundo a natureza do articulador inferior, distinguem-se: as lábios-dentais ou dentilabiais ([f], [v]), as ápico-dentais, que podem ser realizadas pela introdução da ponta da língua entre os dentes (como a interdental espanhola [θ], inicial em *cinco*) ou pelo contato da ponta da língua com os dentes superiores, como o [s] espanhol de *suegra*; as ápico-alveolares, realizadas pelo contato da ponta da língua com os alvéolos, como a vibrante apical do italiano e do espanhol [r]: enfim, as pré-dorso-alveolares, realizadas pelo contato da parte anterior do dorso com os alvéolos, como o [s] do port. *sal.*

Fonologicamente, as lábio-dentais são classificadas com as labiais, cujos traços distintivos — grave e difuso — elas apresentam, mas todas as outras articulações são classificadas como dentais e caracterizadas fonologicamente pelos traços agudo e difuso, i.e., uma concentração da energia nas altas freqüências do espectro, com uma diminuição da quantidade total de energia.

dentilabial

(V. LÁBIO-DENTAL.)

dependente

1. Em gramática tradicional, *dependente* é muitas vezes sinônimo de *subordinado*, de *regido* ou de *complemento*.

2. Em lingüística estrutural, chamam-se *dependentes* os morfemas cuja ocorrência é determinada pela de outro morfema numa construção dada, de modo que qualquer mudança no primeiro implica mudança no segundo. Assim, tem-se a oposição:

Procurei o homem do qual (ou *de quem*) *você falou,*
Procurei aquilo de que você falou.
Essa oposição pode ser descrita como um só morfema:
o homem Do qual (ou *De quem*)
aquilo De que

3. Em gramática gerativa, há duas variedades de gramáticas sintagmáticas, segundo, na regra de reescrita fundamental

$$XAY \rightarrow XZY,$$

os símbolos X e Y sejam ou não nulos. Essa forma deve ser lida assim: A no contexto X e Y se reescreve Z no mesmo contexto. No primeiro caso, têm-se *gramáticas independentes do contexto.*

A regra de reescrita do sintagma nominal

$$SN \rightarrow D + S$$

(determinante + substantivo) é uma regra independente do contexto. Mas a regra de constituição do sintagma verbal

$$SV \rightarrow V + SN$$

(verbo + sintagma nominal) pertence a uma gramática dependente do contexto, porque SN só poderá ser reescrito depois de V se esse último pertencer à categoria dos V_t (verbos transitivos).

depoente

Verbo depoente é, em latim, o que tem forma passiva e sentido ativo ou médio. Assim o chamaram os gramáticos latinos, de *deponere*, "depor", "abandonar", porque eles "abandonaram" o sentido passivo. Aos depoentes correspondem em geral verbos românicos intransitivos, ou reflexivos, ou mesmo transitivos: *morior*, morrer; *potior*, apoderar-se de; *sequior*, seguir.

depreciativo

Sin.: PEJORATIVO.

derivação

1. Tomado em sentido amplo, o termo *derivação* pode designar de modo geral o processo de formação das unidades léxicas. Em emprego mais restrito e mais corrente, *derivação* opõe-se a *composição* (formação de palavras compostas).

A derivação consiste na aglutinação de elementos léxicos, dos quais pelo menos um não é suscetível de emprego independente, numa forma única. De acordo com essa definição, a formação de novos termos por derivação inclui a prefixação. Desse modo, *refazer* e *formoso* são derivados, pois os elementos *re-* e *-oso* não são suscetíveis de emprego independente, ao passo que *fazer* e *forma* são unidades léxicas por si mesmas. Entretanto, como a muitos dos prefixos correspondem preposições de forma e significação semelhantes, e como a derivação por prefixação às vezes determina alterações substanciais no conteúdo da palavra, mais freqüentemente se considera a prefixação como um fato de composição. Mas há, naturalmente, o caso das formações parassintéticas, em que se verifica ao mesmo tempo prefixação e sufixação (de *rico, enricar, enriquecer*; de *manhã* ou *noite, amanhecer, anoitecer*). Chamam-se derivações parassintéticas, porque aí · o que predomina é a derivação.

Os elementos de um derivado são:

— o radical, constituído por um termo independente: *fazer* em *refazer*; ou dependente: *-fac-* em *refacção* (para os que consideram prefixação como derivação); *forma* em *formoso;*

— os afixos, elementos adjuntos chamados *prefixos* se precedem o radical (*re-, des-* em *refazer, desfazer*), ou sufixos se o seguem (*-oso, -ista* em *formoso, purista*). Como atrás se disse, os prefixos podem corresponder a formas que têm autonomia léxica (*contra*, advérbio e preposição, é prefixo em *contradizer; bem*, advérbio e substantivo, é prefixo em *benvindo*), ao passo que os sufixos não são suscetíveis de emprego independente.

Desse modo, se estabelecermos como critério da oposição entre derivação e composição o da autonomia léxica dos componentes, em *contradizer* ou *benvindo*, a autonomia dos termos não é menor que na palavra composta *porta-jóias*. Além disso, os prefixos não desempenham nenhuma função na categoria gramatical da unidade de significação resultante (*re-* permite derivar um verbo: *referir*; um substantivo: *referência*; um adjetivo: *referível*; um particípio adjetivo: *referente*, etc.), ao passo que os sufixos permitem a mudança de categoria gramatical: o adjetivo *negro* terá uma série de derivados verbais e nominais *enegrecer, negrura*. Esse fato incita a comparar a formação

172

por prefixo com a composição, atenuando a fronteira entre composição e derivação. Por isso, muitos consideram como diferença fundamental entre composição e derivação esse fato de que na composição o novo termo é uma palavra da mesma classe da do seu formante básico, ao passo que na derivação o termo derivado pode ser, e freqüentemente é, de classe diferente.

A lexicologia tradicional faz igualmente uso do conceito de *derivação imprópria* (*hipóstase*) para designar o processo pelo qual uma forma pode passar de uma categoria gramatical para outra. É, por exemplo, caso de derivação imprópria a substituição do verbo, do adjetivo, ou de qualquer outra classe gramatical, ou a adjetivação do substantivo, a adverbialização do adjetivo: *beber, comer* em *o beber* e *o comer; doce, amargo* em *o doce* e *o amargo; sim, não* em *o sim* e *o não; ai!, viva!* em *os ais* e *os vivas; macho, fêmea* em *cobra-macho* e *tatu-fêmea; alto, baixo* em *falar alto* e *cantar baixo*.

Compostos e derivados têm em comum o fato de se comportar no enunciado como as unidades léxicas simples suscetíveis de aparecer nos mesmos contextos. Por exemplo: *um velho gentil-homem* não é "um homem velho gentil", mas sim "um gentil-homem que é velho"; para um *belo porta-jóias*, vê-se mais claramente que é impossível fazer o adjetivo incidir sobre qualquer dos dois elementos do composto tomado separadamente. Sem dúvida, hábitos escolares às vezes ocultam a unidade do sintagma assim obtido: assim, apesar da tendência de dizer em francês [bɔnɔm], para a forma plural *bons hommes*, a correção exige que se diga [bɔ̃zɔm], apesar da inseparabilidade dos dois elementos, verificada pela existência de uma oposição semântica entre *un petit bonhomme*, "uma rapazinho" e *um petit homme bon*, "um homenzinho bom".

A lexicologia tem explorado os campos derivacionais das unidades léxicas com a esperança de encontrar um critério objetivo propriamente lingüístico para a estruturação do léxico. Assim, distinguir-se-ão duas unidades no fr. *juste* segundo o campo derivacional: *juste*₁ ad. "justo", subst. *justesse*, "justeza", *pensée juste*, "pensamento correto", *penser juste*, "pensar bem", *jouer juste*, "jogar certeiro", *juste*₂ *justement, injustement, justice, injustice* (*un homme juste*). Entretanto, pequenas diferenças de sentido das unidades léxicas não se manifestam necessariamente por uma diferença do campo derivacional.

2. Em gramática gerativa, a *derivação* é um processo pelo qual as regras de base geram frases a partir do elemento inicial, dando-lhes uma descrição estrutural, de tal maneira que cada seqüência decorra

173

da precedente pela aplicação de uma só regra de gramática. A derivação é chamada *terminal*, quando se chega a uma seqüência terminal de elementos, à qual não se podem aplicar regras de gramática. A derivação pode ser representada por uma árvore ou uma parentetização etiquetada. Chama-se também derivação o conjunto de seqüências assim geradas, do elemento inicial à seüência terminal, passando pelas seqüências intermediárias.

derivacional

Ao lado de uma concepção semântica do campo léxico, certos lingüistas destacam a possibilidade de estruturar um campo derivacional. Nessa perspectiva, chamar-se-á *campo derivacional*: (a) o conjunto constituído por um dado termo de uma língua e todos os derivados que ele permite formar; (b) um conjunto de termos do vocabulário, ligados entre si por um sistema coerente de operadores.

(1) A análise do campo derivacional de *abster-se* levará a distinguir dois verbos *abster-se*: *abster-se₁*, que forma campo derivacional com *abstinência, abstinente* e *abster-se₂*, que forma campo derivacional com *abstenção, abstencionista*.

(2) O campo derivacional de um certo número dos termos de parentesco em francês é marcado pela exploração dos termos *grand, petit, beau, arrière* como operadores, desviados do seu valor semântico no vocabulário geral. Assim, o campo derivacional de *père, mère* comporta o recurso a *beau, grande, a arrière + grand*: *grand-père*, "avô"; *grand-mère*, "avó"; *beau-père*, "sogro"; *belle-mère*, "sogra"; *arrière--grand-père*, "bisavô"; *arrière-grand--mère*, "bisavó". E o campo derivacional de *oncle, tante* só comporta recurso a *grand* e a *arrière + grand*: *grand-oncle*, "tio-avô"; *grand-tante*, "tia-avó"; *arrière-grand-oncle, arrière grand-tante*, que, em português, equivaleriam a "tio-bisavô" e "tia-bisavó", expressões que, porém, não se usam entre nós. Com operadores derivacionais, *beau, petit* e *arrière + petit*, formar-se-á o campo derivacional de *fils* e *fille*: *beau-fils*, "genro"; *belle-fille*, "nora"; *petit-fils*, "neto", *petite-fille*, "neta"; *arrière-petit-fils*, "bisneto"; *arrière-petite-fille*, "bisneta".

desagrupamento

Em lexicografia, a determinação das entradas de um dicionário (palavras que servem de "endereços"*), feita em bases distribucionais, leva a *desagrupar* os diferentes sentidos de um termo, constituindo-os como palavras homônimas distintas. Assim, o fr. *défiler*, "desfiar" distingue-se de *défiler*, "desfilar"; esses dois homônimos eram, em geral, confundidos sob a mesma entrada porque têm a mesma etimologia; o seu *desagrupamento* em duas entradas distintas decorre da análise distribucional, que ressalta que os dois sentidos não se encontram no mesmo contexto (um é transitivo, o outro intransitivo) e que os dois verbos não têm os mesmos derivados (*défilage, défilateur*, por um lado, *défilade, défilé*, por outro).

desambigüização

Quando uma frase é ambígüa (quando ela comporta duas análises estruturais diferentes tendo dois sentidos diferentes), pode-se proceder à sua *desambigüização* usando em seu lugar frases sinônimas não-ambíguas. Assim, para desambigüizar uma frase como *O magistrado julga as crianças suspeitas*, ver-se-á se é possível fazer as substituições seguintes: (1) *O magistrado julga as crianças: as crianças são suspeitas*; (2) *O magistrado julga algo: as crianças são suspeitas*.

desambigüizar

Em teoria, existem frases ambíguas (V. AMBIGÜIDADE), em particular frases cuja estrutura superficial remete a diversas estruturas profundas interpretadas diferentemente. *Pedro ama Lúcia tanto quanto Darcy* (Pedro ama Lúcia e Darcy; Pedro e Darcy amam Lúcia. Mas as frases realizadas são *desambigüizadas*, i.e., a escolha entre as duas estruturas profundas é determinada:

a) pelo contexto ou situação;
b) pela cultura da comunidade;
c) pelos processos prosódicos (entonação da frase, pausas, acento de intensidade, etc.).

O recurso ao uso da preposição regendo o objeto direto animado, assim como a transposição de sintagmas, evitaria a ambigüidade: (1) *Pedro ama a Lúcia tanto quanto a Darcy*; (2) *Pedro ama a Lúcia tanto quanto Darcy* e (3) *Pedro tanto quanto Darcy ama Lúcia*.

desarredondamento

Chama-se *desarredondamento* ou *deslabialização* a alteração sofrida por um fonema normalmente arredondado (ou labializado) e que perde essa característica numa alternância sincrônica ou em resultado de uma mudança histórica: assim, a vogal inglesa de *come* provém de uma desarredondamento do [o] do inglês arcaico.

desbordamento

V. ACAVALAMENTO.

descendente

Sind.: DITONGO DECRESCENTE.

descodificação

Identificação e interpretação dos sinais pelo receptor da mensagem emitida, a *descodificação* designa um dos elementos do processo da comunicação*. Sendo o código* um sistema de transmutação da mensagem em outra forma que permite a sua transmissão do emissor ao receptor, por intermédio de um canal, a substância "mensagem" tornou-se, pela operação da codificação, uma substância codificada; há então transferência de forma; não de sentido. A forma tomada pela mensagem deve poder ser compreendida pelo receptor para que se estabeleça a relação social, que é a finalidade da comunicação. A convenção (o código) é dada, explicitamente formulada. A forma codificada pode então ser identificada pelo receptor-descodificador (V. DESCODIFICADOR); a identificação dessa forma é chamada *descodificação*. A mensagem descodificada recebe em seguida uma nova forma no curso de uma operação chamada *recodificação*. O processo de descodificação efetua-se no nível do receptor-destinatário, que "busca na memória" os elementos que pertencem ao código, selecionados antes para a transcrição da mensagem. R. JAKOBSON diz que o processo da descodificação vai do som ao sentido, dos elementos aos símbolos.

Tem-se usado em português *decodificar, decodificação, decodificador*, com o prefixo francês *dé-*, o que só poderia justificar-se se se partisse de formas francesas como *décodifier, décodification, décodificateur*; tal não é o caso, pois os modelos franceses são *décoder, décodage, décodeur*.

descodificador

No circuito da comunicação, o *descodificador* é ou o aparelho receptor-descodificador (radiorreceptor, p. ex.), ou a pessoa, receptor-destinatário, que recebe a mensagem. Quando se trata de pessoa, o aparelho receptor é o ouvido e o conduto auditivo.

descodificar

V. DESCODIFICAÇÃO e DESCODIFICADOR.

descontínuo

1. Em lingüística estrutural, *constituinte descontínuo* é uma série de dois ou mais morfemas (não-contíguos) que formam, juntos, um único constituinte imediato de ordem superior e que per-

175

tencem a uma só categoria. Assim, em francês, o constituinte "negação" é formado por dois morfemas *ne* e *pas*; esse constituinte é descontínuo em *Il ne vient pas*, "Ele não vem"; *Il n'est pas venu*, "Ele não veio", e contínuo em *Je désire ne pas le voir*, "Espero não vê-lo". Ocorre o mesmo no inglês, com a seqüência verbo + partícula, que forma um constituinte descontínuo quando um objeto pronominal se interpõe: *He* TOOKS *it* OVER, "Ele assumiu a responsabilidade disso". 2. Em fonética, consoante descontínua é a consoante para cuja articulação o escoamento do ar sofre total interrupção. As oclusivas [p],[t], etc., as africadas [ts], [dz], [tʃ], [dʒ] e a vibrante [r] são descontínuas por oposição às fricativas, às laterais, às nasais, às soantes, que comportam, durante toda a duração de sua realização, um escoamento pelo menos parcial do ar. Esse traço se manifesta acusticamente por um silêncio (branco), pelo menos na zona de freqüências situada acima do fundamental, seguido ou precedido de uma difusão da energia numa grande faixa de freqüências.

descrição

1. *Descrição* é a representação estrutural das frases, dos morfemas, que constituem as frases, dos fonemas que constituem os morfemas, das regras de combinação desses morfemas, etc.
2. Em gramática gerativa, a *descrição estrutural* de uma frase fornece informações necessárias que determinam as transformações e, finalmente, a interpretação semântica e a interpretação fonética da frase.

descriptação

Descriptação é a transcrição em claro de uma mensagem cujo código se ignora. É por metáfora que *descriptação* se pode usar como sinônimo de *descodificação*.

Em lingüística, a situação de descriptação é a do lingüista diante de um texto, cujo sistema de escrita ou cuja língua ele desconhece. Tendo os técnicos da criptanálise* obtido bom êxito na decifração de certas escritas, propôs-se aplicá-las ao estudo dos sistemas fonológicos: a formação de lingüistas entre os falantes nativos torna esse recurso pouco útil.

descritivismo

Descritivismo é como às vezes se chama a teoria distribucional, cujo único fim é induzir de um *corpus* regras cuja aplicação possa explicar de maneira completa todos os enunciados desse *corpus*.

descritivo

1. O adjetivo *descritivo* é às vezes empregado depois de *estudo, pesquisa, lingüística* para designar um método de análise que visa a explicar apenas frases realizadas, formando o *corpus da* pesquisa (V. também SINCRÔNICO).
2. Uma *gramática descritiva* (1) enumera explicitamente, por meio de regras em número finito, as frases realizadas de uma língua que constitui um *corpus* representativo, e (2) fornece uma análise da sua estrutura. A gramática descritiva opõe-se à *gramática normativa*, que acrescenta coerções sociais de uso das regras que ela estabelece; distingue-se da *gramática gerativa*, que gera por meio de regras todas as frases gramaticais de uma língua (realizadas ou potenciais) e não somente as de um *corpus*. A gramática descritiva descreve apenas as estruturas superficiais das frases, a gramática gerativa descreve as estruturas profundas e as relações que unem estas últimas às estruturas superficiais. O *corpus* da gramática descritiva comporta não somente as frases consideradas aceitáveis (como a gramática normativa), mas também os enunciados considerados "incorretos", mas que figuram nos enunciados realizados por locutores nativos; a gramática não chega a constituir um conjunto de injunções pedagógicas do tipo *Diga assim, não diga assim*, mas a descrever um estado de língua real.

176

desempenho

V. PERFORMANCE.

desfonologização

Desfonologização é uma mutação, na evolução fônica de uma língua, que determina a supressão de uma diferença fonológica. A desfonologização pode criar, entre dois termos da antiga oposição fonológica, uma relação de variantes combinatórias: assim, numa parte dos dialetos do grande-russo, os dois fonemas [e] e [a] átonos tornaram-se as duas variantes combinatórias de um mesmo fonema representado por [e], depois das consoantes molhadas, por [a] depois das consoantes não-molhadas. A desfonologização pode também dar uma identidade; em francês, a oposição [a] e [α], observada em *patte*, "pata" e *pâte*, "pasta", praticamente desapareceu, tendo-se os dois termos da oposição identificado com o fonema anterior [a]. Assim também, certos dialetos poloneses confundiram numa só série [s, z, ʃ, ʒ] duas séries de consoantes antigamente distintas [s, z, ʃ, ʒ] e [tʃ, dʒ].

desgramaticalização

Desgramaticalização é um processo que, no curso da evolução da língua, de processos gramaticais faz processos propriamente léxicos (V. LEXILAÇÃO). A desgramaticalização comporta graus; é praticamente inexistente no fr. *se mettre à fuir*, "por-se em fuga" (forma incoativa do verbo *fuir*); já é mais forte em *prendre la fuite*, "fugir"; é completa no século XX em *s'enfuir*, "fugir", como atesta a ortografia em uma só palavra de *en* e de *fuir*: não se pode mais dizer como no século XVII *ils s'en sont enfuis*, "eles fugiram". A desgramaticalização pode levar a uma regramaticalização. Os ablativos absolutos do latim desgramaticalizam-se em certas expressões que passaram às línguas românicas: assim, o fr. *à son corps défendant*, "defendendo-se contra ataque, a contragosto" e o port. *querendo Deus, nascendo o sol* (lat. *Deo volente, oriente sole*) são expressões estereotipadas e desgramaticalizadas; mas de expressões latinas de abl. abs. como *pendente somno, pendente pugna* vem por regramaticalização a prep. fr. *pendant* e até *cependant*; e também do abl. abs. lat. *excepto puero, salvo puero, durante pugna* vieram as prep. port. *exceto, salvo, durante*.

desiderativo

Desiderativo é a forma verbal suscetível de exprimir a idéia de desejo; o desiderativo pode ser traduzido por um sufixo específico, como em latim o sufixo *-urire*. Sobre o verbo *edere/esse*, "comer", formou-se um desiderativo, *esurire*, "desejar comer".

designação

Chama-se *designação* o fato de um signo remeter a um objeto, a um processo, a uma qualidade, etc. da realidade extralingüística tal qual ela é estruturada pela formações ideológicas (cultura, experiência) de um dado grupo humano. Aquilo a que o signo remete receberá o nome de *designatum*, segundo uma oposição conceitual: *designatum* X *denotatum* (V. DENOTAÇÃO).

O *designatum*, numa reflexão semiótica superficial, parece identificar-se a uma coisa. Assim, o *designatum* do signo *árvore* será tal árvore particular da realidade extralingüística. Todavia, as palavras remetem igualmente a processos (assim os verbos, p. ex.: *correr*, mas também substantivos, p. ex.: *corrida*), a qualidades (adjetivos, p. ex.: *bom*; advérbios, p. ex.: *bem*). Por outro lado, notar-se-á também que a existência de uma relação de designação não implica de modo nenhum a existência da coisa ou referente. Assim, o signo *unicorne* está em relação de designação com um animal inexistente.

designador

Na terminologia semântica de CHARLES W. MORRIS, *designador* é um signo que possui um *designatum*, i.e.,

177

que comporta um conjunto de condições tais que, se forem preenchidas por uma situação e se o termo for utilizado com referência a essa situação, a ocorrência dada do designador denotará. Por exemplo, o fr. *canard* poderá ser definido, num dos seus subsentidos, como possuidor de um *designatum* [porção de açúcar mergulhado em aguardente ou café]: se a situação for *toma-se aguardente ou café* e se o signo remeter a essa situação (e não a uma situação sobre a caça ou aves domésticas, por exemplo), a ocorrência *canard* denotará em função de seu *designatum*.

designatum

Prefere-se algumas vezes o termo *designatum* ao termo *significado**.

desinência

Chama-se *desinência* o afixo que se apresenta no final de um substantivo, de um pronome ou de um adjetivo (desinências casuais) ou no final de um verbo (desinências pessoais) para constituir com a raiz, eventualmente provida de um elemento temático, uma forma flexionada. Assim, o nom. lat. *dominus* é constituído do radical *domin*, da vogal temática *o* passada aqui a *u*, e da desinência casual (do nominativo) *s*. O pl. *cantemos* é formado da raiz *cant*, da vogal característica modal *e* e da desinência pessoal *mos*. (V. CASO, DECLINAÇÃO, FLEXÃO.)

deslabialização.

V. DESARREDONDAMENTO.

deslabializado

Som deslabializado é um som fundamentalmente labializado, mas que, em certos casos, perde esse caráter, ou tem uma taxa de labialização inferior à sua taxa normal. Por exemplo, o fonema [ʃ] no fr. *acheter* [aʃte], "comprar" — assim como o alofone de sibilante palatizado na pronúncia portuguesa de *costa* [cɔʃta] — é deslabializado sob a influência da vogal e da consoante não labiais vizinhas.

Emprega-se às vezes o termo *deslabializado* como sinônimo de *não-labializado* para designar um som em cuja articulação os sons permanecem neutros ou são estirados, em lugar de ficarem arredondados, por exemplo [i] ou [e]. (V. DESARREDONDAMENTO.)

deslizamento de sentido

1. *Deslizamento* (ou *mudança*) de *sentido* é considerado por CH. BALLY um processo de derivação implícita. O deslizamento de sentido consiste em fazer passar uma palavra para outra categoria sem mudança de forma (V. RECATEGORIZAÇÃO).

A gramática tradicional, classificando esse fenômeno sob o nome de *derivação imprópria*, limitava-o à notação de fatos muito aparentes, como a passagem do infinitivo ou do adjetivo ao emprego substantivado: *o beber e o comer, o doce e o amargo.*

CH. BALLY vê aí um processo geral de formação lexical, particularmente produtivo em português. Os exemplos fornecidos são esclarecedores por sua diversidade: *uma mulher-criança, subir uma caixa ao sótão* (*criança* serve de adjetivo qualificativo; *subir*, normalmente intransitivo, é construído transitivamente no sentido de "carregar").

Toda derivação em que o sufixo não aparece será chamada "derivação implícita". A nova categoria à qual pertence a palavra revela-se através de signos exteriores à própria palavra: *um acontecimento trágico/o trágico de um acontecimento.*

Com os substantivos, o processo da metonímia ser particularmente fecundo: *o cobre, a glória*, nome de matéria e nome abstrato, podem tornar-se nomes concretos que designam coisas ou pessoas (*os cobres da sala; uma glória da literatura*).

Outro caso de deslizamento de sentido com os nomes será a recusa em empregar a forma marcada do feminino em casos em que esta existe: assim, em francês, dir-se-á talvez: *Aller chez la doctoresse*, "ir à médica", mas *Madame le docteur X*, "Sra. Dr. X". No caso dessas palavras que comportam um derivado feminino, o emprego da forma não marcada pode ser considerado um fenômeno de derivação implícita.

O deslizamento entre o adjetivo e o substantivo é constante: *artista* é praticamente adjetivo na frase: *Paulo é muito artista;* em compensação, o adjetivo será muito facilmente substantivado: *um sábio, um preguiçoso.* Para os verbos, notam-se as oposições intransitivo/transitivo *descer da escada/ descer uma caixa*, e transitivo/intransitivo *beber água/este homem bebe.* Há igualmente deslizamento de sentido entre o emprego de complementos objetos diferentes; opõem-se *roubar seu patrão* e *roubar dinheiro*: a natureza do semantismo só é determinada pela natureza do complemento.

2. Em gramática normativa, chama-se *deslizamento de sentido* uma extensão de sentido rejeitada pelos puristas; dir-se-á que *sofisticado*, "falsificado, contrafeito, adulterado", tomou o sentido de "aprimorado, requintado" em *decoração sofisticada.*

deslocamento

Em gramática gerativa, *deslocamento* é a operação que consiste em modificar a ordem de dois constituintes adjacentes de uma frase (ou de duas seqüências de constituintes) em condições definidas por uma transformação*. Por exemplo, a transformação pronominal, entre outras operações elementares, comporta um deslocamento: o sintagma nominal pronominalizado, que, na estrutura, se encontra depois do verbo, é deslocado para ser posto diante do constituinte auxiliar e depois do constituinte sintagma nominal sujeito; assim, simplificando, tem-se: *Pedro vê o filme* → *Pedro vê-o* → *Pedro o vê.*

Diz-se também que há permutação dos dois constituintes *o* e *vê.*

destacado

Adjetivo destacado. V. DESTAQUE.

destaque

Pelo *destaque*, um adjetivo é separado do substantivo ou pronome com o qual se relaciona ou por uma simples causa indicada pela vírgula, ou por uma forma verbal. O destaque tem geralmente razões estilísticas. Pode ter um valor simplesmente descritivo e insistir num ponto particular, como em *O homem desorientado divagava constantemente.* Pode também estar no lugar de uma oração subordinada adverbial causal, concessiva (o sentido é então muitas vezes reforçado por um advérbio): *Rico, ele ajudava os pobres; embora orgulhoso, por vezes ele era capaz de reconhecer seus defeitos.*

Sintaticamente, o adjetivo destacado ou oposto provém de uma oração apositiva explicativa. (V. RELATIVO.)

destinador

O termo *destinador* é empregado, às vezes, para designar o falante*: trata-se da pessoa que destina sua mensagem a alguém.

destinatário

1. *Destinatário* é o receptor no esquema de comunicação*.

2. *Destinatário* é aquele a quem é destinada a ação expressa pelo verbo ou aquele em benefício de quem se faz a ação indicada pelo verbo. E.: *O pai dá um livro* AO FILHO.

desvio

1. Quando se comparam dois estados de língua e se constata num deles a presença de uma unidade exatamente quando noutro se verifica o emprego de outra unidade de sentido equivalente, define-se um *desvio* entre esses dois estados: assim, há desvio entre o fr. arc. *rei*, "rei", pronunciado [rei] e o fr. moderno *roi*, pronunciado [rei] e o fr. moderno *roi*, pronunciado [rwa]; tal desvio permite constituir classes de variações sistemáticas. Do

179

mesmo modo, podem-se definir desvios geográficos ou sociais.

2. Quando se define uma norma, isto é, um uso geral da língua comum a um conjunto de falantes, chama-se *desvio*, qualquer ato de fala que surge como transgressor de uma dessas regras de uso; o desvio resulta então de uma decisão do falante. Quando tal decisão tem um valor estético, o desvio será analisado, em certa estilística*, como um fato de estilo.

determinação

1. *Determinação* é a função exercida pela classe dos determinantes e que consiste em atualizar o substantivo, i.e., em dar-lhe a propriedade de substantivo definido ou indefinido.

2. Em glossemática, *determinação* designa de maneira precisa a função que existe entre os dois functivos*, quando um deles é uma constante e o outro uma variável.

determinado

No sintagma nominal das frases realizadas, *determinado* é a cabeça do sintagma nominal, o constituinte fundamental, sendo os outros elementos os determinantes. Assim, nos sintagmas nominais *o chapéu de Pedro, as batatas fritas, os cofres-fortes*, etc., os constituintes *chapéu, batatas, cofres* são os determinados.

determinante

1. Em sentido lato, *determinantes* são os constituintes do sintagma nominal que dependem do substantivo, cabeça ou constituinte principal do sintagma nominal. Nesse caso, os determinantes são os artigos, os adjetivos, os complementos nominais; são os elementos que atualizam o substantivo (determinado), que lhe dão as suas determinações.

2. Em sentido mais restrito e mais corrente, os *determinantes* formam uma classe de morfemas gramaticais que dependem, em gênero e número, do substantivo que especificam. Os

determinantes são: os artigos, os possessivos, os demonstrativos, os adjetivos interrogativos, relativos e indefinidos, os numerais.

3. Em gramática gerativa, o *determinante* (abrev. D) é um constituinte obrigatório do sintagma nominal:

$$SN \rightarrow D + N$$

O próprio determinante é formado de muitos constituintes:

$$D \rightarrow (Pré\text{-}Art) + Art + (pós\text{-}Art),$$

i.e., o determinante é reescrito obrigatoriamente pelo artigo* (artigo propriamente dito e determinativo) e facultativamente por um pré-artigo* e um pós-artigo*.

determinativo

1. Chamam-se *adjetivos determinativos* os determinantes diversos dos artigos e dos numerais e opostos aos adjetivos qualificativos; são pré-artigos (TODA *a cidade*, AMBOS *os números*) ou pós-artigos (*a* OUTRA *pessoa, a* MESMA *cadeira*), ou determinantes substituíveis pelos artigos, com os quais são incompatíveis: pronomes (adjetivos, demonstrativos, interrogativos: ESTA *casa*, QUE *casa!*). Entre os determinativos, os gramáticos tradicionais alinham os adjetivos *numerais* (*dois livros, um segundo dia*), *possessivos* (*seu carro*), *demonstrativos* (*essa página*), *relativos* (*doença cuja causa*), *interrogativos* ou *exclamativos* (*que tolice*) e *indefinidos* (*cada filme, qualquer filme*).

2. *Sintagma determinativo* é o composto de um determinante e de um determinado: assim, em *O livro é interessante, o livro* é um sintagma determinativo em que *o* é o determinante e *livro* o determinado. O sintagma latino *liber Petri* é determinativo; *liber* é o determinado e *Petri* o determinante.

deverbal

Deverbais são os substantivos formados a partir de radicais verbais. Assim, os substantivos *o gasto* (de *gastar*), *a marcha* (de *marchar*), etc., são

180

deverbais. Às vezes, o termo *deverbal* é reservado aos substantivos derivados formados com o sufixo zero, como o fr. *bond*, "salto", de *bondir*, "saltar". (Sind. PÓS-VERBAL.)

deverbativo

Na terminologia de E. BENVENISTE, *deverbativo* é um verbo derivado de um verbo; assim, o lat. *cantare*, "cantar", é um deverbativo de *canere*, "cantar". Cabe, porém, notar que *cantare* é propriamente derivado de *cantum*, que é um substantivo verbal, não deixando, porém, de ser um denominativo.

diacrítico

Signo diacrítico é um signo gráfico adjunto a um grafema simples do alfabeto, a fim de transcrever um fonema diferente daquele que transcreve esse grafema. Assim, o uso do acento circunflexo sobre o *i* (e ocasionalmente o *a*), em romeno, serve para indicar dois outros fonemas vocálicos diversos de *i* e de *a*. O acento circunflexo sobre o *o* em *nôtre* e *vôtre*, em francês, estabelece oposição fonológica entre o pronome possessivo *nôtre* e *vôtre* e o adjetivo *notre* e *votre*. O *c* sem cedilha diante de *a* transcreve o *som* [k] (*louca*) e com cedilha o som [s] (*louça*).

diacronia

A língua pode ser considerada como um sistema que funciona num determinado momento do tempo (sincronia*) ou então analisada na sua evolução (diacronia); pela diacronia, seguem-se os fatos de língua na sua sucessão, na sua mudança de um momento a outro da história: para F. DE SAUSSURE, *diacronia* é primeiro um dos pontos de vista que o lingüista pode escolher e que, de maneira fundamental, se opõe a sincronia. Nessa perspectiva, todo estudo diacrônico é uma explicação histórica do sistema sincrônico e os fatos diacrônicos são as mudanças sofridas pela língua.

A *diacronia* é também a sucessão de sincronias que, no espírito de F. DE SAUSSURE, é a única que pode explicar de forma adequada a evolução da língua.

Chama-se igualmente *diacronia* o caráter dos fatos lingüísticos considerados na sua evolução através do tempo, ou então a disciplina que se ocupa desse caráter (a lingüística diacrônica).

Os problemas da diacronia são complexos. Ela constata primeiro as mudanças que se produzem e as localiza no tempo. Mas quase não é possível fazer nesse domínio um trabalho rigoroso sem pôr em seu lugar cada etapa historicamente constatada, pela qual passa um fonema, por exemplo, sem integrar o fato no sistema tal como ele funcionou num dado momento.

A importância da diacronia na lingüística do século XIX deve-se ao fato de que a evolução da língua tendia a não ser mais que um meio de conhecer a história dos povos. A distinção rigorosa entre sincronia e diacronia é, pois, uma reação contra essa perspectiva historicista da lingüística. Essa distinção tem também fins metodológicos.

Pode-se objetar que o falante conhece mal ou ignora a história da sua língua e que, por conseguinte, o conhecimento dos estados anteriores não permite compreender o funcionamento do sistema considerado sincronicamente. Assim, o fato de que *chegar* venha do lat. *plicare,* "dobrar", tem influência alguma no emprego atual da palavra; assim, a explicação etimológica segundo a qual *testa* remonta a uma palavra latina que significa "bilha", e que no latim tardio passou a designar a "caixa craniana", é uma simples curiosidade, sem grande importância para o funcionamento atual da palavra *testa* (*testa-de-ferro*). Da mesma forma, a investigação das causas de evolução leva muitas vezes a fatos extralingüísticos que, tampouco, explicam o estado atual. Enfim, indagou-se se toda pesquisa sobre os antigos estados de língua* podia levar a alguma certeza, na medida em que o pesquisador não tem a competência* lingüística dos falantes da época que ele estuda. Em sentido inverso, pode-se sustentar que não há sincronia sem diacronia. Esta última está sempre subjacente num dado estado de língua, que seria a cada momento cheio do passado e cheio do futuro, sem que se possa afirmar que a língua se tenha estacionado num momento. Assim, depois da Segunda Guerra Mundial, encontravam-se na Córsega três termos para designar "caneta": *pinna, porta-pinna* e a palavra tomada ao francês *porte-plume.* Os avós serviam-se do primeiro, os pais, do primeiro e do segundo (dando ao primeiro um valor melhorativo), os netos, do segundo e do terceiro (dando ao segundo um valor melhorativo). Não há, pois, num dado momento, um único, mas vários sistemas que entram em concorrência e que projetam, assim, a diacronia num estado sincrônico.

Os estruturalistas funcionalistas negam-se hoje a manter o postulado da distinção absoluta entre a diacronia e a sincronia, a não ser por motivos metodológicos: com efeito, a evolução de um sistema A para um sistema B, que lhe é posterior, só pode ser descrita como transformação da estrutura sincrônica A numa outra estrutura sincrônica B; é, com efeito, a organização geral do sistema que está em causa quando se fala, por exemplo, de fonologia diacrônica e esta não pode ser feita sem o conhecimento prévio dos estados sincrônicos.

diacrônico

São considerados *diacrônicos* os estudos, pesquisas, uma lingüística, na medida em que têm como ponto de vista a diacronia*, i.e., a evolução dos fatos lingüísticos. São qualificados igualmente como *diacrônicos* todos os fatos considerados elementos ou fatores de um sistema em curso de evolução, como pertencente a estados diferentes de desenvolvimento.

diagnóstico

Ambiente diagnóstico de um morfema léxico polissêmico é o contexto que permite determinar a diferença típica de um dos sentidos relativamente a todos os outros. Assim, diz-se que o ambiente do fr. *apréhender*, constituído por um sintagma nominal objeto que indique pessoa (*apréhender quelqu'un*, "prender alguém") distingue o sentido de "proceder à detenção de alguém" dos outros sentidos de *apréhender un danger*, "temer um perigo" ou *apréhender quelque chose*, "apanhar, compreender alguma coisa". Diz-se que se trata de um ambiente diagnóstico.

diagrama

O *diagrama de uma frase* é a figura gráfica própria para representar a análise em constituintes de uma frase. Os diagramas usados pela gramática transformacional são a árvore* (ou indicador sintagmático) e a parentetização* etiquetada.

dialetação

Uma língua se dialetaliza quando toma, segundo as regiões onde é falada, formas notadamente diferenciadas entre si; a noção de dialetação pressupõe a unidade anterior, pelo menos relativa, da língua em questão. Os primeiros comparatistas aceitaram o princípio de línguas-mães uniformes e do "nascimento" de línguas-filhas após uma ruptura súbita e bem marcada. Nessa perspectiva, a dialetação confunde-se com a ruptura. Hoje se supõem antes línguas-mães que conhecem variações mínimas, mas que prefiguram as diferenciações ulteriores. Assim, o latim falado na Gália era certamente diferente do latim falado na Itália ou na Dácia; segundo a teoria das ondas, a extensão das áreas nas quais se encontra um traço é explicada pela propagação, desigual, de certas inovações a partir de certos centros e a manutenção em outros lugares de formas antigas.

dialetal

1. Por oposição a *corrente, clássico, literário, escrito*, o adj. *dialetal* serve para caracterizar uma forma de língua como uma variedade regional sem o *status* e o prestígio sócio-cultural da própria língua.

2. Por oposição a *lingüístico, dialetal* serve para caracterizar as diferenças que não opõem línguas, mas variedades de uma mesma língua. Enquanto os limites ou as fronteiras que separam o picardo do normando se chamam indiferentemente *dialetais* ou *lingüísticas*, as que separam o picardo do flamengo (de família germânica) são unicamente *lingüísticas*.

3. *Dialetal* caracteriza a região, onde se encontra um certo número de traços lingüísticos que aproximam as falas usadas, opondo-as a outras.

4. Usa-se, ainda, esse adjetivo para qualificar a situação em que existem dialetos vizinhos, mas diferentes entre si (*situação dialetal*), ou ainda o processo que leva ao aparecimento de dialetos a partir de uma única língua (*diferenciação dialetal*).

5. Fala-se algumas vezes de *geografia dialetal*, de *mapas dialetais*, de *atlas dialetais* para designar a geografia* lingüística, os mapas* lingüísticos, os atlas* lingüísticos.

dialetalização. V. DIALETAÇÃO.

dialeto

O grego *dialektos* designava diferentes sistemas usados em toda a Grécia, cada um para um determinado gênero literário, e considerados como a língua de uma região da Grécia em que eles deviam recobrir dialetos no sentido moderno do termo, regionais ou sociais; o jônico, não somente na Jônia, mas em toda a Grécia, era usado para o gênero histórico; o dórico o era para o canto coral.

183

O dialeto é uma forma de língua que tem o seu próprio· sistema léxico, sintático e fonético, e que é usada num ambiente mais restrito que a própria língua.

1. Empregado correntemente como *dialeto regional* por oposição a *língua, dialeto* é um sistema de signos e de regras combinatórias da mesma origem que outro sistema considerado como a língua, mas que se desenvolveu, apesar de não ter adquirido o *status* cultural e social dessa língua, independentemente daquela: quando se diz que o picardo é um dialeto francês, isso não significa que o picardo nasceu da evolução (ou, mais exatamente, da "deformação") do francês.

Nos países como a França, em que há uma língua oficial e normalizada, o dialeto é um sistema que permite uma intercompreensão relativamente fácil entre as pessoas que só conhecem o dialeto e as pessoas que só conhecem a língua; o dialeto é excluído então das relações oficiais, do ensino de base, e só se emprega numa parte do país ou dos países em que se usa a língua. Os dialetos regionais franceses de *oil* são o franciano, o orleanês, o borbonense, o champanhês, o picardo, o valão, o loreno, o borguinhão, o franco-contês, o gaulês, o angevino, o pictovino (fr. *poitevin*, este último considerado como dialeto de língua de *oc*).

Às vezes, a intercompreensão pode ser bem relativa; pode reduzir-se ao sentimento de falar a mesma língua ou ao costume de ligar as formas locais divergentes a uma mesma tradição escrita: distinguem-se, assim, um árabe literário ou clássico e árabe dialetais, como o tunisiano, o argelino; as diferenças entre esses árabes dialetais são às vezes bem mais importantes que as que opõem línguas como o alemão e o holandês.

Em certos países de escrita ideográfica, os *dialetos* podem ter em comum apenas a representação gráfica e um parentesco genético. Em relação ao chinês mandarim, os dialetos chineses são verdadeiras línguas; os usuários nativos do cantonês e do chinês mandarim só se entendem por escrito.

Nos países sem língua oficial normalizada, os dialetos são formas de língua vizinhas umas das outras, cujos usuários se compreendem mais· ou menos e, por oposição a outros, têm a impressão de pertencerem a uma mesma comunidade lingüística. São também as formas locais a partir das quais se construiu uma língua de união.

2. O *dialeto social* é um sistema de signos e de regras sintáticas usado num dado grupo social ou em referência a esse grupo. Esse sistema pode ser reduzido a unidades léxicas que, posto de lado o valor afetivo, duplicam as unidades do vocabulário geral num deter-

minado domínio. Quando esse sistema é criado ou empregado como um conjunto secreto de signos, trata-se de uma gíria* (gíria dos malfeitores, dos estudantes, dos soldados, de certos trabalhadores migrantes). Às vezes, o valor do signo social (manifestação da vontade de pertencer ou de se referir a um grupo social) predomina sobre o caráter esotérico.

O sistema pode ser reduzido a um conjunto de termos que designam noções ou objetos para os quais a língua comum não tem signos, ou não tem signos suficientemente precisos: têm-se então línguas especiais ou vocabulários técnicos. Às vezes, ao próprio termo técnico se soma um termo de gíria (gíria profissional); nesse caso é difícil estabelecer a distinção. O objeto das línguas especiais não é serem esotéricas. Seu caráter dificilmente inteligível é devido à ignorância das noções expressas pelos não-iniciados.

O sistema, enfim, pode ser um conjunto de signos e de regras sintáticas; é designado mais correntemente pelos termos patoá* (ou falar patoá), língua corrente, língua culta, língua popular; cada um desses dialetos é próprio de certa camada social, e seu emprego revela a origem ou a referência de seu usuário.

dialetologia

O termo *dialetologia*, usado às vezes como simples sinônimo de geografia* lingüística, designa a disciplina que assumiu a tarefa de descrever comparativamente os diferentes sistemas ou dialetos* em que uma língua se diversifica no espaço, e de estabelecer-lhe os limites. Emprega-se também para a descrição de falas tomadas isoladamente, sem referência às falas vizinhas ou da mesma família.

Nascida das pesquisas dos neogramáticos para estabelecer as "leis fonéticas", concebida de maneira sistemática na Alemanha por GEORGE WENKER, a dialetologia foi estabelecida definitivamente pelos trabalhos de J. GILLIÉRON e pelos atlas* lingüísticos, mesmo que, mais tarde, tenham sido abandonados alguns dos seus pressupostos ou princípios metodológicos.

A partir de certos traços léxicos ou sintáticos considerados pertinentes, procede-se a investigações a fim de caracterizar as falas* locais em relação a esses critérios escolhidos previamente. Os pontos da região estudada, onde se passa de um traço a outro, chamam-se isoglossas* ou linhas de isoglossas, que são traçadas em mapas lingüísticos: para o nome da *abelha* na França, as isoglossas delimitam as regiões em que se dizem *é, aps, aveille, abeille, mouchette, mouche à miel*, etc. Diversas linhas de isoglossas, ou melhor, diversos feixes de isoglossas delimitam falas ou dialetos regionais, ou antes, áreas dialetais, que se tenta fazer coincidir com dados humanos, sócio-culturais, geográficos, econômicos, etc. A *dialetologia estrutural* tenta proceder a descrição dos falares, construindo os diassistemas, que representam as semelhanças existentes entre dois falares.

A *dialetologia* é também o estudo conjunto da geografia lingüística e dos fenômenos de diferenciação dialetal ou dialetação*, pelos quais uma língua, relativamente homogênea numa dada época, sofre no curso da história certas variações — diacrônicas em certos pontos e de outra natureza noutros — até terminar em dialetos, e mesmo em

185

línguas diferentes. Então, a dialetologia, para explicar a propagação ou a não-propagação desta ou daquela inovação, faz intervir razões geográficas (obstáculos ou ausência de obstáculos), políticas (fronteiras mais ou menos permeáveis), sócio-econômicas, sócio-culturais (rivalidades locais, noção de prestígio) ou lingüísticas (influência de substrato*, de superestrato*, de adstrato*).

Estabelece-se, assim, o mapa das ondas lingüísticas, fazendo aparecer zonas centrais em que a inovação é generalizada e zonas periféricas em que se mantêm os arcaísmos.

A dialetologia é, enfim, sob o nome de *dialetologia social*, o estudo dos dialetos sociais e diz respeito, então, à sociolingüística*.

diassistema

Em razão das dificuldades encontradas pela dialetologia quando esta quis determinar fronteiras* lingüísticas (V. GEOGRAFIA LINGÜÍSTICA), a teoria lingüística estrutural (especialmente com U. WEINREICH em seu artigo "Is a Structural Dialetology possible?", *Word* 14 [1954], pp. 388-400) tentou construir *diassistemas* ou supersistemas, i.e., sistemas de um nível superior ao dos sistemas homogêneos e discretos. Os diassistemas são determinados pela análise lingüística a partir de dois sistemas que têm semelhanças parciais. Essa construção nem sempre resulta unicamente de um trabalho científico; pode também ser praticada intuitivamente pelos falantes bilíngües (i.e., pessoas que dominam duas línguas, dois dialetos ou uma língua e um dialeto).

Sejam duas variedades dialetais com um sistema de cinco vogais idênticas em ambos os falares: o diassistema será 1,2 // i e a o u //. Suponhamos que numa das duas variedades a vogal anterior intermediária seja bem mais aberta do que na outra; teremos o seguinte diassistema:

$$1,2 \text{ // } i \sim a \sim o \sim u \approx \frac{1/e}{2\varepsilon} \text{ //}$$

Se quisermos descrever duas variedades das quais uma tem três vogais anteriores e a outra quatro, representaremos assim a correspondência:

$$1,2 \text{ // } a \sim o \frac{1/i \sim e \sim æ/}{2/i \sim e \sim \varepsilon \sim æ/} \text{ //}$$

A descrição diassistemática permite explicar a complexidade dos fenômenos dialetais caracterizados pela constante variedade e pela continuidade.

diassistemático. V. DIASSISTEMA.

diátese
Sin.: voz 1.

dicionário

O *dicionário* é um objeto cultural que apresenta o léxico de uma ou mais línguas sob a forma alfabética, fornecendo sobre cada termo certo número de informações (pronúncia, etimologia, categoria gramatical, definição, construção, exemplo de emprego, sinônimos, idiotismos); essas informações visam a permitir ao leitor traduzir de uma língua para outra ou preencher as lacunas que não lhe permitiam compreender um texto na sua própria língua. O dicionário visa também a dar o domínio dos meios de expressão e a aumentar o saber cultural do leitor. O modo de leitura do dicionário é a "consulta".

O *dicionário* é, pois, uma obra que registra certa descrição do léxico de uma língua ou de muitas línguas postas em paralelo. Distinguem-se o dicionário monolíngüe (que trata de uma só língua) e o plurilíngüe (que trata de duas ou mais línguas).

A lexicografia* técnica tradicional de confecção de dicionários trabalha na unidade de tratamento lexicográfico, muitas vezes bastante distante da unidade léxica estabelecida pela lexicologia*, ciência lingüística mais nova e muitas vezes mais rigorosa. O dicionário não pode, com efeito, escapar à arbitrariedade, por diversas razões: o objetivo é muitas vezes incerto, por hesitação entre a impossível exaustividade e os limites materiais e práticos; o volume dos artigos pode variar segundo a decisão do autor, que consagrará maior ou menor espaço aos empregos técnicos, aos empregos metafóricos, etc.; a distinção entre vocabulário geral e o de língua especial não pode ser observada; os critérios que permitem reter um neologismo como consagrado em língua não são evidentes, etc.

Muitas dessas lacunas da lexicografia podem ser remediadas pelas aquisições da lexicologia. Todavia, a maioria dos dicionários atualmente disponíveis não diferem fundamentalmente dos tipos que a tradição lexicográfica consagrou.

Quando a ordem das informações é puramente conceitual, fala-se geralmente de enciclopédia. Quando a classificação é alfabética, o critério seguido não é diretamente conceitual, mas léxico, e falar-se-á, então, de dicionário enciclopédico.

Apesar do critério da palavra, esse tipo de dicionário é exterior ao objeto da lingüística tomado no seu sentido estrito. Quando se analisa um signo (p. ex., *cadeira*), não se trata de estudar a relação significante/significado, constitutiva do signo na perspectiva saussuriana, mas a relação entre significado e experiência, i.e., uma relação pragmática, que só poderia figurar no segundo grau na análise lingüística.

Observou-se que a denominação desse tipo de obras tende a modificar-se: a referência à orientação enciclopédica tende a apagar-se, e se oferecem ao público dicionários de cinema, de psicologia, etc., cuja denominação não convém à definição antiga de dicionário.

1. Os Dicionários das Línguas Científicas ou Técnicas

L. Guilbert nota a possibilidade de uma orientação propriamente lingüística em matéria de dicionário da linguagem científica. Ao lado do tratamento enciclopédico, acima assinalado, há lugar para dicionários que estudem o vocabulário técnico nas suas relações lingüísticas; a relação semântica no vocabulário técnico é, com efeito, diferente da que está no vocabulário geral, pelo fato de ser muitas vezes polissêmica a palavra do vocabulário geral (*pé* = extremidade da per-

187

na, extremidade de uma coisa: *pé de mesa, pé de laranja,* enquanto o termo técnico é geralmente monossêmico (*pé* = haste, em micologia; = unidade de medida, em metrologia, etc.). Assim também, a série derivacional de um termo pode depender da técnica à qual ele se refere: o fr. *lingot,* "barra" ou "lingote", pertence a diversos vocabulários técnicos (metalurgia, balística, arte gráfica, horticultura), mas a série *lingot, lingotage, lingoter, lingotière, lingotiforme* só pertence ao vocabulário da siderurgia.

Um dicionário que toma por tarefa a descrição de um vocabulário técnico em função dessas observações constitui obra propriamente lingüística.

2. Os Dicionários de Língua

Os dicionários de língua são dicionários monolíngües, que apresentam sob a forma alfabética o léxico de uma língua; têm por intenção comum a investigação de um uso. A norma à qual se faz referência certamente mudou do dicionário da Academia de 1694 aos dicionários contemporâneos de língua. Todavia, o caráter arbitrário da escolha permanece; muitas vezes o lexicógrafo fundamenta as suas escolhas num compromisso entre a descrição histórica (diacrônica) e a descrição contemporânea (sincrônica) e, para fazê-lo, cria um estado de língua ideal, fora do tempo. Os dicionários de língua continuam como uma necessidade prática, porque permitem ao mesmo tempo preencher as lacunas na informação dos leitores sobre a sua língua e ajudam ao domínio dos meios de expressão; os lingüistas contemporâneos, eliminando certos empecilhos (crença na superioridade do antigo, crença na existência de uma língua melhor no absoluto), procuram adaptar as suas descrições lexicográficas aos métodos de descrição propriamente lingüísticos.

3. Os Dicionários de Língua "Lingüísticos"

Reportar-se-á ao *dicionário de* TRAÇOS para se verem as tentativas nesse sentido. Quanto à França, a existência de um pequeno dicionário de língua (*Dictionnaire du français contemporain*), com a preocupação de integrar as aquisições essenciais dos métodos lingüísticos, constitui um importante esforço nesse sentido.

4. Os Dicionários Plurilíngües

Representam a forma mais antiga da reflexão lexicográfica. Repousam num postulado contestado pela lingüística estrutural, mas indispensável a toda tentativa de tradução: o da correspondência termo a termo entre duas ou várias línguas estrangeiras. Esse postulado é muitas vezes explorado da forma mais simples. Por exemplo, num dicionário inglês/francês, o ingl. *coin* = fr. *pièce* (port. "moeda"); sem mais precisões, a informação fornecida é inexplorável. Uma precisão do tipo *pièce de monnaie*, "peça de moeda", continua sendo insuficiente: as possibilidades léxicais de uma e de outra unidade não são fornecidas (campo derivacional *coin* X *to coin* (*pièce*, "moeda" X *battre monnaie*, "cunhar moeda"); *pièce*, "moeda" X *piecette*, "moedinha" (ingl. *coin* X ∅); possibilidades sintagmáticas: *donner la pièce*, "dar gorjeta" X *to tip*, etc. Tais dicionários são praticamente indispensáveis mas, no plano teórico, não podem fornecer mais que compromissos que apelem sem cessar para a intuição, em particular pela riqueza das construções propostas como exemplo.

(Para a oposição *dicionário* vs. *léxico* em gramática gerativa, V. LÉXICO.)

dicótico

Sin.: BIAURICULAR.

dictum (lat.)

Para C. BALLY, uma análise* lógica da frase leva a postular a existência de elementos correlativos ao processo (p. ex., *a chuva, a cura, a chegada, etc.*) e de elementos correlativos à intervenção do falante; esses elementos indicam o juízo por ele estabelecido, os sentimentos por ele experimentados (*crer* ou *não crer, alegrar-se* ou *lastimar, querer* ou *não querer*). A primeira série de elementos constitui o *dictum*, a segunda, a modalidade. Assim, em *Creio que ele veio, Temo que ele tenha vindo*, temos o mesmo *dictum*, que é *ele veio*, e duas modalidades: *temer* (*querer que não*) e a modalidade "de opinião" (*crer*). Teríamos ainda o mesmo *dictum* em *temo a sua vinda*.

diérese

Diérese é a pronúncia como hiato · de um ditongo decrescente ou crescente; p. e., *va-i-da-de, sa-u-da-de, an-si-e-da-de*. O fenômeno inverso da diérese é a sinérese*, que é a pronúncia de um hiato como ditongo decrescente ou crescente. Ambos os fenômenos são comuns na fala coloquial e na poesia.

diferenciação

1. Em fonética, chama-se *diferenciação* qualquer alteração que acentue ou crie diferença entre dois fonemas contíguos. Assim, é por um processo de diferenciação que se explica o tratamento do antigo ditongo francês *ei* (em *mei*, "mim"; *rei*, "rei") que se transformou em *oi*, pronunciado primeiramente como o port. *oi*. Os dois elementos do ditongo distanciaram-se pouco a pouco um do outro quanto ao timbre. É por um desenvolvimento análogo que se explica a formação do ditongo *ue* do esp. mod. *fuego, puerta*, a partir de um antigo ditongo *uo*. É sem dúvida também pelo mesmo processo que o alemão *ei* de *mein*, "meu"; *Bein*, "perna", veio a pronunciar-se como *ai*.

A tendência à diferenciação, da mesma forma que a tendência à assimilação, corresponde à necessidade de manter o contraste entre as diferentes seqüências da cadeia falada para atender às exigências da compreensão ameaçadas pela tendência à assimilação.

2. Chama-se *diferenciação semântica* o método para estabelecer o valor conotativo das palavras (distinto do sentido denotativo). Elaborado por C. O. OSGOOD, consiste em fazer com que pessoas entrevistadas julguem palavras

189

nas três dimensões: (a) "avaliação" (*bom* ou *mau*); (b) "poder" (*forte* ou *fraco*) e (c) "atividade" (*rápido* ou *lento*). Esse juízo permite, por exemplo, aproximar palavras correlacionadas conotativamente, como *vermelho* e *amor*; ao lado de um mapa cognitivo, ela permite traçar o mapa afetivo de uma palavra.

difuso

Os *fonemas difusos* caracterizam-se por uma configuração do seu espectro acústico de modo que os dois formantes principais (da faringe e da boca) se situem nas duas extremidades do espectro, em lugar de se aproximarem no centro como para os fonemas compactos. Esse efeito de sonoridade é provocado, do ponto de vista articulatório, pela forma e volume da cavidade bucal, muito menor na frente do que atrás. As freqüências do ressonador bucal (segundo formante) são muito mais elevadas do que as do ressonador faríngeo (primeiro formante). As consoantes labiais e dentais são, pois, difusas, assim como as vogais fechadas, por oposição às consoantes velares e palatais e às vogais abertas, que são compactas. Essa diferença no espectro das vogais, em função de sua abertura, aparece bem nitidamente se pronunciamos em série as vogais [i], [e], [ε], [a]: os dois formantes, muito afastados no início, aproximam-se por um deslocamento em direção ao centro do espectro: o formante alto desce e o formante baixo sobe.

diglossia

1. Dá-se de maneira geral o nome de *diglossia* à situação de bilingüismo*.
2. Dá-se às vezes a *diglossia* o sentido de situação bilíngüe, na qual uma das duas línguas é de *status* sócio-político inferior. Todas as situações bilíngües encontradas na França são diglossias, seja na região dos dialetos *d'oïl*, na França setentrional (bilingüismo francês e dialetos franceses), região dos dialetos *d'oc*, na França

meridional, (bilingüismo francês e dialetos da língua *d'oc*), no Russilhão (francês e catalão), na Córsega (francês e dialetos ligados à família italiana), na Bretanha (francês e língua gaélica), no País Basco (francês e basco), na Alsácia e na Flandres (francês e falares germânicos).

3. À vezes, chama-se *diglossia* a aptidão que tem um indivíduo de praticar correntemente outra língua, além da língua materna.

dígrafo

Chama-se *dígrafo* um grupo de duas letras empregado para transcrever um único fonema. Estão nesse caso os fonemas palatais, transcritos em português pelos dígrafos *ch, lh, nh*; em espanhol, por *ch* (africada palatal), *ll*, *nn* (arcaico; = esp. mod. *ñ*); em francês, por *ch, ll, gn*; em italiano, por *sc, gl, gn*, etc. Em geral, tem-se necessidade de usar dígrafos para sons desenvolvidos depois do período latino. Chamam-se também *digramas*.

digrama V. DÍGRAFO.

dilação

A *dilação*, ou assimilação à distância, é a modificação no timbre de um fonema devida à antecipação de outro fonema que não lhe é contíguo: a forma moderna do fr. *chercher*, "procurar", [ʃɛrʃe] deve-se a uma dilação da consoante africada sibilante [ts], ou sibilante inicial [s], pela africada palatal [tʃ] ou palatal [ʃ] interna: *circare* → *chercher*. A metafonia é um caso particular de dilação, devido à influência da vogal final. Ex.: lat. *fec* > *fezi* > *fizi* > port. *fiz* (cf. *fecit* > *feze* > *fez*).

diminutivo

1. *Diminutivo* é um substantivo que se refere a um objeto considerado pequeno e em geral acompanhado de conotação afetiva (hipocorística). São as condições de emprego (contexto afetivo ou familiar) que caracterizam o

190

diminutivo pode ser uma forma reduzida (*Cris* por *Cristina*, *Edu* por *Eduardo*, *Zé* por *José*, *Zefa* por *Josefa*); uma forma reduzida redobrada (*Zezé* por *José*, *Totó* por *Antônio*, *Lili* por *Lília*, *Alice*, *Elisa*, *Dudu* por *Eduardo*) ou uma forma com sufixo (*Joãozinho* por *João*, *Carlinhos* por *Carlos*). V. HIPOCORÍSTICO.)

2. Os *sufixos diminutivos* juntam-se a uma base léxica de substantivo próprio ou comum, adjetivo ou mesmo advérbio, para apresentar o ser, o objeto ou a qualidade como pequenos ou insuficientes. Os derivados assim obtidos podem vir a tornar-se intensivos; *-inho/-inha*, *-zinho/-zinha*, *-ito/-ita*, *-ete/-eta*, *-ulo/-ula*, *-culo/-cula*, etc. são sufixos diminutivos: *banquinho*, *casinha*, *cafezinho*, *maõzinha*, *senhorita*, *cavalete*, *banqueta*, *glóbulo*, *corpúsculo*, *minúsculo*, etc. O diminutivo nos adjetivos e advérbios não indica tamanho mas só afetividade ou intensidade: *bonzinho*, *queridinho*, *pertinho*, *pouquinho*.

dinâmico

1. *Dinâmico* é o termo imperfectivo na oposição aspectual definida pelo par *ser* (perfectivo) [estático] e *tornar-se* (imperfectivo) [dinâmico].

2. Em fonética, o *acento dinâmico*, ou acento de intensidade, é um traço prosódico que constitui uma variedade intersilábica dos traços de força: a sílaba em que ele incide é pronunciada com mais força do que as outras sílabas da mesma seqüência, graças ao mecanismo sublaríngeo, em particular aos movimentos do abdômen e do diafragma. Esse acento tem função culminativa, que se combina com a função demarcativa, quando é fixo, como no tcheco, ou com a função distintiva, quando a sua posição é total ou relativamente livre, como no italiano. (V. ACENTO.)

direcional

Chama-se *direcional* um caso* que exprime o movimento em direção a um lugar (alativo) ou a penetração num lugar (ilativo): *Vem a mim, Entra em Paris*. Opõe-se ao locativo: *Está em São Paulo, Está em casa*.

direto

1. Em gramática tradicional, diz-se que um complemento é *direto* quando não é regido de preposição. Na frase *O menino contempla o céu, o céu* é *objeto direto*; em *O menino virá sábado; Ele dormiu duas horas; Ele voou 5 000 km*, os adjuntos adverbiais de tempo, de duração e de extensão espacial, respectivamente, *sábado, duas horas, 5 000 km*, também se ligam diretamente aos verbos, mas nossa tradição terminológica não os chama "diretos". Diz-se que o objeto é *indireto* quando é regido de preposição; em *O estudante gosta de férias, de férias* é objeto indireto de *gosta*. Os pronomes pessoais conservam vestígios de declinação latina. São os casos chamados *oblíquos* (acusativo e dativo): *me, te, o lo, lhe*, etc. Nessas formas, funcionam como objeto direto ou indireto, sem ser regidos de preposição: *ele me vê; eu o vejo; ele me dá o livro; eu lhe dou o livro*.

O português e o espanhol, por exemplo, podem usar preposição a antes do objeto direto animado: *Vejo a Pedro; A mãe ama ao filho*, etc.

Chamam-se *casos retos* os casos que exprimem as funções gramaticais de sujeito e de complemento na frase de base do tipo *Pedro lê um livro, Pedro foge* (são os casos ergativo, nominativo e acusativo). Os *casos retos* se opõem aos *oblíquos*.

2. *Discurso, estilo direto e indireto; interrogação direta e indireta*. V. DISCURSO, ESTILO.

disartria

Disartria é uma perturbação da articulação dos fonemas devida ou a uma lesão central (lesão cortical) que causa um déficit na programação desses fonemas, ou a lesões periféricas que causam a paralisia de certos órgãos motores de execução.

discreto

O enunciado é uma grandeza *discreta* porque é constituído de unidades distintas umas das outras e que fazem parte de um sistema cujos outros elementos são em número limitado; assim, os fonemas que constituem os morfemas de uma língua são *unidades discretas*, visto que toda substituição de fonema leva a uma variação significativa do morfema: é o caso da oposição das unidades discretas *b* X *p* em *bar* X *par*. Os morfemas, por sua vez, constituem unidades discretas: a substituição de *guarda* por *quadro* em *Derrubaram o guarda* modifica o sentido da frase. O caráter discreto das unidades lingüísticas é a condição fundamental da segmentalidade dos enunciados, i.e., da possibilidade de segmentar em unidades de ordens diversas a cadeia falada, considerada como uma grandeza discreta, em unidades de diferentes ordens*. A *discrição* é uma das propriedades fundamentais reconhecidas na linguagem pela lingüística, com diferenças segundo as formas de análise. Assim, na escola estruturalista funcional, o fonema é uma unidade discreta na ordem fonemática, e a curva de entonação, nesse nível, é não-segmentável; em contraposição, na escola distribucional, a curva de entonação é segmentável em morfemas distintos uns dos outros.

I. discurso

1. *Discurso* é a linguagem posta em ação, a língua assumida pelo falante. (Sin.: FALA.)

2. O *discurso* é uma unidade igual ou superior à frase; é constituído por uma seqüência que forma uma mensagem com um começo, um meio e um fim. (Sin.: ENUNCIADO.)

3. Na sua acepção lingüística moderna, o termo *discurso* designa todo enunciado superior à frase, considerado do ponto de vista das regras de encadeamento das seqüências de frases. A perspectiva da análise do discurso opõe-se, então, a qualquer ótica que tende a tratar a frase como a unidade lingüística terminal.

Na problemática anterior à análise do discurso, o termo *discurso* só podia ser sinônimo de enunciado do ponto de vista lingüístico. A oposição *enunciado/discurso* marcava simplesmente a oposição entre lingüístico e não-lingüístico. A lingüística operava sobre os enunciados que, reagrupados em *corpus*, se ofereciam à análise; as regras do discurso, i.e., o estudo dos processos discursivos que justificam o encadeamento das seqüências de frases, eram remetidas a outros modelos e a outros métodos, em particular a toda perspectiva que levasse em consideração o falante, como a psicanálise; é nesses termos que J. LACAN propõe o problema inicial do discurso quando estuda a função e o campo da fala e da linguagem em psicanálise.

É pensando nos escritos de J. LACAN que E. BENVENISTE propõe como lingüístico o problema do discurso. Para ele, a frase, unidade lingüística, não mantém com as outras frases as mesmas relações que as unidades lingüísticas de outro nível mantêm entre si, relações já notadas por F. DE SAUSSURE. As frases não constituem uma classe formal de unidades que se opõem entre si, como os fonemas se opõem aos fonemas, os morfemas aos morfemas e os lexemas aos lexemas. Com a frase, deixa-se o domínio da língua como sistema de signos; o domínio abordado é o do discurso, em que a língua funciona como instrumento de comunicação. É nesse domínio que a frase, deixando de ser um último termo, torna-se uma unidade: a frase é a unidade do discurso.

Indiquemos, no entanto, um outro uso do termo *discurso* feito por E. BENVENISTE do termo *discurso*, na oposição *narrativa* X *discurso*. Importa assinalá-la, pois a concepção atual do discurso não destaca essa oposição, que correrá, assim, o risco de ser fonte de confusão. Para ele, a narrativa representa o grau zero da enunciação: na narrativa, tudo se passa como se não houvesse nenhum falante; os acontecimentos parecem ser contados por si próprios; o discurso caracteriza-se, pelo contrário, por uma enunciação que supõe um locutor e um ouvinte, e pela vontade, no falante, de influenciar seu interlocutor. Nesse sentido, serão opostas: toda narração impessoal (narrativa) e todas as relações, orais ou escritas, em que um indivíduo se enuncia como falante, se dirige a um interlocutor e organiza o seu propósito segundo a categoria da pessoa (*eu* vs. *você*).

A análise do discurso moderna, sem desprezar essa oposição, não poderia considerar a ausência do sujeito de enunciação como supressora dos processos discursivos: outros tipos de discursos, aliás — p. ex., o discurso pedagógico — também são marcados pelo apagamento do sujeito da enunciação (ex.: *A água ferve a 100°*).

O alargamento do objetivo da lingüística no enunciado concebido como discurso leva a pesquisar métodos de análise: a concepção do enunciado como discurso exige que sejam formuladas as regras de encadeamento, os processos discursivos.

A primeira tentativa nesse sentido é a de Z. S. HARRIS, ao tratar as frases como unidades sujeitas a um tratamento comparável ao que a análise distribucional submete às outras unidades da língua. Os discursos apresentam traços formais característicos. Todavia, como, diferentemente do que se passa com as unidades de uma ordem inferior (p. ex., os morfemas), a identidade de dois ambientes é rara no nível da frase, Z. S. HARRIS deve primeiro definir a noção de equivalência: a aproximação dos dois enunciados *Aqui as folhas caem em meados de outono* e *Aqui as folhas caem no fim do mês de outubro* permite afirmar a equivalência lingüística entre *em meados de outono* e *no fim do mês de outubro*, visto que o ambiente é idêntico. A análise baseará nesse princípio a pesquisa de classes de equivalência.

O trabalho, reagrupado num quadro, faz aparecerem as recorrências de classes no texto.

Tendo Z. S. HARRIS, para ilustrar o seu método, trabalhado num texto publicitário muito repetitivo, os analistas do discurso que tentaram o reemprego do método em textos menos caracterizados tiveram de admitir o que o autor recusava, i.e., a seleção de vocábulos no *corpus* em vista da constituição de um enunciado fortemente recorrente. Chegou-se, assim, a uma nova concepção do discurso a partir de um texto construído. O discurso político da guerra da Argélia, por exemplo, foi estudado como o discurso que empenha uma representação da relação entre os termos *Argélia* e *França* (*Langages*, 23, 57-86).

Todavia, o discurso, tal qual é definido acima, não poderia se contentar com esse tipo de análise. Se tais procedimentos de classificação são legítimos, fica por ser explicado o modelo de comunicação que justifique os processos discursivos. R. JAKOBSON e E. BENVENISTE, pela consideração das funções da linguagem, modificarão o conceito de fala; pelas marcas da enunciação, o falante ordena a língua em função de *eu* e *tu*. Os embreantes (= elementos dêiticos: os *shifters* de Jakobson, traduzidos por embreantes em português) do código são as unidades que "fazem as mudanças" da mensagem na situação, constituindo o código em discurso: assim, *eu* pode designar, segundo o caso, pessoas diferentes e assumir por isso uma significação sempre nova. Uma das preocupações atuais da análise do discurso é a verificação metódica desses marcadores da enunciação, dos quais só os mais evidentes foram até agora assinalados.

O conceito de discurso modificou radicalmente as perspectivas da lingüística contemporânea: a análise do discurso renova a problemática da lexicologia; concebendo a frase como uma unidade, reintroduzindo o sujeito da enunciação e as formações ideológicas em face do falante-ouvinte idealizado por N. CHOMSKY, ela leva à constatação de um estudo renovado das relações entre língua e sociedade.

II. discurso direto, indireto

Diz-se que o *discurso* (ou estilo) é *direto* quando um narrador, repetindo as palavras de alguém, as reproduz tais quais foram ditas: o discurso direto mantém todas as formas ligadas à pessoa do que falava ou à do destinatário (pronomes), no lugar em que o falante falava (oposição *aqui/lá*), no momento em que falava (tempos dos verbos). Assim, se se repetirem, no estilo direto, palavras de alguém que disse *Considero-te um homem honesto e aqui e agora eu declaro isto*, introduzir-se-á na narração essa frase sem mudança; mantêm-se as marcas *eu* e *te*, o presente de *considero* e *declaro*, a referência ao lugar e ao tempo *aqui* e *agora*, e ao fato *isto*. Portanto, se a declaração acima é feita por Pedro a Paulo, assim se reproduz em estilo direto: *Pedro declarou a Paulo: "Considero-te um homem honesto e isto eu te declaro aqui e agora"*.

O *discurso* é *indireto* quando a frase repetida não é reproduzida tal qual na narrativa, mas transformada num sintagma nominal pelo conectivo integrante *que*, ou pela redução da forma verbal ao infinitivo, ou simplesmente por uma "transformação" hipostática por se tratar de interrogação indireta (caso em que o elemento interrogativo acumula a função de conectivo oracional). Essas transformações podem acarretar o desaparecimento indireto das marcas de enunciação *eu* X *tu* e impor referências de lugar e de tempo, não mais em relação à pessoa que pronunciou a frase mas à pessoa que fez a narração, repetindo as palavras. A frase transforma-se em: *Pedro disse a Paulo que o considerava um homem honesto e o declarava ali e naquele momento*. Todos os pronomes estão na terceira pessoa (é o narrador que tem então o privilégio da primeira pessoa); as mudanças de tempo do verbo e do dêitico, e de lugar (do dêitico), se devem ao fato de o verbo introduzir "estar no passado", e a mudança de pessoa — *eu* para *ele; te* para *o* — justifica-se em relação ao narrador.

A oposição discurso direto X discurso indireto tinha grande importância em latim, visto que não só os tempos, mas também os modos dos verbos podiam ser modificados (infinitivo para o verbo que representava o primeiro verbo do discurso direto, subjuntivo para os verbos que lhe eram subordinados). Da mesma forma, todo o sistema dos pronomes podia ser modificado, não só pela substituição da primeira e segunda pessoas pela terceira, mas também mediante regras complexas que governavam o emprego dos reflexivos. O mesmo acontece freqüentemente com o português em virtude de se usar muito a transformação infinitiva do discurso indireto, fato devido ao desenvolvimento do uso do infinitivo pessoal. Por outro lado, muitas vezes, em português, em francês, assim como em latim, há alterações na interrogação indireta (V. INTERROGATIVO). Assim, a interrogação direta *Pedro perguntou a Paulo: "Você está trabalhando?"* corresponde à indireta *Pedro perguntou a Paulo se ele estava trabalhando*.

Houve em latim, há também nas línguas modernas, o que se chama *discurso indireto livre*. Efetuadas as substituições dos pronomes e referentes *eu, aqui, agora, então*, etc., e a dos tempos, suprime-se (não se exprime) o subordinativo introdutor do discurso indireto propriamente dito. Um torneio freqüentíssimo da língua corrente encontra-se em LA FONTAINE, que, com uma preocupação estilística,

195

mistura freqüentemente discurso direto, discurso indireto e discurso indireto livre. É o caso do exemplo abaixo:

> *La dame au nez pointu répondit que la terre*
> *Etait au premier ocupant,*
> *"C'était un beau sujet de guerre*
> *Qu'un logis où lui-même il n'entrait qu'en rampant.*
> *Et quand ce serait un royaume*
> *Je voudrais bien savoir, dit-elle, quelle loi*
> *En a pour toujours fait l'octroi*
> *A Jean, fils ou neveu de Pierre ou de Guillaume,*
> *Plutôt qu'à Paul, plutôt qu'à moi."*

["A dama nariguda respondeu que a terra / Era do primeiro ocupante, / "Era um bom assunto para guerra / Uma toca em que ele próprio só entrava, arrastando-se. / E mesmo que fosse um reino / Eu bem queria saber, disse ela, que lei / Deu disso autorização para sempre / A João, filho ou sobrinho de Pedro ou de Guilherme, / Antes que a Paulo, ou a mim."]

Os dois primeiros versos estão no discurso indireto, o 3.º e o 4.º estão no discurso indireto livre. Basta pôr o fr. *que*, port. "que", diante de *C'était*, "Era", para se recuperar o discurso indireto com o qual todo o resto do texto (tempos, pronomes) está de acordo. Os cinco últimos versos estão no discurso direto introduzido por *dit-elle*, "disse ela". Volta tudo à primeira pessoa. O discurso indireto livre pode ou não ser marcado entre aspas.

disfasia

1. Na criança, a *disfasia* é uma perturbação da realização da língua, cuja compreensão foi pouco atingida, e que se deve a um retardamento na aquisição e no desenvolvimento das diversas operações que garantem o funcionamento da língua.

2. Sin. de AFASIA.

disjuntivo

Chamam-se *disjuntivas* as conjunções de coordenação (ou coordenativos) cujo tipo é *ou* (ao passo que *e* e *nem* são adjuntivos*).

disjunto

1. Dois conjuntos* cuja interseção é um conjunto vazio (A ∩ B = ∅), que não têm nenhum elemento comum, são chamados *conjuntos disjuntos*.

2. Chamam-se *formas disjuntas, pronomes disjuntos* as formas tônicas ou acentuadas dos pronomes pessoais, como o port. *mim, ti, si, ele, ela*, empregadas depois das preposições (*sem ti*), por ênfase (*a mim, deram-me apenas um*), etc. Essas formas chamam-se *disjuntas*, em relação ao verbo, pois ocupam, em relação ao grupo verbal, um lugar relativamente livre, por oposição às *formas conjuntas* (*me, te, se, o, a, lhe*), cujo lugar é definido antes do grupo verbal e que não podem separar-se dele por nenhum outro elemento (*eu o vejo*). Essas formas disjuntas são muitas vezes assimiladas a prefixos ou sufixos; são átonas e não-acentuadas.

dislexia

Dislexia é um defeito de aprendizagem da leitura caracterizado por dificuldades na correspondência entre símbolos gráficos, às vezes mal reconhecidos, e fonemas, muitas vezes mal identificados. Tal perturbação interessa de modo preponderante tanto à discriminação fonética quanto ao reconhecimento dos signos gráficos ou à transformação dos signos escritos em signos verbais (ou reciprocamente).

disortografia

Disortografia é uma perturbação do aprendizado da ortografia que se encontra entre crianças de inteligência normal, ligada ou associada a uma dislexia.

disponível

Na perspectiva dos estudos do francês fundamental (G. GOUGENHEIM), a noção de disponibilidade do vocabulário opõe-se à de freqüência. Chama-se *vocabulário disponível* o conjunto das palavras de freqüência fraca e pouco estável, mas usuais e úteis, que se encontram à disposição do falante.

Um estudo do francês básico será insuficientemente fundamentado pela consideração das freqüências. Sem dúvida, a freqüência é atributo essencial da palavra (P. GUIRAUD), mas basta considerar os levantamentos de freqüência para perceber que a imagem do vocabulário que elas fornecem pode ser corrigida pelo conceito do vocabulário disponível. Com efeito, segundo a tábua das freqüências, seríamos levados a concluir que é essencial o papel das palavras gramaticais (artigos, pronomes, etc.), vindo depois o dos verbos e depois o dos substantivos. Acrescentando a esse critério o da estabilidade da freqüência, concluiríamos pela primazia dos verbos e depois dos adjetivos, sobre os substantivos. Isto significa: (1) que, em todo texto, uma palavra gramatical x tem mais possibilidades de aparecer do que

uma palavra léxica y; (2) que, em freqüência geral igual, o adjetivo a tem mais possibilidades de se repartir igualmente em x textos do que o substantivo s.

Mas o mais surpreendente é que as listas de freqüência comportam poucos substantivos concretos, em boa posição de freqüência. É essa a maior razão para se introduzir o critério de disponibilidade. De fato, muitas palavras, e singularmente os substantivos concretos, estão ligados ao tema da conversa. Se, em nível igual de língua, se têm todas as possibilidades de levantar em textos de igual comprimento um número fixo de ocorrências de *ser* ou de *de*, o mesmo não acontece com *mesa, ferro, braço*, etc.

Os textos destinados a estabelecer as listas de vocabulário disponível levam a conclusões inversas das que se baseiam na freqüência geral das unidades. Assim, sobre um dado tema, constata-se, então, a estabilidade essencial dos substantivos concretos do campo estudado (ex.: *bife*, entre açougueiros, etc.). Os verbos são, então, (1) pouco numerosos e (2) instáveis.

Uma segunda constatação versará sobre o grau de disponibilidade. As palavras concretas de um mesmo centro de interesse parecem suscetíveis de aparecer segundo um grau de disponibilidade. Por exemplo, *falange*, que faz parte do vocabulário disponível ligado ao tema do corpo humano, terá um grau de disponibilidade mais fraco do que *dedo*, que figura no mesmo vocabulário.

Foi a combinação dos resultados obtidos pela consideração das freqüências e pela introdução do critério de disponibilidade que forneceu a lista das palavras do "francês fundamental".

disprosódia

Disprosódia é uma anomalia do ritmo, de entonação ou da altura do tom no discurso de certos doentes afásicos: diminuição do ritmo de prolação e silabação nos afásicos motores, presença de sotaque "estrangeiro" resultante de uma distorção do ritmo da fala. (V. AFASIA.)

dissilábico

Língua dissilábica é a que comporta uma grande porcentagem de palavras de duas sílabas.

dissílabo

Dissílabo é uma palavra de duas sílabas.

dissimilação

Chama-se *dissimilação* toda mudança fonética que tem como finalidade acentuar ou criar diferença entre dois fonemas vizinhos, mas não contíguos. Trata-se de um fenômeno de diferenciação à distância. Na maioria das vezes, o que se pretende é evitar uma repetição incômoda entre dois fonemas idênticos.

Um processo de dissimilação da vogal átona pela vogal tônica explica muitas evoluções, como a passagem do lat. *nâtare* ao it. *nuótare* (com a etapa intermediária *nótare*), e, desde o latim vulgar, a redução do ditongo *au* a *a* em *augustus* > *ogustus* > *agustús* > port. *agosto*. É igualmente por um fenômeno de dissimilação consonântica que se explica a passagem do

lat. *peregrinum* ao it. *pellegrino* (port. pop. *pelegrino*); do lat. *arbor* ao esp. *arbol* e ao it. *albero*; do fr. ant. *couroir* ao fr. mod. *couloir*, etc.

distância

1.Por certas palavras, conscientemente ou não, um falante pode deixar ver que ele não pertence, ou não quer pertencer, ou não tem nada em comum com o grupo ou as pessoas com as quais ele fala. Essas palavras são *marcas de distância*; assim, o tratamento *senhor* pode ser marca de distância por oposição a *você*.

2. Pode-se também falar de *distância* a respeito da relação que o falante quer estabelecer, não entre si e outrem, mas entre si e seu discurso. Quanto maior a distância, tanto mais didático é o discurso. O indivíduo como tal não intervém nos enunciados (desaparecimento de tudo o que se refere a ele pessoalmente, como, p. ex., o pronome *eu*).

distensão

A *distensão*, também chamada *metástase*, em relação à *tensão* ou *catástase*, é a fase final da articulação de um fonema, durante a qual os órgãos fonatórios abandonam a posição que os caracteriza para tomar a posição de repouso ou preparar-se para a emissão do fonema seguinte.

distintivo

Chamam-se *traços distintivos* os elementos fônicos mínimos suscetíveis de opor, numa mesma língua, dois signos diversos. Assim, os signos *pato* e *bato* opõem-se pelo traço de sonoridade, presente no fonema inicial do segundo e ausente no do primeiro. Os signos *bolo* e *tolo* opõem-se pela distinção acústica mínima no fonema inicial entre o traço grave (labial) e o traço agudo (dental).

Os traços distintivos são unidades inferiores ao fonema: podem-se atingir numa análise do fonema por comutação, mas não por segmentação. Com efeito, os traços distintivos só podem aparecer na cadeia falada quando se combinam simultaneamente com outros num feixe, o fonema*, cuja realização concreta implica outros traços fônicos não distintivos.

Os traços distintivos também são chamados *merismas** por E. BENVENISTE. Muitos lingüistas empregam indiferentemente a expressão *traço pertinente* como sinônima de *traço distintivo*. Outros, como R. JAKOBSON, pensam que convém diferenciar esses dois termos, considerando como traços pertinentes todos os elementos fônicos que permitem a identificação da mensagem, mesmo se não têm funções distintivas (a aspiração das oclusivas surdas no inglês, a sonoridade das consoantes nasais no francês e no português, a labialização das vogais posteriores em muitas línguas, etc.).

Os traços distintivos podem ser definidos nos diferentes estados da transmissão da mensagem lingüística (neurológica, articulatória, acústica, auditiva). Aliás, uma definição coerente dos traços distintivos ainda não é possível senão no nível articulatório (motor ou genético) e no nível acústico. Certos lingüistas preferem usar a terminologia articulatória, que permite uma verificação mais fácil da realização dos traços distintivos na ausência de todo material experimental. Outros preferem definir os traços distintivos em termos acústicos, a partir dos dados fornecidos pelos espectogramas da onda sonora, a fim de melhor explicar-lhes a função no funcionamento da língua, sobretudo no quadro da hipótese binarista. Segundo R. JAKOBSON, todos os sistemas fonológicos do mundo se baseiam numa dúzia de oposições binárias em que cada língua efetua uma escolha. O sistema de cada língua pode ser representado por uma matriz em que os fonemas se definem por uma escolha positiva ou negativa entre os dois termos das diferentes oposições. Todos os traços distintivos usados pela língua não intervêm necessariamente na definição de cada fonema e podem garantir apenas uma função de traço pertinente. A matriz fonológica leva em conta esse diferença, representando por 0 ou um espaço em branco a ausência de escolha distintiva entre os dois termos de uma oposição. Mas, para conhecer a realização dos fonemas na pronúncia padrão de uma dada língua, importa prever uma matriz fonética que represente igualmente os traços pertinentes (V. também ACENTO e TRAÇO).

distribucional. V. ANÁLISE.

distribuição

Em lingüística estrutural, nos enunciados significativos de uma língua, a *distribuição* de um elemento é a soma de todos os ambientes desse elemento (ou contexto*). Assim, a seqüência de morfemas *o menino*, considera-

da como um único elemento, nas frases significativas.

O menino corre;
O menino atira a bola;
O menino é feliz, etc.

é definida pelos contextos "início de frase" e *corre, atira a bola* e *é feliz*, etc. Essa definição baseia-se na hipótese de que cada elemento se encontra em determinadas posições, em relação

MATRIZ DOS TRAÇ

	o	a	e	u	ə	i	l	ŋ	ʃ	tʃ
1. vocálico/não-vocálico	+	+	+	+	+	+	+	−	−	−
2. consonântico/não-consonântico	−	−	−	−	−	−	+	+	+	+
3. compacto/difuso	+	+	+	−	−	−		+	+	+
4. grave/agudo	+	+	−	+	+	−				
5. bemolizado/não-bemolizado	+	−		+	−					
6. nasal/oral								+	−	−
7. tenso/frouxo									+	+
8. contínuo/descontínuo									+	−
9. estridente/mate										+

STINTIVOS DO INGLÊS

dʒ	g	m	f	p	v	b	n	s	θ	t	z	ð	d	h	#
−	−	−	−	−	−	−	−	−	−	−	−	−	−	−	−
+	+	+	+	+	+	+	+	+	+	+	+	+	+	−	−
+	+	−	−	−	−	−	−	−	−	−	−	−	−		
		+	+	+	+	+	−	−	−	−	−	−	−		
−	−	+	−	−	−	−	+	−	−	−	−	−	−		
−	−		+	+	−	−		+	+	+	−	−	−	+	−
−	−		+	−	+	−		+	+	−	+	+	−		
+	−							+	−		+	−			

[traído de Jakobson, Fant e Halle: *Preliminaries to Speech Analysis* (1956)] a outros elementos, de uma forma não-arbitrária. Nesse caso, o elemento *o menino* tem dois ambientes co-ocorrentes: (1) o "início de frase" e (2) *corre, atira a bola, é feliz*. Quando as unidades aparecem nos mesmos contextos, diz-se que elas têm as mesmas distribuições, que são *equivalentes distribucionalmente*; se não têm nenhum contexto comum, nesse caso estão em *distribuição complementar*. Na maioria das vezes, as unidades têm distribuições parcialmente equivalentes, ou uma das distribuições contém a outra, ou as duas se imbricam ou se recobrem parcialmente com uma área comum.

distributivo

Distributivos são os adjetivos numerais, indefinidos, etc., que exprimem idéia de repartição de objetos, tomados cada um em particular. Assim, os indefinidos *cada* e *cada um* são distributivos. Em latim, existem numerais distributivos das formas *singuli*, "um a um", *bini*, "dois a dois", *terni*, "três a três", etc.

dito

Na teoria behaviorista da linguagem, *ditos* (ingl. *tacts*) são respostas verbais evocadas por um objeto ou por certas propriedades do objeto. Assim, se uma noite é qualificada de "escura", essa resposta é regida pela qualidade "escuridão" da noite: tal qualidade é, então, o estímulo que provoca a resposta, segundo a hipótese do psicólogo americano B. F. SKINNER. Os ditos opõem-se aos mandos* (ingl. *mands*).

ditongação

Ditongação é a mudança fônica resultante de alternância sincrônica ou de evolução diacrônica; essa mudança se deve à segmentação de uma vogal em duas partes, formando uma única sílaba, ou à redução de um hiato a um ditongo. As vogais livres latinas *e* e *o* sofreram ditongação em italiano e francês para *ie* e *uo* e, em espanhol, as vogais *e* e *o*, livres ou travadas, também se ditongaram para *ie* e *uo*. Posteriormente, o ditongo *uo* francês e espanhol passou a *ue*, e o francês chegou a *eu*. Ex.: lat. *celu-* > it. *cielo;* fr. *ciel*; esp. *cielo*; lat. *novu-* > it. *nuovo*; fr. mod. *neuf*; esp. *nuevo*. A maioria dos ditongos românticos resultam da vocalização de consoantes, da redução de hiatos latinos, da redução de hiatos resultantes de síncope consonântica e de metáteses vocálicas. Ex.: lat. *me-u-* > port. *meu*; lat. *factu-* > port. *feito*; lat. *malu-* > port. *mau*; lat. *bene-* > `port. *be-e* > port. mod. *bem* (pron. [*bey*]; lat. *primariu-* > *pri-ma-i-ru* > port. *primeiro*. (V. FRATURA.)

ditongo

Ditongo é uma vogal que muda uma vez de timbre no curso da sua emissão, de modo que se ouve certa qualidade vocal no início e outra no fim. Os ditongos portugueses dividem-se em decrescentes e crescentes. Os decrescentes formam-se de vogal mais semi-vogal. Ex.: *pai, pau; réis, réu; dei, deu; dói; boi, vou; viu; fui*. Esses são os orais. Os nasais são: *mãe, mão* (*amam*); *hein* (*bem*); *põe; muito* (único ditongo nasal em *ui*). Os crescentes formam-se de semi-vogal + vogal e são mais numerosos, atingindo, às vezes, os limites do hiato. Ex.: *vário, vária; contínuo, contínua; níveo, nívea*. Entre os crescentes não há nasais.

As línguas românticas têm, por um lado, a tendência de reduzir os ditongos a vogais. O francês praticamente só conserva o ditongo *ie*; todos os demais são resíduos ortográficos. O espanhol reduziu *ei* e *ou* a *e* e *o*. O português, sobretudo o do Brasil, no registro coloquial popular e mesmo no culto distenso, reduz o *ou* a *o* e *ei* seguido de vibrante a *e*. Em compensação, ditonga vogais simples seguidas de sibilante. Ex.: port. *do* por *dou, oro* por *ouro; primero* por *primeiro; faiz* por *faz; deiz* por *dez, meis* por *mês; nóis* por *nós* e *cruiz* por *cruz*.

divergente (fr. *doublet*)

Chamam-se *divergentes* duas ou mais palavras vindas de um mesmo étimo*; uma delas resulta da ação das leis fonéticas, tais como podem ser induzidas das outras palavras da língua, e as outras são: (1) variantes dialetais, (2) variantes tomadas a línguas irmãs, (3) formas semi-eruditas vindas do mesmo étimo, (4) empréstimos eruditos. Exs.: *chão*, forma herdada de *planum; porão*, variante; *llano* e *piano*, formas tomadas ao espanhol e ao italiano; *plano*, forma erudita. As formas divergentes são também chamadas *formas alotrópicas* e, mais raramente, *doublets*, à francesa. F. DE SAUSSURE considera impróprio o termo *doublet*, porque só uma das duas palavras sofreu evolução fonética normal, enquanto a outra é uma forma fixa desde a origem.

documentário

Chama-se *análise documentária* a representação, por meio de termos e de processos sintáticos convencionais, de um certo conteúdo dos documentos (artigos, publicações) científicos com fins de classificação, de pesquisa de informação. Os termos convencionais que servem para codificar os resumos formam o *léxico documentário*: a sintaxe e o léxico convencionais formam uma metalíngua de documentação, que constitui a *linguagem documentária*.

dois pontos

V. PONTUAÇÃO.

dominar

V. ÁRVORE.

dorsal

Consoante dorsal é aquela cuja realização comporta a aproximação da parte superior da língua e do palato. (V. DORSO.)

dorso

Chama-se *dorso* toda a parte superior da língua compreendida entre a ponta e a raiz. Todas as articulações realizadas pela aproximação dessa parte da língua em direção ao palato duro chamam-se *dorsais* (lat. *dorsum*).

Quando é a parte anterior, central ou posterior do dorso da língua que entra em jogo na articulação, distinguem-se as articulações pré-dorsais, dorsais ou pós-dorsais. Essas diferenças articulatórias não determinam uma diferença acústica notável e não são usadas fonologicamente pelas línguas do mundo. Quando o dorso da língua é o articulador inferior, o superior pode ser o palato duro ou o palato mole (véu do palato). Distinguem-se, nesse caso, as consoantes dorsopalatais e as dorsovelares.

dorso-alveolar

Consoante *dorso-alveolar* é a que é realizada com a parte anterior do dorso da língua que se aproxima dos alvéolos, como o [s] francês e português, por oposição ao [s] espanhol, que é realizado como ápico-dental. As articulações dorso-alveolares se classificam fonologicamente com as dentais, por apresentarem as mesmas características acústicas (agudo, difuso).

dual

Dual é um caso gramatical da categoria do número* que traduz a dualidade ("dois" por oposição a "um" e a "mais de dois") nos substantivos contáveis; comporta em línguas como o grego um conjunto específico de desinências nominais e verbais. O dual é anotado [-sing., + dual]. (V. TRIAL.)

dualidade

Dualidade é o traço distintivo da categoria do número* que indica a representação de "duas" entidades isoláveis por oposição a "mais de duas" entidades (pluralidade); é expressa pelo dual (p. ex., em grego) ou pelo plural (*os olhos, as orelhas*). A dualidade é anotada pelos traços [— singularidade, + dualidade].

duplo

Dá-se às vezes o nome de *consoante dupla* às *consoantes geminadas*, como em italiano o [nn] de *panno*, "pano", o [tt] de *latte*, "leite", se bem que não se trate verdadeiramente da repetição de uma mesma articulação, mas de uma consoante mais longa e mais forte do que a consoante homorgânica correspondente.

duração

A *duração* (ou quantidade) de um som é a sua extensão no tempo. Todos os sons da língua, com exceção das oclusivas, podem durar tanto quanto o permite o sopro, i.e., o ar expelido pelos pulmões durante a expiração. Mesmo as oclusivas são suscetíveis de certo alongamento, podendo ser mantido o fechamento do canal vocal em certos limites.

Essa duração pode ser medida por instrumento para cada som concreto, sendo a média a duração de um fonema.

A duração de um fonema depende da velocidade da prolação, das qualidades fonéticas próprias do grupo pronunciado e de sua extensão: quanto mais extenso for o grupo, mais breves serão os fonemas. As regras que ligam a duração de um fonema às suas qualidades fonéticas são quase as mesmas em todas as línguas. Quanto mais fechada for um vogal, tanto mais breve será ela: [i] é mais breve do que [e], [e] é mais breve do que [ɛ], etc. As vogais posteriores, acusticamente graves, são mais breves do que as anteriores, acusticamente agudas. As consoantes fricativas são mais longas do que as oclusivas; as sonoras, mais breves do que as surdas.

A duração de uma vogal (e, pois, da sílaba de que ela é o núcleo) está relacionada com o acento: a sílaba mais longa do que as sílabas vizinhas é ouvida como a sílaba acentuada. O lugar do acento chamado "acento de intensidade" depende, pois, também da duração da sílaba e não apenas de sua intensidade.

A duração é igualmente ligada ao timbre: duas vogais de formantes idênticos têm timbre diferente se sua duração for diferente. Se as diferenças de duração existem em todas as línguas, só certas línguas as utilizam fonologicamente para diferenciar morfemas e palavras.

Trata-se, em geral, de uma oposição entre dois termos: um breve e um longo; o latim apresentava uma oposição desse tipo, que permitia opor o presente *venit* ([e]), por exemplo, ao perfeito *venit* ([e:]); as línguas germânicas modernas também conhecem essa oposição, por exemplo em inglês, em que se opõem um [i:] longo e um [i] breve, como o atestam os pares *seat* X *sit*, [si:t] X [sit], *beat* X *bit*, etc. As línguas fino-húngricas servem-se bastante das diferenças quantitativas; algumas, como o istoniano, conhecem três graus de duração vocálica, com um termo breve, um longo e um longuíssimo ([sada], "cem", opõe-se a [sa:da], "envia" (imperativo) e a [sa::da], "ter a permissão de").

Em certas línguas, as diferenças de duração consonântica também podem ter valor fonológico. Nesse caso, as consoantes longas muitas vezes são cindidas em duas pela fronteira silábica, passando então a chamar-se de "geminadas" ou "duplas". A oposição consoantes longas X consoantes simples tem grande importância na língua italiana que, diferentemente das outras línguas românicas, aumentou consideravelmente o número de geminadas presentes no latim (/pan/ X /panni/, "pãos" X "roupas".)

A duração tem um papel fonológico muito restrito no francês moderno, em que as geminadas aparecem somente na fronteira da palavra para opor certos grupos como *il a dit*, "ele disse", e *il l'a dit*, "ele o disse". A diferença de duração vocálica talvez tenha ainda valor fonológico em certas variedades como o parisiense ou o francês da Normandia: aí ela permite opor palavras como *mètre*, "metro", e *maître*, "mestre, senhor", e as formas de certos adjetivos como *aimé*, "amado", [ɛme] X *aimée*, "amada", [ɛme:].

durativo

Chamam-se *durativos* os morfemas léxicos e, em particular, os verbos e os adjetivos que exprimem por si próprios a noção de duração; opõem-se aos morfemas léxicos não-durativos, que não exprimem essa noção. Assim, os verbos *saber, possuir, refletir*, etc. são durativos; têm o traço [+ durativo], como os adjetivos *pequeno, embriagado, corado*, etc.; ao contrário, os verbos *morrer, acender, chegar*, etc., e os adjetivos *cintilante, irritado*, etc., são não-durativos. Opõe-se, assim, *ver* a *contemplar* (durativo), *ouvir* a *escutar* (durativo). Diz-se também ESTATIVO e NÃO-ESTATIVO.

duro

O fonema *duro*, chamado de preferência *tenso* ou *forte*, por oposição ao fonema suave*, frouxo* ou fraco*, caracteriza-se por uma tensão dos músculos bucais. As consoantes não-sonoras [p], [t], [k], [f], [s], [ʃ] são duras por oposição às consoantes sonoras e suaves [b], [d], [g], [v], [z], [ʒ].

duvidoso

Diz-se que uma frase é *duvidosa* quando, gerada pela gramática de uma língua que define a competência de um falante, é agramatical em relação a outra gramática da mesma língua, definida por um ou mais falantes. Nesse caso, a frase é duvidosa em relação à competência geral da comunidade lingüística. A frase duvidosa é precedida de ponto de interrogação.

E

efeito

Efeito de sentido. V. PSICOMECÂNICA.

efelcístico

Dá-se o nome de *efelcístico* à letra *n* (*ny* em grego), que se pode acrescentar a certos finais vocálicos, em particular para evitar um hiato: *esti* ou *estin* ("ele é").

efetivo

Sin.: RESULTATIVO.

ego

Em lingüística, *ego* designa o falante considerado como sujeito da enunciação, isto é, sujeito da frase declarativa subjacente a todo enunciado: "eu te digo que". Assim, o gênero do pronome *eu* (sujeito do enunciado) varia de acordo com o sexo do *ego*: *eu sou magro* vs. *eu sou magra*.

egocêntrico

Quando se descreve o modo de enunciação, fala-se em sistemas *egocêntrico,* porque, em princípio, o falante designa-se a si mesmo pelo pronome de primeira pessoa (*ego* em latim, eu em português); passando o papel de falante de um dos interlocutores para o outro, *ego* designa sucessivamente pessoas diferentes, mas se refere sempre àquele que fala no momento em que fala. Desse modo, o falante está sempre no centro da situação de enunciação, representando-se o destinatário por *tu* (*vós*).

eixo

Na terminologia de F. DE SAUSSURE, as relações sintagmáticas opõem-se às relações associativas. Os lingüistas pós--saussurianos habituaram-se a opor o *eixo sintagmático* — eixo horizontal de relações em que entram unidades da cadeia falada — e o *eixo paradigmático* — eixo vertical das relações virtuais em que entram as unidades suscetíveis de comutação. Assim, eixo sintagmático é o das unidades *in praesentia* e o eixo paradigmático, o das unidades *in absentia*. (V. RELAÇÕES SINTAGMÁTICAS, PARADIGMÁTICAS.)

ejeção

Ejeção é um processo articulatório que tende a expulsar o ar contido na glote por uma junção das cordas vocais e uma compressão do espaço glótico. Esse movimento se traduz acusticamente por uma taxa elevada da descarga de energia num intervalo de tempo muito reduzido. (V. EJETIVO.)

ejetivo

Consoantes ejetivas, também chamadas *glotalizadas*, são consoantes que independem da respiração. Elas utilizam apenas o ar supralaríngeo, já que a passagem do ar respiratório está fechada pela junção das cordas vocais. As oclusivas ejetivas são obtidas mediante uma dupla oclusão: uma bucal, que é a primeira a se afrouxar com um ruído de estalido; a outra glotal, a segunda a se afrouxar (ataque* glotal). Do ponto de vista acústico, essas consoantes se opõem como fonemas bloqueados* a consoantes correspondentes não-ejetivas e, portanto, acusticamente não-bloqueadas. As consoantes ejetivas são notadas pelo sinal ['] colocado no alto e à direita da consoante que ele afeta. As línguas indígenas da América, certas línguas da África, do Extremo Oriente, do Cáucaso Setentrional e as línguas semíticas apresentam oclusivas ejetivas; o circassiano, por exemplo, opõe [c'a] *substantivo* e [ca] *dente*. As fricativas ejetivas são mais raras.

elativo

1. Chama-se *elativo* o caso* que exprime o movimento do interior de um lugar para o exterior (ex.: *Pedro sai* DA CASA).

2. Dá-se às vezes o nome de *elativo* ao superlativo* relativo.

elemento

1. Chama-se *elemento* (*de um conjunto**) a qualquer noção ou objeto que, por definição ou enumeração, entra na constituição do conjunto. Seja o fonema /a/; ele pertence, ou não pertence, ao conjunto A: ele lhe pertence se A = { /a/, /i/, /e/, /ɛ/ }

A = {fonemas vocálicos do português};

Ele não lhe pertence se

A = {b, d, g}

ou se

A = {fonemas consonânticos do português}.

2. Chama-se *elemento lingüístico* qualquer unidade, item gramatical ou item léxico que forma o constituinte de um sintagma ou de uma frase; chama-se também *elemento lingüístico* seqüências de morfemas, como as palavras, os sintagmas, as frases, ou ainda qualquer fonema constituinte de um morfema. (Diz-se também ELEMENTO DE EXPRESSÃO.)

elipse

Em certas situações de comunicação ou em certos enunciados, determinados elementos de uma frase dada podem deixar de ser expressos, sem que por isso os destinatários deixem de compreendê-la. Diz-se então que há uma *elipse*, que as frases são incompletas ou elípticas.

a) A *elipse* pode ser situacional: em certas situações, não é indispensá-vel pronunciar certas palavras para que o destinatário compreenda. Se perguntarmos a um pintor o que ele fez durante o dia e ele diz "Pintei" a elipse remete para "quadros", que a situação permite acrescentar. Do mesmo modo, quando perguntamos "A que hora você vai embora?" e nos respondem "Às três", a elipse de "vou-me embora" é permitida pelo contexto (aqui, a frase precedente).

b) A *elipse* também pode ser *gramatical*. Palavras que o conhecimento da língua (das regras sintáticas) permite suprir podem ser omitidas. Assim, se produzo o enunciado "Completamente perdido", são as palavras *eu* e *estou* que a estrutura da frase impõe que se introduza; o sentido do que precede não intervém em nada.

Pode haver elipse do sujeito, como em *Seja dito entre nós*. Há igualmente elipse quando várias proposições são justapostas, como *Ele corre, salta, sapateia, urra*. A elipse do sujeito é típica do "estilo telegráfico" (*Chegaremos amanhã*). Há também elipse do verbo em fórmulas como *Ao vencedor as batatas!* e em frases como *Cada um levou uma ferramenta: João uma pá, Pedro, uma enxada, e Luís, um ancinho*.

A elipse pode ter um caráter arcaico (é freqüente em provérbios e adágios) ou um caráter familiar (pode assim expressar a ordem com força, como em "Em meus braços!"). (V. APAGAMENTO.)

elíptico

Qualificam-se de incompletas, inacabadas ou *elípticas* certas frases nas quais falta um elemento. (V. APAGAMENTO, ELIPSE.)

elisão

Elisão é um fenômeno de fonética combinatória que se dá na fronteira das palavras (sândi), pelo qual uma vogal final átona desaparece diante da inicial vocálica da palavra seguinte. Em certas línguas, a elisão se produz sistematicamente ao longo da cadeia falada, quando as palavras não estão separadas por pausa. Em outras línguas, a elisão só se produz em alguns casos: no italiano moderno, as palavras *santo, santa* apresentam elisão nas expressões *Sant'Antonio, Sant'Agata*, etc. Do mesmo modo, em francês, o artigo singular se elide diante de vogal: diz-se *la fille*, "a moça", mas *l'amie*, "a amiga"; *le garçon*, "o menino", mas *l'enfant*, "a criança". Em português há elisão em *copo d'água, desse* (*de* + *esse*), etc.

embreante

Embreantes são uma classe de palavras cujo sentido varia de acordo com a situação; como tais palavras não têm referência própria na língua, só recebem um referente quando estão incluídas numa mensagem. (V. DÊITICO.)

Por exemplo, *eu, papai, ontem, aqui* só passam a ter valor por referência a um falante emissor e ao tempo da enunciação. *Eu, papai, aqui* exigem que o falante seja conhecido; encontradas num enunciado transcrito sobre um papel não assinado, elas não permitem a plena compreensão da mensagem; *ontem* exige o conhecimento do tempo do enunciado.

Mas não podemos definir os embreantes apenas pelo critério da ausência de significação geral única. Por exemplo, todas as espécies de operadores lógicos (conectores) utilizados nas línguas naturais (*ora, mas, portanto*) jamais têm no discurso o valor conceptual próprio que têm em lógica; eles servem para marcar, vez por vez, uma relação

PROTAGONISTA IMPLICADO		PROTAGONISTA NÃO-IMPLICADO	
Categoria que caracteriza apenas um termo do enunciado.	Categoria que relaciona um termo do enunciado com outro.	Categoria que caracteriza apenas um termo do enunciado.	Categoria que relaciona um termo do enunciado com outro.
Relacionamento do protagonista do processo do enunciado com o protagonista do processo da enunciação:	Relação entre o processo do enunciado e seus protagonistas por referência aos protagonistas do processo da enunciação:	Relacionamento do processo do enunciado e do processo da enunciação:	Relacionamento do processo do enunciado, do processo da enunciação e da fonte de informação (o sujeito fala servindo-se das alegações de outrem):
a pessoa. Ex.: *Eu te vejo.*	*o modo*. Ex.: *Ele viria de boa vontade* (concepção que o locutor *eu* tem sobre o caráter da relação entre a ação *vir* e seu ator *ele*).	*o tempo*. Ex.: *Você virá* (o processo do enunciado é posterior ao processo da enunciação).	*o "testemunhal".* Ex.: *De acordo com fontes oficiosas, X. viria proximamente.*

particular entre dois conceitos ou duas proposições. O critério essencial será, pois, o envio obrigatório ao discurso.

De acordo com a descrição das funções da linguagem, reservar-se-á o nome de *embreante* às unidades do código que remetem obrigatoriamente à mensagem. Sem apresentar uma lista deles, R. JAKOBSON assinala o pronome e os tempos dos verbos. Com efeito, por sua faculdade de assinalar um acontecimento anterior ou posterior à enunciação da mensagem, os tempos verbais representam o papel de embreantes. Numa tentativa de classificação das categorias verbais (em função da oposição entre embreantes e não-embreantes), R. JAKOBSON chega às seguintes conclusões:

êmico

V. TAGMÉTICO.

emissão

Utilizado por referência à teoria da informação, o termo *emissão* designa o ato de produzir, de emitir frases.

emissor

1. Na comunicação, *emissor* é o que produz uma mensagem realizada de acordo com as regras de um código específico.

Sendo a comunicação* a transferência de uma informação, de uma mensagem, de um lugar ou de uma pessoa para outro lugar ou pessoa por meio de um canal e sob uma forma codificada, o emissor é o aparelho ou a pessoa que se encontra na fonte da mensagem. O aparelho emissor é ao mesmo tempo um aparelho codificador, que procede à codificação que vai do sentido ao som, processo pelo qual certos sinais do código são selecionados e introduzidos no canal.

Em seu esquema da comunicação, R. JAKOBSON dá ao emissor o nome de *destinador* e ao receptor o nome de *destinatário*. (V. também FALANTE.)

2. Chama-se *gramática do emissor* uma gramática de produção de frases estabelecida a fim de explicar os mecanismos pelos quais um falante produz frases efetuando uma seqüência de escolhas entre as regras possíveis. A gramática do emissor (ou da codificação) opõe-se à gramática do receptor (ou da descodificação) e depende do modelo de *performance*.

emotivo

Dá-se às vezes o nome de *função emotiva* à função expressiva* da linguagem.

emprego

1. *Emprego* é toda utilização de um item gramatical ou léxico, ou de qualquer tipo de frase num ato de fala.
2. Por oposição a *sentido, emprego*, designa a significação de uma palavra segundo o contexto no qual ela se encontra. Diz-se também, em certas escolas lingüísticas (como a escola inglesa de FRIES), que uma palavra não tem sentido próprio, mas apenas empregos.

empréstimo

Há *empréstimo lingüístico* quando um falar A usa e acaba por integrar uma unidade ou um traço lingüístico que existia precedentemente num falar B e que A não possuía; a unidade ou o traço emprestado são, por sua vez, chamados de *empréstimos*. O empréstimo é o fenômeno sócio-lingüístico mais importante em todos os contatos de línguas (V. BILINGÜISMO), isto é, de um modo geral, todas as vezes que existe um indivíduo apto a se servir total ou parcialmente de dois falares diferentes. O empréstimo liga-se necessariamente ao prestígio de que goza uma língua ou o povo que a fala (caráter melhorativo*), ou então ao desprezo no qual ambos são tidos (caráter piorativo*).

Contrariamente a uma opinião bastante divulgada, a tendência ao empréstimo não constitui apanágio exclusivo dos tempos modernos. Assim, o francês, em certas épocas, fez empréstimos, tanto quanto em nossos dias, mas ao latim ou ao grego: a partir do século XIV, os eclesiásticos e os sábios, que usavam tanto o latim quanto o francês, deram a esta última, a partir das línguas antigas, grande parte de seu vocabulário. A medicina forjou para si um léxico a partir das raízes gregas. O vocabulário político desenvolveu-se, em meados do século XVIII, a partir do inglês, nos meios anglófilos; da mesma forma, parte do léxico inglês dos esportes introduziu-se na França no fim do século XIX pelos meios aristocráticos, que provocaram também a penetração das palavras do turfe. No domínio econômico e comercial, importa-se muitas vezes do país estrangeiro o objeto e a palavra. Em sentido inverso, no século XIX, as palavras introduzidas por grupos sociais cuja língua de origem não era o francês comum (bretões, picardos, etc.) tomaram valor pejorativo. Atualmente ocorre o mesmo com palavras tomadas de empréstimo ao árabe, como, *bled*, "povoado".

A integração da palavra na língua que a toma de empréstimo se faz das mais diversas maneiras, de acordo com os termos e as circunstâncias. Assim, a mesma palavra estrangeira, tomada de empréstimo em épocas diferentes, passará a ter formas diferentes.

A integração, mais ou menos completa, comporta graus diversos: a palavra pode ser reproduzida quase como se pronuncia (e se escreve) na língua B; todavia, em geral, mesmo nesse caso, há assimilação dos fonemas da língua B aos fonemas mais próximos da língua A: assim, o italiano *paparazzo*, que designa certos fotógrafos da imprensa, será usada em francês com a pronúncia [papaRatso] e o plural [papaRatsi]; não há integração para o plural, mas muitas vezes há integração para o [R] (em italiano, temos o [r] rolado) e eventualmente para o acento tônico, colocado, em francês, geralmente sobre a última sílaba [-tso], e não sobre a penúltima [-Ra], como no italiano. A ausência de integração fonética e morfológica implica o domínio dos dois sistemas (o de A e o de B) e certa afetação por parte do falante; ela pode produzir-se também quando o falar A é submergido por B. A um nível mais avançado de integração, só alguns traços

210

muito freqüentes da língua B são conservados: por exemplo, os afixos ingleses *-ing* (*camping*) ou *-er* (*docker*). Enfim, a integração é total quando todos os traços estranhos a A desaparecem e são substituídos por traços mais ou menos vizinhos ou não de B, às vezes com aproximações com certas palavras de B: assim, o inglês *football* foi integrado ao português sob a forma *futebol*.

O empréstimo, contrariamente ao decalque, implica sempre, pelo menos de início, uma tentativa de repetir a forma ou o traço estrangeiro.

emudecimento

Emudecimento é o processo pelo qual um fonema acaba por não mais ser pronunciado; como exemplo temos, em francês, a consoante *h* chamada aspirada, na inicial de *héros*, as vogais finais, ou, em certas posições, a vogal neutra [ə] chamada "*e* mudo", "*instável*" ou "*caduco*" (na primeira sílaba da palavra *petit* [pti], ou na segunda sílaba da palavra *appeler* [aple]). Em português, *Iacob* passa a *Jacó*, *Iob* passa a *Jó*, por emudecimento do *b* final.

enálage

Em retórica, dá-se o nome de *enálage* ao processo que consiste em utilizar, em lugar da forma gramatical esperada, uma outra que lhe toma, excepcionalmente, o valor. Assim, falar-se-á de enálage no caso em que um adjetivo toma o lugar de um advérbio (*Consertam-se sapatos rápido*).

encadeamento

A noção de *encadeamento* (ingl. *linking*) é essencial na teoria semântica de U. WEINREICH, preocupado em definir o lugar de uma teoria semântica numa gramática gerativa e em indicar-lhe os primeiros lineamentos. O encadeamento pode ser definido como o processo semântico que resulta na formação de grupos de traços semânticos não-ordenados.

Para compreender essa definição, importa considerar o objetivo que U. WEINREICH propõe para a teoria semântica: trata-se de explicar como o sentido de uma frase, cuja estrutura se determinou, depende de uma determinação completa do sentido de seus elementos.

O processo de encadeamento (*linking*) opõe-se ao de encaixe* (*nesting*). Encadeamento é o efeito de uma conjunção gramatical de unidades que acarreta um produto lógico das designações*, isto é, das condições que fazem com que as unidades em presença denotem realidades extralingüísticas. Suponhamos que, para que o signo *cadeira* denote alguma das cadeiras da realidade extralingüística, seja preciso atribuir-lhe os semas "com pés", "com encosto"; e que, para que *azul* denote, seja preciso atribuir-lhe os semas "cor" (classema*) e, por exemplo, índigo, verde. Teremos para *cadeira* um conjunto de condições de denotação que poderemos designar por C_1 C_2 C_3 e, para *azul*, C_4 C_5 C_6. A expressão gramatical *cadeira azul* será então um encadeamento (*linking*), pois o conjunto será um produto $C_1 . C_2 . C_3 . C_4 . C_5 . C_6$. Para corresponder à construção *cadeira azul*, um objeto real deverá corresponder a todas as condições apresentadas acima, ou seja $C_1 ... C_6$. É o mesmo que dizer que *cadeira azul* deverá ser inteiramente *cadeira* e inteiramente *azul*.

O encaixamento, pelo contrário, caracterizará uma expressão como *comprar uma cadeira*: comprar reclama um complemento, comportando, por exemplo, os traços C_1 C_2 C_3, que são os de *cadeira*; mas o resultado da construção não é um adição. Em particular, *comprar* é uma relação de dois lugares (*x compra y*), embora a relação seja assimétrica, e *x compra y* seja diferente de *y compra x*.

O encadeamento pode ser assegurado não apenas por construções gramaticais (do tipo *cadeira azul*), mas também por formantes particulares (do tipo *e*).

Os traços semânticos de um encadeamento podem ter de ser descritos como ordenados, apesar do caráter de produto lógico do conjunto. Assim (o exemplo é tirado de U. WEINREICH), se formo a construção gramatical *um pequeno elefante*, posso produzir, em nível superior, *um pequeno elefante, é grande*, sem contradição. As regras de associação habituais do encadeamento são suspensas, tendo a pequenez do elefante de ser considerada como diferente da pequenez em outros encadeamentos (opor **um pequeno rato, é grande*, semanticamente inaceitável).

encaixamento

1. Em gramática gerativa, *encaixamento* é a operação que, no curso de uma transformação, consiste em incluir totalmente uma seqüência $\sum_2$ em outra seqüência $\sum_1$ inserindo-a no lugar de um dos constituintes dessa última. A seqüência $\sum_1$ recebe o nome de *frase matriz** (ou *frase receptora*), a seqüência $\sum_2$, chama-se *frase constituinte* (ou *frase encaixada*).

Sejam as frases

(1) $\sum_1$ *Não li D + livro.*

(2) $\sum_2$ *Você me deu D + livro.*

sendo D determinante. Se a segunda seqüência, num processo de relativização (transformação relativa), vem encaixar-se no lugar do constituinte D da frase matriz (1), obtém-se, ao término de diversas operações, a frase *composta* ou *complexa*:

Não li o livro que você me deu.

2. Chama-se *auto-encaixamento* o encaixamento numa frase matriz de um elemento de igual natureza sintática: assim, o encaixamento de uma relativa no sintagma nominal de uma frase matriz, que já é uma relativa encaixada no sintagma nominal de uma primeira frase, é um caso de auto-encaixamento. Na frase *A árvore que os lenhadores que vimos marcaram para cortar é centenária*, a frase *Vimos os lenhadores* está encaixada numa frase *Os lenhadores marcaram a árvore*, estando ela própria encaixada num dos constituintes da matriz *A árvore é centenária*.

encaixe

1. Para U. WEINREICH, preocupado em estabelecer uma teoria semântica suscetível de se integrar como componente de uma gramática gerativa transformacional, *encaixe* (fr. *emboîtement*, ingl. *nesting*), opõe-se ao *encadeamento** (fr. *enchainement*, ingl. *linking*). Uma construção é chamada de encaixe quando não acarreta uma nova configuração* dos traços semânticos. Assim, enquanto *flor amarela* só pode ser descrita como um produto lógico (já que toda a definição sêmica de *amarela* recai sobre *flor* e que toda a definição sêmica de *flor* recai sobre *amarela*) para corresponder a um denotatum, ao contrário, na construção de encaixe, por exemplo *comprar flores*, não nasce uma nova configuração de traços não-ordenados. O encaixe se manifesta particularmente nas relações de dois argumentos: *ele compra flores* é ordenado (semantismo de *comprar* → semantismo de *flores*) porque o esquema é *X compra Y* e difere de *Y compra X*.

2. Sin. de ENCAIXAMENTO.

enclinômeno

Enclinômeno é a palavra desprovida de acento de intensidade e suscetível de se apoiar sobre outra palavra, constituindo com ela uma unidade acentual. Entre os enclinômenos, distinguem-se os enclíticos* e os proclíticos*

ênclise

A *ênclise* designa o fenômeno gramatical pelo qual uma partícula, chamada *enclítica**, forma com a palavra que a precede uma única unidade acentual. Assim, a partícula latina *-que* ("e") junta-se a uma palavra para coordená-la à precedente: *Dei hominesque* ("os deuses e os homens".

Em português, a ênclise ocorre com vocábulos átonos, como os pronomes pessoais oblíquos, *me, te, se lhe, nos, vos*, que podem vir pospostos ao verbo. Ex.: Pediram-lhe explicações. (V. PRÓCLISE e MESÓCLISE.)

enclítico

Enclítico é um morfema gramatical não-acentuado junto ao termo que o precede para com ele formar uma única palavra portadora de acento. Assim, o grego *tis* ("um, certo") em *anthrôpos tis* ("um homem") é um enclítico.

Em português, os pronomes pessoais átonos, como *me, te, se*, etc., podem ser enclíticos. (V. *proclítico* e *mesoclítico.*)

endereço

Endereço é um termo de lexicografia que designa o item léxico (palavra ou palavra composta) sob o qual se põem as informações cabíveis: pronúncia, etimologia, definição, exemplos, idiotismos, sinônimos, antônimos. Num dicionário de uso, o endereço se confunde com a unidade gráfica delimitada por dois brancos tipográficos e reduzida a uma das formas do paradigma verbal, nominal, adjetival, etc. Assim, formas diversas como *eu vou, ele foi, nós iremos*, etc., são reunidas sob o infinitivo *ir*, que constitui o endereço; os nomes têm por endereço o singular.

Os problemas suscitados pela determinação dos endereços são muitas vezes complexos. Se uma palavra gráfica tem duas distribuições e significações diferentes, terá duas entradas homógrafas, caso os dois sentidos apresentem etimologias diferentes; assim, p. ex., em português, *real* (de regale-) e *real* (de reale-). Se uma palavra se apresenta em sincronia com sentidos diferentes correspondentes a distribuições distintas, o lexicógrafo pode constituir tantos endereços quantos sentidos distintos houver; há então vários homônimos, como *ato* (de teatro), *ato* (de lei), *ato* (no sentido de ação), *carta* (geográfica) *carta* (no sentido de licença), *carta* (missiva), *carta* (de jogar); pode também constituir um único endereço, agrupando os diversos sentidos sob uma mesma palavra, sendo esta então polissêmica*, como *folha* (de árvore) e *folha* (de papel). O endereço pode comportar um ou vários *subendereços*, quando a forma de uma palavra (feminino ou plural de um nome, forma pronominal de um verbo, etc.) tiver um sentido particular: ex. *calculadora* é um subendereço de *calculador*, porque define um tipo de máquina.

endocêntrico

Numa frase analisada em constituintes imediatos, um sintagma (ou construção) é chamado *endocêntrico* em relação a um de seus constituintes quando sua distribuição é idêntica à de um de seus constituintes.

Seja a frase:

A pobre criança chegou.

O sintagma nominal (ou construção) *a pobre criança* é chamado de *endocêntrico* em relação a seu constituinte *a criança* porque tem a mesma distribuição (a mesma função) que o sintagma nominal *a criança* (*A criança chegou*). A construção, ou sintagma, *a pobre criança* é a expansão, ou extensão, do sintagma nominal *a criança* em relação ao qual ela é endocêntrica.

Por outro lado, na frase:

Ele chegou à cidade,

a construção (sintagma preposicional) *à cidade* não é endocêntrica em relação a seu constituinte *à cidade* ou com relação a seu constituinte *a* (prep.); teria a mesma distribuição que *aqui*:

213

Ele chegou aqui.

Os sintagmas preposicionais são *exocêntricos* com relação aos sintagmas nominais que são um de seus constituintes.

Qualquer construção (ou sintagma) é, necessariamente, endocêntrica ou exocêntrica.

As duas principais construções endocêntricas fazem-se por coordenação (*A criança e a mãe chegaram*) e por subordinação (*A criança que conheces, A pobre criança*, etc.).

ênfase

O termo *ênfase*, tomado da retórica, designa na sintaxe transformacional um acento particular que se dá ao constituinte da frase. O significado "ênfase" pode encontrar-se representado apenas no nível fonológico (entonação particular, ferindo uma palavra da frase), mas também por construções sintáticas (*O Paulo, esse é um amigo.*)

Numa primeira forma da sintaxe gerativa transformacional, a ênfase é introduzida mediante uma transformação de ênfase que recai sobre a frase P, operando uma mudança estrutural que precede a transformação afixal*.

Segundo teoria mais recente, a ênfase é um dos elementos facultativos da modalidade da frase, na óptica do esquema inicial $\sum \rightarrow$ Mod $+$ P (que se lê: frase de base = modalidade de frase + núcleo). A reescrita da modalidade de frase é então:

$$\text{Mod} \rightarrow \left\{ \begin{array}{l} \text{Declarativo} \\ \text{Interrogativo} \\ \text{Imperativo} \end{array} \right\} + (\text{Neg}) + (\text{Ênf}) + (\text{Passivo})$$

isto é que, além de uma escolha imperativa entre os três elementos colocados entre chaves, resta a possibilidade de selecionar facultativamente um ou mais dos três constituintes entre parênteses: negação (Neg), ênfase (Ênf) e passivo (Passivo).

Se estudarmos diversas possibilidades, teremos:

$\sum \rightarrow$ Declarativo $+$ Ênf $+$ P
Pedro, esse lê o jornal;
$\sum \rightarrow$ Interrogativo $+$ Ênf $+$ P
Pedro, esse lê o jornal?, etc.

Notar-se-á que, nessa teoria, as transformações consecutivas na presença deste ou daquele constituinte de frase são ordenadas umas em relação às outras. A esse respeito, notar-se-á a presença do constituinte Ênfase entre Negativo (constituinte facultativo anterior) e Passivo (constituinte facultativo posterior). Levar-se-á em conta o fato de que, uma vez reescrito o Mod (isto é, uma vez selecionados os elementos retidos pelo constituinte de frase de uma frase dada), o constituinte mais próximo de P será aquele que se aplicará em primeiro lugar, isto é, o que primeiro desencadeará a primeira transformação que lhe concerne. Assim quando Passivo é retido, aplicar-se-á primeiro, desencadeando a transformação passiva, e se a ênfase for escolhida, se aplicará sobre P apassivada.

A regra de reescrita do constituinte Ênf é a seguinte:

$$\text{Ênf} \left\{ \begin{array}{l} \text{SN} \\ \text{SA} \\ \text{SP} \end{array} \right\} + \text{Acento}_{\text{ênf}}$$

Nota-se que a ênfase comporta assim dois constituintes: entre chaves, o sintagma a escolher em função do sintagma sobre o qual deve recair a ênfase em P, e em seguida um acento de ênfase.

Ao escolher, por exemplo, fazer com que a ênfase recaia sobre SN, teremos portanto uma derivação (aqui abreviada):

$$\Sigma \rightarrow \text{Mod} + \text{P}$$
$$\text{Mod} \rightarrow \text{Declarativo} + \text{Ênf}$$
$$\text{Ênf} + \text{SN} + \text{Acento}_{\text{ênf}}$$

e, pois:

$$\text{Declarativo} + \text{SN} + \text{Acento}_{\text{ênf}} + \text{P}$$

Do ponto de vista dos tópicos, notar-se-á o caráter particular de uma frase (aqui declarativa) com a transformação de ênfase. O constituinte Ênfase topicaliza o sintagma portador de ênfase (= aquele que se torna o tópico da frase); ora, a modalidade afirmação topicaliza o SN sujeito de P. Em *Paulo, eu o vi, Paulo* é topicalizado pela ênfase, e *eu* pela declaração. Temos, portanto, aqui uma frase de duplo tópico.

As frases do tipo *É Paulo* aparecem próximas da frase de estrutura profunda, mas elas devem ser distinguidas da forma enfática. Do mesmo modo, uma frase do tipo *Foi Paulo que eu vi* é ambígua; pode ser oriunda do encaixamento de uma frase relativizada numa outra (*vi alguém ontem* + *esse alguém é Paulo*).

enfático

1. Em gramática gerativa, a *transformação enfática* (ou *transformação de ênfase*) submete à análise estrutural a seqüência obtida depois da aplicação das regras de reescritura a uma frase Σ que comporte em seus constituinte de frase o elemento Ênfase*.

O constituinte Ênfase deve ser reescrito de acordo com a seguinte regra:

$$\text{Ênf} \rightarrow \left\{ \begin{array}{l} \text{SN} \\ \text{SA} \\ \text{SP} \end{array} \right\} + \text{Acento}_{\text{ênf}}$$

Adquirida a reescritura — por exemplo, sob a forma particular Ênf

215

→ SN + Acento $_{enf}$ —, assim como a reescritura dos diversos constituintes de $\sum$, resta fazer com que as regras transformacionais desempenhem seu papel.

A transformação enfática comporta duas operações: (1) um deslocamento do acento de ênfase, que recai sobre o constituinte colocado imediatamente diante dele, para dar um sintagma enfatizado; e (2) uma transformação de pronominalização.

Muito esquematicamente, uma frase como *Pedro vê Paulo* pode ser dada como correspondendo ao núcleo P numa derivação: (Decl = declarativo):

$$\sum \rightarrow Decl + \hat{e}nf + P$$
$$\hat{E}nf \rightarrow SN + Acento_{enf}$$

P: *Pedro vê Paulo.*

Recaindo a ênfase Pedro (por hipótese), teremos como reescritura a seqüência: Decl + Pedro + Acento $_{enf}$ + Pedro + vê + Paulo.

Por aplicação da regra 1 (deslocamento do acento):

Decl + Pedro $_{enf}$ + Pedro + vê + + Paulo,

depois, por aplicação da regra 2 (pronominalização):

Decl + Pedro $_{enf}$ + ele + vê + Paulo.

A aplicação de uma regra morfofonológica realizará a ênfase pelo acento e a pausa; a grafia utilizará a vírgula (*Pedro, ele vê Paulo*).

2. A expressão *velarização enfática* designa em N. S. TRUBETZKOY uma articulação consonântica secundária, que consiste num arredondamento da raiz da língua, ocasionando um deslocamento da laringe mediante uma dilatação de passagem (faringalização). A velarização enfática desempenha um papel nas línguas semíticas e no árabe, onde ela existe nas séries apicais, guturais, sibilantes e laringais. Ela acarreta um recuo do ponto principal da articulação e se traduz acusticamente por um fenômeno de bemolização: assim, em

árabe, a palavra [si:n] "China" opõe--se à palavra [si:n] "nome que designa a letra *s*" pela velarização enfática da consoante inicial.

3. A expressão *molhamento enfático* designa em N. S. TRUBETZKOY uma articulação consonântica secundária sem valor fonológico (à diferença do molhamento* simples), mas que acompanha habitualmente, em certas línguas do Cáucaso oriental (tchetchene, inguche, batse, lakke, ude), a articulação de certas consoantes. O molhamento enfático consiste numa elevação da laringe, elevação que dá à consoante e às vogais vizinhas um som fricativo especial "rouco", e um deslocamento da massa da língua para a frente, deslocamento que dá às vogais vizinhas um matiz palatal mais claro (acusticamente sustenido*) e uma pronúncia mais aberta: [i] tende para [e]; [u] tende para [∅].

enfatizar

Enfatizar uma frase é sujeitá-la a uma transformação enfática. Seja a frase *Eu já vi esse filme*; ela pode sofrer uma enfatização que evidencie o objeto; por exemplo, em *Esse filme, eu já vi.*

enfraquecimento

Sin.: ABRANDAMENTO, LENIÇÃO.

enjambement (fr.)

V. ACAVALAMENTO.

ensurdecido (fr. devoisé)

Consoante ensurdecida ou *desvocalizada* é uma consoante normalmente sonora mas que perde esse traço pelo contacto com fonemas surdos, por ensurdecimento ou desvocalização. Os fonemas [d] e [g] do francês são ensurdecidos nas palavras e expressões: *médecin*, "médico"; *un vague projet*, "um projeto vago", em transcrição fonética [medsɛ̄] e [ɶ̃vagprɔʒɛ].

ensurdecimento (fr. devoisement ou dévocalisation)

O fenômeno de *ensurdecimento* consiste na perda da sonoridade ou da vibração·laríngea por um fechamento da glote que interrompe a passagem do ar. Esse fenômeno pode corresponder a uma mudança histórica ou a uma alternância sincrônica devida a variações combinatórias: a bilabial sonora [b] de *robe* ensurdece na expressão *une robe toute rouge*, "um vestido vermelinho", em contacto com a oclusiva dental surda [t], inicial de *toute*, e se realiza como uma oclusiva não-sonora [b] (sem entretanto confundir-se com o fonema francês /p/, ao qual se opõe também pela oposição *tenso* x *frouxo*).

entidade

Entidade* lingüística. Sin. de ITEM. (V. também UNIDADE.)

entonação

Chamam-se de *entonação* as variações de altura do tom laríngeo que não incidem sobre um fonema ou uma sílaba, mas sobre uma seqüência mais longa (palavra, seqüência de palavras) e formam a curva melódica da frase. São utilizadas, na fonação, para veicular, fora da simples enunciação, informações complementares, de que um certo número, as mais simples, são reconhecidas pela gramática: a interrogação (frase interrogativa), a cólera, a alegria (frase exclamativa), etc. A entonação contém os elementos de informação afetivos, conotativos, estéticos, pelos quais os sentimentos e as emoções se unem à expressão das idéias.

A entonação interrogativa é marcada por uma elevação da voz na última sílaba. A entonação enunciativa é marcada por um tom descendente que termina a frase. A curva descendente é mais forte ainda para uma frase imperativa. Na frase enunciativa, o tom descendente final se combina o mais freqüentemente com uma entonação interrogativa na primeira parte, se a frase compreende vários grupos de palavras. Em português, as duas frases *Ele vem?* e *Ele vem* opõe-se unicamente pela entonação (elevação do tom na interrogação, descida do tom na enunciação). Esses dois tipos principais que têm uma função distintiva podem ser variados ao infinito em função dos sentimentos a exprimir.

A entonação, considerada por certos lingüistas estruturalistas como um fato marginal, só tem sido objeto de descrições fragmentárias. Experiências de síntese da linguagem têm, entretanto, mostrado que fazendo variar, numa frase de síntese reconstituída, a amplitude dos desvios da linha do fundamental com relação à linha inicial, pode-se fazer passar uma frase de caráter ligeiramente interrogativo pelas nuances da simples pergunta, da dúvida, da surpresa, ou, ao contrário, torná-la cada vez mais enunciativa, até o tom imperativo.

entonema, intonema

Chama-se *entonema* a unidade distintiva de entonação ao nível da frase. Pode-se caracterizar as duas frases assertiva (*João vem amanhã*) e interrogativa (*João vem amanhã?*) pela existência de dois entonemas diferentes (em particular, curva ascendente da interrogativa). A lingüística americana utiliza de preferência a noção de morfema entonativo ou suprasegmental para descrever as curvas de entonação. (V. PROSODEMA.)

entrada

V. INPUT.

entravado

Vogal entravada, por oposição a *vogal livre*, é a vogal que pertence a uma sílaba determinada por uma consoante. Na palavra *farto*, o [a] é uma vogal entravada, mas não o [v]. Essa posição causa, às vezes, uma qualidade vocálica determinada; assim, em francês, não há vogal entravada semifechada: a oposição de abertura intermediária é neutralizada em proveito da vogal semi-aberta [ɛ] ou [ɔ] em *verdoyant* [vɛrdwajã], "verdejante".

217

entropia

O termo *entropia*, tomado de empréstimo à teoria da comunicação*, representa o grau de incerteza em que estamos em relação à ocorrência de cada sinal. Assim, para um número dado de respostas possíveis, a entropia é máxima quando todas as respostas têm a mesma freqüência; é fraca quando duas respostas, por exemplo, têm uma alta freqüência de ocorrência, sendo as demais pouco freqüentes. A entropia aumenta, portanto, com a incerteza do receptor quanto à resposta que lhe vai ser dada.

enumeração

A expressão *por enumeração*, ao se falar de um conjunto*, às vezes é preferida *por extensão*, em razão da transparência de seu sentido.

enunciação

A *enunciação*, cuja importância foi sublinhada por CH. BALLY em seu livro *Linguistique générale et linguistique française*, é uma noção muitas vezes vaga. *Enunciação* opõe-se a *enunciado**, no sentido mais corrente dessa palavra, como *fabricação* se opõe a objetivo *fabricado*. A enunciação é o ato individual de utilização da língua, enquanto enunciado é o resultado desse ato, é o ato de criação do falante. V. CRIATIVIDADE.) Assim, a enunciação é constituída pelo conjunto dos fatores e dos atos que provocam a produção de um enunciado. Ela engloba a comunicação*, que é forçosamente um caso particular de enunciação. Para J. R. SEARLE, o estudo da enunciação pode ter por objeto a direção ou o objetivo da ação. Assim, *Digo que Paulo vem* é uma asserção que não implica que se espere uma resposta, contrariamente ao interrogativo *Paulo vem?* Pode-se também pensar nas posições respectivas do falante e do interlocutor (por exemplo, para a diferença entre o pedido e a ordem), no grau de comprometimento (a diferença entre a simples expressão de intenção e a promessa), na diferença do conteúdo proposicional (a diferença entre as predições e a constatação), no modo pelo qual a proposição se liga aos interesses do falante e do interlocutor (a diferença entre *gritar* e *gemer*, entre *pôr de sobreaviso* e *informar*), nos estados psicológicos expressos, nas diferentes maneiras pelas quais um enunciado se liga ao resto da conversação (a diferença entre a simples resposta à réplica precedente e a objeção ao que acaba de ser dito).

Em francês, a enunciação pode caracterizar-se por meio de quatro conceitos: (1) o falante adota diante de seu enunciado uma atitude determinada, pela qual ele aí se inscreve ou, pelo contrário, dele foge totalmente (distância). O aparecimento do pronome *eu*, notadamente, pode ser uma maneira de reduzir a distância. O uso da terceira pessoa ou a ausência de referências ao falante aumentam a distância. O discurso didático é, por excelência, um discurso no qual o falante aprofunda a distância entre si e seu enunciado; (2) o falante indica se adere ou se se recusa a aderir a seu enunciado. A adesão maior ou menor é manifestada mediante modalizadores; (3) a transparência ou opacidade definem-se mediante a relação que o receptor entretém com o enunciado; não se trata aqui, mais do que alhures, de noções discretas. Pode-se considerar que há continuidade da transparência máxima à opacidade máxima. A transparência é, pois, o caráter do enunciado constituído de modo que o receptor possa ser a fonte de enunciação; um enunciado de grande transparência é a máxima ou, de um modo geral, os enunciados gnômicos; (4) a tensão define a dinâmica da relação estabelecida entre o falante e o destinatário; o discurso é então uma tentativa para situar o interlocutor ou o mundo exterior em relação ao enunciado.

Pode-se igualmente fazer intervir os conceitos de simulação: tentativa de enganar os destinatários sobre o que se é, utilizando o modelo de outrem, de mascaramento; tentativa de fazer esquecer o que se é, deixando de utilizar um modelo próprio e, de conivência, utilização de *performances* de outrem, sem se comprometer com elas e sabendo que o destinatário não ignora tal distância.

O *sujeito de enunciação* é o falante, considerado como o *ego**, local de produção de um enunciado. (V. DÊIXIS, EMBREANTE.)

enunciado

1. A palavra *enunciado* designa toda seqüência acabada de palavras de uma língua emitida por um ou vários falantes. O fechamento do enunciado é assegurado por um período de silêncio antes e depois da seqüência de palavras, silêncios realizados pelos falantes. Um enunciado pode ser formado de uma ou de várias frases; pode-se falar de enunciado gramatical ou agramatical, semântico ou assemântico. Pode-se acrescentar a *enunciado* um adjetivo que qualifique o tipo de discurso (enunciado literário, polêmico, didático, etc.), o tipo de comunicação (enunciado falado ou escrito), o tipo de língua (enunciado francês, latino, etc.). Um conjunto de enunciados constitui os dados empíricos (*corpus*) da análise lingüística; segundo a teoria utilizada, esta explicará os enunciados produzidos ou predirá os enunciados possíveis em relação às regras que regem as frases desse *corpus*. Em lingüística distribucional, enunciado é um segmento da cadeia falada de comprimento indeterminado, mas niti-damente delimitado por marcas formais: retomada da palavra por um falante após um silêncio durável ou interrupção por parte de um outro falante, interrupção da fala seguida de uma retomada por outro falante ou de um silêncio durável. Assim, na troca de palavras: "*Pegou seu capote? — Peguei. — Então vista-o para sair, porque faz frio*, temos três enunciados: (1) *Pegou seu capote?*, (2) *Peguei*, (3) *Então vista-o para sair, porque faz frio*. Mas um discurso ininterrupto de duas horas também é um enunciado.

2. *Enunciado* é termo usado às vezes por *frase**, na medida em que a análise dos enunciados muitas vezes se reduz à análise das frases que os compõem.

3. Às vezes, o *enunciado* é o significado de uma seqüência de frases ou de uma frase. É preferível usar *dictum** para evitar qualquer confusão com *enunciado* no sentido 1.

4. Muitas vezes, a expressão *análise de enunciado* é empregada de preferência a *análise* de discurso*, na medida

em que esse último termo é ambíguo (*discurso* na língua corrente designa certo tipo de enunciado). Além disso, como muitas vezes o *corpus* é constituído de segmentos de enunciados que não formam uma seqüência contínua, *enunciado*, que admite, mais facilmente, sem ambigüidade, o número plural, é nesse caso, preferível a· *discurso*.

enunciador

Dá-se o nome de *enunciador* ao sujeito da enunciação.

enunciativo

Frase enunciativa. Sin. de FRASE ASSERTIVA*.

epanalepse

Epanalepse é a repetição de uma ou de várias palavras no início ou no fim de grupos sucessivos. Ex.: "Boa por ser simples, por ser simples, boa. Simples por ser livre; por ser livre, simples. Livre por ser moça; por ser moça, livre. Moça por ser linda; por ser linda, moça. Linda por ser triste; por ser triste, linda. Triste por ser minha; por ser minha, triste. (Guilherme de Almeida, "Refrão", *in Poesia Vária*, São Paulo, Editora Cultrix, 1976).

epêntese

Chama-se *epêntese* o fenômeno que consiste em intercalar numa palavra ou grupo de palavras um fonema não-etimológico por motivos de eufonia, de comodidade articulatória, por analogia, etc. Assim, na palavra italiana e portuguesa *inverno*, houve epêntese do *n* em relação à palavra latina *hibernum*.

epexegese

Epexegese é um grupo de palavras ou uma proposição (relativa, em particular), em aposição a uma palavra. Assim, é o caso do aposto em *São Paulo, o* GRANDE CENTRO INDUSTRIAL

DO BRASIL, *já apresenta problemas de superpopulação*

epiceno

Epiceno é o substantivo de um só gênero (masculino ou feminino) que designa seres do reino animal sem distinguir, portanto, lingüisticamente, o sexo: *O tigre, a cobra, o jacaré*.

Utilizam-se, se necessário, os adjetivos *macho/fêmea* para especificar o sexo: *o jacaré macho*. (V. COMUM-DE--DOIS.)

epiglote

Epiglote é uma cartilagem em forma de pera, situada no alto da laringe, cuja entrada protege. A ponta da epiglote está ligada ao pomo de Adão, enquanto a outra extremidade é livre. Quando engolimos, a extremidade livre da epiglote se desloca, de modo a fechar a traquéia, para impedir a entrada dos alimentos. Durante a respiração normal e a fonação, a epiglote é afastada para trás da língua, de modo a deixar aberta a passagem do ar laríngeo.

epissemema

L. BLOOMFIELD chama de *epissemema* o sentido de uma forma tática, isto é, de uma disposição gramatical convencional mínima; assim, a ordem SN-V (forma tática) tem o sentido (epissemema) de atante-ação.

epítese

Chama-se *epítese*, ou *paragoge*, o fenômeno que consiste em acrescentar um ou vários fonemas não-etimológicos ao fim de uma palavra. Assim, as formas verbais latinas *esse, sum, cantant* deram as formas italianas correspondentes: *essere*, "ser", *sono*, "são", *cantano*, "cantam".

epíteto

V. ADJUNTO ADNOMINAL.

equação

Emprega-se às vezes o termo *equação semântica* para designar a fórmula sêmica de uma unidade léxica (o semema*). O termo designa igualmente as fórmulas propostas por uma equipe de lexicógrafos soviéticos (entre os quais J. APRESJAN) para seu dicionário explicativo e combinatório. Trata-se de fato, na terminologia dos autores, de funções léxicas, isto é, da relação de sentido entre uma palavra (ou um grupo de palavras) C_0 e outra palavra (ou grupo de palavras) C_1. Daremos como exemplo a relação semântica existente entre o nome de um fenômeno e a designação de seu grau mais alto, relação notada pelo símbolo Magn (latim *magnus*). Para *dormir*, a descrição do grau Magn comportará em português: "profundamente", "como uma pedra", etc.

De acordo com suas funções léxicas, uma palavra (ou grupo de palavras) é descrita por uma espécie de equação semântica, que, todavia, não permite que se esgote a caracterização semântica da unidade considerada.

equativo

Dá-se o nome de *equativo* ao comparativo de igualdade (*Pedro é tão alto quanto Paulo*).

equilíbrio

O conceito de *equilíbrio* está ligado à noção de estrutura: num dado momento, a estrutura é definida pelo conjunto das relações que os termos de uma língua mantêm entre si, constituindo essas relações regras de combinação dos elementos entre si. Essa estrutura constitui, portanto, um equilíbrio; qualquer modificação numa das regras, numa das relações, tem como conseqüência uma *ruptura de equilíbrio* e uma modificação do conjunto das relações.

equiprovável

São chamados *equiprováveis* dois ou mais acontecimentos que têm a mesma probabilidade de ocorrência.

equivalência

1. Chama-se *equivalência* a implica-

ção recíproca: se a frase P_1 implica a frase P_2 e P_2 implica P_1 (por exemplo, relação ativo-passivo), dir-se-á que P_1 e P_2 são equivalentes.

2. Diz-se que duas gramáticas são *francamente equivalentes* quando geram o mesmo conjunto de frases; são *fortemente equivalentes* quando não somente geram o mesmo conjunto de frases mas, além disso, lhes conferem a mesma descrição estrutural. (V. CAPACIDADE GERATIVA.)

3. Dois itens se encontram em *equivalência distribucional* quando têm as mesmas distribuições num quadro determinado. A *equivalência* é a relação (simbolizada geralmente pelo signo =) existente entre dois elementos (1) que se encontram em ambientes idênticos; (2) que se encontram em ambientes eles próprios equivalentes. Se tomarmos os enunciados seguintes:

João toma café.

João toma a sopa.

A empregada está esquentando a sopa.

É preciso comprar café.

segundo (1), *café* e *sopa* são equivalentes; segundo (2), *A empregada está esquentando* e *É preciso comprar* são equivalentes, pois *sopa* e *café* são eles próprios equivalentes. A equivalência só é sinonímia excepcionalmente; foi por motivos práticos que escolhemos frases que continham *café* e *sopa*.

4. *Classe de equivalência*. V. CLASSE.

equivalente. V. EQUIVALÊNCIA.

ergativo

Dá-se o nome de *ergativo* a um caso*, distinto do nominativo, que exprime o agente do processo. Nas línguas que conhecem construções ergativas, o ergativo é o agente nas frases da forma $SN_1 + V + SN_2$, sendo o verbo a terceira pessoa-não-marcada; o nominativo é então o sujeito de frases

221

em que o verbo é intransitivo. Em outras línguas, o ergativo exclui o acusativo e é o caso do sujeito de verbos transitivos empregados intransitivamente (*Pedro olha*), enquanto o nominativo é o caso do sujeito do intransitivo e do passivo.

escolha

Um enunciado só tem sentido se a sua produção não depender inteiramente do contexto, mas precisar de que o falante tome uma decisão, faça uma *escolha* entre diversos ítens, entre diversos tipos de frases, etc., no decorrer do processo da enunciação. Essa escolha, ou seleção, se exerce, portanto, sobre as unidades mínimas significativas ou morfemas, que são assim unidades de escolha; entre diversas unidades possíveis num quadro típico de frase escolhe-se uma unidade (chamada monema* por A. MARTINET), em função da mensagem a transmitir.

escrita

Escrita é uma representação da língua falada por meio de signos gráficos. Trata-se de um código de comunicação de segundo grau com relação a linguagem, que por sua vez é um código de comunicação de primeiro grau. A fala se desenrola no tempo e desaparece; a escrita tem como suporte o espaço, que a conserva. O estudo dos diferentes tipos de escrita elaborados pela humanidade tem portanto íntima relação com o estudo da língua falada, assim como com o das civilizações nas quais elas se aperfeiçoaram. Um estudo da escrita deve desenvolver-se em dois planos paralelos: de um lado, um estudo histórico da escrita, desde sua "invenção" até seus estados atuais; de outro lado, um estudo lingüístico, que tenta extrair as regras de funcionamento da escrita, assim como suas relações com a língua falada.

1. As origens da escrita

A. LEROI-GOURHAN situou as origens da escrita pelo ano 50 000 antes de nossa era para o musteriano evoluído (incisões regularmente espaçadas em pedra ou osso) e por volta de 30 000 antes de nossa era para o aurignaciano (figuras gravadas ou pintadas). Por volta de 20 000 a figuração gráfica tornou-se corrente, e por volta de 15 000 ela atinge uma destreza técnica quase igual à da época moderna. Os grafismos, correntemente chamados pictogramas, são a primeira grande invenção do homem no domínio da escrita; trata-se de um tipo espacial de escrita; algumas dessas escritas evoluirão para a *linearidade fonética*, para os *alfabetos*, reproduzindo mais ou menos os fonetismos e a linearidade da cadeia falada.

2. As condições da evolução da escrita

As modificações constatadas nos diversos tipos de escrita durante sua história dependem de fatores diversos: as condições econômicas das sociedades, os progressos intelectuais e, mais particularmente, a faculdade de abstração e o conhecimento da estrutura da língua falada.

Segundo A. MEILLET: "É a estrutura da língua que condicionou cada invenção decisiva no desenvolvimento da escrita" (*Scientia*, dez. 1919).

Essa evolução vai de uma representação figurativa do significado a um código formado de signos abstratos, símbolos dos sons da língua: os sistemas de escrita tendem para uma abstração sempre maior, até se transformar em verdadeiros códigos de comunicação: os sistemas de escrita alfabética — cujos signos romperam qualquer elo com os sentidos da palavra — obedecem as regras particulares e estão sujeitos a coerções específicas. A evolução revela assim uma consciência cada vez mais refinada da estrutura da língua. Originário, na sua essência, do pictograma, que não implicaria uma relação explícita entre a narrativa e um enunciado oral, o ideograma revala a tomada de consciência das diferentes palavras da cadeia falada e, depois, por um esforço de abstração, da sílaba. Pouco a pouco, o emprego de signos--sons — ou fonogramas — misturados aos ideogramas, marca uma etapa rumo a uma análise dos elementos mínimos fonéticos.

Estamos no caminho da escritura fonológica quando reconhecemos que certas partes de palavras se pronunciam como palavras inteiras. É o caso da reprentação de *lareira*, por exemplo, pela justaposição dos dois ideogramas *lar* + *eira*, ou *patamàr*, pela justaposição de *pata* + *mar*. As escritas alfabéticas testemunham enfim uma apreensão dos fonemas enquanto unidades constitutivas das palavras.

Os sistemas de escrita evoluem rumo a uma economia cada vez maior. Aos sistemas pictográficos, pouco explícitos para quem não fizesse parte da comunidade, aos sistemas ideográficos, pouco econômicos, na medida em que cada objeto é representado por um signo, sucedem-se sistemas econômicos pelo número de sinais empregados, transmitindo uma infinidade de mensagens graças a um mínimo de signos (escritas alfabéticas ou silábicas).

Diferentes classificações foram propostas a respeito dos diversos tipos de escritura descobertos até nossos dias. A classificação tradicional apresentada por M. COHEN é histórica. Ela distingue três etapas: *a*) os pictogramas, escrita de tipo arcaico, figurativa, que representa o conteúdo da língua (e não a língua com as palavras e os sons); *b*) os ideogramas, signos que representam de modo mais ou menos simbólico o significado das palavras; *c*) os fonogramas, signos abstratos que representam elementos de palavras ou de sons, como nas escritas alfabéticas.

Tal classificação foi em parte contestada pelas pesquisas ulteriores, A. LEROI-GOURHAN põe em questão o primeiro estágio unicamente figurativo e o caráter realista e concreto dos pictogramas, aos quais

223

dá o nome de *mitogramas*. A tipologia em três estágios é hoje substituída por uma classificação em cinco categorias:

a) Os fraseogramas, inscrições que transmitem mensagens inteiras, sem distinguir as palavras. Dividem-se em dois subgrupos: os pictogramas e os signos convencionais (signos totêmicos, tabus, signos mágicos, etc.);

b) Os logogramas, que são marcas das diferentes palavras. O termo proposto por L. BLOOMFIELD, recobre a mesma realidade que a do ideograma. Ambos designam palavras, as unidades semânticas do discurso. São de dois tipos: os logogramas semânticos, que evocam a forma do que indicam; os logogramas fonéticos, que estão ligados ao fonetismo da palavra; polissêmicos que se empregam para designar homônimos;

c) Os morfemogramas, que marcam as diversas partes da palavra, os morfemas;

d) Os silabogramas, que distinguem as diferentes sílabas; são encontrados nas escritas assiriobabilônica e miceniocretense;

e) Os fonogramas, que são as marcas dos elementos fônicos mínimos da cadeia falada, isto é, os fonemas. Distinguem-se as escritas fonéticas consonânticas, que não marcam senão as consoantes (o hebraico, o árabe), e as escritas fonéticas vocalizadas, que marcam as consoantes e as vogais.

3. Os pictogramas

São desenhos complexos que fixam o conteúdo da mensagem sem se referir a sua forma lingüística, a um enunciado falado. Não há ainda figuração detalhada da linguagem. Esse tipo de escrita seria encontrado entre as populações de grupos densos de caçadores e de pescadores (indígenas da América, esquimós, siberianos, africanos bosquímanos e oceânicos). Distinguem-se: os pictogramas-sinais, espécie de lembrete que serve para desencadear uma recitação (como as estrofes dos cantos sacerdotais pintadas nos mantos de pele dos feiticeiros--sacerdotes da Sibéria) e os pictogramas-signos, que trazem em si próprios sua significação, que "falam à vista". As descobertas de A. LEROI-GOURHAN repuseram em tela a tese clássica do pictograma apresentado como o mais antigo e rudimentar modo de escrita. A descoberta das incisões regularmente espaçadas do paleolítico superior traz a prova de um grafismo simbólico não-figurativo. Quanto às cenas figurativas dos traçados aurignacianos, elas não seriam lidas como a história contada por um quadro, mas como traçados convencionais, abstratos, que servem provavelmente de suporte mnemotécnico a um contexto oral irremediavelmente perdido; esta maneira sintética

224

de marcação transmitia uma conceitualização: cada marca teria um valor, de acordo com seu lugar no conjunto marcado, como nas grutas de Lascaux, ou podem-se notar relações topográficas constantes entre as figuras de animais representados. A esses desenhos. A. LEROI-GOURHAN prefere dar o nome de *mitogramas*.

4. *Os ideogramas*

O ideograma é definido por M. COHEN como um "signo-coisa", "um caráter ou um conjunto de caracteres que representam uma noção em geral expressa por uma palavra única". Quando o signo-coisa é lido na língua dos usuários da escrita, ele se torna "signo-palavra", representando cada pequena imagem uma palavra e sendo cada palavra representada por uma só pequena imagem. São os "signos figurativos" de CHAMPOLLION. Esses desenhos denotam o próprio objeto, de um modo mais ou menos realista ou estilizado. A falta de economia desse sistema (cada desenho representa um único significado) o faz evoluir, os signos se tornam polissêmicos (o desenho de uma clava, pode significar "clava", e depois "bater") ou tomam um valor de tropo* (uma lua crescente se lê *mês*, etc.).

a) *A escrita maia.*

Essa escrita ainda não foi decifrada, e as hipóteses concernentes a sua estrutura e funcionamento variaram. Os índios maias tinham uma concepção cíclica do tempo, de onde a necessidade de notarem os acontecimentos que consideravam recorrentes. Do mesmo modo, sua enumeração fundava-se na revolução dos astros. A maiorias dos textos maias encontrados constituem, pois, provavelmente, crônicas históricas, notas sobre acontecimentos, onde as datas e os números são numerosos. O conhecimento e o uso da escrita constituíam apanágio dos sacerdotes e das famílias reais; ligada aos cultos religiosos, a escrita teria sido instaurada por um personagem chamado Itzamna, identificado como um deus; essa dupla limitação — no uso e no número de usuários — explica que tal tradição não se conservou.

Segundo a hipótese clássica, a escrita maia seria do tipo pictoideográfica, formada de signos análogos aos hieróglifos egípcios: todos são iguais em altura e em largura; estão dispostos em grandes quadros ou retângulos, paralelamente aos lados, mas não se sabe em que sentido devem ser lidos. 350 desses signos teriam sido anotados. Abandonando a hipótese hieroglífica, o soviético Y. V. KNOROZOV volta à hipótese alfabética do primeiro decifrador dos maias, DIEGO DE LANDA. Para ele, a escrita maia se comporia de "complexos gráficos", cada um dos quais, por sua vez, compreenderia alguns grafemas, ligados em

225

quadrados ou em círculos e feitos de sinais (cabeças de homens, animais, plantas, etc.). A discussão continua aberta até o presente.

b) *A escrita do Egito antigo.*

Distinguem-se três tipos de escrita egípcia: a hieroglífica propriamente dita, a mais antiga, descoberta nos monumentos; a escrita cursiva, a mais antiga das quais é a hierática (os escribas, transpondo para o papel a escrita dos monumentos, esquematizam e aliviam os signos, utilizam ligaduras num traçado quase ininterrupto, da direita para a esquerda); a escrita demótica, variante da cursiva, mais simplificada que a hierática; utilizada pela administração, ela se torna de uso corrente, "popular" (de onde o nome de "demótica").

O grande passo dado pela escrita hieroglífica egípcia é o emprego de signos fonéticos, ou fonogramas, ao lado dos signos ideográficos, ou signos-palavras.

Até cerca de 2 500 a.C., os hieróglifos egípcios inscritos nos monumentos são pictográficos; os desenhos, que representam seres animados ou partes desses seres, vegetais, objetos, etc., são pouco esquematizados. Os sinais podiam também representar ações ou sentimentos: o desenho de um homem que leva a mão à boca significa *comer* ou *ter fome.* Contam-se de 700 a 800 desenhos. Nas escritas hierática e demótica, os traçados se simplificaram a ponto de os objetos não poderem mais ser reconhecidos.

Como para os maias, a escrita, para os antigos egípcios, era de origem divina, inventada pelo deus Thot. Portanto, ela é, primeiro, um objeto divinizado, constituindo o ministério sagrado de uma casta privilegiada de escribas. Depois ela se propaga amplamente, primeiro por causa de seu uso ornamental, depois graças à fabricação do papel com o papiro.

Os signos desses três tipos de escrita, mais ou menos esquematizados, são figurativos. Mas eles podem ter funções diferentes.

Ou são signos-palavras, propriamente ditos, ou logogramas, que designam ao mesmo tempo a palavra e o conceito. O sentido próprio de um signo polissêmico é precedido de um pequeno traço distintivo vertical.

Ou são signos-palavras que perdem seu sentido próprio e acompanham outros signos-palavras na qualidade de determinativos; eles não são "lidos". São de dois tipos: os determinativos de espécie, que precisam em que categoria semântica se encontra o signo-palavra que eles acompanham; os determinativos de gênero, mais tardios, que assinalam a qual dessas categorias pertence o signo-palavra que eles acompanham: povos, homens, animais, pássaros, etc.

226

Ou então se trata de signos-palavras com função de fonogramas, que permitem não só escrever o nome do objeto que representam, mas também as consoantes que formam esse nome. Eles servem de "complementos fonéticos", destinados a tirar a ambigüidade dos signos-palavras polissêmicos e polífonos. Os mais numerosos desses fonogramas correspondem a seqüências de duas consoantes. Uma trintena de signos, que correspondem a uma única consoante, constituem um alfabeto consonântico no interior do sistema egípcio.

c) *A escrita na Mesopotâmia.*

Desde o quarto milênio antes de nossa era, povos de língua semítica se concentraram no vale do Tigre e do Eufrates: entre eles, o povo sumeriano desenvolveu uma civilização avançada. Sua língua permaneceu viva desde o IV ao II milênio antes de nossa era. Por volta de 2 400 a.C., os sumerianos perdem sua individualidade em proveito dos semitas acadianos, que lhes emprestam sua língua como língua sagrada, secreta, e utilizam a língua escrita sumeriana como língua erudita; posteriormente, os acádios escrevem sua própria língua graças a esse mesmo sistema.

Também para os acádios a escrita é de origem mítica, sendo atribuída a Oannés, homem-peixe que veio à terra para ensinar aos homens as artes, as ciências e as técnicas.

A escrita tem sua origem no pictograma. Mas o uso de grossas placas de argila gravadas com a ajuda de um caniço cortado em bisel dá-lhe um aspecto fragmentado particular, uma combinação de traços de cabeça larga, triangulares, em forma de pregos (de onde o nome de *escrita cuneiforme*). Depois ela se torna cursiva, parcialmente horizontal; os objetos são representados de forma muito esquemática, numa posição horizontal, e a intervalos. Não se trata mais então de signos-coisas, mas de signos-palavras.

Esse sistema de escrita lembra em muito aspectos o sistema egípcio. Alguns signos funcionam como logogramas. O estoque revela-se, sem dúvida, insuficiente para anotar todas as palavras da língua, pois processos diversos permitem que se aumentem as possibilidades do sistema: atribuição de um significado novo a um signo graças a alguns traços suplementares, justaposição de vários signos: o signo *pássaro* + o signo *ovo* designam a ação de *dar à luz*. Certos signos funcionam como determinativos que acompanham outro signo: determinativos de gênero indicam a que categoria semântica pertence o signo que eles acompanham; determinativos de número assinalam a dualidade e a pluralidade; complementos fonéticos contornam a ambigüidade dos *polífonos* (um único desenho de 20 leituras diferentes) e dos *homó-*

fonos (17 signos se lêem *si*). Vários signos podem ser empregados em justaposição; valem, não pelo sentido, mas pela pronúncia. Trata-se de mais um passo dado rumo à notação fonética da língua. A justaposição dos sons representados constitui a pronúncia da palavra a ser transcrita. M. COHEN chama de *rébus à transfert* (enigmas de transferência) esses agrupamentos que preparam o terreno para uma tomada de consciência das unidades fônicas de segunda articulação e para uma ruptura entre o significante e o grafismo. Os signos-sons transcrevem seja um único som, uma sílaba vocálica como *a, e, i, o,* seja sílabas inteiras. Mas os sumeroacadianos não chegaram à análise metódica da sílaba em suas composições fônicas, e conservaram até o fim um sistema misto, com o emprego de signos-palavras.

d) *A escrita chinesa.*

A escrita aparece na China por volta de 2850 a.C. com um sistema não pictográfico, calcado sem dúvida nos sistemas de cordõezinhos: o chamado sistema "pakwa", atribuído ao legendário imperador Fu-hi, comportava 64 signos-símbolos em barras contínuas ou interrompidas; por volta do ano 2500 a.C., desenvolve-se um tipo de escrita pictográfica muito esquematizado, fonte da escrita atual.

A escrita chinesa tornou-se mais simples entre 200 a.C. e 200 d.C., e se estabilizou no IV século sob a forma ainda em uso. Trata-se de uma escrita cursiva traçada a pincel, cujo aspecto estético tem um uso ornamental. Os caracteres são separados, inscritos dentro de um quadrado ideal, dispostos em colunas lidas de alto a baixo, a começar pela direita. O signo é uma figuração despojada, não realista, do objeto.

O chinês é, então, principalmente monossilábico. Cada desenho representa, portanto, ao mesmo tempo uma palavra e uma sílaba, e cada palavra dispõe de um signo, o que torna o sistema pouco econômico: de 6 000 a 8 000 caracteres são correntes; contam-se 9 000 signos num dicionário do século I, 50 000 num dicionário do século XVIII e 80 000 em certos dicionários eruditos.

Foi necessário, nessa época, a pesquisa de uma certa economia gráfica, graças a diferentes processos: o agregado (ou complexo) lógico é uma combinação de dois ou mais pictogramas; os símbolos mutuamente interpretativos permitem que se enfrente a ambigüidade devida à presença de homófonos numerosos; os caracteres tomados de empréstimos indicam o mesmo som; os determinativos, ou caracteres-chaves, servem para afastar a quase homofonia das palavras: trata-se ou de determinativos fonéticos, que não são "lidos" mais que se acrescentam a um elemento homófono cuja categoria semântica é indicada por eles, ou de radicais determinativos semânticos (dois caracteres se combinam para formar um novo signo, cuja pronúncia, o mais das vezes, é autônoma em relação à pronúncia dos dois signos constitutivos). São 214 tais termos-chaves, que permitem um grande número de combinações. A reforma de 219 antes de nossa era constitui uma tentativa de unificação e de simplificação, pela supressão de caracteres de duplo emprego e pelo esclarecimento das ambigüidades graças às chaves. A situação do chinês moderno é razoavelmente diferente.

5. *Escritas silábicas e alfabéticas*

Elas se situam, freqüentemente, no fim de uma evolução que, por motivos de economia e de comodidade, resulta na notação de certos sons, enquanto sons, ao lado dos ideogramas e, posteriormente, na notação apenas dos sons.

A princípio, os alfabetos costumam ser *silábicos*; eles se tornam *fonéticos* com uma análise mais avançada, embora muitas vezes mais empírica, da estrutura da língua.

a) *A escrita da Índia.*

A mais antiga escrita atualmente conhecida é a de *Mohenjo-Daro,* descoberta no vale do Indus nos sinetes e vasos de cerâmica. Trata-se de uma escrita hieroglífica.

A *escrita brahmi* é mais conhecida (300 a.C.). Foi criada para transcrever as línguas literárias de grupos de população que falavam línguas indo-européias, das quais a mais importante é o sânscrito. A escrita brahmi é silábica; nota as consoantes e indica as vogais mediante um signo complementar.

b) *A escrita fenícia.*

Por muito tempo, os fenícios foram tidos como os inventores do alfabeto. Sua escrita comporta de 22 a 25 caracteres não-ideogramáticos que notam apenas as consoantes. Mais que um alfabeto consonântico, trata-se de uma notação silábica que da sílaba marcou apenas a consoante, elemento essencial para indicar o sentido, deixando aos cuidados do leitor o suprimento da vogal. O alfabeto fenício mostra o "esqueleto consonântico" da palavra; não se trata ainda de uma verdadeira escrita alfabética, que notaria todos os sons da língua.

c) *A escrita grega.*

Os gregos tomaram de empréstimo aos fenícios seus caracteres silábicos de função consonântica e ajustaram-nos às características da língua grega: os signos silábicos fenícios serviram para a anotação das consoantes e alguns dentre eles para a marcação das vogais, daí resulta uma notação totalmente alfabética de 24 signos.

d) *A extensão da escrita alfabética.*

Esse sistema divulgou-se por toda a Europa sem novos aperfeiçoamentos, em particular éntre os romanos, cujos traços derivam dos gregos (alfabeto latino).

Na Idade Média, a teoria fonética muito fina da gramática árabe está na origem do grande interesse voltado para o sistema gráfico, aliás, estreitamente ligado à religião: as exegeses do Corão se fazem acompanhar de uma explicação mística sobre o valor de cada signo gráfico. Com a constituição do Estado omíada, aparece a preocupação de embelezar o signo gráfico. A escrita se torna uma arte ligada ao exercício da religião: adjunção de elementos geométricos, florais, etc.

Na Idade Média, ainda, os povos ditos bárbaros começam a inventar sua escrita:

— a *escrita ogâmica* (por volta do século V, na Irlanda Meridional e no País de Gales) tem o aspecto de uma série de entalhes onde cada grupo é uma letra;

— a *escrita rúnica*, entre os germanos, apresenta caracteres talhados em madeira, formados por um traço vertical e vários traços horizontais;

— o *alfabeto glagolítico*, entre os eslavos, no século IX, tem por base o alfabeto grego: sua simplificação posterior forma o alfabeto *cirílico*.

No conjunto, esses alfabetos atestam uma análise minuciosa da cadeia sonora em elementos mínimos. Mas, por motivos diversos, e em particular por causa da evolução fonética das línguas, surge uma distorção entre o alfabeto e o sistema fonético da língua, entre esse sistema e a ortografia da palavra: é preciso às vezes vários signos para notar um único som [ʃ]; ou então um único signo nota vários sons (x); os lingüistas, para seus trabalhos, sentiram a necessidade de uma notação precisa de todos os sons da linguagem, um signo para cada som, um único som por signo: de onde o nascimento de alfabetos fonéticos, em particular o *Alfabeto* fonético internacional*.

escrito

1. A expressão *língua escrita* tem dois sentidos diferentes. Num primeiro sentido, língua escrita é o conjunto das formas específicas usadas quando "escrevemos", isto é, quando se faz um trabalho de escritor ou quando se redigem textos que exigem certa postura (nesse caso, a língua escrita é a *língua literária*). *Língua escrita* opõe-se também a *língua familiar*, ou a *língua popular*. A escola ensina assim que há "coisas" que se dizem, mas que não se escrevem; assim *tá*

é uma forma falada e *está* a forma escrita. Num segundo sentido, língua escrita é a transcrição da *língua oral* ou *falada*. Ora, sabe-se que existe uma distorção muito acentuada entre certos sistemas de marcas do oral e sistemas correspondentes da escrita: em francês, por exemplo, para indicar os gêneros nos adjetivos, a língua falada opõe sobretudo terminações femininas consonânticas a masculinos vocálicos, como no feminino [plɛzɑ̃t] *plaisante*, "agradável", vs. [Plɛzɑ̃] *plaisant*, mas confere sobretudo às duas séries de formas a mesma pronúncia de final vocálico [*eme*] *aimé*, "amado", vs. *aimée*, "amada", *mis*, "posto" vs. *mise*, "posta", embora se tenha *tranquille*, "tranqüilo", para o masculino e o feminino. Da mesma forma, a língua escrita tem uma variação em número para quase todos os nomes e adjetivos (aos quais acrescenta -*s* para marcar o plural), enquanto a falada só tem formas particulares no plural nos casos de ligação e também para algumas palavras: *enfant*, "criança", vs. *enfants*, "crianças", mas [ɑ̃fɑ̃], [ɑ̃fɑ̃zadɔre]; *cheval*, "cavalo", vs. *chevaux*, "cavalos", [ʃəval] vs. [ʃəvo]. Em português, as distorções entre a língua falada e a escrita se verificam no caso dos homófonos: *houve/ouve, seção/sessão, acender/ascender, cassar/caçar*.

A língua escrita também pode opor-se à falada pelo vocabulário e por estruturas de frases muito mais complexas.

2. De um modo geral, as formas escritas, que têm mais estabilidade e possibilidade de difusão que as orais, formaram a base da constituição das línguas nacionais dos grandes Estados. Assim, o alemão: na Alemanha, na Áustria, em grande parte da Suíça, em pequenos setores de outros países europeus, as pessoas consideram o alemão como sua língua. Apesar das diferenças consideráveis entre as formas faladas (diferenças maiores que entre as línguas escandinavas: o sueco, o dinamarquês, o norueguês), não existe senão uma língua escrita em toda essa região; qualquer pessoa que saiba ler e escrever poderá igualmente comunicar-se com outra usando o alemão escrito. A partir de um dialeto do médio-alemão, essa forma se generalizou como alemão escrito (*Schriftdeutsch*) e mostra grande uniformidade.

O italiano escrito moderno desenvolveu-se igualmente do toscano, graças sobretudo ao prestígio da *Divina Comédia*. Depois, tomando empréstimos dos diversos dialetos, notadamente do de Roma, essa forma é assim uma espécie de média de todos os dialetos italianos.

3. De um modo geral, a língua escrita é muito mais estável que a falada: a representação do sistema francês do gênero e do número na língua escrita, vista no parágrafo 1, é o mesmo que a língua falada (como a escrita) conhecia em meados do século XVI. A língua escrita também se modifica, mas muito lentamente.

O seguinte texto ilustra bem a mudança:

*Amigo, poys me leixades / e uos hides alhur morar, / rogu'
eu a Deus, se tornades / aqui por comigo falar, / que nõ aiades,
amigo, / poder de falar comigo.* [Amigo, pois me deixais / e
vos ides alhures morar, / rogo eu a Deus, se tornais / aqui para
comigo falar, / que não tenhais, amigo, poder de falar comigo.]
(*Apud* J. J. Nunes, *Crestomatia Arcaica*, Lisboa, Livraria Clássica Editora, 1967, pp. 319-320).

A língua escrita é o principal fator de conservação lingüística.
Embora possa ocorrer que uma reforma permita mudanças; por exemplo, a ortografia sueca sofreu uma revisão bastante completa praticamente em cada geração, desde o início do século XIX .

4. A língua escrita muitas vezes tem um léxico diferente do da língua falada; mas, contrariamente a uma ilusão muito comum, o da segunda é tão rico quanto o da primeira. Os vocabulários falados caracterizam-se pela riqueza em homônimos, que a ortografia geralmente distingue (*sessão, cessão, seção*) e em sinônimos ou palavras quase sinônnimas (a língua falada, com efeito, toma de empréstimo aos diferentes dialetos palavras diferentes de significado idêntico).

Mas as diferenças entre língua escrita e língua falada podem ser importantes. Assim, formas escritas muito diferentes (o *hindi* e o *urdu* na Índia) existem para formas faladas idênticas: a diferença de contexto (o urdu, que usa o alfabeto árabe, é a língua dos muçulmanos) provocou tal evolução que temos duas línguas escritas diferentes a partir de uma mesma língua falada.

Em sentido inverso, pode-se muito bem não ter uma língua escrita que corresponda a formas faladas muito diferentes: é o caso do árabe, cuja forma escrita, chamada "árabe literário", recobre línguas muito diferentes entre si, os chamados "árabes dialetais". Mas, nesse domínio, os casos típicos são os da línguas ideográficas, como o chinês, que podem escrever da mesma maneira línguas inteiramente diferentes.

5. De uma forma geral, a língua escrita constitui um fator poderoso de cultura e de unificação. A conseqüência é que se confunde muitas vezes a forma escrita com a própria língua, embora se oponham línguas escritas (o francês, o inglês, o híndi) às línguas não-escritas, isto é, às que não têm textos (línguas primitivas conhecidas às vezes unicamente graças às anotações dos missionários ou pesquisadores), mas que, evidentemente, podem ser transcritas. As línguas não-escritas encontram atualmente certa uniformidade, constituindo formas escritas chamadas "línguas* de união".

232

escrita silábica. V. ESCRITA e SILÁBICO.

escrito-falado

O termo *escrito-falado* designa o tipo de discurso no qual o falante lê ou declama um texto completamente redigido por ele ou por outro. O *escrito-falado* tem assim regras próprias que o diferenciam dos enunciados produzidos oralmente, mas também textos redigidos para serem lidos pelo destinatário e não retransmitidos oralmente.

escritor

Chama-se *escritor* o sujeito que escreve (por oposição a *falante*, emissor, locutor).

escritural

Qualifica-se de *escritural* o que pertence à língua escrita, por oposição a *oral*, que pertence à língua falada. Fala-se de *código* ou de *ordem escritural* para referir-se ao sistema específico de utilização de signos lingüísticos que se cria sempre que uma língua for representada pela escrita:

espaço tipográfico

Na transcrição das frases de uma língua, separam-se tipograficamente, por *espaços*, unidades chamadas *palavras*, que são constituídas de um ou de vários morfemas. Assim, em *Os cofres-fortes foram forçados*, as unidades *os cofres-fortes* e *foram forçados* são separadas umas das outras por *espaços tipográficos*, mas têm dois (ou mais de dois) morfemas (o + s, cofre + s + forte + s, etc.): o espaço tipográfico opõe-se assim ao hífen, que reúne duas unidades que, em outros contextos, poderiam ser analisadas como autônomas (p. ex., *cofre-forte*), ou na ausência de espaço tipográfico quando duas unidades, de outro modo autônomas, se encontram reunidas numa palavra composta (p. ex., *pontapé*). Os empregos respectivos do hífen, do espaço tipográfico e a ausência de branco nas palavras compostas repousam sobre regras complexas e muitas vezes arbitrárias e subjetivas: assim, *pé de meia*, "uma meia de um par" e *pé-de-meia*, "economia". As entradas de um dicionário são, por convenção, palavras compreendidas entre dois espaços tipográficos no sentido mais estrito.

espécie de palavras

Sin. de PARTE DO DISCURSO.

espectro acústico

Chama-se *espectro acústico* a representação gráfica dos componentes de uma vogal. Um espectro pode ser realizado matematicamente pela aplicação do teorema de FOURIER. Tais cálculos, bastante complicados, foram facilitados pelo aparecimento das máquinas de calcular seqüenciais, como a IBM 1620 (de Estrasburgo) ou a Gama 60. Um espectro acústico pode ser obtido por um aparelho analisador de som chamado *espectrógrafo* ou *espectrômetro*. Os parciais ordenaram-se horizontalmente, da esquerda para a direita, conforme a freqüência. A altura dos traços que os representam indica a intensidade dos parciais; o comprimento do espectro corresponde à duração da vogal.

espectrógrafo. V. ESPECTRÔMETRO

espectrômetro

Chama-se *espectrômetro*, ou *espectrógrafo*, um aparelho analisador do som que permite: decompor uma onda sonora em seus parciais, isolando-os uns dos outros com a ajuda de filtros acústicos; registrar cada um dos parciais, independentemente dos componentes do som, e tornar visíveis os resultados da análise sob a forma de espectro. O primeiro protótipo destes aparelhos foi construído na Alemanha, antes da Segunda Guerra Mundial; existem muitos na indústria, para atender às necessidades da acústica técnica. O tipo mais espalhado hoje é o sonágrafo*.

233

espirante

Sin. de FRICATIVO ou CONSTRITIVO.

espirantização

Chama-se de *espirantização* o estreita-mento do canal bucal em seu eixo médio, que se produz, em particular, para a realização das fricativas e das constritivas. Este termo designa, também, em lingüística diacrônica e sincrônica, a passagem de um som cuja articulação comporta uma oclusão do canal bucal a um som cuja articulação comporta um estreitamento do canal bucal; por exemplo, em espanhol, a passagem das oclusivas [b, d, g] às fricativas [β ð γ] em posição intervocálica.

espírito

Espírito é um sinal diacrítico particular da língua grega, que se coloca sobre a primeira letra das palavras que começam por uma vogal ou pela consoante [ρ], ou sobre a segunda vogal das palavras que começam por um ditongo. Distingue-se o espírito doce (suave ou brando), (ᵓ), que não corresponde a nenhum fonema, e o espírito forte (ou áspero) (ᶜ), que corresponde a uma aspiração (em português, o espírito forte é transcrito em geral por um *h*).

I. esquema

L. HJELMSLEV dá o nome de *esquema* ao que F. DE SAUSSURE denomina "língua"; para Hjelmslev, o *esquema,* língua como forma pura (sistema ou *pattern*) opõe-se, de um lado, à *norma*, língua como forma material, já definida por uma certa realização social, mas independente ainda dos pormenores dessa realização, e, por outro lado, ao *uso*, língua como conjunto de hábitos articulatórios de uma determinada sociedade. Assim, o *r* é, no esquema, definido em relação à estrutura fonológica e às outras unidades desse sistema abstrato; na norma, é uma consoante definida por suas propriedades articulatórias ou acústicas, relativamente aos outros fonemas; no uso, são os tipos diversos de articulações através dos quais os falantes podem realizar esse fonema (*r* alveolar, *r* velar, *r* uvular, *r* retroflexo, etc.).

II. esquema

1. Sin. de PATTERN* ou padrão.

2. Chama-se *esquema de frase* um tipo de frase definido pelas regras de combinação de seus constituintes.

essivo

Essivo é o caso* que exprime um estado contingente (ex.: ENQUANTO PROFESSOR), por oposição ao *translativo*.

estado

Por oposição a *verbos de ação* os *verbos de estado* exprimem que o sujeito da frase se acha em determinado estado. (Tais verbos, como *ser, tornar-se, permanecer*, constituem com o sintagma nominal ou o adjetivo que se segue um sintagma verbal atributivo.)

estado de língua

1. Estado de língua é um determinado momento na história de uma língua, isto é, um conjunto de enunciados que pertencem a um período preciso, como é o caso, por exemplo, dos enunciados produzidos no período do português clássico. A noção de estado de língua implica que, por motivos metodológicos, as variações no tempo não são levadas em conta e que a língua é tida como estabilizada durante esse período. As diferenças (que por certo existem de um ponto do tempo a outro) são desprezadas ou minimizadas. É o maior ou menor refinamento do estudo que determina o tempo durante o qual

234

a língua é considerada clássica. Para o Congresso Socialista de Tours, em 1920, por exemplo, se nos referirmos ao noticiário dos jornais e ao modo como eles designam os congressistas, poderemos considerar que cada dia representa um estado de língua, e que no transcorrer desses cinco dias há evolução (e, portanto, possibilidade de um estudo diacrônico). Inversamente, poder-se-á considerar que desde o *Cid*, ou mesmo a *Canção de Rolando* até nossa época, há no francês certo número de invariantes que se pretendem extrair. Nesse caso, todos os textos franceses, da *Canção de Rolando* a nossos dias, dizem respeito ao mesmo estado de língua.

2. O *estado de língua* é também o sistema obtido a partir de um estudo sincrônico, isto é, a gramática e o léxico de uma língua definida num determinado momento do tempo. Dir-se-á, por exemplo, que o português arcaico representa um estado de língua em que termos como *senhor, pastor*, etc., têm a mesma forma para o masculino e o feminino; já no estado atual do português, o masculino *pastor*, de terminação consonântica, se opõe ao feminino *pastora*, de terminação vocálica. Cada estado de língua pode e deve ser descrito de modo independente, sem referência à evolução de que resulta ou ao futuro sistema a que chegará. É do estudo de diversos estados de língua que pode nascer, pelo confronto de sincronias sucessivas, uma verdadeira gramática histórica.

estalante

Som estalante (chamado também *estalido* ou *clique*) é o que é realizado por meio de duas oclusões: uma principal, formada pelos lábios ou pela parte anterior da língua contra os dentes ou contra o palato que produz diferentes tipos de estalantes (labial, dental, retroflexo, palatal, lateral) e uma segunda chamada "oclusão de apoio", obrigatoriamente velar, produzida pela elevação da parte posterior do dorso da língua contra o palato mole. Essa dupla oclusão determina uma cavidade em que o ar é rarefeito por um movimento de sucção. Quando termina a oclusão anterior, o ar se precipita do exterior para essa cavidade com um ruído de estalido; nesse momento exato, a oclusão velar também termina, de sorte que o som estalante pode ser sonoro ou surdo, nasal ou não.

O ruído do beijo, o ruído que serve para marcar uma certa enervação ou o que serve para excitar os cavalos são sons estalantes, respectivamente labial, dental e lateral. (V. ESTALIDO.)

estalido

A *correlação* de estalido* caracteriza as línguas chamadas *línguas de cliques,* como o zulu, em que os diferentes tipos de cliques (palatal, lateral, etc.) formam séries de localização paralelas a séries correspondentes sem estalido. A oposição de estalido é uma oposição de localização privativa que se encontra em muitas séries do mesmo sistema. (V. ESTALANTE.)

estático

Dá-se o nome de *estático* ao termo acabado na oposição aspectual definida pela dupla *ser* (acabado: estático) e *tornar-se* (não acabado: dinâmico).

estatística léxica

A *estatística léxica* é uma aplicação dos métodos estatísticos à descrição do vocabulário. Diante da enormidade de inventários necessários para responder a certas questões simples (ex.: "o vocabulário de Corneille é mais rico que o de Racine?"), ela permite um trabalho sobre a amostra extraída cientificamente de um conjunto do corpus.

(1) A estatística permite resolver questões estilísticas sobre a "riqueza" objetiva de um vocabulário, em particular, sobre as oposições estilísticas no interior de um mesmo texto. Estes procedimentos podem igualmente ajudar a resolver os problemas de classificação dos dados ("riqueza" lexicológica do texto comparada com "riqueza" léxica considerada em relação a tal período da produção de um escritor) ou de atribuição do texto ("riqueza" lexicológica do texto referida à riqueza léxica de tal ou qual autor).

Um único inventário integral permitiria dizer tudo sobre o modo como o léxico (virtual) se atualiza na fala. Defrontando-se com o interesse deste objetivo e a impossibilidade prática de inventários completos, os estatísticos aplicam ao texto métodos do tipo dos que foram definidos por CH. MULLER.

Contudo, a estatística léxica se choca ainda contra a barreira da norma lexicológica. As lexias mais ou menos fixas pelo uso são uma fonte de dificuldade: *ter medo* é menos unidade de significação que *temer?* Praticamente, em sua definição de palavra (unidade do texto, por exemplo "o Cid possui 16 690 palavras") e do vocábulo (unidade do léxico, por exemplo "o Cid possui 1 518 vocábulos") os estatísticos aceitam o uso dos lexicógrafos, mas com certa confusão, inevitável, já que uma norma convencional não foi adotada. Sabe-se que, do mesmo modo, nem todos os dicionários apresentam as mesmas entradas.

(2) A tentativa de registro do francês fundamental constitui outro enfoque quantitativo. Trata-se de definir as palavras mais utilizadas na língua, para assegurar o ensino prioritário aos não-francofones. As entrevistas feitas para a definição das diversas listas (francês elementar — francês fundamental) estabeleceram uma diferença entre freqüência e probabilidade de ocorrência. Uma palavra de uma freqüência elevada no francês fundamental (*classe*, por exemplo) pode apresentar, numa situação dada, uma probabilidade de ocorrência vizinha a zero. Toda a lexicologia quantitativa deve levar em conta a situação da comunicação. Observe-se que os dois milhares de palavras de um dicionário elementar formam de 75% a 80% de todos os textos.

236

estativo

Chamam-se *estativos* os verbos ou adjetivos que indicam duração, estado permanente: *grande* é um adjetivo *estativo*, *ébrio* é *não-estativo*. (V. DURATIVO.)

estatuto

Estatuto da frase designa a estrutura da frase definida pelo modo de comunicação por ela instaurado entre o falante e o ouvinte; estatuto da frase é a asserção (quando se declara algo), a interrogação (quando se pergunta) ou o imperativo (quando se dá uma ordem).
Estatuto da comunicação. V. COMUNICAÇÃO.

estema

Para L. TESNIÈRE as relações que existem entre as palavras de uma frase (as conexões) são representadas por traços que ligam as palavras da frase. O conjunto desses traços constitui o *estema*. Este é destinado a fazer aparecer a hierarquia das conexões, a fazer aparecerem esquematicamente os diferentes nódulos* da estrutura da frase. Na verdade, ele materializa o que L. TESNIÈRE considera como tal. Maugrado as semelhanças formais, a noção de estema não tem nada a ver com a do indicador sintagmático da gramática gerativa e transformacional. Tomemos a frase:

O bom rapaz lê um livro interessante representada conforme o faz L. TESNIÈRE pelo estema

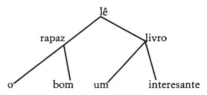

O indicador sintagmático desta frase, na teoria gerativa, não tem nada a ver com estema, já que SN é constituído de Det e N, ao qual está adjunto um Mod, provindo de um encaixe de uma frase relativa.

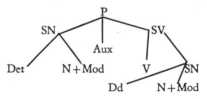

estereotipagem

A *estereotipagem* é um processo lingüístico que, de um sintagma cujos elementos são livres, faz um sintagma cujos elementos não podem ser dissociados. Assim, as palavras compostas (*bem-te-vi, guarda-chuva*) são sintagmas estereotipados.

estilística

1. CH. BALLY definiu deste modo a *estilística*: "Estudo dos fatos de expressão da linguagem organizada do ponto de vista de seu conteúdo afetivo, isto é, expressão dos fatos da sensibilidade pela linguagem e ação dos fatos de linguagem sobre a sensibilidade." "A *estilística*, ramo da lingüística, consiste, portanto, num inventário das potencialidades estilísticas da língua ("efeitos do estilo") no sentido saussuriano, e não no estudo do estilo de tal autor, que é um "emprego voluntário e consciente destes valores". Esta definição vincula o estilo à sensibilidade, que é definida assim: "O sentimento é uma deformação cuja natureza é causada pelo nosso eu"; desse modo, a metáfora existe porque podemos tornar o espírito "vítima" da associa-

ção de duas representações". É numa análise semelhante da "natureza de nosso eu" que se baseava a retórica, arte de persuadir, fazendo apelo à sensibilidade, ao passar da tribuna para a literatura escrita. Quanto à limitação da estilística ao domínio da língua, G. GUILLAUME a refuta da seguinte maneira: "Não é a linguagem que é inteligente, mas a utilização que dela fazemos."

2. A *estilística* é, mais amiúde, o estudo científico do estilo das obras literárias, tendo como justificativa primeira esta tomada de posição de R. JAKOBSON: "Se existem ainda críticas que põem em dúvida a competência da lingüística em matéria de poesia, penso por mim que elas devem prender-se à incompetência de alguns lingüistas limitados por uma incapacidade fundamental em relação à própria ciência da lingüística... Um lingüista surdo à função poética, como um especialista em literatura indiferente aos problemas e ignorante dos métodos da lingüística constituem, daqui por diante, ambos, um anacronismo flagrante."

Face ao projeto de uma estilística que se pretende estudo científico do estilo, faz-se mister colocar certo número de problemas teóricos. Em primeiro lugar, seu objeto: o estilo permanece, na maior parte das estilísticas atuais, afastado de um modo empírico, sendo pertinente o julgamento ou o gosto do estilista. Esta especificidade do objeto e sua pesquisa talvez possa ser justificada; contudo, deveria estar fundamentada de modo científico. Vinculada à lingüística, nem por isso deve a estilística deixar de forjar seus métodos próprios. Enfim, seu objeto, tendo estado durante muito tempo ligado às noções do belo e do gosto, deve ou não desinteressar-se por esta questão de valor? Pode ela, e em nome do quê, concluir sobre o valor de um texto?

Sem dizer, como o faz P. GUIRAUD que a "vocação da lingüística é a interpretação e a apreciação dos textos literários", pode-se constatar como ele que, ultrapassando a ruína da retórica, a lingüística se renova com a gramática antiga a qual, há 2 000 anos, deu nascimento à crítica literária; este contacto com a literatura, a estilística o reencontra graças a seus próprios desenvolvimentos, graças, também, a uma nova prática dos escritores que, desde uma centena de anos, definem a obra como linguagem. Ainda é preciso especificar as características da obra literária. Ela é um objeto lingüístico (manifestação de uma língua natural), fechada (limitada, estruturalmente acabada), que mantém com o referente relações específicas.

3. Dentro da hipótese saussuriana, onde todo texto pertence à fala, criação individual, o estilo é definido por referência a uma norma,

como um *desvio*. Desvio em relação ao código desde o início (poucas vezes transgredido no passado, mais comumente hoje, como em Guimarães Rosa), desvio em relação a um nível não-marcado da fala, espécie de uso comum e "simples", desvio em relação ao estilo do gênero de que a obra faz parte, e que constitui uma espécie de língua estabelecida *a priori* (pode-se estudar o estilo de Racine no interior do estilo da tragédia). Em todos os casos, trata-se de estudar os "efeitos do estilo sobre o fundo da língua".

Além de, pela constituição destas normas (língua simples, estilo trágico, etc.) corrermos o risco de chegar a puros artefatos, e de aí termos uma retórica modernizada (o estilo é um ornamento), esta estilística do desvio atomiza o texto e afasta a prática dos escritores; ela procede de uma tendência fundamental, "que é a de fazer sempre do indivíduo um epifenômeno", em nome de uma norma que esquecem de dizer como foi construída.

A esta estilística do desvio podemos vincular, embora seu autor se recuse, os trabalhos de RIFFATERRE, para quem "a mensagem exprime e o estilo sublinha". Esta estilística se apóia sobre uma definição da função estilística (outra denominação, mais geral, da função poética de R. JAKOBSON), sobre a teoria da informação e sobre os princípios metodológicos do behaviorismo para a percepção do fato do estilo. "A tarefa da estilística é identificar a reação do leitor diante de um texto e encontrar a fonte de suas reações na forma do texto. O estilista é um arquileitor, espécie de soma de todos os leitores, isto é, ele se atribui a cultura máxima (leitura das críticas, dicionários, etc.) para detectar as unidades com que o autor balisou seu texto." Pelo fato de seu enclausuramento, ao lado dos "códigos a priori" (língua, gênero), a obra acresce um código *a posteriori*, um sobrecódigo (código suplementar), significações suplementares onde os valores jogam de modo diferente. A obra cria assim seu próprio modelo de referência. Este "sobrecódigo" é analisado em termos de previsibilidade: quanto mais um elemento é imprevisível, tanto mais impressão faz sobre o leitor; tal é o procedimento estilístico, que arranca seu valor de um contraste com um microcontexto (contexto estilístico curto) e de sua relação com um macrocontexto (conjunto de dados contextuais presentes no espírito do leitor), que modifica este contraste, ampliando-o ou atenuando-o (se o efeito é muito repetido). O contexto é, pois, sobrecodificado por seu turno e detém no estilo um papel tão importante quanto o procedimento. Assim se depreendem padrões (ou motivos) estilísticos.

Incorporando o contexto aos efeitos do estilo, RIFFATERRE tende a considerar o texto inteiro como um efeito. Tal é a posição dos estilistas que constatam que, em virtude de seu enclausuramento, sistema e discurso coincidem com o texto, e o consideram como um dialeto dependente, pois, de um estudo estrutural próprio. A obra é "não uma língua, mas uma linguagem de conotação (uma linguagem de conotação não é uma língua: seu plano de expressão é constituído pelos planos do conteúdo e da expressão de uma linguagem de denotação). É, pois, uma linguagem na qual um dos planos, o da expressão, é uma língua" (L. HJELMSLEV). O texto deve ser, então, primeiramente o objeto de uma análise lingüística que depreenda as unidades da língua que servem para constituir as unidades do segundo nível (ou conotadores). Não existe isomorfismo entre os dois níveis; vários signos lingüísticos podem constituir um só conotador (os pretéritos perfeitos simples de um texto constituem um conotador cujo significado pode ser: "literatura"). No segundo nível, a semiologia substitui a lingüística, e a estilística se aproxima da semântica: "Os dois passos, semântico e estilístico, não são senão duas fases de uma mesma descrição" (A. J. GREIMAS). O termo *conotação* não foi empregado com o mesmo sentido que tem em "conotação semântica", vinculado às palavras por fatores diversos (história, tradições, experiências individuais), mas define a relação do sistema duplo de língua e texto, sendo as conotações semânticas de primeiro plano as partes constituintes das conotadores. Por exemplo: as conotações (no primeiro nível) de vulgaridade´ de *tem fogo no rabo, sua vaca*, em *O Cortiço* de ALUÍSIO DE AZEVEDO, são partes constituintes de um conotador cujo significado é a integração à ficção ou novo estilo literário.

Contudo, mau-grado seu interesse teórico (fazer aparecer o texto como uma estrutura dupla e dar conta, assim, da possibilidade de leituras diferentes) este modelo é pouco operatório. Além disto, o conceito de conotação parece discutível. Enfim, nenhum procedimento nos é dado para reconhecer os conotadores (elementos que conotam o texto): encontramo-nos diante do texto com nossa subjetividade.

4. É igualmente como um dialeto particular que a gramática gerativa visualiza o texto, mas seu escopo é o de encontrar as estruturas profundas e as transformações que existem na origem. Trata-se, pois, de estabelecer um modelo de competência e de atuação ou desempenho próprios do texto, desviado em relação a certos aspectos da competência geral, semelhante em relação a outros, o que explica que o

leitor possa assimilá-lo (ou recusá-lo). O estilo é, então, um modo característico de exibir o aparelho transformacional de uma língua. Algumas relações podem ser estabelecidas entre estas características gramaticais e os julgamentos estéticos. Os poemas nos quais as frases não se desviam das frases da língua *standard*, a não ser na estrutura superficial, são, em geral, "maus" poemas. Assim como existem graus de gramaticalidade, pode-se visualizar uma "escala de poeticidade" ligada à complexidade das transformações em causa. A gramática gerativa abre, pois, ricas perspectivas ao domínio da estilística, na medida em que se constituem modelos que dão conta das frases agramaticais, mas não desprovidas de sentido.

5. Em face a esta introdução da criatividade pela gramática gerativa, pode-se colocar o testemunho dos escritores contemporâneos, para quem a linguagem é muito matéria de experiências, ou de laboratório, a obra uma produção, uma vivência ou uma relação com o mundo, a poesia uma maneira de viver (T. Tzara), ação de um "eu" posto em questão pela psicanálise e a sociologia, desde que o "eu é um outro" de Rimbaud, e, portanto, mais complexo que o sujeito dos gerativistas. Na operação leitura/escritura, o genotexto (estrutura profunda do texto) que o analista reconstrói não é o reflexo do fenotexto (o texto tal como o revela a leitura ingênua), mas "operaria com as categorias lingüísticas que engendram uma seqüência significante" (J. Kristeva).

Se é sempre uma leitura que reconstrói o genotexto, o empirismo deste fica denunciado e, ao mesmo tempo, se constituem uma nova prática e um novo conceito, o de leitura-escritura: "leitura que visa a transformar no e através dos textos o pensamento de entrada descontínua num pensamento de unidade aprendido com o funcionamento da escritura. Forma de conhecimento, processo de cientificidade. Opõe-se à leitura literatura, leitura que retorna um texto a categorias pré-existentes; leitura essencialista, taxinômica; forma de consciência, reflexo da prática social. Toda leitura é ou escritura ou literatura" (H. Meschonnic).

Outros conceitos são necessários para balizar um campo que se expandiu, essencialmente o da literariedade: "especificidade da obra como texto; o que a define como espaço literário orientado, isto é, uma configuração de elementos regulados pelas leis de um sistema. Ele se opõe à fala cotidiana, espaço inteiramente aberto, ambíguo, já que sua sistematização é indefinidamente questionada" (ibid.). Agora, o julgamento de valor que o estruturalismo pode se recusar, à falta de critérios, é possível. "O escritor que fala codificado está morto... a subliteratura está na ideologia *lato sensu* (ideologia das pessoas, por exemplo), enquanto a obra se constrói contra uma ideologia" (ibid.).

Deste ponto de vista, a percepção do estilo encontra-se ligada a um conjunto de operações que ultrapassam o quadro formal do texto, transbordando sobre a vida, o mundo, a ideologia. Transbordamento que se compreende pela extensão do termo estilo na linguagem corrente, extensão que requer um exame filosófico da noção.

6. No *Ensaio de uma Filosofia do Estilo*, G. GRANGER introduz a noção de *estilo* fora da literatura, como resultado de um trabalho. "A passagem do amorfo ao estruturado não é jamais o resultado da imposição de uma forma que vem toda constituída do exterior... Toda a estruturação resulta de um trabalho que põe em relação, suscitando-os, a forma e o conteúdo do campo explorado": o estilo é a solução individual trazida às dificuldades encontradas por todo trabalho de estruturação; ele é o individual como lado negativo das estruturas. O estilo está presente em todas as construções científicas. Pode-se visualizar uma estilística geral, teoria das obras, que encontrrnan seu lugar entre a epistemologia e a estética.

No domínio literário, onde a estruturação lingüística da vivência é trabalho, o estilo nasce do desmembramento entre estruturas e significações, sendo a significação o que escapa a uma estruturação manifesta, o resíduo, espécie de conotação, que a leitura constitui em código *a posteriori*. O estilo não está, pois, na estrutura (código *a priori*). O campo de aplicação do conceito se encontra, pois, deslocado, da estrutura para o trabalho, para a escritura, e para o trabalho de leitura (que é também estruturação) — ele escapa, assim, a uma definição subjetiva ou puramente behaviorista.

Se uma parte dos problemas parece resolvida a nível da teoria, a prática ainda é hesitante, e novas névoas se instalam, encobrindo as fronteiras enre a estilística, a semiótica e a literatura.

7. Existe um modelo de estilo que a escola busca fazer reconhecer e adquirir, ligado a uma certa concepção do homem e da sociedade: deste ponto de vista, o estudo das redações dos alunos permite depreender este modelo. Do mesmo modo, existe um modelo de discurso estilístico, uma espécie de enunciado-molde — e a aprendizagem consiste em compreender e refazer na dissertação o narrado que religa uma classe de abstratos (ironia, melancolia) a uma classe de concretos (os autores). Quer dizer que se trata de constituir uma singularidade numa universalidade em função de certa ideologia.

I. estilo

O estilo, definido pelo período clássico como "um não sei quê", constitui a marca da individualidade do sujeito na fala: noção fundamental, fortemente ideológica, que cabe à estilística depurar para torná-la operatória e fazê-la passar da intuição ao saber.

1. Duas dicotomias fundamentais na tradição ocidental fundamentam o estilo: a oposição tema *vs* predicado (o enunciado *vs* enunciação), que assinala o lugar do sujeito em relação a seu enunciado; e o dualismo espírito *vs* matéria, que apresenta a linguagem como composta de denotações (sentidos puros, percebidos pelo intelecto) e de conotações (que se dirigem à sensibilidade valorizada e/ou desvalorizada). A gramática, desde seus primórdios, se desdobra numa retórica, arte da persuasão (oral de início, portanto material, visando à sensibilidade), catálogo das formas elegantes e convincentes. A mesma ideologia sustém a estilística de CH. BALLY.

A lingüística saussuriana, em sua primeira manifestação, não perturba profundamente esta concepção. O estilo pertence à fala, ele é a "escolha feita pelos usuários em todos os comportamentos da língua" (CRESSOT). Seja esta escolha "consciente e deliberada", ou um simples desvio, o estilo reside na distinção entre língua e fala individual. Línguas especiais podem ser elaboradas reduzindo a distinção mencionada (língua literária, língua da comédia, etc.); utiliza-se a estatística para fazer aparecerem as freqüências relativas de tais palavras, de tais torneios; uma estilometria (utilização de cômputos para o estudo do estilo) é possível.

2. A teoria da informação, a análise mais avançada das funções da linguagem, os desenvolvimentos do estruturalismo aprofundam a noção. Existe uma função estilística que sublinha os traços significativos da mensagem e que põe em relevo as estruturas que representam as outras funções. "A língua exprime, o estilo sublinha" (RIFFATERRE). Os efeitos onde se manifesta esta função formam uma estrutura particular: o estilo. Estes efeitos, contudo, não existem em si mesmos, mas numa oposição binária, na qual o outro pólo é o contexto que eles rompem de maneira imprevisível. Este contexto mesmo pode tornar-se efeito do estilo em sua oposição a um macrocontexto. Vale dizer que é o texto que serve de base à análise (nível transfrástico) e que o estilo não reside mais numa oposição paradigmática* (o que poderia ser dito), mas sintagmática* (relação efeito do estilo *vs* contexto).

Mesmo com esta última análise, não estamos muito afastados da concepção clássica, segundo a qual o estilo não faz senão acrescentar ornamentos para melhor transmitir uma mensagem na elaboração da qual ele não participa. Não estamos muito distantes de CH. BALLY e de toda uma tradição ocidental para a qual o estilo é também um "desvio" em relação à lógica, um desvio patológico, devido à fraqueza de nossa natureza. Mas aqui, com a lingüística saussuriana, o desvio se tornou estrutural. Esta definição encaminha-se, pois, para uma certa idéia da lingüística, tributária das evidências da percepção e das evidências pedagógicas" (J. SUMPF).

As palavras dos escritores sobre sua própria prática negam, desde um século, esta concepção: "O estilo é a continuidade" (FLAUBERT). "Não se faz um poema com idéias" (MALLARMÉ). As análises puramente estruturais tentam evitar este escolho, mas é sobretudo a gramática gerativa e seus desenvolvimentos que permitem que se ultrapasse esta problemática.

3. Reconhecer um texto de Hugo, ou seu pastiche, é utilizar uma competência poética que se acrescenta à competência lingüística. Existem estruturas profundas e regras de transformação próprias de cada autor: uma gramática que o leitor aprende (ou que não pode aprender, de onde a recusa à poesia moderna, por exemplo). Gramática particular (ou estilo) que deve engendrar a frase gramátical da língua, bem como as semifrases, ou seja, as que a gramática geral não pode produzir.

Enfatizando a sintaxe e seu caráter central e o processo de produção, a gramática gerativa extrai o problema do estilo da oposição denotação *vs* conotação, em que muitas vezes está enclausurado. Além disto, o trabalho efetuado a partir dos conceitos de literariedade, de texto do autor, de leitor, reestruturam o campo da criação e da leitura da obra.

4. No texto considerado como prática significante, e não uma "estrutura plana", mas seu "próprio enquadramento", o estilo, como "resistência de uma experiência à prática estruturante de uma escritura" (G. GRANGER, *Ensaio de uma Filosofia do Estilo*), é o texto. O estilo, portanto, é criação de sentido. Sua leitura não é um deciframento passivo, mas um trabalho de estruturação do significante, de produção do significado. Assim, pode-se ultrapassar num "monismo materialista, homogeneidade de pensamento e linguagem" (MESCHONNIC), o dualismo forma *vs* sentido, denotação *vs* conotação, e suas dicotomias derivadas: individual *vs* social, escritura *vs* leitura. Falta, contudo, para tornar estas teorias verdadeiramente operatórias, criar uma teoria da gênese do texto e um modelo do sujeito .

II. estilo direto, indireto

Emprega-se, algumas vezes, *estilo direto* ou *indireto* para *discurso direto ou indireto*. *Discurso* é menos ambíguo, porque se refere acima de tudo ao modo de enunciação; enquanto estilo possui vários sentidos nitidamente diferentes. O *estilo direto* é o modo de enunciação que implica diretamente os participantes da comunicação; o *estilo indireto* é o modo de enunciação dos discursos narrados.

estilo-estatística

Chama-se de *estilo-estatística* aos procedimentos do estilo através dos meios da estatística. Este estudo, baseado na hipótese de que os desvios relativos à norma são estilisticamente significativos, interpreta em termos de valor a relação freqüente/raro.

estilometria

Chama-se *estilometria* a utilização da estatística para o estudo dos fatos do estilo. (V. ESTATÍSTICA LÉXICA.)

estímulo

Na teoria behaviorista, *estímulo* é um acontecimento (S) que provoca uma resposta (R). O estímulo verbal pode ser ao mesmo tempo uma resposta (r) a um estímulo (S) e um estímulo (s) para uma resposta final (R). Neste caso, o esquema será da forma SrsR.

estocástico

Um processo é chamado *estocástico* quando está submetido às leis do azar e quando pode receber o cálculo das probabilidades. Este processo mostrou-se apto a servir de base a um modelo lingüístico. Este último é concebido como um mecanismo que permite a produção de maneira automática de uma mensagem constituída de um número finito de símbolos elementares, que possuem, cada um, uma duração específica. Cada mensagem é produzida, partindo-se da esquerda para a direita (ordem linear que se dá no tempo). A escolha do primeiro símbolo da seqüência que constitui a mensagem é livre, mas o símbolo seguinte é determinado pelo que acabou de ser emi-

tido; deverá ser escolhido em função do primeiro símbolo, e assim por diante. Assim que a máquina emitiu um símbolo, passa a um outro estado, que depende do estado precedente. Em matemática, este processo é chamado de *modelo Markov*. O sistema possui, portanto, um número finito de estados possíveis e uma série de probabilidades de passagem de um estado a outro. Os estados sucessivos serão, a cada vez, função das "palavras" anteriores. Se introduzirmos no programa da máquina todos os danos necessários para formar as frases da língua, o modelo poderá gerar todas as frases dessa língua. Uma língua, conforme o processo markoviano, é constituída de certo número de seqüências de símbolos (ou frases) determinadas por um conjunto finito de regras de gramática; cada regra caracteriza em que estado do sistema ela deverá ser aplicada e que símbolo será produzido por ocasião da passagem de um estado a outro.

estorascópio

Estorascópio é um tipo especial de oscilógrafo catódico que permite visualizar as oscilações das ondas sonoras, economizando a câmara (e todos os inconvenientes vinculados à demora de desenvolvimento do filme e, sobretudo, à enorme quantidade de filme necessária para filmar uma só vibração). Este aparelho comporta uma tela fluorescente, constituída de uma grossa lâmina cristalina entre dois eletrodos. O traço de oscilação inscreve-se sob a forma de íons coloridos no ponto de impacto dessa lâmina e do raio catódico focalizado sobre ela. Este traço subsiste durante pelo menos

245

vinte e quatro horas, o que permite estudá-la, e apagá-la se ela for inútil.

estratificacionalista

Os lingüistas *estratificacionalistas*, como o norte-americano S. LAMB, partem da idéia de que a relação entre a forma fônica (ou gráfica) e o sentido dos enunciados é muito mais complexa do que pensavam os estruturalistas ou mesmo os gerativistas. Eles propõem, então, a decomposição desta relação em várias relações parciais, caracterizadas por níveis (estratos) de representação muito mais numerosos e que devem ser explicados especificamente (nível semântico, sintático, morfêmico, fônico, etc.) (V. SEMÂNTICA.)

estrato

O termo *estrato* é utilizado na lingüística norte-americana como sinônimo de nível (*rang**).

estratificacional.

V. ESTRATIFICACIONALISTA.

estridente

Uma *consoante estridente* é caracterizada, em oposição às consoantes mates, pela presença em seu espectro acústico de um ruído de intensidade particularmente elevado e por uma distribuição irregular da intensidade. Estas particularidades são devidas à presença, na articulação das consoantes estridentes, de um obstáculo suplemen-

tar que cria efeitos cortantes no ponto de articulação e provoca uma turbulência maior do ar. As consoantes estridentes são ditas também "consoantes de bordos rugosos", por oposição às "consoantes de bordos lisos", as consoantes mates. As africadas opõem-se, como as estridentes, às consoantes oclusivas correspondentes, já que a articulação complexa das africadas supõe a combinação de um obstáculo oclusivo e de um obstáculo fricativo. As lábio-dentais, as chiantes, as uvulares são, igualmente, fonemas estridentes. Em francês, como em português, todas as fricativas [f, v, s, z, ʃ, ʒ], são estridentes, sendo as oclusivas [p, b, t, d, k, g], mates. Em inglês, o [s] opõe-se como estridente ao [θ], porque, na articulação deste segundo fonema, a fileira dos dentes inferiores, coberta pela língua, não obstrui a passagem do ar.

estroboscópio

Estroboscópio é um aparelho que torna observáveis as vibrações laríngeas. Na verdade, o movimento das cordas vocais é muito rápido (de 100 a 300 vibrações por segundo) para que possa ser observado a olho nu. Esta observação é permitida através de um filme rodado a uma grande velocidade (até 4 000 imagens por minuto) e passado, em seguida, mais devagar: a velocidade de 16 minutos por segundo proporciona uma imagem muito nítida do movimento das cordas vocais.

estrutura

Um conjunto de dados lingüísticos possui uma estrutura (está estruturado) se, a partir de uma característica definida, se puder constituir um sistema ordenado de regras que descrevam conjuntamente os elementos e suas relações até um grau determinado de complexidade: a língua pode ser estruturada sob o ângulo de diversos critérios independentes uns dos outros (mudança histórica, sentido, sintaxe, etc.). (V. PROFUNDA [ESTRUTURA], SUPERFICIAL.)

O conceito de estrutura, se nos referirmos à diversidade dos estruturalismos*, é difícil de definir. Assim, torna-se necessário partir de um certo número de invariantes comuns a todas as escolas.

246

Em princípio, uma estrutura é um sistema que funciona conforme a leis (já que os elementos não possuem senão propriedades) e que se conserva ou se enriquece pelo próprio jogo destas leis, sem a contribuição de elementos exteriores ou sèm que seja exercida uma ação sobre elementos exteriores. Uma estrutura é um sistema caracterizado por noções de totalidade, de transformação, de auto-regulação.

Todos os estruturalistas estão de acordo em opor estruturas a conglomerados; estes últimos se caracterizam por ser constituídos de elementos independentes do todo. Coloca-se, assim, como primordial à estrutura, a totalidade. Os elementos que podem formar a estrutura são, pois, regidos por leis características do sistema como tal, que conferem ao todo propriedades do conjunto. Pode-se tomar aqui o exemplo dos números inteiros: eles não existem isoladamente, nem se apresentam numa ordem qualquer. É na mesma perspectiva que o estruturalismo lingüístico descreverá o sistema de fonemas de uma língua. A conseqüência desta maneira de ver é que as estruturas se definem por uma série de relações entre os elementos; não é nem o elemento nem o todo, mas suas relações que constituem a estrutura, e o todo não é senão seu resultado.

Vemo-nos levados, assim, a um dos problemas centrais da estrutura: o de saber se esta última conheceu uma gênese ou se ela existiu sempre, *a priori*. Visto que as leis é que são estruturantes, somos levados a antecipar a noção de transformação*. O sistema da língua numa época dada está longe de ser imóvel. Todas as estruturas conhecidas são sistemas de transformação, seja intemporais, seja temporais. Se concebermos as estruturas como intemporais, realçaremos nas ciências os sistemas lógico-matemáticos. Podemos, ao contrário, nos preocupar com sua genealogia e conceber as estruturas intemporais como formando simplesmente um grupo de estruturas.

Enfim, as transformações inerentes a uma estrutura não nos levam jamais além de suas fronteiras (além de tudo o que ela constitui) e não engendram senão os elementos que pertencem sempre à estrutura e que conservam suas leis. É neste sentido que a estrutura se fecha sobre si mesma. Na medida em que permanece estável, construindo indefinidamente novos elementos, pode-se dizer que existe auto-regulação, efetuando-se esta última conforme procedimentos ou processos diversos. Esta auto-regulação, que corrigira os erros à vista dos resultados dos atos ou que imporia mesmo uma espécie de pré-correção, não pode ser concebida do mesmo modo para as estruturas nas ciências humanas e para as estruturas lógicas ou matemáticas.

estrutura profunda V. PROFUNDA.

estrutural

Qualifica-se de *estrutural* (1) o que pertence ou se refere ao estruturalismo* (ou à linguagem estrutural); (2) o que tem uma estrutura, o que concerne à estrutura. Em francês, o termo *structural* distintingue-se de *structurel*: usa-se *structurel* em gramática gerativa para designar uma análise das mudanças ou transformações lingüísticas, como, por exemplo, *analyse structurel* e *changement structurel*. Em português, evidentemente, não existe tal distinção.

estruturalismo

O termo *estruturalismo* se aplicou e se aplica, conforme as pessoas e os momentos, a escola lingüísticas bastante diferentes. Esta palavra é utilizada muitas vezes para designar uma dentre elas; outras vezes, para designar várias delas e, noutras, ainda, para designar a totalidade delas. Têm em comum certo número de concepções e de métodos que implicam a definição de estrutura em lingüística.

1. Se deixarmos de lado, no momento, o estruturalismo transformacional (V. GERATIVA [GRAMÁTICA]), as diversas escolas (V. DISTRIBUCIONALISMO, FUNCIONALISMO, GLOSSEMÁTICA) fundamentam a lingüística sobre o estudo dos enunciados realizados. Assim, a lingüística tem por escopo elaborar uma teoria do texto considerado como acabado (fechado) e utilizar para este fim um método de análise formal. Desse modo, o estruturalismo coloca de início o princípio da imanência, limitando-se o lingüista ao estudo dos enunciados realizados (corpus*), tentando definir sua estrutura (a arquitetura, a independência dos elementos internos). Em contrapartida, tudo o que diz respeito à enunciação* (principalmente o sujeito e a situação considerados de um certo modo como invariantes) é deixado de lado pela pesquisa. Sobre este ponto, contudo, é necessário considerar divergências importantes: a escola de Praga, com R. JAKOBSON e E. BENVENISTE, se preocupa com analisar as relações locutor-mensagem (V. FUNÇÕES DA LINGUAGEM, ENUNCIAÇÃO) e os sucessores de F. DE SAUSSURE, principalmente CH. BALLY, advogam uma lingüística da fala também muito importante e oposta a uma lingüística da língua; ao contrário, L. BLOOMFIELD e o estruturalismo norte-americano consideram impossível definir o sentido e a relação do locutor com o mundo real (segundo eles, fatores demasiados entram em jogo e somos incapazes de ordenar de maneira explícita os traços pertinentes da situação). Um outro traço importante do estruturalismo é a distinção sob diversas formas de um código* lingüístico (língua*) e suas realizações (fala*). Vai-se, pois, depreender do texto ou dos textos analisados, que resultam dos atos de fala, o sistema da língua, já que justamente o estudo da fala em si mesma foi deixado de lado durante

bastante tempo, reservada que estava para estudos ulteriores. Foi-se, assim, conduzido ao estudo do sistema tal como ele funciona, num momento dado, em equilíbrio (estudo sincrônico*) na medida em que o estudo histórico (diacrônico*) parece a própria negação do sistema. Assim, o estruturalismo baseia a economia lingüística no funcionamento sincrônico do código. Coloca-se *a priori*, para um conjunto de enunciados, a existência de uma estrutura que se deve em seguida segmentar, baseando-se numa análise imanente; os códigos são considerados irredutíveis uns aos outros; pergunta-se, então, como a tradução de uma língua para outra é possível, e se sustenta, com Y. BAR-HILLEL, que ela jamais é total. Por pouco que se persevere, as micro-estruturas de uma mesma língua (um campo léxico em relação a outro) são irredutíveis, também elas, umas em relação às outras.

Esta independência de uma estrutura em relação a outra acompanha certo número de postulados concernentes ao plano dos significados e ao plano dos significantes. A relação entre significado e significante é considerada arbitrária* e, salvo exceções (motivação), não há relação entre forma do signo e objeto designado. Do mesmo modo, se postula, às vezes implicitamente, às vezes explicitamente, primeiro a distinção entre forma e substância, e depois o princípio do isomorfismo* entre elas.

2. As conseqüências metodológicas destes princípios permitem, assim, aproximar diversas escolas estruturais. Os estruturalistas definem os níveis (*rangs*): o enunciado é estudado como uma série de níveis hierarquizados, onde cada elemento está determinado em função de suas combinações com o nível superior. Os fonemas são considerados por suas combinações ao nível do morfema e os morfemas por suas combinações na frase. As escolas se dividem aqui, quando buscam medir a importância relativa das transições de um nível a outro: A. MARTINET realça a passagem do nível dos fonemas ao nível dos morfemas, enquanto E. BENVENISTE, seguindo, neste sentido, a escola de Praga, situa a transição importante entre os traços pertinentes do fonema e o próprio fonema.

O método do estruturalismo é, primeiro, indutivo, mesmo se ele puder chegar à projeção de resultados sobre diversos *corpora* que não foram realizados e dos quais se espera que os resultados dêem conta. Isto significa dizer que, de uma maneira ou de outra, o estruturalismo tende sempre a ler um texto conforme certo molde, que o reorganiza, mas vale dizer, também, que o resultado não é senão uma nova apresentação do texto, que não poderá fornecer nada além do que o texto contém. Todos os estruturalismos tendem a estabelecer taxinomias.

3. O estruturalismo rejeita a teoria da informação* na medida em que recorre ao estudo do contexto que cerca uma unidade. No momento em que emitimos a sílaba *ma*, grande número de palavras permanece possível (*maternidade, mamar, mal, marxismo, máquina, maniqueísmo*, etc.), mas muitas já estão excluídas (todas aquelas que não começam por *m* e todas aquelas que, começando por *m*, fazem-na seguir por outra vogal que não *a*: *mina, mutação, melado, mosca*, etc.); desde que se pronuncie, depois da sílaba *ma*, a sílaba *ta*, uma nova série será excluída (*maternidade, mamar, mal, marxismo, máquina, maniqueísmo*, etc.), mas ainda restam possíveis *matador, matagal*, sendo que esta última palavra seria impossível se a terceira sílaba fosse *dor*. As pesquisas desse tipo permitiram a introdução da estatística na lingüística, mesmo se considerarmos que elas se aplicam melhor à cadeia fonemática que às unidades léxicas.

4. Enfim, a lingüística estrutural se define pela pesquisa das diferenças que levam ao binarismo; as oposições podem ser de ordem sintagmática* (oposição de uma unidade com as que a precedem ou com as que a seguem) ou de ordem paradigmática* (oposição com todas as unidades que poderiam figurar no mesmo ponto da cadeia onde se encontra a unidade estudada).

5. Um dos méritos do estruturalismo é haver estabelecido a lingüística como ciência das línguas, graças às distinções por ele introduzidas (sincronia/diacronia; regras do código/realizações individuais; traços pertinentes/traços redundantes, etc.). Melhorando de modo considerável a descrição das línguas, ele permitiu que se limitasse, na lingüística, o subjetivismo, cujas impressões substituiu pelo estudo sistemático e controlável dos fatos de língua. Do mesmo modo, o etnocentrismo ocidental (que tendia a descrever todos os idiomas, baseando-se no molde categorial utilizado para as línguas indo-européias) tendeu a desaparecer, sendo cada sistema considerado pela lingüística estrutural como autônomo e dependente de uma descrição própria.

O estruturalismo estabeleceu as bases teóricas da ciência da linguagem, na medida em que tendeu a descrever seu funcionamento. Os primeiros esquemas de representação (linearidade da cadeia Markov, rejeição sistemática de toda a interpretação baseada numa teoria do sujeito) se revelaram, por certo, demasiado simples. Levaram, todavia, o lingüista a se ocupar de pesquisas propriamente científicas no domínio da aplicação (patologia da linguagem, aprendizagem programada de línguas, tratamento formal dos textos, classificação documentária). Este tipo de pesquisa não se tornou possível senão a partir do momento em que o estruturalismo pôs como primordial o problema do funcionamento sincrônico das línguas, correlacionando-o com. os problemas gerais da linguagem. As dificuldades do estruturalismo residem, portanto, no que fez seu sucesso: a análise a partir dos textos realizados levou ao menosprezo pela criatividade da linguagem, sobre a qual a gramática gerativa coloca a tônica; a noção de sistema, sem excluir inteiramente a diacronia (a histórica), não deixou de levar à negligência pelo estudo histórico da língua; o desejo de objetividade, minimizando as manifestações do falante, fez abandonar as pesquisas sobre a incidência deste na fala. O estruturalismo acabou por achar-se em contradição consigo próprio: ao não estudar senão os *corpora* (e não o conjunto de frases possíveis), negou-se a tomar em consideração as condições de produção.

ético

O *dativo ético* indica uma participação do sujeito na ação expressa pelo verbo. Ex.: lat. *caue mihi mendaci quicquam* [“não me venhas com qualquer mentira”] (Plauto, *apud* Ernesto Faria, *Gramática Superior da Língua Latina*, Rio, Livraria Acadêmica, 1958, pp. 352-53). *Mihi* é o dativo ético, e o exemplo também serve para o português, pois, *me*, em *Não me venhas...* também é um caso de dativo ético.

2. Ver TAGMÊMICO.

étimo

Étimo é qualquer forma dada ou estabelecida de que se pode derivar uma palavra; o étimo pode ser radical, base a partir da qual se criou, com um afixo, uma palavra recente (assim, *automóvel* é o étimo de *automobilista, Trotski* o de *trotskista* e o latim *turbare*, “turvar”, o de *perturbador*). O étimo também pode ser a forma antiga de que se origina uma forma recente: assim, em fr. *sanglier*, “javali”, tem por étimo *singularis*, abreviação de *singularis* porcus, “solitário”. Enfim, o étimo pode ser a forma hipotética ou a raiz* estabelecida para explicar uma ou várias formas modernas da mesma língua ou de línguas diferentes.

etimologia

Etimologia é a pesquisa das relações que uma palavra mantém com outra unidade mais antiga, de que se origina.

I. SENTIDOS ANTIGOS

Na Antiguidade grega, *etimologia* é a pesquisa do sentido “verdadeiro” ou fundamental que serve para revelar a verdadeira natureza das palavras, a partir da idéia de que sua forma corresponde efetivamente, e de modo natural, aos objetos que designam. Na impossibilidade de poder reduzir a palavra a uma filiação onomatopaica*, a palavra é aproximada, pelo menos, de outras unidades que têm vagas semelhanças de forma e que revelariam seu sentido exato, ou então é reduzida a sílabas de outras palavras, cuja combinação seria significativa: assim Platão explica o nome do deus *Dionusos* por *didous ton*

251

oinon, "aquele que dá o vinho", enquanto os latinos interpretavam *cadaver* por *ca(ro) da(ta) ver(mibus)*, "carne dada aos vermes".

Na Idade Média, *etimologia* é a pesquisa fundada na crença de que todas as línguas podiam provir de uma língua determinada, conhecida, estudada sob a forma escrita. Assim, no século XVII ainda, demonstrava-se que o francês vinha do hebraico (considerado muitas vezes como língua-mãe por motivos religiosos); a passagem de uma língua para outra se operava por transposições, supressões, adições ou substituições de letras. Convém assinalar, todavia, que MÉNAGE, fazendo remontar o francês ao latim, este ao grego e este último ao hebraico, encontrou um número não negligenciável de etimologias exatas.

II. SENTIDOS MODERNOS

No estudo da derivação, a *etimologia* é a disciplina que se ocupa da formação das palavras e pela qual se reduzem unidades mais recentes a termos já conhecidos: assim, *borrar*, se explica a partir de *borra* e *lingüista* por *língua*, tomado do latim.

Em lingüística histórica, *etimologia* é a disciplina que tem por função explicar a evolução das palavras remontando o mais longe possível no passado, muitas vezes além mesmo dos limites do idioma estudado, até uma unidade chamada *étimo**, de onde se faz derivar a forma moderna. No caso do português, por exemplo, remontar-se-á então ao latim (formas atestadas ou hipotéticas), ao germânico, ao árabe, ao tupi, etc.; *rei* será explicado pelas transformações sucessivas sofridas pelo lat. *regem*, enquanto *saber* não pode provir senão de **sapēre* (que não é atestado, como o indica neste caso o asterisco), em vez do clássico *sapere; branco* será ligado ao germânico ocidental *blank; alface*, ao árabe *al-khass* e *buriti* ao tupi *mburi'ti*. Do mesmo modo, a gramática comparada das línguas indo-européias explicará a maioria das palavras que significam "cem" (com exceção das línguas germânicas) por uma raiz única que dará tanto em latim a forma *centum* e em grego (*he*)*katon* como a forma do avéstico *satəm*. Nesse caso, a etimologia se apóia sobretudo na fonética histórica, mas, contrariamente a uma prática puramente formal, ela não poderia ignorar a semântica* na medida em que o étimo tem um sentido bastante diferente da palavra derivada (por exemplo, *necare*, "matar", dará em francês *noyer*, "afogar"; *tripalium*, "instrumento de tortura", dará *trabalho*).

A pesquisa da raiz de uma palavra ou de um grupo de palavras não pode ser a única tarefa da etimologia na perspectiva de uma lingüística moderna. Com efeito, somos levados a seguir a palavra, durante todo o período em que ela faz parte da língua, em todos os sistemas de relações em que ela entra, sem jamais cessar de levantar os problemas que dizem respeito à etimologia propriamente dita. A primeira série dessas relações é mantida com as unidades de campos* semânticos a que pertencem. Examinar, por exemplo, em lingüística, o signo fr. *entendre*, "ouvir", é estudar a passagem lo latim *intendere*, "prestar atenção", ao sentido atual. Isto supõe que se determine, em cada época, as relações que a unidade mantém com o antigo verbo que significa *entendre*, "ouvir", e que é *oüir* (proveniente de *audire*). Essa evolução, que resultará na eliminação da forma mais curta, só pode explicar-se se se fizer intervir igualmente *écouter*, "escutar". Enfim, a etimologia estrutural coloca em tela parcialmente a teoria da arbitrariedade do signo, tal como a definiu F. DE SAUSSURE: constata-se, com efeito, a existência de relações entre certos traços formais e certas invariantes de sentidos (chega-se, assim, mas por caminhos rigorosos, às ambições dos filósofos gregos). A forma de uma palavra explica, às vezes, num sistema de relações complexas, o sentido que ela acaba por tomar. As mais célebres manifestações (mas que, sem dúvida, não são as mais importantes) são os fenômenos de *etimologia popular* (ou falsa etimologia). Segundo P. GUIRAUD, é preciso admitir a existência de matrizes lexicogênicas; a certos tipos de constituição radical correspondem certos sentidos elementares (*protos-emantismos*) que encontramos combinados com outros caracteres semânticos em todas as unidades do tipo. Isso ocorre com os compostos tautológicos (protossemantismo "tourner" [virar]) e as raízes com duas consoantes *t* e *k* separadas por uma vogal; seja qual for a sua origem, as unidades acabam por incluir em seus sentidos o de "coup" [golpe]; Ao perder, por razões fonéticas, o som *k*, que passa a uma chiante grafada *-ch-*, *toucher* (duplo etimológico de *toquer*), ao contrário, não exprime idéia de golpe provocador de ruído.

III. SENTIDO POR EXTENSÃO

Chama-se também *etimologia* o *étimo* ou as evoluções sucessivas (história) pelas quais se passou do étimo à palavra derivada.

IV. ETIMOLOGIA POPULAR

A *etimologia popular*, ou *etimologia cruzada*, é o fenômeno pelo qual o falante, com base em certas semelhanças formais, liga consciente ou inconscientemente uma forma dada a outra forma, com a qual ela não tinha nenhum parentesco genético; as palavras sujeitas a essa *atração paronímica* acabam por se aproximar no plano semântico: o francês vê, muitas vezes, em *choucroute*, "chucrute", *chou*, "repolho", e *croûte*, "alimento", quando a palavra vem do alemão dialetal *surkrut* (*sauerkraut*), *aigre chou*, "repolho azedo"; em português, há o caso do emprego inadequado de termos resultantes de cruzamentos paronímicos ou etimologias populares. Como, *inimigo fidalgal*, por *inimigo figadal; terraplanagem* por *terraplenagem*.

A *etimologia popular* também é chamada *falsa etimologia*, opondo-se-lhes a *etimologia erudita*, baseada no conhecimento das formas antigas e das leis que presidiram sua evolução.

Reserva-se às vezes o termo *etimologia popular* aos erros individuais como *aviso breve* por *aviso prévio*, enquanto a etimologia cruzada designaria os fatos consagrados pela língua.

etiqueta

V. ÁRVORE, PARENTETIZAÇÃO.

étnico

Adjetivo étnico é o derivado de um nome de país ou de região e que indica a pertença a essa região ou país (pela origem ou localização), ou então a posse de certas propriedades reconhecidas em seus habitantes. Assim, *brasileiro* é um adjetivo étnico derivado por adjetivização de *Brasil* (*a indústria do Brasil* → *a indústria brasileira*). Os adjetivos étnicos podem tornar-se substantivos: *um brasileiro*. Em certas línguas, essa mudança de categoria manifesta-se na escrita pelo uso de uma maiúscula no início da palavra. Os afixos de adjetivos étnicos formam em português, por exemplo, um sistema particular: *-ano* (cubano), *-ês* (português), *-ino* (argentino), *-eno, -enho* (rumeno, panamenho), *-eco* (guatemalteco).

etnolingüística

Originária da sociolingüística*, no sentido lato do termo, a *etnolingüística* é o estudo da língua enquanto expressão de uma cultura e em referência com a situação de comunicação.

Para a especialização desses termos, constata-se a mesma tendência que a propósito de etnologia e de sociologia. Por um desligamento de sentido, que é compreendido na medida em que o estudo completo da situação de comunicação é difícil nas sociedades modernas, a etnolingüística acabou por limitar-se essencialmente às sociedades chamadas "primitivas".

Os problemas abordados pela etnolingüística dizem respeito às relações entre a lingüística e a visão do mundo. É assim que o sistema do seri (México), que tem verbos diferentes para *comprar*, conforme se compre alimento ou outra coisa, ou para *morrer*, segundo se trata de um ser humano ou de um animal, é revelador de uma certa maneira de organizar o mundo. Uma segunda série de problemas concerne ao lugar que determinado povo dá à linguagem e às línguas (existência de uma mitologia da linguagem, de tabus lingüísticos). A reflexão sobre a motivação respeita assim à etnolingüística.

Enfim, a etnolingüística ocupa-se igualmente dos problemas da comunicação entre povos de línguas diferentes ou da utilização, por um povo dominado, de duas ou mais línguas (plurilingüismo). A existência de línguas sagradas (arcaizante ou mesmo esotérica), secretas (tanto a gíria dos malandros como a fala mista dos médicos *callawaya* da Bolívia) e técnicas tem aqui sua importância, assim como a escolha entre vários tipos de discurso.

De um modo geral, a etnolingüística está dominada pelo problema do isomorfismo* das estruturas lingüísticas e das estruturas sociais.

eufemismo

Eufemismo é toda maneira atenuada ou suavizada de exprimir certos fatos ou idéias cuja crueza pode ferir. Na antífrase, o eufemismo pode ir até o uso de uma palavra ou de um enunciado que exprime o contrário daquilo que se quer dizer. Assim, dizer de Pedro que ele *é muito prudente* pode ser um eufemismo para indicar que ele é muito medroso.

eufonia

Eufonia é a qualidade de sons agradáveis à audição; a euforia explica certas mudanças fonéticas devidas à influência de fonemas contíguos ou próximos; ela pode atuar seja como fator de assimilação, para evitar contrastes fonéticos que soam como discordantes (é o caso, em particular, dos fenômenos de harmonia vocálica), ou, pelo contrário, como fator de dissimilação, para evitar certas repetições incômodas.

evanescente

Evanescente é um fonema em vias de emudecimento, como o [i] e o [u] final no rumeno e em certos dialetos italianos meridionais.

evolução

Toda língua está em contínua mudança, toda língua tem sua história. A história interna estuda as modificações que a estrutura de uma língua sofre durante sua *evolução*. A história externa estuda as modificações que se produzem na comunidade lingüística e em suas necessidades (mudança de lugar, crescimento das áreas de um falar, etc.). A história externa determina as condições da evolução lingüística propriamente dita.

evolutivo

O termo *evolutivo* às vezes é empregado no lugar de *diacrônico* para caracterizar as pesquisas que se ocupam da mudança da língua no tempo. Fala-se, então, de *lingüística evolutiva*, de *estudo evolutivo*.

exaustividade

Um estudo ou um corpus são *exaustivos* quando pretendem levar em consideração todos os fatos de língua que a pesquisa implica.

exceção

Exceções são fenômenos lingüísticos que, nos domínios determinados, infringem uma regra A, mais geral, em obediência a uma regra B, mais limitada: essa regra B pode ser ou uma regra específica, distinta de todas as demais, ou uma regra mais geral, diferente da regra A. Assim, dir-se-á que na formação do plural, em francês, as palavras em *-al* constituem exceção, pois têm sua regra particular (*al* transforma-se em *aux*); mas se essa modificação *al* → *aux*, por sua vez, é colocada como regra, dir-se-á que as palavras *bal, carnaval, chacal, cal*, etc., constituem exceções a essa regra e que a regra que lhes é aplicada será então a regra geral de adição do *s*.

exclamação

Exclamação é um tipo de frase, às vezes reduzida a uma interjeição*, que exprime uma emoção ou um julgamento afetivo. A *frase exclamativa* é construída pelo mesmo modelo das frases interrogativas (os advérbios e pronomes exclamativos são os mesmos que os interrogativos: (*que, quanto*, etc.), mas se distingue da frase interrogativa pela entonação (transcrita por um ponto de exclamação): *Que tolice! Quanto esbanjamento!*

exclusão

V. NÃO-INCLUSÃO.

exclusivo

1. Dois fonemas estão numa *relação exclusiva* quando só se opõem por um traço pertinente, embora sejam os únicos a apresentar todos os traços que possuem em comum: /p/ e /b/, em português, encontram-se em relação exclusiva, só se distinguindo pelo traço de sonoridade e são os únicos a apre-

255

sentar ao mesmo tempo os traços [+ bilabial] e [— nasal].

2. *Nomes ou pronomes pessoais exclusivos.* V. INCLUSIVO e PESSOA.

exemplo

Em lexicografia, *exemplos* são frases ou sintagmas que comportam ocorrências da palavra de entrada e fornecem informações lingüísticas (sobre os traços sintáticos e semânticos, por meio de termos co-ocorrentes) e culturais (mediante as mensagens assim constituídas). Tais frases (ou sintagmas) são ou extraídas de um corpus (podendo este último confundir-se com o conjunto da literatura da comunidade sócio-lingüística), ou então forjadas pelo lexicógrafo, que age enquanto sujeito nativo da língua. Assim, os exemplos (1) justificam a definição, de que muitas vezes eles até constituem uma parte; (2) oferecem as construções sintáticas mais correntes ou as associações semânticas mais comuns; (3) formam frases fora do contexto e, mesmo quando extraídos de um corpus, adquirem num dicionário uma nova significação; (4) formam comentários culturais.

existencial

1. Causativa existencial. V. CAUSATIVO.

2. *Frase existencial,* tipo de frase em que o predicado da estrutura profunda é constituído por um verbo *estar* seguido de um sintagma preposicional de lugar; assim, uma transformação de extraposição desloca o sintagma nominal sujeito após o verbo *estar*, sendo ele mesmo transformado em *há: Leões estão (na África) → Há leões na África.*

exocêntrico

V. ENDOCÊNTRICO.

expansão

1. Em lingüística estrutural, se duas seqüências de morfemas figurarem no mesmo ambiente sintático, isto é, se tiverem a mesma distribuição e uma for pelo menos tão longa quanto a outra, isto é, contiver pelo menos o mesmo número de morfemas, embora tenha uma estrutura de constituintes* diferentes, então essa seqüência será a *expansão* da primeira, que é seu modelo*.

Sejam as duas seqüências de morfemas: *a criança* e *a menina pequena,* que figuram nos mesmos ambientes sintáticos e que têm uma estrutura de constituintes diferente, pois uma é da forma Determinante + Nome e a outra da forma Determinante + Nome + Adjetivo, diz-se que *a menina pequena* é a expansão de *a criança.* Do mesmo modo, se considerarmos as duas frases:

(1) *João corre*

(2) *O filho do guarda do imóvel lança a bola,*

dir-se-á que a frase (2) é a expansão da frase (1) se as duas frases podem ser definidas como tendo a mesma distribuição sintática.

2. Para A. MARTINET, expansão numa frase é qualquer termo ou grupo de termos que podem ser suprimidos da frase sem que esta deixe de ser uma frase e sem que as relações gramaticais entre os termos sejam modificadas. Assim, na frase: *O gato do zelador dorme no tapete,* dir-se-á que *do zelador* é uma expansão do sintagma nominal e *no tapete* uma expansão do sintagma verbal, já que eles podem ser extraídos da frase sem que esta deixe de ser uma frase: *O gato dorme.*

expiração

Expiração é o ato pelo qual se expulsa o ar do pulmão; é a fase da respiração durante a qual se situa o ato fonatório. A maioria dos sons da linguagem utiliza o ar saído dos pulmões durante a expiração. Contudo, em certas línguas, existem consoantes ditas "consoantes recursivas*" produzidas graças à acumulação de uma massa de ar acima da glote*, que a expulsa bruscamente por meio de uma espécie de toque de pistão. As línguas que opõem duas séries de consoantes pertencentes respectivamente a esses dois tipos apresentam uma *correlação de expiração* (ou *correlação de recursão**).

expletivo

Em gramática tradicional, palavras *expletivas* são termos vazios de sentido mas que, presentes em determinados enunciados, tornam-se significativos: advérbios de negação, pronomes, preposições, etc. Assim, a negação *não* (significativa em *Eu não quero*, não tem valor negativo em *Eu não disse que viria?* O mesmo ocorre com a preposição *de* na oposição *A cidade de São Paulo*.

explícito

Qualifica-se de *explícita* uma gramática cujas regras, descritas de forma precisa e rigorosa, podem ser formalizadas; tal gramática será então chamada de *formal*. (V. GERATIVO.)

explosão

Chama-se muitas vezes *explosão* o ruído provocado, no fim de uma articulação oclusiva, pela saída do ar expiratório da boca quando da separação brusca dos órgãos articuladores.

Pode-se, contudo, reservar esse termo ao ruído produzido pela abertura do canal bucal no início de uma sílaba, a fim de distinguir explosão e implosão*.

explosivo

Em fonética moderna, reserva-se o nome de *explosivo* a toda consoante que se encontra antes de uma vogal, por oposição às consoantes implosivas, que se encontram depois. Assim, na palavra *mar* a consoante [m] é explosiva.

Contudo, usa-se ainda esse termo para designar qualquer consoante oclusiva, independentemente de seu lugar na sílaba, por alusão ao ruído que se ouve no fim da oclusão, quando o ar sai bruscamente.

I. expressão

1. Em gramática tradicional, chama-se *expressão* todo constituinte de frase (palavra, sintagma).
2. *Elemento de expressão* é a menor unidade do plano da expressão da língua distintiva no plano do conteúdo. (V. COMUTAÇÃO, PLANO.)

II. expressão

O discurso humano apresenta-se como uma seqüência ordenada de sons específicos. Chama-se *expressão* o aspecto concreto desse sistema significante. Nesse sentido, *expressão* opõe-se a *conteúdo**. Em L. HJELMSLEV, qualquer mensagem comporta ao mesmo tempo uma expressão e um conteúdo, isto é, pode ser encarada do ponto de vista do significante (expressão) ou do significado (conteúdo).

A expressão, por sua vez, pode ser considerada (como, aliás, o conteúdo) sob dois aspectos: como uma substância, sonora ou visual, segundo se trate da expressão oral ou escrita, isto é, como uma massa fônica ou gráfica (falar-se-á então de *substância da expressão*); ou como a forma manifestada por essa substância, isto é, como a matéria fônica ou gráfica organizada, aquilo pelo qual o plano de expressão se articula no plano do conteúdo. Assim, não há nenhuma relação entre os sons [p] e [a] e a idéia de *pá*, mas há relação entre a

257

estrutura do plano da expressão [pa] e a mesma idéia, "pa". O mesmo problema se põe quanto ao plano do conteúdo.

A interdependência entre a estrutura da expressão e a estrutura do conteúdo se faz, segundo as línguas, mediante relações variáveis. Por exemplo, as palavras que exprimem as cores do prisma esboçam no vocabulário uma rede muito diferente, de acordo com as línguas: mesmo o inglês e o francês não têm exatamente o mesmo paradigma do "arco-íris". Com mais razão, notar-se-ão recortes do espectro em quatro, três e mesmo duas cores. A taxionomia dos nomes ou adjetivos de cor será pois muito diferente segundo as línguas: quanto mais numerosas as cores fundamentais, menos a língua deverá recorrer a operadores que permitam notar matizes (sufixos do tipo -ado, -ento, palavras do tipo limão, garrafa, etc.). Trata-se aí, exclusivamente, da estrutura da expressão: o conteúdo permanece como a percepção dos raios luminosos, dependendo não da cultura mas da organização fisiológica.

Assim como o léxico, a gramática das línguas comporta coerções variadas: a percepção da oposição dos sexos pertence ao domínio do conteúdo, mas a notação do sexo é obrigatória, de acordo com as línguas, exclusivamente em condições especificadas. Por exemplo, nos casos em que o português pode notar apenas o gênero do possuído (ele, ela) vê seu pai, sua mãe, o inglês nota também o gênero do possuidor: he sees his father, "ele vê seu pai (dele)"; she sees her father, "ela vê o seu pai (dela)".

A estrutura da expressão opera-se em níveis distintos; um desses níveis não tem relação direta com o conteúdo; é o nível fonemático; o fonema, unidade fônica da língua, não tem relação direta com o conteúdo, isto é, o fonema não tem sentido em si próprio. É no nível morfemático que se faz a primeira ligação entre estrutura da expressão e estrutura do conteúdo. O morfema é a unidade do plano da expressão que entra em relação com o plano do conteúdo.

expressivo

1. Função expressiva é a função* da linguagem pela qual a mensagem está centrada no falante, cujos sentimentos expressa essencialmente.

2. Chama-se traço expressivo um meio sintático, morfológico, prosódico que permite colocar e enfatizar uma parte do enunciado, sugerindo uma atitude emocional do falante.

extensão

Define-se um conjunto* por extensão quando se enumeram explicitamente todos os elementos, e somente eles, que podem pertencer a esse conjunto. O conjunto A dos casos do latim é definido por extensão quando escrevemos

$A = \{$ nominativo, vocativo, acusativo, genitivo, dativo, ablativo $\}$

A definição por extensão opõe-se à definição *por compreensão**. Em princípio, todo conjunto pode ser definido por compreensão, mas muitos não o podem ser por extensão (seqüência de nomes, por exemplo). Por mais longo que seja, um *corpus*, é um conjunto que se pode descrever por extensão. O conjunto das frases gramaticais de uma língua, em número indefinido, só pode ser descrito por compreensão.

extensivo

O termo de uma oposição é chamado *extensivo* quando é não-marcado*. (V. EXTENSÃO.)

extração

Em gramática gerativa, chama-se *extração* uma transformação que consiste em extrair de uma frase encaixada um sintagma nominal (sujeito) para fazer dele o sujeito ou o objeto da frase matriz. Por exemplo: se a frase *que Pedro é culpado* for encaixada na frase matriz *Paulo julga (isso)*, o encaixamento será seguido da extração de um sintagma nominal *Pedro* que se torna objeto da matriz *Paulo julga Pedro que é culpado*, que se torna *Paulo julga Pedro culpado*. Essa operação de extração é necessária para explicar que, na transformação passiva, temos: *Pedro é julgado culpado por Paulo* e não **que Pedro é culpado é julgado por Paulo*.

extralingüístico

Qualificam-se de *extralingüísticos* os fatores que não pertencem propriamente à gramática, mas ao uso desta última na produção e compreensão dos enunciados. Tais fatores respeitam ao sujeito e à situação.

extranuclear

Chama-se *extranuclear* aquilo que é exterior ao núcleo da frase: se se define o núcleo da frase por SN + SV (sintagma nominal + sintagma verbal), qualquer complemento que não pertencer à reescrita de SV será extranuclear. Seja a frase: *Ele está em casa com seus amigos*, o complemento *com seus amigos* é extranuclear, enquanto que o complemento em *casa* é nuclear pois, nesse caso, SV se reescreve Aux + V + SP (auxiliar + verbo + sintagma preposicional).

extraposição

Em gramática gerativa, a *transformação de extraposição* desloca para o fim da frase o sintagma nominal sujeito se esse último se originou de uma frase encaixada. Seja a frase: *Que Pedro está doente é evidente*, em que a frase encaixada *que Pedro está doente* é o sintagma nominal sujeito de *é evidente*; a transformação de extraposição desloca esse sintagma nominal para o fim da frase: *É evidente que Pedro está doente*. A transformação de extraposição é muitas vezes acompanhada de uma transformação de extração* *Parece que Pedro é feliz → Pedro parece ser feliz*.

F

factitivo

1. *Factitivo* é uma forma do aspecto do verbo. Há duas ações: uma, expressa pelo verbo factitivo (*fazer, mandar, deixar*), e a outra, pelo verbo no infinitivo ou em modo finito (introduzido por *que*), realizadas por sujeitos diversos. Assim, a frase *Pedro fez Paulo cair*, exprime o fato de que Pedro agiu de certa maneira que teve por resultado a queda de Paulo. Na frase *Pedro fez* (ou *mandou*) *construir uma casa*, a casa não é construída pelas mãos de Pedro, mas pelas daqueles a quem ele confiou a tarefa, que seriam o sujeito de *construir*; esse infinitivo, entretanto, aí está empregado com sujeito (gramatical) indeterminado. Além do uso de *fazer, mandar, deixar*, seguidos do infinitivo (ou de *que* + subjuntivo), para exprimir o factitivo, um verbo intransitivo, ou transitivo, pode, por si só, usar-se em sentido factitivo ou causativo. P. ex.: *O Governador está construindo uma casa de campo. Ele subiu o móvel pela escada.*

O factitivo pode ser expresso por afixos: assim, no lat. *sisto*, "ponho de pé", oposto a *sto*, "estou de pé", o redobro *si-* introduz a idéia factitiva; em sânscrito essa idéia é expressa por *-ay-*, como em *bhojayati*, "ele oferece, dá de comer" (faz comer), da raiz *BHUJ*, "comer". Também em português, sufixos como *-ficar, -izar* indicam

o factitivo: *exemplificar, prontificar, laicizar, canonizar.*

O factitivo exprime-se também por apofonia da raiz. Ex.: ingl. *to fall*, "cair", e *to fell*, "derrubar", *to sit*, "sentar-se", *to set*, "pôr", *to lie*, "estar deitado", *to lay*, "deitar". (V. CAUSATIVO).

2. A *transformação factitiva* consiste em encaixar uma oração em posição de objeto numa frase matriz que comporte o verbo *fazer* (ou *mandar*). Se tivermos:

1. *Pedro fez isto,*
2. *Alguém constrói uma casa*, o encaixamento da frase (2) na posição de *isto*, por meio do operador *que* resulta em: *Pedro mandou que alguém construa uma casa.* A transformação passiva da frase (2) [*a casa é construída*], o apagamento da cópula (*é*) e do operador (*que*), bem como uma transformação infinitiva, produzem *Pedro mandou construir uma casa.*

facultativo

Em gramática gerativa, numa primeira etapa da teoria, distinguiram-se as *transformações obrigatórias* (como a transformação afixal), que se aplicavam a qualquer tipo de frase, e as *transformações facultativas*, que dependiam de uma decisão do locutor [transformações interrogativa, negativa, passiva, enfática]. (V. TRANSFORMAÇÃO)

fala (fr. parole)

1. Correntemente, a *fala* é confundida com a linguagem. Nas teorias inatistas, a fala é a "*faculdade natural de falar*". Definir assim a fala é fazer dela um ato como o ato de caminhar, comer, atos naturais, isto é, instintivos, inatos, que repousam sobre bases biológicas

específicas à espécie humana. Se a fala, nas teorias behavioristas, como escreve E. SAPIR em *A Linguagem* (trad. fr. p. 11), "parece tão natural ao homem como o andar [...], não é preciso senão um instante de reflexão para nos convencer de que este modo de julgar não passa de uma ilusão. O processo de aquisição da fala é, na realidade, absolutamente diferente do de caminhar [...]. O caminhar é uma função biológica inerente ao homem [...]. A fala é uma função não instintiva, mas adquirida, uma função da cultura. Se o indivíduo fala, comunica sua experiência, suas idéias, suas emoções, ele deve esta faculdade ao fato de ter nascido no seio de uma sociedade. Eliminemos a sociedade, e o homem terá todas as possibilidades de andar; ele jamais aprenderá a falar."

2. Em lingüística F. DE SAUSSURE dá à *fala*, destacada da linguagem, um lugar especial, opondo-a à *língua*.

1. Teoria da fala em F. de Saussure

Partindo da linguagem, F. DE SAUSSURE define a primeira bifurcação "que se encontra quando se procura estabelecer a teoria da linguagem" (p. 38), isto é, a distinção *língua/fala*. Para ele, com efeito, "o estudo da linguagem comporta duas partes: uma, essencial, tem por objeto o estudo da língua, que é social em sua essência e independente do indivíduo; a outra, secundária, tem por objeto a parte individual da língua, isto é, a fala, e compreende a fonética: ela é psicofisiológica". Esta distinção entre a língua e a fala acarreta, para F. DE SAUSSURE, uma série de distinções.

A língua existe na e para a coletividade. "É um produto social da faculdade da linguagem e um conjunto de convenções necessárias adotas pelo corpo social, a fim de permitir o exercício desta faculdade entre os indivíduos". A língua é, portanto, uma instituição social específica. A fala se distingue, assim, da língua como aquilo que é individual se distingue do que é social. A fala é "um ato individual de vontade e de inteligência". "O lado executivo [da linguagem] fica, pois, fora de causa, porque a execução não é jamais o fato da massa; ela é individual e o indivíduo é sempre o senhor; nós a chamaremos de fala".

Numa segunda oposição, F. DE SAUSSURE distingue a língua "produto que o indivíduo registra passivamente", da fala, "ato de vontade e de inteligência", ato livre, ato de criação. Com efeito, precisando que a língua não pode ser "nem criada, nem modificada por um indivíduo", ele confirma, por este fato, por oposição, o caráter criador e livre da fala. O ato criador, que é a fala, domínio da liberdade indi-

261

vidual, se opõe ao processo passivo de registro, de memorização, que é a língua.

A língua mostra-se, pois, como um conjunto de meios de expressão, como um código comum ao conjunto de indivíduos pertencentes a uma mesma comunidade lingüística; a fala, ao contrário, é a maneira pessoal de utilizar o código; ela é, diz F. DE SAUSSURE, a "parte individual da linguagem", o domínio da liberdade, da fantasia, da diversidade.

As relações associativas (ou paradigmáticas) e as relações sintagmáticas
Conforme a definição de F. DE SAUSSURE, as relações associativas ou paradigmáticas são aquelas que unem os termos *in absentia* numa série mnemônica virtual. "Seu lugar está no cérebro; (elas) fazem parte deste tesouro interior que constitui a *língua* em cada indivíduo." É sobre este eixo que se opera a seleção, dentre os termos depositados na memória e associados por uma relação qualquer, de um termo que será realizado sobre o eixo sintagmático e combinado sobre este eixo com os outros elementos para formar um sintagma.

Coloca-se, pois, a questão de saber se o sintagma faz parte do domínio da língua ou da fala e, em que medida todos os sintagmas são livres, constituindo a peculiaridade da fala na liberdade das combinações. F. DE SAUSSURE considera que, no que concerne aos sintagmas, um grande número de expressões pertence à língua: são as locuções feitas, às quais o uso impede qualquer mudança; é o caso de *estar de lua, fazer sala a, dar trela*, etc., expressões que não podem ser improvisadas e que são fornecidas pela tradição. F. DE SAUSSURE atribui, igualmente, à língua todos os tipos de sintagmas construídos sobre as formas regulares, só existindo estes tipos "se a língua registrou espécimes suficientemente numerosos"; é o caso de: *a terra gira, o que é que você disse?*, etc.

Mas ele acrescenta que "é necessário reconhecer que, no domínio do sintagma, não existe limite preciso entre o fato da língua, marcado pelo uso coletivo e o fato da fala, que depende da liberdade individual".

Quanto à frase, ela escapa ao uso coletivo e dependente da fala: ela pertence à fala, não à língua.

O aspecto criador da linguagem é o fato do ato da fala
Para F. DE SAUSSURE, o aspecto criador da linguagem está eliminado da língua, domínio dos signos e das regras de funcionamento transmitidos como herança, depositados na memória, onde são selecionados; para ele, o aspecto criador é essencialmente o fato do ato da fala, domínio da liberdade, da fantasia, onde não existem regras.

Mecanismo psicofisiológico do ato da fala

Este ato supõe ao menos dois indivíduos: sejam duas pessoas A e B. F. DE SAUSSURE descreve o circuito seguido pela fala neste ato de *comunicação*; para ele, o ponto de partida do circuito está no cérebro da pessoa A, onde os fatos de consciência (conceitos) se encontram associados às representações dos signos lingüísticos ou imagens acústicas que servem à sua expressão. Toda vez que um conceito desencadeia uma imagem acústica correspondente no cérebro, temos um fenômeno psíquico. Segue-se, depois, um fenômeno fisiológico: o cérebro transmite aos órgãos da fonação um impulso correlativo à imagem. Segue-se um processo físico: as ondas sonoras se propagam da boca de A ao ouvido de B, representando o ar o papel de canal de comunicação. Em seguida, o circuito se prolonga em B na ordem inversa: do ouvido ao cérebro, transmissão fisiológica da imagem acústica; no cérebro, associação psíquica desta imagem com o conceito correspondente. Se B fala, por seu turno, um novo ato de fala seguirá a mesma marcha do primeiro.

2. Os órgãos da fala

A fala, fenômeno fonético

A fala é um fenômeno físico e concreto que pode ser analisado seja diretamente, com ajuda do ouvido humano, seja graças a métodos e instrumentos análogos aos utilizados pelas ciências físicas. A fala é, com efeito, um fenômeno fonético; a articulação da voz dá origem a um segmento fonético audível imediatamente a título de pura sensação. O ato da fala compreende fisicamente três fases: a produção da cadeia sonora pelos órgãos ditos da fala (articulação e fonação); b) transmissão da mensagem com a ajuda de uma onda sonora; esta fase compreende a estrutura física dos fenômenos vibratórios e a acústica dos sons da fala; c) a recepção desta onda sonora pelo ouvido humano; esta fase compreende a percepção da cadeia sonora, isto é, sua interpretação como uma série de elementos de valor distintivo.

O aparelho fonador e a produção dos sons da fala

Trata-se de estudar os órgãos da fala. E. SAPIR enfatiza que "mesmo ao nível da produção dos sons, a linguagem é mais que uma simples função biológica, já que foi necessário aos mecanismos primários da atividade laríngea que eles fossem totalmente transformados pelas modificações impostas pelo jogo da língua, dos lábios, do véu do palato para que um "órgão da fala", enfim, se constituísse".

Talvez porque este "órgão da fala seja, na verdade, uma rede secundária e como que sobreposta às atividades fisiológicas que não correspondem às funções primárias dos órgãos implicados, a linguagem possa se liberar da expressividade corporal direta".

Em *A Linguagem* (trad. fr. p. 16), E. SAPIR esclarece que: "Não cabe falar, rigorosamente, de órgãos da fala; existem, somente, órgãos fortuitamente úteis à produção dos sons da linguagem: os pulmões, a laringe, o palato, o nariz, a língua, os dentes, e os lábios são utilizados pela fala, mas não devem ser considerados órgãos essenciais à fala [...] a fala não é uma atividade simples, produzida por órgãos biológicos adaptados a esta função; é uma rede muito complicada, constantemente maleável a adaptações variadas; do cérebro, do sistema nervoso, dos órgãos da audição e da articulação, tudo isto tendendo a um só fim desejado: a comunicação das idéias." Em resumo, fisiologicamente, a fala é "uma função, ou, melhor, um grupo de funções que se entrelaçam umas com as outras. Ela obtém tudo o que deseja dos órgãos e funções, sejam nervosas ou musculares, que, na realidade, foram criadas e se mantiveram para fins bem diferentes".

3. Reformulação dos conceitos de língua e fala. Fala e PERFORMANCE

N. CHOMSKY põe em causa vários aspectos da teoria saussuriana e, em particular, a associação feita por F. DE SAUSSURE entre língua e memória. De onde a necessidade de reformular os conceitos de língua fala tais como F. DE SAUSSURE os definiu; ele reexamina, em particular, o problema da frase, que, conforme F. DE SAUSSURE, pertenceria ao domínio da fala, era "um problema de criação livre e voluntária, mais que uma questão de regras sistemáticas" (N. CHOMSKY, *Análise formal das línguas naturais*, p. 63). A língua, com efeito, foi considerada apenas como uma nomenclatura dos signos armazenados (por exemplo, palavras, sintagmas fixados..., compreendidos aí, talvez, certos tipos de sintagmas" (ibid.). Tendo sido assim eliminado da língua o aspecto criador, é à fala que pertence, para F. DE SAUSSURE, esta criatividade da linguagem, mas se trata de uma criatividade livre, fantasiosa, sem regras, como tudo aquilo que pertence ao domínio da fala. Não se pode tratar, então, daquilo que concerne à frase, de regras sistematicamente aplicadas. Para N. CHOMSKY, ao contrário, a frase se torna o elemento primeiro da teoria: trata-se de explicar a aptidão que têm falantes para produzir e compreender frases jamais encontradas anteriormente. Esta criatividade lingüística pertence essencialmente ao domínio da competência, que pode ser definida como "um sistema de regras que religa os sinais à interpretação semântica desses sinais". O conceito de língua definido por F. DE

SAUSSURE como um "sistema de signos" é reformulado por N. CHOMSKY, que o substitui pelo conceito de competência, "sistema de regras" onde sobressai a frase, escapando ao domínio da fantasia individual. Ao nível da competência, a tônica é colocada por N. CHOMSKY sobre a criatividade, que era excluída por F. DE SAUSSURE do sistema da língua e que pertencia unicamente à fala. N. CHOMSKY, com efeito, distingue dois tipos de criatividade; no que concerne à competência, trata-se de uma criatividade governada por regras, que têm o poder recursivo das regras. Quanto ao conceito de fala, ele é reformulado por N. CHOMSKY como PERFORMANCE, definida pela maneira pela qual o locutor utiliza as regras. Neste sentido, certos fatores entram em jogo: atenção, memória, etc. Assinalaremos, portanto, que a memória, um dos elementos essenciais que permitiam o armazenamento dos signos da língua em F. DE SAUSSURE, torna-se um dos fatores de funcionamento da atuação chomskiana. Enfim, para N. CHOMSKY, a criatividade pertence igualmente à atuação, como para F. DE SAUSSURE para quem o aspecto criador da linguagem era o discurso; mas trata-se, para N. CHOMSKY, de um segundo tipo de criatividade, que consiste nos múltiplos desvios individuais, dentre os quais, alguns, ao acumular-se, acabam por modificar o sistema.

falado

Jamais existe correspondência exata entre as unidades utilizadas na comunicação oral e as utilizadas na representação escrita, mesmo quando se faz a transcrição das conversações. Assim, em francês, a língua falada marca o número dos substantivos, sobretudo, graças às variações do artigo, enquanto a escrita possui terminações de plural (em geral, a marca -s). Da mesma forma, certas palavras são utilizadas na língua escrita, enquanto, na comunicação oral, empregar-se-ão outras: escrever-se-á mais facilmente *desprovido de inteligência* quando na linguagem oral usamos *burro*. De uma forma mais clara, principalmente nas regiões que conservam o dialeto, utilizar-se-ão as formas e trejeitos locais, que não aparecerão na escrita. Um meridional francês dirá freqüentemente, mas raramente escreverá: *Il se la mange*, e na Suíça alemã dir-se-á correntemente *ksij* para o particípio passado de *ser*, mas se escreverá *gewesen*. Às vezes se opõe a ordem da língua falada à ordem da língua escrita.

falante

1. *Falante* é o sujeito que produz enunciados, em oposição ao que os recebe e responde. (V. ALOCUTÁRIO, OUVINTE, INTERLOCUTOR.)

2. O *falante nativo* é o sujeito que fala língua materna, considerado como tendo interiorizado as regras de gramática de sua língua, isto é, podendo formular sobre os enunciados emitidos julgamentos de gramaticalidade, sinonímia e paráfrase; isso corresponde em saber distinguir as frases corretas, gramaticais, as frases que têm o mesmo sentido, as frases que podem ser emparelhadas (por exemplo, ativo — passivo), ou que apresentam diferenças sistemáticas. (V. também INFORMANTE.)

3. Sin. de LOCUTOR, ou EMISSOR.

I. Falar (s.m.)

1. Por oposição a *dialeto*, considera-

do como relativamente coeso sobre uma área muito extensa e delimitada por meio dos critérios lingüísticos da dialetologia* e da geografia* lingüística, o *falar* é um sistema de signos e de regras combinatórias definido por um quadro geográfico estreito (vale, por exemplo, ou aldeia) e no qual, de saída, o *status* social é indeterminado. Uma língua ou dialeto, estudados num ponto preciso, o são, pois, estudados como falares.

2. O *falar* é uma forma da língua utilizado num grupo social determinado ou como signo de pertencer ou da vontade de pertencer a este grupo social: o *falar patoá* é rural e utilizado para as atividades campesinas; o *falar corrente* é neutro e pode ser empregado em todas as circunstâncias; o *falar culto* é o signo de certo nível de instrução ou de cultura, ao contrário do *falar popular*. Cada um destes falares (para não assinalar senão os principais)possui regras sintáticas e vocábulos que lhe são específicos e muitos outros que são comuns a muitos falares da língua ou mesmo a todos.

II. falar (v.)

Falar é comunicar-se com os outros falantes, de acordo com um sistema definido pertencente a uma comunidade lingüística particular (língua).

falsete

Voz de falsete, ou *voz de cabeça*, é um timbre vocal especial, mais agudo que o timbre normal, devido a uma posição particular das cordas vocais que, em vez de ficarem juntas em toda a sua extensão, ficam afastadas em sua parte anterior, o que encurta a extensão vibrante das cordas vocais e aumenta a freqüência do fundamental*.

I. família

1. Em fonética, chama-se *família articulatória* uma família de sons que compreende os fonemas de mesmo abrimento.

2. Em lexicologia, chamam-se *família de palavras* os grupos de palavras associados entre si em virtude de um elemento comum, que é a raiz; assim, as palavras *cabo, cabeça, capital, capítulo, decapitar* etc. pertencem a uma família de palavras que têm como elemento comum a raiz *cap-*, que se encontra na palavra latina *caput, capitis*, "cabeça".

3. Em gramática gerativa, chama-se *família de transformações* um conjunto de transformações aparentadas que aplicam uma mesma análise estrutural às seqüências terminais: assim, as transformações negativa, interrogativa e enfática, com o verbo *do*, constituem, em inglês, uma família de transformações.

II. família (de línguas)

A. A classificação das línguas

Diz-se que duas ou mais línguas pertencem à mesma *família* quando são aparentadas geneticamente (historicamente), isto é, quando tudo leva a pensar que elas se desenvolveram a partir de uma origem comum. Geralmente, reserva-se a denominação de *família de línguas* ao conjunto formado por todas as línguas conhecidas de mesma origem; nesse conjunto, os subconjuntos constituídos por certas línguas mais estreitamente aparentadas entre si que com as outras são *ramos* ou *subfamílias*. O termo *grupo* aplica-se indiferentemente a um conjunto de famílias, a uma família, a um conjunto de ramos de uma mesma família, a um conjunto de línguas de um mesmo ramo: revela que a classificação ainda não está estabelecida. A conquista mais importante da

266

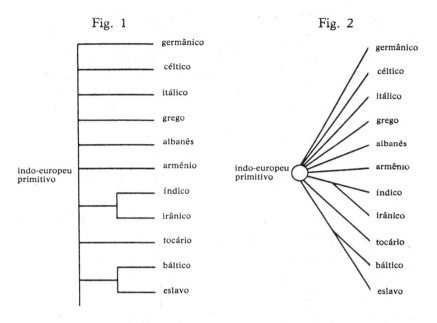

O diagrama pode ser parcial e representar essencialmente os antecedentes de uma língua (fig. 3):

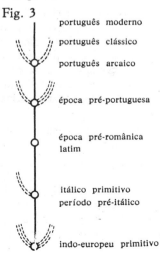

Lingüística no século XIX foi o estabelecimento relativamente rigoroso dos princípios e dos métodos graças aos quais se estabeleceram essas famílias de línguas por meio das disciplinas chamadas históricas, comparadas ou comparativas (gramática, filologia, lingüística).

A representação visual das famílias de línguas se faz freqüentemente à maneira de árvores genealógicas, por associação com a vida humana ou animal (fig. 1), ou sob a forma de diagramas (fig. 2).

B. Principais famílias de línguas

I. A família indo-européia

Entre as famílias de línguas, a que foi mais bem estabelecida e cujo estudo serviu de modelo a todas as pesquisas da gramática comparada é a das línguas indo-européias. Compreende as línguas de países desenvolvidos e, por esse motivo, imagina-se, freqüentemente sem razão, que ela representa um tipo superior. Foi muito cedo que lhe aplicaram o método comparativo, que foi objeto de mais pesquisas que todos os outros reunidos. As divergências que subsistem entre lingüistas a respeito dessa família versam menos sobre os seus limites e suas principais subdivisões do que sobre detalhes concernentes às relações entre os diversos ramos, que são o *germânico,* o *céltico,* o *eslavo,* o *báltico* (agrupados em balto-eslavo), o *albanês,* o *armênio,* o *grego,* o *irânico,* o *índico* (agrupados em indo-irânico), o *tocário* e, talvez também, o *h-i-tita* (hoje desaparecido).

As *línguas germânicas* se subdividem em anglo-frisão (inglês, e frisão falado por uma população pouco numerosa ao norte dos Países Baixos e da Alemanha), em neerlando-alemão (alemão, de que é dialeto o iídiche, escrito em geral em alfabeto hebraico; neerlandês, de que é dialeto o afrikaans (holandês africano) da África do Sul, o flamengo da Bélgica) e em escandinavo (dinamarquês, sueco da Suécia e da Finlândia, e as línguas norueguesas bokmaal ou riksmaal e landsmaal ou nynorsk).

As *línguas célticas* são o bretão, na França e, nas ilhas britânicas, o galês, o irlandês e o gaélico.

As línguas românicas mais importantes são o português, o espanhol, o catalão, o provençal, o francês (que deram origem a diversos crioulos), o rético, o italiano, o sardo, o dalmático (hoje desaparecido) o rumeno. Essas línguas nasceram da evolução do latim popular, mas línguas atestadas na Antiguidade e hoje desaparecidas, como o osco, o umbro e os dialetos sabélicos, formavam com o latim o ramo itálico.

268

As *línguas eslavas* compreendem um ramo oriental (russo, bielo--russo, ucraniano), um ramo ocidental (polonês e tcheco), um ramo meridional (sérvio e croata, principalmente, na Iugoslávia, e búlgaro).

O *ramo báltico* reúne essencialmente o lituano e o leto (Letônia soviética). É reunido freqüentemente ao eslavo sob o nome de balto--eslavo.

O *ramo albanês* reduz-se ao albanês, como o *ramo armênio* ao armênio. Sob o nome de *ramo grego*, ou *grego*, reúnem-se os diversos "dialetos" gregos da Antiguidade e o grego moderno.

O *ramo irânico* compreende línguas modernas (curdo, persa, afgã, balutchi, tadjique) e formas antigas célebres (persa antigo, avéstico, pélevi).

O *tocário*, hoje desaparecido, é conhecido graças a inscrições sob duas formas (dialetos A e B).

O *ramo índico* compreende o hindi, língua oficial da Índia, e o urdu, língua oficial do Paquistão, mas também o bengáli, o assamês, o oriá, o marata, o guzerate, o sindi, o pendjabi, o cachemiriano ou dardo, o nepalês e enfim o singalês. O sânscrito é uma forma antiga, sagrada, igualmente do ramo índico e que permitiu demonstrar o parentesco das línguas indo-européias.

II. Fino-úgrica, altaica e línguas caucásicas

A *família fino-úgrica* compreende essencialmente o finlandês, língua oficial da Finlândia, o estoniano e o húngaro, ou magiar, mas também o lapão, o mordve, o tcheremisso, o votiaque e as línguas samoiédicas.

A *família altaica* se subdivide em ramos *turco* (turco, azeri de Azerbaidjan, kirghiz, usbeque, turcomano, kazakh), *mongol* e *manchu* (manchu e tunguse).

As *línguas do Cáucaso*, de parentesco longínquo e puramente hipotético, utilizadas na União Soviética como línguas de repúblicas federadas ou autônomas ou de regiões e territórios autônomos, estão reagrupadas em uma família *sul-caucasiana*, que compreende o georgiano e o mingreliano, e uma família *norte-caucasiana,* que reúne o abkhaze, o avar, o tchetchene e o kabarde.

III. A família camito-semítica

A família *camito-semítica* ou *afro-asiática* subdivide-se em cinco ramos: o ramo *semítico* é representado atualmente pelo hebraico, as

269

diversas línguas árabes (freqüentemente chamadas dialetos) e as línguas etiópicas (amárico, tigré ou tigrina, guèze ou etiópico). Eram também línguas semíticas o assírio (ou acádico ou babilônico), o aramaico, o siríaco, enfim o fenício, de que o púnico (ou cartaginês) era apenas um dialeto. O ramo *egípcio* é representado pelo antigo egípcio, de que surgiu o copta atual. O ramo *berbere* reúne o kabile, o chleuh, o zenaga e provavelmente também o tuaregue (ou tamahek). O ramo *cuchítico*, ou da África Oriental, compreende entre outros o somali, o gala e o bedja. O ramo *tchadiano* reúne línguas pouco faladas, além do haoussa, que outros prendem às línguas negro-africanas.

As famílias sudanesas são numerosas e, com exceção do songai, de pouca difusão. Há um mosaico de línguas, impossíveis de serem relacionadas entre si.

IV. A família nilótica

A família *nilótica* ou *Cari-Nilo* divide-se em *nilótico* propriamente dito ou *nilótico central* (dinka, nuer, chiluque, ačoli da Uganda, masai e nandi do Quênia e do Tanganica), em ramo *norte-sudanês*, de que apenas o nuba é bem conhecido, e em *sudanês central* (sobretudo o baguirmi e o moru). Da família do *sahariano central*, apenas o kamuri é bem conhecido.

V. A família nígero-congolesa

Na família *nígero-congolesa*, agrupam-se o *atlântico ocidental* (timneu e bulon de Serra Leoa, ulof do Senegal, fulbê em diversas regiões do Senegal), o ramo *mandingue* da Libéria e de Serra Leoa (kpelle, loma, mendê, malinkê e bambara), o ramo *kwa*, disseminado da Libéria ao Camerun (akan dividido em fanti e tchi, baulê, ewê, fon, yoruba, ibo, nupe, provavelmente também bassa e kru), o ramo *gur* (essencialmente o mossi). Pode-se pensar que o *zandê* e o *sango*, falados do Camerun ao Congo, formam um ramo da família nígero--congolesa, que compreende igualmente um ramo *central* (essencialmente o efik e o tiv, falados do Camerun à Nigéria) e o *banto*.

As línguas e dialetos dependentes do *banto* são tão numerosos e falados em uma extensão tão grande que alguns lingüistas fazem do banto não um ramo da família nígero-congolesa, mas uma família independente. Certas línguas banto são veiculares (na África Oriental o suhaheli, no Congo o suhaheli, o kongo, o luba e o ngala); outras são línguas de união* (o chona de Zambi, o ngamya do Nyassaland) ou simples línguas de tribo (entre outras, o ganda em Uganda, o kykuyu

270

e o kamba no Kênia, o tchagga e o nyamwezi de Tanganika, o ruanda, o bemba em Zambi, o mbudu em Angola, o herero na África do sudoeste, o zulu, o xhosa, o swazi, o sotho e o tswana na África Meridional). A família *khoin* compreende o sandawe e o hatsa de Tanganika, e o bosquímane e o hotentote da África do Sul.

VI. As línguas da Ásia oriental e da Polinésia

A importante família *sino-tibetana* subdivide-se em dois ramos: o *tibeto-birmanês* (tibetano, birmanês e também, na Birmânia e no Paquistão, garo, bodo, naga, kachin, e provavelmente ainda karen) e o *chinês* (chinês mandarim, língua oficial da China, originário do Norte, "dialetos" wou da foz do Yang-Tseu-Kiang, enfim, ao sul, "dialetos" min, hakka e cantonês). As línguas da China do Sul (miatscu e lolo entre outras) são mal conhecidas e provavelmente sem nenhum parentesco com o chinês.

As famílias *japonesa* (japonês propriamente dito e ryu-kyu) e *coreana* têm provavelmente entre si um parentesco longínquo.

A família *kadai* compreende entre outros o tai do Sião, o lao e, na Birmânia, línguas *chan*, e não tem provavelmente nenhum parentesco com a família sino-tibetana.

A família *malaio-polinésia* é muito extensa geograficamente: o ramo *ocidental* ou *indonésio* compreende, na Malásia, o malásio, na Indonésia, o indonésio propriamente dito (próximo do malásio), o javanês, o sundanês, o madurai, o batak, o balinês, de Bali, o dayak, de Bornéu, o macassardas Celebes, nas Filipinas, o tagal, o vigaya e o iloko; em Guam, o chamorro; em Madagascar, o malgaxe. O ramo *oriental* subdivide-se em micronésio, polinésio (havaiano, tahitiano, samoano, maori) e melanésio (fidjiano principalmente).

O termo *papua* designa diversas línguas da Nova Guiné cujo parentesco ainda não está provado, enquanto que as línguas dos aborígenes da Austrália formam uma família *australiana*.

A família *dravídica* compreende línguas faladas por populações numerosas na Índia Meridional (telugu, tamul, canara, malayalam), assim como o brahoui do Baluchistão e o gondi, o khurukh e o kuí na Índia Central. Encontram-se na Ásia do sudeste numerosas línguas disseminadas: o munda, que compreende o santali, o khasi de Assam, o nicobarês (ilha de Bengala), o palaungue, o wa e o mon na Birmânia, e finalmente o khmer (ou cambodjiano) e o vietnamita, que são línguas de Estados.

VII. As línguas americanas

Na América, as línguas mais faladas são as *línguas indo-européias* trazidas pelos colonizadores (inglês, espanhol, português, francês e, em grupos de emigrantes ou de descendentes de imigrantes não assimilados, todas as línguas da Europa) e *as variedades crioulas* derivados dessas línguas. Algumas *línguas indígenas* têm uma certa vitalidade: é o caso do guarani (Paraguai), do quéchua (Peru, Equador, Bolívia), o aimará (Peru, Bolívia), bem como de uma língua mista chamada "língua geral", com base no tupi-guarani. Na América Central são ainda faladas o nahua, o guiché, o cackniquel, o mam, o maia (Estado do Iucatan no México), o otomi, o zapoteca, o mixteca e o totonaque. Do mesmo modo, ao norte do México, o navaho, agora em pleno florescimento.

De um modo geral, quando se trata das línguas indígenas da América, referimo-nos, na enumeração e na classificação, ao primeiro estado conhecido, daí a menção de línguas desaparecidas.

A *família algonquina*, ou *algonquino-wakash*, falada, entre outras, da Carolina ao Labrador, forneceu às línguas indo-européias muitas palavras "indígenas": o ramo *atlântico* compreende o massachusetts (chamado algonquino), o powhatan, o delaware, o mohagan, o penobscot, o pasamaquoddy, o micmac; o *algonquino central* é constituído pelo fox (Wisconsin), o cree (baía de Hudson), o menomini (Michigan) e o ojibwa (Grandes Lagos); o ramo *ocidental* compreende o potawatomi (Michigan)), o ilinois, o chawni (no Tennessee), o pé negro, o arapaho e o cheyene.

A *família natchez-muskogee* do sudeste dos Estados Unidos compreende o creek, o alabama, o chikasaw, o choctaw e o natchez.

A *família iroquesa* compreende o cherokee, célebre por seu silabário, o tuscarora (Carolina), e na Pensilvânia o huron, o érié, o oneida, as línguas dos Senecas, dos Onondagas e dos Cayagas e, finalmente, o conestoga e o susquehana.

A *família sioux* (grandes planícies do Norte) tem como constituintes o biloxsi, o ofo, o tutelo, o katawba, o dakota, o mandan, o winnebago, o chiwera (com os dialetos iowa e missouri), o dheguiba (omaha, ponca, osage, kansa, quapaw, arkansa), e, finalmente, o hidatsa e o crow.

As *famílias caddo* (caddo propriamente dito, wichita e pawnee), tunica (stakapa e chitimacha), ychi (no Tennessee), hoka (ao oeste) são talvez apenas ramos de uma família hoka-sioux.

A *família esquimó-aleuta,* subdivide-se em aleuta e línguas esquimós (inupik, yupik).

As três famílias da costa noroeste do Pacífico, *salish* (bella coola, "coeur d'alène", chehalis, kalispel), *wakash* (nukta, kwakiutl, bella bella) e *chimakuan* (chimakum e quileuta), são às vezes agrupadas em uma grande família, o *mosan*. Consideram-se geralmente como formando uma família o haída, o tlingit, o tsimshian e o kutenai. Agrupam-se às vezes em uma só família o mosan, o kutenai e o algonquino.

No Oregon e na Califórnia, recensearam-se vinte e cinco famílias: wintun, maidu, miwok, costanoan, yokuts, takelma, kalapuya, siuslaw, coos e sobretudo chinook (esta última deu origem a um sabir muito importante chamado "chinook"); algumas outras são ligadas aos grupos penutia e hoka (no Arizona e na Califórnia, o karok, o shasta, o chimariko, o pomo, o esselen, o salinan, o shumash e sobretudo o yana; no Texas, o tonkawa; no norte do México, o comecrudo; no sul do México e na Nicarágua tlapanec, o subtiabia e o tequislate; em Honduras, o jicaque).

A família *maia*, ou *maia-zoque*, compreende na Guatemala o mam, o ketchi, o quiché, o cackchiquel, o pokamam, o pokonchi, o ixil; ao oeste, o tzeltal, o tzotzil, o tojolabal, o chol e o chontal de Tabasco, que são do mesmo ramo que o chorti de Honduras; no norte, o yacateca; no México Central, o huaxteca.

No *sul do México* encontram-se três grupos de línguas, talvez próximos do maia: o mixe, o zoque e o popoloca de Vera-Cruz, o totonaque e o tepehua; finalmente, o huava. Encontram-se também outros grupos de parentescos mal definidos, alguns dos quais estão reunidos sob o nome de otomangue: são o poteca e o chatino, o mixteca, o cuicateca, o trique e o amusgo, o mazateca, o chocho, o ixcateca e o popoloca de Pueblo, o otomi, o mazahua e o pama e, finalmente, o tarasca.

A família *uto-asteca* compreende, no sul do México, o nahatl (que já era escrito antes dos contatos com os europeus e forneceu muitos empréstimos); no Colorado, o shoshone, o paintê, o tubatulabal e, sobretudo, o hopi; no Arizona e no noroeste do México, o papago, o pima, o tarahumara, o cora e o huichol. O comanche era falado nas grandes planícies do sul. A família uto-asteca é freqüentemente agrupada com o *tanoa* e às vezes com o *zuni*, em asteca-tanoa. Ao contrário, classificam-se à parte as línguas keresa, muitas delas faladas em não mais de um povoado.

A família *atabaska,* originária do Canadá e do Alasca central (sarsi, chipewyan), forma com o haída e o tlingit o grupo na-denê e compreende, no sul, línguas apaches (navaho principalmente) e o ramo da Califórnia setentrional (o hupa, o chasta, o costa, o matole).

273

C. Questões problemáticas

Assim, ao lado de certezas (famílias indo-européia, camito-semítica), fino-úgrica, afro-asiática, etc.), restam muitos problemas a resolver no que se refere às famílias de línguas. Alguns são secundários ou dizem respeito a línguas pouco conhecidas, pouco faladas ou mesmo desaparecidas. Outros são mais graves: hesita-se ainda em afirmar o parentesco do basco com as línguas caucásicas ou com alguma outra família. Assim também, os contornos e as subdivisões da família camito-semítica não foram ainda definidos com exatidão. Acontece o mesmo quanto à classificação do banto. Enfim, é difícil corroborar o que pode ser examinado nos agrupamentos das grandes famílias (a reunião, por exemplo, das famílias fino-úgrica e altaica em uma família uralo-altaica, que poderia compreender também o japonês e o coreano, ou do indo-europeu, do dravídico e do fino-úgrico, ou do indo-europeu e do semítico); é um domínio em que o que se sabe não passa de puras hipóteses de trabalho. Apesar do caráter muitas vezes sedutor destas últimas, a ciência impõe, aqui, a maior prudência.

familiar

Diz-se que um *estilo*, uma *língua*, uma *palavra* são *familiares* quando seu emprego implica um grau de intimidade entre os interlocutores e, conjuntamente, uma recusa das relações cerimoniosas que exige a língua elevada ou acadêmica.

Familiar opõe-se igualmente a *grossseiro* ou *trivial*: trata-se, portanto, de um nível de língua; a designação não implica um julgamento moral sobre o conteúdo dos termos, sobre o sentido de uma palavra como os qualificativos "grosseiro" ou "trivial", mas somente um desvio com relação à língua escrita e ao "bom uso". A tendência dos puristas, todavia, é confundir "familiar" e "grosseiro".

faringal, faringalizado

Consoante faringalizada é uma consoante cuja articulação implica uma aproximação da raiz da língua e da parede posterior da faringe, o que produz um efeito de bemolização. As línguas semíticas apresentam este tipo de fonemas. O árabe, em particular, opõe as aspiradas faringalizadas as aspiradas

não-faringalizadas: (*hadam* "fazia calor" *vs hadam* "ele demolia", *jahdim* "faz calor" *vs jahdim* "ele está demolindo"), as fricativas faringalizadas, às fricativas não-faringalizadas (*si:n* "China" *vs si:n* "nome da letra s").

Do ponto de vista acústico, as consoantes faringalizadas apresentam uma concentração de energia nas regiões mais baixas do espectro e dirigem para baixo o segundo formante da vogal seguinte.

faringalização

Faringalização é uma variação do orifício bucal posterior devida a uma contração da faringe, que tem como efeito, como a labialização e a faringalização, bemolizar os sons que ela afeta. A acuidade dos sons agudos fica atenuada, e a gravidade dos sons graves é reforçada.

faringe

Faringe é a parte do conduto vocal que liga a laringe à boca e às fossas nasais. Ela está limitada, embaixo, pela laringe, ao alto, pela raiz da língua. Notou-se recentemente, de certo modo, que a faringe, pelos movimentos da língua e da laringe, muda de forma no curso da fonação; ainda se conhece pouco o modo como isto afeta a pronúncia. Enquanto ressoador supraglótico (o mais longo), favorece as freqüências baixas da vibração laríngea: os harmônicos que ela reforça constituem o primeiro formante (F_1, ou formante alto).

fático

Função fática é a função* da linguagem através da qual o ato de comunicação tem por fim assegurar ou manter o contato entre o falante* e o destinatário*. Palavras como *alô* ou *você está me escutando?* se vinculam essencialmente à função fática. (Veja-se, também, COMUNHÃO FÁTICA.)

fatos

É a partir do "corpus" recolhido que, ao se fazer a descrição lingüística se extrairão os *fatos* de língua que permitirão induzir as regras (a gramática) da língua considerada. Convém, entretanto, observar que toda descrição "idealiza" os fatos. F. DE SAUSSURE já o observa em seu exemplo da palavra *senhores* pronunciada várias vezes durante uma mesma conferência: é por uma decisão que o lingüista assimila esses diferentes segmentos do "corpus" a um fato de língua único.

N. CHOMSKY distingue os fatos dos dados* lingüísticos: é pela intervenção de uma competência lingüística (a do próprio descritor ou a de seus informantes) que a matéria lingüística bruta é transformada em matéria classificada; os fatos interpretados por uma competência constituem os dados.

fechado

1. *Classes fechadas* são as classes de morfemas gramaticais (os artigos, as desinências temporais, os pronomes, etc.) que podem ser definidos pela enumeração de seus termos, sendo estes em número limitado, em oposição às *classes abertas*, classes de morfemas lexicais suscetíveis de acréscimo rápido e que só podem ser definidos por compreensão, isto é, pela descrição das propriedades de cada uma das classes.

2. Em fonética, *fonema fechado* é aquele cuja articulação comporta estreitamento ou fechamento do canal bucal. As consoantes são fonemas fechados, por oposição às vogais. As oclusivas representam o grau de fechamento máximo. *Vogais fechadas* são aquelas cuja articulação comporta uma elevação da língua acima do eixo mediano: [i], [u], [y] são vogais fechadas, [e], [o], [φ] são vogais semifechadas, por oposição às vogais abertas e semi-abertas. Do ponto de vista acústico, o fechamento vocálico se traduz pelo caráter difuso*.

fechamento

Fechamento é o movimento de estreitamento do canal bucal determinado pela realização dos fonemas fechados. Esse fechamento pode chegar até a oclusão, para a realização das consoantes máximas ou das consoantes que combinam oclusão e escoamento livre do ar.

feed-back (ing.)

O ing. *feedback* designa o controle de um sistema por meio da reintrodução, nesse sistema, dos resultados de sua ação. Se a informação que volta para trás é capaz de modificar o método e o modelo de funcionamento, tem-se um *feed-back*; é o princípio de ação recursiva, pelo qual uma língua parece, como um computador aperfeiçoado, eliminar por si mesma certas disjunções. Ela pode ser assim concebida com um sistema auto-regulador: os exemplos mais conhecidos de *feed-back*, tomado em um sentido muito amplo, referem-se à eliminação de certas homofonias incômodas que a evolução fonética poderia ter produzido. Assim, a distinção em inglês entre -*ea* e -*ee*- desapareceu; por esse motivo, *queen*, "rainha", e *quean*, "prostituta", pronunciavam-se da mesma maneira: esse equívoco levou, por uma espécie de auto-regulação, ao desaparecimento de *quean*. Em gascão, *gat* provinha regularmente, ao mesmo tempo, das palavras latinas *cattus*, "gato", e *gallus*, "galo". Daí, a utilização de palavras como *faisan* ou *vicaire* para designar o galo. Do mesmo modo, conforme o conhecimento que tem da língua e do falante, o destinatário analisa os sons que ouve e elimina principalmente as variações contextuais.

Assim, há diferenças consideráveis entre os [o] pronunciados por um homem e por uma mulher, por um sulista e um nordestino, mas o emissor e o destinatário não observam essas diferenças. Do mesmo modo, [t] diante de [i] é bastante diferente de [t] diante de [o]: o primeiro é palatalizado e articulado mais atrás que o segundo; salvo em certos períodos de mudança lingüística, o falante inconscientemente reprime a tendência natural a articulá-lo muito para trás e mantém assim uma semelhança suficiente com [t] diante de [o]; em sentido inverso, embora esse esforço inconsciente não suprima toda a diferença entre as duas variantes de [t], o destinatário as assimila inconscientemente. Sem *feedback*, a língua ficaria desprovida do mínimo de estabilidade necessária à intercompreensão. (Sin.: AUTO-REGULAÇÃO, REALIMENTAÇÃO, RETROALIMENTAÇÃO e RETROAÇÃO.)

feixe

Feixe de isoglossas é o conjunto de linhas de isoglossas* cuja superposição ou proximidade marca o limite entre dois dialetos. O exame dos feixes de isoglossas é, independentemente da referência ao sentimento lingüístico dos locutores nativos, o único meio de estabelecer em bases sólidas os limites entre falares. A noção de feixe de isoglossas faz ressaltar, por sua própria existência, a imprecisão das fronteiras entre dialetos de uma mesma família lingüística.

fêmea

Na categorização semântica dos animados (pessoas ou animais), o termo *fêmea* representa a classe dos seres do sexo feminino, na oposição do sexo. Assim, o substantivo *moça* tem o traço semântico distintivo [— macho] (fêmea), enquanto o substantivo *moço* tem o traço semântico distintivo [+ macho]. "Feminino" e "fêmea" não se confundem: uma palavra pode ser masculina e designar um ser feminino. Em francês, *docteur*, masculino, designa um homem ou uma mulher; p. ex.: *J'ai vu le docteur, il m'a examiné./J'ai vu le docteur, elle m'a examiné.* Em português, a médica é *doutora*, mas *cônjuge*, masculino, designa o esposo ou a esposa, e *criança*, feminino, designa "o menino pequeno" ou "a menina pequena". Certos termos do vocabulário da política e da administração repelem o feminino; assim, Golda Meir foi *primeiro-ministro* de Israel.

feminino

Feminino é um gênero* gramatical que, numa classificação em dois gêneros, opõe-se ao masculino, e que, numa classificação em três gêneros, opõe-se ao masculino e ao neutro. O feminino representa freqüentemente, mas não constantemente, o termo "fêmea" no gênero natural, que repousa sobre a oposição de sexo entre "macho" e "fêmea". A palavra *vendedora* é anotada [— masculino], [— macho], o que significa que é feminina e designa uma mulher; mas a palavra *sentinela* é anotada [— masculino], [+ macho], o que significa que é feminina e designa um "macho". [Cabe notar que hoje é possível que uma mulher ocupe o posto de sentinela, uma vez que em vários países há polícia feminina e até um exército feminino; neste caso, *sentinela* seria termo indefinido quanto a sexo. N. T.] Os substantivos não-animados femininos têm somente o traço gramatical [— masculino] (isto é, feminino), como *mesa, rocha*, etc.

fenotexto

Em semiologia, chama-se *fenotexto* ao texto que revela uma leitura simples.

fenótipo

Na terminologia do lingüista soviético Chaumjan, o *fenótipo* é a forma exterior de que se reveste um *genótipo* ou objeto sintático abstrato. A oposição entre um *fenótipo* e um *genótipo* recobre a oposição entre *atuação* e *competência*.

figura

1. Em retórica, as *figuras* são os aspectos que as diferentes expressões do pensamento podem revestir no discurso. Distinguem-se: (a) as *figuras de pensamento*, que consistem em certos giros de pensamento independentes de sua expressão; fazem-se por "imaginação" (ex.: a prosopopéia), por "raciocínio" (ex.: a deliberação ou a concessão) ou por "desenvolvimento" (ex.: a descrição); (b) as *figuras de significação*, ou *tropos*, referentes à mudança de sentido das palavras (ex.: a metonímia, a metáfora e a sinédoque); (c) as *figuras de expressão*, referentes à mudança de sentido que afeta grupos de palavras e frases; fazem-se por "ficção" (ex.: alegoria), por "reflexão" ("as idéias enunciadas se refletem nas que não o são"; ex.: a lítotes); por "oposição" (ex.: a ironia); (d) as *figuras de dicção*, que consistem na modificação material da forma das palavras (ex.: *fugace*, *pra*, em português; as principais deste tipo são: prótese, epêntese, apócope, metátese, crase); (e) as *figuras de construção* referentes à ordem natural das palavras; fazem-se por "revolução" (modificação da ordem), por "exuberância" (ex.: aposição), por "subentendimento" (ex.: elipse); (f) as *figuras de elocução*, referentes à escolha das palavras que convêm à expressão do pensamento; são a "extensão" (ex.: epíteto), a "dedução" (ex.: repetição e sinonímia), a "ligação" (ex.: assíndeto); a "consonância" (ex.: aliteração); (g) as *figuras de estilo* referentes à expressão das relações entre várias idéias: consistem em "ênfase" (ex.: enumeração), "torneio de frase" (ex.: apóstrofe, interrogação), "confronto" (ex.: comparação, antítese), "imitação" (ex.: harmonia imitativa).

2. Em glossemática, a *figura de conteúdo* é um elemento que se pode identificar com os traços ou os semas da análise semântica. Chama-se também *plerema**. A *figura de expressão* é um elemento da cadeia lingüística, também chamado *cenema**, que se opõe ao signo* e é privado de conteúdo próprio. Uma língua utiliza um número relativamente reduzido de figuras, mas constrói, combinando-as, um número infinito, ou pelo menos indefinido, de signos.

figurado

Diz-se que uma palavra tem um *sentido figurado*, ou que está empregada em sentido figurado, quando, definida pelos traços "animado" ou "concreto", se lhe atribui no contexto de uma expressão ou de uma frase o traço "não-animado" (coisa) ou "não-concreto" (abstrato). Assim, em *o caminho da vida, caminho*, que tem o traço "concreto" e recebe o traço "não--concreto", está empregado no sentido figurado. Da mesma forma, em *o cão de uma espingarda*, a palavra *cão* está empregada num sentido técnico, não--animado: tem um sentido figurado .

figurar

Diz-se que um item léxico ou gramatical *figura* numa frase ou num constituinte quando, sendo um dos valores possíveis que a variável "substantivo", "verbo", "adjetivo", "tempo", etc. pode tomar, ele é substituído na estrutura da frase pelo símbolo dessa variável (N, V, Adj., T_p, etc.). Por exemplo, na frase *Meu pai lê o jornal, jornal* figura na posição (no lugar) do substantivo objeto na estrutura: determinante + substantivo + auxiliar + verbo + determinante + substantivo. (V. OCORRÊNCIA.)

filologia

Lingüística e filologia não são sinônimas, e as ciências com as quais elas estão em contato são muito diferentes; esta distinção é recente na medida em que a lingüística não se desenvolveu senão no final do século XIX.

A *filologia* é uma ciência histórica que tem por objeto o conhecimento das civilizações passadas através dos documentos escritos que elas nos deixaram: estes nos permitem compreender e explicar as sociedades antigas.

A arqueologia procura conhecer as civilizações da antigüidade através dos vestígios materiais; a filologia, no sentido que a palavra adquiriu na França, estuda, sobretudo, os testemunhos literários escritos; ela é, portanto, uma ciência auxiliar da história, do mesmo modo que a epigrafia, a numismática ou a papirologia.

Toda a ciência histórica busca fundar a validade dos documentos sobre os quais trabalha, verificar, assim, a autenticidade e a veracidade do texto por uma crítica interna e externa. A filologia é crítica dos textos; ela procura "estabelecer o texto" por meio de critérios internos e externos que lhe são fornecidos, por um lado, pelas técnicas que lhe são próprias (comparação dos textos, das variantes, história dos manuscritos) e, por outro, pelos dados externos que lhe fornecem outras técnicas: a estatística lingüística para a datação dos documentos ou a história literária, econômica, social, etc. É na medida em que o estabelecimento do texto reclama uma massa de dados fragmentários que se fala de erudição. O trabalho principal dos filólogos é, portanto, a edição dos textos; a utilização dos computadores, ao diminuírem o tempo requerido para as comparações e o subjetivismo inerente a este tipo de pesquisa permite que se vislumbre uma racionalização desta atividade.

filtro

Filtro acústico é um mecanismo destinado a reforçar certas freqüências de um som complexo e a enfraquecer outras. Durante a fonação, o conduto vocal comporta-se como um filtro em relação ao som complexo criado na laringe pela vibração das cordas vocais, pois cada cavidade do conduto vocal reforça as freqüências próximas da que é própria. Se os harmônicos* altos são reforçados, o som é agudo ([t], [i], etc.); se os harmônicos baixos ou o fundamental são reforçados, o som é grave [p], [k], [u], etc.).

fim

1. Em gramática tradicional, chama-se *complemento de fim, oração subordinada adverbial de fim* (ou *final*), o complemento ou a subordinada que indicam com que intenção é feita a ação indicada pelo verbo principal, para que objetivo tende a ação da principal. Ex.: *Ele trabalha para vencer. Envie as cartas rapidamente para que todo o mundo seja avisado a tempo.*

2. Em gramática estrutural, dá-se às vezes o nome de *fim* ao objeto de um verbo transitivo (ou paciente), por oposição ao sujeito que é o atuante; na frase *Pedro redige um artigo*, diz-se que o complemento *um artigo* é o fim do verbo *redigir*, cujo sujeito-atuante é *Pedro*.

final

Final de uma palavra é a posição de seu último fonema ou de sua última sílaba, que se acham, por esse motivo, submetidas a um certo número de alterações devidas à antecipação da inicial da palavra seguinte. Uma vogal final é omitida quando a palavra seguinte começa por uma mesma vogal: *minh(a) alma, minh(a) amiga, term(o) omitido*; em francês, uma consoante final é omitida diante de outra palavra que começa por consoante ou diante de uma pausa: *un petit ami, un peti(t) camarade.*

fisiofonética

O termo *fisiofonética* é o termo proposto pelo lingüista BAUDOUIN DE

278

COURTENAY para designar a parte da lingüística que corresponde aproximadamente ao que nós chamamos hoje de fonética. O termo, hoje, é rejeitado pelos lingüistas, pois faz abstração dos mecanismos psicológicos e neurológicos, tão importantes para a fonética quanto os mecanismos fisiológicos aos quais, por outro lado, estão estreitamente ligados.

flecha

No sistema de notação da gramática gerativa, a *flecha* dá a instrução para reescrever o elemento que está à sua esquerda pelo elemento (ou a seqüência de elementos) escrito à sua direita. Se a regra de reescrita é da forma

$$SN \rightarrow D + N$$

a flecha indica que o sintagma nominal (SN) deve ser convertido na seqüência de elementos: D (determinante) seguido de N (substantivo).

flexão

1. Em gramática clássica, a *flexão* é um processo morfológico que consiste em prover as raízes (verbais, nominais, etc.) de afixos ou desinências; estes exprimem as funções sintáticas (casos), as categorias gramaticais do número, do gênero, da pessoa, ou as categorias semânticas do animado, do contável, etc., conforme as classes de palavras determinadas por cada língua. Assim, o latim conhece uma flexão nominal: *dominus*, arc. *dominos*, é formado do radical *domin-*, da vogal temática *-o-* e da desinência casual de nominativo *-s*. A flexão também se chama *acidência*.

2. A *flexão* é o conjunto de formas flexionadas de uma palavra (substantivo, pronome ou verbo) que varia conforme os casos, o gênero e o número, a pessoa, etc. A flexão dos nomes e dos pronomes constitui a declinação; a dos verbos constitui a conjugação.

flexionado

Forma flexionada é uma palavra constituída de um morfema léxico e de um morfema afixal (desinência*) que exprime a função gramatical, o número, a pessoa, a categoria semântica, etc. (V. FLEXÃO.)

flexivo

As *línguas* cujas palavras são providas de morfemas gramaticais que indicam a função das unidades são *flexivas* (em oposição às línguas aglutinantes*), todas as vezes que os elementos que constituem cada morfema não podem ser segmentados. Assim, contrariamente ao exemplo do turco, no latim *boni*, o *i* é ao mesmo tempo marca do plural, marca do nominativo, marca do masculino. Séries de palavras formam declinações*, classificadas em tipos e, para cada tipo, existe um paradigma* ou modelo segundo o qual devem ser declinadas todas as palavras do tipo (certas terminações podem ser, todavia, analisadas em diversos elementos se nos referirmos à etimologia). Assim, é notável a diferença entre o latim e o turco, onde sempre se podem analisar as palavras em seus elementos.

focalização

A *focalização* de uma interrogação, de uma negação ou de uma ênfase se define pela porção de frase sobre a qual recai a interrogação, a negação ou a ênfase; dir-se-á, assim, que a interrogação se caracteriza por uma focalização limitada (ela é parcial*) quando recai sobre um sintagma nominal (*Quem veio? Como ele se porta?*) e que a focalização da interrogação é a frase em *Ele já veio?* A focalização da negação é a frase em *Ele não veio*; ela se limita ao sintagma nominal sujeito em *Ninguém veio*.

focalizar

Sinônimo de ENFATIZAR.

foco

Utiliza-se às vezes a expressão *colocação em foco* para designar os processos de ênfase*.

fonação

Fonação é a emissão dos sons da linguagem por um conjunto de mecanismos fisiológicos e neurofisiológicos cujas etapas principais são a produção do ar expirado por um movimento respiratório especificamente adaptado ao ato da fala, a produção da voz pela vibração das cordas vocais, a modulação da voz em função das unidades fônicas a serem realizadas pela excitação dos diferentes ressoadores.

fone

Chama-se, às vezes, *fone* aos sons da linguagem, isto é, a cada uma das realizações concretas de um fonema, variáveis conforme o contexto fônico, o locutor, as condições gerais da emissão.

fonema

Fonema é a menor unidade destituída de sentido, passível de delimitação na cadeia da fala. Cada língua apresenta, em seu código, um número limitado e restrito de fonemas (de vinte a cinqüenta, conforme a língua) que se combinam sucessivamente, ao longo da cadeia da fala, para constituir os significantes das mensagens, e se opõem, segmentalmente, em diferentes pontos da cadeia da fala, para distinguir as mensagens umas das outras. Sendo esta sua função essencial, o fonema é seguidamente definido como a unidade distintiva mínima. O caráter fônico do fonema é acidental (L. HJELMSLEV propõe o termo *cenema*, "unida vazia, desprovida de sentido"); não obstante, isto é importante, já que todas as línguas conhecidas são vocais. O fonema é, pois, definido com referência à sua substância sonora, por certas características que se encontram nos diferentes níveis da transmissão da mensagem (nível motor ou genético, nível acústico, nível perceptivo, etc.).

Estas características fônicas, chamadas de "traços distintivos" ou "pertinentes", não se apresentam jamais isoladas num ponto da cadeia da fala: elas se combinam com outros traços fônicos que podem variar em função do contexto, das condições de emissão, da personalidade do locutor, etc., e que são denominadas de *traços não-distintivos*. O falante de uma dada língua aprendeu a produzir certos movimentos dos órgãos da fala de modo a colocar nas ondas sonoras um certo número de traços que o receptor da mesma língua aprendeu a reconhecer. Um mesmo fonema se realiza, pois, concretamente, através de sons diferentes, formando uma classe aberta, mas que possuem todos eles em comum os traços que opõem o dito fonema a todos os outros fonemas da mesma língua. Estes sons diferentes, através dos quais um fonema se realiza, são chamados *variantes* ou *alofones*. Na palavra *carro*, o fonema /R/ pode ser pronunciado como uma vibrante dental [r] conforme a variedade sulina, como uma fricativa uvular [R] conforme a variedade carioca, às vezes como uma aspirada [h] ou como uma vibrante uvular [R], dependendo da variedade individual. Trata-se de quatro sons diferentes, ou de quatro variantes diferentes (no caso variantes regionais e sociais) que realizam um mesmo fonema.

O fonema do português /a/ se opõe a /i/, /e/, /ɛ/, /u/, /o/, /ɔ/, etc., conforme demonstra a série mínima *vala, vela, vê-la* e *vila*, por um lado, e a série *pás, pós, pôs* e *pus*, por outro, etc., e a todos os outros fonemas do português porque é o único a possuir o conjunto dos traços vocálico, não-consonantal, central (compacto). São estes traços que encontramos na vogal das seguintes palavras, *chata, laca, cala, pata*, misturados a outros traços articulatórios (acústicos) que dependem do contexto e não têm função lingüística.

Certos traços constantes na realização concreta de um dado fonema podem não ter função distintiva e, contudo, ser importantes para a identificação do fonema: assim, no francês, o /l/ é definido satisfatoriamente do ponto de vista fonológico, como uma lateral (vocálica, consonântica, contínua), já que não existe outra lateral no sistema fonológico: mas se não tivermos em conta a articulação dental, habitual no francês, e se a pronunciarmos como lateral palatal, corremos o risco de confundir palavras como *fil* /fil/ pronunciada /fiλ/ e *fille* /fij/. Do mesmo modo, no inglês, a aspiração não tem valor fonológico, mas ela facilita a identificação das oclusivas iniciais em palavras como *pin, tin, kick*, etc.

Dois fonemas que pertençam a duas línguas diferentes não podem jamais ser semelhantes, já que cada um se define em relação aos outros fonemas da língua à qual pertence. Assim, o /s/ francês se define como consonântico, não-vocálico, dental (difuso e agudo), fricativo (contínuo), não-sonoro; em espanhol, o fonema /s/ se define pelas mesmas características, salvo a última, pois não existe nesta língua a sibilante sonora, como no francês; o fonema /s/ se realiza no espanhol tanto como sonoro [z] como não-sonoro [s], conforme o contexto. Quanto menos numerosos os fonemas numa língua, tanto mais variantes apresentam.

fonemática (s.f.)

1. Conforme a terminologia mais corrente na Europa, a *fonemática* é a parte da fonologia* que estuda mais especificamente os fonemas, isto é, as unidades mínimas distintivas. O escopo da fonemática é depreender o inventário dos fonemas da língua ou das línguas estudadas, estudar suas combinações, etc. Oferecem-se métodos diferentes à fonemática. O primeiro, o mais tradicional, se apóia sobre as diferenças de sentido entre os quase-homônimos: duas unidades se opõem como fonemas se, ao fazê-las comutar num mesmo contexto, se obtém das palavras um sentido diferente; este método, dito de "pares mínimos", tem o inconveniente de implicar, por parte de quem estuda o sistema fonemático

281

duma dada língua, um conhecimento prévio bastante aprofundado desta língua. Os outros métodos se esforçam, mais ou menos imperfeitamente, por evitar o recurso ao sentido. O segundo consiste em fazer entender aos locutores da língua estudada o par de palavras obtido por comutação; se eles o diferenciam lingüisticamente, trata-se de dois fonemas diferentes. Enfim, o terceiro método foi utilizado para o estudo das línguas ameríndias, totalmente desconhecidas dos lingüistas, que por elas se interessaram: ele consiste em recolher um *corpus* bem vasto e em estudar as relações sintagmáticas entre as unidades que aí aparecem; somente podem ser consideradas como em oposição as unidades que aparecem no mesmo contexto. Este método é a aplicação da técnica criptanalítica* às pesquisas fonológicas.

2. O termo fonemática é às vezes empregado como tradução do inglês *phonemics*, para designar o conjunto da fonologia.

fonemático (adj.)

Qualifica-se de *fonemático* àquilo que é constituído de fonemas, que se vincula ao fonema. (Diz-se mais amiúde *fonológico*.)

Nível fonemático. V. NÍVEL.

fonêmico

O termo *fonêmico* é empregado como sinônimo de *fonemático* para designar tudo o que diz respeito ao fonema. Este termo é empregado igualmente como sinônimo de *fonemático* para designar a parte da fonologia que se consagra exclusivamente ao estudo dos fonemas e dos traços distintivos (unidades segmentais e infra-segmentais), e se distingue da prosódia, consagrada mais particularmente ao estudo dos traços supra-segmentais.

fonética

A *fonética* estuda os sons da língua em sua realização concreta, independentemente de sua função lingüística (V. FONOLOGIA). "O que caracteriza particularmente a fonética é estar de todo excluída qualquer relação entre o complexo fônico estudado e sua significação lingüística... A fonética pode, portanto, ser definida como: a ciência da face material dos sons da linguagem humana" (N. TRUBETZKOY). A *fonética geral* estuda o conjunto das possibilidades fônicas do homem através de todas as línguas naturais. A *fonética comparada* estuda, ao compará-los, os sons que aparecem em duas ou mais línguas. Existe também um tipo de estudo fonético que se limita às particularidades fônicas de um sistema vocal determinado, língua ou dialeto (fonética francesa, inglesa, portuguesa). Enfim, a fonética pode seguir a evolução dos sons no curso da história da língua (*fonética histórica*), ou estudá-los num momento dado desta evolução (*fonética descritiva ou estática*).

Mas a principal distinção entre os diferentes ramos da fonética é determinada pela natureza complexa da mensagem vocal e pela diversidade dos métodos graças aos quais ela pode ser apreendida ou descrita. Distinguem-se tradicionalmente dois ramos da fonética: a *fonética articulatória**, ou *fisiológica*, que estuda os movimentos dos órgãos fonadores por ocasião da emissão da mensagem, e a *fonética acústica**, ou *física*, que estuda a transmissão da mensagem pelas vibrações do ar e o modo como ela impressiona o ouvido do receptor. Um setor muito menos explorado pela fonética é aquele que diz respeito à neurofisiologia e à psicologia, e que estuda os mecanismos cerebrais e neurológicos da codificação e descodificação da mensagem entre o emissor e o receptor.

A *fonética experimental* (ou *instrumental*) utiliza os aparelhos destinados a completar e a enriquecer o testemunho do ouvido e a observação direta no estudo do processo de formação e de percepção da voz. Chama-se, às vezes, também, de fonética moderna, por oposição à fonética clássica, que prefere se ater à observação direta. Pode-se datar seu surgimento em torno de 1875, com a máquina falante do húngaro W. VON KEMPELEN, primeira tentativa de síntese da linguagem. A fonética experimental desenvolveu-se sobretudo na segunda metade do século XIX, depois da descoberta do quimógrafo, em 1847, pelo fisiológo alemão KARL LUDWIGE, com os trabalhos dos físicos alemães VON HELMHOTZ sobre a ressonância (1863) e LUDIMAR HERMANN sobre os formantes (1890), bem como os do abade ROUSSELOT, cuja obra *Les Principes de phonétique expérimentale* (1897-1908) conservam ainda um grande valor.

O desenvolvimento de métodos tais como a palatografia*, a estroboscopia (V. ESTROBOSCÓPIO), a radiografia, etc., permitiram elucidar a anatomia e a fisiologia dos órgãos da fonação. A fonética experimental conheceu novos progressos depois de 1930. com o aparecimento dos registros elétricos de grande utilidade (oscilógrafos*, espectrógrafo*, sonógrafo*) e o desenvolvimento dos métodos de síntese* da linguagem.

Para representar os principais sons que ocorrem nas línguas naturais de um modo abreviado, os foneticistas recorrem a sistemas de símbolos ou alfabetos fonéticos.

fonetógrafo

Fonetógrafo é um aparelho que permite transformar a língua falada em texto escrito, a partir dos espectros acústicos característicos de cada som.

fonia

Sin. de FONAÇÃO.

fônico

O termo *fônico* se aplica a todo aspecto relativo aos sons da linguagem, tenham ou não uma importância lingüística.

fonocronologia

Fonocronologia é uma ciência ainda embrionária que tem por objeto o estudo do ritmo das mudanças fonológicas, supostamente regular. (V. GLOTOCRONOLOGIA.)

fonoestilística

Fonoestilística é uma parte da fonologia que estuda os elementos fônicos que possuem na linguagem humana uma função expressiva (emotiva), ou apelativa (conativa), mas não representativa (referencial). Assim, todos os aspectos que caracterizam o falante conforme sua origem social, conforme o grupo etário a que pertence, conforme o sexo, seu grau de cultura, a área geográfica. Em certas sociedades pouco diferenciadas do ponto de vista social, são sobretudo as diferenças de idade e de sexo as que se manifestam na pronúncia ou na realização de certos sons da linguagem: em certos falares sicilianos da região de Messina, o mesmo fonema se realiza através da consoante cacuminal [ɖ] entre os homens (*jadu*, galo) e pela seqüência [tr] entre as mulheres (*jatru*), conforme uma discriminação que se manifesta desde a infância; entre os tchuktes do Kamtchatka, um mesmo fonema da língua é pronunciado [tʃ] pelos homens e [ts] pelas mulheres (o que corresponde a uma acentuação da feminilidade em virtude de o som tornar-se mais agudo). Noutras sociedades, as diferenças na pronúncia são sintomáticas de uma origem regional, como a pronúncia do "r apical *roulé*" que, na França, traduz uma origem provinciana, ou ainda, na Itália, a ausência das geminadas, que caracteriza uma origem nortista. Existem certas sociedades muito hierarquizadas onde certas pronúncias são interditadas para certas camadas sociais, como nas línguas da Índia: em tamul, um só e único fonema deve ser pronunciado [ts] ou [s] conforme a casta do sujeito que fala.

Em quase todas as sociedades existe uma pronúncia "mundana", própria dos esnobes, caracterizada, freqüentemente por um certo relaxamento: assim, o [ʁ] fricativo, menos enérgico que a vibrante que ele substitui, ou que tende a substituir, em muitos países, apareceu primeiro nas capitais, e na alta sociedade, por exemplo, na França, na corte de Versalhes. Caracteriza, na Itália, um ambiente intelectual mundano. A pronúncia do novaiorquino apresenta duas variantes para o fonema /r/ e três variantes para o fonema /θ/ correspondentes a estratificações sociais.

fonograma

Nas escritas ideogramáticas, chama-se *fonograma* a um signo que, capaz de funcionar noutras situações com o seu valor pleno de ideograma, é utilizado para a transcrição do consonantismo de uma palavra homônima daquela que designa o ideograma. Assim, ⸤m egípcio, a palavra [mçDr] "ouvir" era representada pelos símbolos de [mç] "poeira" e [Dr] "cesto". Na escrita asteca, o nome de lugar Teocaltitlan, literalmente "deus-casa-pessoa" era representado pelos símbolos de *tentli*, "lábios", *otli*, "caminho", *colli*, "casa" e *tlantli* (sendo *tli* um sufixo invariável). Num estágio mais desenvolvido, os fonogramas representam sons silábicos, como a escritura dos antigos mesopotâmios, que dispunham de caracteres para representar sílabas, tais como *ma, mi, mu, am, im, um, muk, mut, nam, tim*.

fonologia

Fonologia é a ciência que estuda os sons da língua do ponto de vista de sua função no sistema de comunicação lingüística. Ela estuda os elementos fônicos que distinguem, numa mesma língua, duas mensagens de sentido diferente (a diferença fônica no início das palavras do português *bala* e *mala*, a diferença de posição do acento, no português, entre *sábia, sabia* e *sabiá*, etc.), e aqueles que permitem reconhecer uma mensagem igual através de realizações individuais diferentes (voz diferente, pronúncia diferente etc.). Nisto se diferencia da fonética, que estuda os elementos fônicos independentemente de sua função na comunicação.

Distinguem-se, habitualmente, dois grandes domínios na fonologia:

— a *fonemática* estuda as unidades distintivas mínimas ou fonemas, em número limitado em cada língua, os traços distintivos ou traços pertinentes que opõem os fonemas diferentes de uma língua entre si, as regras que presidem a combinação dos fonemas na cadeia da fala; as duas operações da fonemática são a segmentação e a comutação;

— a *prosódia* estuda os traços supra-segmentais, isto é, os elementos fônicos que acompanham a realização de dois ou mais fonemas e que têm, igualmente, uma função distintiva: o acento, o tom, a entoação.

Os elementos fônicos que têm um valor fonológico não são os mesmos nas várias línguas, eis por que se distingue ao lado da fonologia particular de uma dada língua: a *fonologia geral*, que estuda os principais sistemas fonológicos do mundo e as leis gerais de seu funcionamento; a *fonologia contrastiva*, que estuda as diferenças dos sistemas fonológicos de duas ou mais línguas. Distingue-se, igualmente, a *fonologia sincrônica*, que estuda o sistema fonológico num dado estado de língua, e a *fonologia diacrônica*, que estuda as mudanças fonológicas, a transformação do sistema fonológico quando se opera a passagem de um estado de língua para outro (fenômenos de fonologização, defonologização, refonologização).

Durante muito tempo, a fonologia foi confundida com a fonética. Quando o termo *fonologia* começou a ser empregado, por volta de 1850, o foi de modo concorrente com o de *fonética*; cada escola, muitas vezes, cada lingüística lhes dava uma implicação diferente; ambos têm, aliás, o mesmo sentido etimológico ("estudo dos sons"). Esta confusão de termos, que corresponde a uma confusão de conceitos, se dissipa com o surgimento da fonologia como ciência lingüística, vinculada ao desenvolvimento do estruturalismo lingüístico na primeira metade do século XX.

Com efeito, a necessidade de distinguir os dois tipos de elementos fônicos na língua, de um lado, aqueles que desempenham um papel na significação e aparecem constantemente na realização de uma mesma mensagem, e de outro, aqueles que dependem da realização individual da mensagem, tinha sido entrevista longinquamente pelos gramáticos hindus, conforme o testemunho da teoria do "sphota", ou conforme o testemunho da criação dos alfabetos.

285

As exigências normativas, a importância concedida à língua escrita em detrimento da língua oral, o interesse predominante pelo estudo histórico dos sons, e, mais tarde, o próprio desenvolvimento dos métodos experimentais em fonética fizeram perder de vista, durante muitos séculos, esta distinção fundamental. Ela reaparece no final do século XIX, entre os lingüistas pré-estruturalistas, como BAUDOUIN DE COURTENAY, para quem a distinção entre uma fisiofonética e uma psicofonética correspondem, aproximadamente, à nossa distinção atual entre fonética e fonologia.

A verdadeira eclosão da fonologia na Europa não foi possível senão após a aplicação sistemática ao estudo dos sons das noções lingüísticas elaboradas por F. DE SAUSSURE, em especial, as noções de sistema e de valor, de língua e de fala, de código e mensagem, de sintagma e de paradigma. Os trabalhos do Círculo Lingüístico de Praga, em particular, as contribuições de N. TRUBETZKOY e de R. JAKOBSON, a repercussão que obtiveram no 1.º Congresso Internacional de Lingüística de 1928, em Haia, conferiram à fonologia seu estatuto definitivo de ciência lingüística.

Pesquisas paralelas, desenvolvidas aproximadamente na mesma época na Europa e nos Estados Unidos, chegam a resultados semelhantes, apesar de um certo número de divergências de princípio e de método. O Círculo de Copenhague, com L. HJELMSLEV, desenvolve ao extremo a distinção entre fonética e fonologia, fazendo abstração da substância fônica da linguagem, considerada como acidental. As unidades distintivas mínimas são chamadas de *cenemas*, isto é, "unidades vazias (de sentido)", por oposição aos *pleremas* ou *morfemas*: a fonologia se torna *cenemática*. Os lingüistas americanos chegam a resultados semelhantes aos dos lingüistas europeus, particularmente com os trabalhos de L. BLOOMFIELD. Mas a exigência de um estruturalismo mais rigoroso impele os americanos a desconfiar do mentalismo europeu, a valorizar a segmentação em detrimento da comutação, a conceder mais importância ao estudo da prosódia.

A fonologia gerativa representa um desenvolvimento e uma superação do estruturalismo: retomando sistematicamente a idéia dos primeiros fonólogos estruturalistas, segundo a qual o fonema não constitui uma entidade indivisível, mas um complexo de traços, ela leva à negação da existência de um nível intermediário entre o nível dos morfemas e o dos traços. São os traços distintivos que opõem os morfemas, as palavras e as mensagens entre si (salvo os homônimos): a sonoridade, por exemplo, opõe *casa* /'kaza/ a *caça* /'kasa/.

286

A fonologia gerativa distingue dois níveis de traços: os traços fonológicos (nível abstrato), que opõem entre si dois morfemas, e os traços fonéticos (nível derivado), que designam a pronúncia. Assim, a palavra *mar*, no português, apresenta, no fim, os traços fonológicos [líquido] [não-lateral], enquanto os traços fonéticos podem ser, conforme a pronuncia, seja uma vibrante alveolar, sonora; vibrante alveolar surda ("acento sulino"); seja uma fricativa velar surda ("acento carioca"); seja um flape retroflexo ("acento caipira"), e assim por diante.

Os traços distintivos formam um conjunto universal e são extraídos das representações fonológicas binárias de R. JAKOBSON que, embora não inteiramente adequadas em número e natureza, apresentam a vantagem científica da simplicidade e da universalidade.

fonológico

Chama-se *fonológico* àquilo que pertence à fonologia, àquilo que possui função em fonologia.

As *regras fonológicas*, em gramática gerativa, concedem a cada estrutura superficial uma representação fonética, através de um alfabeto fonético universal.

fonologização

Chama-se *fonologização* o aparecimento de uma nova oposição distintiva numa dada língua. As variantes combinatórias podem resultar num par de fonemas correlativos ou numa correlação: assim, como conseqüência da passagem do latim para o francês, a variação fonética em relação a certas vogais, entre uma realização oral e uma realização nasalizada, em virtude da assimilação da consoante nasal seguinte (travada ou final), transformou-se, depois da nasalização total, numa correlação fonológica. A correlação de geminação resulta da fonologização das variantes estilísticas de reforço afetivo que eram as geminadas no indo-europeu. Uma fonologização pode resultar da apropriação por uma dada língua de um fonema estrageiro, como a do fonema /f/ em russo.

fonte

1. *Fonte* é o lugar de codificação de uma mensagem (por exemplo, o sujeito que fala) em função de seu referente; ela funciona, portanto, como emissor.

2. Em tradução, chama-se *língua-fonte* a língua conhecida de um texto que é traduzida para outra *língua de chegada*.

força

A *força* é a qualidade subjetiva (auditiva ou perceptiva) que corresponde à intensidade*. A intensidade é a qualidade objetiva, física(acústica) suscetível de ser medida por um equipamento experimental, independentemente do sujeito que recebe a mensagem. A força, ao contrário, como todas as qualidades subjetivas, depende das sensações experimentadas pelo ouvinte e não se pode medir sem ele.

forma

Em lingüística, como no vocabulário geral, a palavra *forma* é polissêmica.

1. Na acepção saussuriana, o termo *forma* é sinônimo de *estrutura* e o opõe-se a *substância*: a substância é a realidade semântica ou fônica

(massa não-estruturada), a forma é o recorte específico operado sobre essa massa amorfa e oriundo do sistema de signos. A forma de uma língua vai, portanto, exprimir-se pelas relações que as unidades lingüísticas mantém entre si. Por isso, para E. BENVENISTE, a forma de uma unidade lingüística se define como a sua capacidade de dissociar-se em constituentes de nível inferior, enquanto que o sentido de uma unidade se define como a sua capacidade de integrar uma unidade de nível superior (isto é, a unidade fará "parte integrante" de uma unidade de ordem superior, no caso, o sintagma). A forma de *mesa* será sua capacidade de se dissociar em /m/, /e/, /z/, /a/, que são fonemas; o sentido de *mesa* será sua capacidade de constituir, com outras unidades da ordem morfemática, uma unidade sintática *mesa de operação* (sintagma).

É com esse sentido da palavra *forma* que opera L. HJELMSLEV, que reinterpreta a oposição forma *vs.* substância de F. DE SAUSSURE; opõe, tanto no plano da expressão (significantes) como no plano do conteúdo (significados), a forma e a substância. Na expressão*, temos uma substância (a massa fônica) estruturada como forma para a língua. A forma da expressão fornecerá, p. ex., sete palavras para a expressão das "cores fundamentais" do espectro solar em português. Assim também, o conteúdo, baseado em uma substância (pensamento amorfo), recebe uma forma própria da língua dada. São essas duas formas que definem lingüisticamente a língua.

2. Em uma acepção tradicional, a palavra *forma* opõe-se a *conteúdo*, a *sentido;* F. DE SAUSSURE fala, neste caso, de expressão oposta a conteúdo. A forma é então a estrutura da língua não interpretada semanticamente, que se opõe ao sentido, à significação.

Nesta perspectiva, E. SAPIR chama a atenção para a ausência de relação, numa determinada língua, entre forma e função. Por exemplo, a idéia de negação pode ser marcada em português por processos formais muito diferentes: adjunção do prefixo *in-* (*incomum*), ou emprego do morfema *não* (*isso não é comum*).

3. A palavra *forma* pode designar uma unidade lingüística (morfema ou construção) identificada por seus traços formais. Nessa linha, opor-se-ão, por exemplo, com L. BLOOMFIELD, forma regular (toda forma que um locutor pode compor sem tê-la ouvido antes, por simples aplicação de regras; por exemplo, *acabarei*) e forma irregular (toda forma que é necessário já ter ouvido para realizá-la corretamente; por exemplo, *farei*). L. BOOMFIELD distingue *forma livre** (*free form*) e *forma presa** (*bound form*). Será chamada forma livre toda unidade suscetível de constituir um enunciado. *Tiago, hora,* etc., são formas livres; *-ndo* em *cantando, -or* em *cantor* são formas presas.

288

Observar-se-ão as possibilidades de fonetismo comum entre formas presas e formas livres ([mẽti]) no sufixo *-mente* e a palavra *mente*).

As formas livres, por sua vez, subdividem-se em forma livre mínima (a palavra) e forma livre não-mínima. A palavra, emitida só, tem um sentido e não pode ser analisada em unidades que tenham todas um sentido: *infeliz* e *vigoroso* podem analisar-se respectivamente em *in-* e *feliz* (que tem sentido) e *vigor* (que tem sentido) e *-oso*; *infeliz, feliz, vigoroso, vigor* são palavras, ao passo que *in-* e *-oso* são formas presas. A forma livre não-mínima é o sintagma; a frase é uma forma livre não-mínima.

formação de palavras

Formação de palavras é o conjunto de processos morfo-sintáticos que permitem a criação de unidades novas a partir de morfemas lexicais. Utilizam-se, assim, para formar palavras, os afixos de derivação* ou os processos de composição*.

formador

Na terminologia semântica de C. W. MORRIS, o *formador* (ingl. *formator*) é um signo que comporta a instrução implícita de uma operação lingüística (tal como negação, generalização, etc.). U. WEINREICH considera como formadores:

a) os operadores pragmáticos, tais como a interrogação, a ordem, etc., e todos os processos lingüísticos que indicam a atitude do locutor quanto ao conteúdo de seu discurso (marcadores da distância e da modalização*);

b) os signos dêiticos; por exemplo, os embreiantes de R. JAKOBSON, porque esses signos implicam referência ao ato de comunicação no qual são utilizados: *aqui/lá, ontem/amanhã* ordenam-se com relação ao lugar ou ao tempo da comunicação;

c) os operadores proposicionais, isto é, as soluções lexicais que concorrem com um outro tipo de formador; por exemplo, a palavra *ignorar* será um operador proposicional, em oposição ao formador negativo (*ignorar* = adjunção da negação a *saber*);

d) os quantificadores (*certo, algum, todos*, etc.);

e) os formadores puramente sintáticos, organizadores da expressão: certos elementos da ordem das palavras, certos casos de declinação, etc. Assim, enquanto que casos como o ablativo de origem ou o acusativo de fim têm um conteúdo designativo (um *designatum*), o nominativo será um formador, na medida em que é signo do sujeito.

formal

Na análise distribucional, a segmentação de uma unidade superior em seus constituintes permite reduzi-la apenas aos elementos *formais*: com efeito, a análise de uma unidade através de seu contexto dispensa levar em conta a sua significação: a divisão da unidade *mesa* em quatro fonemas (ou grafemas) nada conserva do sentido que o lexema *mesa* comporta. A análise assim feita explica as relações formais existentes, mas não o sentido, que aparece aqui no nível do morfema. Quando a comparação (pela prática, p. ex., do sistema dos pares mínimos) traz a certeza de que há, neste caso, quatro fonemas, ter-se-ão definido os quatro constituintes formais do morfema *mesa*, mas não se terá explicado o sentido. O projeto da gramática formal (v. FORMALIZAÇÃO), baseado no postulado da centralidade da sintaxe, visa a explicar, por uma descrição estrutural, os constituintes de toda mensagem lingüística, fora de qualquer consideração de interpretação fonética e/ou de interpretação semântica.

formalização

A generalização das regras lingüísticas explícitas, expressa por regras formais ou *formalização*, corresponde a um desejo de responder a certas questões fundamentais sobre a natureza da aptidão lingüística e sua operação. Uma descrição formal expõe as relações entre as unidades de uma dada língua sem insistir na sua interpretação ou atualização em itens específicos. Essas relações podem interessar às unidades de diversos níveis: os traços distintivos, os fonemas, os morfemas, os lexemas e a frase.

A palavra *interpretação* não deve prestar-se a confusão: não levar em conta a interpretação é, para uma gramática formal, excluir a descrição do fonetismo de uma frase e a descrição de seu conteúdo semântico. Uma descrição formal não fornecerá, portanto, informações sobre o conteúdo semântico de uma categoria gramatical (por exemplo, masculino vs. feminino) ou de uma função (por exemplo, sintagma predicativo) e nem tampouco sobre a interpretação fonética da frase.

Uma gramática formal fornece uma hipótese sobre o conjunto das condições a que deve satisfazer uma frase para receber, por outro lado, uma interpretação fonética e semântica. Esse conjunto formalizado é chamado *descrição estrutural*.

Demos um exemplo de formalização. A frase de base pode ser representada pelo símbolo $\sum$. Essa frase de base é submetida a uma reescrita, que se exprime, por exemplo, na fórmula:

$$\sum \to \text{Mod} + \text{F},$$

em que o símbolo Mod indica a modalidade da frase (Declarativa, Interrogativa, Imperativa, etc.) enquanto que o núcleo é representado pelo símbolo F. No primeiro postulado de uma gramática formal (gerativa, transformacional), a flecha é o símbolo que indica a reescrita de $\sum$ em Mod + F, uma instrução de ter que reescrever o símbolo da esquerda da forma indicada; o signo + indica a ligação dos símbolos Mod e F pela operação de concatenação. A regra de reescrita proposta como exemplo é seguida de outras regras numerosas, que operam sempre com símbolos abstratos.

No primeiro projeto de formalização da gramática de N. CHOMSKY, a centralidade da sintaxe era um postulado essencial: o componente central da gramática era uma sintaxe, inteiramente formalizada; seu papel era a descrição estrutural: o componente fonológico transcrevia a descrição estrutural em seqüências de sinais sonoros, o componente semântico atribuía à descrição estrutural um conteúdo semântico.

Frustrada a esperança depositada na centralidade exclusiva da sintaxe, pois alguns lingüistas reintroduziram todo ou parte do compo-

290

nente semântico no interior da sintaxe, nem por isso é abandonado o projeto de formalização. Mas a formalização dos dados semânticos necessários à construção de um modelo de competência (no quadro de uma gramática formal) complica muito o projeto inicial.

formante

1. Em lingüística estrutural, chamam--se *formantes de tema verbal* os sufixos que servem para constituir com radicais temas verbais (ex.: *-izar* em *colonizar; -ficar* em *pacificar*) e *formantes do tema nominal* os sufixos que servem para constituir temas nominais (ex.: *-agem* em *lavagem; -mento* em *nivelamento*).

2. Em lingüística clássica, chamam-se *formantes temáticos* os afixos que se acrescentam ao radical e que são seguidos da desinência casual ou temporal; assim, em grego, o formante temático de certos verbos (chamados "temáticos") é *e/o*, como *luomen, luete*, etc., sobre o radical *lu-* (desligar).

3. Em gramática gerativa, na primeira etapa da teoria, opõem-se os morfemas, elementos sintáticos constitutivos das seqüências sintagmáticas terminais (seqüências subjacentes geradas pela base* sintagmática), aos *formantes* ou *formativos*, elementos sintáticos constitutivos das seqüências transformadas terminais (derivadas pela aplicação das transformações às seqüências subjacentes) e que recebem uma interpretação fonética. Assim, em português, a seqüência subjacente *O pai lê o jornal* é constituída dos morfemas: O + pai + singular + Pres + ler + o + jornal + singular, enquanto que a seqüência passiva derivada é constituída dos formantes ou formativos:

O + livro + sing. + pres. + ser + part. pass. + ler + por + o + pai + ∅.

A seqüência dos formantes é constituída de mais elementos que a seqüência dos morfemas.

4. Em fonética, chamam-se *formantes* as freqüências de um som complexo reforçadas por um filtro acústico. Na fonação, os dois principais formantes, responsáveis pelo timbre particular de cada vogal e de certas consoantes, são as freqüências reforçadas pelos dois principais ressoadores do aparelho vocal: a faringe e a boca. Podem intervir outros formantes, que correspondem à adjunção de um ressoador suplementar (o formante característico das vogais nasais, por exemplo) ou que acusam o timbre particular de certos tipos vocálicos: assim, um terceiro formante ao redor de 3 000 ciclos por segundo acentua o timbre agudo de [i] e [y]. As consoantes oclusivas se caracterizam pela ausência de formantes. As fricativas se caracterizam por uma estrutura de formantes muito pouco nítida.

formativo

V. FORMANTE.

forte

1. *Aoristo forte* é o aoristo grego caracterizado (1) pela ausência de infixo (por oposição ao aoristo sigmático) e (2), geralmente, pelo grau reduzido da raiz: *elipon*, aoristo forte (ou aoristo segundo) de *leipô*.

2. Chamam-se *formas fortes* as que apresentam a forma plena do tema (V. ALTERNÂNCIA.)

3. Em fonética, uma *consoante forte* é uma consoante para cuja articulação a corrente de ar expiratória é mais intensa, e, portanto, a resistência no ponto de articulação mais enérgica e a tensão dos músculos maior. As consoantes fortes, do ponto de vista perceptivo, são fisiologicamente tensas e acusticamente intensas. Em português, todas as consoantes não-sonoras são fortes.

291

fraco

1. Emprega-se, às vezes, a expressão *consoante fraca* para designar a consoante branda ou sonora em oposição à consoante forte ou surda. De um modo geral, são *fracas* todas as consoantes sonoras: [b], [d], [g], [v], [z], [ʒ].

2. Chamam-se *formações fracas* (na flexão nominal e verbal) as que, nas línguas flexionais, apresentam o grau reduzido do tema, em oposição às que comportam o grau forte. (V. ALTERNÂNCIA).

frase

1. Em gramática tradicional, a *frase* é uma reunião de palavras que formam um sentido completo, distinta da proposição pelo fato de aquela poder conter várias proposições (frase composta e complexa). Esta definição, que ainda encontramos em alguns manuais, se choca com grandes dificuldades. Para definir a frase, não é possível utilizar a unidade de sentido, já que o mesmo conteúdo poderá ser expresso numa frase (*Enquanto leio, mamãe costura*), ou em duas (*Leio. Mamãe costura*). Fala-se de sentido completo exatamente porque a frase é completa. Por outro lado, colocou-se com justeza o problema de certas frases poéticas, por exemplo, cuja interpretação fundar-se-ia unicamente sobre nossa cultura e nossa subjetividade, ou o de aglomerado de palavras com sentido claro, mas sem constituir uma "frase", como em *Eu... mas sei lá o que digo* (anacoluto).

2. A gramática moderna, mais do que definir a frase, prefere dizer o que "constitui as frases", ou dar a lista dos traços que encontramos em tudo o que é considerado "frase". Nesta perspectiva, uma *frase* é um enunciado cujos constituintes devem assumir uma função* e que, na fala, deve ser acompanhada de uma entonação. Nas frases sem verbo, a entoação permite reconhecer se nos deparamos com uma palavra ou grupo de palavras isolado,

sem função, ou se, ao contrário, com uma frase, embora constituída de uma só palavra (palavra-frase). Uma frase possui, igualmente, um fim determinado: ela enuncia qualquer coisa (predicado) a propósito de alguém ou de alguma coisa (tema). A frase pode comportar apenas um elemento, que é o tema (a frase é, então, incompleta), ou o predicado, como em *Fabuloso!* onde o tema não está evocado; ou ainda dois elementos sem verbo como em *Bom, este doce.* As frases que possuem um verbo se dividem em frases simples e frases complexas. As frases simples somente comportam um membro organizado em torno do verbo (no modo pessoal ou no infinitivo). As frases complexas comportam vários membros chamados de "proposições", sejam elas justapostas, coordenadas ou subordinadas. Nas frases complexas, as proposições justapostas ou coordenadas têm uma autonomia gramatical completa, o que lhes permite, se for o caso, funcionar como frase simples. A proposição subordinada, ao contrário, não pode funcionar tal como o é, como uma frase simples; ela tem necessidade do suporte da proposição principal, que contém um termo do qual ela é dependente; assim, em: *Todas as manhãs, ele constatava que lhe haviam roubado umas peras, que lhe haviam roubado umas peras* é a subordinada e dependente de *constatava; Todas as manhãs, ele constatava* é a principal, suporte da subordinada. A frase simples ou complexa pode ser enunciativa*, ou exclamativa*, ou interrogativa*, ou imperativa*. Dá-se, também, uma regra escolar, essencialmente ortográfica, para definir a frase: "Uma frase é uma seqüência de palavras que começam por uma maiúscula e terminam por um ponto." Esta regra não constitui, evidentemente, uma definição.

3. Em gramática gerativa, a *frase* é um axioma de base; ela vem representada por uma seqüência de símbolos gerados a partir do símbolo inicial Σ, pelas regras sintagmáticas de ba-

se*. A frase, desenvolvida a partir da primeira regra $\sum \to$ Mod + P (na qual P é o nódulo da frase e Mod é a modalidade interrogativa, negativa, passiva, etc.) é constituída pela derivação de $\sum$, resultando na cadeia terminal de $\sum$.

4. *Tipo de frase.* Sin. de ESTATUTO* DA FRASE.

frase-núcleo ou frase nuclear

1. Em gramática estrutural, a *frase-núcleo* é a frase declarativa ativa transitiva reduzida a seus constituintes fundamentais. *O menino lê um livro* é uma frase-núcleo.

2. Em gramática gerativa, sin. de *frase nuclear.*

fraseologia

Chama-se, geralmente, de *fraseologia* a uma construção própria de um indivíduo, de um grupo ou de uma língua. Contudo, como o termo idioleto serve freqüentemente para designar o fenômeno lingüístico próprio de um indivíduo, reserva-se, seguidamente, o termo de fraseologia para a evocação de uma construção própria de uma língua.

Um dicionário fraseológico tem por objeto o recenseamento e a apresentação das expressões vinculadas especificamente a uma língua. Em princpípio, ele não registra os provérbios, já que representam unidades frásticas completas. Deverá excluir, igualmente, de seu campo de estudo o clichê; a fraseologia, ao contrário do clichê, desvio estilístico banalizado pela repetição (*o astro da noite, dedos de fada*), define-se não pelo desvio que ela representa em relação à língua, mas pelo caráter estabilizado da combinação que ela constitui.

O estudo da fraseologia deverá, igualmente, permanecer distinto do estudo da combinação das palavras: um dicionário fraseológico não é senão um subconjunto particular de um dicionário sintagmático, que fixaria os tipos de combinação mais usuais de uma língua numa dada sincronia.

frástico

Qualifica-se de *frástico* o que é relativo à frase.

Chama-se nível frástico ao nível da frase. (V. NÍVEL.)

fratura (fr. *brisure*)

Fratura é um tipo particular de metafonia ou dilação que culmina na ditongação da vogal considerada. Esse fenômeno pode ser de evolução históricas, como no vocalismo das línguas escandinavas e germânicas. Mas pode ser também de ordem sincrônica, como em numerosos dialetos italianos meridionais, em que a alternância morfológica feminino x masculino e, sobretudo, singular x plural é acompanhada de um fenômeno de clivagem por ditongação condicionada da vogal tônica. O [ɛ] é ditongado em [je], diante de [i] ou [u] final no dialeto siciliano, que apresenta alternâncias do tipo ['vɛkkja], "velha" x [vjekkju], "velho"; [bɛdda], "bela" x [bjeddu], "belo", [bjeddi], "belos"; [lɛgga], "que ele leia" x [ljeggu], "eu leio". (V. DITONGAÇÃO.)

freqüência

Freqüência de um som é o número de ciclos realizados por unidade de tempo. A freqüência se calcula, em geral, em ciclos/segundo, ou hertz. Sendo o período o tempo que leva o corpo vibrante para efetuar um ciclo, a freqüência corresponde ao inverso do período. A freqüência de vibração de um corpo depende de suas qualidades específicas, entre outras, se se trata de uma cavidade, de seu volume, de sua forma, do tamanho da abertura com relação ao volume. Eis porque a modificação da forma do canal bucal acarreta variações da freqüência do som da língua.

O campo auditivo do homem, entre o limite da dor e o limite absoluto, é compreendido entre 20 e 20 000 ciclos/segundo. As freqüências às quais o ouvido é mais sensível situam-se entre 1 000 e 6 000 ciclos/segundo. A duração das freqüências vocais do discurso normal é de 60 a 350 ciclos/segundo, isto é, mais de duas oitavas.

freqüentativo

Dá-se o nome de *freqüentativa* a uma forma verbal provida de um afixo, que indica a repetição da ação expressa pela raiz do verbo. Assim, *saltitar, reler,* são formas freqüentativas que têm, uma, o sufixo *-itar,* a outra o prefixo *re-.*

fricativo

Consoante fricativa (chamada também *constritiva* ou *espirante*) é a consoante caracterizada por um estreitamento do canal bucal que provoca no plano auditivo uma impressão de fricção ou de assobio, devida à passagem difícil do ar através das paredes do canal bucal e, no plano acústico, a um aspecto turvo do espectro devido à turbulência das ondas. Em princípio, é possível produzir fricativas em qualquer ponto da boca, desde os lábios até a faringe e mesmo na laringe. Em português, [f], [v], [ʃ], [ʒ], [s], [z], são fricativas. O inglês e o alemão apresentam fricativas laringais (nas palavras HOUSE e HAUS), *desconhecidas* em português. O espanhol apresenta também fricativas desconhecidas em português: a fricativa bilabial [β] em *haber,* a fricativa interdental [θ] em *cinco,* a fricativa apicodental em *nada,* as duas fricativas velares *hijo* e *hage.*

fronteira

1. *Fronteira lingüística* é a linha ideal que representa a passagem de um dialeto a outro ou de uma língua a outra.

Ao passo que as fronteiras entre línguas de famílias diferentes são geralmente nítidas, as fronteiras entre falares aparentados são flutuantes; seu traçado varia em função dos traços escolhidos como característicos. Fala-se, de preferência, de isoglossas* (ou limite de dois traços diferentes) e de feixes de isoglossas.

2. *Fronteira de palavra.* V. JUNTURA.

frouxidão

Frouxidão é a característica dos fonemas frouxos*, em oposição à tensão; manifesta-se por um fraco desvio do aparelho vocal com relação à posição de repouso. Em numerosas línguas, como o francês, o traço da frouxidão é concomitante com o traço de sonoridade: ele pode bastar para manter a oposição dos fonemas normalmente sonoros com seus homorgânicos não-sonoros, em caso de ensurdecimento dos primeiros ou de sonorização dos segundos.

frouxo

Fonema frouxo (fraco ou suave) é um fonema cuja articulação se acompanha de uma descarga de energia expiratória mais fraca, portanto de uma tensão muscular menos forte que seu homorgânico tenso, com uma deformação mais leve do aparelho vocal com relação à posição de repouso. Em português, todas as consoantes sonoras são tensas. Todas as vogais breves, como em inglês o [i] de *sit* "estar sentado", são frouxas, enquanto as longas são tensas, como o [i] de *seat* "assento". Para indicar as vogais frouxas, utiliza-se freqüentemente o expoente², sendo o expoente¹ empregado para as vogais tensas. O francês standard opõe [te¹t] "cabeça" e [te²t] "mamilo".

função

1. *Função* é o papel representado por um termo (fonema, morfema, palavra, sintagma, etc.) na estrutura gramatical do enunciado, sendo cada membro considerado como participando do sentido geral desta. Nesse caso, distinguem-se as funções de sujeito e de predicado, que

definem as relações fundamentais da frase, e as funções de complementação (complementos), representadas por termos que completam o sentido lacunar de alguns outros (complementos determinativos). Assim, na frase *Pedro lê um livro*, a palavra *livro* tem a função de objeto. (V. também ACENTO [*função demarcativa, distintiva e culminativa*].)

2. Em glossemática*, chama-se *função*, em um sentido vizinho do que a palavra tem em matemática, toda relação entre dois termos. Se os termos forem ambos constantes, ou ambos variáveis, ou um constante e o outro variável, a função é uma interdependência*, uma constelação* ou uma determinação*.

3. Em gramática gerativa, a função é a relação gramatical que os elementos de uma estrutura (as categorias) mantêm entre si nessa estrutura. Seja a regra de reescrita do núcleo F, constituído de um sintagma nominal e uma sintagma verbal: F → SN + SV; dir-se-á que a categoria SN tem nesta regra a função de sujeito, e que SV tem a função de predicado. Em contraposição, na estrutura em que o sintagma verbal é constituído de um auxiliar, de um verbo e de um sintagma nominal (SV → Aux + V + SN), dir-se-á que SN tem a função de complemento (ou objeto) na estrutura assim definida. A categoria é distinta da função.

4. As *funções da linguagem*, isto é, os diversos fins que se atribuem aos enunciados, ao produzi-los, são o fundamento das teses da ESCOLA DE PRAGA. O número das funções reconhecidas tem variado conforme as teorias lingüísticas. De comum acordo, reconhece-se como a mais importante a *função referencial*, ou *cognitiva*, ou *denotativa*. A língua é, assim, considerada como tendo por finalidade permitir aos homens comunicarem informações. É a existência dessa função que permite descrever a língua segundo o esquema da teoria da comunicação. Algumas correntes funcionalistas (V. FUNCIONALISMO) consideram a função cognitiva como central e a única digna de interesse, enquanto as outras são secundárias. Acrescentam-se à função referencial a *função imperativa*, ou *injuntiva* (a língua é utilizada como um meio para levar alguém a adotar certo comportamento), e a *função expressiva* (o locutor pretende não trazer informações, mas exprimir sentimentos). R. JAKOBSON descreve as funções da língua, referindo-se aos elementos necessários a toda comunicação lingüística: existência de um destinatário, de um remetente (ou destinador), de um contexto ao qual a mensagem remete, de um código, de um contacto (canal físico e conexão psicológica entre o destinatário e o remetente, que permitem estabelecer e manter a comunicação). Pela *função referencial*, a men-

295

sagem é centralizada no contexto, pela *função emotiva* no locutor, pela *função conativa* no destinatário, pela *função fática* no contacto, pela *função metalingüística* no código, pela *função poética* na mensagem em si.

Cada função da língua manifesta-se no discurso por traços próprios, mas há numerosas interferências num texto determinado.

5. O projeto soviético de dicionário explicativo e combinatório explora em particular a noção de *função lexical*, que é a relação de sentido entre uma palavra chave C_o e outras palavras C_i. Para que haja função lexical, é preciso:

a) que essa relação intervenha entre numerosas C_o (do contrário, ela seria reputada *ad hoc*);

b) que ela se refira a diversas C_i;

c) que a escolha da boa C_i para a expressão de uma relação $C_o - C_i$ seja determinada por C_o.

Tomaremos alguns exemplos de funções lexicais.

— Para a relação que marca o ponto culminante, o símbolo será Centr. Damos exemplos ingleses correspondentes, para mostrar a diferença de realização semântica das funções lexicais em línguas diversas:

Centr (glória) = auge	Centr (glory) = summit
Centr (crise) = nó, coração	Centr (crisis) = peak
Centr (cidade) = centro	Centr (city) = center
Centr (vida) = meio	Centr (life) = prime

— Para a relação de sinonímia, o símbolo ser Sin. Observaremos, naturalmente, que essa função léxica existe para algumas palavras em uma língua, para outras palavras em outra língua:

Sin (ajudar) = assistir	Sin (to help) = to aid
Sin (vinho de Bordeaux) = ϕ	Sin (Bordeaux) = claret
Sin (fatal) = ϕ	Sin (fatal) = woeful
Sin (casar-se) = desposar	Sin (marry) =: ϕ

Enfim, Gener prestará contas do nome do gênero, da espécie, em função de C_o. Por exemplo:

Gener (líquido) = substância
Gener (azul) = cor
Gener (rastejar) = mover-se

A consideração dessas diversas funções léxicas (47 funções-"padrão", bem como diversas funções não-"padrão") tem parte grande no dicionário explicativo e combinatório em projeto. De modo geral, esse dicionário pretende apresentar o processo de geração (teoria explícita da passagem da estrutura profunda para o nível do enunciado realizado) como uma sucessão integral de graus.

funcional

1. Diz-se que uma *oposição é funcional* numa determinada língua quando ela é pertinente para a comunicação das mensagens (V. FUNCIONALISMO): assim, a oposição /p/ : /b/ é funcional em português. (V. PERTINENTE.)

2. *Palavras funcionais* são as que indicam certas relações gramaticais entre os sintagmas que constituem uma frase (preposições), ou entre as frases (conjunções), ou que marcam a fronteira de um sintagma nominal que elas determinam (artigos). As palavras funcionais se distinguem dos morfemas lexicais porque são morfemas não-autônomos, que só têm sentido relativamente à estrutura gramatical em que entram; são também denominados *marcadores estruturais, palavras instrumentais* ou *instrumentos gramaticais.*

3. *Rendimento funcional* de uma oposição é a capacidade que possui uma oposição existente numa língua dada de se realizar num maior ou menor número de séries paradigmáticas estruturadas conforme esta oposição. É portanto, a importância de uma oposição no funcionamento de uma língua. Assim, é sobretudo sob a ótica de uma lingüística funcional (V. FUNCIONALISMO) que se poderá colocar a questão do rendimento funcional de uma oposição. A noção de função recobre a de pertinência lingüística: são pertinentes os elementos do enunciado cuja presença não é devida a automatismos, mas que carregam uma informação. Um elemento do enunciado não será lingüístico a não ser com respeito à sua função. Deste ponto de vista, o critério do rendimento funcional adquire importância: observa-se que, no francês, há dois fonemas /ɛ̃/ e /œ̃/ que não entram em oposição distintiva a não ser em alguns pares mínimos: cita-se, sempre, *brin* e *brun.* Assim, esta oposição tem um rendimento particularmente fraco. Pode-se verificar aí a razão de seu desaparecimento no sistema fonológico dos franceses jovens. No português, ocorre caso semelhánte na oposição entre /i/ e /e/, que se neutraliza em várias posições no vocábulo fonológico, acarretando modificações no sistema morfológico, por exemplo, o desaparecimento gradativo da diferença entre a 2.ª e 3.ª conjugações.

Contudo, o rendimento funcional elevado de uma oposição não a coloca ao abrigo automático do desuso: a oposição entre o /a/ anterior e o /ɑ/ posterior é de um rendimento bastante elevado no francês (/*patte* /*pâte, tache* /*tâche, là*/ *las,* etc.); está, contudo, quase perdida, também, no francês contemporâneo.

funcionalismo

1. A reflexão da ESCOLA DE PRAGA sobre a função (as funções*) da língua deu origem a diversas *correntes funcionalistas* que têm tendência a encarecer esta ou aquela função da língua. Assim, da obra de A. MARTINET, podem-se destacar três direções essenciais, que têm entre si relações íntimas: a da fonologia geral e descritiva, a da fonologia diacrônica e a da lingüística geral. O ponto central da doutrina reside no conceito de dupla articulação. A primeira articulação em monemas intervém no plano da expressão e no plano do conteúdo;

graças a ela, um número indefinido de enunciados é possível a partir de um inventário limitado de monemas. A segunda articulação só diz respeito ao plano da expressão. A substituição de um dos segmentos, assim definido por outro de mesmo tipo nem sempre acarreta a mesma variação de sentido. Assim, a substituição de [ɛ] por [ɔ] em [pɛdi] dá [pɔdi] que tem outro significado; ao contrário, na primeira articulação, a substituição de [va] por [ra] em [kātava] e [falava] corresponde nos dois casos, no plano do conteúdo, ao sentido de ação passada anterior a outra ação passada ([kātara] e [falara]). Graças à segunda articulação, algumas dezenas de fonemas permitem formar dezenas de milhares de significantes diferentes. Por outro lado, diferentemente de R. Jakobson, A. Martinet não considera necessário introduzir uma terceira articulação (a dos traços pertinentes, uma dezena) que constituem os fonemas. Em fonologia geral, A. Martinet avalia o rendimento funcional (função lingüística) das diferenças fônicas: partindo da distinção importante entre fatos fonéticos e fatos fonológicos, ele opõe as necessidades da comunicação (exigência de um número máximo de unidades que sejam as mais diferentes possíveis) e a tendência ao menor esforço (exigência de um número de unidades menos diferentes possíveis). A tendência a harmonizar essas duas exigências leva à economia na língua ou à melhora do rendimento funcional. Cada unidade do enunciado é submetida a duas pressões contrárias: uma pressão (sintagmática) na cadeia falada, exercida pelas unidades vizinhas, e uma pressão (paradigmática) no sistema, exercida pelas unidades que poderiam figurar no mesmo lugar. A primeira pressão é assimiladora, a segunda dissimiladora.

Essa tendência funcionalista tem também suas aplicações na sintaxe. A. Martinet distingue assim monemas funcionais (como as preposições ou as desinências casuais) e as modalidades (como o número ou o artigo).

2. R. Jakobson, por seu lado, baseia-se nas funções* da linguagem (os pontos de vista do remetente, do destinatário, da mensagem, do contexto, do contacto entre remetente e destinatário, do código, definem a função emotiva ou expressiva, a função conativa, a função poética, a função denotativa, a função fática e a função metalingüística). O funcionalismo de R. Jakobson é caracterizado pelo reaparecimento da diacronia, que não é mais apenas uma sucessão de estudos sincrônicos, enquanto que, desde F. de Saussure, admitia-se que o estudo diacrônico pressupõe o estudo sincrônico, não sendo verdadeira a recíproca. Para R. Jakobson, não pode haver estudo sincrônico sem análise diacrônica: mudanças intervêm constantemente no sistema de uma época, como as tendências estilísticas, por exemplo (que dependem

das funções expressiva e conotativa); assim, tal tipo de pronúncia é comum para os avós, é marcado e ligado ao estilo elevado para os pais, que têm igualmente um outro, está totalmente ausente nos filhos. A sincronia não deve, portanto, ser concebida de modo estático, mas de modo dinâmico. Contrariamente a um cartaz, a sincronia de um filme não é uma imagem, ou uma série de imagens consideradas separadamente, mas o exame do filme em sua dinâmica. Enfim, a interpretação da mudança deve ser baseada na finalidade das modificações ocorridas. A utilização de um signo lingüístico recorre à combinação no eixo sintagmático e à seleção no eixo paradigmático. Além disso, a própria combinação pode dar-se por encadeamento ou por co-ocorrência.

Uma parte importante da obra de R. JAKOBON apresenta uma fonologia baseada na definição de traços distintivos, que podem apresentar-se simultaneamente no fonema. Esses traços distintivos, cuja reunião constitui o fonema, têm caráter binário: os fonemas são caracterizados pela presença ou ausênsia de certa qualidade. Assim, a classificação das consoantes baseia-se em oposições: presença ou ausência do caráter labial, dental, palatal, etc. Caminha-se, portanto, para uma espécie de classificação unitária, na qual as vogais e as consoantes são classificadas conforme as mesmas categorias. Mesmo se se puder contestar a hipótese de trabalho segundo a qual uma fonologia universal se contentaria com 12 oposições binárias, o esquema binarista é muito prático e é sobretudo retomado pela gramática gerativa para descrever o funcionamento da componente fonológica.

functivo

Em glossemática, *functivo* aplica-se aos dois termos de uma função: *termos functivos*. A função, conforme o estatuto dos functivos, é uma interdependência*, uma determinação* ou uma constelação*.

fundamental

1. Em acústica, chama-se *som fundamental* o que é provocado pela vibração do corpo que vibra em toda a sua extensão, em oposição aos harmônicos* produzidos pela vibração de suas diferentes partes.

A vibração das cordas vocais produz uma onda cujo espectro apresenta um grande número de componentes, que são todos múltiplos inteiros da freqüência fundamental. A freqüência fundamental corresponde à freqüência vibratória das cordas vocais. Todo reforço da freqüência fundamental torna o som mais grave.

2. Chama-se *vocabulário fundamental* de uma língua o conjunto dos itens lexicais mais freqüentemente utilizados em um "corpus" extenso de enunciados, escritos ou falados, de uso corrente.

fundido

Emprega-se às vezes *língua fundida* por língua flexiva* porque uma língua flexiva amalgama e opera a fusão dos diversos morfemas casuais (desinências).

fundo comum

Pode-se chamar *fundo comum* de uma língua o conjunto de palavras ou de construções que todos os locutores dessa língua empregam. Esta noção implica necessariamente que se faça abstração das diferenças mínimas na maneira de falar, as que refletem as diferenças de idade, sexo, grupo social, meio educativo e interesses culturais. Ela tende a apresentar o conjunto descrito como homogêneo, pois permite ignorar os desvios.

fusão

Fusão é a combinação de dois elementos em contacto no interior de uma palavra, que torna difícil a análise direta. Assim, o latim *prudens* é proveniente, por fusão, de *providens*.

futuro

1. *Futuro* é um tempo* que situa o enunciado num momento posterior ao instante presente*, depois do "ago-ra". O futuro se exprime por combinações de afixos verbais (*Ele virá, eles tomarão*) ou por advérbios (*Ele vem amanhã*).

2. Dá-se o nome de *futuro simples* a um conjunto de formas verbais do português constituídas de uma raiz verbal e de afixos verbais (r + afixo de presente → *rá, rão*, etc.) e que exprimem o tempo futuro.

3. Dá-se o nome de *futuro do presente composto* a um conjunto de formas verbais do português, constituídas do auxiliar *ter* (ou *haver*) e de um particípio passado, ficando o auxiliar ligado aos afixos verbais do futuro. O futuro do presente composto traduz a categoria do aspecto (processo realizado) e a do tempo (processo cujo acabamento se faz depois do instante do enunciado): *Quando ele chegar, terei tomado todas as providências.*

G

galho

V. ÁRVORE.

geminação

Geminação é o fenômeno de reforço de uma articulação consonântica, que prolonga a sua duração cerca da metade e lhe aumenta a intensidade. Esse fenômeno é também chamado, às vezes, de *redobro*, embora não haja verdadeiramente repetição da consoante. A geminação pode ter um valor lingüístico em certas línguas, como o italiano, que opõem consoantes simples a consoantes geminadas. Nas outras línguas, pode igualmente aparecer com um valor expressivo: assim, em português, a geminação pode aparecer para exprimir uma emoção: "É ab-bomináveel!". Por outro lado, "de um vocábulo a outro criam-se geminações de consoantes em contraste com a ausência de consoantes geminadas em interior de vocábulo; assim, se opõem pela delimitação vocabular *paz sólida* /passolida / e *pá sólida* /pasɔlida/ ou *ar roxo* /arroʃu/ e *arrocho* /ãroʃu/" (CÂMARA JR., J. MATTOSO — *Problemas de Lingüística Descritiva*, p. 36).

geminado

Consoante geminada é a consoante mais longa do que uma consoante simples e cuja articulação é mais enérgica (ou mais intensa). Uma geminada se distingue de uma consoante longa pelo fato de que se encontra cindida por uma fronteira silábica, podendo a primeira parte ser considerada implosiva, e a outra explosiva. O italiano opõe certo número de geminadas às consoantes homorgânicas correspondentes /pala/ *pá* e /palla/ *bola*, /pani/ *pães* e /panni/ *vestimentas*, /tuta/ *macacão de trabalho* e /tutta/ *toda*, /buka/ *buraco* e /bukka/ *boca*, etc.

genealogia

Tendo a lingüística tomado, no século XIX, a biologia como modelo, falou-se, para as línguas, de "vida", de "morte", de "parentesco": é nessa perspectiva que se emprega o termo *genealogia*. Estabelecer a genealogia de uma língua é determinar a língua de que ela provém, bem como as línguas de mesma origem que ela: estabelecer a genealogia do português é dar-lhe como ancestral o latim e precisar que o italiano, o espanhol, o francês e o romeno são também oriundos do latim (diz-se que são as línguas irmãs do português, sendo o latim a língua-mãe). Estabelecer a genealogia do latim é, graças à gramática comparada*, dar-lhe por ancestral o indo-europeu. (V. FAMÍLIA DE LÍNGUAS.)

generalidade

O critério de *generalidade* das regras é um critério que, com a simplicidade, permite avaliar a capacidade de uma gramática: a regra que poderá dar conta do maior número possível de fatos no maior número de línguas satisfaz a essa condição de generalidade.

generalização

Generalização é um processo cognitivo que consiste, partindo de um certo número de constatações empíricas, em elaborar um conceito: assim, o conceito "cadeira" é elaborado a partir da percepção de objetos que comportam

301

certo número de propriedades comuns. A generalização é chamada secundária quando se produz não diretamente, a partir dos próprios objetos, de sua proximidade física, mas a partir de palavras ou imagens que evoquem esse objeto. Haverá *generalização semântica* quando uma resposta provocada por uma palavra-estímulo é também provocada por sinônimos dessa palavra: se se condiciona uma resposta de secreção salivar à palavra *maneira*, a mesma resposta será evocada, embora mais fraca, para um estímulo semanticamente próximo, como *modo, sorte*.

generalizado

1. Em gramática gerativa, chama-se *transformação generalizada* a transformação* que opera com duas (ou mais de duas) seqüências geradas pela base. Assim, as transformações relativa e completiva são transformações generalizadas porque encaixam uma seqüência (relativa ou completiva) em outra seqüência, chamada "frase matriz*". As transformações generalizadas, ou transformações binárias, opõem-se às transformações singulares que operam com uma única seqüência, como as transformações passiva, interrogativa, afixal, etc.

2. Chama-se, às vezes, *comparativo generalizado* o superlativo relativo*.

genérico

Diz-se que uma palavra é *genérica* (ou que tem um sentido genérico) quando serve para nomear uma classe natural de objetos cada um dos quais, tomado separadamente, recebe uma denominação particular. Assim, a palavra *peixe* é o genérico de uma classe cujos membros são o *lambari, a traíra, o bagre*, etc. Em português, o artigo definido (*o*) pode conferir ao sintagma nominal que ele constitui com um nome esse valor de genérico. Assim, *o lambari* pode ser, por sua vez, um genérico; a categoria natural assim constituída tem por membros "lambaris" específicos; o artigo indefinido (*um*), ao

contrário, confere ao sintagma nominal um valor contrário ao de genérico (*um lambari*). [V. HIPONÍMIA]

gênero

Gênero é uma categoria gramatical que repousa sobre a repartição dos nomes em classes nominais, em função de um certo número de propriedades formais que se manifestam pela referência pronominal, pela concordância do adjetivo (ou do verbo) e por afixos nominais (prefixos, sufixos ou desinências casuais), sendo suficiente um só desses critérios. Assim, conforme esses três critérios, definem-se em português duas classes, os masculinos e os femininos: *O príncipe está morto; ele era ainda uma criança* opõe-se a *A princesa está morta; ela era ainda uma criança*, pela referência pronominal (*ele/ela*), pela concordância (*morto/ /morta*) e pelos afixos nominais (*-/-esa*); em latim, definem-se três classes, os masculinos, os femininos e os neutros: *dominus bonus est, hic...*, *domina bona est, haec..., templum altum est, hoc...*, pela referência pronominal (*hic, haec, hoc*), a concordância (*bonus, bona, altum*) e as desinências casuais (*us, a, um*). Nas descrições lingüísticas, um dos gêneros é tomado como base do sistema (caso não marcado), sendo os outros gêneros descritos relativamente a ele (casos marcados): assim, em português, o feminino é geralmente descrito por uma variação morfológica do masculino tomado como base (o feminino *professora* é descrito pela adjunção do afixo *-a* ao masculino *professor*). Essa classificação em dois ou três gêneros, a mais corrente nas línguas indo-européias, não é a única; as línguas africanas conhecem classes nominais mais numerosas, baseadas em critérios gramaticais análogos.

A essa categorização, que depende de propriedades formais (gênero gramatical) é associada mais freqüentemente uma categorização semântica (gênero natural) que depende de uma representação dos objetos do mundo por suas propriedades específicas. As classificações mais constantemente associadas são: (1) a oposição entre as pessoas e os objetos (animados e não animados), sendo os não animados neutros relativamente à distinção de gênero masculino/feminino; em português, essa classificação aparece na distinção entre *quem? quê?*: (2) a oposição de sexo, no interior dos animados, entre *macho* e *fêmea*. Assim, pode-se ter animados machos (*masculinos*), animados fêmeas (*femininos*), não animados (*neutros*).

De fato, as categorizações gramatical e semântica só se correspondem parcialmente nas línguas. Em português, o gênero natural (macho/fêmea) e o gnêero gramatical (masculino/feminino) são mais freqüentemente associados (mas não constantemente) quando se trata de pessoas; eles o são menos sistematicamente quando se trata de animais; quanto aos nomes não animados, são repartidos em masculinos e femininos conforme suas propriedades formais inerentes. Todavia, quando um não animado é recategorizado em animado, seu gênero gramatical inerente é interpretado como um gênero natural: em português, *a morte é* uma mulher nas metáforas e alegorias, mas em inglês *death* é um homem no mesmo caso. Inversamente, quando um nome tem um gênero gramatical que contradiz o gênero natural (*conflito de gênero*), as concordâncias do adjetivo atributo e as referências pronominais se fazem com base no gênero natural: *A testemunha acaba de chegar; ele está bem vestido*, mas as concordâncias no interior do sintagma nominal entre o determinante, o adjetivo e o nome fazem prevalecer o gênero gramatical sobre o gênero natural (*o cônjuge, o carrasco*, etc., podem ser mulheres). Certos nomes que designam pessoas (bem como os pronomes *eu* e *tu*) têm um *gênero comum* (palavras epicenas), no sentido de que as concordâncias e as referências pronominais se fazem conforme o gênero natural: *O pianista é corpulento, A pianista é miudinha.*

genético

Seguindo a concepção biológica que F. BOPP tinha adotado, representaram-se (e representam-se freqüentemente) as línguas como seres humanos, de onde os termos *língua-mãe, língua-irmã*, de onde a utilização de palavras como *nascimento, vida* e *morte* a propósito da língua: o qualificativo de *genético* foi aplicado à lingüística com esse espírito. Tende hoje a tornar-se um simples equivalente de *histórico*, na medida em que a pesquisa de estados mais antigos implica necessariamente a pesquisa de uma filiação.

genitivo

Genitivo é um caso* que exprime num sintagma nominal uma relação de posse. Em *O livro de Pedro, Pedro* está no genitivo nas línguas casuais (em latim *liber Petri*). O genitivo pode, em certas línguas, assumir a função de outros casos, como o ablativo (assim o genitivo grego). Chama-se *genitivo subjetivo* o genitivo que representa o sujeito numa frase com um verbo e *genitivo objetivo* o que representa o complemento objeto. Assim, no sintagma nominal *A crítica de Skinner de Chomsky* (que equivale a *Chomsky critica Skinner*), *Skinner* é um genitivo objetivo e *Chomsky*, um genitivo subjetivo.

genotexto

Em semiologia, chama-se *genotexto* a estrutura profunda de um texto ou enunciado longo. (V. FENOTEXTO.)

genótipo

Na terminologia do lingüista soviético CHAUMJAN, os *genótipos* são objetos sintáticos abstratos, independentes dos meios lingüísticos que servem para exprimi-los, ou fenótipos. (V. LINGÜÍSTICA.)

geografia lingüística

A parte da dialetologia que se ocupa em localizar as variações das línguas umas com relação às outras chama-se, mais freqüentemente, *geografia lingüística*. É de uma certa forma proveniente da gramática comparada. Esta, depois de postular línguas-mães uniformes e rupturas súbitas, foi levada a admitir que, quando uma diferenciação em línguas diversas se produziu ela estava prefigurada antes da ruptura por variações lingüísticas, e que, em sentido inverso, falares de origem comum já diferenciados podem sofrer mudanças comuns. Além disso, em reação contra os gramáticos do século XVIII, que acreditavam que a língua *standard* era a forma mais antiga e os dialetos locais formas abastardadas, a gramática histórica teve tendência a procurar as sobrevivências e as reguralidades nos dialetos e, por esse motivo, a interessar-se por eles, privilegiando o seu estudo.

1. O atlas de Wenker

Logo, desde o seu nascimento, a geografia lingüística tentou estabelecer, o que justifica o seu nome, mapas lingüísticos reagrupados em atlas lingüísticos. Um alemão, GEORG WENKER, começou por publicar em 1881 seis mapas, primeiro elemento de um atlas da Alemanha do Norte e do Centro. Tendo estendido suas ambições a todo o Império Alemão, procede em seguida a uma vasta investigação. Com a ajuda do governo, faz traduzir em quarenta mil dialetos locais alemães quarenta frases-teste. A transposição para um mapa das diversas respostas obtidas para uma pergunta dada visualiza as variações geográficas da língua.

Por mais imperfeitas que tenham sido essas pesquisas, os mapas de GEORG WENKER fizeram aparecer como evidente que os dialetos locais não estavam mais próximos das formas antigas do que a língua *standard*. Além disso, as zonas em que se encontravam variações estavam longe de coincidir para traços diferentes: as linhas chamadas "isoglossas", que reuniam os pontos últimos em que se encontrava um traço lingüístico dado, tinham cada uma seu próprio traçado.

Além disso, essa tentativa permitiu colocar os problemas que são ainda hoje os da geografia lingüística. Primeiramente, o mapa só vale o que vale a pesquisa. Quanto mais rigorosos são os pontos de pesquisa, mais o mapa será preciso e exato. Desse ponto de vista, com seus quarenta mil pontos, os mapas de G. WENKER não tinham nada a invejar às pesquisas mais modernas. Mas é preciso, também, para registrar todas as variações possíveis, fazer um levantamento da gramática e de todo o léxico com, eventualmente, todas as variantes possíveis. Além disso, os levantamentos devem ser executados de modo científico, com um alfabeto fonético, por pesquisadores qualificados. Enfim, a pesquisa deve cobrir todas as regiões onde se fala a língua, mesmo fora das fronteiras políticas do país. Isso significa que, com as quarenta frases-teste de G. WENKER, transcritas em escrita alemã ordinária por professores sem formação lingüística, com um estudo que excluía importantes regiões ou falares da área germano-holandesa (Países Baixos e Bélgica, Suíça, Áustria, alemão báltico, transilvaniano, iídiche), estava-se longe da realidade.

2. O A. L. F. de Gilliéron

O *Atlas Lingüístico da França* de JULES GILLIÉRON e EDMOND EDMONT palia alguns desses defeitos.

Concebido por J. GILLIÉRON, o A.L.F. tinha por objetivo assentar sobre bases sólidas o estudo dos patoás galo-romanos (inclusive, portanto, a Bélgica românica ou a Valônia e a Suíça românica). O questionário, de aproximadamente 1 500 frases e palavras usuais (estava-se longe das 40 frases-teste de *Wenker*), dava o essencial dos sistemas lexicais, fonéticos, morfológicos e mesmo sintáticos; devia fazer surgirem os arcaísmos e os neologismos, a flexão dos pronomes, as conjugações, etc.

O pesquisador único, E. EDMONT, que tinha recebido uma formação fonética, devia percorrer os 630 pontos antecipadamente fixados, aí passar dois dias e interrogar um informante único, o mais apto a responder ao questionário. Os resultados eram, em seguida, transpostos por J. GILLIÉRON num mapa do país galo-romano: a pesquisa exigiu quatro anos (1897-1901) e a obra foi afinal publicada, volume por volume, perto de 1910. Um atlans lingüístico da Córsega, preparado pelas pesquisas de E. EDMONT, só foi publicado muito parcialmente, por causa da guerra.

O atlas de J. GILLIÉRON foi um momento da geografia lingüística e sua experiência foi aproveitada por todos os atlas posteriores, em todos os países em que se procedeu a esse gênero de pesquisas. As críticas que lhe foram feitas são as seguintes: só recolhe uma resposta, a primeira dada, sendo que às vezes eram possíveis várias formas; o questionário devia ser traduzido, o que provocava os decalques, principalmente em sintaxe; as condições de trabalho não permitiam uma notação fonética rigorosa (para Malmédy, na Ardena liegense, o lingüista A. LEROND encontrou para 1 423 questões 2 450 erros; mais de um por palavra); as testemunhas escolhidas rapidamente nem sempre deram boas respostas; as próprias questões eram às vezes pouco satisfatórias (embora existam marmitas com asa, marmitas sem asa, marmitas com pé, sem pé, marmitas para pôr no fogão e outras para

305

pôr na lareira, cada uma designada por um termo específico, a testemunha só devia dar uma palavra); as malhas da pesquisa eram muito largas.

3. Os atlas regionais franceses

Todas essas razões impõem o estabelecimento de atlas regionais. Terminaram-se e publicaram-se à base de pesquisas muito mais científicas: o *Atlas Lingüístico e Etnográfico do Lionês, do Maciço Central, da Champanha e da Brie, da Gasconha,* bem como o *da Alsácia e dos Pireneus Orientais.* Os *do Centro, do Poitou, dos Alpes do Norte* e *da Valônia* apareceram parcialmente, e os *da Armórica românica, da Normândia, da Picardia* e *da Borgonha* estão bem adiantados.

4. A interpretação dos mapas

O exame dos diversos mapas é rico em conclusões lingüísticas e humanas. Assim no A.L.F., para jument, "égua", vêem-se, em linhas gerais, três famílias de formas: uma área *ega* (proveniente do latim *equa*) que ocupa ainda o Maciço central, onde representa uma zona coerente, mas só aparece alhures sob a forma de ilhotas mais ou menos vastas no Hérault, Pireneus ou Alpes. Uma área *cavale* (fem. do latim *caballus*) ocupa o Sul e ilhotas muito importantes na Auvergne, Lorena e Valônia. Todo o resto do país galo-romano é coberto por *jument.* O aspecto do mapa permite postular que a uma camada primária *ega* veio superpor-se uma camada *cavale* (camada secundária) recoberta, por sua vez, por uma camada *jument.* O desaparecimento na metade norte da França da palavra proveniente de *equa* (é *ive* que se encontra nos textos antigos) tem provavelmente razões fonéticas. O fato de que no norte da França o nome do "animal de carga" (lat. *jumentum*) tenha sido utilizado para designar a fêmea do cavalo tem provavelmente razões sócio-econômicas. A generalização de *jument,* não somente na antiga área *ega* mas também na área onde *cavale* se implantou, está ligada à sua adoção pela língua *standard.*

As diferenciações lingüísticas devem ser relacionadas a diferenças humanas. Nos países centralizados, as linhas importantes de divisão dialetal seguem certas fronteiras políticas. Aparentemente, o costume dos casamentos entre membros de uma mesma unidade política provoca certa uniformidade lingüística. Constata-se, assim, que uma nova fronteira, em menos de cinqüenta anos, leva a uma certa diferenciação lingüística e que as isoglossas que seguem uma fronteira política tendem a subsistir com mudanças mínimas durante séculos após o desaparecimento da fronteira. Em compensação, as isoglossas só correspondem a fronteiras geográficas se são também (ou foram) fronteiras políticas. É assim, por exemplo, que a quarenta quilômetros a leste do Reno encontra-se o grande feixe de isoglossas que separa o baixo--alemão do alto-alemão. É, portanto, necessário procurar co-variância ou paralelismo nas variações entre os outros fatos humanos e os fatos lingüísticos. Assim, quando se constata a existência, na Alemanha, de uma isoglossa *helpe* vs. *helfe, lucht* vs. *luft*, não podemos contentar-nos em ver aí o limite dos dialetos ripuário e moselo-franconiano. Constatar-se-á uma série de co-variâncias que correspondem às áreas de Colônia e de Trèves, que separa a cadeia do Eifel. À oposição *kend* vs. *kenk*, "criança", *haus* vs. *hus*, "casa", *grumper* vs. *erpel*, "batata", etc., corresponderão oposições "foice de lâmina longa" vs. "foice de lâmina curta", "pão cinzento de micha oval" vs. "pão preto retangular", "São Quirino padroeiro do gado" vs. "São Quirino padroeiro dos cavalos".

geolingüística
Geolingüística é o estudo das variações na utilização da língua por indivíduos ou grupos sociais de origens geográficas diferentes. A palavra *geolingüística* é assim a forma abreviada de GEOGRAFIA LINGÜÍSTICA.

geral (gramática)
V. GRAMÁTICA GERAL.

gerar
Uma gramática, considerada como um mecanismo, *gera frases* quando, por meio de regras em número finito, enumera explicitamente as frases de uma língua, isto é, permite formá-las, dando uma descrição de sua estrutura. Seja a gramática constituída pelas únicas regras:

$$F \rightarrow SN + SV$$
$$SN \rightarrow D + N$$
$$SV \rightarrow V + SN$$

o que significa que o núcleo da frase (F) é formado (reescrito) por um sintagma nominal seguido de um sintagma verbal, que o sintagma nominal (SN) é formado de um determinante (D) e um nome (N) e o sintagma verbal de um verbo (V) seguido de um sintagma nominal (SN); essa gramática gera um número muito grande de frases, pois os nomes e os verbos, isto é, os valores que podem tomar os símbolos N e V, são muito numerosos: *As crianças olhas a televisão, o pai lê o jornal, a mãe arruma a cozinha*, etc. Cada frase assim obtida é gramatical por definição, porque é produzida e descrita pelas regras dessa gramática. Se as regras dessa gramática são recorrentes (por exemplo, a regra que permite acrescentar uma relativa a um sintagma nominal), a gramática gera um número infinto de frases dessa língua. *O pai que lê o jornal..., o pai que lê o jornal que ele comprou*, etc. (Sin.: DESCREVER, ENGENDRAR, PRODUZIR).

gerativa (gramática)
V. GRAMÁTICA GERATIVA.

gerativo
Uma gramática é *gerativa* quando é feita de um conjunto de regras (com um léxico associado) que permite, para toda combinação das palavras da língua, decidir se essa combinação é gramatical e fornecer-lhe, nesse caso, uma descrição estrutural. Uma gramática gerativa é explícita no sentido de que a natureza e o funcionamento das regras são descritos de maneira rigorosa e precisa, que permite a sua formalização. Uma gramática gerativa não

307

tem necessariamente transformações como a "gramática gerativa" de N. CHOMSKY. (V. GRAMÁTICA GERATIVA.)

gerúndio

1. Forma verbal, classificada pela gramática tradicional entre os modos do verbo, o *gerúndio* é constituído de uma raiz verbal e de um afixo. Em português, o gerúndio é formado com o afixo *-ndo*, em inglês com o afixo *-ing*, em francês com o afixo *-ant* (distinto do particípio presente por sua invariabilidade e pela presença quase constante da preposição *en*), em latim pelo afixo *-ndi/ -ndo/ -ndum*, etc.

2. Em gramática gerativa, a *transformação gerundial* encaixa uma frase no sintagma preposicional de uma frase matriz com o valor de adjunto adverbial, sendo o sintagma nominal sujeito da frase encaixada idêntico ao sujeito da frase matriz; em português, o afixo de tempo é substituído pelo afixo *-ndo*. Sejam as duas frases
(1) Eu soube a notícia + sintagma preposicional
(2) Eu + Tempo + ler + o jornal
se se encaixa a frase (2) no sintagma preposicional da frase (1), sendo a preposição *em* ("por esse meio"), obtém-se, se Tempo é substituído por *-ndo*, a frase:

> *Eu soube a notícia lendo o jornal,* sendo apagado o sujeito da subordinada, idêntico ao da matriz.

gíria

Gíria é um dialeto social reduzido ao léxico, de caráter parasita (na medida em que ela outra coisa não faz que desdobrar, com valores afetivos diferentes, um vocabulário já existente), empregado numa determinada camada da sociedade que se põe em oposição às outras; tem por fim só ser compreendida por iniciados ou mostrar que eles pertencem a um determinado grupo. A gíria propriamente dita foi primeiramente a linguagem dos malfeitores (o *jobelin*, o *narquin*, o *jargon*, "jargão" de bandos de ladrões

de estradas). Desenvolveram-se outras gírias, em certas profissões (vendedores ambulantes) ou em certos grupos (escolas, exército, prisioneiros). Certas profissões tendem a duplicar os termos técnicos com termos da gíria. Todas essas gírias têm em comum entre si e às vezes com a língua popular um determinado número de processos de formação (truncamento, sufixação parasitária, inversão de sons ou de sílabas). Usam também processos de codificação: por exemplo, em *largonji* (= jargon, "jargão"), adição de *ji* no fim da palavra e aglutinação de *l* no começo dela; o *loucherbem* (= boucher, "açougueiro") transpõe para o final, antes da sufixação, a consoante inicial. Outro exemplo: *en loucedé* (= *en douce,* "em doce"). Enfim, para renovar o repertório das bases lexicais, as gírias recorrem muitas vezes: (1) à metáfora, *cafetière* "cafeteira" por "cabeça", (port. *moringa*, por cabeça); (2) à substituição de sinônimos parciais, *paternel*, "paternal", por "pai"; (3) a empréstimos a dialetos ou a línguas estrangeiras, dando muitas vezes aos termos um valor pejorativo ou melhorativo, um *bled*, um *Engliche*, uma *mousmé*; um *cäid*, este melhorativo.

glide

O tempo *glide*, tomado de empréstimo à fonética inglesa, designa os fonemas tradicionalmente chamados, e com uma grande imprecisão, semiconsoantes ou semivogais. Esses fonemas, como o [j] de [serju] "sério", o [w] de [agwa], "água", constituem uma classe de fonemas como as consoantes e as vogais, caracterizados pelo fato de que não são nem vocálicos nem consonânticos. (V. SOANTE.)

glosa

Glosa é uma anotação muito concisa que alguns manuscritos trazem acima ou à margem de uma palavra ou de uma expressão que ela explica por um termo suscetível de ser conhecido pelo leitor. As glosas são o mais freqüentemente traduções de uma palavra rara ou incomum; por isso, o *glossário* é um dicionário das palavras raras ou dos termos de uma língua diferente da língua corrente.

glossário

Glossário é um dicionário que dá sob a forma de simples traduções o sentido de palavras raras ou mal conhecidas.

glossema

Em glossemática, *glossemas* são as formas mínimas que, no plano da expressão como no plano do conteúdo, a análise determina como invariantes irredutíveis.

glossemática

A palavra *glossemática* foi criada por Luís Hjelmslev, conforme o grego *glossa*, "língua", para designar a teoria lingüística que se daria, conforme o ensino de F. de Saussure, a língua como fim em si e não como meio.

A glossemática implica uma crítica rigorosa da lingüística anterior: esta seria transcendente, fundar-se-ia em dados exteriores à própria língua; reduzir-se-ia, com efeito, a técnicas que tenham por objeto o conhecimento dos fatos pré-históricos, históricos, físicos, sociais, literários, filosóficos ou psicológicos. A ciência da linguagem que quer ser a glossemática, ao contrário, é imanente, concentra-se na língua considerada como uma unidade fechada em si própria, uma estrutura *sui generis*; procura constantes que não sejam extralingüísticas; quer determinar o que é comum a todas as línguas humanas, quaisquer que sejam, e o que faz com que, através de diversas flutuações, uma língua permaneça idêntica a si mesma. Opõe-se, assim, à concepção humanista da lingüística para a qual os fenômenos que dependem do humano só se produzem uma vez e não podem, por conseguinte, contrariamente aos fenômenos naturais, ser estudados cientificamente.

A glossemática apresenta assim uma teoria geral que se aplica a todas as ciências humanas. A todo processo deve corresponder um sistema; o processo deixa-se analisar através de um número limitado de elementos que se combinam de diversas maneiras. A teoria será primeiramente aplicada à lingüística e, se der resultados satisfatórios, poderá ser utilizada nas pesquisas das outras ciências humanas. Para ser aceitável, com efeito, seus resultados devem concordar com os dados da experiência. Baseada no que L. Hjelmslev chama o "princípio de empirismo", a descrição deve ser, na ordem, (1) sem contradições, (2) exaustiva, (3) a mais simples possível.

O método tradicional, chamado "indutivo" por L. Hjelmslev, pretende ir do particular (os dados) ao geral (as leis). É, antes de tudo, sintético e generalizável. Só pode depreender conceitos válidos para um sistema lingüístico dado; termos como *subjuntivo, condicio-*

nal, médio, passivo, nominativo, etc., não podem produzir nenhuma definição comum, e não são aceitáveis, enquanto categoria gramatical, senão para um dado sistema. Pode-se, portanto, dizer que há contradição na descrição.

A glossemática parte do texto, enunciado ou conjunto de enunciados a analisar; o texto constitui uma classe divisível em gêneros, divisíveis em classes. Qualquer que seja o texto, a descrição deverá ser não-contraditória e exaustiva. Trata-se de dar conta não das próprias substâncias, mas das relações que elas mantêm entre si e que a lingüística tem por tarefa definir e descrever. Aplicando com rigor a frase final do curso de F. DE SAUSSURE ("A lingüística tem por único e verdadeiro objeto a língua considerada em si mesma e por si mesma"), L. HJELMSLEV faz da estrutura imanente da língua o único objeto da lingüística.

A noção de função definida como uma relação entre dois termos desempenha um grande papel para L. HJELMSLEV. Além disso, o texto lingüístico é caracterizado por sua analisabilidade em unidades menores, contrariamente a outras formas de comunicação*, tais como os semáforos vermelhos ou verdes, por exemplo. Entre as unidades da análise lingüística, umas são signos* e têm uma significação, outras são figuras* de expressão, privadas de conteúdo próprio.

A língua aparece, portanto, como um sistema de figuras, contrariamente aos sistemas de comunicação construídos a partir de signos não-analisáveis: sistemas simbólicos (sinalização de estrada), sistemas gestuais, e mesmo escritas ideográficas. A solidariedade do conteúdo e da expressão é outro caráter importante da língua, ficando bem entendido que um enunciado deve ter um conteúdo, mesmo se este for falso, incoerente ou inverossímil. A definição do signo decorrente dessa concepção é necessariamente fiel à que foi dada por F. DE SAUSSURE, mesmo se L. HJELMSLEV se contenta em caracterizar o signo com a ajuda das funções internas que o constituem e das funções externas que ele mantém com as outras unidades lingüísticas.

O conteúdo e a expressão têm, todos os dois, sua forma e sua substância. Deve, portanto, ser possível analisar essa forma do conteúdo em figuras de conteúdo, como se analisa a forma da expressão em figuras de expressão. Estas últimas, também chamadas *cenemas*, opõem-se aos *pleremas*. Assim, o signo *égua* analisado em cenemas dará [ɛ] + [g] + [w] +[a] e analisado em pleremas: "cavalo + gênero "ela". Distinguir-se-ão, assim, variantes* caracterizadas pelo fato de que as diferenças morfológicas não se acompanham de mudanças na expressão e invariantes* caracterizadas pelo fato de que as diferenças morfológicas acarretam uma mudança na expressão. Assim, em português, o objeto e o sujeito (à parte o problema dos pronomes) são variantes; em latim, são invariantes.

A glossemática tende, assim, a atribuir a todas as línguas, como característica comum, o princípio da estrutura. As línguas se diferenciam simplesmente pela maneira como, em cada caso particular, aplica-se esse princípio. Semelhança e diferença estão em relação com a forma, não com a substância. Esta é suscetível de uma descrição científica através da forma e não através dos sons ou das significações. Isso exclui, por exemplo, a possibilidade de um sistema fonético universal. Indo até o fim da concepção saussuriana, L. HJELMSLEV apresenta o fonema como uma unidade abstrata independente da realização (fonética) na fala.

Assim, a língua é uma estrutura na medida em que:

— é constituída de um conteúdo e de uma expressão;
— é constituída de um processo (ou texto) e de um sistema;
— conteúdo e expressão são ligados um ao outro por meio da comutação;
— há relações determinadas no seio do processo e no seio do sistema;
— não há correspondência direta entre conteúdo e expressão, sendo os signos divisíveis em componentes menores.

glossolalia

O termo *glossolalia*, distinto de *glossomania*, designa os delírios verbais de certos doentes mentais. É caracterizada pela criação voluntária de palavras deformadas, associadas sistematicamente ao mesmo sentido e resultando numa linguagem incompreensível /para/ o /que/ não "conhece" o seu vocabulário. Essa perturbação da linguagem está próxima das línguas convencionais, como as gírias; os termos novos são alterações de termos da língua por adições, supressões ou inversões sistemáticas.

glossomania

O termo *glossomania*, distinto de *glossolalia*, designa o delírio verbal de doentes maníacos. É caracterizada por jogos verbais, desprovida de um caráter sistemático. O doente, que pretende poder falar tal ou tal língua, desconhecida ou imaginada, emite seqüências de sílabas sem sentido e sem regras sintáticas definidas.

glotal

O termo *glotal*, empregado como sinônimo de *laringal**, aplica-se a tudo o que é relativo à glote e às cordas vocais: as vibrações das cordas vocais são chamadas às vezes "vibrações glotais, as consoantes devidas a uma brusca abertura da glote são oclusivas glotais, etc.

glotalizado

Som glotalizado, ou *ejetivo**, é aquele cuja articulação comporta uma batida rápida da glote; existe nas línguas indígenas da América e em certas línguas da África, do Extremo Oriente e do Cáucaso.

glote

Glote é o espaço normalmente triangular compreendido entre as cordas vocais, de cerca de 16 mm de comprimento e suscetível de abrir-se 12 mm, aproximadamente. A abertura e o fechamento total ou parcial da glote é

311

determinado pelo afastamento ou junção das cordas vocais, arrastadas pelo movimento das aritenóides e dos músculos que as controlam. Durante a respiração normal e durante a articulação de certas consoantes chamadas "aspiradas" (como as oclusivas não-sonoras do inglês), a glote fica aberta. Por ocasião da fonação (articulação das vogais, dos glides, da maioria das consoantes sonoras), a glote fica fechada e só se abre periodicamente, sob a pressão do ar sublaringal. Essas aberturas e fechamentos sucessivos provocam ondas, que produzem o murmúrio laríngeo chamado *voz**. A glote fica meio fechada para a produção da voz cochichada.

glotocronologia

Glotocronologia é uma técnica utilizada para datar línguas comuns primitivas, isto é, para estabelecer a época em que duas ou mais línguas aparentadas se separaram de uma língua originária comum. Essa técnica foi proposta por M. SWADESH e R. B. LEES. A gramática comparada procura datar as mudanças lingüísticas e determinar o grau de parentesco das línguas (cuja história não nos é conhecida de outra maneira) graças à glotocronologia; assim, constata-se que o desaparecimento de morfemas fez-se mais ou menos no mesmo ritmo para todas as línguas (leis de perda morfemática): em mil anos, o léxico fundamental definido nas bases de conceitos universais: *comer, beber, homem, cabeça*, etc., que formam um conjunto de algumas 100 palavras, perde cerca de 19 por cento das bases que tinha no início. Se se tomam duas línguas que se separam completamente, pode-se admitir que, mil anos depois, elas terão em comum cerca de 66 por cento do estoque de base (na medida em que não perdem as mesmas unidades). Em sentido inverso, a glotocronologia fará remontar a data aproximativa de separação a mil anos desde que o vocabulário fundamental seja o mesmo a 66 por cento.

gnômico

Qualifica-se de *gnômica* uma forma verbal (tempo ou modo) empregada para marcar um fato geral de experiência. Nas sentenças e máximas, em grego, emprega-se assim o *aoristo gnômico*; em português, o *presente gnômico* é utilizado nos enunciados de valor geral (*a Terra gira em redor do Sol*).

governar

Sin. de REGER.

gradação

1. *Gradação* é uma figura de retórica que consiste em apresentar uma série de idéias ou sentimentos numa ordem tal que o que segue diga sempre um pouco mais (*gradação ascendente*) ou um pouco menos (*gradação descendente*) do que o que precede; exemplo de gradação descendente: *Um sopro, uma sombra, um nada, tudo lhe dava febre* (La FONTAINE, *a Lebre e as Rãs*); de gradação ascendente: *Ande, corra, voe aonde a honra o chama* (BOILEAU, *A Estante de Coro*).

2. Os adjetivais*, ou adjetivos, se subdividem em duas classes de adjetivos, conforme sejam ou não suscetíveis de *gradação*, isto é, conforme tenham ou não a possibilidade de receber graus (*de comparação*); assim, o adjetival *feliz* pode ter um comparativo (*mais feliz, menos feliz*) e um superlativo (*muito feliz, o mais feliz*), mas não os adjetivais *último, primogênito*.

gradual

Uma *oposição gradual*, conforme a classificação de N. S. TRUBETZKOY, é uma oposição fonológica da qual os dois termos são caracterizados por graus diferentes de uma mesma particularidade. Assim, as oposições entre vogais de uma mesma série de localização, como em português [i] vs. [e] ou [e] vs. [a], que correspondem a graus diferentes de abrimento, são oposições graduais. As oposições graduais podem também basear-se em diferenças de altura musical nas línguas em que esse traço é pertinente, como nas línguas tonais.

grafema

Grafema é um elemento abstrato de um sistema de escrita que se realiza por formas chamadas alografes* cujo traçado depende dos outros elementos do sistema: o grafema corresponde, portanto, na escrita alfabética, à letra, sendo os alografes as formas maiúscula, minúscula, cursiva, etc. Os grafemas são unidades de segunda articulação na escrita, como os fonemas na língua falada; os morfemas gráficos são as unidades de primeira articulação.

grafia

Designa-se por *grafia* toda representação escrita de uma palavra ou de um enunciado. Toda ortografia de uma palavra é uma grafia: assim, *fallamos* por *falamos* é uma grafia errada, mas ainda assim uma grafia. A transcrição em alfabeto fonético de *chá* por [ʃa] é também uma grafia. Essa palavra grafia pode ser associada à noção de ortografia, ou oposta a ela.

gráfico

1. *Unidade gráfica* é uma palavra simples ou composta constituída de uma seqüência de grafemas, compreendida entre dois espaços em branco tipográficos e considerada como formando uma só unidade significativa: *branco, felicidade, arco-íris*, etc., são unidades gráficas, mas não *estrada de ferro*, porque, neste caso, os elementos componentes não estão reunidos por um traço de união, mas separados por espaços em branco.

2. *Morfema gráfico* é uma unidade de primeira articulação na escrita, constituída de grafemas ou unidades de segunda articulação.

gramática

O termo *gramática* tem várias acepções conforme as teorias lingüísticas; podem-se reter quatro principais.

1. *Gramática* é a descrição completa da língua, isto é, dos princípios de organização da língua. Ela comporta diferentes partes: uma fonologia (estudo dos fonemas e de suas regras de combinação), uma sintaxe (regras de combinação dos morfemas e dos sintagmas), uma lexicologia (estudo do léxico) e uma semântica (estudo dos sentidos dos morfemas e de suas combinações). A gramática é o modelo de competência*.

2. *Gramática* é a descrição dos morfemas gramaticais e lexicais, o estudo de suas formas (flexão) e de suas combinações para formar palavras (formação de palavras) ou frases (sintaxe). Nesse caso, a gramática opõe-se à fonologia (estudo dos fonemas e de suas regras de combinação); confunde-se com o que se chama também uma morfo-sintaxe.

3. *Gramática* é a descrição dos morfemas gramaticais (artigos, conjunções, preposições, etc.), excluindo-se os morfemas lexicais (substantivos, adjetivos, verbos, advérbios de modo), e a descrição das regras que regem o funcionamento dos morfemas na frase. A gramática se confunde então com a sintaxe* e se opõe à fonologia e ao léxico; comporta o estudo das flexões, mas exclui o estudo da formação das palavras (derivação).

4. Em lingüística gerativa, a *gramática* de uma língua é o modelo da competência ideal que estabelece certa relação entre o som (representação fonética) e o sentido (interpretação semântica). A gramática de uma linguagem L gera um conjunto de pares (s, i), em que s é a representação fonética de um certo sinal e i a interpretação semântica ligada a esse sinal pelas regras da linguagem. A gramática gera um conjunto de descrições estruturais que compreendem, cada uma, uma estrutura profunda, uma estrutura de superfície, uma interpretação semântica da estrutura profunda e uma representação fônica da estrutura de su-

313

perfície. (V. GRAMÁTICA GERATIVA.) GRAMÁTICA CONTRASTIVA, DE CORRESPONDÊNCIA, DESCRITIVA, DO EMISSOR, DE INTERPRETAÇÃO DE FRASES, NORMATIVA, DO RECEPTOR, etc., v. essas palavras.

gramática geral

A *gramática geral* tem por objeto enunciar certos princípios (universais) ou axiomas a que obedecem todas as línguas. Com sua preocupação de elaborar uma teoria da frase como parte ou aspecto da lógica formal, a fim de sistematizar o estudo das proposições e dos juízos, ARISTÓTELES lançou as primeiras bases da gramática geral. Esta se desenvolve nos séculos XVII e XVIII como um conjunto de hipóteses sobre a natureza da linguagem considerada com decorrente das "leis do pensamento"; é consagrada pelo sucesso da *Grammaire générale et raisonnée* de Port-Royal: essa obra que, durante dois séculos, servirá de base à formação gramatical, explica os fatos partindo do postulado de que a linguagem, imagem do pensamento, exprime juízos e que as diversas realizações que se encontram nas línguas são conformes a esquemas lógicos universais. Aceita até por CONDILLAC e os filósofos empiristas, a gramática geral conheceu um longo eclipse durante o período do positivismo. N. CHOMSKY nela vê atualmente o ancestral das gramáticas gerativas; ela é também o fundamento de pesquisas como as de C. FILLMORE sobre a gramática dos casos.

gramática gerativa

A *gramática gerativa* é uma teoria lingüística elaborada por N. CHOMSKY e pelos lingüistas do Massachusetts Institute·of Technology entre 1960 e 1965. Criticando o modelo distribucional e o modelo dos constituintes imediatos da lingüística estrutural, que, segundo eles, descrevem somente as frases realizadas e não podem explicar um grande número de dados lingüísticos (como a ambigüidade, os constituintes descontínuos, etc.), N. CHOMSKY define uma teoria capaz de dar conta da criatividade* do falante, de sua capacidade de emitir e de compreender frases inéditas. Ele formula hipóteses sobre a natureza e o funcionamento da linguagem: esta última, específica à espécie humana, repousa sobre a existência de estruturas universais inatas (como a relação sujeito/predicado) que tornam possível a aquisição (a aprendizagem) pela criança dos sistemas particulares que são as línguas: o contexto lingüístico ativa essas estruturas inerentes à espécie, que subtendem o funcionamento da linguagem. Nessa perspectiva, a *gramática* é um mecanismo finito que permite gerar* (engendrar) o conjunto infinito das frases gramaticais (bem formadas, corretas) de uma língua, e somente elas. Formada de regras que definem as seqüências de palavras ou de sons permitidos, essa gramática constitui o saber lingüístico dos indivíduos que falam uma língua, isto é, a sua competência* lingüística; a utilização particular que cada locutor faz da língua em uma situação particular de comunicação depende da *performance**.

A gramática é formada de três partes ou componentes:

314

— *um componente sintático*, sistema das regras que definem as frases permitidas em uma língua;

— *um componente semântico*, sistema das regras que definem a interpretação das frases geradas pelo componente sintático;

— *um componente fonológico e fonético*, sistema de regras que realizam em uma seqüência de sons as frases geradas pelo componente sintático.

O componente sintático, ou sintaxe, é formado de duas grandes partes: a *base*, que define as estruturas fundamentais, e as *transformações*, que permitem passar das estruturas profundas, geradas pela base, às estruturas de superfície das frases, que recebem então uma interpretação fonética para tornarem-se as frases efetivamente realizadas. Assim, a base permite gerar as duas seqüências:

(1) A + mãe + ouve + algo,

(2) A + criança + canta.

A parte transformacional da gramática permite obter *A mãe ouve que a criança canta* e *A mãe ouve a criança cantar*. Trata-se ainda de estruturas abstratas que só se tornarão frases efetivamente realizadas após aplicação das regras do componente fonético.

A *base* é formada de duas partes:

a) O *componente* ou *base categorial* é o conjunto das regras que definem as relações gramaticais entre os elementos que constituem as estruturas profundas e que são representados pelos símbolos categoriais. Assim, uma frase é formada pela seqüência SN + SV, em que SN é o símbolo categorial de sintagma nominal e SV o símbolo categorial de sintagma verbal: a relação gramatical é a de sujeito e predicado;

b) O *léxico*, ou dicionário da língua, é o conjunto dos morfemas lexicais definidos por séries de traços que os caracterizam; assim, o morfema *mãe* será definido no léxico como um substantivo, feminino, animado, humano, etc. Se a base define a seqüência de símbolos: Art. + N + Pres. + V + Art. + N (Art. = artigo, N = nome, V = verbo, Pres. = presente), o léxico substitui cada um desses símbolos por uma "palavra" da língua: A + mãe + Ø + acabar + o + trabalho, as regras de transformação convertem essa estrutura profunda numa estrutura de superfície: a + mãe + acabar + Ø + o + trabalho, e as regras fonéticas realizam *A mãe acaba o trabalho*.

Obtiveram-se, portanto, no fim da base, seqüências terminais de formantes gramaticais (como número, presente, etc.) e morfemas lexicais; essas seqüências são suscetíveis de receber uma interpretação con-

315

forme as regras do componente semántico. Para serem realizadas, vão passar pelo componente transformacional.

As *transformações* são operações que convertem as estruturas profundas em estruturas de superfície sem afetar a interpretação semântica feita ao nível das estruturas profundas. As transformações, provocadas pela presença na base de certos constituintes, comportam duas etapas; uma consiste na análise estrutural da seqüência oriunda da base a fim de ver se sua estrutura é compatível com uma transformação definida, a outra consiste numa mudança estrutural dessa seqüência (por adição, apagamento, deslocamento, substituição); chega-se então a uma seqüência transformada correspondente a uma estrutura de superfície. Assim, a presença do constituinte "Passivo" na seqüência de base provoca modificações que fazem com que a frase *O pai lê o jornal* se torne *O jornal é lido pelo pai.*

Essa seqüência vai ser convertida numa frase efetivamente realizada pelas regras do componente fonológico (diz-se também morfofonológico) e fonético. Essas regras definem as "palavras" provenientes das combinações de morfemas lexicais e formantes gramaticais, e lhes atribuem uma estrutura fônica. É o componente fonológico que converte o morfema lexical "criança" numa seqüência de sinais acústicos [kriãsa].

A teoria gerativa deve fornecer uma teoria fonética universal que permita estabelecer a lista dos traços fonéticos e as listas das combinações possíveis desses traços; repousa, portanto, sobre uma matriz universal de traços fônicos. Deve fornecer uma teoria semântica universal suscetível de estabelecer a lista dos conceitos possíveis; implica, portanto, uma matriz universal de traços semânticos. Enfim, a teoria gerativa deve fornecer uma teoria sintática universal, isto é, estabelecer a lista das relações gramaticais da base e as das operações transformacionais capazes de dar uma descrição estrutural de todas as frases. Essas tarefas da gramática gerativa implicam, portanto, a existência de universais lingüísticos a esses três níveis.

gramática universal

1. Faz-se geralmente remontar aos cartesianos o projeto de *gramática universal*: os termos *gramática geral, gramática filosófica* e *gramática universal,* com esse emprego, são sinônimos. A gramática universal formula "observações que convêm a todas as línguas" (Du MARSAIS). A gramática universal tem então como objeto de estudo mecanismos necessários e comuns a todas as línguas, isto é, os universais lingüísticos. Todavia, o projeto dos cartesianos fica limitado por sua concepção da relação entre língua e pensamento. O ineísmo

cartesiano conduz à crença numa "ordem natural dos pensamentos"; as regras universais do discurso, então, já não pertenceriam à lingüística mas à lógica. O preconceito cultural em favor do francês vem favorecer essa tendência: a ordem natural dos pensamentos é, de um modo geral, a da frase francesa. Daí resulta que, como a gramática universal foi concretizada na língua francesa, a gramática das outras línguas poderia edificar-se a partir dos desvios verificados com relação a esse modelo.

Já no século XX, observa-se que as gramáticas descritivas não propõem o problema da universalidade. Foi com a gramática gerativa que o problema se formulou novamente. As gramáticas gerativas das línguas naturais devem decorrer de uma teoria lingüística. A teoria lingüística estabelece como objeto a elaboração de um tratamento dos universais* lingüísticos. Ora, tais universais são de duas naturezas, e só a primeira categoria foi suficientemente estudada até aqui. Qualquer língua contém universais de substância: a gramática universal, por exemplo, afirma que categorias sintáticas, como o verbo, o substantivo, etc., fornecem a estrutura subjacente geral de todas as línguas. Mas qualquer língua contém também universais formais: os objetos manufaturados, por exemplo, são definidos a partir da atividade humana e não de suas qualidades físicas. A existência dessa segunda categoria de universais deve ser levada em conta pela teoria lingüística geral, "gramática universal" que vem a coroar as gramáticas gerativas das línguas; o que está implícito em tais constatações é que todas as línguas são construídas a partir do mesmo modelo, embora a correspondência assim estabelecida não postule o isomorfismo das línguas, que jamais coincidem ponto a ponto.

2. Há uma acepção mais limitada de *gramática universal*, distinta então de gramática geral. A gramática universal é constituída pelo conjunto de regras lingüísticas verificadas nas línguas do mundo (falar-se-á, assim, de universais ou de quase-universais da língua). Reserva-se o nome *gramática geral* ao procedimento inverso, que consiste em definir um conjunto de regras, consideradas como universais da linguagem, de que se deduzem as regras particulares de cada língua.

gramatical

1. *Função gramatical* é o papel representado por sintagmas numa frase; as funções gramaticais são, assim, as de sujeito, objeto, objeto indireto, complemento nominal, agente, instrumental, etc. Distinguem-se, em certas teorias, das funções locais ou concretas (lugar e tempo).

2. Dá-se o nome de *sentido gramatical*: *a*) ao sentido dos itens gramaticais (artigos, conjunções, preposições, afixos de tempo, afixos de caso, etc.); *b*) às funções gramaticais (sujeito, ob-

jeto, circunstante, etc.); *c*) ao estatuto da frase (interrogação, negação, imperativo, etc.).

gramaticalidade

Cada falante que, por definição, possui a gramática de sua língua, pode fazer sobre os enunciados emitidos *julgamentos de gramaticalidade*. Ele pode dizer se uma frase feita de palavras de sua língua está bem formada, com relação a regras da gramática que ele tem em comum com todos os outros indivíduos que falam essa língua; essa aptidão pertence à competência dos falantes, não depende nem da cultura, nem do grupo social do falante. Assim, em português, *O menino gosta de chocolate* é uma *frase gramatical*; ao contrário, **Gostar chocolate menino* é uma *frase agramatical* (marcada por um asterisco). Em outras palavras, o falante constata a agramaticalidade ou a gramaticalidade, ele não formula uma apreciação. Se há diferenças entre os falantes sobre a gramaticalidade de uma frase, é que suas competências (suas gramáticas) são variantes do mesmo sistema. Os julgamentos de gramaticalidade não se fazem somente por rejeições ou aceitações; existem *graus de gramaticalidade* que podem ser avaliados pela natureza da regra violada: a frase *?A criança não deveu ter tido chocolate* é uma frase divergente, gramaticalmente duvidosa (marcada por um ponto de interrogação), pois sua estrutura não está inteiramente conforme às regras da gramática. A gramaticalidade se distingue: *a*) da significação: *O vestíbulo ilumina o nada* é uma frase gramatical, mas dificilmente interpretável, a não ser metaforicamente; *b*) da verdade ou da conformidade à experiência geral da comunidade cultural: *A lua é quadrada* e *o homem morto está vivo* são frases gramaticais, mas falsas ou contraditórias; *c*) da probabilidade de um enunciado: *O rinoceronte olha com atenção o filme* tem pouca chance de ser freqüentemente realizada; *d*) da aceitabilidade ou possibilidade de compreen-

der uma frase gramatical, mas de grande complexidade: *A noite que o rapaz que o amigo que você encontrou, conhece, dava, era um sucesso,* é inaceitável. A gramaticalidade não se baseia no emprego de uma palavra ou de uma construção, mas num julgamento. E esse julgamento não depende da experiência adquirida, mas de um sistema de regras gerais interiorizadas durante a aprendizagem da língua. Por isso, são os julgamentos de gramaticalidade que vão servir para estabelecer as regras de uma gramática e as agramaticalidades recenseadas permitem definir as coerções que se exercem sobre as regras gerais (regras dependentes do contexto).

gramaticalização

Em lingüística diacrônica, fala-se de *gramaticalização* quando um morfema lexical, durante a evolução de uma língua em outra, tornou-se um morfema gramatical. Assim, a palavra latina *mens, mentis* (no ablativo *mente*) tornou-se em português um sufixo de advérbio de modo em *docemente, violentamente, bobamente,* etc.

gramema

Na terminologia de B. POTTIER, o *gramema* é um morfema gramatical, em oposição aos morfemas lexicais ou lexemas. O gramema pode ser dependente (são os diversos afixos: *in-* em *insatisfeito*; *-oso* em *gostoso*) ou independente (artigos, preposições, certos advérbios: por exemplo, *o, para, muito*).

grasseyé (fr.)

O fr. *grasseyé* designa a vibrante uvular produzida pela vibração da úvula contra a parte posterior do dorso da língua, anotada [R]. Em francês, essa articulação não tem valor propriamente lingüístico; ela caracteriza certa pronúncia, a dos arrabaldes e a de uma certa geração de cantores, em oposição ao [r] apical característico de certas províncias (Borgonha, Corrèze, Cévennes, etc.) e ao [ʀ] parisiense do francês *standard*. Mas há sistemas lingüísticos tais como os dialetos franco-provençais, o português de Lisboa, certas variedades de espanhol da América Latina, em que a vibrante gutural opõe-se fonologicamente à vibrante apical. Nesses casos, a vibrante uvular corresponde em geral a uma antiga vibrante apical dupla: assim, o português opõe *caro* [karu] e *carro* [kaRu]. V. UVULAR.)

grau

1. Flexão do substantivo, do adjetivo, do advérbio qualificativo (de modo) e, com menos freqüência, do verbo. No substantivo indica variação de grandeza ou afetividade (positiva ou negativa) (v. AUMENTATIVO, DIMINUTIVO). No adjetivo e no advérbio indica intensidade (v. COMPARATIVO, SUPERLATIVO). Muitos adjetivos portugueses comportam grau aumentativo e diminutivo para exprimir intensidade ou, mais freqüentemente, afetividade positiva e negativa. No verbo o grau diminutivo exprime aspecto: p. ex., *chuviscar, cuspinhar, saltitar, cantarolar, dormitar*, etc.

2. Para *grau de aceitabilidade, de abrimento, de gramaticalidade* e *grau zero*, ver essas palavras.

grave

1. *Acento grave* é um signo diacrítico que indica em francês, em combinação com *e* (*è*), a vogal aberta [ε], em *dès, règlement*, ou em combinação com *a, u*, para distinguir homônimos (*où/ou, là/la*). Foi utilizado pela primeira vez por J. SYLVIUS em 1531.

Em português, serve para indicar a crase de *a* (prep.) com *a(s)*, art. def. fem.

2. Em fonética, um *som grave* é um som cujo espectro acústico apresenta uma concentração da energia nas baixas freqüências. No plano perceptivo ou auditivo, um som grave é chamado *sombrio* ou *obscuro* por uma associação natural entre a sensação auditiva e a sensação visual. Os sons graves são

articulatoriamente os sons periféricos, cujo ressoador bucal é amplo e bem compartimentado, como para os fonemas labiais e velares, [p], [k], [u], etc.

Grimm

Dá-se o nome de *lei de Grimm* a uma das mais importantes leis fonéticas. Descoberta em 1822 por JACOB GRIMM, essa lei explica as principais correspondências entre as línguas germânicas, por uma mutação surgida no período pré-histórico do germânico: as consoantes aspiradas do indo-europeu [bh, dh, gh] tornaram-se as não-aspiradas [b, d, g], as sonoras [b, d, g] tornaram-se as surdas [p, t, k], enquanto que as consoantes surdas tornaram-se aspiradas [f, θ, h]. Essa lei, que não dava conta de um certo número de exceções, foi completada mais tarde pela lei de VERNER, que explica essas exceções pelo papel do acento.

Essa lei é importante em si, pelo valor dos resultados que depreendeu, e também do ponto de vista epistemológico. Apareceu, com efeito, como a justificação do princípio da regularidade das leis fonéticas a partir do qual pôde desenvolver-se a fonética histórica e comparada.

grupo

1. Em gramática tradicional, um *grupo de palavras* é um constituinte da frase formado de uma seqüência de palavras. *A cidade de Paris, capaz de fazer bem*, etc., constituem grupos de palavras. Estes correspondem, em lingüística estrutural, aos constituintes imediatos da frase e, em lingüística gerativa, aos sintagmas nominal, verbal, adjetival ou preposicional.

2. Em fonética, chama-se *grupo fonético* um grupo de palavras que extraem sua homogeneidade do fato de que estão entre duas pausas (grupo respiratório) ou reunidas em torno de um mesmo acento (grupo acentual).

3. O termo *grupo de línguas* é empregado para designar conjuntos de lín-

guas sem que se confirme ou infirme por seu emprego a comunidade de origem. Pode ser utilizado para línguas que se classificam juntas com base em critérios extralingüísticos (geográficos, por exemplo). Por esse fato, pode corresponder a um conjunto de famílias ou a uma família; a um conjunto de ramos ou a um ramo; ou a um conjunto de famílias que pertencem a um mesmo ramo. (V. FAMÍLIA DE LÍNGUAS, GENEALOGIA.)

4. Nas situações plurilíngües, chama-se *grupo de língua materna* (G.L.M.) o conjunto dos indivíduos para os quais uma das línguas dadas é o idioma empregado pela mãe em suas relações com a criança. Quando uma comunidade lingüística é composta de dois G.L.M. de igual importância, tem-se geralmente a mesma porcentagem de bilíngües de um lado e do outro. Se um dos dois G.L.M. tem uma porcentagem de bilíngües nitidamente inferior ao outro, é que a língua que ele utiliza tem uma situação dominante. Os limites e a importância dos G.L.M. podem ter uma base geográfica ou refletir a repartição em subgrupo indígena e subgrupo imigrante ou, de uma maneira mais geral, das diferenças sócio-culturais.

gutural

O termo *gutural* é às vezes empregado como sinônimo de *velar* para designar as consoantes realizadas, seja ao nível do véu do palato (velares propriamente ditas, como [k] e [g] ou como o [x] do espanhol *rojo* [roxo] "vermelho" e o [ɣ] de *paga* [paɣa], seja ao nível da úvula (uvulares, como o /ʁ/ do francês parisiense de [mɛr] vs. [mɛʁ], seja na faringe, como as consoantes árabes [ħ] ou [ʕ], seja na laringe, como a consoante árabe chamada "hamza" [ʔ].

guturalização

Segundo a terminologia de N. S. TRUBETZKOY e do Círculo de Praga, a *correlação de guturalização* consiste na oposição entre as consoantes não-velarizadas e outras consoantes nas quais, além da articulação principal, faz-se um trabalho gutural acessório, isto é, uma elevação do dorso da língua em direção ao palato mole. Essa correlação aparece em certas línguas bantos, principalmente no grupo shona, e numa língua vizinha, o venda. A elevação da língua pode ser tão forte que resulta simplesmente numa oclusão velar, como é o caso no dialeto zezuru do shona oriental e central; pode ser mais fraca, de forma que resulta daí um estreitamento velar, o que é característico dos outros dialetos do shona oriental e central, em particular do subgrupo karanga. No dialeto zezuru, essa correlação existe nas bilabiais e nas palatais.

320

H

habitual

Habitual é o aspecto* do verbo que exprime uma ação que se produz, dura e se repete habitualmente; em português, utiliza-se a expressão *ter o hábito (costume) de* (com um sujeito animado), *costumar*, ou o aspecto não-perfectivo ou *infectum* (presente, imperfeito, futuro) com um advérbio ou expressão adverbial. Ex.: *Pedro tinha o hábito de levantar-se muito cedo* (ou *costuma levantar-se*, ou *levantava-se habitualmente*, ou *levantava-se todos os dias*).

hapax

Hapax é uma forma, palavra ou expressão de que só se conhece um exemplo num "corpus" definido. É termo da linguagem filológica e na sua forma completa é *hapax legómenon* (gr.), "dito uma só vez".

hapaxepia

V. HAPLOLOGIA.

haplografia

Haplografia é um erro de escrita que consiste em escrever uma só vez um grupo de caracteres repetidos. Ex.: *haplogia* por *haplologia*.

haplolalia

V. HAPLOLOGIA.

haplologia

O fenômeno da *haplologia* é um caso particular de síncope por dissimilação que consiste em supressão de uma sílaba quando na mesma palavra aparecem contíguas duas sílabas iniciadas pela mesma consoante. Ex.: *tragicômico* por *trágico-cômico, idolatria* por *ídolo-*

latria, bondoso por *bondadoso, morfonologia* por *morfofonologia.*

harmonia

1. Dá-se às vezes o nome de *harmonia fonética* ao conjunto dos fenômenos de assimilação* que levam a aproximar o timbre de uma vogal do timbre de outra vogal contígua ou vizinha.
2. A *harmonia vocálica* é um fenômeno de assimilação vocálica que se pode dar com várias vogais de uma mesma palavra: a escolha de uma ou mais vogais numa posição dada não é livre, mas é determinada automaticamente pela presença de uma outra vogal.

A harmonia vocálica é particularmente importante nas línguas fino-úgricas e em turco. Em finlandês, o vocalismo da desinência é condicionado a um certo grau pela vogal do radical. Assim, a mesma desinência casual é *-ssa* ou *-ssä*, conforme a vogal do radical: *talo-ssa*, "na casa", mas *metsä-ssä*, "no bosque". Em turco, conforme a primeira vogal da palavra seja anterior ou posterior, todas as vogais são anteriores (como nas palavras *gözleriniz*, "seus olhos" (do senhor, de você), *gözümü* "nossos olhos") ou posteriores (como nas palavras *kolum*, "meu braço", *kollarïmïz*, "nossos braços"). Da mesma forma, a escolha entre as duas desinências do plural *-lar* ou *-ler* é determinada pelo vocalismo do radical (*atlar*, "cavalos", mas *güller*, "rosas"). A harmonia vocálica pode ser progressiva, como nos exemplos precedentes, ou regressiva.

harmônico

Harmônico, ou *tom parcial*, é o som produzido numa vibração complexa por uma das partes do corpo vibrante. As freqüências dos harmônicos são múltiplos inteiros da freqüência do tom fundamental*. Na fonação, as vogais ou os tons são produzidos por um reforço de certos harmônicos ou um reforço do tom fundamental da vibração laríngea através das cavidades vocais da mesma freqüência. É esse reforço que torna audíveis as ondas sonoras produzidas na laringe e que determina o timbre particular de cada som.

hendíade

Hendíade é uma figura de retórica que consiste em substituir um substantivo acompanhado de um adjetivo (de um complemento ou de uma relativa) por dois substantivos reunidos por uma conjunção. Assim, uma idéia pode ser representada por duas palavras ligadas por *e*, como quando se interpreta *beber em páteras e ouro* por *beber em páteras de ouro*.

heteróclito

Em gramática tradicional, diz-se que uma palavra é *heteróclita* quando seu paradigma flexional é composto de várias raízes: assim, o verbo *ir* toma emprestado suas raízes a *va-, f-, i-*.

heterogêneo

Heterogêneo é o substantivo que muda de gênero ao mudar de número. Assim, o lat. *caelum* "céu", é neutro no singular, mas o plural *caeli*, "céus", é masculino. Nas línguas românticas, são sobretudo o francês e o italiano que apresentam esse fenômeno; em francês, os casos mais famosos de palavras heterogêneas são *amour*, "amor", *délice*, "delícia", e *orgue*, "órgão", (masculinos no singular e femininos no plural).

heteroglosso

Dicionário *heteroglosso* é o mesmo que dicionário bilíngüe, também chamado, às vezes, dicionário de *tradução*. Ex.: dicionário português/francês, espanhol/português, etc. O termo *heteroglosso* praticamente inexiste em português: é simples adaptação do fr. *hétéroglosse*, de uso raro e recente. (V. HOMO-GLOSSO.)

heterônimo

1. Em gramática tradicional, chamam-se *heterônimas* as palavras de raiz diferente, mas que formam juntas uma estrutura semântica. Assim, os nomes de parentesco (*mãe, pai, nora, genro,* etc.), os nomes de cor (*vermelho, verde, amarelo,* etc.), os graus militares, etc.

2. Em crítica literária, são *heterônimos* os diversos nomes (diferentes de pseudônimos), assumidos por um mesmo escritor, como, p. ex., *Alberto Caieiro, Álvaro de Campos, Ricardo Reis,* assumidos pelo poeta português FERNANDO PESSOA.

heterorgânico

Dois fonemas são *heterorgânicos* quando têm pontos de articulação distintos, como [p] e [t], em oposição aos fonemas homorgânicos. (V. HOMORGÂNICO.)

heterossintagmático

L. HJELMSLEV distingue a *função heterossintagmática* entre elementos que pertencem a sintagmas diferentes (assim, a recção), e a *função homossintagmática*, entre elementos que pertencem ao mesmo sintagma (assim, interdependência entre gênero e número no substantivo latino).

hiato

Hiato é um grupo de duas vogais contíguas que pertencem a sílabas diferentes: *saúde, criar*. As línguas revelam a tendência de evitar o hiato por diversos processos, como, por exemplo, a *crase* (lat. *dolorem* > port. *door* > *dor*), a *epêntese* de fonemas não--vocálicos como as soantes (*seo* > *seio*).

híbrido

Em gramática tradicional, palavra *híbrida* é aquela cujos constituintes são tomados a raízes de línguas diferentes. Assim, *automóvel*, cujas raízes são *autos* (gr.), "por si mesmo", e *mobilis* (lat.), "que pode mover-se", é uma palavra *híbrida*. Outros exemplos: *sociologia* (lat. e gr.), *zincografia* (germ. e gr.), etc.

hieróglifo

Essa palavra designa a unidade fundamental do sistema ideogramático dos antigos egípcios. (V. ESCRITA.)

hióide

Osso *hióide* é o que se encontra no alto da laringe, em forma de semicírculo aberto atrás. Está preso à cartilagem da laringe por ligamentos e músculos.

hipálage

Em retórica, *hipálage* é uma figura que consiste em atribuir a uma palavra da frase o que convinha a outra da mesma frase. Assim, a exclamação, no final da passagem da morte de Lindóia, de *O Uraguai*, de BASÍLIO DA GAMA: *"Tanto era bela no seu rosto a morte!"*, é um bom exemplo de *hipálage*, pois aí aplica-se à morte o epíteto que convinha à morta.

hipérbato. V. ANÁSTROFE.

hipérbole

Hipérbole é uma figura de retórica que consiste em encarecer uma idéia exagerando na expressão tanto no nível lexemático como sintagmático. P. ex.: *gigante* por *homem grande, pigmeu* por *homem pequeno, adorar, ser louco por*, por *gostar muito*, etc.

hipercorreção

Busca do uso correto que se eleva "acima da correção". (V. HIPERURBANISMO.)

hipercorreto. V. HIPERCORREÇÃO.

hiperdialético

Chama-se *hiperdialética* uma forma dialetal criada segundo uma regra de correspondência que não é válida para a forma dada. Assim, o gr. *philaso* é uma forma hiperdialética do dórico (forma pseudo-dórica que corresponde ao ático *phileso*, segundo a correspondência jônico *glottes* — dórica *glottas*): com efeito, em *phileso* o *eta* (*e longo*) provém do alongamento de *épsilon* (*e* breve) e não do alongamento do *alfa* (α) (radical em *épsilon: phileo; philo*).

hiperonímia. V. HIPERÔNIMO.

hiperônimo

Sin. de SUPERORDENADO.

Hiperônimo é o termo cuja significação inclui o sentido (ou os sentidos) de um ou de diversos outros termos chamados *hipônimos*. O sentido do nome da parte de um todo é hipônimo do sentido do todo que é o seu hiperônimo. Assim, *animal* é o hiperônimo de *cão, gato, burro*, etc. (V. GENÉRICO.)

hiperurbanismo

Correção "acima do nível da linguagem urbana". Fenômeno lingüístico que consiste na busca excessiva de correção — na fonética, na acentuação, no uso dos termos —, que acaba por levar a pronúncias e a usos incorretos, por temor de incidir em erros populares. É do domínio da sociolingüística, freqüente em casos de pessoas que ascendem a uma nova classe social, por motivos sócio-econômicos (mudança para a cidade, casamento com pessoa de outra classe, enriquecimento, etc.). P. ex.: *melha* por *meia, malhor* por *maior, poalha* por *poaia; mantor* por *mantô* (do fr. *manteau*); *périto* por *perito, rúbrica* por *rubrica, súbida honra* por *subida honra;* "*faleceu minha genitora*" por "*faleceu minha mãe*" (nos lábios de uma pessoa inculta). Sinônimos de hiperurbanismo são hipercorreção* e ultracorreção* (este mais usado entre os espanhóis). Os

323

adjetivos correspondentes são *hiperurbanístico, hipercorreto* e *ultracorreto*. Em português, aparece às vezes *superurbanismo*, talvez por temor de um "hibridismo"; mas, o prefixo *hiper-*, de origem grega, já está consagrado em formações junto a radicais latinos, como em *hiperacidez, hiperatividade, hipertensão, hipersensível* etc.

hiperurbanístico. V.

HIPERURBANISMO.

hipocorístico

Hipocorístico designa a palavra que traduz afeição ou carinho. Os hipocorísticos são, em geral, os apelidos, como *Zezé, Chico*, ou apelativos, como *papai, maninho, benzinho*, etc. Vários são os processos de formação de hipocorísticos: redução da palavra, com a manutenção apenas das sílabas a partir da tônica, como em *Tônio* por *Antônio*; manutenção apenas da sílaba tônica, com possível acréscimo do sufixo de diminutivo, ou de outra sílaba (*Lu*, por *Lúcia, Zé, Zéca, Quim, Quinzinho, Quinho*); redobro da sílaba tônica: *Zezé*; conservação de outra sílaba que não a tônica: *Tê*, por *Teresa, Fê* por *Fernando*. Além de redobro e conservação da sílaba tônica, os hipocorísticos sofrem transformações fonéticas, como em: *Tonho* < *Tônio, Tonho, Chico* < *Cico* < *Cisco* < *Francisco*. (V. DIMINUTIVO.)

hiponímia

O termo *hiponímia* designa uma relação de inclusão* aplicada não à referência, mas ao significado das unidades lexicais em questão. Está ligado à lógica das classes: assim, *cão* mantém com *animal* certa relação de sentido; há inclusão do sentido de *cão* no sentido de *animal*; diz-se que *cão* é um hipônimo de *animal* (V. GENÉRICO). Contrariamente ao termo *inclusão*, que só se deve aplicar às unidades que têm uma referência, *hipônimo* emprega-se também para as que não a têm. Por

outro lado, as relações de inclusão são complexas; de certa forma, quanto maior é a extensão de um conjunto*, tanto mais inclusivo é ele: a classe dos referidos é maior; mas, de outro ponto de vista, quanto menor é a classe dos referidos, tanto maior é o conjunto dos traços definidores e tanto mais cresce a compreensão. Assim, *animal* é mais inclusivo que *cão* no que toca à classe dos referidos (*animal* aplica-se a *gato, coelho*, etc.), mas *cão* é mais inclusivo que *animal* no que toca aos traços de compreensão (*cão* tem todos os traços de *animal*, mas *animal* não tem todos os traços de *cão*). A hiponímia estabelece uma relação de implicação unilateral. Sendo *carmesim* um hipônimo de *vermelho*, pode-se estabelecer que x é *carmesim* $\supset x$ é *vermelho*, mas não x é *vermelho* $\supset x$ é *carmesim*. A ordenação das unidades lexicais em superordenadas* e em hipônimas far-se-á, então, por teste; verificar-se-á qual é a implicação admitida e qual é a implicação rejeitada. Da mesma forma, a existência de co-hipônimos* de um termo superordenado permite estabelecer a hierarquia. Estabelecemos: x é uma flor; y é uma flor; z é uma flor; portanto, x, y e z são co-hipônimos entre si e hipônimos de *flor*.

As relações de superordenado a hipônimo são complexas. Com efeito, em diversos níveis, intervêm unidades que podem ser consideradas como resultantes da nominalização de frases de base ou da lexicalização de seqüências lexicais. Em francês, consideraram-se *œilet de Nice*, "cravo de Nice" e *tulipe noire*, "tulipa negra" como hipônimos de *œillet* e *tulipe*. Da mesma forma, co-hipônimos como *bicyclette, moto(cyclette), vélomoteur*, "bicicleta com motor", não tiveram durante muito tempo arquilexema* (genérico, superordenado). Acabou-se por criar *deux-roues*, "duas rodas". Da mesma forma, as línguas utilizam como superordenados elementos muito vagos; em português, por exemplo, *sujeito, coisa, trem, truque* etc.

A hiponímia propriamente dita se define como uma relação de implicação unilateral (assimétrica), contrariamente à hiponímia concebida como uma relação recíproca e simétrica que caracteriza os sinônimos. (V. SINÔNIMO). A hiponímia é igualmente transitiva no sentido de que, se ela une *a* a *b* e *b* a *c*, ela une também *a*, *b* a *c*. (V. CLASSE).

hipônimo. V. HIPONÍMIA.

hipóstase

Hipóstase é a passagem de uma palavra de uma categoria gramatical a outra (diz-se também *derivação imprópria*); por exemplo, *Harpagão*, nome próprio, pode tornar-se um nome comum, sinônimo de avarento. (V. DESLIZAMENTO DE SENTIDO).

hipotaxe

Hipotaxe é o processo sintático que consiste em explicitar por uma conjunção subordinativa ou coordenativa a relação de dependência que pode existir entre duas frases que se seguem num enunciado longo, numa argumentação, etc. Assim, *Esse homem é hábil, por isso ele se sairá bem, Esse homem é hábil e sair-se-á bem, Esse homem se sairá bem porque é hábil* são formas diversas de *hipotaxe* (coordenação ou subordinação), opondo-se à simples justaposição das frases: *Esse homem é hábil, ele se sairá bem*, processo sintático chamado *parataxe**.

hipotético

Chama-se *hipotética* uma oração condicional introduzida por *se*.

hísteron-próteron

O *hísteron-próteron* é uma figura de retórica que consiste em mudar a ordem natural (cronológica ou lógica) de dois termos (palavras ou orações). Ex.: *Deixe-nos morrer e precipitarmo-nos no meio dos inimigos* (tradução de Virgílio, *Eneida*, II, 353).

história

1. *História da língua* é o conjunto das mudanças que afetam sua estrutura no curso do tempo.

2. Em gramática gerativa, chama-se *história transformacional* de uma frase a seqüência das operações que convertem um grupo de marcadores sintagmáticos subjacentes (de estrutura profunda) num marcador sintagmático derivado final.

histórico

1. Chamam-se *históricas* a gramática e as pesquisas que procuram seguir de perto e explicar a evolução de uma ou de várias línguas. Assim, a gramática comparada* tem freqüentemente por objeto ou por fim a lingüística histórica; a história lingüística é, em geral, comparativa: seu método é histórico-comparativo. *Histórico* seria, em lingüística, um sinônimo menos preciso de diacrônico*.

2. *Pretérito perfeito histórico* é o perfeito simples do verbo que situa a narrativa (a história) num momento considerado como terminado (V. PASSADO).

3. *Presente histórico* é o presente usado em lugar do perfeito numa narrativa (em particular no gênero histórico).

Há também o *infinitivo histórico*, empregado estilisticamente, com valor de indicativo, nas narrativas.

homeoteleuto

Homeoteleuto é a recorrência, como final de dois ou mais segmentos sucessivos numa frase, da mesma palavra, da mesma construção, da mesma cláusula rítmica ou da mesma rima. A rima é assim um caso particular de homeoteleuto. Um excelente exemplo de homeoteleuto está no uso da palavra *paca*, em pausas fortes sucessivas, na crônica de RUBEM BRAGA, *Caçada de Paca*. Outros exemplos: *Quem não trabuca, não manduca.*

325

Homofonia

Homofonia é a identidade fônica entre duas ou mais unidades significativas, ou entre dois ou mais signos gráficos.

homófono

Diz-se que uma palavra é *homófona* com relação a outra quando apresenta a mesma pronúncia, mas um sentido diferente, como, por exemplo, *caçar* e *cassar*. Esse termo é igualmente empregado para designar, na escrita usual, dois signos gráficos que transcrevem um mesmo fonema. Assim, as letras *s, z,* e *x* em *casa, vazio* e *exame*.

O termo *homófono*, entretanto, é inadequado, pois as palavras consideradas homófonas são simplesmente *homônimos* de grafia diferente; sugere-se, mesmo, o termo *heterógrafo*, antônimo de *homógrafo*. (Cf. Zélio dos Santos Jota, *Dicionário de Lingüística*, Rio, Presença, 1976).

homogeneidade

O estudo lingüístico feito a partir de um "corpus" e enunciados exige, para ser válido, que esses enunciados obedeçam a um critério de *homogeneidade*. Esta varia conforme o objeto da pesquisa; para determinar as regras da língua a partir do "corpus", tomado como amostra, é preciso que os enunciados sejam homogêneos quanto ao estado de língua (nível de língua, intercompreensão completa dos interlocutores, etc.).

homoglosso

Dicionário *homoglosso* é o dicionário cuja língua de entrada é um falar ou dialeto da língua de saída, que é, então, a língua comum. São *homoglossos*, p. ex., dicionários como o picardo/francês, piemontês/italiano e dialeto caipira/português. O termo *homoglosso*, que praticamente inexiste em português, é aqui adaptação do fr. *homoglosse*, de uso raro e recente.

homógrafo. V. HOMOGRAFIA.

homografia

Homografia é o fenômeno lingüístico pelo qual duas formas da mesma escrita (e freqüentemente da mesma pronúncia) têm significados diferentes. Por exemplo, *manga*, "fruta", e *manga*, "parte do vestuário", são *homógrafos*; têm etimologias diferentes, sentidos diferentes, mas a mesma representação gráfica e a mesma pronúncia. Da mesma forma, nos casos de polissemia*, quando uma mesma forma vem a tomar dois ou mais sentidos nitidamente diferenciados, pode-se igualmente falar de homografia. Dois homógrafos podem ter pronúncias diferentes: assim, *jogo* (subst.) e *jogo* (verbo).

homonímia

Homonímia é a identidade fônica (homofonia) ou a identidade gráfica (homografia) de dois morfemas que não têm o mesmo sentido, de um modo geral.

homônimo

1. No léxico, *homônimo* é a palavra que se pronuncia e/ou que se escreve como outra, sem ter porém o mesmo sentido. Exceto os casos raros ou as curiosidades, os homônimos simultaneamente homófonos* e homógrafos* são pouco freqüentes em português. "A descrição lingüística tem de saber distinguir entre a polissemia de uma forma e a homonímia de duas ou mais formas. Há para isso dois critérios: 1) diacrônico, que considera homônimas apenas as formas convergentes da gramática histórica; ex.: *são* < lat. *sunt, sanu-,* port. *santo* em próclise; 2) sincrônico, que considera homônimas as formas fonologicamente iguais, cujas significações não se consegue associar num *campo semântico* definido, o que nem sempre é conseqüência de se tratar de formas convergentes; ex.: cabo, "acidente geográfico" — *cabo,* "posto militar" < lat. *caput*; são, por outro lado, necessariamente homônimas as formas fonologicamente iguais que são diferentes *classes de vocábulos*; ex.: *ali-*

mento, substantivo — *alimento*, forma verbal." (Câmara Jr., J. Mattoso — *Dicionário de Filologia e Gramática referente à Língua Portuguesa*, s/v. *homonímia*, p. 219).

2. Em gramática gerativa, os *homônimos sintáticos* são frases de superfície que podem corresponder a duas estruturas profundas diferentes. A homonímia sintática corresponde à ambigüidade*.

homorgânico

Homorgânicos são dois ou mais fonemas que têm um mesmo ponto de articulação, diferenciando-se por outros traços. Assim, [p] e [b] são homorgânicos porque são pronunciados com uma oclusão labial. (V. heterorgânico).

homossintagmático

V. heterossintagmático.

honorífico

Dimensão honorífica é o papel representado pelos pronomes pessoais que, em certas línguas, definem o *status* social dos participantes da comunicação ou determinam o grau de intimidade que existe entre eles. Assim, a oposição *tu* ou *vous* (segunda pessoa do singular) define uma dimensão honorífica, em francês. Essa oposição é *grosso modo* semelhante à que há no português do Brasil entre *você* e *o senhor*.

humano

Os substantivos que designam estados, qualidades, ocupações de seres humanos são uma subcategoria dos substantivos para seres animados que, semanticamente, designam seres vivos humanos ou considerados como tais e que se caracterizam por uma sintaxe diferente dos substantivos que designam seres animados não-humanos (designativos de animais). Assim, é, em princípio, um sujeito animado humano que convém a certos verbos como *pensar, crer*, etc. Morfemas como João, homem, criança têm o traço distintivo [+ humano] e morfemas como *cão, gato, cobra*, etc. têm o traço [— humano], não se levando em conta possíveis metáforas (passagem de uma categoria a outra): assim, os nomes coletivos ou os nomes de aparelho podem ser sujeitos dos verbos que só admitem nomes humanos; neste caso, atribui-se a eles um traço [+ humano]: *Toda a empresa fez greve. O carro partiu bruscamente.*

I

ícone

Na terminologia de CH. S. PEIRCE, distinguem-se *ícone, índice* e *símbolo*. Essa classificação dos signos baseia-se na natureza da relação mantida pelo signo com a realidade exterior. Os ícones são os signos que estão numa relação de semelhança com a realidade exterior, que apresentam a mesma propriedade que o objeto denotado. Ex.: mancha vermelha (de tinta ou suco de tomate) representando o sangue, no teatro ou no cinema. Certos signos das escritas ideogramáticas antigas (chinês, egípcio) parecem ter tido uma relação icônica com a realidade designada: por exemplo, o signo chinês que designa o homem, o signo hieroglífico que designa o mar, etc. Diga-se o mesmo do alfabeto fenício, em que, p. ex., o *alef,* "vaca", e o *aim,* "olhos", parecem ter evoluído de formas que representam a cabeça da vaca e o olho. O retrato será o tipo mais evidente de ícone: esse signo traduz um grande nível de semelhança com o objeto modelo. Ao ícone opõem-se o índice" (com uma relação de contigüidade e não de semelhança) e o símbolo* (em que a relação é puramente convencional).

identidade

Sentido de *identidade* é o emprego predicativo do verbo *ser* exprimindo a identidade de duas unidades, como em *Essa criança é Pedro* (em que *criança* e *Pedro* são "identificados"), em oposição aos sentidos de pertença* e inclusão*.

identificação

1. A *identificação das unidades,* unida à segmentação, é um dos processos necessários para determinar as unidades lingüísticas e que consiste em reconhecer um só e mesmo elemento através de suas múltiplas ocorrências; assim, a despeito de diferenças fonéticas importantes na pronúncia, identificam-se como sendo um mesmo fonema /t/ as realizações [t] diante de [o] e [u], [t'] diante de [i] ou [j], etc. Em lingüística distribucional, duas ocorrências são consideradas como pertencentes à mesma unidade quando se encontram nos mesmos contextos.

2. Distinguem-se entre as funções do verbo *ser,* a existencial, e a copulativa e predicativa: entre estas últimas, além da atributiva e locativa, encontra-se a função identificadora, ou de *identificação.* Por ela, o verbo *ser* declara que o sujeito tem o mesmo referido que o predicativo: assim, em *Este cachorro é Nero,* o verbo *ser* estabelece a identidade de *Nero* com *este cachorro.* Cumpre distinguir a função identificadora da função predicativa: em *João é professor,* há identificação, e em *Esta moça é encantadora* há predicação ou qualificação.

idiografema

Idiografema é qualquer variante individual ou estilística de um grafema num manuscrito; por exemplo, as diferentes formas de *s,* de *f,* de *p,* etc., realizadas pelo mesmo escritor, são idiografemas, conservando cada um deles os traços pertinentes gráficos da letra. O conjunto dos hábitos gráficos particulares de uma mesma pessoa forma a *idiografia.*

idiografia

V. IDIOGRAFEMA.

ideográfico

Escritas *ideográficas* ou *ideogramáticas* são os sistemas em que os grafemas fazem referência a morfemas e não a fonemas. Os grafemas representam, então, idéias, noções e não mais porções fônicas da cadeia falada. A mais conhecida das escritas ideográficas é sem dúvida o sistema chinês; numa época antiga, este último representava cada noção por um caráter convencional (primeiro, um desenho estilizado). Em seguida, sendo muitos morfemas chineses formados de uma só sílaba, os caracteres usados passaram também a representar nas novas palavras polissilábicas não mais a noção, mas a sílaba. Passa-se, assim, pouco a pouco, de um sistema puramente ideográfico a um sistema silábico (V. ESCRITA).

ideograma

Ideograma é um símbolo gráfico que corresponde a uma idéia (conceito, processo, qualidade). Tomam-se geralmente como exemplos de escrita ideogramática a escrita chinesa e os hieróglifos egípcios sob sua forma mais antiga.

(1) A origem do ideograma chinês está no pictograma, representação estilizada de objetos concretos e de alguns processos: o homem, os animais, os principais movimentos, etc. seriam signos icônicos. Aos pictogramas acrescentaram-se, posteriormente talvez, notações propriamente ideogramáticas, desde quando se utilizaram os índices (conforme o raciocínio "X implica Y") ou os símbolos (o signo indicativo de uma idéia, mas de modo puramente convencional).

Os ideogramas complexos provêm da análise de uma idéia em elementos já representados na escrita; como o ideograma não indica esta ou aquela "categoria gramatical" — noção estranha ao chinês — o signo *bom-amar*, p. ex., obtém-se por combinação dos signos *mulher-fêmea* e *criança-macho*. É que a realização fônica do ideograma complexo não tem nenhuma relação com qualquer um dos signos componentes.

Certos lingüistas contemporâneos são particularmente atentos ao papel representado pela escrita ideogramática: a reflexão gramatical, a concepção da relação entre a língua e o mundo, e talvez até a própria concepção do mundo podem ser modificadas em proporções importantes pela oposição entre o uso da escrita ideogramática e o da escrita fonética. A gramatologia de J. DERRIDA encontrou aí a sua origem.

(2) A escrita hieroglífica egípcia, em seu estado antigo, de que temos atestação, representa um estado misto que evolui para a fonetização. Destacamos conjuntamente nas inscrições logogramas (signos-palavras), fonogramas que funcionam simultaneamente como logograma de uma palavra dada e como transcrição do consonantismo das palavras homônimas, e determinativos, logogramas não-pronunciados que servem para distinguir homônimos, indicando a classe na qual se deve classificar o signo ambíguo: p. ex., *casa* se acrescentará como determinativo aos signos que designam edifícios.

ideogramático. V. IDEOGRÁFICO

idioleto

Idioleto é o conjunto dos enunciados produzidos por uma só pessoa, e principalmente as constantes lingüísticas que lhes estão subjacentes e que consideramos como idiomas ou sistemas específicos; o idioleto é, portanto, o conjunto dos usos de uma língua própria de um indivíduo, num momento determinado (seu estilo). A noção de idioleto acentua certos caracteres particulares dos problemas da geografia lingüística: todo "corpus" de falares, dialetos ou línguas só é representativo na medida em que emana de locutores suficientemente diversificados; mas é, pelo menos no início, sobre bases não lingüísticas que são escolhidos esses locutores e os enunciados que eles produzem. Mesmo se o pesquisador levanta, para um dado falar, enunciados em número suficiente de todos os locutores encontrados na área estudada, ele postula implicitamente que esses locutores têm o mesmo falar. A noção de idioleto implica, ao contrário, que há variação não somente de um país a outro, de uma região a outra, de uma aldeia a outra, de uma classe social a outra, mas também de uma pessoa a outra. O idioleto é, de início, a única realidade que encontra o dialetólogo.

idioma

1. *Idioma* é o falar* específico de uma dada comunidade, estudado no que tem de particular com relação ao dialeto ou à língua aos quais se liga.
2. O termo *idioma* pode ser sinônimo de *língua*, e, nesse sentido, mais usado em espanhol do que em português.

idiomático

Expressão idiomática é qualquer forma gramatical cujo sentido não pode ser deduzido de sua estrutura em morfemas e que não entra na constituição de uma forma mais ampla: o port. *Como vai?*, e o ingl. *How do you do?* são expressões idiomáticas. (V. IDIOTISMO.)

idiossincrasia

Diante de um conjunto de dados idênticos, os sujeitos têm tendência a organizá-los de maneira diferente, conforme suas disposições intelectuais ou afetivas particulares: tem cada um, um *comportamento idiossincrásico* ou uma *idiossincrasia*. Uma criança que diz *fazerei* por *farei* tem um comportamento idiossincrásico: seus conhecimentos fizeram-na admitir que a língua formava o futuro acrescentando sempre *ei-* ao infinitivo, o que não acontece com os verbos fazer, dizer, trazer e compostos, que perdem a sílaba *-ze* no futuro do presente e do pretérito. Assim, a maioria dos erros individuais deve-se a comportamentos idiossincrásicos. Quando estes se generalizam, fala-se de língua corrente ou familiar,

até o momento em que a forma passa para a língua escrita. Freqüentemente, os comportamentos idiossincrásicos devem-se a reações afetivas: assim, tal professor empregará sistematicamente *filologia* onde é preciso dizer *lingüística* porque esta palavra é conotada de modo desfavorável em seu meio.

idiotismo

Idiotismo é toda construção que aparece como própria de uma língua, não possuindo nenhum correspondente sintático em outra. O infinitivo flexionado é idiotismo do português; o apresentativo *c'est* é um idiotismo do francês (galicismo); *how do you do?*, um idiotismo do inglês (anglicismo). Têm-se, assim, *germanismos, latinismos, helenismos*, etc.

Igualdade

Igualdade é a relação que se estabelece entre conjuntos definidos de maneiras diferentes, mas constituídos pelos mesmos elementos. Se tenho, para as letras do alfabeto francês, que um conjunto $A = \{ a, b, c, d \}$ é um conjunto B constituído pelas quatro primeiras letras, diz-se que A é igual a B e escreve-se

$$A = B$$

A igualdade é uma relação reflexiva ($A = A$), transitiva (se $A = B$ e $A = C$, $B = C$) e simétrica (se $A = B$, $B = A$). (V. REFLEXIDADE, SIMETRIA, TRANSITIVIDADE.)

ilativo

Chama-se *ilativo* o caso* que exprime a entrada em um lugar (ex.: *Ele entrou* NA SALA).

ilocucionário

Na terminologia de J. L. AUSTIN, *ilocucionário* (ou *ilocutório*) é todo ato de fala que realiza ou tende a realizar a ação nomeada. Assim, a frase *Prometo não recomeçar mais* realiza ao mesmo tempo o ato de "prometer". Distinguem-se, principalmente, entre os verbos ilocucionários, os verbos performativos (*ordenar*) e os verbos de atitude (*jurar*). Todo enunciado, praticamente, pode ser, de um modo ou de outro, considerado como ilocucionário.

ilocutório. V. ILOCUCIONÁRIO

imanente

Em lingüística estrutural, e, em particular, em glossemática, chama-se *imanente* toda pesquisa que define as estruturas ˌde seu objeto apenas pelas relações dos termos interiores deste. A glossemática é uma lingüística imanente, porque exclui toda preocupação transcendente (extra-lingüística). Da mesma forma, uma estrutura é imanente quando pode ser definida apenas pelas relações dos termos entre si. Por exemplo: a estrutura fonológica de uma língua definida pelas oposições dos fonemas, independentemente de toda referência à substância fônica.

imitativo

Palavras imitativas são onomatopéias que reproduzem aproximadamente um som. P. ex.: *uau-úau, miau, bé, cocoricó* imitam respectivamente o latido do cão, o miado do gato, o berro do carneiro e o canto do galo.

imotivado

Como o qualificativo *arbitrário* pode sugerir a falsa idéia de que o significante dependia da livre escolha do falante, F. DE SAUSSURE fala no caráter *imotivado* do signo: este é imotivado no sentido de que, contrariamente às teorias sobre a origem onomatopaica das palavras, não houve, de início, nenhuma razão de utilizar, para designar a *árvore*, os fonemas /arvori/. Somente numa segunda fase, na derivação principalmente, é que *arboricultura é* motivado em relação a *árvore* e que, ao contrário, *candidato*, derivado de *cândido*, "branco", tornou-se imotivado, perdendo a relação semântica que o unia à palavra raiz. Teorias mais recentes atenuaram o rigor de F. DE SAUSSURE: constata-se, com efeito, que as línguas têm tendência a utilizar ˌcer-

tas raízes para certos significados, de maneira constante. É o caso da teoria das raízes onomatopaicas ou campos morfo-semânticos de P. GUIRAUD: este autor demonstra, por exemplo, num inventário de cerca de 500 palavras construídas a partir de um elemento TK (com alternâncias vocálicas: *TIK/TAK/TOK, TRIK/TRAK /TROK* etc.) que a noção de "golpe" pode ser expressa em francês com uma raiz onomatopaica T.K.

imparissilábico

Em gramática latina, *imparissilábicos* ou *imparissílabos* são os substantivos e adjetivos que não têm, no singular, no nom. e no voc., o mesmo número de sílabas que nos outros casos. Seu radical se descobre melhor no gen. pl., pelo qual se pode ver se o tema termina em consoante ou em soante (-*i*-); p. ex.: *dux, ducis* (gen. pl. duc-um); *ars, artis* (gen. pl. *arti-um*); *consul, consulis* (gen. pl. *consul-um*), *animal, animalis* (gen. pl. *animali-um*). (V. PARISSILÁBICO.)

imparissílabo

V. IMPARISSILÁBICO.

imperativo

1. O *imperativo* é um modo* de expressão da vontade: súplica, pedido, desejo, conselho, sugestão, permissão, ordem, quando o tratamento é de 2.ª pessoa, exprimem-se em português no imperativo. P. ex.: *Perdoa-me; Dá-me um copo d'água; Sê feliz; Lê um livro; Vai* (respondendo à pergunta *Posso ir?*); *Cala-te.* As línguas clássicas tinham formas de imperativos de 2.ª e 3.ª pessoa, não só no indicativo presente mas também em outros sistemas: aoristo, perfeito médio (no grego), e futuro (no latim). As línguas modernas só têm imperativo nas 2.ªs pessoas (em francês, também na 1.ª do pl.); nas 3.ªs, usam como supletivo o subjuntivo. As proibições exprimem-se em geral, com o subjuntivo, na 2.ª e 3.ª pessoa. O francês proíbe com o imperativo.

331

2. Em gramática gerativa, o *imperativo* é um tipo de frase (ou modalidade de frase), como a interrogação (frase interrogativa) e a asserção (frase enunciativa ou declarativa); é um constituinte da frase de base, que, compatível somente com um sujeito de 2.ª pessoa (ou incluindo uma outra pessoa como *nós*), desencadeia uma transformação imperativa; esta, entre outras operações, pode apagar o pronome sujeito da frase, como se dá necessariamente em francês: imperativo + *vous* + *venez* + *demain* produz *venez demain*. Entretanto, no português, o sujeito não é necessariamente omitido: *Vinde amanhã* ou *Vinde vós amanhã*.

3. *Função imperativa* é a designação que se dá à função *conativa* da língua, pela qual o emissor tende a impor ao destinatário um determinado comportamento.

imperfectivo

Chama-se *imperfectivo* a forma do aspecto* que indica, com relação ao sujeito da enunciação ("eu digo que"), a ação em seu desenvolvimento: *Pedro come, Pedro comia, Pedro comerá* são respectivamente um imperfectivo presente, um imperfectivo passado e um imperfectivo futuro. Em português, o imperfectivo é expresso pelas formas simples dos verbos nas gramáticas tradicionais. Utiliza-se, no mesmo sentido, *irrealizado* ou *inacabado*.

imperfeito

Chama-se *imperfeito* à forma temporal do verbo no passado (do indicativo ou do subjuntivo), constituída do radical do verbo e do afixo temporal e aspectual (em port. *-va-*, para a 1.ª conj., e *-ia-*, para a 2.ª e 3.ª, no indicativo, e *-sse-* para as três conjugações no subjuntivo. São formas do infectum, mas só as do indicativo têm o radical do infectum; as do subjuntivo têm o radical do perfectum, porque provêm do mais-que-perfeito latino. Poucos verbos apresentam formas irregulares do indicativo: *tinha, punha, vinha* (e compostos). Apenas o imper-

feito do indicativo conserva sentido nítido de passado inacabado, por oposição ao perfeito, que exprime passado definido. O imperfeito do indicativo situa o processo num momento indeterminado no passado. Essa indeterminação pode ser interpretada como duração, repetição, continuidade, estado, bem como um instante preciso. Enquanto o perfeito simples é o passado histórico ou narrativo, o imperfeito é o passado descritivo.

impessoal

1. *Construção impessoal* é aquela em que o verbo, centro da frase, não tem sujeito explícito nem implícito e se apresenta sempre na 3.ª pessoa do sing. ou em formas nominais (infinitivo, gerúndio e particípio). Os principais casos de impessoalidade do verbo são os que adiante se enumeram:

a) Verbos que exprimem fenômenos da natureza: *amanhecer, anoitecer, chover, nevar, gear, trovejar, relampejar,* etc. Em sentido figurado, muitos desses verbos podem ser usados pessoalmente; às vezes, também, em sentido próprio, em frases como *O dia amanheceu calmo*. Algumas línguas, como o francês, o inglês, o alemão, usam verbos desse tipo com sujeito pronominal neutro.

b) Verbo *haver* com valor existencial, mas sempre na 3.ª pessoa do sing. e com objeto direto nominal ou pronominal e, em geral, com adjunto adverbial de lugar: *Há (havia, houve, haverá) muitos homens na praça. Há flores requintadas e há-as singelas.* As línguas românticas que exemplificam este uso de *haver* (espanhol, catalão e francês) usam obrigatoriamente o advérbio de lugar equivalente a *aí*: esp. *hay* (com *-y* aglutinado ao verbo), cat. *ha hi*, fr. *il y a*. Assim também se dá em português popular do Brasil, como, p. ex., em *Hai muita fruita*. Assim também no port. ant.: *Que geração tão dura ha hi de gente* (Cam. *Lus.* II, 81). O português popular e coloquial do Brasil usa muito *ter* por *haver*, nes-

332

se caso; ex.: "Tem nego bebo aí"; "Não tem problema!"; "Tem graça!".

c) Verbos *haver* e *fazer* indicando tempo decorrido. P. ex.: *Há muito que não o vejo; Faz dez dias que ele partiu*. Nesse caso, o português do Brasil não confunde *haver* com *ter*, pois prefere *fazer*.

d) Alguns outros verbos como *ser, ir, vir, dar, bastar, chegar*, etc. em construções especiais.

e) Verbos intransitivos na voz médio-passiva, comumente chamada impessoal. *Vive-se; Luta-se; Trata-se de resolver a questão; Precisa-se de pedreiros; Assim se vai aos astros* (cf. lat. *vivitur, pugnatum est, sic itur ad astra*).

Deve-se distinguir a construção impessoal da de sujeito indeterminado, que pode dar-se com verbos no plural e noutras pessoas, mas sem precisar o sujeito ou mesmo exprimindo-se por um pronome indefinido. Também devem distinguir-se os verbos impessoais dos unipessoais, que igualmente se usam só na 3.ª pessoa do sing. mas com sujeito demonstrativo neutro ou oracional. Ex.: *Convém estarmos alerta; Isso convém*. Nesses dois casos, o sujeito está expresso.

2. *Modo impessoal*. V. PESSOAL (MODO).

implicação

Diz-se que há *implicação* entre duas orações ou proposições quando entre elas há uma relação tal que, sendo a primeira verdadeira, a segunda também o é. Assim, admitida a veracidade de *Todos os homens são mortais*, a proposição João é mortal é por ela implicada ou nela está contida. Escreve-se:

> *Todos os homens são mortais* ⊃ *João é mortal*.

Quando a verdade da segunda proposição implica a da primeira, diz-se que há dupla implicação.

implosão

1. *Implosão* é o fechamento que se produz no fim de uma sílaba para a realização da consoante chamada *implosiva*.

2. Chama-se, às vezes, *implosão* a primeira fase da pronúncia de uma consoante oclusiva como [p] ou [t], fase que precede a tensão e a catástase* (chamada explosão), e durante a qual os órgãos fonadores tomam a posição de fechamento de que resulta a oclusão.

implosivo

1. *Consoante implosiva* é a que se encontra depois da vogal ou do núcleo silábico, e que corresponde, portanto, à fase de tensão decrescente da sílaba. Na palavra *par* [par], a segunda consoante é implosiva, enquanto que a primeira é explosiva. Historicamente, as consoantes implosivas, de intensidade mais fraca que as explosivas, se enfraquecem e desaparecem mais facilmente.

2. Chama-se, às vezes, *consoante implosiva* aquela cuja articulação é limitada à primeira fase de pronúncia e não é seguida da tensão e da catástase*, como na exclamação francesa *hep!*, em que a consoante é pronunciada com uma vivacidade que interrompe o sopro e não permite o desenrolamento completo da sílaba. É também o que se dá com a articulação da primeira consoante das oclusivas geminadas em italiano: *gutta, stuppa, ecco*.

in absentia

A seqüência das palavras que, por sua sucessão, constituem a frase realizada está *in praesentia*, como diz F. DE SAUSSURE. Diz-se que está *in absentia* o conjunto das unidades que, em cada lugar, podem substituir as unidades efetivamente utilizadas. Assim, na frase *Os trens vão depressa, os e trens e vão e depressa* estão *in praesentia*. Ao contrário, *esses, meus, seus, certos, os grandes* (que podem substituir *os*), *carros, carroças, aviões, pessoas, coe-*

333

lhos (que podem substituir *trens*), e, assim sucessivamente, estão *in absesia*.

A seqüência das unidades *in praesentia* é a seqüência sintagmática; a lista das unidades *in absentia* é a lista paradigmática.

I. inacabado

Chamam-se *frases inacabadas*, ou *incompletas*, ou *elípticas*, aquelas em que não está expresso um sintagma nominal ou verbal contido em sua estrutura profunda. Assim, são chamadas inacabadas: as frases passivas sem agente expresso (*Seu dossiê será estudado*); as transitivas ativas sem objeto expresso (*Pedro lê à noite antes de deitar-se*); as nominais sem verbo expresso (*Silêncio!*). Todas essas frases supõem a aplicação de regras de apagamento*.

II. inacabado. V. IMPERFECTIVO

inacentuado

V. ÁTONO.

inalienável

A relação entre um substantivo e seu complemento indica uma *posse inalienável* (não-alienável) quando o complemento ou adjunto nominal constitui o todo de que o substantivo de base é uma parte. Ex.: *A perna de Pedro, Os pés da mesa, Os ponteiros de um relógio*, etc. Assim, as partes do corpo de que são inalienáveis os complementos nominais comportam em seus traços distintivos o traço [— alienável]. Em contraposição, os substantivos que não comportam essa relação gramatical com o possuidor têm o traço pertinente [+ alienável]. Ex.: *A toalha da mesa, A hora do relógio, A gravata de Pedro*.

inato

A teoria da gramática gerativa implica em suas hipóteses que a linguagem repousa em uma *estrutura inata*, ativada pelo meio, sendo esse processo o da aquisição da linguagem. A linguagem aparece, com efeito, como uma aptidão própria da espécie humana (ao contrário da comunicação, que é um processo existente nas espécies vivas); essa aptidão repousa em bases biológicas próprias à espécie humana, em particular a localização da linguagem na parte posterior do hemisfério esquerdo do cérebro e a dissimetria dos dois hemisférios no funcionamento da atividade simbólica. A hipótese da estrutura inata da linguagem implica um conjunto de características que definem a gramática gerativa: *a*) os universais da linguagem, que definem a forma da descrição lingüística; *b*) a forma explícita da gramática, que apresenta o componente sintático como o elemento central e os dois componentes fonológico e semântico como apenas interpretativos; *c*) o caráter formal das regras que constituem cada componente; *d*) o conjunto dos traços e construções universais (fonológicos, sintáticos e semânticos) a partir dos quais são estabelecidas as regras específicas de cada língua particular; *e*) um método para avaliar qual é a melhor entre as gramáticas possíveis de uma língua.

incidente. V. INTERCALADO

inciso. V. INTERCALADO.

inclusão

1. Diz-se que há *inclusão* de um subconjunto A' num conjunto A quando todos os elementos de A' pertencem igualmente a A e não há nenhum elemento de A' que não pertença a A. Assim, na gramática tradicional, os nomes próprios (A') formam um subconjunto do conjunto dos nomes (A); diz-se que A' está incluído em A, e escreve-se:

$$A' \subset A.$$

A inclusão é uma relação reflexiva ($A' \subset A$), transitiva (se $A \subset B$ e $B \subset C, A \subset C$), mas não simétrica (se $A \subset B, B \subset A$ é impossível). (V. REFLEXIVIDADE, SIMETRIA, TRANSITIVIDADE.)

A noção de inclusão tem uma grande importância em análise sêmica. Numa família sêmica (campo léxico), o sentido de cada palavra é um conjunto (S) de semas (s_1, s_2, s_3, s_4, por exemplo). O arquissemema* A do campo léxico é um subconjunto de S.

2. *Sentido de inclusão* é o emprego predicativo do verbo *ser* exprimindo a inclusão num conjunto, como em *Os professores são funcionários*, o que significa que os membros da classe dos "professores" estão incluídas entre os membros da classe dos funcionários. O sentido de *inclusão* opõe-se aos sentidos de *pertença** e de *identidade**.

inclusivo

1. Em relação à 1.ª e à 2.ª pessoas gramaticais:

a) Chama-se *inclusivo o pronome* (ou nome) pessoal de primeira pessoa *nós* quando inclui o pronome (ou nome) pessoal *tu* (*você*) e significa "eu e tu (você)", em oposição ao *nós* exclusivo, que exclui *tu* (*você*) e significa "eu e ele, em oposição a tu (você)".

b) Chama-se *inclusivo* o pronome (ou nome) pessoal de segunda pessoa *vós* que inclui o pronome (ou nome) pessoal *tu* que designa um segundo interlocutor e significa "tu e tu em oposição a ele ou eles". O *vós* exclusivo significa, ao contrário, "tu, João, e ele", em oposição a um segundo interlocutor "tu, Pedro". Em português, como nas demais línguas românicas, só existe um sistema de pronomes ao mesmo tempo inclusivos e exclusivos: *nós/vós*. O tupi opõe um *nós* inclusivo a um *nós exclusivo*. (V. PESSOA.)

2. Tratando-se de conjuntos, diz-se que um conjunto* A é *inclusivo* com relação a outro conjunto A' quando todos os elementos de A' (que será chamado subconjunto) pertencem a A.

incoativo

Incoativo é o verbo que indica o início da ação ou do processo. O aspecto incoativo é expresso de vários modos: a) pelo sufixo *-escer*, como em *florescer, convalescer, fortalecer*; b) por formações parassintéticas, como em *avermelhar, enricar, amanhecer, anoitecer, enflorescer, enriquecer, enrubescer*; c) por perífrases formadas de *começar, principiar, iniciar, entrar,* (*a*)*garrar* (pop.) + *a* + infinitivo; d) pelo próprio lexema verbal: *começar, iniciar*.

O sufixo *-sc-*, de valor incoativo em latim, estendeu-se de tal modo no português que um grande número dos verbos perdeu esse valor: *permanecer, parecer, pertencer*, etc.

incompatibilidade

1. *Incompatibilidade* é a relação que se estabelece entre duas proposições quando a verdade de uma implica a falsidade da outra (diz-se, correntemente, que essas proposições são contraditórias); se as proposições são A e B, a incompatibilidade entre elas exprimir-se-á assim: A ⊃ não — B, que lerá A implica que B não é possível.

A implicação pode ser só implícita. Assim, *João é grande* é incompatível com *João é pequeno*.

Deve-se observar que a incompatibilidade dos nomes de cores, quando não mantêm relações de hiperônimo* a hipônimo*, não é uma conseqüência secundária do seu sentido, mas é implicada pela aprendizagem e conhecimento do sentido de cada um dos termos. Estes recobrem, com efeito, um contínuo: o conhecimento do significado de um dos termos, *vermelho* por exemplo, supõe que se conheça tam-

335

bém a fronteira do que não é vermelho. A incompatibilidade deve ser distinguida da simples diferença de sentido. *Retangular* e *vermelho* não têm o mesmo sentido, mas não são incompatíveis: pode-se afirmar simultaneamente a respeito do mesmo livro:

O livro é vermelho.
O livro é retangular.

Não se pode afirmar a respeito do mesmo móvel:

Este móvel é uma poltrona.
Este móvel é um armário de farmácia.

Poltrona e *armário de farmácia* são incompatíveis. O problema da incompatibilidade apresenta-se, sobretudo, no interior de um campo léxico* determinado. É pouco interessante perguntar-se se *banco* e *bicicleta* são compatíveis ou incompatíveis. Na hierarquia das unidades léxicas, há incompatibilidade entre os termos de mesmo nível co-hipônimos*, mas não entre os termos que mantêm relações de hiperônimo ao hipônimo.

A complexidade das relações de incompatibilidade prende-se ao fato de que, mui freqüentemente, dois (ou mais) co-hipônimos não têm hiperônimo, ou a língua utiliza seqüências (que se consideram, então, como "lexicalizadas") para ocupar o lugar do item que falta, ou ainda cria subcategorias por processos morfológicos. Assim, *neve pulverulenta*, criada por lexicalização a partir da frase de base *A neve é pulverulenta*, corresponderá a uma só palavra esquimó, hipônimo de *neve*. Os co-hipônimos *ainé*, "o mais velho", "primogênito" x *cadet*, "caçula", "mais novo", corresponderão a termos ingleses derivados a partir de adjetivos por meio do sufixo superlativo e as próprias traduções portuguesas de *ainé* e *cadet* denunciam esse caráter superlativo.

2. Em lingüística estrutural, diz-se que dois termos são *incompatíveis* numa frase quando sua combinação num constituinte superior não é interpretável semanticamente ou essa combinação é semanticamente anômala. Assim, o verbo *pensar* tem, em seus traços distintivos, o de "com sujeito humano", o que significa que só é compatível com sintagmas nominais cujo substantivo se refere a uma pessoa (indicar-se-á *pensar* pelo traço [+ [+ humano] —]: *Pedro pensa* é válido semanticamente; os dois termos *pensar* e *Pedro* são compatíveis, porque *Pedro tem*, em seus traços, o traço "humano". Em contraposição, *A mesa pensa* é anômalo, os dois termos *pensar* e *mesa* são incompatíveis, porque *mesa* tem, em seus traços, o traço "objeto", que exclui o traço humano. Se tivermos a frase *Os animais pensam*, a frase só é interpretável se dermos a *animal* o traço distintivo "humano", o que significa que se assimilam, nesta frase, o homem e o animal.

incompleto

São *incompletas* as frases elípticas. (Sin.: ELÍPTICO, INACABADO). V. BRAQUILAGIA.

incremencial

Z. HARRIS chama transformação *incremencial* — isto é, "por incremento" ou "por acréscimo" — a que é ou deve ser operada numa frase de base e se caracteriza pela adição de um elemento e por um efeito de sentido sistemático. Assim, a adição de um advérbio em

Ele é feliz → *Ele é muito feliz*

é o resultado de uma transformação incremencial, resultando numa modificação sistemática do sentido da frase. As transformações interrogativa e negativa são, assim, transformações incremenciais.

indeclinável

Chamam-se *indeclináveis* as palavras que, pertencendo a categorias de palavras declináveis, têm, entretanto, a mesma forma em todos os casos, e as palavras que, não sendo suscetíveis de receber marcas de gênero, de número e pessoas, têm uma única forma invariável (advérbio).

indefinido

1. Chama-se *indefinido* um traço inerente de certos artigos, adjetivos ou pronomes, em oposição ao traço *definido**, que caracteriza outros artigos, adjetivos ou pronomes: assim, *ele* é "definido" com relação a *a gente; o* é "definido" com relação a *um*; o traço indefinido [— definido] é interpretado semanticamente pela ausência de toda referência a um sintagma nominal anterior (*Uma pessoa telefonou*, em oposição a *A pessoa* [que você sabe] *telefonou*) ou a um elemento preciso da situação, ou pela negação do valor genérico (*Um homem não poderia agir assim*, em oposição a *O homem é um animal que fala*). [V. ARTIGO.]

2. A gramática tradicional criou uma classe de *indefinidos* para reagrupar os *pronomes adjetivos* que, não sendo nem qualificativos, nem numerais, nem possessivos, nem demonstrativos, nem relativos, nem interrogativo-exclamativos, acrescentam-se ao substantivo para exprimir em geral uma idéia mais ou menos vaga de quantidade ou qualidade, identidade, semelhança ou diferença; os *pronomes substantivos indefinidos* traduzem, sob a forma nominal, as mesmas noções. A definição tradicional dos indefinidos é feita por enumeração: os principais pronomes adjetivos indefinidos são *nenhum, outro, cada, certo, muito, mesmo, qualquer, algum, tal, todo, diferentes, diversos, várias*.

Da mesma forma, os pronomes substantivos indefinidos são definidos por enumeração: *nenhum, outro* precedido do artigo ou de um determinante, *outrem, cada um, o mesmo, ninguém, alguém, quem quer que, tal, um, algo, nada, tudo, vários, todos, uns*.

É com a maior prudência, aqui mais ainda que em outra parte, que devemos reportar-nos ao "sentido": nas enumerações dadas acima, certas palavras são verdadeiramente "indeterminantes" ("indefinidos"), mas outras, como *o mesmo* em *Quero o mesmo livro que você*, exprimem uma determinação completa. Os pronomes adjetivos indefinidos pertencem à rubrica tradicional dos adjetivos determinativos.

Os pronomes adjetivos indefinidos são analisados em lingüística moderna como determinantes: uns são pré-artigos, como *todo* (*toda a cidade*), outros pós-artigos (*uma outra pessoa*). Muitos são quantificadores (*bastante*), distributivos (*cada*) e negativos (*nenhum, ninguém*).

independente

Chama-se *oração independente* uma oração que não depende de nenhuma outra (que não é encaixada em nenhuma frase) e da qual não depende nenhuma oração (que não serve de matriz a uma oração encaixada).

337

indeterminado

Diz-se que um termo é *indeterminado* quando a noção expressa não está relacionada a circunstâncias definidas.

indexação

Chama-se *indexação* a classificação dos itens léxicos que consiste em atribuir-lhes traços distintivos que os descrevem no interior de um conjunto definido (o léxico de uma língua). Assim, *Pedro* é indexado da seguinte maneira: PEDRO: [+ substantivo], [— comum], [+ animado], [+ humano], [+ macho]...

indicador

1. E. BENVENISTE dá o nome de *indicadores* aos dêiticos* de tempo e de espaço (*agora* e *aqui*).
2. *Indicador sintagmático.* V. MARCADOR.

indicativo

1. Chama-se *indicativo* o modo da frase assertiva (afirmativa ou negativa). O indicativo é o modo não marcado que define o estatuto de base da frase.
2. Chama-se *indicativo* o conjunto de formas verbais que, em português, é o modo das frases assertiva e interrogativa: *Paulo vem. Paulo vem? Digo que Paulo virá. Pergunto se Paulo vem.*
3. *Função indicativa.* V. ÍNDICE.

I. índice (fr. index.)

1. No vocabulário geral, um *índice* é a tábua alfabética dos nomes citados (próprios ou comuns), dos assuntos tratados, dos termos técnicos definidos, etc.
1. Em lexicografia, chama-se *índice* o resultado de um trabalho de inventário léxico· Conforme a fineza do trabalho, distinguem-se: *a*) os *índices de formas*, que indicam em ordem alfabética as formas levantadas; o índice de formas não distinguirá os homônimos gráficos ou homógrafos (*marcha* em *a marcha* e *ele marcha*, etc.); *b*) os *índices de palavras*, que distinguem as unidades de vocabulário (vocábulos) e, conforme o ponto de vista adotado, situam as ocorrências nos textos examinados ou indicam a freqüência da unidade (índice de freqüência).

O desenvolvimento dos trabalhos de inventário provoca a multiplicação dessas obras, preciosas para os estudos léxicos históricos em particular. A aplicação dos métodos da estatística léxica a esses índices permite freqüentemente chegar a conclusões interessantes, em particular no plano estilístico. (V. CONCORDÂNCIA.)

II. índice (fr. indice)

1. Pela palavra *índice*, pode-se designar uma relação causal pasta entre um fato lingüístico e o objeto significado: a elevação da voz é o índice de uma excitação. (V. SINTOMA).
2. Na terminologia de CH. S. PEIRCE, distinguem-se *ícone, índice* e *símbolo*. O índice está numa relação de contigüidade com a realidade exterior. Assim, dir-se-á que a fumaça é o índice do fogo; contrariamente ao caso do ícone, não há aqui semelhança; contrariamente ao caso do símbolo, não há laço convencional.

A semiologia contemporânea define o índice em função do mecanismo da indicação (L. PRIETO). O índice é o fato que fornece uma indicação. Ora, a relação entre o índice e a coisa indicada não é simples: longe de constituir exclusivamente uma ligação imediata entre signo e realidade positiva, o índice procede também por um caráter negativo. O índice classifica um acontecimento (por exemplo, aqui, o aparecimento de fumaça) com relação a uma classe mais geral, denominada em lógica o "universo do discurso", à qual pertence essa classe. "Onde há fumaça, há fogo" comporta referência a um universo do discurso em que o fogo emite fumaça; uma combustão sem fumaça, bem como uma fumaça sem combustão, exigem um universo do discurso diferente, em que a relação indicial deve ser revista.

O mecanismo da indicação é provavelmente o domínio semiológico em que se faz mais facilmente a aplicação das conquistas da lógica moderna.

3. *Índice* é igualmente utilizado em análise do discurso: a teoria das *palavras-índices* constitui a hipótese — freqüentemente implícita, mas às vezes formulada — segundo a qual o discurso de tal grupo sócio-cultural ou político poderia ser classificado em função de termos reveladores. Poder-se--iam classificar os falantes e determinar sua vinculação em função do seu vocabulário. Trabalhos recentes sobre o discurso político estabeleceram as razões pelas quais esse ponto de vista deve ser rejeitado: sendo comum a competência lingüística a todos os locutores, salvo para palavras propriamente técnicas, o vocabulário utilizado será muito pouco revelador, porque o falante pode disfarçar seus enunciados, reformulá-los, rejeitá-los ou assumi-los mais ou menos; por outro lado, uma palavra pode ser assumida por grupos sócio-culturais ou políticos diferentes, com um conteúdo muito diferente, que o estudo das proposições de base, que estão subjacentes às unidades, porá em evidência. A teoria das palavras-índices quase não tem, portanto, eficácia: ela acentua de forma desmedida um domínio muito restrito do processo geral da neologia*.

III. índice

1. Para L. TESNIÈRE, em oposição aos *translativos** e aos *juntivos**, os *índices* revelam simplesmente a categoria da palavra. Assim, o artigo *o* em *o brinquedo* tem uma função indicativa e sublinha, sem operar translação, o caráter substantivo. No caso da translação, a categoria prévia da palavra a transferir é diferente da categoria que resulta; assim, *o* em *o azul do céu* é translativo, porque *azul,* na origem, é adjetivo. Ao contrário,

é *índice* em *o livro,* porque *livro,* na origem, já é substantivo.

2. *Índice de classe.* V. CLASSIFICADOR.

indicial

O aspecto *indicial* da enunciação é definido pelos participantes da comunicação, pelo tempo e lugar da enunciação e pelo modo de relação do sujeito com relação a seu enunciado (*eu, aqui, agora*).

indireto   V. DISCURSO.

individuação

Chama-se *individuação lingüística* o processo pelo qual um grupo se caracteriza, com relação a outro grupo, graças a constantes na atividade lingüística. A individuação pode ser implícita ou explícita, voluntária ou involuntária, localizável ou não-localizável.

indutivo

O *método indutivo* consiste, em lingüística, a recolher um "corpus" de enunciados e a tirar, por segmentação e substituição, classes (ou listas) de elementos e regras que permitem dar conta de todas as frases.

inerente

Traço inerente. V. TRAÇO.

inessivo

Chama-se *inessivo* o caso* que indica o lugar em cujo interior se coloca o processo do verbo (ex.: *Ele está* NO JARDIM).

infecção

Infecção é um sistema completo de coloração das consoantes, particularmente importante no velho irlandês. Resulta da antecipação da articulação característica da vogal seguinte: /ti/ é pronunciado [t^{i}i] /te/ é pronunciado [t^{e}e], /tu/ é pronunciado [t^{u}u]. Esse processo fonético pode tomar um valor fonológico e morfológico em caso de confusão ou desaparecimento de algumas dessas vogais. Assim, o equiva-

339

lente velho irlandês da palavra latina *vir* apresenta três formas distintas para o singular, que se escrevem respectivamente *fer* (nom., ac.), *fir* (voc., gen.) e *fiur* (dat.), mas que se distinguem fonicamente pela coloração do *r* final.

infinitivo

1. O *infinitivo* é uma forma nominal do verbo que exprime o estado ou a ação. Como um verbo, pode exprimir o aspecto* (*ter lido* vs. *ler*); tem um objeto construído como o de um verbo em um modo pessoal (*ler um livro* vs. *a leitura de um livro*); como um substantivo, pode vir precedido de um artigo (*o beber e o comer*).

2. Chama-se *transformação infinitiva* a transformação* operada quando do encaixamento de uma completiva em uma frase matriz, quando o sujeito dessa completiva é sujeito, objeto ou complemento preposicional da matriz. Na frase *Quero que Pedro venha*, o sujeito da completiva *Pedro* é diferente do sujeito da frase matriz (*eu*); se os dois sujeitos forem idênticos (**Quero que eu venha*), a transfor-

mação infinitiva, que comporta um apagamento do *eu* da completiva e a introdução do afixo de infinitivo, será aplicada: *Quero vir*. Da mesma forma *Prometo a Pedro que Paulo virá* torna-se, quando o sujeito da completiva *que Paulo virá* for idêntico ao sujeito *eu* de (*eu*) *prometo*: *Prometo a Pedro vir*. Na frase *Digo a Pedro para sair*, o sujeito da completiva é idêntico ao complemento preposicional da frase matriz (*Pedro*).

infixo

Chama-se *infixo* o afixo* que se insere no interior de uma palavra para modificar-lhe o sentido: assim, em latim, o infixo nasal *n* insere-se às vezes na raiz da palavra para a constituição do verbo; a raiz *frag-* com infixo *n* torna-se *frango* ("quebrar"), a raiz *jug-* com infixo *n* torna-se *jungo* ("ligar"). V. AFIXO.

inflexão

Dá-se às vezes o nome de *inflexão* à modificação de timbre que sofre às vezes uma vogal sob a influência de uma vogal vizinha. Trata-se de um caso particular de metafonia*.

informação

1. No sentido que dá a este termo a teoria da informação, a *informação* é a significação que se atribui a dados com a ajuda das convenções empregadas para representá-los; esse termo designa, portanto, tecnicamente falando, tudo o que se pode colocar, de alguma forma, sob uma forma codificada. Para os teóricos da comunicação, o termo de informação — ou "mensagem"* — designa uma seqüência de sinais que correspondem a regras de combinação precisas, transmitida entre um emissor e um receptor por intermédio de um canal que serve de suporte físico à transmissão dos sinais. Para a teoria da comunicação, o sentido dessa seqüência de sinais codificados não é considerado como um elemento pertinente.

2. QUANTIDADE DE INFORMAÇÃO E CÁLCULO DA QUANTIDADE DE INFORMAÇÃO

Dois conceitos estão na base do cálculo da quantidade de informação transmitida: (1) o conceito de capacidade de um código ligado ao número de sinais alternativos desse código; (2) o conceito de quantidade real de informação transmitida, proporcional ao número de possibilidades do código.

(*a*) *Informações e probabilidade.*

Quanto mais provável é um fenômeno, menos informa. Sua probabilidade permite quantificar e medir sua quantidade de informação. Tomemos um exemplo, o do estado do céu; dois casos são possíveis: (1) há grandes nuvens negras, diz-se "vai chover"; isso não informa grande coisa; a probabilidade de ocorrência do acontecimento é restrita; se o acontecimento se produz, a informação será maior.

Diz-se que a probabilidade de ocorrência de um fato é inversamente proporcional à quantidade de informação.

(*b*) *Cálculo da quantidade de informação*

Pode-se definir três tipos de probabilidades:

(1) probabilidade certa positiva: coeficiente 1; (2) probabilidade certa negativa: coeficiente 0; (3) entre esses dois extremos, há probabilidades parciais (por exemplo; há 60 possibilidades sobre 100 de que chova); tem-se, então, uma certa informação que é calculável; se começa a chover, a probabilidade torna-se certa e toma o coeficiente 1. Quando se diz que há 60 possibilidades sobre 100 de que chova, a probabilidade é de 0,60. Quando o fato está terminado, a probabilidade torna-se igual a 1. A quantidade de informação é então igual a: $1 - 0,60 = 0,40$.

Raciocinando abstratamente, podemos dizer que um fenômeno de probabilidade x tem um conteúdo de informação igual a $1 - Px$. Por razões práticas, mede-se essa quantidade de informação I não pela probabilidade, mas por seu logaritmo. Seja

$$I : \log 1 - \log Px$$

e como $\log 1 = 0$:

$$I = \log Px.$$

(*c*) Pode-se propor como modo de cálculo um processo completamente diferente: o processo dicotômico. Se tomarmos o exemplo do baralho, trata-se, em um jogo de 32 cartas, de adivinhar uma dentre elas. O processo escolhido para identificar a carta é então a identificação pela *seleção binária.* Divide-se cada vez o campo dos possíveis em duas partes (preta-vermelha; depois copas-ouros, etc.).

É uma preta? — Não.

É uma copa? — Sim.

É uma figura? — Sim.

É um ás ou um rei? — Não.

É uma dama? — Não.

Portanto, é um valete de copas.

Foram necessárias 5 questões para chegar ao resultado. 1/32 era a probabilidade da carta a encontrar. Ora, 5 é o logaritmo de base 2 de 32. Assim, a probabilidade define o número de operações necessárias para identificar uma forma.

Essa noção de seleção binária nos leva à idéia de um código simples de dois sinais possíveis, ambos igualmente prováveis (ou equiprováveis). É esse gênero de código que foi escolhido no quadro da teoria da comunicação.

(*d*) *A informação se mede em unidades denominadas BITS.*

Por definição, um código que comporta 2 sinais possíveis, ambos igualmente prováveis, tem uma capacidade de 1 bit cada vez que é utilizado. Um código que tem 4 escolhas possíveis tem uma capacidade de 2 bits; um código que tem 8 escolhas possíveis tem uma capacidade de 3 bits. Com outras palavras, a capacidade em bits de um código desse tipo é o logaritmo de base 2 do número de sinais alternativos que ele comporta:

$$
\begin{array}{llll}
1 & 1 \log 2 & 1 = 0 \\
1 \times 2 & 2 \log 2 & 2 = 1 \\
1 \times 2 \times 2 & 4 \log 2 & 4 = 2 \\
1 \times 2 \times 2 \times 2 & 8 \log 2 & 8 = 3 \\
1 \times 2 \times 2 \times 2 \times 2 & 16 \log 2 & 16 = 4
\end{array}
$$

etc.,

$I = \log 2$ do número de sinais (*x* por exemplo); ou seja $\boxed{I = \log 2\ x}$ quando o código é equiprovável.

Ora, quanto menos provável é um signo, mais ele transmite informformação: a quantidade de informação é inversamente proporcional à probabilidade do signo

$$
I = \log 2 \times \frac{1}{P}
$$

Define-se a quantidade de informação de um sinal pelo logaritmo de base 2 do inverso da probabilidade do sinal:

$$
P = 1 \qquad I = \log 2\ \frac{1}{1} = \log 2 \quad 1 = 0
$$

$$P = \frac{1}{2} \quad I = \log 2 \frac{1}{\frac{1}{2}} = \log 2 \; 2 = 1$$

$$P = \frac{1}{4} \quad I = \log 2 \frac{1}{\frac{1}{4}} = \log 2 \; 4 = 2$$

$$P = \frac{1}{8} \quad I = \log 2 \frac{1}{\frac{1}{8}} = \log 2 \; 8 = 3.$$

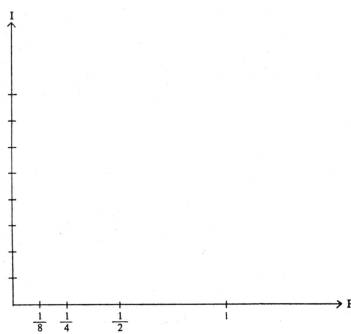

Consideremos um código de dois sinais A e B. Fazemos um cálculo sobre 16 ocorrências; após observação, encontramos uma ocorrência de A para 15 ocorrências de B;

— a probabilidade de A é $\dfrac{1}{16}$

— a probabilidade de B é $\dfrac{15}{16}$.

Se se retomar a fórmula: $I = \log 2 \times \dfrac{1}{P}$

$$IA = \log 2 \ \dfrac{1}{\dfrac{1}{16}} = \log 2 \ 16 = 4 \text{ bits}$$

$$IB = \log 2 \ \dfrac{1}{\dfrac{15}{16}} = \log 2 \ \dfrac{16}{15} = 0{,}093 \text{ bit.}$$

Portanto, B, mais freqüente que A, transmite menos informação. Por outro lado, podemos, a partir daí, quantificar a informação média por sinal:

1 ocorrência de A` = 4 bits.
15 ocorrências de B = 0,09 × 15 = 1,39 bit.
16 ocorrências levam ao total = 5,39 bits.

A quantidade média de informação por sinal é de $\dfrac{5{,}39}{16} = 0{,}34$ bit. Ora, se os sinais fossem equiprováveis, cada sinal teria uma capacidade de 1 bit. Portanto, a freqüência desigual dos sinais reduz a eficácia do código de cerca de 1/3. A capacidade total de um código só é realizada se todos os sinais têm probabilidades iguais de ocorrência. Essa perda de informação, devido em particular ao ruído*, introduz a noção de redundância*.

3. INFORMAÇÃO, COMUNICAÇÃO E LÍNGUA.

As línguas naturais possuem certas qualidades comuns a todos os sistemas de comunicação, se as consideramos, nos limites impostos pelos teóricos da comunicação, como sistemas de transmissão da informação por meio de um código caracterizável por seu número de sinais e suas regras de combinação. (V. CÓDIGO, COMUNICAÇÃO, LÍNGUA, SIGNO).

344

Os códigos lingüísticos apresentam uma particularidade com relação aos códigos não-lingüísticos; são constituídos de dois subcódigos, não independentes um do outro, definidos em lingüística como dependendo de dois níveis de análise específica: o nível morfemático e o nível fonemático. (V. [DUPLA] ARTICULAÇÃO.)

Os teóricos da comunicação propuseram-se a avaliar a quantidade média de informação transmitida pelas línguas naturais considerando o grau de incerteza relativo aos diferentes sinais em cada um dos subcódigos. Fazendo-o, iam encontrar as pesquisas empreendidas em lingüística há vinte anos pelos distribucionalistas (v. DISTRIBUCIONAL [ANÁLISE]), preocupados em descrever as línguas em termos de coerções formais que aparecem no encadeamento das unidades de base, cada uma em seu quadro respectivo (morfemático e fonemático).

Na realidade, os teóricos da comunicação apresentavam aos lingüistas o modelo matemático implícito conhecido pelo nome de modelo de estados finitos*, ou de teoria das cadeias de Markov*, ou de modelo de Markov. (V. também COMUNICAÇÃO.)

informante

Quando o lingüista reúne o conjunto dos enunciados que quer submeter à análise ("corpus"), ele se dirige a falantes que têm por língua materna o falar estudado e que devem, a propósito de cada frase, dizer se ela é aceitável ou não (v. ACEPTABILIDADE, GRAMATICABILIDADE). Esses locutores, que podem igualmente fornecer ao lingüista dados a analisar (listas de palavras, frases, etc.) são os *informantes*. A escolha do informador tem uma grande importância: vai-se hoje contra a tendência que consistia em crer que o informador não devia ser inteligente e nem ter conhecimentos lingüísticos.

ingressivo

Chama-se *ingressiva* uma forma verbal que exprime uma ação limitada à sua fase inicial. Assim, em português, a locução verbal *pôr-se a* seguida do infinito permite a expressão do ingressivo.

inicial (adj.)

Em gramática gerativa, um elemento é chamado *inicial* se não é o constituinte de nenhum outro elemento e, por conseguinte, se não figura nunca à direita da flecha em nenhuma regra de reescrita. Assim, $\sum$ é o elemento inicial das gramáticas gerativas. De fato, em uma etapa ulterior da teoria, os elementos à esquerda da flecha poderão ver-se escritos também à direita, como SN → SN e SN (sintagma nominal se reescreve: sintagma nominal e sintagma nominal). Neste caso, vê-se aparecer $\sum$ à direita da flecha, por exemplo, na reescrita de SV, significando isto que o sintagma verbal se reescreve auxiliar, verbo seguido de um sintagma nominal ou de uma frase:

$$SV \rightarrow Aux + V + \left\{ \begin{array}{c} SN \\ \sum \end{array} \right\}$$

Ex.: *Vejo o céu* (V + SN), *Vejo que ele não virá* (V + $\sum$). [V. TERMINAL.]

inicial (s.f.)

Inicial de uma palavra ou de um sintagma é o fonema ou o grupo de fonemas pronunciados em primeiro lu-

345

gar: o fonema [p] na palavra *parente,* o grupo [pr] no sintagma *preso na armadilha.*

De um modo geral, a inicial é o elemento que melhor resiste: assim, na evolução do latim para as diferentes línguas românicas, os fonemas iniciais mantiveram-se mais freqüentemente que os outros. Essa estabilidade da inicial explica-se pelo fato de que é o elemento mais rico em informação. A inicial não é previsível, enquanto que, para os elementos não iniciais, as regras distribucionais e, numa certa medida, o conhecimento do léxico da língua considerada reduzem consideravelmente as possibilidades de escolha.

Pelo fato de sua posição na fronteira da palavra, a inicial pode sofrer, quando da inserção da palavra ou do sintagma na cadeia falada, um tratamento particular. Trata-se de certas alterações (aférese, assimilação, etc.) devidas à influência da palavra precedente, se não há pausa intermediária. Tem-se, nesse caso, um exemplo de sândi* inicial (muito mais raro que o sândi final) com alternância entre uma forma absoluta (que corresponde à inicial da palavra pronunciada isoladamente), e uma forma inclusa, como em irlandês moderno (*bo,* "vaca", *an'vo,* "uma vaca") ou em certos dialetos itálicos (em corso: *'sarpi,* "serpente", *nna'zarpi,* "uma serpente", *'djakaru,* "cão", *u'jakaru,* "o cão").

injetivo

Consoante injetiva ou *inspiratória* é uma consoante cuja articulação comporta um apelo de ar brusco. Trata-se de uma consoante de dupla oclusão, como os cliques* e as consoantes glotalizadas*. Na cavidade, o ar é rarefeito por um movimento de sucção formado pelas duas oclusões, de forma que a abertura da oclusão anterior provoca uma entrada brusca de ar exterior. A oclusão posterior (velar ou glotal) abre-se imediatamente depois.

injuntivo

1. Frase *injuntiva* é a que exprime uma ordem, dada ao falante, para executar (ou não executar) tal ou tal ação. As formas verbais específicas dessas frases estão no modo *injuntivo*: o imperativo é uma das formas do *injuntivo.* (V. JUSSIVO.)
2. Emprega-se a expressão *função injuntiva* para designar a função da linguagem chamada "conativa" ou "imperativa": o falante incita o destinatário a agir de uma certa maneira.

injúria

Chama-se *injúria* toda palavra, atitude ou alusão de conteúdo simbólico recebida e interpretada pelo indivíduo injuriado como desvalorizadora e ofensiva para ele.

input

Chama-se *input,* "entrada", o conjunto de informações que chegam a um sistema e que esse sistema (organismo, mecanismo) vai transformar em informações de saída (ou *output,* "saída").

inserção

Em gramática gerativa, a *inserção léxica* é a substituição dos símbolos postiços por itens léxicos em função de seus traços.

insistência

Chama-se *acento de insistência* o reforço expressivo da articulação de certos fonemas ou grupos de fonemas. Assim, na frase É *a-bo-minável!,* a sílaba *bo* é pronunciada com mais força que a penúltima sílaba normalmente acentuada. Nesse caso particular, em que o reforço da articulação exprime um sentimento, fala-se, de preferência, de *acento emocional*.* Reserva-se o termo de *acento enfático** aos casos em que o acento de intensidade tem uma significação intelectual e serve para pôr em relevo uma distinção: PEDRO *veio* (subentendido: *e não Paulo).*

inspiração

Chama-se *inspiração* a introdução do ar exterior nos pulmões. A inspiração não é, em geral, utilizada na fonação, salvo em certos casos de cochicho*, em que a energia expiratória é fraca demais para produzir uma onda sonora.

inspiratória
Consoante inspiratória. V. INJETIVO*.

instância
Chamam-se *instâncias do discurso* os atos de fala, sempre únicos, pelos quais o falante atualiza a língua (competência*) em fala (*performance**).

instável
1. Chama-se *fonema instável* aquele que não é pronunciado em certas posições, como em francês a vogal central ou neutra chamada *e* mudo ou *e* caduco de *petit* [pəti]: *un petit garçon* [œptigaRsɔ̃].

Diz-se também que um *fonema* (ou um *grupo de fonemas*) é *instável* quando é suscetível de ser alterado por ser de difícil articulação na língua considerada. Assim, em espanhol, as consoantes de fim de sílaba são muito instáveis: na palavra *Madrid*, o [d] final não é pronunciado.

2. Uma *oposição fonológica* é chamada *instável* quando é pouco freqüente e tem tendência a desaparecer. Em francês, a oposição [a] vs. [α] vs. *mâle* quase não existe mais no sistema fonológico das gerações de após 1940 (pode-se dizer [tas]ou [tα:s] sem que isso comprometa a identificação da mensagem). Da mesma forma, as distinções de abertura intermediária [e] — [ɛ], [φ] — [œ], [o] — [ɔ] mostram também uma instabilidade notável: mesmo nas situações em que a oposição [e] — [ɛ] deveria funcionar (em final livre), a escolha entre os dois termos tem, antes, um valor individual em palavras como *carnet, quai, (je) sais, les*. Uma outra oposição instável, e que desapareceu quase completamente da língua parisiense, é a oposição [ɛ̃] — [œ̃] *brin — brun*. Essas distinções instáveis são também as mais sutis, as menos caracterizadas do ponto de vista fonético: implicam pequenas diferenças articulatórias e acústicas e fracas nuances auditivas. Trata-se também, mais freqüentemente, de oposições que têm um fraco rendimento funcional.

instrumental
1. Chama-se *instrumental* o caso* que exprime o instrumento, o meio pelo qual se efetua o processo expresso pelo verbo (ex.: *Ele cortou a maçã* COM UMA FACA).
2. *Palavra instrumental*, sin. de PALAVRA FUNCIONAL.

integração
A função de *integração* é um aspecto da função auditiva, que estabelece a ligação entre as vibrações recebidas pela cóclea (forma modelada coclear) e a linguagem. Representa duas atividades: a primeira, neurofisiológica, diz respeito às vias auditivas e centros nervosos (pode ser estudada pela eletrofisiologia); a segunda, psicofisiológica, repousa em circuitos memoriais e apela a faculdades psicológicas. Seus efeitos podem ser estudados em parte pela fisiologia, em parte pela psicologia. É a passagem dos fatos aos fenômenos abstratos, das imagens aos símbolos. A patologia desta função representa no adulto a surdez verbal, na criança o defeito ou o atraso de integração, conforme se trate de uma disfunção das vias auditivas ou dos circuitos memoriais.

inteligibilidade
Chama-se *inteligibilidade* o estado de um enunciado que pode ser ouvido distintamente e facilmente compreendido.

intensidade
1. *Intensidade sonora* é a potência transmitida sobre um centímetro quadrado de superfície perpendicular à direção de propagação: mede-se em watts por centímetro quadrado (uma intensidade sonora de um centésimo de

347

watt por centímetro quadrado pode lesar o ouvido). Entretanto, é mais cômodo, o mais freqüentemente, e em particular no caso das ondas sonoras utilizadas para a fonação, medir as intensidades em unidades decibéis (dB). O decibel exprime uma relação de intensidade relativamente a uma intensidade de referência escolhida arbitrariamente. O equivalente em decibéis de uma relação de intensidade vale dez vezes o logaritmo de base 10 dessa relação.

A vantagem da unidade decibel é que ela permite trabalhar com cifras mais cômodas: assim, os sons mais elevados que o ouvido possa perceber têm uma intensidade 10 milhões de vezes maior que um som mal perceptível; ora, essa relação enorme reduz-se a 130 decibéis.

O nível de referência utilizado na prática é de 10^{-16} watts por centímetro quadrado (um décimo-milionésimo de milionésimo de watt por centímetro quadrado), isto é, a intensidade mínima para produzir um som mal audível. A intensidade média da fala a um metro dos lábios é de cerca de 60 decibéis por centímetro quadrado, isto é, ela é um milhão de vezes maior que 10^{-16} watts por centímetro quadrado.

As variações de intensidade na cadeia falada são utilizadas diferentemente pelas línguas, com fins distintivos ou expressivos (acento de intensidade e entonação).

2. O *acento de intensidade*, também chamado *acento dinâmico* ou *acento expiratório*, é a colocação em relevo de uma unidade (fonema ou seqüência de fonemas) por um reforço da energia expiratória ou intensidade. Conforme as sílabas de uma palavra sejam pronunciadas com maior ou menor intensidade, distinguem-se as sílabas mais fortes (acentuadas) das sílabas mais fracas (átonas). Em certas línguas, o acento tem um lugar fixo na palavra. Em polonês, o acento recai sempre na penúltima sílaba. Em francês, o acento cai sempre na última sílaba da palavra, o que implica que ele tem uma função demarcativa e permite distinguir os limites das unidades acentuais. O acento também exerce essa função demarcativa em tcheco, em finladês, em que é a primeira sílaba da palavra que é acentuada. Em outras línguas, como o inglês, o português, o italiano, o espanhol, o. russo, o acento é livre, isto é, ele pode incidir sobre uma, duas, três ou mais sílabas da palavra, e fazer variar o sentido da palavra. Diz-se então que o acento tem uma função distintiva que permite, por exemplo, opor em português /'kortes/ vs. /kor'tes/, em italiano /an'kora/ "ainda" vs. /'ankora/ "âncora", em inglês /'import/ (subst.) vs. /im'port/ (verbo). (V. ACENTO.)

3. A *intensidade* (fr. *portée*) de uma interrogação, de uma negação ou de uma ênfase é definida pela fatia de frase na qual recai a interrogação, a negação ou a ênfase; assim, dir-se-á que a interrogação tem uma intensidade limitada (ela é parcial*) quando ela recai num sintagma nominal (*O médico chegou?*) e que a intensidade da interrogação é a frase em *Ele chegou* a intensidade da negação é a frase em *Ele não chegou*; está limitada essa intensidade no sintagma nominal sujeito em *Ninguém veio*.

I. intensivo

Chamam-se *intensivos* os substantivos, adjetivos, advérbios ou verbos formados com um prefixo ou um sufixo que indica um grau elevado da propriedade indicada pela raiz. Os prefixos *ultra, extra, super, sobre*, etc., têm servido para formar *intensivos*, como *ultraconfidencial, extraduro, supermercado*, etc.

II. intensivo

Em uma oposição*, qualifica-se às vezes de *intensivo* o elemento ou o caso marcado* (sendo o outro o caso não marcado ou extensivo).

intercalado

Chama-se *intercalada, incisa* ou *incidente* uma oração parentética, independente sintaticamente, encaixada em outra oração. As intercaladas podem ser enunciativas, interrogativas, ou volitivas e, normalmente, ficam separadas daquelas que elas partem por parênteses, travessões ou vírgulas. Exprimem citação, restrição, escusa, etc. Algumas vezes, orações da mesma natureza vêm totalmente pospostas, e não como intercaladas. Ex.: *A História,* DIZIA CÍCERO, *é a mestra da vida. Este fato* — QUEM O IGNORA? — *está nas manchetes de hoje. Tudo isto* — PERDOE-ME A INSISTÊNCIA — *foi feito à minha revelia.*

intercompreensão

Chama-se *intercompreensão* a capacidade para falantes de compreender enunciados emitidos por outros falantes que pertencem à mesma comunidade· A *intercompreensão* define a área de extensão de uma língua, de um dialeto ou de um falar.

interconsonântico

Chama-se *interconsonântico* um fonema ou um elemento fônico colocado entre duas consoantes; assim, [a] em [par] *par.*

interdental

Consoante interdental é uma consoante fricativa pronunciada com a ponta da língua colocada contra os incisivos superiores, entre as duas fileiras de dentes ligeiramente separadas, como o θ espanhol na inicial de *cinco.*

interdependência

Em glossemática, o termo *interdependência* designa a função que existe entre dois termos constantes.

interferência

Diz-se que há *interferência* quando um sujeito bilíngüe (v. BILINGÜISMO) utiliza em uma língua-alvo A um traço fonético, morfológico, léxico ou sintático característico da língua B. O empréstimo e o decalque são freqüentemente devidos, na origem, a interferências. Mas a interferência permanece individual e involuntária, enquanto que o empréstimo e o decalque estão em curso de integração ou são integrados na língua A. Um francês que fale espanhol ou russo poderá não rolar a consoante *r* e dar-lhe o som que ela tem em francês. Um alemão que fale francês poderá dar à palavra francesa *la mort* o gênero masculino da palavra alemã correspondente *Tod* (interferência morfológica). Para dizer *Vou à escola*, um brasileiro que fale inglês poderá utilizar para juntar *school* a *I am going* a preposição *at* (que é às vezes o equivalente de *a*), ao passo que o inglês utiliza *to* depois dos verbos de movimento (interferência sintática). Um italiano que fale português poderá dizer *uma máquina* (*macchina*) por *um carro* (interferência léxica).

interior

Posição interior a um segmento, morfema, palavra ou frase, é a dos fonemas ou seqüências de fonemas que não se encontram na fronteira) inicial ou final). Essa posição corresponde às vezes a um tratamento fônico diferente: assim, em francês, a oposição [e] vs. [ɛ] que se apresenta em sílaba final aberta (*lé* "festo" — *lait* "leite") é neutralizada* no interior da palavra.

interjeição

Chama-se *interjeição* uma palavra invariável, isolada, que forma uma frase por si mesma, sem relação com as outras orações e que exprime uma reação afetiva viva: onomatopéias (*ah, oh,* etc.), substantivos (*céus, Deus, diacho*), advérbios (*bem,* etc.), locuções (*ora bolas!, valha-me Deus!,* etc.).

interlingüística

Qualifica-se de *interlingüística* toda pesquisa ou todo movimento que se dá por fim criar, estudar ou promover línguas artificiais* (como o esperanto).

349

Além das obras dedicadas a tal ou tal língua artificial, existem até manuais gerais. Lingüistas favoráveis à interlingüística criaram também uma língua artificial: a interlíngua; outros são muito mais reservados. O ponto fraco da interlingüística é que se negligenciam dois dos problemas essenciais da lingüística: o problema da forma e o problema semiológico. O problema da forma encontra sua solução no princípio da maior sistematização, o que parece ser um grave erro. Quanto ao problema do sentido, pode-se dizer, com a escola de Praga, que: "As línguas artificiais servem, no máximo, para nos entretermos com coisas da vida, sendo portanto inúteis, porque para palestras desse gênero aprendem-se, em uma medida suficiente e sem muitas dificuldades, as línguas naturais."

interlocutor

Chama-se *interlocutor* o falante que recebe enunciados produzidos por um locutor ou que responde a eles. (V. ALOCUTOR.)

intermediário

Em gramática gerativa, chamam-se *estruturas intermediárias* as estruturas de frases, procedentes das estruturas profundas, em cada etapa do ciclo transformacional e antes da etapa final das estruturas de superfície.

interno

1. O *ouvido interno* é um órgão auditivo situado atrás do ouvido médio e formado de pequenas cavidades alojadas no crânio. Numa dessas cavidades, chamada *cóclea* ou *caracol*, opera-se a importante transformação das vibrações mecânicas em impulsões nervosas.

2. *Acusativo de objeto interno.* V. ACUSATIVO.

interpretação

1. Chama-se *interpretação* a atribuição de um sentido a uma estrutura profunda (*interpretação semântica*) ou a atribuição de traços fonológicos e fonéticos a uma estrutura de superfície (*interpretação fonética*): a primeira dessas duas operações consiste em aplicar regras semânticas a uma estrutura profunda determinada; a segunda consiste em realizar pela fala (fonicamente) uma estrutura gramatical interpretada semanticamente.

2. *Gramática de interpretação de frases.* Sin. de GRAMÁTICA DO RECEPTOR.

interpretativo

Em gramática gerativa, dá-se o nome de *interpretativos* aos dois componentes fonológico e semântico, porque o componente semântico atribui um sentido à estrutura profunda gerada pelo componente sintático e o componente fonológico atribui uma forma fonética à estrutura de superfície derivada da estrutura profunda. Somente o componente sintático é central.

interpretável

Diz-se que um enunciado é *interpretável*, ou suscetível de receber uma interpretação semântica, quando o falante nativo pode dar-lhe um sentido, conforme as regras semânticas da língua considerada. (V. ACEPTABILIDADE.)

interro-enfático

Chama-se *interro-enfático* um tipo de frase interrogativa cuja interrogação incide sobre uma frase enfática. Se a frase enfática *Foi Paulo que fez isto* sofre uma transformação interrogativa, torna-se *Foi Paulo que fez isto?*

interrogação

1. Chama-se *interrogação* o modo ou tipo de comunicação instituído pelo falante entre ele e seu (ou seus) interlocutor(es) e que consiste em fazer depender suas orações de uma frase implícita *Pergunto-lhe se* (= "Faço-lhe a pergunta"). [A asserção depende da frase implícita *Digo-lhe que* e a ordem depende da frase *Ordeno-lhe que.*] A gramática tradi-

das modalidades da frase. A interrogação é chamada "total" quando incide sobre o conjunto da frase (ela é expressa pela entonação interrogativa, geralmente acompanhada da interversão do sujeito ou da locução interrogativa *será que*). A interrogação é chamada "parcial" quando incide somente sobre um dos elementos (identidade, circunstâncias de tempo, de lugar, etc.).

2. Em gramática gerativa, a *interrogação* é um tipo de frase (ou modalidade de frase) como a ordem (imperativo) ou a asserção. É um constituinte da frase de base; se é escolhido, provoca uma transformação interrogativa que, entre outras operações, desloca o sintagma nominal sujeito, modifica o contorno de entonação, etc.

interrogativo

1. *Interrogativos* são pronomes-substantivos, pronomes-adjetivos ou advérbios que indicam que se faz uma pergunta sobre a qualidade ou sobre uma determinação de um ser ou de um objeto, ou sobre uma circunstância do processo expresso pelo verbo. Os *pronomes-substantivos interrogativos,* que remetem a um sintagma nominal ou a uma frase, servem para interrogar sobre o ser, ou o objeto, ou a noção cuja idéia eles lembram ou anunciam. "Em português, como nas demais línguas românicas, continua o indefinido interrogativo latino, de origem indo-européia, apresentando uma oposição entre pessoa (*animado*) e coisa (*inanimado*) com a manutenção, respectivamente, do acusativo masculino-feminino *quem* > *quem* /ke(n)/ neutro *quid* > *que* /ke/, que são regidos, ou não, de preposição, de acordo com a sua função sintática na oração interrogativa; ex.: *Quem fala? — De quem falas? — Que disse ele? — Por que disse?* (...) O interrogativo de função adjetiva, invariável em gênero e número, é *que* (decorre de *quid* e do emprego proclítico de *quem*); cional define a *interrogação* como uma

exs.: *Que homem...? — Que livro...? — Em que lugar...? — Em que dia...? — De que modo...?* Temos ainda o interrogativo *qual*, variável em número* (quais), correspondente do latim *qualis — e,* que pressupõe uma seleção dentro do que é conhecido; emprega-se como substantivo e como adjetivo; exs.: *Qual deles...? — Qual vizinho...? — Qual livro...?"* (in Câmara Jr., J. Mattoso — *Dicionário de Filologia e Gramática ref. à Língua Portuguesa,* s.v. *interrogativos,* pp. 233/4).

Os *advérbios interrogativos* são classificados como advérbios de interrogação* total (*se,* na interrogação indireta) e como advérbios de interrogação parcial, como *quando* (tempo), *onde* (lugar), *como* (modo), etc.

2. A *frase interrogativa* é um tipo de frase que exprime uma pergunta, que se distingue da frase assertiva pelo emprego de pronomes ou partículas específicos, por uma entonação particular, por uma ordem diferente das palavras ou, às vezes, em certas línguas, por um modo diferente do indicativo. (V. INTERROGAÇÃO.)

interro-negativo

Chama-se *interro-negativo* um tipo de frase interrogativa cuja interrogação incide sobre um enunciado negativo. Assim, em português, as frases: *Ele não virá ver-me? Será que ele não entendeu? Quem não teria feito isso em seu lugar?* são interro-negativas. Em francês, a resposta a uma interro-negativa (que não comece por um pronome ou um advérbio interrogativo) faz-se por meio dos advérbios *non / si* (no lugar dos advérbios *non /oui* para as interrogativas positivas).

interro-passivo

Chama-se *interro-passivo* um tipo de frase interrogativa cuja interrogação incide sobre um enunciado passivo. Assim, em português, a frase *Paulo foi atropelado pelo carro?* é uma interro-passiva.

351

intersecção

Chama-se *intersecção* de dois conjuntos* A e B os elementos (que constituem um subconjunto de A e B) que pertencem ao mesmo tempo a A e a B.

Seja A = {a, b, c, d, e, f},
seja B = {x, b, n, c, p, q};

b e c pertencem ao mesmo tempo a A e a B, constituem a intersecção de A e B e escreve-se b, c = A ∩ B, o que se lê: intersecção de A e B, ou A inter B.

A noção de intersecção encontrou, em particular, sua aplicação em semântica. Quando se analisa o "sentido" das palavras em semas*, os traços semânticos comuns às palavras analisadas formam o arquissemema* dessas palavras. O arquissemema de todas as palavras de um campo léxico é a intersecção dos sememas* de cada uma das palavras: é um subconjunto incluído nos sememas de cada uma das palavras. Da mesma forma, as semiconsoantes constituem um conjunto que forma a intersecção das consoantes e das vogais.

intersubjetivo

Chama-se *comunicação intersubjetiva* o intercâmbio verbal entre dois sujeitos o falante e o ouvinte, considerados enquanto sujeitos de enunciação. (V. COMUNICAÇÃO.)

interversão

Diz-se que há *interversão* quando dois fonemas contíguos mudam de lugar na cadeia falada (ex.: *aerópago* por *areópago, areoplano* por *aeroplano*). Se os fonemas estão afastados, fala-se, de preferência, de metátese*.

intervocálico

Consoante *intervocálica* é uma consoante colocada entre duas vogais: assim, [l] em [bɔla] bola.

intoxicação

V. PERSEVERAÇÃO.

intralingual

R. JAKOBSON chama *rewording*, ou *tradução intralingual*, ou *reformulação*, a seqüência de operações pelas quais se tenta exprimir um certo conteúdo, já expresso em uma língua dada por meio de certos signos, por outros signos que pertencem à mesma língua. O discurso indireto, ou estilo indireto, é um caso particular da tradução intralingual. (V. PARÁFRASE, REFORMULAÇÃO.)

intransitivo

Chamam-se *intransitivos* os verbos que, na estrutura do sintagma verbal, implicam a ausência de sintagma nominal complemento e a presença ou não de um sintagma preposicional (sintagma nominal precedido de uma preposição). Pro exemplo, o verbo *morrer* é intrasitivo (*Pedro morreu*), como o verbo *ir*, que implica um sintagma preposicional (*Ele vai à casa*), ou o verbo *falar* (*Pedro fala a Paulo*). Os verbos que implicam um sintagma preposicional que exclui todo sintagma nominal objeto direto são considerados nas gramáticas tradicionais com um grupo particular de verbos transitivos: os transitivos indiretos. As gramáticas estruturais e gerativas os analisam como intransitivos, que têm em seus traços distintivos o traço atributivo. Este último traço caracteriza também os verbos que comportam ao mesmo tempo um sintagma nominal complemento e um sintagma preposicional *perdoar algo a alguém, arrancar algo a alguém*). (V. TRANSITIVO.)

intuição. V. FALANTE.

invariante

Em lingüística *invariantes* são os elementos que permanecem constantes (ou que se consideram como constantes), em oposição às *variáveis* de que se estudam os diversos valores, por exemplo, quando se põe em relação uma série de fatos (sociais) e uma outra série de fatos (lingüísticos). Se

352

se compara o comportamento lingüístico de um indivíduo em dois períodos de sua vida, o próprio indivíduo, em sua integridade física, é o invariante; as variações de seu comportamento serão reduzidas à variável tempo (modificação de sua personalidade, influências sociais, por exemplo).

invariável

Chamam-se *invariáveis* as palavras que não têm flexão*. (V. INDECLINÁVEL.)

inversão

Inversão é o fenômeno lingüístico pelo qual se substitui uma ordem esperada, habitual ou considerada normal, por uma outra ordem. Em português, há inversão do predicativo do sujeito, com relação à colocação habitual, em *alta é a montanha*; trata-se de uma inversão facultativa, enfática, devido a uma procura de expressividade, sendo a ordem neutra *a montanha é alta*. A inversão pode ser obrigatória com certas palavras, com relação à ordem geral da língua. O português coloca o complemento de objeto direto depois do verbo, salvo se é um pronome pessoal ou relativo. *Vejo* A CIDADE. *A cidade* QUE *vejo*. *A cidade, eu* A *vejo*. Essas inversões são obrigatórias. O português conhece igualmente a inversão do pronome sujeito (sujeito depois do verbo) na interrogação: *Eles virão* → *Virão eles?*

inversivo

1. Chamavam-se antigamente *línguas inversivas* as línguas nas quais se pode modificar facilmente a ordem das palavras. (V. CONSTRUÇÃO LIVRE.)
2. Em certas línguas africanas, um *sufixo verbal* chamado *inversivo* permite dar ao radical um sentido contrário ao que ele tem. Na realidade, mas de uma maneira não sistemática, todas as línguas têm sufixos inversivos: assim, em *desfazer, des-* se comporta como um sufixo inversivo.

inverso

Chamam-se *verbos inversos* os verbos que, sem modificação, podem ser transitivos ou intransitivos. Assim, *comer: Pedro come salsichas* vs. *Pedro come bem.* (Diz-se também *pseudo-intransitivo.*)

invertido

Os fonemas retroflexos (cacuminais* ou cerebrais) são às vezes chamados também *fonemas invertidos*, porque sua articulação comporta um reviramento da ponta da língua contra a abóbada palatina.

iotacismo

Chama-se *iotacismo* a evolução em grego pós-clássico de vogais e ditongos para o son *i*; o iotacismo atinge os sons *ê* longo, *u, oi, ei* do grego clássico.

irradiação

Chama-se *irradiação* a influência exercida pelo radical de uma palavra sobre o sentido de um prefixo ou de um sufixo. Em francês, o sufixo *-aille* tinha o valor de um coletivo (*pierraille*); tomou um sentido pejorativo (*antiquaille*) porque os radicais com os quais entrava em combinação eram tomados em um sentido pejorativo (*valetaille*).

irreal

Em gramática tradicional, o termo *irreal* designa as formas verbais próprias para exprimir que a ação indicada depende de uma condição que se julga improvável ou irrealizável. Se essa condição se refere ao presente, o verbo da oração principal deve estar em português no futuro do pretérito do indicativo e a oração condicional ou hipotética no imperfeito do subjuntivo: *Se você refletisse, veria seu erro* (mas você não reflete). Se a condição se refere ao passado executado, a

353

principal deve estar, em português, no futuro do pretérito composto e a oração condicional ou hipotética no mais que perfeito do subjuntivo: *Se você tivesse feito isto, eu o teria lastimado.*

irregular

Palavras *irregulares* são aquelas cuja declinação ou conjugação afasta-se do paradigma (do tipo) considerado como constituindo a norma. O verbo *ir* é, assim, um verbo irregular da terceira conjugação em português, porque seus tempos e modos são formados com base em três radicais *ir, v-, f-*.

isoglossa

Chama-se *isoglossa* a linha ideal que separa duas áreas dialetais* que oferecem para um traço dado formas ou sistemas diferentes. A *isoglossa* (ou *linha de isoglossa*) é representada num mapa lingüístico por uma linha que separa os pontos em que se encontra um traço dado daqueles em que este não se encontra. No norte da França, isoglossa que representa o tratamento de *k* latino seguido de *a* por [k] delimita as áreas picardas e as áreas frâncicas (em que k + a → [ʃ]). Um conjunto de isoglossas superpostas ou próximas é chamado *feixe* de isoglossas* e marca limites ou fronteiras lingüísticas.

isolação

A *isolação* define o caráter de língua isolante*. O *grau de isolação* é baseado no maior ou menor caráter analítico dessa língua. Por esse fato, a unidade de medida é a relação entre o número de morfemas da língua e o número de palavras. Quanto mais baixa é a relação, mais isolante é a língua. É assim que o grau de isolação do inglês é 1,68, enquanto que o do sânscrito é de 2,59 e o do esquimó (muito sintético) de 3,72. O grau de isolação pode variar conforme as classes de palavras; uma língua, por exemplo, pode ser isolante com relação aos verbos e não com relação aos substantivos.

isolante

Chama-se de *isolante* (ou ANALÍTICA) uma língua cujas "palavras" são ou tendem a ser invariáveis e em que não se pode, por conseguinte, distinguir o radical e os elementos gramaticais. Uma língua, assim, é definida por seu grau médio de isolação* caracterizado pela relação entre o número de morfemas da língua e o número de palavras. Às línguas isolantes (analíticas) opõem-se as línguas aglutinantes* e as línguas flexivas*.

isolável

Diz-se que um elemento componente é *isolável* quando pode ser delimitado no interior da palavra composta. Assim, o prefixo *re-* é isolável em *reajustar* ou *refazer*; mas o artigo definido *o* e a preposição *em* não são isoláveis na contração *no*. (Sin.: SEPARÁVEL). [V. AMÁLGAMA.]

isomorfismo

1. Diz-se que há *isomorfismo* entre duas estruturas de duas ordens diferentes de fatos quando ambas apresentam o mesmo tipo de relações combinatórias: assim, se as leis combinatórias dos morfemas são idênticas às leis combinatórias dos semas (sintaxe = semântica), diz-se que há isomorfismo entre as duas estruturas. Em lingüística, o problema mais importante desse ponto de vista é o do isomorfismo ou da ausência de isomorfismo entre os fatos sociais, a cultura e a língua. B. L. WHORF e E. SAPIR propuseram, a título de hipóteses, o isomorfismo da língua e da cultura. Eles supõem que a língua de um povo é organizadora de sua experiência do mundo. C. LÉVI-STRAUSS, supondo que há homologia entre a língua, a cultura e a civilização, postulada de outra maneira o mesmo isomorfismo. A propósito das teses de N. MARR, segundo as quais, a um estágio deter-

354

minado de evolução das estruturas sociais corresponde um tipo de língua, pode-se falar também de isomorfismo. Da mesma forma, para todas as pesquisas que postulam a estreita dependência do lingüístico com relação ao social (ou inversamente).

2. Quando os sentidos dos termos de uma estrutura semântica de uma língua podem ser postos em relação, termo a termo, com os sentidos de uma estrutura semântica de outra língua, diz-se que as duas línguas são *semanticamente isomorfas*; é evidente que o *grau de isomorfismo* varia conforme os pares de línguas postas em paralelo.

isotopia

O termo *isotopia* designa, segundo A. J. Greimas, a propriedade característica de uma unidade semântica que permite apreender um discurso como um todo de significação. Podem existir várias isotopias para um mesmo discurso. Por exemplo, os dois sentidos da palavra *chute* (pontapé *vs.* mentira, balela) permitem compreender de duas maneiras o discurso *Que chute!*, conforme o contexto no qual intervém. Nas frases *o cão ladra, o delegado ladra*, a isotopia é garantida no quadro do enunciado. Ao contrário, em *cão do delegado ladra*, a isotopia só pode ser garantida em um contexto maior, que permitirá determinar se *cão* é [+ ou — humano].

item

1. Chama-se *item* todo elemento de um conjunto (gramatical, léxico, etc.) considerado enquanto termo particular:

dir-se-á que os substantivos *pai, irmão, irmã, mesa, cadeira* são itens léxicos que têm propriedades semânticas particulares, e que *presente, passado* são itens gramaticais.

2. A gramática ou modelo de *item e arranjo* descreve um enunciado como formado de itens lingüísticos mínimos, gramaticalmente pertinentes, chamados *morfemas*, combinados entre si conforme certas regras de arranjo de uns com relação aos outros (conforme uma certa combinatória). O modelo de item e arranjo é o modelo dos constituintes imediatos*. Uma regra de item e arranjo é desta forma: "a frase é formada da seqüência sintagma nominal + sintagma verbal"; ou *"comia é constituído da raiz verbal com- seguida do afixo de passado -ia"*. A gramática ou modelo de *item e processo* consiste em descrever as diversas formas realizadas em um enunciado como o resultado de uma operação efetuada sobre uma forma ou item de base. Assim, dir-se-á que o substantivo *construção* é o resultado de um processo de derivação que se aplica a um item de base *constrói* e que acarreta modificações morfológicas desse item (ou raiz). Da mesma forma, dir-se-á que a forma *comia* é obtida pelo processo do tempo passado aplicado á raiz verbal (ou item) *com-*. Uma regra de item e processo, como "com- + passado, dá *comia*". O modelo de item e processo é o da gramática tradicional e da lingüística funcional.

iterativo

Sin. de frequentativo.

J K

jargão

O *jargão* foi, primeiramente, uma forma da gíria, utilizada em uma comunidade, geralmente marginal, que sente a necessidade de não ser compreendida pelos não-iniciados ou de distinguir-se do comum (nesse sentido, falou-se do *jargão das preciosas*). Por extensão, *jargão* é empregado para designar uma língua que julgamos deformada, incorreta ou incompreensível: fala-se, assim, do *jargão de um mau aluno*, do *jargão de um filósofo*.

jargonafasia

Jargonafasia é o enunciado patológico dos afásicos sensoriais, caracterizado por uma fluência mais rápida que a elocução normal, por um número importante de parafasias*, tornando a compreensão do discurso difícil ou impossível.

jargonagrafia

Chama-se *jargonagrafia* o enunciado escrito patológico dos afásicos sensoriais, caracterizado por um grande número de paragrafias* que tornam sua compreensão difícil ou impossível.

junção

L. TESNIÈRE dá o nome de *junção* à operação pela qual a um nó acrescentam-se nós de mesma natureza, de tal modo que a frase se torna mais longa. A noção de junção, mais ampla que a de juntivo*, inclui o que a gramática tradicional designa como coordenação e justaposição.

juntivo

L. TESNIÈRE denomina *juntivos* as palavras vazias cuja função é unir entre si as palavras cheias ou os nós que elas formam (junção). São as palavras tradicionalmente chamadas *conjunções de coordenação*. Pode haver junção sem juntivo: assim, em *Vai, corre, voa*. Mas não pode haver juntivo onde não há junção. Há juntivos de palavras e juntivos de frases, ajuntivos (*e, nem*) e disjuntivos (*ou*).

juntura

Juntura é uma fronteira lingüisticamente pertinente entre dois segmentos, sílabas, morfemas, sintagmas ou frases. A juntura tem, portanto, um valor demarcativo, delimitativo e deve ser classificada entre os elementos supra-segmentais ou prosodemas*. É simbolizada foneticamente pelo sinal + ou #. Ela permite assim distinguir em francês *l'essence* e *les sens* [lesãs] vs. [le#sãs] ou em inglês *a name* e *an aim* [ə#nejm] vs. [ən#ejm]. A juntura é acompanhada prosodicamente de uma subida ou de uma queda do tom inicial, e principalmente de uma pausa virtual, que existe até no caso das junturas internas à palavra, como *ferozmente* [ferɔs#mēti].

jussivo

As formas verbais ou as construções que têm por fim exprimir a ordem constituem o *jussivo* (ou *injuntivo*): o imperativo* é um jussivo, mas o subjuntivo também, em certos casos (*que ele saia!*). Enfim, o jussivo pode reduzir-se a uma palavra-frase (*Silêncio!*).

justaposição

Sin. de PARATAXE.

Kleene

Às vezes, dá-se o nome de *gramática de Kleene* a uma gramática de número finito de estados. (V. MARKOV.)

L

labial

Consoante labial é a consoante cuja principal articulação consiste num arredondamento dos lábios. Assim, chamam-se *labiais* as consoantes realizadas com os dois lábios (bilabiais), como [p] e [b], ou com o lábio inferior e os incisivos superiores (labiodentais), como [f] e [v]. Do ponto de vista acústico, um som labial é difuso (porque o estrangulamento mais estreito do canal vocal encontra-se na frente da cavidade bucal) e grave (sendo a articulação periférica, o ressoador bucal é amplo e não-compartimentado).

labialização

Labialização é o movimento de arredondamento dos lábios que intervém como articulação secundária na realização dos fonemas chamados "labializados". Assim, as fricativas palatais (pós-alveolares) do português [ʃ] e [ʒ], na inicial de *chá* e *já*, distinguem-se das fricativas dentais correspondentes [s] e [z] por um ligeiro recuo do ponto de articulação, mas também por uma labialização que dá aos primeiros fonemas um timbre mais grave. Da mesma forma, as vogais posteriores são em geral realizadas como labializadas, mas certas línguas, como o romeno, opõem vogais posteriores não-labializadas, como [w], a vogais posteriores labializadas [u], da mesma forma que o francês opõe a série de vogais anteriores não-labializadas [i, e, ɛ] às vogais anteriores labializadas [y, ɸ, œ]. A oposição de labialização traduz-se acusticamente por uma oposição de bemolização*.

labializado

Um *som labializado* ou *arredondado* é o som cuja principal articulação se acompanha de um arredondamento e freqüentemente de uma protração dos lábios. A adjunção ao canal bucal da cavidade labial e, portanto, de um ressoador suplementar, provoca um ensombrecimento do timbre do som considerado, ou bemolização*. As vogais posteriores são em geral labializadas ou arredondadas, [u], [o], [ɔ], embora certas línguas oponham vogais posteriores arredondadas a vogais posteriores não-arredondadas (como o romeno e o russo). As línguas que apresentam sistemas vocálicos complexos, como o francês, opõem uma série vocálica anterior não-labializada [i], [e], [ɛ] a uma série anterior labializada [y], [ɸ], [œ]. O sueco e o norueguês apresentam dois graus de labialização vocálica. Certas consoantes são chamadas "labializadas", como as consoantes denominadas "palatais" [ʃ] e [ʒ], que se diferenciam das sibilantes correspondentes [s] e [z] essencialmente pelo jogo dos lábios.

labiodental

Labiodentais ou *dentilabiais* são consoantes cuja articulação comporta uma aproximação ou um contato do lábio inferior e dos incisivos superiores, como em português [f] e [v]. As labiodentais apresentam as características acústicas gerais das labiais (difuso e grave), mas individualizam-se com relação às outras consoantes da mesma classe pelo caráter estridente, devido à adjunção de um segundo obstáculo, constituído pela barreira dos dentes diante do obstáculo labial.

labiopalatal

Chama-se *labiopalatal* uma articulação complexa que combina um estreitamen-

357

to do canal vocal ao nível do palato duro com um arredondamento dos lábios. As pré-palatais [ʃ] e [ʒ] são labiopalatais, bom como o glide [ɥ] e todas as vogais anteriores labializadas [y], [φ], [œ]. Acusticamente, as labiopalatais distinguem-se das outras palatais por uma bemolização, isto é, um abaixamento dos componentes e uma concentração da energia mais forte nas baixas freqüências do espectro.

lábios

Os lábios intervêm na fonação, seja a título de articulação principal (articulação labial [p, b, m]), seja a título de articulação secundária (articulação labializada [ʃ, ʒ, w] etc.). A articulação labial é chamada "bilabial" se os dois lábios entram em jogo, "labiodental" se um só lábio entra em jogo: trata-se sempre, nesse caso, do lábio inferior, que se aproxima dos incisivos superiores, como para o [f] e o [v]. A intervenção dos lábios que se protraem tem por efeito prolongar a cavidade bucal e agravar, por bemolização, a influência desse ressoador sobre o som laríngeo.

labiovelar

Chama-se *labiovelar* uma articulação complexa que combina um estreitamento ou uma oclusão ao nível do palato mole, ou véu palatino, com um arredondamento dos lábios. É o caso das vogais posteriores em geral, como [u], [o], [ɔ], do´ glide [w] na palavra *água* [agwa], do grupo consonântico [kw] ou [gw].

lalação

Lalação é uma das fases pré-lingüísticas da criança, que aparece aproximadamente no terceiro mês, e consiste na emissão de uma gama de expressões sonoras mais extensas que as que serão utilizadas na língua e aparecem como o resultado de uma atividade não-simbólica (atividade de auto--regulação dos órgãos fonadores, atividade lúdica, etc.).

largo

Termo sinônimo de frouxo* (fr. *lâche*); atualmente em desuso, opunha-se a *estreito* (sin. de *tenso** [fr. *tendu*]).

laringe

Laringe é uma espécie de caixa cartilaginosa que termina a parte superior da traquéia e é composta de quatro cartilagens: a cricóide, a tiróide, as duas aritenóides. A essas cartilagens estão ligados os músculos e ligamentos que formam as cordas vocais, cuja aproximação impede a passagem do ar através da laringe, e cuja vibração produz o zumbido laríngeo indispensável à fonação ou voz*.

laríngeo

Chama-se *som laríngeo* ou *laringiano* o som produzido pela vibração das cordas vocais sob a pressão do ar proveniente dos pulmões. Esse som, semelhante ao de um zumbido que torna audível sua amplificação através das diferentes cavidades do canal bucal, é utilizado como tom fundamental para a produção das vogais e das consoantes sonoras.

laringiano. V. LARÍNGEO

latente

Fonema latente é o que não aparece na cadeia falada, mas cuja presença somos obrigados a invocar, no sistema da língua, para explicar certos fenômenos; assim, o fonema chamado "*h* aspirado" não existe mais em francês, mas sua presença como consoante latente explica a ausência de ligação com a inicial de certas palavras como *héros*, etc.

lateral

Lateral é a consoante oclusiva para cuja articulação o contato entre o articulador inferior (a língua, o mais freqüente) e o articulador superior (dentes ou palato) só se faz no meio do canal bucal, escoando livremente o ar de um lado (consoante unilateral) ou dos dois lados (consoante bilateral) do obstáculo, com um fraco ruído causado pela fricção do ar contra as paredes. O francês moderno só conhece uma lateral foneticamente apicovelar, o [l] de *lit, loup,* etc. O português conhece uma apicovelar que comporta, em certas posições, uma elevação do dorso da língua contra o palato mole: é o [ɫ] chamado "*l* duro" ou "velarizado", que se ouve também em catalão e em inglês. Certas línguas, como o russo, opõem fonologicamente uma lateral apicodental [l] e uma lateral velarizada [ɫ]. O francês arcaico conheceu um [ɫ], que se transformou num elemento vocálico velar [u] por enfraquecimento, até o desaparecimento da vogal apical: assim, no antigo plural *chevals,* o [ɫ] transformou-se em [u], depois o ditongo [aw] reduziu-se a [o], daí a alternância atual *cheval* vs. *chevaux* [ʃəval] vs. [ʃəvo]. O francês arcaico conhecia igualmente a lateral dorsopalatal [λ], muito freqüente nas línguas modernas, como o português (*filho, folha*) ou o espanhol (*llorar, calle*), mas que foi substituída em francês moderno pelo glide [j] de *fille* [fij].

laudativo

Qualifica-se de *laudativo* um termo afetado de um sentido que evoca a idéia de "belo, bom", "de valor moral", etc. Assim, as palavras *beleza, amigo, honesto, sucesso* têm um conteúdo laudativo.

legibilidade

Para medir a intercompreensão entre falantes de diferentes falares, utiliza-se a noção de legibilidade tomada de empréstimo à psicologia, dando-lhe uma acepção mais restrita.

A *legibilidade* de um texto é medida por comparação com outros textos conforme métodos utilizadas em análise de conteúdo: toma-se um indivíduo (ou um grupo de indivíduos) considerado homogêneo (leitor invariante); propõe-se-lhe(s) restituir, nos textos, palavras que foram suprimidas. Os textos nos quais o número de palavras restituídas, sem erro, for o mais elevado serão os mais legíveis.

lei fonética

O termo *lei fonética* designa o princípio da regularidade de uma mudança fonética dada. Foi empregado na segunda metade do século XIX pelos foneticistas neogramáticos, como SCHERER e H. PAUL, e em seguida generalizou-se. Para esses lingüistas, as leis fonéticas são imutáveis: o mesmo fonema, num contexto fonético dado, sofre na mesma língua e durante um certo período a mesma mudança em todas as palavras da língua em questão: se [a] latino passa a [ɛ] ao norte do domínio galo-romano, essa mudança deve realizar-se em todas as palavras latinas conservadas em francês em que o [a] estiver em posição livre. As únicas exceções admitidas eram variações em conformidade com outras leis, ou variações devidas à analogia. Uma das leis fonéticas mais importantes é a que foi formulada por GRIMM* (que, aliás, só ulteriormente recebeu o nome de "lei") para explicar a mutação consonântica do germânico.

lenição

Chama-se *lenição* uma mutação consonântica que consiste num conjunto de fenômenos de enfraquecimento das consoantes intervocálicas; esse fenômeno é particularmente importante em fonética histórica para a evolução das línguas célticas.

Assim, segundo A. MARTINET, a evolução do sistema das oclusivas britônicas, em posição intervocálica, pode ser descrita da seguinte forma: as geminadas surdas [pp], [tt], [kk] devem ter-se simplificado em [p], [t], [k] (antes de aspirarem-se e resultarem nas espirantes surdas do galês moderno); as oclusivas surdas [p], [t], [k] foram sonorizadas em [b], [d], [g]; as oclusivas sonoras se enfraqueceram em espirantes [β], [ð], [γ].

359

A lenição deve sua origem à tendência das geminadas em se simplificarem: enfraquecendo-se, elas exercem uma pressão sobre seus parceiros intervocálicos simples, que se sonorizam, exercendo assim, por sua vez, uma pressão sobre seus parceiros sonoros, que se tornam espirantes:

[atta] → [a-Ta] → [ata]
[ata] → [ada] → [aθa]
[adda] → [d̥-Da] → [ada]
[ada] → [aða]

V. ABRANDAMENTO.

letra

O termo geral *letra* emprega-se para designar cada um dos elementos gráficos de que é constituído um alfabeto e que são utilizados nas escritas alfabéticas. As letras podem não corresponder a nenhum som efetivamente realizado (*h* inicial, em português) ou indicar outra coisa que não um som (o *h* "aspirado" em francês indica a ausência de ligação). As letras podem indicar um fonema, como *a* pronunciado [a], ou vários, como *x* pronunciado [ks]. Podem também ser um elemento numa seqüência de letras que representam um fonema: assim, *h* em *ch* pronunciado [ʃ]. No ensino, confundem-se muito freqüentemente as letras e os sons. A terminologia que introduziu os termos de *letras-consoantes, letras-vogais* para os sons representados, *letras-signos* para os grafemas, tentou paliar esse inconveniente. Quanto aos primeiros, a lingüística fala de sons ou fonemas, e de grafemas*, no que se refere aos segundos.

lexema

Lexema é a unidade de base do léxico, numa oposição léxico/vocabulário, em que o léxico é colocado em relação com a língua* e o vocabulário com a fala*.

Conforme as teorias, entretanto, o lexema será assimilado ao morfema (= morfema léxico) ou à unidade de significação (freqüentemente superior à palavra).

A. MARTINET propõe o termo *monema* para designar a unidade significativa de primeira articulação. Sugere, em seguida, que se distingam lexemas e morfemas, "encontrando" o lexema "seu lugar no léxico" e "aparecendo" o morfema "na gramática". A unidade *trabalhamos* dividir-se-á, assim, em um lexema *trabalh-* e dois morfemas *-a-* e *-mos*. B. POTTIER prefere opor os morfemas léxicos, ou lexemas, que pertencem a inventários ilimitados e abertos (os radicais não podem ser enumerados, e novos radicais podem aparecer), e os morfemas gramaticais ou gramemas. Em português, os lexemas são dependentes, isto é, sua atualização necessita do recurso aos gramemas. Os gramemas podem ser dependentes (os diversos afixos) ou independentes (*o, para, e,* etc.). O lexema é provido de um conteúdo sêmico (conjunto de seus semas) ou semema.

De um modo geral, o emprego do termo "lexema" permite evitar uma ambigüidade do termo "palavra". É embaraçoso ter que dizer que *cantando* é uma forma da palavra *cantar*, como o exige a gramática tradicional. Servindo o termo "palavra", num sentido muito mais concreto, numa oposição palavra/vocábulo (em lingüística quantitativa*), é freqüente que a lingüística moderna recorra ao termo *lexema* para indicar uma unidade abstrata. Pode-se, assim, observar uma oposição de três termos: palavra fônica ou gráfica *vs.* palavra gramatical *vs.* lexema. Por essa razão, a palavra fônica ou gráfica (segmento) *anda* representa mais de uma forma flexional (palavras gramaticais: 3.ª pess. do singular do indicativo presente, 2.ª pessoa do imperativo afirmativo) de um lexema *and-*.

O lexema, unidade de base da lexicologia, deve ser assimilado ao semema da semântica estrutural, isto é, ao conjunto dos traços que garantem a significação da unidade? Do ponto de vista epistemológico, essa distinção pode parecer não fundada: as noções de lexema e semema são apenas modos diferentes de considerar um problema único, o da unidade de significação; poder-se-á, todavia, considerar com F. DE SAUSSURE, que tudo se passa em lingüística como se o ponto de vista criasse o objeto. Na prática, a assimilação pura e simples do lexema e do semema tem freqüentemente falseado as tentativas para constituir uma semântica lingüística: com efeito, a semântica estrutural tem sido, às vezes, apenas uma soma de traços *ad hoc* no interior do lexema tomado como unidade de significação.

A semântica gerativa propõe a atitude inversa: partindo das estruturas profundamente semânticas para chegar às estruturas de superfície, ela é levada a considerar o semantismo antes do lexema; a história derivacional da frase determina, com efeito, os traços semânticos anteriormente a essa operação muito tardia, que é a inserção das unidades léxicas; essa gramática dá, assim, conta da capacidade que tem um item semântico (abstrato) de realizar-se em superfície, ora numa unidade léxica, ora num morfema ou construção. A análise de discurso confirma essas hipóteses, relacionando a ambigüidade dos lexemas à sua história derivacional (casos das nominalizações em particular).

lexia

Na terminologia de B. POTTIER, a *lexia* é a unidade de comportamento léxico. Opõe-se a *morfema*, menor signo lingüístico, e a *palavra*, unidade mínima construída. É, portanto, a unidade funcional significativa do discurso. A lexia simples pode ser uma palavra: *cão, mesa, cegetista* (membro da C.G.T.). A lexia composta pode conter várias palavras em via de integração ou integradas: *quebra-gelo.*

A lexia complexa é uma seqüência estereotipada: *a cavalo, C.G.T.* (acrescentar-se-ão os provérbios, "a Marselhesa", etc.). B. POTTIER propõe que a distinção tradicional das partes do discurso tome por unidade a lexia e não mais a palavra. Com efeito, o comportamento sintático de *máquina de costura, desde que* encoraja a classificar essas lexias nas categorias gramaticais respectivas: substantivo, conjunção.

361

lexicalista

Em gramática gerativa, duas hipóteses diferentes se defrontam na explicação dos derivados nominais, como *enriquecimento, construção, recusa, limpeza,* etc., ou adjetivais, como *disponível, atacável, repreensível,* etc. A hipótese *lexicalista* consiste em modificar as regras do léxico para nele integrar diretamente o substantivo ou o adjetivo derivado, isto é, constituem-se entradas léxicas que permitem dar conta desses derivados; essa hipótese simplifica o componente transformacional aumentando o componente de base. A hipótese *transformacionista*, ao contrário, simplifica as estruturas da base, excluindo do léxico as formas derivadas; estas são, então, obtidas após operações transformacionais. Em outros termos, *A construção da ponte* será considerado pelos lexicalistas como um sintagma nominal diretamente gerado pela base, ou então será analisado pelos transformacionistas como proveniente, por nominalização, de uma frase como *A ponte é construída.*

lexicalização

Lexicalização é o processo pelo qual uma seqüência de morfemas (um sintagma) torna-se uma unidade léxica. CH. BALLY considera a lexicalização um processo de "desgramaticalização", um processo que favorece o léxico às custas da gramática. Os termos de um sintagma podem, assim, tornar-se inanalisáveis do ponto de vista do uso lingüístico quotidiano: *bem-te-vi* não é sentido como três unidades e não difere, em seu comportamento, de *sabiá.*

Nesse sentido, há graus de lexicalização: em francês, *se mettre à fuir*, "pôr-se a fugir", quase não é lexicalizado, enquanto *prendre la fuite*, "fugir", já é mais, pelo sentido muito vago do verbo *prendre*, "tomar"; *s'enfuir*, "fugir", é mais lexicalizado que o precedente. O processo de lexicalização pode ser levado até seu termo (ex. em francês: *à mon corps défendant*, "contra a minha vontade"), mas ocorre que a locução que poderia ter-se lexicalizado engendra uma nova forma gramatical: por exemplo, os ablativos absolutos latinos *pendente pugna, pendente somno,* longe de dar expressões estereotipadas, lexicalizadas, resultaram numa nova forma gramatical, a preposição *pendant*, "durante", em francês.

Se se tomar o exemplo das categorias do gênero e do número, dar-nos-emos conta do caráter sistemático da exploração pela língua do processo de lexicalização. No domínio do número, em francês, tendo a marca de pluralidade tendência a incidir no determinante e no verbo em código oral (*Les enfants sont gentils*, "as crianças são gentis" = lez — ãfã — sɔ — ʒãti, ou seja [+ — + —]), o caráter secundário tomado pela oposição singular/plural nos substantivos e adjetivos (*oeil* vs. *yeux* = [œj] *vs.* [jɸ], *amical* vs. *amicaux*, etc.) permite uma exploração semântica particular dos nomes plurais e singulares. Ao lado de uma oposição conforme ao funcionamento atual da língua (*L'émail fabriqué par cette firme est résistant, Les émails fabriqués par cette firme sont résistants,* "O(s) esmalte(s) fabricado(s) por esta firma é (são) resistente(s)"), o caso marcado do antigo sistema (plural) sofreu o processo de lexicalização (conservação da forma com deslizamento semântico): *les émaux* significa "as obras esmaltadas". A lexicalização de um termo que repousa sobre um caso marcado pode ir até provocar a reparação de um caso não-marcado no quadro do sistema atual. Assim, a oposição *matériel* vs. *matériaux,* perdida, provoca conjuntamente uma normalização *matériel* vs. *matériels* e a lexicalização de *matériaux,* e em seguida um novo paradigma *matériau* vs. *matériaux.*

As condições da lexicalização no domínio do gênero não são idênticas. Na categoria dos animados, as possibilidades são limitadas, porque a oposição de gênero é explorada para indicar o sexo. As poucas lexicalizações serão do tipo *jardinière d'enfants,* "orientadora de jardim da infância". Mais freqüentemente, portanto, a oposição traduz, pelo jogo das lexicalizações, as distinções entre animados e não-animados. Diante do par animado *perforateur — perforatrice* designando o agente, a forma lexicalizada do feminino denotará o instrumento ou o aparelho.

O estudo do movimento do vocabulário leva a constatar a maior ou menor possibilidade, em tal época, para uma formação dada, de chegar a lexicalizações. Assim, as formações em *-ant* não parecem mais ser tão facilmente sentidas como independentes e retornam ao verbo: *ennuyant,* "enfadonho", desaparece como adjetivo, suplantado por *ennuyeux.* Convém colocar à parte as formações em *-sant*; o sufixo permanece formador, mesmo na ausência de um verbo (*anarchisant, communisant,* etc.). O mesmo estudo sincrônico do movimento do vocabulário encontra a tendência sempre mais viva para a lexicalização de termos marcados do ponto de vista do gênero e do número. Além da série assinalada acima (*batteuse, perforatrice,* etc.), observam-se lexicalizações como, para o gênero, *une blonde,* "uma loira" (isto é, "uma cerveja loira" ou "branca"), ou, para o número, *les restrictions, les événements,* etc.

léxico

1. Em relação à lexicografia, a palavra *léxico* pode evocar dois tipos de obras: um livro que compreenda a lista dos termos utilizados por um autor, por uma ciência ou uma técnica, ou um dicionário bilíngüe reduzido à colocação em paralelo das unidades léxicas das duas línguas confrontadas. Por essa razão, *léxico* opõe-se a *dicionário.*

363

2. Como termo lingüístico geral, a palavra *léxico* designa o conjunto das unidades que formam a língua de uma comunidade, de uma atividade humana, de um locutor, etc. Por essa razão, *léxico* entra em diversos sistemas de oposição, conforme o modo pelo qual é considerado o conceito.

A estatística léxica opõe *léxico* e *vocabulário*; o termo *léxico* é, então, reservado à língua, o termo *vocabulário* ao discurso. As unidades do léxico são os lexemas, enquanto que as unidades do discurso são os vocábulos e as palavras (a palavra que designa toda ocorrência de um vocábulo qualquer). O vocabulário de um texto, de um enunciado qualquer da *performance* é, desde então, apenas uma amostra do léxico do locutor ou, conforme a perspectiva adotada, do léxico da comunidade lingüística considerada. A consideração do enunciado não poderia determinar o léxico fonte e não pode fornecer mais que indicações sobre o léxico. Da execução não se pode deduzir a competência léxica.

No interior dessa oposição *léxico* vs. *vocabulário*, poderemos sucessivamente considerar o léxico de diversos pontos de vista. O léxico considerado é o de um falante (no caso em que o texto emana de uma fonte locucionária única, ou no caso em que o corpus é constituído por reagrupamento dos atos de fala isolados de um falante único). Por mais considerável que seja, o corpus constituído só pode fornecer um vocabulário e não poderia explicar o léxico (potencialidades léxicas, ou competência) do falante. O léxico considerado é o de vários interlocutores: definir-se-á o vocabulário do grupo considerado como o conjunto das unidades localizadas no corpus. O léxico, em compensação, coloca um problema: da consideração das execuções dos falantes A, B, ...N, não se pode concluir pela identidade da competência (léxico). Conforme o ponto de vista, a descrição léxica resulta, então, em um léxico fundamental (intersecção dos diversos conjuntos, que são o vocabulário de A, de B, ... de N) ou, pelo contrário, a um "tesouro (reunião dos diversos conjuntos).

A passagem do vocabulário ao léxico exige, em particular, que seja levada em conta a posse, pelo falante-ouvinte, de um vocabulário passivo: todo falante possui, de fato, uma dupla competência léxica, não redutível a uma posição entre competência e *performance*. Com efeito, numerosas lexemas são compreendidos (portanto, participam do modelo da competência do falante) sem nunca serem realizados; a consideração da situação bastará para fazer entender esse caso: certas palavras, correntemente registradas e corretamente descodificadas pelo falante (por exemplo, no rádio, nos jornais), podem não ter para o falante nenhuma probabilidade de emprego ativo.

Além disso, é preciso levar em conta, na descrição de um léxico, a ligação essencial entre sintaxe e semântica; certos lexemas que recorrem a uma regra de formação constante (nominalização, por exemplo) e a um radical banal podem nunca ter provocado uma *performance* do falante-ouvinte; eles não são menos disponíveis e devem figurar, pelo menos no título das potencialidades oferecidas pelas regras e o estoque das bases léxicas, na descrição da competência léxica do falante-ouvinte.

Observar-se-á que, na evocação acima, o termo *léxico* não foi tomado na acepção ampla inicialmente proposta em definição. Com efeito, o termo lingüístico *léxico* é geralmente utilizado para designar as unidades significantes não essencialmente gramaticais (em oposição às preposições, advérbios, etc.).

A consideração das dificuldades encontradas pela lingüística descritiva na determinação do léxico (de um indivíduo, de uma coletividade, de uma língua) tem levado a lingüística moderna a diversas tentativas para precisar o lugar do léxico na gramática — e na competência lingüística em geral.

3. A gramática gerativa considera o léxico como um dos elementos do componente de base da gramática. O componente de base (que engendra a estrutura profunda) compreende o componente categorial e o léxico. O componente categorial representa as regras de reescrita que resultam em um indicador sintagmático, enquanto que o léxico especifica as propriedades sintáticas, semânticas e fonológicas de cada unidade léxica. As unidades léxicas assim definidas serão aplicadas ao indicador sintagmático conforme as regras de inserção léxica.

A dificuldade sentida pela gramática gerativa em precisar o lugar da semântica na teoria lingüística traz, todavia, incertezas terminológicas; para N. Chomsky, a unidade léxica é definida por três conjuntos de traços: sintáticos, semânticos e fonológicos; é, portanto, um símbolo complexo; para J. Katz, o léxico só comporta os traços sintáticos e fonológicos, enquanto que o componente semântico da gramática compreende um dicionário (que apresenta o sentido das unidades sob forma de traços semânticos, de diferenciadores semânticos e de restrições de seleção) e regras de projeção, que fornecem os processos combinatórios.

4. A análise de discurso também conduz a uma revisão da noção de léxico. Constatando, à luz dos trabalhos da gramática gerativa, que as palavras do vocabulário são alicerçadas por proposições, ela é levada a deslocar a perspectiva da oposição vocabulário vs. léxico. Recentes estudos têm mostrado que as proposições que alicerçam as palavras

365

exigem que se as tome em conta na descrição do modelo de competência: uma descrição mecanista do léxico, como uma combinatória de traços, não poderia explicar o jogo da enunciação (presença do falante em seu enunciado), não mais que das modificações da competência geral (conteúdo ideológico das unidades).

léxico (campo)

Na terminologia mais corrente, a noção de *campo léxico* não se distingue claramente da de campo semântico: trata-se, num caso como noutro, da área de significação coberta por uma palavra ou um grupo de palavras. Uma vez distinguida da noção de campo conceptual (área dos conceitos coberta por uma palavra ou um grupo de palavras; por exemplo, o campo conceptual das relações de parentesco), a noção de campo léxico assim definida desdobra-se em:

a) *Campo léxico de um termo do vocabulário*: trata-se das diversas acepções do termo, se se parte de um tratamento polissêmico da palavra (por exemplo, estabelecimento do campo léxico de *ferro* com todas as acepções da palavra) ou dos diversos empregos de um sentido único da palavra, em caso de tratamento homonímico (por exemplo, num estudo de *ferro*[1] = metal bruto, estabelecimento do campo léxico dessa acepção em um corpus que compreenda: *esse minério é rico em ferro, o ferro se oxida, o ferro se funde,* etc., em que, apesar da identidade global do semantismo, as diferenças de emprego são evidentes);

b) *Campo léxico de um grupo de termos*: trata-se de estabelecer os laços entre uma série de termos do vocabulário, por exemplo, os verbos que apresentam a característica comum de incluir em seu semantismo uma relação do tipo /A possui B/. Esse campo léxico compreenderá *emprestar, alugar*[1] (= dar em locação), *dar,* etc., mas não *emprestar* (= tomar emprestado), *roubar, alugar*[2] (= tomar em locação), por exemplo.

Todavia, diferentemente do campo semântico, o campo léxico pode também estabelecer-se com base noutras considerações. Retomando a distinção precedente entre termo isolado e grupo de termos, observar-se-á: (1) a possibilidade para o termo isolado de possuir um campo derivacional que lhe seja próprio. Assim, *refinar* possui dois campos derivacionais distintos, destacando dois homônimos refinar. *Refinar*[1] (alguém) terá por nominalização *refinamento; refinar*[2] (petróleo, açúcar) terá por nominalização *refinação*; os derivados *refinador, refinaria*, por outro lado, corresponderão apenas a *refinar*[2]; (2) a possibilidade que têm os grupos de termos de formarem-se explorando termos do vocabulário geral como operadores derivacionais desviados de seu valor semântico do vocabulário geral. Um campo léxico (e não mais conceptual) do parentesco pode estabelecer-se em francês sobre a consideração feita do uso dos operadores *grand, petit, arrière* (para indicar as gerações) e dos operadores *beau, belle* (para marcar a não consagüinidade): sobre a base léxica *père, mère, fils, fille,* estabelecer-se-á, assim, o campo léxico que comporta *arrière-grand-père, beau-père, grand-mère, belle-mère, petit-fils,* ("bisavô", "sogro", "avó", "sogra", "neto") etc. Nota-se, entretanto, uma tendência a especializar os termos *campo léxico* e *campo semântico.* Nesse espírito, o termo *campo léxico* é reservado para designar o conjunto das palavras que designam os aspectos diversos de uma técnica, uma relação, uma idéia, etc. Tem-se, assim, um campo léxico das relações de parentesco orientado por um certo número de dimensões estruturais, variáveis conforme as línguas (geração, lateralidade, sexo, idade relativa, etc.).

O termo *campo semântico* é, então, reservado à indicação do conjunto das distribuições de uma unidade de significação nas quais essa unidade possua um semantismo específico. Por essa razão, *cabo* tem três campos semânticos, *cabo*[1] para a distribuição *Chegamos ao cabo da empresa*, etc., *cabo*[2] para a distribuição *Chegou o navio ao cabo de São Roque*, etc., e *cabo*[3] para a distribuição *Pereceu em combate o cabo do pelotão*, etc.

léxico-estatística. V. ESTATÍSTICA LÉXICA E GLOTOCRONOLOGIA

lexicografia

1. *Lexicografia* é a técnica de confecção dos dicionários e a análise lingüística dessa técnica. O termo é ambíguo, como *lexicógrafo,* que pode designar ao mesmo tempo o lingüista que estuda a lexicografia e o redator de um dicionário. Distinguem-se, assim, a ciência da lexicografia e a prática lexicográfica e, do mesmo modo, o lingüista lexicógrafo e o autor de dicionário.

A prática lexicográfica é muito antiga: os primeiros testemunhos escritos que possuímos são glossários e nomenclaturas. Todavia, os primeiros dicionários que visam a uma relativa exaustividade são posteriores à invenção da imprensa. Na França, o século XVI é testemunha de uma intensa atividade lexicográfica (dicionários dos ESTIENNE), e o século XVII, entre outros dicionários importantes, vê surgirem os dicionários de RICHELET, de FURETIÈRE, da Academia Francesa. O século XVIII é marcado pela edição dos TRÉVOUX e da ENCICLOPÉDIA, de D'ALEMBERT e DIDEROT. A segunda metade do século XIX vê nascerem, ao lado de um grande número de dicionários (BES-

CHERELLE, DUPINEY DE VORREPIERRE, etc.), duas obras notáveis: o dicionário de língua de É. LITTRÉ e o primeiro dicionário enciclopédico de P. LAROUSSE.

2. Uma tipologia dos dicionários deve levar em conta perspectivas muito diversas dos autores de dicionários.

(1) A fórmula enciclopédica, na linhagem de DIDEROT, visa a dar ao usuário um balanço dos conhecimentos humanos numa época. Desde P. LAROUSSE, os dicionários enciclopédicos têm um objeto diferente do da lingüística, porque visam essencialmente uma relação entre o significado e a experiência do mundo.

(2) O dicionário técnico distingue-se dos precedentes enquanto não reflete sobre as palavras do vocabulário geral, mas sobre os termos da ciência ou da técnica considerada. Assim, *rayon*, em francês, é ambíguo no vocabulário geral, e o verbete enciclopédico sobre *rayon* deverá explicar (a) *rayon de cire*, "favo de cera", (b) *rayon de soleil*, "raio de sol", (c) *chef de rayon*, chefe de setor, (d) *roue à rayon*, "roda com raios", (e) *rayon X*, "raio X"; em compensação, nos diversos dicionários técnicos, o termo não será ambíguo: o dicionário de apicultura somente reterá (a), o dicionário tecnológico (d), o dicionário de eletricidade (e).

(3) O dicionário de língua se refere sempre, pelo menos implicitamente, à necessidade de fixação de uma norma léxica sentida pelas pessoas cultas do século XVII. Tendo sido dada, mediocremente, pelo dicionário da Academia Francesa (em suas diversas edições), a resposta a essa preocupação, várias tentativas foram feitas. O sucesso mais duradouro nesse domínio é o do dicionário de É. LITRÉ, que concedia à língua dos escritores mais oficiais do século XVII, uma primazia quase total.

3. Uma tipologia dos dicionários requer algumas observações:

(1) DIDEROT já indica o interesse que atribui aos problemas de língua. Do mesmo modo, a fórmula de P. LAROUSSE dobra-se parcialmente às exigências da lingüística: é feita a distinção entre vocabulário geral, vocabulário técnico e informação de caráter enciclopédico.

Hesita-se em classificar nos dicionários de língua o enorme trabalho empreendido, com a ajuda de máquinas, para o *Tesouro da Língua Francesa*. Com efeito, a riqueza do corpus dará a possibilidade de desfazer-se da preocupação normativa para descrever uma língua em seu funcionamento real;

(2) O *Dictionaire du français contemporain* (J. DUBOIS, R. LAGANE *et al.*), dicionário de língua também, exige uma classificação à

368

parte, na medida em que faz passar para a prática lexicográfica bom número das contribuições da lingüística moderna; mostra-se acolhedor ao códico oral (francês falado); abandona as famílias etimológicas para séries derivacionais (ex.: *faction*₁ → *factieux; faction*₂ → *factionnaire*); coloca em evidência as conexões semânticas (*salle claire*, sin. *éclairé*, ant. *sombre; eau claire*, sin. *limpide*, ant. *trouble*);

(3) Na mesma direção, trabalhos em curso vão mais longe; aguardam-se dicionários de traços* que dariam conta da estruturação semântica das unidades léxicas, e um dicionário combinatório, que exploraria mais a fundo as conexões semânticas, descritas sob o nome de "funções léxicas".

(4) Enfim, é preciso distinguir os dicionários monolíngües e os dicionários bilíngües (às vezes, plurilíngües).

4. Sob a forma rudimentar do glossário (coletânea de glosas, anotações que comentam ou traduzem palavras de uma língua a outra), o dicionário bilíngüe é anterior ao dicionário monolíngüe. A existência de glossários supõe que se considera como idêntica a sintaxe das línguas, ou estados de língua comparados, ou que se minimiza o papel da sintaxe e da distribuição, a ponto de julgar possível estabelecer a equivalência de morfemas entre a língua-fonte e a língua-alvo. Exemplo do primeiro caso: glosas dos gramáticos latinos da decadência sobre o texto de VERGÍLIO, autor latino clássico; exemplo do segundo caso, em um dicionário inglês-português: os termos ingleses *mutton* e *sheep* poderão ser traduzidos por "carneiro".

Observa-se que: (1) esses pressupostos teóricos implícitos são contrabalançados na prática por certas indicações de caráter sintático--semântico; por exemplo *mutton: carneiro* (carne de); *sheep: carneiro* (animal); (2) os dicionários monolíngües também pressupõem certo bilingüismo, porque traduzem termos de vocabulários particulares (termos funcionais, regionalismos, idiotismos, gírias, etc.) em palavras do vocabulário geral (por intermédio de processos metalingüísticos originais).

As entradas de dicionário

O termo *entrada* designa a unidade delimitada por dois brancos tipográficos, reduzida à forma do paradigma considerado fundamental. Os hábitos lexicográficos, nesse domínio, podem diferir: um dicionário latim-português e português latim que estude a relação verbal X *amat* Y, X *ama* Y, apresentará sua entrada respectivamente sob a forma *amo* (1.ª pessoa do indicativo presente) e sob a forma *amar* (infinitivo), sem criar embaraço aos que o usam.

369

A entrada de dicionário não pode, portanto, confundir-se com a palavra da execução verbal: *amo* e *amar* representam no exemplo proposto todas as possibilidades morfológicas do paradigma, ou sejam, algumas centenas de formas. A entrada registra, por outro lado, certos afixos, mas não todos; encontra-se num dicionário português o afixo -*ar* (*cantar*), não o afixo -*mos* (*cantamos*). Os derivados e compostos figuram freqüentemente em entradas, enquanto que os sintagmas estereotipados raramente têm esse tratamento (*máquina de lavar* é tratado geralmente sob a entrada *máquina* ou *lavar*).

Tratamento da homonímia e da polissemia

Um problema essencial em lexicografia é o dos critérios de determinação entre casos de homonímia e casos de polissemia. Quando dois termos são graficamente (às vezes fonicamente) semelhantes com diferança de significado, fala-se de homonímia; homonímia gráfica entre *são* (adjetivo) e *são* (apócope de *santo*), homonímia fônica entre *coser* e *cozer*. Quando dois termos estão suficientemente próximos para que se hesite em aplicar-lhes um tratamento homonímico, falar-se-á de polissemia; *ferro* em *minério de ferro* e em *ferro de passar roupa* pode ser tratado como caso de homonímia, justificando duas entradas de dicionário, ou como caso de polissemia no interior de uma entrada única.

Diversos critérios são empregados pelos lexicógrafos ciosos de coerência para tentar reduzir a parte do arbitrário nesse tipo de decisões:

(1) No caso em que a entrada é definida pela forma gráfica, os homônimos fônicos desaparecem: *expiar* é distinto de *espiar*. Todavia, apenas essa norma levaria a tratar na mesma entrada *manga* (de roupa) e *manga* (fruta). Um terceiro critério poderá ser o da etimologia: ele permite distinguir *realizar um projeto* (origem latina) de *realizar o que está acontecendo* (origem inglesa).

Vê-se, todavia, o defeito de semelhantes critérios: certas palavras têm a mesma ortografia, a mesma categoria gramatical, a mesma etimologia, diferenciando-se radicalmente: *cálculo* escreve-se do mesmo modo nos seus dois sentidos: (1) de operação aritmética e (2) de concreção calcária; é, nos dois casos, substantivo masculino; vem, nos dois casos, do latim *calculus;*

(2) O autor de dicionário pode, em compensação, tomar por critério de sua classificação o sentido das unidades estudadas. Cada entrada registrará, então, um sentido e um só. Retomando alguns exemplos precedentes, haveria tantas entradas para *realizar* ou *cálculo*

quanto o número de sentidos para essas palavras. Em seu rigor, o sistema é inaplicável: se se distingue *tomar* em *tomar o livro* e *tomar sopa* como duas palavras diferentes, que necessitam de duas entradas diferentes, será preciso continuar até o infinito (*tomar com os dedos* deverá ser diferenciado de *tomar com colher*, etc.).

A solução será distinguir traços inerentes ao semantismo da palavra e traços que dependem do contexto: em *tomar*, um certo semantismo é comum a todas as ocorrências citadas (parafraseáveis por "saciar a fome"); a oposição sólido *vs.* líquido surgida no primeiro par estudado não será retida, na única medida em que se depreende do contexto e não do semantismo próprio ao verbo. Observa-se que a primeira solução estudada deixa subsistirem muitos sentidos diferentes sob uma entrada comum, enquanto esta, levada em seu rigor (sem o corretivo proposto) tende a considerar cada ocorrência como tendo um sentido próprio.

Essa distinção retoma, em linhas gerais, a oposição entre dicionários de tratamento polissêmico e dicionários de tratamento homonímico. No primeiro tipo, encontram-se menos entradas, e as palavras permanecerão ambíguas: as diversas interpretações de *ferro* em *passe--me o ferro* (= "saco de minério"; *ferro de frisar, de passar roupa*, etc.) deverão ser encontradas na entrada geral *ferro*. No segundo tipo, as entradas serão mais numerosas, e as palavras serão desambigüizadas: *ferro* deverá ser procurado sob rubricas diferentes conforme o contexto (aqui tecnológico).

As definições

O postulado de base de toda definição — portanto, da prática lexicográfica — é que há, pelo menos, uma expressão (palavra, sintagma ou toda forma de paráfrase) semanticamente equivalente à unidade estudada. Notar-se-á o problema que coloca esse postulado, observando que, geralmente, as definições de dicionário descrevem a realidade concreta designada e não o estatuto lingüístico da palavra: a entrada *maçã* nos ensinará muito sobre o objeto botânico concreto que é a maçã, e muito menos sobre o funcionamento lingüístico do termo; assim, o dicionário, em *banana*, nos ensinará, talvez, a possibilidade de *ele é um banana, você é um banana*, mas em *maçã*, nos deixará ignorar tudo da possibilidade ou da impossibilidade de semelhante transferência (*?ele é um maçã, ?você é um maçã*). Atribuiu-se essa carência à ausência de uma metalíngua distinta da língua-objeto. A consideração da forma de um enunciado não é, com efeito, suficiente para que possamos decidir se ele constitui uma paráfrase que dá a

371

definição: confrontar-se-á: (1) *Uma balaustrada é um ornamento arquitetural ao qual podemos apoiar-nos* e (2) *Um livro é uma testemunha histórica à qual podemos referir-nos.*

Para constituir uma definição, é preciso, certamente, que a frase seja uma paráfrase do morfema considerado, mas é preciso também que seja a única definição melhor possível (caso de 1, não de 2).

Essa observação indica a necessidade do recurso a critérios claros de definição. Observemos, todavia, que existem operadores metalingüísticos próprios ao dicionário (ex.: ação de, feito de, etc.).

Enfim, a presença de exemplos constitui outro tipo de paráfrase possível da palavra-entrada. Observa-se que, para certas categorias gramaticais (verbos, adjetivos, preposições), os exemplos são geralmente de importância sintática (como a unidade funciona na língua?) enquanto que para os substantivos os exemplos geralmente são de tendência cultural. O postulado implícito é que as primeiras categorias invocadas seriam relacionais, enquanto que o substantivo seria uma unidade em si. Um projeto recente (o de E. BENDIX) propõe, ao contrário, que se levem em conta também valores relacionais dos substantivos: *vizinho* só se pode descrever validamente, considerando *A é vizinho de B*, e *mulher* distinguindo *A é uma mulher* de *A é a mulher de B.*

Rumo a novos dicionários

Os progressos rápidos da lexicologia nascente provocaram, nestes últimos anos, uma revisão completa dos problemas da lexicografia. Alguns dicionários modernos já registram algumas das conquistas da gramática distribucional em particular, bem como, em menor medida, da gramática gerativa transformacional. Os autores de dicionários ficam, todavia, tributários das coerções do uso, freqüentemente vivas no público, que não é sempre sensível à parte de convenção das apresentações tradicionais, que trezentos anos de prática fazem julgar "naturais" (assim, paráfrases circulares, do tipo *"vitória: ação de vencer; vencer: alcançar a vitória"*).

lexicologia

Chama-se *lexicologia* o estudo científico do vocabulário. Existem estudos de formas léxicas desde a Antiguidade, ficando, então, a noção de palavra* um *a priori*. Entretanto, uma verdadeira lexicologia não pode se fundar sem submeter essa noção à crítica. A lexicografia (técnica da confecção dos dicionários) é amplamente anterior à lexicologia, diligência científica muito recente.

1. A legitimidade da lexicologia

A questão da legitimidade de uma lexicologia foi colocada pelo estruturalismo, no seu início.

a) Se as palavras não constituem um sistema, se o léxico só pode ser a lista das irregularidades fundamentais, o lingüista, cioso de salientar o aspecto sistemático da língua (perspectiva saussuriana), desviar-se-á do estudo lexicológico. Essa reflexão explica em parte o atraso dos estudos lexicológicos relativamente aos outros ramos da lingüística. Entretanto, os exemplos léxicos dados por F. DE SAUSSURE indicavam bem que este considerava o vocabulário como um nível lingüístico completamente sistemático. De fato, muitos lingüistas modernos não colocam mais o problema nesses termos. Em vez de se perguntarem se há uma estrutura do léxico (ou dos fatos de sintaxe, dos fonemas, etc.), eles se perguntam se se pode estruturar o léxico (ou a sintaxe, o material fônico, etc.).

b) A legitimidade da lexicologia é também posta em discussão por toda uma escola que recusa o recurso ao sentido (L. BLOOMFIELD). Para essa escola, como a significação de um enunciado só pode ser estabelecida pela psicologia (pelo estudo das situações e dos comportamentos-respostas) e pelas ciências concretas (uma maçã é uma fruta para o botânico, não para o lingüista), o descritor lingüístico não poderá estudar os valores e as oposições semânticas das unidades léxicas.

c) Entretanto, a lexicologia estruturalista está em germe no ensino de F. DE SAUSSURE. Embora a primeira disciplina oriunda desse ensino tenha sido a fonologia, ciência das unidades não-significativas inferiores ao morfema, é, com efeito, sobre a palavra que reflete geralmente F. DE SAUSSURE. Partindo da crítica da noção empírica da língua concebida como uma nomenclatura (correspondência unívoca entre o nome e a coisa), ele vem afirmar que o sentido de uma palavra é puramente negativo, porque a palavra está integrada num sistema de relações e sua única realidade significante provém das delimitações que lhe impõe a existência desse sistema.

A palavra é, portanto, suscetível de ser estudada no quadro das relações sintagmáticas e paradigmáticas. Toda palavra de uma língua será considerada como participante de uma estrutura que convirá estabelecer conforme os dois eixos. No eixo das substituições (eixo paradigmático), estudar-se-ão as comutações possíveis num ponto do enunciado (comutações suscetíveis de produzir significações idênticas, sinonímia, por exemplo *ensino* vs. *educação* vs. *aprendizagem*, ou significações opostas, antonímia, por exemplo *bom* vs. *mau*); no eixo das

373

combinações (eixo sintagmático), estudar-se-ão as capacidades da palavra na cadeia falada, com as variações de significação que disso resultam (polissemia da palavra; por exemplo: *contrair os músculos, contrair responsabilidades, contrair hábitos de condescendência*).

2. A unidade lexicológica

a) O estudo lexicológico moderno ainda trabalha, às vezes, a partir da noção de "palavra". Ele define, então, a palavra como unidade de significação, caracterizada pela não-separabilidade dos diversos elementos que a realizam foneticamente e definida por suas possibilidades de comutação na unidade lingüística que lhe é imediatamente superior, sintagma ou frase. O estudo lexicológico tomará por critério o rendimento funcional: a palavra será considerada uma unidade de significação realizada por fonemas e sempre identificável como tal, em função de suas possibilidades de comutação numa frase para formar novas frases.

Todavia, certas pesquisas exigem normas léxicas menos empíricas. A palavra não é, talvez, um universo lingüístico: certas línguas, como o basco ou o esquimó, suportam mal um recorte em "palavras".

A. Martinet propõe a terminologia seguinte: o monema será a menor unidade fônica portadora de sentido; chamar-se-á sintagma toda combinação de monemas que mantêm entre si uma relação mais íntima que aquela que os liga ao resto do enunciado. Não sendo essa terminologia desprovida de defeito, os lingüistas ficam, mais geralmente, com a distinção dos morfemas, menores unidades portadoras de sentido, e dos lexemas, que são as unidades léxicas de base.

b) A revisão das divisões da gramática traz um ponto de vista novo. Em gramática estrutural, a distinção de uma morfologia independente tende a apagar-se. Em gramática gerativa, a morfologia está ligada à fonologia para constituir o componente morfofonológico da gramática.

O problema deixa de ser o das formas para tornar-se o das unidades de significação. A lexicologia moderna constata a necessidade de distinguir unidades de significação superiores à palavra. A terminologia pode variar, correspondendo as unidades de significação de L. Guilbert, em linhas gerais, às sinapsias de É. Benveniste e às lexias de B. Pottier.

Por exemplo, a sinapsia se define pela natureza sintática da ligação entre seus membros (em oposição à ligação morfológica entre os elementos de uma palavra composta: *máquina de lavar* é uma sinapsia, enquanto que *auto-rádio* é um composto), o emprego de certos proces-

374

sos de junção (*máquina de lavar*), a ordem dos termos, em português, determinado + determinante, a forma léxica plena dos elementos componentes, a ausência de artigo diante do determinante (*flor de lis*), a possibilidade de expansão e, enfim, o caráter monossêmico do significado (opor-se-ão, em francês, a monossemia de *fil de fer*, "arame", e a polissemia de seus constituintes *fil*, "fio", e *fer*, "ferro").

A definição desses critérios mostra a existência de um mecanismo de criação léxica sempre suscetível de novas formações. A lexicologia deve dar conta desse mecanismo. De modo mais geral, a lexicologia incorpora a seu domínio todos os processos de derivação, isto é, de agltinação de elementos léxicos numa forma única, radical e afixos. A gramática gerativa já explicou os processos empregados nas nominalizações.

3. A perspectiva sócio-histórica

a) *A etimologia*, história das palavras, consistiu, por muito tempo, na explicação de unidades isoladas. Uma fileira faz, assim, derivar, em francês por exemplo, *parler* "falar", de uma forma da baixa latinidade **paraulare* (em que o asterisco indica o caráter hipotético da forma), ela mesma proveniente do grego *parabolê*. A história do significante era, assim, estabelecida (com restituição eventual dos elos ausentes) sem consideração de significado.

F. de Saussure critica esse ponto de vista, que não leva em conta o caráter de sistema do vocabulário. É preciso também notar que a consideração de um "sentido central" das palavras leva a graves erros de perspectiva. A filiação etimológica é feita geralmente da palavra referente ao objeto (*martelo*) para a referente ao processo (*martelar*); ora, esse movimento léxico pode muito bem inverter-se.

Uma análise estrutural da etimologia leva a reconhecer numa língua matrizes lexicogênicas suscetíveis de recolher formas de origens diversas. Assim, a matriz TK = "bater" mostra-se acolhedora, em francês, as palavras de origem germânica, bem como latina. Em compensação, se o *k* se palataliza, o sentido de "bater" desaparece (*toucher*, ao lado de *toquer*). São, portanto, relações de oposição ou semelhança com as outras unidades da língua que provocam a mudança de sentido, e não a consideração da origem da forma.

Além disso, convém não conceder nenhuma primazia à etimologia erudita com relação à etimologia chamada "popular". Um signo cuja filiação etimológica não é mais percebida, pode encontrar-se remotivado por outros fatores. Por exemplo, se, em francês, *siffler*, "assobiar", e *souffler*, "soprar" são sentidos como relacionados, é preciso levar em conta essa relação (fônica), embora a etimologia nos sugira

375

a relação erudita de *souffler* com *flatueux*, "ventoso", e de *siffler* com *assibilation*, "sibilação".

b) O estudo do movimento do léxico dá numerosas informações a partir do estudo comparado de dicionários. Chega-se a conclusões que incidem tanto sobre a evolução da massa léxica como sobre o desenvolvimento e a riqueza de certos elementos prefixais ou sufixais. Por exemplo: em francês, os derivados em *-erie, oir* têm tendência a desaparecer ou a conotar o arcaísmo voluntário (*bagagerie, artisanerie, tissuterie*), enquanto que certos sufixos são sempre mais produtivos (*-isme, -iste*).

A neologia (formação de novas unidades de significação) é uma necessidade da comunicação inter-humana. Neologia de sentido (utilização de uma forma preexistente com um sentido novo: ex. *volante, asa* e neologia de forma (combinação nova de elementos; ex.: *oleoduto, abreugrafia*, são indispensáveis à denominação dos objetos e conceitos novos.

4. Lexicologia estrutural

A lingüística estrutural projetou diversas aproximações para fundar uma lexicologia científica. (Para a utilização dos métodos quantitativos em lexicologia, V. ESTATÍSTICA LÉXICA.)

a) *Os campos.*

A lexicologia choca-se com o problema dos campos semânticos. A abordagem lingüística da relação entre língua e experiência do mundo é difícil, e os pesquisadores têm confundido freqüentemente *campo conceitual* (área recortada por um conjunto de conceitos oriundos da experiência: estuda-se, por exemplo, o vocabulário do parentesco, enquanto que o parentesco é, antes de tudo, um conceito socialmente vivido). e *campo léxico* (área recortada pelas relações privilegiadas entre unidades da língua, constituindo um micro-sistema no interior do sistema geral; por exemplo, o grupo homeoteleuto *père — mère — frère* revela, em francês, uma microestrutura fônica no interior das relações de parentesco).

A análise componencial* consiste em reduzir a significação de uma unidade a traços semânticos e a funções* léxicas para uma apresentação de um dicionário combinatório que repouse sobre a pesquisa das relações sistemáticas da palavra.

b) *Os dicionários estruturais*

A noção de traços semânticos leva a prever uma refundição da lexicografia. Reportar-nos-emos a traço* para aí ver evocada a possibilidade de dicionários de traços semânticos e de funções* léxicas.

5. Lexicologia e gramática gerativa

Do mesmo modo que a sintaxe gerativa transformacional integra as conquistas da sintaxe estrutural (regras sintagmáticas), a lexicologia gerativa integra os resultados da lexicologia estrutural (noção de traços, análise componencial).

Mas a teoria gerativa procura, além disso, atribuir à gramática e ao dicionário seu respectivo lugar. Trata-se de determinar o lugar de um componente semântico na gramática. (V. TEORIA SEMÂNTICA.)

6. Lexicologia e análise de enunciado

Os progressos da análise de discurso, bem como da teoria da enunciação, levam a colocar em termos novos os problemas lexicológicos. O estudo da unidade léxica isolada não deve ser privilegiado, na única medida em que a análise do vocabulário não constitui senão uma parte da análise do discurso e não pode ser isolada desta.

liberdade

Chama-se *liberdade de ocorrência* a possibilidade, para um segmento recortado na cadeia falada, de poder figurar em outros enunciados.

ligação

Chama-se *ligação* a inserção entre dois fonemas vocálicos de um elemento consonântico de apoio (consoante ou glide). Em francês, a ligação que se produz na juntura de duas palavras em certos sintagmas (Art. + S; Adj. + S, Adv. + Adj.) traduz-se pela pronúncia de uma consoante latente presente num estado anterior da língua, e que reaparece na grafia: *très heureux, un savant anglais,* etc. Os dialetos itálicos inserem um glide palatal depois ou antes de uma vogal palatal: em piemontês, por exemplo, a desinência *-ita* do particípio passado, a desinência *-wa* do imperfeito tornaram-se *-ija* através de *-ia finija*, "acabada", "eu acabava"; as palavras italianas *paese, maestro, idea* são pronunciadas nas variedades meridionais da língua comum *pajese, majestro, ideja.*

limite

Chamam-se *limites* as fronteiras* linguísticas de todas as espécies que separam áreas de línguas ou dialetos diferentes ou áreas que se diferenciam por dois traços distintos que correspondem a um só critério.

linearidade

Em linguística estrutural e distribucional, a *linearidade* é uma das propriedades fundamentais da linguagem. Os enunciados são seqüências de elementos discretos ordenados de forma linear. Cada morfema é uma seqüência de fonemas, cada frase é uma seqüência de morfemas, cada discurso uma seqüência de frases. Quando elementos lingüísticos parecem encavalar-se, como os morfemas e os traços de entonação, pode-se sempre obter uma representação linear, conforme à hipótese de uma sucessão linear dos acontecimentos lingüísticos. Assim, os fonemas e os morfemas de entonação, acento e altura são simultâneas aos morfemas léxicos e gramaticais: podemos ou ordenar os fonemas e morfemas prosódicos (ou supra-segmentais) antes ou depois dos fonemas (ou morfemas) implicados, ou representar um enunciado como a resultante de duas seqüências paralelas, uma segmental (os morfemas), a outra supra-segmental (a entonação). Essa concepção da cadeia falada como uma seqüência ordenada de segmentos, analisada como uma gramática de estados finitos que depende das cadeias de Markov, é inadequada a dar conta de certos fenômenos, como os constituintes descontínuos, a ambigüidade, etc.

I. língua

1. No sentido mais corrente, *língua* é um instrumento de comunicação, um sistema de signos vocais específicos aos membros de uma mesma comunidade.

Chama-se *língua materna* a língua em uso no país de origem do falante e que o falante adquiriu desde a infância, durante o aprendizado da linguagem. As *línguas vivas, numerosas*, são todas as línguas atualmente utilizadas, tanto na comunicação oral como, para algumas, na comunicação escrita, nos diversos países. As *línguas mortas* não estão mais em uso como meio oral ou escrito de comunicação; mas subsistem testemunhos dessas línguas, utilizadas, às vezes, há milhares de anos: textos literários, documentos arqueológicos, monumentos, etc. A escrita permitiu transmitir esses testemunhos das línguas mortas, como o latim, o grego antigo, etc.

No interior de uma mesma língua, as variações são igualmente importantes, sincronicamente falando: para os níveis de língua, fala-se de língua familiar, elevada, técnica, erudita, popular, própria a certas classes sociais, a certos subgrupos (família, grupos profissionais); nesta categoria colocam-se os diferentes tipos de gíria; para as variações geográficas, fala-se de dialetos e de patoás.

Enfim, no interior de uma mesma língua, distinguem-se dois meios diferentes de comunicação, dotados cada um de um sistema próprio: a *língua escrita* e a *língua falada*.

Essa mesma variedade, apreendida pela experiência comum, é fonte de ambigüidade quando se trata de definir o termo *língua*. Por um lado, tem-se uma infinidade de línguas diversas, cuja tipologia é possível estudar. Por outro lado, constata-se que, no seio de uma comunidade lingüística dada, todos os membros dessa comunidade (todos os falantes de português, por exemplo) produzem enunciados que, a despeito das variações individuais, lhes permitem comunicar-se e compreender-se, e que repousam sobre um mesmo sistema de regras e relações possíveis de descrever. É a esse sistema abstrato, subjacente a todo ato de fala, que F. DE SAUSSURE deu o nome de *língua*.

2. Para F. DE SAUSSURE, para a escola de Praga e o estruturalismo americano, a língua é considerada como um sistema de relações, ou, mais precisamente, como um conjunto de sistemas ligados uns aos

378

outros, cujos elementos (sons, palavras, etc.) não têm nenhum valor independentemente das relações de equivalência e de oposição que os unem. Cada língua apresenta esse sistema gramatical implícito, comum ao conjunto dos falantes dessa língua. É esse sistema que F. DE SAUSSURE chama efetivamente a *língua*; o que depende das variações individuais constitui para ele a *fala**.

A oposição *língua* vs. *fala* é a oposição fundamental estabelecida por F. DE SAUSSURE. A linguagem, que é uma propriedade comum a todos os homens e depende de sua faculdade de simbolizar, apresenta dois componentes: a língua e a fala. A língua é, portanto, uma parte determinada da linguagem, mas uma parte essencial. É ao estudo da língua tal como a definiu F. DE SAUSSURE que se dedicaram os fonólogos, os estruturalistas distribucionalistas e funcionalistas. (V. FUNCIONALISMO, FONOLOGIA, ESTRUTURALISMO.)

Nessa teoria, a *língua* é um *produto social*, enquanto que a fala é definida como o "componente individual da linguagem", como um "ato de vontade e de inteligência". A língua é um produto social no sentido de que o "indivíduo a registra passivamente"; essa parte social da linguagem é "exterior ao indivíduo", que não pode nem criá-la, nem modificá-la. É um contrato coletivo, ao qual todos os membros da comunidade devem submeter-se em bloco, se quiserem se comunicar. No vocabulário saussuriano, a língua é, por ordem, "um tesouro depositado pela prática da fala nos indivíduos que pertencem a uma mesma comunidade", "uma soma de marcas depositadas em cada cérebro", "a soma das imagens verbais armazenadas em todos os indivíduos". Assim, a língua é a parte da linguagem que existe na consciência de todos os membros da comunidade lingüística, a soma das marcas depositadas pela prática social de inúmeros atos de fala concretos.

Um dos princípios essenciais de F. DE SAUSSURE, fundamental para a lingüística moderna, é a definição da *língua* como um sistema de signos. "Em uma língua, um signo* só se define como tal no seio de um conjunto de outros signos. Ele tira seu valor, seu rendimento, das oposições que contrai com eles. Um signo se define, portanto, por suas relações com aqueles que o envolvem... Extraindo o signo do sistema que lhe confere seu valor, privamo-nos, portanto, do único meio que se tem para definir sua existência lingüística." Segundo essa teoria, a língua é, portanto, um princípio de classificação. Em um estado de língua, tudo repousa sobre relações — relações de oposição, de diferenciação, de associação entre os signos ou unidades lingüísticas, formando o conjunto dessas relações um sistema de símbolos ou

379

signos, "um sistema que só conhece sua ordem própria", "um sistema cujas partes devem ser consideradas em sua solidariedade sincrônica".

F. DE SAUSSURE ilustra essa idéia por uma comparação com o jogo de xadrez: "Se eu substituir as peças de madeira por peças de marfim, a troca é indiferente para o sistema; mas, se eu diminuir ou aumentar o número das peças, essa mudança atinge profundamente a gramática do jogo... O valor respectivo das peças depende de sua posição sobre o tabuleiro, da mesma forma que, na língua, cada termo tem seu valor por oposição com todos os outros termos."

Após F. DE SAUSSURE, a lingüística moderna retomou e aprofundou esse princípio fundamental. (V. ESCOLA DE PRAGA, FONOLOGIA, ESTRUTURALISMO.) Se, para F. DE SAUSSURE, a língua é um sistema "cujas partes podem e devem ser consideradas em sua realidade sincrônica", um problema importante se lhe colocou: quais são as unidades desse sistema? Como defini-las, delimitá-las, a fim de estudar seu funcionamento no sistema, estudo que é a própria base da lingüística? O signo lingüístico não é uma coisa que substitui outra, mas um elo, uma relação entre duas coisas. Para F. DE SAUSSURE, "o signo lingüístico une um conceito e uma imagem acústica". F. DE SAUSSURE chama "entidades concretas da língua" esses signos de que a língua é composta. Não se pode assimilar essas unidades às palavras: diz-se, por exemplo, que *animal* e *animais* são duas formas de uma mesma palavra; entretanto, tomadas em sua totalidade, são duas coisas distintas. Por outro lado, as palavras são unidades complexas, em que se distinguem subunidades: *desej-oso, desdit-oso*; cada uma delas se divide em partes distintas de que cada uma tem um papel e um sentido evidentes. F. DE SAUSSURE, à procura de um critério de delimitação, examina, por ordem, os critérios de identidade sincrônica, realidade sincrônica e valor.

A identidade sincrônica seria "uma mesma fração de sonoridade, significando um mesmo conceito" como em: "*não* sei", e "*não* diga isso". Ora, quando, por exemplo, numa conferência, o termo *Senhores* é pronunciado várias vezes, as variações fônicas podem ser apreciáveis, bem como as variações semânticas. O critério de identidade é, portanto, insuficiente.

A realidade sincrônica seria isto: numa expressão como *des gants bon marché*, "luvas baratas", em francês, a gramática tradicional classifica *bon*, "bom", na categoria dos adjetivos, e *marché*, "mercado", na dos substantivos. Como explicar, então, *bon marché*? É ou não um adjetivo? Portanto, se os conceitos forjados pelos gramáticos são imprecisos, qual realidade opor-lhes? F. DE SAUSSURE conclui que as entidades concretas da língua não são do domínio do dado imediatamente observável e que é preciso procurá-las noutro nível, no nível dos valores.

F. DE SAUSSURE define um sistema de valores: (1) como um sistema de equivalências entre coisas de ordens diferentes; (2) como um sistema em que "cada termo tem seu valor, por oposição com todos os outros termos e em virtude de uma convenção". Sendo a unidade da língua um valor, o objeto do estudo da língua está no estudo dos valores, das relações dos elementos dessa língua.

a) *O valor considerado em seu aspecto conceptual.*

Uma palavra não tem significação em si: "É preciso compará-la com valores similares, com as outras palavras que se lhe opõem. Seu conteúdo só é verdadeiramente determinado pelo concurso do que existe fora dela." Duas idéias importantes são depreendidas, aqui: (1) a noção de sistema léxical, de campo semântico; (2) a idéia de que "os valores emanam do sistema", que o valor próprio dos termos decorre de sua oposição com outros termos: "A parte conceptual do valor é constituída unicamente por relações e diferenças com os outros termos da língua."

b) *O valor considerado em seu aspecto material.*

A parte material do valor é igualmente constituída apenas por relações e diferenças: "O que importa na palavra não é o som em si, mas as diferenças fônicas que permitem distinguir essa palavra de todas as outras, porque são elas que levam à significação." A noção de fonema já está desenvolvida aqui; são, antes de tudo, "entidades opositivas, relativas e negativas".

c) *O signo considerado em sua totalidade.*

F. DE SAUSSURE conclui do que precede: "Na língua, só há diferenças", diferenças conceptuais e fônicas, "todo o mecanismo da linguagem repousa sobre oposições e sobre as diferenças fônicas e conceptuais que elas implicam". Essas relações de oposições, de diferenças, que aproximam as unidades do sistema, são de dois tipos: (1) as relações sintagmáticas ou combinatórias; (2) as relações paradigmáticas ou associativas.

3. F. DE SAUSSURE, depreendendo as noções de sistema de unidades lingüísticas e de valores, lançou as bases de um estudo estrutural da língua. Trata-se, em seguida, de encontrar as regras de junção, de arranjo das unidades desse sistema, ou da estrutura* desse sistema, regras que repousam sobre processos de escolha — ou seleção — e de combinação. *Relações sintagmáticas e eixo sintagmático**: as relações

sintagmáticas são as relações que unem os elementos da língua sob o ângulo da sucessividade, da ordem linear da cadeia falada. Como certas sucessões de elementos são admitidas e outras excluídas, somos levados a representarmo-nos a estrutura de uma frase essencialmente como uma seqüência finita de lugares e posições, cada uma das quais pode ser ocupada por certos elementos. O conjunto das posições possíveis para um elemento e das combinações possíveis desse elemento com os que precedem e seguem é chamado distribuição, e as relações que unem esses elementos são as relações sintagmáticas ou combinatórias, que se situam no eixo sintagmático, eixo do enunciado efetivamente produzido.

Paralelamente ao processo de combinação situado no eixo sintagmático, o processo de seleção permite a comutação das unidades entre si num grande número de enunciados. Com efeito, para certas posições, senão para todas, é possível a *escolha* entre um certo número de elementos, o que permite definir classes de elementos: pertencem a uma mesma classe os elementos que podem encontrar-se num mesmo lugar, em um quadro dado. O conjunto dos elementos de uma mesma classe forma um paradigma; esses elementos, entre os quais se opera a escolha, e que podem ser comutados, situam-se no eixo paradigmático.

4. Os processos de combinação (eixo sintagmático) e seleção (eixo paradigmático) podem situar-se nos diferentes níveis de análise da língua. A língua, com efeito, na perspectiva dos estruturalistas, é "um complexo de estruturas de naturezas diferentes" (H. A. GLEASON).

A hipótese da dupla articulação da linguagem, assim formulada por A. MARTINET, é uma distinção entre dois níveis lingüísticos que dependem, cada um, de uma análise lingüística específica. As unidades do nível superior são formadas de uma seqüência de elementos concatenados do nível inferior: (1) nível inferior ou segunda articulação da linguagem: a das unidades não-significantes e distintivas, os fonemas, que dependem de uma análise fonológica (v. FONOLOGIA); (2) nível superior ou primeira articulação da linguagem, unidades significantes, chamadas morfemas (monemas para A. MARTINET). É em termos de morfemas que é descrita a estrutura sintática das frases. (V. GRAMÁTICA.)

5. Sendo as frases representadas no nível sintático por seqüências finitas de morfemas, o modelo mais simples, capaz de engendrar essas frases, já encontra uma expressão clara em F. DE SAUSSURE: "No discurso, as palavras (i.e., aqui, os morfemas) contraem entre si, em virtude de seu encadeamento, relações baseadas no caráter linear da

língua, que exclui a possibilidade de pronunciar dois elementos ao mesmo tempo. Estes se ordenam uns após os outros na cadeia da fala. Essas combinações... podem ser chamadas *sintagmas*. O sintagma compõe-se, portanto, de duas ou mais unidades consecutivas."

Os sintagmas, formados pela concatenação de morfemas, definem-se, com relação à frase, como elementos constituintes. Os sintagmas são de diferentes tipos: sintagma verbal (SV), sintagma nominal (SN), sintagma preposicional (SP), etc. Assim, na frase *O menino do vizinho tinha jogado uma bola na vidraça da cozinha*, define-se *o menino do vizinho* como o SN (sujeito), e *tinha jogado uma bola na vidraça da cozinha* como o SV (predicado); o SN, por sua vez, é formado de um SN (*o menino*) e um SP (*do vizinho*); o SV é constituído por V (*tinha jogado*) + SN (*a bola*) + SP (*na vidraça da cozinha*), etc. Os SN (sujeito) e SV (predicado) são os constituintes imediatos da frase.

A análise em constituintes imediatos é, essencialmente, uma descrição estrutural da frase, que consiste em mostrar como esta se decompõe em sintagmas, e como estes, por sua vez, se decompõem em unidades menores; a análise em constituintes imediatos representa a frase sob a forma de uma construção hierarquizada de elementos encaixados uns nos outros. Ela permite mostrar que frases diferentes por seu aspecto exterior têm, parcialmente, uma mesma estrutura. (V. CONSTITUINTE IMEDIATO.)

6. A língua é, portanto, um sistema de signos cujo funcionamento repousa sobre um certo número de regras, de coerções. É, portanto, um código que permite estabelecer uma comunicação entre um emissor e um receptor. Os trabalhos dos teóricos da comunicação (v. COMUNICAÇÃO), os de MARKOV* permitiram aos estruturalistas caracterizar certos aspectos da descrição estrutural das frases, precisar na língua o papel da redundância*, a importância, para o funcionamento da língua, de certas características do signo (o caráter discreto*, por exemplo), empenhar-se em pesquisas que repousam sobre o cálculo da quantidade de informação: cálculo de probabilidade, de freqüência. (V. [LEI DE] ZIPF.)

7. Para F. DE SAUSSURE e os estruturalistas, a língua é, portanto, um sistema cuja estrutura se estuda a partir de um corpus*, estudo que leva a uma classificação, a uma taxinomia dos elementos do sistema.

N. CHOMSKY, ultrapassando a fase puramente classificatória, elabora modelos hipotéticos explícitos das línguas e da linguagem. A distinção competência-*performance* está, para ele, muito próxima da

383

distinção saussuriana língua-fala: a competência* (a língua) representa o saber implícito dos falantes, estando o sistema gramatical virtualmente presente m cada cérebro; a *performance** (a fala) representa, ao contrário, a atualização ou a manifestação desse sistema numa multidão de atos concretos. N. CHOMSKY estabelece um modelo de competência e um modelo de *performance* dos indivíduos, sendo o modelo de competência uma gramática* da língua que ele fala, isto é, o mecanismo que coloca em relação sons e sentidos, que associa uma interpretação semântica a seqüências de sinais acústicos.

A gramática é constituída (1) de um número finito de regras sintagmáticas capazes de engendrar as estruturas profundas, as únicas suscetíveis de interpretação semântica, uma vez realizadas as inserções* léxicas; (2) de um número finito de regras de transformação que fazem passar as frases da estrutura de superfície, as únicas suscetíveis de uma interpretação fonética (V. [GRAMÁTICA] GERATIVA.)

A descrição chomskyana da língua apresenta, portanto, duas partes: (1) uma parte gerativa, descrição sintática das frases de base da estrutura profunda; (2) uma parte transformacional, descrição das operações que permitem passar da estrutura de base à estrutura de superfície.

II. línguas

Reconhece-se a existência de uma pluralidade de *línguas*, desde que se fale de língua portuguesa, francesa, etc. Esse termo entra em concorrência com as outras palavras (dialetos, falares, patoás), que também designam sistemas de comunicação lingüísticos. A noção de língua é uma noção prática introduzida bem antes que a lingüística se constituísse; o termo foi empregado com valores tão diversos pelos lingüistas e não-especialistas, que ninguém está de acordo com uma definição, que seria, entretanto, essencial estabelecer com precisão.

1. Línguas escritas e instituições.

Quando se aplica a palavra aos países modernos, as instituições e os hábitos dão por enumeração a lista das línguas. Trata-se então, de reduzir as línguas às *formas-padrões* que os utilizadores, geralmente por motivos extralingüísticos, consideram que são línguas. As características definidoras da língua podem ser, então, a existência de uma tradição de escrita e mesmo de uma literatura, mas também o estatuto institucional. Conforme se faça intervir este ou não, o número de línguas é maior ou menor. Esse estatuto institucional pode excluir todo ensino, ao menos oficial (é o caso da condição reservada aos falares corsos), ou lhes confere um papel de língua de ajuda (é o caso das línguas que se pode apresentar em certos exames em provas facultativas: occitano, bretão). Na França, só se reconhece o estatuto de língua materna, a aprender na escola primária, ao francês *padrão*.

Também não se pode apresentar a equação: um Estado (ou uma nação) = uma língua. Países como a Bélgica, a Suíça, o Canadá utilizam como língua nacional o francês *padrão*, enquanto que as formas dialetais (valão ou quebequense) podem ser muito diferentes. De um modo geral, nesses casos, a existência de uma língua escrita importante reduziu as formas locais ao estado de dialetos. Dá-se o mesmo com os dialetos alemães, que foram submersos pela forma escrita, que também se impôs às custas dos dialetos germânicos da Suíça e da Áustria, mas não às custas dos da Holanda (neerlandês) e Bélgica (flamengo), a que foi reconhecido o estatuto de línguas. Em sentido inverso, a existência de formas escritas diferentes leva a reconhecer a pluralidade das línguas escandinavas, entretanto muito próximas. Às vezes, uma grande obra (*A Divina Comédia* de Dante, para o toscano tornado italiano) impõe um dialeto como língua escrita; às vezes, é um poder político (o franciano tornado francês) ou uma autoridade jurídica (como para o alemão).

2. Línguas de formas escritas não-ensinadas.

Fala-se também de línguas onde não há ensino ou, em todo caso, não há ensino de certos sistemas lingüísticos que se chamam línguas (assim, no Senegal, em que o ensino é feito em francês, o uolofe é uma língua). Não se tem sempre, nesse caso, o critério da escrita para dizer que um conjunto de falares locais é uma língua, em oposição a outro conjunto vizinho, ou que ocupe a mesma zona, considerada como outra língua. O critério que parece mais evidente nesse caso é o da inteligibilidade mútua ou de intercompreensão. Colocar-se-ia como princípio que se duas pessoas que têm dialetos diferentes se compreendem, falando cada uma seu dialeto, elas falam a mesma língua; senão, falam línguas diferentes. Na realidade, a intercompreensão é algo relativo: nunca nos compreendemos inteiramente; compreendemo-nos sempre um pouco: um bonifaciano (de dialeto genovês) compreende bem um porto-vequiense (de dialeto corso-galurês), mas o inverso não é verdadeiro; e entre um porto-vequiense e um cabo--corsino (tendo ambos consciência de falar a mesma língua) a intercompreensão será reduzida e acabarão por recorrer ao francês.

Outro critério pode ser a enumeração dos elementos comuns. Pode-se estabelecer uma lista do vocabulário fundamental de 100 palavras e estabelecer a concordância de 0 a 100%. Poder-se-ia, provavelmente, proceder da mesma forma para a morfologia ou a sintaxe, mas o problema é saber a partir de qual porcentagem de desvios diremos que há duas línguas. O problema é que o falar de uma aldeia B estará próximo do de uma aldeia vizinha A, o de C próximo do de B, e assim por diante, até Z, mas haverá um enorme desvio entre os dialetos de A e Z. Muito freqüentemente há continuidade lingüística em toda a zona das línguas românicas, embora se fale de línguas diferentes. Da mesma forma, as isoglossas nunca coincidem inteiramente, e é preciso, então, escolher entre os traços que se consideram negligenciáveis (v. DIALETOLOGIA, FEIXE DE ISOGLOSSAS, GEOGRAFIA LINGÜÍSTICA). Na realidade, há limites nítidos entre o românico e o germano-neerlandês (as pessoas não se compreendem de uma aldeia para outra), mas não em cada uma dessas zonas.

Fora das formas escritas, a definição das línguas (v. FAMÍLIAS DE LÍNGUAS) é, portanto, complicada, na medida em que a continuidade lingüística é coisa freqüente.

III. língua

A *língua* é o órgão que, graças à sua flexibilidade, mobilidade e situação na cavidade bucal, desempenha o papel principal na fonação. Seus movimentos provocam modificações na forma da cavidade bucal e exercem, assim, uma influência sobre a onda sonora proveniente da laringe. A língua intervém, em geral, como o articulador inferior e pode elevar-se para aproximar-se mais ou menos do articulador superior, até entrar em contato com ele na oclusão. As posições mais ou menos altas da língua com relação à abóbada palatina determinam os diferentes graus de abrimento, desde o abrimento máximo, representado pela vogal mais aberta, para a realização da qual a língua permanece baixo, até o abrimento mínimo (fechamento máximo) representado pelas consoantes oclusivas. Seguindo a parte do articulador superior para a qual se dirige a língua, distinguem-se os fonemas anteriores (dentais e palatais) ou posteriores (velares). Seguindo a parte da língua que está mais próxima da articulação superior, distinguem-se as articulações apicais* (realizadas com a ponta da língua, como o [s] espanhol), ápico-retroflexas* (com o reverso da ponta da língua, como a série de dentais hindi [ṭ, ḍ, ṇ, ḷ, ṛ], pré-dorsais* com a parte anterior do dorso da língua como o [s] do francês), médio-dosais* (com o meio do dorso da língua, como as consoantes palatais), pós--dorsais (com a parte posterior do dorso da língua, como o [k] e o [g] de *cubo* e *gula*), radicais* (com a raiz da língua, como o [ʁ] do francês *rail*). Mas a intervenção de uma parte da língua de preferência a uma outra na realização de um fonema não é sempre pertinente em si, porque é freqüentemente determinada de modo automático pela natureza do articulador superior: uma articulação dental dificilmente pode ser pós-dorsal, ou mesmo médio dorsal; uma articulação velar dificilmente pode ser apical, etc. Certas articulações fazem intervir duas partes da língua: assim, a lateral velarizada [ɫ], que existe em russo e polonês, e que existia em francês arcaico antes de ser vocalizada, é apicodental, mas comporta uma intumescência da raiz da língua ao nível do véu palatino.

língua escrita

Chama-se *língua escrita* o conjunto dos enunciados de uma língua produzidos em vista de uma transmissão visual. Esses enunciados, aliás, são caracterizados não tanto pelo fato de que são efetivamente escritos, mas pela intenção que presidiu à sua produção. Assim, enunciados orais representados conforme um sistema de transcrição fonética não são a língua escrita. Ao contrário, um texto lido (discurso redigido, por exemplo) depende da língua escrita: fala-se, então, freqüentemente de escrito-falado.

língua franca

Dá-se o nome de *língua franca* ao sabir falado até o século XIX, nos portos mediterrânicos. Baseada no italiano central, compreende diversos elementos das línguas românicas. Chama-se também *língua franca* toda língua compósita do mesmo tipo.

língua de união

Nas regiões fragmentadas lingüisticamente, onde nenhuma língua se impõe como veicular, procede-se à constituição de *línguas de união*. Assim, em Zâmbia e na África Oriental portuguesa, encontravam-se seis grupos de dialetos chona diferentes, cujos utilizadores reunidos eram cerca de um milhão; lingüistas estabeleceram, baseando-se na gramática de certos grandes dialetos e no vocabulário de alguns outros, o chona comum, cujo uso generalizou-se. A constituição das línguas de união é baseada na escolha deliberada de certos sistemas lingüísticos naturais.

linguagem

Linguagem é a capacidade específica à espécie humana de comunicar por meio de um sistema de signos vocais (ou língua*), que coloca em jogo uma técnica corporal complexa e supõe a existência de uma função simbólica e de centro nervosos geneticamente especializados. Esse sistema de signos vocais utilizado por um grupo social (ou comunidade lingüística) determinado constitui uma língua particular. Pelos problemas que apresenta, a linguagem é o objeto de análises muito diversas, que implicam relações múltiplas: a relação entre o sujeito e a linguagem, que é o domínio da psicolingüística; entre a linguagem e a sociedade, que é o domínio da sociolingüística; entre a função simbólica e o sistema que constitui a língua; entre a língua como um todo e as partes que a constituem; entre a língua como sistema universal e as línguas que são suas formas particulares; entre a língua particular como forma comum a um grupo social e as diversas realizações dessa língua pelos falantes, sendo tudo isso o domínio da lingüística. Esses diversos domínios são necessária e estreitamente ligados uns aos outros.

A melhor definição que se pode dar da lingüística como ciência da linguagem (englobando, então, psicolingüística e sociolingüística) e ciência da língua e das línguas, ao mesmo tempo em seu funcionamento e desenvolvimento (ou transformação), é fornecida pela lista dos verbetes mais importantes contidos neste dicionário. Reportar-nos-emos, portanto, aos verbetes seguintes (em ordem alfabética):

acento
acústica (fonética)
adjetivo
afasia
alfabeto fonético
análise de discurso
antonímia
aplicada (lingüística)
articulação (dupla)
articulatória (fonética)
bilingüismo
campo
caso
classe
componencial (análise)
comunicação
conotação
consoante
cordas vocais
corpus
dados
derivação
diacronia
dialeto
dicionário
discurso
distintivo (traço)
distribucional (análise)
embreante
empréstimo
ênfase
enunciação

escrita
escrito
estatística léxica
estilística
estilo
estrutura
estruturalismo
etimologia
expressão
fala
famílias de línguas
fonema
fonética
fonologia
forma
formalização
frase
funcionalismo
função
gênero
geografia lingüística
gerativa (gramática)
glossemática
incompatibilidade
informação
lexema
lexicalização
léxico (campo)
léxico
lexicografia
lexicologia
língua

línguas
lingüística
marca
Markov (cadeias de)
mensagem
modo
morfema
mudança
nasal
neologia
número
oposição
palavra
paráfrase
partes do discurso
passivo
pessoa
polissemia
pontuação
redundância
referência
regra
relação
semântica
semiologia

sentido
signo
sílaba
símbolo
sincrônico
sinonímia
sintagma
sintagmático
sociolingüística
som
substância
substantivo
substituição
sujeito
tempo
teoria lingüística
tipologia
traço
transformação
translação
universais
universal (gramática)
verbo
voz

língua-irmã

Chamam-se *línguas-irmãs* as que resultam das evoluções divergentes de uma mesma língua antiga, chamada língua-mãe. Assim, o português, o espanhol e o francês são línguas-irmãs, sendo o latim a língua-mãe.

lingual

Consoante lingual é a consoante cuja articulação comporta a interveção da língua, como [t], ou [k], ou [r], etc., em oposição às consoantes que não utilizam a língua, como as labiais.

língua-mãe

Quando se estabelecem genealogias* (ou famílias*) de línguas, chama-se *língua-mãe* a língua cuja evolução resultou nas línguas tomadas como referência ou resultado. Assim, se nos referirmos ao português ou ao francês, diremos que para eles a língua-mãe é o latim.

lingüística

1. Concorda-se geralmente em reconhecer que o estatuto da lingüística como estudo científico da linguagem é assegurado pela publicação em 1916 do *Curso de Lingüística Geral* de F. DE SAUSSURE. A partir

389

dessa data, todo estudo lingüístico será definido como surgido "antes" ou "depois" de SAUSSURE.

Entretanto, se considerarmos o período anterior, constatamos que, desde a Antiguidade, os homens se interessaram pela linguagem e reuniram uma soma de observações e explicações não negligenciáveis. A herança é enorme — pensemos nessa análise da língua que representa a escrita, modelo da dupla articulação da linguagem.

Desde a Antiguidade, aparecem três preocupações principais que dão origem a três tipos de estudos. A preocupação religiosa de uma interpretação correta dos textos antigos, textos revelados ou depositários dos ritos (os Veda, os textos homéricos) coloca em evidência a evolução da língua e, laicizando-se, dá origem à filologia. A valorização do texto antigo, sagrado ou respeitável, faz de toda evolução uma corrupção e desenvolve uma resistência à mudança. Daí a aparição de uma atitude normativa, que se imobiliza, na ocasião, em purismo. Paralelamente, nas grandes épocas da filosofia, a linguagem é aprendida como instituição humana e seu estudo integra-se à filosofia (cf. as reflexões sobre a natureza da linguagem em PLATÃO).

Podem-se reconhecer, ao longo da história da gramática, esses três pontos de vista, mais ou menos desenvolvidos conforme as épocas. O resultado dessas pesquisas é considerável: formação das noções de frase, sujeito, objeto, partes do discurso, descoberta das relações de parentesco entre as línguas, etc.; e a lingüística atual trabalha sobre essa conquista. Considerável é também a difusão de certas idéias sobre a linguagem, vindas direta ou indiretamente do idealismo platônico (a língua representa o pensamento, que existe, portanto, fora de toda realização), idéias cuja origem uma lingüística científica deve encontrar, pelo menos para poder utilizá-las ou contestá-las.

2. Se se propõe, diante dessas pesquisas, a primeira definição da lingüística como estudo científico da linguagem, encontram-se de fato muito poucos que visem a esse objetivo. A preocupação maior nunca parece ser a da linguagem; mesmo no século XIX, tão rico em estudos gramaticais, é a história das línguas e as relações que elas mantêm que são visadas, não a língua em si mesma. Além disso, diversos pontos de vista são freqüentemente misturados.

É a essa definição do objeto da lingüística que F. DE SAUSSURE, após uma condenação desses predecessores que não definiram seu objeto, dedica os primeiros capítulos de seu *Curso*. O termo linguagem encobre um conjunto de realidades muito diversas, fisiológicas e psicológicas, auditivas e vocais, e todas as ciências, ou quase todas,

390

podem nela encontrar objetos que lhes dizem respeito. O domínio próprio de uma lingüística não é evidente, embora F. DE SAUSSURE esteja certo da possibilidade de tal ciência antes mesmo de descobrir seu objeto específico.

Todas as sociedades humanas possuem um meio de comunicação "articulado", a linguagem — mas as línguas são diferentes. Entre essa constatação de diversidade e essa similaridade de comportamento, há lugar para uma hipótese, para um "ponto de vista", e a indicação de um objeto e de um método. Esse objeto é a "língua", componente social da linguagem, que se impõe ao indivíduo e se opõe à "fala", manifestação voluntária e individual. A língua é um sistema de signos. Assim definida, a linguagem se encontra relacionada aos outros sistemas simbólicos (morse, sinais marítimos) e torna-se, desse ponto de vista, o objeto da semiologia, que deve estudar "a vida dos signos no seio da vida social", ciência nova que F. DE SAUSSURE constitui no próprio ato de fundação da lingüística, e no seio da qual esta última tem por papel fornecer os carac*teres* específicos da língua, o mais elaborado desses sistemas de signos. Da definição do objeto decorrem certos princípios metodológicos.

(*a*) Primeiramente, a lingüística geral não pode colocar-se no fim das diversas pesquisas empreendidas acerca das línguas, mas em sua origem. Cabe a ela dirigir essas pesquisas. Reencontra-se aí a atitude das gramáticas gerais e racionais dos séculos XVII e XVIII. O corte epistemológico operado por SAUSSURE é, portanto, ruptura com os estudos gramaticais do século XIX e retomada, com outro método e noutro contexto científico, de um ponto de vista mais antigo sobre a linguagem.

(*b*) Todos os fatos de língua são estudados: o ponto de vista normativo é excluído. As leis procuradas são leis de funcionamento da linguagem, não são normas sociais. É preciso desfazer-se das idéias de bom senso e dos preconceitos sociais e nacionais. Daí a constituição de uma terminologia nova e rigorosa.

(*c*) A língua falada, esquecida durante muito tempo, torna-se o objeto (quase) privilegiado da pesquisa. Conseqüentemente, depreendem-se as particularidades da língua escrita e a possibilidade de um estudo da interdependência desses dois códigos.

(*d*) Sendo a língua (no sentido saussuriano) definida em sincronia*, essa perspectiva torna-se dominante. A separação radical com o ponto de vista diacrônico é uma necessidade fundamental (o princípio dessa separação radical será reestudado em seguida).

(*e*) Enfim, postulado ou resultado da observação, a língua é uma estrutura, uma forma e não uma substância. É um sistema de valores, sendo suas unidades diferenciais, opositivas, negativas. O lingüista é desviado do estudo da substância (pensamento, sons) e dispõe de um critério de pertinência que lhe permite constituir e apreender os objetos lingüísticos, que não são nunca fatos isolados, mas valores.

Tal é o arsenal de conceitos da lingüística estrutural de F. DE SAUSSURE, e pode-se considerar a história de nossa ciência até cerca dos anos 60, bem como a configuração de uma parte de seu campo atual, como o desenvolvimento das hipóteses saussurianas.

3. Definindo o fonema como a unidade mínima capaz de mudar o sentido, com a técnica dos pares mínimos, é no ato de comunicação que se apóiam os fonólogos da ESCOLA DE PRAGA nos anos 30, como quando se interessam pelas funções de linguagem; exploram, portanto, a proposição de que a língua é um dado social. Esse método, com a determinação das estruturas fonológicas (dos fonemas e de suas oposições), constituiu durante muito tempo o modelo lingüístico mais rigoroso e mais sedutor para as outras ciências humanas. Entretanto, os fonemas são definidos em termos de traços articulatórios, processo denunciado como um retorno à substância e uma deturpação à concepção da língua enquanto forma.

4. É um aspecto formal da língua ("a língua é uma álgebra que só tem termos complexos") que privilegia a ESCOLA DINAMARQUESA da GLOSSEMÁTICA, que visa a uma descrição do sistema a partir de elementos que não são nem sons, nem letras, nem significações, mas relações. Repelindo a lingüística "transcendente" (baseada em dados exteriores à língua, a fonética por exemplo), HJELMSLEV quer substituí-la por uma lingüística imanente, isto é, que conceba a língua como uma totalidade absolutamente autônoma, regida por leis puramente internas. Daí, com relação a F. DE SAUSSURE, um refinamento de formalização na teoria de signo, de que cada um dos constituintes se encontra dividido em forma e substância, sendo o signo apenas a ligação da forma do conteúdo e da forma da expressão.

5. Embora bastante isolada com relação à Europa, e diante de problemas bem particulares (o estudo das línguas ameríndias), no contexto filosófico do behaviorismo, a lingüística americana desenvolve-se sem contradição fundamental com as hipóteses estruturais, e está bastante próxima da glossemática. Baseada na constatação de que as partes de uma língua não se encontram arbitrariamente, o método distribucional procura constituir, num corpus acabado, a partir dos con-

392

textos das unidades e sem recurso ao sentido, as classes gramaticais de uma língua. Esse método pode também ultrapassar os limites da frase e desenvolver-se em análise de discurso, fazendo aparecer leis de funcionamento a um nível que escapava até então à análise, porque se considerava que dependia de uma total liberdade. O estabelecimento de leis de distribuição aos diversos níveis da língua leva os lingüistas a encontrar os métodos e os resultados dos teóricos da informação e a desenvolver uma lingüística quantitativa, que estuda e classifica os elementos da língua em função de sua probabilidade de aparecimento, e que formula leis.

6. Para o distribucionalismo, como para as escolas precedentes, trata-se de descrever o sistema de uma língua — residindo as diferenças essencialmente nos métodos empregados para isolar as unidades —, de levar, portanto, a uma taxionomia a partir da observação. Se é verdade que todas as ciências passam por uma fase "descritivo-indutiva" necessária, para se constituírem verdadeiramente, é preciso que elas passem à fase dedutivo-explicativa, pela constituição de modelos hipotéticos sempre mais operatórios, capazes de dar conta, simulando-o, do funcionamento da realidade. Notemos que os conceitos de estrutura e valor não são, para F. DE SAUSSURE, diretamente derivados da observação, mas criados para dar conta da língua. A problemática já não se resume mais em: a língua é estruturada? se for verdade, pesquisemos essa estrutura para descrevê-la; e sim em: pode-se estruturar a língua e, em caso afirmativo, como fazê-lo? A uma diligência de pesquisa de uma estrutura pela observação sucede a estruturação do campo pelo pesquisador.

É essa nova configuração epistemológica que se encontra na base das gramáticas gerativas e transformacionais que se constituíram nos E.U.A. e na U.R.S.S. nestes últimos quinze anos, e cujos autores se fixam por tarefa dar conta da aptidão (competência) dos falantes em produzir e compreender (*performance*) uma infinidade de frases (N. CHOMSKY); é a criatividade lingüística que é preciso estudar, aspecto essencial da competência, e por isso tornar explícita essa competência sob a forma de um modelo constituído de um número finito de regras (finito, pois sua aprendizagem é rápida). Essas regras devem ser de tal natureza, que possam engendrar um número infinito de frases. Dois níveis são, portanto, estabelecidos na linguagem: uma estrutura profunda e uma estrutura de superfície ou, conforme a terminologia de CHAUMJAN, o nível dos genótipos lingüísticos (objetos sintáticos independentes dos meios lingüísticos que servem para exprimi-los) e o dos fenótipos lingüísticos (formas exteriores de que são revestidos os genótipos). Regras de transformação explicam a passagem da estrutura profunda à estrutura de superfície (construção de um "modelo de engendração aplicado" para CHAUM-JAN). A noção de língua como sistema de signos é substituída pela de língua como sistema de regras.

7. Com o conceito de *performance* (modo como o falante utiliza as regras), a lingüística anexa o domínio da fala, até então mantido à parte, porque considerado como independente de qualquer lei. Esse movimento se confirma pelo desenvolvimento da teoria da enunciação, que recoloca o indivíduo em seu discurso e estuda este último em função de seu produtor. Assim está preenchida a lacuna que dicotomia língua *vs.* fala havia aberto na linguagem.

Falar é agir; estudar a fala é, portanto, estudar um ato no qual o indivíduo se coloca e se afirma. Este, portanto, não é mais o sujeito passivo, cujo modelo foi dado por F. DE SAUSSURE. Se lembrarmos agora o caráter social da língua (não sendo mais a concepção atual da sociedade aquela, monolítica, de É. DURKHEIM, de uma exterioridade e de uma coerção), essa hipótese enriqueceu-se e fornece um modelo mais dinâmico da linguagem no qual a fala, com seu valor de ato social, é um ponto de encontro entre indivíduo e sociedade, um ponto de tensão.

Assim, a lingüística, após um período de fundação caracterizado por uma limitação estreita e rigorosa do objeto "língua" e um recuo para aquém de fronteiras precisas, anexa agora a fala, o discurso, as relações da língua com o indivíduo e o mundo, graças a métodos explícitos rigorosos. Visto que não há ciência que finalmente não leve a um discurso, compreende-se a posição central que ocupa a lingüística no perfil epistemológico de nossa época, na medida em que visa a elaborar modelos de produção, comunicação e compreensão desses discursos.

linking (ingl.).

V. ENCADEAMENTO

líquido

Dá-se freqüentemente o nome de *líquidas* (termo herdado dos gramáticos da Antiguidade) a uma classe de consoantes que combinam uma oclusão e uma abertura do canal bucal, de modo simultâneo, como as laterais, ou de modo sucessivo, como as vibrantes. Tais consoantes são caracterizadas por um grau de sonoridade próximo do das vogais e, de fato, seu espectro acústico apresenta as características vocálicas, com uma estrutura de formantes bastante nítida. Acusticamente, as líquidas são simultaneamente consonânticas e vocálicas. A distinção entre os dois tipos de líquidas é pouco freqüente e instável. Poucas línguas, fora do mundo ocidental, distinguem [r] e [l]. As grandes línguas do Extremo Oriente, o chinês, o japonês, por exemplo, ignoram essa distinção. Há, nessas línguas, um só fonema líquido, realizado como vibrante ou como lateral, conforme o contexto. Esta é, segundo R. JAKOBSON, uma das últimas distinções que as crianças adquirem. Encontra-se essa 'instabilidade da distinção entre os dois tipos de líquidas na fonética diacrônica, porque o desenvolvimento do ibero-romance e o do itálico mostram numerosos exemplos de confusão [r] — [l]. Certos falares espanhóis da América confundiram-nas rapidamente, sob a influência das línguas indígenas com que estão em contacto.

literal

Qualifica-se de *literal* um estado de língua representado por textos escritos e mantido numa comunidade lingüística como língua de cultura, em oposição à língua falada ou língua vulgar. Assim, o *árabe literal*, ou literário, ou clássico, ou corânico, opõe-se ao árabe falado, ou dialetal, ou moderno.

litote

Litote é uma figura de retórica que consiste em servir-se de uma expressão que enfraquece o pensamento, a fim de fazer entender mais do que se diz: em *O Cid* de Corneille, as palavras *"Vai, eu não te odeio"*, que Chimena diz a Rodrigo, formam uma *litote*.

livre

1. Qualifica-se de *livre* um tipo de *discurso* (ou *estilo*) *indireto* quando o verbo introdutor (*ele dizia que*) do discurso indireto é suprimido.
2. L. BLOOMFIELD designa por *forma livre* toda forma lingüística suscetível de apresentar-se numa frase; os morfemas radicais são *formas livres mínimas*. Uma forma livre pode ser composta de duas formas (ou mais de duas) livres mínimas, por exemplo *pequeno Pedro*; é, então, um sintagma. Quando uma forma livre não é um sintagma, é uma palavra, não inteiramente composta de formas livres mínimas; assim, uma palavra como *beleza* é constituída de uma forma livre *belo* e de uma forma presa *-eza*.
3. Para L. HJELMSLEV, uma variante* é *livre* quando não é imposta automaticamente pelo contexto. Uma variante livre é também chamada "variação".
4. Uma *vogal livre* é uma vogal que não é seguida de uma consoante na mesma sílaba. É a vogal das sílabas abertas, em oposição às vogais travadas* das sílabas fechadas. Na palavra *afã* [afã], as duas vogais são livres.
5. Em oposição às línguas análogas*, as línguas inversivas têm a faculdade de modificar a ordem das palavras na frase sem que o sentido mude. Tendo o termo inversivo o inconveniente de deixar supor que uma ordem é primeira e fundamental (a ordem sujeito-verbo-complemento, por exemplo), prefere-se falar soje de *línguas de construção livre*.

local

Funções locais. V. CONCRETAS (FUNÇÕES).

locativo

Em oposição ao "direcional", chama-se *locativo* um caso* que exprime o desenvolvimento em um lugar do processo do verbo (ex.: *Constrói-se muito EM PARIS*). Em certas línguas, o locativo se encontra diferenciado em inessivo*, abessivo* e adessivo*.

locução

Em gramática tradicional, uma *locução* é um grupo de palavras (nominal, verbal, adverbial) cuja sintaxe particular dá a esses grupos o caráter de grupo estereotipado e que correspondem a palavras únicas. Assim, *pôr fogo* é uma locução verbal equivalente a *acender*; *em vão* é uma locução adverbial correspondente a *vãmente*; *corpo docente* é uma locução nominal.

Chamam-se *frases feitas* as locuções que exprimem um comporta-

395

mento cultural também estereotipado; assim, a expressão "Como vai V.?" é uma frase feita utilizada para fazer começar uma troca verbal em certas situações.

locus

Em fonética acústica, o *locus de uma consoante* é o ponto do espectro acústico para o qual tendem os formantes (essencialmente o segundo formante ou formante bucal) da vogal que precede ou que segue a consoante considerada.

Com efeito, cada consoante traz no espectro da vogal contígua modificações que correspondem à mudança gradual da forma dos diferentes ressoadores quando da passagem da consoante à vogal ou da vogal à consoante. Essas inflexões de formantes, ou transições*, convergem para um mesmo ponto, o locus, que permite a identificação das consoantes e, em particular, das oclusivas. A direção para a qual apontam os formantes é mais importante, a esse respeito, para a percepção das distinções lingüísticas do que as freqüências de ruído típicas da consoante.

O locus da oclusiva [p] situa-se nas baixas freqüências (cerca de 700 ciclos por segundo), o de [t] em freqüências mais altas (cerca de 1 800 ciclos por segundo). O locus de [k] situa-se em baixas freqüências para as vogais posteriores (cerca de 1 000 ciclos por segundo) e em freqüência mais elevadas para as vogais anteriores (cerca de 3 000 ciclos por segundo).

locutivo

J. Damourette e E. Pichon chamam *locutivo* a pessoa que fala. (V. pessoa.)

Para alguns autores da lingüística moderna, como B. Pottier, locutivo designa as formas usadas numa situação de comunicação: a interjeição, o vocativo, etc.

locutor V. falante.

logatomo

Chama-se *logatomo* uma sílaba ou uma seqüência de sílabas que pertencem a uma língua, mas que não formam uma palavra ou um sintagma significativo; ex., em português, *intonda, iturpala, porbida,* etc. Os logatomos são utilizados nas provas psicolingüísticas de repetição imediata para testar a percepção auditiva e a memória imediata dos signos verbais não-significativos.

logograma

Nas descrições das escritas ideogramáticas*, como a escrita hieroglífica egípcia em seu estado antigo, chama-se *logograma* o desenho correspondente a uma noção (logograma semântico ou ideograma) ou à seqüência fônica constituída por uma palavra (logograma fonético ou fonograma); enfim, certos logogramas (ou determinativos) são utilizados como signos diacríticos que permitem precisar a interpretação de um signo que pode por si mesmo ter vários sentidos.

logorréia

Logorréia é um fluxo rápido de palavras, caracterizado por uma necessidade incoercível de prosseguir um enunciado; caracteriza certos afásicos sensoriais. (V. afasia.)

longo

Fonema longo é o fonema que se distingue de outro, fonético ou fonologicamente, por uma duração* superior.

Do ponto de vista lingüístico, um fonema longo, num contexto fonético dado, tem uma duração suficientemente superior à do fonema breve, para que o falante tenha a nítida impressão da distinção. As "longas" são em geral mais longas que as "breves" aproximadamente 50%. Pela oposição entre uma vogal longa e uma vogal breve, o latim distinguia palavras como *vĕnit,* "ele vem", e *vēnit,* "ele veio". Essa oposição existe em francês, onde está, entretanto, em vias de desaparecimento: *mettre* [mɛtr], "pôr" — *maître* [mɛːtr], "mestre". Uma consoante longa é chamada *geminada** quando é cindida em duas por uma fronteira silábica (por exemplo, em italiano *fatto*, "feito" — *fato*, "acaso").

lugar

Numa terminologia derivada da lógica, chama-se *estrutura* (da frase) *de um lugar* uma frase intransitiva simples, como *João morreu*, em que *João* ocupa o único lugar associado a *morrer*. Es-

trutura de dois lugares é a de frases transitivas com um único complemento, como *João ama Luísa*, em que *João* e *Luísa* ocupam dois lugares, de sujeito e de objeto. *Estrutura de três lugares* é a de frases transitivas de complemento duplo, como *João mostra um livro a Pedro*, em que *João, livro* e *Pedro* ocupam os três lugares, de sujeito, de objeto direto e de objeto indireto. Assim, também, os verbos intransitivos são chamados *verbos de um lugar*, os transitivos, *verbos de dois lugares*, e os bitransitivos, *verbos de três lugares*.

M

macho

Na categorização semântica dos animados (pessoas ou animais), o termo *macho* representa a classe dos "seres machos" na oposição de sexo. Assim, o substantivo *aluno* tem o traço semântico distintivo [+ macho], enquanto que o substantivo *aluna* tem o traço semântico distintivo [— macho] (fêmea). "Masculino" e "macho" não se confundem: uma palavra pode ser "feminina" e "macho", p. ex. *sentinela*. (V. GÊNERO.)

maciço

Sinônimo de não-contável. (V. CONTÁVEL.)

macrocontexto

1. Chama-se *macrocontexto* de uma palavra um contexto maior que a palavra que precede ou segue o termo considerado, em oposição ao *microcontexto*: esse macrocontexto pode ser a frase, o parágrafo ou todo o discurso.
2. Em estilística, chama-se mais particularmente *macrocontexto* o conjunto dos dados contextuais presentes ao espírito do leitor quando ele lê um texto: o macrocontexto é, então, constituído pela situação cultural do leitor.

macro-segmento

Em lingüística distribucional, o *macro-segmento* é um segmento de discurso enunciado com uma só e mesma entonação; corresponde aproximadamente à "frase".

mais-que-perfeito

Dá-se o nome de *mais-que-perfeito* a um conjunto de formas verbais, no francês, constituídas pelo auxiliar *avoir* (ou *être*) e de um particípio passado, sendo o próprio auxiliar constituído de sufixos do imperfeito. No português, o mais-que-perfeito pode ser simples (forma em desuso), marcado pelo sufixo *-ra-*, ou composto pelos auxiliares *ter* ou *haver*, no imperfeito, sendo o primeiro destes auxiliares o mais usado no registro coloquial. O mais-que-perfeito representa o aspecto acabado em relação a um passado do enunciado: (*Quando o médico chegou, o paciente tinha morrido*). (V. PASSADO.)

majestático

Chama-se *plural majestático* o plural do pronome da primeira pessoa utilizado no lugar, de *eu*, no estilo oficial, pelas pessoas revestidas de um caráter de autoridade; assim, nas fórmulas *Nós, presidente da República*... (V. [DIMENSÃO] HONORÍFICA.)

mando

Na teoria behaviorista da linguagem, os *mandos* (ingl. *mand*) são as respostas verbais reforçadas por suas conseqüências, isto é, ordens, desejos, ameaças; a ordem é, assim, um *mando* porque é executado.

manifestação

Tendo colocado os três níveis da matéria* (realidade semântica ou fônica), da substância* (organização da matéria pela língua), da forma* (rede de relações), L. HJELMSLEV diz que a substância é a *manifestação* da forma na matéria.

mapa lingüístico

Carta lingüística é uma folha de um atlas lingüístico que representa o país cujas falas são estudadas; nela há números que assinalam as localidades onde se efetuaram as pesquisas. Linhas diversas (isoglossas*) separam as zonas onde se encontra um traço lingüístico determinado daquelas onde se encontra um traço lingüístico diverso.

marca

1. Em fonologia, chama-se *marca* uma particularidade fônica cuja existência ou não, numa dada unidade, basta para opô-la às outras unidades de mesma natureza da mesma língua. Em português, o fonema /b/ opõe-se ao fonema /p/ pela presença, em sua articulação, da vibração das cordas vocais ou sonoridade. Diz-se que a unidade /b/ é positiva ou marcada, enquanto que a unidade /p/ é negativa ou não-marcada. Em posição de neutralização, é a forma não-marcada que realiza o arquifonema: assim, em alemão e russo, a oposição entre /t/ e /d/ é neutralizada em posição final, e a forma que aparece nessa posição é a forma surda /T/. Ocorre o mesmo em italiano, em que a oposição de sonoridade /s/ *vs.* /z/ é neutralizada na inicial em proveito da forma surda /s/. A forma não-marcada tem, portanto, uma distribuição maior que a forma marcada.

Uma marca fonológica é chamada *marca de correlação** quando permite opor respectivamente os termos de vários pares mínimos: a sonoridade em português permite opor as séries marcadas /b d g v z/ às séries não-marcadas /p t k f s/, a nasalidade vocálica permite opor as séries marcadas /ã ẽ ĩ õ ũ/ às séries não-marcadas /a e i o u/, etc.

2. Estendeu-se a noção de *marca* da análise fonológica à análise morfológica e léxica. O caso marcado apresenta o conjunto das características da forma não-marcada mais uma, e reencontramos os diversos problemas colocados pela noção de marca (determinação do caso marcado, característica pertinente da marca, etc.), bem como as noções complementares da de marca (por exemplo, a noção de neutralização).

Foi inicialmente no domínio das "palavras gramaticais" que a noção de marca revelou-se fecunda. A descrição morfológica, com efeito, tem explorado amplamente a oposição marcado *vs.* não-marcado, por exemplo, para o estudo da categoria gramatical do gênero (masculino não-marcado e feminino marcado), bem como do número (singular não-marcado e plural marcado). O estudo foi estendido a inventários léxicos fechados do tipo dos pronomes; o esquema da comunicação e o estudo do sistema das marcas se recortam em parte para a determinação do sistema dos pronomes (oposição *eu* vs. *tu*, e neutralização da forma da segunda pessoa no plural *nós*; oposição secundária *eu, tu* vs. *ele*).

399

Todavia, a gramática distribucional, levada a rever os conceitos de "partes do discurso", chega à constatação da coexistência de processos lingüísticos muito diferentes para a indicação da mesma "categoria gramatical": a oposição de número pode ser traduzida pela oposição marcado *vs.* não-marcado (*a criança / as crianças*), mas também por processos léxicos (*um par de luvas, um trio simpático, uma multidão, a maioria*).

Fortalecida com essa constatação, a lexicologia estrutural voltou a sua atenção para os diversos "pequenos grupos", ou micro-estruturas, evocados por A. MEILLET e propôs-se descrever sua estrutura. Na medida em que se trata de grupos (por exemplo, o paradigma dos assentos: *pufe, tamborete, cadeira, poltrona,* etc.) ou de antônimos (*bom* vs. *mau*), foram mais freqüentemente as oposições multilaterais, no primeiro caso, ou equipolentes, no segundo caso, de N. S. TRUBETZKOY, que permitiram descrever essas microestruturas. Observar-se-á, todavia, que um par antonímico do tipo *noite* vs. *dia* é passível de uma descrição por não-marcado *vs.* marcado, enquanto a neutralização atestada em certos contextos (*aquele dia, à meia-noite*) permite definir *noite* como o caso marcado da oposição. Todavia, de um modo geral, é ao método de análise do fonema em traços distintivos que se referirá a semântica estrutural para constituir a análise sêmica e suas unidades, o sema e o semema.

A oposição marcado *vs.* não-marcado permitiu, entretanto, interessantes estudos distribucionais. J. DUBOIS constata que as unidades léxicas cujas distribuições estão mais próximas (os sinônimos), desempenham umas com relação às outras o papel de caso não-marcado e de caso marcado. Todavia, esse papel pode variar conforme as distribuições.

Por exemplo na oposição *agudo / pontudo,* constata-se que: *a*) quando o substantivo não-animado que precede *pontudo* admite também *afilado, arredondado,* então *agudo,* é igualmente possível, e *agudo* é o caso marcado (enquanto subconjunto, e por ser o caso marcado é menos freqüente que o não-marcado), ex.: *um lápis, um bico pontudo / agudo* (+); *b*) quando o substantivo admite *crônico, grave* ou o verbo *curar, pontudo* é um conjunto vazio.

3. Chamam-se *marcas de rejeição* as expressões (unidade, seqüência de unidades ou signos gráficos) pelas quais o falante manifesta sua recusa em assumir seu enunciado ou seu discurso. A determinação das marcas de rejeição tem uma grande importância quando se quer medir os graus de passagem de uma forma de língua, empregada por um primeiro falante, no discurso de um segundo falante que

opera a reformulação* dos enunciados do primeiro. Os exemplos mais típicos de marcas orais ou escritas de rejeição são fórmulas como *o que ele chama, pretenso, suposto*, etc.; as aspas são a marca mais conhecida, essencialmente escrita, mas que transcrevem, às vezes, um contorno de entonação específico. (V. MODALIZAÇÃO.)

marcado

Diz-se de uma unidade lingüística que ela *é marcada* quando possui uma particularidade fonológica, morfológica, sintática ou semântica que a opõe às outras unidades de mesma natureza da mesma língua. Essa unidade marcada é, então, o caso marcado de uma oposição binária em que o termo oposto, privado dessa particularidade, é chamado não-marcado. (V. MARCA.)

marcador

1. Chamam-se *marcadores estruturais* os morfemas gramaticais (afixos, desinências, preposições, ordem das palavras, etc.) que indicam a estrutura sintática de uma frase, em oposição aos morfemas léxicos. (V. FUNCIONAL [PALAVRA].)

2. Chama-se *marcador* (ou *indicador*) *sintagmático*, em gramática gerativa, a análise da estrutura em constituintes de uma frase e sua representação dada na maioria das vezes sob a forma de árvore ou de parênteses. (V. ÁRVORE, PARENTETIZAÇÃO.)

3. O dicionário, encarregado em gramática gerativa, de assegurar, com as regras de projeção, a interpretação semântica das estruturas oriundas do componente categorial, comporta *marcadores sintáticos* e *marcadores semânticos*: os primeiros são categorias gramaticais (p. ex.: Subst.; Masculino, etc.), os segundos são categorias semânticas (p. ex.: [objeto físico], [animado], [humano], etc.). Os marcadores semânticos podem igualmente servir para indicar as restrições de seleção de uma unidade (condições necessárias a um amálgama semântico satisfatório).

marcante (fr. marquant)

O termo *marcante* (fr. *marquant*) designa, para L. TESNIÈRE, as unidades que permitem a translação (transferência) de uma palavra ou seqüência de palavras de uma classe em outra. Em *o trem de São Paulo, de* é o marcante da translação do substantivo São *Paulo* em adjetivo. O marcante não é necessário à translação: a transferência do substantivo *laranja* em adjetivo, em *um carro laranja*, se faz sem marcante.

Markov (modelo de), teoria das cadeias de Markov

Com base na teoria da comunicação e do cálculo da quantidade de informação (v. COMUNICAÇÃO, INFORMAÇÃO), os teóricos da comunicação propuseram-se a avaliar a quantidade média de informação transmitida pelas línguas naturais, considerando o grau de incerteza relativo aos diferentes sinais dos subcódigos. Fazendo-o, ligam-se aos distribucionalistas da escola americana estruturalista, preocupados em descrever as línguas naturais em termos de coerções formais que aparecem no encadeamento das unidades de base, cada uma em seu quadro respectivo (morfemático e fonemático). Na realidade, os teóricos da comunicação apresentam aos lingüistas um modelo matemático, subjacente às pesquisas estruturalistas, conhecido sob o nome de *modelo de estados finitos*, ou de *teoria das cadeias de Markov*, ou de *processo de Markov*, ou de *modelo de Markov*.

No interior das duas subestruturas, os elementos, fonemas e morfemas, sofrem em suas combinações, em sua distribuição*, certo número de coerções, inerentes a todo código* de comunicação. Esses processos de dependência dos elementos entre si levam o nome de *cadeia de Markov*, do nome do estatístico russo que, em 1907, estudou as coerções impostas sobre a sucessão das letras ou grupos de letras, calculando as probabilidades condicionais de realização de uma letra qualquer, dadas as probabilidades condicionais de realização do contexto de esquerda, de comprimento N. Uma seqüência em que todos os sinais (letras ou fonemas) são independentes uns dos outros é chamada de *ordem zero* ou *sem memória*. Se a probabilidade de aparecimento do sinal depende do único sinal que o precede, diz-se que esse sinal tem uma fonte que é de ordem 1, ou que tem uma memória de ordem 1; essa fonte é, então, chamada *fonte de Markov de ordem 1*.

Se a fonte do sinal tem uma memória de ordem 2, a probabilidade de realização de um sinal é condicionada pela probabilidade dos dois sinais que precedem. Nas línguas naturais, as dependências sobre a ordem seqüencial dos fonemas, por exemplo, são de extensão finita e não ultrapassam a ordem 5.

Por outro lado, quando a probabilidade de aparecimento de um sinal depende do sinal precedente, o emissor (ou falante) é considerado como uma máquina que pode tomar um certo número de estados sucessivos, cujo número é finito, mas que são recorrentes*, isto é, podem reproduzir-se regularmente no curso da emissão da mensagem (a presença do estado /f/ em um ponto da cadeia falada não exclui o aparecimento de um novo estado /f/ ulterior). O primeiro estado (começo da seqüência) é chamado estado inicial; no fim da emissão da seqüência, o emissor (ou falante) encontra-se no estado final.

Nas línguas naturais, desde o estado inicial, um certo número de restrições aparecem ao nível fonemático, porque nem todos os sinais são equiprováveis em começo de enunciado.

Seja o estado inicial /t/; em português, esse fonema pode ser seguido por qualquer uma das vogais, mas não por um fonema consonântico como /p/ ou /b/, ou por outro /t/. Portanto, em português, no estado /t/, a probabilidade de obter uma vogal ou um /r/ aumenta. Se /r/ for emitido, o emissor se encontra no estado /tr/ e a escolha do fonema que segue essa seqüência é de novo submetida a um certo número de coerções e limitada a um subconjunto restrito de fonemas

402

pertencentes ao código: a probabilidade de uma consoante é nula; só é possível uma vogal.

A concatenação dos morfemas segue os princípios gerais da teoria de MARKOV. O conjunto dos morfemas de uma língua natural representa o estoque de elementos que podem combinar-se para formar uma mensagem. Restrições de natureza sintática intervêm e restringem o número das combinações teoricamente possíveis. Elas operam sobre classes de elementos que podem tomar certo número de posições na cadeia, com a exclusão de todas as outras. Daí os dois processos que estão na base do funcionamento da língua: o processo de seleção de certas entidades lingüísticas, que implica a possibilidade de substituir um dos termos pelo outro, e situa-se no eixo paradigmático*, e o processo de combinação desses elementos em unidades lingüísticas de um grau mais elevado de complexidade, que se situa no eixo sintagmático*. As relações entre os elementos são analisadas como sistemas de dependências lineares, orientadas da esquerda para a direita, em que a emissão de um elemento é determinada pelo conjunto dos elementos emitidos precedentemente. Assim, a ordem das duas classes, artigos e substantivos comuns é totalmente coercitiva: só podemos emitir *a mesa* e não *mesa a*. Por outro lado, sendo o primeiro elemento emitido o artigo *a*, ele só pode ser seguido por um subconjunto dos substantivos comuns que comportem a característica "feminino".

Assim, apenas na perspectiva lingüística, além das aplicações importantes do modelo informacional aos dois domínios da tradução automática e da psicolingüística, os estudos empreendidos pelos teóricos da comunicação permitiram (1) esclarecer os fundamentos teóricos e matemáticos da análise distribucional*, marcando ao mesmo tempo seus limites (particularmente em sintaxe), e (2) precisar as relações que mantém a lingüística com certos ramos de matemática; dessas relações originaram-se novas pesquisas baseadas em tipos de operações lógico-matemáticas abstratas. (V. ESTOCÁSTICA.)

máscara

Chama-se *efeito de máscara*, em acústica, o fenômeno pelo qual certos sons submergem ou mascaram outros em dadas condições (o barulho da rua, por exemplo, cobre o som de uma conversa particular e torna-a inaudível). O som que domina o outro é chamado *componente mascarador*; o que é dominado é chamado *componente mascarado*. A intensidade para a qual o componente mascarador é apenas audível, excluindo o componente mascarado, é chamado *limiar de máscara*. A intensidade para a qual o componente mascarado, tomado isoladamente, é apenas audível é chamada *limiar absoluto*.

O efeito de máscara pode ser medido em decibéis pela relação entre o limite de máscara e o limite absoluto. Os efeitos de máscara variam, portanto, conforme a intensidade dos dois componentes, mas também conforme sua freqüência. Às intensidades moderadas, os sons tendem a mascarar melhor os sons de freqüência vizinha do que os sons de freqüência distante. Se os sons de baixa freqüência mascaram de modo eficaz os sons de alta freqüência, de seu lado os sons de alta freqüência conseguem mascarar muito melhor os de baixa freqüência.

mascaramento

Dá-se o nome de *mascaramento* a um processo, oposto ao de conivência* e de simulação*, pelo qual um falante, supondo que uma forma de língua o classificaria como pertencente a um grupo sociopolítico ao qual ele pertence efetivamente, evita empregá-la.

masculino

O *masculino* é o gênero* gramatical que, numa classificação em dois gêneros, opõe-se ao feminino e que, numa classificação em três gêneros, opõe-se ao feminino e ao neutro. O masculino representa freqüentemente, mas não constantemente, o termo "macho" no gênero natural que repousa sobre a oposição de sexo entre "macho" e "fêmea". A palavra *vendedor* é indicada [+ masculino], [+ macho], mas *sentinela* é [— masculino] [+ macho]. A palavra *tamborete* é apenas indicada [+ masculino], opondo-se a *mesa* [— masculino]. (V. MACHO.)

mate

Fonema mate, ou fonema *de bordas lisas*, é um fonema cujo espectro acústico é caracterizado por uma difusão da energia mais fraca, mas mais regular e mais uniforme que a dos fonemas estridentes correspondentes. Esse aspecto acústico corresponde, do ponto de vista articulatório, a uma menor turbulência do ar e a uma articulação menos complexa. As bilabiais [p], [b], [β], cuja articulação comporta apenas o obstáculo dos lábios, são mates com relação às labiodentais [f] e [v] correspondentes (estridentes), que empregam o obstáculo suplementar dos dentes. As dentais [θ], [ð] e as palatais não-sibilantes e não-fricativas, as velares propriamente ditas [k], [g], [γ] são consoantes mates, à diferença das lábio-palatais, das lábio-velares, das uvulares, das sibilantes, das fricativas palatais.

Do ponto de vista da percepção, os sons mates são menos audíveis que os sons estridentes correspondentes, porque sua intensidade é menos forte. A melhor oclusiva ótima, portanto, é mate, enquanto que a fricativa ótima é estridente. De fato, em muitas línguas, em francês por exemplo, a oposição entre as oclusivas e as fricativas é acompanhada de uma oposição mate vs. estridente. As oclusivas [p, b, t, d, k, g] são mates; as fricativas [f, v, s, z, ʃ, ʒ, ʁ] são estridentes. Entretanto, o inglês opõe fricativas mates [θ], [ð] às oclusivas mates [t], [d] e às fricativas estridentes [s], [z] correspondentes. O português opõe em posição intervocálica fricativas mates [β, ð, γ] (devidas a uma espirantização das oclusivas homorgânicas [b, d, g]) às fricativas estridentes [v, z, ʒ].

matéria

1. Em lingüística tradicional, a *matéria* é o material físico no qual é composta a substância e a que é imposta uma forma particular que dá a essa substância sua identidade e permanência; por exemplo: a matéria pode ser fônica ou gráfica.

2. L. HJELMSLEV chama *matéria* a realidade semântica ou fônica considerada independentemente de toda utilização lingüística.

materno

Chama-se *língua materna* a primeira língua aprendida por um falante (aquela de que ele é o falante* nativo) ao contato do ambiente familiar imediato.

I. matriz
Chama-se *matriz* um arranjo ordenado de um conjunto de elementos.

II. matriz
Em gramática gerativa, a *frase matriz*, ou *seqüência matriz*, é uma seqüência $\sum_1$ na qual uma outra seqüência $\sum_2$ vem encaixar-se no curso de uma operação de encaixe. A noção de frase matriz corresponde à de oração principal, levando-se em conta o fato de que a própria matriz pode tornar--se, por sua vez, uma frase encaixada em outra oração (v. ENCAIXE). Na frase composta *Gostei do presente que você me deu*, a frase *Gostei do presente* é a matriz. Na frase *Assisti na televisão ao filme que meus pais, que eu vi ante-ontem, me aconselharam*, a frase *Meus pais me aconselharam esse filme* é a matriz da frase encaixada *que eu vi* e é a frase encaixada da matriz *Assisti na televisão ao filme*.

matrônimo
Chama-se *matrônimo* um nome de família formado segundo o nome da mãe.

mecanismo
Em lingüística gerativa, a gramática é um *mecanismo* finito capaz de gerar um conjunto infinito de frases gramaticais às quais associa automaticamente uma descrição estrutural. (V. ANÁLISE ESTRUTURAL.)

mediação
Entre o estímulo inicial (objeto, propriedades do objeto) e a resposta verbal que se encontra no fim de uma cadeia de ações, há elos intermediários que são, ao mesmo tempo, as respostas aos estímulos que os precedem e, por sua vez, estímulos para os elos que seguem (estímulo$_1$ → resposta ... estímulo$_2$ → resposta). As teorias da mediação desempenham um papel im-portante nas teorias lingüísticas behavioristas, como para L. BLOOMFIELD.

médio
1. O termo *médio* é o intermediário entre *antigo* e *moderno* (o *francês médio* é o francês dos século XIV e XV).

2. *Fonema médio* é aquele cujo ponto de articulação se situa no interior e não na periferia da cavidade bucal. Trata-se das articulações palatais e dentais [t, d, ɲ], em oposição às articulações labiais e velares [p, b, k, g] definidas, desse ponto de vista, como periféricas.

No plano acústico, a redução do ressoador bucal e seu aspecto compartimentado provocam uma concentração da energia nas altas freqüências do espectro; os fonemas medianos são, portanto, agudos, em oposição à tonalidade grave dos fonemas periféricos.

3. Em fonética *média* é a vogal produzida com o dorso da língua articulando-se em direção ao meio da abóbada palatina no limite do palato duro e do palato mole, em oposição às vogais anteriores e às vogais posteriores: o timbre dessas vogais é, portanto, intermediário entre o das vogais anteriores e o das vogais posteriores. As vogais desse tipo podem ser arredondadas ou não arredondadas: o inglês conhece uma vogal média semi-aberta e não arredondada (nas palavras *sir*, *girl*, etc.); o norueguês conhece uma vogal média fechada e arredondada (na palavra *hus*, "casa"); o sueco conhece uma vogal média semi--aberta e arredondada (na palavra *hund*, "cão"). Pode-se também considerar a vogal [ə] do francês, chamada "*e* mudo", como uma vogal média, de abertura intermediária, não arredondada.

Designam-se, às vezes, também com o nome de *médias* as vogais de abertura intermediária, sobretudo nos sistemas fonológicos que não conhecem senão três graus de abertura vocálica, como o espanhol, em que [e] e [o] são as vogais médias.

4. *Média* é a voz dos verbos indo-europeus que se encontra principalmente em grego. Tem uma flexão específica com relação à flexão ativa e à flexão passiva, e indica que o sujeito da frase é, ao mesmo tempo, o agente e o objeto (o que corresponde ao reflexivo português: *Pedro se lava*), ou que o sujeito é distinto do agente (o que corresponde ao intransitivo português: *O ramo quebra*), ou ainda que o beneficiário da ação é o próprio agente (em francês, o pronominal-reflexivo — com duplo complemento: *Pierre se lave les mains*, "Pedro lava as mãos"). (V. DEPOENTE.)

mediodorsal

Mediodorsal é a consoante realizada com uma elevação do meio do dorso da língua, o mais freqüentemente ao nível do palato duro, na região mediopalatal. A lateral e o nasal palatais [λ] e [ɲ] são em geral realizadas como mediodorsais.

mediopalatal

Consoante mediopalatal é uma consoante realizada ao nível do meio do palato duro como [λ] e [ɲ]. O [k] francês diante de [a] é igualmente realizado como uma mediopalatal, por uma aproximação do ponto de articulação devido à assimilação da vogal seguinte.

mediopassivo

Sin. de DEPOENTE.

melhorativo

Qualifica-se de *melhorativo* um termo cujo sentido comporta um traço conotativo que apresenta sob um aspecto favorável a idéia ou o objeto designado. Assim, os adjetivos *grande* e *pequeno* podem ser, em algumas de suas acepções, o primeiro um melhorativo (*um grande homem*), o segundo um pejorativo (*um pequeno espírito*).

melodia

Melodia, ou *entonação**, é a curva das variações de altura numa frase ou numa palavra.

membro

Chama-se *membro* uma parte de um constituinte ou um constituinte de uma unidade de uma ordem superior; assim, o substantivo é um constituinte ou um membro do sintagma nominal.

mensagem

Tecnicamente falando, para os teóricos da comunicação*, *mensagem* designa uma seqüência de sinais que correspondem a regras de combinação precisas e que um emissor transmite a um receptor por intermédio de um canal. Este serve de suporte físico à transmissão. Para a teoria da comunicação, a significação da mensagem não é considerada como um elemento pertinente: o que é transmitido é uma forma e não um sentido. Essa forma varia conforme a natureza do sistema de comunicação e do código* que serve para transmitir a mensagem: vibrações sonoras, luzes, movimentos, impulsos mecânicos ou elétricos, etc. Sendo essa forma codificada, a significação da mensagem é depreendida quando da operação de descodificação: o receptor-destinatário, máquina ou ser humano, "procura na memória" os elementos do código que foram selecionados para a transcrição da mensagem a transmitir numa forma codificada, que é a forma transmissível da

406

mensagem. R. JAKOBSON, falando da comunicação lingüística, precisa que essa operação de descodificação vai do som ao sentido. A transmissão da mensagem estabelece uma relação social (a informação, a interrogação ou a ordem); essa informação, essa interrogação ou essa ordem constituem a substância da mensagem que o emissor tenta transmitir, servindo-se de um sinal ou de uma seqüência de sinais. A forma da mensagem é o suporte dessa informação, interrogação ou ordem, isto é, da substância da mensagem. A formalização da substância da mensagem chama-se a *codificação*. Acontece freqüentemente que após a identificação dessa forma, ou *descodificação*, pelo receptor, a mensagem recebe uma nova forma num novo código, ou é recodificada em sua forma primitiva: assim, a mensagem gráfica codificada em morse (forma mecânica), transmitida, por impulsos elétricos e retranscrita (ou recodificada) graficamente após descodificação da forma de transmissão por impulsos elétricos.

Transmitir uma mensagem é cumprir o que se chama um "ato sêmico", porque a transmissão da mensagem supõe a utilização de um sinal ou de um sistema de sinais — ou *código*. Um ato sêmico se realiza, por exemplo, quando uma pessoa pergunta a hora a uma outra emitindo uma seqüência de sinais sonoros [Ki ɔras sãw] *Que horas são?*: a substância da mensagem é aqui constituída pela interrogação, e a forma codificada e transmissível é a forma sonora, vocal. O ato sêmico assim realizado, uma vez terminado, isto é, após a descodificação dos sinais, estabeleceu entre o emissor e o receptor uma relação social, isto é, a comunicação estabeleceu-se entre os dois interlocutores: o receptor, tendo conhecimento do código do emissor, pôde descodificar a forma da mensagem e compreender-lhe a significação. Transmitir uma mensagem é, portanto, realizar um ato sêmico destinado a estabelecer uma comunicação entre um emissor e um receptor, entre uma fonte e um destinatário.

Qualquer que seja a natureza do ato sêmico realizado (informação, interrogação ou ordem), chamaremos pelo termo geral de *informação** a substância da mensagem. Na medida em que considerarmos a mensagem fora de seu sentido, e apenas quanto à forma, a mensagem pode, portanto, ser ainda definida como o suporte de uma informação. A teoria da comunicação permite medir essa informação.

Na medida em que a função essencial da linguagem é a função de comunicação, o termo *mensagem*, em lingüística, conserva o sentido técnico que lhe deram os teóricos da comunicação; como qualquer outro processo de comunicação, todo processo lingüístico, todo ato de comu-

407

nicação verbal requer seis fatores constitutivos analisados por R. JA-KOBSON. O emissor envia uma mensagem ao destinatário. Para ser eficaz, a mensagem requer um contexto ao qual ela remete (esse contexto é ainda chamado referente); em seguida, a mensagem requer um código, comum em tudo, ou pelo menos em parte, ao emissor e ao destinatário; enfim, a mensagem requer um contato, um canal físico e uma conexão fisiológica entre o emissor e o destinatário, contato que lhes permite estabelecer e manter a comunicação. Segundo R. JAKOBSON, cada um desses seis fatores dá origem a uma função lingüística diferente. Nenhuma mensagem preenche somente uma única função: levar a mensagem a assumir uma só das seis funções seria reduzir arbitrariamente sua capacidade informacional. A diversidade das mensagens reside não no monopólio de uma ou outra função, mas nas diferenças de hierarquia entre elas. A estrutura verbal de uma mensagem depende de sua função predominante.

(1) A primeira função é a função denotativa, orientada para o contexto, função assumida por numerosas mensagens, que comunicam informações.

(2) A função chamada "expressiva" é centrada no emissor; tende a dar a impressão de uma certa emoção, verdadeira ou fingida. A função expressiva colore todos os nossos propósitos em todos os graus; os elementos expressivos da mensagem (entonação, interjeição, etc.) transmitem uma informação do mesmo modo que o aspecto cognitivo da linguagem.

(3) A função conativa encontra sua expressão gramatical mais particularmente no vocativo e imperativo. Essa terceira forma de informação, transmitida por uma mensagem conativa, é orientada para o destinatário.

Aos três últimos fatores constitutivos da comunicação verbal correspondem três funções lingüísticas.

(4) A função fática é assumida por mensagens que servem para estabelecer, prolongar ou interromper a comunicação, para verificar se o circuito funciona ("Alô, está me ouvindo? — Bem, você me ouve", etc.).

(5) Uma quinta forma de mensagem decorre da função metalingüística. Sempre que a mensagem serve ao emissor ou ao destinatvrio para verificar se um e outro utilizam o mesmo código, ela preenche uma função metalingüística ("O que significa 'tomar bomba'?" — "Tomar bomba" é ficar reprovado num exame."). Todo processo

de aprendizagem da linguagem recorre a operações metalingüísticas. A informação fornecida por tais mensagens, formadas freqüentemente de frases equacionais, incide sobre o código léxico da língua comum ao emissor e ao destinatário.

(6) Enfim, quando a mensagem é que é enfatizada em si mesma, isto é, quando a própria mensagem é o alvo da comunicação, tem-se a função poética. Segundo R. JAKOBSON, esta função põe em evidência o lado palpável dos signos; longe de limitar-se à poesia propriamente dita, ela diz respeito a todas as outras formas de mensagem. O estudo lingüístico dessa função poética ultrapassa, portanto, o quadro da poesia; por outro lado, a análise lingüística da poesia não deve limitar-se à função poética, mas deve considerar as outras funções. Quaisquer que sejam as outras formas de informação transmitidas pela mensagem, a função poética, aprofundando a dicotomia fundamental dos signos e dos objetos, nos proíbe de esquecer que a linguagem é linguagem e não uma referência, não a verdade material das coisas. Por exemplo, se me perguntarem "O que é isto?" e eu responder: "É uma flor", é a função referencial que está em jogo. A mensagem é de tipo cognitivo. Afirmo a identidade da coisa com uma palavra que está no código comum. Mas se eu disser, com Mallarmé: "*Je dis une fleur et musicalement se lève, idée même et suave, l'absente de tout bouquet*" ["Digo uma flor e musicalmente levanta-se, idéia mesma e suave, a ausente de todo ramalhete"), é a função poética insistindo sobre o signo que está, desta vez, em causa; essa "flor" cara ao poeta é o *signo flor*. Numerosos processos de ritmo, gradação silábica, emprego de certas figuras fônicas dependem dessa função poética da mensagem lingüística. R. JAKOBSON dá vários exemplos desses empregos.

Primeiro exemplo: "— Você nunca diz, de duas irmãs gêmeas, Margarida e Joana, você sempre diz Joana e Margarida. Será que você prefere a primeira? — Absolutamente: se digo Joana e Margarida, é por que soa melhor". Outro exemplo: R. JAKOBSON analisa o *slogan* político *I like Ike*, "Gosto de Ike", e demonstra que o arranjo dos fonemas desse *slogan* — que depende da função poética dessa mensagem — reforça o peso e a eficácia da fórmula eleitoral.

R. JAKOBSON explica a função poética da mensagem lembrando os dois modos fundamentais de arranjo do processo verbal: a seleção e a combinação (cf. F. DE SAUSSURE: eixo paradigmático e eixo sintagmático). Seja *criança* o tema de uma mensagem: o falante faz uma escolha entre uma série de termos existentes e mais ou menos

409

semelhantes: *criança, garoto, guri, moleque*, etc.; em seguida, para comentar esse tema, escolhe um dos verbos semanticamente aparentados: *dorme, cochila, dormita*, etc. As duas palavras escolhidas se se combinam, então, na cadeia falada, no eixo sintagmático.

A seleção é produzida na base da equivalência, da similaridade, da dissimilaridade, da sinonímia e da antonímia. A combinação — ou construção da seqüência — repousa sobre a contigüidade. Para R. JAKOBSON, a função poética projeta o princípio de equivalência do eixo de seleção sobre o eixo de combinação. A equivalência torna-se um processo constitutivo da seqüência. Na mensagem poética, a superposição da similaridade sobre a contigüidade é fonte de simbolismo, de polissemia, de ambigüidade. Todo elemento da seqüência é uma comparação, fonte de ambigüidade, que é uma propriedade intrínseca de toda mensagem centrada sobre si mesma. A preeminência da função poética numa mensagem torna sua função referencial ambígua: a mensagem tem, então, um duplo sentido; o emissor, o destinatário e a referência são desdobrados; toda mensagem poética apresenta todos os problemas do "discurso no interior do discurso" estudado pelos lingüistas.

O estudo da mensagem, de suas diversas formas e das espécies de informação que ela transporta, levaram certo número de lingüistas a concluir com R. JAKOBSON, "que parece não haver nenhuma razão válida para separar as questões de literatura das questões lingüísticas em geral."

mentalismo

A Escola bloomfieldiana dá o nome de *mentalismo* à atitude dos lingüistas que definem as unidades lingüísticas e as regras de combinação por sua significação, sendo esta definida empiricamente e de maneira intuitiva. (V. ANTIMENTALISMO, BEHAVIORISMO.)

mentalista

1. Deu-se o nome de *concepção mentalista* a uma concepção da natureza fônica dos sons da linguagem que remonta a *Baudouin de Courtenay*. Esse lingüista opõe um som imaginado ou intencional ao som efetivamente emitido, como um fenômeno "psicofonético", ao fato "fisiofonético", distin-

ção que anuncia a distinção moderna entre *fonema* e *som*.
2. V. MENTALISMO.

merisma

Na terminologia de É. BENVENISTE, o *merisma* é o traço distintivo, unidade mínima, como "sonoro", "nasal", etc.

merismático

É. BENVENISTE chama *nível merismático* o nível fonológico, inferior ao nível dos fonemas, cuja unidade mínima é o traço distintivo.

mesóclise

V. TMESE.

metacronia

L. Hjelmslev opunha a *metacronia*, estudo das condições de mudança contidas na estrutura funcional da própria língua, à diacronia, estudo da intervenção dos fatores exteriores à língua na evolução desta última.

metadiscurso

O *metadiscurso* é para o discurso o que a metalíngua é para a língua: é o discurso acerca das regras de funcionamento do discurso; é, assim, a realização concreta da metalíngua. Assim, todo discurso sobre a língua é um metadiscurso. É preciso distinguir o metadiscurso explícito (o estudo lingüístico, por exemplo, uma vez redigido) e o metadiscurso implícito que se depreende dos enunciados. Assim, na frase *"Portunhol" é uma palavra de criação recente*, temos um metadiscurso explícito (sobre o estatuto lingüístico do termo *portunhol*). Em compensação, quando encontro: *A língua é a melhor e a pior das coisas*, tenho um discurso implícito que estabelece o sinônimo *língua = a melhor das coisas = a pior das coisas*. É assim que em *Franceses, o socialismo dirige-se a vocês*, há um discurso implícito que coloca indiretamente o *socialismo = os socialistas*.

metafonia

Chama-se *metafonia* a modificação do timbre de uma vogal sob a influência de uma vogal vizinha. Trata-se de um fenômeno de dilação vocálica que recebe também o nome de *inflexão* ou mais raramente de *mutação* (em alemão *Umlaut*). A metafonia pode ser diacrônica: assim se explica em italiano o vocalismo das palavras *uscio, biscia* (do latim *ostium, bestiam*) com um fechamento da vogal acentuada, sob a influência do *i*. A metafonia, num plano sincrônico, marca, ou pelo menos reforça, certas oposições morfológicas. Assim, nos dialetos itálicos centromeridionais (Lácio, Campânia) as vogais tônicas que não [a] fecham-

se sob a influência da vogal final neutra [ə], de sorte que a oposição entre a forma do feminino singular [a] e a dos outros paradigmas [ə] é reforçada pela alternância vocálica do radical [e] — [i], [o] — [u]. Ex.: [nera], "negra" — [nirə], "negro, negros, negras".

metáfora

Em gramática tradicional, a *metáfora* consiste no emprego de uma palavra concreta para exprimir uma noção abstrata, na ausência de todo elemento que introduz formalmente uma comparação; por extensão, a metáfora é o emprego de todo termo substituído por um outro que lhe é assimilado após a supressão das palavras que introduzem a comparação (*como*, por exemplo): originariamente, *estou ardendo de amor* continha uma metáfora do primeiro tipo, e *esta mulher é uma pérola*, uma do segundo. Quando introduz várias aproximações sucessivas, a metáfora é *seguida*, como em *essa mulher estende as redes de seus encantos para apanhar a caça dos ingênuos*; ao contrário, ela é *contrastante* ou *quebrada* quando aproxima noções incompatíveis, como em *O carro do Estado navega num vulcão*.

A metáfora desempenha um grande papel na criação léxica; muitos sentidos figurados são apenas metáforas gastas.

metalepse

Chama-se *metalepse* a figura de retórica pela qual se faz entender a causa, exprimindo a conseqüência; ou o antecedente pelo conseqüente; ex.: *nós o choramos* (por *ele morreu*), *eles viveram* (por *eles estão mortos*).

metalíngua

Metalíngua é uma língua artificial que serve para descrever uma língua natural (1) cujos termos são os da língua objeto de análise, mas que têm uma só acepção e (2) cujas regras de sintaxe são também as da língua analisada. A metalíngua é, por exemplo, a *linguagem gramatical*, de que se serve o lingüista para descrever o funcionamento da língua; é a *linguagem lexicográfica*, de que se serve o autor de dicionário para as definições das palavras. Toda língua tem sua própria metalíngua na medida em que utiliza palavras como *isto é, significar, por assim dizer, querer dizer*, etc.

metalingüístico

Função metalingüística é a função* da linguagem pela qual o falante toma o código* que utiliza como objeto de descrição, como objeto de seu discurso, pelo menos num ponto particular. Membros de frases como *o que chamo X é Y*, por exemplo, dependem da função metalingüística.

metaplasmo

Chama-se *metaplasmo* uma mudança fonética que consiste na alteração de uma palavra pela supressão, adição ou permuta de fonemas: **a elisão e a síncope** são exemplos de metaplasmos.

metástase

O nome de *metástase* foi proposto pelo foneticista M. GRAMMONT para designar a fase de distensão* na articulação de uma oclusiva.

metateoria

Chama-se *metateoria* a teoria lingüística que define o conjunto das condições às quais as gramáticas de todas as línguas naturais devem satisfazer; em outras palavras, a metateoria é uma teoria das gramáticas, sendo estas últimas teorias de línguas específicas.

metátese

Fenômeno de *metátese* é aquele pelo qual certos fonemas mudam de lugar na cadeia falada. Limita-se, às vezes, este termo aos casos em que os fonemas estão à distância, e emprega-se o termo *interversão** se se encontram em contato. Assim se explica em português a formação da palavra *sem-*

pre (do latim *semper*), em francês a palavra *fromage* (de *formaticum*), em italiano as palavras *chioma* (de *comula*), *fiaba* (de *fabula*), em espanhol as palavras *peligro* (de *periculum*), *milagro* (de *miraculum*).

metodologia

Distingue-se a *teoria*, que estuda as propriedades gerais das línguas naturais e determina a forma da gramática suscetível de explicar essas propriedades, da *metodologia*, que fornece um conjunto de processos de descoberta suscetíveis de ajudar o lingüista a determinar as regras de uma língua.

metonímia

De um modo geral, de acordo com a etimologia, a *metonímia* é uma simples transferência de denominação. A palavra é reservada, todavia, para designar o fenômeno lingüístico pelo qual uma noção é designada por um termo diferente do que seria necessário, sendo as duas noções ligadas por uma relação de causa a efeito (a *colheita* pode designar o produto da colheita e não apenas a própria ação de colher), por uma relação de matéria a objeto ou de continente a conteúdo (*beber um copo*), por uma relação da parte ao todo (*uma vela no horizonte*).

microcontexto

O *microcontexto* designa o contexto imediato da palavra considerada, isto é, a palavra que precede e a palavra que segue, em oposição ao macrocontexto, que designa um contexto maior (por exemplo, a frase, o parágrafo, o discurso).

microestrutura

Dá-se o nome de *microestruturas* a certos subsistemas que, no interior de uma estrutura maior, apresentam regularidades específicas e uma organização que lhes garantem uma relativa autonomia de funcionamento. Assim, os nomes de parentesco constituem uma microestrutura formada, em francês, de unidades lingüísticas em número finito, determinadas (1) semanticamente pelas relações que elas mantêm entre si e pela relação a um "eu" (*ego*) imaginário, e (2) morfologicamente, por um sistema particular de morfemas (*grand*, "grande", e *petit*, "pequeno", em *grand-mère, petit-fils,* etc.).

microglossário

Chama-se *microglossário* um dicionário estritamente limitado às palavras e às significações necessárias para traduzir textos que pertencem a domínios particulares, científicos ou técnicos.

micro-segmento

Em lingüística distribucional, o *micro-segmento* é uma parte de um macro-segmento (ou frase) isolada por um fenômeno de juntura (corresponde grosseiramente a uma palavra ou a um morfema, conforme o caso).

mímica

Designa-se pelo nome de *mímica* a linguagem dos gestos do corpo e das atitudes do rosto.

misto

1. Qualificam-se de *mistas* línguas artificiais ou naturais que tomam emprestado certos traços a uma língua e alguns outros traços a outras. Assim, os crioulos podem ter sido, no início, línguas mistas de sintaxe africana e vocabulário europeu. Os sabires, os pidgins podem ser, também, línguas mistas.

2. *Misto* é um som intermediário entre dois sons definidos: as vogais médias*, por exemplo [e, ɛ, ɔ, o], são também chamadas, às vezes, *vogais mistas.*

modal

1. Chamam-se *modais*, ou *auxiliares modais*, a classe dos auxiliares do verbo que exprimem as modalidades lógicas (contingente *vs.* necessário, provável *vs.* possível): o sujeito considera a ação expressa pelo verbo como possível, necessária, como uma conseqüência lógica ou como o resultado de uma decisão, etc. Auxiliares modais são *poder* e *dever*, seguidos do infinitivo (*Pode chover amanhã. A mina deve saltar às 10 horas, se nada intervier nesse entretempo*); em inglês, os auxiliares modais são *can, may, will, must,* etc. (*He could come*).

2. L. TESNIÈRE chama *orações modais* as frases que, depois de uma translação*, tornam-se advérbios de modo. Assim, *como ele respira,* em *Ele mente como ele respira.*

modalidade

1. Como sinônimo de modo*, a *modalidade* define o estatuto* da frase: asserção, ordem ou interrogação.

2. Para CH. BALLY, numa análise lógica da frase, a *modalidade* é uma série de elementos que indicam que o dictum*, processo puro e simples considerado como desembaraçado de toda intervenção do falante, é julgado realizado ou não, desejado ou não, aceito com alegria ou desgosto, e isso pelo falante ou por alguém que não o falante.

Toda frase é, portanto, caracterizada por uma modalidade aparente ou implícita. Os modos* gramaticais são apenas um dos meios utilizados para exprimir a modalidade que toma freqüentemente a forma de uma "oração principal" de forma SN + (*crê, alegra-se, teme que*). Os advérbios desempenham também, freqüentemente, esse papel (*talvez, em minha opinião,* etc.).

3. Em gramática gerativa, a *modalidade* é, com o núcleo, um constituinte imediato da frase de base. Esse constituinte de modalidade (abreviação Mod ou Const) representa os elementos obrigatórios seguintes: Declarativo, Interrogativo, Exclamativo e Imperativo, e os elementos facultativos: Ênfase, Negativo (ou Afirmativo), Passivo (ou Ativo). Ele define, portanto, o tipo de frase ou o estatuto da

413

frase: a frase é interrogativa, declarativa, exclamativa, imperativa e facultativamente enfática, negativa ou passiva; ou, se dois elementos facultativos (ou mais) são combinados com um elemento obrigatório, a frase é interrogativo-negativa, declarativa, passiva e negativa, etc. (*Pedro não veio?...* *Pedro não foi ferido por essa observação.*) Com efeito, entre esses elementos, uns são obrigatórios: uma frase só pode ser declarativa, interrogativa ou imperativa (e não as duas ou as três ou mesmo tempo). Os outros são facultativos: uma frase pode ser passiva ou ativa, enfática ou neutra, negativa .ou afirmativa. Cada constituinte de modalidade desencadeia uma transformação específica, isto é, uma mudança estrutural na frase.

4. A. MARTINET chama *modalidades* os monemas gramaticais que não podem servir para marcar a função: o monema de plural é uma modalidade.

5. Chamam-se *modalidades lógicas* os diversos modos de considerar o predicado da frase como verdadeiro, contingente (ou necessário), provável (ou possível). As modalidades da contingência (*vs.* necessidade) ou da probabilidade (*vs.* possibilidade) são traduzidas por auxiliares de modo; a modalidade do verdadeiro é traduzida pela ausência de auxiliar de modo e apenas a presença do tempo. A modalidade lógica é distinta da modalização (em que o falante assume ou não seu enunciado, que pode comportar uma modalidade lógica); assim, as duas frases: *O trem deve chegar às cinco horas* e *O trem deveria chegar às cinco horas* têm ambas a modalidade "provável", mas a primeira é assumida pelo falante, enquanto que a segunda só o é parcialmente, ou não o é. (V. MODALIZAÇÃO.)

modalização

Na problemática da enunciação (ato de produção do texto pelo falante), a *modalização* define a marca dada pelo sujeito a seu enunciado. A evocação dos diferentes conceitos utilizados na análise da enunciação permite que se compreenda melhor a noção de modalização. (1) O conceito de distância considera a relação entre sujeito e mundo por intermédio do enunciado: no caso de distância máxima, o sujeito considera seu enunciado como parte integrante de um mundo distinto dele mesmo; a distância mínima é o fato do enunciado totalmente assumido pelo falante. (2) O conceito de transparência estuda a presença ou o apagamento do sujeito de enunciação: o discurso pedagógico (livro escolar) terá uma transparência máxima, a poesia lírica uma opacidade máxima. (3) O conceito de tensão registra as relações entre falante e ouvinte por meio do texto: *ser/estar* e *ter* marcarão a tensão mínima; os auxiliares *querer, poder,* etc., a tensão máxima.

O conceito de modalização serve para a análise dos meios utilizados, para traduzir o processo de enunciação. A adesão do falante a seu discurso é sentida pelo interlocutor ora como sublinhada, ora como evidente, ora em baixa: da mesma forma que o conceito de tensão explica oposição entre o orador que age sobre seu público e o que "ignora seu público", o conceito de modalização permite dar conta da percepção pelo interlocutor do fato de que o orador crê, insiste no que diz. A modalização do enunciado é, portanto, do domínio do conteúdo: uma ou mais frases, um "estado" do discurso, são sentidos como portadores de um certo grau de adesão do sujeito a seu discurso. O paradoxo da teoria da enunciação é que essa linha contínua da modalização se realiza no discurso por elementos discretos. U. WEINREICH explora, assim, os trabalhos de R. JAKOBSON sobre os embreantes; todavia, o recurso ao modelo gerativo lhe permite incluir nos modalizadores certos fatos que implicam a consideração das estruturas profundas: as transformações podem ser modalizadoras. Assim, ao lado de advérbios modalizadores (*talvez, claro*), etc., do jogo dos níveis de língua (presença inesperada de uma palavra de gíria num discurso elevado), certas transformações, como a ênfase, certas construções, como a inserção do enunciado referido, constituem também marcas da modalização.

modalizador

Chamam-se *modalizadores* os meios pelos quais um falante manifesta o modo como ele considera seu próprio enunciado; por exemplo, os advérbios *talvez, provavelmente,* as intercaladas *pelo que eu creio, conforme a minha opinião,* etc., indicam que o enunciado não está inteiramente assumido ou que a asserção está limitada a uma certa relação entre o sujeito e seu discurso. (V. MODALIZAÇÃO.)

modelo

1. Chama-se *modelo* uma estrutura lógica ou matemática utilizada para explicar um conjunto de processos que possuem entre si certas relações.

2. Em lingüística estrutural, uma seqüência de morfemas é o *modelo* de uma outra (que é sua expansão*) quando esta última, mais longa, tem a mesma distribuição.

modificação

A gramática tradicional e a lingüística estrutural utilizam o termo *modificação* para definir o papel sintático dos constituintes do sintagma nominal que não o substantivo "cabeça" e seus determinantes, e o dos constituintes do sintagma verbal que não o verbo, seu auxiliar e o sintagma nominal objeto. Assim, por um lado, o adjetivo epíteto, o complemento nominal e a rela-

tiva são modificadores do sintagma nominal e, por outro lado, os advérbios de modo, as subordinadas e adjuntos de tempo, lugar, etc., são modificadores do sintagma verbal.

modificador

1. Numa construção endocêntrica*, o *modificador* é o constituinte cuja distribuição é diferente daquela da contrução toda (o constituinte cuja distribuição é idêntica é chamado *cabeça*). Por exemplo; em *O homem de orelha cortada,* a cabeça da contrução é o sintagma nominal *o homem,* que tem a mesma distribuição; *de orelha cortada* é o modificador. Se se considerar em seguida o sintagma *orelha cortada,* a cabeça da construção é *orelha* e o modificador é *cortada.*

2. V. MODIFICAÇÃO.

modificar

O termo *modificar* é utilizado, particularmente em gramática tradicional, para definir a função do advérbio com relação ao verbo (*Ele a ama* MUITO) ou com relação ao adjetivo (*Ele é* MUITO *forte*).

modista

Na Idade Média, os *modistas* afirmavam a autonomia da expressão (*modus significandi*) e da gramática, com relação à lógica. Segundo seus princípios (que serão reconsiderados pelos gramáticos de Port-Royal, mas retomados pela lingüística moderna), uma categoria gramatical não deve ser definida por seu significado, mas pela relação que existe entre esse significado e a maneira como ele é expresso.

modo

Modo é uma categoria gramatical, em geral associada ao verbo, e que traduz (1) o tipo de comunicação instituído pelo falante entre ele e seu interlocutor (estatuto da frase) ou (2) a atitude do falante com relação aos seus próprios enunciados.

No primeiro caso, o *modo* ou *modalidade* da frase se exprime pela oposição entre (*a*) a asserção expressa na frase assertiva, afirma-

415

tiva ou negativa: *Paulo vem. Paulo não vem*; (*b*) a interrogação expressa numa frase interrogativa, afirmativa ou negativa: *Paulo vem? Paulo não vem?* O modo da asserção e da interrogação é, em português, o indicativo, nome dado ao modo de base; (*c*) a ordem ou o desejo expresso numa frase imperativa ou optativa, afirmativa ou negativa. O modo da ordem e do desejo em português é o imperativo ou o subjuntivo: *Paulo, vem. Que Paulo possa vir amanhã.* Em outras línguas a ordem é expressa pelo modo imperativo e o desejo pelo modo optativo. Frases desse tipo podem ser diretas (como acima) ou indiretas, dependendo de "digo que" para a asserção, de "pergunto se" para a interrogação, de "ordeno-te que" para o imperativo, de "desejo que" para o optativo. Em português, o modo da asserção e da interrogação indireta é o indicativo (mas, em latim, o modo da interrogação indireta é o subjuntivo) e o modo do imperativo e do optativo é o subjuntivo: *Digo que Paulo veio / Pergunto se Paulo veio / Ordeno que Paulo venha / Desejo que Paulo venha.*

No segundo caso, o *modo*, ou *modalização*, se exprime pela oposição entre uma atitude do falante, que assume (que leva em conta) seus enunciados, e a do locutor, que não assume (que rejeita) parcial ou totalmente seus enunciados. Em português, o modo do enunciado assumido é o indicativo; o modo do não-assumido é, também, o indicativo (futuro do pretérito) nas frases diretas, e o subjuntivo ou o futuro do pretérito do indicativo nas frases indiretas: *Pedro virá. Pedro viria porque Paulo veio / ainda que Paulo viesse.* (O imperativo direto exclui o não-assumido).

A modalização pode ser indicada também por outros meios: os advérbios (*talvez, provavelmente*, etc.), as intercaladas (*ao que se diz*), as mudanças de registro (as aspas, na escrita), etc. O modo é distinto das modalidades lógicas, em que o predicado é contingente, provável, necessário, possível (essa contingência, essa probabilidade pode ser assumida ou não).

Os *modos pessoais* são os que marcam por desinências especiais as pessoas gramaticais (indicativo, subjuntivo, imperativo); os *modos impessoais* são os que não têm desinências especiais para distinguir as pessoas (infinitivo impessoal e particípio). A gramática tradicional distingue, em português, os modos indicativo, subjuntivo, imperativo, infinitivo e particípio.

modus

Modus é a atitude que o falante manifesta diante do conteúdo do que ele diz, ou dictum.

molhado

Uma *consoante molhada* é uma consoante caracterizada, com relação à sua homorgânica não-molhada, por uma elevação do dorso da língua contra o palato duro, que tem por efeito diminuir o volume da cavidade bucal e conferir ao som uma coloração semelhante à de *i* ou de *j*. Essas consoantes têm um valor fonológico nas língas eslavas e podem ser indicadas por diferentes signos diacríticos, por exemplo, o signo [']. O russo opõe /mat'/, "mãe", — /mat/ "fracasso".

molhamento

1. Sin. de PALATALIZAÇÃO. (V. MOLHADO.)
2. O *molhamento enfático* é um tipo particular de molhamento ou palatalização que aparece em certas línguas do Cáucaso oriental, como o tchetchene, o lakke, o inguche, etc., e que comporta uma posição particular da laringe que provoca um ruído fricativo especial, "rouco", que se estende também às vogais vizinhas.

momentâneo

Consoantes *momentâneas* ou descontínuas são as consoantes que comportam um fechamento completo seguido de uma abertura brusca do canal bucal, como as oclusivas, as vibrantes, as africadas [p, t, d, tʃ, r], etc., em oposição às consoantes contínuas.

monema

Na terminologia de A. MARTINET, o *monema* é a unidade significativa elementar. Pode ser uma palavra simples, um radical, um afixo, uma desinência. Pelo emprego do termo *monema*, A. MARTINET entende reagir contra a extensão do termo *morfema* à designação de unidades significativas de base tanto léxicas como propriamente morfológicas.

a) *Monema autônomo*: se a relação da unidade com o enunciado está simplesmente implicada no conteúdo semântico da unidade, o monema é chamado *autônomo*, porque pode figurar em qualquer posição, me-

diante algumas reservas. Ex.: HOJE, *Hoje é sua festa, É hoje sua festa, É sua festa hoje*. Dá-se o mesmo para *ontem, depressa, freqüentemente*, etc.

b) *Monema funcional*: a língua utiliza monemas funcionais para a introdução de unidades que não comportam em si, em sua significação, relação com o resto do enunciado. A relação com o enunciado é, então, especificada por um ou diversos outros monemas, cujo papel é esse, e que se chamarão *monemas funcionais*. Ex.: *desde sua festa; desde*, monema funcional, especifica o papel da unidade sintagmática *sua festa*.

c) *Monema dependente*: chama-se assim todo monema que não comporta em si a indicação de sua função (caso do monema autônomo) e que não tem por papel indicar a função de outro monema (caso do monema funcional), isto é, a imensa maioria dos monemas da língua.

Observa-se que seria difícil estabelecer a lista dos monemas: o monema autônomo (*hoje, depressa*) torna-se dependente em *desde hoje, mais depressa*; o monema funcional (*contra*) torna-se monema dependente em *contar os prós e os contra*.

A essa lista essencial dos monemas acrescentam-se:

— as modalidades, monemas e sintagmas que atualizam, especificam, completam um monema dependente. Ex.: artigos e possessivos, como *seu* em *seu cão*; como *o* em *o carro*.

— os monemas predicativos, que não poderiam desaparecer do enunciado sem destruí-lo como tal. É o elemento em torno do qual se organiza a frase. O monema predicativo pode constituir a totalidade do enunciado: *obrigado, aqui, sensacional*, etc.

monofonemático

Uma seqüência fônica tem um *valor monofonemático* e aparece como a realização de um fonema único se, conforme as regras da língua em questão, é tratada como um fonema único ou se a estrutura geral do sistema dos fonemas dessa língua exige tal valor. Assim, em espanhol, a seqüência [tʃ], que se ouve em *mucho*, tem um valor monofonemático porque não é possível segmentá-la em dois fonemas distintos [t], [ʃ], não existindo esse segundo fonema em espanhol. Em italiano, a seqüência [dʒ] deve ser considerada como monofonemática pelas mesmas razões, já que não existe [ʒ] na língua.

monolíngüe

Sin. de UNILÍNGÜE.

monossêmico

Um morfema ou uma palavra são *monossêmicos* quando só têm um sentido, em oposição às palavras que têm vários sentidos (polissêmicas). A maioria dos termos que pertencem às terminologias científicas só têm um sentido: *laringologia, apendicectomia, nevralgia,* etc.

monossílabo

1. Uma palavra *monossílaba* é uma palavra formada de um sílaba: *pão, rei, fé,* etc.
2. As *línguas monossilábicas* são assim chamadas porque os morfemas léxicos e gramaticais são, para a maioria das palavras, de uma só sílaba (o chinês é uma língua monossilábica, mas possui também palavras polissilábicas).

monossilábico. V. MONOSSÍLABO

monotongo

Motonongo é uma vogal que não muda sensivelmente de timbre no curso de sua emissão, como [ɛ], [a] etc., em oposição aos ditongos [ɛj] [aw], aos tritongos*, etc.

monotongação

Chama-se *monotongação* a passagem de um ditongo ou de um tritongo a um monotongo, como a redução em latim imperial, de [oe] a [e] (/*poenam* → /penam/ "pena"); de [ae] a [ɛ] (/káelum/ → /kɛlum/ "céu"); de [au] a [ɔ] (/áurum/ → /ɔrum/ → *or,* "ouro", em francês). A passagem do francês arcaico ao francês moderno oferece também exemplos de monotongação: *lait* [lɛ], pronunciado antigamente [lajt], *reine* [rɛn], pronunciado antigamente [rejn].

monotonização

A *monotonização* é um aspecto de uma técnica dos métodos de síntese da linguagem chamada "técnica de perturbação": consiste ela em fazer dizer um texto, previamente analisado, por um sintetizador da linguagem, mas suprimindo os elementos de entonação e, depois, em submetê-lo à audição e ao julgamento de um ouvinte. A inteligibilidade não é quase mudada, mas a acentuação e todas as cláusulas de estilo verbal praticamente destruídas. Trata-se de saber em que medida o indivíduo reconstitui esses elementos que faltam e, assim, compreender o papel que estes desempenham na comunicação.

mora

Mora é a unidade prosódica inferior à sílaba, cuja duração é equivalente a uma breve. Nas línguas que contam as moras, a diferenciação entre as duas unidades prosódicas de uma mesma sílaba faz-se pela altura do acento musical: há elevação do tom sobre a mora culminante.

Em lituano, na palavra *lova* (lo.o-va], "leito", só a primeira mora da primeira sílaba é aguda; em *lostas* [.lo·ostas], "família, raça", é a segunda mora da primeira sílaba; em *loseja* [.loo·ʃe·ejas], "jogador", é a primeira mora da segunda sílaba; em *lovys* [.lovi·is], "anjo", é a segunda mora da segunda sílaba. Em cada uma dessas palavras, todas as outras sílabas são graves.

418

O latim da época clássica era também uma língua de mora: o acento que delimita a palavra caía sempre na penúltima mora antes da última sílaba, isto é, ou na penúltima sílaba, se esta era longa, ou na antepenúltima, se esta era breve.

morfe

V. ALOMORFE e MORFEMA.

morfema

1. Numa acepção já envelhecida, o *morfema* é uma parte de uma palavra ou de um sintagma que indica a função gramatical no enunciado. O morfema é, aqui, a unidade que diz respeito à morfologia enquanto ciência que estuda as desinências casuais e verbais e os diversos termos gramaticais (artigos, preposições, conjunções). O termo *morfema* pode ser tomado num sentido mais restritivo ainda: só designa, então, o elemento que confere à palavra (substantivo ou verbo) seu aspecto gramatical (desinências).

2. Na terminologia da gramática distribucional e na análise em constituintes imediatos, o termo *morfema* designa o menor elemento significativo individualizado num enunciado, que não se pode dividir em unidades menores sem passar ao nível fonológico. É, portanto, a unidade mínima da primeira articulação, a primeira unidade portadora de sentido; por essa qualidade, opõe-se ao *fonema*, unidade mínima da segunda articulação. A relação do morfema com a significação pode ser direta ou indireta. Os distribucionalistas observam a diferença entre o sentido assim postulado e o sentido tal como é definido em semântica; por exemplo: *de*, em *lembrar-se de*, desempenha um papel essencialmente estrutural e seu sentido não pode ser definido conforme os critérios da semântica.

O morfema pode ser definido como constituinte imediato da palavra. A interpretação a dar dessa definição exige, todavia, ser precisada. Com efeito, poderemos pedir que o morfema seja um segmento identificável da palavra; os morfemas serão determinados pela segmentação. É por essa razão que se fala do morfema *in-* em *inválido, incapaz indigesto*. Da mesma forma para *-oso* em *preguiçoso, gostoso*. Nessa óptica, depreende-se um morfema plural *-s* para o português; nota-se a presença desse morfema em *cadeiras, mesas, crianças*; e também em francês (onde é morfema do código escrito): *chaises, tables, enfants*; mas qual morfema de plural depreender em *chevaux, jeux*, em francês? Da mesma forma, como explicar, com uma tal teoria do morfema, a relação entre *O livro do rapaz* e *O livro sobre a mesa*, isto é, do caráter complexo do segmento *do*?

Por isso, o morfema é, para alguns, um constituinte gramatical abstrato. A relação entre *a* (prep.) e *ao* é idêntica à relação entre

419

com e *com a*; a relação *cheval* / *chevaux*, em francês, é idêntica à relação *table* / *tables*. Os morfemas serão, então, os elementos gramaticais abstratos que o descritor poderá restabelecer em *ao* (dois morfemas), *do* (dois morfemas); esses elementos abstratos nem sempre terão, portanto, uma representação segmental própria. Essa nova óptica leva a distinguir *morfema* e *morfe*: o morfe será o constituinte imediato isolável como segmento no enunciado e, portanto, representante do morfema. A alomorfia será a faculdade de um morfema único ser realizado por vários morfes: chamar-se-ão *alomorfes* as diversas representações segmentais desse morfema único. Assim, o morfema /ir/ é realizado, em português, pelos morfes (alomorfes) *i-, v-, f-*.

A terminologia da gramática distribucional distingue, além disso, morfema simples e morfema composto, morfema segmental e morfema supra-segmental, e define certas unidades como morfemas únicos.

O *morfema composto* resulta da composição de dois ou mais morfemas únicos. Nessa terminologia, a unidade *trabalhamos* é um morfema composto, formado pela justaposição dos morfemas únicos *trabalh-, -a-* e *-mos*.

O *morfema segmental* forma toda ou parte de uma palavra, enquanto que o *morfema supra-segmental* não faz parte da palavra (por exemplo, a entonação, o tom, o acento).

Enfim, falar-se-á de *morfemas únicos* para designar as unidades mínimas significativas que só entram numa única combinação. Trata-se, de fato, de elementos que fazem parte de locuções estereotipadas, que provêm de estados de língua anteriores. Tomar-se-ão como exemplos o francês *fur* em *au fur et à mesure*, "à medida que", e *for* em *dans son for intérieur*, "no fundo de si mesmo".

3. Na terminologia de A. MARTINET, *morfema* é reservado aos elementos gramaticais, como as desinências verbais e casuais, os afixos, etc.; por exemplo: *-mos*, em *trabalhamos*. O morfema é, aqui, oposto ao lexema*: por exemplo, *trabalh-* em *trabalhamos*. O termo que reagrupa esses dois conjuntos é o de *monema*: *trabalhamos* comporta três monemas. Observa-se que a oposição entre morfemas e lexemas recobre a distinção da gramática tradicional entre afixos e radicais.

4. As dificuldades acima assinaladas a respeito do morfema só aparecem na gramática estrutural; trabalhando com elementos abstratos até a aplicação das regras morfofonológicas, a gramática gerativa, não se coloca o problema da definição do morfema.

420

Em gramática gerativa, o morfema é um elemento da estrutura profunda; opõe-se ao formante* (ingl. *formative*), elemento da estrutura de superfície. Em tal óptica, uma classificação dos morfemas conforme suas características superficiais seria sem objetivo. Essa oposição entre gramática estrutural e gramática gerativa se reencontra a propósito do sentido; enquanto a gramática gerativa visa a estabelecer a estrutura de uma teoria semântica e o lugar do componente semântico na gramática, a gramática estrutural enfrenta o problema da oposição entre morfemas que têm um sentido por si mesmos e morfemas que só têm sentido numa distribuição. O primeiro caso deve ser levado em conta por uma semântica estrutural; o segundo depende da combinatória.

Por isso, a gramática distribucional procurou reduzir o sentido (gramaticalmente pertinente) ao postulado seguinte: dois morfemas que têm significações diferentes diferem também em alguma parte em sua distribuição (Z. HARRIS).

morfemático

Qualifica-se de *morfemático* o que é constituído de morfemas, o que depende do morfema: a ordem ou nível morfemático, na análise estrutural, é feita da seqüência das unidades mínimas de significação, que são os morfemas.

morfofonologia

1. A *morfofonologia* (ou *morfonologia*) é, para a ESCOLA DE PRAGA, o estudo do emprego em morfologia dos meios fonológicos de uma língua. A morfonologia deveria, para N. TRUBETZKOY, estudar: *a*) a estrutura fonológica dos morfemas (por exemplo, o estudo das diferenças de estrutura entre os morfemas-raízes nominais e as raízes pronominais nas línguas semíticas); *b*) as modificações combinatórias nos grupos de morfemas (o sândi interno do sânscrito, essencial em certas línguas aglutinantes); *c*) as mutações fônicas que desempenham um papel morfológico (por exemplo, o papel das mudanças de quantidade das vogais).
2. Em gramática gerativa, a *morfofonologia* é a descrição de todas as operações pelas quais as seqüências terminais das estruturas de superfície recebem uma interpretação fonológica e fonética para tornarem-se enunciados realizados. A morfofonologia corresponde à fonologia e à fonética em lingüística estrutural quando os itens léxicos inseridos no lugar dos símbolos recebem uma interpretação fonética; corresponde à morfologia, à fonologia e à fonética quando os itens gramaticais (como Presente, Passado, Definido, etc.) são substituídos por formas da língua (entre esses itens, há os que são substituídos por fonemas prosódicos e intonemas).

morfologia

1. Em gramática tradicional, a *morfologia* é o estudo das formas das palavras (flexão e derivação), em oposição ao estudo das funções ou sintaxe.
2. Em lingüística moderna, o termo *morfologia* tem duas acepções principais:

a) ou a *morfologia* é a descrição das regras que regem a estrutura interna das palavras, isto é, as regras de combinação entre os morfemas-raízes para constituir "palavras" (regras de formação das palavras) e a descrição das formas diversas que tomam essas palavras conforme a categoria de número, gênero, tempo, pessoa e, conforme o caso (flexão das palavras), em oposição à sintaxe que descreve as regras de combinação entre os morfemas léxicos (morfemas, raízes e palavras) para constituir frases;

b) ou a *morfologia* é a descrição, ao mesmo tempo, das regras da estrutura interna das palavras e das regras de combinação dos sintagmas em frases. A morfologia se confunde, então, com a formação das palavras, a flexão e a sintaxe, e opõe-se ao léxico e à fonologia. Nesse caso, diz-se, de preferência, *morfo-sintaxe.*

morfológico

Qualifica-se de *morfológico* (1) o que depende da morfologia; (2) o que depende dos morfemas, o que é constituído de morfemas. (Sin.: MORFEMÁTICO.)
Nível morfológico. V. NÍVEL.

morfo-sintaxe

Morfo-sintaxe é a descrição (1) das regras de combinação dos morfemas para formar palavras, sintagmas e frases, e (2) dos afixos flexionais (conjugação e declinação).

morto

Chama-se *língua morta* uma língua que deixou de ser falada, mas cujo estatuto numa comunidade sociocultural é, às vezes, desempenhar ainda um papel no ensino, nas cerimônias rituais, etc., como o latim.

motivação

1. Chama-se *motivação* o conjunto dos fatores conscientes ou semiconscientes que levam um indivíduo ou um grupo de indivíduos a ter um comportamento determinado no domínio lingüístico: assim, pode-se falar de motivação quando um falante, para reagir contra uma moda ou o que ele crê ser uma moda, evita sistematicamente empregar a palavra "estrutura".
2. Chama-se *motivação* a relação de necessidade que um falante estabelece

entre uma palavra e seu significado (conteúdo) ou entre uma palavra e outro signo. Salvo no que diz respeito às onomatopéias, F. DE SAUSSURE sustentou que o signo era imotivado (que entre [arvori], por exemplo, e a noção de árvore não havia nenhuma relação de necessidade).

É. BENVENISTE contestou essa descrição, observando que a relação entre significante e significado, longe de ser arbitrária, era necessária: é de fato entre o signo (conjunto formado de significante e do significado) e o referente (a "coisa", o objeto ou processo do mundo exterior, da realidade não--lingüística) que a relação é arbitrária.

Na derivação, há sempre motivação: assim, *pereira* é motivado com relação à *pera.* Enfim, a atração paronímica (por exemplo, o francês *forné*, "furioso", antigamente *fors sené*, "fora de sentido", preso a *force*, "força") é fundada sobre uma falsa motivação).

motivado

Conforme F. DE SAUSSURE, a relação entre o significante e o significado tem um caráter não-motivado, ou imotivado, porque não houve nenhuma razão, a princípio, para fazer corresponder a um significante dado, /animal/ por exemplo, um significado dado (aqui, a noção de animal). Em compensação, uma vez estabelecida a relação, os derivados são *motivados* com relação à base: assim, a escolha feita pela língua latina da cadeia de sons *mare* para designar a noção de "mar" não era motivada, pelo menos ao nível do latim; os derivados portugueses da série *marinho, marinha, marinheiro* são motivados com relação à base latina *mare* aterrar é motivado com relação a *terra*, enquanto *aterrissar* é motivado com relação a *aterrar.*

Mot-portemanteau
(V. PALAVRA ENTRECRUZADA.)

Mot-valise
(V. PALAVRA ENTRECRUZADA.)

mudança

1. A *mudança*, também chamada *alteração*, é sem dúvida o caráter mais importante da linguagem. Em duas épocas dadas, constata-se que uma palavra, ou uma parte de palavra, ou processo morfológico, não se apresentam da mesma forma, mesmo que a escrita possa às vezes induzir a erro. Assim, a terminação do fr. *chevaux*, "cavalos", pronunciou-se antigamente [-aws] antes de evoluir para o som atual [o]. O fr. *soupe*, e mesmo o port. *sopa* tomado ao francês, designou primeiro a fatia de pão, sobre a qual se derramava o caldo, antes de designar o conjunto constituído pela fatia e o caldo, ou até o líquido somente. A mudança geográfica (V. GEOGRAFIA LINGÜÍSTICA, DIALE-TOLOGIA) pode se constatada em toda parte, desde que não se preocupe somente com a escrita, mas também com a pronúncia e, de uma maneira mais ampla, com a língua falada. É bem conhecido o fato de que a entonação geral da frase difere às vezes de uma aldeia para a outra, embora em ambas se fale a mesma língua ou o mesmo dialeto: as consoantes e as vogais não têm exatamente o mesmo som. O francês falado por um homem do povo e o falado num salão apresentam diferenças tais que se pode muitas vezes adivinhar a origem social daquele que fala. Enfim, as condições nas quais se fala (tipo de discurso) têm a máxima importância nesse domínio.

Entre os tipos de mudanças, há também a mudança fonética, regular e social, a mudança fonológica, que se produz sem exceção, a mudança analógica, etc. Esta última não é regular e só se aplica em certas situações a certas unidades dadas; assim se, esquecendo a regra particular dos plurais franceses em *-aux*, um falante forma *les chevals,* não há razão para que essa forma se generalize, ou, se isto acontecer, para que *journal*, "jornal", tenha a mesma sorte. Quando a mudança se deve a uma situação de bilingüismo, fala-se de interferência*, empréstimo*, decalque*.

2. Chamam-se *mudanças fonéticas* (ou *alterações fonéticas*) as modificações rápidas ou lentas que sofrem os sons de uma língua no decorrer da sua história.

Devem-se distinguir as mudanças fonéticas propriamente ditas — simples transformação dos hábitos de pronúncia de um dado fonema, sem influência na estrutura fonológica da língua considerada — das mudanças fônicas (fonológicas), alterações que acarretam a modificação da estrutura fonemática da língua pelo desaparecimento e/ou aparecimento de um ou mais fonemas. Assim, a passagem das vogais longas do inglês arcaico a ditongos (*stan* [sta:n] → *stone* [stown]) no inglês moderno constitui uma mudança fonética. Ao contrário, a

423

passagem das africadas do francês arcaico [ts], [dz] a fricativas [s], [z] em francês moderno corresponde a uma mudança fônica, pois acarretou o desaparecimento de dois fonemas [ts] e [dz] e a homonímia de palavras como *cire*, "cera",, e *sire*, "senhor". Igual fenômeno se deu na língua portuguesa.

Entretanto, como essa distinção está ligada à oposição estabelecida pela lingüística contemporânea entre *som* e *fonema*, deu-se durante muito tempo o nome de *mudança fonética* a qualquer modificação que afete a pronúncia dos sons de uma língua, tenha ela ou não importância lingüística. Sob a aparente desordem das mudanças fonéticas que acompanham a evolução das diferentes línguas, JACOB GRIMM foi um dos primeiros, depois do dinamarquês RASMUS RASK, a pôr em evidência, desde 1822, certa lógica e regularidade das mudanças fonéticas, pela sua descoberta da mutação germânica, chamada mais tarde *lei de Grimm**. Sua intuição foi desenvolvida cinqüenta anos mais tarde pelos neogramáticos W. SCHERER e HERMANN PAUL, que procuraram mostrar que as mudanças obedecem a leis* "imutáveis", sendo as exceções explicadas pela analogia e pelos empréstimos. Os trabalhos ulteriores mostraram que as mudanças fonéticas obedecem antes a tendências que a leis imperiosas.

3. Em gramática gerativa, a mudança estrutural constitui um dos aspectos da transformação que consiste, depois da análise* estrutural, em efetuar diversas operações de supressão, de rearranjo, etc., na estrutura assim analisada. (V. TRANSFORMAÇÃO.)

mudo

Chama-se *mudo* o fonema que é conservado na escrita, mas que não é pronunciado, pelo menos em certas posições; assim, as consoantes finais do espanhol, o fonema [ə] do francês, que se mantém em certos contextos para evitar um grupo difícil de pronunciar ("un petit garçon" [œptiga ʀ sɔ̃], mas "une petite fille" [ynpətitfij], o *h* chamado "aspirado", que não se pronuncia, mas que representa um papel na pronúncia porque impede as ligações (diz-se "un héros" [œ|eRo], mas "un éclair" [œneklɛR]).

multidimensional

Qualifica-se de *multidimensional* a análise da cadeia falada quando esta é considerada uma estrutura de duas dimensões. Uma das dimensões é a das seqüências de fonemas (objeto da análise fonológica); a outra é a das seqüências de traços prosódicos, acentos, tons, entonações, pausas (objeto da análise prosódica), combinados aos fonemas, aos grupos de fonemas, às palavras ou às frases. A análise fonológica isolada é unidimensional. (V. LINEAR.)

multilateral

Multilateral é a oposição fonológica cuja base de comparação é comum não só aos dois termos da oposição considerada, mas também a outros termos do mesmo sistema. Assim, em português, francês e alemão, a oposição /d/ — /b/ é multilateral, encontrando-se também os traços comuns oclusivo e sonoro no fonema /g/. Em todo sistema de oposição, as oposições multilaterais são mais numerosas que as bilaterais: o sistema alemão possui 20 consoantes, ou seja, 190 oposições possíveis, das quais 13 bilaterais e todas as outras multilaterais, ou seja, 93% do sistema. Todo fonema faz necessariamente parte de uma oposição multilateral, enquanto que raros são os que fazem parte de uma oposição bilateral.

multilíngüe
Sin. de PLURILÍNGÜE.

multilingüismo
Sin. de PLURILINGÜISMO.

mutação
1. Emprega-se, às vezes, o termo *mutação vocálica* como sinônimo de *metafonia**.

2. Dá-se o nome de *mutação consonântica* a uma série de mudanças consonânticas que podem aparecer em cadeia na história de uma língua, num processo que cobre, às vezes, vários séculos, por exemplo: em germânico primitivo, as tênues tornam-se aspiradas, as mediais perdem sua sonoridade e, em seguida, as sonoras aspiradas perdem sua aspiração, que se tornou redundante depois do ensurdecimento das mediais.

Uma *mutação fonológica* é uma modificação que se manifesta no sistema fonológico, pelo aparecimento de oposições novas (fonologização*), o desaparecimento de oposições antigas (desfonologização*), o deslocamento de uma oposição fonológica (refonologização*). O termo *mutação* é empregado para mostrar que as mudanças fonológicas se produzem por saltos. Assim, no grande-russo meridional, houve confusão do [o] inacentuado com [a]: as etapas intermediárias foneticamente possíveis (a passagem do fonema a um [ɔ] muito aberto, depois a [a·], depois a [a] por uma perda progressiva do caráter arredondado) não interessam o ponto de vista fonológico, para o qual existem somente o ponto de partida e o ponto de resultado da evolução. Toda mudança fônica pode ser o veículo de uma mutação fonológica: assim, a tendência fonética ao avanço do ponto de articulação do fonema [k] em [t] diante de [j], muito freqüente em diferentes línguas e falares (em francês popular, "cinquième" é freqüentemente pronunciado [sɛ̄tjɛm] e não [sɛ̄kjɛm]), resulta, no toscano arcaico, numa mutação pelo aparecimento de um novo fonema /c/ atestado no século XVI. Reserva-se, às vezes, o termo *feixe de mutações fonológicas* a várias mutações que se produzem em série: assim, em espanhol, a passagem do sistema fonológico antigo ao sistema moderno acompanhou-se do desaparecimento de três fonemas /ʃ/, /ʒ/, /z/) e do aparecimento de dois fonemas /θ/ e /x/, com uma redistribuição do conjunto do sistema fonológico.

3. O termo *mutação* designa as operações de comutação* ou substituição de uma unidade, numa dada seqüência, por uma unidade que nela não figurava; assim, falar-se-á de mutação de *porta* for substituída por *barreira* em *O guarda abre a porta*. A mutação é, também, a permuta ou a substituição de uma unidade numa seqüência dada por outra unidade da seqüência, sendo esta substituída pela primeira; dir-se-á que há permuta ou mutação sujeito-objeto na frase: *Pedro ama Teresa e Teresa ama Pedro*.

425

N

não-animado
V. ANIMADO.

não-arredondado
Vogal não-arredondada é a realizada com os lábios esticados, como [i, e, ɛ, a].

não-contável
V. CONTÁVEL, MACIÇO.

não-definido. V. INDEFINIDO.

não-emparelhado
Um *fonema não-emparelhado* é um fonema que não faz parte de nenhum par correlativo*: em francês, os fonemas [ɥ] e [l] são fonemas não-emparelhados ou fora do sistema. (V. CORRELATIVO.)

não-escrito
Opõem-se às línguas escritas as línguas *não-escritas* (que não têm textos, nem mesmo sistema de escrita) e que se encontram no estado puramente oral (podendo esse oral ser transcrito, o que é diferente do escrito).

não-específico
Diz-se, às vezes, que as frases passivas sem agente correspondem a frases ativas de sujeito *não-específico*, ou *não especificado*, ou sujeito *vazio*, como em *O tapete foi manchado* (proveniente de *algo manchou o tapete*, representando *algo* o sujeito não-específico). [V. APAGAMENTO.]

não-especificado.
(V. NÃO-ESPECÍFICO.)

não-frase
Em gramática gerativa, chama-se *não-frase* uma seqüência de itens léxicos que não constitui uma frase da língua, isto é, que não pode ser gerada pelas regras da gramática dessa língua. As frases agramaticais* são não-frases.

não-funcional
Qualifica-se de *não-funcional* toda distinção que não tem valor pertinente, isto é, que não preenche funções distintivas. (V. FUNCIONALISMO, PERTINENTE).

não-humano
Chama-se *não-humano* um traço dos nomes que designam seres vivos que não pertencem à categoria dos humanos; os nomes não-humanos designam os animais*. Assim, no léxico, os itens lexicais *tigre, gato, pombo, mosquito,* etc., são afetados pelo traço [— humano].

não-inclusão
Por *não-inclusão* designa-se um conjunto caracterizado como não fazendo parte (como subconjunto) de outro conjunto determinado. (Sin.: EXCLUSÃO.)

não-motivado
V. IMOTIVADO.

não-nasal
Um *fonema não-nasal* é um fonema oral*.

não-pertença
Pela *não-pertença*, um elemento O é caracterizado como não sendo um dos elementos que constituem um conjunto determinado.

O ∉ A, O não pertence ao conto A.

Assim,

[a] ∉ O

se O é o conjunto das oclusivas.

narrativa

Chama-se *narrativa* ao discurso que se refere a uma temporalidade passada (ou imaginada como tal) com relação ao momento da enunciação. A oposição entre *discurso* (enunciação direta) e *narrativa* (enunciado relato) manifesta-se, no português, por diferenças no emprego dos tempos (pretérito perfeito simples no discurso, pretérito mais-que-perfeito na narrativa).

nasal

Fonema nasal, como o [m] de *mal* ou o [ɔ̃] de *ponte,* é o que se caracteriza, do ponto de vista articulatório, pelo escoamento de uma parte do ar proveniente da laringe, através das fossas nasais, graças ao abaixamento da úvula. Essa bifurcação do ar provoca a adjunção ao ressoador bucal de um ressoador suplementar. Do ponto de vista acústico, os fonemas nasais opõem-se aos fonemas orais correspondentes pela redução da intensidade dos formantes, a difusão da energia sobre faixas mais largas de freqüência e pela introdução de formantes adicionais: para as vogais, um formante situado entre o primeiro e o segundo formante; para as consoantes, dois formantes constantes e nítidos situados, aproximadamente, um a 200 c/s e outro a 2 500 c/s.

A oposição entre consoantes orais e consoantes nasais é mais ou menos universal: certas línguas, entretanto, como o wichita, ignoram-na. Todas as classes de localização (labial, dental, palatal, velar) podem comportar uma consoante nasal, mas as nasais mais freqüentes são a nasal labial [m] e principalmente a dental [n]. O português e o francês apresentam também uma nasal palatal [ɲ], como em *vinho* e *agneau,* "cordeiro". O inglês e o alemão apresentam igualmente uma nasal velar [ŋ] que se ouve no fim das palavras *song,* "canção", e *jung,* "jovem". As consoantes nasais são em geral sonoras: podem perder esse traço em contato com fonemas surdos, por assimilação, como em francês, nas terminações em *-isme* pronunciadas [ism] ou inversamente [izm] nas palavras *communisme, prisme,* etc. Apenas algumas línguas de fraca irradiação opõem nasais sonoras e nasais não-sonoras (como o kuanyama, no sudoeste africano, que opõe [na], "com", e [na], "calmo"). As consoantes nasais são contínuas e soantes.

A oposição entre as diferentes nasais de um mesmo sistema fonológico pode ser neutralizada no final ou no interior da palavra diante de uma consoante (como em grego antigo, em italiano, espanhol, croata, finlandês, japonês, etc.); a escolha do representante do arquifonema é, então, condicionada exteriormente pela natureza da consoante seguinte; em espanhol, as oposições [m], [n] e [ɲ], admitidas na inicial, são neutralizadas na final, em que a nasal é realizada como [m] diante de [p, b, m] (*un beso*), com [n] diante das dentais (*un tonto*), como [ɲ] diante de uma palatal (*un llano*), como [ŋ] diante de uma velar (*un gato*). Dessa simplificação resulta, em algumas línguas e em certas posições, um fonema nasal de localização indeterminada, chamado *nasal indeterminada*, caracterizado unicamente pelo grau mínimo de obstáculo (por exemplo: em chinês central, em tamul).

A oposição entre vogais nasais e vogais orais é muito rara. Na Europa, todas as línguas a ignoram, salvo o francês e, parcialmente, o polonês e o português. O francês apresenta quatro vogais nasais, que se opõem às quatro vogais orais correspondentes, embora o ponto de articulação não seja em todos os pontos semelhantes ([ã], [ɔ̃], [ɛ̃], [œ̃] de *an, on, pain, un*). As vogais [ɛ̃] e [œ̃] tendem a confundir-se na língua parisiense, em que não se distinguem mais *brin*, "ramo", e *brun* "bruno". Essa confusão, que não tem equivalente para as vogais orais, explica-se pela sutileza da distinção de nasalidade: esta implica um enfraquecimento da intensidade dos outros formantes, que torna mais difícil a percepção das diferenças de labialização e abertura. De fato, a distinção entre as vogais nasais e orais aparece tarde no sistema fonológico da criança francesa.

nasalidade

O termo *nasalidade* designa a ressonância nasal devida ao escoamento do ar laríngeo pelas fossas nasais, durante a articulação de uma vogal ou de uma consoante. Reserva-se, às vezes, esse termo às consoantes, e o de nasalização às vogais. Em geral, esse termo designa os casos em que a ressonância nasal tem um valor fonológico, diferenciando-se, assim, da nasalização*.

nasalização

Chama-se *nasalização* a ressonância nasal que acompanha uma articulação oral que tenha um valor fonológico ou que resulte da assimilação de uma vogal pela consoante seguinte. No plano diacrônico, a *nasalização fonética* pode ser o veículo de uma mutação fonológica, como a que resultou, em francês, na formação do sistema das vogais nasais: a ortografia das palavras *bon* [bɔ̃], *ban* [bã] etc., atesta ainda a antiga presença de uma consoante cujo timbre nasal transferiu-se para a vogal precedente com um enfraquecimento progressivo da oclusão.

nasalizado

Fonema nasalizado é um fonema que se acompanha de uma ressonância nasal (chamada *nasalização* ou *nasalidade*). Esse termo é, às vezes, empregado como sinônimo de *nasal**; às vezes, reserva-se o termo *nasal* às consoantes e o de *nasalizado* às vogais. Enfim, em geral, o termo *nasalizado* é reservado, de preferência, ao traço fonético devido à assimilação de um fonema vizinho, e o de *nasal* ao traço fonológico independente do contexto: em francês, em *bonne terre*, a primeira vogal é uma vogal nasalizada; em *bon temps*, a primeira vogal é uma vogal nasal.

nativo

V. FALANTE.

natural

1. Certos filósofos gregos diziam que a língua é *natural* para afirmar que ela existe fora de toda sociedade ou antes de toda sociedade, sendo as relações entre as palavras e as coisas designadas impostas pela natureza ou por realidades exteriores ao homem. Essa teoria, que se opõe à da língua concebida como uma convenção*, somente explica alguns fenômenos como as onomatopéias.

2. Opõem-se as *línguas naturais* às línguas artificiais*. As primeiras (português, francês, inglês, hindi, russo, chinês, etc.) são específicas da espécie humana em sua totalidade; instrumentos de comunicação e expressão, elas repousam sobre propriedades universais próprias de toda linguagem humana. As segundas são construções particulares, fabricadas pelo homem (são criadas totalmente), utilizando certas propriedades das línguas; são códigos (como o morse) ou linguagens (como a matemática).

3. *Gênero*. V. GÊNERO.

necessário

F. DE SAUSSURE define a relação existente entre o significante e o significado (v. SIGNO) como arbitrária, isto é, como livre de toda coerção natural que obrigaria a tomar tal ou tal significante para tal ou tal significado; mas É. BENVENISTE enfatiza o caráter *necessário*, que faz que o significante escolhido pela língua não dependa mais da escolha dos falantes, mas se imponha a eles. O usuário não pode modificar em nada a escolha feita na origem, e a própria sociedade não pode exercer, senão muito dificilmente, uma regulamentação qualquer sobre as relações entre significante e significado. É, portanto, naquilo que ele se impõe aos indivíduos de modo inelutável que o signo lingüístico é necessário: assim, o significante [pejʃi], sempre que for empregado, evocará nos interlocutores a noção de "peixe", e não nos é possível pretender que ele designe um quadrúpede, por exemplo. (V. CONTINGENTE.)

negação

A *negação* é um modo da frase de base (assertiva ou declarativa, interrogativa e imperativa) que consiste em negar o predicado da frase: *Paulo não é feliz* é uma negação; essa frase é uma assertiva negativa. *Paulo não é felix?* é uma negação; a frase é uma interro-negativa. *Não venha* é uma negação; a frase é uma imperativa negativa.

negativo

A *frase negativa*, oposta à *frase afirmativa*, define-se por seu estatuto, a negação: *Paulo não virá* é uma frase negativa, oposta a *Paulo virá*, que é uma frase afirmativa.

neoforma

Chamam-se *neoformas* no discurso dos afásicos as parafasias* formadas de termos que não correspondem a nenhuma palavra da língua e que aparecem no lugar das palavras normalmente esperadas no discurso; assim, foi registrada a forma *Estucupi* num enunciado de afásico censorial. (V. AFASIA.)

neogramáticos

Pondo em evidência o funcionamento da lei de mutação consonântica nas línguas germânicas, J. GRIMM admitira, no século XIX, que ela nunca funcionava de modo completo. Ao contrário, os neogramáticos, nos quais predominam as concepções positivistas, seguiram sem hesitação W. SCHERER, que atribui a evolução fonética a "leis" "que só admitem variação em conformidade com outras leis". Apesar do arrojo da afirmação segundo a qual as leis fonéticas não comportariam exceções, os neogramáticos explicaram, graças a brilhantes descobertas, muitas irregularidades constatadas por seus predecessores. Não se nega mais a importância dos trabalhos dos que

429

se deram, por orgulho, o nome de "neogramáticos", utilizado primeiro por desprezo, com relação a eles, por seus adversários. Mas não se crê tanto quanto eles na universalidade e na imutabilidade das leis fonéticas.

neologia

Neologia é o processo de formação de novas unidades léxicas. Conforme as fronteiras que se quiser determinár à neologia, contentar-nos-emos em explicar as palavras novas, ou englobaremos no estudo todas as novas unidades de significação (palavras novas e novas combinações, ou sinapsias).

Distinguem-se *neologia de forma* e *neologia de sentido*. Nos dois casos, trata-se de denotar uma realidade nova (nova técnica, novo conceito, novos *realia* da comunidade lingüística em questão). A neologia de forma consiste em fabricar, para fazê-lo, novas unidades; a neologia de sentido consiste em empregar um significante que já existe na língua considerada, conferindo-lhe um conteúdo que ele não tinha até então — que esse conteúdo seja conceptualmente novo ou que tenha sido até então expresso por outro significante.

Numerosos processos existentes na língua permitem a *neologia de forma*: prefixação e sufixação (*minissaia, vietnamizar*), truncagem (uma *mini*), uso de siglas (USP, Universidade de São Paulo), etc. Pode-se pensar que o empréstimo de línguas estrangeiras deve ser assimilado ao neologismo de forma. Freqüentemente, os processos se acumulam: prefixo e traço de união (*minissaia*), uso de sigla e sufixação (Emedebista, formado a partir de MDB).

A *neologia de sentido* parece poder provir de origens diversas no discurso: o neologismo pode ser o fruto de uma metáfora estereotipada, passada à língua; por exemplo, *zebra* (resultado contrário aos prognósticos na loteria esportiva). Pode ser obtido, também, por mudança de sentido (CH. BALLY): uma unidade da língua, que funciona, por exemplo, com um complemento não-animado pode aceitar neologicamente um animado; se *Injetar uma cápsula em órbita* é um fenômeno metafórico, a passagem a *Injetar um homem em órbita* parece devido a uma mudança de sentido.

É sabida a dificuldade que tem o francês para admitir neologismos: o século XVII contribuiu para imobilizar a capacidade do francês em matéria de neologia, por prescrições rigorosas, mas freqüentemente injustificadas (a concorrência dos sufixos criava, às vezes, em francês médio, possibilidades excessivas de derivação, não chegando cada sufixo a especializar-se num sentido). Desde então, os progressos científicos, técnicos, culturais levaram à necessidade de uma neologia sistemática e flexível. Com a fixação do francês em seu estado clássico, tornando a neologia suspeita e difícil, o empréstimo foi freqüentemente o único recurso possível. Em nossos dias, a situação é confusa; a necessidade para o francês de precisar suas capacidades neológicas é sentida por todos: mas nota-se uma hesitação entre o recurso ao empréstimo e a formação de novas unidades léxicas. O empréstimo é freqüentemente praticado (ciências e técnicas que utilizam uma parte dos termos ingleses correspondentes), mas se choca com uma dificuldade prática, constituída por importantes diferenças fonológicas entre o francês e o inglês, principal língua-fonte. Em compensação, a formação e a introdução voluntárias, num vocabulário, de um número de novas unidades não deixa de apresentar certos problemas: o francês técnico assim formado não é sempre aceito pelos falantes: *oléoduc, gazoduc, ingénieurerie* estão longe de constituir neologismos aceitáveis para todos os falantes.

neologismo

Chama-se *neologismo* toda palavra de criação recente ou emprestada há pouco de outra língua, ou toda acepção nova de uma palavra já antiga. (V. NEOLOGIA.)

nesting (ingl.). V. ENCAIXE

neurolingüística

A *neurolingüística* é a ciência que trata das relações entre as perturbações da linguagem (afasias*) e os prejuízos das estruturas cerebrais que elas implicam. A hipótese fundamental da neurolingüística é que existe uma relação entre as formas de desorganização verbal, que podem ser descritas conforme os diversos modelos lingüísticos (distribucional ou estrutural, transformacional e gerativo), e os tipos patológicos estabelecidos pelo neurologista na base da localização da lesão responsável.

neutralização

Há *neutralização fonológica* quando, em certas posições da cadeia falada, uma oposição fonológica como [e] *vs.* [i], em português (ou [e] *vs.* [ε], em francês) não é mais pertinente. Distinguem-se diferentes tipos de neutralização, conforme as condições nas quais elas se realizam. A neutralização assimilativa é uma neutralização determinada pela assimilação a um fonema contextual, ou condicionada pelo contexto; por exemplo: a neutralização das consoantes nasais em espanhol, em italiano, etc. A neutralização condicionada pela estrutura é a que se produz independentemente dos fonemas vizinhos e em posições determinadas da palavra: por exemplo, na fronteira inicial e/ou final (neutralização centrífuga, como a oposição sonora *vs.* não-sonora, em russo). A neutralização dissimilativa é a que se realiza quando os dois fonemas em oposição se dissimilam com relação ao traço distintivo de um fonema contextual: a oposição aspirado *vs.* não-aspirado, em grego, é neutralizada quando aparece na palavra, sem seguir imediatamente uma consoante aspirada. A neutralização redutiva é a neutralização de uma oposição fonológica em todas as posições que não a posição acentuada: assim, em russo, as oposições [e] *vs.* [i], [o] *vs.* [a], em italiano, as oposições [o] *vs.* [ɔ], [e] *vs.* [ε] são neutralizadas em posição inacentuada. A neutralização progressiva é a que se produz antes de alguma coisa; a neutralização regressiva é a que se produz depois de alguma coisa.

neutralizável

Oposição fonológica neutralizável é uma oposição bilateral suscetível de não funcionar em certas posições da cadeia falada. Assim, em português,

431

a oposição [e] *vs.* [i] funciona em sílaba tônica (*peta/pita*; *selo/silo*); em posição átona final (*jure/júri*, *ires/íris*), há automaticamente realização para [i]; em francês, a oposição [e] *vs.* [ε] funciona em posição de sílaba final aberta (*ré/raie*; *lé/lait*; *allez/allait*); nos outros contextos, em sílaba fechada (final ou interior), *vert*, *perdant*, há automaticamente realização para [ε]; em sílaba aberta interior, *maison, pécheur, pêcheur*, há em geral realização livre do [e], e do [ε], ou, de preferência, de um som intermediário (não tendo a oposição [e] *vs.* [ε] de *pécheur* — *pêcheur* mais do que um valor normativo). Há, portanto, realização do arquifonema* em todas as posições que não em final aberta: o arquifonema é representado por um termo da oposição em sílaba fechada, por um ou outro (ou por uma realização intermediária) em sílaba aberta interior. Nas posições de neutralização, o arquifonema opõe-se, pelos traços comuns aos dois termos da oposição (aqui, vogal anterior intermediária), a todos os outros fonemas do sistema. Ora, essa base comum só existe se a oposição é bilateral. Eis por que uma oposição neutralizável é necessariamente bilateral, embora todas as oposições bilaterais não sejam necessariamente neutralizáveis. Uma oposição não-neutralizável é uma oposição constante, como em português a oposição [i] *vs.* [a], ou [p] *vs.* [b]. Em alemão e em russo, a oposição de sonoridade [t] *vs.* [d] é neutralizada na final, sendo sempre o representante do arquifonema o termo surdo. Da mesma forma, em italiano, a oposição de sonoridade [s] *vs.* [z] é neutralizada na inicial, em proveito do [s].

Os dois termos de uma oposição neutralizável estão mais estreitamente aparentados do que os de uma oposição constante.

neutro

1. O *neutro* é um gênero* gramatical que, numa classificação em três gêneros, opõe-se ao masculino e ao feminino. O neutro representa freqüentemente, mas não constantemente, o termo "não-animado" no gênero natural, quando este repousa sobre a oposição entre os animados, pessoas e animais, de um lado (classificados em "macho/masculino" e em "fêmea/feminino") e os objetos não-animados, de outro lado. Assim, o latim *templum* (templo) é neutro, opondo-se por suas desinências a *dominus* e a *domina* (senhor/senhora). Em português, a oposição entre animado e não-animado aparece nos pronomes: *este/isto, todo/tudo* (e, também, em francês: *quelqu'un/quelque chose, qui?/que? quoi?*). Por isso, certos gramáticos afirmaram a existência de um neutro em português (e em francês).

2. Uma *vogal neutra* é a intermediária entre as posições cardinais (nem aberta, nem fechada, nem anterior, nem posterior, nem arredondada, nem retraída), como o [ə] do francês, em *petit*, pronunciado [pəti] ou do romeno, em *mina* ['mɯnə].

3. Chamam-se, às vezes, *verbos diateticamente neutros* os verbos simétricos* como *quebrar, queimar*, etc. (*Ele quebrou o ramo. O ramo quebrou.*)

nexia

L. HJELMSLEV chama *nexia* um agrupamento de vários nexos (ou frases); a nexia corresponde ao parágrafo ou ao discurso.

nexo

L. HJELMSLEV chama *nexo* o que corresponde a *frase*: o núcleo do nexo é o verbo.

I. nível

1. Em lingüística estrutural, *nível* é sinônimo de *posição*: *nível frástico, morfemático, fonemático*. (Diz-se ainda NÍVEL DE ESTRUTURA.) O conceito de *nível* implica que a língua é uma estrutura em que unidades de um nível A são compostas de unidades menores, que constituem um nível inferior B; as unidades de nível A, com-

432

binando-se entre si, constituem unidades de um terceiro nível, ou nível C. A língua é, portanto, feita de uma hierarquia de níveis. Cada nível constitui uma "camada" de análise; possui suas regras específicas e é formado por unidades cujas combinações, governadas por regras específicas, formam as unidades do nível imediatamente superior, já que, inversamente, as unidades deste nível são formadas pelas unidades do nível imediatamente inferior. O conjunto das regras de combinação, estabelecidas para cada nível, constitui a gramática de uma língua.

Distingue-se, assim:

a) o nível da frase (nível frástico) cujas unidades constituintes são os sintagmas, sendo cada sintagma formado pelas unidades do nível inferior, os morfemas. As combinações de frases produzem o enunciado.

Seja o enunciado formado pelas duas frases: *O moço corria, ele caiu.*

Cada frase é formada por sintagmas; por exemplo, *O moço corria* é formado por dois sintagmas, *o moço* e *corria* (V. CONSTITUINTE IMEDIATO). Cada sintagma é formado por palavras. Cada palavra é formada por morfemas: assim, *o moço* é formado por *o + moç + o; corria* é formado pelos morfemas *corr + ia;*

b) o nível do morfema (nível morfemático ou morfológico), sendo cada morfema constituído por unidades elementares do nível imediatamente inferior, os fonemas; assim, *moço* é formado pela combinação de [m] + [o] + [s] + [u]; as combinações dos morfemas produzem os sintagmas da frase, nível imediatamente superior;

c) nível do fonema (nível fonemático ou fonológico); cada fonema é analisado em traços distintivos, não--segmentáveis, que constituem o primeiro nível elementar. A combinação dos fonemas produz os morfemas. Assim, *corr-* é constituído pela sucessão dos fonemas [k], [o], [R]. O fonema [k] define-se pelos traços distin-

tivos: oclusão, surdo, posterior, etc. (V. ESTRUTURALISMO.)

2. Em lingüística gerativa, o *nível de representação* é o sistema de concatenação que representa uma frase como uma seqüência de elementos discretos; há, portanto, vários níveis de representação de uma frase (fonético, fonológico, sintagmático, transformacional); cada nível é, então, definido por um conjunto finito de elementos (por exemplo, os morfemas ao nível morfemático) e um conjunto finito de regras que determinam as relações entre esses elementos. As relações entre os níveis são definidas por um conjunto de regras de representação que exprimem o modo como os elementos de um nível superior são representados pelos elementos de um nível inferior.

II. nível de língua

Numa dada língua, constata-se que alguns usos aparecem unicamente em determinados meios. Cada uma dessas utilizações da língua comum goza geralmente do mesmo prestígio ou sofre o mesmo desprezo que seu meio de origem. A noção de *níveis de língua* está, portanto, ligada à diferenciação social em classes ou grupos de diversos tipos.

Os falantes podem empregar vários níveis diferentes, conforme os meios nos quais se encontram (caso do secundarista que utiliza em sua família a língua culta, e no pátio da escola, termos de gíria). A utilização de um nível de língua determinado está, portanto, ligada à controlabilidade* ou à não-controlabilidade das *performances* e às intenções do falante, ao seu "querer-aparecer".

As clivagens podem ser somente de ordem léxica (gíria e língua corrente, vocabulário técnico e língua corrente) ou de ordem fonética, morfológica, sintática e léxica (língua culta e língua popular, língua corrente e patoá). Deve-se observar que dialetos* próximos da língua oficial podem desempenhar o papel de língua popular.

433

Todavia, quaisquer que sejam as situações lingüísticas, encontram-se pelo menos os três níveis seguintes: uma *língua elevada*, que tende a parecer-se com o falar culto, utilizado na camada que goza do prestígio intelectual, uma *língua corrente*, que tende a seguir os usos do falar popular*, e *falares patoás**.

nó
1. Nó de uma árvore em gramática gerativa. V. ÁRVORE.
2. L. TESNIÈRE chama *nó* o conjunto constituído pelo regente* e seus subordinados*. Ele está localizado no estema pelo lugar do próprio termo regente. Assim, na frase:
   A moça canta uma canção alegre representada pelo estema

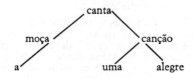

canta é o *nó central* (nó dos nós) porque forma o nó de *canta, moça* e *canção*, isto é, de *canta* e dos nós *moça* e *canção*, sendo *moça* o nó de *moça* e *a*, *canção* de *canção, uma* e *alegre*.

nocional
Chama-se *nocional* a gramática que parte da hipótese de que a linguagem traduz categorias de pensamento universais, extralingüísticos, independentes dos acidentes, que são as línguas.

nomenclatura
Nomenclatura é um conjunto de nomes que se dão de uma maneira sistemática aos objetos que dependem de uma dada atividade. Fala-se da nomenclatura das peças de um carro. A nomenclatura supõe a biunivocidade da relação significante-significado: um único nome para cada coisa, uma única coisa para cada nome. Essa palavra deve ser distinguida de *terminologia**, *léxico**, *vocabulário**.

I. nominal (s.)
Em gramática gerativa, chama-se *nominal* a um substantivo (ou expressão) proveniente de uma nominalização, como (*a*) *construção*, proveniente de (*a gente*) *constrói* / (*ele*) *é construído*.

II. nominal (adj.)
1. Chama-se *nominal* a frase assertiva cujo predicado não comporta nem verbo, nem cópula; por exemplo: nem verbo, nem cópula; por exemplo: *Omnia praeclara rara* é uma frase latina em que não há a cópula *sunt*. Chama-se também *frase nominal* uma frase imperativa, interrogativa, enfática, sem verbo: a frase *Admirável, esse quadro!* é uma frase enfática nominal. *Silêncio!* é uma frase imperativa sem verbo.
2. Chamam-se *formas nominais do verbo* o infinitivo, o gerúndio e o particípio passado, que desempenham respectivamente o papel de subst., adjunto adverbial e adjetivo verbal, e que não têm afixo, nem de pessoa, nem de número. (Com exceção do infinitivo, em português, que, ao lado da forma impessoal, apresenta a forma pessoal, com flexão de pessoa e número).
3. Chama-se *sintagma nominal* (abreviação SN) um sintagma constituído de um subst. (abreviação N) eventualmente precedido de um determinante (abreviação D) artigo, demonstrativo, etc. Assim, nas frases *Pedro dorme* e *O gato dorme, Pedro* e *O gato* são sintagmas nominais, respectivamente constituídos, um, de um único subst., o outro, de um subst. precedido de um determinante. Nas frases efetivamente realizadas, define-se como sintagma nominal toda expansão* do sintagma nominal de base constituído de um determinante e de um subst. Assim, na frase *O gato da zeladora dorme, o gato da zeladora*, expansão de *o gato*, é um sintagma nominal, como *o pequeno gato cinzento* na frase *O*

pequeno gato cinzento dorme. O subst. é a "cabeça" do sintagma nominal.

nominalização

Nominalização é uma transformação que converte uma frase num sintagma nominal e que a encaixa em outra frase, chamada "frase matriz*": a frase encaixada desempenha, então, o papel de um sintagma nominal. Sejam as duas frases:

(1) *Pedro crê isso.*
(2) *Paulo chegou.*

Se a frase (2) for nominalizada e encaixada na frase (1), obtém-se no fim das operações a frase transformada:

Pedro crê que Paulo chegou.

A integrante *que Paulo chegou* é uma frase nominalizada.

Sejam as duas frases:

(1) *Isso foi retardado.*
(2) *Os operários constroem a ponte.*

Se a frase (2) for nominalizada, depois de sofrer uma transformação passiva (*A ponte foi construída pelos operários*), em seguida encaixada na frase matriz (1), obtém-se a frase:

A construção da ponte pelos operários foi retardada.

O sintagma nominal *A construção da ponte pelos operários* é proveniente de uma nominalização da frase (2).

nominalizador

Chama-se *nominalizador* um afixo que permite a transformação de um verbo ou de um adjetivo em subst.; assim, o afixo *-agem* (*lavar → lavagem*) e o afixo *-ismo* (*social → socialismo*) são nominalizadores.

nominativo

O *nominativo* é o caso* que exprime a função gramatical de sujeito (ex.: PEDRO *vem*). O latim confunde sob esse nome o nominativo propriamente dito e o *ergativo*.

non-voisé (fr.)

V. SURDO.

norma

1. Chama-se *norma* um sistema de instruções que definem o que deve ser escolhido entre os usos de uma dada língua se se quiser conformar a um certo ideal estético ou sociocultural. A norma, que implica a existência de usos proibidos, fornece seu objeto à gramática normativa* ou *gramática* no sentido corrente do termo.

2. Chama-se também *norma* tudo o que é de uso comum e corrente numa comunidade lingüística; a norma corresponde, então, à instituição social que constitui a língua.

3. A palavra *norma* às vezes é empregada com um sentido muito diferente do que tem habitualmente. Para L. HJELMSLEV, a norma é o traço, ou o conjunto dos traços, que permite distingüir um elemento de todos os outros elementos. Seja a consoante [r], que é a única vibrante em português; o caráter vibrante constitui, portanto, a norma de [r]. Mas [r] apresenta-se sempre com outros traços. É uma sonora rolada alveolar, ou uma constritiva sonora uvular, etc. Todos esses traços, que não são distintivos e não permitem caracterizar o fonema [r] porque podem não ser encontrados, constituem o uso*.

normalizado

Pode-se dizer que uma língua é *normalizada* quando os usos da língua foram relativamente estabilizados pelas instituições sociais: em Portugal, o português foi normalizado a partir do século XVI. (V. PADRÃO.)

normativo

A gramática reduziu-se, por muito tempo, a uma série de preceitos *normativos*, isto é, a uma série de instruções que finalmente se resolvem em *diga X, não diga Y*.

A *gramática normativa* se baseia na distinção de níveis* de língua (língua culta, língua popular, patoás, etc.); e, entre esses níveis, ela define

435

um como língua de prestígio a imitar; essa língua é chamada a "boa língua", o "bom uso". Nessa determinação, é bem evidente que entram razões não propriamente lingüísticas, mas razões de ordem sociocultural: a língua escolhida como referência do *Diga*... é a do meio que goza do prestígio ou da autoridade (meios de "boa burguesia", por exemplo). Outro fator tomado em consideração pela *gramática normativa* é a imitação dos "bons autores". Razões estilísticas podem evidentemente funcionar aqui; mas, mais freqüentemente, apenas a tradição é levada em conta; além disso, nessa perspectiva, todos os desvios que um "bom autor" permitiu-se são justificados e todas as lacunas devidas a gostos de autor, ou mesmo simplesmente ao acaso, incitam à desconfiança. É porque CL. MAROT definiu, por fantasia, regras do particípio passado decalcadas no italiano que hoje, em francês, se utiliza, nesse domínio, um sistema complicado.

Invoca-se, também, uma pretensa lógica que tende a estabelecer analogias sobre bases estreitas e a proscrever tudo o que não lhes é conforme: assim, o fr. *dans le but de*, "com o fim de" não seria correto porque *but* significa, na origem, "alvo". Não se leva em conta o aparecimento de *but* num contexto que lhe dá o sentido de "intenção".

Na realidade, uma verdadeira gramática normativa seria a que desse à criança o domínio da língua, de suas regras fundamentais, que não podem ser transgredidas, e não de detalhes destinados a complicar o que é simples.

notação

Chama-se *notação fonética* o conjunto de símbolos utilizados para transcrever os sons. (V. ALFABETO FONÉTICO.)

nu

Uma raiz é chamada *nua* quando se apresenta sem a adição de nenhum elemento de formação (infixo, vogal temática, etc.).

nuclear

1. Qualifica-se de *nuclear* o que pertence ao núcleo da frase. O sintagma nominal sujeito e o sintagma verbal predicado são constituintes nucleares. (V. EXTRA-NUCLEAR.)
2. Numa primeira etapa da gramática gerativa, a *frase nuclear*, ou *frase-núcleo*, é a frase ativa, declarativa, afirmativa, constituída de um sintagma nominal e de um sintagma verbal, reduzidos em sua realização a seus constituintes elementares. Assim, *A criança joga a bola*, *Pedro corre*, *Jorge é feliz*, são exemplos de estruturas de frases nucleares. (V. também FRASE-NÚCLEO.)

núcleo

Em gramática gerativa, a estrutura profunda de uma frase é constituída de um Núcleo (abreviação F) e de outro constituinte chamado, conforme os autores, Modalidade* (abreviação Mod), ou Constituinte de frase (abreviação Const) ou Tipo de frase, cuja presença provoca uma transformação (interrogativa, passiva, negativa, etc.). O núcleo é constituído de duas partes: o sintagma nominal (SN) e o sintagma verbal (SV), seus constituintes imediatos (F → SN + SV).) A escolha do símbolo F para o núcleo explica-se pelo fato de que, na primeira etapa da teoria, o núcleo representava a frase ativa, declarativa, afirmativa, também chamada *frase-núcleo* ou *frase nuclear*. Numa etapa ulterior, o núcleo é uma parte apenas da frase de base. (V. também FRASE-NÚCLEO.)

nucleus

1. L. TESNIÈRE chama *nucleus* o núcleo da frase; mas a noção de nucleus faz intervir principalmente as funções (função semântica, função modal, função translativa, enquanto que o *nó é apenas a expressão material e o ponto*

geométrico da função modal e se caracteriza unicamente pelas relações de regente a regido (subordinado).

2. Dá-se às vezes, em gramática gerativa, o nome de *nucleus* ao núcleo* da frase de base.

numeral

Em gramática tradicional, os *numerais* são adjetivos cardinais ou ordinais. É por pura convenção que os classificamos entre os adjetivos.

Os *numerais cardinais* pertencem à classe dos determinantes; precedem o substantivo (*dois homens*) e podem por eles mesmos constituir o sintagma nominal (*dois deles chegaram*). Não variam em gênero (salvo *um, uma; dois, duas*; e as centenas acima de *cem: duzentos, duzentas*, etc.).

Os *numerais ordinais* são verdadeiros adjetivos qualificativos antepostos que indicam a ordem apresentada pelo substantivo (*primeiro, segundo, terceiro*). São, na maioria, derivados dos numerais ordinais latinos correspondentes; são freqüentemente substituídos pelos numerais cardinais em alguns empregos (*vinte e quatro de agosto, página sessenta e três, capítulo trinta e dois*, etc.).

Existem igualmente adjetivos numerais *multiplicativos*, como *simples, dobro, triplo, quádruplo*, etc. Em compensação, é com uma locução formada pelo numeral cardinal seguido da expressão "cada um" que o português exprime o *distributivo*; enquanto que o latim tem uma série distributiva *singuli, bini, terni* (*trini*), o português diz *um cada um, dois cada um, vinte cada um*, etc. (Houve no português arcaico um distributivo *senhos/sendos/senlhos*, "cada um o seu", proveniente de *singulos*. A forma *sendos* é ainda utilizada em castelhano).

Uma série de nomes está igualmente ligada aos numerais: são os nomes de frações da unidade, como *meio, terço, quarto, quinto*, etc.; "do fracionário *oitavo*, para *oito*, tirou-se por metanálise um sufixo *-avo*, que passou a substantivo, suscetível de plural, para indicar o elemento fracionário em si mesmo; ex.: *cinco avos, um avo*, etc.". (Câmara Jr., J. Mattoso — *Dicionário de Filologia e Gramática ref. à língua portuguesa*, s/v. *numeral*, pp. 281/2/3.)

Podem ser igualmente classificados entre os nomes numerais certos derivados que são também, às vezes, adjetivos (*quarteto, sextilha, dezena, dúzia, octogenário*, etc.).

número

Número é uma categoria gramatical que repousa sobre a representação das pessoas, animais ou objetos, designados por nomes, como entidades contáveis, suscetíveis de serem isoladas, contadas e reunidas em grupos, em oposição à representação dos objetos como massas indivisíveis. O número opõe, portanto, os nomes suscetíveis de serem contados aos nomes que não o são: os nomes contáveis e os nomes não contáveis. Essas representações variam de uma língua para outra em função da estrutura léxica: o português *fruta* é contável, o inglês *fruit* é não contável. No interior dos nomes contáveis, o número opõe a representação de um "objeto" individualizado, isolado (singularidade), à representação de mais de um objeto individualizado (pluralidade). A pluralidade pode ser, por sua vez, concebida na única oposição "um" a "mais de um", mas pode ser também concebida como

437

uma oposição entre "dois" e "mais de dois" (*dualidade* oposta a *pluralidade*), ou como oposição entre "dois", "três" e "mais de três" objetos (*dualidade* oposta a *trial*, oposto a *pluralidade*). A pluralidade pode ser concebida como uma contagem indeterminada (*as crianças*) ou determinada (*duas crianças*). A reunião em um conjunto de objetos individualizados opõe, assim, "uma entidade" a "um conjunto de entidades" concebido como uma unidade ("singularidade" oposto a "coletivo").

O número é uma categoria do grupo nominal que se exprime: (1) pela oposição entre o singular (que traduz a singularidade) e o plural (que traduz a pluralidade) nos nomes contáveis, e às vezes pelo singular, o dual (que traduz a dualidade) e o plural (mais de dois), ou pelo singular, o dual, o trial e o plural (mais de três). Essa oposição de traços distintivos [+ sing.] (singular) e [— sing.] realiza-se por meio de afixos, desinências ou variações morfofonológicas das raízes nominais (em português *jornal/jornais*; em latim *lupus/lupi*, etc.); (2) pela oposição entre o singular determinado ou indeterminado, que designa a unidade isolada, e o plural, que exprime uma contagem, determinada ou indeterminada, por meio de numerais (*uma criança, duas, três crianças*) ou quantificadores (*muitas, poucas crianças*). Em certas línguas, a oposição é feita pela presença ou ausência de quantificadores numerais, sem que haja uma oposição entre singular e plural; (3) pela oposição entre o singular, que representa a unidade individualizada (singularidade), e o singular coletivo, que representa a reunião de objetos num conjunto (pluralidade), exprimindo-se isso freqüentemente por uma afixação nominal (*carvalho/carvalhal*).

O singular pode, portanto, exprimir à singularidade, determinada ou indeterminada na oposição ao plural, mas pode traduzir também a ausência de oposição; por exemplo, nos nomes não-contáveis (*O vinho está bom este ano*) ou a pluralidade indeterminada (coletivo, genérico: *O homem é mortal*). Da mesma forma, o plural, se traduz a pluralidade, pode exprimir a singularidade, como em *as exéquias, as núpcias*, etc. O singular é o caso não-marcado em número dos nomes, enquanto que o plural é o caso marcado.

O número, categoria gramatical do grupo nominal, pode provocar uma transformação de concordância* no interior do sintagma nominal, e entre o sintagma nominal e o sintagma verbal (*ser/estar* + adjetivo) ou um único constituinte desse sintagma verbal, o verbo.

O

objetivo

Chama-se *complemento nominal objetivo, genitivo* objetivo*, o complemento nominal, o genitivo que, na frase ativa correspondente, desempenha o papel de um complemento objeto; seja o sintagma nominal o *temor dos inimigos* (latim *timor hostium*), a frase ativa correspondente pode ser: *A gente teme os inimigos* (*inimigos* é objeto direto); no caso em que a frase correspondente seria *Os inimigos temem*, o complemento nominal seria chamado "subjetivo".

objeto

1. Em gramática tradicional, chama-se *complemento* objeto o sintagma nominal complemento do verbo que designa o ser ou a coisa que sofre a ação feita pelo sujeito: *Ele lê um livro, Ele aperta a mão*, etc. Chama-se *objeto direto** o sintagma nominal complemento de um verbo transitivo* não-precedido de uma preposição (*Ele afrouxa a corda*) e *objeto indireto* o sintagma nominal complemento de um verbo transitivo indireto precedido da preposição *a, para* ou *de* (*O granizo dá prejuízo às colheitas*). Restringiu-se, às vezes, o conceito de *objeto* apenas ao *objeto direto* dos verbos transitivos, ligando a definição às propriedades sintáticas seguintes: *a*) impossibilidade de permutar o sintagma nominal (*A criança lê o livro → *O livro a criança lê*); *b*) possibilidade de passivo (*O livro é lido pela criança*); *c*) forma da interrogação (*O que lê a criança?*); *d*) pronominalização (*Ele o lê*).

2. Em gramática gerativa, o *objeto* é o sintagma nominal na reescrita seguinte do sintagma verbal:
SV → Aux + V + SN
(V, nessa formulação, está necessariamente afetado pelo traço [+ transitivo]).

3. Dá-se o nome de *objeto interno* ao objeto que indica a própria ação verbal determinada (*Ele vive uma vida agradável*) ou o resultado da ação intransitiva (*Ele chorou mais de uma lágrima*).

oblíquo

Em oposição aos casos diretos, que exprimem as funções gramaticais de sujeito e de complemento (nominativo, ergativo e acusativo), os *casos oblíquos* exprimem as funções gramaticais do objeto indireto (dativo) ou as funções concretas* (genitivo, ablativo, locativo, instrumental). [V. CASO.]

obrigatório

Em gramática gerativa, chamam-se *transformações* obrigatórias* as que se aplicam a todas as frases de base (como a transformação afixal), em oposição às *transformações facultativas*, que só se aplicam se um marcador estrutural definido está presente na estrutura de base (como as transformações interrogativa, enfática, negativa, imperativa).

obscuro

Obscura é a vogal acusticamente grave, como [u] de *puro* ou de *luva* e todas as vogais velares. Este termo, como o termo oposto, *clara*, que designa as vogais agudas (palatais), vem de uma associação corrente entre as sensação auditiva de gravidade e a sensação visual de obscuridade.

439

obstáculo

Em fonética, chama-se *obstáculo* o fechamento ou estreitamente do canal bucal durante a fonação. O estabelecimento de um obstáculo e a transposição desse obstáculo constituem a essência da consoante. A ausência de obstáculo caracteriza as vogais. Cada consoante é caracterizada pela localização do obstáculo (bilabial, labiodental, interdental, apicodental, etc.) e pelo modo de transposição desse obstáculo. Conforme os graus de obstáculo, distinguem-se: as oclusivas, que correspondem ao mais alto grau; as fricativas, que correspondem ao grau médio; as soantes (nasais, líquidas, vibrantes, glides), que correspondem ao grau de obstáculo mais baixo, seja porque a presença do obstáculo num ponto do canal expiratório se combina simultânea ou sucessivamente com a ausência de obstáculo, como para as nasais, as líqüidas e as vibrantes, seja porque o canal bucal esteja muito pouco estreitado, como para os glides.

A presença do obstáculo provoca uma interrupção do escoamento do ar laríngeo, que se traduz, no espectro acústico, por uma ausência de intensidade e, portanto, por uma ausência de estrutura de formante, ou uma turbulência do ar laríngeo, que turva as estruturas de formante.

oclusão

Oclusão é o fechamento completo e momentâneo do canal fonador num ponto qualquer, obtido por uma aproximação tão estreita dos dois articuladores que o ar não pode mais passar, e precedido e/ou seguido de uma abertura brusca. A oclusão pode ser *bucal*, se se produz num ponto ou noutro da cavidade bucal [t, d, k, g]; *labial*, se se situa ao nível dos lábios [p, b]; *laringal* (ou glotal), se é realizada pela aproximação das cordas vocais (nesse caso ela é seguida do toque da glote), por exemplo, o hamza árabe [ʔ].

oclusão glotal

Chama-se oclusão glotal o som produzido por uma oclusão na faringe ou na laringe, onde é possível fechar momentaneamente a passagem do ar, aproximando-se completamente as cordas vocais uma da outra. Esse som não tem valor fonológico em francês, embora aí apareça às vezes diante de uma vogal inicial pronunciada com força. Mas é uma consoante normal em certas línguas como o dinamarquês e o alemão, em que precede regularmente toda vogal inicial acentuada, assegurando assim uma função demarcativa. A sua representação é /ʔ/.

oclusivo

Oclusiva é a consoante cuja articulação comporta essencialmente uma oclusão do canal bucal. O som consonântico provém do desencadeamento ou da parada bursca do escoamento do ar.

Acusticamente, as oclusivas são caracterizadas pelo traço descontínuo, isto é, no espectro, por um silêncio (pelo menos para as freqüências situadas acima das vibrações das cordas vocais, no caso das oclusivas sonoras) seguido e/ou precedido de uma difusão da energia numa larga faixa de freqüências. Cada oclusiva é diferenciada das outras por seu locus*, isto é, pela freqüência para a qual tendem, sem atingi-la, os formantes (principalmente o formante bucal) da vogal precedente e/ou seguinte. Para [p], os formantes vocálicos apontam para as baixas freqüências; para [t], para as freqüências do meio do espectro.

A pronúncia de uma oclusiva comporta três fases, que correspondem à tomada de posição dos órgãos (catástase), à tensão mais ou menos prolongada (tensão), ao relaxamento dos órgãos (metástase). As oclusivas são também chamadas *plosivas*, e distinguem-se, às vezes, conforme a oclusão interrompe ou precede o escoamento, entre explosivas, que precedem uma vogal, e implosivas, que a seguem.

440

As oclusivas puras distinguem-se das consoantes que combinam uma oclusão e um escoamento do ar fricativo (africadas) ou livre (nasais, líquidas, vibrantes).

As oclusivas são as consoantes máximas. De todas as oclusivas, a oclusiva difusa [p], que representa o mínimo de energia e que se aproxima mais do silêncio, é a consoante máxima.

ocorrência (ingl. *token*)

Sempre que um elemento lingüístico (*type*) figura num texto fala-se de *ocorrência* (*token*). O aparecimento do termo *socialismo* num texto analisado do ponto de vista lingüístico será uma ocorrência da palavra *socialismo*.

V. II. TIPO.

onda

1. *Onda sonora* é a propagação das partículas de ar sob o impulso de uma vibração que pode ser periódica ou aperiódica (não-periódica), simples ou composta. Na fonação, as ondas que constituem o som podem ser provocadas, seja pela vibração das cordas vocais (vogais), seja essencialmente pela presença brusca de um obstáculo na passagem do ar (consoantes).

2. A *teoria das ondas*, ou *Wellentheorie*, foi concebida pelo lingüista JOHANES SCHMIDT para explicar as convergências entre línguas geograficamente vizinhas. Nessa perspectiva, as inovações se espalham progressivamente a partir de certos centros que gozam da preponderância política e/ou social. As mudanças se transmitem pouco a pouco, progressivamente, por mais longe que se exerça a influência do ponto de origem. As mudanças políticas ou sociais explicam que cada inovação tem sua área de extensão específica.

Essa teoria das ondas explica que línguas diferentes sofrem modificações da mesma ordem e parecem, por isso,

ter um parentesco genético; assim, nome do *cânhamo*, que se encontr com formas que parecem remontar uma origem comum indo-européia, fo tomado de empréstimo pelos gregos aos citas ou aos trácios; a partir do grego, a palavra espalhou-se em diversas línguas indo-européias. A teoria das ondas opõe-se à da árvore genealógica.

onomasiologia

Onomasiologia é o estudo semântico das denominações; ela parte do conceito e busca os signos lingüísticos que lhe correspondem. Na óptica de L. HJELMSLEV, dir-se-á que a onomasiologia parte da consideração da substância do conteúdo (conceito) para chegar à forma do conteúdo (signos lingüísticos que correspondem ao recorte do campo conceptual). Por exemplo: a conduta onomasiológica estabelecerá as estruturas conceptuais do parentesco numa dada cultura; essa cultura institui, por exemplo, como pertinentes, a oposição dos sexos, a hierarquia das gerações, tal organização da linhagem (patrilinear ou matrilinear), etc. A partir daí, os signos lingüísticos serão examinados. Por tal comportamento, *mãe* não será estudado primeiro por seu funcionamento lingüístico (distribuição e oposições paradigmáticas) e em sua polissemia (*mãe de uma criança, língua-mãe, a terra mãe*, etc.), mas como signo lingüístico correspondente a uma relação particular na taxinomia das relações de parentesco.

A onomasiologia opõe-se à semasiologia, que parte do signo para ir em direção à idéia.

onomástica

Onomástica é o ramo da lexicologia que estuda a origem dos nomes próprios. Divide-se, às vezes, esse estudo em *antroponímia* (que diz respeito aos nomes próprios de pessoas) e *toponímia* (que diz respeito aos nomes de lugar).

441

onomatopéia

Chama-se *onomatopéia* uma unidade léxica criada por imitação de um ruído natural: *tique-taque,* que visa a reproduzir o som do relógio; *cocoricó,* que imita o canto do galo, são onomatopéias.

Distinguem-se a imitação não-lingüística (reprodução por um imitador, às vezes perfeita, do canto do galo) e a onomatopéia. Esta se integra no sistema fonológico da língua considerada; todos os fonemas de *cocoricó, tique-taque, au-au* são portugueses, mesmo se sua disposição difere um pouco das combinações mais freqüentes da língua. Além disso, a onomatopéia constitui uma unidade lingüística suscetível de um funcionamento em língua, marcada por um sistema de distribuição e de marcas: dir-se-ão *uns cocoricós, um au-au agressivo*; eventualmente, derivados serão possíveis: um neologismo *cocoricar* receberá facilmente uma interpretação semântica. Notar-se-á, todavia, a menor capacidade de acolhimento do francês para o onomatopéia, comparada à de outras línguas; o inglês, o maior produtor de onomatopéias, integra-as também mais facilmente a séries derivacionais (*splash, to splash, splasher, splashy*).

Muitas unidades aparentemente onomatopaicas são simples produtos da evolução fonética: em francês, se *fouet* ou *siffler* nos parecem imitar sons não-lingüísticos, as fontes latinas *flagellum* e *sibilare* estão muito mais distanciadas da onomatopéia. A motivação que o francês pode descobrir aqui não é, portanto, mais que uma remotivação (comparável ao fenômeno mais geral da etimologia popular).

A hipótese da origem onomatopaica da linguagem humana está bastante abandonada em nossos dias. F. DE SAUSSURE já indica que esse processo de criação léxica só poderia ser marginal. A teoria da arbitrariedade do signo opõe-se radicalmente a uma concepção onomatopaica da origem das línguas.

ontivo

O termo *ontivo* designa, para L. TESNIÈRE, as primeira e segunda pessoas do verbo, que se referem aos seres que participam do ato de comunicação. O ontivo opõe-se ao anontivo* (terceira pessoa) e corresponde aos nomes pessoais da gramática gerativa.

opacidade

O conceito bipolar de transparência *vs.* opacidade, utilizado na análise do discurso, indica a presença ou o apagamento do emissor com relação ao seu discurso e do ponto de vista do receptor. No caso de transparência perfeita, o receptor assume inteiramente o discurso que lhe é dirigido (ou, pelo menos, o falante se apaga o máximo possível para obter essa transparência): pode-se tomar como referência de opacidade mínima o caso do livro escolar, em que o sujeito de enunciação é negado: cada aluno deve poder assumir o discurso mantido no livro, discurso já reassumido pelo professor, que ali reconhece o seu ensino.

Ao contrário, a opacidade será máxima na poesia lírica (função expressiva da linguagem, centrada no emissor): a leitura do poema lírico exige também do receptor que este se torne sujeito de enunciação; ao inverso do discurso pedagógico, trata-se de um enunciado fortemente modalizado, que se deve, desta vez, assumir, isto é, o poeta marcou fortemente com sua subjetividade o enunciado que paradoxalmente, ele exige, que o receptor assuma em sua totalidade.

operador

Chama-se *operador* um elemento lingüístico vazio de sentido, que serve para constituir uma estrutura frástica. Diz-se, assim, que a cópula *ser/estar* é um operador existencial na frase predicativa: *Pedro é feliz,* que a conjunção *que* é um operador na transformação completiva do tipo: *Temo* QUE *ele venha.*

operanda

Na teoria transformacional de Z. HARRIS, chama-se *operanda* a frase, elementar ou não, na qual se aplica uma transformação, e *resultante* o produto da transformação.

Se se tem a transformação:

Paulo inventa histórias → *Paulo é um inventador de histórias.*

Chama-se operanda a frase *Paulo inventa histórias* e resultante *Paulo é um inventador de histórias.*

operativo

Na lingüística de G. GUILLAUME, o *tempo operativo* é o tempo muito curto durante o qual um sistema lingüístico se atualiza no discurso.

opinião

Verbos de opinião. V. DECLARATIVO (VERBO).

oponente

Chama-se *oponente* a função assegurada na narrativa por um personagem (ou uma força qualquer) que se opõe à realização do desejo do herói.

oposição

1. *Oposição fonológica* é a diferença entre duas ou mais unidades distintivas. É uma diferença fônica que tem um valor lingüístico: por exemplo, em português, a diferença de sonoridade entre /p/ e /b/, que permite opor as palavras *pato* a *bato*, é uma oposição. Chama-se também *oposição* um par de fonemas de um mesmo sistema lingüístico: /p/ e /b/ constituem uma oposição. Conforme a natureza das relações entre os dois termos da oposição, distinguem-se as oposições homogêneas ou heterogêneas, bilaterais ou multilaterais, privativas ou graduais, proporcionais ou isoladas.

2. De modo mais geral, em lingüística, a oposição é a relação existente entre dois termos de um mesmo paradigma.

Em lingüística descritiva, *oposição* e *contraste* estão na mesma relação que substituição e combinação. Todavia, observar-se-á que a distinção oposição *vs.* contraste não é feita em F. DE SAUSSURE, que se contenta em indicar que não se deve confundir *oposição* e *diferença*. Para esse autor, a língua funciona integralmente por uma rede de diferenças sem termos positivos. Mas, desde que se aproximem signos completos (significante *e* significado), não há mais diferença, mas oposição.

No plano conceptual (significado), uma unidade só recebe valor pelas limitações que ela sofre por existirem outras unidades em relação virtual com ela. Segundo F. DE SAUSSURE: "*recear, temer, ter medo* só têm valor próprio por sua oposição. Se *recear* não existisse, todo o seu conteúdo iria para seus concorrentes." É porque essas palavras se encontram numa relação diferencial que elas entram numa série de oposições.

No plano fônico (significante) dá-se o mesmo: o significante lingüístico é "constituído não por sua substância material, mas unicamente pelas diferenças que separam sua imagem acústica de todas as outras; aqui, ainda, as diferenças percebidas fornecem uma série de oposições: "Os fonemas são, antes de tudo, entidades opositivas, relativas e negativas". Assim, as unidades obtidas em cada nível (fonológico, lexicológico, frástico) por esse processo puramente negativo aparecem como termos positivos. Entre esses termos positivos (signos), a relação é de oposição. Desde a focalização de uma fonologia, a noção de oposição deverá refinar-se. Quase não se aceita mais o propósito de F. DE SAUSSURE: "Colocado num sintagma, um termo só adquire seu valor porque está oposto ao que precede ou ao que segue, ou a ambos". O termo *oposição* especializa-se no plano paradigmático (*bom — mau — passável* estão em oposição paradigmática), enquanto que as relações contraídas no plano sintagmático são designadas como *contrastes* ([b]/[ɔ]/[w] estão em contraste sintagmático em *bom*).

optativo

Chama-se *optativo* um modo* do verbo que exprime o desejo. Em grego, o optativo é traduzido por um sistema de formas autônomas; em português, o optativo é traduzido pelo modo subjuntivo: *Que ele possa recuperar-se depressa, Desejo que ele se recupere muito depressa.*

oral

1. A *língua oral* (1) é sinônimo de *língua falada*; (2) designa mais precisamente a forma escrita da língua pronunciada em voz alta (leitura).
2. Um *fonema oral* (ou não-nasal) é um fonema realizado por uma elevação do véu do paladar, que determina o fechamento das fossas nasais e o escoamento do ar expiratório através da cavidade bucal: a vogal [a] do português opõe-se como vogal oral a [ã]; as consoantes [t] e [d] opõem-se, como consoantes orais, a [n], consoante nasal.

I. ordem

1. Os fonemas formam uma *ordem* quando são caracterizados por uma mesma articulação situada num ponto determinado do canal expiratório, distinguindo-se um do outro apenas por uma outra articulação distintiva; assim, [p, b, m] formam a ordem bilabial.
2. *Ordem das transformações.* V. TRANSFORMAÇÃO.

II. ordem

1. Chama-se *ordem* um modo ou tipo de comunicação instituído pelo falante entre ele e seus(s) interlocutor(es) e que consiste em fazer depender suas orações de uma frase implícita *Ordeno-lhe que* (= dou-lhe a ordem de fazer). A asserção depende da frase implícita, *Digo-lhe que*, e a interrogação, da frase *Pergunto-lhe se.*

2. Os *verbos de ordem* exprimem a vontade de alguém fazer com que outra pessoa realize algo: *Exijo de Pedro que responda imediatamente. As autoridades intimaram os insurretos a se renderem.* Da mesma forma *mandar, ordenar, abrigar,* etc., são verbos de ordem.

III. ordem das palavras

Na cadeia falada e em sua representação linear escrita, as palavras aparecem na frase umas após as outras; elas se apresentam numa certa *ordem*. Nas línguas flexionais, de declinações, o lugar respectivo das palavras não tem grande importância para indicar sua função, embora certos hábitos se imponham (assim, em certos casos, o verbo em latim tende a encontrar-se no fim da frase). Os complementos tendem, todavia, a preceder ou a seguir as palavras de que são complementos. Além disso, desde que uma certa ordem tenda a ser habitual, toda mudança se apresenta como uma inversão que pode ter um valor expressivo. Eis por que; quando se diz que em latim a ordem das palavras não tem nenhuma importância, vale dizer, por aí, simplesmente que apenas a ordem das palavras não permite reconhecer o sujeito do objeto; por exemplo: *agnum est lupus* ("o lobo come o cordeiro") e *lupus est agnum* têm o mesmo sentido, não modificando o sentido a mudança de ordem, nesse caso (seria diferente em português com "o cordeiro come o lobo"!). Na realidade, todas as línguas têm casos em que a ordem das palavras é rigorosamente fixa e casos em que se manifesta certa liberdade. Digamos que a ordem das palavras é um processo sintático menos importante em latim do que em português. Com exceção, talvez, da declinação, as línguas diferem mais pela importância relativa atribuída aos diversos processos sintáticos do que pela lista desses processos.

Numa dada língua, quando existe certa liberdade na ordem das palavras, fala-se de *ordem gramatical* ou *ordem canônica* para a que está mais conforme às regras gerais da língua; de *ordem lógica* para a que parece conforme ao procedimento suposto do pensamento; de *ordem psicológica* para a que resulta do estado de espírito daquele que fala.

ordinal

Chamam-se *numerais ordinais* (ordinariamente derivados dos correspondentes latinos) os numerais que exprimem a ordem dos seres ou dos objetos; por exemplo: em português, *primeiro, segundo, terceiro*, etc. Os numerais ordinais, cuja sintaxe é comparável aos adjetivos qualificativos antepostos, podem ser utilizados como substantivo (*o segundo, o centésimo*).

órgãos da fala

Designam-se pelo nome de *órgãos da fala* todos os órgãos que entram em jogo na formação e os músculos que os comandam (pulmões, laringe, boca, língua, etc.). De fato, nenhum dos órgãos da fala é destinado a cumprir essa função fonatória, social e não--biológica: suas funções, de início, são, essencialmente, a resipração e a digestão.

orientado

Orientado para o agente, para o processo. V. AGENTE.

ortoépia

Ortoépia é a ciência que define a pronúncia correta de um fonema (do grego *orthos*, "direito", "correto").

ortofonia

1. *Ortofonia* é a reedução de doentes atingidos de defeitos de pronúncia, de dificuldade para efetuar os programas motores necessários à realização dos fonemas.

2. A *ortofonia* é a pronúncia considerada correta e normal de um fonema ou de uma seqüência de fonemas (palavras).

ortografia

O conceito de *ortografia* implica o reconhecimento de uma norma escrita com relação à qual se julga a adequação das formas que realizam os indivíduos que escrevem uma língua; a ortografia supõe que se distinguem

445

formas corretas e formas incorretas numa língua escrita, contrariamente à *grafia**, que não implica a referência a uma norma gramatical. Em princípio, na escrita de referência fonológica, tenta-se representar a língua oral. Se esta última fosse representada fielmente por uma seqüência unívoca de signos alfabéticos, não haveria senão problemas de grafia, de transcrição, e não problemas de ortografia. Mas os signos gráficos correspondem a vários fonemas (*x representa* [ʃ], [s], [z] ou [ks]) e um fonema pode ser representado por mais de um signo gráfico: [ʃ] é representado por *x* e *ch*. Além disso, os signos alfabéticos tendem a dar da mensagem indicações outras que não fonológicas. Assim, o "erro" que consiste em confundir a escrita de *mau* e a escrita de *mal* liga-se ao fato de que, não sendo mais percebida a oposição [— ł] *vs.* [w], pelo menos nessa distribuição, a regra impõe que se marque pela ortografia que a primeira forma é um adjetivo, e que a segunda é um substantivo (ou advérbio) (a ortografia serve, então, para indicar uma diferença morfológica). Em francês, em *Les fleurs que j'ai cueillies*, "as flores que colhi", a terminação -*es*, não pronunciada, assinala que *cueillir* tem um objeto direto, que lhe está anteposto e que é feminino plural (fenômeno sintático). Em *coser* e *cozer*, *s* vs. *z* chama a atenção para uma oposição dos significados; trata-se de um processo para distinguir os homônimos*. Enfim, por algum tempo, no período fonético da ortografia portuguesa (anterior ao século XVI), as vogais dobradas, resultantes da queda de consoante medial, eram escritas, porque se proferiam distintamente. Mais tarde, elas se fundiram por crase, na pronúncia, embora sua grafia ainda continuasse a mesma por muito tempo.

A maioria dessas funções (função sintática, função léxica, função morfológica) da ortografia são secundárias: salvo exceção, a ortografia não tomou tal ou qual forma para garanti-

-las; ao contrário, tendo a língua evoluído, e a ortografia mudado menos depressa, a escrita acabou por representar outros fatos de língua, que não os fenômenos fonológicos.

Mais freqüentemente, a ortografia assume uma função etimológica. Em *digno*, o *g* foi introduzido no período clássico (período pseudo-etimológico da ortografia portuguesa), por motivos etimológicos (a palavra pronunciava-se [dino]). No francês *temps* [tã] várias letras são mantidas para lembrar que essa palavra vem do latim *tempus*.

Nesse domínio, a ortografia foi complicada propositalmente, em francês, para lembrar o laço genético que existia, por exemplo, entre certas palavras francesas e as palavras latinas correspondentes. É por razões desse tipo que a ortografia francesa foi refeita e tornada "etimologizante".

oscilógrafo

Oscilógrafo é um aparelho que permite o estudo dos componentes do som vocal pela representação, num diagrama, de suas variações de intensidade em função do tempo. As variações de pressão do ar, transformadas pelo microfone em variações de tensões elétricas e registradas em forma de variações de imantação, são transmitidas ao oscilógrafo.

O oscilógrafo catódico de câmara funciona pelo deslocamento de um ponto luminoso, ao ritmo das variações do sinal elétrico, numa tela fluorescente diante da qual se encontra uma câmara que desenrola de modo contínuo um filme de velocidade conveniente para desenvolver ao longo do tempo os sinais quase periódicos. É, assim, possível estudar a vibração individual, cuja forma é fornecida em sua integridade. O inconveniente desse aparelho é exigir uma grande quantidade de filme; pode ser paliada pela utilização do oscilógrafo de registro permanente, ou estorascópio*, que permite a economia da câmara (graças à utilização direta do ponto luminoso) e o apagamento da marca do fenômeno, uma vez estudado este. Mas o inconveniente maior provém do fato de o lingüista se interessar menos pela vibração individual do que pela sucessão das vibrações no fluxo da cadeia falada: ele prefere, portanto, à representação da intensidade em função do tempo, a das intensidades relativas das diferentes freqüências em função do tempo fornecido pelo sonágrafo.

oscilograma

Oscilograma é a representação gráfica, com a ajuda de um aparelho chamado *oscilógrafo*, das variações de intensidade da mensagem vocal. Estas são indicadas por uma curva oscilográfica que, conforme o teorema de Fourier, pode ser analisada em suas curvas componentes, que correspondem aos parciais da onda sonora. Essa análise permite determinar com precisão a composição do som vocal.

Osthoff (lei de)

Em virtude da lei chamada *de Osthoff*, formulada pelo neogramático alemão H. Osthoff (1847-1909), uma vogal longa antiga torna-se, em grego, uma vogal breve diante das semivogais *i* e *u*, diante de uma nasal e diante de uma líquida, seguidas de consoante; a forma *gnontŏs* é oriunda de uma forma hipotética *gnontōs*.

output

V. input.

ouvinte

Aquele que recebe enunciados produzidos por um falante é chamado *ouvinte*. (V. receptor, interlocutor.)

oximoro

Chama-se *oximoro* uma figura de retórica que, numa aliança de palavras, consiste em reunir duas palavras aparentemente contraditórias, por exemplo, *um silêncio eloqüente*.

oxitonizar

Oxitonizar é fazer incidir o acento de intensidade sobre a última sílaba. Assim, o francês oxitoniza a última sílaba de seus empréstimos; o inglês *camping*, acentuado na penúltima sílaba, é oxitonizado em francês.

oxítono

Oxítono (do grego *tonos*, "acento", e *oxus*, "agudo"); é uma palavra acentuada na última sílaba, como em português *jacá*; tratava-se, para os gramáticos gregos, somente do acento de altura e não do de intensidade. Em francês, todas as palavras são oxítonas.

P

paciente

Por oposição a atante*, o *paciente* é o ser ou coisa que sofre a ação (o processo); o sujeito animado das frases passivas e objeto animado das frases ativas com verbo transitivo são em geral "pacientes".

padrão

Uma forma de língua é *padrão* quando, num país dado, além das variações locais ou sociais, ela se impõe a ponto de ser empregada correntemente, como o melhor meio de comunicação, por pessoas suscetíveis de utilizar outras formas ou dialetos. De uma forma geral, é uma língua escrita. É difundida pela escola, pelos meios de comunicação de massa e utilizada nas relações oficiais. É geralmente normalizada e submissa às instituições que a regem. Neste sentido, fala-se bastante amiúde, por exemplo, do *português-padrão*, como na França se alude ao *français commun*. A língua-padrão tende a suprimir os desvios, impondo uma forma única a todas as formas dialetais. Ela não se confunde, necessariamente, com a língua tensa, embora tenda a se aproximar dela. Há, assim, uma tendência a adotar uma pronúncia como a do português corrente dos grandes centros por todas as regiões. Dir-se-á que esta pronúncia é padronizada. Na prática, padronizado e normalizado têm sentidos próximos, ainda que este último termo insista sobre a vantagem da existência de instituições reguladoras (a Academia Brasileira de Letras, a escola, etc.).

padronizado. V. **PADRÃO**

palatal

Palatais são as fricativas, em geral pós--alveolares ou pré-palatais, tais como [ʃ] em *chuva* e [ʒ] em *jogo*. Diferenciam-se das sibilantes [s] e [z] por um leve recuo do ponto de articulação e sobretudo por um jogo diferente dos lábios, arredondados e protraídos para a articulação palatal.

A junção da cavidade labial determina abaixamento da freqüência de vibração, de sorte que o espectro das palatais se distingue do das sibilantes por uma concentração da energia nas zonas mais baixas do registro (2 000 a 3 000 ciclos por segundo, em vez de 4 000 e mais).

As palatais [s] e [ʒ] são também chamadas *chiantes*. Outras palatais são o [ŋ] do port. *montanha*, do esp. *mañana*, do fr. *montagne* e o [λ] do port. *olho*, do esp. *calle*, do it. *maglia*, bem como a soante [j] do port. *maio*, do fr. *rayon*, etc., e as vogais anteriores que são, às vezes, chamadas palatais.

O fonema palatal tem a sua articulação palatal situada no nível do palato duro, e é acusticamente compacto e agudo; a cavidade de ressonância bucal é muito compartimentada e mais importante na parte anterior que na posterior ao estrangulamento mais estreito.

palatalização

Palatalização é o fenômeno particular de assimilação sofrido por certas vogais e consoantes em contato com um fonema palatal: a realização do fonema /k/ no fr. *qui* ou no port. *quilo* é uma consoante pós-palatal sob a influência da vogal /i/, foneticamente muito diferente do /k/ de *cou* ou de *cume.* Trata-se, neste caso, de uma assimilação. Este fenômeno é muito importante em fonética histórica: a consoante velar [k] do latim avançou seu ponto de articulação sob a influência das vogais palatais seguintes [i] e [e], ou de um iode, isto se traduz pela passagem à africada alveodental [ts], atestada no francês antigo, depois à pré-palatal [tʃ] como no espanhol e no italiano (tʃera) e que teve, em seguida, resultados distintos nas diferentes línguas românicas ([s]) no fr. *cent* e no port. *cento*; [θ] no espanhol *ciento*, [tʃ] no italiano *cento*): lat. *centum* → fr. [sã], it. [tʃɛnto], esp. [θjento]. Trata-se neste caso de uma palatalização regressiva. A passagem do grupo [kt] em seguida [jt] à africada [tʃ] em espanhol, (como na evolução lat. *noctem* → esp. *noche*) corresponde a um fenômeno de palatalização progressiva.

palatalizado

Consoante palatalizada é aquela cujo ponto de articulação se aproxima do palato duro: assim, a velar [k] é palatalizada nas palavras fr. *qui, cinquième* e port. *quilo* e *quinto*. Conferimos também esta designação às consoantes que possuem um ponto de articulação palatal como ponto de articulação secundário.

palatino

A *abóboda palatina*, ou palato* duro, é a parte anterior do palato constituída por uma parede óssea e inerte.

palato

Palato é a parede superior da cavidade bucal, limitada, na frente, pelo alvéolos dos dentes superiores e, atrás, pela úvula. Dois terços do palato, em sua parte anterior, são constituídos pela abóbada palatina, que é óssea e fixa, também chamada *palato duro.* A parte posterior, mole, relativamente móvel, chamada *palato mole* ou véu palatino, termina na úvula. O *palato duro* compreende três regiões: pré-palatal, médio-palatal e pós-palatal. O palato mole compreende igualmente três regiões: pré-velar, pós-velar e uvular. É a região uvular que abre ou fecha a passagem da cavidade bucal para a nasal.

palatográfico

O *método palatográfico* é usado na fonética experimental para conhecer a posição da língua durante a prolação de certos aons. Este método consiste em introduzir na boca um palato artificial, que recebe a impressão do contato da língua com a parte superior da cavidade bucal. Inventado por RUDOLF LENZ, foi modificado e aperfeiçoado: pode-se revestir o palato de certa cor, e obtém-se, assim, uma coloração da parte da língua que entrou em contato com o palato. Enfim, para evitar os inconvenientes inerentes à introdução do palato artificial, que perturba a prolação, fotografam-se diretamente as superfícies da língua que entram em contato com o palato colorido.

palatograma

Palatograma é a representação, por um diagrama ou fotografia, da superfície de reencontro entre a língua e o palato durante a prolação de certos sons.

palavra [fr. *mot*]

1. Em lingüística tradicional, a *palavra* é um elemento lingüístico significativo composto de um ou mais fonemas; essa seqüência é suscetível de uma transcrição escrita (ideogramática, silabária ou alfabética) compreendida entre dois espaços em branco; ela conserva sua forma, total ou parcialmente (no caso da flexão), em seus diversos

empregos sintagmáticos; a palavra denota um objeto (substantivo), uma ação ou um estado (verbo), uma qualidade (adjetivo), uma relação (preposição), etc.

Tal concepção encontra diversas reservas que incidem: *a*) sobre a identidade postulada entre grafismo e funcionamento semântico; *b*) sobre o fato de que uma palavra possui, em geral, não um único sentido, mas vários; *c*) sobre o fato de que as mesmas noções, como a qualidade ou a ação, podem ser marcadas indiferentemente por palavras de diversas naturezas gramaticais (por exemplo, para a qualidade, *branco* e *brancura*, para a ação, *saltar* e *salto*).

2. Em lingüística estrutural, a noção de *palavra* é freqüentemente evitada em virtude de sua falta de rigor.

a) Ela intervém, ainda, numa oposição *termo* vs. *palavra*. "Termo" designa, aqui, o emprego monossêmico (que possui uma significação única) que será feito de uma unidade léxica em tal ou qual ciência, preocupada em estabelecer uma correspondência unívoca entre seus conceitos e os termos de sua nomenclatura (por exemplo, *raio* é um termo científico da eletrostática, em *raio X, raio gama*, etc.). "Palavra" designará, nessa oposição, a unidade léxica do vocabulário geral, essencialmente polissêmico (suscetível de significações variadas). Ex.: *raio* em *raio de sol, roda de raios*, etc.

b) Encontra-se igualmente a noção de palavra numa oposição *palavra* vs. *vocábulo*. Para a estatística léxica, a palavra é a unidade de texto inscrita entre dois brancos gráficos. Cada nova ocorrência é uma nova palavra. Nessa óptica, *O Cid* conta 16 690 palavras, conforme a norma de Ch. MULLER; é indispensável ao estatístico léxico criar uma unidade de contagem, e o reconhecimento da palavra pode colocar um problema. Por exemplo: em francês, é preciso contar *depuis que*, "desde que", como duas palavras, e *dès lorsque*, "desde que", como três? É preciso contar *de la gare*, "da estação", como três palavras, e *du quai*, "da plataforma", como duas? Se se optasse por três palavras em *du quai* (= de le quai), seriam necessárias três palavras também para *du Havre*, que comuta, entretanto, com *de Paris?* Compreende-se a necessidade de decisões normativas rigorosas.

Com relação à palavra, unidade de texto, o vocábulo será a unidade de léxico. Quer dizer que todos os empregos da "mesma palavra" serão, então, reagrupados. Dir-se-á, então, que *o Cid* conta 1 518 vocábulos. Mas o reconhecimento de duas palavras do texto como vocábulos idênticos pode colocar problema. É difícil determinar se a palavra *raio*, em *árvore abatida por um raio* e em *raio de ação* será considerada como uma única e mesma palavra.

3. O termo *palavra*, por sua falta de rigor, é banido em proveito da pesquisa de unidades significativas mínimas. Para A. MARTINET, a noção de palavra, proveniente das línguas flexionais em que teve origem a reflexão gramatical, deve ser abandonada em proveito das noções de monema e de sintagma.

Para É. BENVENISTE, B. POTTIER e L. GUILBERT, a pesquisa de um nível próprio ao estudo lexicológico levará a tomar em consideração entidades chamadas, respectivamente, sinapsias, lexias e unidades de significação.

4. A gramática gerativa, integrando em parte a análise estrutural em matéria de léxico (V. ANÁLISE COMPONENCIAL, ANÁLISE SÊMICA), entende explicar, de outra maneira, a interpretação semântica dos enunciados: ela só dá, portanto, uma importância muito relativa às unidades léxicas que se manifestam nas *performance*. Nos enunciados (1) *O medo dos elefantes arrasou os romanos* e (2) *O medo dos elefantes pode torná-los perigosos*, ela explicará essencialmente as relações sintático-semânticas, que fazem com que (1) só tenha uma interpretação natural, e que (2) tenha duas, das quais uma dominante. (Para o tratamento da unidade léxica em gramática gerativa, v. TEORIA SEMÂNTICA.)

palavra entrecruzada (fr. mot--valise, mot-portemanteau)

Palavra entrecruzada resulta da redução de uma seqüência de palavras numa só palavra, que só conserva a parte inicial da primeira palavra e a parte final da última: *bit*, cuja outra forma é *binit*, é uma palavra entrecruzada por *binary digit*. Foi o matemático-poeta L. CARROLL que, com o nome de *portemanteau words*, fez, de forma divertida, a teoria das palavras entrecruzadas em *Do outro Lado do Espelho*: Humpty-Dumpty explica certas palavras do "Jabberwocky"; por exemplo: *slithy* significa, ao mesmo tempo, *little*, "pequeno" e *slimy*, "viscoso".

palavra-frase

L. TESNIÈRE chama *palavras-frase* ou *phrasillon* unidades que não se deixam analisar conforme os princípios dos stemas*, mas que desempenham semanticamente o mesmo papel que uma frase inteira. Entre as *palavras-frase*, é preciso colocar as interjeições da gramática tradicional: *ai! Está bem! Socorro!*, mas também *eis, sim*, que são *palavras-frase*.

palavra funcional
V. FUNCIONAL.

palavra instrumental
V. FUNCIONAL.

palavra-raiz

Chama-se *palavra-raiz*, distinguindo-a, então, da raiz* propriamente dita, um derivado que tem uma forma idêntica à da palavra de que deriva, ou mais breve ainda. Ex.: *marchar → marcha; saltar → salto*.

Parece oportuno precisar que se trata de um nível terminal, o do segmento realizado no enunciado (morfe); com efeito, num nível abstrato, tudo aproxima a palavra-raiz da palavra formada por derivação sufixal. Cʜ. Bᴀʟʟʏ nota que o signo de transposição é, por assim dizer, oculto no interior· do transposto.

Em francês, as palavras-raiz correspondem a um processo de criação de unidades léxicas muito menos rigoroso que os outros derivados. Diante da regularidade dos paradigmas *jardin, jardinier, jardinage, outil, outiller, outillage, brigand, brigander, brigandage,* etc., é difícil indicar as regras de formação das palavras-raiz do francês. Os femininos são relativamente regulares: *marche, gêne, estime;* mas os masculinos assumem as mais diversas formas: *chant, tri, retour, gain, élan, etc.* Em certas línguas, o sistema de variações vocálicas dá unidade à categoria: em alemão, a relação *finden/Fund, singen/Sang,* etc., permite a classificação dos substantivos em questão numa categoria facilmente localizável. Em francês, a irregularidade e a imprevisibilidade da variação vocálica contribuem, ao contrário, a fazer passar a palavra-raiz por uma palavra simples, mascarando seu caráter de derivado (*jouer/jeu, soigner/soin,* etc.).

As palavras-raiz são, às vezes, designadas como deverbais (no sentido de "palavras derivadas a partir dos verbos"); todavia, por deverbativos, A. Sᴀᴜᴠᴀɢᴇᴏᴛ entende, ao mesmo tempo, as palavras-raiz e os derivados de tipo tradicional formados sobre •radicais verbais (tanto *marche, nage,* etc., como *nettoyage, prononciation,* etc.).

palifrasia

Em certos enfermos mentais, a *palifrasia* é a repetição contínua da mesma frase ou da mesma palavra.

palilalia

Chama-se *palilalia* ao distúrbio da linguagem que consiste na repetição espontânea das mesmas seqüências de palavras várias vezes; a *ecolalia** é a repetição das expressões do interlocutor.

palinfrasia
V. ᴘᴀʟɪғʀᴀsɪᴀ.

pancrônico

Qualifica-se de pancrônico todo fenômeno lingüístico que atravessa um longo período de tempo sem sofrer mudança: assim, a relação entre a função e a ordem das palavras é, no francês, um fenômeno pancrônico.

Por oposição ao estudo sincrônico ou diacrônico, o pancrônico insiste sobre os fatos permanentes duma estrutura lingüística, sobre aqueles que parecem independentes das modificações inerentes à duração.

par
1. *Par mínimo* é o par de palavras com sentido diferente e cujos significantes só diferem por um fonema, como, por exemplo, em *pode* e *bode*.
2. Par correlativo. V. ᴄᴏʀʀᴇʟᴀᴛɪᴠᴏ.

paradigma
1. Em gramática tradicional, *paradigma* é um conjunto típico das formas assumidas por um morfema léxico combinado com suas desinências casuais (no caso de nome, pronome ou adjetivo) ou verbais (no caso do verbo), conforme o tipo de relação que ele mantém com os outros constituintes da frase, conforme o número, pessoa e tempo: diz-se *declinação** em relação ao nome, ao pronome e ao adjetivo e *conjugação** em relação ao verbo. Assim, o paradigma da primeira declinação latina é formado pelo conjunto de formas de *rosa* (a rosa): *rosae, rosa, rosam,* no singular; *rosae, rosarum, rosis, rosas,* no plural.
2. Em lingüística moderna, o *paradigma* é constituído pelo conjunto de unidades que mantêm entre si uma relação virtual de substituibilidade. F.

DE SAUSSURE ressalta, sobretudo, o caráter virtual desses paradigmas. Com efeito, a realização de um termo (= sua formulação no enunciado) exclui a realização concomitante dos outros termos. Ao lado das relações *in praesentia* (V. SINTAGMA, RELAÇÕES SINTAGMÁTICAS), os fenômenos da língua implicam igualmente relações *in absentia*, virtuais. Dir-se-á, então, que as unidades *a, b, c,...n* pertencem ao mesmo paradigma se elas são susceptíveis de substituir umas às outras no mesmo quadro típico (sintagma, frase, morfema). Portanto, os paradigmas de flexão das línguas que exploram um sistema flexivo, como a declinação ou a conjugação, não passam de casos particulares das relações associativas. A lingüística oriunda de F. DE SAUSSURE falará, de uma maneira geral, das *relações paradigmáticas* nas mesmas situações em que ele se referia às relações associativas.

paradigmático

Relações paradigmáticas são as relações virtuais existentes entre as diversas unidades da língua que pertencem a uma mesma classe morfossintática e/ou semântica.

A consideração, por F. DE SAUSSURE, das relações virtuais, percebidas pelo espírito, entre os diversos termos, é tomada de empréstimo da teoria psicológica então dominante, o associacionismo; assim, ele fala antes, em *relações associativas*. É a lingüística, oriunda de seu ensino, que generaliza a denominação de relações paradigmáticas. (V. PARADIGMA.)

Cada termo assinalado num ponto do enunciado mantém com os demais termos da língua uma relação diferente daquela que mantém com os outros termos do enunciado. Esta relação é a das associações que ele provoca — e que condicionam a sua significação. Uma unidade só recebe significação da existência de outros termos da língua que a delimitam e a contradizem.

O exemplo de F. DE SAUSSURE é *enseignement*. *Enseignement* está, do ponto de vista do radical, em relação paradigmática com *enseigner, enseignons*, etc.; do ponto de vista do sufixo, em relação paradigmática com *armement, changement* etc.; do ponto de vista semântico, em relação paradigmática com *instruction, apprentissage, éducation* etc.; do ponto de vista fônico, em relação paradigmática com os homeoteleutos *justement, clément* etc.

As relações mantidas por uma unidade com outras do enunciado (relações sintagmáticas) e com outras unidades numa ou várias séries virtuais (relações paradigmáticas) não são da mesma natureza. A lingüística pós-saussuriana designa como *contrastes* as diferenças no plano sintagmático, reservando a denominação de *oposições* às diferenças que ocorrem no plano paradigmático. (V. COMBINAÇÃO, SUBSTITUIÇÃO.)

parafasia

Na linguagem dos afásicos, as parafasias são as substituições de termos mais ou menos afastados semanticamente (*parafasias verbais*; ex.: *dois metros*, em lugar de *dois anos*) ou morfologicamente (*parafasias literais*; ex.: *caça* por *saca*) dos termos esperados; são também as formas que não existem na língua (*neoformas*), mas cuja constituição fônica obedece às regras morfofonológicas da língua do falante. Assim, observou-se num paciente: *Eu tinha todas as alunas para fazê-las trabalhar e se ocuparem da* [voki'diski] *e também se ocuparem de todos os* ['takis] *que elas empregavam ao mesmo tempo que eu.*

paráfrase

1. Um enunciado A é denominado de *paráfrase* de um enunciado B se A contém a mesma informação que B, sendo, porém, mais longo.

Pode-se, também, dizer que a frase passiva é a paráfrase da frase ativa correspondente. (V. PARAFRÁSTICA.)

2. Mais correntemente, chama-se *paráfrase* ao desenvolvimento explicativo de uma unidade ou de um texto. A noção de paráfrase, vinculada à retórica, é particularmente explorada em lingüística.

Em lexicografia, a definição de entrada léxica é constituída, em geral, de um grupo de paráfrases sinônimas da entrada léxica, sendo que cada paráfrase corresponde a uma acepção. A palavra terá tantas acepções quantas forem as paráfrases sinônimas da entrada léxica que não sejam sinônimas entre si. Distinguir-se-á, portanto, o tratamento lexicográfico homônimo do tratamento polissêmico. O primeiro consiste em que cada entrada corresponde a·uma só paráfrase; as palavras não são ambíguas. O tratamento polissêmico toma como entrada uma palavra gráfica definida por um conjunto de paráfrases que têm traços comuns.

E. Bendix, ao estudar a relação *A tem B* (A possui B), coloca o problema do seguinte modo: trata-se de definir esta relação por uma classe de construções da mesma forma, mas que não contém o verbo estudado (no caso, *possuir*); esta classe representa as frases que parafraseiam a relação entre A e B. Parte-se do fato empírico de que os falantes consideram os membros desta classe de construções como paráfrases das frases que contêm o verbo *possuir*.

Conforme acentua o autor, uma definição deste tipo é comparável a uma regra transformacional da gramática gerativa: com efeito, aqui a relação *A tem B* está formalizada. A gramática gerativa está fundamentada essencialmente sobre a noção de paráfrase; esta noção lhe serve, em particular, na crítica ao modelo sintagmático: uma gramática estrutural é incapaz de indicar a relação de paráfrase que existe entre *Pedro ama Maria* e *Maria é amada por Pedro* e de excluir desta relação *Maria ama Pedro*; explicar das relações de paráfrase é um dos objetivos da gramática gerativa. Ao mesmo tempo, a gramática gerativa se coloca a tarefa de definir o tipo diferente de relações de paráfrase que existe entre *O trânsito foi desviado pela polícia* e sua estrutura profunda (frase de base: *A polícia desviou o trânsito*) e entre *O trânsito foi desviado para uma estrada de terra* e sua estrutura profunda ([X]) *desviou-se o trânsito para uma estrada de terra*) e demonstrar em que diferem esses sistemas de paráfrases.

Enfim, a análise do discurso deve se propor, também, uma teoria da paráfrase. O sistema de classes* de equivalência de Z. HARRIS não é inteiramente satisfatório; a noção de equivalência lingüística leva a assimilações semânticas estendidas por simplificação dos meca-

454

nismos da paráfrase; um trabalho recente demonstrou que um sintagma de emprego geral numa dada sincronia, como *independência da Argélia*, ou *personalidade argelina*, etc., no discurso político da guerra da Argélia, está em relação de paráfrase com enunciados subjacentes diferentes, opostos eventualmente de forma radical; o estudo da reformulação* dos enunciados (relações de paráfrase entre o enunciado-fonte e os enunciados relacionados) é particularmente importante para a definição dos métodos da análise contrastiva do discurso.

parafrástico

A *transformação paráfrastica*, na teoria de Z. HARRIS, se define como uma transformação que não acrescenta informação suplementar em relação à frase sobre a qual foi efetuada a operação; assim, a transformação de nominalização é uma transformação parafrástica: *O general traiu* → *A traição do general*.

A transformação parafrástica não aumenta a estrutura inicial, mas está submetida a restrições bastante difíceis de enumerar (tais como os verbos suscetíveis de entrar na nominalização). Em geral, as transformações parafrásticas resultam em frases ambíguas: assim, as transformações parafrásticas de apagamento tornam a frase *Eu julgo que meu filho está enfermo* em *Eu julgo meu filho enfermo*, que é ambígua, já que poderia igualmente provir de outra frase de base (= *Eu ponho em julgamento meu filho enfermo*).

paragoge

Chama-se *paragoge*, ou *epítese*, o fenômeno que consiste em acrescentar um fonema não-etimológico ao final de uma palavra (do prefixo grego *para-*, que implica uma idéia de adição). A paragoge é freqüente no italiano, na assimilação das palavras estrangeiras que terminam por uma consoante (*Davidde, Semiramisse*). Ela caracterizou a evolução das finais consonânticas latinas nas formas verbais *sono* ← *sun, cantano* ← * *cantan* ← *cantant*. Este fenômeno ainda funciona regularmente na pronúncia popular: *filobus*

é pronunciado como *filobusse, lapis* é pronunciado como *lapisse*. É necessário observar igualmente a paragoge das sílabas finais como *-ne* (*-ni*) na Itália central e meridional (*mene* "me", *perchene* "por que", na Toscana, etc., e *di* na Itália meridional (Calábria setentrional e Lucânia).

paragrafia

Entre os afásicos, as *paragrafias* são perturbações da mesma natureza que as parafasias* (substituições de formas por neoformas), que se manifestam na escrita dos enfermos.

parágrafo

Chama-se *parágrafo* à unidade do discurso constituída de uma série de frases que forma uma subdivisão do enunciado longo e definida tipograficamente por uma alínea inicial e pelo fecho do discurso ou por uma outra alínea.

paragramatismo

Chama-se *paragramatismo* à perturbação da fala que consiste na desorganização sintática das frases (*paragramatismo expressivo*) ou na substituição de formas corretas esperadas por formas gramaticais incorretas ou neoformas (*paragramatismo impressivo*).

paralexema

Dá-se, às vezes, o nome de *paralexema* à palavra composta (*doce-de-coco*) por oposição ao lexema (*cocada*).

paralexia

Na leitura em voz alta, entre os afásicos, *paralexias* são as substituições dos termos esperados por outros termos da língua ou por neoformas que não correspondem a nenhum termo da língua.

parálogo

Chama-se *parálogo* a uma seqüência de sílabas pertencentes a uma dada língua, mas desprovida de significado. Assim, em português, *craver, vitel, gasda* são parálogos. (Sin.: LOGATOMA.)

parasita

Um *som parasita* é um elemento fônico adventício ou epentético* que aparece no interior de uma palavra para facilitar a passagem de uma articulação a outra. Assim, na pronúncia popular de ['apitu] para "apto" o [i] é um som parasita.

parassilábico

Chama-se parassilábico um tipo de declinação caracterizada, no latim, pelo fato de o número de sílabas não ser modificado pela adjunção das desinências casuais; assim, *civis*, nominativo singular, faz no genitivo singular *civis*, no dativo, *civi*, no nominativo plural, *cives*. (Somente os casos oblíquos plurais, dativo e ablativo, apresentam uma sílaba a mais: *civibus*.)

parassinônimo

Chama-se *parassinônimo* a um termo que é quase um sinônimo de outro, isto é, que apresenta uma grande parte de traços pertinentes em comum; assim, *bosque* e *floresta* são parassinônimos um do outro, sendo a diferença apenas de "grandeza".

parassintético

Uma *palavra parassintética* é formada por uma adição combinada de um prefixo e de um sufixo; assim, *embelezar* é formada com o prefixo *em-* e o sufixo *-ez-*, já que *belezar* e *embelar* não foram registrados.

parataxe

A *parataxe* é um processo sintático que consiste na justaposição das frases sem explicitar, seja por uma partícula de subordinação, seja por uma partícula de coordenação, a relação de dependência que existe entre elas, num enunciado, num discurso ou numa argumentação; isto é, em termos de gramática gerativa, sem proceder ao encaixe de uma frase na outra, nem coordenar uma a outra. Existe parataxe quando tivermos *Este homem é hábil, ele vencerá*, por oposição a *hipotaxe*, que constituem as frases *Este homem vencerá porque é hábil. Esse homem é hábil, por isso vencerá. Este homem é hábil e ele vencerá*, etc. Fala-se também de justaposição por oposição à subordinação e à coordenação.

parcial

1. Um *parcial*, ou harmônico*, é, numa vibração composta, a onda sonora produzida por uma das partes do corpo em vibração. Na fonação, as ondas sonoras produzidas pela vibração das cordas vocais são compostas de um certo número de parciais de freqüências variadas. Cada parcial é reforçado por uma cavidade supraglótica onde a freqüência é equivalente à sua. A faringe, por exemplo, reforça os parciais de baixa freqüência.

2. Uma interrogativa é dita *parcial* quando, ao invés de aplicar-se a toda frase (interrogativa total), ela não se aplica senão a certos elementos da frase: assim, quando perguntamos *Quem chegou? Quando ele chegou?* interrogamos sobre o autor ou sobre o tempo da ação, não sobre a ação de "chegar" em si mesma. (V. PAUTA.)

parentesco

A lingüística histórica definiu dois tipos de *parentesco*: um histórico ou genético, o outro tipológico. Duas línguas são aparentadas geneticamente quando provêm da evolução de uma

456

língua única. A história permite, às vezes, estabelecer um parentesco histórico; é o caso, por exemplo, das línguas românicas provindas do latim. Mas, amiúde, o parentesco é provado por comparação (V. GRAMÁTICA COMPARADA, GLOTOCRONOLOGIA); é o caso dos grupos de línguas pertencentes à família indo-européia. Pode-se, também, estabelecer o parentesco tipológico; constata-se, assim, que, em certas regiões, as línguas, diferentes quanto à origem, tendem a convergir, a se reaproximar (V. CONTATO DE LÍNGUAS). Produzem-se, também, convergências fortuitas, conforme se constatou entre o tswana da África do Sul e o germânico (consonantismos semelhantes); do mesmo modo, o takelma e o indo-europeu têm seis importantes traços tipológicos em comum. É melhor destinar o nome de afinidade às convergências fortuitas e falar de parentesco quando se coloca a hipótese de origem comum.

parênteses

1. V. PONTUAÇÃO.

2. Em gramática gerativa, os *parênteses* fazem parte do sistema de notação e indicam, nas regras de reescritura, um elemento facultativo. Se a regra de reescritura no nódulo da frase é como segue:

$$F \to SN + SV(SP)$$

isto significa que os elementos do sintagma nominal e do sintagma verbal são obrigatórios (nesta ordem) e que o constituinte sintagma preposicional (SP) é facultativo. No momento em que o sintagma preposicional for escolhido, teremos:

O gato bebe o leite na vasilha.

Se o sintagma preposicional não for escolhido, teremos:

O gato bebe o leite.

(V. PARENTETIZAÇÃO.)

parentetização

Parentetização é uma representação da estrutura dos constituintes de uma frase por meio de um sistema de *parênteses envolvidos* uns pelos outros e cada vez mais inclusivos; cada parêntese leva um rótulo que é a categoria sintática do constituinte colocado entre os dois parênteses; este rótulo é um símbolo subscrito aos parênteses.

Seja a frase *O pai lê o jornal*; ela pode receber uma representação sob a forma de parênteses rotulados:

(((o) (pai))
F SN D DN N SN

((lê) ((o) (jornal))))
SV V V SN D D N N SN SV F

Isto significa que a frase F (*O pai lê o jornal*) é formada de dois constituintes SN (*O pai*) e SV (*lê o jornal*), que o constituinte SN é formado por dois outros constituintes *o* e *pai* (que recebem respectivamente os rótulos de D e N) e que SV é formado por dois constituintes *lê*, que recebe o rótulo de V verbo) e *o jornal*, que recebe o rótulo de SN; por seu turno, este último constituinte pode ser analisado em *o* (determinante D) e *jornal* (N). A *parentetização rotulada* tem as mesmas propriedades que a árvore* mas, no momento em que a frase se torna complexa, sua leitura deixa a desejar.

parônimo

Chamam-se *parônimas* as palavras ou seqüências de palavras de sentido diferente, mas com a forma relativamente aproximada. Assim, *emigrante* e *imigrante, locução* e *locação* são parônimas. Os parônimos muitas vezes são objeto de fenômenos de atração* paronímica ou de etimologia* popular.

paronomásia

Chama-se *paronomásia* a figura de retórica que consiste em reaproximar palavras que apresentam, seja uma similaridade fônica, seja um parentesco etimológico ou formal (ex.: *qui se ressemble, s'assemble. Traduttore, traditore, cara e coroa*, etc.).

paroxitônico

Paroxitônica é a língua cujas palavras, em grande maioria, são paroxítonas e em que se revela uma tendência a paroxitonizar os novos termos; é o caso do italiano e do português.

paroxitonizar

Paroxitonizar é fazer incidir o acento de intensidade na penúltima sílaba.

paroxítono

Paroxítono é um vocábulo acentuado na penúltima sílaba. A maioria das palavras italianas e portuguesas *páne,* "pão", *cása,* "casa", no italiano, e, no português, *livro, copo, mesa* são paroxítonos.

partes do discurso

Chamam-se *partes do discurso*, ou *espécies de palavras*, às classes de palavras (ou categorias léxicas) definidas sobre a base de critérios sintáticos (definição formal) e sobre a de critérios semânticos (definição formal) e sobre a de critérios semânticos (definição nocional). Sintaticamente, as classes são definidas: (1) pelo papel recíproco das palavras na constituição da frase; o *nome*, núcleo do sintagma nominal, se associa ao *verbo*, núcleo do sintagma verbal, para formar a frase; (2) pela especificidade das flexões (modificações da palavra conforme sua função sintática, seu modo específico de referência). O nome e o verbo se distinguem porque a flexão nominal do primeiro suporta as categorias gramaticais de gênero e número, enquanto a flexão verbal do segundo suporta as categorias gramaticais da pessoa e do tempo, pelo menos nas línguas indo-européias.

É o papel sintático que determina as nove classes dos *nomes*, dos *pronomes*, dos *verbos*, dos *adjetivos*, dos *determinantes* (ou *artigos*), dos *advérbios*, das *preposições*, das *conjunções* e das *interjeições*. É a presença ou ausência de flexão que distingue as espécies das palavras *variáveis* (nomes, pronomes, adjetivos, verbos, determinantes) e as espécies de palavras *invariáveis* (preposições, conjunções, interjeições).

Semanticamente, a cada parte do discurso está associada uma significação particular ou uma referência ao mundo exterior, mesmo porque a definição formal e a definição nocional são parcialmente coextensivas. Assim, os *nomes* designam as pessoas, os objetos ou as situações: são os *substantivos*. Os *verbos* e os *adjetivos*, agrupados sob o nome de *verbais*, designam os processos e os estados; eles se distinguem secundariamente pelo fato de os primeiros indicarem sobretudo um processo, enquanto os segundos indicam uma qualidade. Os *advérbios* representam uma propriedade de natureza idêntica à do adjetivo, mas concernente ao processo, por conseguinte o verbo (de onde sua denominação), ou concernente a uma qualidade, por conseguinte, o adjetivo. As *preposições* e as *conjunções* indicam uma relação lógica entre as partes do discurso ou entre as frases. Os *artigos* determinam os substantivos, os *pronomes* substituem os nomes ou se referem aos actantes da comunicação. As *interjeições*, isoladas no sistema, são intrusões diretas do sujeito que fala, no discurso, e elas se definem pela ausência de papel sintático. Opõem-se, assim, as partes do discurso *maiores* (nome, verbo, adjetivo e advérbio) que têm um sentido, e as partes do discurso *menores* (preposições, conjunções), que nada significam em si mesmas. Hierarquizaram-se, também, estas três categorias em três degraus. O nome forma a categoria primária; associado ao verbo ou ao adjetivo (com a cópula), que formam as categorias secundárias, ele constitui a frase. O advérbio é uma categoria de terceiro grau, porque ele se combina com o verbo ou com o adjetivo.

participante

Chamam-se *participantes da comunicação* ao sujeito que fala e a seu ou seus interlocutores. (V. PESSOA.)

particípio

1. Chamam-se *particípio* às formas derivadas das raízes verbais e empregadas ora como adjetivos ora como verbos. No português, *alugado, preso, visto*, etc., são derivados dos radicais verbais que se encontram em *alugar, prender, ver*, e que sofreram modificações consecutivas em conseqüência da adjunção de um afixo dito de particípio (passado) *-do, -so, -to*. Não existe particípio presente no sistema do verbo, no português. No francês as formas *ému, agacé, vu, omis, fini*, etc. são derivadas dos radicais verbais que se encontram em *émouvoir, agacer, voir, omettre, finir*, que sofreram modificações consecutivas com a adjunção de um afixo dito de particípio passado *-u, -é, -u, -is, -i*. Do mesmo modo, as formas *émouvant, agaçant, voyant, omettant, finissant* são derivadas dos radicais verbais com a adjunção de um afixo em *-ant*. Os adjetivos* verbais em *-ant* são distintos das formas em *-ant* do particípio presente que funcionam, não como adjetivos, mas como verbos. (V. GERUNDIVO.)

2. Em gramática gerativa, a transformação particípio ou participial, que sofre a frase adjetiva ou adverbial encaixada, apaga o pronome relativo ou a conjução subordinativa e substitui o afixo temporal de pessoa e número do verbo pelo afixo *-do* (ou *-to*, ou *-so*). Seja a frase:

Pedro, que se cansara, fez apelo aos seus amigos, que é originária de

Pedro que + Tps + cansar.

Substitui-se Tps pelo afixo *-do*, apaga-se *que*, resultando depois da transformação de afixação:

Pedro, cansado, fez apelo aos seus amigos.

Ou seja a frase:

Depois que o menino nasceu, os pais ficaram felizes, originária de

Depois que + SN + Tps + nascer.
Substitui-se Tps pelo afixo *-do*, apaga-se *depois que* e permuta-se o Part. por SN, resultando:

Nascido o menino, os pais ficaram felizes.

O afixo de particípio passado pertence à classe de afixos verbais (com

459

o infinitivo) que suportam a transformação de afixo*.

Se tivermos a estrutura profunda Pedro + Pres + ter + PP + vir, onde PP é a abreviatura de "particípio passado", insere-se no lugar de PP o afixo -do. A transformação de afixação acarreta o deslocamento do afixo de particípio passado para o final da raiz verbal, no caso "vin-" e se obtém, então, a forma superficial: *vindo* (*Pedro tem vindo*).

partícula

Partícula é um morfema gramatical não-autônomo, que forma com o morfema léxico uma unidade de acento ou palavra. Sob o nome de *partículas*, se reagrupam, seguidamente, os afixos (sufixos, prefixos), as conjunções de coordenação (como no latim *-que*), os advérbios negativos (como no francês *ne*, no grego *mê*), as preposições (como no francês *de*).

partitivo

1. Chama-se *partitivo* a um caso* que exprime a parte de um todo (ex.: *Ele come* DO PÃO).

2. Chamam-se *partitivos* a certas formas do artigo ou a certos artigos que indicam que o conteúdo designado pelo nome que eles acompanham não concerne à totalidade do processo, mas somente a uma parte. Em francês, historicamente, o *artigo partitivo* nasceu da preposição *de* seguida de *le, la, les*. Em francês moderno, temos o direito de considerar esta série de formas *du* (*de l'*), *de la, des* como inteiramente autônoma. Sem embargo certos gramáticos consideram que o plural *des* é sempre o plural do indefinido *un, une*. Como o antigo francês, que dizia *manger pain* por *manger du pain*, muitas línguas, como o italiano, exprimem o partitivo suprimindo simplesmente todo artigo. Nas formas negativas em francês, não resta senão a preposição: *ne pas manger de pain*.

No português, o partitivo ocorre em construções idiomáticas, no chamado objeto direto preposicionado, como em *beber do vinho*.

passado

1. O *passado* é um tempo que situa o enunciado num momento anterior ao presente, antes do "amanhã"; no francês, o passado se exprime por afixos verbais (imperfeito e passado histórico: *il écoutait, il écouta*) ou por advérbios (*il est venu* HIER). No português, os afixos do passado são *-va, -ra*. O pretérito perfeito do Indicativo é tempo simples, tendo afixo zero de passado. O passado também é representável por advérbios e por auxiliares, nos tempos compostos. Por exemplo: *ele estudava, ele estudara, ele estudou; ele estudou ontem; ele tinha estudado.*

2. No francês, dá-se o nome de *passado simples, passado definido, passado histórico* a um conjunto de formas verbais constituídas por uma raiz verbal e afixos que exprimem o passado num discurso narrativo, um enunciado narrado, um enunciado histórico; o passado histórico situa o narrado num momento acabado.

No português, o pretérito perfeito ou passado simples, em oposição ao pretérito imperfeito e ao pretérito perfeito composto, representa a ação acabada no passado.

3. No francês, dá-se o nome de passado composto ou passado indefinido a um conjunto de formas verbais constituídas pelo auxiliar *avoir* (ou *être*) e de um particípio passado, que traduzem o aspecto acabado. O passado composto situa o enunciado em relação ao falante; o processo se completa no momento da enunciação (*Pierre a bien mangé* = ele se encontra no estado de quem comeu).

No português, no Indicativo, há dois passados compostos: o pretérito perfeito composto e o pretérito mais que perfeito composto, formados com o auxiliar *ter* (ou *haver*) e com o particípio (passado). O primeiro indica uma ação que tem início no passado e se prolonga, enquanto o segundo, nas frases complexas, indica uma ação passada acabada anterior a outra passada, como em *Pedro tem estudado* e *Quando o professor chegou, Pedro já tinha estudado a lição*. (Vide item a seguir). 4. No francês o nome *passado anterior* é conferido a um conjunto de formas verbais constituídas do auxiliar *avoir* (ou *être*) mais o particípio passado de uma raiz verbal, sendo que o próprio auxiliar fica afetado pelos afixos do passado histórico. O passado anterior traduz a categoria de aspecto (processo acabado) e de tempo (processo acabado em relação a um passado histórico): *Dès qu'il eut fini de boire, il tomba mort.*

passivo

1. Chama-se *frase passiva* a uma frase correspondente ativa na qual o sujeito da frase ativa se torna o agente (introduzido pela preposição *por*, ou *pelo*, ou *de*, no português) e onde o objeto da frase ativa se torna o sujeito de um verbo constituído do auxiliar *ser* e do particípio passado do verbo transitivo. Seja a frase ativa transitiva:

(1) *O vento rompeu o galho.*

A frase passiva correspondente é:

(2) *O galho foi rompido pelo vento.*

Considera-se que há quase-sinonímia entre a frase ativa (1) e a frase passiva (2).

2. Em gramática gerativa, chamam-se de *transformação passiva* as operações de transformação sofrida pela frase ativa transitiva de estrutura profunda para tornar-se a estrutura de superfície passiva. Numa primeira etapa da teoria, formalizou-se a correspondência ativa-passiva a partir da gramática tradicional, sob a forma seguinte:

SN_1 + Aux + V + SN_2 → SN_2 + Aux + ser + PP + V + por + SN_1

(SN_1 e SN_2: sintagmas nominais; Aux: auxiliar; V: radical verbal; PP: afixo de particípio passado). A transformação era facultativa e não modificava o sentido da frase ativa subjacente. Numa segunda etapa da teoria, considerou-se que a transformação passiva era impelida pela presença na estrutura profunda de um complemento de modo (abreviatura Mod) formado por *por*, e de uma pró-forma, no lugar da qual vinha o sintagma nominal sujeito da frase ativa:

SN_1 + Aux + V + SN_2 + Mod → SN_2 + Aux + ser + PP + V + por SN_1

3. Chama-se *elipse* ou *apagamento do agente da passiva*, a transformação que apaga o complemento de agente ou agente da passiva do verbo passivo: *O vidro foi quebrado por alguém (ou alguma coisa).* → *O vidro foi quebrado.*

461

4. *As formas da passiva* variam conforme as línguas. Se considerarmos que a passiva se caracteriza pela inversão dos papéis sintáticos *sujeito-objeto*, com equivalência léxica e semântica, pode-se considerar que há, em francês, por exemplo, três grandes formas de "frases passivas":

Le soleil jaunit le papier. ("O sol amarelece o papel.") →

(1) *Le papier est jauni par le soleil* ("O papel é amarelecido pelo sol.")

(2) *Le papier se jaunit au soleil* ("O papel se amarelece ao sol.")

(3) *Le papier jaunit au soleil.* ("O papel amarelece ao sol.")

A primeira forma corresponde à passiva das gramáticas tradicionais; a segunda corresponde à pronominal "com sentido passivo" das gràmáticas; a terceira corresponde ao verbo intransitivo; a preposição é *de* ou *par* com a primeira forma; ela varia nas outras formas (*à, sous l'action* de, etc.), sendo ⌐ elipse do agente mais constante com as formas (2) e (3).

No português, pode-se considerar que existem três grandes formas de "frases passivas":

O menino abriu a porta. →

(1) *A porta foi aberta pelo menino.*

(2) *A porta abriu-se.*

(3) *A porta abriu.*

O exemplo (1) é o que vem explicitado acima, nos itens 1. e 2. O caso (2) é a chamada "passiva pronominal", que resulta da inserção de *se*, e da transposição da FN₂ para a posição da FN₁ com o conseqüente apagamento desta, já que, no português, o agente não figura superficialmente nestas construções.

(3) Finalmente em (3) temos a possibilidade, com determinados verbos, de colocar, na posição de sujeito na superfície, o paciente da ação.

patoá

Chama-se *patoá*, ou *falar patoá*, a um dialeto* social reduzido a certos signos (fatos fonéticos ou regras combinatórias) utilizado somente numa área reduzida e numa comunidade determinada, em geral, rural. Os patoás derivam de um dialeto regional ou das mudanças sofridas pela língua oficial; eles são contaminados por esta última ao ponto de não conservar senão alguns sistemas parciais empregados num contexto sociocultural determinado (camponeses que falam com outros camponeses nas lides rurais, por exemplo).

Patoá é adaptação do fr. *patois;* nossos dicionários dão, de um modo geral, a forma *patoá*, embora Mattoso Câmara Jr. grafe o termo com *u*.

462

patronímico

Patronímico é o nome de família formado a partir do nome do pai, seja diretamente (na França, Dupont, Durand; no Brasil, Silva, Cabral, etc.), seja sob a forma derivada (filho de Paulo, etc.).

pattern

Chama-se *pattern* a um modelo específico que representa de um modo esquemático uma estrutura da língua ou do comportamento verbal dos falantes. (Sin.: ESQUEMA.)

pausa

Pausa é um silêncio ou suspensão na cadeia da fala que coincide mais freqüentemente com uma articulação mais ou menos importante do raciocínio. Na entoação, a pausa é anunciada por uma inflexão descendente mais ou menos pronunciada. A oposição pausa *vs.* não-pausa tem uma função distintiva em certas línguas; por exemplo, no russo, onde a seqüência enumerativa *ljudi, zveri* "os homens, as feras" se opõe à frase assertiva *ljudi zveri* "os homens são feras". Na transcrição, a pausa é marcada, conforme sua importância, por uma, duas ou três barras verticais ou oblíquas, ou pelos signos ↓, ↑, acompanhados ou não dos expoentes 1 a 4, conforme o modelo de Ch. F. HOCKETT.

A pausa exerce sobre os fonemas contíguos os efeitos fonológicos comparáveis aos de uma consoante e merece, conforme alguns lingüistas, o estatuto consonântico. Assim, as consoantes geminadas do italiano não podem aparecer depois de uma consoante nem depois de uma pausa. O lingüista alemão H. WEINRICH formula uma regra irreversível: se um fonema não ocorre depois de uma consoante, jamais ocorre depois de uma pausa.

pejorativo

Afixos ou morfemas léxicos são *pejorativos* quando implicam um julgamento de desprezo, uma nuance depreciativa. O traço *pejorativo* faz parte da definição de um termo, por oposição às *conotações* pejorativas*, que podem ser sempre associadas a qualquer termo. Assim, no francês, o sufixo *-ard* é um sufixo pejorativo em *fuyard, chauffard, bagnard*, etc., palavras pejorativas; no português, o sufixo *-eco* é um pejorativo em *livre co.* (V. MELHORATIVO.)

penúltimo

Chama-se *penúltima* a sílaba anterior à última de uma palavra: em *casa*, a sílaba *ca-* é a penúltima.

perfectivo

Sin. de ACABADO.

perfectum

O *perfectum* é uma forma de aspecto* que indica, com relação ao sujeito da enunciação ("Eu [digo que]"), o resultado de uma ação feita anteriormente. *Pedro leu agora, Pedro tinha lido* e *Pedro terá lido* são, respectivamente, *perfectum* presente, *perfectum* passado e *perfectum* futuro. O *perfectum* também é chamado de *perfectivo* ou *perfeito*.

perfeito. V. PERFECTUM

Sin. de ACABADO.

performance

Em gramática gerativa, *performance* é a manifestação da competência dos falantes nos seus múltiplos atos de fala. (V. FALA.)

As *performances* lingüísticas dos falantes são frases realizadas nas diversas situações da comunicação; elas formam os dados observáveis que constituem o corpus da análise lingüística. A *performance*, conceito da gramática gerativa, corresponde ao conceito de "fala" da lingüística estrutural.

A *performance* depende da competência* (sistema de regras) do sujeito psicológico, da situação da comunicação; ela depende, com efeito, dos mais diversos fatores, como a memória, a atenção, o contexto social, as relações psicossociais entre falante e interlocutor, a afetividade dos participantes na comunicação, etc. Os dois modelos de *performance*, o do emissor e o do receptor, são domínio de análise da psicolingüística e da sociolingüística.

Sin.: ATUAÇÃO, DESEMPENHO.

[N. do T.: Seguindo a lição do original francês, mantivemos *performance* por dois motivos:

1.º. O termo inglês já está consagrado em português (Cf. *Novo* Dicionário Aurélio, s.v.) e, particularmente, na metalinguagem da lingüística.

2.º. *Performance* está comprometido com a teoria lingüística que o lançou, a tal ponto que o emprego desse termo remete automaticamente o leitor à doutrina da gramática gerativa.]

performativo

1. J. L. AUSTIN denomina de *verbos performativos* os verbos cuja enunciação realiza a ação que eles exprimem e que descrevem certa ação do sujeito que fala. *Eu digo, eu prometo, eu juro* são verbos performativos porque, ao enunciar esta frase, se pratica a ação de dizer, prometer, de jurar.

2. É. BENVENISTE opõe os verbos performativos de sentido 1 aos verbos de atitude*, que descrevem a ação realizada, ao enunciarmos a proposição que segue o verbo de atitude.

3. Qualificaram-se de performativos os enunciados ilocucionários* que significam a menção de impor através da fala um certo comportamento (ordem).

perífrase

1. *Perífrase* é uma figura da retórica que substitui um termo próprio e único por uma seqüência de palavras, uma locução que o define ou o parafraseia.

2. A noção de *perífrase* permitiu explicar as correspondências entre o latim, língua flexiva e sintética, que possibilita esclarecer várias noções através da mesma forma, e o francês, língua analítica, que tende a exprimir cada uma das noções por palavras gráficas diferentes, relativamente autônomas umas das outras, e, às vezes, separáveis. Assim, *feci* se traduz por *j'ai fait*: *feci* reagrupa na mesma forma o radical de *faire*, o aspecto (perfeito), o modo indicativo e o tempo (referência ao presente), bem como a relação falante/agente (primeira pessoa do singular); *j'ai fait* os distribui entre três formas (pessoa: *je* e *ai*; tempo: *ai*; aspecto: combinação de *ai* + *fait*, radical verbal: *fait*).

Em princípio, a perífrase vincula-se à sintaxe, enquanto a locução (verbal, adjetiva, nominal) vincula-se ao léxico.

Dentre as perífrase pramaticais que se ligam às tendências analíticas das línguas, faz-se mister distinguir as perífrases poéticas ou estilísticas, através das quais um escritor evidentemente pode substituir a designação simples de uma noção por uma seqüência de palavras que exprimem os principais caracteres desta noção: assim, *o azul imenso* para designar "o mar" começou por tornar-se uma perífrase.

periódico

Onda periódica é uma onda cujo perfil reproduz constantemente o mesmo tipo de variação. As vogais são sons produzidos por ondas aproximadamente periódicas; as consoantes são produzidas por onda aperiódicas ou ruídos*.

I. período

Em acústica, chama-se *período* de uma vibração ao tempo despendido pelo corpo que vibra a fim de efetuar um ciclo, isto é, para ir e vir de uma a outra das posições extremas do movimento, repassando cada vez pelo ponto de partida. A freqüência é o inverso do período, já que é o número de ciclos completos por segundo.

II. período

A retórica clássica dá o nome de *período* a uma frase de prosa muito longa, de estrutura complexa, na qual os constituintes são organizados de modo a dar uma impressão de equilíbrio e de unidade. O período termina, geralmente, por um traço brilhante ou uma seqüência que, pelos seus caracteres prosódicos, constitui uma cláusula. Conforme o conteúdo da frase, opõem-se os período narrativos (ou históricos), que agrupam todos os elementos do texto, e os períodos oratórios, que unificam as seqüências dos argumentos.

Em poesia, era um sistema de mais de dois elementos, maior que o verso, menor que a estrofe e constituindo uma espécie de unidade intermédia.

perispômeno

Em grego, chama-se *perispômeno* todo vocábulo que leva o acento circunflexo sobre a última sílaba.

perissologia

Existe *perissologia* quando uma mesma noção se encontra expressa várias vezes, aparentemente sem nenhuma necessidade, como em *panacéia universal,* já que *panacéia* significa etimologicamente "remédio universal".

perlocutório

Dá-se o nome de *perlocutórias* às funções da linguagem que não estão eliciadas diretamente no enunciado, mas que dependem inteiramente da situação de fala ("elogiar, causar prazer, causar medo, etc."). Por exemplo: uma interrogativa pode ter por objeto não a obtenção de uma informação, mas fazer crer ao interlocutor que ele participa da decisão (falsa interrogativa).

permissivo

Chama-se *permissiva* uma classe de verbos que compreendem, em português, *autorizar, permitir* ("dar a permissão de") e *poder* ("ter a permissão de") que tem o sentido de "X faz de modo que Y tenha a possibilidade de fazer qualquer coisa": *Pedro autoriza Paulo a partir, Jorge permite que Henrique parta. Paulo pode partir, nós lhe permitimos.*

permutação

Permutação é uma operação que consiste em modificar a ordem dos elementos adjacentes numa estrutura lingüística (permutação de letras, de palavras, etc.). Em fonologia, mais precisamente, a permutação consiste inverter dois fonemas da cadeia da fala no eixo sintagmático, por oposição à comutação, que consiste em substituir um por outro no eixo paradigmático.

Chama-se *transformação de permutação* à operação que consiste em fazer permutar, sem modificação do sentido e em certas condições, os constituintes de uma frase. Assim, existe uma permutação de modificador na frase *Esta era sua resposta*, para *Sua resposta era esta.* A permutação muitas vezes depende de transformações anteriores. Assim a permutação do sujeito-verbo em *Pedro chega* depende da inserção de uma relativa: *Chega Pedro que nos anuncia uma boa nova.*

permutativo

Qualificam-se de *permutativas* as relações fundadas sobre a reciprocidade* ou que pressupõem, ou deixam prever, ou preparam uma outra ação. Assim: [A + responder + a B] pressupõe [+ perguntou + a A].

permutável

Dois *sons são permutáveis* quando podem ser encontrados no mesmo contexto fonológico, quer sua diferença tenha um valor fonológico, como o de

465

[r] e [l] no alemão, ou não, como a de [r] e [l] no japonês.

perseveração

Entre os afásicos, a *perseveração* é a repetição ou a continuação anormal de uma atividade verbal. Assim, numa prova que consiste em denominar os objetos, existe perseveração quando o enfermo repete para todos os objetos a primeira denominação que ele deu. (Chama-se também de *intoxicação.*)

personificação

Personificação é uma figura da retórica que consiste em fazer de um ser inanimado ou de um ser abstrato, puramente ideal, uma pessoa real, dotada de sentimento e de vida. Ex.: *Argos vos estende os braços, e Esparta vos chama* (*Racine, Phèdre*) é uma personificação por metonímia; *Os vencedores falaram. A escravidão em silêncio obedece à sua voz, na cidade imensa* (VOLTAIRE, *L'Orphelin de la Chine*) é uma personificação por sinédoque; *Sobre as asas do Tempo, a Tristeza se esvai* é uma personificação por metáfora.

pertença

1. Diz-se que um elemento *pertence* a um conjunto (A) e se escreve O ε A, quando esse elemento está enumerado entre os objetos, ou noções, cuja reunião constitui A (definição em extensão*) ou quando ela está implicada na definição do conjunto (conjunto por compreensão*). A noção de *pertença* deve ser distinguida da noção de inclusão*. Dir-se-á que um elemento pertence a um conjunto e que um subconjunto está incluído num conjunto. A noção de pertença é amplamente utilizada em semântica; sendo uma palavra analisada quanto ao sentido, num feixe de semas, cada um desses pertence ao conjunto de semas* que constitui o sentido da palavra. Dir-se-á assim que o sema "para sen-

tar-se" ε conjunto de semas do conceito de "assento".

2. Chama-se *pertença* o emprego predicativo do verbo *ser* exprimindo que um ser ou um objeto faz parte de uma classe, como na frase — *João é professor* (*João* pertence à classe dos professores), por oposição aos sentidos de identidade* e de inclusão*.

pertinência

1. A *pertinência* é a propriedade que permite a um fonema, a um traço fonológico, etc., assegurar uma função distintiva numa dada língua, opondo-se às outras unidades do mesmo nível. Não existe pertinência quando a unidade considerada perde esta função distintiva.

2. As *posições de pertinência* duma oposição fonológica são as posições na palavra onde esta oposição não pode ser neutralizada. Assim, em francês, a oposição entre os fonemas /e/ e /ε/ só conhece como posição de pertinência a final de intensidade aberta /le/ *les vs.* /lɛ/ *lait.* Em todas as outras posições, a oposição fica neutralizada, seja em favor do termo mais aberto (em sílaba travada /ε/: *vert, perdant*), seja por uma liberdade de realização entre os dois termos /e/ ou /ε/, ou por um termo intermediário. Os traços de semiabertura e de semicerramento não são, pois, pertinentes nestas posições. O mesmo pode-se dizer na língua portuguesa em relação aos fonemas /e/ e /ε/ quando em posição átona pretônica e pós-tônica: a neutralização se dá em favor da vogal fechada.

pertinente

O termo *pertinente* muitas vezes é empregado como sinônimo de distintivo* para designar um traço fônico cuja presença ou ausência na realização de um fonema acarreta uma mudança de sentido da unidade significativa. Assim, o traço que opõe as laterais às vibrantes (simultaneidade ou sucessividade da oclusão e da saída

466

do ar pela boca) é pertinente no espanhol e no português, onde ele permite opor, por exemplo, *pero* e *pelo* (esp.) *cara* e *cala* (port.), bem como em grande número de línguas românicas, mas não no japonês, onde, seja qual for a palavra, *l* pode ser substituído por *r* e vice-versa, sem que isto acarrete nenhuma mudança de significação.

Certos lingüistas, junto com R. JAKOBSON, preferem conceder ao termo *pertinente* uma acepção mais vasta. Neste sentido, um traço pertinente é um traço fônico que representa um papel na comunicação, mesmo que não tenha uma função distintiva. Os traços que acompanham a realização habitual de um fonema numa dada língua e facilitam sua identificação são traços pertinentes: por exemplo, no inglês, a aspiração que acompanha a realização das oclusivas não-sonoras; em francês, o traço laxo que acompanha a realização das consoantes sonoras; em muitas línguas, o traço de labialização que acompanha a realização das vogais posteriores.

pessoa

1. *Pessoa* é uma categoria* gramatical que se funda na referência aos participantes da comunicação e no enunciado produzido. A situação de comunicação é definida pela relação entre o falante que enuncia e um outro falante a quem este enunciado é dirigido, para que, por seu turno, ele dê uma resposta: "eu te digo que" (comunicação intersubjetiva). A frase implícita, subjacente a todo enunciado, "eu te digo que", representa a enunciação* e as frases efetivamente produzidas, o enunciado*. A comunicação, ou intercâmbio verbal, implica, pois, um falante (primeira pessoa), o "eu" ou "ego", que é o centro da comunicação (este é egocêntrico); um interlocutor ou alocutor (segunda pessoa), o "tu" e um objeto enunciado (aquilo de que se fala), o "ele" (terceira pessoa). A distinção é primeiro entre o "ego" e o que não é o "ego", entre o interlocutor que, na intercomunicação verbal pode, por seu turno, tornar-se um falante, e aquilo que constitui o objeto da comunicação (pessoas ou coisas).

A situação da comunicação pode implicar outras relações entre os três termos ou pessoas: o falante "eu" pode associar-se com o interlocutor (tu e eu, nós dizemos que) ou a outras pessoas além do "tu" (eu e ele, eu e ela, eu e eles, nós dizemos que): no primeiro caso, a primeira pessoa é *inclusiva* (incluindo "tu"); no segundo caso ela é *exclusiva* (excluindo "tu"); estão no plural, porque existe "mais de um" interlocutor. Do mesmo modo, o interlocutor pode estar associado a outros interlocutores presentes, a quem se dirige o enunciado (tu e tu, vocês dizem que), ou a outras pessoas que o interlocutor apresenta (tu e ele, tu e eles, vocês dizem que). No primeiro caso, a segunda pessoa é inclusiva (incluindo um outro interlocutor) ou exclusiva (excluindo um segundo "tu", mas incluindo outras pessoas):

estão no plural, porque estas "pessoas" implicam mais de um interlocutor.

A primeira e segunda pessoas remetem a seres humanos e se exprimem pelos nomes pessoais, cujas propriedades semânticas e sintáticas são próximas das dos nomes próprios: eles são indeterminados (se referem aos participantes da comunicação, podem designar não importa qual pessoa), definidos (ao implicarem um falante definido, eles supõem a presença de um artigo definido, subjacente, expresso em certos casos: *O pobre João, Os Ferreira, que tu conheces*). A terceira pessoa, que se refere aos seres ou objetos do mundo, se expressa pelos *pronomes pessoais* cujas propriedades semânticas e sintáticas são próximas daquelas do sintagma nominal, que constitui a frase e que é sempre, ele próprio, uma terceira pessoa. Os nomes pessoais e os pronomes pessoais podem ser reunidos numa mesma categoria pelas gramáticas sob o nome de *pronomes pessoais*.

A pessoa (expressa pelos ╮mes pessoais, os pronomes pessoais ou implícita nos sintagmas nominais) se manifesta na categoria verbal pelas marcas de concordância com a "pessoa" do sujeito: *nós dizemos* (*que*). Alguns fenômenos de sintaxe, próprios a certas línguas, fazem com que as marcas verbais da pessoa sejam as únicas a aparecer nas frases, como, em geral, no latim, e no português, ou, no francês, no imperativo.

A comunicação implica também um julgamento feito pelo falante acerca da relação social que ele estabelece entre si e seu interlocutor; a comunicação tem um estatuto: quando o falante define uma distância social entre si e o alocutário (em francês, a diferença entre *tu* e *vous*, singular; no português, a diferença entre *você* e *senhor*) e entre si e seu enunciado (valores pejorativo, melhorativo, neutro, etc., em relação aos seres e coisas sobre os quais fala: em latim, a diferença entre *iste* e *ille*); em certas comunidades socioculturais fortemente diferenciadas, os sistemas de pessoas podem ser relativamente complexos.

2. J. DAMOURETTE e E. PICHON distinguem o locutivo, pessoa que se refere àquele que fala (primeira pessoa), o alocutivo, pessoa que se refere àquele a quem se fala (segunda pessoa), o delocutivo, pessoa que se refere àquele de quem se fala (terceira pessoa).

3. L. TESNIÈRE opõe entre as pessoas do verbo o anotivo* (que se refere aos seres ou coisas ausentes do ato da comunicação) e o *ontivo*, que se refere às pessoas e aos seres presentes. O ontivo se divide por sua vez em auto-ontivo, quando se refere à pessoa que fala

(primeira pessoa), e em antiontivo, quando se refere à pessoa a quem se fala (segunda pessoa).

pessoal

1. Chamam-se *modos pessoais* os modos dos verbos que comportam flexões que indicam o tempo e a pessoa: o indicativo, o subjuntivo, o condicional, o optativo, o imperativo são modos pessoais. Ao contrário, chamam-se *modos impessoais* aos modos do verbo que não comportam uma flexão que indique a pessoa: o infinitivo, o particípio e o gerúndio são modos impessoais.

2. *Nomes, pronomes pessoais.* V. PESSOA.

phrasillon (fr.)

O termo *phrasillon*, em L. TESNIÈRE, é sinônimo de *palavra-frase**, mas se aplica a cadeias de unidades variadas.

pictografia

Chama-se *pictografia* à utilização de desenhos figurativos com vistas à comunicação escrita (ex.: entre os esquimós). [V. PICTOGRAMA.]

pictograma

Pictogramas são os desenhos de tipos variados numa ou mais cores que, afora seu interesse ornamental ou estético, reproduzem o conteúdo de uma mensagem sem se referir à sua forma lingüística. Estes desenhos narram uma história, mas sem relação visível com um enunciado falado único, já que a história se reconstitui de forma semelhante ao tema de um quadro. Esta forma de pré-escrita se encontra entre as populações de pescadores e caçadores, numa relação regular, como os índios da América, os esquimós, os siberianos, os bosquimanos da África. Distinguem-se os pictogramas--sinais, que podem ser empregados como lembretes para desencadear uma declamação (sobre as vestes de pele dos sacerdotes-feiticeiros, na Sibéria, correspondem a estrofes de canto) —

e os pictogramas-signos, que carregam neles próprios a significação, que falam à vista. De certo modo, um desenho humorístico sem palavras é, também, um pictograma-signo. (V. ESCRITURA.)

pidgin

Chama-se *pidgin* uma segunda língua nascida do contacto do inglês com diversas línguas do Extremo Oriente (principalmente o chinês) a fim de possibilitar a intercompreensão de comunidades de línguas diferentes. O sistema do pidgin é bastante mais completo que o do sabir*, pois seu vocabulário cobre numerosas atividades. Mas, especificamente, o *pidgin-english*, ou *pidgin*, é uma língua composta com base gramatical do chinês e vocabulário do inglês (por oposição ao *pidgin melanésico* ou bichlamar*).

pitch

O termo *pitch* é tomado de empréstimo da lingüística inglesa e norte-americana para designar o acento de altura, ou tom*, por oposição a *stress** ou acento de intensidade.

plano

O conceito de *plano* (distinto do de nível* ou ordem*) foi introduzido em lingüística estrutural para definir a relação entre significante, ou *plano da expressão*, e significado, ou *plano do conteúdo*.

pleno

1. Chame-se *plena* à forma de uma palavra que existe lado a lado com uma forma reduzida (por apócope, elisão, etc.); assim o latim *nihil* existe ao lado da forma reduzida *nil*.

2. Chamam-se *formas plenas*, por oposição às *formas vazias**, aos mor-

469

femas lexicais opostos aos termos gramaticais.

3. A gramática tradicional chama de *plenas* as preposições que têm uma significação própria (*contra, perante*) opostas às demais, que exprimem apenas as relações sintáxicas (*a, de*).

pleonasmo

1. Uma seqüência de palavras é pleonástica desde que os elementos de expressão sejam mais numerosos do que o exigido para a expressão de um conteúdo determinado: *muito suficiente* é uma pleonasmo (V. REDUNDÂNCIA.)

2. Chama-se *pleonasmo*, ou *transformação pleonástica*, a uma transformação de adição que, sem modificar o sentido da frase inicial, nada lhe acrescenta do ponto de vista qualitativo. Assim, pode-se dizer que a frase *Eu estou sentindo uma dor no meu braço esquerdo* é a transformação pleonástica de *Eu estou sentindo uma dor no braço esquerdo*.

plerema

Em glossemática, o *plerema* é o elemento do conteúdo cuja definição permite a reprodução de variantes infinitamente numerosas a partir de um número limitado de invariantes e a redução dos signos infinitamente numerosos às combinações de um número limitado de pleremas. Assim, vários desvios serão minimizados ao colocar-se um plerema do tipo "gênero-ela" (gênero natural fêmea, que não se confunde com o gênero gramatical feminino). Este plerema permitirá dar conta do conteúdo de *égua*, ao colocar-se que se trata de "cavalo + gênero-ela".

pleremática

L. HJELMSLEV denomina *pleremática* a teoria glossemática do conteúdo cujo objetivo é definir os pleremas*.

plosivo

Sin. de OCLUSIVO.

plural

O *plural* é um caso gramatical da categoria do nome* que traduz a pluralidade nos nomes contáveis: *mesas* está no plural e exprime a pluralidade ("mais de um") ou, mais raramente, a singularidade: *os óculos, as calças*. Existem nomes no singular que exprimem a pluralidade, como os coletivos (*arvoredo, laranjal, manada*, etc.). O plural se distingue pelo traço [— sing.].

pluralidade

A *pluralidade* é um traço distintivo da categoria do número* que indica a representação de mais de uma só entidade isolável. A pluralidade é expressa no português pelo plural (as *mesas*), pelo afixo dos coletivos (*arvoredo*) pelo genérico (*o homem é mortal*). A pluralidade se distingue pelo traço [— singularidade].

plurilíngüe

Diz-se que um falante é *plurilíngüe* quando utiliza no seio de uma mesma comunidade várias línguas conforme o tipo de comunicação (em sua família, em suas relações sociais, em suas relações com a administração, etc.). Diz-se de uma comunidade que ela é pluralíngüe quando várias línguas são utilizadas nos diversos tipos de comunicação. (V. BILINGÜISMO.) Certos países, como a Suíça, onde o francês, o alemão, o italiano e o romance são línguas oficiais, adotam o *plurilingüismo* estatal.

plurivalência

Chama-se *plurivalência* à propriedade que possui uma unidade lingüística (palavra ou frase) de poder receber várias interpretações, de possuir vários sentidos ou valores.

plurívoco

Um morfema pertencente a uma categoria gramatical ou léxica definida é *plurívoco* quando apresenta, conforme os contextos, vários sentidos: assim, o verbo *apreender* (o roubo, os ensinamentos, etc.) é plurívoco. (V. POLISSEMIA.)

poderoso

Diz-se que uma regra é mais *poderosa* que outra quando ela explica mais fatos e de uma maneira mais adequada, e que uma *gramática* é mais *poderosa* que outra quando ela confere uma estrutura a um conjunto de frases mais numeroso do que uma outra. (V. CAPACIDADE.)

poético

Para R. JAKOBSON, a *função poética* é a função da linguagem através da qual a mensagem pode ser uma obra de arte. A *poética* pode tornar-se uma parte da lingüística, na medida em que esta é a ciência global das estruturas lingüísticas. Contudo, um bom número de procedimentos que a poética estuda não se limita aos problemas da linguagem, mas dizem respeito de uma forma mais geral à teoria dos signos.

polissemia

Chama-se *polissemia* à propriedade do signo lingüístico que possui vários sentidos. A unidade lingüística é considerada, então, "polissêmica". O conceito de polissemia se insere num sistema duplo de oposições: a oposição entre polissemia e homonímia, e a oposição entre polissemia e monossemia.

A unidade polissêmica muitas vezes se encontra oposta à unidade monossêmica, tal como "palavra" (do vocabulário geral) está oposto a "termo" (de um vocabulário científico ou técnico). Observa-se, com efeito, que os vocabulários especializados são constituídos freqüentemente pelo empréstimo e especialização de um termo do vocabulário geral. Assim, *ferro* é um termo monossêmico do vocabulário da química: seu símbolo Fe pode substituí-lo sempre, pode apresentar-se sob um ou outro dos estados da matéria, etc.; ora, o termo *ferro* da química foi tomado de empréstimo do vocabulário geral, onde a unidade é sobremaneira polissêmica: sem fazer menção aos tropos (figuras) possíveis (*coração de ferro, século de ferro, a ferro e fogo*), onde se pode levar em conta que eles pertencem ao âmbito da retórica e não à lexicologia, a palavra *ferro*, do vocabulário geral, comporta diversos sentido possíveis, seguidamente expressos por dígitos subalinhados no dicionário: ferro$_1$ = metal; ferro$_2$ = objeto (indeterminado) de ferro; ferro$_3$ = objeto determinado de ferro...

O caráter polissêmico do vocabulário geral foi freqüentemente considerado como uma limitação ao pensamento científico (por exemplo, LEIBNIZ). Os lingüistas estabelecem, às vezes, em contraposição uma correlação entre o desenvolvimento de uma cultura e o enriquecimento polissêmico das unidades (M. BRÉAL).

A polissemia está em relação com a freqüência das unidades: quanto mais freqüente uma unidade, mais sentidos diferentes possui. G. K. Zipf tentou formular uma lei que explicasse esta relação. Tentou-se a conversão matemática de sua fórmula sob a forma M = F 1/2, na qual M indica o número de sentidos da unidade e F, a freqüência relativa da unidade. Certamente, o desenvolvimento da léxico-estatística* permitirá estudos mais completos sobre este ponto. Deve-se ressalvar que a verificação de tal fórmula demanda a construção de uma teoria léxica que permita avaliar cientificamente os sentidos das unidades: a verificação da fórmula de Zipf em dicionários que apresentam palavras polissêmicas ricas em micro-sentidos e em dicionários que preferem distinguir unidades monossêmicas distintas oferecerá resultados contraditórios para uma dada língua.

Permanece a questão essencial em relação à oposição entre polissemia e homonímia: o tratamento lexicográfico das unidades exige, efetivamente, que sejam delimitadas as fronteiras entre unidades suscetíveis de uma descrição por vários micro-sentidos, e unidades que necessitam de descrições diferentes. Especificamente, se for possível, por meio dos autores acima citados, estabelecer certas correlações entre polissemia e cultura, polissemia e freqüência, o mesmo não ocorrerá, seguramente, em relação à homonímia: por exemplo, uma correlação entre extensão das palavras e homonímia parece muito mais evidente; existirão, tanto mais homônimos numa língua quanto mais palavras de uma ou mais vogais ocorrerem (donde a maior riqueza de homônimos no inglês e no francês, em confronto com o alemão ou o italiano).

A questão de oposição entre polissemia e homonímia, difícil de resolver sob a ótica especificamente estruturalista, se torna menos crucial sob a ótica gerativa. A verdadeira oposição ocorre, então, entre o rendimento propiciado pelo tratamento homonímico ou polissêmico de tal unidade ou de tal grupo de unidade no dicionário, sendo o rendimento medido conforme os critérios de simplicidade e de economia. Neste particular, a oposição polissemia vs. homonímia não é quase explorada nas teorias semânticas de J. Katz ou de U. Weinreich.

Poder-se-ia, contudo, tentar buscar os critérios da polissemia e da homonímia. Se, por exemplo, o critério etimológico funcionasse, seria possível distinguir uma palavra polissêmica e as palavras homônimas com o recurso da diacronia. Na prática isso não funciona: por exemplo, *dessin*, "desenho", e *dessein*, "desígnio", no francês, tratados como homônimos nos dicionários atuais, têm uma etimologia comum; se tomássemos a etimologia como pedra de toque, eles deveriam, de acordo com a lógica, ser tratados como dois micro-sentidos de uma

472

unidade comum. Exemplo semelhante poderia valer, no português, para *partido* (substantivo) e *partido* (particípio de partir).

Se o critério de desambigüização pudesse valer, poder-se-ia assinalar na língua procedimentos distintos para superar a ambigüidade entre dois micro-sentidos de uma unidade polissêmica bem como a ambigüidade entre dois homônimos: também aqui percebemos que os mesmos procedimentos lingüísticos funcionam. Por exemplo, *verdadeiro* geralmente é tratado como um adjetivo único, susceptível da subdivisão de sentido: "de acordo com a verdade" e "real"; a desambigüização é assegurada pela diferença na ordem das palavras: *um verdadeiro discurso* (um discurso propriamente dito) vs. *um discurso verdadeiro* (um discurso que atende à verdade). Ora, nos deparamos com a mesma exploração nos homônimos *a mostra* vs. *mostra-a.* A mesma observação se aplica ao gênero (*o rádio* vs. *a rádio* têm grande parte de seu semantismo em comum, ao contrário de *a capital* vs. *o capital*) e, também, para as distinções ortográficas (*cassa* vs. *caça*), etc.

polissílabo

Polissílabo é toda palavra constituída de mais de três sílabas.

polissíndeto

Chama-se *polissíndeto* o recurso retórico que consiste em coordenar entre si (sobretudo pelas conjunções *e, ou*) todos os membros de uma enumeração: "E zumbia, e voava, e voava, e zumbia" (Machado de Assis, *A Mosca Azul*).

ponto

Ponto de exclamação, ponto de interrogação, pontos de suspensão, ponto-e-vírgula. V. PONTUAÇÃO.

ponto de articulação

Chama-se *ponto de articulação* ao lugar onde se produz o estreitamento ou fechamento do canal fonador, através da aproximação ou do contacto dos dois articuladores*. O ponto de articulação deve ser diferenciado da zona de articulação. As diferenças de ponto de articulação não têm função fonológica, embora caracterizem freqüentemente os hábitos articulatórios na realização de certos fonemas e sejam muito importantes para sua identificação. A zona de articulação corresponde a uma área mais vasta, que cobre, cada uma, os pontos de articulação cujas diferenças não acarretam uma diferença de sentido. Assim, os consoantes dentais correspondem a uma mesma zona de articulação em línguas diferentes, mas elas têm, muitas vezes, pontos de articulação diferentes: o fonema francês /s/, como ocorre na inicial de *sac*, ou o fonema /s/ do português, como ocorre em *saco*, se realiza como alveolar pré-dorsal, enquanto o fonema /s/ do espanhol, encontrado, por exemplo, na inicial de *suerte*, "sorte", é uma dental apical.

pontuação

Para indicar os limites entre os diversos constituintes da frase complexa ou das frases constituintes de um discurso, ou para transcrever as diferentes entonações, ou ainda para indicar as coordenações ou subordinações diversas entre as proposições, utiliza-se um sistema de signos chamados de *pontuação*. O sistema se constitui no francês, como no português, de ponto (.), ponto de interrogação (?), ponto de exclamação (!), de vírgula (,), de ponto e vírgula (;), de dois pontos(:), de reticências(...), de parênteses (( )), de colchetes ([]), de aspas (" "), de travessão (—), de asterisco (*) e de alínea.

O *ponto* assinala o fim de uma frase, mas é também utilizado para destacar uma proposição subordinada da principal à qual se deseja dar realce. Em relação ao enunciado oral, o ponto corresponde a um silêncio ou a uma pausa. É também utilizado depois de toda abreviatura ou elemento de uma seqüência de abreviaturas, como em O.N.U.

O *ponto de exclamação* corresponde à entonação descendente seguida de uma pausa, e se emprega seja no final de uma simples interjeição, seja no final de uma locução interjectiva ou de uma frase exclamativa.

O *ponto de interrogação* corresponde à entonação ascendente, seguida de uma pausa, da interrogação direta e se emprega unicamente no final das frases que a exprimem.

A *vírgula* corresponde a uma pausa de pequena duração ou distingue grupos de palavras ou de proposições cuja separação ou isolamento são úteis para a clareza do conteúdo. Ela é empregada igualmente para separar os elementos de função idêntica que, nos assíndetos, não estão ligados por uma conjunção coordenativa: Vendeu tudo: *carro, cavalos, terras, casa*. Ela permite também isolar todo elemento que tenha um valor puramente explicativo ou alguns complementos circunstanciais: *Seu pai morreu, ele deverá educar os irmãos e irmãs*.

O *ponto e vírgula* corresponde a uma pausa de duração média, intermediária entre a que marca a vírgula e que marca o ponto. Numa frase, delimita as proposições da mesma natureza que possuem certa extensão.

Os *dois pontos* correspondem a uma pausa muito breve e têm um valor lógico: permitem introduzir uma explicação ou uma citação mais ou menos longa.

As *reticências* correspondem a uma pausa, sem que haja queda na linha melódica, no final da palavra que as precedem: é uma expressão do pensamento não concluída por uma razão sentimental ou outra (conformidade, prolongamento do pensamento sem expressão correspondente, etc.) Elas possibilitam, igualmente, muitas vezes, enfatizar o que será dito a seguir.

474

Os *parênteses* introduzem e delimitam uma reflexão incidental, considerada como menor importante e dita num tom mais baixo. Quando, à direita do lugar onde se "abre" o parêntese, a frase necessita de um signo de pontuação, este vem colocado após o fechamento dos parênteses.

Os *colchetes*, são utilizados algumas vezes, como os parênteses, ou melhor, para isolar as seqüências de palavras que contêm, elas próprias, unidades entre parênteses.

As *aspas* correspondem geralmente a uma mudança de tom que começa com a abertura das aspas e acaba com seu fechamento. Constituem um meio de indicar que se recusa assumir a palavra ou seqüência de palavras assim isoladas (marcas de rejeição). As aspas são também o meio para introduzir a citação de um discurso direto ou de uma seqüência de palavras estrangeiras no vocabulário usual e sobre a qual se deseja chamar a atenção.

O *travessão* indica, no diálogo, a mudança de interlocutor e serve, assim, à mesma função dos parênteses, isto é, isola uma seqüência de palavras que desejamos destacar do contexto para fins diversos.

O *asterisco* tem valores diferentes, conforme os discursos científicos. Em lingüística, se indica pelo asterisco que tal forma ou tal frase não foi atestada ou que é agramatical.

A *alínea* é constituída por um espaço em branco, que se estende do ponto-parágrafo até o final da linha e por um espaço em branco de uma extensão convencional desde o início da linha seguinte. Marca a passagem de um grupo de idéias a um outro grupo de idéias e delimita, deste modo, os parágrafos que, por extensão, adquirem o nome de *alínea*.

pontual

Chama-se *pontual* o aspecto* que exprime a ação visualizada no momento de seu desenvolvimento (aoristo), no seu início (incoativo) ou no seu término (perfeito).

popular

1. Em história da língua, o adjetivo *popular* se opõe, geralmente, ao *culto,* ou *erudito* com dois sentidos diferentes.

Quando qualifica *palavra* ou *forma, popular* implica a existência de uma evolução fonética "normal": a pala vra foi transmitida de uma geração a outra e sofreu o efeito das leis fonéticas mais gerais da língua, enquanto o termo *culto* foi tomado de empréstimo sob sua forma primitiva, geralmente escrita, e não sofreu senão uma adaptação. A *palavra* (a *forma*) *popular* e a *palavra culta* ou a *forma culta* podem dar origem a formas divergentes*. *Livrer*, no francês, e *livrar* no português provêm do latim *liberare* e são *formas populares*, enquanto *libèrer* e *liberar* são formas *cultas*.

Popular opõe-se igualmente a *culto* ou a *verdadeiro* na *etimologia** popular. Indica, então, que foi atribuí-

475

da à palavra concernente uma origem que não lhe sabia. *Bode expiatório* é associado a *espiar* por um fenômeno de etimologia popular ou de atração homonímica.

2. Em dialetologia social, o adjetivo *popular* opõe-se a *formal, grosseiro, trivial, técnico,* etc., e caracteriza todo traço ou sistema lingüístico excluído do uso das camadas cultas e aristocráticas e que, sem ser grosseiro ou trivial, se refere às particularidades da fala utilizada nas camadas modestas da população. O emprego de um *falar* ou *variedade* (de uma língua) *popular* revela ou a origem modesta do falante (quando ele não possui controle*), ou a vontade de parecer franco, espontâneo ou sem afetação.

pós-alveolar

Consoante *pós-alveolar* é a consoante que se realiza com a ponta ou parte anterior do dorso da língua levantado em direção à parte do palato que se encontra atrás dos alvéolos. Assim, as consoantes [ʃ] e [ʒ] em *chuta* e *juta* diferem essencialmente das consoantes [s] e [z] em *caça* e *casa* pela labialização e por um recuo do ponto de articulação, que é pós-alveolar (ou pré-palatal), para os primeiros fonemas, em lugar de ser dental ou alveolar, como nos outros. No português, um exemplo semelhante ocorre com a realização dos fonemas /t/ e /d/ antes de /i/, quando se realizam pós-alveolares, e alveolares antes das demais vogais. Tal alofonia é dependente da variedade regional.

pós-artigo

Dá-se o nome de *pós-artigo* a uma subcategoria de determinantes, colocados depois do artigo e antes do substantivo, e que se distinguem dos adjetivos porque não podem ser modificadores. Assim, *mesmo* em *os mesmos indivíduos* é um pós-artigo. O determinante é assim formado de um Artigo + Pós-artigo + Nome. Chamam-se também de *pós-determinantes*

quando os utilizamos na constituição do sintagma nominal (o sintagma nominal é então constituído de Pré-determinante + Determinante + Pós-determinante + Nome e não mais de constituintes do determinante). (V. PRÉ-ARTIGO.)

Os pós-artigos pertencem, na gramática tradicional, à classe dos pronomes adjetivos demonstrativos. .

pós-dental

Consoante pós-dorsal é a aquela realizada com a ponta ou parte anterior do dorso da língua apoiada contra a parede interior dos incisivos superiores. Trata-se, em geral, das consoantes ditas "dentais", como o [t] do francês ou o [s] do espanhol, que se distinguem, assim, das interdentais como o [θ] espanhol da inicial de *cinco*. No português a realização pós-dental não é utilizada como traço distintivo, podendo ocorrer alternativamente com a realização alveolar. Num mesmo sistema fonológico, a diferença entre articulação pós-dental e articulação interdental pode ter uma importância fonológica como no espanhol. Ela corresponde a uma oposição acústica entre o fonema mate [θ] e o fonema estridente [s].

pós-determinante ·

V. PÓS-ARTIGO.

pós-dorsal

Consoante pós-dorsal é aquela cujo articulador inferior é a parte posterior do dorso da língua. Do ponto-de-vista da zona de articulação, as pós-dorsais são as velares [k, g, x], etc.

posição

V. INTERCALAÇÃO, ÊNFASE, ORDEM DAS PALAVRAS.

positivismo

Dá-se o nome de *positivismo*, em lingüística, a toda posição teórica que considera atinente à lingüística apenas os comportamentos verbais diretamente observáveis, determinados exclusivamente pelas leis que os regem diretamente (como a ligação estímulo-resposta). L. BLOOMFIELD se insere diretamente nesta corrente positivista, já que, para ele, a lingüística diz respeito aos fenômenos e não à natureza das coisas. Nesta, existem problemas que pertencem à metafísica e não à ciência; neste sentido é que, para ele, "as questões de sentido não têm sentido".

positivo

Positivo ou normal é o grau de comparação de um adjetivo ou de um advérbio que enunciam a qualidade tal qual. Nas frases *Pedro está feliz* e *Pedro dirige prudentemente*, o adjetivo *feliz* e o advérbio *prudentemente* estão no grau positivo. (V. COMPARAÇÃO, COMPARATIVO, SUPERLATIVO.)

pós-nominativo

Sin. de DENOMINATIVO.

pós-palatal

Pós-palatal é a consoante realizada com o dorso da língua levantado em direção da parte posterior do palato duro, no limite entre o palato duro e mole. Assim, a consoante [k] de *quieto* se realiza foneticamente como uma consoante pós-palatal (embora se caracterize fonologicamente como uma velar), ao contrário do [k] de *curvo*, realizado como uma velar. A diferença entre pós-palatal e velar não tem, aqui, conseqüências fonológicas, já que não existe em francês o fonema oclusivo palatal. O mesmo se pode dizer, no português, em relação as realizações de /k/, respectivamente em *quisto* e *custo*.

posposição

1. Chama-se *posposição* o lugar de uma palavra que segue outra com a qual forma uma unidade de acento. Assim, a preposição latina *cum* segue o pronome nos grupos *vobiscum, nobiscum*, etc. O mesmo ocorre, no português, com os pronomes oblíquos enclíticos.

2. Por oposição às preposições*, chamam-se posposições aos morfemas gramaticais invariáveis (ou partículas) que se colocam depois dos sintagmas nominais por elas regidos: assim, as palavras *causa* e *gratia* são posposições que seguem o nome no genitivo por elas regido (*mortis causa*).

pospositivo

Uma preposição é dita *pospositiva* quando se coloca depois do nome que rege; assim, no latim, as preposições *causa* e *gratia* seguem o nome (no genitivo) que elas regem.

posse

Um complemento nominal indica *posse* quando puder ser o sujeito de uma frase subjacente com o verbo *ter*; este terá por objeto o nome que se tornará o complemento na frase derivada. Em *o chapéu de Pedro*, Pedro indica a *posse*; é o possuidor; pode ser o sujeito da frase subjacente *Pedro tem um chapéu*, em que o substantivo (*chapéu*) de que ele era complemento é o objeto do verbo *ter*. Distingue-se a posse alienável da posse inalienável. (V. ALIENÁVEL.)

possessivo

1. A gramática tradicional define os *possessivos* como os adjetivos ou os pronomes que indicam que os seres ou os objetos aos quais se acrescentam adjetivos) ou que representam (pronome) pertencem a alguém ou a algo. Por "pertencer" se entendem as relações de todo tipo que estão longe de se limitar unicamente à posse, como se constata em *Empreendi esta viagem para* MINHA *infelicidade* ou em NOSSO *homem está queixoso*.

Os possessivos se apresentam com uma tripla variação: de pessoa, gênero e número, como os pronomes pessoais*, em gênero e número, conforme o número e o gênero do substantivo determinado ou representado; existem no português para os pronomes adjetivos possessivos as seguintes formas:

1.ª pessoa do sing.:
meu, fem. *minha*, pl. *meus*, fem. *minhas*
2.ª pessoa do sing.:
teu, fem. *tua*, pl. *teus*, fem. *tuas*
3.ª pessoa do sing.:
seu, fem. *sua*, pl. *seus*, fem. *suas*
1.ª pessoa do pl.:
nosso, fem. *nossa*, pl. *nossos*, fem. *nossas*
2.ª pessoa do pl.:
vosso, fem. *vossa*, pl. *vossos*, fem. *vossas*
3 ª pessoa do pl.:
igual à 3.ª pessoa do sing.

No francês, os pronomes possessivos são constituídos do artigo definido *le, la, les*, seguidos do adjetivo possessivo *mien, tien, sien, notre, votre, leur*.

2. Em lingüística gerativa, os *adjetivos possessivos* são originários na estrutura profunda de um sintagma nominal constituído de um artigo definido (*o*) e de um complemento nominal (*de mim, de ti, dele* etc.). *Meu chapéu* é originário de *o chapéu de mim*. Esta derivação explica como variação em gênero e número ocorre por um lado, em relação ao substantivo assim determinado (*chapéu*) e, por outro lado, em relação com o pronome complemento subjacente: *seu chapéu* é originário de *o chapéu deles* e *seus chapéus* de *os chapéus deles*.

Os pronomes possessivos são simplesmente sintagmas nominais constituídos de um determinante *o*, de um adjetivo *meu* e de um substantivo apagado.

3. Chama-se *frase possessiva* a uma frase cujo predicado exprime, com a cópula, a posse: em francês *être à quelqu'un*, em inglês *be* + N +caso possessivo, em português *ser de alguém*, etc.; por exemplo: *Ce livre est à Jean, This book is John's, Esta casa é de João*.

possuidor

Chama-se *possuidor* o sujeito de uma frase que contém o verbo *ter* e um objeto direto: *Pedro tem um chapéu.* (V. POSSE.)

posterior

Posterior é o fonema que se realiza, quanto ao seu ponto de articulação, atrás da cavidade bucal, por oposição aos fonemas anteriores, realizados no nível do palato duro, dos dentes ou dos lábios.

As *vogais posteriores* são realizadas com a massa da língua voltada para trás da boca, o mais perto possível do véu do palato (em fr. e port. [u], [o], [ɔ], são vogais posteriores). Chamam-se *posteriores* ou *velares** por oposição às vogais *anteriores* ou *palatais*. As consoantes posteriores (dorsais), como [k, g] são realizadas com a parte posterior da língua contra a região posterior do palato e a região velar.

No plano acústico, os *fonemas posteriores* são caracterizados pela concentração da energia nas baixas freqüências do espectro (os dois formantes estão no domínio baixo do registro) e têm um timbre grave*, que se explica pela amplitude do ressoador bucal e sua falta de compartimentação.

postiço

Em gramática gerativa, os símbolos postiços, ou mudos, (*dummy symbols*, representados por △) são substituídos, nas cadeias terminais geradas no componente de base, pelos símbolos categoriais que representam as categorias léxicas; os postiços indicam as posições onde serão inseridas as unidades léxicas que possuam as propriedades implicadas nos símbolos categoriais que as dominam. Quando um vocábulo de base, que define uma categoria léxica N, V, Adj, Art, etc., não pode mais ser reescrito por uma regra de reescritura de base, passa a ser reescrito por um símbolo postiço, conforme a regra A → △. As regras de inserção léxica irão inserir no lugar deste símbolo postiço um termo do léxico que possuirá em seus traços aqueles implicados nos símbolos que o dominam. Assim, se N domina o postiço, a palavra (ou símbolo complexo) inserido nesta posição deverá ser um substantivo, animado ou não-animado, concreto ou abstrato, etc. Os elementos gramaticais, como Tempo (Presente, Passado, etc.) ou o Número, não são substituídos por símbolos postiços: são os formantes gramaticais.

posto

Chama-se *posto* a asserção explícita de um enunciado, por oposição a *pressuposto*, que implica um enunciado implícito, conhecido ou evidente. Assim, na frase *José se restabeleceu*, o pressuposto é o de que "José esteve doente" e o posto é o de que "José não está mais doente".

pós-tônica

Fonema ou *sílaba pós-tônica* são aqueles que se colocam depois de uma sílaba acentuada. Esta posição acarreta certa instabilidade; assim, as vogais pós-tônicas do latim muitas vezes desaparecem na passagem para as línguas romances: lat. *óculum* →* oclum → fr. *œil*, it. *occhio*, esp. *ojo*, port. *olho*, etc.

pós-velar

Consoante pós-velar é aquela cujo ponto de articulação se encontra no palato mole, seja ao nível da úvula, como a consoante uvular do francês *standard* da inicial de *rat* (realizada como uma vibrante [R]), ou como uma fricativa [ʁ], seja na faringe ou na laringe. Fonologicamente, as pós-velares podem ser classificadas entre as velares. Em certas variedades do português de Portugal, a vibrante múltipla se realiza como pós-velar. Tal realização também é encontrada freqüentemente nos bilíngües do ídiche português.

potencial

1. Chama-se de *enunciado potencial, de frase potencial* a todo enunciado, toda frase que pode ser formada a partir das regras de uma língua e que pode ser interpretada por meio de regras semânticas dessa língua, mas que não pode ser encontrada no corpus.

2. O *potencial* exprime, nas frases hipotéticas, a ação que ocorrerá no futuro se a condição for realizada. O potencial opõe-se ao irreal*. Na frase *Se eu ganhar na loteria esportiva no próximo domingo, eu te convidarei para um ajantarado num restaurante,* temos um potencial.

praesentia. V. IN ABSENTIA.

Praga (Escola de)

O nome da *escola de Praga* é associado freqüentemente ao de F. DE SAUSSURE, embora ela não tenha sido reivindicada pelo lingüista genebrês. O laço estabelecido entre ambos se explica mais pelos traços comuns desancadeados *a posteriori* do que por um parentesco genético. A atividade da escola de Praga se estende de outubro de 1926 à Segunda Guerra mundial; se os participantes dos *Trabalhos* foram numerosos (contam-se entre eles Français L. BRUN, L. TESNIÈRE, J. VENDRYÈS, É. BENVENISTE, GOUGENHEIM, A. MARTINET), os protagonistas foram incontestavelmente S. KARCHEVSKI, R. JAKOBSON e N. S. TRUBETSKOI. As teorias (chamadas de "teses") da escola de Praga, apresentadas em 1929, se encontram ilustradas principalmente nos oito volumes dos Trabalhos do Círculo de Lingüística de Praga, publicados de 1929 a 1938.

A metodologia do Círculo de lingüística de Praga se fundamenta sobre uma concepção da língua analisada como um sistema que possui uma fun-

479

ção, uma finalidade (a de se exprimir e de se comunicar) e, em conseqüência, com os meios próprios a este fim. Sem considerar intransponível a distinção entre método sincrônico e método diacrônico, os lingüistas do Círculo de Praga se preocupam mais com os fatos da língua contemporânea, porque só estes últimos constituem um material completo nos quais se pode ter um "sentimento direto". A comparação das línguas não deve ter por único fim considerações genealógicas; com efeito, ela pode permitir o estabelecimento de tipologias de sistemas lingüísticos sem parentesco algum. Estabelecem-se, assim, as leis que dão conta do encadeamento de fatos, já que, no domínio da língua, existia a tendência de explicar as mudanças isoladas e produzidas acidentalmente.

pragmático

O aspecto *pragmático* da linguagem concerne às características de sua utilização (motivações psicológicas dos falantes, reações dos interlocutores, tipos socializados da fala, objeto da fala, etc.) por oposição ao aspecto sintático (propriedades formais das construções lingüísticas) e semântico (relação entre as unidades lingüísticas e o mundo).

pré-artigo

Dá-se o nome de *pré-artigo* a uma subcategoria de determinantes que se colocam antes do artigo e não precedidos de um artigo. Assim *todo* é um pré-artigo nos sintagmas *toda uma cidade, toda a classe, todas as pessoas.* Neste caso, em gramática gerativa, dar-se-á ao determinante a regra de reescrita

D → (Pré-Art) Art (Pós-Art).

Confere-se, às vezes, aos pré-artigos o nome de pré-determinantes; neste caso, eles são considerados não como constituintes do determinante, mas constituintes diretos do sintagma nominal, que passa, então, a ser reescrito:

SN → (Pré-determinante) Determinante (Pós-determinante) Nome.

Os determinantes são, então, os artigos e os demonstrativos.

Em francês, os pré-artigos pertencem, na gramática tradicional, à classe dos adjetivos indefinidos; no português, à classe dos pronomes adjetivos indefinidos.

pré-aspirada

Consoante pré-aspirada é aquela cuja articulação é precedida de uma aspiração, como acontece em certas línguas ameríndias (*fox, hopi*).

pré-determinante
V. PRÉ-ARTIGO.

predicação

Chama-se *predicação* a atribuição de propriedades aos seres ou aos objetos por meio da frase predicativa*. Os diferentes modos de predicação representam os diferentes modos de ser dos objetos ou dos seres animados (predicação de lugar, de qualidade, de ação, etc.).

predicado

1. Numa frase de base constituída de um sintagma nominal seguido de um sintagma verbal, diz-se que a função do sintagma verbal é a de *predicado.* Assim, em *Pedro escreveu uma carta à sua mãe*, o sintagma nominal é o sujeito (isto é, o tema da frase) e o sintagma verbal *escreveu uma carta à sua mãe* é o predicado (isto é, o comentário do tema).

2. Numa frase de base cujo sintagma verbal seja constituído de uma cópula (*ser*) ou de um verbo assimilado à cópula (*permanecer, parecer*, etc.), chama-se de *predicado* ao adjetivo ou ao sintagma nominal ou ao sintagma preposicional constituintes do sintagma verbal. Assim, nas frases *Pedro permanece em casa, Pedro é feliz, Pedro tornou-se um engenheiro*, os sintagmas *em casa, feliz* e *um engenheiro* são chamados de *predicados.*

3. Em gramática tradicional, chama-se de *predicativo do sujeito* ao adjetivo ou substantivo e suas expansões que figuram no predicado nominal, depois de verbo de ligação. No francês, muitas vezes denomina-se de *predicado* somente ao adjetivo atributo que constitui uma frase com a cópula *ser*. Por exemplo: em *Pierre est intelligent*, *intelligent* é o predicado da frase.

4. Em gramática gerativa, o *predicado* (abrev. Pred.) [1] indica a função do sintagma verbal na regra de reescritura da frase de base SN + SV, onde o sintagma nominal é o sujeito deste predicado (*O pai lê o jornal*); [2] indica a função do sintagma nominal, do sintagma preposicional e do adjetivo numa estrutura onde o verbo *ser* vem seguido por um modificador.

$$SV \rightarrow Aux + ser + \left\{ \begin{array}{l} SN \\ SP \\ Adj \end{array} \right\}$$

pode ser escrita: Aux + ser + pred.

5. Chama-se de *predicado lógico* à propriedade que se afirma de um sujeito lógico.

predicar

Predicar é dar um predicado a um sintagma nominal, isto é, fornecer um comentário* a um sujeito tópico*.

predicativo

1. Emprego como substantivo.

Para a gramática tradicional, *predicativo* é a maneira de ser ou a qualidade que o enunciado reconhece como pertencente a alguém ou a alguma coisa por meio de um verbo expresso ou subentendido: em *Nosso homem é* LOUCO, *louco* é predicativo de um sujeito com o qual é relacionado por meio do verbo *ser* ou de um verbo similar (*parecer, tornar-se*). Pode ser também predicativo do objeto direto depois de verbos como *chamar, ter, escolher, conhecer, consagrar, coroar, criar, crer, declarar, dizer, eleger, considerar, fazer, instituir, julgar, nomear,*

ordenar, proclamar, reputar, saudar, saber, encontrar, querer, etc. A construção do predicativo é geralmente direta; em *Parece* BOM, *Julgo-o* CULPADO, *bom* (predicativo do sujeito) e *culpado* (predicativo do objeto direto) são construídos diretamente. O mesmo não acontece com *louco, inteligente, chefe, inimigo* nestas frases: *Tratam-no de louco, Tomam-no por inteligente, Ele decide na qualidade de chefe, É considerado como inimigo* AI, *de* e *por* são preposições e *na qualidade de*, loc. prepositiva. Quanto a *como*, trata-se de uma conjunção comparativa, aparentemente funcionando como preposição, por serem elípticas as orações compartivas. O predicativo pode ser expresso por a) substantivo precedido ou não de artigo: *A chuva é* UM MANÁ CELESTE, *Ela é* MULHER; b) pronome: *É* ELA; c) adjetivo: *É* VERMELHO; d) particípio: *Está* PARTIDO; e) locução adjetiva: *Ele está* DE RELAÇÕES CORTADAS *com ela, Ela está* SEM RAZÃO; f) advérbio usado como adjetivo: *Está* BEM; g) infinitivo: *Viver é* LUTAR; h) oração conjuncional: *Ele parece* QUE FICOU FURIOSO. O predicativo, em geral, coloca-se depois do verbo: *Ele é trabalhador*; mas a inversão é freqüente, em vários casos: a) por ênfase: *Alta é a montanha*; b) em locuções petrificadas: *Bem-aventurados os pobres de espírito*; c) quando expresso por um pronome interrogativo ou relativo: *Quem é você?, Não é isso que você parece.*

2. Emprego como adjetivo

1. Em gramática tradicional, a *função predicativa* é a dos adjetivos e dos sintagmas nominais constituintes dos sintagmas verbais na frase predicativa com *ser, estar, andar, ficar, parecer* e outros. Em *Pedro é uma criança, Pedro está feliz, anda tristonho, ficou sozinho, parece estudioso,* etc., *uma criança, feliz, tristonho, sozinho* e *estudioso* têm função predicativa.

2. Dá-se o nome de *sintagma predicativo* ao sintagma verbal, quando es-

481

te é formado pela cópula (ser, estar, etc.), seguida de um adjetivo (ou sintagma nominal) predicativo, ou de um adjunto adverbial de lugar. Nas frases *Pedro* ESTÁ FELIZ, *Pedro* É ENGENHEIRO, *Pedro* ESTÁ AQUI, *está feliz, é engenheiro, está aqui* são sintagmas predicativos.

3. Em francês, na gramática tradicional, chama-se de *frase predicativa* a uma frase reduzida somente ao predicado; este passa a ser ou um adjetivo ou um sintagma nominal atributo, ou um verbo no infinitivo, e o tema não se exprime nem é recoberto por um pronome pessoal: *Très beau! Comment faire?* No português, na gramática tradicional, tais construções são chamadas de *frase*. O *predicativo*, na gramática tradicional, é parte essencial do predicado nominal, ou verbo-nominal e predica do sujeito ou do objeto direto em construções como *Pedro é bom, Maria chegou cansada, Considerou-o amigo das artes,* etc.

4. Chama-se *emprego predicativo* do verbo *ser* sua utilização numa frase com um modificador do sujeito. (V. PERTENÇA, IDENTIDADE, INCLUSÃO.)

5. Dá-se o nome de *sintagma predicativo* ao sintagma verbal na frase composta de um sujeito e de um predicado. Na frase *O homem é feliz, é feliz* é um sintagma predicativo. Na frase *O carro derrubou o transeunte, derrubou o transeunte* é o sintagma predicativo.

preditivo

Uma gramática é *preditiva* quando, depois de ter estabelecido um sistema de regras a partir de uma amostra da língua, permite graças ao sistema, não só descrever todas as frases realizadas pela língua, mas também todas as frases que possam ser produzidas nesta língua (frases potenciais). [V. EXPLÍCITO, GERATIVO, PROJETIVO.]

pré-dorsal

Pré-dorsal é consoante realizada com a parte anterior do dorso da língua. Em francês, os fonemas [s], [t], [d] são realizados foneticamente como pré-dorsais, enquanto o [s] e o [t] do italiano e do espanhol são apicais. No português [t], [d], [s], [z], [r], [l], [m] se realizam foneticamente como pré-dorsais. Esta particularidade fonética pode constituir um hábito articulatório numa dada língua, mas não acarreta diferença acústica sensível, e não constitui, jamais, um traço fonológico com valor distintivo. As consoantes realizadas como pré-dorsais fazem parte da classe das dentais.

prefixo

Denomina-se de prefixo a um morfema da classe de afixos que figuram no início de uma unidade léxica, posição na qual ele precede imediatamente, seja um segundo sufixo (*de-* em *decompor*), seja o elemento radical ou lexema (*re-* em *refazer*). Observe-se que uma seqüência de três prefixos é muitas vezes possível como, por exemplo, *in-de-com* em *indecomponível*.

Diferentemente do sufixo, o prefixo não permite à nova unidade lexical a mudança de categoria gramatical: *desfazer* é verbo, como *fazer*, *capacidade* é substantivo, como *incapacidade*, etc., enquanto a sufixação de *cidade* leva ao adjetivo *citadino* e ao advérbio *citadinamente*. Por outro lado, se o sufixo é incapaz de autonomia, o mesmo não acontece a todos os prefixos; *contra* é prefixo em *contradizer, contradição,* mas forma livre em *falar contra* (advérbio) ou *contra o muro* (preposição); além disso, o truncamento (abreviatura sintagmática) pode levar o sufixo a assumir a carga semântica da unidade inteira (*um auto, uma míni,* para *automóvel, míni-saia,* etc.). O fenômeno é mais raro entre os sufixos; pode-se citar *zinha,* truncamento de *mulherzinha,* etc.; mas a palavra simples obtida funciona como arquilexema de um grupo e não como abreviatura.

prenhe

Dá-se o nome de *valor prenhe* ao sentido do modificador proléptico*.

pré-palatal

Consoante pré-palatal é uma consoante articulada no nível da parte anterior do palato duro com a ponta do dorso da língua. As consoantes [ʃ], [ʒ] são pré-palatais. As pré-palatais são classificadas fonologicamente entre as dentais, com as quais partilham as características acústicas (agudo e compacto).

preposição

A *preposição* é uma palavra invariável, cujo papel é o de ligar um constituinte da frase a outro constituinte ou à frase toda, indicando, eventualmnete, uma relação espaço-temporal. Essa relação é denominada regência; as preposições traduzem, pois, relações gramaticais e espaço-temporais.

Distinguem-se as preposições vazias, que são simples instrumentos sintáticos, e as preposições plenas, que, além de indicar a relação sintática, têm um sentido próprio. Assim, *de*, em *É tempo de partir*, é uma preposição vazia, assim como *a*, em *Começou a chover*. Ao contrário, *antes de*, por exemplo, introduz um adjunto adverbial de tempo, assim como *após*, mas exprime anterioridade, enquanto *após* exprime posterioridade.

As preposições compreendem as preposições propriamente ditas e as locuções prepositivas, como *ao lado de*, *em torno de*, *à exceção de*, *a fim de*, formadas por preposições vazias e locuções adverbiais cuja lista não é fechada.

No português, apenas as preposições acidentais apresentam flutuação com outras classes gramaticais. Por exemplo: *fora* pode funcionar como preposição ou advérbio: *fora isto, nada posso fazer, Jantou fora; como* pode figurar em muitas outras classes gramaticais; *conforme* pode ser conjunção. De um modo geral, a regência segue imediatamente a preposição, e a seqüência "preposição + regência" forma uma unidade cujos elementos entretêm entre si relações mais estreitas que com o resto da frase. Contudo, existem línguas nas quais as preposições se colocam imediatamente depois de sua regência; são, neste caso, "posposições".

preposicional

Sin. de PREPOSITIVO.

prepositivo

1. Chama-se *locução prepositiva*, ou *preposicional* um grupo de palavras (advérbio ou locução adverbial seguidos de uma preposição) que desempenha o papel de uma preposição: *ao lado de, com a intenção de, a fim de*, etc.

2. Chama-se *sintagma prepositivo* ou *preposicional* (abreviatura SP) a um sintagma constituído de uma preposição (abreviatura Prep) seguido de um sintagma nominal (SN). Assim, nas frases *Pedro foi a Paris, Pedro foi ferido por um carro, Pedro é confiante em seus filhos*, são, respectivamente, sintagmas prepositivos, *a Paris, por um carro, em seus filhos*. O sintagma prepositivo pode ser um constituinte do sintagma verbal, como em *a Paulo*, em *Pedro fala a Paulo*, ou um constituinte de frase, como *durante três horas*, em *Pedro falou durante três horas*.

presente

Denomina-se de *presente* o tempo* que situa o enunciado no instante da produção da fala, no "agora". O presente se exprime por afixos verbais (*eles cantam*) ou por advérbios (*eles cantam hoje*). No primeiro exemplo, o afixo de presente é zero.

A palavra *presente* é conferida às formas verbais do português constituídas de radical e de vogal temática, utilizadas igualmente como "não-pas-

483

sado" e "não-futuro", isto é, como o caso não-marcado do sistema verbal: o presente atemporal traduz as proposições consideradas como permanentemente verdadeiras (*O sol se põe no Oeste*) e o presente histórico é utilizado nas narrativas pelo passado histórico*. (*César chega e atravessa o Rubicão, dizendo*: "*Alea jacta est*").

preso (fr. *lié.*)

1. L. BLOOMFIELD chama *forma presa* toda forma lingüística que nunca é pronunciada sozinha. As desinências de tempo e pessoa são, por exemplo, formas presas.

2. Segundo L. HJELMSLEV, uma *variante* é *presa* quando é imposta automaticamente pelo contexto. Uma variante presa é uma *variedade*. (V. CONDICIONADO.)

pressão

Concede-se, muitas vezes, o nome de *pressão* à intensidade (ou energia) do ar expirado utilizado durante a fonação. A diferença de pressão ou de intensidade corresponde, aproximadamente, à diferença de tensão*, já que, quanto mais forte a tensão muscular, mais forte a pressão do ar para sobrepujar o obstáculo.

pressuposição

1. Chama-se *relação* de pressuposição a relação entre duas grandezas (duas unidades lingüísticas) tais que a presença de uma delas na cadeia é a condição necessária para a presença da outra; assim, a presença do determinante acarreta, necessariamente, a de um substantivo. Esta relação é dita "unilateral" se uma das grandezas for a condição da outra, mas não vice-versa; assim, o determinante acarreta a presença do substantivo, mas, inversamente, a presença de um substantivo (substantivo próprio, por ex.) não é a condição necessária para a presença do determinante. A relação de pressuposição é dita "recíproca" se uma grandeza for a condição da outra, e vive-versa.

2. *Pressuposição de uma frase.* V. PRESSUPOSTO.

pressuposto

Os *pressupostos* de um enunciado são uma espécie de contexto imanente; são as informações que ele contém fora da mensagem propriamente dita e que o falante apresenta como indiscutíveis, evidentes. Assim, o enunciado *É Pedro quem virá* pressupõe o enunciado *alguém virá*, que não pressupõe o enunciado *Pedro virá*. De um modo mais geral, dir-se-á que um enunciado A pressupõe um enunciado B se A contém todas as informações veiculadas por B e se a pergunta "será que A" comporta ainda as mesmas informações. Constata-se, assim, que a pergunta "*Será que Pedro virá?*" contém as informações de *Pedro virá*, mas não as de *Será que Pedro virá*. A discussão entre o que é posto* (dito) e o que é pressuposto implica a oposição entre a *pressuposição* e a *posição* (*dictum*).

preterição

Chama-se de *preterição* uma figura de retórica que consiste em fingir que não se quer dizer o que, não obstante, se diz claramente e até com ênfase; por exemplo, BOSSUET na ORAÇÃO FÚNEBRE DA DUQUESA DE ORLEÃS: *Eu poderia fazer-lhes notar que ela conhecia sobremaneira a beleza das obras do espírito... mas por que me alongar...?*

pretérito

Chama-se *pretérito* a forma verbal que exprime o passado nas línguas que não conheceram o imperfeito, o perfeito ou o aoristo. Fala-se, assim, do perfeito no inglês. Este critério não foi o adotado pela NGB, onde a denominação *pretérito* é usada como sinônima de passado.

pré-terminal

Em gramática gerativa, a seqüência gerada pelo componente categorial da base é uma *seqüência* ou *cadeia pré-terminal*; ela é constituída de *símbolos pré-terminais*, sendo estes constituídos seja de formantes gramaticais, como Pres [Presente], n₀ [número], etc., seja de símbolos postiços dominados pelos símbolos categoriais léxicos, como N [nome], que domina um símbolo postiço. No momento em que os itens léxicos e os formantes gramaticais são inseridos no lugar dos símbolos da seqüência pré-terminal, esta última se transforma em seqüência ou cadeia terminal de base.

pré-tônico

Chama-se sílaba *pré-tônica* a uma sílaba que se encontra antes da sílaba acentuada, como a sílaba [*la*] de *lapela*, no português.

pré-velar

Chama-se *pré-velar* a consoante rearealizada contra a parte anterior do palato mole, que se confunde, muitas vezes, com uma articulação póspalatal, como o [k] em *quilo*. As pré-velares se confundem fonologicamente com as velares.

preverbio

Dá-se o nome de *preverbio* ao prefixo quando este último estiver anteposto a uma raiz verbal. Assim, *re-* ou *pre-* são preverbios nas formações como *refazer, repor, reter*, etc.; ou *preexistir, prepor*, etc.

previsibilidade

A noção de *previsibilidade,* tomada de empréstimo à teoria da comunicação, indica que todo enunciado, todo elemento lingüístico, sendo determinado mais ou menos pelo contexto, será mais ou menos provável; e esta probabilidade da ocorrência de um enunciado, de um elemento, permite quantificar seu "sentido". Quanto menos um enunciado ou um elemento for provável (*previsível*), mais ele é portador de sentido num contexto definido.

primário

Em gramática tradicional, toda forma lingüística é chamada *primária* quando não pode ser reduzida a formas mais simples, por oposição às formas secundárias, que são derivadas e compostas. Assim, os morfemas ou as raízes são formações primárias.

primeiro

Sentido primeiro de uma palavra é o sentido original, aquele que, o primeiro a aparecer, se encontra mais próximo do étimo e que, na análise lexicológica tradicional, define os traços pertinentes sêmicos fundamentais. Os sentidos ditos *por extensão, figurado, por analogia*, etc., derivam do sentido primeiro.

primitivo

1. Denominam-se, muitas vezes, *primitivas* as línguas faladas por populações de civilização primitiva. Este emprego, que coloca a homologia entre o desenvolvimento da civilização e da língua, deve ser rejeitado.

2. A gramática comparada qualifica de *primitivos* os estados de língua de relativa unidade que precederam historicamente (ou que pensamos tenham precedido) os períodos de dialetação, de diversificação lingüística. *Primitivo* é, assim, sinônimo de *comum* em certos empregos. Falar-se-á, assim, do germânico primitivo em relação ao conjunto de formas lingüísticas anteriores ao desdobramento da família germânica, do germânico do Oeste (anglo-frisão). Falar-se-á do anglo-frisão primitivo para o período anterior à diversificação no inglês antigo e no frisão, etc. Esta qualificação deve ser evitada, porque implica, sempre, uma confusão entre história da língua e nível de civilização.

485

principal

1. *Constituinte principal de um sintagma* é o núcleo deste constituinte, o constituinte que é o centro do sintagma (o substantivo, por exemplo, no sintagma nominal).

2. Em gramática tradicional, chama-se *proposição* ou *oração principal* a frase à qual estão subordinadas as substantivas, as adjetivas, as adverbiais, e que não está, ela mesma, subordinada a nenhuma outra frase. A proposição principal, na gramática gerativa, é chamada de frase matriz*, com a restrição de que esta última, que serve de base aos encaixes, pode, por seu turno, ser ela própria encaixada. Assim, em gramática tradicional, na frase *Digo que Pedro veio ao encontro que eu havia solicitado, Digo* é a principal; em gramática gerativa, *Pedro veio ao encontro* é a matriz de *que eu havia solicitado* e *Digo* é a matriz de *que Pedro veio ao encontro que eu havia solicitado.*

privativo

1. *Oposição privativa* é uma oposição entre dois termos um dos quais se caracteriza pela existência de um traço distintivo, chamado *marcado,* e o outro, pela ausência deste traço: assim, a oposição sonoro *vs.* surdo (sonoridade *vs.* não-sonoridade), a oposição nasal (nasalidade) *vs.* oral (não-nasalidade), a oposição labial *vs.* não-labial. As oposições entre as séries /p, t, k, f, s, ʃ/ e /b, d, g, v, z, ʒ/, entre as séries /i, e, ɛ/ e /u, o, ɔ/ são oposições privativas.

Na classificação da terminologia da Escola de Praga, as oposições privativas se diferenciam, pois, das oposições graduais, cujos termos são caracterizados por diferentes graus da mesma particularidade (/i/ e /e/, por exemplo), e das oposições equipolentes, cujos termos são logicamente equivalentes (k/g e b/m, por exemplo).

2. Chama-se *alfa privativo* o prefixo grego *a-* que indica, nos derivados, a ausência ou a negação do significado expresso pelo radical: assim *akephalos,* "privado de cabeça", "acéfalo", *akêratos,* "não-misturado".

probabilidade

Princípio fundamental da teoria da comunicação*, a *probabilidade* define a quantidade de informação que uma unidade lingüística carrega num dado contexto. A quantidade de informação de uma unidade é definida em função de sua probabilidade num enunciado: ela é inversamente proporcional à probabilidade de aparecimento desta unidade. (V. PREVISIBILIDADE.)

procedimento

Uma teoria lingüística deve ser capaz de fornecer um *procedimento de descoberta,* isto é, um método de análise que permita, a partir de um corpus de enunciados, depreender a gramática de uma língua; ela deve ser capaz de fornecer um *procedimento de avaliação,* isto é, um método que permita, construídas duas gramáticas de uma língua, decidir qual delas é a melhor (a mais simples).

processo

1. Diz-se que um verbo indica um *processo* quando ele exprime uma "ação" realizada pelo sujeito da frase (*Pedro corre, Pedro lê um livro, Pedro come,* etc.), seja o verbo transitivo ou intransitivo, por oposição aos verbos que indicam "estado", como os intransitivos *ser, parecer, permanecer,* etc., ou os transtivos que indicam o resultado de um processo, como *saber.* Diz-se, também, que os verbos estativos* (verbos de estado) se opõem aos verbos não-estativos (verbos que indicam um processo ou uma ação).

2. *Orientado em direção ao processo.* V. AGENTE (ORIENTADO EM DIREÇÃO A).

3. *Processo* é sinônimo freqüente de *mecanismo* (gramatical, lingüístico)

486

que implica um conjunto de operações sucessivas.

4. Em glossemática, a noção de processamento está vinculada à de sistema. O processamento se realiza pela aplicação da função E (conjunção lógica) a unidades determinadas. Assim, num texto* dado, o processamento é o resultado da justaposição das letras do alfabeto, umas após as outras. No texto "Pare" o processamento será realizado por p + a + r + e. O processamento da glossemática deve ser associado aos termos correntemente empregados de combinação* e de eixo* sintagmático.

próclise

Chama-se *próclise* o fenômeno que consiste em tratar de uma palavra como se ela fizesse parte da palavra seguinte. As preposições (pelo menos algumas), os artigos, as conjunções sofrem, muitas vezes, um fenômeno de próclise, de modo que acabam, amiúde, por confundir-se com a palavra seguinte, formando com ela uma unidade acentual. Na forma popular *simbora*, a consoante inicial provém do fato de que em *foi-se embora*, ou *vai--se embora*, o pronome *se* foi sentido como se fosse a inicial da palavra seguinte. Foi pelo fenômeno de próclise que se formou a palavra *lierre*, no francês (*l'yerre* no francês antigo, *edera*, no italiano, etc.) Do mesmo modo *agora*, de *hac hora*. [V. PROCLÍTICO.] Nos falares corsos, os fatos de próclise têm por conseqüência fenômenos de sândi*. [V. ÊNCLISE, MESÓCLISE e TMESE.]

proclítico

Chama-se *proclítico* ao vocábulo privado de acento próprio que se apóia no vocábulo seguinte e forma com ele uma unidade acentual. Assim, os artigos e as preposições e conjunções átonas desempenham, no português, o papel de proclíticos.

produção

1. Chama-se *produção* a ação de produzir um enunciado por meio das regras da gramática de uma língua. (Contrário de COMPREENSÃO, RECEPÇÃO.)

2. *Gramática de produção de frases.* Sin. de GRAMÁTICA DO EMISSOR*.

produtividade

Um processamento léxico é *produtivo* quando pode produzir novas expressões nominais, adjetivas, etc., isto é, expressões que ainda não foram encontradas nas frases realizadas. Assim, o processamento léxico que consiste em formar verbos prefixados por *a/em* (como em *aterrissar, embarcar, embonecar*, etc.) é produtivo, como indica, por exemplo, o neologismo *alunissar*.

proforma

Em gramática gerativa, a *proforma* é o representante de uma categoria (N, por exemplo), isto é, a proforma representa o conjunto das propriedades comuns a todos os membros da categoria, abstração feita aos traços semânticos que distinguem cada membro da categoria em questão. Assim, *coisa* pode ser considerada como uma proforma que representa o conjunto da categoria dos nomes (*coisa*, nome comum e *Coisa*, nome próprio), isto é, os itens afetados pelo traço [+ N]; mas, em combinação com *Qu* interrogativo, a proforma [+ N, + humano] é *em* (*quem veio?*). Do mesmo modo, *lugar* pode ser considerado como uma proforma que representa o conjunto da categoria dos nomes susceptíveis de entrar num sintagma preposicional de lugar, isto é, os itens afetados pelos traços [+ N, + lugar]. Ter-se-ão, assim, as proformas nominais, adjetivas, etc. As proformas permanecem objetos abstratos e são as regras do componente fonológico que podem realizá-las a seguir, sob diferentes formas.

profundo

Em gramática gerativa, toda frase realizada comporta ao menos duas estruturas: uma, dita *estrutura de superfície*, é a organização sintática da frase tal como ela se apresenta; a outra, dita *estrutura profunda*, é a organização desta frase num nível mais abstrato, antes de se efetuarem certas operações, chamadas transformações*, que realizam a passagem das estruturas profundas às estruturas superficiais. A estrutura profunda é uma frase abstrata gerada unicamente pelas regras da base* (componente categorial e léxico). Por exemplo: as regras do componente categorial* definem uma estrutura de frase como:

Neg + Det + N + Aux + V + D + N,

na qual Neg é a negação, D, o determinante, N, o nome, Aux, o auxiliar, que, no exemplo, será reescrito como Asp + T, sendo Asp o aspecto e T o tempo; numa regra subseqüente, Asp ser reescrito como não-acabado e T como Pass; V é o verbo. Se substituirmos os símbolos categoriais por palavras da língua, teremos a estrutura profunda:

Não + o + pai + ia + ler + o + jornal,

que, depois de uma série de transformações, resultará na estrutura superficial assim transformada:

O + pai + não + ler + ia + o + jornal.

As regras do componente fonológico e fonético produzirão a frase efetiva: *u 'pay 'nãw 'lia u ʒórnaw.*

Contudo, na evolução da gramática gerativa, a estrutura profunda se torna um objeto cada vez mais abstrato, distanciado das estruturas de superfície. Por exemplo: a frase transitiva *Pedro construiu uma casa* recebeu uma estrutura profunda comportando um cansativo, do tipo "Pedro fez isto que uma mesa fosse construída". (V. ABSTRATO, SUBJACENTE.)

progressivo

Chama-se *progressiva* uma forma verbal que indica que uma ação está se realizando (não-acabado); em particular, progressiva é o nome da forma verbal do inglês, composta do verbo *be e da forma -ing* (*I am going*). No português, a forma progressiva é composta de *estar* e da forma *-ndo*.

proibição

Chama-se *proibição* a ordem dada a um ou mais interlocutores de não realizar esta ou aquela ação, de repelir este ou aquele comportamento, etc. A proibição é um imperativo negativo: *Não venha, Não seja estúpido.*

projeção

Em semântica gerativa, fala-se de *regras de projeção* para evocar um sistema de regras que operam sobre a descrição gramatical das frases e sobre as entradas do dicionário adjunto à teoria sintática, a fim de conferir uma interpretação semântica a toda frase da língua.

Os conceitos representados pelos traços semânticos tais como [humano], [animado], [objeto manufaturado] etc., são primeiro reagrupados sob um traço mais geral, por exemplo, objeto físico já que o sistema conceitual das línguas humanas comporta certa hierarquia. Este procedimento é necessário à economia da descrição e permite importantes generalizações. Mas, antes da inserção dos itens léxicos, será necessário aplicar as regras de redundância, que procedem à expansão dos traços gerais em traços específicos. Um traço [humano], por exemplo, deverá ser glosado, em [objeto físico], [animado], [humano], etc.

As regras de projeção intervêm então: elas deverão fornecer a combinatória das leituras glosadas (*expanded readings*) de modo a permitir a formação de leituras derivadas (no sentido que tem, na gramática gerativa, *derivação*). As regras de projeção vão em busca do nível profundo, e sua aplicação finda quando (a frase) estiver associada a um conjunto de leituras derivadas.

projetivo

Uma gramática é *projetiva* quando se pode projetar um conjunto de regras gramaticais, estabelecidas a partir de uma amostra da língua, num conjunto mais vasto de frases da língua, isto é, quando se pode conferir-lhes uma descriação estrutural. (V. PREDITIVO.)

prolepse

Prolepse é o procedimento sintático que consiste em extrapor na frase principal um termo da subordinada. Assim, no grego, o sujeito da interrogativa indireta pode tornar-se o objeto direto da principal, por prolepse. Um exemplo, no português, seria o do pronome relativo seguido de um *verbum dicendi*, que exerce uma função nominal, não na oração adjetiva, mas na objetiva (*Esse é o menino que eu disse que viria.*). Um equivalente francês dificilmente seria considerado gramatical, por exemplo *Tu sais Jean comme il aime le chocolat.* As pausas e a entonação podem, contudo, tornar esta frase aceitável na línga falada.

proléptico

Chama-se *modificador proléptico* o adjetivo qualificativo que exprime o resultado de uma ação anterior àquela que ele qualifica. Assim, na frase latina *Premit placida aequora* (Abate os mares tranqüilos). [Sin.: PRENHE.]

pronome

Em todas as línguas, existem palavras que se empregam para reenviar a ou substituir uma outra já utilizada no discurso (emprego anafórico), ou para representar um participante na comunicação, um ser ou um objeto presentes no momento do enunciado (emprego dêitico). Conforme os contextos, a palavra substituída pode ser qualquer nome (de onde "pronome"), mas também pode ser um adjetivo como em *Tu és corajoso? — Sim, eu o sou*, ou mesmo uma frase em *Vais escrever à tua mãe? — Pretendo fazê-lo.* Esta é a razão pela qual tendemos a denominar os pronomes de substitutos.

De acordo com sua natureza, sua função na frase e seu sentido, a gramática tradicional distingue os pronomes pessoais* (que são diferentes conforme substituam o nome do que fala, daqueles entre os quais se encontra o que fala, daquele a quem se fala, ou daqueles entre os quais se encontra o ser a quem se fala, ou enfim, daquele ou daqueles que não falam e a quem não se fala), dos pronomes possessivos, demonstrativos, relativos, indefinidos, interrogativos (V. estas palavras). A definição tradicional do pronome permitiria a inclusão aí dos "nomes próprios": na frase *João veio*, o pronome *João* funciona no lugar de um nome como *um homem*, sem que seja, ele próprio, um subst. comum. É a razão pela qual, no que concerne aos pronomes pessoais, os lingüistas distinguiram, de um lado, a categoria dos "pronomes pessoais" propriamente ditos (3.ª pessoa do singular e do plural) e, de outro, a dos "pronomes pessoais" (pronomes de 1.ª e 2.ª pessoas do singular e do plural na gramática tradicional) que desempenham o papel de nomes próprios.

pronominal

1. Chamam-se *pronominais* os verbos acompanhados de um pronome reflexivo (*se, me, te, nos, vos*) na mesma pessoa que o sujeito do verbo (*ele se foi, nós nos fomos*). No francês, nas formas compostas, tais verbos vêm acompanhados do auxiliar *être* (*Pierre s'est vexé*). Os verbos pronominais correspondem aos verbos da voz medial do indo-europeu (o sujeito e o agente, que podem ser distintos, exercem uma ação sobre si mesmos, em seu benefício ou interesse,

489

podendo tais verbos dispensar o "objeto", como os intransitivos). Na análise tradicional, distinguem-se vários grupos de verbos pronominais ou vários empregos da voz pronominal:

a) *verbos pronominais propriamente ditos*, que correspondem aos verbos intransitivos (sem objeto) e cuja forma ativa correspondente tem um sentido diferente (ou inexistente): *batizar-se, penitenciar-se*, etc.;

b) verbos pronominais cuja voz passiva representa o aspecto acabado: *vendem-se frutas / as frutas são vendidas; fez-se isto / isto foi feito*, etc. É a chamada *passiva pronominal*.

c) *os verbos pronominais reflexivos* e *recíprocos*, nos quais o complemento do verbo, idêntico ao sujeito da frase ativa, é substituído por um pronome reflexivo singular ou plural: *Paulo lava Paulo → Paulo se lava; Paulo incomoda Paulo → Paulo se incomoda; Pedro e Paulo batem Paulo e Pedro → Paulo e Pedro se batem.* 2. *Transformação pronominal.* V. PRONOMINALIZAÇÃO.

pronominalização

Pronominalização é uma transformação que substitui um sintagma nominal por um pronome. No francês, a pronominalização comporta uma substituição seguida de deslocamento quando se trata de um pronome pessoal. No português, a regra de deslocamento está sujeita a restrições de partículas de atração, conforme, ainda, os registros. *L'enfant lance la baille → L'enfant lance la → L'enfant la lance*, no francês. No português, *O menino lança a bola → O menino lança-a*, sendo a regra de deslocamento opcional, no caso. Com o demonstrativo, não há regra de deslocamento depois da regra de substituição: *O menino lança aquela bola → O menino lança aquilo.* O pronome conserva as marcas de gênero e de número do sintagma nominal subjacente. (Diz-se igualmente que a *transformação é pronominal*).

pronúncia
V. SOTAQUE.

proparoxitônico

Proparoxitônico é a língua em que se revela a tendência a acentuar as palavras na antepenúltima sílaba.

proparoxítono

Proparoxítono é um vocábulo cujo acento recai sobre a antepenúltima sílaba, ou seja, a que precede a penúltima, como na palavra *árvore*, ou no italiano *fulmine*, "raio".

properispômeno

Chama-se *prosperispômeno* um vocábulo que, no grego, possui um acento circunflexo sobre a antepenúltima sílaba.

proporcional

Uma *oposição proporcional* é uma oposição cujos termos estão numa relação semelhante à que existe entre os termos de uma ou várias oposições: a oposição /p/ *vs.* /b/ é uma oposição proporcional em francês, alemão e português, porque as relações entre os dois termos (presença ou ausência da vibração das cordas vocais) são as que existem entre os fonemas /t/ *vs.* /d/, /k/ *vs.* /g/, etc. Uma oposição proporcional se opõe a uma oposição isolada: a oposição entre os fonemas /l/ e /R/ em francês é uma oposição isolada.

proposição

1. Em gramática tradicional, dá-se o nome de *proposições* ou de *orações* às frases elementares cuja reunião por coordenação ou subordinação constitui a frase* efetivamente realizada: a proposição é constituída de um sujeito *principal*, ou frase matriz, é *O filme que eu vi ontem me interessou muito* comporta duas proposições, uma, dita *principal*, ou frase matriz, é o *O filme*

490

me interessou muito; a outra, a adjetiva ou relativa, encaixada na frase matriz é *que eu vi ontem.*

Em geral, considera-se que existem tantas proposições numa frase quantas proposições (matriz, subordinadas, coordenadas) com um verbo no modo pessoal ou impessoal: a frase *Eu lhe prometo terminar amanhã* comporta duas proposições, a principal *Eu lhe prometo* e uma *objetiva direta*, reduzida de infinitivo *terminar amanhã*, cujo sujeito é *eu* (*eu terminarei amanhã*); alguns restringem o número de proposições ao das que possuem o verbo no modo pessoal. Pode-se, assim, considerar que existem tantas proposições (em gramática gerativa e na gramática de Port Royal) quantas frases de base; ora, estas últimas podem ser encaixadas na matriz, ou principal, com um apagamento da cópula. Assim, a frase *O homem hábil triunfa* comporta duas proposições como *O homem que é hábil triunfa*, podendo o adjetivo *hábil* ser analisado como oriundo de uma relativa encaixada no sintagma nominal.

Semanticamente, haverá proposição sempre que houver enunciação de um julgamento; neste sentido, na frase precedente, existem duas afirmações dependentes uma da outra: *O homem é hábil. O homem triunfa.*

2. Em lingüística, chama-se de *proposição* o núcleo da frase de base. Se definirmos a frase Σ por

$$Mod + P$$

na qual Mod é um constituinte que indica a modalidade* (Interrogativa, Declarativa, Imperativa, etc.), P será o núcleo ou a proposição

$$P \rightarrow SN + SV$$

isto é, o núcleo P é constituído (se reescreve) pela seqüência sintagma nominal + sintagma verbal.

propósito

Chama-se de *propósito* o predicado* ou comentário da frase.

próprio

Chama-se *nome próprio* uma subcategoria dos nomes formada de termos que, semanticamente, se referem a um objeto extralingüístico, específico e único, destacado por sua denominação dos objetos da mesma espécie: o nome próprio não possui outra significação senão a do nome (apelação) dele próprio. O nome próprio *João*, por exemplo, se refere a tantas pessoas particulares quantos indivíduos chamados *João*, sendo a única referência de *João* a denominação *João*. Sintaticamente, os nomes próprios apresentam propriedades particulares; eles são autodeterminados, o que acarreta seguidamente a ausência do artigo definido no emprego corrente (João, Paris, Estocolmo) ou então a presença obrigatória apenas do artigo definido (o Brasil, a França). No código escrito, no português, os nomes próprios começam por uma letra maiúscula. Em muitas línguas (inglês, francês) os adjetivos pátrios ou étnicos* substantivados começam por maiúscula, o que não ocorre no português (French, Anglais, Portuguese), embora não sejam nomes próprios.

prosodema

Prosodema é uma unidade prosódica, isto é, um traço que afeta um segmento que não o fonema (menor, como a mora, ou maior, como a sílaba, o morfema, a palavra, a frase) fazendo jogar os elementos presentes em todo o enunciado, como a altura (tom e entonação), a intensidade (acento), a duração. Nenhum prosodema tem existência independente, pois afeta necessariamente um segmento da cadeia da fala. Por outro lado, nenhum prosodema é caracterizado de modo intrínseco por suas particularidades físicas: não pode ser definido senão em relação às unidades vizinhas daquelas que ele afeta. Nas línguas nas quais o acento de intensidade tem uma função distintiva, não é a presença em si do reforço da articulação de uma sílaba dada que assume esta função, mas a posição do acento que permite distinguir uma palavra de outra. Do mesmo modo, no que diz respeito ao acento de altura, ou tom, o traço importante é a altura relativa da sílaba em relação à sílaba precedente ou seguinte. Enfim, a oposição prosódica longa *vs.* breve está baseada na diferença relativa da duração de uma seqüência dada.

Entre alguns lingüistas norte-americanos e britânicos, o termo *prosodema* tem um conteúdo mais vasto: designa todos os fatos que ultrapassam os limites fonemáticos, chamados *fonemas supra-segmentais* ou *componentes longos* ("long components"). Assim, nas línguas dotadas de harmonia vocálica, como o húngaro, o finês, o turco, o traço que afeta todas as vogais de uma mesma palavra (o traço de arredondamento e o traço anterior ou posterior) é considerado como um prosodema. Acontece o mesmo com a nasalidade que, no português, ao afetar a vogal do ditongo, afeta também a semivogal, e com a palatização que, no russo, afeta a consoante palatizada + vogal.

Os prosodemas, como os fonemas, podem ter uma função distintiva (sobretudo os tons), culminativa (acento de intensidade) ou demarcativa (acento de intensidade e entonação de frase). A entonação tem, também, uma função significativa: a entonação ascendente indica uma pergunta, seja qual for, além disto, o conteúdo da frase. Dois prosodemas diferentes podem se superpor: em francês, o acento de intensidade que marca o final da palavra é também um acento de altura.

prosódia

A *prosódia* estuda os traços fônicos que, nas diferentes línguas, afetam as seqüências cujos limites não correspondem ao desmembramento da cadeia da fala em fonemas, sejam eles inferiores, como as moras, ou superiores, como a sílaba ou partes diferentes da palavra ou da frase. A prosódia é, pois, uma parte da fonologia, tal qual a fonemática, que estuda unicamente as unidades fonemáticas.

Tradicionalmente, limita-se a prosódia ao estudo de três elementos, tais como o acento dinâmico (ou acento de energia, ligado à maior ou menor força com a qual o ar é expelido dos pulmões), o acento de entonação (ou acento de altura, ligado à maior ou menor freqüência do som fundamental), e a duração, ou quantidade, ligada à sustentação maior ou menor do fonema. Contudo, certos lingüistas, em particular os da escola inglesa, bem como certos lingüistas da escola americana, consideram que cabe classificar no domínio da prosódia certos traços enquadrados habitualmente na fonemática, mas que, em certas condições, afetam seqüências de vários fonemas: assim, por português, a nasalidade, que, ao afetar uma vogal, num ditongo, afeta automaticamente a semivogal (*não, sertão,* etc.), ou em turco, o traço de velarização, que afeta do mesmo modo todas as vogais da palavra, ou o traço de arredondamento, que não pode afetar positivamente senão a primeira vogal da palavra ou os sufixos constituídos pela vogal alta.

prospectivo

É. Benveniste confere o nome de prospectivo ao futuro perifrásico em francês (*Il va partir, Il devait venir*) oposto, assim, ao futuro comum (*Il partira*). No português existe o futuro perifrástico *Ele vai partir*, mais usado que o comum *Ele partirá.* O futuro simples, no português, já resultou de um tempo composto com o auxiliar *habeo* mais infinitivo.

próstese

Sin. pouco utilizado de prótese.

prótase

V. apódose.

prótese

Chama-se *prótese* o desenvolvimento, na inicial da palavra, de um elemento não-etimológico como, no francês e no português, a introdução de um [e] no início de todas as palavras que começam pelos grupos consonantais [*sp-*], [*st-*], [*sk-*], etc., *étoile* e *estrela* de *stella*(*m*), *épaule* e *espádua* de *spatula*(*m*), *écu* e *escudo* de *scutu*(*m*), etc.

proto-semantismo

Na terminologia de P. GUIRAUD, o *proto-semantismo* de uma matriz léxica é uma relação etimológica entre a forma e o sentido da unidade. Mas deve-se compreender *etimologia* aqui de maneira bem diferente da usual: uma raiz *tk* do francês reagrupa, com o proto-semantismo *frapper*, termos de origem diversa (latina, germânica, eventualmente onomatopaica, no caso de *tic-tac*). Para estabelecer o proto--semantismo de um campo morfo-semântico, conviria descobrir a parte do significante e a parte do significado comum a todas as unidades do campo. Existe, pois, "um denominador léxico comum" do campo, susceptível de integrar os termos diferentes. Este denominador comum terá como expressão uma matriz lexicogênica, e, por conteúdo, um proto-semantismo.

protração

Em fonética, chama-se *protração* o movimento dos lábios para a frente, movimento que acompanha muitas vezes seu arredondamento e tem por efeito a amplificação do ressoador bucal, proporcionando maior gravidade do som. V. RETRAÇÃO.

protraído

Os lábios estão *protraídos* quando executam um movimento de protração*.

pró-verbo

Chama-se *pró-verbo* um substituto verbal que desempenha, relativamente aos verbos, o mesmo papel do pronome da terceira pessoa em relação aos nomes: ele substitui o verbo ou sintagma verbal a fim de que se evite a repetição. Assim, a palavra *fazer* é um pró-verbo que pode substituir um verbo intransitivo ou pronominal, um verbo transitivo e seu objeto, um sintagma verbal (vem seguidamente acompanhado do pronome *o* ou *isto*), etc.

> *Pedro corre. Que é que ele* FAZ?

> *Pedro não escreveu à sua tia. Ele* o FARÁ.

> *Pedro não trabalha tanto quanto* o FEZ *no ano passado.*

O pró-verbo leva as marcas de tempo, número e pessoa, como o verbo.

próximo

Na categoria da pessoa, faz-se uma distinção entre a pessoa *próxima* e a distanciada*; esta oposição, traduzida em algumas línguas pela flexão verbal e nominal, aparece no francês em certos empregos de *celui-ci*/*celui-là*. No português, esta oposição aparece nos demonstrativos *este, esse*/*aquele; isto, isso*/*aquilo*; nos advérbios *aqui*/*ali*.

proximidade

A *proximidade* define uma categoria de dêiticos* que indicam os objetos próximos* (*este, aqui*), por oposição aos dêiticos que indicam os objetos distantes (*lá, aquele*).

pseudocopulativo

Dá-se, às vezes, o nome de *pseudocopulativos* aos verbos *andar, parecer, permanecer*, etc., que se comportam em numerosas construções como a cópula *ser*.

pseudo-intransitivo

Sin. de INVERSO.

pseudo-relativização
(fr. *pseudo-clivage*)

Em gramática gerativa, a transformação de pseudo-relativização (*pseudo-clivage*) desloca para a posição de núcleo da frase um sintagma nominal, dando-lhe a forma de uma adjetiva com antecedente genérico, através da constituição de uma matriz *é*. Seja a frase: *Pedro come chocolate*. A transformação de pseudo-relativização converte-a em *O que Pedro come é chocolate* ou *Aquele que come chocolate é Pedro*, conforme o sintagma nomi nal sobre o qual recair a transformação. Confere-se este nome a tal transformação porque ela conduz a uma falsa subordinação (pseudo-subordinação) ou falsa subdivisão entre duas proposições oriundas, de fato, de uma só frase de base. (V. ÊNFASE.)

pseudo-sabir

Pseudo-sabir é um sabir* de tipo unilateral, utilizado por uma das comunidades de forma a reproduzir mais ou menos bem a língua de outra comunidade. É uma forma de língua muito instável, que evolui, conforme os falantes, no sentido de uma correção cada vez maior, ou, ao contrário, segundo as vozes próprias, no sentido de liberar-se da língua que de início ela pretendia imitar.

pseudo-subordinada
V. PSEUDO-RELATIVIZAÇÃO.

psicolingüística

Psicolingüística é o estudo científico dos comportamentos verbais em seus aspectos psicológicos. Se a língua, sistema abstrato que constitui a competência lingüística dos falantes, relaciona-se com a lingüística, os atos de fala, que resultam dos comportamentos individuais e que variam com as características psicológicas dos falantes, pertencem ao domínio da psicolingüística, buscando seus pesquisadores a relação entre certos aspectos destas realizações verbais com a memória, a atenção, etc. A psicolingüística se interessa, em particular, pelos processos através dos quais os falantes atribuem uma significação ao seu enunciado, às "associações das palavras e à criação de hábitos verbais, aos processos gerais da comunicação (motivações do sujeito, sua personalidade, situação de comunicação, etc.), à aprendizagem de línguas, etc.

psicomecânica,

O nome *psicomecânica*, ou *psicossistemática*, é conferido à teoria estrutural do lingüista francês G. GUILLAUME. A língua é formada por um conjunto de morfemas, unidades discretas, através do qual circula, em cada ato de fala, um pensamento contínuo. O lingüista deve definir, na língua, cada morfema por um só sentido, de modo a explicar de todas as possibilidades de emprego (ou efeitos de sentido) desta forma gramatical na fala. Cada valor da língua fica, então, conhecido como o signo de um movimento de pensamento inconsciente, que produz diferentes efeitos de sentido, conforme seja interceptado pela consciência mais ou menos próxima de seu ponto de partida; a lingüística de G. GUILLAUME é uma lingüística de posição: existe uma linha contínua sobre a qual se colocam momentos do pensar (enquanto a lingüística de F. DE SAUSSURE é uma lingüística de oposição, onde as unidades discretas se definem por suas relações).

psicofonética

O termo *psicofonética* foi proposto no fim do século passado pelo lingüista BAUDOIN DE COURTENAY para designar a parte da lingüística que corresponde aproximadamente ao que, hoje, chamamos de *fonologia*, por oposição à *fisiofonética*, numa distinção entre a concepção "interior" do fonema, puramente psicológica, e sua realização concreta, puramente fisiológica. Esta distinção é, hoje, rejeitada pelos lingüistas, apesar do interesse pela discriminação entre as duas ciências, porque a fonologia é menos um fato de psicologia individual que um fato social, e a fonética faz intervir mecanismos psicológicos e neurofisiológicos, do mesmo modo que mecanismos puramente fisiológicos.

psicossistemática

V. PSICOMECÂNICA.

psilose

Chama-se *psilose* a perda de aspiração. Esta palavra provém de um termo grego que designa este fenômeno, freqüente nos dialetos jônico e dórico (passagem do "espírito duro" para o "espírito doce"). Assim, nos textos de Heródoto (dialeto jônico) encontramos *ippos* para *hippos* (o cavalo).

purismo

Comportamento de certos falantes para com sua língua, caracterizado pelo desejo de fixá-la num estado de sua evolução, considerado como norma ideal e intangível, à qual devem ser reduzidos todos os desvios; o purismo busca justificar-se por meio de considerações de ordem moral (preservação da pureza da língua).

Q

quadrangular

Os *sistemas vocálicos quadrangulares* são aqueles nos quais todos os fonemas vocálicos possuem não apenas as particularidades fonológicas de grau de abertura, mas também as particularidades distintivas de zona de articulação. São os sistemas que possuem duas vogais de abertura máxima, mas de zona de articulação diferente. Assim, o sistema fonológico do francês *padrão*, se considerarmos que ele possui ainda a oposição dos dois fonemas [a] e [ɑ] de *patte* e *pâte*, é um sistema quadrangular, cujos pólos são [i], [u], [a], [ɑ]. Os sistemas quadrangulares opõem-se aos triangulares, muito mais freqüentes, que apresentam apenas uma vogal de abertura máxima (italiano, espanhol, português, etc.) e aos sistemas lineares, muito mais raros, nos quais a zona de articulação não tem função distintiva (línguas do Cáucaso ocidental).

quadrissílabo

Quadrissílabo é o vocábulo de quatro sílabas, como *pa-ra-le-lo.*

qualidade

As *qualidades de um som* são suas características fônicas, tenham elas ou não um valor distintivo.

qualificativo

A gramática tradicional classifica como *qualificativos* todos os adjetivos que não são, para ela, pronomes adjetivos. (V. ADJETIVO.)

quantidade

Quantidade do som é sua duração" de emissão. Distingue-se: (1) a *quan-tidade objetiva* (mensurável), que pode ser calculada para cada som concreto e depende das qualidades intrínsecas dos sons e de certos fatores tais como a vitalidade da fonação e do contexto fonético, e (2) a *quantidade subjetiva* que possui uma função lingüística e caracteriza o fonema. As línguas que utilizam lingüisticamente a quantidade opõem, pelo menos, dois tipos de fonemas, cuja diferença de duração é suficiente para ser percebida pelo ouvido e suster as diferenças de significado. Assim, o francês *standard* opõe as vogais .longas e as vogais breves em palavras tais como *bête* [bɛ:t] *vs. bette* [bɛt], *mètre* [mɛ:tr] *vs. mettre* [mɛtr], etc. O italiano e os dialetos itálicos meridionais opõem as consoantes longas* (geminadas*) às consoantes breves: *fato* "destino" *vs. fatto*, "feito".

quantificador
(fr. *quantificateur*)

1. Termo da lógica, a palavra *quantificador* é utilizada em lingüística com dois empregos muito diferentes. Pode conservar seu valor lógico e ser utilizada como tal no estudo das relações léxicas, ou, então, designar um tipo de formadores particulares estudados em semântica.

No sentido que tem em lógica, o *quantificador existencial* transforma uma função em proposição, isto é, em conseqüência a $f(x)$, por exemplo, *x é um homem*, permite escrever "existe pelo menos um valor de x tal que a função $f(x)$ seja verificada", cuja notação será $(\exists x)f(x)$. Ora, a análise componencial* de E. H. BENDIX procura resolver a ambigüidade de A *has*

496

B (*A possui B*), susceptível de notação de uma relação inerente ou de uma relação acidental. A relação é acidental quando se pode parafrasear *A tem B* como *B é X A (Y)*, onde *X = sobre*; por exemplo: *Esta lista tem quatro nomes → Quatro nomes estão sobre esta lista;* O mesmo sucede para *A caixa tem uma etiqueta verde*, etc. A relação é dita "inerente" quando não se encontra *B é X A (Y)*; em caso semelhante, o quantificador existencial servirá de critério para a desambigüização de *A tem B*. *C é o B de A* produzirá somente *A tem um B*, já que *B é X A Y* produzirá também *A tem um B* e *existe um B X A Y*. *O braço de João* não poderá também produzir *Existe um braço sobre João, em João*, etc.; enquanto *Existe uma etiqueta sobre a caixa é possível*.

A quantificação é muito mais rica nas línguas naturais que num sistema lógico. A generalização pode, sem dúvida, exprimir-se por uma forma lógica especializada (latim *quicumque*, inglês *whoever,* português *quem quer que*) do tipo da lógica formal, mas encontramos, mais amiúde, aproximações de categoria; por exemplo, *sempre* é advérbio como *ontem*; todos podem ser pronome substantivo ou pronome adjetivo, etc. O quantificador existencial encontra sua expressão em todas as línguas (francês *il y a*... latim *sunt qui*..., inglês *there is, there are*..., português *há, existe, existem*); observar-se-á, contudo, que nem todas as categorias gramaticais são representadas. Se, por um lado, existem pronomes substantivos ou adjetivos indefinidos, não existe, por outro, verbo indefinido (do tipo *qualquer coisa* + afixo verbal).

Para U. WEINREICH, o estudo dos quantificadores de uma língua integra-se no estudo da classe dos formadores, unidades lógicas da língua, em oposição aos designadores.

2. (Cf. fr. *quantifieur*). Chamam-se *quantificadores* os determinantes que indicam a quantidade através da qual um substantivo é definido (*todo, dois, algum, um* são quantificadores).

quantitativo

Chamam-se, muitas vezes, *quantitativos* os termos (pronomes, adjetivos, determinantes, advérbios) que indicam uma quantidade: os numerais são, assim, *quantitativos.*

quarta proporcional

F. DE SAUSSURE utiliza o termo *quarta proporcional* para designar a ação da analogia na língua. O modelo matemático da quarta proporcional é

$$\frac{A}{B} = \frac{C}{X}$$

onde A, B, C, sendo conhecidos, permitem deduzir X. O princípio da quarta proporcional teve, para F. DE SAUSSURE, as duas conseqüências seguintes:

(1) da proporção

$$\frac{oratorem}{orator} = \frac{honorem}{x}$$

deduzir-se-á *honor*, que substituirá o lat. das *honos*. A quarta proporcional justifica, também, a evolução das formas da língua:

(2) das proporções

$$\frac{adaptar}{adaptável} = \frac{perdoar}{x}$$

e

$$\frac{adaptado}{inadaptado} = \frac{perdoado}{y}$$

deduz-se *imperdoável*. A quarta proporcional justifica, assim, a criação das formas da língua.

A teoria da quarta proporcional visa à substituição da fieira etimológica (pela qual é a forma *honosem* que passa a *honorem*) no uso lingüístico, e a fornecer um modelo do carácter gramatical do funcionamento da analogia.

quase-homônimo

Em fonética, chamam-se *quase-homônimas* as palavras de significados di-

497

ferentes cujos significantes se opõem somente pela presença, num mesmo ponto da cadeia falada, de um fonema respectivamente diferente para cada palavra. Assim, as palavras *pala, bala, mala, tala, cala, fala, vala, sala, gala, rala* são quase-homônimas, já que não diferem senão pelo fonema consonântico inicial. Dois quase-homônimos formam um par* mínimo e vários quase-homônimos formam uma série mínima.

queda

De um modo geral, costuma-se chamar de *queda,* o metaplasmo* que indica a supressão de um ou mais fonemas óu sílabas cujos nomes técnicos são *aférese*, síncope* e apócope*.*

querer-aparecer (fr. vouloir-paraître)

Denomina-se *querer-aparecer* uma mo-tivação psicológica do ato verbal pelo qual um sujeito determinado utiliza um nível de língua diferente do habitual a fim de usufruir do prestígio atribuído a esse nível. A noção de querer-parecer implica a controlabilidade* de certos comportamentos verbais.

quiasmo

Chama-se *quiasmo* a inversão da ordem nas partes simétricas de dois segmentos, formando antítese ou constituindo um paralelo. Assim, há duplo quiasmo neste verso de VICTOR HUGO: *Un roi chantait en bas, en haut mourait un Dieu,* "Um rei cantava em baixo, em cima morria um Deus". Em quiasmo estão tanto o sujeito e o predicado como o predicado e o adjunto circunstancial nas duas frases. Eis dois quiasmos de autores brasileiros: *Na extrema curva do caminho extremo* (Bilac); *Já não pode fumar,/ Cuspir já não pode* (Drummond).

R

I. radical (s.)

Chama-se *radical* uma das formas assumidas pela raiz nas diversas realizações das frases. O radical é, pois, distinto da raiz, forma abstrata que serve de base de representação a todos os radicais, que são suas manifestações. Assim, dir-se-á que a raiz /est/ "estar" tem três radicais, *est-, estiv-, estej-,* que se realizam com a adjunção de desinências gramaticais, daí resultando *estamos, estive, esteja, estivessem,* etc. Do mesmo modo, a raiz /noit/ "noite" tem três radicais *noit-, nocte not-* que se realizam nas formas *noitada, anoitecer, noctívago, noturno, noturnal,* etc. Uma raiz pode não ter senão um radical; neste caso, raiz e radical se confundem. Assim, em grego, a raiz /lu/ "desligar" não comporta senão o radical *lu-,* encontrado em *luô, luete, leluka,* etc. O radical é, assim, a base a partir da qual são derivadas as formas providas de afixos: em grego, o radical *gonos* é dito "temático", porque derivado da raiz /gen/, que apresenta a alternância *e/o* por adjunção da vogal temática *-o* (*gono-*). O radical /thē/ "colocar", que se confunde com a raiz, é dito "atemático", porque não comporta esta vogal temática *e/o;* é a partir dele que são cinstituídas as formas *tithēmi* "eu coloco", *thēso* "eu colocarei".

II. radical (adj.)

1. Chama-se *radical* àquele dentre os morfemas* de uma palavra que não é afixo e ao qual está associado o significado. Em *porteiro, port-* é o morfema radical. *Mar* é um morfema radical.

2. Chama-se *radical* ao que faz parte dos elementos constituintes do radical* e não dos afixos. Em *porteiro, eir-* e *o-* são sufixos (o primeiro um sufixo propriamente dito, e o último uma desinência de gênero), enquanto o primeiro *o-* é uma vogal radical e *p-, r-, t-* são consoantes radicais.

3. Uma *consoante radical* é uma consoante cuja realização implica uma intervenção da parte posterior do dorso da língua, ou raiz, que se encontra no limite da cavidade bucal e da cavidade faringal. As consoantes radicais, como o /ʁ/ francês, são fonologicamente velares.

raiz

De um modo geral, chama-se *raiz* o elemento de base, irredutível, comum a todos os representantes de uma mesma família de palavras no interior de uma língua ou de uma família de línguas. A raiz é obtida após a eliminação de todos os afixos e desinências; ela é portadora dos semas essenciais, comuns a todos os termos constituídos com esta raiz. A raiz é, portanto, uma forma abstrata que conhece realizações diversas; falar-se-á, assim, da raiz verbal *est,* que significa "estar" e que comporta três radicais*: *est-/estiv-/estej*; ela se realiza nas formas *estamos, estive, esteja,* etc.

Em lingüística românica, a *raiz* é uma forma geralmente latina, cuja existência é atestada ou suposta e da qual provém uma forma mais recente, atestada numa das línguas ou num dos falares romances. A raiz de *mãe* é a forma latina *matrem.*

Em lingüística indo-européia, a raiz é um símbolo hipotético, constituído quase sempre por duas consoantes e um elemento vocálico, que exprime certa noção. Em princípio, a raiz é desembaraçada de todos os elementos de formação (prefixos, infixos, sufixos, etc.) aparecendo num contexto ou com um grau de alternância determinada. Ela é irredutível e não aparece nas palavras a não ser sob a forma de radicais, formas que servem de base para a flexão. O elemento vocálico da raiz indo-européia se apresenta seguidamente, não como uma vogal, mas como um sistema de vogais alternantes; o aparecimento de uma ou de outra destas últimas está ligado ao tipo de radical formado a partir de uma raiz: para a raiz g e/on, que exprime a noção de engendrar e de nascimento, teremos os radicais de base *gen-, gon-, gn,* etc.

Em lingüística semítica, a *raiz* é uma seqüência de três consoantes, ou trilítera, ligada a uma noção determinada e que, completada pelas vogais, dá a base das palavras. Em árabe, a raiz *ktb* exprime a noção de "escrever", *katab* significa "ele escreveu", *katib*, "escritor", *kitab, "o que foi escrito".*

E. SAPIR chama de *raiz secundária* o elemento que, como os sufixos, não aparece sem o sustentáculo da raiz, mas cuja função é tão concreta quanto a da própria raiz verdadeira.

ramo

Num conjunto formado por todas as línguas de mesma origem, designa-se como *ramo* o subconjunto constituído pelas línguas de parentesco mais estreito e que geralmente se separaram numa data mais recente. (V. GLOTOCRONOLOGIA.)

reagrupamento

Em lexicografia, *reagrupamento* é o procedimento que consiste em reagrupar sob uma mesma entrada léxica o termo simples e seus derivados, na medida em que estes últimos apare-

cem com os mesmos sentidos fundamentais que a palavra de base. Assim, sob o verbete *dente*, reúne-se *dentista* (o que trata dos dentes), *dentadura* (conjunto de dentes), *dental* (para os dentes). Os reagrupamentos põem em evidência as relações semânticas e sintáticas existentes entre as diferentes palavras derivadas de uma mesma raiz. (V. DESAGRUPAMENTO.)

real

Numa construção impessoal, chama-se de sujeito *real* o sintagma nominal ou a proposição infinitiva que são sujeitos do verbo e que, deslocadas para depois do verbo, foram substituídas por um indeterminante (*se*). A frase *A infelicidade chegou* pode ser transformada em *Chegou-se à infelicidade*; neste caso, *A infelicidade*, sujeito da estrutura profunda, é o sujeito real da estrutura superficial; o pronome *se* pode ser considerado como *sujeito aparente* (V. SUJEITO), embora na NGB, seja denominado como índice de indeterminação do sujeito.

Fala-se igualmente de *real* a propósito de frases que não estão nem no potencial* nem no irreal*.

realia (lat.)

Num dicionário, as *realia* são as ilustrações que representam os objetos designados pelas palavras. São as representações das "coisas" denotadas pelas entradas lexicográficas (os *denotata*).

realimentação

V. FEED-BACK.

realização

Utiliza-se o termo *realização* nas teorias lingüísticas que estabelecem uma distinção entre um sistema abstrato comum a todos os falantes de uma mesma comunidade lingüística (competência*, língua*) e as frases efetivas, diversas segundo os falantes (atuação*, desempenho*, *performance**, fala*); opõem-se as frases abstratas às *frases* (enunciados) *realizadas* (sin.:

500

ATUALIZADAS). Existem diferentes tipos de realização conforme a substância (fônica ou gráfica) através da qual as unidades de realizam: sons ou letras.

recategorização

Chama-se *recategorização* toda mudança de categoria que afeta um morfema léxico. Seja o morfema *galinha,* que pode ser definido como um substantivo animado e contável, no sentido de que pode, por exemplo, realizar-se a frase *Nasceram três galinhas, este mês, na granja.* Ele pode ser recategorizado num substantivo não--animado e não-contável, o que permite a realização da frase *Comi galinha ao meio-dia.* O termo *verdade* é um substantivo não-animado, mas não--contável e não-concreto (abstrato); pode ser recategorizado como animado, contável, concreto em *Ele disse umas verdades.* A recategorização pode afetar a categoria gramatical (quando um substantivo se torna adjetivo, como em *marrom, cereja* etc.) ou o inverso, quando um adjetivo se torna substantivo, como em (*o*) *belo,* (*o*) *sábio,* etc.; ou afetar as categorias semânticas fundamentais (animado, humano, concreto, contável, etc.)

recção

Chama-se *recção* a propriedade que têm os verbos de serem acompanhados por um complemento cujo modo de introdução é determinado. Dir-se-á, por exemplo, que a *recção* será direta quando o complemento de objeto do verbo transitivo for introduzido sem preposição (ou estiver no acusativo); ou, ao contrário, que a *recção* será indireta se esse complemento de objeto for introduzido por uma preposição (ou estiver no dativo, genitivo ou ablativo, etc.). A recção é direta em *João lê o jornal* e indireta em *João obedece a seus pais.*

Fala-se também de recção quanto às preposições quando se considera que a preposição rege (governa) o caso que é o do sintagma nominal que se segue; assim, a recção da preposição latina *ex* é o ablativo.

recepção

Chama-se *recepção* a ação de receber uma mensagem. Este termo é utilizado em referência ao esquema da teoria de comunicação, onde a mensagem do emissor é transmitida por um canal ao receptor.

receptor

1. Na comunicação*, chama-se *receptor* aquele que recebe e descodifica uma mensagem realizada conforme as regras de um código específico. (Sin.: INTERLOCUTOR.)

Tomando-se a comunicação* como a transferência de uma informação*, de uma mensagem* de um lugar ou de uma pessoa para outro lugar ou outra pessoa, por intermédio de um canal* e sob uma forma codificada, chama-se de emissor* o aparelho ou a pessoa que é a fonte da mensagem, e de *receptor*, o aparelho graças ao qual a mensagem é recebida (emissor rádio, por exemplo, ou aparelho auditivo se se trata de uma pessoa). O aparelho receptor é, ao mesmo tempo, um aparelho descodificador* que procede à descodificação* da mensagem, isto é, à "busca na memória" dos elementos que pertencem ao código que foram selecionados para a transcrição da mensagem.

2. Chama-se *gramática do receptor* uma gramática de interpretação de frases destinada a conceder ao usuário a possibilidade de analisar e de descrever toda a frase da língua, dando-lhe um sentido; a gramática do receptor é o conjunto de regras que permitem dar conta da compreensão das frases (por oposição à gramática do emissor, que dá conta da produção de frases).

reciprocidade

A reciprocidade é uma das três relações (V. ANTÔNIMO, COMPLEMENTARI-

DADE) que está implicada quando se diz que uma palavra é o contrário da outra. A reciprocidade intervém quando se pode antecipar (relações permutativas*)

SN$_1$ A possui SN$_2$ ⊃ SN$_2$ B possui SN$_1$.

A e B serão, por exemplo, *comprar* e *vender* ou *marido* e *esposa*.

Deve-se observar que a relação de reciprocidade (que se utiliza de meios puramente gramaticais) encontra-se na passagem da ativa para a passiva

SN$_1$ castiga SN$_2$ ⊃

SN$_2$ é castigado por SN$_1$)

A análise por meio da reciprocidade permite tornar claras certas relações, entre as quais as mais estudadas são, por exemplo, as do casamento. Em português:

SN$_1$ desposa SN$_2$ ⊃ SN$_2$ desposa SN$_1$

O verbo *desposar* pode aparecer nos dois contextos. O mesmo não acontece no latim, onde teremos SN$_1$ (N$_1$ sendo "fêmea") + *nubere* + *SN$_2$* (N$_2$ sendo "macho"), SN$_2$ + *ducere in matrimonium* + SN$_1$.

O mesmo acontece no grego, onde *gamein* será empregado com *ducere* no latim (*ducere in matrimonium*) e *gameisthai* como *nubere*.

É dentre os termos de parentesco que a relação de reciprocidade é a mais importante.

recíproco

1. Diz-se que uma relação entre dois termos é *recíproca* quando um termo pressupõe o outro, e vice-versa. Assim, no latim, numa forma, o caso pressupõe o número, e o número o caso, já que uma mesma desinência assinala os dois. O mesmo acontece, no português, entre as relações de número e pessoa no verbo. (V. RECIPROCIDADE, UNILATERAL.)

2. Verbo PRONOMINAL RECÍPROCO. V. PRONOMINAL.

recomposição

Chama-se *recomposição* à restituição de um elemento de uma palavra composta à forma que ele tinha como palavra simples. Assim, o latim *recludere* foi refeito no baixo latim como *reclaudere*, a partir do modelo da palavra simples *claudere; retinere* foi refeito como *retenere* a partir do modelo de *tenere*. No português há vários exemplos no registro das camadas incultas, em relação à variante *i-* do prefixo *in-*. Por exemplo, *inresponsável, inritado*.

recorte

V. SEGMENTAÇÃO.

recursão

Chama-se *recursão*, ou ejeção, ao movimento articulatório através do qual o ar supraglótico, depois de acumulado por uma oclusão anterior, na parte superior da glote fechada, é expulso bruscamente por uma elevação brusca da glote. (V. RECURSIVO.)

recursividade

Chama-se *recursividade* à propriedade do que pode ser repetido de modo infinito, propriedade essencial às regras da gramática gerativa. Seja uma gramática que comporte uma regra de adjunção de um adjetivo a um sintagma nominal por meio de uma relativa ou adjetiva; simplificando, teremos, por exemplo;

Uma parede que é azul → uma parede azul

Esta proposição adjetiva contém um relativo *que*, oriundo ele próprio de um sintagma nominal; ela pode, portanto, ser objeto, por seu turno, de uma nova adjetiva, e ao sintagma se acrescentará um segundo adjetivo: *uma parede azul, úmida*; a segunda adjetiva comporta um relativo (*que*), oriundo de um sintagma nominal que, por seu turno, pode ser objeto de uma terceira relativa que comporta um adjetivo:

Uma parede azul, úmida, estragada, e assim por diante.

Um segundo tipo de recursividade aparece com as regras como
SN → SN e SN,
que dão conta da coordenação. Neste caso, podem-se obter, reescrevendo cada SN por SN e SN, as seqüências (o elemento SN é agora autodominante):
SN e SN
SN e SN e SN
SN e SN e SN e SN
isto é, Pedro e Jorge (*partiram*), Pedro e Jorge e André (*partiram*), Pedro e Jorge e André e Paulo (*partiram*).

A recursividade é dita à direita se for o segundo SN o reescrito SN e SN, e à esquerda se for o primeiro SN o reescrito SN e SN.

A gramática gerativa, graças a esta propriedade, pode enumerar um conjunto infinito de frases. A limitação efetiva (número de adjetivos modificadores de um sintagma nominal) depende do tipo de comunicação escrita ou falada, do grau de atenção, ou da cultura, etc., isto é, não da gramática, mas da atuação, desempenho ou *performance*.

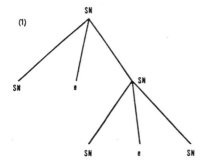

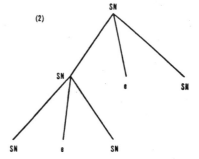

recursivo

1. *Recursiva*, ou *ejetiva**, é a consoante cuja articulação não utiliza o ar dos pulmões, e se realiza através de um movimento de recursão. O termo "gloto-oclusiva" também foi empregado por N. S. TRUBETZKOY. Encontram-se consoantes recursivas na África, no Cáucaso oriental, em certas línguas da Índia.

2. V. RECURSIVIDADE.

recurvo (fr. creux)

A expressão *som recurvo* é às vezes empregada para caracterizar certas consoantes como as retroflexas*. Séries fundamentais de consoantes podem-se cindir em séries aparentadas, cuja diferenciação é marcada pela oposição *som recurvo/som chato*. As consoantes retroflexas opõem-se como consoantes de som recurvo às dentais habituais, de som chato. A sonoridade recurva corresponde a uma amplificação da cavidade anterior e, portanto, a um abaixamento do timbre, que, no caso das retroflexas, se deve à elevação da ponta da língua contra o ápice da abóbada palatina.

Chamam-se "fricativas de língua recurva" [s], [z], [ʃ], [ʒ], por oposição às "fricativas de língua chata" [f], [v], etc., as sibilantes e as chiantes para cuja articulação a língua toma uma forma de telha e se encurva num sulco mediano.

redobro

1. Chamamos *redobro* a repetição de um ou vários elementos (sílabas) de uma palavra ou de uma palavra inteira com fins expressivos, como nos hipocorísticos (*Mimi, Nhonhô*), os in-

tensivos (*é muito, muito pequenino*), etc.

2. Na constituição do perfeito grego, chama-se *redobro silábico* o processo que consiste em repetir, antes de uma raiz que começa por uma consoante, a consoante inicial, fazendo-a seguir por um *e* (*luein* tem como perfeito *leluka*), e *redobro temporal* o processo que consiste em fazer preceder uma raiz que começa por uma vogal pela vogal *e* (*êgmai*, perfeito de *agomai*, isto é, *e + agomai*).

3. Chama-se também *redobro* a repetição de uma palavra inteira; assim, as palavras latinas *janjam* e *quisquis* são reduplicações respectivamente de *jam* e de *quis*.

Também é usado o termo *reduplicação*.

redução

Chama-se *redução* à transformação de uma palavra em outra mais curta, por abreviatura, apócope, evolução fonética, etc. *Cinema* é uma redução de *cinematógrafo*.

redundância

O termo *redundância* foi tomado de empréstimo à retórica pelos teóricos da comunicação e pelos lingüistas. Para os retóricos, era uma figura de estilo, tinha quase o mesmo sentido que *repetição* e designava comumente um excesso nos ornamentos do estilo.

Depois, a cibernética, a teoria da informação ou teoria da comunicação tomaram este termo de empréstico à retórica, dando-lhe um sentido técnico preciso. A teoria cibernética da informação define a *redundância* como uma relação cujo desvio da unidade habitualmente é medido em porcentagem entre uma quantidade de informação dada e seu máximo hipotético.

Consideremos no quadro da teoria da comunicação, tal como o definem os engenheiros de telecomunicações C. E. Shannon e W. Weaver, o conjunto de procedimentos da transmissão de uma mensagem: um dos elementos deste procedimento é o código, ou sistema de signos que permitem a transmutação da forma de uma mensagem numa forma que permite a sua transmissão (forma mecânica, gestual, auditiva, gráfica etc.); a capacidade total deste código, isto é, a quantidade de informação* que ele pode transmitir, não se realiza senão quando todos os sinais tenham uma probabilidade igual de ocorrência. Quando todos os sinais forem eqüiprováveis, cada sinal emitido terá, por convenção, uma capacidade de 1 bit. Ora, a freqüência desigual dos sinais reduz a eficácia do código, sua capacidade teórica, a quantidade de informação transmitida.

A teoria da comunicação, efetivamente, permitiu quantificar a informação transmitida por um sistema de comunicação. Porque, tanto para os teóricos de telecomunicações como para a cibernética, a significação da mensagem transmitida não entra, de nenhum modo,

504

em consideração: o que é transmitido é uma forma, não um sentido. Os teóricos insistiram sobre este aspecto essencial da transmissão da informação, no quadro da teoria da informação: "Não é necessário dizer que o engenheiro de telecomunicações ou que o cibernético especialista deve fazer abstração completa do conteúdo significativo da informação, e não tratar dela senão operacionalmente, como uma grandeza física *sui generis*."

Se a freqüência desigual dos sinais do código, sua não-eqüiprobabilidade, reduz a eficácia do código (sua capacidade teórica, a quantidade de informação transmitida), chamar-se-á *redundância* à capacidade inutilizada do código (a perda de informação resultante desta não-eqüiprobabilidade dos sinais).

Tomaremos como exemplo um código que comporta dois sinais A e B, todos os dois igualmente prováveis (ou eqüiprováveis). Estes sinais podem ser emitidos na razão de um por segundo. Este código tem, pois, por convenção, uma capacidade de 1 bit de informação por segundo. Se emitirmos durante 4 segundos, poderemos emitir uma seqüência AAAA, ou BBBB, ou BAAA, ou ABAA; cada uma destas seqüências forma um novo sinal; 16 sinais de probabilidade igual podem ser emitidos:

AAAA AAAB AABA AABB ABAA ABAB ABBA ABBB
BAAA BAAB BABA BABB BBAA BBAB BBBA BBBB

Se nos reportarmos à regra de cálculo do conteúdo da informação de um código de 2 sinais eqüiprováveis, a capacidade de um código deste tipo é o logaritmo de base 2 do número de sinais alternativos que ele comporta.

Um código que comporta 16 sinais equiprováveis representa, portanto, uma capacidade de 4 bits (I = log 2 de 16 = 4). Se cada um dos sinais reclamar 4 segundos para sua transmissão, encontraremos uma capacidade de 1 bit por segundo.

Se decidirmos repetir duas vezes cada sinal A e B, não poderemos enviar em 4 segundos senão um dos quatro sinais seguintes:

AAAA AABB BBAA BBBB

Teremos, portanto, um código de 4 sinais eqüiprováveis: aplicando a regra enunciada anteriormente do cálculo da capacidade do código, obteremos:

$$I = \log 2 \text{ de } 4 = 2$$

O código não tem senão uma capacidade de 2 bits para 4 segundos; seja 1/2 bit por um segundo. A capacidade do código foi

505

reduzida pela metade e esta redução, esta diminuição de informação transmitida, resulta da decisão de repetir os sinais. Esta diminuição de capacidade — designada sob o nome de *redundância* — é definida como a diferença entre a capacidade teórica de um código e a quantidade média de informação transmitida; ela se exprime por uma porcentagem da capacidade total. De outro lado, se a não-eqüiprobabilidade dos sinais é a causa de uma diminuição da capacidade teórica de um código e de uma perda de informação, em contrapartida, a repetição dos sinais pode ser considerada como a emissão de um excedente de informação.

Neste sentido, a redundância é um elemento positivo na transmissão e na recepção de uma mensagem. Com efeito, no curso do procedimento de transmissão de uma mensagem, causas diversas vêm diminuir a quantidade de informação transmitida, entravando a boa marcha da transmissão: canal de transmissão defeituoso, má recepção devida a causas técnicas ou, simplesmente, ruídos, no sentido usual do termo; estas causas diversas, seja qual for sua natureza, são chamadas de *ruídos*. A perda de informação no curso da transmissão deve ser compensada pelo excedente de informação. Finalmente, a perda de informação compensada pelo excedente de informação, concretizado pela recepção dos sinais, é que constitui, na teoria da comunicação, a chamada *redundância*.

Além do ruído, outros elementos são fatores de redundância no curso da transmissão de uma mensagem; são, particularmente, as restrições inerentes ao código: número restrito de sinais do código e regras de combinação dos sinais do código que limitam as escolhas teoricamente possíveis, e que, por isto, aumentam ou diminuem a probabilidade de aparecimento dos sinais uns em relação aos outros.

Se considerarmos as línguas naturais como códigos, ou sistemas de signos susceptíveis de transmitir uma informação em condições análogas às que presidem a transmissão da informação por um sistema (mecânico ou outro·), cuja característica essencial é a forma codificada da mensagem transmitida, poderemos introduzir igualmente a noção de *redundância*, quando falarmos sobre o funcionamento do código lingüístico.

Com efeito, como todo outro sistema de comunicação, a comunicação lingüística é susceptível de tornar-se defeituosa por uma das razões que os teóricos da comunicação reúnem sob o termo de *ruídos*: ruídos propriamente ditos, mau estado do conduto auditivo, etc.

Por outro lado, as restrições, fontes da redundância inerentes ao código, são numerosas no código lingüístico:

a) *Variação na freqüência dos fonemas*

É assim que os estudos estatísticos indicam importantes variações. No francês, por exemplo, para o /a/, freqüência de 8 p. 100; para o /l/, 7 p. 100; para o /o/, 1,7 p. 100; para o /z/, 1,7 p. 100 e para /g/ 0,5 p. 100.

b) *Restrições nas seqüências dos fonemas.*

Os sinais emitidos (fonemas ou morfemas) não são independentes uns dos outros. Quando um sinal é emitido, a probabilidade de aparecimento de um sinal seguinte depende do primeiro. Os processos de dependência dos elementos entre si recebem o nome de *cadeia de Markov*. No que concerne aos fonemas, tomemos, por exemplo, o estado inicial /t/. Em português, qualquer uma das vogais pode sucedê-lo; mas um fonema consonântico como /p/ ou /b/, ou um outro /t/, não poderia ser emitido à direita do /t/; a probabilidade de aparecimento de um /p/, de um /b/ ou de um /t/ é nula; em contrapartida, a probabilidade de emissão de uma vogal ou de um /r/ aumenta; se o /r/ for emitido, a probabilidade de aparecimento de uma consoante à direita do grupo é nula; somente uma vogal será possível.

Todas estas limitações aumentam a redundância, tornando os fonemas individuais mais prováveis em certos contextos e menos prováveis noutros.

c) *Não utilização dos morfemas possíveis.*

Certos esquemas de sinais são assim totalmente ausentes de tal ou qual língua. Z. S. HARRIS denomina, assim, de redundância ao fato de que num conjunto dado de combinações possíveis, a partir das unidades da língua, não existe senão um subconjunto destas combinações que pertencem à língua.

d) *Variação numa freqüência dos morfemas.*

Variação mais difícil de estabelecer pelos métodos estatísticos que a variação na freqüência dos fonemas; certas diferenças de freqüência aparecem, contudo, nitidamente: o morfema /mesa/, por exemplo, é menos freqüente que o morfema /a/; por outro lado, as variações de freqüência dos morfemas não são independentes das variações de freqüência dos fonemas: a freqüência elevada do fonema /d/ está vinculada à freqüência elevada do morfema /de/, /da/, /do/.

e) *Restrições sobre as seqüências de morfemas.*

Todas as restrições deste gênero aumentam obrigatoriamente a redundância. Ora, as restrições na distribuição são essenciais para que a língua tenha uma estrutura e sejam um sódigo explícito e comum a todos os indivíduos que fazem parte de uma mesma comunidade lingüística. Uma língua na qual os morfemas pudessem ser colocados em qualquer ordem seria inoperante. Estas restrições são de natureza sintática e operam sobre classes de elementos que podem assumir certo número de posições, excluídas todas as outras: assim, com os dois morfemas "a" e "mesa", a única seqüência admissível é "a mesa" e não "mesa a". As relações entre os elementos são analisadas como sistemas de dependências lineares orientadas da esquerda para a direta.

f) *Restrições semânticas ao que é susceptível de ser dito.*

Algumas frases, embora aceitáveis, do ponto de vista gramatical, têm pouca probabilidade de serem pronunciadas porque não existe para elas contexto algum. Há cem anos atrás, uma frase deste tipo dificilmente seria imaginável: "A luz é ao mesmo tempo partícula e onda", embora o material léxico e o esquema sintático estivessem disponíveis.

Estes vários exemplos provam que nas línguas naturais os sinais sofrem restrições seqüenciais extremamente fortes; nas línguas, estas restrições são a fonte de redundância mais importante.

Nas línguas naturais, a taxa de redundância, levando em conta seus numerosos fatores, é muito elevada: 50 p. 100, em média, no inglês e no francês. As manifestações de redundância aí são diversas e se encontram em todos os níveis da língua: nível fonético, morfemático, sintático, semântico.

Praticamente, em todos os enunciados, constata-se, com efeito, a presença de unidades fonemáticas, morfemáticas ou sintagmáticas, cuja presença não é estritamente necessária à comunicação, mas que, em virtude das condições de transmissão, tornam-se indispensáveis para que a comunicação possa efetivamente se estabelecer. A redundância permite a conservação da informação que os "ruídos" podem suprimir.

Em todos os níveis, igualmente, as restrições impostas na escolha das unidades e de suas combinações, suas relações — em uma palavra, a organização da língua em estrutura — constituem uma causa da redundância e representam, mesmo, sua causa essencial.

Com efeito, tudo o que implica uma escolha (escolha entre as unidades, tanto mais restritas quanto mais restrito o número destas unidades, escolha entre diversas combinações — ou relações — possíveis destas unidades) postula uma redundância, já que a necessidade de escolha modifica a probabilidade dos signos.

No nível fonemático, cessa a redundância, e a liberdade de todo falante particular aumenta substancialmente, embora não seja demais levar em conta o número de enunciados estereotipados.

A redundância encontra-se igualmente ao nível da sintaxe. Não há sintaxe sem redundância. É assim, que, por exemplo, o que a gramática tradicional considera um fenômeno de concordância pode, na verdade, ser explicado como uma redundância, que marca o número ou o gênero de um sintagma com outro sintagma.

Na frase *Os meninos têm livros*, observamos para o código oral duas marcas de plural, no fenômeno da concordância e, para o código escrito, três marcas de plural:

código oral

[uz mi'ninus 'tẽy 'livrus]

+   +   O

código escrito

Os meninos têm livros.

+   +   +

No código oral, as duas marcas se distribuem sobre o primeiro sintagma; no código escrito, a redundância é muito grande, na medida em que a liberdade de escolha entre os fonemas em número restrito é inexistente e onde as possibilidades de combinações são também relativamente restritas, como nos mostram os trabalhos de A. A. MARKOV. À medida que se sobe na escala das unidades, as restrições relativas à escolha e às combinações das unidades tornam-se maiores; a imprevisibilidade de aparecimento dos signos aumenta, enquanto que, corolariamente, a taxa de redundância diminui. R. JAKOBSON observou que existe na combinação das unidades "uma escala ascendente de liberdade"; ele escreve, em particular: "Na combinação dos traços distintivos em fonemas, a liberdade do falante individual é nula; o código já estabeleceu todas as possibilidades que podem ser utilizadas na língua em questão. A liberdade de combinar os fonemas em palavras está circunscrita, ficando limitada à situação marginal da criação das palavras. Na formação de frases, a partir das palavras, a restrição que sofre o falante é menor". Assim, pela ação das regras restritivas da sintaxe, as três marcas se repartem sobre cada um dos sintagmas. Enfim, na combinação das frases em enunciados, a liberdade do falante é muito grande.

O exemplo nos permite compreender o papel desempenhado pela redundância no nível sintático; este papel é duplo:

1.º A redundância conserva a informação que os "ruídos" podem suprimir;

2.º A redundância funciona como fator de coesão sintagmática. A solidariedade, a relação dos dois grupos essenciais fica assegurada pela sua posição recíproca e confirmada pela redundância de marca.

Em particular, a redundância de marca permite modificar a ordem dos sintagmas, conservando, contudo, a coesão — ou concatenação.

Ao nível do léxico, igualmente, encontraremos a redundância. Ainda ali, existe redundância, já que a probabilidade de aparecimento de um signo é máxima e igual a 1, ou próxima do máximo. Neste caso, o signo não contribui com informação, ou, se o faz, é muito pouca, mas pode, contudo, ser considerado como uma conservação (compensadora) da informação. Na frase: *ele pratica o...* esperamos, de um lado, um substantivo, de probabilidade máxima igual a 1; a categoria "substantivo" é, portanto, redundante, aqui, ao nível sintático. A informação trazida a este nível é nula; por outro lado, a frase *Ele pratica o...* determina a escolha entre um número relativamente restrito de substantivos (esporte, futebol, tênis, etc.); a probabilidade da unidade escolhida é inferior a 1, variando o conteúdo de informação, igualmente, com a probabilidade de aparecimento da unidade; teremos aí um exemplo de redundância ao nível léxico.

Em conclusão: a redundância é inerente ao funcionamento do código, compreendendo-se aí o código lingüístico; ela é necessária à conservação da informação mascarada pelos "ruídos", mesmo se, em alguns pontos, ela diminui a capacidade teórica do código. Por outro lado, como todo código implica um número restrito de unidades e uma escolha das combinações destas unidades, a redundância é um dos fatores essenciais ao funcionamento deste código. Neste sentido, é graças à redundância que um código pode ser econômico, isto é, que ele pode transmitir o máximo de informação com um mínimo de signos. Enfim, definidas em termos de redundância, portanto de probabilidade, as relações sintáticas e léxicas podem ser apreciadas em função de seu conteúdo de informação ou quantidade de informação; elas podem, pois, ser quantificadas, medidas, formalizadas.

reduplicação
V. REDOBRO.

reescrita

Em gramática gerativa, chama-se *regra de reescrita* uma regra de gramática apresentada sob a forma de uma instrução e consistente em converter um elemento noutro elemento ou seqüência de elementos. Se a regra de reescrita for da forma

$$A \rightarrow B,$$

isto significa que A deve ser reescrito como B. Se a regra for da forma

A → B + C, isto significa que A deve ser reescrito como B seguido de C. Se a regra de reescrita for da forma

$$A \to \begin{Bmatrix} B + C \\ D \quad (E) \end{Bmatrix}$$

isto significa que A pode ser reescrito seja como B seguido de C, seja como D, seguido ou não de E; os parênteses indicam os elementos facultativos e as chaves indicam a escolha entre as duas reescritas. A flecha é o símbolo que dá a instrução de reescrever o que está à esquerda da flecha. Se tivermos, por exemplo, a regra de reescrita

P → SN + SV,

isto significa que o símbolo P (nódulo da frase) deve ser convertido numa seqüência constituída de um sintagma nominal (SN) seguido de um sintagma verbal (SV).

As regras de reescrita constituem a base*, ou modelo sintagmático, de uma gramática gerativa.

referência

1. *Referência* é a função pela qual um signo lingüístico se refere a um objeto do mundo extralingüístico, real ou imaginário. A função referencial é essencial à linguagem. Seria, contudo, inexato limitar a descrição do processo da comunicação unicamente a esta função. R. JAKOBSON descreveu os diversos pólos do ato da comunicação: se a função referencial está sempre presente, diversos procedimentos de subversão da linguagem podem levar o falante a polarizar o ato de comunicação em diversas outras funções. (V. FUNÇÕES DA LINGUAGEM.)

De um modo geral, todo signo lingüístico, ao mesmo tempo em que assegura a ligação entre um conceito e uma imagem acústica (definição saussuriana do signo), se refere à realidade extralingüística. Esta função referencial coloca o signo em relação, não diretamente com o mundo dos objetos reais, mas com o mundo percebido no interior das formações ideológicas de uma dada cultura. A referência não é feita com um objeto real, mas com um objeto do pensamento; por exemplo, ao perceber a mesma radiação luminosa que eu (identidade do fenômeno físico), um falante estrangeiro poderá referir esta sensação em relação a uma segmentação diferente do espectro solar: sua referência ao espectro solar poderá não ser, por exemplo, em relação a sete termos, como no português, e sim a dois.

O triângulo semiótico, imaginado por OGDEN e RICHARDS, dá conta da diferença entre sentido e referência:

A terminologia adotada, aqui, para representar o triângulo semió-tico, é uma das mais freqüentes: observar-se-á que o signo lingüístico é constituído sobre a linha inclinada da esquerda do triângulo, pela ligação do significado (conceito) ao significante (imagem acústica); a ligação direta entre significado e referente (objeto do mundo) é assinalada pela linha oblíqua da direita, igualmente com um traço inin-terrompido. O pontilhado marca o caráter indireto da ligação entre a imagem acústica e o referente.

A relação referencial é amiúde designada como denotação* de um signo.

2. A *referência* de um fonema é caracterizada pela porção da cadeia da fala ou a noção do que se julga ser por ela representado. Neste caso, a referência é fonológica, mas os fatos são freqüentemente comple-xos: assim, *a* representa um fonema e *i* também, mas a combinação de *a + i* tem a mesma referência que *è* (e que outras combinações), no francês. Em sentido inverso, no inglês, um signo apenas como -*y*, poderá ter em *by*, por exemplo, como referência /*a + j*/. No portu-guês, *m* poderá ter como referência /~w/ ou /m/, ou apenas a nasa-lidade. Estas distorções entre escrita e referência fonológica permitem avaliar a adequação* maior ou menor entre a primeira e a segunda.

Muitas vezes, a referência é morfológica: o que então é repre-sentado é uma palavra determinada e não os fonemas que a constituem. Assim, & representa a conjunção *e* e unicamente ela. Não se escre-verá & *comia* nem & *escrevia* para a terceira pessoa do pronome pes-soal. Do mesmo modo, o -s do plural, no português, tem uma refe-rência puramente morfológica. Quando a escrita generaliza um sistema referencial morfológico, diz-se que ela é ideogramática*.

referencial

Função referencial é a função* cog-nitiva ou denotativa através da qual o referente* da mensagem é conside-rado como o elemento mais impor-tante.

referente

1. Chama-se *referente* aquilo a que remete o signo lingüístico na rea-lidade extralingüística, tal como ela é segmentada pela experiência de um grupo humano.

O referente (ou designatum, na oposição designatum *vs.* denotatum, não deve ser concebido como um da-do imediato do real. Sem dúvida, al-gumas "coisas" que correspondem aos signos lingüísticos parecem universal-mente segmentadas antes de toda per-cepção cultural. Não obstante, nada disto sucede, e uma língua dada exi-girá do falante o fornecimento de cer-tas informações sobre o referente que outras línguas negligenciarão; tal lín-gua exigirá a especificação do sexo, a outra deixá-la-á facultativa; tal língua exigirá que um processo verbal seja situado na temporalidade, a outra não o permitirá (circunstância em que pro-cedimentos não-sintáticos deverão ser postos em jogo).

Enfim, a existência de uma relação entre o signo e a realidade extra-lingüística não deve ser confundida com a própria existência do referente. Uma palavra pode referir-se a uma noção inexistente: o signo *hipógrifo* tem um referente sem que a existência dos hipógrifos seja, por isso, postulada.

2. Dá-se, muitas vezes, o nome de *referente* à situação (ao contexto) à qual a mensagem remete; falar-se-á de *função referencial* quando a mensagem estiver centrada no contexto.

referido

Chama-se *referido* o ser ou objeto significado pelas palavras. A relação entre significado e a coisa (ser ou objeto) é a *referência**.

reflexivo

1. Qualifica-se como *reflexiva* toda construção na qual o sintagma nominal sujeito e o sintagma nominal objeto se referem à mesma pessoa ou à mesma coisa. Assim, em *Pedro lava Pedro*, se *Pedro* sujeito for idêntico a *Pedro* objeto, este último será substituído pelo *pronome reflexivo* (*Pedro se lava*). Os pronomes reflexivos são, em geral, distintos dos pronomes pessoais objeto (inglês: *myself, himself /me, him*), pelo menos na terceira pessoa (português: *me, te, se /me, te, o, a, lhe* (formas átonas)). Na gramática gerativa, esta substituição se obtém por uma transformação reflexiva (ou reflexivização). Diz-se, também, que *lavar-se* é uma *forma pronominal reflexiva* do verbo. (V. voz.)

A construção reflexiva está implícita quando o verbo não vier acompanhado do pronome reflexivo; assim, em inglês, *Peter shaves* (Pedro faz a barba) é uma construção reflexiva implícita, pois o verbo *to shave* é, noutros contextos, transitivo. Enfim, a oposição entre construção transitiva e reflexiva pode ser obtida por meio das flexões verbais (em grego, o ativo e o médio correspondem, muitas vezes, ao transitivo e ao reflexivo, no português).

2. *Transformação reflexiva.* V. REFLEXIVIZAÇÃO.

reflexividade

Reflexividade é a propriedade da igualdade do conjunto que se considera como igual a si mesmo; sua notação é A = A como a igualdade de dois conjuntos, escrita A = B.

reflexivização

Chama-se *reflexivização* a transformação que substitui um sintagma nominal objeto por um pronome reflexivo, quando aquele for idêntico ao sintagma nominal sujeito na frase de base. Por exemplo: *Pedro lava Pedro*, torna-se *Pedro se lava*. A transformação reflexiva se aplica, também, ao sintagma nominal constituído pelo sintagma prepositivo dos verbos atributivos, isto é, o que segue os verbos denominados "transitivos indiretos" na gramática tradicional (assim, *Pedro alimenta Pedro*, torna-se *Pedro se alimenta*), ou o que segue os verbos com dupla complementação (sintagma nominal + sintagma prepositivo): *Pedro jamais perdoará isto a Pedro* torna-se *Pedro jamasi se perdoará isto*.

refonologização

Refonologização é um tipo de mutação fonológica que leva a transformar uma oposição fonológica dada por outra oposição fonológica heterogênea, que mantém relações diferentes com o conjunto do sistema fonológico, sem que isto acarrete uma redução ou ampliação do sistem afonológico.

Em francês *padrão*, a mudança da realização do fonema [r] acarretou o desaparecimento de um fonema que se opunha aos outros unicamente pelo traço vibrante (acusticamente: consonântico, vocálico, descontínuo) e o aparecimento de um novo fonema [ʁ] que se opõe aos outros como fricativo (acusticamente: consonântico, não-vocálico, contínuo) e como velar (acusticamente: compacto, grave).

Assim, a passagem em polonês antigo do r' molhado a chiante traduz-se pelo desaparecimento de uma das oposições que formam a correlação de molhamento e pelo aparecimento de uma oposição isolada.

reformulação
(ing. *rewording*)

Chama-se *reformulação* o comportamento verbal através do qual, numa língua dada, um falante pretende reproduzir sob outra forma exatamente o que foi expresso por outro falante, na mesma língua. A reformulação é também chamada de tradução *intralingual**, por oposição à tradução *interlingual*.

regência

O termo *regência* indica o fato pelo qual uma palavra ou seqüência de palavras (substantivo ou pronome) depende gramaticalmente de outra palavra da frase; esta, que governa ou rege as outras, chama-se *regente* e os termos que dela dependem são os *regidos*. Assim, dir-se-á que na frase *Pedro lê o jornal*, *o jornal*, objeto direto, é regido por *lê*; na frase latina *Claudius Claudiam amat*, o acusativo *Claudiam* é determinado gramaticalmente pelo verbo *amat*, seu regente. Do mesmo modo, no sintagma *ex urbe*, o ablativo *urbe* é regido pela preposição *ex*. (V. RECÇÃO e REGER.)

regente

1. V. REGER.
2. Na terminologia de L. TESNIÈRE, o regente é constituído, numa conexão, pelos termos dos quais dependem os outros termos, ditos "subordinados".

Assim, na frase
O Velho homem fuma seu cachimbo
representada pelo gráfico abaixo: *fuma* rege *homem* e *cachimbo*, *homem* rege *o* e *velho*, e *cachimbo* rege *seu*.

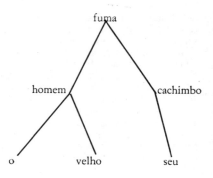

reger

Uma palavra *rege* (ou governa) outra palavra, que é seu complemento, se a forma gramatical desta última parecer determinada pela natureza da primeira: dir-se-á, assim, que a preposição latina *ex* rege o ablativo. Faz-se, assim, abstração, entre outras, da noção expressa primitivamente pelo caso. A palavra que parece governar o caso ou a forma gramatical da outra é chamada *regente*; a que parece ser governada é chamada *regida*. (V. RECÇÃO).

L. TESNIÈRE emprega, às vezes, o termo *reger* em vez de *subordinar*.

regime. V. REGÊNCIA.

registro

1. *Registro* vocal de um fonema, de uma sílaba, de uma palavra, de uma frase é a faixa de freqüência na qual se situa acusticamente cada um de seus elementos. As vogais palatais situam-se num registro agudo, as vogais velares num registro grave, etc. Dir-se-á, também, que a voz das mulheres e das crianças situa-se num registro mais agudo que o dos homens adultos. As diferenças de registro são utilizadas em certas línguas para diferenciar as palavras (assim nas línguas ditas "línguas tonais", no Extremo Oriente, na África); mas a diferença de registro se combina mais seguida-

mente com uma diferença na direção do movimento de entonação da palavra: tom ascendente, tom descendente, tom unido, tom quebrado, como no dialeto chinês de Pequim, onde se opõem as palavras, graças a estes tons diferentes. As diferenças de registro que opõem as frases são mais freqüentes: a entonação de continuidade caracteriza por igual a frase interrogativa e a frase assertiva não-terminada, mas em certas línguas, como o alemão, o russo, uma elevação de registro da frase permite opor a interrogação à asserção não-terminada; como em alemão *er soll kommen* "ele deve vir?" e *er soll komment... und sich selbst über zeugen* "ele deve vir... e se certificar por ele próprio"; em russo: *on ljubit igrat' f-karty?* "Ele joga cartas de bom grado?" e *on ljubit igrat' f-karty... no tol' kajn'i-na den'gi* "Ele joga cartas de grado... mas não por dinheiro". Um abaixamento do registro da voz pode caracterizar as proposições incidentes. Contudo, na frase como na palavra, a oposição de registro está sempre vinculada a uma entonação de frase determinada, pelo menos nas línguas européias.

Um emprego independente da mudança de registro aparece, todavia, com uma função de apelo e com uma função expressiva: certa afetação na conversação de uma mulher se traduz pela escolha de um registro mais agudo que seu registro normal (traço através do qual ela acentua sua feminilidade), os sentimentos violentos se exprimem por registros agudos, etc.

2. Chamam-se *registros da fala* as utilizações que cada falante faz dos níveis* de língua existentes no uso social de uma língua.

regra

1. Em gramática tradicional, uma regra constitui um preceito para falar ou escrever bem. Em lingüística, uma regra é uma hipótese a respeito de um mecanismo da língua.

Existe outro sentido para a palavra *regra*: o termo é, muitas vezes, sinônimo de *lei*. O positivismo do século XIX formulou como leis numerosas observações, em particular, no domínio da fonética. A lei pretende descrever o que se passa na realidade; em lingüística moderna, a regra é uma hipótese no seio de uma teoria lingüística geral. Poder-se-á opor lei e regra como busca empírica das estruturas de uma língua (método indutivo da gramática distribucional) e tentativa de produção de um modelo lingüístico pela estruturação dos fatos da língua (método hipotético-dedutivo da gramática gerativa).

2. Com efeito, é na gramática gerativa que o conceito de *regra* se torna essencial. Uma gramática gerativa consiste num alfabeto (de símbolos) e num conjunto de regras de produção. As regras de produção se subdividem, por seu turno, em subconjuntos, constituindo os componentes da gramática: conforme as oposições (1) componente de base / componente transformacional / componente interpretativo e (2) componente sintático / componente semântico / componente morfofonológico.

As regras sintáticas se dividem em regras de reescrita e regras transformacionais.

515

As regras de base (regras do componente de base) são as de reescrita e as regras léxicas (que correspondem ao léxico). As regras de reescrita podem ser independentes do contexto (*context free rules*).

A → N, que deve ser lida: o símbolo abstrato A se reescreve na seqüência de símbolos N (a segunda parte do alfabeto marca aqui o carácter complexo de um símbolo);

Elas podem ser dependentes do contexto:

A → N / —— B, que deve ser lida: o símbolo abstrato A se reescreve na seqüência de símbolos N num contexto onde N for seguido de B.

As regras de reescrita levam desde o símbolo mais abstrato (numa versão precedente da teoria: P) até os símbolos terminais, isto é, os símbolos que não são mais susceptíveis de reescrita. Outra distinção a fazer entre as regras de reescrita é entre as regras de ramificação (*branching rules*): A → Z, que analisam A numa seqüência de símbolos, e as regras de subcategorização* (*subcategorisation rules*):

Artigo → [+ Definido], que introduzem os traços sintáticos.

As regras léxicas servem para a introdução de um formante lexical. As instruções podem se apresentar assim: "Se Q for um símbolo complexo numa seqüência pré-terminal, e se (D, C) for uma entrada léxica onde C não for distinto de Q, então, Q poderá ser substituído por D."

Vêm, a seguir, as regras transformacionais; elas operam sobre o indicador sintagmático (diagrama da árvore) que corresponde à série de regras de reescrita aplicadas anteriormente. Uma regra transformacional simples dá as instruções para a transformação da seqüência terminal do indicador sintagmático de um enunciado de base em enunciado transformado; por exemplo, a transformação de ênfase faz passar os símbolos abstratos que poderiam corresponder a um enunciado realizado, como *Pedro come a maçã*, para o indicador sintagmático correspondente aos enunciados como *A maçã, Pedro a come, É Pedro quem come a maçã*, etc. As regras de transformação generalizada permitem a fusão de dois indicadores sintagmáticos com vistas à realização de uma frase única (por exemplo, *Pedro come a maçã* + *Eu vejo a maçã* → *Pedro come a maçã que eu vejo*).

As regras da gramática gerativa devem ser avaliadas, isto é, o lingüista deve ter à disposição critérios que permitam concluir que um conjunto de regras é melhor que outro: poder-se-á fazer intervir a conformidade com a intuição lingüística, a similaridade com os processos mentais, etc. Geralmente, são mais adotados os critérios de simplicidade e de economia.

Para as regras do componente semântico, v. TEORIA SEMÂNTICA; para as regras morfofonológicas, v. MORFOFONOLOGIA e FONOLOGIA.

regular

Qualifica-se de *regular* toda forma lingüística de acordo com o paradigna (de declinação, de conjugação, de estatuto frasal, etc.) considerado como fundamental. O paradigma regular é o que explica o maior número de formas. (V. ANALOGISTA, ANOMALISTA.)

Diz-se de uma mudança que ela é regular quando se aplica a todos os segmentos colocados sob as mesmas condições, sem exceção.

regularidade

A gramática distribucionalista fundamenta seu procedimento de segmentação, de determinação das unidades discretas da língua num nível determinado (fonemas, morfemas) sobre a presença, nos enunciados escolhidos como objeto de análise, de *regularidades* recorrentes, isto é, de segmentos idênticos, que ocorrem em contextos comparáveis. (V. DISTRIBUIÇÃO.)

Os neogramáticos estabeleceram suas leis fonéticas pela observação das regularidades nas mutações fonéticas; dir-se-á, assim, que o *e* breve, no galo-romano, em sílaba aberta tornou-se, no francês [je] (*pedem* → *pied*) porque se observa que esta mudança é regular na maior parte das palavras assim constituídas, sendo as exceções explicáveis por outros fatores (interferências, empréstimos, etc.)

rejeição. V. MARCA.

I. relação (fr. *rapport*)

A noção de *relação* colocada com plena clareza por F. DE SAUSSURE é esssencial à lingüística moderna; parte da constatação de que, num estado dado de língua, tudo repousa sobre as relações; os signos da língua estão em relação com objetos reais; o signo lingüístico é, por seu turno, produto de uma relação entre significante e significado; o valor lingüístico é constituído por uma dupla relação: relação com uma coisa diferenciável, (uma idéia) susceptível de ser "intercambiada" por uma palavra, e relação com uma coisa similar, susceptível de ser comparada a uma palavra (uma outra palavra). Do mesmo modo que os fatos léxicos, os fatos de gramática, (oposição singular *vs.* plural, por exemplo) e os fatos fonológicos (contraste de uma vogal com um consoante, ou oposição de duas vogais, por exemplo) são, essencialmente, relações, e não caracteres positivos.

A distinção saussuriana entre relações sintagmáticas e relações associativas foi conservada pela lingüística estrutural sob os nomes de *relações sintagmáticas* e *relações paradigmáticas*.

A *relação sintagmática* pertence, para F. DE SAUSSURE, ao domínio da fala: na fala, as palavras contraem entre si relações baseadas

517

no caráter linear da cadeia falada; o sintagma é a combinação de unidades que contraíram estas relações; por exemplo: os elementos que constituem *re-ler, contra todos, a vida humana,* etc., estão numa relação sintagmática. A *relação paradigmática* pertence ao domínio da língua: uma relação paradigmática opõe os termos que recebem seu valor desta oposição, dos quais apenas um será realizado no enunciado produzido; por exemplo: por um lado, *ensino* está em relação paradigmática na língua com *educação, aprendizagem,* e, por outro lado, com *ensinar, ensinamos,* etc.

Mas esta confusão entre oposição *língua vs. fala* e a oposição *relações paradigmáticas* vs. *relações sintagmáticas,* em germe, em F. DE SAUSSURE, não se encontra em todos os lingüistas. Pode-se constatar, com efeito, a existência de relações sintagmáticas e paradigmáticas tanto na língua quanto na fala. Tomemos um exemplo:

— na língua, no eixo sintagmático, [o], [m], [ẽ], [y] estão em relações contrastivas para formar a unidade ['omẽy] (homem); no eixo paradigmático, *homem* está em relação de oposição, por seu turno, numa série (1) *criança, velho,* etc., numa série (2) *mulher, filha,* etc., numa série (3) *estátua, robô, animal,* etc.;

— na fala, no eixo sintagmático, *homem* está em relação contrastiva com os outros segmentos de um enunciado ['esti 'omẽy 'ε ʒene' rozu] (Este homem é generoso); no eixo paradigmático, *homem* está em relação de oposição unicamente com as palavras que, no enunciado, possam comutar com ele. Seja a frase *Este homem é generoso;* poderíamos, pela série (1), substituir *homem* por *velho,* mas não por *criança,* (excluída pela forma ['esti]); da série (2), não podemos substituir por nada (a comutação torna-se impossível, em virtude das formas ['esti] e [ʒene'rozu]; da série (3), não podemos selecionar nada: as três formas são possíveis fonética e sintaticamente, mas não o são por motivos de ordem semântica.

II. relação (fr. *relation*)

1. Chama-se *relação* ao vínculo existente entre dois termos, pelo menos, podendo ser eles fonemas, morfemas ou frases. As relações podem ser entre elementos que se sucedam na cadeia da fala (relações sintagmáticas) ou substituíveis uns pelos outros numa mesma posição (relações paradigmáticas). As relações podem existir entre os termos no exterior de um mesmo campo semântico, etc. (V. RELAÇÃO.)

2. *Acusativo de relação.* V. ACUSATIVO.

relacional

Chamam-se *adjetivos relacionais* ou *de relação* os adjetivos derivados de um substantivo que exprimem a existência de uma relação entre o substantivo ao qual o adjetivo está vinculado e o substantivo do qual o adjetivo é derivado: assim, em *problemas açucareiros e petrolíferos, açucareiros e petrolíferos* designam os problemas que se discutem, indicando simplesmente que se trata dos que têm vinculação com o açúcar ou com o petróleo. A língua moderna é propensa a multiplicar este tipo de emprego, condenado, no entanto, por certos gramáticos puristas.

relativização

Em gramática gerativa, chama-se *relativização* a formação de uma relativa por uma transformação que encaixa uma frase (frase constituinte) no sintagma nominal de uma frase (frase matriz) por meio de um relativo.

Sejam as duas frases:

(1) *Eu leio* D + *livro,*
(2) *Tu me deste* D + *livro,*

a frase (2), onde o determinante D é o relativo *que*, vai se encaixar no sintagma nominal constituinte da frase (1) D + *livro* (onde D é um determinante). O apagamento dos elementos idênticos produzirá, então:

Eu leio o livro que me deste.

(V. RELATIVO.)

I. relativo

1. Em gramática tradicional, os pronomes *relativos*, chamados algumas vezes de *conjuntivos*, são as palavras que servem para relacionar, para reunir, ao substantivo ou pronome que eles representam (e que é chamado de *antecedente do pronome relativo*), uma proposição subordinada dita *relativa*, que explica ou determina o antecedente. As formas do pronome relativo são chamadas *simples* ou *compostas*: as formas simples, que variam conforme a função e, às vezes, o gênero, são sujeito (*que, quanto*), objeto direto (*que, quanto, quem* (sempre preposicionado), *quanto*, objeto indireto e complemento nominal (*que, quem, quanto*), agente da passiva (*quem*), adjunto adnominal (*cujo*); adjunto adverbial (*quem, onde*). As formas compostas são:

Sujeito, objeto direto,
sing. *o qual*, fem. *a qual*;
pl. *os quais*, fem. *as quais.*

complementos e adjuntos introduzidos por *de, a, com, por* etc., aplicados sobre estas últimas formas compostas.

As formas compostas são, na realidade, formas de pronomes. O emprego do adjetivo relativo sujeito, ou objeto, é raro no francês, caracterizando o estilo arcaizante ou jurídico: *On a vu arriver un denommé Théodore, lequel Théodore se prétendait roi de Corse.* No português arcaizante também são encontradas frases de construção semelhante: *Chegou o vice-rei, o qual vice-rei trouxe muitos benefícios à população.*

2. Chama-se *relativa* ou *adjetiva* uma proposição que comporta um relativo, encaixada no sintagma nominal constituinte de uma frase matriz (ou frase principal). O sintagma nominal que serve de base ao encaixe é chamado de antecedente*. Seja a frase

Li o livro que me deste,

a proposição *que me deste*, na qual o relativo *que* é oriundo de um sintagma nominal, *Determinante* + *livro*, é uma relativa encaixada no sintagma nominal (*o livro*) da frase matriz *eu li o livro*; este sintagma nominal (*o livro*) é o antecedente de *que*; *livro* é o substantivo antecedente.

Distinguem-se dois tipos de relativas:

A *relativa determinativa*, que restringe ou precisa o sintagma nominal antecedente, por adição de uma propriedade necessária ao sentido; sintaticamente, desempenha o mesmo papel que um demonstrativo. Na NGB, é chamada de oração subordinada adjetiva restritiva.

A *relativa apositiva*, que acresce uma propriedade contingente, não indispensável ao sentido: sintaticamente, ela desempenha o papel de um aposto. Na NGB, é denominada de oração subordinada adjetiva explicativa.

Assim, as frases:

(1) *Pega o livro que está sobre minha mesa,*

519

(2) *O amigo que me acompanhava ficou surpreso de ver Paulo*, são relativas determinativas.

Ao contrário, nas frases:

(1) *Pega meu livro, que está sobre minha mesa*,

(2) *Meu amigo, que não o conhecia, ficou surpreso ao ver Paulo*, as relativas são apositivas.

As relativas apositivas muitas vezes são separadas de seu antecedente por uma vírgula, que desempenha o papel de parênteses; as relativas determinativas são religadas ao determinante do sintagma nominal antecedente (*o... que está sobre minha mesa*).

3. Em lingüística estrutural, os *relativos* são operadores de frase que permitem a expansão de um sintagma nominal numa frase; os pronomes relativos são em português *que, quem, o qual, cujo, quanto, onde*. Segundo uma interpretação muito em voga na gramática gerativa, o pronome relativo tem a mesma função que a conjunção *que*. Os exemplos que justificam tal explanação são os das completivas nominais: *Eu creio que ele vem* teria construção idêntica a *A crença de que ele vem*.

4. Em lingüística gerativa, os relativos pertencem à classe dos determinantes* e entram na transformação relativa. (V. RELATIVIZAÇÃO.)

II. relativo

1. Diz-se que um *superlativo é relativo* quando vem seguido de um complemento que precisa dentro de que limites é verdadeira a asserção da qual o comparativo está implicado: assim, em *João é o maior dos meninos*, a asserção *João é o maior* não será considerada verdadeira a não ser por referência aos meninos (ela não será verdadeira, possivelmente, se compararmos *João* aos professores, por exemplo). O superlativo relativo é dito também comparativo generalizado. O contrário do superlativo relativo é o superlativo absoluto.

2. Dá-se o nome de *tempos relativos* às formas acabadas que exprimem o futuro ou o passado em relação a um futuro ou a um passado do enunciado. (V. ABSOLUTO.)

3. *Transformação relativa*. V. RELATIVIZAÇÃO.

relaxado

Dá-se às vezes o nome de *fonemas relaxados* aos fonemas *frouxos**, chamados igualmente de *doces* ou *fracos*, por oposição aos fonemas *tensos* (*duros* ou *fortes*).

rema

Sin. de COMENTÁRIO.

rendimento funcional

V. FUNCIONAL.

representação

Na perspectiva associacionista de F. DE SAUSSURE, a representação é o aparecimento da imagem verbal mental no falante.

representante

Dá-se o nome de *representante* ao *pronome* (pessoal, demonstrativo, possessivo) considerado em sua função principal: a de representar uma palavra ou um grupo de palavras enunciadas anteriormente ou que denotam um objeto da situação: em *Pedro chegou, eu o vejo, o* é um representante, porque substitui *Pedro*. Em *Isto é grave, isto* representa um elemento da situação que pode ser denotado por uma palavra, um grupo de palavras ou uma proposição. (V. ANAFÓRICO, SUBSTITUTO.)

representatividade

Um conjunto de enunciados é *representativo* quando contém todos os traços concernentes à pesquisa e sobre os quais se deseja formular as conclusões; um corpus representativo de uma língua deve comportar todas as características estruturais desta língua implicadas na pesquisa.

respectivo

Em *semântica gerativa*, chama-se de *transformação respectiva* (ou *transformação-respectivamente*) a operação que consiste em derivar *Pedro e João amam suas respectivas casas* da frase abstrata *Pedro ama a casa de Pedro e João ama a casa de João.*

resposta

Na teoria behaviorista, chama-se *resposta* a uma reação verbal (r) ou não-verbal (R) a um estímulo verbal (s) ou não-verbal (S). [Diz-se, também, AÇÃO-RESPOSTA.]

ressoador

Ressoador é uma cavidade que tem o efeito de amplificar a onda sonora que a percorre e cuja freqüência de vibração é vizinha de sua própria freqüência. As cavidades supraglóticas do conduto vocal, essencialmente a faringe e a cavidade bucal, eventualmente as fossas nasais e a cavidade labial, agem como ressoadores sobre a onda sonora provocada pela vibração das cordas vocais. A faringe reforça as freqüências mais baixas, as fossas nasais as freqüências baixas, mas num grau menor. A cavidade labial reforça as freqüências baixas ou elevadas, conforme a forma que lhes conferem as articulações diferentes, em função da mensagem a ser emitida.

ressonância

O fenômeno da *ressonância* é aquele por meio do qual uma onda sonora vê seu movimento reforçado por sua passagem através de uma cavidade cheia de ar cuja freqüência esteja próxima da sua. A freqüência de vibração da cavidade e, portanto, a influência acústica que ela exerce sobre a onda que a percorre e a faz entrar em vibração, depende de sua forma e de seu volume. Assim, na fonação, o conduto vocal exerce sobre a onda origi-

nária da laringe uma influência ressoadora que varia conforme a forma que ele assume, em função dos movimentos diferentes dos órgãos vocais. O conduto vocal age, em suas diferentes partes, como um ressoador.

restabelecimento (fr. *affermissement*)

Restabelecimento é um fenômeno de evolução histórica observado em particular na evolução do sistema consonântico de diversas línguas indo-européias, nas quais ele sucedeu muitas vezes a um fenômeno de abrandamento*, coincidindo com o aparecimento do acento* intensivo. Assim, no itálico tardio, as oclusivas não-sonoras, que se tinham abrandado em oclusivas não-sonoras frouxas, retomam sua tensão inicial; as oclusivas sonoras [b, d, g], que se tinham abrandado em fricativas [β, δ, γ] retomam a sua oclusão, etc. (ant.: ABRANDAMENTO).

resultante

V. OPERANDA.

resultativo

1 Chamam-se *resultativos* os morfemas léxicos e, em particular, os verbos que implicam um estado presente que resulta de uma ação passada (os de aspecto acabado), como *saber, possuir, viver, permanecer,* por oposição a outros verbos que implicam uma ação em vias de acabamento ou uma ação momentânea (são os de aspecto não acabado), como *aprender, prender, nascer, vir.* Os verbos resultativos têm, amiúde, o mesmo sentido que os outros verbos que estão no aspecto acabado (pretérito perfeito simples): *eu sei* implica *eu aprendi; eu possuo, eu adquiri; ele vive, ele nasceu; ele permanece, ele veio.*

2. Chama-se de *objeto resultativo* o objeto do verbo transitivo cujo resultado ele indica; assim, em *Ele escreveu uma carta,* carta é o objeto resultativo de *ele escreveu,* mas em *Ele lê*

521

uma carta, carta é um objeto direto comum.

retórica

Chama-se *retórica* ao estudo das propriedades dos discursos (fala-se, também, de ANÁLISE DO DISCURSO). A retórica comporta, em particular, o estudo dos três componentes essenciais do discurso: a *inventio* (temas e argumentos), a *dispositio* (arranjo das partes) e, sobretudo, a *elocutio* (escolha e disposição das palavras); acrescenta-se, seguidamente, a *pronuntiatio* (ou modo de enunciação) e a *memoria* (ou memorização). A *elocutio*, objeto principal da retórica, se define essencialmente pelo estudo das figuras* ou tropos. Os tipos de discurso definidos pela retórica são o deliberativo (discurso sustentado a fim de persuadir ou aconselhar), o judiciário (discurso sustentado a fim de acusar ou defender) e o epidíctico (discurso sustentado para elogiar ou censurar). V. também ESTILÍSTICA.

retração

É a posição dos lábios repuxados para a realização, por exemplo, de vogais como [i] ou [e]. V. PROTRAÇÃO.

retraído

Os lábios estão *retraídos* quando se encontram repuxados, em retração*.

retroação

V. FEED-BACK.

retroalimentação

V. FEED-BACK.

retroflexo

Fonema retroflexo é aquele cuja articulação implica à elevação do reverso da ponta da língua em direção ao palato. Uma articulação retroflexa é também dita *cacuminal* ou *cerebral*.

As consoantes retroflexas são, em geral, as que opõem uma série de dentais retroflexas a uma de dentais não-retroflexas. São encontradas nos dialetos da Índia, no árabe, em alguns pontos isolados da Europa (Sicília, Sardenha, sul da Córsega, alguns pontos das Astúrias). O traço retroflexo dobra, às vezes, outro traço distintivo, como o traço de força.

As vogais retroflexas existem em sueco, e nalgumas variedades do inglês, onde elas são devidas à fusão da vogal com o [r] seguinte: nas palavras *girl*, *far*. O sueco apresenta também este tipo de articulação, que resulta de uma fusão entre um [r] e o [t] ou [d] seguinte nas palavras *kort* "breve", *bord*, "mesa".

Acusticamente, as retroflexas são bemolizadas, como as consoantes labiais e faringais. Sua notação consiste num prolongamento para baixo da haste vertical, seguido de uma pequena curva em direção à direita (vide AFI), ou de um ponto colocado embaixo da consoante, ou pelo sinal musical de bemolização.

reunião

A reunião de dois conjuntos* A e B é constituída pela totalidade dos elementos que pertencem a A e dos elementos que pertencem a B. Diz-se que R torna-se igual a A + B e nota-se $R = A \cup B$. Numa certa tradição da gramática, o conjunto de "nomes" é constituído pela reunião dos substantivos e adjetivos.

reversível

Em lingüística transformacional, dir-se-á que uma transformação* é *reversível* quando os membros das classes são idênticos, em suas construções, à frase de base e à frase transformada. Assim, a pronominalização em *Pedro vê Paulo* → *Pedro o vê* é reversível, já que toda a construção com SN + V_t + SN (sintagma nominal seguido de verbo transitivo e sintagma nominal objeto) é transformável em SN + *Pronome* + V_t, sendo a recíproca verdadeira. Uma transformação é dita *irreversível* quando uma parte dos membros que satisfazem uma construção não satisfazem a outra. Assim, em virtude de frases como *Ele tem razão*, que não admite apassivação, não se pode dizer que toda a frase com verbo transitivo direto admite tal transformação.

rewording (ing.)

V. REFORMULAÇÃO.

rima

Existe *rima*, quando, no final de certas palavras vizinhas ou pouco distantes, ou no final de certos grupos rítmicos (dos versos, por exemplo), encontra-se a mesma vogal, (rima pobre) como em *café* e *sapé*, ou a mesma vogal seguida da mesma consoante (rima suficiente) como em *sonhar* e *cantar*, ou da mesma vogal, precedida e seguida das mesmas consoantes, ou das mesmas consoantes ou das mesmas sílabas, como em *partir* e *sentir*.

ritmo

Chama-se *ritmo* à repetição regular, na cadeia da fala, de impressões auditivas análogas, criadas por diversos elementos prosódicos. No alexandrino clássico francês, o ritmo é criado (1) pela rima, isto é, pela presença de uma segunda sílaba idêntica em dois ou mais versos, acompanhada de um abaixamento da voz e (2) pela cesura, isto é, pela elevação da voz na sexta sílaba.

O ritmo de quantidade funda-se sobre a oposição entre as sílabas longas, que são o cume do ritmo, e as sílabas breves. Este ritmo existe nas línguas indo-européias antigas (sânscrito, grego, latim-clássico, árabe antigo, etc.) Em muitas línguas, como as línguas românicas ou o árabe moderno, o ritmo de quantidade foi substituído pelo ritmo acentual, que consiste na oposição entre as sílabas acentuadas e as não-acentuadas.

rolado. V. roulé (fr.)

rotacismo

Chama-se *rotacismo* a transformação da sibilante sonora [z] em [r] apical. Este processo se observa na fonética histórica do latim, onde os infinitivos *amare, legere, audire* etc., são originários da raiz verbal à qual se acresce uma desinência do infinitivo *-se*, onde o [z] intervocálico se torna [r].

Por extensão, o termo *rotacismo* designa a transformação do [r] a partir de outras consoantes, como [d] e sobretudo [l]. Assim, num grande número de dialetos italianos (piemontês, lombardo antigo, lígure, romanesco, calabrês, etc.), o [l] intervocálico latino conheceu um fenômeno de rotacismo em certas posições: seja a intervocálica, seja antes de consoante. Em Milão, sobretudo nas camadas menos cultas, dir-se-á *gora* (it. *gola*) "garganta", *fiora* (it. *figliola*) "filha"; em Lucca, têm-se as formas *mignoro* (it. *mignolo*) "dedo mingo", *pentora* (it. *pentola*) "panelão"; em Sora (Lácio), tem-se *tawəra* (it. *tavola*) "mesa", etc.; em Roma, o artigo masculino singular é *er* (italiano *il*). Fenômeno semelhante ocorre no português praticado em certas regiões (variedade caipira) e em certos estratos sociais mais baixos, onde o [l] é substituído pelo [ɽ] retroflexo. Ex.: ['sɔɽta'pɔɽva maɽ'vada].

roulé (fr.)

Chama-se *r roulé* (rolado) a vibrante apical [r] tal como ela se realiza em regiões da França (Borgonha, Cévena, Pireneus, Correza, etc.), na pronúncia de palavras tais como *rue, mer, terre, terreau*, etc. Esta pronúncia também é encontrada na realização da vibrante do português, em certas regiões e camadas sociais, que se encontra em *carro, terra, correr*, etc. Tal consoante se realiza por uma ou mais batidas da ponta da língua contra os dentes, os alvéolos ou a região pré-palatal; o [r] *roulé* é a realização primitiva do fonema ao qual corresponde. Era, sem dúvida, o *r* do latim, do grego, do indo-europeu. A tendência que consistiu em substituir o *r* anterior por um *r* posterior, produzido seja pela vibração da úvula contra a raiz da língua (*r grasseyé**, ou *r* dos bairros, cuja notação é [R]), seja pelo estreitamente da passagem entre os dois órgãos (*r* fricativo ou parisiense, cuja notação é ([ʁ]) se produziu em línguas diferentes da Europa, muitas vezes simultaneamente, sob a influência do fenômeno urbano. A articulação fricativa, mais fraca, apareceu, primeiro, na pronúncia das classes socialmente superiores (a corte de Versalhes, por exemplo) e se expandiu em seguida, progressivamente, em outras camadas da população e através do interior. O fenômeno verificou-se na França, Suécia, Noruega, Dinamarca, Alemanha, Holanda, na Itália do Norte, em certas variedades do português (Lisboa e Brasil) e do espanhol da América. Esta evolução supõe, sem dúvida, uma etapa intermediária, na qual o *r* vibrante posterior primeiro foi pronunciado como consoante longa, por exemplo, em *terra, carro* (mantendo-se o *r* alveolar para o fonema simples); esta etapa intermediária corresponde à situação atual nos dialetos franco-provençais e no português lisboeta.

ruído

1. Na produção dos sons da língua chama-se *ruído* o que é produzido por uma obstrução total ou parcial da passagem do ar, de sorte que a vibração laríngea não constitui a fonte sonora, ou é apenas uma parte dela. Os sons da linguagem que comportam um ruído na sua articulação são as consoantes, por oposição às vogais, constituídas unicamente do tom laríngeo diversamente modulado.

2. Na teoria da comunicação, chama-se *ruído* toda perda de informação conseqüente de perturbação no circuito comunicante. Desde o momento em que a mensagem a transmitir é introduzida no canal de transmissão até aquele em que essa mensagem chega ao receptor, ou destinatário, que a descodifica, causas de natureza diferente podem perturbar a transmissão da mensagem e diminuir, por isso, a quantidade de informação transmitida. Essas causas diversas são designadas pelo termo *ruído*. *Ruído* pode também designar, no sentido próprio, o "ruído" resultante de má transmissão, por defeito técnico do aparelho ou de audição defeituosa. Numa palavra, *ruído* designa tudo o que altera uma mensagem, de forma imprevisível, tudo o que faz que uma dada seqüência de símbolos introduzida (*input*) no canal de comunicação saia sob a forma de símbolos diferentes (*output*). Nesse sentido, p. ex., os psicólogos julgam que a cólera pode ser considerada como um ruído perturbador do circuito comunicante no caso da comunicação vocal. Chama-se *erro* a diferença entre a seqüência de símbolos introduzida no canal de comunicação e os símbolos que dele saem transformados por um fator qualquer. Esse fator de erro é o ruído. Uma das características do ruído é ser imprevisível, o que diminui a probabilidade de aparecimento do signo e, por isso mesmo, a eficácia do código*, para a transmissão da mensagem. A diminuição da quantidade de informação transmitida que resulta da não-eqüiprobabilidade dos sinais tem por conseqüência a repetição do sinal; esta é designada pelo nome de redundância. A redundância compensa as perdas devidas ao ruído.

ruidoso

Chamam-se por vezes *ruidosas* certas consoantes consideradas como apresentando um grau de obstáculo maior que as outras, i.é, as oclusivas [p, b, t, d, k, g] e as fricativas [f, v, s, z], etc. As ruidosas opõem-se às sonantes (nasais, laterais, vibrantes e soantes), cuja articulação comporta, ao menos parcialmente, um escoamento livre do ar que as aproxima das vogais.

S

sabir

Sabires são sistemas lingüísticos reduzidos a algumas regras de combinação e ao vocabulário de determinado campo léxico; são línguas compostas, nascidas do contacto de duas ou mais comunidades lingüísticas diferentes, que não têm nenhum outro meio de se compreenderem, principalmente nas transações comerciais. Os sabires são línguas acessórias, com uma estrutura gramatical mal caracterizada e um léxico pobre, limitados às necessidades que lhes deram origem e que asseguram a sua sobrevivência. Eles se diferenciam dos pidgins*, que são sistemas completos, embora línguas segundas, e dos crioulos*, que, nascidos como os sabires e os pidgins, tornaram-se línguas maternas de comunidades culturais. O nome *sabir*, no início, era o de *língua franca*; foi, em seguida, aplicado a todos os sistemas do mesmo tipo. Certos sabires, como o chinook, nos Estados Unidos, baseados no chinook propriamente dito, serviram de língua comercial numa grande extensão de área geográfica. Distinguem-se, muitas vezes, os sabires propriamente ditos (utilizados sob a mesmas forma pelos falantes de comunidades diferentes) dos pseudo-sabires.

saída

V. INPUT.

samprasarana

Samprasarana é o desenvolvimento de uma vogal em contacto com uma sonante que se torna uma consoante. Assim, no latim *certus* (em grego *kritos*), da raiz *kr̥tos*, desenvolveu-se um *e* e o *r̥* tornou-se a consoante *r*.

sandhi (sânscrito)

V. SÂNDI.

sândi

O termo *sândi* (sânscrito: sandhi) foi herdado dos antigos gramáticos da Índia; significa, literalmente, "colocar junto, reunir". Este termo designa os traços de modulação e de modificação fonética que afetam a inicial e/ou o final de certas palavras, morfemas ou sintagmas A forma pronunciada em posição isolada é a forma absoluta; as formas que aparecem em posição inclusa são as farmas do sândi. À ligação, no francês, é um fenômeno de sândi: a palavra *six*, por exemplo, apresenta uma final absoluta, como na frase *ils sont six* [*il sɔ sis*], e duas finais sândi, que aparecem nos sintagmas seguintes *six oiseaux* [sizwazo] e *six livres* [silivr]. O sândi final afeta, no francês, os artigos (*la soeur* vs. *l'amie*); os pronomes (*vous êtes* [*vuzɛt*] vs. *vous venez* [*vuvəne*]); os adjetivos (*savant* [*savã*], *un savant anglais* [*œ̃savɑ̃tɑ̃glɛ*]); certos advérbios (*très beau* [*trɛbo*] vs. *très interessant* [*trɛzɛ̃terɛsã*]), os morfemas do plural (*des livres* [*delivr*] vs. *des livres anciens* [*delivrəzɑ̃sjɛ̃*]), etc.

O mesmo ocorre, no português, com o morfema de plural no substantivo ou com o de segunda pessoa do singular no verbo: ['malas]; ['malaza' zuys]; ['malas'pretas].

O sândi final é mais freqüente. O sândi inicial encontra-se freqüentemente em certas línguas celtas, como o irlandês moderno, que pronuncia a palavra correspondente a "vaca" em posição aboluta ['bo:]; mas em posi-

525

ção inclusa [an vo] "uma vaca" e [ar'mo] "nossa vaca".

Distingue-se o sândi irregular, que não afeta senão certas formas (como em francês), do sândi regular ou geral, que afeta todas as palavras num dado contexto. O sândi geral era freqüente no sânscrito. Em certos dialetos itálicos (falares corsos, por exemplo), encontra-se um fenômeno de sândi regular inicial com a alternância entre uma inicial absoluta não-sonora e uma inicial inclusa sonora, que afeta quase toda a série de consoantes fricativas: ['saku] "saco", [u'zaku] "o saco", ['foku] "fogo" [u'voku] "o fogo" ['ʃuk:a] "cabra" [a'zuk:a] "a cabra".

secundário

Qualificam-se de *secundárias* as funções* da linguagem que não são centrais; assim, a função conativa* e a função emotiva* são funções secundárias.

segmentação

Em lingüística estrutural, a *segmentação* é um procedimento que consiste em segmentar o enunciado, isto é, em dividi-lo em unidades discretas que representam, cada uma delas, um morfema. Cada morfema será segmentado, por seu turno, em unidades constituintes, os fonemas. A segmentação é indissociável da operação de identificação das unidades discretas (V. COMUTAÇÃO); ela precisa a classificação das unidades conforme as relações paradigmáticas e sintagmáticas que entretêm entre si.

segmento

Segmento é o resultado da operação que consiste em segmentar uma cadeia da fala em unidades discretas, considerando-se os elementos idênticos que figuram em contextos diferentes e, inversamente, os elementos diferentes que figuram em contextos idênticos. Por exemplo: a análise de *A mesa é grande, A mesa é pequena, As mesas são pequenas, As mesas são grandes,* etc., permite segmentar tal frase, isolando-se a unidade discreta *mesa* graças aos contextos idênticos (*a — é*) e diferentes (*as — são*). (V. COMUTAÇÃO.)

seleção

Chama-se de *seleção* a operação através da qual o falante escolhe uma unidade do eixo paradigmático. Opõe-se, muitas vezes, o eixo das seleções ao eixo das combinações, como o eixo paradigmático ao eixo sintagmático. Na perspectiva de F. DE SAUSSURE, cada elo da cadeia falada (em cada nível de análise) oferece a possibilidade de uma escolha seletiva. Cada unidade da cadeia está, portanto, em relação de seleção com as utilidades capazes de comutar com ela.

Na expressão *um sorriso*, as relações de seleção serão, tomando-se o primeiro fonema /u/ por base:

/u/: relação de seleção com /i/ e, indiretamente, com todos os outros fonemas;

/um/: relação de seleção com *o, algum*, etc. (e, indiretamente, com todos os morfemas);

um sorriso: relação de seleção com *um choro* (e, indiretamente, com toda a fraseologia; com todos os sintagmas nominais).

Em gramática gerativa, chamam-se regras de seleção as regras que impõem à escolha dos morfemas na cadeia pré-terminal, restrições que dependem da estrutura semântica desses morfemas. Assim, o verbo *pensar*, de acordo com as regras de seleção, não pode ter como sujeito o substantivo mesa (*A mesa pensa* é uma frase anômala).

seletivo

Traço seletivo. V. TRAÇO.

sema

Na terminologia da análise sêmica*, o *sema* é a unidade mínima da significação, não susceptível de realização independente e, portanto, sempre realizada no interior de uma configuração semântica ou *semema*. Por exemplo: a análise sêmica explica a oposição *cadeira vs. poltrona*, pela adjunção ao *semema* de *cadeira* (composto dos semas S_1, S_2, S_3, S_4, "com encosto", "sobre pernas", "para uma só pessoa", "para sentar-se") do sema "com braços", ausente do semema de *cadeira* e presente no semema de *poltrona*.

Como o *sema* é, de fato, sinônimo dos termos *traços semântico* e *componente semântico*, ele se encontra igualmente, ainda que não sistematicamente, entre os lingüistas que praticam a análise componencial ou desenvolvem uma teoria semântica no quadro da gramática transformacional. (V. SEMÂNTICA s.f.)

semanálise
V. SEMIÓTICA.

semantema
1. Para CH. BALLY, o *semantema* é um signo que exprime uma idéia "puramente lexical" (isto é, uma substância, uma qualidade um processo, uma modalidade da qualidade ou da ação), por exclusão aos "signos gramaticais". O semantema é susceptível de revestir formas gramaticais variadas: os radicais *mes-* e *guard-*; palavra simples: *mesa*, *guardar*; palavras compostas, *guarda-roupa*, *mesa redonda*. (V. LEXEMA.)

2. Para B. POTTIER, o *semantema* é um dos elementos que compõe o semema*. Entre os semas*, são possíveis três grupos no interior do semema: os semas genéricos constituem o classema; os semas ocasionais, o virtuema; é o conjunto dos semas específicos da unidade considerada que constitui seu semantema. Assim, se tomarmos qualquer classema e, eventualmente, qualquer virtuema que atribuirmos ao semema *cadeira*, seu semantema compreenderá os traços específicos que distinguem a unidade das outras palavras do paradigma referente a assentos.

I. semântica (s.f.)

1. No quadro da teoria lingüística geral, tal como é visualizada pela gramática gerativa transformacional, a *semântica* é um meio de representação do sentido dos enunciados. A *teoria semântica* deve explicar as regras gerais que condicionam a interpretação semântica dos enunciados, como a teoria fonológica deve explicar as regras fonológicas universais, das quais as línguas não utilizam senão um subconjunto. No ponto de partida das pesquisas sobre uma teoria semântica, constata-se a impossibilidade dos estudos semânticos baseados numa língua dada, anteriormente à constituição de uma semântica geral.

Convém distinguir *teoria semântica* e *teoria da referência*. Pode-se descrever o sentido da palavra cadeira a partir dos traços* semânticos (*encosto, pernas*, etc.) recorrentes, isto é, que aparecem na descrição dos outros termos do conjunto de assentos (*poltrona, banco*, etc.); a referência da palavra *cadeira*, ao contrário, é a relação (dita denotação) que existe entre esta palavra e os diferentes objetos ("cadeiras"). Em termos de lógica, pode-se dizer que a definição da palavra *cadeira*, em *compreensão*, interessa à semântica, enquanto a defi-

527

nição da palavra *cadeira*, em extensão ("A, B, C, N são cadeiras") interessa a uma teoria da referência.

No que concerce à teoria semântica, o ponto essencial para uma gramática gerativa é o da colocação do componente semântico na gramática. Depois de ter tentado uma teoria completamente assemântica da estrutura gramatical, N. CHOMSKY teve que modificar seu ponto de vista. Para caracterizar toda a competência lingüística do falante--ouvinte, uma gramática deve compreender as leis de interpretação semântica. Elas são mais complexas do que os gerativistas haviam acreditado de início, já que eles julgavam possível isolar um componente semântico encarregado, uma vez por todas, de consignar à estrutura profunda uma interpretação semântica. Na verdade, é necessário admitir que aspectos da estrutura superficial intervêm, igualmente, na interpretação semântica.

A teoria de Katz e Fodor

Esta teoria, baseada nos primeiros trabalhos de N. CHOMSKY, reivindica uma gramática (preexistente), um dicionário, e as "regras de projeção". A teoria deverá dizer qual dicionário e quais regras podem associar-se à gramática para formar a interpretação semântica.

a) *O dicionário*: no início, a seguinte forma parece ser satisfatória:

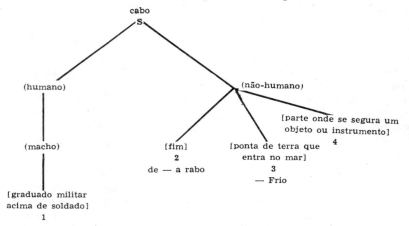

Sem parênteses: categorias gramaticais;
Entre-parênteses: categorias semânticas;

Entre colchetes: diferenciadores semânticos (= tudo o que a significação possui de idiossincrático).

Como este esquema está sujeito a ambigüidades (*Fica no cabo* = 3 ou 4), é necessário reescrever o verbete conforme o esquema a seguir.

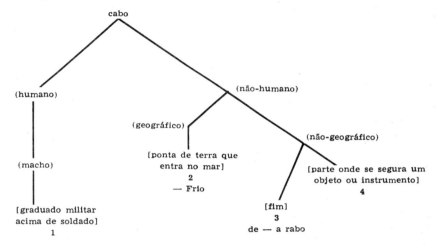

Falta, ainda, reintroduzir as restrições seletivas, que precisam as condições necessárias e suficientes a uma combinação semântica aceitável. Esta informação será fornecida entre os colchetes [...], adjunta ao último elemento de uma ramificação.

Por exemplo: *honesto* teria uma ramificação HONESTO, Adj. (valorativo) (moral) (inocente em relação a relações sexuais ilícitas) (humano) e (fêmea). Para ser lido: uma ocorrência de *honesto* pode receber esta interpretação semântica quando o substantivo modificado tiver uma ramificação que contenha as categorias semânticas (humano) e (fêmea).

b) *regras de projeção*. De um modo geral, a teoria lingüística deve fornecer a indicação dos processos pelos quais o conjunto finito de frases encontradas (por um locutor) for projetado sobre um conjunto infinito das frases gramaticais da língua. O termo regras de projeção conviria a toda a regra que visasse a este efeito. Deve ser tomada aqui, no entanto, no quadro da teoria semântica, no sentido mais restrito das regras que permitem a concordância entre um indicador sintagmático e um dicionário do tipo FODOR-KATZ.

Depois que o dicionário tiver escolhido para cada morfema a ramificação compatível com a estrutura sintática, as regras de projeção irão assegurar as amálgamas. Em particular, depois que o dicionário assinalou as impossibilidades gramaticais entre as combinações, as regras de projeção levam em conta as restrições seletivas e avaliam as possibilidades de combinação semântica.

c) Diversas críticas foram formuladas contra esta teoria. Assinalaremos as mais importantes.

A diferenciação dos micro-sentidos pode chegar ao infinito. Se distinguirmos *comer sopa* e *comer pão* por um diferenciador semântico [líquido], deveremos, igualmente, distinguir *comer com os dedos* de *comer com o garfo*, etc.

Os traços semânticos causam problema: eles podem ter o mesmo nome que os traços sintáticos, com valores diferentes. Os exemplos citados pertencem ao inglês:

BABY traço semântico (humano)   traço sintático (não-humano)

Com efeito, *baby* (criança) exige uma descrição semântica como "pequeno homem"; ora, na sintaxe do inglês, poderia ser substituído por *it* (pronome neutro):

SHIP traço semântico (não-humano)   traço sintático (humano)

Com efeito, *ship* (barco) tem como substituto *she* (pronome feminino, reservado aos animados). A situação é, portanto, mais aberrante para *ship* do que para *baby*.

A crítica não vale senão para a contradição entre os dois tipos de traços. Em si mesma, a adoção de um traço semântico (humano) para *baby* é bastante contestável: *O bebê odeia seus pais* é uma frase sobremaneira bizarra. De um modo geral, critica-se a distinção entre traço semântico e traço sintático por estar baseada no conteúdo e não na função.

A teoria de U. Weinreich

Trata-se, para U. WEINREICH, de explicar como o sentido de uma frase, de uma estrutura específica, deriva do sentido plenamente especificado de seus elementos. O objetivo é alcançar uma representação formal equivalente à de expressões simples (palavras, por exemplo), e de expressões complexas (sintagmas, frases).

Em particular, é necessário precisar os tipos de construção possíveis, entre duas palavras M e N. O "linking" (ligação*) se produz se certos traços semânticos de M e de N vierem a se combinar. Por exemplo, *muro branco*: a nova entidade MN possui todos os traços de *muro* e de *branco*. Notar-se-á que certos elementos de uma ligação podem ser ordenados: *Um pequeno elefante é grande* não é um absurdo por causa do caráter ordenado dos semas da palavra *elefante*. Em contraposição, as construções não-ligação não contribuem com novos grupos de traços. Por exemplo: a "delimitação" converte um termo geral (*carneiro*) em *os carneiros, cinco carneiros*.

Compreende-se por estes poucos exemplos tudo o que esta reflexão deve à lógica moderna. Tomando um exemplo do português, poderíamos dizer que tal teoria semântica se propõe a explicar a diferença semântica que existe entre *um poeta francês* (X é poeta e é francês), *um poeta maldito* (X é poeta, mas não é "maldito" senão na condição de poeta) e *um poeta fracassado* (X não é poeta e não é fracassado senão na condição de poeta).

Esta nova teoria recusa, por outro lado, a noção de restrição seletiva. Tomemos, como exemplo, o termo inglês *pretty* [formosa], que não pode se aplicar a um substantivo que possua o traço [+ macho]. A teoria semântica precedente iria atribuir o traço [+ macho] à restrição seletiva. A teoria de U. WEINREICH prefere a noção de traço à de transferência: é a palavra *pretty* que fará aparecer no contexto o traço [— macho]. Em face de um sistema que verifica somente as possibilidades combinatórias, e rejeita as expressões incorretas, isto o faz ativo e permite, de um modo melhor, explicar a criatividade da língua.

Pela intervenção de um mecanismo bastante complexo (calculador semântico), a teoria semântica explicará, por um lado, a interpretabilidade e, por outro, da bizarria de numerosas expressões.

A semântica soviética

Alguns trabalhos dos semanticistas soviéticos contemporâneos tomam por base uma teoria estratificacionalista: trata-se de decompor a relação entre expressão e conteúdo em múltiplas relações parciais relativamente simples; a língua é, então, concebida como *uma série de códigos superpostos*.

Para I. A. MELCUK e A. K. ZOLKOVSKIJ, a primeira tarefa de um modelo de funcionamento lingüístico será a de assegurar a operação *sentido → texto*. A língua, com efeito, é definida aí como "um mecanismo que traduz o sentido em texto". Em outras palavras: em lugar de colocar a questão de saber se "isto se diz", numa dada língua, os autores se perguntam como, nesta língua, "se exprime um sentido".

531

O primeiro objetivo é, em conseqüência, o de gerar os enuncia-dos por um mecanismo chamado síntese semântica. O nível de representação inicial é dito *inscrição do sentido*. Parece que os lingüistas soviéticos concebem esta inscrição de sentido como a representação estruturada em pensamento de uma situação extralingüística. Assim, o problema da representação do sentido de uma situação dada é introduzido no modelo teórico da língua, e colocado na origem do processo lingüístico.

A noção de *sinonímia* é essencial a esta teoria, já que o modelo deverá explicar não apenas uma *única* expressão lingüística do sentido numa situação, mas de todas as expressões deste sentido na língua considerada. Pela ótica dos autores, será considerado como idêntico o sentido das frases cuja relação de paráfrase possa ser justificada por considerações lingüísticas: se se fizer necessário recorrer a informações extralingüísticas (partidas da situação), o sentido será considerado diferente.

Os trabalhos aqui assinalados se aproximam do de certos gerativistas americanos levados a se opor a N. CHOMSKY. Onde este desejava edificar uma teoria completamente assemântica da estrutura lingüística, aqueles tiveram como projeto elaborar uma gramática gerativa com base semântica (V. SEMÂNTICA GERATIVA.)

2. Em lingüística estrutural, a *semântica* está constituída pela análise sêmica* ou análise componencial*.

3. No sistema de H. HIZ, distinguem-se duas utilizações da semântica: uma *semântica fraca*, que remete a uma equivalência semântica entre dois ou mais enunciados, sem definir a significação exata destes enunciados e sem justificativa desta equivalência, e uma *semântica forte*, que estuda as relações entre os enunciados e a realidade extralingüística.

II. semântico (adj.)

1. Chama-se *campo semântico* a área coberta, no domínio da significação, por uma palavra, ou por um grupo de palavras da língua.

a) Poder-se-á, assim, tentar descrever o campo semântico da palavra *mesa*. Se procedermos a partir de uma concepção polissêmica, o campo semântico que estabelecermos deverá explicar todas as significações da palavra *mesa* num estado de língua dado, seja em 1972, como, em *mesa de trabalho, mesa de refeições, mesa redonda, mesa de eleição, mesa da Assembléia, mesa de operação, pôr as cartas na mesa, roupa de cama e mesa*, etc. Se partirmos da concepção homonímica, o campo semântico de mesa 1, por exemplo, mais restrito, deverá, ainda assim, explicar as diferenças semânticas entre *levantar a mesa* e *forrar a mesa*, entre *colocar a mesa* e *pôr a mesa*, entre *derrubar a mesa* no sentido próprio e figurado, etc.

b) Poder-se-á, igualmente, estudar o campo semântico de um grupo de palavras, por exemplo, os verbos que comportam no seu semantismo um elemento comum. Poder-se-á, assim, estudar um grupo como *dar, contar, desenhar, ordenar*, etc., enquanto comporte como elemento comum /A está em relação com C por B (A dá B a C, etc.).

Em fase desta dupla possibilidade de estudo inerente à noção de campo semântico, dever-se-á estar prevenido contra uma confusão freqüente (e original, já que remonta a J. TRIER) entre campo semântico e campo conceitual. É em virtude da confusão entre significado e objeto significado que o estudo dos esquemas conceituais que explicam um aspecto da realidade não-lingüística foi considerado como liberto dos campos semânticos. Com efeito, o estabelecimento do campo de relações de parentesco, da classificação popular das plantas, ou dos animais, etc., é precioso pelos ensinamentos que fornece; não dá conta, no entanto, do funcionamento lingüístico das unidades consideradas. Por exemplo: *mãe* pode ser estudado do ponto de vista da percepção conceitual dos laços de parentesco, mas o campo semântico de *mãe* não pode ser confundido com o campo conceitual estudado como tal. O estudo semântico de *mãe* deve explicar assim, entre outras, a relação: *mãe de família — casa matriz-filial.*

2. Em gramática gerativa, as regras semânticas são as regras que dão a cada par, estrutura superficial e estrutura profunda, gerado pela sintaxe, uma interpretação semântica dependente de uma semântica universal. A interpretação semântica aplica-se unicamente sobre as relações gramaticais definidas nas estruturas profundas; elas podem implicar, também, algumas propriedades das estruturas superficiais.

III. semântica gerativa

Chama-se semântica gerativa uma teoria lingüística, oriunda da gramática gerativa e transformacional, mas que põe em causa certos princípios básicos da teoria de N. CHOMSKY. Este último estabeleceu que a estrutura sintática profunda recebia uma interpretação do componente semântico (de onde o nome de *semântica interpretativa*), e que ela servia de entrada para um componente transformacional que, por uma série de operações sucessivas (cadeia de indicadores sintagmáticos derivados uns dos outros), levaria a uma estrutura superficial que receberia, então, uma interpretação fonética do componente foné-

533

tico, para tornar-se a frase realizada. Na semântica gerativa, o nível sintático profundo fica suprimido; é uma estrutura semântica profunda que, por uma série de transformações, leva diretamente à estrutura superficial. Esta estrutura semântica está constituída de um conjunto de traços de tipo predicativo como /Causa/causativo, de tipo substancial como /que vive/, etc.: explicar-se-á, assim, que a estrutura semântica profunda de *Pedro mata Jorge* é "Pedro faz com que Jorge se torne um ser que não vive", o que implica a sucessão de traços: /Pedro/ /Causa/ /Jorge/ /tornar/ /não/ /que vive/; a combinação destes traços pode levar ou não a um morfema lexical (*matar* = fazer tornar-se um que não vive).

semasiologia

Por oposição à onomasiologia*, a *semasiologia* é um estudo que parte do signo, em busca da determinação do conceito. Assim, os passos semasiológicos típicos são os da lexicologia estrutural, visando à representação das estruturas (eixo paradigmático e eixo sintagmático) que explicam uma unidade lexical. Conforme esta marcha, a palavra *cadeira* será estudada de acordo com os contextos (distribuição) e de acordo com os paradigmas nos quais figura (método das comutações) antes de ser referida a um campo conceitual dado (campo dos objetos manufaturados, campo do mobiliário, campo dos assentos), estudo terminal ao qual, partindo do conceito, os passos onomasiológicos darão, pelo contrário, prioridade.

semema

Na terminologia da análise sêmica*, o *semema* é a unidade que tem por correspondente formal o lexema; ele é composto de um feixe de traços semânticos chamados *semas* (unidades mínimas não-susceptíveis de realização independente).

O semema de *cadeira* comporta os semas S_1, S_2, S_3, S_4 ("com encosto", "sobre pernas", "para uma só pessoa", "para sentar-se"); observa-se que a adjunção de uma sema S_5 ("com braços") realiza o semema de *poltrona*.

semi-aberto

Semi-aberta é uma vogal para cuja realização a língua fica abaixada, não tanto como para a realização de [a]. As vogais semi-abertas aparecem nas línguas que têm dois graus de abrimento intermediário, como o português e o italiano ([ɛ], [ɔ]), ou o francês ([ɛ], [œ], [ɔ]).

semi-auxiliar

Dá-se o nome de *semi-auxiliares* aos membros de uma categoria gramatical que compreende os verbos ou locuções verbais que desempenham o papel de auxiliares no sintagma verbal. No português, os semi-auxiliares, ou *auxiliares de tempo*, são *ir* (que indica o futuro próximo), *vir* (passado próximo), *estar para* (futuro iminente), *acabar de* (resultativo imediato), *começar a* (incoativo), *deixar de* (factitivo), etc., exprimem o desenvolvimento ou término do processo do verbo relativamente ao sujeito do enunciado, processo considerado em sua duração (ir, vir, etc.) ou mediando a ação de um outro agente (*fazer*); opõem-se aos modais*, que exprimem as modalidades do possível e do necessário (*poder, dever*), aos tempos que exprimem as relações do processo num momento dado do enunciado e aos aspectos que indicam uma relação com o sujeito da enunciação: próximos, no entanto, a estes últimos, já que exprimem uma representação do tempo, eles são, freqüentemente, confundidos com a mesma categoria de aspecto* e são denominados aspectuais*.

sêmico

A *análise sêmica* visa a estabelecer a composição semântica de uma unidade lexical considerando os traços semânticos ou semas, unidades mínimas da significação, não susceptíveis de realização independente.

A análise sêmica calca suas unidades sobre as da análise fonológica. O traço semântico, ou sema, será o traço pertinente da significação (*cf.* o traço pertinente, em fonologia); o semema será o conjunto ou feixe dos semas de uma unidade lexical (*cf.* o fonema, unidade mínima, realizada em fonologia), o arquissemema será o conjunto dos traços pertinentes no caso de neutralização (*cf.* arquifonema, em fonologia), enfim, o alossema será o sema susceptível de realizações diferentes, conforme o contexto semântico (*cf.* alofone, em fonologia).

Pode-se ilustrar esta terminologia a partir do exemplo, que se tornou clássico, das cadeiras (B. POTTIER). Por exemplo: os sememas de *cadeira* e *poltrona* (S) possuem em comum os semas (S):

S_1 (com encosto), S_2 (sobre pernas), S_3 (para uma só pessoa), S_4 (para sentar-se).

Sendo o semema de *cadeira* S_1 + S_2 + S_3 + S_4, o semema de *poltrona* será S_1 + S_2 + S_3 + S_4 + S_5, onde S_6 = com braços.

Para o conjunto de assentos, obtém-se o arquissemema S_2 + S_4 ("sobre pernas" + "para sentar-se").

A análise sêmica encontra sua origem nas pesquisas sobre classificação tecnológica. Observar-se-á que os semas depreendidos não têm valor metalingüístico e não contribuem com ensinamentos classificatórios sobre a coi-

sa descrita. Na verdade, *braços* em *a poltrona tem dois braços* não tem nada em comum com *o homem tem dois braços*. O sema [com braços], tecnologicamente pertence à poltrona, não comportando a referência à mesma realidade que em *braços humanos*. Se desejássemos proceder, com J. CL. GARDIN, uma sistemática dos traços tecnologicamente pertinentes, seria melhor aproximar *braços* (de poltrona) a *asa* (da xícara) do que a *braços* (humanos).

O problema lingüísticos consiste em passar da oposição *cadeira vs. poltrona* à oposição *braços* (de poltrona) *vs. braços* (de homem), já que o sema [braço] nesta análise não se refere, definitivamente, senão a *braços de poltrona*, levando à tautologia: *a poltrona tem braços que são braços de poltrona*.

semiconsoante

Chama-se *semiconsoante* ou *semivogal* um tipo de som caracterizado por um grau de abertura da cavidade bucal intermediário entre o da consoante mais aberta e o da vogal mais fechada, como [j] de *pied* [pje], o [w] de *oui* [wi], o [ɥ] de *nuit* [nhii], no francês; como [y] e [w], respectivamente em *seis* ['seys] e *mau* ['maw], no português. Esta característica articulatória traduz-se no plano acústico pela ausência de uma estrutura de formantes nitidamente definida, o que as distingue das vogais (não--vocálico) e pela presença de uma energia no espectro devida à ausência de obstrução no canal vocal, o que as distingue das consoantes (não-consonântico).

A distinção entre a semiconsoante e a semivogal se estabelece, para certos lingüistas, em função de critérios sintagmáticos: dar-se-á o nome de *semiconsoante* à unidade que se encontra no início da sílaba, antes da vogal, e o de semivogal à que se encontra depois da vogal. Na verdade, esta distinção não parece justificada

535

lingüisticamente. Este é o motivo pelo qual se prefere, cada vez mais, o termo global, tomado de empréstimo no inglês, de *glide**, em vez dos dois termos acima.

Este tipo de som pode ser a realização de um fonema, ou ter, simplesmente, um valor de variante combinatória de um fonema, vocálico ou consonântico: em italiano, o glide palatal é um fonema em início de sílaba (*iato* "hiatus" $\simeq$ *lato* "lado") e um alofone do fonema /i/, no fim da sílaba (*mai* [jamais] é pronunciado [maj] ou [mai]; em veneziano, [w] é muitas vezes uma variante do fonema /u/ ou do fonema /v/. Este tipo de som pode também aparecer muito freqüentemente numa língua (na qual não tenha valor fonemático) como som de ligação* entre dois fonemas, como apoio entre duas vogais, ou como transição entre uma consoante e uma vogal.

semifechado

Semifechada é uma vogal realizada com a língua elevada em direção ao palato, sem ficar tão alta como para uma vogal fechada. O segundo grau de fechamento é utilizado fonologicamente nas línguas que apresentam dois graus de abrimento intermediário, como o português e o italiano ([e], [o]), ou o francês ([e], [o], [ɸ]), etc.

semi-oclusivo

As africadas* são também chamadas *semi-oclusivas*, porque são oclusivas durante o começo de sua realização. Mesmo nesse momento, a oclusão não é, aliás, nunca tão completa quanto para as verdadeiras oclusivas: assim, na realização das seqüências [ts, dz, Tʃ, dʒ] das palavras italianas *zio, zappa, cena, giro*, o ataque é menos oclusivo que para a realização dos fonemas [t, d].

semiologia

A *semiologia* nasceu de um projeto de F. DE SAUSSURE. Seu objeto é o estudo da vida dos signos no seio da vida social: ela se integra na psicologia, como ramo da psicologia social. Neste caso, a lingüística não passa de um ramo da semiologia. O paradoxo sublinhado por F. DE SAUSSURE é que, simples ramo da semiologia, a lingüística é necessária à semiologia para a colocação conveniente do problema do signo. Em particular, um estudo do signo, anterior ao estabelecimento de uma lingüística científica, está fadado, por incapacidade, a não distinguir nos sistemas semiológicos o que é específico ao sistema e o que é devido à língua. F. DE SAUSSURE insiste, portanto, no cárácter essencialmente semiológico do problema lingüístico: "Se se quiser descobrir a verdadeira natureza da língua, será mister considerá-la inicialmente no que ela tem de comum com todos os outros sistemas da mesma ordem; e fatores lingüísticos que aparecem, à primeira vista, como muito importantes (por exemplo: o funcionamento do aparelho vocal), devem ser considerados de secundária importância quando sirvam somente para distinguir a língua dos outros sistemas."

Entre os outros sistemas semiológicos, F. DE SAUSSURE enumera os ritos e os costumes. Todavia, cabe indagar se a semiologia, em seu espírito, deve incluir em seu domínio práticas significantes não-

-arbitrárias (não baseadas na arbitrariedade do signo); assim, o código da etiqueta, dotado de certa relação com a expressividade natural, será um sistema semiológico? A resposta é positiva, já que os signos da etiqueta são empregados em função de uma regra (de um código) e não por seu valor intrínseco.

R. BARTHES sublinha a atualidade destas pesquisas numa época de desenvolvimento das comunicações de massa. Mas a pobreza dos campos que se oferecem à análise semiológica (código de trânsito, semáforo, etc.) leva-o a notar que cada conjunto semiológico importante demanda a passagem à língua: "Todo sistema semiológico se impregna de linguagem." Assim, a semiologia seria um ramo da lingüística e não o inverso. A semiologia é a ciência das grandes unidades significantes do discurso: nota-se que tal definição da semiologia aproxima-a da semiótica, estudo das práticas significantes que tem como domínio o texto.

semiótica

A *semiótica* retoma o projeto da semiologia de F. DE SAUSSURE e se coloca como objeto o estudo da vida dos signos no seio da vida social. Diferentemente da semiologia provinda do ensinamento de F. DE SAUSSURE, no entanto, ela se recusa a destacar a linguagem e a sociedade. A semiótica deseja ser uma teoria geral dos modos de significar.

O termo *semiótica*, no seu emprego moderno, foi utilizado, por primeiro, por Ch. S. PIERCE. A semiótica que ele visualizou é a doutrina dos signos. Quais devem ser as características dos signos utilizados pela inteligência humana na sua busca científica? Para os semióticos modernos (A. J. GREIMAS, J. KRISTEVA), a semiologia de Pierce tem o defeito de se preocupar, além do signo, com um produto de tipo secundário, seja quando do este produto se reveste de uma forma de valor (o bilhete, o cheque, a moda) ou de uma retórica (a "expressão" de um sentimento, a "literatura").

A semiótica moderna deverá, portanto, resguardar-se de destacar o signo linguístico; pode-se, conforme J. KRISTEVA, encontrar já no *Curso de Lingüística Geral* de F. DE SAUSSURE esta precaução. A semiótica deverá refundir as sistematizações lingüísticas, bem como os modelos lógicos ou matemáticos; ela deverá apoiar-se numa ciência sobre o sujeito e sobre a história: esta prática anterior e indispensável à semiótica será a *semanálise*. Encontraremos em J. DERRIDA a recusa da problemática do signo como fundamento da busca semanalítica. Reformulando-se em relação às ciências, já que ela se postula como metaciência, já que ela assume a posição de observadora em relação aos sistemas significantes, a semiótica visa aos modos da significação. O domínio da semiótica é o texto como prática significante. Mas as questões colocadas no texto serão bastante diferentes conforme a orientação do pesquisador: ao lado de uma semiótica estruturalista, com A. J. GREIMAS, encontramos uma semiótica baseada numa ótica gnoseológica (J. KRISTEVA).

semivogal

V. SEMICONSOANTE.

sentido

1. Deixar-se-á de lado, por não ser lingüística, a acepção da palavra *sentido* como a relação entre um objeto e uma palavra. Para F. DE SAUSSURE, o sentido de um signo lingüístico é constituído pela representação sugerida por este signo quando de sua enunciação. Contudo, o lingüísta genebrino, ao não ter definido o termo *sentido*, concebeu enfoques múltiplos para este problema, como se faz mister assinalar aqui; o sentido aparecia como resultado de uma segmentação, como um valor que emanava do sistema, como um fenômeno associativo.

A imagem da língua como folha de papel, tendo o pensamento por verso e o som por reverso, não o foi sem constituir problema: depois de dado este exemplo, a língua passou a ser definida como intermediária entre pensamento e som. Embora o pensamento tenha sido definido como "caótico por natureza", não se pode impedir a crença de que, nesta imagem, o sentido não seja interpretado como preexistente. No pensamento de F. DE SAUSSURE, contudo, trata-se de fazer esta soma, trata-se de uma recusa em colocar o problema massa amorfa do pensamento e da massa amorfa de sons. Por outro lado, o valor de um termo não é senão um elemento de sua significação: a significação de *sheep*, do inglês e de *mouton* do francês é idêntica, mas seu valor é diferente, já que o primeiro tem a seu lado um segundo termo *mutton*, enquanto o termo francês é único.

As diferentes metáforas consagradas por F. DE SAUSSURE ao sentido permitem, assim, a seguinte abordagem: o sentido provém de uma articulação do pensamento e da matéria fônica, no interior de um sistema lingüístico que determina negativamente as unidades.

2. O behaviorismo americano vai recusar esta concepção. Para L. BLOOMFIELD, o sentido de uma unidade é a soma das situações onde ela aparece como estímulo e das respostas comportamentais que este estímulo desencadeia no interlocutor. Havendo a impossibilidade de fazer esta soma, trata-se de uma recusa em colocar o problema do sentido. O estudo do sentido é, então, transferido para uma psicologia do comportamento (estudo das condutas estímulo-resposta) e para ciências particulares: a maçã poderá ser definida como "um fruto que... etc." pelo botânico, mas não pelo lingüista. Em lugar de ser o ponto de partida dos estudos lingüísticos, o sentido será rejeitado, seja como excluído da lingüística, seja sob o termo, sempre valorizado, de análise formal. Z. S. HARRIS visualiza, contudo, a possibilidade para o estudo distribucional, de encaminhar, sob certas conclusões que dizem respeito ao sentido, unidades ou construções; todo morfema, diferente de outro quanto à sua distribuição, deve

também dele diferir quanto a seu valor semântico. J. Apresjan, que trabalhou com este postulado, chegará a interessantes conclusões sobre a significação sintática das unidades lexicais.

3. Para A. Martinet, o *sentido* coloca em relação o conceito e a unidade da primeira articulação, o monema. Já que a glossemática postula uma organização do sentido, análoga à da forma fônica, A. Martinet precisa o caráter sucessivo das duas articulações; no início, em monemas, depois em fonemas (colocando-se num ponto de -vista não-genético, bem entendido). Uma vez que o sentido aparece ao nível da primeira articulação, os fonemas são a "garantia da arbitrariedade do signo".

4. A questão do *sentido*, essencial em gramática descritiva, sejam quais forem as atitudes assumidas pelos lingüistas, perde muito de sua agudeza em lingüística gerativa: a dificuldade se transfere para a teoria semântica*, onde a distinção entre *sentido, significação, valor*, etc. perde seu interesse. A teoria lingüística deve permitir chegar à interpretação semântica de todo o enunciado gramatical engendrado regularmente; longe de se perguntar "qual é o sentido desta unidade, desta construção?", ou melhor, "em que consiste o sentido desta unidade, desta construção?" a gramática gerativa deve produzir os enunciados semanticamente corretos, isto é, permitir explicar a interpretação semântica de todo o enunciado que pertença à língua sob consideração. As conseqüências de tal atitude são:

(1) que o sentido de duas frases difere, como decorrência da diferença de seus indicadores sintagmáticos:

Eu recebi seu livro $\left\{ \begin{array}{l} = \textit{um livro que ele escreveu} \\ = \textit{um livro que ele me enviou} \end{array} \right.$

(2) que a gramática distingue frases gramaticais e frases que têm um sentido.

A conhecida frase *Incolores idéias verdes dormem furiosamente* é gramatical e assemântica, enquanto *Mim querer comer* é agramatical e semântica.

sentimento lingüístico

Dá-se o nome de *sentimento lingüístico* à intuição que permite ao falante aplicar às frases julgamentos sobre sua gramaticalidade.

separável

Sin. de ISOLÁVEL.

seqüência

Em lingüística, chama-se *seqüência* uma cadeia ordenada de elementos que pertencem a um conjunto não-vazio. *Seqüência* designa uma sucessão de elemento reunidos pela operação de concatenação*. Assim, SN + SV (sintagma nominal seguido de sintagma verbal, com o signo + indicando a concatenação) forma uma seqüência, como também O + *pai* + *lê* + *o* + *jornal.*

série

Chama-se *série* uma classe de fonemas consonânticos caracterizados pelo mesmo traço pertinente. Assim, no português, a série [b, d, g, v, z, ʒ] caracteriza-se pelo mesmo traço de sonoridade.

shifter (ing.)

V. EMBREANTE.

sibilado

Chamam-se *sibiladas* as línguas cujas unidades são codificadas por sibilações de formas diversas: essas línguas têm uma intensidade maior do que a voz.

sibilante

Sibilante é uma consoante fricativa* realizada como alveolar ou dental, e apical ou pré-dorsal. Em francês, as sibilantes [s] e [z] de *sac* e *zac* são pré-dorso-alveolares; em espanhol, a sibilante no início de *suerte* é normalmente uma apicodental: no português, as sibilantes [s] e [z] são, em geral, alveolares.

No plano acústico, as sibilantes são consoantes difusas, agudas, contínuas, estridentes.

As sibilantes, como as chiantes, são realizadas com uma aspiração reforçada pela forma de goteira que toma a língua no seu eixo médio (de onde o termo *fricativas com a língua côncava* que freqüentemente lhes atribuímos), o que agrava a turbulência do ar. Mas o termo específico de sibilante corresponde, no que diz respeito à percepção, à impressão auditiva que produz um registro de freqüências mais elevado que para as chiantes e para todas as outras fricativas, da ordem de 8 000 a 9 000 hertz (ciclos/segundo).

As sibilantes são muito utilizadas como fonemas nas línguas do mundo, embora algumas as ignorem, como o nuba oriental, língua do Sudão. Numerosas línguas (entre as línguas romances: o romeno, o espanhol, os dialetos itálicos meridiconais) não apresentam senão um fonema sibilante, realizado mais freqüentemente como não-sonoro [s] e, em alguns contextos, como sonoro [z].

sigla

Chama-se *sigla* a letra inicial ou o grupo de letras iniciais que constituem a abreviatura de certas palavras que designam os organismos, os partidos políticos, as associações, os clubes esportivos, as nações etc., ex.: URSS (União das Repúblicas Socialistas Soviéticas), PUC (Pontifícia Universidade Católica), ONU (Organização das Nações Unidas), FAPESP (Fundação de Amparo à Pesquisa do Estado de São Paulo). As siglas podem entrar em composição com cifras: 11 HP (11 cavalos-vapor). As siglas possuem duas pronúncias possíveis: ou podem, na seqüência, constituir uma palavra passível de integração no léxico português, tendo neste caso uma pronúncia silábica: FIFA ['fifa] (Federação Internacional do Football Association); ou podem não constituir sílabas; neste caso, a sílaba é pronunciada alfabeticamente, como CNPq [se-'eni-'pe-'ke] (Conselho Nacional de Pesquisas). Certas siglas têm duas pronúncias como INPS [i'-eni-'pe-'esi] e ['ɩps]. (V. ABREVIAÇÃO.)

sigmático

Chama-se *sigmática* uma forma lingüística caracterizada por um infixo *-s.* Chama-se, assim, *futuro, aoristo, perfeito sigmático,* aos futuros, aoristos, perfeito, caracterizados, no grego e no latim, pela presença de um *-s* (em grego, futuro *lusomai,* aoristo *elusa;* em latim, perfeito *dic-s-i → dixi).*

540

signo

O *signo*, no sentido mais geral, designa, assim como o símbolo, o índice, ou o sinal, um elemento A — de natureza diversa — substituto de um elemento B.

1. *Signo*, inicialmente, pode ser um equivalente de *índice*; o índice* — ou signo — é um fenômeno mais freqüentemente natural, imediatamente perceptível, que nos faz conhecer qualquer coisa em relação a um fenômeno não imediatamente perceptível: por exemplo, a cor sombria do céu é um signo — ou o indício — de uma tempestade iminente; a elevação da temperatura do corpo pode ser o signo — ou o indício — de uma enfermidade em vias de eclodir.

2. Em segundo lugar, o signo pode ser um equivalente de *sinal*. Neste sentido, o signo — ou sinal — faz parte da categoria dos indícios; ele possui as características do signo-indício (como o signo-indício, o signo-sinal é um fato imediatamente perceptível que permite conhecer qualquer coisa em relação a outro fato não imediatamente perceptível); mas duas condições são necessárias para que um signo possa ser considerado como sinal:

a) é necessário que o signo tenha sido produzido para servir de índice. Portanto, ele não é fortuito, mas produzido com uma intenção deliberada;

b) é necessário, por outro lado, que aquele a quem é destinada a indicação contida no sinal possa reconhecê-la. Um signo-sinal é, portanto, voluntário, convencional e explícito. Combinado com outros sinais da mesma natureza, ele forma um sistema de *signos* ou *código*. Num mesmo código, os signos podem ser de diferentes formas:

— *forma gráfica*: letras, cifras, traços inscritos sobre uma agenda para lembrar compromissos, sinais de trânsito, etc.;

— *forma sonora*: sons emitidos pelo aparelho vocal de um indivíduo considerado como emissor de uma mensagem.

— *forma visual*: sinais gestuais, como os do cego que carrega sua bengala branca.

3. *Signo*, enfim, pode ser um equivalente de símbolo*. O signo-símbolo é mais freqüentemente uma forma visual (e mesmo gráfica) figurativa. O signo-símbolo é o signo figurativo de uma coisa que não tem aquele sentido; por exemplo, o signo figurativo que representa uma balança é o signo-símbolo da idéia abstrata de justiça.

4. No *Curso de Lingüística Geral* de F. DE SAUSSURE, o termo *signo* adquiriu outra acepção: a de *signo lingüístico*. F. DE SAUSSURE 'faz

distinção entre símbolo e signo (tomado agora com o sentido de *signo lingüístico*): ele pensa, com efeito, que existem inconvenientes em admitir que se possa utilizar a palavra símbolo para designar o signo lingüístico. O símbolo, ao contrário do signo, tem por característica jamais ser arbitrário, isto é, existe um laço natural rudimentar entre significante e significado. O símbolo de justiça, por exemplo, não poderia jamais ser substituído por um carro. Com F. DE SAUSSURE, o signo lingüístico foi instaurado como unidade de língua. Passa a ser a unidade mínima da frase, susceptível de ser reconhecido como idêntico num contexto diferente, ou de ser substituído por uma unidade diferente num contexto idêntico.

5. Os *signos lingüísticos*, essencialmente psíquicos, não são abstrações. O signo — ou unidade — lingüístico é uma entidade dupla, produto da aproximação de dois termos, ambos psíquicos e unidos pelo laço da associação. Une, com efeito, não uma coisa a um nome, mas um conceito a uma imagem acústica. F. DE SAUSSURE precisa que a imagem acústica não é o som material, mas a impressão psíquica deste som. Ela é a representação natural da palavra enquanto fato de língua virtual, fora de toda a realização da fala. F. DE SAUSSURE denomina o conceito de *significado* e a imagem acústica de *significante*. O signo lingüístico é, portanto, o que F. DE SAUSSURE denomina uma entidade psíquica de duas faces, a combinação indissolúvel, no interior do cérebro humano, do significado e do significante. São realidades que têm sua sede (seu "traço") no cérebro; elas são tangíveis, e a escrita pode fixá-las em imagens convencionais.

6. O *signo lingüístico*, tal como o definiu F. DE SAUSSURE, apresenta certo número de características essenciais:

a) *Arbitrariedade do signo*. O laço que une significante e significado é arbitrário. A idéia de "mesa" não tem nenhuma relação com a seqüência de sons que lhe serve de base para o significante: /m/- /e/ -/z/ -/a/. Por outro lado, tal idéia pode ser representada por significantes diferentes, noutras línguas: *table* em francês, *table* em inglês, etc.

b) *Carácter linear do significante*. O significante, sendo de natureza auditiva, se desenvolve na cadeia do tempo, de modo que os signos se apresentam obrigatoriamente uns após os outros, formando, assim, uma cadeia, a cadeia da fala, cuja estrutura linear, em virtude disto, é analisável e quantificável. Este carácter é ainda mais evidente quando examinamos a transcrição gráfica das formas vocais.

c) *Imutabilidade do signo*. Se, em relação à idéia que representa, o significante aparece como livremente escolhido, em relação à comunidade lingüística que o emprega, ele não é livre, é imposto. Com efeito, a língua aparece sempre como uma herança do século precedente, como uma convenção admitida pelos membros de uma mesma comunidade lingüística e transmitida aos membros da geração seguinte. Por outro lado, é comumente admitido, hoje, que a língua é um sistema de comunicação que, como todos os sistemas de comunicação, funciona por meio de um *código* baseado num *sistema de signos* (entende-se por *código* ou *sistema de signos*, a natureza dos signos, seu nome, suas combinações, as regras que presidem estas combinações). É evidente que, para que a comunicação possa estabelecer-se, graças a este sistema no seio de uma comunidade lingüística, é necessário que os signos do código sejam convencionais, isto é, comuns a um grande número de emissores e de receptores, aceitos, compreendidos e mantidos por todos.

d) *Mutabilidade do signo.* Conforme F. DE SAUSSURE, o tempo, que assegura a continuidade de língua, possui outro efeito, em aparência contraditório: o de alterar mais ou menos os signos lingüísticos. Os fatores de alteração são numerosos, mas sempre exteriores à língua. As modificações podem ser fonéticas, morfológicas, sintáticas ou lexicais. Quando se trata do signo, elas se situam no nível fonético e semântico: com efeito, elas levam a um deslocamento da relação significado/significante. É assim que *macula*, que significava entre outras coisas "mancha", deu, também, origem à *mágoa*, no português.

Outro problema a ser ventilado quando se fala do signo lingüístico é o que diz respeito ao seu funcionamento. Essencialmente, desde F. DE SAUSSURE, a lingüística definiu a língua como um *sistema de signos, uma estrutura*, de onde o nome de *estruturalismo* conferido, no domínio das pesquisas lingüísticas, ao estudo sistemático da língua, baseado nas teorias de F. DE SAUSSURE.

7. Conforme F. DE SAUSSURE, no sistema que é a língua, não existem senão diferenças. Um sistema lingüístico é uma série de "diferenças de sons", combinada com uma série de "diferenças de idéias". Nesta perspectiva, todo o mecanismo da língua repousa sobre relações de dois tipos:

— relações sintagmáticas, ou relações entre si, dos elementos do enunciado efetivamente realizado, falado ou escrito. Estes elementos, ou agrupamentos de elementos, da cadeia falada ou escrita, que encontram seu valor nas relações com os outros elementos do sistema, são chamados de *sintagmas**;

— relações "associativas", ou relações dos elementos do enunciado com outros elementos, ausentes do enunciado, suscitando cada

543

elemento no sujeito que fala e no ouvinte a imagem de outros elementos.

A palavra *ensino* emerge das associações com *ensinar, ensinamento* e com os termos de significação vizinha como *educação, aprendizagem*. Como depois a lingüística substituiu o termo saussuriano *associativo* pelo de *paradigmático*, a série de termos assim colocados em relação foi denominada de *paradigma*.

Por outro lado, seja sob o eixo sintagmático (eixo da cadeia falada ou escrita) ou sob o eixo paradigmático (eixo das relações *in absentia*), as relações podem ser de dois tipos: .

a) a idéia básica de F. DE SAUSSURE é que entre dois signos lingüísticos existe uma oposição. Todo signo lingüístico está em oposição com outro, e é em virtude desta oposição que recebe seu valor, sua função. Em tal sistema, o que constitui um signo é o que o distingue. Para delimitar o signo, a entidade lingüística, faz-se necessário delimitá-la por oposição com o que a cerca. Um signo não se define como tal, senão no seio do conjunto de outros signos. Ele extrai seu valor, seu rendimento, das oposições que contrai com eles. Um signo se define, portanto, pelas suas relações com os signos que o cercam.

b) Quando não existe oposição, existe identidade. Um terceiro termo fica excluído. Esta concepção saussuriana do signo lingüístico foi largamente apoiada pela teoria moderna da comunicação*, que, partindo das pesquisas sobre a economia dos sistemas de comunicação, depreendeu a idéia da importância do carácter binário, alternativo, dos sinais de um sistema de comunicação. A teoria saussuriana do signo, oposto ou semelhante aos outros signos, permitiu o desenvolvimento de uma lingüística que apoiasse suas pesquisas sobre as dos teóricos e engenheiros de comunicações.

Ao desenvolver a teoria saussuriana do sistema lingüístico, os lingüístas da escola de Praga e seus sucessores (distribucionalistas ou glossemáticos) estabeleceram um método de análise da estrutura da língua, tanto no plano sintagmático como no plano paradigmático. No plano sintagmático, a noção básica desta pesquisa é a de contexto: estudar o contexto de um elemento, de um signo, é estudar quais elementos o precedem e o seguem num enunciado, e em que ordem. Chama-se *distribuição* o conjunto de contextos no qual um signo, uma unidade, aparecem. Consegue-se, assim, depreender um pequeno número de regras gerais, regras combinatórias, chamadas *relações sintagmáticas*. Chega-se a este resultado graças aos procedimentos de permutação*, de comutação*.

Estas diferentes pesquisas permitiram que os lingüístas estruturalistas precisassem a noção saussuriana de estrutura lingüística e de signo lingüístico. É assim que se formulou a teoria da dupla articulação da linguagem. Entende-se por ela que as mensagens das línguas naturais são, enquanto sistemas de signos, articuladas, isto é, estruturadas, construídas com sinais mínimos de duas espécies, dois tipos de unidades hierarquicamente dispostas:

— a primeira articulação, estruturação de monemas — ou morfemas —, unidades significativas mínimas providas de uma forma* e de um sentido*;

— a segunda articulação, estruturação dos fonemas, unidades mínimais distintivas*, não-significativas.

Esta distinção permitiu que se precisasse a teoria do signo lingüístico saussuriano: combinação de um significado e de um significante; o signo saussuriano, com efeito, é equivalente ao morfema. Para F. DE SAUSSURE o fonema ainda é o som material, pelo menos em seus capítulos sobre "fonologia"; ao contrário, no capítulo sobre o valor, ele confere expressão teórica ao fonema, tal como os fonólogos a conceberão mais tarde: o significante lingüístico, em sua essência, é incorpóreo, constituído não pela substância material, mas unicamente pelas diferenças que separam sua imagem acústica de todas as outras. Enfim, certos elementos da teoria do fonema e da articulação da língua em fonemas estão presentes no *Curso* de *Saussure*: apoiando-se em exemplos do *r* francês e do *ch* alemão, do *t* e do *t'* (= *t* molhado), diferenciados no russo, F. DE SAUSSURE explicita o valor distintivo de dois fonemas pela comutação.

8. Com o nascimento da teoria da comunicação e a influência direta desta sobre as pesquisas lingüísticas, o *signo lingüístico* adquire nova dimensão: ele se torna sinal, integrando o código de sinais que é a língua, considerada daí por diante como um sistema de comunicação Os signos deste código lingüístico são os fonemas — sinais em número restrito de natureza vocal, cujas combinações (regras da combinatória) permitem a transmissão de uma informação máxima da ocorrência total da experiência humana. A teoria da comunicação e seus métodos de pesquisa foram o ponto de partida para novas pesquisas na lingüística; fez-se a comparação entre as máquinas de comunicação inventadas pelas técnicas modernas e os sistemas de comunicação dos seres vivos, em particular, o sistema lingüístico; a pesquisa demonstra que estes dois tipos de sistema funcionam do mesmo modo; os cálculos de freqüência, de probabilidade, são aplicados aos signos lingüísticos;

545

mede-se a quantidade de informação que eles transportam; os métodos estatísticos e matemáticos tornam-se usuais em lingüística.

significado

Na terminologia de F. DE SAUSSURE, *significado* aparece como sinônimo de *conceito*. Com efeito, o signo lingüístico, tal como ele o concebe, é o resultado da combinação de um significante e de um significado, ou, numa outra formulação, de uma imagem acústica e de um conceito.

Sobre a natureza exata do conceito ou significado que entra na composição do signo lingüístico, F. DE SAUSSURE diz pouca coisa. Os exemplos dados utilizam palavras correntes do vocabulário geral, a palavra *arbor* em particular.

Refletindo sobre o laço entre significante e significado, F. DE SAUSSURE afirma a arbitrariedade do signo: "A idéia (significado) de "mesa" não está ligada, por nenhuma relação interna, com a seqüência de sons /meza/ que lhe serve de significante." É. BENVENISTE enfatiza que esta afirmação fica subentendida pelo recurso da coisa mesma: a idéia de "mesa" está, pelo contrário, fundamentalmente ligada ao significante /'meza/, em função mesmo da teoria saussuriana sobre o caráter instituidor do signo na língua: é entre o signo lingüístico, ao associar significado e significante, e a realidade extra-lingüística, que a relação se torna necessariamente arbitrária. Seguramente, assim apresentado, o problema reinicia a polêmica tradicional sobre o caráter natural ou convencional da palavra (*physei/thesei*) e não concerne, mais, somente à lingüística.

significante

Na terminologia de F. DE SAUSSURE, o signo lingüístico é o resultado da associação entre um *significante* e um significado*, ou ainda, a associação entre uma imagem acústica e um conceito.

Ao empregar *imagem acústica* como sinônimo de *significante*, F. DE SAUSSURE pretende conservar somente o caráter específico da seqüência de fonemas chamada *significante*; referindo-nos à primeira ciência oriunda de seu ensinamento, poder-se-á dizer que o significante representa o aspecto fonológico da seqüência de sons que constituem o aspecto material do signo. As variações individuais, o timbre, os defeitos de pronúncia concernem à fonética (atualização dos sons da língua), mas o significante, ao permanecer virtual, é comum ao conjunto da massa falante.

O significante lingüístico se desenvolve em linha no tempo: cada instante da elocução não permite senão um ato fônico, único, à diferença de outros sistemas semiológicos onde os significantes podem apresentar co-ocorrências conforme várias dimensões (caso do semáforo); o caráter linear do significante, origem das combinações sintagmáticas, é, para F. DE SAUSSURE, um dado fundamental da língua. A concepção saussuriana do significante não existe isenta de problema: se o signo é a associação de um significante e de um significado, deve ser englobado pela palavra? Com isto, negligenciar-se-iam fatos importantes: malgrado a diferença entre os significantes *limão* e *limões* são eles menos representativos de uma só palavra que *mesa* e *mesas?* O signo mínimo é inferior à palavra? Isto é, um prefixo, uma desinência, etc., são eles signos já que combinam um significante e um significado? F. DE SAUSSURE não desenvolveu doutrina sobre as amálgamas dos significantes: *à* é um signo? Neste caso, corresponde a dois significados. Constitui dois signos? Neste caso, seu significante inanalisável deve figurar em combinação com dois conceitos diferentes.

sílaba

Chama-se *sílaba* a estrutura fundamental, na base de todo o agrupamento de fonemas da cadeia da fala. Esta estrutura se fundamenta sobre o contraste entre os fonemas tradicionalmente chamados de *vogais* e *consoantes*. A estrutura fonemática da sílaba é determinada por uma conjunto de regras que variam de língua para língua. A sílaba aberta (isto é, que termina por uma vogal) é bifonemática, correspondendo ao esqueca CV, como no português *ma*; é o único tipo de sílaba universal. Todas as línguas possuem sílabas deste tipo: não existe língua que não possua sílabas fechadas ou travadas do tipo VC ou CVC. Na evolução das línguas, a segmentação das sílabas fechadas corresponde, amiúde, a uma recomposição, tardia, das sílabas anteriormente abertas; assim, em espanhol, a presença de ditongos em sílaba fechada em palavras como *puerta*, deixa supor uma etapa onde a primeira sílaba era aberta, fazendo a consoante /r/ parte da segunda sílaba. Toda seqüência fonemática se baseia sobre a recorrência regular de um ou vários tipos silábicos existentes numa língua determinada, V, CV, VC, ou CVC. Uma forma livre, isto é, uma forma isolável por meio de pausas, deve conter um número inteiro de sílabas.

A *fronteira silábica* tem uma função distintiva nas línguas onde ela coincide necessariamente com a fronteira do morfema, como no alemão ou no inglês: assim, no inglês, a diferença de segmentação silábica entre as duas seqüências *a name* [ə'neim] "um nome" e *an aim* [ən'eim] "um alvo", permite opô-las lingüisticamente. Diz-se, neste caso, que a fronteira silábica, ou juntura, cuja notação é /+/, tem um valor de fonema [ə + neim] *vs.* [ən + eim].

O princípios da estrutura silábica se baseia sobre o contraste dos traços sucessivos no interior da sílaba; uma parte da sílaba, chamada de *centro* ou *núcleo*, predomina em relação às outras. Os fonemas que a compõem são chamados de *fonemas centrais* (ou *fonemas silábicos* ou *silabemas*). Os fonemas que constituem a parte marginal da sílaba são chamados de *fonemas marginais* ou *assilabemas*. Habitualmente, os fonemas vocálicos são os silabemas e as consoantes são assilabemas, mas existem exceções. Em certas línguas, alguns fonemas consonânticos ou líqüidos possuem alofones silábicos (como /r/ em checo, no nome de cidade *Brno*, que comporta duas sílabas), certos fonemas vocálicos têm alofones assilábicos, como o /i/ italiano, no final de *mai* [maj] "jamais". O núcleo da sílaba contém, então, dois ou vários fonemas, dos quais um, chamado *cume silábico*, se sobressai dos demais, por meio do contraste compacto *vs.* não-compacto,

547

difuso *vs.* não-difuso, vogal *vs.* consoante. As consoantes que precedem o centro da sílaba são ditas *explosivas* ou *ascendentes*; as que seguem o centro da sílaba são ditas *implosivas ou descendentes*. Entre as consoantes às margens da sílaba, as mais audíveis são as consoantes mais próximas do centro silábico.

Alguns lingüistas recusam à sílaba uma identidade física e não lhe atribuem senão uma existência psicológica e fonológica. Outros, pelo contrário, como R. JAKOBSON e M. HALLE, atribuem à sílaba uma existência fonética definida por certas características articulatórias e acústicas: uma ligação mais íntima e um grau de coarticulação mais estreito do centro da sílaba em relação aos bordos, devidos a um aumento da freqüência do som fundamental.

silabação

A *silabação* é a operação que consiste em decompor em sílabas diferentes as seqüências fônicas da cadeia da fala.

silabema

Alguns lingüistas classificam sob o nome de *silabemas* as unidades fônicas que podem funcionar como centro de sílaba, isto é, as vogais e as consoantes líqüidas [l] e [r] em certas línguas como o checo. Chamam-se, inversamente, de assilabemas os fonemas, sobretudo os consonânticos, que constituem a parte marginal da sílaba.

silábico

A *escrita silábica* é o sistema de escrita no qual cada signo (grafema) representa uma consoante e a vogal precedente (ou seguinte). Assim, para transcrever *ba* e *bo* não se terão três signos que se possam combinar, mas dois signos que representam, um, *ba*, e o outro, *bo*. A escrita silábica japonesa nasceu da adaptação dos caracteres chineses à língua japonesa, que não é uma língua aglutinante*, mas flexional*. Sua existência demonstra a possibilidade de utilizar um sistema deste tipo nos países com escrita alfabética ou moderna. A escrita silábica corresponde, de resto, a certos dados lingüísticos; assim, as consoantes jamais figuram isoladas. Concretamente, só existem as vogais e as sílabas; é por um esforço de abstração que se coloca a realidade das consoantes. O inconveniente do sistema silábico é que ele exige o conhecimento de um maior número de signos que a escrita alfabética. A escrita silábica deve ser diferenciada de uma escrita alfabética que não usa a notação das vogais.

silabismo

Silabismo é um conjunto de signos da escrita no qual cada símbolo representa não um fonema (salvo exceções), mas uma sílaba. O silabismo está para a escrita silábica* assim como o alfabeto está para a escrita alfabética*.

silepse

Chama-se *silepse* a concordância das palavras em gênero e número, não de acordo com a gramática, mas de acordo com o sentido. Assim, pode-se dizer *Uma multidão de gente esperavam-no*, fazendo-se a concordância com o caráter de pluralidade do sujeito, ou *Uma multidão de gente esperava-o*, fazendo-se a concordância com o singular, *Uma multidão*. Do mesmo modo, falar-se-á de *silepse* quando um termo é tomado na mesma frase por seu sentido próprio ou figurado; assim, *Galatéia é para Coridon mais doce que o mel do monte Ida.*

simbolismo fonético

Chama-se *simbolismo fonético* a tendência para supor que existe relação necessária entre a palavra e o objeto significado e para atribuir aos sons um valor semântico denotativo ou conotativo. Esta relação é encontrável nas onomatopéias ou palavras expressivas (*cocoricar, miar*); esta hipótese se verificaria na relação porventura existente entre [i], por exemplo, e os objetos pequenos. Esta teoria da origem natural da linguagem opõe-se à teoria da origem convencional. (V. ARBITRÁRIO.)

símbolo

1. Em Ch. S. PIERCE, o *símbolo* entra em oposição com o *ícone* e o *índice*. Um símbolo é a notação de uma relação — constante numa cultura dada — entre dois elementos. Enquanto o ícone visa a reproduzir, transferindo (caso do retrato, que reproduz sobre a tela uma impressão sensorial), e o índice permite um raciocínio por inferência (a fumaça como índice do fogo), o símbolo procede através do estabelecimento de uma convenção (a balança como símbolo da justiça).

Constatar-se-á que estas diversas funções podem se encontrar acumuladas: uma tipologia dos ícones, dos índices e dos símbolos baseia-se sobre a ênfase de um dos pólos semióticos nos diferentes signos. Por exemplo: o retrato comporta uma parte de regras adquiridas: se o conteúdo icônico é idêntico no retrato e na caricatura, o aspecto simbólico (convenções do gênero) é bem distinto num e noutro caso. Se, em contrapartida, a balança é o símbolo da justiça, F. DE SAUSSURE observa "um rudimento de laço natural entre o significante e o significado", portanto um resíduo do processo icônico ou indicial.

2. Em gramática gerativa, dá-se o nome de *símbolos* a todos os elementos do "alfabeto" necessários para a notação das abstrações anteriores à realização morfofonológica. O símbolo inicial da gramática gerativa que, no início, era F, para a ser $\sum$. É o símbolo escrito à esquerda na primeira regra de reescrita; ele representa a construção do nível mais profundo; todas as outras construções engendradas pelas regras de reescrita, depois pelas regras transformacionais, são constituintes. No estado atual da teoria gerativa, a reescrita do símbolo inicial é, geralmente:

$$\sum \rightarrow \text{Mod} + \text{F}$$

a ser lida: o símbolo inicial $\sum$ se reescreve pelos símbolos Modalidade da Frase + Núcleo.

Ao término das regras gramaticais, teremos uma série de símbolos que se referem a uma classe particular de elementos léxicos. Estes símbolos são chamados de *símbolos terminais*; são eles que as regras de inserção lexical substituem pelos itens lexicais tomados do léxico.

549

Resta assinalar a existência dos símbolos postiços ou mudos (*dummy symbols*). Uma regra do tipo A → Δ, na qual Δ é um símbolo postiço e A uma categoria lexical, permite que o componente categorial engendre os indicadores para as seqüências compostas de diversas ocorrências de Δ (que marca a posição das categorias lexicais) e dos formantes categoriais.

Os símbolos categoriais mais usados, em geral, são os seguintes:

Σ	frase de base	F	núcleo da frase
SN	sintagma nominal	SV	sintagma verbal
S	substantivo (ou N = nome)	D	determinante
V	verbo	Aux	auxiliar
Mod	modalidade	M	modo
PP	particípio passado	Inf	infinitivo
Neg	negação	Inter	interrogação
Enf	ênfase	Pass	passiva
Imp	imperativo	Decl	declarativo
Pas	passado	Pres	presente
SP	sintagma preposicional	Prep	preposição
SA	sintagma adjetivo	Adj	adjetivo
etc.	(V. CATEGORIAL)		

simetria

Simetria é a propriedade da igualdade dos conjuntos* que permite inverter a proposição A = B em B = A.

simétrico

Chamam-se *verbos simétricos* os verbos suscetíveis de figurar com o mesmo sistema de marcas morfológicas na frase ativa e na sua transformação passiva. Pode-se considerar o emprego do verbo simétrico como uma forma particular da transformação passiva. À estrutura SN_1 V SN_2, corresponde então SN_1 V Prep. SN_1; podendo Prep. ser *à, ao, ao contato de, sob o efeito de, etc.* Por exemplo, *amarelecer* em *O sol amarelece os papéis vs. Os papéis amarelecem ao sol.*

simples

1. Chama-se *palavra simples* a um morfema-raiz por oposição à *palavra derivada* ou *composta.* A NGB opõe palavra simples apenas à composta.

2. A denominação de *passado simples* é conferida às formas verbais do francês, constituídas de raiz verbal e de um afixo de tempo passado; elas representam no narrado o passado acabado. Nesta terminologia, o passado simples se opõe ao *passado composto,* formado do auxiliar *avoir* (ou *être*) e do particípio passado. No português, dá-se a denominação de pretérito perfeito simples e de pretérito mais-que-perfeito simples às formas do passado que utilizam o radical verbal mais a vogal temática e os sufixos de pessoa e número, sendo o sufixo de modo e tempo zero, no primeiro dos tempos mencionados. No pretérito mais-que-perfeito simples ocorre a forma R + VT + SMT + SPN. Estes tempos se opõem aos tempos compostos, respectivamente o pretérito perfeito e mais-que-perfeito compostos, formados com o auxiliar *ter* (ou *ha-*

550

ver) mais particípio. (V. PASSADO, TEMPO.)

3. Chama-se *frase simples*, por oposição a *frase complexa*, uma frase que não comporta senão uma proposição.

4. Chama-se *tempo simples*, no francês e no português, às formas desacompanhadas de auxiliar na conjugação verbal.

simplicidade

O critério da *simplicidade* permitirá, ao avaliar as diferentes gramáticas possíveis de uma língua, selecionar a mais simples, isto é, aquela que necessitará um menor número de regras para dar conta do maior número de fatos possíveis.

simulação

O conceito de *simulação*, utilizado na análise da enunciação*, opõe-se ao de mascaramento* e ao de conivência: o falante, depois de ter dominado mais ou menos bem a variedade dos membros de um grupo diferente do seu, utiliza as formas da língua que identificam estes últimos. Mas, enquanto a conivência* supõe que não se procura enganar os falantes sobre a pertença efetiva a tal ou qual grupo, a simulação implica uma tentativa para induzir em erro.

sinalefa

Sinalefa é um fenômeno de fusão vocálica através da qual duas emissões se confundem numa só (1) através da elisão (uma das vogais desaparece: em português, a vogal da preposição *de* desaparece em contato com o artigo definido); (2) por contração (duas vogais se fundem numa vogal longa: em italiano, a palavra *varii* ("váriados" pode-se realizar como [varii] ou [vari]; a palavra *Sahara* pode ser pronunciada como [sa'ara] ou ['sa:ra], por sinérese*).

sinapsia

Na terminologia de E. BENVENISTE, a *sinapsia* é uma unidade de significação composta de vários morfemas léxicos. A sinapsia (*máquina de costura, máquina a vapor*) se distingue da palavra composta (*ibero-americano, boquiaberto*) ou do derivado, *antiaéreo, refazer, analisável, rouparia* pelos seguintes critérios: a) a ligação entre os elementos é de natureza sintática (ao contrário do caráter morfológico da composição, onde, em geral, há mudanças no primeiro termo, como o -*o* ou -*i* finais: *luso-brasileiro, pontiagudo*; b) a sinapsia se opera através de elementos de junção característicos (no português, *de, a*); c) a ordem seguida pelo determinante em direção ao determinado; d) os elementos guardam sua forma lexical completa (opor *pé-de-moleque*, unidade sináptica, e *pedicuro, pedômetro*, derivados); e) o determinante não recebe o artigo (opor *boquiaberto* e *ele tem a boca aberta*); f) os dois membros guardam sua possibilidade de expansão (*pé-de-galinha, profundo pé-de-galinha, pés-de-galinha*) [este último critério está sujeito a restrições, no português]; o significado tem um caráter único: observe-se a monossemia em *fio de prumo* por oposição à polissemia de *fio* (de costura, de metal, de barba, = corrente tênue de líquido que cai sem despegar, = gume de instrumentos cortantes, etc.) e de *prumo* (escora, tino, prudência, etc.).

(Sobre a importância de que se reveste a consideração das unidades sinápticas para a lexicologia moderna, v. LEXICOLOGIA.)

sincategoremático

Chama-se *sincategoremático* todo termo que determina a extensão do sujeito (como o quantificador *todo*) ou modifica o predicado (como a negação ou os modais).

síncope

Na evolução das línguas, a *síncope* é um fenômeno muito freqüente de desaparecimento de um ou mais fonemas no interior de uma palavra. As

551

vogais e sílabas átonas estão particularmente sujeitas a isso. Por exemplo, a passagem do lat. *calidus, verecundiam,* respectivamente ao port. *caldo* e *vergonha* deve-se a um fenômeno de síncope.

sincretismo

Sincretismo é o fenômeno pelo qual os elementos distintos na origem ou que a análise leva a dissociar se encontram misturados numa forma única, de maneira aparentemente indissociável. Para as línguas indo-européias, fala-se de *sincretismo dos casos:* a gramática comparada permite conjecturar que a lista primitiva dos casos compreendia, além do nominativo, o vocativo, o acusativo, o genitivo e o dativo, um ablativo (que exprimia a separação ou o afastamento), um locativo (que exprimia o lugar onde se está), um instrumental (que exprimia o meio através do qual se pratica a ação): o latim reuniu, pelo sincretismo, sob .o nome de *ablativo,* certas formas e todos os usos do instrumental e a maior parte dos usos do locativo (este subsistiu para certos nomes); o grego praticou ·o sincretismo para o instrumental e quase todo o locativo, reunidos sob o dativo, enquanto o ablativo propriamente dito foi alinhado com o genitivo.

As línguas flexionais apresentam um sincretismo dos morfemas (em latim o plural e o nominativo estão reunidos na terminação *-i* de *domini*) para chegar a aglomerados, e seu caráter dominante se chama também *sincretismo.*

sincronia

Chama-se *sincronia* um estado de língua considerado em seu funcionamento num momento dado do tempo. (V. SINCRÔNICO.)

sincrônico

1. Qualificam-se de *sincrônicos* os estudos que visualizam a língua, num momento dado, como um sistema estável (estudo, pesquisa, lingüística sincrônicos), os fatos que são estudados como elementos de um sistema que funciona num momento dado e considerados como estáveis (fatos, dados sincrônicos).

2. O *estudo sincrônico* da língua aplica-se a um estado determinado (num momento dado do tempo). Este estado pode ser, às vezes, muito recuado: pode-se fazer uma descrição, um estudo sincrônico do latim ou do grego antigo, desde que estes estudos se situem num momento do passado e não levem em consideração a evolução da língua. Observe-se, contudo, que as hipóteses que se poderão formular serão inverificáveis na medida em que não se poderá submetê-las ao julgamento dos locutores* nativos.

É a F. DE SAUSSURE que cabe o mérito de haver insistido na importância do estudo sincrônico, na descrição, em lingüística. A sincronia será para ele que a perspectiva segundo a qual uma língua é considerada num momento dado como constituindo um sistema, quer o conjunto de fatos de língua estudados assim, ou situados num momento determinado do tempo e concebidos como formando um sistema, quer, de uma maneira mais geral, a disciplina que se ocupa da descrição

552

lingüística. F. DE SAUSSURE ilustrou a oposição diacronia/sincronia utilizando a imagem de um jogo de xadrez. Durante uma partida de xadrez, a disposição das peças se modifica a cada lance, mas a cada lance a disposição pode ser inteiramente descrita a partir da posição em que se encontra cada peça. Pela conduta do jogo, num momento dado, pouco importa saber quais foram os lances jogados anteriormente, em que ordem eles se sucederam: o estado particular da partida, a disposição das peças podem ser descritos sincronicamente, isto é, sem nenhuma referência aos lances precedentes. Se seguirmos F. DE SAUSSURE, o mesmo ocorrerá para as línguas; elas se modificam constantemente, mas poderemos explicar o estado em que elas se encontram num momento dado.

Podemos tomar, como exemplo, o caso da passagem do latim para o português. Em latim, as diferentes terminações indicam as relações que as palavras mantêm numa frase. Um estudo sincrônico deste sistema poderá, então, ser feito, tendo em conta os elementos tais como eles se apresentavam, por exemplo, no 1.º século a.C. O estado de língua poderá ser delimitado, tomando-se textos correspondentes, por exemplo, a uns trinta anos. Supor-se-á que entre 60 a.C. e 30 a.C. não houve variações dignas de nota. Não é, pois, a natureza dos enunciados analisados que faz que o estudo seja sincrônico, mas o enfoque destes enunciados pela lingüística que minimiza (ignora) as diferenças entre um ponto no tempo e outro (estudo sincrônico) ou, ao contrário, os realça (estudo diacrônico). Tomando a imagem do jogo de xadrez, pode-se dizer que as peças podem ser as mesmas, mas que suas posições sobre o tabuleiro mudam. Às vezes, é preciso ir mais longe: pode-se perguntar se, no fundo, não existe a supressão, por exemplo, de certas peças (a imagem do tabuleiro permite visualizá-la) ou a adição de outras (o que a imagem do tabuleiro de xadrez interdita). Assim, para o francês falado moderno, a distinção entre o singular e o plural não é mais marcada pela introdução de um -s, como até o fim do século XVI, mas pela forma do artigo definido, o modo como se faz a concordância verbal, a ligação antes de uma palavra que começa por uma vogal. Os falantes de uma língua dada' não conhecem em geral, (salvo algumas exceções), a história da língua que falam. O passado não tem, pois, nenhuma importância para a compreensão do sistema (embora R. JAKOBSON tenha insistido na importância dos remanescentes diacrônicos num estado de língua [V. DIACRONIA]). Eles começam a aplicar certas regras imanentes (levando em conta o grupo social no qual começam a falar) ao conjunto de frases utilizadas pela comunidade na qual vivem.

553

A descrição sincrônica toma para si a tarefa de enunciar claramente e de modo sistemático o conjunto de regras tais como elas funcionam, num momento dado, na língua a ser estudada. No que toca a alguns membros de uma comunidade lingüística voltados para os estados anteriores da língua, ou seus conhecimentos especializados modificam seu comportamento verbal, e então sua língua é diferente daquela praticada pela comunidade, devendo ser estudada como tal; ou então não têm nenhuma incidência e, portanto, nenhum interesse para o estudo a ser efetuado.

De todos os modos, a língua de uma comunidade* lingüística determinada, num momento dado, não é jamais uniforme, e a evolução lingüística não consiste na substituição de um sistema de comunicação homogêneo por outro sistema igualmente homogêneo.

Pode-se dizer, pois, que, de todos os modos, os dois métodos comportam certa simplificação, que minimiza os desvios* e que é necessária no estado atual da pesquisa.

sinédoque

Quando um falante, intencionalmente, em particular por motivos de ordem literária, ou uma comunidade lingüística, inconscientemente, atribuem a uma palavra um conteúdo mais amplo que seu conteúdo usual, ocorre a *sinédoque*: *vela* por *barco* (a parte pelo todo), o *homem* pela *espécie humana* (o particular pelo geral). Existe igualmente sinédoque quando, por um processo inverso, toma-se o todo pela parte: *o Brasil* em vez de *a equipe brasileira.*

sinérese

Sinérese é um caso especial de sinalefa, devida à fusão de duas vogais contíguas num ditongo. Este fenômeno se produz freqüentemente, em conseqüência do deslocamento do acento, por exemplo, na história do francês antigo, onde a palavra *cuens,* "conde", no princípio pronunciada [kyḗns], em seguida passou a ser pronunciada [kyḗns]. A história da língua italiana apresenta também uma tendência a pronunciar como monossilábicas as seqüências vocálicas bissilábicas em palavras como *Laura, continuo, patria,*

empio; hoje, os toscanos e os italianos do norte pronunciam [aw, wo, ja, jo], os italianos do sul [au, uo, ia, io].

I. singular

O *singular* é um caso gramatical da categoria do número* que traduz (1) a singularidade nos substantivos contáveis (*um vs. mais de um*), (2) a pluralidade nos substantivos coletivos ou o emprego genérico dos substantivos contáveis, (3) a ausência de toda a oposição de número nos substantivos não-contáveis. Um substantivo pode estar no singular e exprimir a singularidade, como *mesa* (oposto a *mesas*), no singular, e exprimir a pluralidade, como *boiada* (oposto a *boi*), ou, no singular, e exprimir a generalidade, como o genérico o *homem* em *O homem é mortal.* A notação do singular é o traço [+ sing.].

II. singular

Em gramática gerativa, a *transformação singular* é uma transformação* que opera sobre uma só cadeia gerada pela base. Assim, as transformações passiva, negativa, interrogativa e enfática são transformações singulares, por oposição às transformações que se aplicam pelo menos a duas frases, como as transformações relativa e completiva, ditas *transformações generalizadas.*

singularidade

A *singularidade* é um traço distintivo da categoria do número*, que indica a representação de uma só entidade isolável. Ela se exprime, em geral, pelo singular, mas também pode ser traduzida pelo plural em *núpcias, calças, óculos.* A singularidade recebe a notação do traço [+ singularidade].

sinonímia

A sinonímia pode ter duas acepções diferentes: ou dois termos são ditos *sinônimos* quando têm a possibilidade de se substituírem um ao outro num único enunciado isolado (para uma palavra dada, a lista de sinônimos é então importante), ou os dois termos são ditos sinônimos (sinonímia absoluta) quando são intercambiáveis em todos os contextos, e, então, não existem verdadeiros sinônimos senão entre duas línguas funcionais (por exemplo, em português, em zoologia, a nomenclatura científica e a nomenclatura popular oferecem numerosos exemplos de sinonímia absoluta). Além disso, duas unidades podem ter o mesmo referido e só se empregar em contextos diferentes: o *copo de pinga* é, sem dúvida, um *copo de aguardente,* mas o aparecimento de um ou de outro depende de tais restrições que há poucas oportunidades de eles serem facilmente intercambiáveis se tivermos em conta o contexto sócio-cultural. É mais em termos de graus que se pode falar em sinonímia; ela tornar-se-á, assim, simplesmente a tendência das unidades do léxico de terem o mesmo significado e de serem substituíveis umas pelas outras. A sinonímia pode, então, ser completa ou não, total ou não.

O conceito de *sinonímia completa* está ligado à distinção que se faz entre o senso cognitivo e o senso afetivo. A prática da língua põe em jogo, de um lado, o entendimento; de outro, a imaginação e as emoções: as palavras da língua cotidiana, diferentemente do vocabulário científico e técnico, estão carregadas de associações afetivas (conotações*) além de seu sentido puramente denotativo (V. DENOTAÇÃO.) É assim que a palavra *pão* não tem o mesmo valor* (as mesmas conotações) quando se pedem *três pães* na padaria e quando se reivindica a possibilidade de *ganhar o pão de cada dia.* Neste último emprego, *pão* poderia ser substituído por vida, alimento, mas cada uma destas palavras, equivalentes aqui, do ponto de vista da denotação, tem seu valor próprio. Diremos que existe sinonímia completa quando o sentido afetivo e o sentido cognitivo dos dois termos forem equivalentes.

De um modo geral, e por motivos pedagógicos, interessamo-nos por uma *sinonímia incompleta,* limitada à denotação. Consideram-se

555

como sinônimos as palavras com o mesmo sentido cognitivo e com valores afetivos diferentes.

A *sinonímia* também pode ser definida pela equivalência das frases. Se tivermos duas frases F_1 e F_2 que difiram somente pelo fato de F_1 ter uma unidade x e F_2 uma unidade y onde F_1 tem uma unidade x, e se $F_1 \supset F_2$ e $F_2 \supset F_1$ (implicação dupla), poder-se-á dizer que x e y são sinônimos.

A análise componencial* permite caracterizar os sinônimos na medida em que as unidades contenham os mesmos traços definitórios. Assim, *cão*, que designa um macho, e *cachorro* poderão ser considerados sinônimos em razão do fato de que *cão* pode ter os mesmos traços (animal, canino, macho, adulto) que *cachorro*.

A sinonímia depende do contexto, muito mais que as outras relações de sentido (hiponímia*, antonímia*). Ela não é, contudo, indispensável à língua. Poder-se-ia muito bem exprimir tudo o que se tem que dizer sem sinônimos. A língua perderia com isto, principalmente, uma certa possibilidade de variação estilística. Mas a importância do contexto é tal que ele neutraliza a oposição entre dois termos. Num enunciado como *o seu cachorro acaba de parir* a coocorrência, no enunciado, de *acaba de partir* leva a conferir a *cachorro,* antônimo de *cadela,* no que se refere ao sexo, o caráter de fêmea, *específico de cadela.* Como a oposição macho *vs.* fêmea é impossível aqui, ela faz com que *cachorro,* genérico, adquira necessariamente o traço de [+ fêmea]. Assim, o contexto permite que se dê às unidades um sentido sobremaneira restrito, como o de *cachorro* mais acima, ou como o de *tomar* em *Ele senta no terraço, para tomar um copo de cerveja.*

A sinonímia pode ser considerada uma hiponímia* simétrica. Em princípio, um hiperônimo* não implica seus hipônimos, mas o contexto sitacional ou sintagmático pode conferir ao hiperônimo o significado de um de seus hipônimos. Assim, se x é hipônimo de y, e y de x (se a relação é recíproca ou simétrica), dir-se-á que x e y são sinônimos.

sinônimo

São *sinônimas* as palavras com o mesmo sentido, ou aproximadamente o mesmo sentido, e com formas diferentes. É a definição *lato sensu* de sinonímia: ela permite, principalmente aos dicionários, fornecer listas bastante longas de palavras que podem, em certos contextos, substituir-se umas às outras. Em teoria semântica moderna, duas unidades não são sinônimas a não ser que tenham o mesmo sentido estrutural definido por meio de uma análise rigorosa. (V. SINONÍMIA.)

556

sintagma

1. F. DE SAUSSURE denomina *sintagma* toda combinação na cadeia da fala. Esta definição foi mantida por certos lingüistas; assim, para A. MARTINET, "designa-se sob o nome de *sintagma* toda combinação de monemas*".

Os exemplos de sintagma fornecidos por SAUSSURE são *re-ler, contra todos, a vida humana; Deus é bom; se fizer bom tempo, sairemos*. Observar-se-á que eles vão desde um plano infralexical (*re-ler* levando à unidade lexical *reler*) até o plano da frase (os dois últimos exemplos).

Contudo, a descrição dos mecanismos da língua unicamente pelo estudo dos sintagmas é incompleta. Faz-se mister distinguir dois eixos: o eixo das relações sintagmáticas e o eixo das relações associativas ou paradigmáticas. A relação paradigmática é a que associa uma unidade da língua realizada num enunciado às outras (não-presentes no enunciado considerado) [V. PARADIGMA]. Quanto à relação sintagmática, esta é realizada com certas unidades presentes no enunciado.

Tomemos a frase *O pobre gato está morto*.
(1) Existem, em *cada ponto do enunciado*, possibilidades de substituição:

$$
\left\{
\begin{array}{l}
o \\
este \\
meu \\
um \\
\text{etc.}
\end{array}
\right\}
\quad pobre\ gato\ está\ morto.
$$

$$
o \quad
\left\{
\begin{array}{l}
pobre \\
gordo \\
malvado \\
\text{etc.}
\end{array}
\right\}
\quad gato\ está\ morto.
$$

As relações mantidas pelas unidades *o/este/meu/um* (e respectivamente as unidades *pobre, gordo, malvado*) são relações paradigmáticas.

(2) Existem, entre os diversos elementos do enunciado, relações mais estreitas a constatar:

a) Parece menos natural segmentar em *o/pobre gato está morto* que em *o pobre gato/está morto*;

b) Do mesmo modo, parece menos natural segmentar em *o pobre/gato* que em *o/pobre gato*.

2. Em lingüística estrutural, chama-se *sintagma* um grupo de elementos lingüísticos que formam uma unidade numa organização hie-

rarquizada. O termo *sintagma* é seguido de um qualificativo que define sua categoria gramatical (sintagma nominal, sintagma verbal, sintagma adjetival, etc., [abreviaturas: SN, SV, SA]; v. essas palavras). O sintagma é sempre constituído de uma cadeia de elementos e ele próprio é um constituinte de uma unidade de nível superior; é uma unidade lingüística de nível intermediário. Assim, o sintagma nominal é o constituinte do nódulo da frase na gramática gerativa, sendo este nódulo formado pela cadeia: sintagma nominal (SN) + sintagma verbal (SV) (*Pedro + chegou em casa*); é o constituinte do sintagma verbal na regra SV → V + SN (*lança* [verbo] + *a bola* [SN]); é é constituído pelos elementos determinante (D) seguido de substantivo (S), na regra SN → D + N.

Na análise em constituintes* de uma frase realizada, como *O menino do vizinho tinha atirado a bola contra a vidraça da cozinha,* define-se *o menino do vizinho* como sintagma nominal (sujeito) e *tinha atirado a bola contra a vidraça da cozinha* como o sintagma verbal (predicado); o sintagma nominal sujeit é formado por um sintagma nominal (*o menino*) seguido por um sintagma preposicional (*do vizinho*), e o sintagma verbal e formado por um verbo e seu auxiliar (*tinha atirado*) seguido de um sintagma nominal (*a bola*) e de um sintagma preposicional (*contra a vidraça da cozinha*), que, por sua vez, é constituído por uma preposição (*contra*), de um sintagma nominal (*a vidraça*) e de um novo sintagma preposicional (*da cozinha*) e assim por diante.

Os elementos lingüísticos constitutivos de um sintagma podem ser morfemas léxicos ou gramaticais; *o + rapaz, o + -s, amor + os + o; viv + ente*, etc., são exemplos de sintagmas cujos elementos constituintes são morfemas autônomos ou afixos.

sintagmático

1. Chama-se *relação sintagmática* toda relação existente entre duas ou mais unidades que aparecem efetivamente na cadeia da fala. Uma vez reconhecida a existência de relações importantes entre certas unidades (palavras, grupos de palavras, unidades complexas de toda dimensão), resta perguntar se estas ligações constatadas no enunciado pertencem à língua ou à fala. F. DE SAUSSURE hesita, ao verificar que "(a frase), tipo por excelência do sintagma" pertence à fala, embora numerosas combinações sintagmáticas pertençam nitidamente à língua (*como vai? cala a boca! que é que há?* etc.). Do mesmo modo, a atividade criadora, que faz nascer *indecorável* sobre o modelo de *imperdoável,* etc. deve ser atribuída à língua.

A existência de relações sintagmáticas num nível inferior ao do signo é, às vezes, evocada por F. DE SAUSSURE: "No grupo imaginário *anma*, o som *m* está em oposição sintagmática com aqueles que o rodeiam e em oposição associativa com todos aqueles que o espírito possa sugerir." Esta consideração está na origem do desenvolvimento da fonologia.

Assinalemos que a hesitação observada diante da atribuição de sintagma à língua ou à fala fica resolvida pela substituição destes conceitos pelos de competência e atuação ou desempenho. A dificuldade oferecida pela passagem do ato individual (fato de fala) ao ato pré-determinado (fato de língua) fica resolvida pela oposição entre criatividade governada pelas regras (de domínio da competência) e criatividade fora das regras (de domínio da atuação ou desempenho). Sob esta abordagem, as regularidades sintagmáticas são todas do domínio da competência.

2. Em gramática gerativa, chamam-se *regras sintagmáticas* as regras de base que descrevem certas categorias nos termos de seus constituintes. Assim, o sintagma nominal é descrito como constituído de um determinante seguido de um substantivo; a regra sintagmática é a seguinte:

$$SN \rightarrow D + S$$

As regras sintagmáticas são da forma $XAY \rightarrow XZY$, sendo A um símbolo único, Z um símbolo único uma cadeia de símbolos, X e Y, cadeias de símbolos ou nulos. A regra significa que A se reescreve Z no contexto X ———— Y. Distinguem-se dois tipos de regras sintagmáticas, conforme X e Y sejam ou não nulos. Se X e Y são nulos, como na regra $F \rightarrow SN + SV$ (o núcleo se reescreve por sintagma nominal seguido de um sintagma verbal), existem regras *independentes do contexto* (sendo o contexto aqui X e Y). Se X e Y não são nulos, teremos, neste caso, regras *dependentes do contexto,* como na regra:

$$V \rightarrow V_{tr} / \text{———} SN$$

que se lê: V (verbo) se reescreve verbo transitivo (V_{tr}) no contexto de um sintagma nominal (*Pedro toma sua sopa;* sendo Y, agora, SN). As gramáticas sintagmáticas, que são o conjunto das regras sintagmáticas da base categorial das gramáticas gerativas, podem conter ou não regras dependentes do contexto; teremos, então, gra-

máticas dependentes do contexto ou gramáticas independentes do contexto.

Dá-se o nome de *gramática sintagmática* à gramática de constituintes* que N. Chomsky estabeleceu como base* do componente sintático e cujas regras são chamadas *regras sintagmáticas.*

sintaxe

1. Chama-se *sintaxe* a parte da gramática que descreve as regras pelas quais se combinam as unidades significativas em frases; a sintaxe, que trata das funções, distingue-se tradicionalmente da morfologia*, estudo das formas ou das partes do discurso, de suas flexões e da formação das palavras ou derivação. A sintaxe, às vezes tem sido, confundida com a própria gramática.

2. Em gramática gerativa, a *sintaxe* comporta vários componentes: a base (componente categorial e lexical) e o componente transformacional. (V. GERATIVA (GRAMÁTICA), TRANSFORMAÇÃO.)

sintema

Na terminologia de A. Martinet, o *sintema* é um segmento do enunciado formado por vários monemas lexicais que funcionam como uma unidade sintática mínima; os sintemas são, por exemplo, as palavras derivadas (*desejável, refazer,* etc.), que são para A. Martinet o resultado de uma escolha única entre os recursos da língua. *Sintema* opõe-se a *sintagma*.

síntese

Síntese da fala é um método de estudo da fonação que consiste em reconstruir a linguagem falada a partir da análise dos sons. Cada vez mais, a síntese é considerada como uma etapa indispensável no estudo dos sons e uma etapa complementar da análise, cujos resultados ela permite controlar. Com efeito, a análise não permite saber o que, nos diferentes componentes

559

do som, é pertinente lingüisticamente, nem conhecer as funções específicas que se atribuem a cada um dos elementos identificados. Por outro lado, não se está jamais seguro, na análise, de haver abarcado a totalidade dos aspectos do fenômeno vocal, e de não ter deixado de lado um fenômeno que poderia ser essencial. A síntese da linguagem poderia tornar possível transformar automaticamente um texto escrito em linguagem falada e tornar concebível a esperança de permitir a "leitura" aos cegos sem a ajuda de ninguém.

A corrente da síntese da fala é uma das correntes mais antigas na fonética; inaugurada no século XVIII pelo barão VON KEMPELEN e sua "máquina de falar", voltou à ordem do dia desde 1939 com a invenção de diferentes aparelhos; o Vocoder, com filtros de DUDLEY (1939), que realiza a síntese a partir da análise do discurso de um orador pronunciado diante de um microfone e funciona instantaneamente, no transcorrer da fala; o dispositivo "play back" de HASKYNS, que reconstrói a voz a partir de um sonograma e cujo modelo mais perfeito foi construído em Moscou, para fins musicais; o sintetizador de formantes, levado a cabo em 1954 por G. FANT, cujos modelos mais aperfeiçoados se encontram em Edimburgo (PAT) e em Estocolmo (OVE 3); o computador por conversão digital analógica.

sintético

1. Qualificam-se de *sintéticas* as línguas flexionais*, como o latim, e as línguas aglutinantes*, como o vietnamês. *Sintética* se opõe, aqui, *a analítica*. É sintética uma língua que tende a reunir numa só palavra vários morfemas. O português é uma língua analítica porque exprime as funções por palavras autônomas chamadas *preposições*, cujas unidades, numa frase, permanecem relativamente independentes umas das outras. (V. ANALÍTICA.)

2. *Procedimento sintético*, V. ANALÍTICO.

sintetizador

Sintetizador é um aparelho de fonética experimental que permite efetuar uma síntese* da linguagem.

sintoma

Diz-se de um acontecimento lingüístico que ele é um *sintoma* quando está vinculado a um falante do qual exprime o estado interior (v. SIGNO, SÍMBOLO). Assim, quando constatamos variações características na intensidade da voz do falante, concluímos que ele está excitado.

sistema

1. Em lingüística, a língua é considerada um *sistema* no sentido de que, num nível dado (fonema, morfema, sintagma) ou numa classe dada, existe, entre os termos, um conjunto de relações que os liga uns aos outros, se bem que, se um dos termos se modificar, o *equilíbrio do sistema* fica afetado.

2. Dá-se também o nome de *sistema* a todo o conjunto de termos estreitamente correlacionados entre si no interior do sistema geral da língua (V. CORRELAÇÃO). Fala-se, assim, do *sistema do número* no português (singular *vs.* plural), do *sistema fonológico*, do *sistema vocálico*, etc. Do mesmo modo dir-se-á que o conjunto das regras sintagmáticas em gramática gerativa é um *sistema de reescritura*. (V. ESTRUTURA.)

Finalmente, o termo *sistema* recobre todo o conjunto de regras ligadas entre si, ou todo o grupo de termos associados entre si.

3. Em glossemática, a noção de *sistema* está ligada à de processo. O sistema caracteriza-se por uma relação OU (AUT). Assim, se tomarmos a unidade *pai*, poderemos transformá-la em *vai*, substituindo *p* por *v*, e poderemos transformar as duas unidades noutras se substituirmos o *i* por *u*.

Esta operação de substituição é uma comutação*, e *p e v e i e u* formam os paradigmas*.

situação

Dá-se o nome de *situação* ao conjunto das condições psicológicas, sociais e históricas (ou fatores extralingüísticos) que determinam a emissão de um (ou de mais) enunciados num momento dado, no tempo e espaço dados. Em lingüística, fala-se mais em *contexto* ou *contexto situacional.* (V. COMUNICAÇÃO.)

soante

1. O termo *soante* designava anti-gamente as vogais, capazes de serem entendidas sem o apoio de outro som, por oposição às consoantes ("que soam com") inaudíveis isoladamente.

2. Na lingüística moderna, emprega-se amiúde o termo de *soante* para designar um tipo de consoantes que apresentam o grau de obstáculo mais fraco (nasais, líquidas, vibrantes, glides) e se aproximam das vogais, por oposição às fricativas e às oclusivas, chamadas de assoantes, que se realizam acusticamente como ruídos. (V. GLIDE.)

sobrevivência

Sin. de ARCAÍSMO, com o sentido 2.

sociolingüística

A sociolingüística é uma parte da lingüística cujo domínio se divide com o da etnolingüística*, da sociologia*, da linguagem, da geografia lingüística e da dialetologia*.

A sociolingüística tem como tarefa revelar, na medida do possível, a covariação entre os fenômenos lingüísticos e sociais e, eventualmente, estabelecer uma relação de causa e efeito.

Contrariamente a uma prática afirmada ou implícita, a sociolingüística não tem por escopo fazer resultarem repercussões lingüísticas das distinções sociais. Ela deve proceder a descrições paralelas, independentes uma da outra: de um lado, temos as estruturas sociológicas, de outro, as estruturas lingüísticas, e só depois de concluirmos tais descrições prévias, é que poderemos confrontar os fatos de cada uma dessas ordens.

A sociolingüística pode tomar em consideração como dado social o estado do emissor (origem étnica, profissão, nível de vida, etc.) e relacionar este estado ao modelo de atuação ou desempenho depreendido. Torna-se claro que, assim definida, a sociolingüística engloba praticamente toda a lingüística que procede a partir de um corpus*, já que estes são sempre produzidos num tempo, num lugar, num meio determinados.

Podemos também colocar-nos no ponto de vista do destinatário. Com efeito, o registro da fala é função dos indivíduos aos quais ele se destina.

Mutas vezes, as noções expressas (o conteúdo dos enunciados) é que são sociais. Tem-se, assim, uma sociolingüística que se ocupará do vocabulário político, do vocabulário técnico, etc. Essa é uma parte da lingüística muito bem estabelecida que, de uma maneira ou de outra, é admitida, pelo menos em alguns de seus setores, pelos estudos tradicionais da língua.

É necessário, em contrapartida, insistir na importância das condições sociais da comunicação. Pode-se considerar o grupo humano formado pelo médico e seu paciente como um grupo social (instável) de certo tipo. É preciso considerar que este grupo se diferencia dos outros por certos modos de falar; há o modo de enunciação do médico, que não é o do doente; que não é, igualmente, o do próprio médico em condições sociais diferentes. Chega-se, assim à definição de tipos de discurso sem os quais é difícil explicar a variação da linguagem. Os métodos mais fecundos neste domínio parecem recorrer à análise* do discurso e ao estudo do modo de enunciação*.

É suficiente que o pesquisador tenha por objetivo aclarar simplesmente tal ou qual pesquisa numa ciência humana que não seja a lingüística, recorrendo à língua. É assim que se encontra uma sociologia da linguagem, ou então a utilização dos fatos lingüísticos para ilustrar este ou aquele dado histórico. Tais pesquisas ficam à margem da lingüística porque dão realce ao componente não-lingüístico. De uma maneira geral, elas implicam a dependência da lingüística ao social.

Pertence também à *sociolingüística* o estudo dos juízos aplicados ao comportamento verbal dos indivíduos. Os juízos sobre os níveis de língua, principalmente as declarações do tipo *diz, não diz*, merecem, por mais de uma razão, ser objeto de estudo. O mesmo se pode dizer em relação à atitude do falante diante do seu enunciado, caracterizada conforme a distância ou modalização*.

O exame das variações geográficas da língua não é senão um caso particular da sociolingüística, embora seguidamente designe-se esta pesquisa por denominações específicas (dialetologia, geografia lingüística).

Existe, enfim, uma sociolingüística aplicada, que se ocupa dos problemas de "planejamento lingüístico"; assim, num país em vias de desenvolvimento e sem unidade lingüística, conseguiu-se situar devidamente, a partir do exame dos diferentes dialetos, as línguas* de unificação propostas como línguas oficiais. Por outro lado, o planejador pode ocupar-se em controlar ou frear as variações da língua sem nenhum preconceito de purismo ou de tradição, descartando-se do ponto de vista normativo tradicional.

sociologia da linguagem

Chama-se *sociologia da linguagem* uma disciplina sociológica que utiliza os fatos da língua como índices das estratificações sociais. Para J. A. FISHMAN, o termo designa a sociolingüística*, vista mais sob o ângulo da sociologia, ou integrando-se em suas perspectivas. Muitas vezes a palavra é empregada como simples equivalente de *sociolingüística*.

solecismo

Chama-se *solecismo* uma construção de frase não gerada pelas regras da gramática de uma língua numa época determinada ou, então, não aceita por norma ou uso julgados corretos. *Vende-se casas* é julgado um solecismo pelos gramáticos puristas, conforme a norma por eles definida. *Ele ama tu* é um solecismo (agramaticalidade) do ponto de vista das regras da gramática.

solicitação

Em lingüística distribucional, chamam-se *técnicas de solicitação de enunciados* as técnicas de teste que permitem o aparecimento de enunciados pertinentes para uma característica estudada, sem que o locutor seja, contudo, levado a produzir enunciados pouco naturais. Fornece-se ao locutor um contexto determinado, no qual ele possa emitir espontaneamente o enunciado solicitado.

solidariedade

Em glossemática, a *solidariedade* é o carácter de uma função* cujos dois functivos* se condicionam mutuamente A relação entre conteúdo e expressão, por exemplo, é uma solidariedade, já que sua combinação é a condição da língua: se a expressão sem conteúdo é um abracadabra sem caráter lingüístico, não existe fato de língua quando existe pensamento sem expressão.

som

Som é uma onda que se desloca no ar (ou noutros corpos) a uma certa velocidade (340 m/s aproximadamente no ar), produzida por uma vibração que pode ser periódica* ou aperiódica, simples ou composta. Os sons habitualmente percebidos pelo homem são os produzidos pelas vibrações cuja freqüência se situa entre 16 herz (limite de audição) e 16 000 herz (limite de dor). Os sons inferiores ao limite de audição são os infrassons; os superiores ao limite da dor são os ultrassons.

Entre os sons utilizados na fonação, alguns são ondas produzidas pela vibração periódica das cordas vocais, reforçadas diferentemente pelas cavidades do canal vocal que elas atravessam: estas ondas periódicas, ou quase periódicas, são as vogais* ou tons*. Outros sons da fala são produzidos por vibrações aperiódicas: trata-se das consoantes* ou ruídos*. As vogais, como as consoantes, visto serem produzidas por uma vibração composta, compõem-se de um som fundamental e de sons parciais. Nas vogais, cuja vibração é periódica, as freqüências dos parciais ou harmônicos são todas múltiplos inteiros da freqüência do fundamental. Nas consoantes não existe nenhuma relação entre as freqüências dos parciais diferentes, razão do som desagradável produzido.

563

Cada som caracteriza-se acusticamente por certo número de dados, em particular a rapidez da vibração ou freqüência, a amplitude da vibração ou intensidade, a duração da emissão, etc. Cada um destes dados tem equivalentes noutros níveis da transmissão da mensagem (motor, perceptual, neuropsicológico). Mas estes dados não são utilizados do mesmo modo em todas as línguas: cada um efetua uma escolha lingüística diferente das propriedades da substância sonora. Em certas línguas, por exemplo, a diferença de duração não é utilizada para fins distintivos. Noutras línguas, ao contrário, haverá a utilização do fato de que a duração maior ou menor de um som pode diferenciar os significantes de duas mensagens.

O locutor e o ouvinte de uma língua dada aprenderam a fazer abstração das características fônicas que não têm importância em tal língua: esta é a razão por que, embora um som jamais seja pronunciado ou recebido pelo ouvido do mesmo modo, tais diferenças não são perceptíveis quando a transmissão da mensagem se efetua normalmente. As diferenças são objetivas, podem ser mensuradas fisicamente (é um fato de fonética), mas não têm valor subjetivo e lingüístico.

Diferentes sons realizam uma mesma unidade lingüística, um mesmo fonema, quando apresentam em sua configuração os traços distintivos do fonema, misturados a outros traços que não possuem função lingüística.

som (voz, fr. voix)

Som é o conjunto das ondas sonoras produzidas na laringe pela vibração das cordas vocais sob a pressão do ar subglótico. Entre al aringe e a saída da boca, o complexo acústico fornecido no início é muito modificado: sua intensidade terá diminuído fortemente, a altura é a mesma, o timbre terá sido remanejado pelos diferentes ressoadores. Resta um apoio costante, que constitui o som.

A análise do som permite comparar diferentes sons entre si: o som da voz do homem, mais grave, apresenta um fundamental que oscila entre 80 e 250 c/s. O da voz de mulher é mais agudo e varia de 150 a 350 c/s. O da voz da criança, ainda mais agudo, situa-se acima de 250 c/s. Já a voz cochichada é produzida por um sopro laríngeo. Sua estrutura de freqüência é distinta, mas seu alcance é fraco demais para que seja audível.

sonágrafo

O termo *sonágrafo* é uma adaptação da palavra inglesa "Sona-graph", sob a qual foi lançado comercialmente, nos Estados Unidos, um tipo novo de espectrógrafo (ou espectrômetro) que permite representar uma sucessão de uns trinta sons (ou mais, se colocarmos lado a lado diferentes sonagramas de um fragmento da cadeia falada), enquanto os espectrógrafos tradicionais não permitiam representar senão um som isolado e necessariamente vocálico.

sonagrama

Sonagrama é a representação gráfica dos componentes fônicos (espectrograma) de uma sucessão de sons, obtida pela análise acústica de um fragmento da cadeia falada de uns trinta fonemas, por meio de um aparelho denominado *sonágrafo*. Os espectros dos diferentes sons se sucedem: para cada espectro, os formantes se ordenam de alto a baixo na escala das freqüências; a intensidade é expressa pelo carácter mais ou menos nítido da estrutura do formante; a duração do som corresponde aproximadamente à extensão do espectro (um sonagrama, para trinta fonemas que duram cerca de 2,4 segundos, tem o comprimento de 24 cm). A diferença entre o formante alto e o formante baixo (F1 e F2) exprime o caráter mais ou menos compacto ou mais ou menos difuso do som; a altura das freqüências nas quais se situam o formante da boca F2 e os formantes superiores traduz sua agudeza. Todas as outras características acústicas podem ser, assim, identificadas através da observação do sonagrama.

O sonagrama, comparativamente aos tipos de espectrograma que não representam senão a estrutura acústica de um único som, tem a vantagem de apresentar a transição entre os diferentes sons; esta última é particularmente importante para a identificação de certos sons: as consoantes oclusivas, em particular, não podem ser identificadas a não ser pela inflexão, para cima ou para baixo, sofrida pelos formantes das vogais contíguas.

sonantismo

Certas línguas, onde a diferença entre oclusivas e fricativas não tem valor fonológico, apresentam uma *correlação de sonantismo* que opõe uma série de sonantes à série de assonantes (o tamul, por exemplo).

sonoridade

A *sonoridade* é o traço devido à vibração das cordas vocais que caracteriza os fonemas sonoros.

sonorização (fr. *sonorization, voisement*)

O fenômeno de *sonorização* é aquele

através do qual um fonema surdo adquire o traço de sonoridade em contacto com um fonema sonoro. Foi o que aconteceu na passagem do latim para o português de muitas consoantes em posição intervocálica: *datu* (*m*) → *dado; capere* → *caber.*

sonoro (fr. *sonore, voisé*)

Fonema sonoro é o fonema cuja articulação vem acompanhada de uma vibração das cordas vocais, que são ligadas e não se abrem a não ser sob a presão periódica da massa de ar subglótico acumulado. As aberturas e fechamentos sucessivos da glote, sob esta pressão, estão na origem da onda sonora que constitui as vogais (quase que universalmente sonoras) e caracteriza a articulação das consoantes sonoras ([b, d, g, v, z, ʒ], etc.) por oposição às consoantes surdas.

sotaque (fr. *accent*)

Chama-se sotaque ao conjunto dos hábitos articulatórios (realização dos fonemas, entonação, etc.) que conferem uma coloração particular, social, dialetal ou estrangeira à fala de um indivíduo (sotaque ou pronúncia caipira, nordestina, alemã, etc.). (V. BASE ARTICULATÓRIA.)

standard (ingl.). V. PADRÃO.

stress (ingl.)

O termo *stress*, tomado de empréstimo à lingüística norte-americana e inglesa, designa o acento de força, ou acento de intensidade, a fim de distingui-lo do acento de altura, designado, do mesmo modo, pelo termo *pitch**.

suarabácti

Chama-se *suarabácti* o desenvolvimento de uma vogal no interior de um grupo de consoantes; assim, *advogado* é pronunciado [aḍivo'gadu].

suave (fr. *doux*)

Consoante *suave* (fr. *douce*) é aquela

565

cuja articulação se realiza com menos força do que a do seu par *forte*. Esse traço corresponde, do ponto de vista articulatório, a um relaxamento dos músculos dos órgãos bucais, mais próximo da posição de repouso, e a um enfraquecimento da pressão do ar que atravessa o canal bucal, sendo menos forte a resistência oferecida ao ponto de articulação. Essa pressão do ar menos elevada atrás do ponto de articulação é também acompanhada de uma duração mais breve. Em certas línguas, como o francês, o russo, a oposição *suave* X *forte* junta-se à oposição *sonora* X *surda* e assume a função distintiva em caso de dessonorização (fr. *devoisement*) da sonora ou sonorização (fr. *voisement*) da não-sonora nas expressões *coupe de champagne*, "taça de champanhe" ou *rude travail*, "trabalho rude"; em outros casos, é a oposição *suave* X *forte* que desaparece: assim, um [b] gritado energicamente iguala em força um [p], de modo que *bis*, "duas vezes", difere de *pisse*, "urina" apenas pelo traço sonoro normalmente redundante. Em certas línguas, as consoantes suaves opõem-se às fortes sem nenhuma participação da voz: é o caso no sistema fonológico do alemão da Suíça e de certos dialetos itálicos, como o corso meridional.

Em virtude de a oposição consonântica *suave* X *forte* confundir-se com a oposição vocálica *frouxa* X *tensa*, o termo *suave* ou *fraco* é hoje empregado como sinônimo de *frouxo*.

Do ponto de vista acústico, uma consoante *suave* é caracterizada por uma zona de formantes menos nitidamente definida, por uma diminuição da quantidade total de energia e de sua expansão no tempo.

subcategoria

Em gramática gerativa, as *subcategorias* são as subdivisões das categorias de base sintagmática. Assim, em português, o determinante tem como subcategorias o artigo (Art), o pré-artigo* (PréArt), e o pós artigo* (PósArt).

O demonstrativo pode entrar na mesma posição do artigo, D → (PréArt) (Art) (PósArt). Ex.: *Todos os meus, todos aqueles meus,* etc.

subcategorização

Em gramática gerativa, chamam-se *regras de subcategorização* as que impõem uma limitação na escolha dos morfemas em virtude de sua distribuição em subcategorias gramaticais. Os verbos (categorias gramaticais) podem ser subdivididos (subcategorizados) em transitivos e intransitivos: se tivermos uma frase com a forma SN + Aux + V + SN, o verbo não poderá ser intransitivo.

As regras de subcategorização distinguem, pois, subcategorias no interior de uma categoria. Assim, existem várias subcategorias de substantivos, substantivos próprios e substantivos comuns, contáveis e não-contáveis:

$$S \to \left\{ \begin{array}{l} S \text{ comum} \\ S \text{ próprio} \end{array} \right\}$$

$$S \to \left\{ \begin{array}{l} S \text{ contável} \\ S \text{ não-contável} \end{array} \right\}$$

(Para *traço de subcategorização estrita*, v. TRAÇO.)

subcódigo

O termo *subcódigo* é utilizado pelo Círculo Lingüístico de Praga e mantido por R. JAKOBSON para designar o sistema de relações que, no interior de uma função* dada da linguagem, os elementos do código global mantêm entre si. Contrariamente à noção de fala*, tal como a encontramos definida por F. DE SAUSSURE, e que exclui neste nível toda idéia de ordem que não seja a da língua*, a noção de subcódigos, que se manifestam como traços pertinentes lingüísticos, baseia-se na lingüística da fala. Assim, a oposição entre *eu* e *nós* não é da mesma ordem na conversação familiar e no discurso político.

subentendido

Em gramática tradicional, chama-se de *subentendido* o que, na frase efetivamente realizada, não se exprime, mas fica implicado pela interpretação semântica ou pelo quadro sintático ao qual corresponde essa frase. Seja a frase imperativa *Venham amanhã às cinco horas*; neste exemplo, o sujeito está subentendido pela referência ao quadro sintático da frase assertiva; a interpretação semântica pode deixar supor um adjunto adverbial de lugar, como em *a bordo, lá em casa,* que é fácil de suprir pelo contexto. Na NGB, o primeiro exemplo é denominado de sujeito simples expresso pela desinência verbal. Anteriormente era denominado elíptico ou oculto. (V. APAGAMENTO.)

subfonêmico

Denominam-se traços *subfonêmicos* os traços pertinentes dos fonemas; por exemplo: os traços de sonoridade, nasalidade, etc., são traços subfonêmicos.

subgrupo

Dá-se, às vezes, o nome de *subgrupo* a um subconjunto de línguas de uma família*. Esse termo é sinônimo de *ramo,* que é empregado mais freqüentemente.

subjacente

Em gramática gerativa, qualifica-se de *subjacente* um elemento lingüístico implicado na estrutura profunda ou nas estruturas intermediárias e que não se manifesta sob esta forma na frase realizada. Assim, dir-se-á que o sintagma nominal complemento é subjacente na estrutura profunda da frase *Pedro come,* que implica o apagamento de "qualquer coisa comestível".

subjetividade

Chama-se *subjetividade* a presença do falante em seu discurso; assim, a subjetividade do discurso se manifesta pelos embreantes*.

subjetivo

Chama-se *subjetivo* o complemento nominal ou o genitivo* que, na frase ati-

va correspondente ao sintagma nominal, será o sujeito do verbo; assim, em *O amor dos filhos pelos pais, dos pais* é um complemento nominal subjetivo, porque ele corresponde a *Os filhos amam seus pais.* (V. OBJETIVO.)

subjuntivo

Chama-se *subjuntivo* o conjunto de formas verbais que, em português, traduzem (1), nas frases diretas, o modo optativo (*Oxalá ele possa vir*), (2) nas frases indiretas e subordinadas, o modo do não-assumido (por oposição ao indicativo, que é o modo da frase assumida): *Duvido que ele venha. Embora ele esteja enfermo...* (V. MODO.)

subordinação

1. *Subordinação* é a relação existente entre uma palavra que rege e uma palavra regida, através da qual a forma da segunda parece depender necessariamente da natureza da primeira. Neste caso, *subordinação* é sinônimo de *regência.*

2. Mais freqüentemente, nas frases complexas, a *subordinação* é a situação na qual se encontra a proposição que depende da principal (ou de uma outra subordinada que desempenha em relação a ela o papel de principal [v. PROPOSIÇÃO]). Em conseqüência, de uma forma geral (existem certas exceções, principalmente a do infinitivo), a relação de subordinação é expressa pelas conjunções* de subordinação, como *se, quando, como, que* e as compostas de *que,* pelos pronomes ou advérbios relativos* e pelos pronomes interrogativos* indiretos.

As relações de subordinação se caracterizam conforme a natureza do subordinante (conjunção, pronome relativo, pronome ou advérbio interrogativo, subordinante zero), conforme a relação que existe entre o verbo e a proposição principal, conforme o "sentido" da subordinada (causal, final, consecutiva, concessiva, etc.).

567

subordinado

1. Numa frase complexa, a *subordinada*, ou proposição subordinada, ou proposição dependente, é a proposição (ou membro da frase centrado em torno de um verbo) que está subordinada a outra, a ela ligada por uma relação de subordinação; a subordinada não possui autonomia gramatical e não poderá ser utilizada tal como está numa frase simples. Classificam-se as subordinadas conforme a palavra introdutória (pronomes relativos, conjunções subordinativas, pronomes ou advérbios interrogativos), ou conforme o modo do verbo (infinitivas, participiais, gerundiais), conforme a função dos sintagmas nominais ou prepositivos cujo lugar elas ocupam (sujeito, complemento verbal, complemento nominal, adjunto adverbial), enfim, conforme seu lugar em relação à principal (antecedentes, incidentes, conseqüentes).

2. Para L. TESNIÈRE, na conexão*, *subordinado* é o termo inferior, enquanto o regente é o termo superior. Assim, na frase:

Meu jovem amigo lê um belo livro,

representado pelo estema:

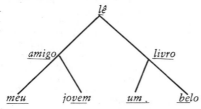

livro e *amigo* estão 'subordinados a *lê*, *meu* e *jovem* o estão a *amigo, um* e *belo* a *livro*. *Lê* é, pois, o nódulo* dos nódulos, ou nódulo central. (Sin.: REGIDO.)

subordinante

Chamam-se *subordinantes* as palavras que instituem uma relação de subordinação, como as conjunções subordinativas, os pronomes relativos, os pronomes e advérbios interrogativos indiretos. (V. OPERADOR.)

substância

A oposição entre *substância* e *forma*, na lingüística moderna, encontra sua origem na fórmula de F. DE SAUSSURE: "A língua é uma forma e não uma substância." A oposição se tornará essencial em L. HJELMSLEV. A substância, então, se define de modo essencialmente negativo: substância é tudo o que não é forma, isto é, o que não entra no sistema de dependências que constituem a estrutura de todo o objeto dado. A glossemática atribui-se como objeto caracterizar as relações entre forma e substância lingüísticas. Forma e substância lingüísticas concernem ao plano da expressão e ao plano do conteúdo.

No plano da expressão, poderemos tomar como exemplos de formas os tipos de combinações fonológicas possíveis numa língua dada: as unidades são descritas por sua aptidão em contrastar no plano sintagmático e de se opor no plano paradigmático; a substância da expressão será, neste caso, a matéria fônica explorada, ao permitir a manifestação da forma lingüística. A colocação em relacionamento da forma e da substância utiliza e transforma a matéria (fônica, no exemplo escolhido).

No plano do conteúdo, poder-se-á tomar o exemplo dos termos da cor: a substância do vocabulário que designa as cores é um contínuo do comprimento das ondas luminosas; a forma introduzida pela consideração das oposições léxicas que denotam as diversas cores depende das línguas, que transformam o contínuo em discreto, estabelecendo as distinções, em número igual ou diferente de uma língua a outra, tanto no mesmo ponto do contínuo como em pontos diferentes; por exemplo, a palavra do inglês *brown*, como as palavras francesas *brun* e *marron*, corresponde a certa classe de vibrações (substância); mas a segmentação que ela opera na substância não é idêntica à que operam suas equivalentes francesas, como comprova a existência de dois termos no francês, intercambiáveis por um termo único do inglês.

Em virtude destas considerações de L. HJELMSLEV, a relação estabelecida por F. DE SAUSSURE entre forma e substância foi modificada: a forma é independente da substância, mas a recíproca não é verdadeira: uma forma lingüística pode não se manifestar por uma substância lingüística (caso dos signos zero, ou em que a ordem das palavras é significante, etc., e que criaram tantos problemas insolúveis para F. DE SAUSSURE), mas uma substância lingüística, em contrapartida, manifesta necessariamente uma forma de língua.

L. HJELMSLEV, cuja teoria resultou no mais rigoroso estruturalismo (primazia da forma sobre a substância, necessidade da anterioridade do estudo da forma) teve que aplicar corretivos a suas hipóteses: a necessidade metodológica da comutação exige o recurso a uma teoria pelo menos implícita da substância lingüística.

substantivado

Quando uma palavra, que não foi classificada originariamente entre os nomes ou substantivos, é usada como substantivo, isto é, num lugar onde não se pode colocar senão um substantivo, diz-se que ela está *substantivada*. Em português, a substantivação tem por conseqüência poderem as palavras substantivadas receber determinantes próprios ao substantivo; em *o azul do céu*, dir-se-á que *azul* está substantivado porque ele vem precedido do artigo que assinala, no português, formalmente, o substantivo. É preciso observar, contudo, que nada permite, absolutamente, afirmar que *azul* não possa pertencer a duas categorias gramaticais, a do substantivo e a do adjetivo. Mas a tradição considera que o uso fundamental de *azul* é como adjetivo.

substantivo, nome (fr. *nom*, ingl. *noun*)

1. A gramática tradicional define como *substantivos* as palavras com que se designam os seres animados e o que ela reagrupou como "coisas", a saber os objetos, os sentimentos, as qualidades, os fenômenos, etc. Assim, são substantivos: *André, gato, cadeira, revolução, reposição, tranqüilidade, maldade, compota, copo, casa*. Do ponto de vista da extensão (do número maior ou menor de elementos aos quais a idéia pode aplicar-se), opuseram-se os *substantivos comuns*, que podem aplicar-se a elementos que pertencem a conjuntos de seres ou de coisas aos quais o substantivo se aplica da mesma maneira, e os *substantivos próprios*, que só se aplicam a um ser ou uma coisa tomados em particular (nomes, sobrenomes, nomes de dinastias, nomes de povos, nomes geográficos de países, regiões, cidades, rios, montanhas).

Considerou-se, todavia, que *lua, sol* eram substantivos comuns, embora o conjunto só compreenda um único elemento; por outro lado, os substantivos próprios podem tornar-se substantivos comuns (um *judas*). Repartiram-se, também, os substantivos em *concretos* e *abstratos* e em *individuais* e *coletivos*, conforme a natureza do que designam. Em português, o substantivo pode ser caracterizado for-

569

malmente por um gênero e varia em número. As funções tradicionais do substantivo são: sujeito, como em *João está descontente*; predicativo do sujeito, como em *Ele é (o) senhor em sua casa*; aposto, como em *Ajácio, capital da Córsega*; objeto direto, como em *Vejo nuvens*; objeto indireto, como em *Gosto das férias*; e *André*, em *Dou livros a André*, e adjunto adverbial.

2. A lingüística distribucional define como pertencendo à classe dos *substantivos* todo morfema que possa ser precedido de um morfema pertencente à classe dos determinantes, para formar com ele um sintagma nominal, constituinte imediato da frase de base.

3. A lingüística gerativa define como *substantivo* todo morfema suscetível de ser inserido no lugar de um símbolo postiço △, dominado pelo símbolo categorial S (correspondente ao N do fr. *nom* e do ingl. *noum*).

4. Chamam-se, às vezes, *substantivos de número* os termos que a terminologia oficial considera como numerais cardinais (*um, dois, três*). Na realidade, não são nem substantivos nem adjetivos: pertencem a uma categoria de determinantes*, a dos quantificadores.

substituibilidade

Chama-se substituibilidade a propriedade que uma parte destacável de um enunciado (palavra, sintagma) tem de poder ser substituída por outra em outro enunciado, sem que este último perca seu caráter de enunciado gramatical. É esta propriedade que permite isolar as unidades discretas na cadeia da fala e definir, em seguida, as regras de combinação destas unidades. A substituibilidade implica a existência de um "juiz" (falante nativo) que responde pela gramaticalidade dos enunciados em questão. (V. COMUTAÇÃO, FALANTE.)

substituição

1. Quando duas línguas estão em contacto, designa-se como *substituição* de uma língua B por uma língua A o fato de a língua A acabar por ser empregada exclusivamente, caindo a língua B no esquecimento. Adimite-se que o português provém do latim, sem contribuição importante das línguas cantábricas faladas na península ibérica: houve uma substituição dos falares locais pelo latim, depois de um período de comutação* ou de uso alternado. Se um indivíduo acaba por não mais falar a língua materna B a fim de utilizar a língua aprendida A, existe, igualmente, substituição de B por A.

2. Em gramática tradicional, chama-se *substituição* a eliminação de uma palavra por outra no curso da evolução de uma língua; assim, *domus* foi substituída por *casa, puer* por *menino*, etc.

570

3. Em lingüística estrutural, a *substituição* é uma operação que consiste em substituir uma parte destacável de um enunciado por um outro elemento, que guarda, no enunciado, seu valor gramatical. Assim, na frase *O porteiro carrega as cartas*, podemos substituir *O* por *este, meu, teu* sem que a frase seja incorreta. Do mesmo modo, podemos substituir *porteiro* por *zelador, empregado, carteiro*. Esta operação de substituição (comutação) permite determinar as classes de morfemas.

O termo é complementar ao de *combinação*. Opor-se-á o eixo paradigmático, considerado como eixo das substituições, ao eixo sintagmático, como eixo das combinações.

Contudo, convém não confundir *substituição* com *paradigma*. Tomemos o exemplo de SAUSSURE:

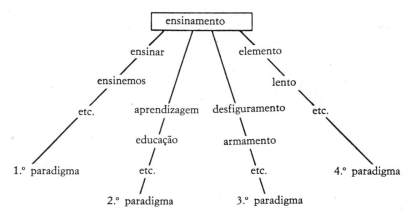

Observemos que estas diversas relações paradigmáticas (virtuais), mantidas pela unidade considerada com as outras unidades da língua, não podem receber *todas* elas uma atualização na fala (por substituição).

Podemos justificar estes quatro paradigmas pela argumentação a seguir:

a) Numa situação metalingüística, como a do lexicógrafo, certas *substituições de flexão* (primeiro paradigma) são possíveis. Assim: *amo: amar*, num dicionário latim-português, registra uma primeira pessoa do presente do indicativo latino, mas um infinitivo presente em português.

b) Num enunciado do tipo *Cada brasileiro tem direito ao ensinamento*, só é possível a substituição das unidades do segundo paradigma: *Cada brasileiro tem direito à aprendizagem* (*à educação*, etc.).

Observar-se-á, contudo, que as unidades do terceiro paradigma podem — com menor proximidade semântica — igualmente substituir *ensinamento*, nesta perspectiva.

c) No enunciado do tipo *Existe no português um sufixo "mento" que marca a ação, como em "ensinamento"*, a substituição do terceiro paradigma é a única possível.

d) Enfim, na poesia, a rima de *ensinamento* deverá ser acompanhada conforme o quarto paradigma (se, pelo menos, levarmos em conta as restrições clássicas que interditam a utilização do terceiro).

Deve ficar claro que as situações (a), (b) e (d) não concernem à descrição lingüística no sentido restrito. O caráter metalingüístico dos enunciados (a) e (c) assim como o caráter poético dos enunciados (d) exclui-os da problemática da lingüística descritiva (v. FUNÇÕES DA LINGUAGEM, em relação à aptidão da língua de se polarizar sobre ela própria — função metalingüística — ou sobre a mensagem — função poética).

A lingüística descritiva propõe-se a explicar, ao contrário, (b), isto é, a possibilidade de substituir *ensinamento* por todo o termo do paradigma sinônimo *aprendizagem, educação*, e a maioria dos termos do paradigma parcialmente sinônimos dos substantivos de ação.

O repertório das *substituições* (sob o nome de *comutação*, ou, às vezes — com menor adequação — *permutação*) coloca um problema à lingüística estrutural:

(1) Pode-se desejar conduzir as substituições por uma pesquisa levada a cabo no interior de um corpus. É o procedimento da análise distribucional rigorosa. O desejo de não fazer intervir o sentido leva o pesquisador a não tomar em conta senão as substituições encontradas no corpus. Por exemplo, se o corpus comporta *eu te vejo* e *eu o vejo*, haverá possibilidade de o pesquisador distinguir um elemento variável *te/o*, definido pela sua possibilidade de substituição no mesmo contexto.

(2) Uma análise distribucional menos rigorosa pode apoiar-se nas comutações: ela se permite fazer intervir o sentido, não para uma análise semântica pormenorizada, mas como modo de verificação da identidade ou não-identidade entre dois enunciados.

Em face de um enunciado de um corpus como *eu te vejo*, o teste de comutação entre *te/o* leva ao enunciado *eu o vejo* e à consta-

572

tação da não-identidade nos dois enunciados, por parte do pesquisador. Ele deduz pela não-identidade de *te/o* no mesmo contexto e pode, assim, constituir o paradigma dos substitutos.

4. Em glossemática, o termo *substituição* aplica-se às substituições de uma unidade que não constituam uma mutação*. Existe substituição quando se substitui, por exemplo, uma variante de fonema por outra variante do mesmo fonema. Assim, em português, a substituição do [r] velar pelo [r] alveolar, variante do mesmo fonema, é uma substituição.

5. Em gramática gerativa, a *substituição* é uma operação que consiste em colocar no lugar de um constituinte apagado (v. APAGAMENTO) outro constituinte deslocado (v. DESLOCAMENTO). Por exemplo: se analisarmos a transformação passiva como aplicável a uma frase (Pass + F), cuja análise estrutural é

Prep + SNpas + Aux ser + SN_1 + Aux + V + SN_2

e onde Pass (passivo) é formado de SP_{PAS} (sintagma prepositivo passivo, composto da Preposição + SN_{PAS}, sendo o último idêntico a SN_1 sujeito), verificamos que, na seqüência, existe um deslocamento de Prep + SN_{PAS} em final de frase, um apagamento de SN_{PAS} sujeito e sua substituição por SN_2, para isto deslocado. Pode-se, então, dizer que existe substituição de SN_1 por SN_2 e que SN_2 foi colocado no lugar de SN_{PAS}.

substituto

Dá-se o nome de *substitutos* aos pronomes (pessoal, demonstrativo, possessivo) considerados em sua função principal, que é a de serem substitutos de uma palavra ou de um grupo de palavras, que eles representam ou substituem. Em *Ele lhe fala, lhe* é um substituto que substitui um sintagma nominal animado, masculino ou feminino, singular. (V. REPRESENTANTE.)

substrato

Substrato designa toda língua falada que, numa região determinada, por várias razões, foi substituída por outra língua, cumprindo tomar em consideração a influência que a língua anterior pôde ter sobre a língua que a sucedeu: os falares célticos utilizados na Gália antes da conquista romana são substra-

tos do galo-romano, no qual, por outro lado, deixaram poucos traços. (V. ADSTRATO, SUPERESTRATO.)

subtítulo

Em lexicografia, o termo *subtítulo* designa, no interior de um verbete, as entradas compostas numa tipografia específica (itálico, tipos mais grossos) que indicam as acepções diferentes da acepção principal, ou correspondem a uma forma de item léxico diferente da palavra de entrada. Assim, *cabeça*, como verbete (o que classifica as entradas), terá os subtítulos *cabeça*, substantivo feminino (parte superior do corpo humano e a mais anterior dos outros animais) *e cabeça*, substantivo masculino (chefe).

sufixo

Sufixo é um afixo que segue o radical ao qual está estreitamente ligado. Distinguem-se os *sufixos flexionais*, ou *desinenciais*, que formam as marcas de caso, as do gênero e de número da flexão dos nomes e as marcas de tempo, de modo, de número e de pessoa nos verbos, e os *sufixos derivacionais*, que servem para formar novos termos a partir dos radicais. Assim, *-a* em *menina* (feminino de menino) é um *sufixo flexional*; e *-dade* em *beldade* é um *sufixo derivacional*.

sujeito

1. Em gramática tradicional, define-se o sujeito como o que pratica ou sofre a ação expressa pelo verbo (v. ATANTE, AGENTE). É, assim, um termo importante da frase, já que é o ponto de partida do enunciado, pois designa o ser ou objeto dos quais se afirma qualquer coisa, utilizando-se o predicado. O sujeito é constituído, mais freqüentemente, por um nome (substantivo propriamente dito, ou uma palavra substantivada) ou um pronome; às vezes, uma proposição inteira desempenha o papel de sujeito como em *Ocorre que ele já partiu*. Apoiando-se na lógica, a tradição completou esta definição com as noções de sujeito real e de sujeito aparente: no francês, os verbos impessoais ou empregados impessoalmente são precedidos dos pronomes *il* e (algumas vezes) *ce*, como em *Il est temps de partir, Il faut que je parle, Ce n'est pas beau de mentir*: *il* e *ce* são sujeitos aparentes, e *de partir, que je parle, de mentir* são sujeitos reais. Outros gramáticos consideram que o sujeito aparente é o sujeito, embora vago, e constitui um sujeito de expectativa, já que o sujeito real pretendido é um complemento do sujeito particularmente importante em relação ao conteúdo. Recordemos a posição de F. BRUNOT que vê nos pretendidos sujeitos reais verdadeiros complementos de objeto do verbo impessoal.

O sujeito se coloca normalmente antes do verbo, em francês, e RIVAROL partiu daí para formular sua doutrina segundo a qual a língua francesa seguiria, assim, uma ordem natural e lógica (*Discurso Sobre a Universalidade da Língua Francesa*). Na realidade, esta é a ordem da frase não-marcada, sem intenção expressiva; a ordem é totalmente diferente no estilo afetivo, e as inversões aí são freqüentes, como, de resto, na língua falada, mais expressiva que a língua escrita. Tem-se, assim: *Louis est venu* (neutro) e *Il est venu, Louis* (expressivo). Quando o sujeito é um pronome, a regra de localização do sujeito conhece uma exceção notável nas frases interrogativas diretas, que não utilizam o advérbio interrogativo: ao afirmativo *Il vient* e a *Est-ce qu'il vient?* corresponde *Vient-il?* Quando o sujeito não é um pronome, temos frases como *Ton ami vient-il?* O verbo adquire as marcas de número (e de pessoas) do nome sujeito, salvo o problema

574

particular da silepse, ou concordância conforme o sentido das frases, como *A maioria das pessoas são impertinentes*.

Fala-se igualmente de sujeito nas frases sem verbo, seja no caso de elipse, como nos telegramas *Pacote chegado ontem*, seja quando o verbo tenha que ser suprimido inteiramente, como em *Ei-lo!; lo* constitui, sem dúvida, o sujeito, no sentido lógico (é dele que se diz alguma coisa), mas os critérios de forma (concordância verbal) e a posição (colocação em relação ao verbo) não mais se aplicam. Prefere-se, então, falar de sujeito-tema ou de tema*.

2. A lingüística moderna define o *sujeito* como a função gramatical do sintagma nominal na frase de base composta da cadeia: sintagma nominal + sintagma verbal; a frase de base, que tem a forma

$$F \rightarrow SN + SV,$$

pode ser representada pelo diagrama de árvore

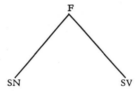

Assim, nas frases *Pedro ama Maria* e *O guindaste levanta as paredes pré-fabricadas*, os sintagmas nominais *Pedro* e *O guindaste* são os sujeitos da frase, ou dos predicados *ama Maria* e *levanta as paredes pré-fabricadas*. Os outros sintagmas nominais contidos nestes enunciados não respondem a tal regra de constituição da frase, mas são constituintes do sintagma verbal; têm outra função gramatical (aqui, a de objeto ou complemento). O sintagma nominal sujeito pode ser um pronome substituto do sintagma nominal: em *Ele ama seus filhos, ele* e um pronome, sujeito de *ama seus filhos*; o sujeito pode ser, também, uma substantiva ou um infinitivo (provindo da nominalização de uma frase); assim, em *Terminar tal trabalho é impossível*, o sujeito é *Terminar tal trabalho* e em *Consta que ele já partiu*, a substantiva *que ele já partiu* é o sujeito de *Consta*. Nestes dois casos, a substantiva ou o infinitivo podem ocupar outra posição em relação ao verbo. No francês, podem ser substituídos pelo pronome *il*, sendo chamadas de construções impessoais: *Il m'est impossible de finir ce travail, Il n'est pas étonnant qu'il soit malade* (estando o infinitivo, agora, precedido da preposição *de*). Neste caso, o sujeito é sempre a proposição substantiva *qu'il soit malade* ou o infinitivo *finir ce*

575

travail; são chamados *sujeitos reais*, na gramática tradicional; quanto ao *il*, ele é denominado *sujeito aparente* ou *sujeito anafórico*. Semanticamente, o sujeito se define como tema na combinação tema + comentário: o sujeito é aquilo do qual se diz qualquer coisa.

Em gramática gerativa, distingue-se o sujeito da frase de estrutura profunda do sujeito da frase de estrutura superficial. Na frase

O carro atropelou o transeunte,

O carro é ao mesmo tempo o sujeito da estrutura profunda e o sujeito da estrutura superficial derivada. Mas na frase passiva

O transeunte foi atropelado pelo carro,

o sujeito da estrutura superficial *O transeunte* não é o sujeito da estrutura profunda (*o carro*). Existe um sintagma nominal sujeito da estrutura profunda e um sintagma nominal sujeito da estrutura derivada, que são diferentes. Esta distinção retoma, em parte, a de sujeito e de agente. (V. AGENTE, ERGATIVO.)

3. Chama-se *caso sujeito* o caso que, no francês antigo, exprimia a função gramatical do sujeito. O caso sujeito é marcado na maior parte das declinações pela presença da desinência -*s*: assim, o caso sujeito singular de *murs* se opõe ao caso regime *mur*.

supercomposto

Chamam-se *formas supercompostas* as formas verbais do francês constituídas de uma seqüência de dois auxiliares *avoir* (ou do auxiliar *avoir* e do auxiliar *être*) e de um particípio passado (*Quand il aura eu fini*). No português ocorre fenômeno semelhante em formas como *Ele tinha ido cantar*. As formas supercompostas exprimem o aspecto acabado e o tempo futuro ou passado em relação a um futuro ou a um passado do enunciado. Tais formas são analisadas na gramática gerativa como a seqüência de dois constituintes "perfeitos" do auxiliar (acabado em relação ao momento em que se fala e acabado em relação a um processo futuro ou passado do enunciado).

superestrato

Superestrato designa toda língua que é introduzida largamente na área de outra língua, mas sem substituí-la, podendo desaparecer finalmente e deixando alguns traços. Depois das Grandes Invasões, as línguas germânicas acabaram por desaparecer, mas exerceram sobre o romance uma influência léxica e sintática que não é de menosprezar: a presença da aspiração antiga em *haut* (fr.), provindo do latim *altus*, é devida à existência do termo germânico *hoch*. (V. ADSTRATO, SUBSTRATO.)

superficial

Em gramática gerativa, *estrutura superficial* é sinônimo de ESTRUTURA DE SUPERFÍCIE. (V. PROFUNDA, [ESTRUTURA].)

superfície

V PROFUNDA (ESTRUTURA).

superlativo

Chama-se *superlativo* o grau de comparação do adjetivo ou do advérbio que exprime a qualidade ou a modalidade num grau muito elevado, superior ou inferior a outros, ou independentemente de toda referência. O *superlativo relativo* (*Pedro é o mais feliz, o menos feliz dentre os homens*) representa a qualidade superior ou inferior em relação a todos os seres ou objetos suscetíveis de ter esta qualidade; em *Pedro é muito feliz*, o superlativo absoluto representa a qualidade no seu grau mais elevado, sem comparação com outros. Em português, o *superlativo relativo* é constituído do determinante (*o, a, os, as*) e da forma do comparativo (*mais, menos* + adjetivo ou advérbio), seguido de um partitivo; o *superlativo absoluto* é formado pelos advérbios *muito, bastante, pouco, extremamente*, chamando-se, então, de analítico; quando aparece com o sufixo *-íssimo*, ou formas sintéticas provindas do latim erudito, recebe o nome de sintético: *belíssimo, ótimo, péssimo*. Consideram-se no superlativo os adjetivos acrescidos dos prefixos aumentativos *extra-, super-, sobre-*. No latim, o superlativo é formado com o sufixo *-issimus*.

superordenado. V. HIPERÔNIMO.

superposição
V. ACAVALAMENTO.

supersistema
Sin. de DIASSISTEMA. (V. DIASSISTEMÁTICO.)

supino
Em gramática latina, o *supino* é uma forma nominal do verbo constituída pelo sufixo *-t-* acrescentado à raz. Encontramo-lo sob três formas: supino em *-um*, que desempenha o papel de um acusativo (*eo lusum*, venho para jogar, em *-ui*, que tem o papel de um dativo, e em *-u*, com o papel de um ablativo (*facilis dictu*, fácil de dizer); o supino em *-um* é chamado de *supino primário*; os supinos em *-ui* e *-u* são chamados de *supinos secundários*.

supletivo
Diz-se que uma forma é *supletiva* quando é capaz de completar as formas incompletas no paradigma dos verbos ou dos nomes defectivos. Assim, dir-se-á que as formas com os radicais *v-, fu-* e *fo-* são as formas supletivas do verbo *ir* (*eu vou, eu fui, nós fomos*).

supletividade
Chama-se *supletividade* o caso onde os alomorfes de um mesmo morfema pertencem a radicais diferentes; assim, o verbo *ir* tem quatro alomorfes: *i- / v- / fu- / fo-*; trata-se de um fenômeno de supletividade.

supradental
Dá-se, às vezes, o nome de *articulação supradental* às articulações retroflexas (chamadas também de *cacuminais, cerebrais* ou *invertidas*), porque são realizadas através do contacto da ponta da língua contra o cume da abóboda palatal, em cima da raiz dos dentes.

supralocal
Qualifica-se de *supralocal* (ou de veicular*) uma língua utilizada fora de sua área de origem por comunidades que possuem línguas nativas distintas. Assim, o banto é falado por populações não-bantos que falam línguas distintas, a fim de possibilitar a comunicação entre elas.

supra-segmental
Traço supra-segmental, ou *traço prosódico*, é uma característica fônica que afeta um segmento mais extenso que o fonema: o acento, a entonação, a duração são traços supra-segmentais. Alguns traços, que se considera tradicionalmente, afetarem o fonema, podem ser considerados supra-segmentais, na medida em que afetem vários fonemas de uma mesma palavra ou de um mesmo sintagma: por exemplo, o traço de nasalidade, nas línguas onde ele afete tanto a vogal precedente quando a seguinte da con-

soante nasal; o traço de abertura ou de localização, nas línguas onde a harmonia vocálica desempenhe um papel importante, etc. (V. PROSÓDIA.)

surdez verbal

Chama-se *surdez verbal* uma perturbação da percepção auditiva que, independentemente de toda alteração no nível da audição, se limita unicamente aos sons da linguagem e se manifesta pela impossibilidade de compreender a significação das palavras faladas. (V. AFASIA.)

surdimudez

Chama-se *surdimudez* o estado de uma criança surda cuja mudez seja conseqüência direta dessa surdez e, por tal motivo, pode ser superada através de uma reeducação lingüística especial.

surdo (fr. sourd, non-voisé)

Fonema surdo, ou *não-sonoro,* é o fonema cuja articulação não comporta vibração das cordas vocais: em virtude de a glote estar fechada, o ar dos pulmões não passa através da laringe, deixando de existir onda sonora de origem laríngea. Neste caso, o som se produz pela vibração do ar do canal bucal quando de sua abertura para a realização da vogal que o segue, ou quando do fechamento, da vogal que o precede. Os fonemas surdos são, em geral, mais raros no inventário fonemático das línguas que os fonemas sonoros. Em português, apenas seis vogais são fonologicamente surdas [p t k f s ʃ].

sustenido

Chamam-se *sustenidos* fonemas de tonalidades mais aguda do que a dos fonemas normais correspondentes. Seu espectro acústico é caracterizado por um deslocamento para o alto do segundo formante (o formante bucal) e do conjunto dos componentes de alta freqüência. Esse efeito é produzido, no nível ariculatório, pelo levantamento de uma parte da língua contra o palato que acompanha a articulação principal e por uma dilatação do orifício posterior da cavidade bucal. Esses dois movimentos, palatização e dilatação da faringe, têm por resultado elevar a freqüência da cavidade bucal pela redução de seu volume e pelo alargamento de sua abertura. A dilatação da faringe desempenha sobretudo um papel importante para diesar, ou marcar com sustenido, as consoantes graves, e pode até constituir no caso o fator principal. Em virtude dessa dilatação, os fonemas sustenidos chamam-se também fonemas "de fenda alargada", a eles opondo-se os consoantes "de fenda não-alargada".

A oposição entre consoantes sustenidas e não-sustenidas desempenha um papel importante em gaélico (dialeto céltico da Escócia), em romeno, em húngaro, no conjunto das línguas eslavas (russo, polonês, etc.). O russo opõe /mat'/, "mãe", e /mat/, "xeque"; /krof'/, "sangue", e /krof/, "abrigo". Nessas línguas, a oposição *sustenido* X *não-sustenido* afeta na maioria das vezes as consoantes dentais (difusas e agudas), mas por vezes se estende também às outras classes de consoantes (velares e labiais). Certas línguas apresentam a oposição sustenido X não-sustenido, bemolizado X não-bemolizado para fonemas correspondentes: é o que acontece com uma língua do Cáucaso quanto à consoante /g/. Enfim, a língua da Cashimira opõe quatro fonemas homogêneos: um sustenido e bemolizado, o outro sustenido não-bemolizado, o terceiro bemolizado não-sustenido, o último não-bemolizado e não-sustenido.

sustentação (fr. tenue)

Em fonética, a sustentação de um fonema é a segunda fase da sua articulação, durante a qual os órgãos fonadores estão numa posição quase estável, própria para a emissão desse fonema. A sustentação de uma oclusiva situa-se entre as fases de transição, que são a catástase e a hetástase.

Uma vogal sustentada é aquela cujo espectro apresenta a persistência da mesma imagem acústica, mas com menos diferenciação dos formantes agudos no começo e no fim da vogal que corresponde a impulsos de arranque e de parada menos bruscos, menos precisos.

T

tabu

Há coerções sociais que, em certas circunstâncias, impedem ou tendem a impedir a utilização de certas palavras; esses *tabus lingüísticos* são caracterizados pelo fato de que a palavra existe realmente, mas não pode ser usada: é vedado "nomear" a coisa. Assim, em certos povos, as mulheres não devem usar a palavra que significa "marido". A não-observância do tabu lingüístico leva os falantes a considerar certas frases como inaceitáveis (v. ACEITABILIDADE); assim, no exemplo dado acima, não é aceitável a frase *A mulher diz: meu marido chegará logo.* Mas é aceitável a mesma frase no discurso indireto: *A mulher diz que seu marido chegará logo.* É importante, nesse caso, determinar a causa da rejeição: aqui não é por ser agramatical (a frase é gramatical), nem inverídico (é provável, todavia, que já que existe um tabu, a mulher o respeite e, por causa disto, não possa pronunciar o elemento da frase que lhe atribuem), nem tampouco por ser assemântica, o reconhecimento dos tabus lingüísticos é de grande importância para o pesquisador que tenta estabelecer um corpus da língua. Na cultura das comunidades dos países desenvolvidos, existem também palavras tabus (tabus sexuais, religiosos e políticos): a transgressão dos tabus comporta, conseqüentemente, a rejeição do falante pelo grupo social ou, pelo menos, a depreciação então ligada a seu comportamento.

tagmema

Segundo L. Bloomfield uma forma gramatical é constituída de uma disposição gramatical (forma tática) e do seu sentido (epissemema); assim, a ordem dos sintagmas em *João lê um livro* é uma disposição gramatical (SN + V + SN) e esta ordem é portadora de um sentido (sujeito de V — objeto de V). Os tagmemas são as menores unidades significantes de uma forma gramatical; seu sentido é um epissemema. Na frase *Vem!* a modulação (entonação) injuntiva é um tagmema que se pode apresentar com qualquer forma gramatical de sentido imperativo. Em contraposição, em *João, vem!* temos vários taxemas. Trata-se de uma forma gramatical complexa em que há três tagmemas: o chamado visando ao destinatário que deve fazer a ação, a modulação imperativa e a utilização do esquema de frase e atante-ação.

tagmêmica

Usado como substantivo. O mesmo que *teoria tagmêmica.* V. TAGMÊMICO.

tagmêmico

A *teoria tagmêmica* do lingüista estruturalista americano K. L. Pike opõe duas análises de comportamentos verbais. Estes podem ser descritos em termos de distribuição, isto é, segundo critérios espaço-temporais; este ponto de vista, chamado *ético*, é o do distribucionalismo, que faz da língua um objeto. Mas os comportamentos verbais podem ser também descritos em termos de função em relação ao mundo cultural no qual eles se situam: os discursos são behavioremas, unidades de comportamento; esta análise, chamada *êmica*, define as unidades segundo a função que os falantes lhes atribuem. No mesmo sentido, usam-se também os advérbios *eticamente* e *emicamente*.

tática

L. BLOOMFIELD dá o nome de *tática* à disposição gramatical convencional suscetível de ser portadora de sentido (de ter um epissemema); assim, a disposição SN + V tem em português o sentido atante-ação; é uma forma tática. (V. TAGMEMA.)

taxema

L. BLOOMFIELD chama *taxema* um traço simples de disposição gramatical, assumindo esta última quatro formas: a ordem dos constituintes, a modulação (ou entoação), a modificação dos fonemas segundo o ambiente, a seleção (ou entonação), a modificação dos posição gramatical e sentidos diferentes. Por exemplo, a frase imperativa *Vem!* contém dois taxemas ou traços gramaticais: a modulação injuntiva, indicada pelo ponto de exclamação, e o traço seletivo, que consiste na utilização de um verbo na segunda pessoa do imperativo.

taxionomia

1. Em gramática tradicional, *taxionomia* é a classificação das várias espécies de palavras ou partes do discurso.

2. Em gramática estrutural, taxionomia é uma classificação de elementos, de séries de elementos e de classes de séries para formar listas que, por suas regras combinatórias, explicarão frases de uma língua. O modelo estrutural (modelo distribucional e modelo de constituintes* imediatos) é um modelo taxionômico*.

Existem também variantes: *taxinomia, taxonomia*.

taxionômico

São *taxionômicos* todos os processos de análise que, aplicados a um determinado texto, têm por fim único reorganizá-lo segundo os dados da pesqui-

sa, dele extraindo apenas o que ele contém (v. IMANENTE). Quando tentamos definir as unidades lingüísticas pelos segmentos que precedem ou que seguem, e chegamos assim a definir classes de fonemas, de morfemas, etc., a taxionomia é sintagmática. Este é o gênero de taxionomia preferido pelos estruturalistas americanos. Há também uma taxionomia paradigmática, que foi utilizada junto com a precedente pelas escolas de Genebra, de Copenhague e de Praga. Em geral, emprega-se o processo de substituição (comutação) que consiste em pôr na mesma classe de equivalência os termos que podem comutar-se, ocasionando uma variação concomitante de sentido em um ponto da cadeia falada: assim, a classe dos nomes de pessoa. É preciso considerar a taxionomia paradigmática como uma taxionomia sintagmática que abrange as etapas de uma análise puramente distribucional.

telescopagem

Chama-se *telescopagem* a forma resultante (1) da reunião numa só palavra de duas palavras contíguas na cadeia falada; (2) da contaminação de um termo por outro que pertence à mesma classe paradigmática. Assim, p. ex., em *Armazém de secos e* MOLHECOS, *molhecos* resulta de *molhados + secos*; este erro é freqüente nos casos de afasia* sensorial.

tema

1. Numa frase assertiva, chama-se *tema* o constituinte imediato (sintagma nominal) a respeito do qual se diz alguma coisa (predicado*): o tema pode ser ou não sujeito da frase. Por exemplo: *O livro* e *Pedro* são temas nas frases seguintes: *O livro está na mesa* e *Foi Pedro que eu vi ontem*. (V. TÓPICO.)

2. Chama-se *tema* o radical* constituído da raiz e de uma vogal chamada "temática" (*e/o*) à qual se acrescentam diretamente as desinências casuais, para os nomes e adjetivos, e as

581

desinências verbais, para os verbos. Na latim, *lupus* (arc. *lupos*), a raiz é *lup-*, a vogal temática é *-o-* e a desinência é *-s*; no grego *luete*, a raiz é *lu-*, a vogal é *-e-* e a desinência é *-te*.

temático

Vogal temática é a que se acrescenta à raiz de um morfema para formar o tema*. Esta vogal é freqüentemente a alternância *e/o*; assim, na forma do verbo grego *luomai*, a raiz é *lu-*, a vogal temática é *o*, a desinência é *-mai*; o tema é *luo-*.

Chama-se *verbo temático* aquele cuja raiz é seguida de uma vogal temática que precede as desinências verbais (como acima, no verbo *luomai*).

tempo

1. Chama-se *tempo* uma categoria gramatical geralmente associada a um verbo e que traduz diversas categorizações do tempo "real" ou "natural". A categorização mais freqüente é a que opõe o *presente*, momento do enunciado produzido (ou "agora"), ao *não-presente*, podendo este último ser o *passado*, antes do momento do enunciado (antes de "agora"), e o *futuro*, depois do momento do enunciado (depois de "agora"): são os *tempos absolutos*. Mas o presente é também o não-passado e o não-futuro, o que o torna próprio para traduzir as verdades intemporais (*A terra gira ao redor do sol*). Passado e futuro podem ser considerados momentos acabados em relação ao presente do enunciado ou em desenvolvimento com relação a esse mesmo presente: esta oposição entre a "data" e a "duração" é traduzida em português pela oposição entre o passado histórico ou pretérito perfeito (*ele morreu*) e o imperfeito (*ele morria*). Quando o futuro e o passado são considerados como momentos no tempo real, constituem-se duas oposições secundárias (ou *tempos relativos*) entre o futuro e o futuro anterior (*Assim que tiver terminado, ele virá*), entre o passado e o mais-que-perfeito (*Ele*

tinha acabado o trabalho, quando eu cheguei*). Outras categorizações são possíveis, como, por exemplo, entre o momento próximo e o momento remoto: em português, as formas *ele morreu* e *ele está morto* traduzem esta oposição, mas acumulam também uma oposição de aspectos. O tempo, que é uma categoria do sintagma verbal, acumula freqüentemente outras categorias: as de modo* (o futuro pode ser uma modalidade [possível ou provável]: *ele partirá* = ele deve ou pode partir); b) da modalização* (pelo condicional, o falante não assume o seu enunciado; mas o condicional é também um futuro do pretérito); c) do aspecto (o pretérito perfeito *ele veio* pode traduzir uma ação completa no passado e um momento próximo no passado). A categoria do tempo dependerá do estatuto de comunicação, isto é, da oposição entre a enunciação e a narrativa. A categoria do tempo, muitas vezes expressa pelos afixos do verbo, é freqüentemente traduzida por advérbios de tempo (ontem, hoje, amanhã).

2. Em gramática gerativa, o *Tempo* (abreviatura T) é o constituinte obrigatório do auxiliar, cuja regra de reescrita, em português, pode ser a seguinte:

Aux → T (Perf) (M) (Perf).

Em outras palavras, o auxiliar se reescreve pelo tempo e facultativamente por dois constituintes perfeitos Perf (*ter* ou *haver* e, em casos residuais, *ser*) + particípio passado) e modais M (dever, poder, ir etc., e o infinitivo).

O tempo é reescrito do seguinte modo:

$$T \rightarrow \left(\begin{Bmatrix} \text{Futuro} \\ \text{Subjuntivo} \end{Bmatrix} \right) \begin{Bmatrix} \text{Presente} \\ \text{Passado} \end{Bmatrix}$$

o que significa que a combinação do futuro e do presente dá o futuro do português, e a combinação do futuro com o passado dá o condicional. Nesta análise, o subjuntivo é considerado um tempo em combinação com o presente e o passado, e do mesmo nível que o futuro.

O passado é reescrito do seguinte modo:

Passado → $\left\{ \begin{array}{l} \text{Passado histórico} \\ \text{Imperfeito} \end{array} \right\}$

sendo este último o pretérito perfeito.

tendência

Na variação lingüística, constata-se que, por motivos às vezes difíceis de esclarecer, as mudanças apresentam uma certa orientação comum, estão, por assim dizer, regidas por uma lei geral que não se pode contudo formular com precisão: fala-se então de *tendência lingüística*; explica-se desse modo o desaparecimento progressivo do "pretérito perfeito simples" das línguas românicas (com exceção do português) e que se observa também nas formas correspondentes dos falares não-românicos da Europa Ocidental.

I. tensão

Tensão é um reforço do esforço muscular fornecido pelos órgãos fonadores da boca, acompanhado de uma pressão mais forte do ar pulmonar. A diferença de tensão entre duas articulações, de outro modo idênticas, permite opor, em numerosas línguas, fonemas tensos (consonânticos ou vocálicos) a fonemas frouxos.

II. tensão

1. Na lingüística de G. GUILLAUME, *tensão* é o movimento que preside à organização do sistema da língua e que corresponde a uma divisão da linguagem em dois planos: o mais "precoce", o da "potência" (ou língua), e o mais "tardio", o do "efeito" (ou discurso). Entre a língua (linguagem potencial) e o discurso (linguagem efetiva) coloca-se a "efetivação", que é o momento da passagem de um a outro, manifestando-se pela palavra.

2. O conceito de *tensão* valoriza o discurso em relação a outro e ao mundo. O sistema de embreantes (R. JAKOBSON) permite uma apreensão da tensão por um sistema de marcas: o verbo, operador da frase, pondo em relação os sintagmas nominais, deverá ser estudado no seu tempo e no seu aspecto; os artigos, os determinantes e os pronomes permitem aprimorar esse estudo pela relação entre o enunciado anterior, o mundo e o sujeito de enunciação; enfim, os verbos *ser* e *ter* caracterizam a ausência de tensão, enquanto os factitivos e os desiderativos (*fazer, poder, querer,* etc.) assinalam um enunciado mais ou menos tenso.

Como qualquer conceito tende a explicitar a enunciação, o conceito de tensão entra em conflito teórico com o uso que ele se faz: enquanto a tensão entre mim e o mundo é, por essência, do domínio do conteúdo, a localização analítica da tensão por marcadores discretos privilegiados contradiz o conceito; a análise do discurso deverá aprimorar por certo a pesquisa das marcas da tensão, mas a solução teórica recairá no estudo feito pelo analista do aspecto contínuo dos processos de enunciação.

I. tenso (fr. *tendu*)

Fonema tenso é o que se caracteriza (por oposição ao seu contrário, *distenso*) por uma maior deformação do aparelho vocal em relação à sua posição de repouso. Esta diferença é devida a uma maior tensão muscular da língua, das paredes móveis do canal vocal e da glote, sem que se conheçam exatamente os efeitos acústicos. O máximo de desvio dos formantes em relação à posição neutra é maior para as vogais e as consoantes tensas do que para seus pares distensos. Ao contrário do fonema distenso correspondente, o fonema tenso desdobra um intervalo de som mais longo e uma intensidade mais forte. Assim, seu espectro acústico é caracterizado por zonas de ressonância mais nitidamente definidas, e por um acréscimo da quantidade total de energia e de sua expansão no tempo. No plano da percepção, os fonemas tensos têm maior audibilidade que os distensos. Em muitas línguas (francês, inglês, por ex.) a oposição entre consoantes tensas (fortes) e consoantes distensas (brandas) redobra a oposição surdo *vs.* sonoro, mas a primeira é que é distintiva e mais constante do que a segunda. Em francês, a consoante distensa sonora [ʒ] de *tu la jettes* torna-se surda antes da surda [t] de *vous la jetez* [vulaʃte], mas é ainda diferente da surda tensa do exemplo *vous l'achetez* [vulaʃte]. Nas línguas eslavas ocorre o inverso: é esta oposição surda *vs.* sonora que é distintiva, enquanto a oposição tenso *vs.* distenso é redundante e facultativa em determinados graus.

O exemplo de oposição tenso *vs.* distenso para as líquidas ocorre com a vibrante rolada tensa de *carro* e vibrante distensa de *caro*. Entre as vogais, a oposição tenso *vs.* distenso redobra muitas vezes a oposição de duração, como em inglês, onde as breves são distensas: a vogal distensa de *sit* "estar sentado" opõe-se à vogal tensa de *seat* "cadeira". As vogais tensas são mais longas que as vogais distensas do centro do triângulo vocálico.

II. tenso (fr. *soutenu*)

Em cada língua existe uma série de formas, de torneios e de pronúncias que só se empregam em situações de coação social (relações oficiais ou mundanas); o cuidado na escolha das palavras, as construções sintáticas ou a pronúncia caracterizam, então, a *língua tensa*, por oposição à *língua familiar*, que ignora essas pressões, e à *língua distensa* (ou *relaxada, descontraída*) que viola as mais importantes regras do "bom uso".

tênue

O termo *tênue* é tomado aos antigos gramáticos para designar as consoantes mudas, que não comportam nenhuma emissão de ar, tais como [n], em oposição às consoantes densas* (ou aspiradas*) tais como [p] e às consoantes médias, tais como [β].

teoria lingüística

Na concepção da gramática gerativa, a *teoria lingüística* geral tem por por objetivo fornecer às gramáticas particulares das línguas os meios de executar suas tarefas. Toda gramática repousa na hipótese — formulada ou implícita — de uma teoria geral. A hipótese teórica geral da gramática gerativa transformacional é a de que existem traços comuns a todas as línguas humanas (universais* da linguagem). Pela sua existência, estes universais lingüísticos constituem outras tantas dificuldades trazidas à forma das gramáticas: isto é, nenhuma gramática pode, sob pena de ser invalidade, negligenciar as realidades lingüísticas constituídas por estes universais lingüísticos. Por exemplo: se a noção de dupla articulação é universal, e como tal aparece na teoria lingüística geral, nenhuma gramática particular poderá ser elaborada sem tomar conhecimento deste universal; toda gramática deverá então, ao menos, levar em conta as unidades da primeira articulação e das unidades da segunda articulação da língua descrita.

A teoria lingüística deverá comportar:

(1) uma fonologia geral; esta componente da teoria está bastante avançada, tendo sido os traços fonológicos universais de R. JAKOBSON retomados e adaptados pela fonologia gerativa;

(2) uma teoria semântica geral de onde deriva a componente semântica própria das gramáticas das diversas línguas;

(3) um método unificado de descrição estrutural, que as gramáticas particulares aplicarão às diversas línguas;

(4) um corpo de hipóteses sobre a ligação entre fonologia, componente semântica e a descrição estrutural;

(5) enfim, critérios gerais, que permitam escolher entre as diversas descrições possíveis das línguas particulares, tendo em conta os precedentes imperativos entre as gramáticas.

Por isso, a teoria geral deve fornecer os procedimentos de apreciação das gramáticas particulares das línguas. Para N. CHOMSKY, o erro dos lingüistas estruturalistas tem sido crer na possibilidade de a teoria lingüística fornecer um procedimento de pesquisa das gramáticas. Isto será verdadeiro se forem propostos à gramática objetivos muito modestos; por exemplo, se se concebe a descrição gramatical de uma língua como um simples trabalho de segmentação e classificação a partir de um corpus (atitude de Z. HARRIS). Se, ao contrário, a gramática for concebida como a construção de um modelo de competência, a teoria lingüística se proporá a não mais fornecer um procedimento de descoberta das gramáticas das línguas, mas um procedimento de avaliação das diferentes gramáticas possíveis. Por outro lado, não se trata de fornecer a gramática G de uma língua L, mas de dizer, entre as gramáticas G1, G2, G3 construídas para a língua L, qual a mais aceitável. Ao lado da teoria geral, a metodologia lingüística, que não pode ser confundida com a primeira, fornece o conjunto de procedimentos de descoberta. A teoria lingüística tomará como critérios, para seu processo de avaliação, a economia ou a simplicidade. G_1 é mais econômica que G_2 se ela explica os mesmos fatos com um número menor de regras ou elementos. Por exemplo: a recorrência dos componentes é uma garantia de superioridade numa descrição; deste modo, o traço [macho] é utilizado na definição de numerosos termos da língua; eventualmente, haverá um acréscimo de economia se uma dimensão puder ser expressa em termos de negação de uma outra: uma descrição [+ macho] vs. [— macho] será mais econômica do que uma descrição com macho vs. fêmea.

Num outro domínio, será mais econômica uma gramática que comporte uma regra de reescrita, agrupando diversos elementos até

585

então descritos em termos de transformações possíveis; tomemos por exemplo a descrição da frase em Mod + P, onde Mod (modalidade da frase) deve ser reescrito.

$$Mod \rightarrow \left\{ \begin{array}{l} Declarativo \\ Inter \\ Imp \end{array} \right\} (Neg) (Enf) (Pas)$$

Inter = Interrogativo; Imp = Imperativo; Neg = Negativo; Enf = Enfático; Pas = Passivo.

terminal

Em gramática gerativa, diz-se que um elemento é *terminal* quando, nas regras da reescrita da base, ele não aparece nunca à esquerda da flexa: isto quer dizer que o elemento terminal não pode ser reescrito por outros símbolos categoriais. Assim, Aux (auxiliar) pode ser reescrito por Tpo (tempo), podendo ele mesmo ser reescrito por Pres (presente) ou Pas (passado); Aux é um elemento não-terminal e Pres um elemento terminal, porque este último não pode ser reescrito por nenhum outro símbolo categorial.

Diz-se que uma *seqüência* é *terminal* quando, aplicadas todas as regras da base, ela se compõe apenas de elementos terminais. Esta seqüência terminal da base deve ser distinta da seqüência terminal transformada, que é o produto final da componente transformacional (obtida após a aplicação de todas as transformações).

terminologia

Qualquer disciplina, e, com maior razão, qualquer ciência tem necessidade de um conjunto de termos, definidos rigorosamente, pelos quais ela designa as noções que lhe são úteis: este conjunto de termos constitui sua *terminologia*. No caso específico da lingüística, a terminologia oficial (e tradicional) repousa em parte sobre a dos gramáticos latinos, tomada aos gregos, adotada (e adaptada, mas em parte) nos sécs. XVIII e XIX.

Cada escola lingüística forma sua terminologia particular, mais ou menos completa e específica. Não há ciência sem terminologia.

termo

1. Em sintaxe, *termo* é a palavra que, na frase, assume uma função determinada. Assim, no dicionário, o endereço*, não é um termo em sentido próprio.

2. *Termo* emprega-se, às vezes, como sinônimo de *palavra, item, elemento*, quando se trata de descrever uma estrutura, porque *termo* implica uma forma definida pelas relações do item com os outros itens da estrutura.

teses de Praga

V. PRAGA (ESCOLA DE).

texto

1. Chama-se *texto* o conjunto dos enunciados lingüísticos submetidos à análise: o texto é então uma amostra de comportamento lingüístico que pode ser escrito ou falado. (Sin. CORPUS).

2. L. HJELMSLEV toma a palavra *texto* no sentido mais amplo e com ela designa um enunciado qualquer, falado ou escrito, longo ou curto, velho ou novo. "Stop" é um texto tanto quanto *O Romance da Rosa*. Todo material lingüístico estudado forma também um texto, retirado de uma ou mais línguas. Constitui uma classe analisável em gêneros divisíveis, por

sua vez, em classes, e assim por diante, até esgotar as possibilidades de divisão.

til

Sinal diacrítico usado no sistema ortográfico espanhol e português. A forma *til* resulta da apócope da forma espanhola *tilde*, vinda do latim *titulu*.
1. Em espanhol, o til só é usado sobre o *n* para indicar o fonema palatal correspondente ao português *nh*.
2. Em português, o *til* se usa apenas sobre as vogais *a* e *o*, nos seguintes casos:

a) nos ditongos *ão, ãe* (grafados *ãi*, como em *cãibra*) e *õe*, como em *mão, mãe, põe*; b) para indicar o *a* nasal tônico ou átono quando em posição final, seguido ou não de *s*, como em *mão, afã(s), lã(s), balangandã(s), cãs, imã(s), órfã(s)*; c) sobre o *a* nasal em posição intermediária, quando se tratar de derivadas em *-zinho, -zinha* e *-mente* destas palavras: *lãzinha, irmãzinha, galãzinho, vãmente, cristãmente*; d) fora destes casos, só se usa o *til* em transcrição de formas arcaicas, como um *ua, algua*, etc., e de formas dialetais, como em *lua*.
3. Na transcrição fonética, o til é usado para indicar a nasalidade. Ex.: fr. *main*, "mão", transcrito [mẽ].
4. Em filologia, o til é usado na transcrição diplomática de textos para indicar formas abreviadas. Ex.: *q̃* = *que*, *p̃* = *por*.

timbre

O *timbre*, ou colorido, de uma vogal ou de uma consoante é uma qualidade acústica ou um conjunto de qualidades acústicas resultantes do reforço e da audibilidade de certos harmônicos, no momento da passagem da onda sonora pelas diferentes cavidades do aparelho fonador.

Este termo freqüentemente é empregado também como sinônimo de qualidade acústica. Pode-se dizer também que a voz tem um timbre mais ou menos agudo, segundo o comprimento das cordas vocais e seu grau de tensão.

A vogal [u] tem um timbre velar por oposição à vogal [i], que tem um timbre palatal. As consoantes [p, b] têm um timbre labial. As vogais [ã, õ, ẽ], etc., têm um timbre nasal, etc.

I. tipo

1. Dá-se o nome de *tipo de oração* às formas fundamentais da oração: oração declarativa, interrogativa, imperativa e exclamativa, e às suas combinações com as formas egativa, passiva e enfática. (V. ORAÇÃO.)
2. *Tipo lingüístico.* V. TIPOLOGIA.

II. tipo/ocorrência (ingl. type/token)

Chama-se *tipo/ocorrência* a relação de número de palavras diferentes (tipo) com o número total de formas de um texto (amostragem). Nessa relação, o tipo, por exemplo, é *mesa* e as ocorrências são todos os empregos de *mesa* (e às vezes também os do plural *mesas*). A relação tipo/ocorrência mede a riqueza do vocabulário: quanto maior for o número de palavras diferentes em relação ao número de palavras do texto, tanto mais rico será o vocabulário. Esta relação diminui com a extensão do texto: de fato, no começo, o número de palavras diferentes cresce rapidamente, porém quanto mais se estende o texto, menos termos novos emprega o autor. (V. OCORRÊNCIA.)

tipologia

O exame tipológico das línguas, ou *tipologia*, tem por fim sua descrição em função de certos caracteres escolhidos previamente e sua classificação segundo as afinidades* que assim são descobertas; pode

587

permitir, mas não procura necessariamente, o estabelecimento de genealogias* (V. FAMÍLIA DE LÍNGUAS). Todos os traços lingüísticos podem entrar nesse gênero de estudo: para os fonemas, número, quantidade e distribuição no sistema fonológico ou no discurso, para os traços prosódicos, lugar e papel dos tons e dos acentos tônicos, contorno da melodia da oração; para a sílaba, estrutura e papel em relação ao morfema; para os morfemas, extensão e relações diferentes entre eles; organização do sistema dos gêneros e dos números, existência de "pessoas" ou de elementos modais diversos; para a sintaxe, existência de concordâncias e de casos, etc. As classificações tipológicas podem fundar-se unicamente sobre um desses traços (número de vogais, por exemplo), ou sobre um grande número deles, ou em relação a uma norma fundada na freqüência ou na média. Os lingüistas têm proposto diversas listas de critérios que permitem caracterizar as línguas: (1) relações entre as sílabas e o morfema; (2) relações entre a forma e a função; (3) expressão de certas caracterizações gramaticais ou semânticas.

Definem-se assim três tipos: isolante, aglutinante, flexional; o tipo isolante divide-se em tipo isolante propriamente dito e tipo polissintético; o tipo flexional, dito também "fusionante", subdivide-se em tipo flexional externo e tipo flexional interno. Uma língua isolante ou analítica (como o vietnamita ou o francês na sua forma oral) tem palavras invariáveis. Quando as palavras resultam da combinação de unidades léxicas menores, diz-se que a língua isolante é polissintética. Assim, o chinês-mandarim é polissintético, porque com *yu* significando "viajar" e *tsou* "ir", forma-se "ir-se combinando *yu* e *tsou*. Uma língua aglutinante acrescenta a uma forma da palavra uma série de morfemas que a caracterizam, mas cada um desses morfemas é analisável separadamente. Assim, em turco, "casa" no nominativo se diz *ev*; o morfema do plural é *-ler*, o morfema do possesivo é *-i*, e "minha casa" dir-se-á *evi*, "as casas" dir-se-á *evler*, "minhas casas" *evleri*. Nas línguas flexionais, os morfemas são amalgamados: assim, o latim *domini* tem a desinência *-i*, que é ao mesmo tempo marca de plural e marca de nominativo-vocativo, ou ao mesmo tempo marca de singular e de genitivo (v. AMÁLGAMA). O tipo flexional pode ser externo (por sufixo -cfr. *domini* acima- ou por prefixo) ou interno no latim encontram-se variações no interior da raiz: presente *facio* vs. perfeito *feci*; ou infixos: presente *vinco* ["infixo nasal" *-n*] vs. perfeito *vici*. O latim fornece aqui exemplos de flexão externa e de flexão interna; o alemão poderia ter dado exemplos para a flexão externa (declinação), para a interna (*trinken, trank*) e para a aglutinação* polissintética: *Apfel* "maçã" e *Baum* "árvore" dando *Apfel-*

baum, "macieira"; isto mostra bem que é em termos de graus que se deve raciocinar e não em absoluto. O latim é mais flexional, mas quando se diz *in oppidum* para "em direção à praça forte" ele é também um pouco analítico do ponto da utilização de *in*, para introduzir *oppidum*, complemento de lugar para onde. Mesmo o francês é predominantemente isolante, mas a variação *cheval vs. chevaux* é do tipo flexional. O que importa é definir para cada língua o caráter dominante.

tmese

Tmese é a separação de dois elementos que compõem uma palavra, habitualmente adjacentes; deste modo, o preverbo pode ficar separado do verbo na poesia grega.

1. Nas línguas clássicas (grego e latim), partição de palavras, sobretudo compostas, pela intercalação de termo entre seus dois elementos. É semelhante ao hipérbato. Ex.: *saxo cere comminuit brum* por *saxo cerebrum comminuit* "feriu o cérebro com uma pedra".

2. Em português, chama-se *tmese* a intercalação do pronome complemento entre o radical (= infinitivo) e as terminações verbais no futuro e no futuro do pretérito: *contar-lhe-ei, soltá-lo-eis*. Emprega-se também o termo *mesóclise*.

token

V. II TIPO OCORRÊNCIA.

tom

Em acústica, *tom* é um som musical que consiste em vibrações periódicas (todos os harmônicos são múltiplos inteiros da freqüência do fundamental). As vogais são tons, por oposição às consoantes, que são ruídos, isto é, sons não-musicais, que consistem em vibrações não-periódicas.

Em lingüística, o termo *tom* é às vezes, e cada vez mais raramente, empregado como sinônimo de *entonação*. Mais freqüentemente, reserva-se este termo para as variações de altura no interior de uma mesma palavra, variações que permitem opor duas palavras de sentidos diferentes, mas cujos significantes são idênticos. Estas variações melódicas, que representam o mesmo papel que os fonemas de que a palavra é composta, são utilizados sobretudo nas línguas do Extremo-Oriente (chinês, japonês, vietnamita) e na África (hotentote), mas também em algumas línguas européias, como no serbo-croata, no lituano, no sueco e no norueguês. A língua japonesa distingue dois tons relativos: um normal, o outro mais alto; (*hana*) "nariz" tem um tom normal nas duas sílabas; (*'hana*) "começo" tem um tom mais alto na primeira sílaba; (*ha'na*) "flor" tem um tom mais alto na segunda sílaba. O chinês do Norte distingue quatro tons: um alto unido; o segundo alto crescente; o terceiro baixo crescente; o quarto baixo descendente; estes tons são suficientes para oporem sentidos diferentes da seqüência *ma*: /ma$_1$/ "mãe"; /ma$_2$/ "cânhamo"; /ma$_3$/ "cavalo"; /ma$_4$/ "jurar, insultar". Conviria juntar a essa lista a partícula interrogativa *ma* átona. Em chinês moderno, o uso de palavras dissilábicas permite eliminar a ambigüidade dos monossílabos homófonos: /ma$_3$/ ou /māma/, /mà/ ou /zhoumà/. Neste tipo de línguas tonais parece haver combinação da altura relativa do registro e da direção do movimento musical. No sueco e no norueguês não há possibilidades de oposição entre dois tons (ou acentos musicais) a não ser que a palavra tenha pelo menos duas sílabas. O sueco opõe, por exemplo, *buren*$_1$ "gaiola" e *buren*$_2$, particípio passado do verbo "trazer"; *tanken*$_1$, "tanque" e *tanken₂* "pensamento"; *komma₁* "vírgula" e *komma₂* "vir". Nas palavras que recebem o acento 1, a primeira sílaba é mais alta. Nas palavras de acento 2, a segunda sílaba é a mais alta. Acreditava-se tratar-se mais de um acento de intensidade, sendo a sílaba acentuada mais intensa: de fato, as experiências de síntese da linguagem têm mostrado que é a diferença de esquema tonal que permite opor as palavras acima de sentidos diferentes.

tonal

O termo *tonal* qualifica tudo o que se refere ao tom; isto é, à altura do som fundamental. O acento tonal, ou acento de altura, também chamado *acento musical* ou *melódico*, consiste em destacar uma parte da palavra por uma elevação do fundamental.

tonalidade

Sin. de ALTURA.

tonema

Tonema é a unidade acentual de altura que permite opor duas unidades significativas, assim como faz um fonema. O tonema é para o tom o que o fonema é para o som. Dois tons diferentes, cujas condições de aparecimento são determinadas pelo contexto, mas que têm a mesma função distintiva, são alotones* de um mesmo tonema.

tônico

O termo *acento tônico*, reservado pelos gramáticos da Antiguidade ao acento de altura ou tom, conhecido somente no grego antigo e no latim clássico, passou a designar, por extensão, o acento de intensidade ou acento dinâmico. Os termos oxítono, paroxítono, etc., conhecem o mesmo deslocamento de sentido.

A sílaba ou a vogal, sobre a qual recai o acento tônico, é chamada sílaba ou vogal tônica.

topicalização

Topicalização é uma operação lingüística que consiste em fazer de um constituinte da frase o "tópico", isto é, o tema, de que o resto da frase será o comentário. Na asserção, a topicalização faz do sintagma nominal sujeito o tópico da frase. Pode haver também topicalização de outro constituinte, como, por exemplo, o sintagma nominal objeto ou o sintagma preposicional constituinte do sintagma verbal; assim, nas orações enfáticas, como *Os sinos, já não há quem os toque. É a Brasília que eu irei na próxima semana.*

tópico

V. TEMA e TOPICALIZAÇÃO.

topologia

Chama-se, às vezes, *topologia* o estudo das propriedades combinatórias dos objetos ou seres lingüísticos independentemente de seus sons, isto é, o estudo de suas posições relativas.

toponímia

Toponímia é a parte da lingüística que se ocupa da origem dos nomes de lugares, de suas relações com a língua do país, com as línguas de outros países ou com línguas desaparecidas. A matéria é geralmente dividida segundo a geografia (há especialistas de nomes de rios, de nomes de montanhas; há especialistas também para esta ou aquela região determinada).

A mais importante verificação da toponímia, num plano geral, é que existem poucas relações entre os nomes de lugares de um país e a língua do povo que o habita. Explica-se isto pela forte resistência dos substratos neste domínio.

É assim que grande parte dos nomes dos estados, de cidades e de acidentes geográficos da América do Norte, Central e do Sul são de origem indígena.

toponomástica

V. TOPONÍMIA.

toque

Toque é um movimento único e muito rápido de um articulador (a ponta da língua contra os alvéolos ou o palato, ou a úvula contra a raiz da língua ou a parede faringal), que tem por efeito fazer cessar bruscamente a passagem do ar, e pelo qual se realiza o tipo de vibrante chamada *batida* ou *"flapped"*. (V. BATIDO.)

O toque, que comporta uma só interrupção da passagem do ar deve ser distinguido do rolamento, que consiste numa série de interrupções recorrentes e que é utilizado muito mais correntemente em quase todas as línguas.

Como o som rolado (em inglês *trill*), o som realizado por um ligeiro toque (em inglês *flap*) é geralmente notado [r] e pertence à classe das líquidas vibrantes, cujas características acústicas (descontínuo, vocálico, consonântico) ele apresenta.

O som resultante de toque pode corresponder à realização habitual da líquida vibrante, o que é raro, ou só aparecer como uma variante combinatória. Assim, em tcheco, a vibrante que é habitualmente rolada com um número de interrupções, que pode ser de 3ou 4 no interior, e de 4 a 5 na inicial, é realizada em posição final por um toque, com uma só interrupção: o fonema /r/ é realizado como um som rolado na palavra tcheca /ka:l/ e como um som de toque na palavra tcheca /kola:r/.

total

Uma interrogação se diz *total* quando atinge a própria existência do processo expresso pelo verbo: assim, quando ao perguntar-se *Ele vem?*, não se trata de saber quem, como, por que alguém vem, mas se a ação de vir se realiza. (V. ALCANCE.)

traço

1. Em gramática gerativa, chama-se *traço semântico* a unidade semântica mínima não suscetível de realização independente. Assim, o traço semântico [+ humano] é uma unidade semântica mínima que especifica palavras como *rapaz, vendedor, arquiteto*, etc. Cada palavra apresenta-se, então, como um conjunto de traços. Segundo as escolas e seus procedimentos, este termo pode ter como sinônimos *sema* ou *componente semântico*.

A análise sêmica trata do sema para caracterizar o traço semântico [com o braço] na descrição sêmica de poltrona, e a análise componencial trata do componente semântico para caracterizar o traço [causalidade não-natural] na descrição semântica de *jwok* ("príncipe divino" em sudanês).

Procura-se geralmente dar à definição do traço semântico tanto rigor e propriedade quanto possível, para tornar claros de uma maneira elegante e econômica os mecanismos semânticos (de acordo com a gramática gerativa transformacional). Nesse sentido, nota-se a tentativa feita para estudar os traços semânticos relacionais (V. COMPONENCIAL [ANÁLISE]): por exemplo, para *dar*, pomos em evidência, em A dá B a C, um traço semântico relacional [A possui B].

591

O tratamento do valor semântico de uma unidade em traços semânticos ou semas realça o problema dos alossemas*: certos lingüistas aceitam conceber o sema como a possibilidade de realizações diferentes, de acordo com o campo semântico; deste modo, pode-se estudar a variação do sema [extremidade superior de um ± animado] nas expressões *a cabeça do homem* vs. *a cabeça do parafuso*. Um outro tratamento consiste em distinguir traços semânticos inerentes e traços semânticos de transferência: os traços semânticos diferentes de *homem* e de *parafuso* desempenham as potencialidades combinatórias diferentes da palavra *cabeça*, e chegam a dois traços de transferência distintos [+ animado] ou [— animado].

2. Em gramática gerativa, cada morfema do léxico é definido por um conjunto de *traços distintivos*, cada um dos quais representa uma propriedade sintática ou semântica (chamada freqüentemente *traços lexicais*) ou fonológica (traços fonológicos). Assim, os substantivos podem ser animados (*João, cão*), ou inanimados (*mesa, pedra, cidade*); os primeiros possuem o traço animado e os segundos não o possuem; cada morfema é assim marcado por um traço positivo ou negativo, posto entre colchetes, definindo seu valor naquilo que concerne à distinção em questão. No caso presente, o morfema *cão* tem o traço [+ animado] e o morfema *mesa* tem o traço [— animado]. Os morfemas são então definidos por uma seqüência de traços não-ordenados uns em relação aos outros; por exemplo, *mesa* será definido [+ comum, — animado, + contável,...], o que significa que *mesa* é substantivo comum, não-animado, contável (os três pontos significam que a definição não terminou).

Distinguem-se dois tipos de traços: os *traços inerentes*, que definem as propriedades específicas de cada morfema, independentemente das relações que pode manter com outros morfemas na oração; os *traços contextuais*, que indicam com que tipos de termos o morfema definido é combinável na cadeia da oração. Assim, o verbo *pensar* implica um nome sujeito [+ humano] como *homem, eu, Pedro*, etc. (ou, por metáfora, um animal); dir-se-á que existe o traço contextual [+ sujeito humano]. Freqüentemente representa-se um traço contextual pela indicação do traço inerente do morfema implicado antes ou depois de um tracinho horizontal, que representa o morfema definido. Desse modo, *pensar* será definido por [+ [+ animado] Aux-]; o tracinho é precedido de Aux. (auxiliar), o que indica que se trata de um verbo, e o [+ animado] indica que seu sujeito, colocado antes, deve ser um substantivo afetado por esse traço. O caso mais simples de traço contextual é aquele que define a categoria léxica à qual pertence o morfema. Assim, *pensar* pertence à categoria do verbo; ele é afetado pelo traço [+ verbo]; esses traços são chamados *traços categoriais*.

Entre os traços contextuais, distinguimos dois tipos:

(a) os *traços de subcategorização precisa*, que indicam que o morfema em questão deve ser seguido ou precedido de tal ou qual categoria sintática: eles definem o contexto do morfema em termos de categoria. Assim, o verbo *pensar* exige um sintagma preposicional (*pensar em alguém*) como complemento; ele é afetado pelo *traço sintático* [— SP]: o travessão está indicando o lugar do verbo;

(b) os *traços seletivos*, que definem o contexto do morfema em termos de traços sintáticos e semânticos; por exemplo, *pensar é*, como foi visto, [+ [+ animado] Aux -].

3. E. H. BENDIX pôde assim propor a criação de um dicionário fundado na noção de traços semânticos: cada lexema é analisado em função de uma configuração em traços semânticos (unidades mínimas de significação, não suscetíveis de realização independente). Esses traços semânticos são de natureza racional. O dicionário é sem dúvida fundado na lógica simbólica, por referência à noção de quantificador existencial e ao cálculo das funções.

João tem um cachorro é analisado em:
existe um B tal que (= quantificador)

$$\left.\begin{array}{l} \text{A possui B} \\ \text{A é João} \\ \text{B é um cão} \end{array}\right\} \quad \text{funções}$$

O dicionário dá as funções que definem a relação A a B. Por exemplo, em *João tem uma bronquite*, a função [A possui B] não está presente, enquanto que está presente em *A perde B* (A possui B no tempo T^{-1}).

— *Cão* é uma função de um lugar só, devendo-se notar no dicionário *A é um cão*.

— *Ter* é aqui uma função de dois lugares, devendo-se notar no dicionário *A possui B*.

— *Dar* é uma função de três lugares, devendo-se notar no dicionário *A dá B a C*.

O sistema possui três vantagens principais: os termos são indicados pela sua função, e essa organização sistemática do dicionário evita que se esqueça de indicar as funções particulares; os homônimos são distintos pela diferença de sua função (*mulher*₁, função de um lugar:

Joana é uma mulher; mulher₂, função de dois lugares: *Joana é a mulher de João*); as unidades se apresentam na sua função semântica de base prestes a sofrer as transformações próprias a seus traços semânticos de base e só eles:

$$tornar\text{-}se\ mulher_1 \rightarrow feminizar\text{-}se$$
$$tornar\text{-}se\ mulher_2 \rightarrow casar\text{-}se$$

Recordemos que nesta perspectiva os componentes semânticos das palavras-funções são eles mesmos funções que aparecem sob a forma de oração semântica. Por exemplo, a função [A possui B] terá ela mesma como componente essencial [existe uma relação A e B], que deve ser decomposta em quantificador e funções.

tradução (automática)

A substituição do homem pela máquina nas atividades de tradução é designada em lingüística como *tradução automática*. O desenvolvimento dos computadores inspirou muitas esperanças na tradução automática nestes últimos anos. Estas esperanças não desapareceram, mas vão diminuindo à medida que as dificuldades encontradas têm levado a encarar melhor os problemas teóricos. A máquina não possui intuição; pensava-se no início que, desprovida desta faculdade, ela supriria tal falta pela precisão das análises que a gramática estrutural oferece, apoiada nos estudos que dizem respeito às máquinas lógicas: a crítica feita por N. CHOMSKY ao modelo sintagmático e ao modelo das gramáticas dos constituintes imediatos faz compreender a impossibilidade teórica do êxito, uma vez que os problemas de correspondência entre as línguas são propostos nesses termos.

Mas a lingüística contemporânea se tem aproximado das condições teóricas que tornam possível a tradução automática. Com efeito: uma gramática gerativa é bem diferente de uma descrição ocasional de determinada língua. Ao mesmo tempo que ela tende a formular as regras (de reescrita, de transformação, de inserção lexical), permitindo a geração de um maior número possível de frases gramaticais,

e só delas, para uma determinada língua, qualquer gramática gerativa é sustentada por uma teoria lingüística geral, para cujo aperfeiçoamento ela aliás contribui.

traduzir

Traduzir é enunciar numa outra língua (ou língua de chegada) o que foi enunciado numa língua-fonte, conservando as equivalências semânticas e estilísticas.

transcendente

Em glossemática, a lingüística é dita *transcendente* quando ela se ocupa daquilo que é exterior a seu objeto próprio (a língua); isto quer dizer que ela se ocupa dos dados exteriores à língua. Para L. HJELMSLEV toda a lingüística anterior a F. DE SAUSSURE é transcendente. A glossemática, ao contrário, é uma lingüística imanente*.

transcrição

Transcrever é fazer corresponder termo a termo as unidades discretas da língua falada e as unidades gráficas; a transcrição fonética faz também corresponder aos fonemas da língua os símbolos únicos tomados ao alfabeto fonético internacional. A *transcrição* (seja qual for o alfabeto escolhido) deve ser nitidamente distinta da *escrita*. A transcrição tende a conservar sob forma gráfica aquilo que foi dito, sem nada acrescentar, sem nada suprimir. Ao contrário, a escrita existe enquanto sistema relativamente autônomo.

transferência

L. Tesnière emprega a palavra *transferência* para designar a passagem de uma unidade de classe para uma classe diferente, no curso de uma trans-lação; na expressão *diz-que-diz-que*, ou então na expressão *dize-tu-di-rei-eu* houve uma transferência; assim também na expressão francesa *le qu'en-di-rat-t-on, qu'en-dira-t-on* sofreu uma transferência: de frase interrogativa passou a substantivo. Por extensão, *transferência* se emprega como sinônimo de translação*.

transformação

1. Em gramática gerativa, as *transformações* tornam as estruturas profundas geradas pela base estruturas de superfície, submetidas, em seguida, à componente fonológica e fonética. Uma *transformação* se aplica então a uma (ou mais) seqüência terminal* gerada pela base, isto é, a uma (ou mais) marca* sintagmática (v. ÁRVORE), tornando-a (ou -as) uma marca sintagmática derivada.

As transformações, ou componente transformacional da sintaxe de uma língua, não afetam absolutamente o sentido das frases de base, as quais recebem somente uma interpretação semântica. As transformações são operações puramente formais, que interessam às seqüências geradas pela base. Estas operações, ou procedimentos transformacionais, são as de deslocação ou permuta (reajuste dos constituintes), substituição (um constituinte é substituído por outro, chegando a apagá-lo e a colocar em seu lugar um outro constituinte) e de adição.

As transformações comportam dois aspectos principais: o primeiro é o de análise* estrutural e o segundo o de transformação* estrutural*. A análise estrutural consiste em ver se a seqüência gerada pela base tem uma estrutura que torne possível a aplicação de uma transformação definida; a transformação estrutural consiste em diversas modificações e reajustes da estrutura em constituintes assim analisados.

Por exemplo: se tivermos a seqüência terminal gerada pela base (como no texto, em francês):

Neg + o pai +, Pres + ler + o jornal,

onde *Neg* é a negação, escrita em seguida Não, e onde *Pres* é presente, a transformação negativa esta frase como sendo

Nég + SN_1 + T_{ps} + V + SN_2

(sendo T_{ps} tempo, aqui o presente); esta estrutura permite a aplicação da transformação negativa. (V. ANÁLISE).

A seqüência

Não + o pai + Pres + ler + o jornal

595

é modificada por uma série de operações de deslocação: *Não* é deslocado, ficando depois de *o pai* e antes de *Pres* + *V*. Temos deste modo a seqüüência

o pai + não + pres + ler + o jornal

Uma outra transformação, dita *transformação afixal*, coloca o afixo *Pres* depois de V (verbo):

o pai + não + ler + Pres + o jornal

Esta seqüência, obtida depois da aplicação de todas as transformações (incluindo da concordância), é chamada *seqüência terminal derivada*. Esta constitui a estrutura de superfície da frase realizada (à qual foi aplicada a componente fonológica):

O pai não lê o jornal.

As transformações trazem, na maioria das vezes, o nome do resultado da operação. Assim, a transformação que relativiza uma frase a um sintagma nominal de uma outra frase (*Le père qui est rentré lit son journal* = O pai que voltou lê seu jornal) recebe o nome de transformação relativa (ou relativização*). À vezes, as transformações trazem o nome do constituinte sobre o qual se faz a operação. Assim, a transformação afixal descreve a operação de permuta que afeta os constituintes afixos do auxiliar (v. AFIXAL). A transformação é representada pelo símbolo T, que traz no índice a abreviatura do tipo da operação implicada; assim, a transformação relativa é simbolizada por T_{rel}.

Numa primeira etapa da teoria gerativa, a seqüência gerada pela frase era a frase de origem ativa e afirmativa; distinguiam-se então as *transformações facultativas* e as *transformações obrigatórias*. As primeiras, como as transformações passivas, interrogativas, negativas, enfáticas, eram ditas "facultativas", no sentido de que se podia escolher entre aplicá-las ou não à frase de origem. Em contraposição, a transformação afixal, que permuta os constituintes fixos do auxiliar depois de um verbo, é obrigatória, porque, em todos os casos, há pelo menos um constituinte afixo do auxiliar em cada frase de origem. Numa segunda etapa da teoria, escrevem-se os constituintes interrogação, passivo, negação e ênfase na base; assim, todas as transformações se tornam obrigatórias, mas o constituinte que desencadeia a transformação (interrogação, passiva, negação) pode ele mesmo ser escolhido ou não. Distinguimos dois tipos de transformação, de acordo com o fato de as operações efetuadas interessarem a uma ou a duas seqüências geradas pela base; no primeiro caso, falar-se-á de *transformações unitárias* ou *singulares* e, no segundo caso, de *trans-*

formações binárias ou *generalizadas*; a transformação passiva é uma transformação singular, e a transformação relativa, que interessa a duas orações, é uma transformação generalizada. No interior das transformações generalizadas, distinguimos dois grandes grupos: as transformações por coordenação (e) e as transformações por engaste (relativas, completivas). Quando, numa etapa ulterior da teoria gerativa, foi necessário prever que na primeira oração uma segunda oração viria inscrever-se, e que já se previa a entrada da segunda na primeira, fez-se aparecer o símbolo da oração de base à esquerda da flexa na regra da reescrita, como em

$$SN + SV(\textstyle\sum).$$

Podia-se então fazer a economia da diferenciação terminológica entre a transformação singular e a transformação generalizada, pois a primeira opera sobre seqüências que compreendem uma só ocorrência de $\sum$, enquanto que a segunda opera sobre seqüências que compreendem mais de uma ocorrência de $\sum$. Mas a diferença entre as duas transformações se mantém, seja qual for o processo em vista.

As *transformações* são *ordenadas* no sentido de que a ordem na qual se produzem é definida. Assim, a transformação afixal deve sempre ocorrer depois da transformação passiva. Seja a seqüência

$$\dots Pres + ser + PP + ler \dots$$

obtida no curso da transformação passiva. Pres é colocado depois de *ser* e PP (particípio passado) afixo fica atrás de *ler*, do que resulta: ser + Pres (é) e ler + PP (lido). Ao contrário, se efetuarmos o deslocamento do afixo Pres na seqüência

$$Pres + ler$$

antes de fazer a transformação passiva (ser + PP), obteremos a seqüência ser + PP + ler + Pres; isto dará (depois de uma nova aplicação da transformação afixal)

$$ser + ler + PP + Pres$$

seqüência que não é absolutamente realizável.

Quando as transformações são aplicadas a um par de orações (ou a mais de duas orações), por exemplo, quando a transformação passiva é aplicada a uma oração matriz e a uma oração engastada, põe-se a questão da ordem em que as transformações são aplicadas a cada uma das orações: falar-se-a então de ciclo* transformacional.

2. Na gramática transformacional de Z. HARRIS, a transformação é definida da seguinte maneira: se duas ou mais construções (ou seqüên-

cias de construções) que contêm as mesmas *n* classes aparecessem com as mesmas *n-duplas* de membros dessas classes, dir-se-ia que as construções são transformações uma da outra e que cada qual pode derivar da outra por uma transformação particular. Se tivermos as construções *O carro atropelou o transeunte* e *O transeunte foi atropelado pelo carro*, as construções $SN_1 + V_1 SN_2$ (sintagma nominal seguido de verbo transitivo e de sintagma nominal) e $SN_2 + ser + V_{part} + por SN_1$, contêm os mesmos grupos tríplices, SN, V, SN, e qualquer escolha dos membros que contrarmos na oração, acha-la-emos nas outras.

transformacional

1. Chama-se *gramática transformacional* a gramática cujas regras estabelecem equivalências entre diversos tipos de orações, submetendo-as a operações explícitas. Uma gramática transformacional também explica por uma operação de anulação a equivalência entre o adjetivo qualificativo e a oração relativa com o verbo *ser*: *A rua molhada provoca acidentes. A rua que foi molhada provoca acidentes.* (V. TRANSFORMAÇÃO.) Uma gramática gerativa não é necessariamente transformacional.

2. Chama-se *componente transformacional* a parte da sintaxe de uma gramática gerativa que contém regras que permitem gerar, a partir de seqüências originadas na base sintagmática, outras seqüências que podem receber uma interpretação fonética. A componente transformacional permite a passagem da estrutura profunda para à estrutura de superfície. (V. TRANSFORMAÇÃO.)

transformacionalista

Em gramática gerativa, chama-se *hipótese transformacionalista* a posição que consiste em considerar os substantivos, adjetivos e verbos derivados como obtidos pela mesma componente transformacional, e não inscritos diretamente na base. (V. LEXICALISTA.)

transfrástico

Chama-se *nível transfrástico* o nível de análise lingüística constituida pelo conjunto do texto formado por uma seqüência de orações. As relações transfrásticas são indicadas por conjunções, advérbios, etc. (V. HIPOTAXE, PARATAXE.)

transição

Chama-se *transição fonética* a passagem, na cadeia falada, do ponto de articulação que caracteriza um fonema ao ponto de articulação que caracteriza o fonema seguinte. Neste intervalo, efetua-se a mudança gradual da forma dos ressoadores bucais, para passar de uma vogal a uma consoante e vice-versa; tal mudança se traduz no espectro acústico por um deslize para o alto ou para baixo, em diversos ângulos agudos, dos formantes, em particular do formante 2, ou formante bucal.

As transições são muito importantes para a identificação dos fonemas.

As consoantes oclusivas, em particular, que não têm formante próprio, não podem ser identificadas a não ser pelas transições das vogais contíguas; [t] e [d] possuem uma transição positiva do segundo formante, isto é, a freqüência deste formante desce de um valor mais alto, se a consoante preceder a vogal, e sobe para um valor mais alto, se a consoante segue a vogal; enquanto que no caso das consoantes [p] e [b], a transição do segundo formante é negativa: o formante sobe de um valor mais baixo e desce para um valor mais baixo. O

598

ponto para o qual se orienta o formante é o locus* da consoante.

Por outro lado, as fases de transição são suficientes para provocar a impressão subjetiva da consoante em questão: entre todas as evoluções possíveis de uma articulação a partir de um ponto dado, a que é requerida pelo falante se desenrola progressivamente em relação a outras imagens acústicas possíveis; quando, o movimento é muito avançado, a ponto de não haver mais dúvidas para o ouvinte, o fonema é reconhecido mesmo quando o ponto de articulação não é alcançado.

transitividade

1. Quando um conjunto é igual a um segundo e a um terceiro, o segundo e o terceiro são iguais entre si por *transitividade*.

2. Chama-se *transitividade* a propriedade de um verbo transitivo*, isto é, de um verbo seguido de um sintagma nominal complemento de objeto não precedido de uma preposição.

transitivo

Os *verbos transitivos* são aqueles que, na estrutura do sintagma verbal, implicam a presença de um sintagma nominal complemento. Temos assim a regra SV → Aux + V + SN, o que significa que o sintagma verbal é formado de um auxiliar, de um verbo e de um sintagma nominal. Por exemplo, o verbo *atropelar* é transitivo, ou marcado pelo traço distintivo (+ transitivo), e nós o encontramos em orações como *O carro atropela o transeunte*, onde *o transeunte* é o sintagma nominal complemento, dito "complemento objeto direto", na nomenclatura tradicional. Pode-se dizer também, de outra forma, que todo e qualquer verbo é um verbo transitivo no contexto de um sintagma nominal

complemento; em gramática gerativa, formular-se-á a regra V → V_{tr} / SN (o verbo se reescreve *verbo transitivo* quando é seguido de um sintagma nominal). As orações que comportam um verbo transitivo seguido de um sintagma nominal são suscetíveis de sofrer uma transformação passiva (*O transeunte é atropelado pelo carro*), salvo exceções que interessam a um pequeno número de verbos com *ter*. Os sintagmas nominais complementos dos verbos transitivos podem ser anulados: *Pedro come alguma coisa* → *Pedro come*, sem deixar de ser transitivos; estes verbos são então usados *intransitivamente*. Nessa análise, são transitivos somente os verbos que vêm seguidos de um sintagma nominal claro ou oculto; são intransitivos os outros verbos, tais como os que não comportem sintagma nominal na estrutura do sintagma verbal (*Pedro morreu*), ou como os que comportem um sintagma preposicional, isto é, um sintagma nominal precedido de uma preposição (*Pedro fala a Paulo, Pedro obedece a Paulo*). As gramáticas tradicionais têm distinguido estes dois grupos de verbos intransitivos, reservando o nome de intransitivo para o primeiro grupo (*morrer, viver, nascer, vir*, etc.) e dando a denominação de "transitivo indireto" ao grupo de verbos que possuem necessariamente um sintagma preposicional na estrutura do sintagma verbal, como *obedecer, falar*, etc. Em outras gramáticas, em particular na gramática gerativa, este último grupo de verbos forma uma classe de intransitivos atributivos; são aproximados dos verbos que comportam um duplo complemento:

SN + SP (sintagma nominal seguido de um sintagma preposicional, como *perdoar algo a alguém, arrancar algo a alguém, puxar água de um poço*, etc.

translação

CH. BALLY chama translação a relação existente entre duas palavras ou seqüência de palavras de natureza diferente, mas com a mesma função. Essa relação se aproxima, em certos aspectos, da transformação, mas recobre maior número de fatos e não se integra no mesmo tipo de teoria. Mais precisamente, para L. TESNIÈRE a translação consiste em fazer passar uma palavra plena de uma classe gramatical a outra classe gramatical, isto é, "transformar uma espécie de palavra em outra espécie de palavra". Assim, *azul*, em *o azul do céu*, foi transferido da classe dos adjetivos para a classe dos substantivos. A noção de translação deve permitir que não haja inquietação com orações ambíguas, como as seqüências que contêm *de*: *O trem de Paris, O cachorro de Pedro* (então a transformação deve explicar a ambigüidade): dir-se-á simplesmente que *de Paris* e *do patrão* se comportam sintaticamente como adjetivos pois, como estes últimos, seguem um substantivo; admitiremos que, graças a *de, Pedro* e *Paris* se tornaram (ou foram transferidos para) adjetivos. As translações são adjetivais, verbais, substantivais ou adverbiais quando o substantivo em questão se torna (assume a função de) adjetivo, verbo, substantivo ou advérbio. Elas são desubstantivais, deadjetivais, deadverbiais, deverbais quando a palavra transferida, as unidades em questão, cessam de ter a função de substantivo, de adjetivo, de advérbio ou de verbo. As translações são do primeiro grau quando as unidades concernentes são do mesmo nível (*de Paris* e *parisiense*). Elas são do segundo grau quando se trata de uma oração que, subordinada, é transferida para substantivo, adjetivo, advérbio, graças a um marcante. A translação adjetival pode ser desubstantival (*termo verde* em *o homem do termo verde*), deadverbial (em *as pessoas de bem*), deverbal (em *o menino brincando com a bola*); a translação adjetival deverbal do primeiro grau toma geralmente a forma de particípio (particípio presente, particípio passado). No segundo grau, temos uma oração relativa em *O menino que trabalha*, sendo *que trabalha* o equivalente de *trabalhador*.

A translação substantival pode ser deadjetival (*o vermelho*), deadverbial (*o porque das coisas*), deverbal (*o rir, conseguir* em *espero conseguir*); seja no primeiro grau em *eu quero o malogro deles*, seja no segundo grau em *eu quero que eles malogrem*. A translação adverbial pode ser desubstantival (*com ternura*), deadjetival (*ir rápido*), deverbal (*antes de falar*). Por uma translação adverbial deverbal no segundo grau, temos as orações ditas "circunstanciais", pois toda circunstância é (ou assume a função de) um advérbio.

Há translações de preposições em substantivos (*o de*), de adjetivos em preposições (*salvo*), de particípios em preposições (*exceto*), de orações em substantivos (*o dize-tu-direi-eu*).

A teoria de translação está fundamentada na hipótese de que o verbo está no alto da hierarquia das classes de palavras. Explica-se assim que as orações subordinadas sejam de translação deverbal, o que parece bastante discutível (a gramática gerativa coloca a subordinação de uma oração e não a translação de um verbo).

Pode-se dizer, assim, que a noção de *translação* tem o inconveniente de fazer intervir critérios diferentes que podem ser contraditórios: critérios de sinonímia quando usamos *trabalhador = que trabalha*; critério funcional tradicional, quando utilizamos, para caracterizar a translação substantival, as noções de sujeito, objeto, adjunto adnominal; critério distribucional (sendo o substantivo caracterizado, por exemplo, graças aos predeterminantes): ao contrário, a transformação funda-se unicamente na sinonímia sintática. Enfim, muito freqüentemente (a teoria da translação mistura a explicação diacrônica cfr. *salvo* acima) à descrição propriamente dita.

translativo

1. Chama-se *translativo* um caso* que exprime a mudança, a passagem de um lugar para outro (ex.: *Ele vai de* São Paulo à Bahia *passando pelo Rio*), ou que indica o estado, a qualidade resultante de um processo (ex.: *Ele se tornou engenheiro*), por oposição a *essivo** (ex.: *Ele é engenheiro*).

2. L. Tesnière chama-se de *função translativa* a função de uma palavra vazia "marcante*", quando este revela (e permite) a passagem de uma unidade de uma categoria para outra. *O* tem uma função translativa em *o azul do céu* e uma função indicativa em *o livro*.

transliteração

Quando num sistema de escrita se quer representar uma seqüência de palavras de uma outra língua, utilizando geralmente outro sistema de escrita, é possível tanto representar os sons efetivamente pronunciados (temos então uma transcrição mais ou menos fonética), como procurar, para cada letra ou seqüência de letras, uma letra ou seqüência de letras correspondente, sem haver preocupação com os sons efetivamente pronunciados: é uma *transliteração*. Assim, em russo, a letra que termina o que transcrevemos por *Popov* é hoje representado de maneira geral por um *v*, já que *v* final se pronuncia *f* (o que a antiga transcrição dava na escrita *Popoff*).

transparência

Para o conceito bipolar de *transparência vs. opacidade*, que explica o processo da enunciação e é necessário à análise do discurso, v. OPACIDADE.

I. transposição (fr. *franchissement*)

Na terminologia de Trubetzkoy e da Escola de Praga, chama-se *modo de transposição do obstáculo* a forma como se efetua a passagem do ar no ponto de articulação dos fonemas consonânticos (diz-se também *modo de articulação*). O modo de transposição do primeiro grau opõe entre si as séries oclusivas, fricativas e soantes. O modo de transposição de segundo grau opõe, num mesmo grau de obstáculo e na mesma localização, os fonemas diferentes pela tensão, sonoridade e aspiração. O modo de transposição de terceiro grau opõe os fonemas geminados (isto é, uma seqüência de fonemas idênticos e contíguos pertencentes a duas sílabas diferentes) aos fonemas simples.

II. transposição
(fr. *transposition*)
V. TRANSLAÇÃO.

travessão
V. PONTUAÇÃO.

trial

Chama-se *trial* um caso gramatical da categoria do número* que exprime, nos substantivos contáveis de certas línguas, o cento de "três", por oposição a "um" (singular), "dois" (dual) e "mais de três" (plural).

triangular

Sistemas vocálicos triangulares são aqueles nos quais todos os fonemas possuem particularidades distintivas de grau de abertura e onde todos possuem particularidades distintivas de localização, com exceção da vogal mais aberta. O sistema vocálico do francês moderno, de quadrangular que era, tende a tornar-se tringular, pois a oposição entre as duas vogais de abertura máximal, /a/ e /ɑ/ de *patte* e *pâte* está em vias de desaparecimento.

Há sistemas tringulares com duas classes, segundo o esquema do sistema vocálico latino, como no espanhol:

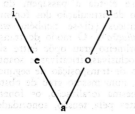

e em italiano:

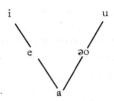

Nestes sistemas, opõem-se uma série de vogais anterior não-arredondadas e uma série de vogais posteriores arredondadas. Tais sistemas são os mais difundidos em todas as partes do mundo.

Há também sistemas tringulares com três classes: uma classe anterior não-arredondada, uma classe posterior arredondada, uma classe média mais freqüentemente anterior arredondada, mas que pode ser também posterior arredondada, como no rumeno:

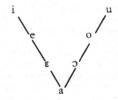

triformântico

Os espectros acústicos de certos sons da língua se caracterizam por uma estrutura *triformântica*, já que apresentam três formantes principais. As consoantes e as vogais nasais apresentam um terceiro formante (correspondendo à ressonância da onda laríngea através das fossas nasais) que se situa entre o formante da faringe ou formante baixo (F_1) e o formante bucal ou formante alto (F_2). As vogais agudas apresentam também um terceiro formante que se situa nas freqüências mais elevadas.

trilítero

Chama-se *trilítera*, nas línguas semíticas, a seqüência de três consoantes às quais foi reduzida a raiz*.

tritongo

Um *tritongo* é uma vogal que contém três timbres vocálicos diferentes; por exemplo, o antigo francês, *beau* ou as palavras inglesas *fire* e *house*.

trivial

Em lexicografia, *trivial* (abreviação *triv.*) é uma marca estilística atribuída a termos que pertencem a diversos níveis de língua (mas sobretudo familiares ou populares) e que são condenados pelas pressões sócio-culturais, porque denotam objetos julgados "indecentes" ou exprimem atitudes "grosseiras" ou "obscenas": assim, a palavra *saco* será considerada trivial em seu emprego familiar ou popular em exemplos esterotipados como *saco de pancada, saco de gatos, saco sem fundo,* mas não em *encher o saco.*

troca verbal

Troca verbal designa a comunicação* considerada sob o ângulo do diálogo: o falante produz um enunciado e o "dá" a um interlocutor que, em resposta, envia-lhe outro enunciado.

tropeço silábico
(fr. *achoppement syllabique*)

Chama-se *tropeço silábico* a inversão, a omissão ou adição de sons ou sílabas devidas, não à grande velocidade da prolação, mas a perturbações na programação do enunciado. Ex.: *areoplano* por *aeroplano, bicabornato* por *bicarbonato, pobrema* por *problema* etc.

tropo

A retórica antiga opunha às figuras de pensamento (litotes, ironia, interrogação oratória, etc.) e às figuras de construção (elipse, silepse etc.) os tropos ou figuras* de palavras. *Tropo,* todavia, acabou por aplicar-se a todas as espécies de figuras que podemos considerar como um desvio (em grego *tropos*) do sentido da palavra.

truncamento

Truncamento é um processo de abreviação corrente na língua falada, que consiste em suprimir as sílabas finais de uma palavra polissilábica; as sílabas suprimidas podem corresponder a um morfema em *cine* (*cinema*), *moto* (*motocicleta*), *auto* (*automóvel*). (V. ABREVIAÇÃO, ABREVIATURA.)

603

U

umlaut
Sin. de INFLEXÃO VOCÁLICA.

unário
Transformação unária. Sin. de TRANS-FORMAÇÃO SINGULAR. (V. TRANSFOR-MAÇÃO.)

união
1. Lê-se *união* o símbolo da reunião* ∪ .
2. *Língua de união.* V. LINGUAGEM, LÍNGUA.

unidade
Chama-se *unidade lingüística* um elemento discreto identificado num certo nível ou ordem. Assim, os fonemas são unidades lingüísticas (no nível fonológico), os morfemas (no nível morfológico), e as frases (no nível frástico). (V. DISCRETO, ITEM.) Cada unidade lingüística é definida pelas relações que entretém com as outras unidades lingüísticas num sistema dado; ela é então definida pelo seu lugar ou posição nesse sistema.

Chamam-se *unidades significativas mínimas* os morfemas identificados no nível morfológico, em oposição aos fonemas ou *unidades mínimas não-significativas.* (V. ARTICULAÇÃO [DUPLA].)

unidimensional
V MULTIDIMENSIONAL.

unilateral
Diz-se que as relações são *unilaterais* quando um termo pressupõe o outro; o inverso não é verdade. (V. RECÍPROCA.)

unilíngüe
1. Os falantes são *unilíngües* quando, nas suas comunicações no interior de uma mesma comunidade sociolingüística, utilizam somente uma língua (resumo das diferenças de nível de linguagem); ao contrário, são *multilíngües* ou *plurilíngües* os que utilizam várias línguas diferentes em suas relações sociais ou familiares. (V. BILINGÜISMO.)
2. *Dicionário unilíngüe* (ou monolíngüe) é um dicionário no qual as entradas e as saídas pertencem à mesma língua, em oposição aos dicionários bilíngües.

unipessoal
Chamam-se, às vezes, *unipessoais* os verbos utilizados apenas na terceira pessoa do singular, como *neva, venta, chove.*

universais lingüísticos
Chama-se *universais lingüísticos* as similaridades existentes em todas as línguas do mundo. Certos universais dizem respeito à psicolingüística, dependentes que são das relações entre língua e pensamento; outros tocam à etnolingüística, por dependerem da relação entre língua e cultura.

A pesquisa dos universais lingüísticos adquiriu uma particular acuidade nos anos 60, sob o impulso de dois tipos de investigação:

as concernentes à tradução automática e à teoria das gramáticas gerativas. Com efeito, a metalinguagem necessária às máquinas de tradução e a teoria gramatical necessária às gramáticas gerativas das línguas têm em comum o fato de constituir uma ponte entre línguas distintas. Importa-nos, em ambos os casos, saber em que domínio, em que ordem de fatos, pode-se esperar encontrar universais.

Como exemplo de universais lingüísticos, pode-se citar a dupla articulação da linguagem humana: todas as línguas conhecidas partilham a característica de comportar uma articulação não-significativa da cadeia falada (nível dos fonemas) e um arranjo desses fonemas em unidades de nível superior, os morfemas, primeiro nível de unidades significativas. No mesmo domínio da fonologia, outros universais são mais evidentes: como cada língua comporta um inventário limitado de fonemas (de 10 a 70), os traços binários necessários à realização da trintena de formas exploradas por uma língua para suas oposições fonológicas deveriam ser pouco numerosos: verifica-se que eles são, em qualquer língua, aproximadamente duas vezes mais numerosos que o necessário (por exemplo, enquanto determinada língua explora a aspiração depois das oclusivas surdas, ela não o fará depois das sonoras — como o grego por oposição ao sânscrito; uma língua nasaliza uma vogal e não nasaliza outras, etc.). Pode-se falar de um universal lingüístico (a confirmar por uma verificação total) que consiste no fato de que as línguas tendem a explorar as oposições de seus traços fonológicos apenas com um rendimento médio de 50 p. 100.

Uma primeira tipologia dos universais opõe às vezes: (1) os *universais de substância*, traços comuns às diversas línguas do mundo para a organização da substância da língua; por exemplo, categorias sintáticas, tais como o verbo ou o substantivo, existem na estrutura de qualquer língua; (2) os *universais de forma*, combinações com que a substância lingüística se manifesta: assim, os objetos utilitários são denominados, em qualquer língua natural, não a partir de suas qualidades físicas, mas por referência à atividade humana que possibilitam.

Distinguem-se a seguir quatro tipos de universais: um primeiro conjunto, o dos universais fonológicos, gramaticais e semânticos, diz respeito a somente um aspecto do signo (significante ou significado); já os universais simbólicos se referem às relações entre significantes e significado que constituem o signo. Demos exemplos de universais do primeiro tipo. Certos universais do domínio simbólico são igualmente impressionantes. Assim, em numerosas línguas, a palavra que designa "mãe" possui uma consoante nasal; e o esquema hipotético

605

de aquisição das oposições fonológicas tal como foi proposto por N. TRUBETSKOY e R. JAKOBSON estabelece o caráter privilegiado da labial nasal e alguns chegaram até a relacionar esse fonetismo mínimo com a conceitualização mínima, isto é, a "mãe".

Outro domínio de pesquisas no contexto de uma investigação acerca dos universais é o da diacronia. O papel da metáfora na transformação semântica parece universal.

O estabelecimento de uma teoria lingüística geral, necessária à elaboração das gramáticas gerativas das línguas, levou a grandes progressos, menos no que se refere a nosso conhecimento dos universais lingüísticos do que à problemática do tema. Tomar-se-á por exemplo a polêmica entre J. KATZ, J. FODOR e P. POSTAL, de um lado, e U. WEINREICH, de outro lado, quanto à estruturação de uma teoria semântica. Mas a visão puramente gramatical dessa questão dos universais deve ser corrigida na ótica do discurso*: os problemas da enunciação* conduzem à reformulação de numerosas questões concernentes aos universais lingüísticos.

A lingüística estrutural procurou neutralizar o falante e ater-se aos sistemas e às suas regras. Na realidade, quando considerado do ponto de vista do universo do discurso, um enunciado do tipo *a terra gira* é anormal antes de Copérnico; mas o critério de anomalia ou da normalidade de um determinado enunciado não reside na língua (ou competência); não seria possível uma explicação apenas com a indicação de componentes sintático-semânticos diferentes antes e depois de Copérnico. É a partir do mecanismo discursivo específico (portanto, do universo do discurso) que o analista poderá atribuir um determinado enunciado (1) à fantasia individual ou (2) à ciência coletiva.

À distinção saussuriana entre o individual (encarnado na fala) e o coletivo (que diz respeito à língua) convém acrescentar a consideração de múltiplos subcódigos (R. JAKOBSON); esses sistemas de formações ideológicas determinam a tal ponto o universo do discurso que o analista deverá levá-los em conta para seu estudo das condições de produção do discurso.

A noção de universo do discurso exige, pois, que seja acrescentada à descrição dos enunciados A, B, C... N a consideração de *X diz* (A, B, C... N). A proposta *X diz* ultrapassa o quadro tradicional da lingüística. As pesquisas atuais no âmbito da análise do discurso mostram a necessidade de reconsiderar a neutralização do falante para explicar os processos de produção discursivos. Isso exige que sejam levados em conta condições de produção do discurso: contexto e universo.

606

universal (gramática) V. GRAMÁTICA UNIVERSAL.

universo

1. Chama-se *universo de enunciados* a totalidade dos enunciados reunidos para pesquisa sem que se faça distinção entre os que o pesquisador julga que devem ser submetidos a análise (e que formarão o corpus) e os que não serão utilizados.

2. O *universo do discurso* pode ser definido como o mínimo irredutível de contexto necessário a um enunciado.

Considerar um enunciado como discurso* é tentar formular as regras que presidem à sua produção. Quando se faz abstração do fato de que o contexto geral de um ato de comunicação se desenvolve constantemente como resultado da própria enunciação, quando se despreza então a renovação das condições de produção do discurso pelo próprio progresso do discurso, as trocas, as objeções, etc., é necessário, pelo menos, levar em conta o universo do discurso, isto é, formações ideológicas específicas que originam um discurso (crenças, convenções, etc.). Enquanto o contexto se desenvolve integrando o que se diz e o que se passa ao longo do discurso, o universo do discurso é a própria condição, original, da produção do enunciado, ou melhor, é o que o torna possível.

uso

1. Denomina-se *uso* o conjunto de regras de gramática relativamente estabilizadas e utilizadas pelo maior número de falantes num dado momento e num contexto social determinado.

2. *Dicionário de uso* é o da língua unilíngüe cuja nomenclatura corresponde, no léxico comum, ao conjunto dos grupos sociais que constituem a comunidade lingüística.

3. *Bom uso.* V. essa palavra.

4. De acordo com L. HJELMSLEV, o uso se opõe à *norma** e é constituído pelo conjunto dos caracteres não-distintivos.

úvula

Úvula (mesmo nome em latim) é a extremidade móvel do véu do palato, que intervém na fonação para definir o timbre oral ou nasal das diferentes articulações. Para a realização de um fonema oral, a úvula fica levantada; é abaixada para a articulação de um fonema nasal. A úvula intervém também como articulador superior para a realização dos sons uvulares, quer sejam fricativos, como o [ʁ] do francês-padrão em *mer*, "mar", ou vibrantes como a variante [R] chamada *r grasseyé* desse mesmo fonema.

uvular

Consoante uvular é a realizada pelo contato ou aproximação da extremidade do véu do palato, ou úvula, com a parte posterior do dorso da língua. As uvulares são, em geral, dorsais. Podem ser fricativas, como o fonema francês "r parisiense", que se encontra no final de *mer*, "mar", ou de *barre*, "barra": a parte posterior do dorso da língua forma um estreitamento da passagem do ar contra a úvula. As uvulares podem também ser vibrantes, como o fonema chamado "[r]

607

grasseyé" que se encontra freqüentemente em lugar do [r] vibrante apical. Os fonemas uvulares se caracterizam por uma turbulência muito forte de ar, devido à intervenção na passagem do ar da barreira suplementar da úvula, que torna estridentes os fonemas, por oposição aos fonemas velares correspondentes, que são fonemas mates.

V

vago

Chama-se *vago* um traço que se atribui a certas palavras cujo sentido varia de acordo com as situações em que é usado, sem que possa definir de maneira discreta, umas em relação às outras, essas diversas variações: assim, poder-se-á dizer que certos verbos franceses, como *construire*, têm o sentido ativo ou factitivo, de acordo com as frases, e que esse sentido varia numa área contínua, de acordo com a natureza do sujeito da oração.

valor

Chama-se *valor lingüístico* o sentido de uma unidade definida pelas posições relativas dessa unidade no interior do sistema lingüístico. O valor se opõe à significação definida pela referência ao mundo material (a substância). Assim, as moedas, as "notas" e os cheques são manifestações diferentes de um só e mesmo valor; da mesma forma, as unidades lingüísticas permanecem as mesmas, sejam quais forem os sons que as representem; eles conservam o mesmo valor, quer sejam realizados foneticamente, quer graficamente. F. DE SAUSSURE utilizou a imagem do jogo de xadrez para fazer compreender a noção de valor lingüístico; uma peça do jogo, a rainha, por exemplo, é definida essencialmente pela sua posição nas regras do jogo; esse "valor" pode ser assumido por formas materiais diversas.

variação

1. Chama-se variação o fenômeno no qual, na prática corrente, uma língua determinada não é jamais, numa época, num lugar e num grupo social dados, idêntica ao que ela é noutra época, em outro lugar e em outro grupo social. A *variação diacrônica* da língua dá lugar aos diversos trabalhos de gramática histórica; a *variação no espaço* fornece seu objeto à geografia* lingüística e à dialetologia no sentido corrente do termo; a sociolingüística se ocupa da *variação social*.

2. Sin. de VARIANTE, e às vezes simplesmente de VARIANTE LIVRE.

variante

1. Se duas unidades lingüísticas (fonema ou morfema) figuram no mesmo ambiente (fonológico ou morfológico) e se elas podem ser substituídas uma pela outra sem que haja uma diferença no sentido denotativo da palavra ou da frase, então os dois fonemas ou os dois morfemas são *variantes livres* de um fonema ou de um morfema único; diz-se também *variante estilística*.

Se duas unidades lingüísticas (fonemas ou morfemas) não se apresentam nunca no mesmo ambiente (fonológico ou morfológico) e se elas apresentam entre si um parentesco (articulatório ou acústico para os fonemas; semântico para os morfemas), essas unidades são *variantes combinatórias* do mesmo fonema ou do mesmo morfema. *V-*, *i-* e *f* são as variantes combinatórias de um mesmo morfema que significa *ir*, pois figuram cada qual em contextos exclusivos: *v-* com o presente *-ou* (*vou*), *i-* com o imperfeito *a* (*ia*), *f-* com o perfeito *ui* (*fui*). Diz-se também *variante contextual*.

2. De acordo com L. HJELMSLEV, a variante é uma forma de expressão diferente de outra quanto à forma, mas que não acarreta mudança de conteúdo em relação a essa outra. As variantes

podem ser ligadas*, isto é, condicionadas pela vizinhança, ou livres*.

variável

Denomina-se variável uma quantia suscetível de tomar diferentes valores. Por exemplo, pode-se considerar o SN (sintagma nominal) como uma variável capaz de tomar diferentes valores: *Eu, Pedro, a criança*, etc.

variedade

Variedade é uma variante* ligada*.

vazio

1. Um elemento lingüístico é denominado *vazio de sentido* quando sua presença ou ausência não acarreta modificação alguma no sentido da frase e que se deve somente às coerções sintáticas. Assim, a análise das três frases *Começaram a subir, Começaram de subir* (M. de Assis, *Esaú e Jacó*) e *Começaram a subida* mostra que a alternância das preposições *a / de* vs. *zero* não modifica a função gramatical das formas *subir* e *a subida*, mas resulta da natureza do sintagma objeto (infinitivo ou substantivo). Nesse caso, diz-se que as preposições *a* e *de* são vazias de sentido. A gramática tradicional também estabelece uma oposição entre as preposições *vazias*, como *a* e *de*, na medida em que elas têm um papel puramente sintático de combinação, e preposições plenas, cujo significado as opõe entre si, enquanto exprimem as mesmas relações sintáticas.

2. Quando dois conjuntos* não têm tenhum elemento comum, diz-se que sua intersecção é nula e se reduz a um *conjunto vazio*. Escreve-se A ∪ B = ∅.

vedete

Termo vedete é a palavra que serve de entrada a um artigo de dicionário (Sin. *entrada, item, verbete*). Do mesmo modo, a manchete de um jornal é um *enunciado vedete*.

veicular

Nas regiões onde vivem várias comunidades lingüísticas diferentes, uma das línguas da região pode ser utilizada de uma forma privilegiada para a intercomunicação. Diz-se então que a língua é *veicular* ou supralocal. Assim, em toda a África Oriental e no Este do Congo-Kinshasa, o suahili, língua banto, permite que populações que têm como língua materna outras línguas, banto ou não, se compreendam. Por extensão, em toda a África chamada francofone (de fala francesa), o francês pode ser considerado uma língua veicular. Ele é utilizado para assegurar a compreensão, por exemplo, entre um falante uolofe e um falante bambara. Uma língua oficial é também veicular se os falantes têm igualmente dialetos ou línguas diferentes: assim, o francês, língua comum dos corsos, dos bretões, dos alsacianos e dos flamengos é, de certa maneira, uma língua veicular ou uma língua comum*.

velar

Fonema velar é aquele em que a realização comporta a intervenção da parte posterior do véu palatal, chamado *palato mole* ou *céu da boca*. Assim, as vogais [u, o, ɔ ɑ] do francês, as consoantes [k, g] etc., são consoantes velares, chamadas às vezes também *pós-palatais*.

Em fonologia, o termo *velar* tem uma extensão mais larga e designa todos os fonemas realizados atrás do palato, nas zonas (velar, uvular, faríngea, laríngea) onde as diferenças não acarretam diferenças fonológicas. As consoantes velares, com efeito, são todas graves e compactas; fonologicamente, as vogais velares são todas graves.

verbal (s.)

Dá-se o nome de *verbal*, na gramática gerativa, ao conjunto formado pelos verbos e os adjetivos, considerados como pertencentes à mesma categoria; adjetivos e verbos só se distinguem pelo fato de que os primeiros implicam na constituição do sintagma verbal, a cópula *ser*, que pode ainda, em certos casos, estar ausente.

verbal (adj.)

Sintagma verbal (abreviação SV) é um sintagma constituído quer de um verbo (V) e de seu auxiliar (Aux), seguido ou não de um sintagma nominal (SN) ou de um sintagma preposicional (SP), seja da cópula *ser* e do auxiliar seguidos de um sintagma nominal (SN) adjetival (SA) ou preposicional (SP). Assim, nas frases *Pedro jogou uma pedra, Pedro corre, Pedro vai ao Rio, Pedro é feliz, Pedro é engenheiro, Pedro é de São Paulo*, os sintagmas verbais são, respectivamente, *jogou uma pedra, corre, vai ao Rio, é feliz, é engenheiro, é de São Paulo*. Na gramática gerativa, a formulação do sintagma pode ser dada sob a forma

$$SV \to Aux + \begin{cases} ser + \begin{cases} SA \\ SN \\ SP \end{cases} \\ V \\ V + SN \\ V + SN + SP \\ V + SP \end{cases}$$

O verbo está na frente do sintagma verbal.

2. Chamam-se substantivos *verbais* as formais nominais e os adjetivos do verbo (infinitivos e particípios).

3. Denomina-se *tema* ou *raiz verbal* o radical que serve de base à flexão de um verbo.

verbigeração

O termo *verbigeração* designa, entre as doenças mentais, uma conversação animada, incessante, geralmente declamada ou pronunciada num tom patético, compreendendo termos vazios de sentido ou palavrões.

verbo

1. Na gramática tradicional, o *verbo* é uma palavra que exprime o processo, isto é, a ação que o sujeito* faz (como em *A criança escreve*) ou sofre (como em *Este homem será espancado*) ou então a existência do sujeito (como em *Os maus existem*), ou seu estado (como em *As folhas amarelecem*), ou ainda a relação entre o predicativo* e o sujeito (como em *O homem é mortal*). De uma maneira puramente convencional e sem que o sentido o justifique realmente, admite-se que "fazer a ação" se estendia neste caso a orações como *A casa recebeu uma bomba* (onde na verdade *a casa* sofre a ação). Os verbos foram subdivididos em transitivos, que exigem, em princípio, um complemento de objeto indicador daquilo que é visado pela ação, e em intransitivos, que, em princípio, excluem a existência de um complemento de objeto. Os transitivos são por sua vez subdivididos em transitivos diretos, quando o complemento do objeto não é precedido por uma preposição, e transitivos indiretos, quando o complemento do objeto é introduzido por uma preposição.

Em português, o verbo é conjugado, isto é, varia formalmente de uma maneira que lhe é própria (1) em pessoa, segundo o sujeito é aquele que fala, a quem se fala ou de quem se fala quando ele está ausente, (2) em número, se há um ou vários sujeitos, (3) em voz, de acordo com o papel que é atribuído ao sujeito na enunciação da ação, (4) em modo ou maneira de conceber e de enunciar o processo,

(5) em tempo, de acordo com as relações estabelecidas entre o transcorrer do processo e o momento em que ele é enunciado.

A conjugação fundamenta-se na variação de elementos do verbo, que são o radical e a terminação (desinência).

O sentido e a construção de verbos levou a contrapor aos verbos de sentido pleno os auxiliares de tempo (*ser, ter*) em alguns de seus empregos) ou de voz (ser) e os semi-auxiliares, como *ir, dever, estar a ponto de, acabar de, poder* etc., seguidos por um infinitivo, que exprimem diversos matizes de tempo* ou de aspecto*. Enfim, à maioria dos verbos que oferecem uma conjugação completa opõe-se uma lista de verbos defectivos, que não podem ser conjugados em certos tempos e em certas pessoas, como abolir, colorir, remir, falar, polir, etc.

2. Na lingüística estrutural, o verbo é um constituinte do sintagma verbal, de que é o cabeça; ele se define por seu contorno, isto é, pelo fato de que ele é, em português, por exemplo, precedido de um sintagma nominal sujeito e seguido eventualmente de um sintagma nominal objeto. Ele se define também por suas marcas de tempo, de pessoa e de número.

3. Em lingüística gerativa, o símbolo V (verbo) entra na reescrita do sintagma verbal

$$SV \rightarrow AUX + \left\{ \begin{array}{c} V + SN \\ V \end{array} \right\}$$

o item léxico que será substituído pelo símbolo V é uma forma abstrata correspondente ao radical do verso da gramática tradicional (*cant-*).

Verner (lei de)

Chama-se *lei de Verner* a uma lei fonética formulada em 1875 pelo lingüista dinamarquês K. VERNER, que permitiu completar a leir de GRIMM (1822) sobre a mutação em germânico antigo, explicando aparentes exceções a essa lei. K. VERNER mostrou que essas exceções são regulares se se leva em conta a posição do acento, pois a passagem das aspiradas surdas do germânico comum às aspiradas sonoras só se efetua quando a sílaba precedente leva o acento tonal indo-europeu. A descoberta desta lei trouxe um novo fundamento à tese da regularidade das mudanças fonéticas defendida pelos neo-gramáticos.

versus

O termo convencional *versus* (abreviatura *vs*) significa "contra" ou "contrário a" nas notações como masculino *vs* feminino, nominativo *vs* acusativo, etc.

véu do palato

Denomina-se *véu do palato* ou *palato mole* a parte exterior do palato, atrás do palato duro, cuja extremidade móvel, chamada *úvula*, pode fechar ou abrir a passagem das fossas nasais, permitindo assim distinguir as articulações bucais das articulações nasais.

vibrante

Vibrante é uma consoante oral cuja

articulação comporta um escoamento livre do ar, interrompido por uma ou várias oclusões devidas à vibração de um articulador (ponta da língua, lábios, úvula) na passagem do ar. Tem--se um exemplo de vibrante labial no grito que serve para deter os cavalos. O [r] mais freqüente nas línguas, particularmente nas românicas e eslavas, é um vibrante ápico-dental. A vibrante pode ser também uvular, como é o caso das realizações fortes do fonema [r] em franco-provençal e em todas as etapas de transição histórica entre o [r] vibrante e o [r] fricativo.

A vibração pode consistir (1) numa única *oclusão* (há neste caso uma vibrante batida, ou *flap*, como em inglês, ou (2) em várias oclusões (há neste caso uma vibrante rolada, ou *trill*).

vírgula
V. PONTUAÇÃO.

virtual
Em lingüística, os adjetivos *virtual* e *atual* devem *ser* compreendidos nos termos da oposição saussiriana entre língua e fala. Para F. DE SAUSSURE, a língua é o domínio das virtualidades, enquanto a fala é uma realidade atual. A lingüística pós-saussuriana cuidará de induzir, a partir de um corpus (atual) de fatos de fala, a língua (virtual) que os sustém. Sem dúvida, dever-se-ia, a partir daí, distinguir radicalmente como virtual tudo o que pertence à língua e como atual tudo o que pertence à fala. Assim, falar de fonema atual é inadequado, pois o fonema é a unidade fonológica (da língua) que corresponde ao som, unidade fonética (da fala). Todavia, CH. BALLY, preocupado com o estudo da atualização*, isto é, a realização da língua em fala, distingue fonema virtual e fonema atualizado: um fonema é virtual enquanto é isolado, considerado em si, mas é atualizado desde que figure numa cadeia falada significativa. Para B. POTTIER, a diferença entre denotação e conotação remete à oposição

entre *atual* e *virtual*. Assim, diante dos semas atuais de *vermelho*, que permitem à classificação do vermelho entre as cores, se considerará sema virtual de "vermelho", que permitirá a conotação *perigo*, numa determinada combinação de discurso. O conjunto dos semas virtuais constitui o *virtuema*, elemento do classema.

virtuema
Na terminologia de B. POTTIER, o *virtuema* é um conjunto de semas* que constitui o elemento variável da significação de uma unidade léxica. Esses semas variáveis são conotativos, isto é, só se atualizam em determinadas combinações do discurso. Por exemplo, o adjetivo *vermelho* possuirá para um grande número de falantes um sema, *perigo*, que só se atualiza em certos contextos. O conjunto de semas virtuais do adjetivo *vermelho* (perigo + classificação política + X) constituirá o virtuema da unidade léxica *vermelho*. O virtuema é, portanto, uma parte do conteúdo sêmico da unidade léxica: o grupo de semas conotativos por ele constituído entra em combinação com os semas denotativos do classema e do semantema para constituir o semema*.

vivo
Denomina-se *língua viva* (em oposição a *língua morta*) uma língua atualmente falada numa comunidade lingüística.

vocabulário
Num sentido banal, atestado desde o século XVIII, um *vocabulário* é uma lista de palavras. DOUCHET e BEAUZÉE escrevem: "O vocabulário é simplesmente o catálogo das palavras de uma língua, e cada língua tem o seu." De acordo com essa definição, várias obras com objetivo pedagógico receberão o nome de *vocabulário*.

Na terminologia lingüística, vocabulário é uma lista exaustiva das ocorrências que figuram num corpus. Todavia, a oposição entre *léxico* e *vocabulário* nem sempre é feita: em expressões como vocabulário-base, vocabulário comum, vocabulário geral, vocabulário do francês elementar, nada indica se as palavras que constam na lista figuram enquanto ocorrências levantadas num corpus, ou enquanto unidades da língua.

Todos os lingüistas estruturalistas não fazem, aliás, esta oposição: L. HJELMSLEV emprega indiferentemente os termos *léxico* e *vocabulário*. Todavia, é um bom método opor léxico, que trata das unidades da língua, e vocabulário, com lista das unidades da fala. Por exemplo: a estatística léxica, que trabalha com as ocorrências levantadas num corpus, e portanto com o vocabulário de um texto, de um autor, de uma época, procura induzir as potencialidades léxicas (o léxico). Trabalhando num corpus, a lexicologia estrutural só pode visar ao vocabulário: nessa ótica, o léxico — que, aliás, só poderia ser o léxico de uma língua — pode, com efeito, ser induzido unicamente da soma dos vocabulários estudados (nos diversos corpus levantados).

Para a gramática gerativa, o problema se põe com menos acuidade: como o modelo da *performance* foi provisoriamente afastado, apenas o léxico deve ser integrado na gramática. É a análise do discurso que volta a propor essa questão a partir de um novo ponto de vista: como as potencialidades léxicas se atualizam num vocabulário? Reformulando o conceito de competência, a análise do discurso é levada a rever a dicotomia léxico *vs.* vocabulário à luz de uma problemática do sujeito da enunciação.

O termo *vocabulário* fica plenamente motivado nos estudos sobre corpus especializados: vocabulário da aviação, vocabulário político, etc.

Para R. L. WAGNER, "o termo vocabulário designa convencionalmente um domínio do léxico que se presta a um inventário e a uma descrição".

vocábulo

O termo *vocábulo* designa a ocorrência de um lexema no discurso, na terminologia da estatística lexical. Como o termo *lexema* está reservado às unidades (virtuais) que compõem o léxico, o termo *palavra* a qualquer ocorrência realizada em fala, o vocábulo será a atualização de um lexema particular no discurso. Assim, *pequeno*, entrada de dicionário, é um lexema. Mas, por outro lado, a frase realizada *O pequeno príncipe mora no pequeno planeta* comporta sete palavras e duas vezes o vocábulo *pequeno*.

Sob este ponto de vista, o lexema é uma unidade do léxico (estoque potencial do indivíduo ou da língua), enquanto o vocábulo e a palavra são unidades do vocabulário (unidades efetivamente empregadas num determinado ato de comunicação); a palavra representa então toda unidade emitida (*O Cid comporta* 16 690 palavras), enquanto que o vocábulo representa uma unidade particular emitida considerada em referência ao léxico (*O Cid comporta* 1 518 vocábulos).

vocal

V. CANAL.

vocálico

Os *fonemas vocálicos* caracterizam-se por um escoamento livre do ar através do aparelho vocal, sendo que as ondas sonoras provêm unicamente da vibração das cordas vocais. Os fonemas vocálicos têm, portanto, uma só fonte periódica, a voz. Acusticamente, os fonemas vocálicos caracterizam-se, pela relação com os fonemas não-vocálicos, por uma estrutura de formantes nitidamente definida. Os fonemas vocálicos são constituídos essencialmente pelas vogais* [i, e, y, u, etc.] e também pelas líquidas [l] e [r], que possuem os traços característicos das consoantes.

vocalização

Chama-se *vocalização* a passagem de um elemento consonantal (ou glide) a uma vogal, seja historicamente, seja numa alternância sincrônica. Assim, na passagem do lat. para o port. houve vocalização da oclusiva velar *c* e da lateral velar *l*, respectivamente, em *perfectum* > *perfeito, altarium* > *outeiro*; também em alguns registros regionais e populares do português moderno verifica-se a vocalização da lateral velar: *alto* é pronunciado [autu].

vocativo

Chama-se *vocativo* um caso* que exprime a interpelação direta por meio de *apelativos**. Em *Pedro, vem*, o nome *Pedro* estará no vocativo nas línguas casuais.

vogal

Vogais são fonemas que apresentam o traço vocálico sem o consonântico. São sons musicais causados pelas vibrações periódicas do ar laríngeo que se escoa livremente pelo canal bucal. A diversidade das vogais resulta da variação da forma que assume o ressoador bucal, por causa do deslocamento dos músculos (língua, lábios, úvula) que o delimitam. Do ponto de vista acústico, as vogais podem ser identificadas por meio de um número limitado de posições dos três primeiros formantes. Mas o formante mais importante para a inteligibilidade da vogal é a zona freqüencial formada pela cavidade bucal.

De fato, o formante faríngeo fornece apenas uma distinção de grupos de fonemas, como o mostram as confusões dos surdos: as vogais confundidas entre si são as que têm um formante faríngeo parecido e não podem ser diferenciadas quando o formante bucal não é percebido, por causa da amputação do campo auditivo (por exemplo [u, i, h, y]. O formante nasal intervém entre o formante faríngeo e o formante bucal para distinguir as vogais correspondentes.

voisé (fr.)

V. SONORO.

voisement (fr.)

V. SONORIZAÇÃO.

volitivo

Chama-se *volitivo* uma forma verbal ou uma construção que expressa a vontade do sujeito da enunciação. Assim, em latim, o subjuntivo *eamus*, "vamos", é um volitivo.

voz

A voz é uma categoria gramatical associada ao verbo e a seu auxiliar, e que indica a relação gramatical entre o verbo, o sujeito ou o agente e o objeto; cada voz se manifesta por flexões verbais específicas (desinências ou prefixos, formas diferentes dos auxiliares, etc. [Sind.: DIÁTESE.]

· Quando o sujeito do verbo é o agente de uma ação que se exerce sobre um objeto, o verbo está na *voz ativa*, e a oração é uma *oração ativa*. Assim, *Pedro chamou Paulo*.

· Quando o sujeito da frase é de fato o objeto de um verbo ativo numa frase subjacente, o verbo está na *voz passiva* e a frase é *passiva*. Assim, *João foi ferido por Paulo* provém da frase *Paulo feriu João;* nesse caso, Paulo, sujeito da frase ativa subjacente, tornou-se agente da frase realizada (agente da passiva) e o objeto *João* tornou-se sujeito. Em *João foi ferido*, o sujeito da frase subjacente, transformado em agente da oração realizada, não está especificado: a voz

615

passiva tem como principal objeto realizar frases sem agente especificado. Em português, a voz passiva é marcada pelo auxiliar *ser*. Enfim, se o sujeito da frase é ao mesmo tempo o objeto da ação indicada pelo verbo (quer este sujeito seja ou não o agente da oração), o verbo está na *voz média*; esta voz média (que existe no grego, por exemplo) corresponde em português (1) seja à voz pronominal, ex.: *João lava João = João se lava*, em que *João* é ao mesmo tempo o sujeito, o objeto e o agente, (2) seja à forma intransitiva do verbo, ex.: *A terra treme*, em que *a terra* é o sujeito, mas não necessariamente o agente da ação (a voz média se aproxima então da voz passiva que, historicamente, em grego, se origina dela); (3) seja a forma pronominal com um objeto duplo, como sujeito (agente) exercendo a ação sobre um objeto distinto, mas em benefício dele mesmo: *Compre-me roupas novas*.

As vozes têm sido definidas conforme o modelo grego: em grego, a voz ativa, a média e a passiva têm flexões verbais relativamente específicas (embora, a voz média e a passiva não só sejam diferentes no futuro e no aoristo, em latim, a voz ativa e a passiva têm flexões específicas, e existe uma *voz depoente*, cuja flexão se aparenta à do passivo e cuja utilização corresponde, em geral, à voz média: lat. *sequi*, "seguir". Em português, existe uma oposição entre voz ativa, voz passiva e voz pronominal, correspondente em geral à distinção indicada. Ex.: *O raio partiu a árvore. A árvore foi partida. A árvore partiu-se*. Mas a voz ativa recobre freqüentemente o que seria a voz ativa e média do grego, ao mesmo tempo, pois as frases ativas podem ser transitivas ou intransitivas. Ex.: *João sobe a ladeira. A estrela sobe*.

VS. V. VERSUS.

W

Whorf-Sapir (hipótese de)

Em oposição à tradição romântica, de acordo com a qual as correspondências entre os fenômenos de língua e o comportamento humano se explicam pelo fato de que o gênio especial de cada povo se expressa através da sua língua, alguns lingüistas norte-americanos adiantaram a idéia comumente conhecida como *hipótese de Whorf-Sapir,* segundo a qual é a língua de uma determinada comunidade que organiza a sua cultura*, isto é, o modo como esse povo apreende a realidade e a representação que ele elabora do mundo. Para E. SAPIR e para B. L. WHORF, a diferença de língua tem por conseqüência uma estruturação intelectual e afetiva diferente; trata-se, assim, de dois mundos diferentes, e não do mesmo mundo sob duas séries de etiquetas diferentes. B. L. WHORF levou essa hipótese ao extremo, supondo, por exemplo, que um povo cuja língua ignora a categoria do tempo gramatical vive num eterno presente. Ao contrário, para E. SAPIR, trata-se simplesmente de um princípio geral: não se deve ver em cada categoria gramatical a expressão direta de um aspecto da cultura. É assim que um povo que só tenha três nomes de cores, assim mesmo terá a noção dos matizes dessas cores; a organização da realidade em três cores está em função não de uma apreensão tricolor do mundo, mas de outros fatos bem mais profundos (importância das divisões ternárias nesse povo, ligadas por exemplo a fatores religiosos). Deve-se fazer intervir também a defasagem existente entre as mudanças culturais e as mudanças lingüísticas: o fr. *boucher,* "açougueiro", designa a pessoa que vende carne de qualquer tipo; embora o termo seja derivado de *bouc,* "bode", o fato de não mais se imaginar o *boucher* como o matador do bode (mudança cultural) não acarretou mudança lingüística (substituição de *boucher,* quer pela antiga palavra *macelier,* quer por outra palavra a ser inventada). As relações língua-cultura se tornaram complexas pelos fatos históricos (V. DIACRONIA). Enfim, a hipótese de Whorf-Sapir diz respeito à língua de um povo e a seu modelo de competência, e não, necessariamente, aos fatos de fala (modelo de utilização).

Z

zero

1. O termo zero, em *grau zero, desinência zero, estado zero, morfema zero*, etc., indica a ausência de um traço formal ou semântico num sistema em que as unidades se definem umas em relação às outras pela presença ou ausência desse traço. A ausência é, pois, tão significativa quanto a presença do traço, constituindo um traço pertinente*. Assim, a oposição masculino *vs* feminino pode manifestar-se pela presença, no feminino, de um morfema como *-a*, em *doutor* vs *doutora*; pode-se descrever o sistema afirmando que o masculino apresenta a *desinência zero*. Por outro lado, o sistema do verbo em francês, por exemplo, apresenta uma oposição, nos tempos simples, entre o imperfeito *-ait*, o futuro *-ra* e o condicional *-rait*; o presente é então formado com a desinência zero:

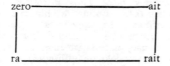

O *qualificativo zero* diz respeito então a certo tipo de descrição estrutural da língua. As oposições da mesma natureza serão tratadas de maneira muito diferente pela lingüística gerativa, que marca pelo menos a ausência de um traço; assim, a palavra *doctoresse* será indicada por [— masculino], a palavra *docteur* por [+ masculino], sem considerar a realização morfológica. (O símbolo de zero é Ø.)

2. Diz-se que há um *fonema zero* quando um fonema se opõe à ausência de qualquer fonema no mesmo ambiente. Assim, no inglês, a aspiração pré-vocálica [h] se opõe ao ataque não-aspirado de uma vogal. O primeiro fonema é uma soante tensa, o segundo uma soante distensa, que é na verdade um *fonema zero*, como nos pares mínimos seguintes: *hill*, "colina", vs *ill*, "doente" (como *pill*, "pílula", vs *bill*, "conta"); *hue* /hju:/, "cor", vs *you* /ju:/, "você (como *tune* /tju:n/, "ária", vs *dune* /dju:n/, "duna").

zetacismo

O termo *zetacismo* designa um defeito de pronúncia das fricativas linguodentais. Em francês, p. ex., há zetacismo quando as fricativas [ʃ] e [ʒ] são curar"). (V. BLESIDADE.)

zeugma

Chama-se *zeugma* o torneio pelo qual, em vários enunciados sucessivos de mesma organização, um dos termos só é expresso uma vez, como em *Um pegou a pá, o outro, a picareta e o terceiro, a enxada*.

Zipf (lei de)

Estudando a relação existente entre a freqüência das palavras num texto (palavras mais ou menos freqüentes, mais ou menos raras) e a ordem dessas palavras classificadas por freqüência (palavra número 1, número 2, etc.), ZIPF estabeleceu que ordem X freqüência = constante. Constrói-se a curva de Zipf colocando em abscissa as ordens de palavras classificadas por freqüência decrescente, e em ordenada as freqüências efetivas. A linha direta dela resultante indica que o produto ordem X freqüência é constante.

Para B. MANDELBROT, a fórmula

de Zipf exprime o fato de que o vocabulário do qual se servem o falante e o ouvinte é constituído de signos individuais discretos, cujas combinações obedecem a leis estatísticas. Pode-se ter deformações da curva de Zipf: as freqüências das palavras freqüentes aumentam (nesse caso, há restrição de vocabulário, empobrecimento do léxico) ou as freqüências das palavras raras se elevam (neste caso, há ou vocabulário neológico, ou distorção patológica, como acontece com os esquizofrênicos).

BIBLIOGRAFIA

AARSLEFF (Hans), *The Study of Language in England, 1780-1860*, Berkeley, Princeton Univ., Pr., 1967, 288 p.

ABERCROMBIE (David), *Elements of General Phonetics*, Edimburgo, University Press et Chicago, Aldine, 1967, 203 p.

ABRAHAM (Samuel) e KIEFER (Ferenc), *A Theory of Structural Semantics*, Haia, Mouton, 1966, 98 p.

ADELUNG (Johann Christoph), *Deutsche Sprachlehre*, Viena, 1783; 3.ª ed., Berlim, 1795.

— *Mithridates, oder allgemeine Sprachen Kunde, mit dem "Vater unser" as Sprachprobe in beynahe fünf-hundert Sprachen und Mundarten*, Berlim, 1806-1807, 6 vols.

AEBLI (Hans), *Über die geistige Entwicklung des Kindes*, Stuttgart, Klett, 1963.

AJURIAGUERRA (Julian de) e HÉCAEN (Henry), *le Cortex cérébral. Etude neuro-psychopathologique*, Paris, Masson, 1949; nova ed., 1960, 459 p.

AJURIAGUERRA (Julian de), BRESSON (F.), FRAISSE (P.), INHELDER (B.), OLÉRON (P.) e PIAGET (J.) [orgs.], *Problèmes de psycholinguistique*, Paris, P.U.F., 1963, 219 p.

AJURIAGUERRA (Julian de), AUZIAS (M.), COUMES (F.), DENNER (A.) e col., *l'Ecriture de l'enfant*, Neuchâtel, Delachaux e Niestlé, 1964, 2 vols.

AKHMANOVA (O. S.), *Psycholinguistique. Eléments d'un cours de linguistique*, em russo, Moscou, 1957.

— *Dictionnaire de termes linguistiques*, em russo, Moscou, 1966.

AKHMANOVA (O. S.), MEL'CUK (I. A.), FRUMKINA (R. M.) e PADUCEVA (E. V.), *Exact Methods in Linguistic Research*, Moscou, ed. em russo, 1961, trad. inglesa, Berkeley e Los Angeles, Univ. of. California Press, 1963.

AKIN (Johney) e col. (orgs.), *Language Behavior: a Book of Readings in Communication*, Haia, Mouton, 1970, 359 p.

ALAJOUANINE (Théophile), OMBRÉDANE (André) e DURAND (Marguerite), *le Syndrome de désagrégation phonétique dans l'aphasie*, Paris, Masson, 1939, 138 p.

ALARCO LLORACH (Emilio), *Fonologia española*, Madri, 1950; 5.ª ed., 1961.

ALBRECHT (Erhard), *Die Beziehungen von Erkenntnisstheorie, Logik und Sprache*, Halle, Niemeyer, 1956, 152 p.

— *Beiträge zur Erkenntnisstheorie und das Verhältnis von Sprache und Denken*, Halle, Niemeyer, 1959, 570 p.

— *Sprache und Erkenntnis, logisch-linguistische Analysen*, Berlim, Deutscher Verlag der Wissenschaften, 1967, 328 p.

ALLARD (Michel), ELZIÈRE (May), GARDIN (Jean-Claude) e HOURS (Francis), *Analyse conceptuelle du Coran sur cartes perforées: 1, Code*, 110 p.; *II, Commentaire*, 187 p., Haia, Mouton, 1963, 2 vols.

ALLEN (Robert Livingston), *The Verb System of Present-Day Amarcian English*, Haia, Mouton, 1966, 303 p.

ALLEN (William Sidney), *Phonetics in Ancient India*, Londres, Oxford Univ. Pr., 1953, 96 p.

— *On the Linguistic Study of Languages*, Cambridge, University Press, 1957.

ALLETON (Viviane), *l'Ecriture chinoise*, Paris, P.U.F., col. "Que sais-je?", 1970.

AMMER (Karl), *Einführung in die Sprachwissenschaft*, Halle, Niemeyer, 1958.

— *Sprache, Mensch und Gesellschaft*, Halle, Niemeyer, 1961.

ANDERSON (John M.), *The Grammar of Case. Towards a Localistic Theory*, Cambridge, University Press, 1971, 244 p.

ANDERSON (Wallace Ludwig) e STAGEBERG (Norman Clifford) [orgs.], *Introductory Readings on Language*, Nova Iorque, Holt, Rinehart and Winston, 1962; nova ed. 1966, 551 p.

ANDREEV (N.) [org.], *Matériaux pour la traduction mécanique*, em russo, Leningrado, 1958.

ANSHEN (Ruth Nanda) [org.], *Language. An Enquiry into its Meaning and Function*, Nova Iorque, Harper, 1957, 366 p.

ANTAL (László), *Questions of Meaning*, Haia, Mouton, 1963, 95 p.
— *Content, Meaning and Understanding*, Haia, Mouton, 1964, 61 p.

ANTOINE (Gérald), *la Coordination en français*, Paris, d'Arthey, 1963, 2 vols., 1411 p.

APOSTEL (Léo), MANDELBROT (Benoit) e MORF (Albert), *Logique, langage et théorie de l'information*, Paris, P.U.F., 1957, 216 p.

APRESJAN (J. D.), *Recherche expérimentale sur la sémantique du verbe russe*, em russo, Moscou, 1967.

ARCAINI (Enrico), *Principi di linguistica applicata*, Bolonha, Il Mulino, 1967; trad. fr. *Principes de linguistique appliquée*, Paris, Payot, 1972, 302 p.

ARENS (Hans), *Sprachwissenschaft: der Gang ihrer Entwicklung von der Antike bis zur Gegenwart*, Friburgo, Munique, K. Albert, 1955, 567 p.

ARMSTRONG (Lilias Eveline) e WARD (Ida Caroline), *Handbook of English Intonation*, Leipzig e Berlim, B. G. Teubner, 1926, 124 p.

ARNAULD (Antoine) e LANCELOT (Claude), *Grammaire générale et raisonnée*, Paris, 1660; reed. Republications Paulet, 1969, 157 p.

ARRIVÉ (Michel) e CHEVALIER (Jean-Claude), *la Grammaire*, Paris, Klincksieck, 1970, 321 p.

ASCOLI (Graziadio Isaïa), *Lezioni di fonologia comparada del sanscrito, del grego e del latino*, Turim e Florença, Loescher, 1870.

ASSIRELLI (Oddone), *La dottrina monogenistica di Alfredo Trombetti, sua genesi, suo svolgimento, sua ultima meta*, Faenza Stab. gráfica Fili Lega, 1962, 397 p.

AUSTIN (John Langshaw), *Philosophical Papers*, Oxford, Clarendon Pr., 1961.
— *Sense and Sensibilia*, Oxford, Clarendon Pr., 1962.
— *How to do Things with Words*, Cambridge, Mass., Harvard Univ. Pr., 1962; trad. fr. *Quand dire, c'est faire*, Paris, Le Seuil, 1970, 186 p.

AUSTIN (William M.) [org.], *Papers in Linguistics in Honor of Leon Dostert*, Haia, Mouton, 1967, 180 p.

AYER (Alfred Jules), *Languagem, Truth and Logic*, Londres, Gollancz, 1936; 2.ª ed., 1958, 254 p.
— *Philosophy and Language*, Oxford, Clarendon Pr., 1960, 35 p.
— *The Problem of Knowledge*, Baltimore, Md, Penguin Books, 1964.

BACH (Adolf), *Deutsche Mundartforschung: Ihre Wege, Ergebnisse und Aufgaben*, Heidelberg, Carl Winter, 1934; 2.ª ed., 1950, 179 p.
— *Geschichte der deutschen Sprache*, Leipzig, Teubner, 1938, 240 p.

BACH (Emmon), *An Introduction to Transformational Grammars*, Nova Iorque, Holt, Rinehart and Winston, 1964, 205 p.

BACH (Emmon) e HARMS (Robert T.), *Universals in Linguistic Theory*, Nova Iorque, Holt, Rinehart and Winston, 1968, 210 p.

BACH (Emmon) e HARMS (Robert T.) [orgs.], *Universals in Linguistic Theory*, Nova Iorque, Holt, Rinehart and Winston, 1968, 210 p.

BAILEY (Richard W.) e BURTON (Dolores M.), *English Stylistics: a Bibliography*, Cambridge, Mass., M.I.T. Press, 1968, 198 p.

BALDINGER (Kurt), *Die Semasiologie, Versuch eines Überblicks*, Berlim, Akademie Verlag, 1957, 40 p.

BALLY (Charles), *Traité de stylistique française*, Paris, Klincksieck, 1909, 2.ª ed., 1919.
— *le Langage et la vie*, Genebra, Atar, 1913; 3.ª ed., 1952, 237 p.
— *Linguistique générale et linguistique française*, Paris, E. Leroux, 1932; 4.ª ed., Berna, A. Francke, 1965, 440 p.

BAR-HILLEL (Yehoshua), *Four Lectures on Algebraic Linguistics and Machine Translation*, Jerusalém, 1963.
— *Language and Information, Selected Essays on their Theory and Application*, Reading, Mass., Addison-Wesley, 1964, 388 p.

622

— *Pragmatics of Natural Languages*, Dordrecht, D. Reidel, 1971, 231 p.

BARR (James), *Sémantique du langage biblique*, Paris, coed. Aubier-Montaigne, Le Cerf, Delachaux e Niestlé, Desclée De Brouwer, 1971, 372 p.

BARTHES (Roland), *Le Degré zéro de l'écriture*, Paris, Le Seuil, 1953.

— *Essais critiques*, Paris, Le Seuil, 1964, 278 p.

— *Système de la mode*, Paris, Le Seuil, 1967, 302 p.

BARTOLI (Matteo), *Saggi di linguistica spaziale*, Turim, V. Bona, 1945, 306 p.

BARWICK (Karl), *Probleme der stoischen Sprachlehre und Rhetorik*, Berlim, Akademie Verlag, 1957, 111 p.

BASTIDE (Roger) [org.], *Sens et usage du terme structure dans les sciences humaines et sociales*, Haia, Mouton, 1962, 165 p.

BAUDOUIN DE COURTENAY (Jan), *Versuch einer Theorie phonetischer Alterationen*, Strasbourg, Trübner, 1895, 124 p.

BAZELL (Charles Ernest), *Linguistic Form*, Istambul, 1953.

— *Linguistic Typology (Inaugural Lectures)*, Londres, School of Oriental and African Studies, 1958.

BAZELL (Charles Ernest), CATFORD (J. C.), HALLIDAY (M. A. K.) e ROBINS (R. H.) [orgs.], *In Memory of J. R. Firth*, Londres, Longmans, 1966, 500 p.

BEAUZÉE (Nicolas), *Grammaire générale ou Exposition raisonnée des éléments nécessaires du langage pour servir de fondement à l'étude de toutes les langues*, Paris, 1767.

BECHERT (Johannes), CLÉMENT (Danièle), THÜMMEL (Wolf) e WAGNER (Karl Heinz), *Einfuhrug in die generative Transformationsgrammatik Ein Lehrbuch*, Munique, Hueber, 1970.

BELEVITCH (Vitold), *Langage des machines et langage humain*, Bruxelas, Office de publicité, 1956, 121 p.

BELLUGI (Ursula) e BROWN (Roger) [orgs.], *The Acquisition of Language. Report of the Fourth Conference Sponsored by the Committee on Intellective Processes Research of the Social Science Research Council*, Lafayette, Indiana, Purdue University, 1964, 191 p.

BELYAEV (Boris Vasilievitch), *The Psychology of Teaching Foreign Languages*, traduzido do russo, Oxford, Pergamon Pr., 1963.

BENDIX (Edward Herman), *Componential Analysis of General Vocabulary: The Semantic Structure of a Set of Verbs in English, Hindi and Japanese*, Bloomington, Indiana University Press e Haia, Mouton, 1966; parte traduzido em *Langages*, n.º 20, Paris, Larousse, dez. 1970, "Analyse componentielle du vocabulaire général", pp. 101-125.

BENSE (Max), *Semiotik, Allgemeine Theorie der Zeichen*, Baden-Baden, Agis Verlag, 1967, 79 p.

BENVENISTE (Emile), *Origines de la formation des noms en indo-européen*, Paris, A. Maisonneuve, 1935, 224 p.

— *Non d'agent et noms d'actions en indo-européen*, Paris, Klincksieck, 1948, 175 p.

— *Hittite et indo-européen*, Paris, A. Maisonneuve, 1962, 141 p.

— *Problèmes de linguistique générale*, Paris, Gallimard, 1966, 356 p.

— *le Vocabulaire des institutions indo-européennes*, Paris, Ed. de Minuit, 1969-70, 2 vols.

BERTOLDI (Vittorio), *Glottologia. Principi, problemi, metodi*, Nápoles, Stab. Tip. editoriale, 1942, 160 p.

— *Il linguagio umano nella sua essenza universale e nella storicità dei suoi aspetti*, Nápoles, Libreria ed. Liguori, 1949, 189 p.

— *La storicità dei fatti di lingua*, Nápoles, Libreria ed. Liguori, 1951, 143 p.

BERTONI (Giulio), *Storia della lingua italiana*, Roma, Castellani, 1934, 144 p.

— *Lingua e cultura*, Florença, Olschki, 1939, 302 p.

BERTSCHINGER (Max), *To Want: an Essay in Semantics*, Berna, A. Francke, 1941, 242 p.

BETH (W. Evert), *Formal Methods, an Introduction to Symbolic Logic and to the Study of Effective Operations in Arithmetic and Logic*, Dordrecht, D. Reidel, 1962, 170 p.

BIARDEAU (Madeleine), *Théorie de la connaissance et philosophie de la parole dans le brahmanisme classique*, Haia, Mouton, 1964, 486 p.

Bibliographie linguistique des années 1939-1947, Utrecht e Anvers, Spectrum, 1949, 2 vols.

Bibliographie linguistique, 1948-1967, Utrecht e Anvers, Spectrum, 20 vols. publicados.

623

BIERWISCH (Manfred), *Modern Linguistics. Its Development, Methods and Problems*, trad. do alemão, Haia, Mouton, 1971, 105 p.

BIERWISCH (Manfred) e HEIDOLPH (Karl Erich) [orgs.], *Progress in Linguistics*, Haia, Mouton, 1970, 334 p.

BLACK (Max), *Language and Philosophy. Studies in Method*, Ithaca, N. Y., Cornell University Press, 1949.

— *Models and Metaphors: Studies in Language and Philosophy*, Ithaca, N. Y., Cornell University Press, 1962.

BLANCHÉ (Robert), *Raison et discours. Défense de la logique réflexive*, Paris, Vrin, 1967, 276 p.

BLANCHE-BENVENISTE (Claire) e CHERVET (André), *l'Orthographe*, Paris, Maspero, 1969, 238 p.

BLINKENBERG (Andreas), *l'Ordre des mots en français moderne*, Copenhague, Det kgl Danske Videnskabernes Selskabs historisk — filologiske Meddelelser XVII, 1 e XX, 1, 1928-1933, 2 vols.

— *le Problème de la transitivité en français moderne*, Copenhague, Munksgaard, 1960, 366 p.

BLOCH (Bernard) e TRAGER (George L.), *Outline of Linguistic Analysis*, Baltimore, Waverly Press, 1942.

BLOCH (Oscar) e WARTBURG (Walther von), *Dictionnaire étymologique de la langue française*, Paris, P.U.F., 1949; 4.ª ed., 1964, 720 p.

BLOK (D. P.) [org.], *Proceedings of the Eighth Conference of Onomastic Sciences, Amsterdam 1963*, Haia, Mouton, 1966, 677 p.

BLOOMFIELD (Leonard), *Introduction to the Study of Language*, Nova Iorque, Holt, 1914.

— *Language*, Nova Iorque, Holt, Rinehart and Winston, 1933, e Londres, Allen and Unwin, 1935; nova ed. Londres, Allen and Unwin, 1965, 566 p.; trad. fr. *le Langage*, Paris, Payot, 1970, 525 p.

— *Linguistics Aspects of Science*, Chicago, University Press, 1939, 59 p.

— *A Leonard Bloomfield Anthology* org. por Ch. F. Hockett, Bloomington e Londres, Indiana University Press, 1970, 553 p.

BOAS (Franz), *Race, Language and Culture*, Nova Iorque, Macmillan, 1940, 647 p.

— (org.) *Handbook of American Indian Languages*, Washington, D. C., Bureau of American Ethnology, Smithsonian Institution, t. I, 1911, t. II, 1922.

BOBON (J.), *Introduction historique à l'étude des néologismes et des glossolalies en psychopathologie*, Paris, Masson, 1952, 342 p.

BOCHENSKI (Innocent Marie Joseph), *Formale Logik*, Fribourg e Munique, Karl Alber, 1956, 639 p.

BOLELLI (Tristano), *Per una storia della ricerca linguistica*, Nápoles, 1965.

BOLINGER (Dwight), *Aspects of Language*, Nova Iorque, Harcourt, Brace and World, 1968, 326 p.

BOOTH (Wayne C.), *The Rhetoric of Fiction*, Chicago, University Press, 1961.

BOPP (Franz), *Über das Konjugationsystem der Sanskritsprache in Vergleichung mit jenem der griechischen, lateinischen, persischen und germanischen Sprache*, Iena, 1816.

— *Vergleichende Zergliederung des Sanskrits und der mit ihm verwandten Sprachen*, Iena, 1824.

— *Vergleichende Grammatik, des Sanskrits, Zend, Griechischen, Lateinischen, Gothischen und Deutschen*, Berlin, 1833; 2.ª ed., 1857-1860, 2 vols.; trad. fr. por Michel Bréal, *Grammaire comparée des langues indo-européennes comprenant le sanscrit, le zend, l'arménien, le grec, le latin, le lithuanien, l'ancien slave, le gothique et l'allemand*, Paris, Impr. impériale e impr. nationale, 1866-1874; nova ed. 1885-1889, 5 vols.

BORST (Arno), *Der Turmbau von Babel*, Stuttgart, Hiersemann, 1957-1964, 4 vols.

BOTHA (Rudolf P.), *The Function of the Lexicon in Transformational Generative Grammar*, Haia, Mouton, 1968, 272 p.

— *The Methodological Status of Grammatical Argumentation*, Haia, Mouton, 1970, 70 p.

— *Methodological Aspects of Transformational Generative Phonology*, Haia, Mouton, 1971, 266 p.

BOUHOURS (R. P. Dominique), *les Entretiens d'Ariste ed d'Eugène*, Paris, 1671.

BOURCIEZ (Edouard), *Eléments de linguistique romane*, Paris, Klincksieck, 1910; 5.ª ed. revista pelo autor e Jean Bourciez, 1967, 783 p.

BOUVERESSE (Jacques), *la Parole malheureuse. De l'alchimie linguistique à la grammaire philosophique*, Paris, Ed. de Minuit, 1971, 476 p.

BRAIN (Walter Russel), *Speech Disorders. Aphasia, Apraxia and Agnosia*, Londres, Butterworth, 1961; 2.ᵃ ed., 1965, 184 p.

BRÉAL (Michel), *Mélanges de mythologie et de linguistique*, Paris, Hachette, 1877.
— *Essai de sémantique (science des significations)*, Paris, Hachette, 1897; 4.ᵃ ed., 1908, 372 p.

BREKLE (Herbert Ernst), *Generative Satzsemantik und transformationelle Syntax im System der englischen Nominalkomposition*, Munique, Fink, 1970, 221 p.

BREKLE (Herbert Ernst) e LIPKA (Leonhard), *Wortbildung, Syntax und Morphologie: Festschrift zum 60. Geburtstag von Hans Marchand*, Haia, Mouton, 1968, 368 p.

BRESSON (François), JODELET (François) e MIALARET (Gaston), *Langage, communication et décision*, t. VIII do *Traité de psychologie expérimentale*, sob a dir. de P. Fraisse et J. Piaget, Paris, P.U.F., 1965, 308 p.

BRICHLER-LABAEYE (Catherine), *lec Voyelles françaises. Mouvements et positions articulatoires à la lumière de la radiocinématographie*, Paris, Klincksieck, 1970, 258 p.

BRIERE (Eugene John), *A Psycholinguistic Study of Phonological Interference*, Haia, Mouton, 1968, 84 p.

BRIGHT (William) [org.], *Sociolinguistics: Papers of the UCLA Conference on Sociolinguistics*, Haia, Mouton, 1966, 342 p.

BROADBENT (Donald Eric), *Perception and Communication*, Oxford, Pergamon, 1958, 338 p.

BRØNDAL (Viggo), *le Système dela grammaire*, Copenhague, Munksgaard, 1930.
— *le Français, langue abstraite*, Copenhague, Munksgaard, 1936.
— *Essais de linguistique générale*, Copenhague, Munksgaard, 1943.
— *les Parties du discours*, Copenhague, Munksgaard, 1948.
— *Substrat et emprunt en roman et en germanique. Etude sur l'histoire des sons et des mots*, Copenhague e Bucareste, 1948.
— *Théorie des prépositions, introduction à une sémantique rationnelle*, Copenhague, Munksgaard, 1950.

BROWER (Reuben A.) [org.], *On Translation*, Cambridge, Mass., Harvard University Press, 1959, 306 p.

BROWN (Roger Langham), *Wilhelm von Humboldt's Conception of Linguistic Relativity*, Haia, Mouton, 1967, 132 p.

BROWN (Roger W.), *Words and Things*, Glencoe, Illinois, Free Press, 1958.

BRUGMANN (Karl Friedrich), *Zum heutigen Stand der Sprachwissenschaft*, Berlim, 1885.
— *Kurze vergleichende Grammatik der indogermanischen Sprachen auf Grund der "Grundriss der vergleichenden Grammatik der indogermanischen Sprachen von K. Brugmann und B. Delbrück"*, Strasbourg, Trübner, 1904, 777 p.; trad. fr. sob a direção de A. Meillet e R. Gauthiot, *Abrégé de grammaire comparée des langues indo-européennes*, Paris, Klincksieck, 1905, 856 p.

BRUGMANN (Karl Friedrich) e DELBRÜCK (Berthold), *Grundriss der indogermanischen Sprachen*, Estrasburgo, Trübner, 1886-1900, 7 vols.

BRUGMANN (Karl Friedrich) e OSTHOFF (Hermann), *Morphologische Untersuchungen, Leipzig*, 1890.

BRUNER (Jerome S.), GOODNOW (J. J.) e AUSTIN (George A.), *A Study of Thinking*, Nova Iorque, Wiley, 1956.

BRUNOT (Ferdinand), *la Doctrine de Malherbe d'après son Commentaire sur Desportes*, Paris, Picard, 1891; reed., Paris, A. Colin, 1969.
— *Histoire de la langue française des origines à 1900*, Paris, A. Colin, 1905-1937, 10 tomos.
— *la Pensée et la Langue*, Paris, Masson, 1922; 3.ᵃ ed., 1936.

BUCHANAN (Cynthia Dee), *A Programed Introduction to Linguistics: Phonetics and Phonemics*, Boston, Heath, 1963, 270 p.

BÜHLER (Karl), *Sprachtheorie. Die Darstellungsfunktion der Sprache*, Iena, 1934; 2.ᵃ ed., Stuttgart, 1965.

BULL (William E.), *Time, Tense and the Verb*, Berkeley e Los Angeles, University of California Press, 1963; nova ed., 1968, 120 p.

BÜNTIG (Karl Dieter), *Einführung in die Linguistik*, Francfort, Athenäum, 1971.

BURNEY (Pierre), *l'Orthographe*, Paris, P.U.F., col. "Que sais-je?", 1959.
— *les Langues internationales*, Paris, P.U.F., col. "Que sais-je?", 1961.

625

BURT (Maria K.), *From Deep to Surface Structure*, Nova Iorque, Harper and Row, 1972, 200 p.

BUYSSENS (Eric), *les Langages et le discours. Essai de linguistique fonctionnelle dans le cadre de la sémiologie*, Bruxelas, Office de publicité, 1943, 98 p.

— *Vérité et langue. Langue et pensée*, Bruxelas, Institut de sociologie, 1960, 52 p.

— *Linguistique historique*, Paris, P.U.F., 1965, 158 p.

— *la Communication et l'articulation linguistique*, Paris, P.U.F., 1967, 176 p.

— *les Deux Aspectifs de la conjugaison anglaise au XXᵉ siècle*, Paris, P.U.F., 1968, 328 p.

CALAME-GRIAULE (Geneviève), *Ethnologie et Langage, La parole chez les Dogon*, Paris, Gallimard, 1965, 589 p.

CANTINEAU (Jean), *Etudes de linguistique arabe*, Paris, Klincksieck, 1960, 312 p.

CAPELL (Arthur), *Studies in Sociolinguistics*, Mouton, Haia, 1966, 167 p.

CARNAP (Rudolf), *Der logische Aufbau der Welt*, Berlim, 1928, 290 p.; 2.ª ed. em inglês, *The Logical Structure of the World et Pseudoproblems in Philosophy*, Los Angeles, Univ. of California Pr., 1961; nova ed., Londres, Routledge and Kegan, 1967, 364 p.

— *Philosophy and Logical Syntax*, Londres, Kegan Paul, 1935, 100 p.

— *Logische Syntax der Sprache*, Viena, 1934, 274 p.; trad. inglesa, *The Logical Syntax of Language*, Londres. Routledge and Kegan, 1937, 352 p.

— *Introduction to Semantics* (1942), 259 p., et *Formalization of Logic* (1943), 159 p., Cambridge, Mass., Harvard University Press, 1958.

— *Meaning and Necessity, A Study in Semantics and Modal Logic*, Chicago, University of Chicago Press, 1946; 4.ª ed., 1964, 258 p.

— *Logical Foundations of Probability*, Chicago, University of Chicago Press, 1950; 2.ª ed., 1962, 613 p.

CARNOCHAN (J.), CRYSTAL (D.) e col.; *Word Classes*, Amesterdam, North-Holland, 1967, 261 p.

CARNOY (Albert), *les Indo-Européens: préhistoire des langues, des mœurs et des croyances de l'Europe*, Bruxelas, Vromant, 1921, 256 p.

— *la Science du mot, traité de sémantique*, Louvain, Universitas, 1927, 428 p.

CARROLL (John B.), *The Study of Language. A Survey of Linguistics and Related Disciplines in America*, Cambridge, Mass., Harvard University Press, 1953, 289 p.

— *Language and Thought*, Englewood Cliffs, Nova Jersey, Prentice-Hall, 1964.

CASSIRER (Ernst), *Philosophie der symbolischen Formen*, t. I., *Die Sprache*, Berlim, 1923; 4.ª ed. Darmstadt, 1964.

CATACH (Nina), *l'Orthographe française à l'époque de la Renaissance*, Genebra, Droz e Paris, Minard, 1968, 496 p.

CATACH (Nina), GOLFAND (Jeanne) e DENUX (Roger), *Orthographe et lexicographie*, Paris, Didier, 1972, 2 vols.

CATFORD (John Cunnison), *A Linguistic Theory of Translation*, Londres, Oxford University Press, 1965, 103 p.

CATON (Charles E.) [org.], *Philosophy and Ordinary Language*, Urbana, Illinois, University Press, 1963.

CAVACIUTI (Santino), *La teoria linguistica di Benedetto Croce*, Milão, 1959, 192 p.

CHAKRAVARTI (Prabhata-Chandra), *The Linguistic Speculation of the Hindus*, Calcutá, University Press, 1933, 496 p.

CHAMBERS (W. Walker) e WILKIE (John R.), *A Short History of the German Language*, Londres, Methuen, 1970.

CHAO (Yuen Ren), *Cantonese Primer*, Cambridge, Mass., Harvard University Press, 1947, 242 p.

— *Mandarin Primer*, Cambridge, Mass., Harvard University Press, 1948, 336 p.

— *Language and Symbolic Systems*, Cambridge, University Press, 1968, 240 p.

CHAPPELL (Vere C.) [org.], *Ordinary Language. Essays in Philosophical Method*, Englewood Cliffs, N. J., Prentice-Hall, 1964.

CHATMAN (Seymour) e LEVIN (Samuel R.) [orgs.], *Essays in the Language of Literature*, Boston, Houghton Mifflin Co., 1967.

CHAUMYAN (S. K.), *Problèmes de phonologie théorique*, em russo, Moscou, 1962; trad. ingl., *Problems of Theorical Phonology*, Haia, Mouton, 1968, 224 p.

— *Linguistique structurale*, em russo, Moscou, 1965; trad. ingl., *Principles of Structural Linguistics*, Haia, Mouton, 1971, 359 p.

CHAUMYAN (S. K.) e SOBOLEVA (P. A.), *Modèles d'application génératifs et dénombrements des transformations en russe*, em russo, Moscou, 1963.

— *Fondements de grammaire générative de la langue russe*, em russo, Moscou, Nauka, 1968.

CHAURAND (Jacques), *Histoire de la langue française*, Paris, P.U.F., "Que sais-je?", 1969.

CHERRY (Colin), *On Human Communication. A Review, a Survey and a Criticism*, Cambridge, Mass., MIT Press, 1957; 2.ª ed., 1966, 337 p.
— *Information Theory*, Londres, Batterworths, 1961.

CHEVALIER (Jean-Claude), *Histoire de la syntaxe. Naissance de la notion de complément dans la grammaire française (1530-1750)*, Genebra, Droz, 1968, 776 p.
— *"Alcools" d'Apollinaire. Essai d'analyse des formes poétiques*, Genebra, Droz e Paris, Minard, 1970, 280 p.

CHEVALIER (Jean-Claude), ARRIVÉ (Michel), BLANCHE-BENVENISTE (Claire) e PEYTARD (Jean), *Grammaire Larousse du français contemporain*, Paris, Larousse, 1964, 495 p.

CHOMSKY (Caroll), *The Acquisition of Syntax in Children from 5 to 10*, Cambridge, Mass., MIT Press, 1970.

CHOMSKY (Noam), *Syntactic Structures*, Haia, Mouton, 1957; 8.ª impr., 1969, 118 p.; trad. fr. *Structures syntaxiques*, Paris, Le Seuil, 1969, 141 p.
— *Current Issues in Linguistic Theory*, Haia, Mouton, 1964; 4.ª ed., 1969, 119 p.
— *Aspects of the Theory of Syntax*, Cambridge, Mass., MIT Press, 1965, 251 p.; trad. fr. *Aspects de la théorie syntaxique*, Paris, Le Seuil, 1971, 284 p.
— *Topics in the Theory of Generative Grammar*, Haia, Mouton, 1966, 95 p.; 2.ª ed., 1969.
— *Cartesian Linguistics. A Chapter in the History of Rationalist Thought*, Nova Iorque, Harper and Row, 1966, 119 p.; trad. fr. *la Linguistique cartésienne*, seguida de *la Nature formelle du langage*, Paris, Le Seuil, 1969, 183 p.
— *Language and Mind*, Nova Iorque, Harcourt, Brace and World, 1968, 88 p., nova ed. 1972, 224 p.; trad. fr. *le Langage et la pensée*, Paris, Payot, 1970, 145 p.
— *Studien on Semantics in Generative Grammar*, Haia, Mouton, 1972, 207 p.

CHOMSKY (Noam) e MILLER (George A.), *l'Analyse formelle des langues naturelles* (trad. dos capítulos XI e XII do vol. II do *Handbook of Mathematical Psychology*, sob a dir. de D. R. Luce, Nova Iorque, Wiley, 1963), Paris, Gauthier--Villars e Mouton, 1968, 174 p.

CHOMSKY (Noam) e HALLE (Morris), *The Sound Pattern of English*, Nova Iorque, Harper and Row, 1969, 470 p.

CHTCHERBA (Lev Vladimirovitch), *les Voyelles russes du point de vue qualitatif et quantitatif*, em russo, Moscou, 1912.
— *Phonétique française*, em russo, Moscou, 1937.

CHURCH (Alonzo), *Introduction to Mathematical Logic*, vol. I, Princeton, University Press, 1956, 378 p.

CLÉDAT (Léon), *Grammaire raisonnée de la langue française*, Paris, Le Soudier, 1894.
— *Manuel de phonétique et de morphologie historique du français*, Paris, Hachette, 1917, 288 p.

COCCHIARA (Giuseppe), *Il linguagio del gesto*, Turim, Bocca, 1932, 131 p.

COFER (Charles N.) e MUSGRAVE (Barbara S.) [orgs.], *Verbal Behavior and Learning: Problems and Processes Proceedings of the Second Conference Sponsored by the Office of Naval Research and New York University*, Nova Iorque, McGraw-Hill, 1963, 397 p.

COHEN (David) [org.], *Mélanges Marcel Cohen*, Haia, Mouton, 1970, 461 p.

COHEN (Jean), *Structure du langage poétique*, Paris, Flammarion, 1966, 231 p.

COHEN (Jonathan L.), *The Diversity of Meaning*, Londres, Methuen, 1962; 2.ª ed., 1966.
— *The Implications of Induction*, Londres, Methuen, 1970.

COHEN (Marcel), *Histoire d'une langue: le français (des lointaines origines à nos jours)*, Paris, Hier et Aujour-d'hui, 1947; 3.ª ed., Paris, Ed sociales, 1967, 513 p.
— *Linguistique et matérialisme dialectique*, Gap, Ophrys, 1948, 20 p.
— *Regards sur la langue française*, Paris, SEDES, 1950, 142 p.
— *le Langage: structure et évolution*, Paris, Editions sociales, 1950, 144 p.
— *l'Ecriture*, Paris, Editions sociales, 1953, 131 p.
— *Grammaire et style*, Paris, Editions sociales, 1954, 240 p.
— *Cinquante Années de recherches*, Paris, Imprimerie nationale e Klincksieck, 1955, 388 p.
— *Pour une sociologie du langage*, Paris, Albin Michel, 1956, 396 p.

— *Notes de méthode pour l'histoire du français*, Moscou, Editions en langues étrangères, 1958, 100 p.
— *la Grande Invention de l'écriture et son évolution*, Paris, Imprimerie nationale, 1959, 3 vol.
— *Nouveaux Regards sur la langue française*, Paris, Editions sociales, 1963, 320 p.
— *le Subjonctif en français contemporain*, Paris, SEDES, 1965, 226 p.
— *Encore des regards sur la langue française*, Paris, Editions sociales, 1966, 310 p.

COLLART (Jean), *Varron, grammairien latin*, Paris, Les Belles Lettres, 1954, 378 p.

CONDON (John Carl), *Semantics and Communication*, Nova Iorque, Macmillan, 1966, 115 p.

Conseil de l'Europe, *les Théories linguistiques et leurs applications*, Paris, A.I.D.E.L.A. e Didier, 1967, 189 p.

CONTRERAS (Heles W.), *The Phonological System of a Bilingual Child*, Lafayette, Indiana, University Press, 1961, 226 p.

COOPER (William S.), *Set Theory and Syntactic Description*, Haia, Mouton, 1964, 52 p.

CORNFORTH (Maurice), *Marxism and the Linguistic Philosophy*, Londres, Lawrence and Wishart, 1965, 384 p.

CORNU (Maurice), *les Formes surcomposées en français*, Berna, Francke, 1953, 268 p.

COSERIU (Eugenio), *La geografia linguistica*, Montevideu, Universidad, 1957.
— *Logicismo y antilogicismo en la grammatica*, Montevidéu, 1957.
— *Sincronia diacronia y historia*, Montevideu, Universidad, 1958.
— *Teoria del lenguaje y lingüistica general*, Madri, 1962.

COSTABILE (Norma), *Le strutture della lingua italiana*, Bolonha, Patron, 1967, 211 p.

COYAUD (Maurice), *Introduction à l'étude des langages documentaires*, Paris, Klincksiek, 1966, 148 p.
— *Linguistique et Documentation*, Paris, Larousse, 1972, 176 p.

CROCE (Benedetto), *Estetica come scienza dell'espressione e linguistica generale: teoria e storia*, Milão, R. Sandron, 1902; 4.ª ed., Bari, Laterza, 1912; 8.ª ed., 1950.

CROTHERS (Edward J.) e SUPPES (P.), *Experiments in Second Language Learning*, Nova Iorque, Acad. Pr., 1967.

CRYMES (Ruth), *Some Systems of Substitution Correlations in Modern American English*, Haia, Mouton, 1968, 187 p.

CULIOLI (Antoine), FUCHS (Catherine) e PÊCHEUX (Michel), *Considérations théoriques à propos du traitement formel du langage (tentative d'application au problème des déterminants)*, Paris, Dunod, 1970, 50 p.

CURRY (Haskell B.) e FEYS (Robert), *Combinatory Logic*, vol. I, Amesterdão, North-Holland, 1958; 2.ª ed., 1968, 417 p.

CURTIUS (Georg), *Grundzyge der griechischen Etymologie*, Leipzig, Teubner, 1858-1868, 2 vols.; 5.ª ed., 1879, 858 p.
— *Das Verbum der griechischen Sprache*, Leipzig, Hirzel, 1863-1876, 2 vols.

DAHL (Östen), *Topic and Comment. A Study in Russian General Transformational Grammar*, Göteborg, Almquist, 1969, 53 p.

DAMOURETTE (Jacques) e PICHON (Edouard), *Essai de grammaire française. Des mots à la pensée*, Paris, d'Artrey, 1927-1950, 7 vols.

DANCE (Frank Esburn) [org.], *Human Communication Theory*, Nova Iorque, Holt, Rinehart and Winston, 1967, 332 p.

DANTO (Arthur Coleman), *Analytical Philosophy of Knowledge*, Cambridge, University Press, 1968, 270 p.

DARMESTETER (Arsène), *De la création actuelle de mots nouveaux dans la langue française, et des lois qui la régissent*, Paris, Vieweg, 1877, 307 p.
— *la Vie des mots étudiés dans leurs significations*, Paris, Delagrave, 1887; 13.ª ed., 1921, 212 p.
— *Cours de grammaire historique de la langue française*, Paris, Delagrave, 1891-1897, 4 vols.

DARMESTETER (Arsène) e HATZFELD (Adolphe), *Dictionnaire général de la langue française*, Paris, Delagrave, 1895-1900, 2 vols.

DAUZAT (Albert), *Essai de métrodologie linguistique dans le domaine des langues et des patois romans*, Paris, Champion, 1906, 295 p.
— *la Vie du langage*, Paris, A. Colin, 1910, 312 p.
— *Essais de géographie linguistique*, Paris, Champion e d'Arthey, 1915-1938, 3 vols.
— *la Géographie linguistique*, Paris, Flammarion, 1922; nova ed., 1943, 296 p.
— *Histoire de la langue française*, Paris, Payot, 1930, 588 p.

DAUZAT (Albert), DUBOIS (Jean) e MITTERAND (Henri), *Nouveau Dictionnaire étymologique*, Paris, Larousse, 1964; 3.ª ed., 1972.

DAVIDSON (Donald) e HARMAN (Gilbert) [orgs.], *Semantics of Natural language*, Dordrecht, Reidel, 1969, 769 p.

DAVIS (Martin) [org.], *The Undecidable. Basic Papers on Undecidable Propositions, Unsolvable Problems and Computable Functions*, Nova Iorque, Raven Press, 1965, 440 p.

DEAN (Leonard F.) e WILSON (Kenneth G.) [orgs.], *Essays on Language and Usage*, Londres, Oxford University Press, 1959; 2.ª ed., 1963, 346 p.

DE CECCO (John Paul) [org.], *The Psychology of Language. Thought and Instruction*, Nova Iorque, Holt, Rinehart and Winston, 1966, 446 p.

DEESE (James E.), *The Structure of Associations in Language and Thought*, Baltimore, Johns Hopkins Press, 1965.

DE LAGUNA (Grace Andrus), *Speech: its Function and Development*, New Haven, Yale University Press, 1927, 363 p.

DELATTRE (Pierre), *The General Phonetics Characteristics of Languages*, Boulder, Colorado, 1962.

— *Studies in French and Comparative Phonetics: Selected Papers in French and English*, Haia, Mouton, 1966, 286 p.

DELAVENAY (Emile), *la Machine à traduire*, Paris, P.U.F., col. "Que sais-je?", 1959.

DELAVENAY (Emile e Katherine), *Bibliographie de la traduction automatique*, Haia, Mouton, 1960, 69 p.

DELBRÜCK (Berthold), *Syntaktische Forschungen*, Halle, 1871-1888, 5 vols.

— *Einleitung in das Studium der indogermanischen Sprachen*, Leipzig, Breitkopf, 1880, 141 p.

DE MAURO (Tullio), *Storia linguistica dell'Italia unità*, Bari, Laterza, 1963, 521 p.

— *Introduzione alla semantica*, Bari, Laterza, 1965, 238 p.; trad. fr., *Une introduction à la sémantique*, Paris, Payot, 1969, 222 p.

— *Ludwig Wittgenstein, his Place in the Development of Semantics*, Dordrecht, Reidel, 1967, 62 p.

— "Introduction" e "commentaire" da trad. ital. de F. de Saussure, *Corso di linguistica generale*, Bari, Laterza, 1968.

DEROY (Louis), *l'Emprunt linguistique*, Paris, Les Belles Lettres, 1956, 486 p.

DERRIDA (Jacques), *l'Ecriture et la difference*, Paris, Le Seuil, 1967, 440 p.

— *De la grammatologie*, Paris, Ed. de Minuit, 1967, 448 p.

DEUTSCH (Karl W.), *Nationalism and Social Communication*, Cambridge, MIT Press, 2.ª ed. 1966.

DEVOTO (Giacomo), *Storia della lingua di Roma*, Bolonha, Cappelli, 1940, 429 p.

— *I fondamenti della storia linguistica*, Florença, Sansoni, 1951, 95 p.

DEWÈZE (A.), *Traitement de l'information linguistique par l'homme, par la machine*, Paris, Dunod, 1966, 228 p.

DICKOFF (James) e JAMES (Patricia), *Symbolic Logic and Language*, Nova Iorque, McGraw-Hill, 1965.

DIERICKX (Jean) e LEBRUN (Yvan) [orgs.], *Linguistique contemporaine. Hommage à Eric Buyssens*, Bruxelas, Institut de sociologie, 1970.

DIEZ (Friedrich), *Grammatik der romanischen Sprachen*, Bonn, Weber, 1836-1844, 3 vols.; trad. fr., *Grammaire des langues romanes*, Paris, Vieweg, 1874-1876, 3 vols.

DIK (Simon), *Coordination: Its Implications for the Theory of General Linguistics*, Amesterdão, North-Holland, 1968, 318 p.

DINGWALL (William Orr), *Transformational Generative Grammar*, Washington, D.C., Center for Applied Linguistics, 1965, 82 p.

DINNEEN (Francis Patrick), *An Introduction to General Linguistics*, Nova Iorque, Holt, Rinehart and Winston, 1967, 452 p.

"Diogène", *Problèmes du langage* (Contribuições de Emile BENVENISTE, Noam CHOMSKY, Roman JAKOBSON, André MARTINET, etc.), Paris, Gallimard, 1966, 217 p.

DIRINGER (David), *The Alphabet*, Londres, Hutchinson, 1949, 607 p.; 3.ª ed., 1968, 2 vols.

DIXON (Robert Malcolm Ward), *Linguistic Science and Logic*, Haia, Mouton, 1963, 108 p.

629

— *What is Language? A New Approach to Linguistic Description*, Londres, Longmans, 1965, 216 p.

DIXON (Theodor R.) e HORTON (David L.) [orgs.], *Verbal Behavior and General Behavior Theory*, Englewood Cliffs, New Jersey, Prentice-Hall, 1968, 596 p.

DOBLHOFER (Ernest), *le Déchiffrement des écritures*, Paris, Arthaud, 1959, 388 p.

DOLEZEL (Lubomir) e BAILEY (Richard W.) [orgs.], *Statistics and Style*, Nova Iorque, Am. Elsevier, 1969, 245 p.

DONZÉ (Roland), *la Grammaire générale et raisonnée de Port-Royal. Contribution à l'histoire des idées grammaticales en France*, Berna, Francke, 1967, 257 p.

DRANGE (Theodore M.), *Type Crossings, Sentential Meaninglessness in the Border Area of Linguistics and Philosophy*, Haia, Mouton, 1966, 218 p.

DUBOIS (Claude-Gilbert), *Mythe et Langage au XVIᵉ siècle*, Bordéus, Ducros, 1970, 174 p.

DUBOIS (Jacques). V. GROUPE ꭑ.

DUBOIS (Jean), *le Vocabulaire politique et social en France de 1869 à 1872*, Paris, Larousse, 1962, 460 p.

— *Etude sur la dérivation suffixale en français moderne et contemporaim*, Paris, Larousse, 1962, 118 p.

— *Grammaire structurale du français: I, Nom et pronom; II, le Verbe; III, la Phrase et les transformations*, Paris, Larousse, 1965-1969, 3 vols.

DUBOIS (Jean) e DUBOIS-CHARLIER (Françoise), *Elements de linguistique française: Syntaxe*, Paris, Larousse, 1970, 296 p.

DUBOIS (Jean) e DUBOIS (Claude), *Introduction à la lexicographie: le dictionnaire*, Paris, Larousse, 1971, 208 p.

DUBOIS (Jean), LAGANE (René), NIOBEY (Georges), CASALIS (Jacqueline e Didier) e MESCHONNIC (Henri), *Dictionnaire du français contemporain*, Paris, Larousse, 1966.

DUBOIS-CHARLIER (Françoise), *Eléments de linguistique anglaise: syntaxe*, Paris, Larousse, 1970, 276 p.

— *Eléments de linguistique anglaise: la phrase complexe et les nominalisations*, Paris, Larousse, 1971, 296 p.

DUCHÁCEK (Otto), *Précis de sémantique française*, Brno, Universita J. E. Purkyne, 1967, 263 p.

DUCROT (Oswald) e col., *Qu'est-ce que le structuralisme?* Paris, Le Seuil, 1968, 448 p.

DUCROT (Oswald) e TODOROV (Tzvetan), *Dictionnaire encyclopédique des sciences du langage*, Paris, Le Seuil, 1972, 480 p.

DU MARSAIS (César Chesneau), *Logique et Principes de grammaire*, Paris, 1769.

EATON (Trevor), *The Semantics of Literature*, Haia, Mouton, 1966, 72 p.

EBELING (Carl L.), *Linguistic Units*, Haia, Mouton, 1960, 143 p.

EBERLE (Rolf A.), *Nominalistic Systems*, Dordrecht, Reidel, 1970, 217 p.

EDMUNDSON (H. P.) [org.], *Proceedings of the National Symposium on Machine Translation*, Englewood Cliffs, N. J., Prentice-Hall, 1961.

EGGER (Emile), *Apollonius Dyscole. Essai sur l'histoire des théories grammaticales dans l'Antiquité*, Paris, Durand, 1854, 349 p.

EHRMANN (Madeline Elizabeth), *The Meanings of the Models in Present Day American English*, Haia, Mouton, 1966, 106 p.

ELLIS (Jeffrey), *Towards a General Comparative Linguistics*, Haia, Mouton, 1966, 196 p.

ELLIS (Jeffrey), *Towards a General Comparative Linguistics*, Haia, Mouton, 1966, 170 p.

ELSON (Benjamin) e PICKETT (V. B.), *An Introduction to Morphology and Syntax*, Santa Ana, Calif., Summer Institute of Linguistics, 1962.

ELWERT (Wilhelm Theodor) [org.], *Probleme der Semantik*, Wiesbaden, Steiner, 1968, 61 p.

EMMET (Dorothy), *Rules, Roles and Relations*, Nova Iorque, Macmillan and Co., 1966.

EMPSON (William), *The Structure of Complex Words*, Londres, Chatto and Windus, 1951; 5.ª ed., 1969, 452 p.

ENGLER (Rudolf), *Théorie et critique d'un principe saussurien: l'arbitraire du signe*, Genebra, impr. populaire, 1962, 67 p.

— *Cours de linguistique de F. de Saussure: édition critique*, Wiesbaden, Otto Harrassowitz, fasc. I, 1967, 146 p.

ENTWISTLE (William J.), *Aspects of Language*, Londres, Faber, 1953.

Essais sur le langage, textos de E. CASSIRER, A. SECHEHAYE, W. DOROSZEWSKI, K. BÜHLER, N. TROUBETZKOY, GH. BALLY, E. SAPIR, G. GUILLAÛME, A. GELB, K. GOLDSTEIN, A. MEILLET, Paris, Ed. de Minuit, 1969, 348 p. (*Journal de Psychologie*, 15 janeiro - 15 abril 1933.)

FALK (Eugene H.), *Types of Thematic Structure*, Chicago, University Press, 1967.

FANT (Gunnar), *Acoustic Theory of Speech Production*, Haia, Mouton, 1960; 2.ª ed., 1971.

FAVEZ-BOUTONIER (Juliette), *le Langage*, Paris, C.D.U., 1967, 115 p.

FAY (H. Warren), *Temporal Sequences in the Perception of Speech*, Haia, Mouton, 1966, 126 p.

FEIGL (Herbert) e SELLARS (W. S.) [orgs.], *Readings in Philosophical Analysis*, Nova Iorque, Appleton, 1949, 626 p.

FERREIRO (Emilia), *les Relations temporelles dans le langage de l'enfant*, Genebra, Droz, 1971, 390 p.

FÉVRIER (James G.), *Histoire de l'écriture*, Paris, Payot, 1948; 2.ª ed. 1959, 608 p.

FILIPOV (J. A.), *Création littéraire et cybernétique*, em russo, Moscou, 1964.

FILLMORE (Charles J.), *Indirect Object Construction in English and the Ordering of Transformation*, Haia, Mouton, 1965, 54 p.

FINCK (Franz Nikolaus), *Die Hauptypen des Sprochbaus*, Leipzig, Teubner, 1910; 2.ª ed., 1923, 156 p.

FIRTH (John Rupert), *Speech*, Londres, Benn, 1930, 79 p.

— *The Tongues of Men*, Londres, Watts, 1937, 160 p.

— *Papers in Linguistics, 1934-1951*, Londres, Oxford University Press, 1951, 246 p.

FISHMAN (Joshua A.), *Yidish in America: Sociolinguistic Description and Analysis*, Bloomington, Indiana, University Press e Haia, Mouton, 1965, 94 p.

— *Sociolinguistics. A Brief Introduction*, Rowley, Mas., Newbury House, 1971.

— (org.) *Language Loyalty in the United States. The Maintenance and Perpetuation of Non-English Mother Tongues by American Ethnic and Religious Groups*, Haia, Mouton, 1966, 478 p.

— (org.) *Readings in the Sociology of Language*, Haia, Mouton, 1968, 808 p.

— (org.) *Advances in the Sociology of Language*, Haia, Mouton, 1971.

FISHMAN (Joshua A.), FERGUSON (Charles A.) e Das GUPTA (J.) [orgs.], *Language Problems of Developing Nations*, Nova Iorque, Wiley, 1968, 521 p.

FLETCHER (H.), *Speech and Hearing in Communication*, Nova Iorque, Van Nostrand, 1953.

FLEW (Anthony) [org.], *Essays on Logic and Language*, Oxford, Blackwell, 1951-1953, 2 vols.

FLORES D'ARCAIS (Giovanni) e LEVELT (Willem J. M.) [orgs.], *Advances in Psycholinguistics*, Amsterdão, North-Holland, 1970, 464 p.

FODOR (Jerry A.) e KATZ (Jerrold J.) [orgs.], *The Structure of Language. Readings in the Philosophy of Language*, Englewood Cliffs, N. J., Prentice-Hall, 1964, 612 p.

FÓNAGY (Iván), *Die Metaphern in der Phonetik. Beitrag zur Entwicklungsgeschichte des wissenschaftlichen Denkens*, Haia, Mouton, 1963, 132 p.

FONTANIER (Pierre), *les Figures du discours*, Paris, Flammarion, 1968, 502 p.

FOUCAULT (Michel), *les Mots et les choses*, Paris, Gallimard, 1966, 408 p.

FOUCHÉ (Pierre), *Etudes de phonétique générale*, Paris, Les Belles Lettres, 1927, 132 p.

— *Phonétique historique du français*, Paris, Klincksieck, 1952-1961, 3 vols., 540 p.

— *Traité de prononciation française*, Paris, Klincksieck, 1956, 529 p.

FOULET (Lucien), *Petite Syntaxe de l'ancien français*, Paris, Champion, 1919; reimpr., 1968, 353 p.

FOURQUET (Jean), *les Mutations consonantiques du germanique*, Paris, Les Belles Lettres, 1948, 127 p.

— *Prolegomena zu einer deutschen Grammatik*, Düsseldorf, Schwann, 1955, 135 p.

FREGE (Gottlob), *Translations from the Philosophical Writings of Gottlob Frege*, org. por Peter T. Geach e Max Black, Oxford, Blackwell, 1952, 2.ª ed., 1960, 244 p.

— *Funktion, Begriff, Bedeutung. Fünf logische Studien*, org. por Gunther Patzig, Göttingen, Vandenhoeck e Ruprecht, 1962, 101 p.

FREI (Henri), *la Grammaire des fautes. Introduction à la linguistique fonctionnelle*, Paris, Geuthner e Genebra, Kündig, 1929, 215 p.

631

FREUD (Sigmund), *Zur Auffassung der Aphasien*, Leipzig e Vienne, Denliche, 1891; trad. ingl. *On Aphasia, a Critical Study*, Nova Iorque, International Universities Press, 1953, 105 p.

FRIEMAN (Robert R.), PIETRZYK (Alfred) e ROBERTS (A. Hood) [orgs.], *Information in the Language Sciences*, Nova Iorque, American Elsevier, 1968.

FRIEND (Joseph Harold), *The Development of American Lexicography, 1798-1864*, Haia, Mouton, 1967, 129 p.

FRIES (Charles Carpenter), *The Structure of English: an Introduction to the Construction of English Sentences*, Nova Iorque, Harcourt and Brase e Londres, Longmans, 1952; 5.ª ed., 1964.

— *Linguistics and Reading*, Nova Iorque, Harcourt, Brace and World, 1963.

FRUMKINA (R.), *Méthodes statistiques de l'étude du lexique*, em russo, Moscou, 1964.

FUCKS (Wilhelm), *Mathematische Analyse von Sprachelementen, Sprachstil und Sprachen*, Colônia Westdeutscher Verlag, 1955.

FUNKE (Otto), *Gesammelte Aufsätze zur Anglistik und zur Sprachtheorie*, Berna, 1965, 142 p.

FURTH (Hans G.), *Thinking without Language: Psychological Iimplications of Deafness*, Nova Iorque, Free Press, 1966.

GABELENTZ (Georg von der), *Die Sprachwissenschaft*, Leipzig, Weigel, 1891.

GAENG (Paul A.), *Introduction to the Principles of Language*, Nova Iorque; Harper and Row, 1971, 243 p.

GAIFMAN (Haim), *Dependency Systems and Phrase Structure Systems*, Santa Mônica, Calif., Rand Corporation, 1961.

GALANTER (Eugene), *Contemporary Psychophysics*, Nova Iorque, Rinehart and Winston, 1962.

GALLIOT (Marcel), *Essai sur la langue de la réclame contemporaine*, Toulouse, Privat, 1955, 579 p.

GANZ (Joan Safran), *Rules, a Systematic Study*, Haia, Mouton, 1971, 144 p.

GARDE (Paul), *l'Accent*, Paris, P.U.F., 1968, 176 p.

GARDIN (Jean-Claude), *Syntol*, New Brunswick, N. J., Rutgers University Press, 1965, 106 p.

GARDINER (Alain Henderson), *The Theory of Speech and Language*, Oxford, Clarendon Press, 1932; 2.ª ed., 1951, 360 p.

GARVIN (Paul Lucian) [org.], *A Prague School Reader on Esthetics, Literary Structures and Style*, Washington, D.C., 1955.

— (org.) *Natural Language and the Computer*, Nova Iorque, McGraw-Hill, 1963, 398 p.

— (org.) *Soviet and East European Linguistics*, Haia, Mouton, 1963, 620 p.

— (org.) *An Linguistic Method. Selected Papers*, Haia, Mouton, 1964.

— (org.) *Computation in Linguistics, a Case Book*, Bloomigton, Indiana, University Press, 1966, 332 p.

— (org.) *Method and Theory in Linguistics*, Haia, Mouton, 1970, 325 p.

GAUDEFROY-DEMOMBYNES (Jean), *l'Œuvre linguistique de Homboldt*, Paris, G. P. Maisonneuve, 1931, 200 p.

GEACH (Peter T.), *Reference and Generality: an Examination of Some Medieval and Modern Theories*, Ithaca, Cornell University Press, 1962.

GELB (Ignace Gay), *A Study of Writing*, Chicago, University Press, e Londres, Kegan Paul, 1952, 295 p.

GENOUVRIER (Emile) e PEYTARD (Jean), *Linguistique et Enseignement du français*, Paris, Larousse, 1970, 288 p.

GHIZZETTI (Aldo) [org.], *Automatic Translation of Languages*, Oxford, Pergamon Press, 1966.

GILLIÉRON (Jules), *Généalogie des mots qui désignent l'abeille...*, Paris, Champion, 1918, 366 p.

— *Pathologie et thérapeutique verbales*, Paris, Champion, 1921, 208 p.

GILLIÉRON (Jules) e EDMONT (Edmond), *Atlas linguistique de la France*, Paris, Champion, 1902-1912, 9 vols., *Supplément*, Champion, 1920.

— *Atlas linguistique de la Corse*, Paris, Champion, 1914-1915, 4 fascs.

GILLIÉRON (Jules) e ROQUES (Mario), *Etudes de géographie linguistique*, Paris, Champion, 1912, 165 p.

GILSON (Etienne), *Lingüistique et Philosophie. Essai sur les constantes philosophiques du langage*, Paris, Vrin, 1969, 312 p.

GINSBURG (Seymour), *The Mathematical Theory of Context-Free Languages*, Nova Iorque, McGraw-Hill, 1966, 232 p.

GLADKII (A.), *Leçons de linguistique mathématique*, trad. do russo, Paris, Dunod, 1970, 2 vols., 232 e 168 p.

GIRARD (Gabriel), *l'Orthographe française sans équivoque et dans ses principes naturels ou l'Art d'écrire notre langue selon les lois de la raison et de l'usage*, Paris, P. Giffart, 1716.
— *la Justesse de la langue française, ou les Differentes Significations des mots qui passent pour synonymes*, Paris, L. d'Houry, 1718, 263 p.; nova ed. sob o título *Synonymes français, leurs significations et le choix qu'il en faut faire pour parler avec justesse*, 1746, 490 p.
— *les Vrais Principes de la langue française ou la Parole réduite en méthode*, Paris, Le Breton, 1747, 2 vols.

GIRAULT-DUVIVIER (Charles Pierre), *Grammaire des grammaires* [ou *Analyse raisonnée des meilleurs traités sur la langue française*], Paris, A. Cotelle, 1811; 18.ᵃ ed., 1863, 2 vols.

GLEASON (Henry Allan), *An Introduction to Descriptive Linguistics*, Nova Iorque, Holt, Rinehart and Winston, 1955; nova ed., 1961, 503 p.; trad. fr. *Introduction à la linguistique*, Paris, Larousse, 1969, 380 p.
— *Linguistics and English Grammar*, Nova Iorque, Holt, Rinehart and Winston, 1965, 519 p.

GODEL (Robert), *les Sources manuscrites du "Cours de linguistique générale" de Ferdinand de Saussure*, Genebra, Droz e Paris, Minard, 1957, 283 p.

GOLDSTEIN (Kurt), *Language and Language Disturbances*, Nova Iorque, Grune and Stratton, 1948, 374 p.

GOODENOUGH (Ward H.) [org], *Explorations in Cultural Anthropology: Essays in Honor of George Peter Murdock*, Nova Iorque, McGraw-Hill, 1964.

GOODMAN (Nelson), *Fact, Fiction and Forecast*, Cambridge, Mass., MIT Press, 1955; 2.ᵃ ed., Indianapolis, Bobbs-Merrill Co., 1965, 128 p.

GORDON (Patrick), *Théorie des chaînes de Markov finies et ses applications*, Paris, Dunod, 1965, 146 p.

GORSKI (D. P.) [org.], *Pensamiento y lenguaje*, México, 1962, 365 p.

GÖTZ (Dieter) e BURGSCHMIDT (Ernst), *Einführung in die Sprachwissenschaft für Anglisten*, Munique, Hueber, 1971.

GOUGENHEIM (Georges), *Etude sur les périphrases verbales de la langue française*, Paris, Les Belles Lettres, 1929; Nizet 1971, 388 p.
— *la Langue populaire dans le premier quart du XIXᵉ siècle, d'après le Petit Dictionnaire du peuple de J.-C. - L. P. Desgranges*, Paris, Les Belles Lettres, 1929.
— *Eléments de phonologie française*, Paris, Les Belles Lettres, 1935.
— *Système grammatical de la langue française*, Paris, d'Artrey, 1938, 400 p.
— *Dictionnaire fondamental de la langue française*, Paris, Didier, 1961, 256 p.
— *les Mots français dans l'histoire et dans la vie*, Paris, Picard, 1963-1966, 2 vols.
— *Etudes de grammaire et de vocabulaire français*, Paris, Picard, 1970, 368 p.

GOUGENHEIM (Georges), MICHÉA (René), RIVENC (Paul) e SAUVAGEOT (Aurélien), *l'Elaboration du français élémentaire*, Paris, Didier, 1956; nova. ed. 1964, 257 p.

GRABMANN (Martin), *Mittelalterliches Geistesleben*, Munique, Hueber, 1926-1936; nova ed. 1956, 3 vols.

GRAMMONT (Maurice), *la Dissimilation consonantique dans les langues indo-européennes et dans les langues romanes*, Dijon, Imprim. Darantières, 1895, 215 p.
— *Traité de phonétique*, Paris, Delagrave, 1933; 8.ᵃ ed. 1965, 490 p.

GRANGER (Gilles Gaston), *Pensée formelle et sciences de l'homme*, Paris, Aubier, 1960, 228 p.
— *Essai d'une philosophie du style*, Paris, A. Colin, 1968, 316 p.

GRASSERIE (Raoul Robert Guérin de la), *Essai de syntaxe générale*, Louvain, J. B. Istas, 1896, 240 p.
— *Du verbe comme générateur des autres parties du discours*, Paris, Maisonneuve, 1914, 314 p.

GRAVIT (Francis W.) e VALDMAN (Albert) [orgs.], *Structural Drill and the Language Laboratory*, Nova Iorque, Humanities, 1963.

GRAY (Lous Herbert), *Foundations of Language*, Nova Iorque, Macmillan, 1939; 2.ᵃ ed. 1950, 530 p.

GREENBERG (Joseph H.), *Essays in Linguistics*, Chicago, University of Chicago, 1957, 108 p.

633

— *The Languages of Africa*, Haia, Mouton, 1963, 171 p.
— *Language Universals*, Haia, Mouton, 1966.
— *Anthropological Linguistics*, Nova Iorque, Random House, 1968, 212 p.
— (org.) *Universals of Language*, Cambridge, Mass.: MIT Press, 1963, 269 p.
GREIMAS (Algirdas Julien), *Sémantique structurale*, Paris, Larousse, 1966, 262 p.
— *Du sens*, Paris, Le Seuil, 1970, 320 p.
— (org.) *Sign, Language, Culture*, Haia, Mouton, 1970, 723 p.
— (org.) *Essais de sémiotique poétique*, Paris, Larousse, 1972, 240 p.
GREVISSE (Maurice), *le Bon Usage*, Gembloux, Duculot e Paris, Geuthner, 1939; 8.ª ed., 1964, 1 192 p.
GRIMM (Jakob), *Deutsche Grammatik*, Göttingen, 1819-1837, 4 vols., nova ed., Berlim, Dümmler, 1870-1898, 5 vols.
— *Geschichte der deutschen Sprache*, Leipzig, 1848; 3.ª ed., 1868, 726 p.
GRIMSLEY (Ronald), *Sur l'origine du langage*, seguido de três textos de Maupertuis, Turgot e Maine de Biran, Genebra, Droz e Paris, Minard, 1971, 108 p.
GROOT (Albert Wilhem de), *Betekenis en betekenisstructuur*, Groningue, J. B. Wolters, 1966, 158 p.
GROSS (Maurice), *Grammaire transformationnelle du français. Syntaxe du verbe*, Paris, Larousse, 1968, 184 p.
GROSS (Maurice) e LENTIN (André), *Notions sur les grammaires formelles*, Paris, Gauthier-Villars, 1967, 198 p.
GROSSE (Ernst Ulrich) [org.], *Strukturelle Textsemantik*, Friburgo, 1969.
Groupe μ (Jacques Dubois, F. Edeline, J. M. Klinkenberg, P. Minguet, F. Pire, H. Trinon), *Rhétorique générale*, Paris, Larousse, 1970, 208 p.
GUILBERT (Louis), *La Formation du vocabulaire de l'aviation*, Paris, Larousse, 1965, 712 p.
— *la Vocabulaire de l'astronautique*, Paris, Larousse, 1967, 362 p.
GUILHOT (Jean), *la Dynamique de l'expression et de la communication*, Haia, Mouton, 1962, 230 p.
GUILLAUME (Gustave), *le Problème de l'article et sa solution dans la langue française*, Paris, Hachette, 1919, 318 p.
— *Temps et Verbe. Théorie des aspects, des modes et des temps*, 134 p., seguido de *l'Architectonique du temps dans les langues classiques*, 66 p., Paris, Champion, 1929: nova ed., 1964.
— *Langage et Science du langage*, Paris, Nizet e Québec, Presses de l'Université Laval, 1964; 2.ª ed. 1969, 287 p.
— *Leçons de linguistique: série A, 1946-1948. Structure sémiologique et structure psychique de la langue* (publ. por Roch Valin), Klincksieck, 1971, 271 p.
— *Leçons de linguistique, série B, 1948-1949: Psychosystématique du langage. Principes, méthodes et applications; I*, Klincksieck, 1971, 224 p.
GUIRAUD (Pierre), *Langage et Versification d'après l'œuvre de Paul Valéry. Etude sur la forme poétique dans ses rapports avec la langue*, Paris, Klincksieck, 1953, 240 p.
— *les Caractères statistiques du vocabulaire, essais de méthodologie*, Paris, P.U.F., 1954, 116 p.
— *la Stylistique*, Paris, P.U.F., "Que sais-je?", 1954.
— *la Sémantique*, Paris, P.U.F., "Que sais-je?", 1955.
— *l'Argot*, Paris, P.U.F., "Que sais-je?", 1956.
— *la Grammaire*, Paris, P.U.F., "Que sais-je?"; 1958; 5.ª ed., 1970.
— *Problèmes et méthodes de la statistique linguistique*, Paris, P.U.F., 1960, 146 p.
— *les Locutions françaises*, Paris, P.U.F., "Que sais-je?", 1961.
— *la Syntaxe du français*, Paris, P.U.F., col. "Que sais-je?", 1962.·
— *l'Ancien Français*, Paris, P.U.F., "Que sais-je?", 1963.
— *Le Moyen Français*, Paris, P.U.F., "Que sais-je?", 1963.
— *l'Etymologie*, Paris, P.U.F., "Que sais-je?", 1964.
— *les Mots étrangers*, Paris, P.U.F., "Que sais-je?", 1965.
— *le Français populaire*, Paris, P.U.F., "Que sais-je?", 1965.
— *Structures étymologiques du lexique français*, Paris, Larousse, 1967, 212 p.
— *Patois et Dialectes français*, Paris, P.U.F., "Que sais-je?", 1968.
— *les Mots savants*, Paris, P.U.F., "Que sais-je?", 1968.
— *la Versification*, Paris, P.U.F., "Que sais-je?", 1970.
— *Essais de stylistique*, Paris, Klincksieck, 1970, 288 p.
— *la Sémiologie*, Paris, P.U.F., "Que sais-je?", 1971.
GUIRAUD (Pierre) e KUENTZ (Pierre), *la Stylistique. Lectures*, Paris, Klincksieck, 1910, 329 p.

634

GUMPERZ (John J.) e HYMES (Dell) [orgs.], *The Ethnography of Communication*, Menasha, Wisconsin, American Anthropologist, 1964; nova ed., Nova Iorque, Holt, Rinehart and Winston, 1968.

GUSDORF (Georges), *la Parole*, Paris, P.U.F., 1953, 124 p.

GVOZDEV (A. N.), *Problèmes de l'étude du langage enfantin*, em russo, Moscou, 1961.

HAAG (M.), *le Style du langage oral des malades mentaux étudié por comparaison statistique entre groupes neurologiques*, Paris, tese, 1965.

HALL (Robert Anderson), *Linguistics and your Language*, Nova Iorque, Doubleday, 1960, 265 p.
— *Idealism in Romance Linguistics*, Ithaca, N. I., Cornell University Press, 1963, 109 p.
— *Intrductory Linguistics*, Filadélfia, Chilton, 1964, 508 p.
— *Pidgin and Creole Languages*, Ithaca, N. I., Cornell University Press, 1966.

HALLE (Morris), *The Sound Pattern of Russian*, Haia, Mouton, 1959; 2.ª ed., 1971.

HALLE (Morris) e KEYSER (Samuel J.), *English Stress*, Nova Iorque, Harper and Row, 1971, 200 p.

HALLIDAY (Michael Alexander Kirkwood), MCINTOSH (Angus) e STREVENS (Peter Derek), *The Linguistic Sciences and Language Teaching*, Londres, Longmans, 1964.

HALLIG (Rudolf) e WARTBURG (Walther von), *Begriffssystem als Grundlage für die Lexicographie, Versuch eines Ordnungsschemas*, Berlim Akademie Verlag, 1952, 140 p.; 2.ª ed., 1963, 316 p.

HAMMEL (Eugene A.) [org.], *Formal Semantic Analysis*, Menasha, Wisconsin, American Anthropologist, 1965.

HAMP (Eric P.), *A Glossary of American Technical Linguistic Usage, 1925-1950*, Utrecht e Anvers, Spectrum, 1957.

HAMP (Eric P.), HOUSEHOLDER (Fred W.) e AUSTERLITZ (Robert) [orgs.], *Readings in Linguistics*, II, Chicago e Londres, Chicago University Press, 1966, 395 p.

HANSEN LOVE (Ole), *la Révolution copernicienne du langage dans l'œuvre de Wilhelm von Humboldt*, Paris, Vrin, 1972, 96 p.

HANSON (Norwood Russel), *Patterns of Discovery*, Cambridge, Cambrigde University Press, 1965.

HANZELI (Victor Egon), *Missionary Linguistics in New France: a Study of Seventeenth and Eighteenth Century Descriptions of American Indian Languages*, Haia, Mouton, 1969, 141 p.

HARMS (Robert T.), *Introduction to Phonological Theory*, Englewood Cliffs, Nova Jersey, Prentice-Hall, 1968, 142 p.

HARNOIS (Guy), *les Théories du langage en France, de 1660 à 1821*, Paris, Les Belles Lettres, 1929, 96 p.

HARRIS (James), *Hermes or Philosophical Inquiry Concerning Universal Grammar*, Londres, 1751; 2.ª ed., 1765, reimpr. Londres, Scolar Press, 1968, 459 p.; trad. fr. *Hermès ou Recherches philosophiques sur la grammaire universelle*, Paris, Imprimerie de la République, 1796.

HARRIS (Zellig S.), *Methods in Structural Linguistics*, Chicago, University of Chicago Press, 1951; nova ed., *Structural Linguistics*, 1963, 384 p.
— *String Analysis of Sentence Structure*, Haia, Mouton, 1962.
— *Discourse Analysis Reprints*, Haia, Mouton, 1963, 73 p.
— *Mathematical Structures of Language*, Nova Iorque, Wiley, 1968, 230 p.; trad. fr. *Structures mathématiques du langage*, Paris, Dunod, 1971, 260 p.
— *Papers in Structural and Transformational Linguistics*, Dordrecht, Reidel, 1970, 850 p.

HARRISON (Bernard), *Meaning and Structure of Language*, Nova Iorque, Harper and Row, 1972, 400 p.

HARTMANN (Peter), *Theorie der Grammatik: t. I, Die Sprache als Form* (1959); t. II, *Zur Konstitution einer allgemeinen Grammatik* (1961); t. III, *Allgemeinste Strukturgesetze in Sprache und Grammatik* (1961); T. IV., *Grammatik und Grammatizität* (1963), Haia, Mouton.
— *Syntax und Bedeutung*, Assen, Van Gorcum, 1964.
— *Sprache und Erkenntnis*, Heidelberg, C. Winter, 1958, 160 p.

HARWEG (Roland), *Pronomina und Textkonstitution*, Munique, W. Fink, 1968, 392 p.

HATHAWAY (Baxter), *A transformational Syntax. The Grammar of Modern American English*, Nova Iorque, Ronald Press Co., 1967, 315 p.

635

HATZFELD (Helmut A.), *A Critical Bibliography of the New Stylistics*, Chapel Hill, University of North Carolina Press, 1953-1966, 2 vols.

HAUDRICOURT (André) e JUILLAND (Alphonse), *Essai pour une histoire structurale du phonétisme français*, Paris, Klincksieck, 1949; 2.ª ed., Haia, Mouton, 1971, 135 p.

HAUDRICOURT (André) e THOMAS (Jacqueline M. C.), *la Notation des langues. Phonétique et phonologie*, Paris, Imprimerie de l'Institut géogr. nat., 1967, VI-166 p., + 2 disques.

HAUGEN (Einar), *The Norwegian Language in America: a Study in Bilingual Behavior*, Filadélfia, University of Pennsylvania Press, 1953, 2 vols.
— *Bilingualism in the Americas: a Bibliography and a Research Guide*, Montgomery, University of Alabama Press, 1956.

HÄUSLER (Frank), *Das Problem Phonetik und Phonologie bei Baudouin de Courtenay und in seiner Nachfolge*, Halle, Max Niemeyer, 1968, 161 p.

HAYAKAWA (Samuel Ichiye), *Language in Thought and Action*, Londres, Allen and Unwin, 1952; 2.ª ed., 1965, 350 p.

HAYS (David G.), *Introduction to Computational Linguistics*, Nova Iorque, American Elsevier Publications Co., 1967, 231 p.

HÉCAEN (Henry) e ANGELERGUES (René), *Pathologie du langage*, Paris, Larousse, 1965, 200 p.

HÉCAEN (Henry) e DUBOIS (Jean), *la Naissance de la neuropsychologie du langage, 1825-1865 (Textes et documents)*, Paris, Flammarion, 1969, 280 p.

HEESTERMAN (J. C.) e coll. (orgs.), *Pratidānam: Indian, Iranian and Indo-European Studies Presented to Franciscus Bernardus Jacobus Kuipers on his 60th Birthday*, Haia, Mouton, 1968, 654 p.

HEIDEGER (Martin), *Die Kategorien und Bedeutungslehre der Duns Scotus*, Tübingen, 1916; trad. fr., *Traité des catégories et de la signification chez Duns Scot*, Paris, Gallimard, 1970, 240 p.

HENLE (Paul) [org.], *Language, Thought and Culture*, Ann Arbor, University of Michigan Press, 1958.

HENRY (Albert), *Métonymie et Métaphore*, Paris, Klincksieck, 1971, 163 p.

HÉRAULT (Daniel), *Eléments de théorie moderne des probabilités*, Paris, Dunod, 1967, 256 p.

HERBERT (Albert James), *The Structure of Technical English*, Londres, Longmans, 1965.

HERDAN (Gustav), *Language as Choice and Chance*, Groningue, Noordhoff, 1956.
— *Type-Token Mathematics: A Textbook of Mathematical Linguistics*, Haia, Mouton, 1960.
— *The Calculus of Linguistic Observations*, Haia, Mouton, 1962, 271 p.
— *Quantitative Linguistics*, Londres, Butterworth, 1964, 284 p.
— *Structuralist Approach to Chinese Grammar and Vocabulary*, Nova Iorque, Humanities, 1964.
— *The Advanced Theory of Language as Choice and Chance*, Berlim, Springer, 1966.

HERDER (Johann Gottfried von), "Abhandlung über den Ursprung der Sprache", no tomo V des *Herder's sämmtliche Werke*, org. por B. Suphan, Berlim, 1877.

HERTZLER (Joyce O.), *The Sociology of Language*, Nova Iorque, Random House, 1965.

HIGOUNET (Charles), *l'Ecriture*, Paris, P.U.F., col. "Que sais-je?", 1955.

HILL (Archibald A.), *Introduction to Linguistic Structures: From Sound to Sentence in English*, Nova Iorque, Harcourt, Brace and World, 1958.
— (org.) *Linguistic Today*, Nova Iorque, Harper and Row, 1968, 320 p.

HIRTLE (Walter), *The Simple and Progressive Forms. An Analytical Approach*, Quebec, Presses de l'Université Laval, 1967, 115 p.

HIZ (Henry), *The Role of Paraphrase in Grammar*, Washington, D. C., Georgetown University Press, 1964.

HJELMSLEV (Louis), *Principes de grammaire générale*, Copenhague, Øst e Sen, 1928, 363 p.
— *la Catégorie des cas. Etude de grammaire générale*, Aarhus, Universitets-forlaget, 2 vols., 1935-1937, 184 p. e 78 p.
— *Prolégomènes à une théorie du langage*, em dinamarquês, Copenhague, 1943; trad. fr. com a *Structure fondamentale du langage*, Paris, Ed. de Minuit, 1971, 236 p.
— *Essais linguistiques*, Copenhague, Nordisk Sprog-og Kultursorlag, 1959; nova ed. Paris, Ed. de Minuit, 1971, 288 p.

636

— *le Langage. Une introduction,* em dinamarquês, Copenhague, Berlingske Forlag, 1963; trad. fr., Paris, Ed. de Minuit, 1966, 191 p.

HOCKETT (Charles F.), *A Manual of Phonology,* Bloomington, Indiana, Indiana University Press, 1955.

— *A Course in Modern Linguistics,* Nova Iorque, Macmillan, 1958; 9.ª impr., 1965, 621 p.

— *Language, Mathematics and Linguistics,* Haia, Mouton, 1967, 243 p.

— *The State of the Art,* Haia, Mouton, 1968, 123 p.

HOENIGSWALD (Henry Max), *Language Change and Linguistic Reconstruction,* Cambridge, University Press, 1960; nova ed., Chicago e Londres, Chicago University Press, 1965.

HOIJER (Harry) [org.], *Language in Culture,* Chicago, Chicago University Press, 1954.

— *Proceedings of a Conference on the Interrelations of Language and the other Aspects of Culture, held in Chicago,* Chicago, University Press, 1963.

HOLDER (Preston) [org.], *Introduction to Handbook of American Indian Languages,* Lincoln, University of Nebraska Press, 1966.

HÖLLHUBER (Ivo), *Sprache, Gesellschaft, Mystik, Prolegomena zu einer pneumatischen Anthropologie,* Munique e Bâle, F. Reinhardt, 1963, 337 p.

HOMBURGER (Lilias), *les Langues négro-africaines,* Paris, Payot, 1941, 350 p.

— *le Langage et les langues,* Paris, Payot, 1951, 256 p.

HORÁLEK (Karel), *Filosofie jazyka,* Praga, University Karlova, 1967, 160 p.

HÖRMANN (Hans), *Psychologie der Sprache,* Berlim e Heidelberg, Springer Verlag, 1967; nova ed., 1970, 396 p.; trad. fr., *Introduction à la psycholinguistique,* Paris, Larousse, 1972.

HOUSEHOLDER (Fred W.) e SAPORTA (Sol) [orgs.], *Problems in Lexicography, Report of the Conference on Lexicography,* Bloomington, Indiana, I.J.A.L., 1962, 286 p.; nova ed., Nova Iorque, Humanities, 1967.

HUGHES (John P.), *The Science of Language: an Introduction to Linguistics,* Nova Iorque, Random House, 1962.

HUMBOLDT (Wilhelm von), *Über die Verschiedenheit des menschlichen Sprachbaus,* Berlim, 1836; reed. Darmstadt, Claasen and Roether 1949.

— *Die Sprachphilosophischen Werke,* Berlin, 1884, 700 p.

— *De l'origine des formes grammaticales et de leur influence sur le développement des idées* seguido de *Lettre à M. Abel Rémusat,* Paris, 1859; reed. Bordé, Ducros, 1969, 156 p.

HUNDSNURSCHER (Franz), *Neuere Methoden der Semantik. Eine Einführung anhand deutschenr Beispiele,* Tübingen, Niemeyer, 1970.

HUPPE (Bernard Felix) e KAMINSKY (Jack), *Logic and Language,* Nova Iorque, Knopf, 1956, 216 p.

HYMES (Dell) [org.], *Language in Culture and Society: a Reader in Linguistics and Anthropology,* Nova Iorque, Harper and Row, 1964, 800 p.

IMBS (Paul), *les Propositions temporelles en ancien français,* Paris, Les Belles Lettres, 1956, 608 p.

— *l'Emploi des temps verbaux en français moderne. Etude de grammaire descriptive,* Paris, Klincksieck, 1960, 276 p.

ISTRIN (V. A.), *le Développement de l'écriture en russe,* em russo, Moscou, 1961.

IVANOV (V. V.) e TOPOROV (V. N.), *Systèmes modelants secondaires dans les langues slaves,* em russo, Moscou, 1965.

IVIĆ (Milka), *Trends in Linguistics,* trad. de servo-croata, Haia, Mouton, 1965, 260 p.

JABERG (Karl), *Aspects géographiques du langage,* Paris, Droz, 1936, 120 p.

— *Sprachwissenschaftliche Forschungen und Erlebnisse,* Paris, Droz, 1938, 347 p.

JACOB (André), *Temps et Langage,* Paris, A. Colin, 1967, 404 p.

— (org.) *Points de vue sur le langage* (textos escolhidos e apresentado por A. Jacob), Paris, Klincksieck, 1969, 637 p.

— *les Exigences théoriques de la linguistique selon Gustave Guillaume,* Paris, Klincksieck, 1970, 292 p.

JACOBS (Roderick A.) e ROSENBAUM (Peter S.), *English Transformational Grammar,* Waltham, Mass., Blaisdell, 1968.

— (orgs.) *Readings in English Transformational Grammar,* Waltham, Mass., Blaisdell, 1970, 277 p.

JAKOBOVITS (Leon A.) e MIRON (Murray S.) [orgs.], *Readings in the Psychology of Language,* Englewood Cliffs, New Jersey, Prentice-Hall, 1967, 636 p.

JAKOBSON (Roman), *Kindersprache, Aphasie und allgemeine Lautgesetze,* Uppsala, 1941; trad. fr. *Langage enfantin et aphasie,* Paris, Ed. de Minuit, 1969.

637

— *Essais de linguistique générale*, trad. do inglês por N. Ruwet, Paris, Ed. de Minuit, 1963, 260 p.
— *Selected Writings, I: Phonological Studies*, Haia, Mouton, 1962, 678 p.
— *Selected Writings, II: Word and Language*, Haia, Mouton, 1971, 752 p.
— *Selected Writings, III: The Poety of Grammar and the Grammar of Poetry*, Haia, Mouton, 1967.
— *Selected Writings, IV: Slavic Epic Studies*, Haia, Mouton, 1966, 751 p.
— (org.) *Structure of Language and its Mathematical Aspects*, Providence, R. I., American Mathematical Society, 1961, 279 p.
— *Studies on Child Language and Aphasia*, Haia, Mouton, 1971, 132 p.

JAKOBSON (Roman), FANT (George M.) e HALLE (Morris), *Preliminaries to Speech Analysis*, Cambridge, Mass., MIT Press, 1952; 9.ª ed. 1969, 64 p.

JAKOBSON (Roman) e HALLE (Morris), *Fundamentals of Language*, Haia, Mouton, 1963; 2.ª ed. 1971.

JAKOBSON (Roman) e KAWAMATO (Shigeo) [orgs.], *Studies in General and Oriental Linguistics*, Tóquio, T.E.C. Co., 1970.

To Honor Roman Jakobson: Essays on the Occasion of his 70th Birthday, Haia Mouton, 1967, 3 vols., 2464 p.

JENSEN (Hans), *Die Schrift in Vergangenheit und Gegenwart*, Berlim, Deutsche Verlag der Wissenschaften, 1958, 582 p.

JESPERSEN (Otto), *Progress in Language with Special Reference to English*, Londres, Swan Sonnenschein, 1894.
— *How to Teach a Foreign Language*, trad. do dinamarquês, Londres, Swan Sonnenschein, 1904.
— *Growth and Structure of the English Language*, Leipzig, Teubner, 1905; 9.ª ed., Oxford, Blackwell, 1948.
— *A Modern English Grammar*, Londres, Allen and Unwin, 1909-1949, 7 vols.
— *Language, its Nature, Development and Origin*, Londres, Allen and Unwin, 1922, 448 p.; nova ed. 1968.
— *The Philosophy of Grammar*, Londres, Allen and Unwin, 1924, 359 p.; trad. fr. la *Philosophie de la grammaire*, Paris, Ed. de Minuit, 1971, 516 p.
— *Mankind, Nation and Individual from a Linguistic Point of View*, Oslo, 1925; nov. ed., Londres, Allen and Unwin, 1946.
— *Essentials of English Grammar*, Londres, Allen and Unwin, 1933, 387 p.
— *Analytic Syntax*, Copenhague, Munksgaard, 1937; trad. fr. la *Syntaxe analytique*, Paris, Ed. de Minuit, 1971, 264 p.

JONES (Daniel), *English Pronouncing Dictionary*, Londres, J. M. Dent, 1917; 12.ª ed. 1963, 537 p.
— *An Outline of English Phonetics*, Cambridge, Heffer, 1918; 8.ª ed. Nova Iorque, Dutton, 1956.
— *The Phoneme: its Nature and Use*, Cambridge, Heffer, 1950; 2.ª ed., 1962, 267 p.
— *The Pronunciation of English*, Cambridge, University Press, 1956; 4.ª ed. 1966.

JOOS (Martin), *The English Verb*, Madison, University of Wisconsin Press, 1964, 249 p.; 2.ª ed. 1968.
— (org.) *Readings in Linguistics*, t. I: *The Development of Descriptive Linguistics in America 1925-1956*, Chicago, University of Chicago Press, 1957; 4.ª ed., 1966, 421 p.

JØRGENSEN (Jens Jørgen), *A Treatise of Formal Logic*, trad. do dinamarquês, Copenhague, Munksgaard e Londres, Oxford University Press, 1931, 3 vols.
— *Introduction à l'étude de la logique*, em dinamarquês, Copenhague, 1956.

JOYAUX (Julia), le *Langage, cet inconnu*, Paris, S.G.P.P., 1969, 320 p.

JUILLAND (Alphonse), *Outline of a General Theory of Structural Relations*, Haia, Mouton, 1961, 58 p.

JUILLAND (Alphonse) e CHANG-RODRIGUEZ (E.), *Frequency Dictionary of Spanish Words*, Haia, Mouton, 1964, 500 p.

JUILLAND (Alphonse), BRODIN (Dorothy) e DAVIDOVITCH (Catherine), *Frequency Dictionary of French Words*, Haia, Mouton, 1971, 503 p.

JUMPELT (R. W.), *Die Übersetzung naturwissenschaftlicher und technischer Literatur*, Berlim, Langenscheidt, 1961, 214 p.

JÜNGER (Friedrich George), *Sprache und Denken*, Francfort, Klostermann, 1962, 232 p.

JUNKER (Heinrich), *Sprachphilosophisches Lesebuch*, Heidelberg, Winter, 1948, 302 p.

KAHN (Félix), le *Système des temps de l'indicatif chez un Parisien et chez une Bâloise*, Genebra, Droz, 1954, 221 p.

KAPLAN (H. M.), *Anatomy and Physiology of Speech*, Nova Iorque, McGraw-Hill, 1960.

638

KATZ (Jerrold Jacob), *The Problem of Induction and its Solution*, Chicago, University of Chicago Press, 1960.
— *The Philosophy of Language*, Nova Iorque, Harper and Row, 1966, 326 p.; trad. fr. *la Philosophie du langage*, Paris, Payot, 1971, 272 p.
— *Semantic Theory*, Nova Iorque, Harper and Row, 1972, 384 p.

KATZ (Jerrold J.) e POSTAL (Paul M.), *An Integrated Theory of Linguistic Description*, Cambridge, Mass., MIT Press, 1964, 178 p.

KEY (Thomas Hewitt), *Language: Its Origin and Development*, Londres, 1874.

KIEFER (Ferenc), *On Emphasis and Word Order in Hungarian*, Haia, Mouton, 1967.
— *Mathematical Linguistics in Eastern Europe*, Nova Iorque, American Elsevier, 1968.
— (org.) *Studies in Syntax and Sermantics*, Dordrecht, Reidel, 1969, 243 p.

KING (Robert D.), *Historical Linguistics and Generative Grammar*, Englewood Cliffs, New Jersey, Prentice-Hall, 1969.

KIRCHNER (Gustav), *Die Zehn Hauptverben der Englischen*, Halle, Niemeyer, 1952, 605 p.

KLAUS (Georg), *Semiotik und Erkenntnistheorie*, Berlim, Deutsche Verlag der Wissenschaften, 1963, 1964 p.

KLUM (Arne), *Verbe et adverbe*, Uppsala, 1961.

KOCH (Walter A.), *Recurrence and a Three-Modal Approach to Poetry*, Haia, Mouton, 1966, 57 p.

KOLSANSKIJ (G. B.), *Logique et structure de la langue*, em russo, Moscou, 1965.

KORZYBSKI (Alfred), *Science and Sanity, An Introduction to Non-Aristotelian Systems and General Semantics*, Nova Iorque, Science Press, 1933; 4.ª ed., Lakeville, Connect., Institute of General Semantics, 1958, 806 p.

KOTARBINSKI (Tadeusz), *Eléments de la théorie de la connaissance, de la logique formelle et de la méthodologie des sciences*, em polonês, Varsóvia, 1929; 2.ª ed., 1961.

KOUTSOUDAS (Andreas), *Writing Transformational Grammars*, Nova Iorque, McGraw-Hill, 1967.

KRENN (Herwig) e MÜLLNER (Klaus), *Bibliographie zur Transformationsgrammatik*, Heidelberg, Winter, 1968.

KRISTEVA (Julia), *Recherches pour une sémanalyse, Sêmeiôtikè*, Paris, Le Seuil, 1969, 384 p.
— *le Texte du roman*, Haia, Mouton, 1971, 209 p.

KRISTEVA (Julia), REY-DEBOVE (Josette) e UMIKER (Donna Jean) [orgs.], *Essays in Semiotics. Essais de semiotique*, Haia, Mouton, 1971, 649 p.

KRONASSER (Heinz), *Handbuch der Semasiologie*, Heildelberg, Carl Winter, 1952, 204 p.

KUKENHEIM (Louis), *Contribution à l'histoire de la grammaire italienne, espagnole et française à l'époque de la Renaissance*, Amsterdão, North-Holland, 1932.
— *Esquise historique de la linguistique française et de ses rapports avec la linguistique générale*, Leyde, Universitare Pers, 1962, 205 p.

KÜNG (Guido), *Ontologie und logistiche Analyse der Sprache*, Viena, Springer, 1963; trad. inglesa, *Ontology and the Logistic Analysis of Language*, Dordrecht, Reidel, 1967, 210 p.

KURYLOWICZ (Jerzy), *Etudes indoeuropéennes*, I, Cracóvia, 1935, 294 p.
— *Esquisses linguistiques*, Varsóvia e Cracóvia, Polska Akadema Nauk, 1960.
— *The Inflexional Categories of Indo-European*, Heidelberg, Carl Winter, 1964.

LAVOB (William), *The Social Stratification of English in New York City*, Washington, D.C., Center of Applied Linguistics, 1966, 655 p.

LACAN (Jacques), *Ecrits*, Paris, Le Seuil, 1966, 912 p.

LADEFOGED (Peter), *Elements of Acoustic Phonetics*, Chicago, University of Chicago Press, e Edimburgo, University of Edinburg Press, 1962.
— *Three Areas of Experimental Phonetics*, Londres, Oxford University Press, 1967, 180 p.

LADO (Robert), *Language Testing*, Londres, Longman, 1961, 389 p.
— *Language Teaching: A Scientific Approach*, Nova Iorque, McCraw-Hill, 1964, 239 p.

LAFON (Jean Claude), *Message et phonétique*, Paris, P.U.F., 1961, 168 p.

LAKOFF (George), *Irregularity in Syntax*, Nova Iorque, Holt, Rinehart and Winston, 1970, 207 p.

LAMB (Sidney M.), *Outline of Stratificational Grammar*, Washington, D.C., Georgetown University Press, 1966.

639

LAMBERT (Karel) [org.], *The Logical Way of Doing Things*, New Haven, N.J., Yale University Press, 1969, 325 p.

LAMÉRAND (Raymond), *Syntaxe transforamtionnelle des propositions hypothétiques du français parlé*, Bruxelas, AIMAV, 1970, 157 p.

LANDAR (H.), *Language and Culture*, Londres, Oxford University Press, 1966.

LANGACKER (Ronald W.), *Language and its Structure*, Nova Iorque, Harcourt, Brace and World, 1968, 372 p.

LANGENDOEN (D. Terence), *The Study of Syntax. The Generative Transformational Approach to the Structure of American English*, Nova Iorque, Holt, Rinehart and Winston, 1969, 174 p.

— *Essentials of English Grammar*, Nova Iorque, Holt, Rinehart and Winston, 1970, 223 p.

LAROUSSE (Pierre), *Grand Dictionnaire universel*, Paris, Larousse, 1866-1876, 17 vols.

LAUSBERG (Heinrich), *Romanische Sprachwissenschaft*, Berlim, W. de Gruyter, 1956, 2 vols.

— *Handbuch der literarischen Rhetorik*, Munique, Rueber, 1960, 601 p.

LECOMTE (Gerard), *Grammaire de l'arabe*, Paris, P.U.F., "Que sais-je?", 1967.

LEES (Robert B.), *The Grammar of English Nominalizations*, Bloomington, Indiana, Indiana University Press, 1963; 4.ª ed., Haia, Mouton, 1966, 205 p.

— *The Phonology of Modern Standard Turkish*, Bloomington, Indiana, Indiana University Press, 1964.

LEHISTE (Ilse), *Acoustic Characteristics of Selected English Consonants*, Haia, Mouton, 1964, 197 p.

— *Some Acoustic Characteristics of Dysarthric Speech*, Nova Iorque, Phiebig, 1965, 142 p.

— *Readings in Acoustic Phonetics*, Cambridge, Mass., MIT Press, 1967, 358 p.

LEHMANN (Winfred P.) [org.], *A Reader in Nineteenthcentury Historical Indo-European Linguistics*, Bloomington, Indiana, Indiana University Press, 1967.

LEHMANN (Winfred P.) e MALKIEL (Yakov) [orgs.], *Directions for Historical Linguistics: a Symposium*, Austin, Texas, University Press, 1968.

LEISI (Ernst), *Der Wortinhalt, seine Struktur im Deutschen und Englischen*, Heidelberg, 1953.

LENNEBERG (Eric Heinz) [org.], *New Directions in the Study of Language*, Cambridge, Mass., MIT Press, 1964, 194 p.

— *The Biological Foundations of Language*, Nova Iorque, Wiley, 1967, 489 p.

LENNEBERG (Eric H.) e ROBERTS (John M.), *The Language of Experience. A Study in Methodology*, Bloomington, Indiana, Indiana University Press, 1956.

LÉON (Pierre R.), *Laboratoire de langues et correction phonétique. Essai méthodologique*, Filadélfia, Chilton Co., e Paris, Didier, 1962; 2.ª ed., 1968, 275 p.

— *Essais de phonostylistique*, Paris, Didier, 1971, 186 p.

LÉON (Pierre R.) e MARTIN (Philippe), *Prolegomènes à l'étude des structures intonatives*, Paris, Didier, 1970, 226 p.

LEOPOLD (Werner F.), *Speech Development of a Bilingual Child. A Linguistic Record*, Evanston, Illinois, Northwestern University Press, 1939-1949, 4 vols.

— *Bibliography of Child Language*, Evanston, Illinois, Northwestern University Press, 1952, 116 p.

LEPSCHY (Giulio C.), *La linguistica strutturale*, Turim, Einaudi, 1966; trad. fr., *la Linguistique structurale*, Paris, Payot, 1966, 240 p.

LEROI-GOURHAN (André), *le Geste et la parole*, Paris, A. Michel., 1964-1965, 2 vols.

LEROND (Alain), *l'Habitation en Wallonie malmédienne (Ardenne belge). Etude dialectologique. Les termes d'usage courant*, Paris, Les Belles Lettres, 1963, 504 p.

LEROUX (Robert), *l'Anthropologie comparée de Guillaume de Humboldt*, Paris, Les Belles Lettres, 1958, 72 p.

LEROY (Maurice), *les Grands Courants de la linguistique moderne*, Bruxelas, Presses universitaires de Bruxelles, e Paris, P.U.F., 1964, 198 p.

LERSCH (Laurenz), *Die Sprachphilosophie der Alten*, Bonn, 1838-1841, 3 vols.

LESTER (Mark) [org.], *Readings in Applied Transformational Grammar*, Nova Iorque, Holt, Rinehart and Winston, 1970, 314 p.

— *Introductory Transformational Grammar of English*, Nova Iorque, Holt, Rinehart and Winston, 1971, 335 p.

LEVIN (Samuel R.), *Linguistic Structure in Poetry*, Haia, Mouton, 1962; 3.ª ed., 1969, 64 p.

LÉVI-STRAUSS (Claude), *Anthropologie structurale*, Paris, Plon, 1958, 454 p.

LEVITT (Jesse), *The "Grammaire des grammaires" of Girault-Duvivier*, Haia, Mouton, 1968, 338 p.

LEWIS (Morris Michael), *Infant Speech, a Study of the Beginnings of Speech*, Nova Iorque, Harcourt and Brace, 1936, 335 p.

Lexicologie et lexicographie françaises et romanes. Orientations et exigences actuelles [Atas do colóquio de Estrasburgo, 12-16 nov. 1957], Paris, C.N.R.S., 1959, 203 p.

LIEB (Hans Heinrich), *Sprachstudium und Sprachsystem; Umrisse einer Sprachtheorie*, Stuttgart, Kohlhammer, 1970, 306 p.

LIEBERMAN (Philip), *Intonation, Perception and Language*, Cambridge, Mass., MIT Press, 1967, 210 p.

LIEBERSON (Stanley) [org.], *Explorations in Sociolinguistics*, Nova Iorque, Humanities, 1967, 191 p.

LINDKVIST (Karl Gunnar), *Studies on the Local Sense of the Prepositions "in, at, on and to" in Modern English*, Lund, Gleerup e Copenhague, Munksgaard, 1950, 428 p.

LINSKY (Leonard) [org.], *Semantics and the Philosophy of Language*, Urbana, Illinois, University of Illinois Press, 1952, 289 p.
— *Referring*, Nova Iorque, Humanities, 1967.

LITTRÉ (Emile), *Dictionnaire de la langue française*, Paris, Hachette, 1863-1872, 5 vols.

LIVET (Charles Louis), *la Grammaire française et les grammairiens au XVIᵉ siècle*, Paris, Didier, 1859, 536 p.

LJUDSKANOV (A.), *Traduction humaine et traduction mécanique*, Paris, Dunod, 1969, 2 vols.

LOCKWOOD (David G.), *Introduction to Stratificational Linguistics*, Nova Iorque, Harcourt Brase, 1972, 260 p.

LOHMANN (Johannes), *Philosophie und Sprachwissenschaft*, Berlim, Duncker und Humblot, 1965, 297 p.

LONGACRE (Robert E.), *Grammar Discovery Procedures*, Haia, Mouton, 1964.

LORIAN (Alexandre), *l'Expression de l'hypothèse en français moderne: antéposition et postposition*, Paris, Minard, 1964, 128 p.

LOTMAN (J. M.), *Leçons sur la poétique structurale*, em russo, Tartu, 1964.

LUCE (R. Duncan), BUSH (Robert R.) e GALANTER (Eugene) [orgs.], *Handbook of Mathematical Psychology*, Nova Iorque, Wiley, 1963, 3 vols., 490, 537 e 606 p.

LUKASIEWICZ (Jan), *Aristotle's Syllogistic from the Standpoint of Modern Formal Logic*, Oxford, Clarendon Press, 1951; 2.ª ed., 1957.

LUNT (Horace G.) [org.], *Proceedings of the Ninth International Congress of Linguists* [Cambridge, Mass., 27-31 agosto 1962], Haia, Mouton, 1964, 1174 p.

LURIYA (Aleksandr Romanovitch), *The Role of Speech in the Regulation of Normal and Abnormal Behavior*, trad. do russo, Oxford, Pergamon, 1961, 100 p.
— (org.) *The Mentally Retarded Child*, trad. do russo, Oxford, Pergamon, 1963, 207 p.
— *Traumatic Aphasia: Its Syndromes, Psychology and Treatment*, trad. do russo, Haia, Mouton, 1970, 479 p.

LURIYA (Aleksandr Romanovitch) e YUDOVICH (F. I.), *Speech and the Development of Mental Processes in the Child*, trad. do russo, Londres, Staples Press, 1959, 126 p.

LYONS (John), *Structural Semantics. An Analysis of Part of the Vocabulary of Plato*, Oxford, Blackwell, 1963, 237 p.
— *Introduction to Theoretical Linguistics*, Cambridge, Cambridge University Press, 1968, 519 p.; trad. fr. *Linguistique générale. Introduction à la linguistique théorique*, Paris, Larousse, 1970, 384 p.
— *Chomsky*, Londres, Collins, 1970, 120 p.; trad. fr. Paris, Seghers, 1971, 183 p.
— (org.) *New Horizons in Linguistics*, Harmonsdsworth, Penguin, 1970, 367 p.

LYONS (John) e WALES (Roger J.) [orgs.], *Psycholinguistics Papers: The Proceedings of the Edinburgh Conference*, Edimb., University Press, 1966, 243 p.

McCAWLEY (James D.), *The Phonological Component of a Grammar of Japanese*, Haia, Mouton, 1968, 208 p.

McINTOSH (Angus), *An Introduction to a Survey of Scottish Dialects*, Edimburgo, Nelson, 1952.

McINTOSH (Angus) e HALLIDAY (Michael Alexander Kirkwood), *Patterns of Language: Papers in General Descriptive and Applied Linguistics*, Londres, Longmans, 1966, 199 p.

641

McNEIL (David), *The Acquisition of Language. The Study of Developmental Psycholinguistics*, Nova Iorque, Harper and Row, 1970, 183 p.

MAGNUSSON (Rudolf), *Studies in the Theory of the Parts of Speech*, Lund, Gleerup e Copenhague, Munksgaard, 1954, 120 p.

MALMBERG (Bertil), *Structural Linguistic and Human Communication*, Berlim, Springer, 1963, 210 p.

— *New Trends in Linguistics*, Estocolmo, 1964; trad. fr. *les Nouvelles Tendances en linguistique*, Paris, P.U.F., 1966, 343 p.

— *la Phonétique*, Paris, P.U.F., "Que sais-je?", 1966.

— (org.) *A Manual of Phonetics*, Amesterdão, North-Holland, 1968.

— *les Domaines de la phonétique*, em sueco, Estocolmo, 1969; trad. fr. P.U.F., 1971, 300 p.

— *l'honétique générale et romane*, Haia, Mouton, 1971, 478 p.

MARCELLESI (Jean-Baptiste), *le Congrès de Tours, études sociolinguistiques*, Paris, Le Pavillon-Roger Maria, 1971, 357 p.

MARCHAND (Hans), *The Categories and Types of Present-Day English Word Formation*, Wiesbaden, O. Harrassowitz, 1960, 379 p.

MARCUS (Solomon), *Linguistica Matematică*, Bucareste, 1963; nova ed., *Introduction mathématique à la linguistique structurale*, Paris, Dunod, 1967, 292 p.

— *Grammatici si automate finite*, Bucareste, 1964.

— *Poetica Matematica*, Bucareste, Ed. academiei, 1970, 400 p.

MAROUZEAU (Jules), *la Linguistique ou science du langage*, Paris, Geuthner, 1921; 3.ª ed. 1950, 127 p.

— *Lexique de la terminologie linguistique*, Paris, Geuthner, 1931; 3.ª ed. 1951, 265 p.

— *Précis de stylistique française*, Paris, Masson, 1940, 174 p.

MARR (Nikolai Iakovlevitch), *Der Japhetische Kaukasus und das dritte ethnische Element im Bildungsprozess der mittelandischen Kultur*, em russo, Moscou, 1920; trad. alemã, Stuttgart, Kohlhammer, 1923, 76 p.

MARTIN (Richard Milton), *Truth and Denotation, a study in Semantical Theory*, Chicago, University Press, 1958, 304 p.

MARTIN (Robert), *le Mot "rien" et ses concurrents en français, du XIVᵉ siècle à l'époque contemporaine*, Paris, Klincksieck, 1966, 340 p.

— *Temps et Aspect. Essai sur l'emploi des temps narratifs en moyen français*, Klincksieck, 1971, 451 p.

MARTINET (André), *Phonology as Functional Phonetics*, Londres, Oxford University Press, 1949.

— *la Prononciation du français contemporain 1945*, Genebra, Droz, 1954; 2.ª ed., 1971, 249 p.

— *Economie des changements phonétiques. Traité de phonologie diachronique*, Berna, A. Francke, 1955; 2.ª ed., 1964, 396 p.

— *la Description phonologique, avec application au parler franco-provençal d'Hauteville (Sabóia)*, Genebra, Droz e Paris, Minard, 1956, 109 p.

— *Eléments de linguistique générale*, Paris, A. Colin, 1960; 2.ª ed., 1967, 224 p.

— *A Functional View of Language*, Oxford, Clarendon Press, 1962; trad. fr. *Langue et Fonction*, Paris, Gonthier, 1971, 224 p.

— *la Linguistique synchronique, études et recherches*, Paris, P.U.F., 1965, 248 p.

— *Le Français sans fard*, Paris, P.U.F., 1969, 224 p.

— (org.) *le Langage*, Paris, "Encycl. de la Pléiade", Gallimard, 1968, 1544 p.

— (org.) *Linguistique, guide alphabétique*, Paris, Denoël-Gonthier, 1969, 490 p.

MARTINET (André) e WEINREICH (Uriel) [orgs.], *Linguistics to day*, Nova Iorque, Linguistic Circle of New York, 1954, 280 p.

MARTY (Anton), *Untersuchungen zur Grundlegung der allgemeinen Grammatik und Sprachphilosophie*, Halle, H. Niemeyer, 1908.

— *Psyche und Sprachstruktur*, Berna, Francke, 1940.

MATHIOT (Madeleine), *An Approach to the Cognitive Study of Language*, Nova Iorque, Humanities, 1968.

MATORÉ (Georges), *le Vocabulaire et la Societé sous Luis-Philippe*, Genebra, Droz, 1951, 371 p.

— *la Méthode en lexicologie. Domaine français*, Paris, Didier, 1953, 127 p.

— *l'Espace humain*, Paris, La Colombe, 1962, 208 p.

— *Histoire des dictionnaires français*, Paris, Larousse, 1968, 280 p.

MAURER (K.) [org.], *Poetica. Zeitschrift für Sprach und Literaturwissenschaft*, Munique, Fink, 1967 e seguintes.

MEHLER (Jacques) [org.], *Cognitive Psychology Handbook*, Englewood Cliffs, New Jersey, Prentice-Hall, 1970.

642

MEIGRET (Louis), *le Tretté de la grammaire française*, Paris, 1550.

MEILLET (Albert), *Introduction à l'étude comparative des langues indo-européennes*, Paris, Hachette, 1903; 8.ª ed., 1937, reimpr. 1964.
— *les Dialectes indo-européens*, Paris, Champion, 1908; 2.ª ed. 1922, 142 p.
— *Aperçu d'une histoire de la langue grecque*, Paris, Hachette, 1913; 7.ª ed., Klincksieck, 1965, 344 p.
— *Caractères généraux des langues germaniques*, Paris, Hachette, 1917; 7.ª ed., 1949, 242 p.
— *les Langues dans l'Europe nouvelle*, Paris, Payot, 1918; 2.ª ed., 1928.
— *Linguistique historique et linguistique générale*, Paris, Champion et Klincksieck, 1921-1936; 2.º vol., t. I, 335 p., reed. 1958; t. II, 235 p., reed. 1952.
— *la Méthode comparative en linguistique*, Paris e Oslo, 1925, reed. Champion, 1966, 117 p.
— *Esquisse d'une histoire de la langue latine*, Paris, Hachette, 1928; nova ed. com uma bibliografia feita por J. Perrot, Klincksieck, 1966, 296 p.

MEILLET (Albert) e COHEN (Marcel) [orgs.], *les Langues du monde*, Paris, Champion, 1924; 2.ª ed., C.N.R.S., 1952, 1 296 p.

MEILLET (Albert) e VENDRYES (Joseph), *Traité de grammaire comparée des langues classiques*, Paris, Champion, 1924; 3.ª ed., 1963.

MEL'CUK (I. A.), *Analyse syntaxique automatique*, em russo, Novosibirsk, 1964.

MÈNAGE (Gilles), *Observations sur la langue française*, Paris, 1672.

MENYUK (Paula), *Sentence Children Use*, Cambridge, Mass., MIT Press, 1969, 165 p.

MESCHONNIC (Henri), *Pour la poétique*, Essai, Paris, N.R.F. Gallimard, 1970, 180 p.
Méthodes de la grammaire. Tradition et nouveauté [Atas do colóquio realizado em 18-20 nov. 1964], Paris, Les Belles Lettres, 1966, 195 p.

METZ (Christian), *Essais sur la signification au cinéma*, Paris, Klincksieck, 1967, 246 p.
— *Langage et cinéma*, Paris, Larousse, 1971, 224 p.

MEYER-LÜBKE (Wilhelm), *Grammatik der romanischen Sprachen*, Leipzig, Reisland, 1890-1906, 4 vols.
— *Einführung in das Studium der romanischen Sprachwissenschaft*, Heidelberg, Carl Winter, 1901, 224 p.
— *Historische Grammatik der französischen Sprache*, Heidelberg, Carl Winter, 1913.

MILIC (Louis T.), *Style and Stylistics. An annotated Bibliography*, Nova Iorque, Free Press, 1968.

MILLER (George A.), *Language and Communication*, Nova Iorque, McGraw-Hill, 1951; trad. fr. *Langage et Communication*, Paris, P.U.F., 1956, 404 p.

MILLER (George A.) e GALANTER (Eugene), *Plans and the Structure of Behavior*, Nova Iorque, Holt and Co., 1960.

MILLER (Robert L.), *The Linguistic Relativity Principle and Humboldtian Ethnolinguistics*, Haia, Mouton, 1968, 127 p.

MISRA (Vidya Niwas), *The Descriptive Technique of Pānini*, Haia, Mouton, 1967, 175 p.

MITTERAND (Henri), *les Mots français*, Paris, P.U.F., "Que sais-je?", 1960.

MOHRMANN (Christine), SOMMERFELT (Alf) e WHATMOUGHT (orgs.), *Trends in European and American Linguistics, 1930-1960*, Anvers e Utrecht, Spectrum, 1961.

MOHRMANN (Christine), NORMAN (F.) e SOMMERFELT (Ailf) [orgs.], *Trends in Modern Linguistics*, Anvers e Utrecht, Spectrum, 1963, 118 p.

MOIGNET (Gerard), *Essai sur le mode subjonctif en latin post-classique et en ancien français*. Paris, P.U.F., 1959, 2 vols.
— *les Signes de l'exception dans l'histoire du français*, Genebra, Droz, 1959, 248 p.
— *l'Adverbe dans la locution verbale*, Quebec, Presses de l'Université Laval, 1961, 36 p.
— *le Pronom personnel français. Essai de psycho-systématique historique*, Paris, Klincksieck, 1965, 180 p.

MOK (Quirinus Ignatius Maria), *Contribution à l'étude des catégories morphologiques du genre et du nombre dans le français parlé actuel*, Paris, Mouton, 1968, 159 p.

MOLES (Abraham), *Théorie de l'information et perception stylistique*, Paris, Flammarion, 1958, 224 p.

MOLES (Abraham) e VALLANCIEN (B.), *Phonétique et Phonation*, Paris, Masson, 1966, 258 p.
— (orgs) *Communications et langages*, Paris, Gauthier-Villars, 1963, 215 p.

MOLES (sob a direção de Abraham), assistido por ZELTMANN (Claude), *la Communication*, Paris, Centre d'étude et de promotion de la lecture, 1971, 576 p.

643

MOLHO (Maurice), *Linguistique et Langage*, Bordeaux, Ducros, 1969, 164 p.

MONNEROT-DUMAINE (Maurice), *Précis d'interlinguistique générale et spéciale*, Paris, Maloine, 1959, 211 p.

MORIER (Henri), *Dictionnaire de poétique et de rhétorique*, Paris, P.U.F., 1961, 492 p.

MORRIS (Charles W.), *Signs, Language and Behavior*, Englewood Cliffs, N. J., Prentice-Hall, 1946; nova ed., 1955, 365 p.
— *Signification and Signifiance*, Cambridge, Mass., MIT Press, 1964.

MOSER (Hugo), *Deutsche Sprachgeschichte*, Stuttgart, 1957.

MOTSCH (Wolfgang), *Syntax des deutschen Adjektivs*, Berlim, Akademie Verlag, 1966.

MOULOUD (Noël), *Langage et Structures*, Paris, Payot, 1969, 252 p.

MOUNIN (Georges), *les Problèmes théoriques de la traduction*, Paris, Gallimard, 1963, 297 p.
— *la Machine à traduire. Histoire des problèmes linguistiques*, Haia, Mouton, 1964, 209 p.
— *Histoire de la linguistique, des origens au XXᵉ siècle*, Paris, P.U.F., 1967; 2.ª ed., 1970.
— *Clefs pour la linguistique*, Paris, Seghers, 1968, 190 p.; nova ed. 1971.
— *Saussure ou le Structuraliste sans le savoir*, Paris, Seghers, 1968, 191 p.
— *Introduction à la sémiologie*, Paris, Ed. de Minuit, 1970, 251 p.
— *Clefs pour la sémantique*, Paris, Seghers, 1972, 268 p.

MOWRER (Orval Hobart), *Learning Theory and the Symbolic Processes*, Nova Iorque, Wiley, 1960.

MULDER (Johannes W. F.), *Sets and Relations in Phonology. An Axiomatic Approach to the Description of Speech*, Oxford, Clarendon Press, 1968, 259 p.

MULLER (Charles), *Essai de statistique lexicale: l'Illusion comique*, Paris, Klincksieck, 1964, 204 p.
— *Etude de statistique lexicale: le vocabulaire du théâtre de Pierre Corneille*, Paris, Larousse, 1967, 380 p.
— *Initiation à la statistique linguistique*, Paris, Larousse, 1968, 249 p.

MUNDLE (C. W. K.), *A Critique of Linguistic Philosophy*, Londres, Oxford University Press, 1970, 292 p.

MYNAREK (Hubertus), *Mensch und Sprache, über Ursprung und Wesen der Sprache in ihrer anthropologischen Valenz*, Fribourg, Herder, 1967, 160 p.

NASH (Rose), *Multilingual Lexicon of Linguistics and Philology: English, German, Russian, French*, Paris, Klincksieck, 1969, 390 p.

NIDA (Eugene Albert), *Morphology: the Descriptive Analysis of Words*, Ann Arbor, Michigan, University Press, 1949, 342 p.
— *Outline of Descriptive Syntax*, Glendale, Calif., 1951.
— *Message and Mission, the Communication of Christian Faith*, Nova Iorque, Harper and Row, 1960.
— *A Synopsis of English Syntax*, Norman, Oklahoma, Summer Institute of Linguistics, 1960; 2.ª ed., Haia, Mouton, 1966, 174 p.
— *Toward a Science in Translating*, Leyde, Brill, 1964, 331 p.

NOLAN (R.), *Foundations for an Adequate Criterion of Paraphrase*, Haia, Mouton, 1970.

NYROP (Kristoffer), *Grammaire historique de la langue française*, Copenhague, Gyldendal, 1899-1930, 6 vols.
— *Etudes de grammaire française*, Copenhague, Höst, 1919-1929, 7 vols.

OETTINGER (Anthony G.), *Automatic Language Translation*, Cambridge, Mass., Harvard University Press, 1960.

OGDEN (Charles Kay), *Opposition*, Londres, P. Kegan, 1932; reed., Bloomington, Indiana, University Press, 1967, 103 p.

OGDEN (Charles Kay) e RICHARDS (Ivor Armstrong), *The Meaning of Meaning*, Londres, P. Kegan, 1923; 8.ª ed., Routledge e Kegan, 1946.

OHMAN (Suzanne), *Wortinhalt und Weltbild*, Estocolmo, 1951.

OLDFIELD (Richard Charles) e MARSHALL (J. C.) [orgs.], *Language: Selected Readings*, Harmondsworth, Penguin Books, 1968, 392 p.

OLSHEWSKY (Thomas M.) [org.], *Problems in the Philosophy of Language*, Nova Iorque, Holt, Rinehart and Winston, 1969, 774 p.

OLSSON (Yngre), *On the Syntax of the English Verb: with Special Reference to ."have a Look" and Similar Complex Structures*, Estocolmo e Uppsala, Gothemburg, 1961.

644

OMBRÉDANE (André), *l'Aphasie et l'élaboration de la pensée explicite*, Paris, P.U.F., 1951, 444 p.

ORRICK (Allan H.), *Nordica et Anglica: Studies in Honor of Stefan Einarsson*, Haia, Mouton, 1968, 156 p.

ORTIGUES (Edmond), *le Discours et le Symbole*, Paris, Aubier, 1962.

OSGOOD (Charles Egerton), *Method and Theory in Experimental Psychology*, Londres, Oxford University Press, 1953, 800 p.

OSGOOD (Charles Egerton) e col., *The Measurement of Meaning*, Urbana, Illinois, University Press, 1957, 342 p.

OSGOOD (Charles Egerton) e SEBEOK (Thomas A.) [orgs.], *Psycholinguistics. A Survey of Psycholinguistic Research, 1954-1964*, Bloomington, Indiana University Press, 1965, 307 p.

OSTHOFF (Hermann), *Das Verbum in der Nominalkomposition im Deutschen, Griechischen, Slavischen und Romanischen*, Iena, 1878, 372 p.
— *Zur Geschichte des Perfects in Indogermanischen, mit besonderer Rücksicht auf Griechisch und Lateinisch*, Strasbourg, Trübner, 1884, 653 p.

OSTHOFF (Hermann) e BRUGMANN (Karl), *Morphologische Untersuchugen auf dem Gebiete der indogermanischen Sprachen*, Leipzig, Hirzel, 1878-1910, 3 vols.

PAGÈS (Robert), *le Langage, textes et documents philosophiques*, Paris, Hachette, 1959, 96 p.

PAGET (Richard Arthur Surtees), *Human Speech*, Londres, Kegan, 1930, 360 p.

PALMER (Frank Robert), *A Linguistic Study of the English Verb*, Londres, Longmans, 1965; 3.ª ed., 1968, 119 p.
— (org.) *Prosodic Analysis*, Londres, Oxford University Press, 1971, 284 p.

PAP (Arthur), *Elements of Analytic Philosophy*, Nova Iorque, Macmillan, 1949, 526 p.
— *An Introduction to the Philosophy of Science*, Glencoe, Illinois, Free Press, 1962.

PAPP (Ferenc), *Mathematical Linguistics in the Sviet Union*, Haia, Mouton, 1966, 165 p.

PARIENTE (Jean-Claude) [org.], *Essais sur le langage* [textos de E. Cassirer, A. Sechehaye, W. Doroszewski, K. Bühler, etc.], Paris, Ed. de Minuit, 1969, 348 p.

PARRET (Herman), *Language and Discourse*, Haia, Mouton, 1971, 292 p.

PASSY (Paul), *Etude sur les changements phonétiques et leurs caractères généraux*, Paris, Didot, 1890.

PAUL (Hermann), *Principien der Sprachgeschichte*, Halle, Niemeyer, 1880; 2.ª ed., 1886.

PAULUS (Jean), *la Fonction symbolique et le langage*, Bruxelas, C. Dessart, 1969, 173 p.

PÊCHEUX (Michel), *Analyse automatique du discours*, Paris, Dunod, 1969, 152 p.

PEDERSEN (Holger), *Linguistic Science in the Nineteenth Century*, ed. dinamarquesa, 1924; trad. por J. W. Spargo, Cambridge, Mass., Harvard University Press, 1931; reimpr., *The Discovery of Language*, Bloomington, Indiana, University Press, 1959.

PEI (Mario), *The Story of Language*, Londres, Allen and Unwin, 1952; 2.ª ed., 1966, 491 p.; trad. fr., *Histoire du langage*, Paris, Payot, 1954, 298 p.
— *Invitation to Linguistics: a Basic Introduction to the Science of Language*, Londres, Allen and Unwin, 1965, 266 p.
— *Glossary of Linguistic Terminology*, Nova Iorque, Doubleday, 1966, 299 p.

PEIRCE (Charles Sanders), *Selected Writings*, org. por Ph. P. Wiener, Nova Iorque, Dover, 1958.
— *Collected Papers*, Cambridge, Mass., Harvard Univ. Pr., 1960, 8 vols.

PENFIELD (Wilder) e ROBERTS (Lamar), *Speech and Brain-Mechanisms*, Princeton, University Press, 1959, 286 p.; trad. fr., *Langages et Mécanismes cérébraux*, Paris, P.U.F., 1963, 311 p.

PERLMUTTER (David M.), *Deep and Surface Structure Contraints in Syntax*, Nova Iorque, Holt, Rinehart and Winston, 1971, 137 p.

PERROT (Jean), *la Linguistique*, Paris, P.U.F., col. "Que sais-je?", 1953; 8.ª ed., 1969.

PETERFALVI (Jean-Michel), *Introduction à la psycholinguistique*, Paris, P.U.F., 1970, 160 p.

PEYTARD (Jean), *Syntagmes, Linguistique française et structures du texte littéraire*, Paris, Les Belles Lettres, 1971, 289 p.

645

PIAGET (Jean), *la Formation du symbole chez l'enfant*, Neuchâtel, Delachaux et Niestlé, 1945, 314 p.

PIAGET (Jean) [sob a dir. de], *Logique et connaissance scientifique*, Paris, Gallimard, "Encycl. de la Pléiade", 1967, 1 345 p.

PIÉRON (Henri), *Vocabulaire de la psychologie*, Paris, P.U.F., 1951; 4.ª ed., 1968.

PIKE (Kenneth L.), *Phonetics*, Ann Arbor, University of Michigan Press, 1943.

— *The Intonation of American English*, Ann Arbor, University of Michigan Press, 1945.

— *Phonemics, a Technique for Reducing Language to Writing*, Ann Arbor, Univ. of Michigan Press, 1947.

— *Language in Relation to a Unified Theory of the Structure of Human Behavior*, Blendale, Calif., 1954-1960, 3 vols.; 2.ª ed., Haia, Mouton, 1967.

PITTAU (Massimo), *Problemi di filosofoia del linguagio*, Cagliari, Editrice Sarda, 1967, 152 p.

POLITZER (Robert), *Foreign Language Learning*, Englewood Cliffs, N.J., Prentice--Hall, 1965.

POP (Sever), *la Dialectologie. Aperçu historique et méthodes d'enquêtes linguistiques*, Louvain e Gembloux, Duculot, 1950, 2 vols.

PORSET (Charles) [org.], *Varia Linguistica*, vol. 4 [testos. de Maupertuis, Turgot, Condillac, Du Marsais e A. Smith], Bordeaux, Ducros, 1970, 353 p.

PORTE (J.), *Recherche sur la théorie générale des systèmes formels et sur les systèmes connectifs*, Louvain, Nauwelaerts, e Paris, Gauthier-Villars, 1965, 146 p.

PORZIG (Walter), *Das Wunder der Sprache*, Berna, A. Francke, 1950, 415 p.

— *Die Gliederung des indogermanischen Sprachgebiets*, Heidelberg, C. Winter, 1954, 251 p.

POSTAL (Paul Martin), *Constituent Structure: A Study of Contemporary Models of Syntactic Description*, Bloomington, Indiana University Press, e Haia, Mouton, 1964; 3.ª ed. 1969.

— *Aspects of Phonological Theory*, Nova Iorque, Harper and Row, 1968, 326 p.

— *Cross-Over Phenomena*, Nova Iorque, Holt, Rinehart and Winston, 1971, 262 p.

POTTER (Ralph Kimball) e col., *Visible Speech*, Nova Iorque, Van Nostrand, 1947, 441 p.

POTTIER (Bernard), *Systématique des éléments de relation. Etude de morphosyntaxe structurale romane*, Paris, Klincksieck, 1962, 380 p.

— *Recherches sur l'analyse sémantique en linguistique et en traduction mécanique*, Publ. Fac. des Lettres de Nancy, 1963.

— *Introduction à l'étude de la philologie hispanique: Phonétique et phonologie espagnole*, Paris, Ediciones hispano-americanas, 1965, 103 p.

— *Introduction à l'étude des structures grammaticales fondamentales*, Publ. Fac. des Lettres de Nancy, 1966.

— *Introduction à l'étude de la morphosyntaxe espagnole*, Ediciones hispano-americanas, 1966, 125 p.

— *Présentation de la linguistique, fondements d'une théorie*, Paris, Klincksieck, 1967, 78 p.

— *Grammaire de l'espagnol*, Paris, P.U.F., col. "Que sais-je?", 1969.

POUTSMA (H.), *A Grammar of Late Modern English*, t. I: *The Sentence*; t. II: *Part of Speech*; t. III: *The Verb and the Particles*, Groningue, Noordhoff, 1926-1928, 3 vols.

PRIETO (Luis), *Principes de noologie: fondements de la théorie fonctionnelle du signifié*, Haia, Mouton, 1964, 130 p.

— *Messages et signaux*, Paris, P.U.F., 1966, 168 p.

Principles (The) of the International Association, Londres, 1949.

PRIOR (Arthur N.), *Formal Logic*, Oxford, Clarendon Press, 1955; 2.ª ed. 1962, 341 p.

— *Time and Modality*, Oxford, Clarendon Press, 1957, 148 p.

— *Papers on Time and Tense*, Oxford, Clarendon Press, 1968, 166 p.

PUHVEL (Jan) [org.], *Substance and Structure of Language*, Berkeley, University of California Press, 1969, 223p.

PULGRAM (Ernst), *Introduction to the Spectrography of Speech*, Haia, Mouton, 1959.

PURTILL (Richard L), *Logical Thinking*, Nova Iorque, Harper and Row, 1972, 157 p.

QUELLET (Henri), *les Dérivés latins en -or. Etude lexicographique, statistique, morphologique et sémantique*, Paris, Klincksieck, 1970, 247 p.

QUEMADA (Bernard), *Introduction à l'étude du vocabulaire médical, 1600-1710*, Paris, Les Belles Lettres, 1955.

646

— *les Dictionnaires du français moderne (1539-1863)*, *Etudes sur leur histoire, leurs types e leurs méthodes*, Paris, Didier, 1968, 684 p.

QUINE (Willard van Orman), *From a Logical Point of View*, Cambridge, Mass., Harvard University Press, 1953.

— *Word an Object*, Cambridge, Mass., MIT Press, 1960, 294 p.

QUIRK (Randolph), *The Use of English* (com complementos de A. C. Gimson e J. Warburg), Londres, Longmans, 1962; 2.ª ed. 1968, 333 p.

RAJA (K. K.), *Indian Theories of Meaning*, Madras, 1963.

RAMUS (Pierre de la RAMÉE, chamado), *Gramère*, Paris, 1562; nova ed., *Grammaire*, 1572.

RASK (Ramus Christian), *Investigation sur l'origine du vieux norrois ou islandais*, em dinamarquês, Copenhague, 1818.

— *A Grammar of the Anglo-Sagon Tongue*, trad. do dinamarquês, Copenhague, 1830; 2.ª ed., Londres, 1865.

— *A Grammar of the Icelandic or Old Norse Tongue*, trad. do sueco, Londres, 1843, 272 p.

REFORMATSKI (A. A.), *Introduction à la linguistique*, em russo, Moscou, 1955.

REIBEL (David D.) e SCHANE (Sanford A.) [org.], *Modern Studies in English. Readings in Transformational Grammar*, Englewood Cliffs, N. J., Prentice-Hall, 1969, 481 p.

REICHENBACH (Hans), *Eléments of Symbolic Logic*, Nova Iorque e Londres, Macmillan, 1947, 437 p.

RENOU (Louis) [org.], *la Grammaire de Pānini*. Texto sânscrito, tradução francesa com extratos e comentários, Paris, Ecole française d'Extrême-Orient, 1948-1954; nova ed., 1966, 2 vols.

REUCK (A. V. S. de) e O'CONNOR (M.) [orgs.], *Symposium on Disorders of Language*, Londres, Churchill, 1964, 356 p.

RÉVÉSZ (Géza) [org.], *Thinking and Speaking: a Symposium*, Amesterdão, North-Holland, 1954, 205 p.

— *Origins and Prehistory of Language*, trad. do alemão, Nova Iorque, Philosophical Library, 1956, 240 p.

REVZIN (Isaac Iosifovitch), *les Modèles linguistiques*, em russo, Moscou, 1962; trad. fr. Paris, Dunod, 1968, 212 p.

REY (Alain), *la Lexicologie*, Paris, Klincksieck, 1970, 324 p.

— *Littré, l'humaniste et les mots*, Paris, Gallimard, 1970, 352 p.

REY-DEBOVE (Josette), *Etude linguistique et sémiotique des dictionnaires français contemporains*, Haia, Mouton, 1971, 330 p.

RICHARDS (Ivor Armstrong),*The Philosophy of Rhetoric*, Londres, Oxford University Press, 1936, 138 p.

RICHAUDEAU (François), *Recherches en psycholinguistique*, Paris, C.E.P.L., 1971.

RICHELLE (Marc), *l'Acquisition du langage*, Bruxelas, Dessart, 1971, 215 p.

RIES (John), *Was ist Syntax?* Marbourg, Elwert, 1894, 164 p.

RIFFATERRE (Michael), *Essais de stylistique structurale*, Paris, Flammarion, 1971, 368 p.

ROBBINS (Beverly L.), *The Definite Article in English Transformations*, Haia, Mouton, 1968, 248 p.

ROBERTS (A. Hood), *A Statistical Linguistic Analysis of American English*, Haia, Mouton, 1965.

ROBERTS (Paul), *English Syntax*, Nova Iorque, Harcourt, Brace and World, 1964, 404 p.

ROBINS (Robert Henry), *Ancient and Medieval Grammatical Theory in Europe*, Londres, Longmans, 1951, 104 p.

— *General Linguistics: An Introductory Survey*, Londres, Longmans, 1967.

— *A Short History of Linguistics*, Londres, Longmans, 1967, 248 p.

ROBINSON (Richard G.), *Definition*, Oxford, Clarendon Press, 1950.

ROGET (Peter), *Roget's Thesaurus* (ed. abreviada, com adições de J.-L. e S.-R. Roget), Harmonsdworth, Penguin, 1953 (ed. original, 1852).

ROMNEY (A. Kimball) e D'ANDRADE (R. Goodwin) [orgs.], *Transcultural Studies in Cognition*, Menasha, Wisconsin, American Anthropologist, 1964, 186 p.

ROOS (Heinrich), *Die Modi Significandi des Martinus von Dacia*, Münster, Aschendorff, 1952, 167 p.

ROSE (Christine Brooke), *A Grammar of Metaphor*, Londres, Secker and Warburg, 1958, 343 p.

ROSENBAUM (Peter), *The Grammar of English Predicate Complement Constructions*, Cambridge, Mass., MIT Press, 1967, 128 p.

ROSENFIELD (Lawrence William), *Aristotle and Information Theory*, Haia, Mouton, 1971, 149 p.

ROSENGREN (Inger), *Semantischen Strukturen: Eine quantitative Distributions-analyse einiger mittelhoch deutscher Adjective*, Copenhague, Munksgaard e Lund, Gleerup, 1966.

ROSETTI (Alexandre), *le Mot. Esquisse d'une théorie générale*, Copenhague e Bucareste, 2.ª ed., 1947.

— *Linguistica*, Haia, Mouton, 1965, 268 p.

— *Sur la théorie de la syllabe*, Haia, Mouton, 1959; 2.ª ed. 1963, 43 p.

ROSIELLO (Luigi), *Linguistica illuminista*, Bolonha, Il Mulino, 1967, 219 p.

ROUDINESCO (Elisabeth), *Initiation à la linguistique générale*, Paris, l'Expansion scientifique française, 1967, 96 p.

ROUGIER (Louis), *la Métaphysique et le Langage*, Paris, Flammarion, 1960, 256 p.

ROULET (Eddy), *Syntaxe de la proposition nucléaire en français parlé. Etude tagmémique et transformationelle*, Bruxelas, AIMAV, 1969, 187 p.

ROUSSEAU (Jean-Jacques), *Essais sur l'origine des langues, où il est parlé de la mélodie et de l'imitation musicale* [Genebra, 1781], org., introdução e notas por Ch. Porset, Bordeaux, Ducros, 1970, 24 p.

ROUSSELOT (Jean-Pierre) e LACLOTTE (F.), *Précis de prononciation française*, Paris, Welter, 1902.

RUEGG (David Seyfort). *Contributions à l'histoire de la philosophie linguistique indienne*, Paris, E. de Boccard, 1960, 136 p.

RUSSELL (Bertrand), *An Inquiry into Meaning and Truth*, Londres, Macmillan, 1904; trad. fr., *Signification et Vérité*, Paris, Flammarion, 1958, 408 p.

— *Logic and Knowledge, Essays 1901-1950*, Londres, Macmillan, 1956.

RUWET (Nicolas), *Introduction à la grammaire générative*, Paris, Plon, 1967; 2.ª ed. 1970, 448 p.

RYLE (Gilbert), *The Concept of Mind*, Nova Iorque, Barnes and Noble, 1949.

SAHLIN (Gunvor), *César Chesneau du Marsais et son rôle dans l'évolution de la grammaire générale*, Paris, P.U.F., 1928.

SALOMON (Louis Bernard), *Semantics and Common Sense*, Nova Iorque, Holt, Rinehart and Winston, 1964, 180 p.

SALZINGER (Kurt e Suzanne) [orgs.], *Research in Verbal Behavior and Some Neurophysiological Implications*, Nova Iorque e Londres, Academic-Press, 1967, 510 p.

SANDFELD (Kristian), *Syntaxe du français contemporain*, Paris, Champion, 1928--1936, 2 vols., nova ed., Genebra, Droz e Paris, Minard, 1965, 3 vols.

— *Linguistique balkanique. Problèmes et résultats*, Paris, Champion, 1930, 243 p.

SANDMANN (Manfred), *Subject and Predicate*, Edimburgo, Edinburg Univ. Publ., 1954, 270 p.

SANDYS (John Edwin), *History of Classical Scholarship from the Sixth Century B.C. to the End of the Middle Ages*, Cambridge, University Press, 1903; 3.ª ed., 1921.

SAPIR (Edward), *Language: an Introduction to the Study of Speech*, Nova Iorque, Harcourt, Brace and World, 1921; trad. fr., *le Langage*, Paris, Payot, 1953, 222 p.

— *Selected Writings in Language, Culture and Personality*, Berkeley, University of California Press, 1949; trad. fr., *Anthropologie*, Paris, Ed. de Minuit, 1967, 2 vols.

— *Linguistique* [artigos traduzidos do americano], Paris, Ed. de Minuit, 1968, 289 p.

SAPIR (Edward) e HOIJER (Harry), *The Phonology and Morphology of the Navaho Language*, Berkeley, University of California Press, 1967, 124 p.

SAPORTA (Sol) [org.], *Psycholinguistics: a Book of Readings*, Nova Iorque, Holt, Rinehart and Winston, 1961, 551 p.

SAPORTA (Sol) e CONTRERAS (H.), *A Phonological Grammar of Spanish*, Seattle, University of Washington Press, 1962.

SAUMJAN (S. K.). V. CHAUMYAN.

SAUSSURE (Ferdinand DE), *Mémoire sur le système primitif des voyelles dans les langues indo-européennes*, Leipzig, 1878.

— *De l'emploi du génitif absolu en sanskrit*, Leipzig, 1880.
— *Cours de linguistique générale*, Lausanne, Payot, 1916; 5.ª ed., 1955, 3331 p.
SAUVAGEOT (Aurélien), *les Procédés expressifs du français contemporain*, Paris, Klincksieck, 1957, 243 p.
— *Français écrit, français parlé*, Paris, Larousse, 1962, 235 p.
— *Portrait du vocabulaire français*, Paris, Larousse, 1964.
SCHAFF (Adam), *le Concept et le Mot*, em polonês, Varsóvia, 1946.
— *Introduction à la sémantique*, em polonês, Varsóvia, 1960; trad. fr. Paris, Anthropos, 1968, 335 p.
— *Langage et connaissance*, seguido de seis *essais sur la philosophie du langage*, em polonês, Varsóvia, 1964; trad. fr. Paris, Anthropos, 1969, 374 p.
SCHANE (Sanford A.), *French Phonology and Morphology*, Cambridge, Mass., MIT Press, 1968, 161 p.
SCHEFFLER (Israel), *The Anatomy of Inquiry: Philosophical Studies in the Theory of Science*, Nova Iorque, Knopf, 1563.
SCHERER (George A.) e WERTHEIMER (M.), *A Psycholinguistic Experiment in Foreign Language Teaching*, Nova Iorque, McGraw-Hill, 1964.
SCHLEGEL (Karl Wilhelm Frederick), *Über die Sprache und Weisheit der Indier* in *Obras completas*, t. VIII, Viena, 1846.
SCHLEICHER (August), *Linguistische Untersuchungen. Die Sprache Europas in systematischer Übersicht*, Berlim, 1850.
— *Die deutsche Sprache*, Berlim, 1860; 2.ª ed., 1869.
— *Die darwinische Theorie und die Sprachwissenschaft*, Berlim, 1865.
— *Laut-und Formenlehre der polabischen Sprache*, Berlim, 1871.
SCHMIDT (Franz), *Logik der Syntax*, Berlim, Deutscher Verlag der Wissenschaften, 1957, 128 p.
SCHRAMM (Wilbur Lang), *Approaches to a Science of English Verse*, Iowa City, University Press, 1935, 82 p.
SCHUCHARDT (Hugo), *Der Vokalismus des Vulgärlateins*, Leipzig, Teubner, 1866, 3 vols.
— *Romanische und Keltische, gesammelte Aufsätze*, Berlim, Oppenheim, 1886, 440 p.
— *Hugo Schuchardt-Brevier*, org. por L. Spitzer, Halle, Niemeyer, 1928, 483 p.
SEARLE (John R.), *Speech-Acts, An Essay in the Philosophy of Language*, Cambridge, University Press, 1969.
SEBEOK (Thomas A.), *Finnish and Hungarian Case Systems: their Forms and Function*, Estocolmo, 1946.
— (org.) *Style in Language*, Cambridge, Mass., MIT Press, 1964.
— (org.) *Current Trends in Linguistics*: t. I., *Soviet and Eastern European Linguistics*; t. II, *Linguistics in East Asia and Southeast Asia*; t. III, *Theoretical Foundations*; t. IV, *Iber-American and Caribbean Linguistics*; t. V, *Linguistics in South Asia*; t. VI; *Linguistics in South-West Asia and North Africa*; t. VII, *Linguistics in Sub-Saharam Africa*, Nova Iorque, Humanities, 1963-1971, 7 vols.
— (org.) *Portraits of Linguists. A Biographical Source Book for the History of Western Linguistics, 1746-1963*, Bloomington e Londres, Indiana University Press, 1966, 2 vols.
SEBEOK (Thomas A.), HAYES (A. S.) e BATESON (M. C.) [orgs.], *Approaches to Semiotics: Cultural Anthropology, Education, Linguistics, Psychiatry, Psychology*, Cambridge, Mass., MIT Press e Haia, Mouton, 1964, 294 p.
SEBEOK (Thomas A.) e ZEPS (Valdis), *Concordance and Thesaurus of Cheremis Poetic Language*, Haia, Mouton, 1961, 259 p.
SECHEHAYE (Albert), *Programme et Méthodes de la linguistique théorique*, Paris e Genebra, 1908.
— *Essai sur la structure logique de la phrase*, Paris, Champion, 1926; nova ed., 1950.
SERÍS (Homero), *Bibliografía de la lingüística española*, Bogotá, Instituto Caro y Cuervo, 1964.
SERRUS (Charles), *le Parallélisme logico-grammatical*, Paris, Alcan, 1933.
— *la Langue, le sens, la pensée*, Paris, P.U.F., 1941.
SERVIEN (Pius), *le Lagage des sciences*, Paris, Blanchard, 1931; 2.ª ed., Hermann, 1938.
SEUREN (Pieter A. M.), *Operators and Nucleus: a Contribution to the Theory of Grammar*, Cambridge, Cambridge University Press, 1969.
SHANNON (Claude Elwood) e WEAVER (Warren), *Mathematical Theory of Communication*, Urbana, Illinois, University Press, 1949.

649

SIERTSEMA (Bertha), *A Study of Glossematics. Critical Survey of its Fundamental Concepts*, Haia, Nijhoff, 1954, 240 p.

SINCLAIR DE ZWAART (H.), *Acquisiton du langage et développement de la pensée: sous-systèmes linguistiques et opérations concrètes*, Paris, Dunod, 1967, 176 p.

SKINNER (Burrhus Frederick), *Verbal Behavior*, Nova Iorque Appleton-Century--Crofts, 1957.

SLAMA-CAZACU (Tatiana), *Langage et Contexte*, Haia, Mouton, 1961, 251 p.

SLOBIN (D.) [org.], *The Ontogenesis of Grammar*, Nova Iorque, Academic Press, 1971.

SMABY (R. M.), *Paraphrase Grammars*, Dordrecht, Reidel, 1971.

SMITH (Frank) e MILLER (George A.) [orgs.], *The Genesis of Language. A Psycholinguistic Approach*, Cambridge, Mass., MIT Press, 1968, 400 p.

SNELL (Bruno), *Der Aufbau der Sprache*, Hamburgo, Claassen, 1952, 219 p.

SOHNGEN (Gottlieb), *Analogie und Metapher, kleine Philosophie und Theologie der Sprache*, Friburgo e Munique, K. Albert, 1962, 137 p.

SØRENSEN (Hans Christian), *Aspect et Temps en slace*, Aarhus, Universitetforlaget, 194ʋ, 188 p.

— *Studies on Case in Russian*, Copenhague, Ronsenkilde, 1957, 96 p.

SØRENSEN (Holger Steen), *Word-Classes in Modern English*, Copenhague, 1958, 189 p.

SPANG-HANSEN (Henning), *Probability and Structural Classification in Language Description*, Copenhague, 1950.

— *Recent Theories on the Nature of the Language Sign*, Copenhague, 1954, 142 p.

SPENCER (John Walter), ENKVIST (Nils Erik) e GREGORY (Michael), *Linguistics and Style: on Defining Style, an Essay in Applied Linguistics e An Approach to the Study of Style*, Londres, Oxford, University Press, 1964, 109 p.

SPITZER (Leo), *Stilstudien*, Munique, Hueber, 1928; 2.ª ed., 1961, 2 vols.; trad. fr., *Etudes de style*, Paris, Gallimard, 1970, 536 p.

STAAL (J. F.), *Word Order in Sanskrit and Universal Grammar*, Dordrecht, Reidel, 1967, 98 p.

STALIN (Iosif Vissarionovitch), *le Marxisme et les Problèmes de linguistique*, Ed. de Moscou, 1952; reed. nos *Cahiers marxistes-léninistes*, n.º 12-13, Paris, Maspero, 1966.

STATI (Sorin), *Teorie di metoda in sintaxa*, Bucareste, Ed. Academie da República Socialista da Rumânia, 1967, 271 p.

Statistique et analyse linguistique [Colóquio de Estrasburgo, 20-24 abril 1964], Paris, P.U.F., 1966, 135 p.

STEFANINI (Jean), *la Voix pronominale en ancien et moyen français*, Ophrys, Gap. 1ʋ62, 753 p.

STEINBERG (Danny D.) e JAKOBOVITS (Leon A.) [orgs.], *Semantics. An Interdisciplinary Reader in Philosophy, Linguistics and Psychology*, Cambridge, University Press, 1971, 603 p.

STEINBERG (N.), *Grammaire française*, Moscou, 1966, 2 vols.

STEINTHAL (Heymann), *Geschichte der Sprachwissenschaft bei der Griechen und Römern mit besonderer Rücksicht auf die Logik*, Berlim, Dümmler, 1863; 2.ª ed., 1890.

STEN (Holger), *les Temps du verbe fini (indicatif) en français moderne*, Copenhague, Munksgaard, 1952, 264 p.

STERN (Hans Heinrich), *Foreign Language in Primary Education*, Hamburgo, 1963, 103 p.

STERN (Nils Gustaf), *Meaning and Change of Meaning*, Göteborg, 1931, 456 p.

STETSON (R. H.), *Motor Phonetics*, Haia, 1928; nova ed., Amsterdão, North-Holland, 1951, 216 p.

STEVENS (Stanley Smith) e DAVIS (Hallowell), *Hearin: its Psychology and Psysiology*, Nova Iorque, Wiley, 1938, 489 p.

STINDLOVA (Jitka), *les Machines dans la linguistique: colloque international sur la mécanisation et l'automation des recherches linguistiques*, Haia, Mouton, 1968, 336 p.

STOCKWELL (Robert P.), BOWEN (J. Donald) e MARTIN (John W.), *The Grammatical Structures of English and Spanish*, Chicago, University Press, 1965, 328 p.

650

STRAKA (Georges), *Album phonétique*, Quebec, Presses de l'Université Laval, 1965, 1 brochura, 33 páginas e pranchas, 188 p.

STRANG (Barbara M. H.), *Modern English Structure*, Nova Iorque, St. Martin's Press, e Londres, Arnold, 1962.

STRAWSON (Peter Frederick), *Introduction to Logical Theory*, Nova Iorque, Wiley, e Londres, Methuen, 1952, 266 p.

— *Individual: an Essay in Descriptive Metaphysics*, Londres, Methuen, 1959; nova ed., 1964.

STREVENS (Peter Derek), *Papers in Language and Language Teaching*, Londres, Oxford University Press, 1965, 152 p.

— (org.) *Five Inaugural Lectures*, Londres, Oxford, University Press, 1966, 129 p.

STURTEVANT (Edgar Howard), *An Introduction to Linguistic Science*, New Haven, Connect., Yale University Press, 1949.

SUMPF (Joseph), *Introduction à la stylistique du français*, Paris, Larousse, 1971, 192 p.

SUTHERLAND (Robert D.), *Language and Lewis Carroll*, Haia, Mouton, 1970, 245 p.

SVENNUNG (Josef), *Anredeformen, Vergleichende Forschungen zur indirekten Anrede in der dritten Person*, Uppsala, Almqvist, 1958, 495 p.

TCHANG TCHENG-MING (B.), *l'Ecriture chinoise et le geste humain. Essai sur la formation de l'écriture chinoise*. Paris, Geuthner, 1938, 206 p.

TESNIÈRE (Lucien), *Eléments de syntaxe structurale*, Paris, Klincksieck, 1959; 2.ª ed., 1965, 672 p.

THIMONNIER (René), *le Code orthographique et grammatical du français*, Paris, Hatier, 1971, 320 p.

THOMAS (Owen), *Transformational Grammar and the Teacher of English*, Nova Iorque, Holt, Rinehart and Winston, 1965, 240 p.

THOMSEN (Vilhelm), *Sprogvidenskabens Historie*, Copenhague, 1902; trad. alemã, Halle, 1927.

THORNDIKE (Edward Lee) e LORGE (Irving), *The Teacher's Word Book of 30 000 Words*, Nova Iorque, Columbia University Press, 1944, 274 p.

THUROT (Charles), *Notices et Extraits de divers manuscrits latins pour servir à l'histoire des doctrines grammaticales au Moyen Age*, Paris, Impr. impériale, 1868, 592 p.

THUROT (François), *Tableau des progrès de la science grammaticale (Discours préliminaire à "Hermes")*, introdução e notas por André Joly, Bordéus, Ducros, 1970, 143 p.

TISSOT (R.), *Neuropsychopathologie de l'aphasie*, Paris, Masson, 1966, 114 p.

TODOROV (Tzvetan), *Littérature et Signification*, Paris, Larousse, 1967, 120 p.

— (org.) *Théorie de la littérature* [textos escolhidos dos formalistas russos], Paris, Le Seuil, 1966, 320 p.

TOGEBY (Knud), *Structure immanente de la langue française*, Copenhague, 1951; 2.ª ed., Paris, Larousse, 1965, 208 p.

— *Immanence et Structure*, Copenhague, Akademische Forlag, 1968, 272 p.

TRABALZA (Ciro), *Storia della grammatica italiana*, Milão, Hoepli, 1908, 561 p.

Traduction automatique et linguistique appliquée, Paris, P.U.F., 1964, 286 p.

TRAGER (George Leonard) e SMITH (Henry Lee), *Outline of English Structure*, Nova Iorque, American Council, 1957, 91 p.

TRIER (Jost), *Der deutsche Wortschatz im Sinnbezirk des Verstandes*, Heidelberg, Carl Winter, 1931, 347 p.

TROMBETTI (Alfredo), *L'unitá di origine dell linguaggio*, Bolonha, Beltrami, 1905, 222 p.

— *Elementi di glottologia*, Bolonha, Zanichelli, 1923, 755 p.

TROUBETZKOY (Nikolaï Serguieievitch), *Grundzüge der Phonologie*, Praga, 1939; trad. fr. por J. Cantineau, *Principes de phonologie*, Paris, Klincksieck, 1949; reimpr. 1967, 430 p.

ULDALL (Hans Jorgen), *Outline of Glossematics. A Stud in the Methodology of the Humanities with Special Reference to Linguistics. Part. I: General Theory*, Copenhague, Munksgaard, 1957, 90 p.

ULLMANN (Stephen), *The Principles of Semantics*, Oxford, Blackwell e Glasgow, Jackson, 1951; 2.ª ed., 1957, 314 p.

— *Précis de sémantique française*, Berna, Francke, 1952, 342 p.

— *Semantics: an Introduction to the Science of Meaning*, Oxford, Blackwell, 1962.

— *Language and Style: Collected Papers*, Oxford, Blackwell, 1964, 270 p.

UNESCO, *Description et Mesure du bilinguisme*, Ottawa, 1967.

UNESCO, *Bilingualism in Education*, Londres, 1965.

USPENSKIJ (B. A.), *Principes d'une typologie structurale*, em russo, Moscou, 1962; trad. ingl., *Principles of Structural Typology*, Haia, Mouton, 1968, 80 p.

VACHEK (Josef) [org.], *Dictionnaire de linguistique de l'Ecole de Prague*, Utrecht e Anvers, Spectrum, 1960, 104 p.

— *A Prague School Reader in Linguistics: Studies in the History and Theory of Linguistics*, Bloomington, Indiana, University Press, 1964, 485 p.

VALDMAN (Albert) [org.], *Trends in Language Teaching*, Nova Iorque, McGraw-Hill, 1966.

VALIN (Roch), *Petite Introduction à la psychomécanique du langage*, Quebec, Presses de l'Université Laval, 1954, 91 p.

VAN GINNEKEN (Jacques), *la Reconstruction typologique des langues archaïques de l'humanité*, Amsterdão, Noord-Holland, 1939, 182 p.

VAN WIJK (Nicolas), *les Langues slaves*, Haia, Mouton, 2.ª ed., 1956, 118 p.

VASILIU (E.) e COLOPENTIA-ERETESCU (Sanda), *Sintaxa transformationala a limbii romane*, Bucareste, Ed. Academia de República Socialista da Rumânia, 1969, 329 p.

VENDLER (Zeno). *Linguistics in Philosophy*, Ithaca, Nova Iorque, Cornell University Press, 1967, 203 p.

— *Adjectives and Nominalizations*, Haia, Mouton, 1968, 134 p.

VENDRYES (Joseph), *le Langage, Introduction linguistique à l'histoire*, Paris, La Renaissance du Livre, 1929; nov. ed., A. Michel, 1968, 448 p.

VERTOV (A. A.), *la Sémiotique et ses problèmes fondamentaux*, em russo, Moscou, 1968.

VIHT (Jean) [org.], *Liste mondiale des périodiques spécialisés. Linguistique*, Haia, Mouton, 1972, 243 p.

VILDOMEC (Verobsj), *Multilingualism*, Leyde, Nijhoff, 1963, 262 p.

VINAY (Jean-Paul) e DARBELNET (Jean), *Stylistique comparée du français et de l'anglais*, Paris, Didier, 1958, 331 p.; nov. ed., 1968.

VINOGRADOV (Viktor Vladimirovitch), *la Langue russe*, em russo, Moscou, 1945.

— *Grammaire de la langue russe*, em russo, Moscou, 1960.

— *les Problèmes théoriques de la linguistique soviétique actuelle*, em russo, Moscou, 1964.

VISSER (F. Th.), *An Historical Syntax of the English Language*, Leyde, Brill, 1963-1966, 2 vols., 305 p.

VYGOTSKY (Lev S.), *Thought and Language*, trad. do russo, Cambridge, Mass., MIT Press, 1962, 168 p.

WACKERNAGEL (Jakob), *Vorlesungen über Syntax*, Bale, Birkhäuser, 1920-1924, 2 vols.

WAGNER (Robert Léon), *les Phrases hypothétiques commençant par "si" dans la langue française, des origines à la fin du XVIᵉ siècle*, Genebra, Droz, 1939, 552 p.

— *Introduction à la linguistique française*, Genebra, Droz, e Lille, Giard, 1947, 143 p., *Supplément bibliographique*, ibid., 1955, 72 p.

— *Grammaire et Philologie*, Paris, C.D.U., 1953-1954, 2 fasc., 193 p.

— *les Vocabulaires français*; t. I, *Définitions, les dictionnaires*, Paris, Didier, 1967, 192 p.; t. II, *les Tâches de la lexicologie synchronique, glossaires et dépouillements. Analyse lexicale*, Paris, Didier, 1970.

— *la Grammaire française*, Paris, SEDES, 1968, 152 p.

WAGNER (Robert Léon) e PINCHON (Jacqueline), *Grammaire du français classique et moderne*, Paris, Hachette, 1962; ed. rev., 1967, 640 p.

WAHRIG (Gerhard), *Neue Wege in der Wörterbucharbeit*, Hamburgo, 1967.

WAISMANN (F.) [org. R. Harrel], *The Principles of Linguistic Philosophy*, Londres, Macmillan, 1965, 422 p.

WARTBURG (Walther von), *Französisches etymologisches Wörterbuch* [F.E.W.], Tubingen, depois Bâle-Paris, 1922-1970, 136 fascículos publicados.

— *Bibliographie des dictionnaires patois*, Genebra, Droz, 1934, 147 p.

— *Evolution et Structures de la langue française*, Berna, Francke, 1934; 5.ª ed., 1958.

— *Problèmes et Méthodes de la linguistique*, Paris, P.U.F., 1963.

WEINREICH (Uriel), *Languages in Contact*, Nova Iorque, Linquistic Circle of Nova Iorque, 1953; reimpr. Haia, Mouton, 1963, 161 p.

WEINRICH (Harald), *Tempus*, Stuttgart, Kohlhammer, 1964, 358 p.

652

WEIR (Ruth Hirsch), *Language in the Crib*, Haia, Mouton, 1962; 2.ª ed., 1970, 216 p.

WEISGERBER (Johann Leo), *Von den Kräften der deutschen Sprache*, Düsseldorf, Schwann, 1949-1951, 4 vols.

— *Die vier Stufen in der Erforschung der Sprachen*, Düsseldorf, Schwann, 1963, 303 p.

WEXLER (Peter J.), *la Formation du vocabulaire des chemins de fer en France (1778-1832)*, Genebra, Droz, 1955, 160 p.

WHATMOUGH (Joshua), *Language, a Modern Synthesis*, Londres, Secker and Warburg, 1956, 270 p.

WHITNEY (William Dwight), *Language and the Study of Language*, Nova Iorque, Scribner, 1869, 505 p.

— *The Life and Growth of Language*, Nova Iorque, Adler, 1876: trad. fr., *la Vie du langage*, Paris, Baillière, 1877.

WHORF (Benjamin Lee), *Language, Thought and Reality: Selected Writings*, Nova Iorque, Wiley, 1956; trad. fr., *Linguistique et Anthropologie. Les origines de la sémiologie*, Paris, Denoël-Gonthier, 1969, 224 p.

WINTER (Werner) [org.], *Evidence for Laryngeals*, Haia, Mouton, 1965, 271 p.

WITTGENSTEIN (Ludwig), *Philosophical Investigations*, Oxford, Blackwell, e Nova Iorque, Macmillan, 1953; trad. fr., *Investigations philosophiques*, Paris, Gallimard, 1961, 368 p. com o *Tractatus logico-philosophicus*.

— *le Cahier bleu et le cahier brun*, Paris, Gallimard 1965, 448 p.

WITTWER (Jacques), *les Fonctions grammaticales chez l'enfant*, Neuchâtel, Delachaux e Niestlé, 1959, 296 p.

WOTJAK (Gerd), *Untersuchungen zur Struktur der Bebeutung*, Berlim, Akademie Verlag, 1971.

WUNDERLICH (Dieter), *Tempus und Zeitreferenz im Deutschen*, Munique, Hueber, 1970.

— [org.] *Probleme und Fortschritte der Transformationsgrammatik*, Munique, Hueber, 1971, 318 p.

WUNDT (Wilhelm), *Völkerpsychologie*: t. I, *Die Sprache*, Leipzig, Engelmann, 1900, 2 vols.

WYATT (Gertrud L.), *Language Learning and Communication Disorders in Children*, Nova Iorque, Free Press, 1969.

YULE (George Udny), *The Statistical Study of Literary Vocabulary*, Cambridge, Cambridge University Press, 1944, 306 p.

ZGUSTA (Ladislav), *Manual of Lexicography*, Haia, Mouton, 1971, 360 p.

ZIFF (Paul), *Semantic Analysis*, Ithaca, Nova Iorque, Cornell University Press, 1960.

ZINKIN (N. I.), *les Mécanismes de la parole*, em russo, Moscou, 1958, 370 p.; trad. ingl., *Mechanisms of Speech*, Haia, Mouton, 1968, 461 p.

ZIPF (George Kingsley), *Selected Studies in the Principle of Relative Frequency in Language*, Cambridge, Mass., Harvard Univ. Pr., 1932.

— *The Psycho-Biology of Language*, Cambridge, Mass., Riverside Press, 1935.

— *Human Behavior and the Principle of Least Effort*, Cambridge, Mass., Addison-Wesley, 1949.

ZVEGINCEV (A. V.), *Essai pour une linguistique globale*, em russo, Moscou, 1962.

— *Histoire de la linguistique aux XIXᵉ et XXᵉ siècles*, em russo, Moscou, 1964, 2 vols.

— *Sémasiologie*, em russo, Moscou, 1957.

ZWANENBURG (W.), *Recherches sur la prosodie de la phrase française*, Leyde, Universitare Pers, 1964, 136 p.

impressão acabamento
rua 1822 n° 341
04216-000 são paulo sp
T 55 11 3385 8500
F 55 11 2063 4275
www.loyola.com.br